H.D. Betz
1984
Donum auctoris

Handbuch zum Neuen Testament

Begründet von Hans Lietzmann
fortgeführt von Günther Bornkamm
herausgegeben von Andreas Lindemann

14

An die Hebräer

von

Herbert Braun

1984

J. C. B. Mohr (Paul Siebeck) Tübingen

CIP-Kurztitelaufnahme der Deutschen Bibliothek

Handbuch zum Neuen Testament / begr. von Hans Lietzmann. Fortgef. von Günther Bornkamm. Hrsg. von Andreas Lindemann. – Tübingen: Mohr
  Teilw. begr. von Hans Lietzmann, hrsg. von Günther Bornkamm.

NE: Lietzmann, Hans [Begr.]; Bornkamm, Günther [Hrsg.]; Lindemann, Andreas [Hrsg.]

14. Braun, Herbert: An die Hebräer. – 1984

Braun, Herbert:
An die Hebräer / von Herbert Braun. – Tübingen: Mohr, 1984.
  (Handbuch zum Neuen Testament; 14)
  ISBN 3-16-144869-3 kart.
  ISBN 3-16-144790-5 Hgewebe

© J. C. B. Mohr (Paul Siebeck) Tübingen 1984.
Alle Rechte vorbehalten. Ohne ausdrückliche Genehmigung des Verlags ist es auch nicht gestattet, das Buch oder Teile daraus auf photomechanischem Wege (Photokopie, Mikrokopie) zu vervielfältigen.
Printed in Germany. Satz und Druck: Gulde-Druck GmbH, Tübingen. Eindband: Heinrich Koch, Großbuchbinderei, Tübingen.

Für Margret Saal

Vorwort

Eine Neubearbeitung des Hebräerbriefs im Handbuch ist fällig. Seit der Kommentierung durch Hans Windisch Hb² 1931 stehen in mancherlei Hinsicht neue Materialien zur Verfügung. Für die Textkritik die in The Greek New Testament von Aland Black Metzger Wikgren 1966 und in Nestle-Aland Novum Testamentum Graece[26] 1979 neu verwendeten Papyri und Minuskeln. Für die religionsgeschichtliche Einordnung des Hb wurden neu wichtig: die jüdischen Qumrantexte (Auflistung und Sigel bei DBarthélemy JTMilik Discoveries in the Judaean Desert I, Qumran Cave I, 1955, S 46–48; KG Kuhn Konkordanz zu den Qumran-Texten 1960, S V–VII, Nachträge in Revue de Qumran IV 2, 1963, S 175 f). Ferner: die gnostischen Nag-Hammadi-Funde aus Ägypten (Auflistung und Sigel durch JMRobinson NTSt 14, 1968, S 356 ff; Texte bei JMRobinson The Nag Hammadi Library in English 1977). Schließlich: an neuen Mandaica, übersetzt von Lady ESDrower, werden im Kommentar benutzt: The Haran Gawaita The Baptism of Hibil Ziwa 1953 The Canonical Prayerbook of the Mandaeans 1959 The Thousand and Twelve Questions 1960 The Coronation of the Great Šišlam 1962 The Great „First World" The Lesser „First World" 1963. Sodann ist zu verwerten die beträchtliche Anregung durch die seit 1931 erschienenen Kommentare und Spezialarbeiten zum Hb; siehe das Verzeichnis der benutzten Kommentare und das Literaturverzeichnis.

Der Kommentar sieht seine Hauptaufgabe darin, das theologische Profil dieses interessanten spätchristlichen Textes im Zusammenhang der alttestamentlichen, jüdischen, christlichen und außerchristlichen damaligen Religionswelt möglichst scharf herauszuarbeiten. Die Notierung des für den Hb typischen Wortschatzes, zum Beispiel seiner hapax Legomena, dient diesem Ziel; besonders auch, was seinen theologischen Unterschied zum Corpus Paulinum kennzeichnet. Aber die Formalien sollen dabei nicht zu kurz kommen: die Textkritik versucht, alle einschlägigen heutigen Belege zu nennen; der mit dem hellenistischen Griechisch nicht hinreichend vertraute Benutzer findet für Grammatik und Rhetorik entsprechende Verweise.

Für den Benutzer des Kommentars sind nachfolgende Hinweise wichtig. Die im Kommentar verwendeten Abkürzungen sind zu entnehmen dem Theologischen Wörterbuch (ThW) X S 53 ff, dem Griechischen Wörterbuch von WBauer[5] 1971 und der „Religion in Geschichte und Gegenwart"[3]. Für die Textkritik aus: Tischendorf NT[8] 1869 1872 und den dazugehörigen Prolegomena von CRGregory 1884; ferner EvDobschütz ENestles Einführung in das griechische NT[4] 1923, KAland Kurzgefaßte Liste 1963 und Nestle-Aland NT[26] 1979; schließlich GZuntz The Text of the Epistles 1953 BMMetzger A Textual Commentary in the Greek NT 1971. Zum Inhalt ist spezielle Literatur vor jedem Vers angegeben; dort nicht Verzeichnetes ist dem alphabetischen Literaturverzeichnis zu entnehmen, das aber die spezielle Literatur ebenfalls enthält. Normalerweise ist die Literatur nur bis 1980 benutzt. Grammatiken, Wörterbücher und ähnliche Hilfsmittel werden unter diesem Stichwort gesondert verzeichnet. Kommentare sind im Verzeichnis nach ihrem Erscheinungsjahr geordnet. Jeder wichtige Begriff des Hb wird normalerweise im Kommentar bei seinem Ersterscheinen behandelt; bei weiterem Vorkommen erfolgt ein kurzer Rückverweis darauf. Der Nachweis für das Vorkommen einer Vokabel will veranschaulichen: der Hb entnimmt seinen Sprachschatz, abgesehen von dem allgemein-christlichen Sprachgebrauch, aus der Septuaginta (LXX) *und* aus hellenistisch-außerbiblischer Literatur. Die LXX wird von mir zitiert normalerweise nach Swete, selten nach Rahlfs oder der neuen Göttinger Ausgabe. Für den im Hb verwendeten LXX-Text siehe OMichel Kommentar[12], 1966, S 112 Anmerkung 2; ferner EAhlborn Die Septuaginta-Vorlage des Hebräerbriefs, Dissertations-Manuskript Göttingen 1966; FSchröger Der Verfasser des Hebräerbriefs als Schriftausleger 1968.

Es ist mir ein wichtiges Bedürfnis, meinen ausdrücklichen Dank auszusprechen: an Herrn Kollegen WRGLoader Australien für die Überlassung zahlreicher Kopien aus der Sekundär-Literatur; an das Institut für neutestamentliche Textforschung in Münster, seinen Direktor, Herrn Kollegen Aland und seine Mitarbeiter, für laufende treue Beratung in Fragen der Textkritik; an die Mitarbeiter der hiesigen Universitäts-Bibliothek, vor allem an Frau Bibliotheks-Oberamtsrätin Strecker. Besonders an Herrn Oberbibliotheksrat Dr. Beßlich für die einem bibliothekswissenschaftlichen Laien wie mir schwierige Umsetzung von Wettstein-Zitaten in die heute gültige Zitierungsweise und für viele sonstige bibliographische Hilfe. An die Seminar-Bibliothek der hiesigen Katholischen Fakultät für selbstlose Hilfe in der Literatur-Beschaffung. Schließlich an meine Fakultät: an Herrn Privatdozenten Dr. D.-A. Koch, an Herrn Assistenten W. Weiß für wichtige Korrekturhilfe, an Herrn Stief, den Leiter der Seminarbibliothek und seinen Mitarbeiter, Herrn Kenst, für vielerlei freundliche, immer bereite Hilfen, beim Auffinden von Büchern, beim Maschinenschreiben und beim Kopieren.

Einleitung

In seiner theologischen Struktur vollzieht der Hb vielfach einen Alleingang. Die Gotteslehre hat etwas griechisch Rationalistisches, siehe 11,6; vergleiche des Hb Vorliebe für allgemeingültige Sätze, 7,7. Die Christologie ist zwar allgemein-spät-neutestamentlich insofern, als sie Jesus „Gott" nennt (siehe 1,8) und das formulierte Bekenntnis verwendet (siehe 3,1); der Ton auf Jesu Auffahrt statt auf der Auferstehung oder Erweckung seines Leibes ist sogar frühchristlich (siehe 1,3 13,20). Aber Jesus als Abglanz und Prägebild Gottes 1,3, als himmlischer Hoherpriester im himmlischen Kultdienst 2,17 8,1–10,18, seine Analogie zu Melchisedek 5,6 Exkurs (7,1–17) – diese Aussagekomplexe eignen im NT allein dem Hb. Ebenso die von Jesus vollbrachte Sühne als nicht alttestamentlich-uneigentlich, sondern als wirklich, als Sache des Gewissens, 9,9.14 10,22; desgleichen die von Jesus bewirkte Wegbahnung ins himmlische Heiligtum 10,19f. Neben der zeitlich-eschatologischen Linie (siehe zum Beispiel 2,5 3,13 und öfter) liegt ein starker Ton auf dem Gegensatz von „uneigentlich-welthaft" und „wirklich-jenseitig" (siehe zu „wirklich" 8,2, „bleiben" 7,3, „unerschütterbar" 12,28, „Schatten" 8,5 und zu dem „Geschaffenen" 12,27); die LXX, allegorisch-gnostisch interpretiert, „beweist" diese dualistische Wertung, zum Beispiel 11,13–16 13,9–14. Käsemanns Entwurf, im Gottesvolk passim, der die gnostische Versetzung des Hb unterstreicht, sieht grundsätzlich richtig, auch wenn man bei der Zitierung dualistischer Belegtexte wird vorsichtiger sein müssen (siehe 2,17 Exkurs). Das Verhältnis Jesu zu den Christen ist im Hb, anders als sonst im NT, eigentümlich distanziert; und das trotz Jesu Mitfühlens 4,15. Im Hb fehlt ἐν Χριστῷ, σὺν Χριστῷ, πιστεύειν εἰς, πίστις εἰς; Jesus „glaubt" selber 12,2; ihm als Führer wettlaufen die Christen – sie meist pluralisch – im Kampfeslauf leidend hinterher 12,1f 13,13 (siehe 4,2 Exkurs).

Auch die Paränese, die sich an die christologischen Abschnitte jeweils anschließt, hat im Hb etwas Eigenständiges. Die Glaubenden besitzen so etwas wie Präexistenz, 2,11. Die Mahnung greift herb und rigoros zu: von der Eucharistie droht Verweichlichung 13,9, Abfall ist irreparabel (6,6 Exkurs); der Hb traut der schneidenden Warnung vor dem schrecklichen Richter-Gott mehr Wirkung zu als dem lockenden Ruf zur Gnade 10,31 12,29. ἐλευθερ-Stämme fehlen im Hb. Der Ton liegt stark auf der Vergewisserung, durch den Bürgen 7,22, durch Schwur 6,16ff (siehe die βεβαι-Stämme 2,2 2,3 6,16). Die Erreichung der jenseitigen „Ruhe" kann verspielt werden (siehe 3,11 Exkurs).

Für das Folgende sind die Einleitungen ins NT und verwandte Arbeiten zu vergleichen; zuletzt FGSchierse Verheißung und Heilsvollendung 1955, Einführung S 1–11 und 206 Anmerkung 23; PhVielhauer Geschichte der urchristlichen Literatur 1975, S 237–251; HConzelmann/ALindemann Arbeitsbuch zum NT[5] 1980, S 307–312. Auch formal fällt der Hebräer aus der Reihe der sonstigen Briefe. Er ist ein Zwitter: im großen Hauptteil 1,1–13,17 eine Predigt, und zwar vom Verfasser als „Mahnrede" bezeichnet (13,22), ohne das übliche einleitende Briefprotokoll, das kaum fortgefallen sein kann; denn 1,1–4 ist ein unlädiertes, kunstvoll gegliedertes Satzgebilde. Trotzdem in 13,18–25 ein formal protokollgemäßer Briefschluß. Rollers Feststellung, Das Formular der paulinischen Briefe 1933, S 237, eines „Mischstils" trifft für Hb zu; ob Rollers Parallelen für diesen Stil (aaO 234–238) hinreichen, um den gesamten Hb gleichwohl einen „Brief" nennen zu dürfen, scheint mir fraglich.

Der Hb schreibt ein sehr gutes attisches Griechisch, in diesem alexandrinisch-philonischen Niveau für das NT einmalig. Auf seine Kunstprosa, hinsichtlich Wortstellung und zahlreicher stilistischer und rhetorischer Einzelheiten – siehe Bl-Debr § 485–491 – wird im Kommentar je einzeln hingewiesen. Die hohe sprachliche Bildung des Verfassers ist offenkundig.

Die im Hb Angeredeten sind nicht Christen der ersten Generation und nicht Palästinenser, siehe 2,3. Der Text wendet sich an Heidenchristen, wie die an sie gerichtete Bekehrungspredigt zeigt, die unter den Primärbelehrungen die Abkehr von den toten Werken, also dem Götterdienst, und den Glauben an Gott nennt 6,1. Die häufigen Warnungen vor Abfall sprechen nie von Rückfall ins Judentum; die Kritik am alttestamentlichen Sühnekult warnt nie vor dessen neuerlicher Betätigung, sondern macht an ihm die Unergiebigkeit menschlichen Kultwesens – auf nur irdischer Ebene Tieropfer und Wiederholung der Opfer – klar, damit die Bedeutung des himmlischen Hohenpriesters mit dem Einmaligkeitsrang seines Selbstopfers und der sühnende Ewigkeitswert seines Blutes verstanden wird. Ebensowenig will der Hb Vertreter priesterlicher Qumranfrömmigkeit ansprechen; denn diese treten für Intensivierung levitischer Reinheit, der Hb für die Ablösung der untauglichen leiblichen Reinheit durch die wahre Reinheit ein, die im Gewissen durch Jesu einmaliges Selbstopfer zustande kommt, 9,14 (zu Spicq L'Épître aux Hébreux, Apollos, Jean Baptiste, les Hellénistes et Qumran, Revue de Qumran I 1959, 365–390; vgl HBraun Qumran-NT II, § 9 S 180–184). Bis heute freilich sind die Ausleger gespalten in der Frage der jüdischen oder heidnischen Herkunft der Hb-Christen, siehe Gräßer Der Hebräerbrief 1938–1963, ThR 30, 1964, S 147–151. Die spätere Überschrift πρὸς Ἑβραίους ist unzutreffend, der Irrtum ist freilich vom Inhalt her verständlich. Diese Adresse steht in den meisten Vätern seit Pantaenus, also seit vor 200p, siehe unten; auch in vielen Majuskeln und Minuskeln, siehe Nestle-Aland[26] Subscriptio hinter Hb 13,25, auch schon in p[46], also um 200p. Die Kennzeichnung der „Hebräer" als der ruhelos Wandernden bei Schiele und VMonod – von mir zitiert nach Windisch 7 und Käsemann Gottesvolk 156 Anmerkung 1 – trifft die theologische Intention des Hb gut. Aber Hb selber bringt περάτης = עברי, LXX Gn 14,13 gar nicht. Zudem wird περάτης konträr gedeutet: positiv bei Philo Migr Abr 20 als „fortschreitend von der Sinneswahrnehmung zum Denken"; negativ als „Waise", „vaterlos" Nag Hammadi Philippus-Evangelium Cod II 3 Schenke Spruch 6 und 46, Robinson The Nag Hammadi Library in English The Gospel of Philip II 3 52,20 ff S 132 62,5 f S 137. Der philonische „Fortschritt" – aus der Sinnlichkeit heraus zum Denken – ist in Hb 6,1 zum mindesten unrational formuliert: aus der Anfangsbelehrung zur Vollkommenheit. Das Philippus-Evangelium will aber aus der Hebräer-Existenz gerade *heraus*führen. Die seit Pantaenus von πρὸς Ἑβραίους redenden Väter zeigen keine Bekanntschaft mit solchen Deutungen von Ἑβραῖοι; sie können doch nicht gemeint haben: an die, die nicht mehr Hebräer sein sollten.

Wo die Angeredeten wohnen, ist schlechterdings nicht auszumachen. Daß es Christen eines weiten Gebietes sind, also eine Gesamtkirche aus vielen Gemeinden, scheint mir durch die Konkretheit einzelner Mahnungen wie 10,32 ausgeschlossen (vgl auch im

Kommentar den Vorspann zu 5,11–6,12). Es scheint Eine konkrete Gemeinde angesprochen zu sein, mag sie sich immerhin in lokal voneinander getrennte Gruppen gliedern (siehe zu 13,24).

Wann ist Hb geschrieben? Für die Entscheidung darüber sind nicht zu verwerten: die 40 Jahre 3,10.17 als Indiz für 70p; auch nicht die Praesentia des jüdischen Opferkultes in 9,6–9.22.25 10,1 als Beweis für die Abfassung vor der Tempelzerstörung 70p (siehe 9,6 10,1); denn der Hb spricht von der σκηνή der Wüstenzeit, der Tempel als ναός und ἱερόν fehlt im Hb. Exakt kennen wir nur den Terminus post quem non: der Hb wird zitiert im ersten Clemensbrief 36,2–5 (Hb 1,3–5.7.13), also ab 96p; ich teile nicht den Standpunkt von Beyschlag und Theißen, die die Abhängigkeit des 1Cl von Hb bestreiten; siehe zu 1,3 Ende. Also ist Hb geschrieben nicht erheblich nach 90p, kaum vor 80p, mithin im nachapostolischen Zeitalter, das sich im Hb abzeichnet durch die „hohe" Christologie, durch die Ermüdung der Gemeinde (im Hb passim) und durch die dadurch bedingte vom Verfasser besonders betonte Nähe der Parusie 1,2 3,13 9,26 10,25.35–39 12,3.12f. Die Gemeinde ist nicht während der Erstmission entstanden 2,3. Zu spät darf man die Abfassung nicht ansetzen: Timotheus lebt noch und ist noch reisefähig 13,23. Für die differierende Position der Erklärer in Fragen der Abfassungszeit siehe Gräßer aaO S 151f.

Von wo aus lokal genau der Hb geschrieben ist, bleibt unklar; die mitgrüßenden ἀπὸ τῆς Ἰταλίας erlauben nicht eine wirkliche Präzisierung. Rom als Absendeort ist nicht wahrscheinlich, siehe 13,24.

Der Hb selber nennt nicht seinen Verfasser. Zu Paulus bestehen zwar gewisse theologische Beziehungen: Jesu Präexistenz 1,3 Gl 4,4; die Bedeutung von Jesu Passion 5,7f 1K 1,18 Phil 2,8; Jesus ist mehr als Mose 3,1–6 2K 3,7–10; Abraham als Glaubensbeispiel 6,13–15 11,8–19 R 4; die Wüstengeneration als Warnung 3,7–4,11 1K 10,1–13; das Bild vom sportlichen Wettlauf 12,1f 1K 9,24–27; die Verwertung von Ps 8 für Jesus 2,6–9 1K 15,27; der Gebrauch von Hab 2,4 Hb 10,38 R 1,17 Gl 3,11. Aber tiefer sind die theologischen Differenzen. Bei Paulus ist das Gesetz ein Fluch: nicht erst für den konkreten Übertreter, sondern gerade dort, wo der Mensch sich selber rühmend durch Gebotserfüllungen gegen Gott sichert R 3,21–28. Hb *sieht* diese Gefahr nicht einmal; ihm gilt das Gesetz als unkräftig, weil die gesetzliche Sühne des Versöhnungstages, anders als Jesu Selbstopfer, nichts ausrichtet 9,1–10,18, verglichen mit dem durch Jesus gewirkten καθαρίζειν 9,14 10,2 11,3. Bei Paulus fehlt die dem Hb wichtige Bedeutung des himmlischen Hohenpriesters Melchisedek Hb 7,1–17. Im Hb fehlt Jesu ἀνίστασθαι und ἐγείρεσθαι und das Auferstehungs-σῶμα der Christen (siehe die Konkordanz). Der Imperativ *erwächst* im Hb nicht, wie bei Paulus, aus dem Indikativ; darum besitzt das Gehorchen der Christen im Hb nicht, wie bei Paulus, paradoxen Charakter (siehe 2,2).

Die Alte Kirche hat diese zwischen Hb und Paulus bestehenden theologischen Differenzen nicht gesehen; wohl aber erkennt Origenes das Hb-Griechisch als dem Paulus-Stil überlegen (Euseb Hist Eccl VI 25,11.13).

Welchen Weg ging der Hb durch die Alte Kirche? Der Hb wird zitiert oder erwähnt in den nachfolgenden Texten: Ohne Nennung von Verfasser oder Adresse in 1Cl 36,2–5. Unter Nennung von πρὸς (τοὺς) Ἑβραίους im kirchlichen Osten bei: Pantaenus, vor 200p, Euseb Hist Eccl VI 14,1.4, der sich dafür auf die uns nicht erhaltenen Hypotyposen des Clemens Alexandrinus beruft; bei Clemens Alexandrinus laut Euseb aaO VI 14,1–3; bei Origenes laut Euseb aaO 23,1 25,11–14; bei Euseb selber aaO III 3,5 38,2f; bei Epiphanius GCS 37 Panarion Haer 69,37,2; bei Theodoret MPG 82,674C; bei einer hohen Zahl der östlichen Väter laut Photius Bibliothèque V 1967 par René Henry Codex 232 S 291b,12–18, wo Stephanus Gobarus als Gewährsmann genannt wird. Im kirchlichen Westen wird der Hb bis ins 4. Jahrhundert nur randweise erwähnt: bei Hippolyt laut Photius aaO; vgl Anspielungen auf Hb-Texte bei Hippolyt Elenchus GCS 26 Register S 296. Bei Irenaeus laut Photius aaO und laut Euseb aaO V 26; vgl Anspielungen auf Hb-Texte bei Irenaeus MPG 7,1 Spalte 822A 864A. Bei Tertullian CSEL 20 Pudicitia 20. In den Tractatus Origenis De libris ss scripturarum MPL Supplementum I Spalte 417 X (108) Anmerkung 5, wobei hinter den Tractatus Origenis der spanische Gregor von Elvira steht (vgl RGG^3 II Spalte 1843 und Pauly-Wissowa VII 2 Spalte 1864–1867). Hb bleibt unerwähnt im Canon Muratori und im Verzeichnis des Codex Claromontanus (= D für Paulinen), EPreuschen Analecta 1893 S 129–137 S 142–144 und Kleine Texte 1 Lietzmann 1933 S 3–11. Für das Folgende sind die Fundorte der Väter-Stellen dem Bisherigen zu entnehmen, sofern nicht das Vermeiden von Verwechslung eine erneute genaue Zitierung erfordert. Von genannten Autoren hält weitgehend der kirchliche Osten Paulus für den Verfasser des Hebräer: Pantaenus, Clemens Alexandrinus, Eusebius, Epiphanius, Theodoret. Als Übersetzer des als hebräisch schreibend angenommenen Paulus gilt Lukas bei Clemens Alexandrinus laut Euseb aaO VI 14,2 und bei Euseb selber aaO III 38,2; gilt Clemens Romanus bei Euseb selber aaO III 38,2f. Als Schreiber gilt in der Subscriptio vieler Minuskeln Timotheus, Nestle-Aland^{26} hinter Hb 13,25. Paulus verschweigt im Hb sich als Verfasser aus Bescheidenheit, so Pantaenus; er verschweigt gerade im Hb sich, um für die vermeintlich jüdischen Empfänger seine Heidenmission keinen Anstoß sein zu lassen, so Clemens Alexandrinus laut Euseb aaO VI 14,2.3. Als Verfasser des Hb wird Paulus bestritten oder verschwiegen bei Origenes, bei den Arianern laut Epiphanius; im Westen bei Clemens Romanus, in der römischen Kirche laut Euseb aaO III 3,5, bei Hippolyt, Irenaeus und in den Tractatus Origenis (= Gregor von Elvira). Als Verfasser statt Paulus werden behauptet Barnabas bei Tertullian und in den Tractatus Origenis; als Verfasser werden vage genannt Clemens Romanus oder Lukas bei Origenes laut Euseb aaO VI 25,14. Der Diskussionsverlauf bis Eusebius bestätigt: die Tradition von der Verfasserschaft des Paulus hat in den ersten drei Jahrhunderten nie eine einhellige Anerkennung besessen; auch noch heute gilt das Urteil des Origenes bei Euseb aaO VI 25,14: den wirklichen Sachverhalt über den Hb-Verfasser weiß Gott.

Die für Paulus optierende Tradition erhielt entscheidendes kanonsgeschichtliches Gewicht durch den 39. Festbrief des Athanasius 367p, der 14 Paulinen zählt (EPreuschen Analecta 1893 S 144–147); ähnlich die Synoden von Carthago 397p und das Dekret des Gelasius 492–496p (Preuschen aaO S 162f 147ff). Der kirchliche Westen zögerte zunächst: Cyprian (bis 258p) CSEL 3 III Index S 371 und Optatus von Mileve (ab 365p) CSEL 26 Index S 219 zitieren nicht den Hb; Victorinus von Pettau (etwa 300p) CSEL 49 bringt spärliche Anspielungen auf den Hb, Index S 157; der Ambrosiaster MPL 17 Spalte 47–536 kommentiert nicht den Hb. Aber Lucifer von Calaris, gestorben 370/71, CSEL 14, zitiert den Hb S 20,20ff und 22,4–12 als paulinisch und apostolisch. Priscillian, Ende des 4. Jahrhunderts, CSEL 18 Index S 166, zitiert den Hb intensiv, als paulinisch S 45,3f. Ambrosius, gestorben 397p, CSEL 32 IV und 62 V Index S 587 und 536 bringt viele Anspielungen und Zitate aus dem Hb, den er dem *apostolus* zuschreibt CSEL 62 S 184 Zeile 17. Bei Filastrius, gestorben 397p, CSEL 38, werden in Diversarum Hereseon Liber 61(89),1 die den Hb als unpaulinisch Beurteilenden getadelt; aber laut 60(88),4 tritt Hb in der kirchlichen Verlesung zurück. Hieronymus äußert sich zwiespältig. Er kennt den

Urteilsunterschied zwischen „allen Kirchenschriftstellern griechischer Sprache" und „dem Brauch der Lateiner" CSEL 56 Epist 129 ad Dardanum 3,7–8, er zitiert Paulus als „das auserwählte Gefäß" S 168 Zeile 4 Epist ad Dardanum 3,4–6 und meint den Verfasser von Hb 11,8–10.13–16.39–40 12,22f; und er kann doch formulieren CSEL 59 in Hieremiam Prophetam 26,4 S 404 Zeile 21 f: „laut diesem Zeugnis schrieb der Apostel Paulus – oder irgendein anderer den Brief". Ähnlich doppelseitig urteilt Augustin. Er zitiert den Hb, ohne Paulus als Verfasser zu nennen, zum Beispiel CSEL 40 II in De civitate Dei XVI 28 S 177 Zeile 13 XVI 32 S 182 Zeile 27. Er kennt positive und negative Urteile über Paulus als Verfasser CSEL 40 II De civitate Dei XVI 22 S 164 Zeile 4f. Er bekennt sich als in dieser Frage bestimmt durch die Autorität der Ostkirchen CSEL 60 in De peccatorum meritis et remissione I 27,50 S 47 Zeile 23–25 und zählt in De doctrina Christiana II 8,13 Corpus Christianorum Series Latina Band XXXII S 40 Zeile 54 ad Hebraeos als letzten Paulusbrief. In der Folgezeit wird der als paulinisch geltende Hb kommentiert von Chrysostomus, Theodoret, Ps Oecumenius und Theophylact MPG 63,9–456 82,673–786 119,279–452 125,185–404, von Primasius MPL 68,685–794; von Thomas Super epistolas S Pauli Editio VIII revisa Vol II 1953 S 335–506 und Nicolaus de Lyra Straßburg 1492 Frankfurt/Main 1971. Der Humanismus greift auf die Bestreitung der paulinischen Herkunft zurück: Erasmus verteidigt den persönlichen Zweifel („was meine Meinung anlangt") an der Verfasserschaft des Paulus in adnotationes Opera Band VI 1525 1705 1962 Hildesheim Spalte 1024. Beza Novum Testament[8] 1588 S 409 erschließt aus Personenangaben über Timotheus und Paulus zu Hb 13,23, Paulus sei nicht der Verfasser. Luther kommentiert 1517 den Hb als paulinisch WA 57, zum Beispiel S 5 Zeile 10; er bestreitet die paulinische Herkunft in den Vorreden 1522 und 1546 WA Deutsche Bibel 7,2 S 344f. Ebenso Calvin Corpus Reformatorum LV S 6. Bengel Gnomon[8] 1773 1915 S 949 zu Hb 13,25: Paulus schreibt den Hb aus römischer Gefangenschaft. deWette[2] 1847 S 125f, Delitzsch 1857 S 700, Bleek-Windrath 1868 S 62ff halten in ihren Kommentaren an Paulus als Verfasser nicht mehr fest. Zur Verfasserfrage in den letzten 100 Jahren siehe EGräßer Der Hebräerbrief 1938–1963 ThR NF 30, 1964, S 145f.

Literaturverzeichnis

Hier ist nicht die sämtliche in Vorwort und Einleitung benutzte Literatur enthalten; auch die benutzten Hb-Kommentare und die Kommentare anderer neutestamentlicher Bücher folgen in eigenen Verzeichnissen.

SAalen Das Abendmahl als Opfermahl, Nov Test 6, 1963, 128–152.
ACAdams Exegesis of Hb 6,1f, NTSt 13, 1968, 379–385.
EAhlborn Die Septuagintavorlage des Hebräerbriefes, 1966; ich zitiere nach dem mir nur vorliegenden Maschinen-Manuskript aus Göttingen.
LCAllen The Old Testament Background of (προ)ὁρίζειν in the NT, NTSt 17, 1970, 104–108.
HAlmquist Plutarch und das NT, 1946.
PAndriessen Das größere und vollkommenere Zelt, BZ 15, 1971, 76–92.
PAndriessen-ALenglet Quelques passages difficiles, Biblica 51, 1970, 207–220.
HWAttridge Heard because of His Reverence, JBL 98, 1979, 90–93.
MPAuffret Essai sur – Hb 3,1–6, NTSt 26, 1980, 380–396.
BWBacon The Doctrine of Faith in Hebrews, JBL 19, 1900, 12–21.
ders. Priesthood without Pedigree, Exp T 13, 1901/02, 345–348.
JWBailey The usage in the post-restoration period –, JBL 70, 1951, 217–225.
ABakker Christ an Angel? ZNW 32, 1933, 255–265.
JBarbel Christos Angelos, 1941 1964.
RSBarbour Gethsemane, NTSt 16, 1970, 231–251.
CKBarrett The Eschatology of the Epistle to the Hebrews, in: The Background of the NT and its Eschatology, edited by WDDavies/DDaube, 1956, 363–393.
JBauer πολλοί, Nov Test 4, 1960, 263–266.
ders. πῶς in der griechischen Bibel, Nov Test 2, 1958, 81–91.
WBauer Das Leben Jesu im Zeitalter der neutestamentlichen Apokryphen, 1909.
FWBeare The Text of the Epistle to the Hebrews in p[46], JBL 63, 1944, 379–396.
JBehm Der Begriff διαθήκη im NT, 1912.
PBenoit Le Codex Paulinien Chester Beatty, Rev Bibl 46, 1937, 58–82.
KBerger Apostelbrief und apostolische Rede, ZNW 65, 1974, 190–231.
GBertram Der Begriff der Erziehung, in: Imago Dei GKrüger-Festschrift 1932, 33–51.
EBest I Peter and the Gospel Tradition, NTSt 16, 1970, 95–113.
HDBetz Lucian von Samosata, 1961.
ders. Nachfolge und Nachahmung, 1967.
ders. Plutarch's Theological Writings, 1975.
ders. Plutarch's Theological Writings, 1978.
OBetz Der Katechon, NTSt 9, 1963, 276–291.
KBeyschlag Clemens Romanus und der Frühkatholizismus, 1966.
WBieder Pneumatologische Aspekte im Hebräerbrief, in: NT und Geschichte Cullmann-Festschrift 1972, 251–259.
HBietenhard Die himmlische Welt, 1951.
ABischoff Exegetische Randbemerkungen, ZNW 9, 1908, 166–172.
MBlack Critical and exegetical Notes, in: Apophoreta Haenchen-Festschrift 1964, 39–44 Beih ZNW 30.
JBlinzler Der Prozeß Jesu³, 1960.

AvBlumenthal τόπος und παράδειγμα, Hermes 63, 1928, 391–414.
HWBoers The Diversity of New Testament Christological Concepts, 1962.
FBoll Aus der Offenbarung Johannis, 1914.
ThBoman Hebraic and Greek Thought-Form in the NT in: Current Issues, OPPiper-Festschrift New York 1962, 1–22.
ders. Der Gebetskampf Jesu, NTSt 10, 1964, 261–273.
ABonhoeffer Epiktet und das NT, 1911.
KBornhäuser Empfänger und Verfasser des Hebräerbriefs, BFTh 35, 1932, 303–393 (= 8–97).
GBornkamm Das Bekenntnis im Hebräerbrief, Studien zu Antike und Christentum. Gesammelte Aufsätze Band II[2], 1963, 188–203.
ders. Sohnschaft und Leiden, Geschichte und Glaube II, 1971, 214–224.
ders. Lobpreis, in: Apophoreta Festschrift Haenchen 1964, 46–62 Beih ZNW 30 = Gesammelte Aufsätze III, 1968, 122–139.
ders. Homologia, Geschichte und Glaube I, Gesammelte Aufsätze III 1968, 140–156.
CBourgin Le Christ-Prêtre, Lumière et Vie StAlban Leysse 7, 1958, 67–90.
WBousset/HGreßmann Die Religion des Judentums[3], 1926.
FBovon Le Christ, la foi et la sagesse dans l'épître aux Hébreux, Revue de Théologie et de Philosophie 3, 1968, 129–144.
WBrandt Die Wortgruppe λειτουργεῖν, Jahrbuch der Theologischen Schule Bethel 1, 1930, 145–176.
EBrandenburger Text und Vorlagen von Hb 5,7–10, Nov Test 11, 1969, 190–224.
GBraumann Hb 5,7–10, ZNW 51, 1960, 278–280.
HBraun Gerichtsgedanke und Rechtfertigungslehre bei Paulus, 1930.
ders. Qumran und das NT I.II, 1966.
ders. Der Sinn der neutestamentlichen Christologie, Gesammelte Studien[2] 1967, 243–282.
ders. Spätjüdischer und frühchristlicher Radikalismus[2], 1969.
ders. Das himmlische Vaterland, in: Verborum Veritas Stählin-Festschrift 1970, 319–327.
ders. Die Gewinnung der Gewißheit, ThLZ 96, 1971, 321–330.
ders. Wie man über Gott nicht denken soll, 1971.
FEBrightman Eastern Liturgies, 1896.
IBroer Neutestamentliche Ermahnungen an die Verkünder, Bibel und Leben 10, 1969, 80–83.
WEBrooks The Perpetuity of Christ's Sacrifice, JBL 89, 1970, 205–214.
FFBruce The Time is fulfilled, 1978.
RBultmann θεὸν οὐδεὶς ἑώρακεν, ZNW 29, 1930, 169–192.
ders. Weissagung und Erfüllung, ZThK 47, 1950, 360–383.
ders. Die Bedeutung der neuerschlossenen, ZNW 24, 1925, 100ff (= Exegetica 1967, 55ff.).
ders. Ursprung und Sinn der Typologie, Exegetica 1967, 369–380.
ders. Theologie des NT[6], 1968.
Ch Burchard Untersuchungen zu Joseph und Aseneth, 1965.
JCambier Eschatologie ou hellénisme dans l'Épître aux Hébreux, Salesianum 11, 1949, 62–96.
HvCampenhausen Das Bekenntnis im Urchristentum, ZNW 63, 1972, 232–234.
CECarlston Eschatology and Repentance in the Epistle to the Hebrews, JBL 78, 1959, 296–302.
DJMacCarthy The Symbolism of Blood and Sacrifice, JBL 88, 1969, 166–176.
KWClark Worship in the Jerusalem Temple, NTSt 6, 1960, 275f.
HClavier ὁ λόγος τοῦ θεοῦ dans l'épître aux Hébreux, in: The NT-Essays in Memory of TWManson, 1959, 81–93.
GLCocerill Hb 1,1–14 1Cl 36,1–6 and the High Priest Title, JBL 97, 1978, 437–440.
BCollins Tentatur Nova Interpretatio Hb 5,11–6,8, Verbum Domini 26, 1948, 144–151. 193–296.
HConzelmann Grundriß der Theologie des NT[2], 1968.
JCoppens Les affinitées Qumraniennes, Nouv Revue Théol année 94 tom 84, 1962, 128ff 257f.
ders. Le messianisme sacerdotal, Recherches Bibliques VI, 1962, 101–112.
JCoste Notion greque et notion biblique de la souffrance éducatrice in: Recherches de science réligieuse 43, 1955, 481–523.
JACramer Catenae Graecorum Patrum VII, 1843 1967.

OCullmann Die Christologie des NT[4], 1966.
ders. Der johanneische Kreis, 1975.
ders. Zur neuesten Diskussion, ThZ 10, 1954, 321–336.
JCMcCullough The Old Testament Quotations in Hebrews, NTSt 26, 1980, 363–379.
GJCuming Service Endings in the Epistles, NTSt 22, 1975, 110–113.
GDalman Die Worte Jesu[2], 1930.
GDautzenberg Der Glaube im Hbbrief, BZ NF 17, 1973, 161–177.
JHDavies The Heavenly Work of Christ, Studia Evangelica IV, TU 102, 1968, 384–389.
R le Déaut Traditions targumiques dans le Corpus Paulinien, Biblica 42, 1961, 28–48.
ders. Le titre de Summus Sacerdos, Recherches de science religieuse 50, 1962, 222–229.
RDeichgräber Gotteshymnus und Christushymnus, 1967.
ADeißmann Bibelstudien, 1895.
ders. Neue Bibelstudien, 1897.
ders. Licht vom Osten[4], 1925.
MDelcor Melchisedek from Genesis to the Qumran Texts, Journal for the Study of Judaism 2, 1971, 115–135.
ders. Le testament d'Abraham, 1973.
GDelling Jüdische Lehre und Frömmigkeit in den Paralipomena Jeremiae, Beiheft 100 zur ZAW, 1967.
ders. Partizipiale Gottesprädikationen, Studia Theologica Aarhus, 1963 = Geprägte partizipiale Gottesaussagen, Studien zum NT und hellenistischen Judentum, 1970, 401–416.
BDemarest A History of Interpretation, 1976.
JCDhôtel La „sanctification" du Christ, Recherches de science religieuse 48, 1960, 420–452.
MDibelius Zur Formgeschichte des NT, ThR 3, 1931, 207–242.
ders. Gethsemane, Botschaft und Geschichte I, 1953, 258–271.
ders. Der himmlische Kultus nach dem Hebräerbrief, Botschaft und Geschichte II, 1956, 160–176.
ders. ἐπίγνωσις ἀληθείας, Botschaft und Geschichte II, 1956, 1–13.
ders. Die Formgeschichte des Evangeliums[3], 1959, 213f.
ADieterich Abraxas, 1891.
ders. Nekyia, 1913.
HDörrie Ὑπόστασις, NGG 1955, 3, 35–92.
ders. Zu Hb 11,1, ZNW 46, 1955, 196–202.
ders. Leid und Erfahrung, Akademie der Wissenschaften und der Literatur Mainz 1956, 304–343.
BDuhm Das Buch Jeremia, 1901.
ders. Das Buch Jesaja[5], 1968.
OEger Rechtswörter und Rechtsbilder in den paulinischen Briefen, ZNW 18, 1917, 84–108.
WEichrodt Theologie des AT I 1948.
REisler Weltenmantel und Himmelszelt, 1910.
OEissfeldt Einleitung in das AT[2], 1956.
KElliger Das Buch der 12 Kleinen Propheten[3], 1956.
EEEllis „Spiritual" Gifts, NTSt 20, 1974, 128–144.
FWEltester Eikon im NT, 1958 Beiheft 23 zur ZNW.
Mvan Esbroeck Hb 11,33–38 dans l'ancienne version géorgienne, Biblica 53, 1972, 43–64.
EFascher Προφήτης, 1927.
ders. Deus invisibilis, Marburger Theologische Studien 1, 1931, 41–77.
ders. Theologische Beobachtungen zu δεῖ, Neutestamentliche Studien für Rudolf Bultmann 1954, 228–254.
ders. Zum Begriff des Fremden, ThLZ 96, 1971, 161–168.
AFeuillet La citation d'Habakuk II4, NTSt 6, 1959, 52–80.
ders. Le ‚Commencement' de l'Économie Chrétienne, NTSt 24, 1978, 163–174.
PFiedler Die Formel „und siehe", Studien zu AT und NT 20, 1969.
GFitzer Auch der Hbbrief legitimiert nicht, Kerygma und Dogma 15, 1969, 294–319.

JAFitzmyer The Use of Explicit Old Testament Quotations in Qumran Literature and in the NT, NTSt 7, 1961, 299–305.
ders. Now this Melchisedek, Catholic Biblical Quarterly 25, 1963, 305–332.
ders. The Contribution of Qumran Aramaic, NTSt 20, 1974, 382–397.
MFlascher Exegetische Studien, ZAW 32, 1912, 81–116.
EFraenkel Geschichte der griechischen Nomina agentis I, 1910.
JFrankowski Requies, Verbum Domini 43, 1965, 225–240.
GFriedrich Das Lied vom Hohenpriester, ThZ 18, 1962, 95–115.
UFrüchtel Die kosmologischen Vorstellungen bei Philo von Alexandrien, 1968.
KGalling Durch die Himmel hindurch geschritten, ZNW 43, 1950/51, 263f.
BGärtner The Habakkuk Commentary, Studia Theologica 8, 1954, 1–24.
ders. The Temple, 1965.
DGeorgi Die Gegner des Paulus im 2. Korintherbrief, 1964.
FWGingrich Contributions to the Lexicography, NTSt 9, 1962, 9.
SGiversen Evangelium Veritatis and the Epistle to the Hebrews, Studia Theologia 13, 1959, 87–96.
OGlombitza Erwägungen zum kunstvollen Ansatz der Paränese Hb 10,19–25, Nov Test 9, 1967, 132–150.
JGnilka Die Erwartung des messianischen Hohenpriesters, Revue de Qumran 2, 1960, 395–426.
HGollwitzer Zur Frage der Sündlosigkeit Jesu, Ev Th 31, 1971, 426–507.
LGoppelt Typos, 1939.
MGourges A la droite de Dieu, 1978.
EGräßer Der Hebräerbrief 1938–1963, ThR 30, 1964, 138–236.
ders. Der Glaube im Hebräerbrief, 1965.
ders. Das Heil als Wort, in: NT und Geschichte Cullmann-Festschrift 1972, 261–274.
ders. Christologie und historischer Jesus, ZThK 70, 1973, 404–419.
ders. Beobachtungen zum Menschensohn, in: Jesus und der Menschensohn, herausgegeben von Pesch-Schnackenburg 1975, 404–414.
ders. Rechtfertigung im Hebräerbrief, in: Rechtfertigung Festschrift Käsemann 1976, 79–93.
ders. Die Heilsbedeutung des Todes Jesu in Hb 2,14–18, in: Theologia Crucis Festschrift Dinkler, 1979, 165–184.
ders. Exegese nach Auschwitz? Kerygma und Dogma 27, 1981, 152–163.
ders. Die Gemeindevorsteher im Hebräerbrief, in: Vom Amt des Laien Festschrift GKrause 1982, 67–84.
KGrayston ἱλάσκομαι – in LXX, NTSt 27, 1981, 640–656.
RAGreer The Captain of Our Salvation, 1973.
AGuest The Word „Testament" in Hebrews 9, Exp T 25, 1913/14, 379.
HGunkel Genesis, 1901.
ders. Die Psalmen, 1926.
RGyllenberg Die Christologie des Hebräerbriefes, ZSTh 11, 1934, 662–694.
ders. Die Komposition des Hebräerbriefes, Svensk Exegetisk Årsbok XXII–XXIII, 1957/58, 137–147.
KHaaker Creatio ex auditu, ZNW 60, 1969, 279–281.
ThHäring Über einige Grundgedanken, Monatsschrift für Pastoraltheologie 17, 1921, 260–276.
DAHagner The Use of the Old and New Testaments in Clement of Rome 1973, 172–195.
FHahn Christologische Hoheitstitel, 1963.
ders. Der urchristliche Gottesdienst, 1970.
PLHammer The understanding of Inheritance in the NT, Dissertation Heidelberg, 1958.
ATHanson Christ in the Old Testament, Studia Evangelica II, 1964, 393–407.
GHarder Die Septuaginta-Zitate des Hebräerbriefes, Theologia Viatorum 1939, 33–52.
AvHarnack Das Wesen des Christentums³, 1900.
ders. Probabilia über die Adresse und den Verfasser des Hebräerbriefes, ZNW 1, 1900, 16–41.
ders. Zur Revision der Prinzipien, in: Beiträge zur Einleitung VII, 1916, 81f.
ders. Marcion², 1924.

ders. Die Mission und Ausbreitung des Christentums in den ersten drei Jahrhunderten, 1924.
ders. Zwei alte dogmatische Korrekturen, in: Studien zur Geschichte des NT und der Alten Kirche, 1931, 235–252.
ders. Lehrbuch der Dogmengeschichte[5], I 1931.
ders. Studien zur Vulgata des Hebräerbriefs, in: Studien zur Geschichte des NT und der Alten Kirche 1931, 191–234.
DMHay Glory at the Right Hand, 1973.
HHegermann Die Vorstellung vom Schöpfungsmittler im hellenistischen Judentum und Urchristentum, 1961.
MHengel Judentum und Hellenismus[2], 1973.
AJBHiggins Priest and Messiah, VT 3, 1953, 321–336.
AHilgenfeld Die Ketzergeschichte des Urchristentums, 1884.
HHillmann Der Hohepriester der künftigen Güter, Bibel und Leben 1, 1960, 157–178.
EHirsch/HRückert Luthers Vorlesung über den Hbbrief, 1929.
RHirzel Die Strafe der Steinigung, 1909 1967.
OHofius Katapausis, 1970.
ders. Das erste und das zweite Zelt, ZNW 61, 1970, 271–277.
ders. Inkarnation und Opfertod nach Hb 10,19f, in: Der Ruf Jesu. Jeremias-Festschrift, herausgegeben von Lohse/Burchard/Schaller, 1970, 132–141.
ders. στόματα μαχαίρης, ZNW 62, 1971, 129–130.
ders. Der Vorhang vor Gottes Thron, 1972.
ders. Die Unabänderlichkeit des göttlichen Heilsratschlusses, ZNW 64, 1973, 135–145.
JChrKvHofmann Der Schriftbeweis II 1[2], 1859.
OHoltzmann Der Hbbrief und das Abendmahl, ZNW 10, 1909, 251–260.
FLHorton The Melchizedek Tradition, 1976.
MHoudijk Eine Diskussion, Concilium 8, 1972, 774–781.
GHoward Hebrews and the Old Testament Quotations, Nov Test 10, 1968, 208–216.
LJansen Die Henoch-Gestalt, 1939.
SJellicoe The Occasion and Purpose of the Letter of Aristeas, NTSt 12, 1966, 144–150.
AJeremias Babylonisches im NT, 1905.
GJeremias Der Lehrer der Gerechtigkeit, 1963.
JJeremias Golgatha, ΑΓΓΕΛΟΣ Beiheft I, 1926.
ders. Zur Gedankenführung in den paulinischen Briefen, Studia Paulina 1953, 146–154.
ders. Jerusalem zur Zeit Jesu[2], 1958, IIB 1–17.
ders. Abba, 1966.
ders. τοῦτ' ἔστιν, ZNW 62, 1971, 131.
JJervell Imago Dei, 1960, 198–221.
SLJohnson Some Important Mistranslations, Bibliotheca Sacra Dallas 110, 1953, 25–31.
WGJohnsson The Pilgrimage Motif, JBL 97, 1978, 239–251.
GJohnston Οἰκουμένη and κόσμος, NTSt 10, 1964, 352–360.
ders. Christ as Archegos, NTSt 27, 1981, 381–385.
MdeJonge and A Svan der Woude 11 Qumran Melchizedek and the NT, NTSt 12, 1966, 301–326.
JKallas Romans 13, 1–7, NTSt 11, 1965, 365–374.
PKatz Philos Bible, 1950.
ders. Οὐ μή σε ἀνῶ Hb 13,5, Biblica 33, 1952, 523–525.
ders. The quotations from Deuteronomy, ZNW 49, 1958, 213–223.
EKäsemann Das wandernde Gottesvolk[4], 1961.
FHKettler Der ursprüngliche Sinn der Dogmatik des Origenes, Beiheft 31 zur ZNW, 1966.
GDKilpatrick Διαθήκη in Hebrews, ZNW 68, 1977, 263–265.
HKittel Die Herrlichkeit Gottes, 1934.
BKlappert Die Eschatologie des Hebräerbriefs, Theol Existenz 156, 1969, 7–61.
GKlinzing Die Umdeutung des Kultus, 1971.
RKnopf Die Himmelsstadt, in: NTliche Studien für Heinrici 1914, 213–219.

HKoester Outside the Camp, Havard Theological Review 55, 1962, 299–315.
WKoester Platonische Ideenwelt in der Gnosis und im Hbbrief, Scholastik 31, 1956, 545–555.
JKögel Der Sohn und die Söhne, BFTh VIII, 1904, 5/6.
ders. Der Begriff τελειοῦν im Hbbrief, Theologische Studien für MKähler, 1905, 35–68.
AKörte χαρακτήρ Bedeutungsgeschichte, Hermes 64, 1929, 69–86.
HKöster Die Auslegung der Abrahamsverheißung, in: Studien zur Theologie der atlichen Überlieferungen, 1961, 95–109, herausgegeben von RRendtorff/KKoch.
HKosmala Hebräer–Essener–Christen, 1959.
WKramer Christos Kyrios Gottessohn, 1963.
HKrämer Zu Hb 2,10, Wort und Dienst 3, 1952, 102–107.
HJKraus Psalmen[2], 1961.
JKroll Gott und die Hölle, 1932 1963.
WGKümmel Der Glaube im NT, Th Bl 16, 1937, 216.
ders. Einleitung in das NT[20], 1980.
HWKuhn Enderwartung und gegenwärtiges Heil. Untersuchungen zu den Gemeindeliedern von Qumran, 1966.
KGKuhn Temptation, in: KStendahl The Scrolls, 1957, 94–113.
HLausberg Elemente der literarischen Rhetorik[3], 1967.
JLécuyer Ecclesia primitiorum, Analecta Biblica 17–18/II, 1963, 161–168.
EKLee Words denoting „Pattern" in the NT, NTSt 8, 1962, 166–173.
JLeipoldt Der Tod bei Griechen und Juden, 1942.
LLeivestad The Meekness and Gentleness of Christ, NTSt 12, 1966, 157.
ThLescow Jesus in Gethsemane, ZNW 58, 1967, 223–239.
TWLewis And if he shrinks back, NTSt 22, 1975, 88–94.
GLindeskog The Veil of the Temple, Coni Neot 11, 1947, 132–137.
ders. Studien zum ntlichen Schöpfungsgedanken I, 1952.
WRGLoader Christ at the Right Hand, NTSt 24, 1978, 199–217.
ders. Sohn und Hoherpriester 1981 (nach Manuskriptabschluß).
WvLoewenich Zum Verständnis des Opfergedankens, ThBl 12, 1933, 167–172.
ELohmeyer Διαθήκη, 1913.
ders. Die Verklärung Jesu ZNW 21, 1922, 191–196.
ELohse Märtyrer und Gottesknecht[2], 1963, 162–182.
ders. Umwelt des NT, 1971.
RNLongenecker Some Distinctive Early Christological Motifs, NTSt 14, 1968, 526–545.
ThLorenzmeier Wider das Dogma von der Sündlosigkeit Jesu, Ev Th 31, 1971, 452–471.
WLLorimer Hebrews III 13, NTSt 12, 1966, 390f.
ders. Hebrews VII 23f, NTSt 13, 1967, 386f.
DLührmann Henoch und die Metanoia, ZNW 66, 1975, 103–116.
ders. Der Hohepriester außerhalb des Lagers, ZNW 69, 1978, 178–186.
WLueken Michael, 1898.
ALumpe Exemplum, RAC VI, 1966, 1229–1257.
RWLyon A Re-examination, NTSt 5, 1959, 271.
MAMathis Does „Substantia" mean „Realisation" or „Foundation" in Hb 11,1, Biblica 3, 1922, 79–87.
ChMaurer „Erhört wegen der Gottesfurcht", in: NT und Geschichte, Cullmann-Festschrift 1972, 275–284.
HE del Medico Melchisedech, ZAW 69, 1957, 160–170.
MMees Die Zitate aus dem NT bei Clemens von Alexandrien, 1970.
BMMetzger A Textual Commentary on the Greek NT, 1971.
OMichel Die Lehre von der christlichen Vollkommenheit, Th St Kr 106, 1934, 333–355.
ders. Zur Auslegung des Hbbriefes, Nov Test 6, 1963, 189–191.
PSMinear Ontology and Ecclesiology, NTSt 12, 1966, 98.
OMoe Das Priestertum Christi, ThLZ 72, 1947, 335–338.

ders. Das Abendmahl im Hbbrief, Studia Theologica 4, 1951, 102–108.
ders. Das irdische und das himmlische Heiligtum, ThZ 9, 1953, 23–29.
WEMoore One Baptism, NTSt 10, 1964, 511 f.
G-PMüller Χριστὸς ἀρχηγὸς, 1973.
LM Muntingh „The City Which Has Foundations" in the Light of the Mari Texts, Festschrift AvSelms, Leiden 1971, 108–120.
BMurmelstein Adam, Wiener Zeitschrift für die Kunde des Morgenlandes 35, 1928, 242–275; 36, 1929, 51–86.
FMußner Contributions made by Qumran, in: Paul and Qumran edited by Murphy-O'Connor, 1968, 159–178.
WNauck Freude im Leiden, ZNW 46, 1955, 68–80.
ders. Die Tradition und der Charakter des ersten Johannesbriefes, 1957.
ders. Das οὖν-paräneticum, ZNW 49, 1958, 134 f.
ders. Zum Aufbau des Hbbriefs, Festschrift JJeremias[2], herausgegeben von WEltester, 1964, 199–206.
JCO'Neill Hb 2,9, JThSt 17, 1966, 79–82.
ENestle Hebrews 4,10, Exp T 9, 1897/8, 47 f.
WNiesel Das Abendmahl und die Opfer, Barth-Festschrift 1936, 178–190.
MPNilsson Geschichte der griechischen Religion I, 1941, 80–100.
JBNisius Zur Erklärung von Hb 12,3, BZ 14, 1917, 44–61.
HNitschke Das Ethos des wandernden Gottesvolkes, Monatsschrift für Pastoraltheologie 46, 1957, 179–183.
FNötscher Das Angesicht Gottes schauen, 1924 1969[2].
SNomoto Herkunft und Struktur, Nov Test 10, 1968, 10–25.
ENorden Agnostos Theos, 1913.
MNoth Das vierte Buch Mose, 1964.
REOmark The Saving of the Saviour, Interpretation 12, 1958, 39–51.
WOtto Priester und Tempel im hellenistischen Ägypten Band I, 1905 1971.
ROtto Das Heilige, 1922.
ECEOwen ἀπουυμπανίζω, JThSt 30, 1929, 259–266.
HPOwen „The Stages for Ascent" in Hb 5,11–6,3, NTSt 3, 1957, 243–253.
ders. The Scope of Natural Relation, NTSt 5, 1959, 133–143.
JKParratt The Laying on of Hands in the NT, Exp T 80, 1969, 210–214.
WPeek Der Isishymnos von Andros, 1930.
JPedersen Der Eid bei den Semiten, 1914.
EPeterson Zur Bedeutungsgeschichte von παρρησία, in: RSeeberg-Festschrift 1, 1929, 283–297.
JJPetuchowski The controversial figure of Melchisedek, The Hebrew Union College 28, 1957, 127–136.
GPetzke Die Traditionen über Apollonius von Tyana, 1970.
OPlöger Himmlisches Jerusalem, RGG[3] III, 339 f.
OProcksch Jesaja I, 1930.
GQuispel Christliche Gnosis, Ev Th14, 1954, 484.
GvRad Theologie des AT I, 1957 II, 1960.
ders. Das erste Buch Mose, ATDeutsch, 1961.
ders. Gesammelte Studien[4], 1971.
LRadermacher Lebende Flamme, Wiener Studien für Klassische Philologie 49, 1932, 115–118.
GWMacRae Heavenly Temple and Eschatology in the Letter to the Hebrews, Semeia 12, Part I, 1978, 179–199.
RReitzenstein Die hellenistischen Mysterienreligionen[3], 1927.
ERiggenbach Die ältesten lateinischen Kommentare zum Hebräerbrief, in: Historische Studien zum Hbbrief, 1907.
ders. Begriff διαθήκη im Hbbrief, in: Theologische Studien ThZahn dargebracht, 1908.
RRichardson Whose Architect and Maker is God, Theology Today 8, 1951, 155 f.

MRissi Die Menschlichkeit Jesu, ThZ 11, 1955, 28–45.
ERohde Psyche[5.6], 1910.
WRordorf Der Sonntag, 1962.
KRudolph Die Mandäer I II, 1960/61.
WRudolph Jeremia[3], 1968.
FRuffenach Corpus autem aptasti mihi, Verbum Domini 6, 1926, 3–6.
LRuhl De mortuorum judicio, 1903.
HRusche Die Gestalt des Melchisedek, Münchener Theologische Zeitschrift 6, 1955, 230–252.
LSabourin Liturge du Sanctuaire et de la Tente Véritable, NTSt 18, 1971, 87–90.
JTSanders The NT Christological Hymns, 1971.
PPSaydon The Master-Idea, Melita Theologica 13, 1961, 19–26.
JRSchäfer The Relationship between Priestly and Servant Messianism, Catholic Biblical Quarterly 30, 1968, 359–385.
KTSchäfer *κρατεῖν τῆς ὁμολογίας*, Festgabe Höffner 1971, 59–70.
PSchäfer Rivalität zwischen Engeln und Menschen 1975.
FScheidweiler *ΚΑΙΠΕΡ*, Hermes 83, 1955, 220–230.
WSchenk Hb 4,14–16 Textlinguistik, NTSt 26, 1980, 242–252.
HMSchenke Besprechung zu Böhlig-Labib, OLZ 61, 1966, Spalte 29.
ders. Erwägungen zum Rätsel des Hbbriefs, in: NT und christliche Existenz, herausgegeben von HDBetz und LSchottroff, 1973.
FJSchierse Verheißung und Heilsvollendung, 1955.
GSchille Erwägungen zur Hohenpriesterlehre, ZNW 46, 1955, 81–109.
ders. Bemerkungen zur Formgeschichte des Evangeliums, NTSt 4, 1957, 1–24.
ders. Katechese und Taufliturgie, ZNW 51, 1960, 112–131.
ASchimmel Zahlensymbolik, RGG[3] VI, Spalte 1862.
ASchlatter Der Glaube im NT[4], 1927.
HSchlier Christus und die Kirche im Epheserbrief, 1930.
ders. Die Engel nach dem NT, Archiv Liturgie-Wissenschaft 6, 1959, 43–56.
KLSchmidt Jerusalem als Urbild und Abbild, Eranos-Jahrbuch 18, 1950, 207–248.
CSchneider Studien zum Ursprung liturgischer Einzelheiten, Kyrios 1, 1936 Königsberg 1969 Graz, 57–73.
ders. Anapausis RAC I, 413–418.
HJSchoeps Die jüdischen Prophetenmorde, Symbolae Biblicae Uppsalienses 2, 1943.
ders. Theologie und Geschichte des Judenchristentums, 1949.
ders. Aus frühchristlicher Zeit, 1950.
LSchottroff Der Glaubende und die feindliche Welt, 1970.
WSchottroff Die Wurzel ZKR im AT, 1961.
FSchröger Der Verfasser des Hbbriefes als Schriftausleger, 1968.
ders. Der Gottesdienst in der Hbbriefgemeinde, Münchener Theologische Zeitschrift 19, 1968, 161–181.
HGSchütz „Kirche" in spätneutestamentlicher Zeit, Dissertation Bonn, 1964.
ESchürer Geschichte des jüdischen Volkes II[4], 1907. III[4], 1909.
ASchulz Nachfolgen und Nachahmen, 1962.
SSchulz Die Mitte der Schrift, 1976.
MMSchumpp Der Glaubensbegriff des Hbbriefes und seine Deutung durch den Heiligen Thomas, Divus Thomas 11, 1933, 397–410.
GSchuttermayr Schöpfung aus dem Nichts, BZ 17, 1973, 203–228.
ASeeberg Zur Auslegung von Hb 2,5–18, Neue Jahrbücher für deutsche Theologie 3, 1894, 435–461.
ders. Der Katechismus der Urchristenheit, 1903 1966.
HSeesemann Der Begriff *ΚΟΙΝΩΝΙΑ* im NT, Beiheft 14 zur ZNW, 1933.
CSiegfried Philo von Alexandrien als Ausleger des AT, 1875 1970.
MSimon Melchisedek in the Polemic Between Jew and Christian, Revue d'histoire et de philosophie religieuse 17, 1937, 58–93.

Μάρκου Α Σιώτου ὁ Θάνατος τοῦ κυρίου Athen, 1977 (auslegungsgeschichtliche Texte zu Hb 2,9).
CSpicq L'exégèse de Hb 11,1 par Thomas d'Aquin, Revue des Sciences Philosophiques et Théologiques 31, 1947, 229–236.
ders. La théologie des deux Alliances dans l'Epître aux Hébreux, Revue des Sciences Philosophiques et Thélogiques 33, 1949, 15–30.
ders. L'origine johannique, Mélanges offerts à MMGoguel, 1950, 258–269.
ders. *Ἄγκυρα* et *Πρόδρομος*, Studia Theologica 3, 1951, 185–187.
ders. L'Épître aux Hébreux I, 1952.
ders. La panégyrie de Hb 12,22, Studia Theologica 6, 1953, 30–38.
ders. L'Épître aux Hébreux, Apollos-Revue de Qumran I 3, 1959, 365–390.
KStaab Pauluskommentare aus der griechischen Kirche, 1933.
AStebler Beweisstelle, Theologisch-praktische Quartalsschrift 76, 1923, 461–468.
RAStewart Creation and Matter, NTSt 12, 1966, 284–293.
HStork Historische Studien zum Hbbrief II Teil. Die sogenannten Melchisedekianer, 1928.
WStott The conception of „Offering", NTSt 9, 1962, 62–67.
GStrecker Das Judenchristentum in den Pseudo-Clementinen, 1958.
AStrobel Die Psalmengrundlage der Gethsemane-Parallele, ZNW 45, 1954, 252–266.
ders. Zum Verständnis von Römer 13, ZNW 47, 1956, 67–93.
ders. Untersuchungen zum eschatologischen Verzögerungsproblem, 1961.
MJSuggs The Use of Patristic Evidence, NTSt 4, 1958, 144.
JSwetnam A Suggested Interpretation, Catholic Biblical Quarterly 27, 1965, 373–390.
ders. On the Imagery and Significance of Hebrews 9,9–10, Catholic Biblical Quarterly 28, 1966, 155–173.
ders. The Greater and more Perfect Tent, Biblica 47, 1966, 91–106.
ders. Sacrifice and Revelation, Catholic Biblical Quarterly 30, 1968, 227–234.
ders. Hebrews 2 and the Use of Consistency, Catholic Biblical Quarterly 32, 1970, 205–221.
ders. Form and Context in Hb 1–6, Biblica 53, 1972, 368–385.
ders. Jesus and Isaac, 1981 (nach Manuskript-Abschluß).
FCSynge Hebrews and the Scriptures, 1959.
RVGTasker The Text of the Corpus Paulinum, NTSt 1, 1955, 180–191.
WTheiler Demiurg, RAC III, 1956, 694–711.
GTheißen Untersuchungen zum Hbbrief, 1969.
ders. Besprechung zu Hofius, Vorhang, ThLZ 99, 1974, 427.
KJThomas The Old Testament Citations, NTSt 11, 1965, 303–325.
JWThompson That which cannot be shaken, JBL 94, 1975, 580–587.
ders. The Structure and Purpose, Catholic Biblical Quarterly 38, 1976, 352–363.
ders. Hebrews 9 and Hellenistic Concepts of Sacrifice, JBL 98, 1979, 567–578.
CGThornton The Meaning of haimatekchysia, Hb 9,22 JThSt 15, 1964, 63–65.
WThüsing Laßt uns hinzutreten, Biblische Zeitschrift 9, 1965, 1–17.
ders. Milch und feste Speise Hb 5,11–6,3, Trierer Theologische Zeitschrift 76, 1967, 233 ff 261 ff.
JThurén Gebet und Gehorsam des Erniedrigten, Nov Test 13, 1971, 136–146.
HThyen Der Stil der Jüdisch-Hellenistischen Homilie, 1955.
JTrinidad De sacrificio Christi, Verbum Domini 19, 1939, 207–212.
GTrompf The Conception of God in Hb 4,12–13, Studia Theologica 25, 1971, 123–132.
LPTrudinger *καὶ γὰρ διὰ βραχέων ἐπέστειλα ὑμῖν*, JThSt 23, 1972, 128–130.
NTurner The Literary Character of NT Greek, NTSt 20, 1974, 107–114.
PAVaccari Melchisedec Rex Salem, Verbum Domini 18, 1938, 235–243.
ders. lectio emendatior Hb 12,1, Biblica 39, 1958, 471–477.
AVanhoye L' *οἰκουμένη* dans l'Épître aux Hébreux, Biblica 45, 1964, 248–253.
ders. Christologia, qua initium sumit, Verbum Domini 43, 1965, 3–14.49–61.113–123.
ders. Par la tente plus grande, Biblica 46, 1965, 1–28.
ders. De instauratione novae Dispositionis, Verbum Domini 44, 1966, 113–130.
ders. Mundatio per suanginem Hb 9,22.23, Verbum Domini 44, 1966, 177–191.

ders. Jesus fidelis, Verbum Domini 45, 1967, 291–305.
ders. Longue marche Biblica 49, 1968, 6–26.
ders. Situation et Signification, NTSt 23, 1977, 445–456.
ders. La Question Littéraire de Hb 13,1–16, NTSt 23, 1977, 121–139.
ders. La Structure Littéraire de l'Épître aux Hébreux, 1963; ich benutze nicht die erst 1976 während meiner Arbeit erschienene zweite Auflage.
LVénard L'utilisation des psaumes, Mélanges Podechard, Lyon 1945, 253–264.
PVielhauer Oikodome, 1939.
ders. Ein Weg zur neutestamentlichen Christologie?, Aufsätze 1965, 141–198.
ders. $ANA\Pi AY\Sigma I\Sigma$, Aufsätze 1965, 215–234.
ders. Geschichte der urchristlichen Literatur, 1975.
AM Vitti Et cum iterum, Verbum Domini 14, 1934, 306–312.368–374.
ders. Quem constituit heredem, Verbum Domini 21, 1941, 40–48.82–88.
ders. Rursum crucifigentes, Verbum Domini 22, 1942, 174–182.
AVögtle Das NT und die Zukunft des Kosmos, 1970.
PVolz Die Eschatologie der jüdischen Gemeinde[2], 1934.
ThWächter Reinheitsvorschriften im griechischen Kult, RVV IX/1, 1910.
AWarrack Hb 2,11, Exp T 3, 1891/2, 510f.
HWeinel Die Auslegung des apostolischen Bekenntnisses von FKattenbusch, ZNW 2, 1901, 26–47.
OWeinreich Aion in Eleusis, Archiv für Religionswissenschaft 19, 1916–1919, 174–190.
HFWeiß Unters. zur Kosmologie des hellenistischen und palästinensischen Judentums, TU 97, 1966.
ders. Bekanntes und Überlieferung, ThLZ 99, 1974, 321–330.
PWendland Die urchristlichen Literaturformen[2.3], 1912.
KWengst Christologische Formeln, 1972.
HWenschkewitz Die Spiritualisierung der Kultbegriffe, 1932.
MWerner Die Entstehung des christlichen Dogmas, 1941.
PWernle Die Anfänge unserer Religion[2], 1904.
CWestermann Prophetenzitate im NT, Ev Theol 27, 1967, 307–317.
ders. Genesis I, 1974.
PGWetter Der Sohn Gottes, 1916.
GHWhitaker Hebrews 4,2, Expositor 48, Vol 23, 1922, 239f.
AGWiddess A note on Hb 11,3, JThSt 10, 1959, 327–329.
AWikgren Patterns of Perfection, NTSt 6, 1960, 159–167.
UWilckens Die Missionsreden der Apostelgeschichte[2], 1963.
RWilliamson Philo and the Epistle to the Hebrews, 1970.
ders. The Eucharist and the Epistle to the Hebrews, NTSt 21, 1975, 300–312.
HWindisch Taufe und Sünde, 1908.
GWingren „Weg" „Wanderung", Studia Theologica 3, 1949, 111–123.
PWinter Note on Salem-Jerusalem, Nov Test 2, 1958, 151f.
REWitt Hypostasis, Amicitiae Corolla RHarris-Festschrift, 1933, 319–343.
GWobbermin Altchristliche Liturgische Stücke, TU NF II 3b1, 1898.
JEWood Isaac Typology in the NT, NTSt 14, 1968, 583–589.
WWrede Das literarische Rätsel des Hbbriefes, 1906.
KSWuest Hebrews Six, Bibliotheca Sacra 473, 1962, 45–53.
GWuttke Melchisedek, Beiheft 5 zur ZNW, 1927.
YYadin The Dead Sea Scrolls, Scripta Hierosolymitana IV, 1956, 36–55.
EJYarnhold $METPIO\Pi A\Theta EIN$, Verbum Domini 38, 1960, 149–155.
FMYoung Christological Ideas in the Greek Commentaries, JThSt 20, 1969, 150–163.
ders. Temple Cult and Law, NTSt 19, 1973, 325–338.
ders. τοῦτ' ἔστιν, NTSt 20, 1973, 100–104.
ders The Gospel according to Hebrews 9, NTSt 27, 1981, 198–210.
HZimmermann Die Hohepriester-Christologie, 1964.
ders. Das Bekenntnis der Hoffnung, 1977.

Literaturverzeichnis

An **Erklärungen zum Hebräerbrief** werden benutzt: Chrysostomus MPG 63 9–236; Theodoret MPG 82 673–786; PsOecumenius MPG 119 279–452; Primasius MPL 68 685–794; Theophylakt MPG 125 185–404; Thomas Super epistolas S. Pauli Lectura ed PRCai Editio VIII Vol II 1953; Nicolaus de Lyra 1492 1971; MLuther Glosse Scholien 1517/8 WA 57; DErasmus Band VII 1522/1962 paraphrasis Band VI 1524/1962 adnotationes; JCalvin 1549 Corpus Reformatorum LXXXIII Calvin LV 1896; ThBeza Novum Testmentum[4] 1588; JJWettstein Novum Testamentum II 1752/1962; JABengel[3] 1773 postum 1915[8]; WMLdeWette[2] 1847; FDelitzsch 1857; FBleek-KAWindrath 1868; HvSoden Handbuch Freiburg 1892; GHollmann NT Deutsch 1908; ASeeberg 1912; ERiggenbach[2.3] 1922 (Zahnscher Kommentar); OHoltzmann 1926; HWindisch[2] 1931 HNT; CSpicq 1953; JHéring 1954; JMoffatt 1957; HHillmann 1965; OKuß 1966; OMichel[12] 1966 Meyerscher Kommentar; FLaubach 1967; FFBruce 1967; BFWestcott 1967 postum; HStrathmann[9] 1968 NT Deutsch; AVanhoye Situation du Christ Hb 1 und 2 1969; HMontefiore 1969; GSchiwy 1970; WBarclay 1970; EGräßer Evangelisch-Katholischer Kommentar Vorarbeiten 3 1971 Seite 55–91 Hb 1,1–4.

An **anderen neutestamentlichen Kommentaren** sind gelegentlich eingesehen: Johannes-Evangelium WBauer [3]1933; RBultmann [12]1952; Apostelgeschichte EHaenchen [14]1965; HConzelmann [2] 1972; Römerbrief HLietzmann [4] 1933; EKäsemann 1973; 1. Korintherbrief JWeiß [10]1925; HConzelmann [2]1981; 2. Korintherbrief HWindisch [9]1924; Galaterbrief HSchlier [12]1962; HDBetz 1979 (Philadelphia Fortress Press); Kolosserbrief HGreeven [3]1953; Pastoralbriefe HConzelmann [4]1966; Jakobusbrief MDibelius 1921; Offenbarung Johannis HKraft 1974.

Hilfsmittel und **Texte**; genauere Angaben hier nur, wenn das betr. Werk nicht in ThW X S 53ff verzeichnet ist. WBauer Wörterbuch zum NT[5] 1971; Bl-Debr; Bruder; Clemen; Const Ap; Didask; Ditt Or; Ditt Syll[4]; Der Elenchus in jedem Biblica-Band für Literatur; HGreßmann Altorientalische Texte zum AT 1926; Internationale Zeitschriftenschau für Literatur; Liddell-Scott; Leisegang; Mitteis-Wilcken; GMayer Index Philoneus 1974 (vollständig); Preisigke Wört; EPreuschen Analecta Kürzere Texte zur Geschichte der Alten Kirche und des Kanons 1893; Radermacher; KHRengstorf A Complete Concordance to Flavius Josephus 1973 I II III 1973ff; ESpieß Logos spermaticos 1871; Thesaurus Graecae Linguae; The NT Abstracts für Literatur; DWyttenbach Lexikon Plutarcheum 1830 1962.

Gliederung
des Hb in großen Zügen

1,1–14 Jesu Überlegenheit über die Engel. 2,1–4 Die erste Paränese. 2,5–18 Der den Menschenbrüdern situationsgleich gewordene Heilsführer und Hohepriester. 3,1–6 Der treue Jesus und der treue Mose, zwei verschiedenwertige Chargen im Hause Gottes. 3,7–4,13 Das warnende Beispiel der Wüstengeneration Israels mahnt zum Eingehen in die Ruhe. 4,14–16 Hinführung zu Jesu himmlischem Hohenpriestertum. 5,1–10 Jesus, der Hohepriester, verglichen mit der alten Ordnung. 5,11–6,12 Warnende und ermunternde Hinleitung zum Zentralthema des Hebräerbriefes: Melchisedek und das himmlische Hohepriestertum Jesu. 6,13–6,20 Der Wert des göttlichen Schwures. 7 Melchisedek. 8,1–10,18 Der himmlische Charakter von Jesu Kultdienst (8,1–13 Jesus ist als Hoherpriester alttestamentlichem Priestertum überlegen und bringt, als Mittler einer höheren Setzung, jenes zum Verschwinden; 9,1–10,18 Alter und neuer Opferkult). 10,19–25 Bleibt am Bekenntnis! 10,26–31 Die Abtrünnigen erwartet schreckliche Strafe. 10,32–39 Denkt an die durchstandenen Leiden und haltet im Glauben bis zum nahen Kommen Jesu durch! 11,1–40 Die alttestamentlichen Glaubenszeugen. 12,1–11 Das Vorhandensein so zahlreicher Zeugen und der Blick auf Jesus sollen dazu spornen, den Kampf und die schmerzende Zucht, die der Sohnesstellung angemessen ist, bis zur Gewinnung der Friedensfrucht der Gerechtigkeit durchzuhalten. 12,12–29 Die letzte Drohrede. 13,1–17 Abschließende Mahnungen, unterbrochen durch theologische Begründungen. 13,18–25 Der Schluß, der aus dem Predigt- zum Briefstil übergeht.

Exkurse

Zu: 1,1 Die Schriftbenutzung des HbBriefs; 1,2 Sohn und Gottessohn; 1,3 Die chronologische Aporie der Hb-Christologie; 1,14 Die Engel; 2,17 Jesus, der himmlische Hohepriester; 3,11 Die Ruhe; 4,2 Der Glaube; 5,6 Melchisedek; 6,6 Die Ablehnung der zweiten Buße; 7,22 $διαθήκη$; 9,7 Sühneblut.

1,1–14. Jesu Überlegenheit über die Engel

1. Gott hatte in vielfältiger und vielgestaltiger Weise in früheren Zeiten zu den Vätern in den Propheten geredet.

Literatur: JBauer πολλοί, Nov Test 4, 1960, 263–266; EFascher *ΠΡΟΦΗΤΗΣ*, 1927; HGreßmann Altorientalische Texte², 1926; ERohde Psyche⁵·⁶, 1910.

Absender, Adresse und Gruß fehlen und haben offenbar immer gefehlt; also kein traditioneller Briefeingang, sondern ein Predigt-Anfang. V 1 – 2a wird, ohne benutzte Tradition, auf den Verf gehen (Größer Vorarbeiten 61 f). ὁ θεός, meist mit Art (Bl-Debr § 254,1, Bauer 3 Stauffer ThW III 65–120). Dies beherrschende Subjekt von 1–2 wird in 3–4 von dem neuen Subjekt ὁ υἱός abgelöst. Verf schreibt in gehobener Kunstprosa: kunstvoll gebaute Periode 1–4; Alliteration von 5 π in 1, vgl 2,1.10 11,4.28; Parechese bei πολυμερῶς und πολυτρόπως (vgl Bl-Debr § 488,2 HLausberg §§ 277.458; wie bei Philo, CSpicq Hb I 46; FSchröger 301 f). πολυ-Bildungen im Anfang einer Rede siehe JBauer πολλοί 263–266. Der gleiche Gott hat schon vor Jesus geredet. Das Reden der Gottheit ist gesamtantike Überzeugung (HGreßmann: S 1 der Sonnengott, S 5 Re, S 281 Istar, S 282 Bel; Plat Symp 23 III 202E 203A die Götter; Plut Is et Os 2 II351F Isis). Gottes Reden ist im Hb wichtig: zu λέγειν und zu dem nicht so häufigen λαλεῖν siehe Konkordanz (WBauer und ThW), auch 7,14 (JSchierse 197 A6). Hb meint natürlich: Gott redete im Verlauf der alttestamentlichen Religionsgeschichte. Und zwar: in den Propheten. Nicht nur in den Schriftpropheten, die Hb in 11,32 nennt; Abraham, Mose, Aaron, Samuel sind eingeschlossen, wie im AT (Rendtorff ThW VI 801–804), so im NT (R 1,2 Lk 1,70 Ag 3,21); auch zeitlich nach der Schriftprophetie (RMeyer ThW VI 813–828). Das ἐν bedeutet wirklich „in" und nicht „durch" im Sinne des hbr ב. Denn das Reden Gottes oder des Geistes durch Menschen wird in LXX allermeist durch ἐν χειρὶ (χερσὶν) formuliert; ganz selten begegnet ἐν = ב als „durch" (3βαο 22,28 2Ch 18,27 1βαο 28,6) oder gar ἐν = ב als „in" (2βαο 23,2); (vgl. GFriedrich ThW VI 833). Verf meint vielmehr in hellenistischer Weise (siehe ERohde II 20–22, HKrämer ThW VI 790): die Gottheit geht in den Menschen ein (Preis Zaub IV 897 VII 561 f), und das menschliche Bewußtsein schwindet, (Philo Rer Div Her 259 265 Spec Leg IV 49), der Prophet redet fehlerlos Praem Poen 55. In 4Esr 14,39–43 freilich mit Bewußtsein; auch bei Plut unter Aufrechterhaltung der prophetischen Individualität (EFascher 72). Ähnlich hellenistisch Hb 4,7 2K 13,3 Just Apol 36,1.2 Athenag Suppl 7,9; vgl 2Tm 3,16 2Pt 1, 20 f.

Der Plur „Propheten" wird noch unterstrichen duch „vielfältig" und „vielgestaltig". Beides kann positiv verwendet werden: πολυμερής Sap 7,22; πολύτροπος Philo Fug 183; vgl Nag Hammadi XIII (VI) Die dreigestaltige Protennoia p 42,10f (ThLZ 99, 1974 Sp 739) „ich rede in vielerlei Weise". Aber auch negativ: Max Tyr 17,7; πολύτροπος Jos Ant 10,142. Hier, wo, abgesehen von diesen beiden Worten, V 1 weithin die mindere Folie zu 2a bildet – früher, Endzeit; Väter, wir; Propheten, Sohn –, wird auch diese doppelte Charakterisierung gottheitlichen Redens negativ, und zwar infolge der Voranstellung betont negativ sein: πολυμερῶς durch verschiedenste Personen und zu verschiedensten Zeiten; πολυτρόπως wohl weniger auf die verschiedenen Offenbarungsweisen als auf verschiedene Offenbarungsinhalte bezogen (Severian Staab S 346; Riggenbach). Auch sonst wertet Hb die Vielzahl als das Mindere gegenüber der Einzahl ab, 7,23 10,1f. Das πάλαι, synonym mit πρότερον 4,6, blickt auf die frühere vorchristliche Periode überhaupt; es muß nicht, wie Mk 15,44 2K 12,19 zeigen, speziell die archaische Zeit im Sinne haben, etwa des Engelabfalls Papias fr 4. Die Väter waren in früheren Zeiten von Gott angeredet; zu πατήρ siehe Bauer 1b 2e; ThW V 975–977. ἡμῶν dahinter sekundär angefügt in p^{12} p^{46c} 181 999 1836 1898 a t v vg^{mss} sy^p Cl Al bei Mees zSt Chr; siehe Zuntz 258. Es sind nicht nur die Patriarchen, sondern, gemäß allgemein-jüdischem Sprachgebrauch, die alttestamentlichen Frommen überhaupt (Schrenk ThW V 975f), nicht etwa, wie Erasmus paraphrasis, das *genus humanum*. Das alte Christentum kann von ihnen ohne Possessivpron, R 9,5 Ag 7,19 uö, ebenso wie von „unseren Vätern" als den Vorfahren auch der Heidenchristen reden, 1K 10,1 Jk 2,21 1Cl 60,4 62,2. Selten, wie J 6, 58 Barn 5,7 14,1, signalisiert das Fehlen von ἡμῶν eine Distanz der Väter gegenüber den Christen. Hier in 1,1 kaum; die „Väter", wenn auch nicht Väter der Christen und wenn auch zT ungehorsam 3,19 4,2.6.8 12,25, bleiben Vorbild 11,2; und auch das Judentum spricht von ihnen mit (Str-B I 116.118 II 278; πατήρ in Hatch-Redpath) – und ohne – (Sir 44 Überschrift; Mekh Ex 12,1(2a) Str-B II 280) Possessivpron.

Dies Reden der Gottheit in den vorchristlichen Zeiten wird hier inhaltlich nicht gefüllt. Verf denkt natürlich an das AT, zu dem die christliche Botschaft im Verhältnis der Entsprechung, Andersartigkeit und Überbietung steht (Schierse 43–50; Gräßer Vorarbeiten 77). Daß das hier aber nicht ausgeführt wird, dürfte typisch sein: Das alttestamentliche Reden der Gottheit gilt dem Verf, verglichen mit dem NT, als minder, und doch redet in alttestamentlicher und neutestamentlicher Offenbarung der gleiche Gott. Diejenigen Erklärungen des Hb, die die Selbigkeit Gottes in AT und NT stark akzentuieren (zuletzt etwa Käsemann 32–37; Michel passim; Gräßer aaO 74f), überspielen die Aporie, in der sich die Hb-Texte selber befinden: Neben der Linie der Entsprechung und Überbietung reden die Texte von der Aufhebung des Alten durch das Neue, zB 8,13 (vgl AHarnack Dogmengesch^5 1931, 108). Wichtig ist dem Hb das Alte als Kontrastfolie des Neuen (Gräßer aaO 73); die trotzdem in den Propheten und im Sohn redende g l e i c h e Gottheit dagegen bleibt, wie das Folgende zeigen wird, ein Postulat, das der Hb nur durch seine künstliche Exegese alttestamentlicher Texte aufrecht zu erhalten versuchen muß.

1 Exkurs: Die Schriftbenutzung des Hebräerbriefes

Literatur: JC McCullough The Old Testament Quotations in Hebrews, NTSt 26, 1980, 363–379; JAFitzmyer The Use of Explicit Old Testament Quotations in Qumran Literature and in the New Testament, NTSt 7, 1961, 299–305; EGräßer ThR 30, 1964, 204–214; GHarder Die Septuaginta-Zitate des Hb, Theol Viat 1939, 33–52; vgl die betr Exkurse der Kommentare.

Verf zitiert nicht wie sonst im NT: νόμος, γέγραπται, γραφή, προφήτης fehlen als Zitationsformeln. Nur selten, 4,7 12,21, wird bei einem Zitat der menschliche Sprecher genannt. Zu dem vom Hb benutzten LXX-Text siehe OMichel 112 A2; EAhlborn 7–10; FSchröger 247–251. Ein Testimonienbuch hat Hb kaum benutzt (zu CSpicq II bei 2,13, FCSynge Hebrews and the Scriptures, 1959); zur Argumentation vgl 2,13. Der Text wird überwiegend mit einer Form von λέγειν eingeführt, meist einer präsentischen (Vanhoye Structure 125), qumrannah (Fitzmyer 299–305). Zu λέγειν siehe Bauer

I 7; Kittel ThW IV 110–113. Gott gilt, auch wenn im AT-Text ein Frommer über Gott Aussagen macht, zB 1,6.7, dabei als der wörtlich Redende, wie bei Philo (Siegfried 322f). Auch der heilige Geist 3,7 9,8 10,15; ja Jesus 2,12f 10,5: ein Hinweis darauf, daß bei ἐν τοῖς προφήταις das ἐν wirklich „in" meint. Das τις in 2,6 als Subj des Redens im Zitat bildet eine Ausnahme, zeigt aber an: Wichtig ist nicht, wo und durch welchen Menschen, sondern daß und was *Gott* redet. „Exegetisches Material" ist für diesen Tatbestand zu schwach (zu Gräßer Gemeindevorsteher 78). 35 Zitate sind den alttestamentlichen Geschichtsbüchern, 15 den Schriftpropheten, 18 den Psalmen entnommen; die Propheten in 1,1 schließen also wirklich Mose ein.

Die Zitat-Inhalte werden dargelegt hauptsächlich als Christologie, als Überbietung und Aufhebung alttestamentlichen Kultwesens und als dualistisch ausgerichtete Ethik. Das ist nur möglich als weitgehendes Abweichen vom Ursinn der zitierten alttestamentlichen Worte; vgl. etwa γῆ nun als „Erde" statt „Land" in 11,13. Zwar kann den benutzten alttestamentlichen St ihr Grundsinn, wie 10,30 und 12,5f, gelegentlich auch belassen werden. Meist aber liegt Umdeutung vor: Nach dem Schema Weissagung und Erfüllung wie etwa 8,8ff; im Stile rabb Exegese, zB der Schluß *a minori ad majus* wie etwa 10,28f; im Sinne alexandrinischer Allegorie wie etwa 3,6 10,20; besonders in der Art der qumranischen pescher-Methode, die von der Überzeugung ausgeht, der AT-Text spreche typologisch von der eschatologischen Gegenwart, etwa Melchisedek Hb 7, und die nach einem angeführten Zitattext die Einzelheiten des Zitats erklärend durchgeht (HBraun Qumran und das NT II, 183f). Zwar wird das Gesetz des Mose als zutreffend 10,28, zwar werden die aaronitischen Priester als von Gott beauftragt 5,4 vorausgesetzt. Es bleibt aber zu beachten: Wo die Unvollkommenheit des levitischen Prietertums 7,11, des alttestamentlichen Gesetzes 7,19.28 und der alttestamentlichen Ordnung 8,7, wo die Veränderungsbedürftigkeit des Priestertums und des Gesetzes 7,12, ja die Aufhebung von alttestamentlichem Gebot 7,18 9,9 und alter Ordnung 8,13 zur Sprache kommt, da wird nie so formuliert, daß Gott s e i n e alten Satzungen für minder erklärt oder aufhebt. Die inkriminierten alttestamentlichen Gegebenheiten figurieren dann sozusagen gelöst von Gott, der sie tadelt oder abschafft; ein weiterer Hinweis auf die schon oben festgestellte Aporie: *Gott* hat im AT geredet; und: *Er* selbst tadelt seine Offenbarung und hebt sie auf. Chr Cramer Cat Hb 10,10 nimmt das wahr und „erklärt" es in Analogie zu einem eigentlichen und einem uneigentlichen Willen bei Paulus 1K 7,7 und 1Tm 5,14. Siehe 4,1 5,2 9,7 Exkurs; vgl Strathmann zu 10,6.8. Eine Wandlung Gottes wird vom Hb freilich nie ausdrücklich formuliert (Gräßer Vorarbeiten 76). In einer anderen Hinsicht wird man dem Verf allerdings eine wirkliche Kontinuität zum AT zubilligen müssen: Die neue christliche Situation ist für ihn nur eine verstärkte Gefährdung der alttestamentlichen, 2,2f 10,29 12,25; die Radikalität der Gnade, wie bei Jesus, die Tödlichkeit des Gesetzesweges als solchem wie bei Paulus sind dem Hb fremd.

2. An diesem Zeitenende hat er zu uns geredet in einem, der Sohn ist; ihn hat er zúm Erben des Alls eingesetzt, durch ihn hat er auch die Welten geschaffen.

Literatur: GDalman Die Worte Jesu[2], 1930; UFrüchtel Die kosmologischen Vorstellungen bei Philo v Alexandrien, 1968; PLHammer The understanding of Inheritance in the NT, Diss 1958 Heidelberg; HHegermann Die Vorstellung vom Schöpfungsmittler, 1961; RAStewart Creation and Matter, NTSt 12, 1966, 286f; Thesaurus Graecae Linguae IV, Paris 1841, Sp 1633; AVanhoye Christologia, qua initium sumit, Verbum Domini 43, 1965, 3–14. 49–61. 113–123; AMVitti Quem constituit heredem, Verbum Domini 21, 1941, 40–48. 82–88; HFWeiß Untersuchungen zur Kosmologie des hellenistischen und palästinensischen Judentums, TU 97, 1966.

Nach der vorchristlichen Zeit ist nun die Endzeit eingetreten: Das alttestamentliche באחרית הימים, in LXX meist mit ἐπ' ἐσχάτων τῶν ἡμερῶν wiedergegeben, meint, von der Apokalyptik abgesehen, auf dem Boden des AT noch nicht, wie im NT (1Pt 1,20 2Pt 3,3 Jud 18 und hier im Hb) den Abbruch der Geschichte und die nahe Gegenwart der Endzeit. Das ἐσχάτων der LXX ist neutr (siehe Da 8, 23 Θ). Im Hb ist das primäre ἔσχατον durch das LXX-ἐσχάτων verdrängt in Ψ 629 1245 1518 1852 1908 2298 d e harl sy[p h] aeth Or PsAth Cyr. τῶν *ἡμερῶν τούτων* ist als semitisierender Gen zu übersetzen wie zB 1,3 5,7 (Bl-Debr § 165 Radermacher 108 f). Diese altchristliche Endnähe, vgl Mt 10,23 R 13,11, ist im Hb eine seit Jesu Erscheinen, 9,26, sich nicht unbegrenzt dehnende Epoche geworden, vgl 3,13 12,26 f. Die Nähe der Parusie wird, wenn auch ohne *ἐγγὺς* (Gräßer Glaube 173 A 142), noch festgehalten, 10,37, muß aber in radikal ernster Gerichtsmahnung in Erinnerung gebracht werden 10,25.38 f.

Jetzt wandte die Gottheit sich an „uns": darin sind die Hörer der Predigt Jesu, der Verf und seine Hörer zusammengenommen; die Tradition verbindet die Generationen, siehe 2,3. Die Gottheit redete *ἐν υἱῷ* nun besser, weil nicht mehr in vielen, siehe 7,23. Die Artikellosigkeit brauchte, vgl die Taufformel Did 7,3, zumal nach einer Präp (siehe Bl-Debr § 254f 257 Radermacher 112–118), nichts zu besagen; aber besser ist doch, angesichts des sonstigen Sprachgebrauchs – 3,6 5,8 7,28 ohne Art und ohne Präp, 1,8 mit Art und Präp – der Sinn: In einem, der Sohn ist, wodurch der Sohn nicht plur eingeordnet, sondern in seiner Würde unterstrichen wird (vgl 2. Ap des Jk 46,21 Ev Ver 38,20–24). *ἐν* „in": Hb greift auf keine tradierten Jesusworte zurück; wie der joh Jesus, so faßt Jesu Reden, das sogar in der LXX geschieht (siehe Exkurs zu 1,1), hier das Wesentliche des Hb-Christentums zusammen.

Der absolute „Sohn" wird von Hb mit dem Gottessohn gleichgesetzt (siehe Exkurs zu V 2). Seine Würden werden nun entfaltet nach der kosmischen Seite V 2b, nach seinem Verhältnis zur Gottheit und unter dem Gesichtspunkt des Heilswerkes V 3. Zunächst zwei für den hymnischen Stil typische Relativätze, Delling Geprägte – Gottesaussagen 411: „Gott machte ihn zum Allerben". *τιθέναι*, siehe 1,13, ist kein term techn dafür (Thesaurus Graecae Linguae Sp 1633). „Erbe" ist Inklusion, siehe V 4 (Vanhoye Structure 68). Obwohl Sohnschaft Erbesein einschließt Mk 12,7 Par R 8,17 Gl 4,7 – daher hier Allerbe v o r Schöpfungsmittler –, ist an den besonderen Akt bei der Erhöhung 1,3.4 gedacht; zur Problematik des Zeitpunktes siehe Exkurs zu 1,3. Die Erbschaft, Ausdruck dauernden Besitzrechtes (Foerster ThW III, 779) – im AT und Judentum, auch wenn eschatologisch, und bei Philo (Vit Mos 1,155 Virt 79 Som 1,175), wenn auch geistig und göttlich, auf irdischer Ebene gelegen; Ausnahmen Str-B IV 814f 468f – ist im Hb, wie schon im Corpus Paulinum, jenseitig geworden. Hb denkt, bei seiner Weltabsage 11,17 13,14, sicher an die kommende Welt 2,5. Der synoptische Jesus hat meist eine gezielte Vollmacht, die sich dann im NT zunehmend zu *πᾶν*-Wendungen erweitert: Mt 11,27a 28,18 J 3,35 13,3 17,2 1,3 1K 8,6 Phil 2,10 Kol 1,15–20 Eph 1,10. So hier. Nicht als Erbe, wie in Barn 14,5, sondern als sterbender Erblasser vermittelt Jesus den Seinen das dem Hb als Heilsgut wichtige ewige Erbteil 9,15. Wenn *καί* – es ist gegen die Auslassung in p[46] sa[mss] bo zu lesen – nicht pleonastisch ist, gründet Jesu Erbe-sein in seiner Schöpfungsmittlerschaft. *ἐποίησεν τοὺς αἰῶνας* in p[46] ℵ A B D* I **0121b** 33 1175 pc t v vg; die das *ἐποίησεν* akzentuierende Umstellung in D[1] K L P Ψ 6 69 81 104 326 1739 1834 a b sy[h] arm Or Didym Cyr[J] Eus Ath Cyr Bas Thret Dam ist sekundär. Schon 1K 8,6 Kol 1,15f J 1,3.10 reden von Jesus, dem Schöpfungsmittler, also von seiner Präexistenz (siehe auch OSal 41,15b). Jüdisch-rabbinisch meint die Erschaffung der Welt durch die Tora oder durch das Wort keinen persönlichen Schöpfungsmittler (Str-B II 356 III 671). Dagegen denkt die jüdisch-hellenistische Sapientia bei der *σοφία* an eine Person, die bei der Schöpfung dabei war, Prv 8,22–30, ja die, wie auch der *λόγος* Sap 9,1, alles herstellte Sap 7,22. Auch Philo nennt die *ποιητικὴ δύναμις* (Fug 95 Mut Nom 29), die *λόγος*-Vernunft (Cher 127 Fug 109 Migr Abr 6 Leg All 2,21 3,96 Spec Leg 1,81), das *λόγος*-Wort (Sacr AC 8 Deus Imm 57 Fug 95), ja den *υἱός* (Agric 5 Conf Ling

63) als Schöpfungsmittler, die personifiziert sind (gegen Vanhoye Christologia 11); vgl Metatron als Schöpfungsmittler in der Kabbala (COdeberg 3Hen I 120f). Das NT überträgt diese Konzeption auf Jesus, wie Philo Sacr AC 8 Deus Imm 57 Quaest in Gn II 34 an der Einheit von Heil und Schöpfung interessiert, gestaltet diese Einheit nun aber christologisch, ohne die Mehrheit der philonischen Hypostasierungen und ohne das philonische Interesse an der Weltdistanz der Gottheit (Conf Ling 175) mit zu übernehmen.

Die Schöpfungsmittlerschaft einer zweiten Gottheit ist der religiösen Antike auch sonst bekannt: Stob Ecl 3,440,10–12; Unbekanntes altgnostisches Werk 3,S 338,10–14; Naassener-Predigt Hipp Ref V 9 1.2; PsCl Hom XVI 12,1 Recg I 52,3; Lidz Ginza RI 86 S 15,21f RX S 240,26 – 241,20 S 247,13f. Zu ποιεῖν siehe 3,2. αἰών räumlich als Welt ist griechischer (Bauer sv 3; Ditt Syll⁴ 1125,7) und jüdischer (Tob 3,2 א Sap 13,9 18,4 JosAsen 12,1 S 54,22) Sprachgebrauch. *saeculum* 4Esr 3,9 uö, עולם ab Ende des 1. Jhdts p. (Dalman Worte Jesu S 138. 140). Eine Mehrzahl von Welten, freilich als κόσμοι, kennt Democr Diels Fr II S 84, 10f 93,40 94,36 98,7. αἰῶνες im Plur in der alten jüdischen (Tob 13, 6.10), rabbinischen (Nu r 13,1 Ber fol 606 IX 1–5) und christlichen (1 Tm 1,17 1Cl 35,3 55,6 61,2 Just Apol I 41,2) Gebetsanrede an Gott, den König, Gott und Vater der Welten; ja an Christus, den Vater bzw Gott der Welten (Act Phil 14 Act Joh 82; vgl HConzelmann Past Exk zu 1Tm 1,17). αἰῶνες in der rabbinischen Vorstellung von den mehreren Welten Gn r zu 1,5 1,31 (AWünsche Bibliotheca Rabbinica I, 13 und 36; 3Hen 24, 17 41,2; Stewart 287). Ebenso im Ginza, siehe oben. Hier in 1,2 ist an die Vielzahl der Welträume, wie in dem kommentierenden V 10, in 3,44 und 11,3, aber nicht speziell an die jetzige und die kommende Welt zu denken, geschweige denn an die kommende Welt allein (zu Schierse Verheißung 66–75). In der Beschreibung Jesu als des Allerben und des Schöpfungsmittlers könnte liturgisches Material verarbeitet sein (GBornkamm Bekenntnis 199).

2 Exkurs: Sohn und Gottessohn.

Literatur: HWBoers The Diversity of New Testament Christological Concepts, 1962; JAFitzmyer The Contribution of Qumran Aramaic, NTSt 20, 1974, 382–397; WRGLoader Sohn und Hoherpriester, 1981 (nach Manuskriptschluß); GPetzke Apollonius, 1970 Sachregister „Titel: Gottessohn"; PGWetter Der Sohn Gottes, 1916. Zu υἱός: Bauer 2b; ELohse und ESchweizer ThW VIII; SMorenz RGG³ VI 118f.

Der Hb nennt Jesus 5mal als υἱός, darunter nur 1mal, 1,8, mit Art. Freilich macht der Text keinen Unterschied zwischen Sohn und Gottessohn, letzteres 4mal, 4,14 6,6 7,3 10,29, immer mit Art: Hoherpriester ist der υἱός (5,8–10 7,28) wie der υἱὸς τοῦ θεοῦ (4,14 5,5.6 7,3), die Inthronisation wird vom υἱός (1,2f) wie vom υἱὸς τοῦ θεοῦ (1,1) ausgesagt, der als Erhöhter so heißt (10,29). Der absolute Sohn im Hb befremdet, weil die durch diesen Titel unterstrichene Vater-Sohn-Beziehung (Schweizer 373), außer dem Zitat 1,5b dem Hb fernliegt und weil das Fehlen des Possessivs auch zu dem μου im Zitat 1,5 und 5,5 nicht paßt. Typisch ist im Hb die enge Verschmelzung von Sohn und Hoherpriester, die das Leiden des Sohnes begründet, 5,8–10 (Bornkamm Bekenntnis 201f).

Woher stammt der absolute Sohn im Hb? Sicher ist er nicht aus dem Gottessohn abzuleiten (Hahn Hoheitstitel 281, 319–333), ebensowenig aus LXX Ps 2,7, μου. Das NT sonst kennt freilich die Tradition des absoluten υἱός, faßbar wie auch die Gottessohnvorstellung, allerdings nicht schon im palästinensischen, sondern erst im *hellenistischen* Judenchristentum (Vielhauer Aufsätze 188–195), also schwerlich von Jesus selber ableitbar (Käsemann R 8 gegen Hahn Hoheitstitel 328–333). In den Synoptikern ist vom Sohn zunächst subordinatianisch Mk 13,32 Par wie in der einzigen Pls-St, 1K 15,28, die Rede; dann in Mt 11,27 Par und, triadisch Mt 28,19 und vor allem in den zahlreichen Joh-St gewinnt der Sohn die dem Vater gleiche Würdestellung. Joh verschmilzt Sohn und Gottessohn. In dieser Verschmelzung und in der Würdegleichheit mit der Gottheit steht der absolute Sohn des Hb der joh Literatur am nächsten. Freilich hat der absolute Sohn in allen neutestamentlichen Texten außerhalb des Hb den Art und besitzt, anders als im Hb, enge Korrelation zum Vater, besonders bei Joh (Hahn aaO 320.329). Die Anwendung von LXX Ps 2,7 findet sich im NT nur in den Hb-St. Während der joh Sohn vom Vater gesendet ist Joh 3,17 1J 4,14 (Hahn aaO 330 Schweizer 388), vermeidet der Hb das Gesandtsein des Sohnes; der Sohn ist selbständiger bei der Menschwerdung 2,14 10,5, beim καθαρισμὸς und beim ἐκάθισεν. Die Analogie zwischen Joh und Hb betr des absoluten Sohnes hat also ihre Grenzen.

Der auf Jesus hier wie im gesamten NT gelegte Titel Gottessohn ist nicht jüdischem Denken entnommen: Ps 2,7 wird in jüdischen Texten zwar zitiert, setzt dort aber nicht den Titel „Gottessohn" für den Messias aus sich heraus, auch nicht in 4Q Florilegium 1,10–13 (Lohse 361–363; Conzelmann Grundriß 95). Dagegen belegen außerbibl antike Texte diesen Titel reichlich für Heroen, Philosophen, θεῖοι ἄνδρες und Herrscher (Wetter; Braun Studien[2] 255–259). Für den absoluten Sohn als gottheitliches Wesen jedoch ist mir kein sicher außerchristlicher Beleg bekannt. Cl Al etwa in Strom V XIV 116,1.2 trägt den absoluten υἱὸς in das benutzte Ilias- und Xenokrates-Zitat erst ein. Die OSal sprechen öfter vom absoluten Sohn, 3,7 7,15 14,1 19,2 23,22; die erste St wie Hb 2,10–14 unter dem Vorzeichen des Sohnes und der Söhne; die anderen vier, entgegen dem Hb, mit starker Unterstreichung der Korrelation Sohn-Vater. Ähnlich Vater-Sohn Ev Ver 38,6–15; Die drei Stelen des Seth p 118,30 119,1 124,25 ff. Für die Frage, wann Jesus Gottessohn bzw Sohn ist oder wird, siehe den Exkurs zu 1,3.

3. Der Sohn ist ein Abglanz seiner Herrlichkeit und ein Prägebild seines Wesens. Er trägt das All mit seinem Machtwort. Nachdem er eine Sündenreinigung vollzogen hatte, setzte er sich zur Rechten der Majestät in der Höhe.

Literatur: KBeyschlag Clemens Romanus und der Frühkatholizismus, 1966; GDalman Die Worte Jesu, 1930; HDörrie Ὑπόστασις, NGG 1955, 35–92; FWEltester Eikon im NT, 1958; AvHarnack Das Wesen des Christentums[3], 1900; DMHay Glory at the Right Hand, 1973; HHegermann Die Vorstellung vom Schöpfungsmittler, 1961; MHengel Judentum und Hellenismus[2], 1973; JJeremias Abba, 1966, 323–331; JJervell Imago Dei, 1960; HKittel Die Herrlichkeit Gottes, 1934; AKörte χαρακτὴρ Bedeutungsgeschichte, Hermes 64, 1929, 69–86; WGKümmel Einleitung in das NT[20], 1980; WRGLoader Christ at the Right Hand, NTSt 24, 1978, 211; RNLongenecker Some Distinctive Early Christological Motifs, NTSt 14, 1968, 529–545; HSchlier Christus und die Kirche im Epheserbrief, 1930; RAStewart Creation and Matter, NTSt 12, 1966, 284–293; WStott The conception of „Offering", NTSt 9, 1962, 62–67; JWThompson The Structure and Purpose, Catholic Bibl Quarterly 38, 1976, 352–363; Joh Trinidad De sacrificio Christi, Verb Dom 19, 1939, 207–212; AVanhoye Christologia, siehe 1,2 Lit; PVielhauer Ein Weg, Aufsätze 1965, 141–198; GWobbermin Altchristliche liturgische Stücke, TUNF 17 II, 3b, 1898.

Jetzt wird der Sohn Subj; ὅς siehe 1,2 (Delling). Er heißt ein Abglanz der Herrlichkeit Gottes; αὐτοῦ, hinter ὑποστάσις, gehört logisch auch zu δόξης. ἀπαύγασμα kann direkte Ausstrahlung (wie Sap 7,26 Philo Spec Leg 4,123) und indirekten Reflex (wie wohl auch Philo Plant 50) bezeichnen. Öfter ist bei Philo zwischen beiden Nuancen nicht sicher zu scheiden. Was aber mit Sicherheit aus den neben ἀπαύγασμα erscheinenden Synonymen – „Hauch", „Ausfluß", „Spiegel", „Bild" Sap 7,25f, „Verwandtschaft", „befreundet sein", „Abdruck", „Teilchen" Philo Op Mund 146 – hervorgeht: Glanz, Bild und Emanation korrespondieren einander (Eltester 150), sie meinen innerste Wesensverbundenheit und nicht eine dem Original gegenüber mindere Kopie. In diesem Sinne ist ἀπαύγασμα außerchristlich die Bezeichnung der hypostasierten Sophia (Sap 7,36; einziger LXX-Beleg), eines Gottwesens (Preis Zaub IV 1129f), des geistigen Menschen (Philo Op Mund 146 Spec Leg 4,123), des Kosmos (Philo Plant 50), des Logos (indirekt: über das Synonym εἰκὼν Philo Spec Leg 1,81); auf der Lichttochter liegt das hehre ἀπαύγασμα des Königs (Act

Thom 6), und bei den Mandäern ist Hibel „der Sohn des reichen Glanzes" (Lidz Ginza S. 500,22), Manda d'Haije „der erste Glanz" (Ginza S. 274, 24.30), Jahja „leuchtet" durch seines Vaters Rede (Lidz Joh S. 82,19f), und zum Mana kommt der Helfer „mit reichem Glanze" (Ginza S. 463,11), so daß des Mana „Glanz" „ausgedehnt und groß" ist (Ginza S. 467,30). ἀπαύγασμα drückt nicht eine Minderung gegenüber der Glanzquelle aus (Chr Cramer Cat 125 Thret Cramer Cat 296 Theod Mops Staab 201 Calvin Westcott); die Dämonen sind ja auch ein ἀπαύγασμα der toten Materie und Bosheit Tat 15,3. Str-B bringt „Glanz" nicht als jüdische Messiasbezeichnung (III 514f 672), wenngleich das AT, etwa Js 60,1, und die Rabbinen den Messias „Licht" nennen können (vgl Str-B IV Reg 1245 ad „Licht"). Diese außerchristlich-gottheitliche Bezeichnung ἀπαύγασμα wendet der Hb nun auf den „Sohn" an und drückt so dessen engste Verbundenheit mit dem Vater aus (Greg Nyss Cramer Cat 301f Eltester 110f Käsemann Gottesvolk 62 Vanhoye Christologia 51.53 Westcott Strathmann). Daß diese entliehene Beschreibung, anders als in ihrer hellenistischen Heimat, nun auf den realen Menschen Jesus angewendet wird (Michel), trifft zu; aber die soteriologische Abzweckung von ἀπαύγασμα liegt vor auch bei Philo – als ἀπαύγασμα kann der Mensch sich Gott zuwenden –, in Sap 9,18 und bei den Mandäern – der Heilsträger als „Glanz" rettet. Man mag der Übersetzung „Abglanz" (mit Erasmus adnotationes Spicq Héring Moffatt Hillmann Kuß Strathmann Wengst 168) vor „Ausstrahlung" (so Thret Cramer Cat 296 Erasmus paraphrasis Delitzsch Bleek-Windrath Kittel 268 Westcott Bruce Bauer Wörterbuch sv) den Vorzug geben, weil „Abglanz" mit dem ebenfalls indirekten χαρακτήρ besser harmonisiert (so Windisch Eltester 150 Käsemann Gottesvolk 61 Montefiore), was ja durch das ἀπαύγασμα und χαρακτήρ verbindende καί als gefordert naheliegt (gegen Kittel 268 Westcott). Man mag auch (mit Michel Gräßer Vorarbeiten 84) beide Übersetzungen als gleichrangig erwägen. Es muß aber klar sein: Der Unterschied zwischen Reflex und Ausstrahlung ist unwesentlich (so Windisch Eltester 150 Käsemann aaO 61 Vanhoye aaO 51 Kuß Montefiore Gräßer aaO 84). „Abglanz" hat nicht, wie bei Orig Princ GCS 22 p 37 Apparat zu Z 2f Luther WA 57 und Calvin, den auf menschliche Schwachheit Rücksicht nehmenden Sinn von „nur Abglanz".

Diese Wesenseinheit besitzt der Sohn mit der δόξα Gottes; zu ihr siehe 2,7.9.10 3,3 9,5 13,21. δόξα ist (gegen Gennadius Staab 421 Michel) hier kaum Ersatz für Gott, sondern meint Gottes Lichtwesen (Windisch), seine Macht und Ewigkeit (Bengel Montefiore), aber nicht seine Selbsterkenntnis (gegen Thomas). An dieser δόξα Gottes hat der Sohn als ἀπαύγασμα in vollem Umfange teil (Chr Cramer Cat Bengel Riggenbach Westcott). Er ist mithin Sohn nicht aus Gnade der Adoption (Phot Staab 638), besitzt vielmehr Gottes Wesen (Héring Kuß), ist Gott (Jervell 217), ewig wie der Vater (Gennadius Staab 421 Photius Staab 638 Thomas), gleicher Natur (Theod Mops Staab 201 Erasmus paraphrasis Spicq) und ὁμοούσιος mit dem Vater (Athan Cramer Cat 305 Thret Cramer aaO 296 Spicq I 289 II 7 Westcott). Das ἀπαύγασμα ist zwar hapax legomenon im NT. Aber die darin ausgesagte Würdestellung Jesu ist mit der εἰκὼν τοῦ θεοῦ 2K4,4 Kol 1,15, mit der Gottgleichheit Phil 2,6 und mit dem λόγος Joh 1,1 bereits ebenso gemeint. Das ὤν deutet auf die überzeitliche Geltung dieser Würde; die präzise Erörterung des *terminus a quo* geschieht im nachfolgenden Exkurs. Obwohl ἀπαύγασμα, gibt der Sohn den Glanz und die Herrlichkeit durch αὐγάζειν, δοξάζειν oder φωτίζειν nicht weiter (richtig Eltester 151 Vanhoye Christologia 49f Michel Gräßer Vorarbeiten; gegen Orig Princ I 2,8 GCS 22,39 Hillmann Westcott). Dies Weitergeben läge von der Begrifflichkeit her nahe und geschieht ja auch außerchristlich beim mandäischen Helfer Lidz Ginza S 78,29 f 463,11 468,22 und christlich 2K 4,4 J 17,4 lCl 36,2 ActThom 35.

Der Sohn ist des weiteren ein Prägebild des Wesens Gottes; zur Begriffsgeschichte von χαρακτήρ siehe Körte. Ursprünglich der Prägestock, dann das zustande kommende Gepräge. In LXX selten und dann unreligiös verwendet, wird χαρακτήρ bei Philo bildhaft zum Ausdruck für die Prägung, die die menschliche Seele, nicht der leibliche Teil des Menschen, durch die εἰκών (Leg All 3,95–99 Det Pot Ins 83), d. h. durch den Logos (Plant 18) empfängt und dadurch schlußfolgernd Gott erfassen kann. So ist der Mensch eine Nachahmung und ein Ebenbild der urbildlichen geistigen Natur Gottes (Det Pot Ins 83; Williamson 77–80 verkennt, daß bei Philo Gott zwar nicht Prägung, letzthin aber Präger ist). Der den Menschen prägende Logos ist, von Gott her gesehen, aber ebenfalls ein Prägebild, zustandegekommen durch den Stempel Gottes (Plant 18). Auch die sittliche Fähigkeit des Menschen stammt, als Gepräge, von einem Urbild der Tugend (Det Pot Ins 77 Ebr 133.137). Die Prägung, bei Philo selten negativ (Leg All 3,104), meist positiv gefaßt, ist dem prägenden Urbild nicht nur „sehr ähnlich" Ebr 133, sie drückt „engste Verbundenheit" (Käsemann aaO 62) aus und „repräsentiert", das Bildhafte überschreitend, wie der Kaiserstempel den Kaiser (Deißmann LO 289 A 1), so das prägende Urbild. χαρακτήρ Bauer 1b; Wilckens ThW IX 410 f. Diesen soteriologisch gefüllten Titel, wie ἀπαύγασμα im NT nur hier, wendet Hb, darin anders als Philo, nicht auf den Menschen allgemein, sondern auf das Wesen an, das dann der Mensch Jesus wird. Jesus prägt, entgegen dem Logos Philos, auch nicht weiter (Vanhoye Christologia 52; gegen Hillmann Westcott Wilckens ThW IX 411); das geschieht erst 1Cl 33,4 Ign Mg 5,2. Aber er ist die genaue Wiedergabe des Urbildes (Theod Mops Staab 201 Erasmus adnotationes Delitzsch Héring Kuß) und hat an ihm teil (Wilckens aaO); sie bedingen sich gegenseitig (Greg Nyss Cramer Cat 301 f). Er ist, als χαρακτήρ, also nicht nur Prägebild wegen der geistlichen Beschränktheit des Menschen (gegen Luther Calvin); er übertrifft andererseits das ἀπαύγασμα aber auch nicht durch Originaltreue (gegen Delitzsch Spicq Vanhoye aaO 52 f).

Jesus ist Prägebild von Gottes ὑπόστασις; zur Lit siehe 3,13. Die Bedeutungsbreite von ὑπόστασις ist beträchtlich, besonders auch in LXX. Es kann ebenso Materie der Götzen (Dg 2,1) wie wahre, hinter den Erscheinungen stehende Wirklichkeit der Dämonen (Tat 15,3) oder der intelligiblen Welt (Philo Som 1,188) meinen. Es bedeutet in keinem Falle hier trinitarische Person (gegen Erasmus adnotationes Calvin; im 19. Jhdt noch umstritten), sondern Wesen (schon Theod Mops Staab 201 φύσις; Bengel natura), und zwar im Sinne jenseitiger Wirklichkeit (Bauer 1; Köster ThW VIII 584), also Hintergrund des Seins (Vanhoye Situation 75 f), wobei Unbeweglichkeit, Macht und Ewigkeit anklingen. Der Sohn als Prägebild von Gottes Wesen hat also vollen Anteil an der ewigen, jenseitigen göttlichen Wirklichkeit (Gräßer Glaube 101 Montefiore); er ist Eines Wesens mit dem Vater (Chr Cramer Cat 125 Photius Staab 638; Thomas, der durch ὑπόστασις statt φύσις im Text die Substanzgleichheit besonders unterstrichen sieht; Spicq I 289 Westcott Vanhoye Situation 74). Er ist Gott (Jervell 217) und besitzt alle Würden eben außer dem Vatersein (Phot Staab 638). Natürlich reflektiert der Hb hier und auch bei ἀπαύγασμα die Naturen- und Substanzeinheit noch nicht ausdrücklich. ἀπαύγασμα und χαρακτήρ meinen die gleiche Würde des Sohnes (Moffatt Michel Wilckens ThW IX 410 f), wie denn δόξα und ὑπόστασις das Wesen Gottes nur nuanciert anders beschreiben (gegen Köster ThW VIII 584 Gräßer Vorarbeiten 84 f). Man darf aus ἀπαύγασμα nicht die stärkere Verbundenheit von Vater und Sohn, aus χαρακτήρ nicht die Zweiheit der Personen entnehmen wollen (gegen Chr

Cramer Cat 125 Severian Staab 346f Theod Mops Staab 201 Thret Cramer Cat 296 Vanhoye Christologia 53 Westcott Vanhoye Situation 76); beide Ausdrücke meinen dieselbe Wesenseinheit (Thomas 342 Luther Spicq II 8f Riggenbach; wobei Luther und Spicq die von ihnen vertretene Personenverschiedenheit von Vater und Sohn nicht dem Text entnehmen).

Eine neue, mit τε ohne korrespondierendes καί (Bl-Debr § 443,2) angefügte Würde, Machtgleichheit von Vater und Sohn (Chr Cramer Cat 126 Thomas): Der Sohn trägt das All mit seinem Machtwort. Die LA φανερῶν in B★ [2] Serapion v Thmuis GWobbermin TUNF 17 II, 3b S. 23,23 ist sekundär. Zu φέρω siehe 6,1. Bei den Rabbinen Str-B III 673; vgl Herm s 9,14,5; βαστάζειν als ζωοποιεῖν Herm Trismeg Scott IV S. 227,4f; „tragen" neben „das All erhalten" im manichäischen Fr bei HSchlier „Christus und die Kirche" 1930, 29. Das konservierende Erhalten: so Chr Cramer Cat 306 Cyr Cramer Cat 126f Thomas Luther Calvin Delitzsch Bleek-Windrath Windisch Käsemann Gottesvolk 63 Héring Moffatt Kuß Strathmann Spicq Vanhoye Situation 76f Gräßer Vorarbeiten 82. Mehr das „Lenken" betonen, gelegentlich neben dem Erhalten: Thret Cramer Cat 307 Chr Cramer Cat 306 Thomas Erasmus paraphrasis und adnotationes Spicq. Nicht zu denken ist an Heilsverwirklichung (zu Spicq I 290) oder an die konservierende geistgewirkte biblische Verkündigung (zu Michel); wegen V 2 auch nicht an die Schöpfertätigkeit (zu Moffatt Westcott), obwohl Philo φέρειν als Hervorbringen belegt (Mut Nom 256 Rer Div Her 36). Das Erhalten ist Tätigkeit der Gottheit im AT (etwa Sir 43,26; für die Rabbinen siehe oben), in der Apokalyptik (etwa aeth Hen 69,25), aber auch außerbiblisch (Cleanthes für Zeus vArnim I 121,35; θεός Corp Herm 16,17). Viel häufiger wird jedoch im hellenistisch-gnostischen Bereich als Erhalter eine zweite Gottheit genannt: bei Philo der personifizierte Logos: Fug 112 Agric 51 Plant 8 Som, 1,241 Cher 36 Quaest in Gn IV 110; in Nag Hammadi Die dreigestaltige Protennoia 35,1–4; bei den Mandäern der Sohn Lidz Ginza S 165,25f. Dem ordnet sich Jesus, das Abbild und die Prägung der Gottheit (Longenecker 541), wie Philos Logos (gegen Vanhoye Christologia 54f) Person, ein: Kol 1,1 Hb 1,3 PsClemHom XVIII 4,3 6,1 Unbekanntes Altgnostisches Werk 5 S. 340,21 Pist Soph 83 S. 119,17 Jesus der Erhalter; ebenso von seinem Kreuz Act Joh 99. Dies Erhalten kann wie bei den Rabbinen, im Pastor Herm, im Corp Herm und bei den Manichäern, siehe oben, auch Plut Lucull 6,3 und Ev Ver 24,3, ausdrücklich „tragen" heißen, was im AT, in LXX und im NT außer Hb 1,3 nicht belegt ist. Gewöhnlich aber wird das Erhalten außerchristlich – AT aeth Hen Sir Philo Cleanthes Corp Herm Ginza – und christlich – Kol 1,17 PsClem Unbekanntes altgnostisches Werk Pist Soph Dreigestaltige Protennoia Act Joh (siehe oben) – in anderer Weise umschrieben.

Der Sohn, als Allerbe V 2 (Riggenbach), trägt das All. Mit einer neutr πᾶς- oder ὅλος- Form benennen den Gegenstand der Erhaltung fast alle bisher zitierten hellenistisch-christlichen, außerchristlichen und gnostischen Texte, auch die LXX; das AT dagegen spricht meist detaillierend, und das palästinensische Judentum läßt der Welt (Rabbinen), allen Dingen (aeth Hen Philo Quaest in Gn IV 110), der ganzen Welt und Schöpfung (Pastor Herm) die Erhaltung zugewendet sein, obwohl auch die Rabbinen vom All (') reden können; dann aber nur im Blick auf den Schöpfer (TgJI zu Ex 3,14; Ber 6,2.3.8; vgl Hengel 266). Der Sohn trägt das All – nicht unterstemmend wie Atlas (Montefiore), sondern mühelos (Chr Cramer Cat 306) mit seinem Machtwort. αὐτοῦ ist gegen die Auslassung in p[46] **0121b** 6 424[1] 1739 1881★ zu lesen, gehört logisch wie das adjektivisch zu verstehende δυνάμεως (Semitismus, siehe zu V 2 bei τῶν ἡμερῶν τούτων) zu ῥήματι und meint den Sohn (Cyr Cramer Cat 126 Thret Staab 202 Thomas Calvin Bengel Delitzsch Bleek-Windrath Riggenbach Moffatt Michel Westcott Gräßer Vorarbeiten 57f), nicht Gott (gegen Thomas Vanhoye Christologia 55). Das Machtwort als Mittel der Erhaltung ist sonst nicht belegt: in Sap 18,15 und Philo Som 1,241 ist es Hypostase; zudem greift es laut Sap 18,15 strafend ein. In Hb V 3 spricht der das All erhaltende Sohn als Person (Bengel), ist aber (gegen Thomas Stewart 290) nicht das Wort (Calvin). Dagegen kann die Erhaltung sonst dem Wort oder der Kraft der Gottheit zugeschrieben werden, ohne daß beide Motive kombiniert sind wie im Hb. Dem Wort: die meisten diesbezüglichen Texte erwähnen das Wort zwar gar nicht, im AT und bei den Rabbinen erfolgt nur die Schöpfung durch das Wort, während Jahwe, die Schöpfung erhaltend, seine Hand öffnet (LXX Ps 103,28 144,16). Philo wertet die Worte gegen die Taten ab (Migr Abr 12 Decal 47); auch Cleanthes (siehe oben) nennt nur das Gesetz; aber Jahwe schilt, donnernd, den Urdrachen (LXX Ps 103,7), das Wort hält alles zusammen (Sir 43,26), Gottes Eid bewahrt alle Teile der Schöpfung (aeth Hen 69,25), und durch das Wort fügt das Kreuz sich das All zusammen (Act Joh 99). Auch der Macht Gottes ohne Kombination mit dem Wort wird auf alttestamentlich-jüdischem Boden die Erhaltung der Welt zugeschrieben: AT und LXX reden, bei der die Welt konservierenden Bändigung des Urdrachens, von Gottes Macht (Hi 26,12 LXX Ps 73,13) oder Machtarm (LXX 88,11); die Rabbinen verbinden letzteren mit dem Tragen der Welt (Belege oben), und Philo läßt bei der Erhaltung der Welt wenigstens indirekt Kraftentfaltung mit im Spiele sein (Fug 112 Plant 8 Cher 36), während rein hellenistische Texte hier schweigen. Die Erhaltung der Welt ist also dem religionsgeschichtlichen wie dem sprachlichen Befunde – semitisierender Gen, siehe oben – nach ein Semitismus (Calvin Spicq Michel Gräßer Vorarbeiten 65 A 82). Das Machtwort denkt nicht an den „Wink" des Sohnes (gegen Erasmus adnotationes Calvin), sondern, textnäher, an seine φωνή (Thret Staab 202), mithin an eine schöpfungsanaloge Tätigkeit (Thret aaO Windisch Strathmann Wengst 168), und nicht an einen Verkündigungsvorgang (zu Michel Gräßer aaO 87). Schon immer: φέρων wie vorher das ὤν zeitlos; zur Frage der exakten Zeitpunkte siehe den folgenden Exkurs. Immer erhält der Sohn das All; aus der synoptischen Heil-δύναμις Jesu (Mk 5,30 Lk 5,17 6,19 8,46) ist hier kosmisches δύναμις-Wort geworden. Diese hohen dem Hellenismus – ἀπαύγασμα, χαρακτήρ – und dem Judentum – φέρων – entliehenen Bezeichnungen unterstreichen die Würde des Sohnes (Calvin), machen sein geschichtliches Tun wertvoll (Delitzsch) und betonen so die Wichtigkeit der Verkündigung (Calvin Héring Hillmann). Jetzt, mit zwei Aor-Formen, die zwei zeitlich nacheinander liegenden Taten des Sohnes in der Welt und beim Verlassen der Welt: die vollbrachte Sündenreinigung und seine Inthronisation. Der καθαρισμός, vollzogen durch Gott Hi 7,21 1Cl 60,12, im Auftrag der Gottheit durch Kulthandlungen Ex 30,10 Test XII L 14,6β(A) Luc Lucius 22 vgl κάθαρσις Philo Det Pot Ins 170, wird 2Pt 1,9 durch die Taufe, hier durch Jesu Tod vollbracht. Zu καθαρίζω siehe 9,14. Ähnlich die Synonyma: καθαρίζειν durch Gott 1Cl aaO; καθαίρειν Philo aaO, durch Kulthandlung Ex 30,10, durch Wohltätigkeit ἀποκαθαρίζειν Tob 12,9; durch Jesus Mt 8,3 Aussatzheilung, Pist Soph 141 S. 242,32f durch Feuer; aber Hb 9,14 lJ 1,7 Herm s V 6,2 wie hier durch Jesu Opfertod. Der durch die Reinigung zu beseitigende Makel steht, wie hier Hb 1,3, nach der substantivischen Reinigung im Gen obj Hi Philo 2Pt, nach dem verbalen Reinigen im Acc Philo Mt 8,3 Herm Pist Soph.

Jesu Tod für die Sünden, in Synoptikern, Ag und joh Literatur unzentral, ist wie in der paulinischen Literatur im Hb wichtig. Der Plur ἁμαρτίαι, die Sünden der Vergangenheit, entstammt dieser Tradition 1K 15,3 Gl 1,4 1J 4,10; vgl den ausnahmslosen Plur im neutestamentlichen term techn „Sündenvergebung". Freilich überwiegt nun im Hb, anders als im R Joh und 1J, der Plur von ἁμαρτία: 14mal; 7mal Sing als Einzelsünde; nur 4mal Sing als Grundsünde, vgl 3,13. Der Übergang zum nachapostolischen Zeitalter kündet sich an. Auffällig ist, daß der Text nicht sagt, wessen Sünden gereinigt werden. Alle obigen Belege zu „Reinigung", außer Tob 12,9, nennen die Bezugsperson zur Sünde. Im NT fehlt solche Bezugsperson, wenn von Jesu Tod die Rede ist, selten, zB 1J 3,5; im Hb stehen den 20 ἁμαρτία-Formen ohne nur 5 Formen mit Person-Bezug gegenüber. Interessant darum hier die Textkritik: ἡμῶν lesen sekundär D¹ H 33 104 326 sy^h arm arab, ὑμῶν ℵ²; beides fehlt in p⁴⁶ ℵ★ A B D★ Ψ 0121b 6 81 1175 1739 latt. Das eingefügte Possessivum ist Angleichung an das im sonstigen NT Übliche (Delitzsch Riggenbach Michel Gräßer Vorarbeiten 58). Es soll freilich nicht eine Mißdeutung auf Jesu eigene Sünden verhindern (gegen Bleek-Windrath). Das Fehlen eines Possessivums bei ἁμαρτιῶν, von Riggenbach Windisch SpicqI Kuß Michel Strathmann Gräßer aaO, gegen viele andere Erklärer, zu Recht ernst genommen, will nicht, wie Mt 26,28 Hb 9,28 Lk 24,47 Joh 1,29 und 1J 2,2, die Bedeutung des Todes Jesu entschränken (zu Delitzsch Riggenbach Héring Lohse 167 Wengst 168 f); denn der κόσμος ist im Hb nicht Heilsempfänger, und die πολλοί von Hb 9,28 sind Zitat. ἡμῶν fehlt, um die Objektivität der Sündenreinigung zu unterstreichen (Riggenbach Hegermann 120 f).

Die Aktivität Jesu bei seinem Tod wird schon hier, besonders dann in 7,27 9,12.14.25, sichtbar, im Unterschied etwa zu Paulus (R 3,25 4,24 8,3). Das zwingt nicht zu der möglichen (Theißen 150 f) oder sehr erwägbaren (Gräßer aaO 66 f) These, diese Sündenreinigung sei eigens anders als in 1Cl 36,1 vom Hb-Verf in eine vorliegende Tradition eingefügt worden. Das hinter δυνάμεως zT ausgelassene αὐτοῦ (siehe oben), veranlaßt zT vor καθαρισμὸν den Einschub von δι' ἑαυτοῦ in D H^c **0121b** 88 104 181^mg 326 330 451 614 630 1241 1739 1877 1881 1984 1985 2495 den meisten a b sy sa^mss bo, bzw von δι' αὐτοῦ in p⁴⁶ D★ 365. Der Einschub fehlt in ℵ A B H★ P Ψ 33 81 629 1175 2464 al t v vg. Der ursprüngliche Text wird (gegen Zuntz 43–45) wohl doch keinen Einschub gelesen und damit das Selbstopfer noch besonders unterstrichen haben, weil das erst in der späteren Gegenüberstellung mit den irdischen Priestern, 9,11–14, akut wird. Die LA δυνάμεως δι' ἑαυτοῦ könnte, in Anlehnung an sy^p Js 53,10, in Syrien entstanden sein (Hegermann 121 A 1). Die Sündenreinigung meint das ἁγιάζειν 9,13.14 13,12; beides analog wie in Qumran (siehe Braun Qumran-NT I 241). So wird hier Jesu Hohepriestertum vorbereitet (Michel Montefiore Hay 143). Darum liegt die Analogie zu dem Reiniger Herakles hier fern (zu Windisch). Freilich „reinigt" Jesus nicht in levitischer Weise, sondern durch sein Blut, 9,14 13,12 (Erasmus paraphrasis Calvin); er ist Priester und Opfer (Käsemann aaO 144 Montefiore). Sein Tod hob die blutigen Opfer auf (Harnack 99); allerdings so, daß die Notwendigkeit eines Todesopfers überhaupt stabilisiert wurde. Gilt angesichts der hohen Würde Jesu sein Sünden reinigender Tod manchen als peinlich (ταπεινά, εὐτελῆ Phot Staab 638) und erstaunlich (*Christum non tamen recusasse* Calvin), so paßt die Sündenreinigung für die beiden Naturen Christi (Thomas). Und der Hb selber verbindet Sündenreinigung und Inthronisation eng: im Nacheinander hier wie 10,12 12,2, ja im zeitlichen Ineinander 9,12 10,20 (Vanhoye Christologia 56 59). Auch nach der abgeschlossenen Sündenreinigung bleibt der Sohn im Himmel Priester 8,1, sein Blut ist wirksam 9,14 10,29 (Trinidad 207 212 Stott 66). So ist der Passus von der Sündenreinigung nicht „Schlüsselvers" (gegen Gräßer 88), ist der Schöpfungsmittlerschaft und Erhöhung subsumiert (Wengst 175–177), nennt eine

Vorbedingung (gegen Käsemann aaO Hahn Gottesdienst 119), eine Episode (Gräßer aaO 87), freilich eine nicht erloschene.

Das eigentliche Heilsereignis im Hb aber ist Jesu Auffahrt (Dibelius Der Himmlische Kultus 172), vgl πόλις 11,10, auch 12,22; die Auffahrt zusammengenommen nicht mit Jesu Lehre, sondern mit seinem Leidensgehorsam und seinem Opfer (Moffatt Gräßer aaO 88f). Die Auferstehung als selbständiges Ereignis ist nicht etwa (gegen Strathmann) als selbstverständliche Vorbedingung für die Himmelfahrt vorausgesetzt; die Himmelfahrt in Verein mit dem Kreuz ist vielmehr so wichtig, daß sie mit der gar nicht besonders vermerkten Auferstehung, wie auch sonst in neutestamentlichen Christusliedern Phil 2,5–11 Kol 1,15–20 1Tm 3,16 zusammenfällt (Jeremias 331 Gräßer aaO 89). Vgl Philostr Vit Ap VIII 30 (Petzke 185). Die Auffahrt wird hier als Inthronisation mit LXX Ps 109,1 beschrieben. Auch das Judentum verwertet diesen PsV für die Inthronisation von Abraham (Talmud und Midrasch Str-B 453f), von Henoch (aeth Hen 45,3 51,3 55,4 61,8 62,2 69,27 29 slav Hen 24,1), von Henoch-Metatron (hb Hen 10,1 48C5), vom Messias und von David (im Midrasch ab Mitte des 3. Jhdts, der aber eine ältere messianische jüdische Deutung des Ps aufnimmt; Str-B IV 457). Einige dieser Texte, nicht die Hen-Texte, erwähnen den rechten Platz; seltener ist die Rede von einem selbständigen Sichsetzen. Ebenso wie die Throngemeinschaft der Sophia mit Gott Sap 9,4 wird auch im NT die Auffahrt Jesu zunächst noch nicht mit LXX Ps 109,1 in Verbindung gebracht, vgl R 1,3f Phil 2,9ff Kol 1,10ff Joh (Vielhauer 171f), sondern entstammt hellenistisch-orientalischen Gedankengängen (Käsemann aaO 61–71); für thronende Götter Belege Preisigke Wört I Sp 715 ad κάθημαι; vgl Hay aaO 52f. Dieser Mythos erhält dann auch außerhalb des Hb im NT und danach mit LXX Ps 109,1 seine breitgestreute Schriftbegründung: Unter Gebrauch von καθῆσθαι in Ps 109,1, in Mk 12,36Par Mk 14,62Par Ag 2,34f Kol 3,1 1Cl 36,5 Barn 12,10 Asc Js 11,32 (ohne griech Äquivalent) Eus Hist Eccl II 23,13; unter Verwendung von καθίζειν in Mk 16,19, „einer schlechten und späten Kompilation" (Norden 273 A 1), Apk 3,21 („sich setzen") und Eph 1,20 („Gott setzte ihn"); auch ohne ein Verb des Sitzens und Setzens nur unter Verweis auf den rechten Platz R 8,34 Ag 2,33 5,31 7,56f 1Pt 3,22 Nag Hammadi Apkr JkBrief 14,31. Der Hb, im Gebrauch von LXX Ps 109,1 besonders intensiv 1,3.13 8,1 10,12f 12,2 (Hay aaO 167), folgt mit ἐν δεξιᾷ, zu ergänzen χειρί, in 1,3 8,1 10,12 12,2 statt ἐκ δεξιῶν Neutr Plur LXX Hb 1,13, wahrscheinlich einer im NT auch sonst faßbaren Tradition, vgl R 8,34 Eph 1,20 Kol 3,1 1Pt 3,22 (siehe Michel Gräßer aaO 89 Deichgräber 164, zögernd Wengst 169). Eigenständig dagegen scheint im Hb die Betonung von Jesu Selbständigkeit; vgl dagegen oben das καθῆσθαι und καθίζειν, auch Gottes Aktivität in R 1,4 Phil 2,9 Kol 1,19. Außerhalb der wörtlichen Zitierung in 1,13 und des ebenfalls zitierten ἀνάγειν Gottes 13,20 redet Hb immer von Jesu Sichsetzen; die Exegese-Geschichte registriert das: Chr Cramer Cat 308 Thomas Erasmus paraphrasis.

Jesus setzte sich zur Rechten der Majestät in der Höhe. καθίζω Bauer 2aα; CSchneider ThW III 443–447 δεξιός Bauer 2a, dort: Athenas rechter Platz neben dem Vater; Grundmann ThW II 37–39. Wie δύναμις Mk 14,62 Mt 26,64, ἡ δόξα ἡ μεγάλη gr Hen 14,20, „jene große Herrlichkeit" Asc Js 9,37, 10,16 11,32 und ἡ μεγάλη δύναμις Eus Hist Eccl II 23,13 umschreibt hier und Hb 8,1 μεγαλωσύνη Gott. μεγαλωσύνη, außerchristlich nur in LXX und im jüdischen Hellenismus belegbar, aber da nicht als Ersatz für Gott, christlich dann in Doxologien Jd 25 1Cl öfter, ist griech keine Gottesumschreibung, gibt aber in LXX Da 2,20 das aram גבורתא wieder; und das hebr גבורה umschreibt, wie hier μεγαλωσύνη, Gott

(Str-B I 1006f Dalman 165 Michel Deichgräber 139). Das ist dem Hb freilich nicht, wie jüdischen Texten, ein religiöses Anliegen; siehe Hb 12,2 (Vanhoye Situation 84). μεγαλωσύνη Bauer Grundmann ThW IV 549f. Wie μεγαλωσύνη, ist auch ἐν ὑψηλοῖς Semitismus (Gräßer aaO), in LXX Js Ps Sir als Gottes Wohnsitz belegbar. Des Sohnes Ehrensitz also anders als der der irdischen israelitischen Könige 1Ch 28,5 2Ch 9,8 (Vanhoye Christologia 61). ἐν ὑψηλοῖς gehört nicht (gegen Bleek-Windrath) zu μεγαλωσύνης, sondern zum Verb (so die meisten).

Die meisten Erklärer versichern seit alters, Hb denke sich den ersten Platz neben der Gottheit und dem Himmel als unräumlich (so Bas Cramer Cat 309 Chr Cramer Cat 308; Thomas: *elevatus super omnem creaturam;* Calvin Spicq Westcott). Das scheint fraglich, siehe 12,22. Philo zwar erklärt Gott für ortlos (Sobr 63 Poster C 14 Conf Ling 139 Leg All III 51 Quaest in Ex II 40); es gibt einen sinnlich wahrnehmbaren und einen geistigen Himmel, und Gott steht über dem Himmel (Decal 112 Op Mund 36 Spec Leg I 302 Som I 157); seine Gottheit übt nicht das εἰσέρχεσθαι oder διέρχεσθαι betr des Himmels, nur das Letztere betr des Alls (Leg All III 4). In der Apokalyptik und Gnosis aber existiert eine Mehrzahl von Himmeln, von deren Geistigkeit nicht die Rede ist (slavHen 20,1 55,2 67,2 JohApocr Cod Berol 44,5ff); von Gegenden und Lokalitäten im Himmel aeth Hen 70,3 71,4 slav Hen 20,3.4 hb Hen XLVIII C8 Kopt-gnost Schrift ohne Titel 153,26f; es gibt ein Herab vom und ein Hinauf zum Himmel Corp Herm 10,25. Der Hb mit seinem εἰσέρχεσθαι 6,20 9,24, διέρχεσθαι 4,14 betr des Himmels, mit dem ἐν τοῖς οὐρανοῖς, das nicht nur für Gott, sondern auch für die himmlische Gemeinde und für Kultgegenstände gilt 12,23 9,23, mit dem ἀπ' οὐρανῶν im Gegensatz zum Sinai 12,25 und mit der bevorstehenden Sichtbarkeit Jesu für die ἅγιοι 12,14 scheint doch lokal zu denken (mit Recht Thompson 351f gegen Spicq I 298 A 1). Auch 7,26 meint nicht die Raumlosigkeit; und 9,24 dürfte nicht nach Philo Spec Leg I 302 zu verstehen sein.

Der Zeitpunkt der Intronisation ist eindeutig: nach dem Opfer am Kreuz 12,2, ja schon während dieses Opfers (siehe oben bei „Sündenreinigung"), Jesus also als der *incarnatus* (Westcott). Der hohe Rang, im Sitzen ausgedrückt, ist nicht schlechthin exzeptionell: Zwar *stehen* die Priester (Bengel) und im AT, in der Apokalyptik und im NT die Engel (Herveius MPL 181, 1528D Riggenbach Westcott); aber auch Jesus ist als stehend gedacht Ag 7,56 (Thomas). Gabriel dagegen – er freilich zur Linken slav Hen 24,1 (Spicq) – wie Henoch (siehe oben zu „Inthronisation") sitzen. Die Inthronisation von Ps 109,1 meint Königtum. Aber von Jesu βασιλεία spricht im Hb nur 1,8, und da per Zitat; βασιλεύς-sein ist mit ihm nur indirekt durch 7,1f verbunden; βασιλεύειν fehlt ganz. Das ἔθηκεν V 2 blickt auf die Inthronisation; aber das Erbe-sein Jesu ist mit 1,2 und 1,4 im Hb ebenfalls wenig akzentuiert. Zentral ist die Auslegung der Inthronisation als himmlisches Priestertum in 8,1f. So geht die einseitige Beschreibung des Sohnes als gottgleichen Herrschers (zu Bas Chr Thret Cramer Cat 311 128 310 Thomas Calvin Delitzsch Riggenbach Stott 64 Wengst 169), als Allerben (zu Spicq) oder als nur-Priesters (Bleek-Windrath) fehl. Gemeint ist Jesus als Herrscher und Priester (Bengel Michel Westcott), freilich mit dem Ton auf letzterem; besser Herrscher als Priester (Gräßer Vorarbeiten 87f). Ob und wie die Inthronisation als Würdezuwachs gedacht ist, wird im anschließenden Exkurs erwogen.

Eine Reihe formaler und inhaltlicher Indizien macht es, in Analogie zu Phil 2,6ff Kol 1,15ff 1Tm 3,16, so gut wie sicher, daß V 3 ein liturgisches Stück ist, das Hb übernommen hat: der relativische Anschluß, vgl 8,1 12,2 (Delling Partizipiale 46); die vierzeilige Gliederung (Sanders 19 Gräßer aaO 64f); die im Hb nur hier begegnenden Wendungen ἀπαύγασμα, χαρακτήρ, ῥῆμα τῆς δυνάμεως, καθαρισμός, ἐν τοῖς ὑψηλοῖς, ohne daß der Verf das „leuchten" und „prägen" im weiteren Text ausführt; das gleiche inhaltliche Schema in den eben genannten analogen neutestamentlichen Stücken: Jesus ist gottgleich, Schöpfer und Erhalter, Versöhner und Erlöser und wird erhöht (vgl Jervell 198 Sanders 24), ohne ausdrückliche Erwähnung der Parusie (Gräßer aaO 89). Viele Autoren (ASeeberg Hahn GBornkamm Bekenntnis 196–199 Michel Deichgräber 139f Sanders 24f Gräßer aaO 65–67 Wengst 166.175–177 WRGLoader Christ at the Right Hand 211; gegen Riggenbach) plädieren daher mit Recht für einen übernommenen liturgischen Text; ob Bekenntnis oder preisender Hymnus, ist angesichts der mehrfachen Bedeutung von ὁμολογεῖν unwichtig (vgl vCampenhausen 231f). Die missionarische Absicht erklärt die genannten Indizien nicht hinreichend (zu Williamson 79). 1Cl 36,2 ist eine erste Zitierung von Hb 1,3 (Westcott), kaum eine analoge, vom Hb unabhängige Tradition (so Gräßer aaO 64f Wengst 166f Kümmel Einleitung[20] 345f Hagner 179f; zu Beyschlag 351 Theißen 35–37 Hay 39).

3 Exkurs: Die chronologische Aporie der Hb-Christologie.

Literatur: GFitzer Auch der Hbbrief, Kerygma u Dogma 15, 1969, 294–319; HHegermann Die Vorstellung vom Schöpfungsmittler, 1961; HMSchenke Erwägungen zum Rätsel des Hbbriefs, in: NT und christliche Existenz 1973, 421–437.

Die Ausdrücke für die hohen Würden Jesu in V 2 und 3 sind nachweisbar dem AT und Judentum, vor allem dem Mythos-Bereich hellenistisch-orientalischer Gnosis entnommen (vgl Käsemann aaO und das obige Material V 2f). Daß die Würdestellung selber aber nicht entliehen (Moffatt), daß sie nicht Spekulation sei (Calvin Gyllenberg 679 Gräßer Vorarbeiten 82), leuchtet nicht ein. Gnosis wie NT sprechen von dem Wege, den ein Gottwesen vom Himmel zur Erde und dann wieder in den Himmel geht. Die Einheitlichkeit dieser Konzeption kann, wie von Käsemann 65f, nur behauptet werden, wenn man die Voraussetzungen dieses Weltbildes teilt; doch das mag hier beiseite bleiben. Die Anwendung dieses Mythos speziell auf Jesus bereitet die besondere Schwierigkeit, daß die den Mythos verwendenden Texte die volle Menschlichkeit Jesu einbeziehen und beibehalten wollen. Von Einheitlichkeit dürfte nur gesprochen werden, wenn man von den innerhalb des NT bis zum Hb zurückgelegten Stadien christologischer Entwicklung absieht. Ich skizziere nur mit wenigen Strichen: In der vorpaulinischen Tradition die Sohnwerdung erst in der Auferstehung R 1,4; der zaghafte Würdezuwachs für Jesu irdisches Leben und für die Zeit davor auf dem Boden der Synoptiker, aber in ihnen schon unterschiedlich; der volle Würdezuwachs dann bei Paulus und Joh. Die Aporie liegt auf der Hand: Besaß Jesus während des Erdenlebens und davor schon hohe Würden, so bringt die Auferstehung bzw Auffahrt nichts hinzu, sondern gibt nur zurück; liegt dagegen die Wende in der Auffahrt, so sinkt die vorirdische und irdische Würde (vgl Windisch Exkurs). Der Hb – dem „Jesus war schon immer" und dem „Jesus wurde erst" verhaftet – macht die Aporie besonders deutlich, wie nachfolgende Analyse zeigen will.

Jesus ist präexistent: als Schöpfungsmittler 1,2, als Erhalter der Schöpfung, als voll entsprechender Abglanz, als originalgetreues Prägebild der Gottheit, als voll gottheitlich 1,3, und so ist er ewig 1,8.12 7,3 13,8. Bei alledem ist er Sohn 1,2; das Menschsein nimmt der Sohn später 2,14 erst an. Auch auf Erden war er schon Sohn als Redender 1,2, als gehorsam Leidender 5,8f, als sich Opfernder 1,3 6,6 10,29, als anders als R 1,4. Bereits in der Präexistenz vermittelte er als κύριος die Schöpfung 1,10. Er war Herr bei seiner Menschwerdung 7,4, als auf Erden Redender 2,3; die Erhöhung machte ihn nicht zum κύριος, sondern traf ihn als solchen an 13,20. Ein *bleibender* Priester wie Melchisedek 7,3, kam er als Priester in die Welt 9,11f, und die für ihn fiktiv erwogenen, real dann aber ausgeschlossenen Tieropfer 9,12–14, die für ihn fiktiv erwogene, real dann aber ausgeschlossene Wiederholung des Selbstopfers 7,27 9,25–28 setzt ebenfalls voraus, daß er Priester durch die Selbstopferung nicht erst *wird*. Auch Heilsführer war er schon vor der Passion 2,10 12,2f. So weit das „er war schon immer" des Hb bzw „er war schon als Mensch".

Exkurs: Die chronologische Aporie der Hb-Christologie zu 1,3

Gleichwohl „wird" Jesus im Hb. Gott ist sein Schöpfer 3,2. Er wird Sohn, wie es der Text von 1,3–5 nur meinen kann, bei der Inthronisation durch Gottes schöpferische Anrede (Käsemann 59). Auch die Einsetzung zum Allerben ist wohl für diesen Zeitpunkt anzunehmen. Er bekommt nun, ἐγένετο 1,4, die Überlegenheit über die Engel. Ebenso klar nach der Passion ist datiert seine Krönung mit Ruhm und Ehre 2,9, seine Vollendung 2,10 5,9, seine Funktion als Heilsführer, ἐγένετο 5,9 6,20, sein Durchschreiten der Himmel 4,14, ἐγένετο 7,26 und seine Mittlerstellung 9,15. Besonders betont Hb das Priester-*werden* Jesu: Auf Erden ist er es nicht 7,13 8,4.6; er bekommt die Würde durch Gottes schöpferische Anrede 5,6.10 7,28, gemeint ist wohl nach der Passion bei der Inthronisation 10,12 bzw einfach bei der Inthronisation 4,14 8,1; ja er ist bei der Einsetzung zum Priester bereits vollendeter Sohn 7,28, und das ἐγένετο unterstreicht dies Priester-*werden* ausdrücklich. Die Parusie schließlich bringt die Anbetung der Engel vor dem Erhöhten als vor einem, der Gott, Herr, ewig und Sohn ist 1,6–13; die οἰκουμένη ἡ μέλλουσα, das All, bei der Inthronisation ihm noch nicht völlig unterworfen 2,5.8, sowie seine Feinde werden ihm dann untertan 10,13, den Seinen erscheint er sichtbar zum Heil 12,14 9,28.

Die Spannungen innerhalb dieses Entwurfs sind deutlich. Sohnschaft und Priestertum sind in 5,5f eng zusammengenommen und liegen zeitlich doch nacheinander 7,28. Der Antritt des Allerbes bei der Inthronisation 1,2 und erst bei der Parusie 2,8 widersprechen sich. Vor allem aber: Die Intronisation bringt ihm Würden, die er nicht nur als Mensch, sondern bereits in der Präexistenz besaß: Sohn, Herr, Priester. Zudem: ἀπαύγασμα und χαρακτήρ sind unüberbietbar.

Die Auskunft, erst die Erhöhung gebe ihm das alles wirklich, hilft nicht weiter. Denn die Aussage über das, was er in der Präexistenz und als Mensch war, proleptisch zu nehmen – zB 5,8 in dem Sinne: „obwohl er Sohn *werden sollte,* lernte er Gehorsam" – scheint mir bei der Fülle und der meist gegebenen chronologischen Eindeutigkeit der Texte nicht erlaubt; die Schmach Christi existierte schon zu der Zeit des Mose 11,16! Anderseits die Würde während des Menschseins als vorhanden, aber als verborgen zu verstehen, ist im Hb durch keinen Text gedeckt, und der mit dem ἐκάθισεν angezeigte Würdezuwachs, den Hb im Unterschied zu Joh 17,5 ja meint, wäre auch dann nicht einsichtig. Wer bei der Ewigkeit der Würden Jesu textgemäß Posto bezieht, kann nicht aussagen, was Jesus noch mehr „werden" könnte; γίνεσθαι meint ja ein Zustandekommen dessen, was vorher nicht da war, zB 3,14. Wer das „werden" ernstnimmt, muß die Präexistenz-Würden – gegen den Text – kleinhalten. Ob Hb selber diese Aporie gemerkt hat, ist fraglich. Die Geschichte der altkirchlichen Christologie jedenfalls, in der Hb 1,3 eine zentrale Rolle spielt, deckt diese Aporie auf.

Ich exemplifiziere nur mit einer kleinen Auswahl von Erklärern. Nach Käsemann ist der Titel „Sohn" vor der Inthronisation proleptisch zu verstehen (aaO 58–71). ἀπαύγασμα gilt nur für den Erhöhten (Jervell 215 Hillmann); es gilt für die frühere Würde des Sohnes (Vanhoye Structure 66); für den Präexistenten, Irdischen und Erhöhten (Riggenbach), ohne daß es am Menschen Jesus zu sehen war (Michel). Die Inthronisierung bringt Jesus eine Würde, die er vorher nicht hatte, adoptianisch (Schenke Erwägungen 428f); sie proklamiert seine Würde, wobei zwischen vorhergehendem Amtsantritt und nachfolgender juridischer Proklamation vor den Engeln zu unterscheiden ist (Käsemann aaO 59 70 159f); sie macht ihn zu dem, was er vorher nicht war (Hegermann 106 123f); Sohn ist er, Priester nur wird er (Vanhoye Situation 71). Keine dieser Erklärungen beseitigt die vorher dargelegte Aporie. Käsemann macht das deutlich, wenn seine Formulierungen zwischen „Aufhellung" und „Steigerung" (59), „bestätigen" und „realisieren" (68), „besaß" und „erworben" (70) oszillieren. Man kann diese Aporie nicht auflösen; man kann eben gerade am Beispiel des Hb erkennen (wie Windisch Gyllenberg 674 Hegermann 106 Fitzer 313f Größer Vorarbeiten 65 Schenke 428f): Diese Christologie setzt sich aus Elementen zusammen, die einander ausschließen. Die mildere Form dieser Erkenntnis besteht in der Feststellung, der Hb reflektiere nicht den Zeitpunkt der Würdegewinnung (Riggenbach Jervell 215 Fitzer 309).

4. und wurde den Engeln um so viel überlegen, als er einen Namen ererbt hat, der einen höheren Wert besitzt als der ihre.

Literatur: GQuispel Christliche Gnosis, EvTh 14, 1954, 474–484; MWerner Die Entstehung des chr Dogmas, 1941.

In „wirklich rednerischer, gewählter Wortstellung" (Bl-Debr § 473,2), das betonte ὄνομα am Schluß, formuliert hier der Verf, nicht mehr, wie in V 3, der übernommene liturgische Text (Deichgräber 138 Wengst 166 Gräßer Vorarbeiten 89, gg Theißen 50 A 51). Zu τοσούτῳ – ὅσῳ siehe 3,3 10,25 (Williamson 93–95). Bei der Inthronisation bekommt Jesus, wie Eph 1,21, die Überlegenheit in Würde und Macht über die Engel, von der das NT auch sonst redet (Mk 1,13 Par Mt 13,41 Mk 8,38Par Kol 1,16 Apk 5,11f; auch ActJoh 104). Trotz 2,9 nicht: er bekommt sie wieder zurück (siehe Exkurs zu 3); er bekommt sie hier, anders als 1Pt 3,22, ohne Kampf, der erst bei der Parusie stattfinden wird 2,8 10,13. Das Fehlen von τῶν in 1Cl 36,2 p⁴⁶ B besagt nichts (Bl-Debr § 254,2), könnte aber ursprünglich sein (Zuntz 218 Tasker 189 Hagner 289 A1). κρείττων (siehe 6,9) sagt sonst im Hb, typisch für dessen theologische Denkstruktur des Überbietens (siehe 1,1), die Überlegenheit Jesu über alttestamentliches Kultwesen 7,22 8,6 9,23 12,24 oder die Überlegenheit der Christen über alttestamentliche Hoffnung 7,19, ja dualistisch über alles Diesseitige aus 10,34 11,16.35.40, meint also, gegen die Arianer, einen qualitativen Unterschied (Greer 89f Montefiore gg Werner 344f). Wie in Phil 2,9 wird diese Überlegenheit Jesu in dem nun erhaltenen und vor den Engeln bekanntgegebenen Namen zusammengefaßt; gegeben nicht schon bei der Geburt (gegen Riggenbach), aber für immer (Perf; Bl-Debr § 342,1). κληρονομεῖν muß nicht – 12,17 und die hell Texte bei Wettstein II 388 –, wird aber hier eschatologisch sein; es ist Inclusion zu 1,2 (Vanhoye Structure). *Jesu* Name im Hb nur hier; vgl. Ev Ver 38,6–15. Nur hier zeigt die ausdrücklich hervorgehobene differente Wertigkeit der Namen die Höhe der Überlegenheit an. Zum komparativischen παρά, im Hb häufig, siehe Bauer III3 Bl-Debr § 185,3. διαφορώτερος, nur im Hb, siehe Bauer 2; Weiß ThW IX 64–66: kultisch von dualistischer Höherwertigkeit, noch in 8,6. Von dort das vor διαφορώτερον in K L 5 88 489 623 794 eingeschobene καί. Der Name stellt antik das Wesen dar: Philo Cher 4 Quaest in Gn III43 PsClem Hom 3,20,2 Erste Apk des Jakobus Nag Hammadi Cod V3 24,21–24. Die richtige Anrede ist wichtig: CorpHerm 2,16, Preis Zaub III 592f XIII 505 (vgl. Mithr Liturg S 110–114 Rudolph II 195–203 HDBetz Lukian 153). Die Gottheit gibt atlichen Frommen Eigennamen (Str-B I 63), gibt dem Jaoel -Apk Abraham (siehe Quispel 480–483) – und dem Henoch bei seiner Erhöhung entscheidende Würdenamen -aethHen 71,14 hbrHen XLVIII C7 TgJI zu Gn 5,24 (Str-B II 173). Die ἄγγελοι als mot crochet (Vanhoye Structure 53) leiten zu V 5 über und formulieren das Thema von 1,5–2,18 (Vanhoye Situation 86f 93). Dem Christus-Hymnus 1,2b–4 korrespondiert in 4,12f ein Logos-Hymnus.

5. Denn zu welchem der Engel hat er je gesagt: ‚mein Sohn bist du, heute habe ich dich gezeugt' und weiter: ‚ich will ihm Vater sein und er soll mir Sohn sein'?

Literatur: GHoward Hebrews and the Old Testament Quotations, NovTest 10, 1968, 208–216.

Sieben Schriftworte – vgl. Schröger Schriftausleger 35–79 – beschreiben in V 5–13 die Überlegenheit des Sohnes über die Engel, die zu 1,13f und zu 2,16 die Inklusion bilden

(Vanhoye Structure 53); V 14 resümiert unterstreichend. Zuerst, also chiastisch zu V 4 (Bengel), der gleich durch zwei Zitate zur Eindeutigkeit erhobene υἱός-Name (so die meisten Erklärer); Vermutungen auf κύριος, auf den unbekannten Namen von Apk 19,12 oder auf mehrere Namen sind abwegig. Beide Zitate wörtlich LXX (Thomas, vgl. Howard 215); ebenso 1,13 2,13b 5,6 und 11,18; also hier kaum geplante symétrie concentrique (zu Vanhoye Structure 70). Die Zitat-Einleitung – in einer für Hb typischen rhetorischen Frage, 2,2ff 3,16ff 7,11 12,7 (Westcott), hier Doppelfrage (gegen Bleek-Windrath) – meint als Subj von εἶπεν Gott oder die Schrift; mit τίνι nicht einen bestimmten Engel, sondern, vgl Lk 14,5 Ag 7,52: „zu keinem der Engel", und mit πότε „zu keiner Zeit". Die Stellung von πότε hinter ἀγγέλων in D^{gr} 2 330 440 823 sy^p verdirbt die Betonung; πότε fehlt in Cyr. Das Schweigen der Schrift zu einem bestimmten Gegenstand gilt wie bei Philo – Leg All III 66 Cher 40 Det Pot Ins 177 (Siegfried 179f 323) – und bei den Rabbinen (Str-B III 694f Spicq I 59f) auch dem Hb als schlüssiges hermeneutisches Prinzip, vgl. 1,13 2,16 7,14.20b. Hb sieht hier also von der atlichen, apokalyptischen und philonischen Bezeichnung der Engel als Gottessöhne ab; vgl. Exkurs zu 1,14 und besonders Philo Mut Nom 87, wo ein Einzelengel Logos heißt, und der Logos i s t Sohn Conf Ling 63; entgegen dem in der Exegesegeschichte sich wiederholenden Argument: nur Engel im Plur sind Gottessöhne (Luther Glosse).

Ps 2, siehe Büchsel ThWI 669, schon in PsSal 17,26 und 18,4–6 messianisch gedeutet, bezieht sich in V 7 atlich auf die Thronbesteigung des irdischen Königs und auf seine Adoption als Gottessohn; in 1Q Sa 2,11 wahrscheinlich schon auf den Messias von Israel; bei den Rabbinen, unter Umgehung der Zeugung im PsTg zSt (Str-B III 675) ua auf die Neuschaffung des Messias nach den Leiden, Midr Ps 2 § 8, 14a (Str-B II 287); im NT sonst auf Jesu Taufe, teilzitiert Mk 1,11Par 2Pt 1,17, voll zitiert Lk 3,22 D it Ju Meth Hil Aug; auf Jesu Verklärung Mk 9,7 Par teilzitiert; und auf seine Auferstehung Ag 13,33; im Hb hier und 5,5 voll, in 7,28 zT zitiert, auf die himmlische Inthronisation. Nachklänge betreffend Inthronisation 1Cl 36,4, betreffend Taufe Ev eb KlT 8 S 14 Nr 3; allgemein Dg 11,5 und Act Thom 70 syr Einschub (Schneemelcher II 337). σήμερον, im Hb fast nur im Zitat, hier wie 5,5 und 13,8 christologisch, in Hb 3 und 4 paränetisch, nennt den Termin der himmlischen Inthronisation (Bruce Vanhoye Situation 141f), die den Namen einbringt; speziell also weder von der ewigen Zeugung (so seit Orig; zu Athan siehe Greer 76), noch von der Menschwerdung oder von der Auferstehung; auch nicht von Empfängnis, Jungfrauengeburt, Taufe, Kundmachung vor den Menschen, wobei die Erklärer besonders mit 2βασ 7,14, aber auch mit dem σήμερον argumentieren. γεννᾶν, siehe 11,12, meint Einsetzung, mithin nicht physisch wie Lk 1,35 Mt 1,20.

Das zweite υἱός-Zitat 2βασ 7,14 = 1Chr 22,16, ist mit πάλιν (siehe Bauer 3) wie 2,13.13 4,5 10,30, ähnlich Joh 12,39 R 15,10–12 1K 3,20 1Cl 10,4.6 15,3–5 (Hagner 17), auch Philo und Plut, angereiht. Es ist ursprünglich auf Salomo unmessianisch, seine ἀδικία, adoptianisch (gegen Erasmus adnotationes), bezogen, wird in 4Q Fl 1,11 vor Ps 2,1 f messianisch, jüdisch sonst nicht messianisch gedeutet (Str-B III 677). Hb bringt es nur hier; das NT sonst auf die Christen in 2K 6,18, auf die Überwinder leicht variiert in Apk 21,7 gedeutet. Das εἶναι εἰς, noch 8,10, ist Semitismus (Bauer ad εἰς 8αβ), die Auslassung von αὐτῷ in ℵ Versehen. Die Zitate sollen den absoluten Sohn und seine Engelüberlegenheit beweisen, sind aber weder für Titel noch Vorstellung der Ursprung (siehe oben Exkurs zu V 2, Montefiore). Zu πατήρ siehe 12,9.

6. Zu dem Zeitpunkt aber, da er den Erstgeborenen wieder in die Welt einführt, sagt er: ‚Und alle Engel Gottes sollen ihn anbeten'.

Literatur: SJellicoe The Occasion and Purpose of the Letter of Aristeas, NTSt 12, 1966, 144–150; GJohnston Οἰκουμένη and κόσμος, NTSt 10, 1964, 352–360; WKoester Platonische Ideenwelt in der Gnosis und im Hbbrief, Scholastik 31, 1956, 545–555; KRudolph Die Mandäer II, 1961; FCSynge Hebrews and the scriptures, 1959; AVanhoye L'οἰκουμένη dans l'épître aux Hébreux, Biblica 45, 1964, 248–253; AVitti Et cum iterum, Verbum Domini 14, 1934, 306–312. 368–374; 15, 1935, 15–21.

Nach dem höheren Namen des Sohnes V5, wo die Zitat-Einleitung die Engel nennt und die Zitate die Einheit von Vater und Sohn unterstreichen, nun, in V 6–14, V 6 unter Nennung des Sohnes in der Zitat-Einleitung, das κρείττων von V 4a, mittels der differenten Würde von Engeln und Sohn (Riggenbach Moffatt Vanhoye Structure 70 f Situation 121). Zwei Zitate handelten in V 5 vom Sohn; jetzt in V 6 zwei – die einzigen (Windisch) – von den Engeln; dann nochmals drei – V 8 f 10–12 13 – vom Sohn (Michel). Der Aufbau ist also kunstvoll.

Die Zitat-Einleitung stellt die Situation klar, in der die im Zitat genannte Anbetung des Sohnes geschieht. πάλιν reiht hier nicht (gegen Luther Calvin Bengel Windisch Vitti Et cum 308 f 20 SpicqII Moffatt Kuß Montefiore) ein neues Zitat an wie 1,5, sondern ist wie in 4,7 5,12 6,1.6 und sonst vielerorts, trotz Sap 14,1, auf die nächststehende Verbform bezogen (Thomas Wettstein Riggenbach Käsemann aaO 60 Héring Schierse Verheißung 94 Michel). πάλιν im NT und sonst oft mit Verben der Bewegung (Bauer 1a); das Nebeneinander eines temporalen und einen zitateinleitenden πάλιν auch sonst: Philo Ebr 207 208 210; Plut Apophth Eudaimonidas 2 Epaminondas 9 II 192 AE. εἰσάγειν – προσαγάγῃ in 1898 ist verderbt –, das Offizielle – Test XII Jos 13,5 Ag 21,28 f Lk 14,21 –, das Feierliche – Jos Ant 1,28 – und das Erlösende – Ag 7,45 Barn 6,16 16,9 Mart Pol 20,2 – ausdrückend, meint, verbunden mit πάλιν, wie das ἐκ δευτέρου 9,28, die Parusie (so Greg Nyss Greer 117 Delitzsch Hollmann ASeeberg Riggenbach Käsemann aaO 60 Héring Michel Westcott Strathmann Schröger Schriftausleger 51), im Blick auf deren Ingangsetzung der Sohn wartet 10,13. Das εἰσάγειν denkt nicht an die Menschwerdung (gegen Ath Chr Cramer Cat 319 330 Thomas Luther Vitti aaO 19–21 Moffatt Montefiore), auch nicht an die eben in V 3–5 beschriebene Inthronisation (gegen Wettstein Schierse aaO 95 Koester Platonische 547 Hegermann Schöpfungsmittler 128 Johnston οἰκουμένη 354 Vanhoye l'οἰκουμένη 255 Situation 159 Kuß). Auch der im πάλιν enthaltene Rückblick geht nicht auf die Inthronisation, sondern, wegen εἰς τὴν οἰκουμένην, auf das erste εἰσέρχεσθαι in die Welt (Schiwy). Beide Eintritte sind verbunden wie 9,26 und 9,28; das erste, hier nur gerade angedeutete εἰσάγειν hat, wie im hbr תביא:S Dt 6,5 § 32,73b (Str-B II 276), wie in Epict Diss IV 1,104 und in 1Cl 38,3 alle Menschen, so damals den Sohn laut Hb in die Welt gebracht.

Der Sohn heißt hier der Erstgeborene; christologisch nur hier absolut im NT (siehe Bauer 2a Michel ThW VI 872–882; vgl. 11,28 12,23). Das Judentum wendet diese die besondere Stellung hervorhebende Titulierung auf die Tora, Adam, Jakob und Israel (Str-B III 256 f), selten auf den davididischen Messias an, Pesikt 34,159b (Str-B III 677). Hb denkt bei πρωτότοκος nicht an Maria wie Lk 2,7 (gegen Montefiore), auch kaum an die πολλοὶ ἀδελφοί von R 8,29 (trotz Hb 12,23); sonst würde man πρωτότοκος, das christologisch im Hb nur hier erscheint, in 2,11–17 erwarten (gegen Delitzsch Windisch Strathmann Theißen Untersuchungen 122), und schon gar nicht an den Gegensatz gegen die Engel, die überhaupt nicht υἱοί sind (mit Recht Riggenbach Spicq). Vielmehr wird die Auffahrt aus dem Tode anklingen (vgl 13,20 mit Kol 1,18 und Apk 1,5); auch seine Präexistenz vor der Schöpfung, Kol 1,15 wie Philo Conf Ling 63, siehe Hb 1,2, vgl. Lidz Ginza R V S 165,25 f; seine Stellung als Hoherpriester Philo Som 1,315 und seine gottgleiche Würde (Bleek-Windrath Spicq); der πρωτόγονος ist ὁ κατ' εἰκόνα ἄνθρωπος Philo Conf Ling 146, und εἰκὼν ist verwandt dem ἀπαύγασμα, Hb 1,3. Synges Erklärung (Scriptures 3) bleibt freilich Hypothese: Hb habe πρωτότοκος aus LXX Ps 88,28 entnommen, und 2βασ 7,14 habe im Testimonienbuch neben LXX Ps 88,28 gestanden; oder dem Verf sei diese Ps-St wegen ihrer Verwandtschaft mit 2βασ 7,14 eingefallen. Jesus heißt πρωτότοκος nicht in den Apost Vät; freilich im Naassener-Ps Hipp Ref V 10,2, in der Exegese über die Seele Nag Hammadi Cod II6 (ThLZ 101, 1976, 98–103) p 132 und in Cl Al Exc Theod 33,1. Der Erstgeborene kommt bei der Parusie in diese Welt (gegen Schierse Verheißung 96 WKoester aaO 547 Vanhoye λ'οἰκουμένη 250–253 Situation 154–157 Laubach Bruce), wobei das Erschaffene allerdings zerstört und durch das Bleibende, die οἰκουμένη ἡ μέλλουσα 2,5, abgelöst wird 12,17, wie im Hb denn auch die αἰῶνες und der μέλλων αἰὼν 6,5 unterschieden werden. Synge aaO 3f erklärt die Entnahme von οἰκουμένη aus Prv 8,31 zu künstlich: Prv 8,31 und Dt 32,43a seien durch das (ἐν)ευφραίνεσθαι verbunden, und zwar schon im Testimonienbuch wie bei Just Dial 129,3 130,6.

Die Wahl von οἰκουμένη (siehe Michel ThW V 159ff) unterstreicht das Eschatologische der Situation, da diese schon in der jüd-hell und in der nachapostolischen Literatur bezeugte, in Kaisertexten (Preisigke Wört II 164) das Weltweite betonende Vokabel gern im Zusammenhang mit dem weltweiten Charakter der endgeschichtlichen Mission (R 10,18 Mt 24,14 Ag 17,6 Papias fr 19 KgPt KlT 3 S 15,19f), der Enddrangsale (Lk 21,26 Ag 3,10 12,9 16,14) und des von Jesus vollzogenen Endgerichtes (Ag 17,31) gebraucht wird. Nicht nach der Geburt (gegen Synge aaO 4 Montefiore) oder jetzt im Himmel (gegen Laubach), sondern bei der Parusie (so Strathmann) erfolgt die huldigende Anbetung seitens der Engel, von der das Zitat spricht; wegen des καὶ wird es nicht aus LXX Ps 96,7 (gegen Luther Calvin), sondern aus Dt 32,43b stammen. Diese Zeile fehlt zwar im mas Text, hat aber, wie 4Q 32,43 zeigt, eine hbr Grundlage, in der כל אלהים = πάντες ἄγγελοι steht, vgl. Just Dial 130,1 (Moffatt Ahlborn 47–52 Braun Qumran NT I 243 Jellicoe occasion 147 Schröger aaO 47 50). αὐτῷ meint atlich Gott, nicht den Messias; die LXX-Worstellung, als seien αὐτῷ und θεοῦ zwei verschiedene Personen, erleichtert die chr Umdeutung (Vanhoye Situation 165f). Die Huldigung vor Gott erfolgt im Targum seitens der Gestirnanbeter (Str-B III 677), rabb seitens der Götzen Midr Ps 31 § 4,119b (Str-B III 58) pAZ 4,44a,47 (Str-B IV 1208f). Anbetung eines Heilsträgers dagegen durch himmlische Wesen in der jüd Gnosis: vor Adam (Vit Adam 14 Schatzhöhle 2,25 3,1f); vor Henoch-Metatron (Hb Hen 4,5 10,3 14,1–5); vor dem κύριος Ogdoas (Preis Zaub XIII 744f); vor der messianischen Gestalt des Šišlam rba bei den Mandäern (Coronation Drower S 4 Z 4f, vgl. Rudolph II 300–306). Die Anbetung gebührt nach dem NT nur Gott; sie wird vollzogen durch Menschen; durch Engel Apk 7,11. Jesus erfährt in den Evangelien Proskynese, vor und nach der Auferstehung. Die Engel dienen ihm Mt 4,11 Mk 1,13 Mt 26,53 Lk 22,43 Koine Joh 1,51; er erscheint ihnen bei der Auffahrt 1Tm 3,16; sie treten als „seine" Engel bei der Parusie auf Mt 16,27 24,31 25,31 2Th 1,7. Aber Anbetung Jesu seitens der Engel im NT selten: implizit Phil 2,10, andeutend Apk 5,8–14 (siehe Kraft Apk 112); explizit dann hier, ein Zeichen der hohen Christologie des Hb. Auch die Apost Vät bringen dies Motiv nicht; wohl aber AscJs 11,23 26 30 und Nag Hammadi Cod XIII 1 Protennoia S 5 p 38,20–25 S. 6 p 39,10–15. προσκυνεῖν Hb noch

11,21, ebenfalls Zitat, siehe dort. Bauer 5; Greeven ThW VI 759–767. Zur Konstr Bl-Debr § 151,2 187,2.

7. Und im Blick auf die Engel sagt er: ‚der seine Engel zu Winden und seine Diener zur Feuerflamme macht'.

Literatur: LRadermacher Lebende Flamme Wiener Studien für Klass Philologie 49, 1932, 115–118.

Nun die, verglichen mit dem Sohn, unterlegene Funktion der Engel überhaupt: Gott macht sie – zweimal mit Art – zu Winden und zur Feuerflamme. Das in D★ 1912 d aeth Chr vor λέγει eingefügte αὐτοῦ aus V b. Das Zitat ist nicht Anrede Gottes, wie 1,8. 13 5,5 7,21; daher πρὸς „mit Rücksicht auf" wie 2,17 5,1 6,11 (vgl. Bauer III 5a). Die λειτουργοί siehe 8,2, hell und LXX, Bezeichnung für heidnische Beamte R 13,6, atliche Priester 1Cl 41,2, Propheten 1Cl 8,1, Apostel R 15,16 Phil 2,25 und Christus selbst Hb 8,2, außerchr als Dämonen Diener der Götter Plut Def Or 13 II 417A, sind hier wie in LXX Ps 102,21 103,4 und Philo Virt 74 mit den ἄγγελοι identisch. Das Zitat wörtlich wie LXX sa bo; nur die beiden letzten Wörter lauten in LXX Ps 103,4 ℵ B πῦρ φλέγον (Ahlborn zSt). Der hbr Text und 1QH 1,10f (Braun Qumran-NT I zSt) meinen: Gott macht Naturphänomene zu seinen Boten und Dienern. Wie LXX PsTarg und Rabb (Str-B III 678) kehrt der Hb das um, denn nur die Umkehrung ist für ihn brauchbar (Schröger Schriftausleger 58): Gott macht Engel zu –; ποιεῖν nicht betreffs der Geschöpflichkeit der Engel (gegen Chr Cramer Cat 324 Theod Mops Staab 202). Engel sind also wandelbar PsClem Hom 20,7,2 und werden von der Gottheit entsprechend eingesetzt, darin dem Sohn weit unterlegen Act Joh 104 (Vanhoye Situation 122). πνεύματα hier wegen des Kontextes „Winde", so schon klass, nicht „Geister", wie seit Orig Greer 27 über Thomas bis Bengel Vanhoye Situation. Der Sing πνεῦμα in D 1 326 424¹ 1245 1912 2005 2464 d sa syᵖ aeth Orig Angleichung an φλόγα. Engel von der Gottheit zu Winden und Blitz gemacht (Lang ThW VI 940); bei Philo, im NT und Apost Vät, soweit ich sehe, sonst nicht. Vergleichbar ist, außer jüd Texten – 4Esr 8,21 Str-B III 687 –, ἄνεμοι = πνεύματα τῶν δαιμόνων Preis Zaub XV 15–17. φλὸξ πυρός, seit dem Klass auch LXX, wird im NT sonst anders gebraucht: Ag 7,30 Apk 1,14 2,18 19,12. Zu πῦρ siehe 10,27. Winde und Blitz hier nicht, wie bei TheodMops Staab 202 und später, bildhaft für Schnelligkeit und Kraft; auch nicht, wie Hb 1,14 und Preis Zaub XV 15–17, hilfreich; sondern, wie Philo Deus Imm 60, strafend, Veranschaulichung der bedrohlichen Macht der Gottheit (Schierse Verheißung 176 LRadermacher Lebende Flamme 115–118, vgl. Orig Greer 27); die Sinai-Szene Hb 12,18ff 2,2 Dt 4,11 mag anklingen (Spicq Westcott). 1Cl 36,3 bringt nicht den LXX-Text des Zitates, sondern wörtlich den des Hb, *zitiert* also den Hb; siehe 1,3 Ende.

8. Zu dem Sohn aber: ‚Dein Thron, o Gott, besteht in alle Ewigkeit, und das Gerechtigkeitsszepter ist das Szepter deines Regiments.

Literatur: DMHay Glory at the Right Hand, 1973; HJKraus Psalmen, I² 1961.

Nun wird der Sohn angeredet, zwar vom Psalmisten; trotzdem gilt, wie in V 6 7, Gott als der Sprechende (Vanhoye Situation 169); also πρὸς = „zu", siehe zu V 7, die Ausleger sind in dieser Frage geteilt. ὁ θεός, als Vokativ im NT häufig (Bauer), bezeichnet nicht nominativisch Gott als Thron (gegen Westcott; Erasmus adnotationes schwankt). Ps 45, ein Hochzeitslied, im NT und den Apost Vät nur hier, wohl aber bei Just Dial 56,14 63,4 86,3 zitiert, redet in V 7a (LXX Ps 44,7 ℵ A R T wörtlich wie Hb) den königlichen Throninhaber als אלהים an. Falls echt, fällt das aus dem atlichen Rahmen (Kraus Psalmen 330–335). Trotz der jüd-messianischen Auslegung von Ps 45 übergeht der Ps-Midr V 7a (WGBraude The Midr on Psalms zSt); das Ps-Targ 45,3ff und Gn r 99,63b schreiben den ewigen Thron der Gottheit zu, nicht dem König (siehe Str-B III 679, siehe aber I 979). LXX und Hexapla lesen einhellig eine Form von $\theta\varepsilon\delta\varsigma$. So gewinnt im Hb der Sohn, wie Henoch-Metatron als der kleine Jahwe hb Hen 48C7 (siehe zu 1,4), dies höchste, durch $\dot{\alpha}\pi\alpha\dot{\nu}\gamma\alpha\sigma\mu\alpha$ und $\chi\alpha\rho\alpha\kappa\tau\dot{\eta}\rho$ V 3 vorbereitete (Vanhoye Structure) Prädikat, hier und V 9 freilich nur per Zitat; analog dem Spätstadium ntlicher Christologie Joh 1,1 20,28, vielleicht auch 2Th 1,12 Tt 2,13 2Pt 1,1. Im 2.Jhdt wird dieser Titel dann häufig. Der Sohn hat einen ewigen Thron; der Fortfall von $\tau o\tilde{\nu}$ $\alpha i\tilde{\omega}\nu o\varsigma$ in B 33 t Tert ist sekundär und nicht sinnändernd. Der Topos vom Thron der Gottheit (Bauer $\theta\rho\dot{o}\nu o\varsigma$ 1bc), ist klass, hell, zB Stob (Wachsmuth-Hense I 397,4f), palästinensisch- und hell-jüd, LXX Sib 2,238–244; Piklo hat ihn nicht (Schmitz ThW III 163), wohl aber die Mandäer (Rudolph II 302 A 5). Die Ewigkeit von Jesu Thron entspricht dem ewigen Thron Gottes im AT; das Judentum nennt sonst aber meist das ewige Regiment des Messias (Schmitz ThW III 162f; Str-B III 679). Hiob freilich behauptet, einen himmlischen Thron zu haben Test Hiob 33,3 41,4 (Hay 22f); der Messias setzt sich in der Endzeit auf den Thron seines Königreiches s Bar 73,1; Metatron bekommt einen Thron hbHen 10,1, auch Jawar bei den Mandäern (Lidz Liturg Oxf II 1 S. 232,6 7). Jesu Thron steht im Hb nicht mehr auf Erden wie der Menschensohn-Thron Mt 19,28 25,31 und wie der Davids-Thron Lk 1,32f. Der Sohn ist inthronisiert auf Gottes Thron 1,3 13 8,1 12,2 4,16; beide Throne ausdrücklich identifiziert Apk 3,21b 22,1 3 (Hay Glory 80f.).

V 8b ist, entgegen der LXX (V 7b), mit $\kappa\alpha\dot{\iota}$ angefügt in p^{46} ℵ A B D* **0121b** 33 1739 pc lat; dessen Auslassung in C D^2 K L Ψ 6 81 104 326 1175 1834 f t sy vg^{cl} aeth Chr Cyr Thret ist sekundäre Angleichung an die LXX. LXX Ps 44,7b liest in B: $\dot{\rho}\dot{\alpha}\beta\delta o\varsigma$ $\varepsilon\dot{\nu}\theta\dot{\nu}\tau\eta\tau o\varsigma$ $\dot{\eta}$ $\dot{\rho}\dot{\alpha}\beta\delta o\varsigma$ $\tau\tilde{\eta}\varsigma$ $\beta\alpha\sigma\iota\lambda\varepsilon i\alpha\varsigma$ $\sigma o\nu$. Hb will aber sagen: Jesus übt, wie Gott, die bekannte absolute Gerechtigkeit; daher ist im Hb die die LXX-Fassung verändernde Vertauschung von Subj und Prädikats- nomen – $\dot{\eta}$ $\dot{\rho}\dot{\alpha}\beta\delta o\varsigma$ $\tau\tilde{\eta}\varsigma$ $\varepsilon\dot{\nu}\theta\dot{\nu}\tau\eta\tau o\varsigma$ $\dot{\rho}\dot{\alpha}\beta\delta o\varsigma$ – in p^{46} ℵ^{1}B **0121b** 33 1739 alter Text (gegen Michel). Die meisten anderen Handschriften gleichen wieder an LXX an: $\dot{\rho}\dot{\alpha}\beta\delta o\varsigma$ $\varepsilon\dot{\nu}\theta\dot{\nu}\tau\eta\tau o\varsigma$ $\dot{\eta}$ $\dot{\rho}\dot{\alpha}\beta\delta o\varsigma$ $\tau\tilde{\eta}\varsigma$ – in D Ψ die meisten; nur $\dot{\eta}$ $\dot{\rho}\dot{\alpha}\beta\delta o\varsigma$ $\tau\tilde{\eta}\varsigma$ – in ℵ*. $\sigma o\nu$ in A D Ψ **0121b** die meisten latt sy co ist alter Text; $\alpha\dot{\nu}\tau o\tilde{\nu}$ in p^{46} ℵ B ist Irrtum (zSt s Zuntz Ahlborn Metzger), erklärbar aus dem Verständnis von $\theta\varepsilon\delta\varsigma$ als eines nicht auf Jesus bezogenen Nominativs (Riggenbach). $\dot{\rho}\dot{\alpha}\beta\delta o\varsigma$ als Szepter, wie LXX Ps 44, so im NT nur hier, siehe 9,4. $\varepsilon\dot{\nu}\theta\dot{\nu}\tau\eta\tau o\varsigma$, Gen qual, im jüd Hellenismus öfter mit $\kappa\alpha\rho\delta i\alpha$ und $\kappa\rho i\nu\varepsilon\iota\nu$ verbunden, als Gerechtigkeitsszepter, unter- streicht: Thron und gerechtes Gericht gehören zusammen (Schmitz ThW III 162). Das Regiment Jesu ist hier, anders als das messianische Königsszepter von PsSal 17,24 18,7 CD 7,20 und als die eschatologisch auf Erden erscheinende $\beta\alpha\sigma\iota\lambda\varepsilon i\alpha$ der Synoptiker, nun ewig (1,8a 12,28 2Pt 1,11 Mart Pol 20,2; vgl. die $\alpha i\dot{\omega}\nu\iota o\varsigma$ $\beta\alpha\sigma\iota\lambda\varepsilon i\alpha$ der Cäsaren, Ditt Or 569,24) und jenseitig-himmlisch geworden, wie Joh 18,36 2Tm 4,18 Mart Pol 22,3 Epil 4 Dg 10,2; vgl. seinen $\alpha i\dot{\omega}\nu\iota o\varsigma$ $\theta\rho\dot{o}\nu o\varsigma$ Mart Pol 21. Das bleibende Regiment des Gottes Jesus, seine Unwandelbarkeit wie Act Joh 104, kontrastiert der Variabilität der Engel. $\beta\alpha\sigma\iota\lambda\varepsilon i\alpha$: Bauer 1a KLSchmidt ThW I 579–592.

9. Du hast Gerechtigkeit geliebt und gesetzloses Wesen gehaßt; darum hat dein Gott dich, o Gott, mit Freudenöl anstelle deiner Gefährten gesalbt'.

Literatur: HJKraus Psalmen I², 1961; FMYoung Christological Ideas in the Greek Commentaries, JThSt 20, 1969, 150–163.

Ps 45,8 rühmt die Gerechtigkeit und die Ablehnung von Gesetzlosigkeit beim Herrscher: Darum salbte Jahwe, sein Gott – so auch Tg 45,3ff (Str-B III 679) – ihn, als er beim festlichen Akt vor seinem Gefolge stand, mit Freudenöl und verlieh ihm so Macht (Kraus 335). Hb zitiert wörtlich LXX; nur LXX A 2013 sah bringen $ἀδικίαν$ statt $ἀνομίαν$ (Ahlborn 114). Auch im Hb dürfte $ἀνομίαν$ – in p⁴⁶ B D² KLP Ψ **0121b** die meisten d e f vg sy^h Eus Chr zT Cyr zT Thret Dam; D★ $ἀνομίας$ – ursprünglich sein. $ἀδικίαν$ – in ℵ A 33 38 218 226 329 919 1906 Chr zT Cyr zT – sekundär, als präziser Gegensatz zu $δικαιοσύνην$ (vSoden NT I 1980). Hb deutet den atlichen König auf Jesus, damit dessen im Hb häufige Bezeichnung (ὁ) Χριστός unterstreichend. Χριστός, weil zum Eigennamen geworden, taucht explizit typischerweise hier aber gar nicht auf. Wie Philos Logos-Hoherpriester – Fug 110 (Theißen 42) – wird Jesus gesalbt; entgegen seiner Ewigkeit (siehe Exk zu 1,3) an einem bestimmten Zeitpunkt: Im Himmel bei der Inthronisierung (so die meisten Neueren), nicht auf Erden (gegen Greg Naz Theodor Thret Thomas Calvin Bruce; vgl Greer 238 257f Young 152 Vanhoye Situation 191). Nur Gott übt in der altchr Literatur das χρίειν, meist an Jesus, oft im Zitat. ἔλεον in B L ist Itazismus, ἔλεος in D^gr verschlimmbesserter Itazismus. Das Öl, verwendet bei der messianischen Salbung Jesu durch Gott, hier und PsClem Recg I45,4 genannt, meint nicht den heiligen Geist (gegen Cyr Cramer Cat 135 Luther), sondern die Festfreude wie der gekrönte „Vater" bei den Mandäern sich freut (Drower Šišlam S6 Z 10 von unt); es dient nicht der Reinigung, wie Kopt gnost Schrift ohne Titel Nag Hammadi Cod II5 159,2–5. Diese Inthronisationssalbung ist Belohnung (διὰ τοῦτο, siehe 2,1 9,15, kausal, nicht – gegen Thomas – final), wie bei der Erhöhung Phil 2,9 Hb 2,9; auch bei Herakles, der Zeussohn wird, weil er ἀδικία und ἀνομία ausräumt, freilich ohne Selbstopfer, Epict Diss II 16,44.

Jesus betätigt die königliche Haltung (Bauer δικαιοσύνη 2b) der Gerechtigkeitsliebe, zu der Sap 1,1 aufruft, wie Gott φιλοδίκαιος Philo Rer Div Her 163, wie Melchisedek als βασιλεὺς δικαιοσύνης 7,2 und wie der Priestermessias Test XII L 8,2. Er haßte gesetzwidriges Wesen. An das Endgericht wird kaum mitgedacht sein (zu Michel Laubach). δικαιοσύνη gegen ἀνομία wie 2K 6,14 R 6,19; hier nicht gegen die Grausamkeit jüd Priester (Braun Qumran-NT I 243f). Hb wird an Jesu irdische, zum priesterlichen Selbstopfer führende (Vanhoye Situation 186 194) ὑπακοή denken (Schröger Schriftausleger 63) Hb 5,7.8, der auch dort die Erhöhung folgt. Auch hier, siehe 1,8, wird Jesus vokativisch als „Gott" angeredet, und zwar durch „seinen Gott" (so schon Aug in der Glossa ordinaria MPL 114, 645C 192, 411A und die meisten Erklärer; gegen Westcott). Vgl. PsClem Hom XVIII4,3: der Vater, der ὕψιστος, setzte seinen Sohn, den κύριος, zum θεὸς θεῶν ein. Er, nicht seine Gefährten, empfing diese Würde; παρά hier „statt" wie 11,11 (Bauer III3 Bl-Debr § 236,3). Das wird bei der Erklärung des gewählten Terminus μέτοχοι (Hanse ThW II 831f) öfter nicht hinreichend bedacht. Mit μέτοχοι sind trotz 3,14 (gegen Cyr Cramer Cat Thomas Luther Calvin Riggenbach Kosmala 41 A 29 Bruce) nicht die Gläubigen gemeint, die zwar nicht im Hb, sonst aber durchaus – 2K1, 21 1J 2,20.27 PsClem Recg I45,5 (Theißen 55) – als von Gott oder Christus gesalbt gelten; auch nicht alle Geschöpfe schlechthin (zu Spicq); sondern, wegen des Gesamtzusammenhanges, die Engel (Strathmann Schröger Schriftausleger 64 Montefiore Theißen 101 A27). Manche Erklärer kombinieren mehrere Bezüge. Für den Verf liegt der Ton (Achtergewicht) auf dem Jesu Ausschließlichkeit unterstreichenden παρὰ und auf der hohen, nun wiederholten „Gott"-Anrede (Cullmann 318).

Das andere ist Beiwerk: ἀγαπᾶν (noch 12,6; Bauer 1ba Quell Stauffer ThW I 20–55) und ἀνομία (noch 10,17; Bauer 2 Gutbrod ThW IV 1077–1080) im Hb nur im Zitat-Zusammenhang; μισεῖν, χρίειν, ἔλαιον, ἀγαλλίασις sind im Hb hapax legomena; selbst χαρά, im NT und den Apost Vät öfter mit ἀγαλλίασις verbunden (Bauer ἀγαλλίασις), im Hb viermal, davon nur einmal, 12,2, betreffs Jesus; χαρὰ siehe 10,34.

10. Und: ‚Du, Herr, hast zu Urbeginn die Erde gegründet, und deiner Hände Werke sind die Himmel.

Literatur: PW Bacon Priesthood without Pedigree, Expository Times 13, 1901/02, 345–348; HBraun Wie man über Gott nicht denken soll, 1971; JAFitzmyer The Contribution of Qumran, NTSt 20, 1974, 382–397.

Das mit καὶ angereihte Zitat aus Ps 102,26–28 spricht von Jahwe, ohne explizites „du" und ohne Anrede, als dem Schöpfer von Himmel und Erde. LXX Ps 101,26 fügt, wohl aus LXX Ps 101,13 (Bengel), mit Ausnahme von א, σὺ κύριε ein; B hinter τὴν γῆν, A R T hinter κατ' ἀρχάς; ein lat und Aug trennen σὺ und κύριε durch ἐθεμελίωσας. Der Hb übernimmt aus der LXX diese Einfügung, bringt sie, wie LXX A R T, vorn, zieht das σύ, die Betonung setzend, aber noch vor κατ' ἀρχάς. Die Fortlassung des κύριε in Hb 255 hat mit der beide Wörter nicht bringenden LXX-LA א* kaum etwas zu tun. Bacon 280–285 will LXX Ps 101,24–26 als einen Vorgänger der messianischen Anwendung im Hb von der Verkürzung der Enddrangsale verstehen; zu künstlich, angesichts der unmessianischen Auslegung von Ps 102 in TgPs 102,27 (Str-B III 846), in Lv r 107d (Str-B II 437), im Ps Midr (Braude II 153–155) und angesichts des Hexapla-Textes von LXX Ps 101,24.25. Hb wählt offensichtlich dies Zitat, weil für ihn σύ, wie in 1,8.11.12, nun Jesus ist und weil mit κύριε nun dieser weitere Würdetitel für Jesus eingebracht wird. ἀρχή (Bauer 1c; Delling ThW I 479, hell LXX Philo NT Apost Vät mit verschiedenen Präp) meint die Urzeit. κύριος, 12mal im Hb von Gott, stets im Zitat, nur 2mal davon mit Art. 5mal von Jesus, nur hier im Zitat. 7,14 mit ἡμῶν, wie öfter in den Past; 13,20 mit ἡμῶν Ἰησοῦς; in 1,10 2,3 12,14 absolut. Zur religionsgeschichtlichen Herkunft dieses Titels siehe Bauer II2 Quell Foerster ThW III 1038–1098 Käsemann Römer 11 Fitzmyer 386–391 Braun Studien[2] 253f 346f.

γῆ (Bauer 3 Sasse ThW I 678f), im Hb auch „Land", „Erdreich", ist hier „Erde" im Gegensatz zum Himmel. 5 von den 11 γῆ-St des Hb (8,4 11,13 12,25.26.26 gegen 1,10 6,7 8,9 11,9.29.39) setzen γῆ als das Mindere gegen die Himmelswelt. θεμελιοῦν (Bauer ; Schmidt ThW III 63f, Hb nur hier, klass hell Philo NT, in LXX ApostVät mit τὴν γῆν) bezeichnet undualistisch die Gründung der Erde; θεμέλιος dagegen das *himmlische* Fundament. Die ἔργα (Bauer 3 Bertram ThW II 633f, vgl 3,9–11a 4,10 – von Gottes Schöpfungswerken allgemein in Hb 2,7 vl 4,3.4.10 Barn 15,3 und von seinen Taten an Israel Hb 3,9 – gehen hier auf die Erschaffung der Himmel, wie Barn 5,10 auf die der Sonne, durch *Jesus:* „Der stärkste Ausdruck", „die allerkühnste Behauptung" (Cullmann 2.97 Vanhoye Situation 207) für sein gottheitliches Schöpfersein, Athan Greer 75. ἔργα(-γον) τῶν χειρῶν LXX hier Hb 2,7 vl Barn 5,10 15,3. Die Hand der Gottheit (Bauer χείρ 3a Lohse ThW IX 414 416 420), seit Homer, in LXX NT ApostVät als schaffend, regierend, strafend (Hb

10,31). Polemik gegen den Anthropomorphismus bei Corp Herm 4,1 und Philo Sacr AC 96 Deus Imm 57.60 Conf Ling 98, der Gottes χεῖρες als seine weltbildenden Kräfte deutet, Plant 50; vgl. Braun Wie man 31–33. Hier *Jesu* Hände, wie der Sing J 3,35 10,28: Sie haben die Himmel geschaffen.

οὐρανὸς (Bauer 1e vRad ThW V 503; Traub V 497A2 510f 514 535) in unjüd-griech Texten auch, aber selten im Plur. Im NT wie im Hb wechseln beide Numeri. Gemeint sind wohl auch, wie im Tg, die Engel, siehe zu V 11. Der Plur weist auf die jüd Vorstellung der mehreren Himmel (Héring, Str-B III 531–533) Hb 4,14 7,26, vgl. den Plur ἔργα (Bleek-Windrath gegen den hbr Text und Hexapla Symmachus). Von den 10 οὐρανὸς-St des Hb sind 1,10 11,12 undualistisch, 4,14 7,26 8,1 9,23f 12,23.25f dualistisch gefüllt, ähnlich wie γῆ und θεμέλιος: Die positive Wertung der Schöpfung und ihre dualistische Abwertung stehen im Hb gegeneinander. Jesus hat die Welt geschaffen (1,2f; dort die religionsgeschichtlichen Analogien) und beherrscht sie wie der Erlöser-Adam in PsClem Hom III 20,3; und er führt doch aus ihr als der verkehrten Bleibe heraus in die wahre πόλις 11,16 12,22. Schierse 76f löst diesen Widerspruch durch einen Gewaltstreich, wenn er zu 1,10 abwertend von der sichtbaren Welt spricht, bei deren Erschaffung die Engel als die sichtbaren Hände des Sohnes „wohl auch Werkzeuge" waren. Zur Schöpfung siehe 11,3.

11. Sie werden vergehen, du aber bleibst, und sie alle werden wie ein Kleid verschleißen.

Literatur: REisler Weltenmantel und Himmelszelt, 1910; GvRad Theologie des AT II, 1960; RAStewart Creation and Matter, NTSt 12, 1966, 284–293; JWThompson The Structure and Purpose, Catholic Biblical Quarterly XXXVIII, 1976, 352–363.

LXX Ps 101,27ab hier wörtlich in LXX-Fassung zitiert. Auch die nicht sicher entscheidbare Frage (vgl. für die einzelnen Erklärer Schröger Schriftausleger 66 A2), ob διαμένεις präsentisch (schon Erasmus paraphrasis) oder futurisch zu akzentuieren ist, teilt Hb mit der LXX Ps 101,27 60,8 71,17. Das Fut in D² **0121b** 365 629 b d f v vg kann Angleichung an die umstehenden Fut sein; die vet lat kann die unakzentuierte Majuskel-Schrift (vDobschütz 4) betreffs Tempus mißdeutet haben. Der hbr Text meint: Jahwe bleibt ewig, im Unterschied zu seiner Schöpfung, zu Erde und Himmel, die ausnahmslos wie ein unbrauchbar werdendes Kleid in ihrer jetzigen Gestalt vergehen werden. αὐτοὶ bezeichnet hauptsächlich, aber nicht ausschließlich (gegen Riggenbach), die οὐρανοί. Anders als Plato, der die Welt für ewig hält (Stewart 290–293), und als die Stoa, deren Gottheit in dem sich wiederholenden Weltenbrand nur als Feuer übrig bleibt – Just Apol I 20,2 polemisiert dagegen – kennt wohl auch Philo und vor allem das AT, besonders in seinen apokalyptischen Texten, das Weltenende, oft mit dem Gericht verbunden, und die Ewigkeit der Gottheit und ihrer Welt (RGG³ VI 1630 Edsman III 332 Gloege ThW IV 579f Hauck, vRad 358f Stewart aaO). Das AT mindert damit nicht den Wert der Erde, die ebenfalls διαμένει LXX Ps 118,90 und εἰς τὸν αἰῶνα ἔστηκεν Qoh 1,4 (Thomas); Symmachus in der Hexapla läßt in Ψ 101,27 nur τὰ ἐν αὐτοῖς vergehen; und auch die Pseudepigraphen und Rabb schwanken zwischen Wiederherstellung und völliger Neuschöpfung im Blick auf Himmel und Erde (Str-B III 840–847). Das NT knüpft an die apokalyptische Tradition betreffs Weltende energisch an, Mt 5,18 Lk 16,17 Apk 20,11 Herm v 4,3,3; und der Hb nimmt mit dem διαμένεις des Zitats *das* Stichwort seines den Himmel gegen die Erde setzenden Dualismus *(μένειν)* auf – 10,34 12,27 13,14 siehe V 10 – der an Philo erinnert, Leg All III 100f II89. Anders 1Cl 60,1: τὴν ἀέννααν τοῦ κόσμου σύστασιν. Vor allem: Nun ist es *Jesus,* von dem dies schöpfungsüberlegene „Bleiben", also Ewigkeit und Unvergänglichkeit (Thomas) ausgesagt werden, vgl 7,24.3 J 8,35 (zum dualistischen Hintergrund Thompson 361 f). Das veraltende Gewand im AT öfter, zB Js 51,6 von der Erde; im NT nur hier. *παλαιόω* Bauer 1.2 Seesemann ThW V 717; siehe 8,13. *ἀπόλλυσθαι* Bauer 2aβ Oepke ThW I 393–395; wie bei der Sintflut 2Pt 3,6. Hier das weit verbreitete griechorientalische Motiv von dem Himmelsmantel der Gottheit; aber er verschleißt (Eisler 87–89 Héring). Modifiziert gilt das von dem kosmischen Hohenpriestergewand: Philo spricht von Himmel, Luft, Erde, Wasser Spec Leg I 89 93–96 Som I 215, Hb von Erde und Himmel; Philo spricht von Harmonie zwischen den Teilen, Hb 12,27 verneint das (Schierse 71). Entgegen dem *παλαιωθήσονται* des Hb zerreißt der philonische Priestermantel nicht Fug 110f. Die Engel, selber vergänglich – Gn r 78,49d (Str-B I 977) Ex r 15,76c (Str-B III 601) vgl. 1,7 –, gehören zum verfallenden Universum, auch darin dem Schöpfer-Kyrios Jesus unterlegen (Bengel Wettstein, viele Erklärer; gegen de Wette[2]). Die Act Thom führen den Dualismus erweiternd aus: Jesu *μένειν* gegenüber der Geschlechtslust 117; den zerschleißenden stehen ewige Kleider gegenüber 135.

12. Und wie einen Umhang wirst du sie aufrollen, wie einen Mantel, und sie werden gewechselt werden; du aber bist stets derselbe, und deine Jahre werden nicht aufhören.'

Literatur: JWThompson siehe V 11.

Die Fortsetzung des Zitates aus LXX Ps 101,27c28 unterstreicht weiter die Selbigkeit und Ewigkeit des Schöpfer-Kyrios Jesus im Unterschied zur Vergänglichkeit der Schöpfung einschließlich der Engel; wie bisher wird die Ps-Aussage über Jahwe hier zu einer über Jesus.

Die LXX übersetzt die Gewandvertauschung des hbr Textes in der älteren LA – ℵ* die Lateiner R G, das Psalterium Gallicum, Symmachus, Tert – zutreffend mit *ἀλλάξεις*; LXX B bo und viele Handschriften der Lucian-Rezension verderben das in *ἑλίξεις* oder ähnlich, kaum in Anlehnung an Js 34,4. Der Hb übernimmt diese Fehlübersetzung in sehr vielen Handschriften – p[46] ℵ[2] A B D[2] K LP **0121b** 1834 z fu harl* sy[p h] co arm Chr Cyr – als seine echte LA; aber das echte *ἀλλάξεις* der LXX wirkt in geringerem Umfange auch auf die Textgeschichte des Hb ein in ℵ* D* 327 919 d f t am demid vg Tert Or[pt] Ath (siehe Zuntz 112f 117 Ahlborn 115f).

Jesus handelt: Er wird eschatologisch die Himmel – *αὐτούς* meint hier nur sie – zusammenrollen wie einen Mantel; dies Verb vom Buch Js 34,4 Apk 6,14 ApkPt fr 5. *ἑλίσσειν* auch ohne Vergleich: das Sichwinden von Sonne und Erde beim Sprechen der Gottheit (Preis Zaub 12,241); Apollo im Hymnus wickelt den gespannten Himmel auseinander (Supplementum epigraphicum Graecum JJE Hondius VII 1934 14,8). *ὡς ἱμάτιον* vor *καὶ* nicht ein geplanter Parallelismus, in dem *καὶ* „auch" hieße (gegen Vanhoye Structure 72f), sondern ein „unglücklicher Zusatz" (vDobschütz Einleitung 140; ähnlich vSoden NT I 1980f) des Hb zu dem hbr und LXX-Text, ist gleichwohl alte LA – in p[46] ℵ A B D* 1739 de e fu arm aeth –, die durch Auslassung von *καὶ-* in D* – oder von *ὡς ἱμάτιον –* in D[2] K P Ψ **0121b** 33 81 88 104 181 326 330 436 451 614 629 630 1241 1877 1881 1962 1984 1985 2127 2492 2495 lat sy sa[ms] bo

Ath Chr Cyr Thret – sekundär geglättet wird (Metzger 663). $\dot{\alpha}\lambda\lambda\alpha\gamma\dot{\eta}\sigma o\nu\tau\alpha\iota$, vgl Barn 15,5 Ass Mos 10,5 Sib 5,273: Das Geschöpfliche verschwindet gegen das Ewige (Thret Cramer Cat 371 f Thphyl MPG 125,201B Thomas Luther); siehe 12,27. Als Bild gehen Kleiderwechsel und Umformung durcheinander. Sie kontrastieren der Selbigkeit Jesu; zu *ὁ αὐτὸς* siehe 4,11, zum griech-metaphysischen Hintergrund Thompson 362. *ὁ αὐτὸς* meint nicht, wie bei Politikern, Charakterfestigkeit (Perikles: Thuc 2,61,2; aber Plut Pericl 15 I 161b) im Gegensatz zum Wankelmut (Brutus: Plut Brutus 13,2 I 989C; Pompejus: Plut Caesar 45,7 I 729E), sondern, wie Hb 13,8, die Ewigkeit Gottes. Jesu Jahre hier also nicht wie Lk 2,42 3,23.

13. Zu welchem der Engel hat er jemals gesagt: ‚setze dich zu meiner Rechten, bis ich deine Feinde zu deinem Fußschemel mache?'

Literatur: DMHay Glory at the Right Hand, 1973; HJKraus Psalmen II², 1961; AStrobel Zum Verständnis von R13, ZNW 47, 1956, 67–93.

Die rhetorische Frage der Zitateinleitung meint unter Verwendung des hermeneutischen Prinzips vom Schweigen der Schrift (siehe V 5): Keinem der Engel hat die Gottheit jemals mit dem Platz zur Rechten Anteil am Regiment gegeben und die Niederwerfung der Feinde verheißen. Für den inthronisierten Henoch-Metatron (siehe zu V 3) freilich trifft das nicht zu: Er *ist* Engel hbHen 3,1.2 6,1.11 und מלאך im Reg. Der zitierte Ps 110,1, das 7. Stück der Zitatenkombination, die als solche weder formal qumrananalog ist noch inhaltlich gegen qumranische Engelverehrung zielt (Braun Qumran-NT I 244f), spricht von der irdischen Inthronisation eines israelitischen Priesterkönigs (Kraus 755). Hb wendet den variantenfreien wörtlich übernommenen LXX-Text, der schon in V 3 präludiert wurde, auf Jesu endgültige, himmlische Inthronisierung an; bei ihr spricht Gott zu Jesus, bei der Inkarnation, 10,5–7, Jesus zu Gott (Hay 86). Zur jüd und ntlichen Verleihung des Platzes zur Rechten, der an den Thron V 8 erinnert (Vanhoye Structure 73), siehe zu V. 3. Auch die Mandäer kennen diesen Topos: für den gehorsamen Frommen und für eine gottheitliche Gestalt (ESDrower Haran Gawaita S 7 Z 17 von oben S 17 Z 1 von unten S 21 Z 5 von unten Lidz Liturg Oxf Samml 2. Buch XII). Wie im alten Orient, meint der Ps atlich: Die irdischen Kriegsfeinde werden von Jahwe zum Fußschemel gemacht, werden total niedergeworfen (Kraus 758); Belege für $\pi o\nu\varsigma$ als Ausdruck der Unterwürfigkeit Preisigke Wört II Sp 347; Bauer 1b Weiß ThW VI 624–632; so noch 2,8 10,13; anders 12,13. Auch das Judentum legt so aus Sanh 108b Midr Ps 110 § 4,233b18 (Str-B IV 453f), nennt aber auch die Messias-Gegner als niedergeworfen Targ zu Ps 110 (Str-B IV 456f).

Die altchr Literatur zitiert LXX Ps 109,1b mit „unter die Füße legen" in Mt 22,44 Mk 12,36 1K 15,25 oder mit „zum Fußschemel machen" in Hb 1,13 10,13 und Mt 22,44 Koine Lk 20,43 Ag 2,35 1Cl 36,5 Barn 12,10 (siehe Hay 123). Die $\dot{\varepsilon}\chi\vartheta\rho o\grave{\iota}$ dieser Texte sind nun nicht mehr irdische Kriegsgegner (Weiß ThW VI 628f). Aber der Teufel ist bereits vernichtet 2,14, und damit ja auch die Todesfurcht (Strobel 71), entgegen 1K 15,25. Die urchr Apokalyptik kennt freilich eine ganze Front von apokalyptischen Gegnern, die am Ende ausgeschaltet werden; vgl die von Pls eingefügten $\pi\acute{a}\nu\tau\alpha\varsigma$ (Foerster ThW II 813). Der Hb wird das Diesseitige schlechthin meinen, das erschüttert wird und nicht „bleibt", 12,27, vgl. *τὰ πάντα* 2,8, die Bestrafung der Ungehorsamen und Abtrünnigen Lk 19,27 Phil 3,18 Hb 10,27–31 mit eingeschlossen, 1Cl 36,6 explizit; nicht speziell die der Juden (gegen

Chr in Hb 10,14; Thomas Luther Vanhoye Situation 219). Diese Unterwerfung der Feinde unter Jesus durch Gott steht erst noch bevor: 2,8 10,13 Exk 1,3; das übersieht Strobel 71.

Zu ἕως siehe Bauer Ib; zu τίθημι Bauer I2aα Maurer ThW VIII 152–160. Zu ἐχϑρός siehe Bauer 2bβ Foerster ThW II 810–815; Plut Superst 11 II 170DE vom Abergläubischen: „wer aber die Götter haßt und fürchtet, ist ihr Feind". Zu ὑποπόδιον Bauer.

14. Sind sie nicht ausnahmslos in heiligem Dienst stehende Geister, zu Hilfeleistung ausgesandt um deren willen, die das Heil erben sollen?

Literatur: EEEllis „Spiritual" Gifts, NTSt 20, 1974, 128–144.

Jesus herrscht wie Gott. Die Engel dagegen sind – das Fragewort οὐχί (Evangelien Paulus Bauer3 Hb noch 3,17) suggeriert „selbstverständlich" – nur heilig dienende Geister, die den Christen zu helfen haben. λειτουργικός, hapax legomenon im NT, vgl. λειτουργός 1,7, hell belegt Bauer, in LXX stets kultbezogen (Strathmann ThW VI 238), soll die Engel gegen den himmlischen λειτουργός Jesus 8,2 abheben. πνεύματα, nicht „Winde" wie 1,7, als persönliche Geistwesen ungriech, hell öfter in ZauberPap (Bauer 4b Kleinknecht ThW VI 337) vom Geist des Menschen 12,9.23, auch sonst im NT, besonders Apk, meint hier die Engel. Im AT ist רוח nicht Engel (Baumgärtel ThW VI 357–362). Die LXX übersetzt מלאך nie mit πνεῦμα, deutet aber den Lebensodem Nu 16,22 27,16 auf πνεύματα = Engel um, vgl. 2Mkk 3,24 (Deißmann LO 355 Baumgärtel Bieder ThW VI 358 367). Bei Philo ist der Engel meist ψυχή oder λόγος. Aber in der Apokalyptik – aeth slav hbr Hen 4Esr (Sjöberg ThW VI 373); für Qumran siehe Kuhn Konkordanz ad רוח Braun Qumran-NT I 244; auch Jos Ant 4,108 – heißen Engel „Geister". διακονία, in LXX 2mal, im Hb nur hier; διακονίας – in B sa Or[2:6] – und σωτηρίας in 1836 – sind Plur wie ἡμέραις in 8,9 B sa[ms]. Die διακονία der Engel, hier nicht spezifiziert, darf nicht auf Inspiration eingeschränkt werden (gegen Ellis 135–139). Ausnahmslos, in allen Klassen, sind sie Diener: πάντες hier nicht, wie 1,6, zitatbedingt, sondern vorangestellt wie 3,16 4,13, nicht eingeschränkt wie 9,22; also doch Polemik – vgl. den Exkurs –? Als Befehlsempfänger werden sie, wie im AT Judentum und NT, „gesandt". εἰς διακονίαν, vgl. Jdt 11,7 Gn 45,5, zielt ab auf die allgemein ntliche, ja die antik-religiöse σωτηρία (Bauer 2 Foerster ThW VII 996f Schierse 127–130), die hier wie 2,10 5,9 6,9 9,28 eschatologisch zukünftig ist, als Zweck der Engelsendung; nur 2,3 zT schon gegenwärtig. Nur hier im NT heißen die Christen Menschen, die „das Heil erben" sollen: μέλλειν sagt, was nach göttlichem Ratschluß zukünftig geschehen soll, vgl 11,8 (Bauer 1eδ); κληρονομεῖν, sonst im NT oft mit dem Obj ζωή und βασιλεία, unterstreicht den endgültigen (siehe 1,2) und eschatologischen (siehe 1,4) Charakter des Heils.

14 Exkurs: Die Engel.

Literatur: ABakker Christ an Angel? ZNW 32, 1933, 255–265; JBarbel Christos Angelos, 1941 (1964); WBousset-HGreßmann Die Religion des Judentums im späthellenistischen Zeitalter[3], 1926; WBrandt Die Wortgruppe λειτουργεῖν, Jahrbuch Theol Schule Bethel 1, 1930, 145–176; JKallas Roman 13,1–7, NTSt 11,1965, 365–374; OCullmann Zur neusten Diskussion, ThZ 10, 1954, 321–336; PSchäfer Rivalität zwischen Engeln und Menschen, 1975; HMSchenke Erwägungen zum Rätsel des Hbbriefes, NT und chr Existenz, 1973, 421–437; HSchlier Die Engel nach dem NT, Archiv Liturgie-Wissenschaft 6, 1959, 43–56; JWThompson The Structure and Purpose, Cath Bibl Quarter-

ly XXXVIII, 1976, 352–363; AVanhoye Christologia a qua initium sumit, Verbum Domini 43, 1965, 113–123; MWerner Die Entstehung des christlichen Dogmas, 1941. ἄγγελος Bauer 2a Grundmann v Rad Kittel ThW I 72–83 Str-B Reg „Engel" RAC V 53–322.
Auch die Engel heißen im hbr AT, in der Apokalyptik (Braun Qumran NT I 242) und bei Philo – Quaest in Gn I 92 – gelegentlich, entgegen Hb 1,5 – Gottes- bzw. Himmelssöhne. Vereinzelt ist sogar der Messias – LXX Js 9,6 – oder der Menschensohn aeth Hen 46,1 Engel; und altkirchliche und gnostische Texte des 2. Jhdts belegen vielfach die Bezeichnung Jesu als eines hervorragenden Engels (Werner 327–334). Aber auch die Höherrangigkeit der Gottessöhne – ἄγγελοι τοῦ θεοῦ in LXX Gn 6,2 Hi 1,6 2,1 38,7 statt בני (ה) אלהים; Philo Conf Ling 145 f –, des Henoch-Metatron hbr Hen XLVIII C und des Messias – Tanch B תולדות § 20,70a Str-B I 483 – gegenüber den Engeln begegnet bereits auf jüd Boden. Schon den Griechen qua δαίμονες als Wächter der Menschen und Vermittler zwischen Göttern und Menschen bekannt – Hes Op 121–126 Plat Crat I 16 397E Symp III 23 202E –, sind die Engel im vorapokalyptischen AT wenig mehr als Statisten (vRad ThW I 75–79). Seit Daniel wird der Engelglaube, wohl parsistischen Ursprungs, volkstümlich und zentral: Die Engel geleiten als Schutzengel den Menschen, bewahren ihn vor Dämonen, nehmen an ihm Anteil, spielen eine Rolle beim Tode und Endgericht (Bousset-Greßmann 320ff Kittel ThW I 79–81 Str-B I 151 781–783 II 707 III 437–439 680). So auch bei Philo Gig 12 (διάκονοι) Plant 14 Fug 67 212 Som I 142f. Die Rabb werten dabei den Rang der Engel gelegentlich ab (Str-B III 593 zu Eph 3,2; 673 zu Hb 1,4; I 151 f Gn r 78, 50a; siehe Schäfer 228–234). Ähnlich Hb 1,14 διά; dazu Chr Cramer Cat 379: „Warum bestaunt ihr die Engel? unseretwegen eilen sie umher". So Philo nicht: seine Engel sind, anders als im Hb, Priester, Spec Leg I 66; vgl Test XII L 3,5.
Diesen Engelglauben übernimmt das sonstige NT – intensiv in der Apk; Schutzengel Mt 18,10 Ag 12,15; διακονεῖν der Engel für Jesus Mt 4,11 Mk 1,13 Lk 22,43 Koine – und der Hb 1,4 – 7.13f 2.2.5.7.9.16 12,22 13,2. Im Hb freilich sind, anders als bei Paulus und in den Deuteropaulinen, die Engel nicht durch Jesus unterworfen worden (ESchweizer ThW VI 444; gegen Cullmann 334f, der nicht berücksichtigt, daß die Unterwerfung der Feinde erst bevorsteht 10,13). Mit Enteschatologisierung hat der Verzicht des Hb auf christologische Engelbesiegung nichts zu tun (gegen Kallas 371), vgl. Hb 1,2. Die Engel üben διακονία. Jesus aber ist im Hb nicht διάκονος wie R 15,8, nicht δοῦλος wie Phil 2,9, betätigt kein διακονεῖν wie Mk 10,45Par, sondern ist, gemäß der hohen Christologie des Hb, λειτουργὸς 8,2; Calvin verunklart das: Jesu Dienen ist nicht seine *natura*, sondern seine freiwillige Selbstentäußerung; siehe auch Brandt 166–169. Das Theologumenon der dienenden Engel setzt sich in der Alten Kirche fort: Schutzengel Herm v 5,1f Unbekanntes altgnostisches Werk S 355,14–17 361,21–23; zweierlei Engel Barn 18,1 Exc Theod 72,2; Act Joh 104; Orig, dem die dienenden Engel als gefallen gelten (Greer 26–29). Bei den Mandäern Engel*verehrung* Lidz Ginza R III S 141,30–33.
Die Engel – im Hb 1,14 2,2 12,22 13,2 positiv, wenn auch rangniederer als Jesus gesehen – werden hier nicht bekämpft, weil sie etwa von den Hörern kultisch, wohl gar nach qumranischer Manier, verehrt würden (gegen Calvin Moffatt Vanhoye Situation 99 Barclay; richtig de Wette zu V 4 Bakker 259 Käsemann 60 Barbel 229 f Braun Qumran-NT I 242 Thompson 363). Aber daß sie nur wegen ihres hohen Ranges (schon Severian Gabala Cramer Cat 139 Hollmann) qua göttlicher Hofstaat (Käsemann 60 Vanhoye Situation 96 Gräßer Vorarbeiten 90) nur als neutrale höchstrangige Kontrastfolie zu Jesus genannt werden, ist auch unwahrscheinlich (Schenke 430): Nach gelegentlichen jüd Aussprüchen stehen ja schon die Gerechten höher als die Engel (siehe oben), und manches – πάντες 1,14; 2,5 – sieht doch nach gezielter Auseinandersetzung aus, auch wenn diese nur implizit geführt wird. Vielleicht denkt Verf an eine himmlische Hohepriestergestalt, die Engelrang besitzt, über den er Jesus erheben will (Schlier 43 Vanhoye Christologia 116 Montefiore; weiteres bei Melchisedek Hb 5,6 Exkurs); aber gezielt nicht gegen die Hörer oder außenstehende Juden, schon gar nicht in antidoketischer Zuspitzung (gegen Bakker 265), sondern in Auseinandersetzung des Verf mit eigenen jüd Wurzeln (Schenke 430–432). Oder zeigt die Überlegenheit des Sohnes über die das Kultgesetz vermittelnden Engel die Höherwertigkeit des himmlischen gegenüber dem irdischen Kult an (deWette Spicq II 54f)?

2,1–4. Die erste Paränese

1. Darum müssen wir in viel höherem Maße achten auf das Gehörte, damit wir ja nicht von der Richtung abkommen.

Literatur: JCoppens Les affinitées qumraniennes, Nouv Revue Théol, année 94 tom 84, 1962, 128 ff. 257 ff; EGräßer Das Heil als Wort, in: NT und Geschichte, herausgegeben von Baltensweiler/Reicke, 1972, 261–274.

Die erste Paränese, wie alle Paränesen sicher echt (gegen Synge 43–52 und den zurückhaltenderen Coppens 135 f 141 271 f; vgl Vanhoye Situation 252–254), schon so bald im Textablauf und wie bei Philo (Siegfried 321) mit lehrhaften Passagen wechselnd, zieht, obwohl die Engelthematik noch weitergeht 2,5.16, die praktische Konsequenz: aber nicht als Warnung vor dem Engelkult. Doppelt un-Kantisch, weil mit dem Rang des Befehlenden und mit der Angst argumentierend, nimmt Verf 1,1–14 mit διὰ τοῦτο and περισσοτέρως (Alliteration von π) auf: Die gewaltige Überlegenheit Jesu über die Engel verlangt erhöhte Achtsamkeit (nicht Erstzuwendung; gegen Kosmala 3.10) gegenüber der Botschaft, damit die Richtung nicht verlorengeht. Hier schließt Verf sich selber ein, ἡμᾶς; oft begegnet im Hb auch das paränetische „ihr". δεῖ meint, wie 9,26 und 11,6, die logische, hier aber, wie 1Th 4,1, auch die paränetische Notwendigkeit (Spicq II 24 Vanhoye Situation 228; Bauer Grundmann ThW II 21–25). Die Stellungsvarianten zu δεῖ und περισσοτέρως verdunkeln, daß περισσοτέρως zu προσέχειν gehört; die Verdoppelung des zweiten ρ in παραρυῶμεν (Winer-Schmiedel Grammatik[8] 1894 § 5,26b) ist unwesentlich; **0121b** 1739 1881 lassen, sinnstörend, V 1 ganz aus. Zu προσέχειν siehe 7,13; zu περισσοτέρως siehe 13,19. Es geht hier nicht um das Geschriebene (wie 1Tm 4,13 und mandäisch Haran Gawaita S 14 Z 4 von oben The Thousand and Twelve Questions II 4 S 260 (217) Z 2), sondern um das dem Lesen überlegene Hören, epAr 127; freilich nicht bezogen auf eine der Hb-Vorlesung im Gottesdienst vorausgegangene Schriftlesung (Argumente bei Windisch). Gehört werden soll Gottes Sprechen im Sohn 1,1 f, also der im Hb nie mit εὐαγγέλιον ausgedrückte Verkündigungsinhalt Ag 16,14 2Pt 1,19, den die Urchristen hörten und tradierten 2,3, mit dem die Hörer glaubend verbunden werden sollen 4,2, anders als die Wüstengeneration, die nicht recht hörte, 3,16 4,2 12,19. LXX Ps 94,7–11 klingt bereits an. Das Hören ist mithin, im Unterschied zu Philo Quaest in Gn III 32, hier wie im ganzen AT und NT – siehe Konkordanz, R 10,14 – wichtig (vgl auch Ps Sal 2,8, PsClem Hom III 28,1 XI 2,2 18,1 Recg I 26,2 und die Mandäer Lidz Ginza R XI S 253,33 256,5 f XII S 271,30 L XX S 490,21 Lidz Liturg Qolasta XVIII S 26,10–12). Sonst – μήποτε siehe 3,12 – kommt man, anders als Noah Philo Det Pot Ins 170, aber wie Judas bei Orig Greer 29 von der Richtung ab.

ἀκούω Bauer 1 Kittel ThW I 216–225. παραρέω, hapax legomenon im NT, so noch Prv 3,21, meint hier nicht das Abgleiten, wie περιρέω vom Fingerring des Schmächtigen bei Plut Amat 9 II 754A, sondern denkt an die Gewalt der Strömung, die mit Schwung, Schuß und Fließen hier den Menschen freilich nicht, wie Philo Mut Nom 107 186 214 Quaest in

Gn II 25 OSal 39,1, überschüttend ertränkt, sondern ihn, wie Philo Gig 13 Quaest in Ex II 13, am Ziel, dem Heil, vorbeireißt (so Väter Cramer 140 382f Staab 203; weitere Belege Riggenbach Westcott). Ähnlich, nur ohne das Bild vom reißenden Wasser, Corp Herm 7,1: „wohin werdet ihr fortgerissen, o ihr Menschen!" Gleich die erste Paränese gibt den Richtungssinn des Ganzen (Gräßer 270f) an: sie verbreitet, nach der Gewißheit im darstellenden Teil, nun Unruhe (Theißen 93 gegen Gräßer Glaube 36). Christsein ist gefährlich.

2. Denn wenn das durch Engel geredete Wort sich als gültig erwies und jede Übertretung und jeder Ungehorsam rechtmäßige Vergeltung empfing,

Literatur: HBraun Die Gewinnung der Gewißheit, ThLZ 96, 1971, 321–330; EGräßer Christologie und historischer Jesus, ZThK 70, 1973, 404–419; SSchulz Die Mitte der Schrift, 1976.

Die in V 1 geforderte höhere Achtsamkeit wird in V 2 3a mit einem Schluß *a minori ad majus* begründet *(γάρ)*, den der Hb, proportionales Denken schätzend (3,3 8,6; Michel 105A3), noch in 9,13f 10,28f 12,9.25 verwendet; so schon im AT, Judentum, bei Philo, oft im NT, auch 1Cl 41,3f PsClemHom 9,2,2 (Str-B III 223–226 Spicq I 53). Dieser Schluß besagt hier: Übertretung war schon in Israel gefährlich wegen der Strafe; Mißachtung des Jesusheils ist noch gefährlicher (Braun Gewißheit 324f): Hb hat die Paradoxie von Ind und Imp, „die radikal andere Stellung der Christen vor Gott nicht verstanden" (Bultmann Theologie 555 Schulz Mitte 263f). Gefährlicher: denn Jesus ist den Engeln überlegen, und bereits die Übertretung des von ihnen im Auftrag Gottes *(διά)* verkündeten Gesetzes trug Strafe ein. Bei der Gesetzgebung begleitende oder mitwirkende Engel im Plur schon LXX Dt 33,2 und bei Rabb (Str-B III 554–556); im Sing Jub 2,1, wo der Engel spricht, Apk Mose Anfang, CD 5,18 andeutend Braun Qumran-NT I 245, vgl. Hb 2,2 die LA ἀγγέλου in L statt Plur. Christlich im Plur Gl 3,19 siehe Lietzmann Komm, Ag 7,53 Hb 2,2 PsClemRecg 1, 24,4; im Sing Ag 7,38 siehe Conzelmann Komm, PsClemHom 8,18,1 18,12,1; nur in Gl 3,19, nicht hier in Hb 2,2, setzt die Beteiligung der Engel das Gesetz herab.

λόγος vgl. 4,2, als Tora noch LXX Ps 118,42 und Mk 7,13 Par. νόμος bleibt im Hb (7–10) für das atliche Kultgesetz reserviert (Vanhoye Situation 235); statt seiner hier λόγος im Blick auf das λαλεῖσθαι 2,2f. Orig zitiert Thr 4,14 richtig interpretierend den λόγος von Hb 2,2 als νόμος GCS 6,274,10. ἐγένετο – „war" Bauer II oder „wurde" – und ἔλαβεν siehe 4,16: Das Gesetz gilt nicht mehr; zur Ambivalenz siehe 1,1 und Exkurs 1,1. βέβαιος, in LXX nie vom Gesetz, meint die Verläßlichkeit (Plat Phaed 39 I 90C Philo Vit Mos II 14 Hb 6,19); hier 2,2 wie die anderen βεβαι-Stämme die Rechtsgültigkeit, dem Hb wichtig im Blick auf die Glaubenssicherung (Braun Gewißheit 321; vgl. Philo Conf Ling 197 Quaest in Ex II 45; 1K 1,6 Mk 16,20 Hb 2,3 6,16 9,17 2Pt 1,19; Ps ClemHom 1,19,6: Bauer 1,2 Schlier ThW I 601–603 Preisigke Wört I 262–264). Sie *erwies* (Westcott) sich an der Bestrafung (vgl. 3,16–19 6,6ff 10,27ff 12,25ff (μισθαποδοσία positiv 10,35 11,26; nur im Hb und kirchlicher Literatur, etwa Const Ap 4,12,3; Bauer Preisker ThW IV 701 705f 733f; vgl. 11,16), die außerchr (Stob I 403,21–24), jüd (Str-B IV 1199–1212) und chr im ganzen NT, auch Act Joh 113 geglaubt wird. Die Bestrafung erging ausnahmslos – πᾶσα, siehe 1,14 – über jede vorsätzliche Tat von handelnder Einzelübertretung – Philo Spec Leg II 242 – und unterlassendem Ungehorsam – παρακοή selten, Paronomasie nach παράβασις – und war rechtmäßig; *ἔνδικος* wie R 3,8; die Umstellung von *ἔλαβεν* in *Ψ* 33 69 1319 besagt nichts. Zu *παράβασις* Bauer JSchneider ThW V 735–737: in LXX jüd-hell, auch hell, im Corp Paul, Barn, Herm; im Hb noch 9,15. *παρακοὴ* Bauer Kittel ThW I224: nicht in LXX; R 5,19 2K 10,6 Dg 12,2; als „Ungehorsam" nur noch chr; Hb nur hier.

3. wie sollen wir entrinnen, wenn wir ein so gewaltiges Heil unbeachtet ließen? Ein Heil, das damit begann, daß es durch den Herrn verkündet wurde; dann wurde es von den Hörern uns gegenüber rechtswirksam vorgebracht;

Literatur: JBauer *πῶς* in der griech Bibel, Nov Test 2 1958, 81–91; WBieder Pneumatologische Aspekte im Hb, in: NT und Geschichte, herausgeg von Baltensweiler/Reicke 1972, 251–259; AFeuillet Le ‚Commencement' de l'Économie Chrétienne, NTSt 24, 1978, 163–174.

πῶς (Bauer 1d JBauer 82–89) besagt: der Heilsverlust ist unvermeidbar für nachlässige Christen. Jetzt *ἡμεῖς*: persönliche Apostrophierung, betont – anders als das in V 2 gemeinte, aber nicht genannte Israel. Der Verlust eines Gutes, das man bereits besaß, ist besonders schlimm: PsClem Recg III 65,4 Philo Quaest in Gn I 89. Nicht *ἐκφεύγειν* Bauer 2a, absolut, bezeichnet wie Sir 16,13 1Th 5,3 Hb 12,25 PlutSer Num Vind 6 II 551E Betz Plut I 201 den drohenden Heilsverlust; gedacht ist an die unentrinnbare Strafe 2,2 10,29, wie explizit Tob 13,2 Est 8,13 = XVI 4 2Makk 6,26 7,35 4Makk 9,32 R 2,3 Luc Alex 28, für *φεύγειν* Mt 3,7 Par 23,33. Der deliberative Konj in p^{46} 104 177 460 623 920 1836 ist nicht ursprünglich; zu *ο–ω* siehe 4,16. *ἀμελεῖν* siehe 8,9, vgl Mt 22,5 1Tm 4,14 Apk Pt 30, gegenüber der *σωτηρία* noch PsClemHom III 3,1; Warnung vor dem Nichthören auch Lidz Ginza R XVI 11 S 397,25–32. Die erhöhte Gefahr – Herm s 9,18,2 – für die Nachlässigkeit erwächst aus der Größe – *τηλικαύτη* – des Heils: *σωτηρία* 1,14 ist mehr als der atliche, von Engeln geredete *λόγος*, der hier aber nicht als eine die Hörer zum Abfall verführende Instanz genannt wird.

ἥτις (Bauer 2b) unterstreicht die Größe begründend, siehe 8,5. Sie wird nicht, wie etwa R 4,5, an der Paradoxie des Gnadenerweises aufgezeigt, sondern an der dreifachen Bedeutsamkeit der Heilsstifter und Vermittler. *a.* Das hell *ἀρχὴν λαμβάνειν* (Bauer *ἀρχή* 1b) meint als Heilsanfang nicht die Heilsvoraussage durch Gott im AT (gegen Synge 47); auch nicht, wie Ign Eph 19,3, Jesu Menschwerdung; sondern, wie PsClem Hom I6,1.2, sein Predigen; *λαλεῖν* also anders als 12,24; *καλεῖσθαι* in 69 wird Verschreibung sein. Die Exegese-Geschichte erklärt teils auf Anfang der Heils*predigt* (Luther Calvin Riggenbach Héring Moffatt Strathmann), teils auf Anfang des *Heils* (*παρ' αὐτῆς τῆς πηγῆς* Chr Cramer 142 SpicqII Kuß Michel Montefiore). Aber beides fällt für Hb zusammen: im *λαλεῖσθαι* geschieht die eschatologische *σωτηρία* 6,4f (Michel Theißen 88–90 95 Feuillet 164f gegen Windisch 87 Schierse 128). Der *κύριος*, hier der irdische, anders als 1,10, siehe Exkurs 1,3, ist dabei, wie die Engel in V 2, Instrument der Gottheit, siehe 1,2: *διά* (69 623 1845 1912 verwischen das durch *ὑπό*). Verf wird, entgegen dem tatsächlichen historischen Verlauf, meinen: Jesus predigte, wie in Joh, sich selbst als das Heil (Strathmann).

b. Dieses von Jesus gesprochene Heil wurde von den damaligen Hörern rechtswirksam vorgebracht gegenüber dem Hb-Verf (*ἡμᾶς*, so auch von sich Paulus apocr 3K4; der Hb-Verf kann aber nicht Paulus sein, Gl 1,12; so schon Luther Calvin) und gegenüber den Hörern, die mithin, anders als 1J 1,1, von den Ersthörern abgehoben werden und nicht Palästinenser sein können (Windisch). Auch die *ἡγούμενοι* 13,7 brauchen wegen 5,12 als

Missionare der Hörer nicht Ersthörer gewesen zu sein, siehe 13,7 (Michel gegen deWette Bieder 253). Wichtig ist das Hören der Tradenten, siehe 2,1, nicht ihre Augenzeugenschaft wie Lk 1,2. Sie heißen unfeierlich (nicht, wie sonst im NT und 1Cl 42,1: Apostel; Theißen 107); zunächst müssen sie selbst gehört haben (zum Part des Aor, noch 3,16 4,2 12,19, siehe Bl-Debr § 339; nur 206 liest ἀκουόντων); sie sind nicht Instrumente der Gottheit, ὑπό (nur 623 statt dessen διά). βεβαιοῦν – siehe 2,2 zu βέβαιος – meint Rechtsgültigkeit und verleiht Sicherheit (Bauer 1 Schlier ThW I 600–603 Ditt Syll 692,39f 46,4f Or 333,1f Preisigke Wört I 262f).

4. und Gottes Zeugnis bestätigte das mit Zeichen und Wundern und mannigfaltigen Krafterweisungen und Zuteilungen des heiligen Geistes nach seinem Willen.

Literatur: HBieder Pneumatologische Aspekte, in: NT und Geschichte, herausgeg von Baltensweiler/Reicke 1972, 253; AFeuillet Le ‚Commencement', NTSt 24, 1978, 165f; DGeorgi Die Gegner des Pls, 1964, 196–200; GPetzke Die Traditionen über Apollonius, 1970; LSchottroff Der Glaubende und die feindliche Welt, 1970; FStolz Zeichen und Wunder, ZThK 69, 1972, 125–144.

c. συνεπιμαρτυρεῖν, Hapax legomenon im NT, siehe noch 1Cl 23,5 43,1, meint nicht ein zweites nach einem ersten Zeugnis (Strathmann ThW IV 516 gegen Chr Cramer Cat 386 Bieder 253). Bestätigung durch Wunder ist gesamt-ntlich (AFeuillet 165f verweist auf Mk 16,19–20); freilich neben einer wunderkritischen Linie in den Synoptikern, bei Paulus und Joh (Schottroff 245–268), die im Hb fehlt. Die Bestätigung erfolgt hier nicht durch den Kyrios (wie R 15,18f Mk 16,20 Ag 14,4) oder durch das πνεῦμα (wie 1K 12,4.11 14,22), sondern durch die Gottheit (wie Ag 2,19.22): Außerordentliches wird durch Außerordentliches als glaubhaft erwiesen, Philo Spec Leg II 189 Jos Ant 10,28. Menschliche Vermittler des Wunders können (wie Mk 16,17.20 R 15,18f Ag 2,43 5,12) öfter, brauchen aber (wie hier und 1K 14,22 Ag 4,30) nicht genannt zu werden. σημεῖα und τέρατα, in LXX vor allem in der Auszugtradition, deuteronomistisch als Bestätigung gottheitlichen Sprechens – für אותות ומופתים (Rengstorf ThW VII 199–268 VIII 113–127; Stolz) –, im NT in variabler Reihenfolge, auch ohne den Topos der Bestätigung, sind wie hier mit δύναμις verbunden in R 15,19 2K12,12 Ag 2,22; sie sind eine Einheit, besonders in Ag, auch wenn σημεῖον von Haus aus die Deutlichkeit, τέρας das stupendum meint, Philo Vit Mos I,178 σημεῖον τερατωδέστατον; σημεῖον und δύναμις, jedoch nicht τέρας, können im NT auch je allein stehen. Die Fortlassung des τε in **P0121b** 33 35 38 57 81 177 205 226[2] 319 323 328 337 365 460 479 489 547 629 630 635 794 919 1245 1319 1739 1852 1867 1891 2298 lat sy[h] arm Orig Chr hebt die engere Verknüpfung auf (Bl-Debr § 444,2 Bauer 3a). Ähnlich zwar nicht die Rabb-Wunder, wohl aber der jüd Hell: σημεῖα und τέρατα Philo Vit Mos I95 Aet Mund 2 Jos Ant 10,28 20,168; σημεῖα Philo Vit Mos I76 II263 Quaest in Gn 3,2 Jos Ant 2,274.276.283; τέρατα Philo Vit Mos I 80.90.91. Auch außerbibl, und zwar durchaus religiös (gegen Rengstorf ThW VII 205f) mit – Preis ZaubI65.74 Ditt Syll[4] 709,24f – und ohne Verwendung von σημεῖον Philostr VitAp 4,44 6,10.39 7,38 8,31 Lidz Liturg Qolasta 35 S 68,4f (Georgi 196–200 Petzke 125–137). Die δυνάμεις, „Krafttaten", von Gott stammend (1K 12,28 Gl 3,5; Bauer 4 Grundmann ThW II 286–318) sind dem Wunder (11,11; die δυνάμεις des Asklepios ThW II 291) und der Eschatologie, Hb 6,5 7,16, gleich nahe. ποικίλος (Bauer 1 und 3 Seesemann ThW VI 483f) hier positiv für die Fülle – ἀφθονία Chr Cramer Cat 386 – wie 1Pt 4,10; Hb 13,9 negativ. Für den Inhalt der Wunder siehe Mk 16,17f; sie brauchen, wegen des praes Part Bl-Debr § 339,3, für die Hb-Gemeinde nicht mehr in vollem Umfange gleichzeitig zu sein (Rengstorf ThW VII 260, in etwa Kuß, gegen viele Erklärer). Nachklang der bestätigenden Wunder Act Joh 106 Apk Adam 77,1–3 PsClemHom I6,3 Recg I40,1 Lidz Ginza R 9,1 S 224,3f Lidz Joh 76 S. 224,2. Die *Zu*teilungen, an die einzelnen Emfpänger also verschieden (1K 12,11, nicht *Zer*teilungen wie 4,12; schon klass, hell, LXX Ign und apokalyptisch, im NT nur Hb Bauer), mindern nicht (Philo Gig 24–27) das *πνεῦμα ἅγιον* (Gen obj; gegen Greg Naz Greer 106 Erasmus paraphrasis Luther Bieder 253; *πνεῦμα ἅγιον* auch außerchr: Bauer 5cβ); sie meinen nicht die einmalige Taufgabe wie 6,4 10,29, sondern die Begabungen von 1K 12,4–11, wo das *πνεῦμα* freilich animistisch der Geber ist (Bultmann Theologie § 14,1 Conzelmann Grundriß § 6 Kleinknecht ThW VI 333–357 Schrenk VI 444). Das verliehene *πνεῦμα* für Hb also unzentraler als bei Paulus. Die Unterstreichung des Willens Gottes wehrt einem menschlichen Anspruch auf Wunder und Geistesgaben. *θέλησις* ist Hapax legomenon im NT, vgl. 2Cl 1,6 Just Dial 61,1; zur Vorliebe des Hb für Verbal-Subst siehe Westcott 40f; zur Sache Luc Diss Hes 4 (Moffatt). *αὐτοῦ* – nach dem Bildungsgrad des Verf müßte man *αὑτοῦ* annehmen (Radermacher 77; 111 zur attributiven Stellung) – geht auf Gott; die sekundäre LA *τοῦ θεοῦ* in D^{gr}★ hebt das hervor.

2,5–18 Der den Menschenbrüdern situationsgleich gewordene Heilsführer und Hohepriester

5. Denn nicht den Engeln hat er die zukünftige Welt unterworfen, von der wir reden.

Literatur: EGräßer Beobachtungen zum Menschensohn, in: Jesus und der Menschensohn, herausgeg von Pesch/Schnackenburg/Kaiser, 1975, 404–414; JKögel Der Sohn und die Söhne, BFTh VIII, 1904, 9–15; ASeeberg Zur Auslegung von Hb 2, Neue Jahrbücher für deutsche Theologie, 1894, 3 435–461.

οὐ γὰρ (Bauer γὰρ1b), auch bei Paulus öfter, wie 2,16 4,15, 6,10, 9,24, 12,18 13,14 polemisch, ist immer noch, zum letzten Male 2,16, kaum dialektisch (gegen Windisch), gegen die Engel – siehe 1,14 Exkurs – gewendet, sie sind Inklusion (Vanhoye Situation 256); das Fehlen des Art vor ἀγγέλοις braucht nichts zu besagen, Bl-Debr § 254 siehe 1,4. Das die Paränese begründende γὰρ meint, freilich zunächst unter Verschweigung der positiven Auskunft (Vanhoye Situation 260): Die sorgende Bemühung um das Heil ist nötig, weil nicht die Engel, sondern der zeitweilig unter die Engel erniedrigte (Montefiore) Jesus eine Machtstellung bekommen hat, die die Seinen einbezieht. Das ist der Gedankenfortschritt gegen das Bisherige (Kögel 9 Käsemann Gottesvolk 75–77). Aber von Jesus allein, so die meisten Erklärer, nicht primär von den Menschen allgemein und dann letztlich von Jesus ist im folgenden Zitat für den Hb-Verf die Rede (gegen eine Auslegung, referiert schon bei ClAl Strom IV 3 § 8,7, gegen Chr Thret Cramer Cat 144 392 Delitzsch Seeberg Auslegung 437 An die Hebräer 18 Kögel 21–23 viele englische Erklärer Vanhoye Situation 263–278 Gräßer Beobachtungen). So heißt der Messias in Js 9,6 ℵ[ca] A und mehreren Handschriften πατὴρ τοῦ μέλλοντος αἰῶνος (Moffatt). Auch dem Judentum gelten die Engel als Gott untergeordnet (Kittel ThW I 80 f); der Engel Henoch-Metatron allerdings hat eine führende Stellung in der Himmelswelt erhalten, hbHen 6–16 41–48 bes 48C3.4. ὑπέταξεν (Bauer 1a Delling ThW VIII 40–43) – ein erst hell Wort, auch im Zauber Preis Zaub II 13,579 f und mandäisch Lidz Joh 58,215 S 205,23 f – entstammt hier dem nachfolgend wie in 1K15,27 und Eph 1,22 zitierten Ps 8,7b und meint nicht so sehr den Gehorsam als den Verlust des eigenen Willens. Die Unterwerfung fand statt nicht in der Verkündigung (gegen Kögel 14 f), sondern zunächst in Gottes Ratschluß, realisierte sich dann bei der Inthronisation – Aor, siehe zu 1,3 Exk –, bedarf aber noch der Vollendung 2,8 10,13, wie in 1K 15,26, während sie in Eph 1,22 1Pt 3,22 mit der Inthronisation bereits abgeschlossen scheint. Sie geschieht hier wie in Eph 1,22 und 1Pt 3,22 durch Gott – ὁ θεὸς hinter ὑπέταξεν sekundär explizit in C 81 f vg Chron pasch –, in 1K 15,27 f Phil 3,21 durch Christus selbst. Der Gedanke ist zusammengedrängt und unscharf: ὑπέταξεν läßt, wie in 1K 15,25–28 Eph 1,21 f 1Pt 3,22 explizit, an niederzuwerfende Feinde denken, die οἰκουμένη ἡ μέλλουσα dagegen an das Heil V 3, auf das der περὶ-Satz zurückweist und das aus dem ὑπέταξεν erst resultiert. οἰκουμένη (siehe 1,6) ἡ μέλλουσα, im NT und den Apost Vät nur hier, umschreibt, wie der *αἰὼν ὁ μέλλων* Mt 12,32 Eph 1,21 Hb 6,5 2Cl 6,3 vgl. Herm s 4,2.8, hell den עולם הבא (Michel ThW V 160f), der als *ὁ μέλλων αἰών* in LXX (außer Js 9,6 S A Ziegler) natürlich noch fehlt (Windisch zu 6,5), und der für aeth Hen 71,15 und sBar im Himmel, für 4Esr und die Rabb, soweit sie nicht vom himmlischen Zwischenaufenthalt der Seelen reden, auf der erneuerten Erde lokalisiert ist (Str-B IV 799–815 968f; siehe 3,11 Exk). Im Hb ist das Part von *μέλλειν* Attribut zu verschiedenen Formulierungen des zukünftigen Heils – 6,5 9,11vl 10,1 13,14 – oder Subst 11,20 (siehe Bauer 2). Die *οἰκουμένη ἡ μέλλουσα*, räumlich gedacht (Schierse 79 Theißen 92), ist also nicht, wie dies Subst ohne *μέλλουσα* in 1,6, die irdische Welt (gegen Erasmus adnotationes). Sie begann nicht auf Erden mit Jesu Menschwerdung, so daß ihre Zukünftigkeit nur vom Standpunkt des AT aus gemeint wäre (gegen Chr Cramer Cat 143 Thomas Luther Calvin Bengel deWette[2] Seeberg Auslegung 435 SpicqII). Sie wird auch von den Christen für die Zukunft erhofft, aber nicht als Erneuerung der irdischen Welt (gegen Bleek-Windrath Kögel 13f Riggenbach Michel Montefiore), sondern als Sichtbarwerden der himmlischen, bleibenden, ewigen Welt (Thret Cramer Cat 390 Schierse 99 Gräßer Glaube 50 Theißen 120f); siehe 12,27. Diese existiert aber bereits 11,16, ist für Jesus nicht voll zukünftig (Schierse 99) und ragt, wie das zukünftige Heil 1,14 als erhoffte – das ist mit 12,22 gemeint – mit ihren Kräften 6,5 für die Glaubenden in diese Welt hinein. Diese jenseitige Größe ist im pointierten Sinne Gegenstand des Hb (Schierse 106). Subj von *λαλοῦμεν* sind nicht die Hörer (gegen Seeberg An die Hebräer 24) oder auch die Hörer (gegen Spicq II), sondern allein der hier wie 6,9 9,5 zurückverweisende Verf, siehe 5,11.

6–8a. Vielmehr hat jemand irgendwo Zeugnis abgelegt mit den Worten: ‚wer ist der Mensch, daß du für ihn Sorge trägst, oder der Menschensohn, daß du ihn gnädig heimsuchst? Du hast ihn für eine kleine Weile unter die Engel erniedrigt, mit Herrlichkeit und Ehre hast du ihn gekrönt, alles hast du unter seine Füße getan'.

Literatur: WGBraude The Midrash on Psalms, 1959; HConzelmann Der erste Brief an die Korinther [2]1981; EGräßer Beobachtungen siehe 2,5; JKögel Der Sohn und die Söhne siehe 2,5; HJKraus Psalmen I[2] 1961.

Die Frage, wer Herr der künftigen Welt wurde, wird von dem zitierten LXX Ps 8,5–7 beantwortet. Der Sprecher des Zitats, hier nur ausnahmsweise erwähnt, bleibt unbestimmt; ebenso, wie in 4,4 und gelegentlich bei Lk, Philo und 1Cl, der Fundort (Bauer *nov* 1 Siegfried 323 Spicq I 42 Williamson 509 517 Hagner 29); wichtig ist: die Gottheit, obwohl im Zitat angeredet, redet selber, 1,1 Exkurs. *διαμαρτύρομαι* unterstreicht, wie oft in Ag, in Ag 20,23 wie hier mit *λέγω*, das Zeugnis als nachdrücklich; *διεμαρτύρετο* in 440 491 623 ist Verschreibung. LXX Ps 8,5 liest *τί* wie der hbr Text; das *τίς* in einigen Lucian-Handschriften und der LXX ist sekundär. Der hbr Ps setzt der Verlorenheit des Menschen unter dem Nachthimmel seine Begnadigung durch die Gottheit entgegen (Kraus I 69f). Hb übernimmt Ps 8,5, im NT nur hier zitiert, wörtlich aus LXX, ändert aber das LXX-*τί* in *τίς*: p[46] C* P 81 104 917 1319 1834 1881 1891 2127 2495 d vg[tol] bo Dam; *τί* verdrängt dann das echte *τίς*: in ℵ A B C[cor] K L f vg sy[p h] arm aeth Chr Chron pasch Thret sekundär (Bleek-Windrath Zuntz 48 Kosmala 413A2 gegen Tasker 185 Ahlborn 116).

Der generelle Mensch und der ihm gleichgartige Menschensohn des hbr Ps wird, anders als in der unmessianischen Auslegung von Ps 8,5 (Str-B III 681), nun im Hb zum Menschen und Menschensohn Jesus personalisiert; τίς wie aeth Hen 46,2. Zu ἄνθρωπος Bauer 2d JJeremias ThW I 365–367; zu den ἄνθρωποι des Hb sonst siehe 5,1. Selbst wenn hbHen 5,10 unter Zitierung von Ps 8,5 durch die Betonung von Enosch gegen eine verzerrte Urmensch-Vorstellung polemisieren sollte: hier in Hb 2,6 bezeichnet ἄνθρωπος (gegen Käsemann Gottesvolk 78 Schierse 100–106) nicht auch den Urmenschen von R 5,15 1K 15,21.45.47 (dazu Conzelmann 1K 335f 349–353 Käsemann R 134–137). Ebenso will Hb auch nicht den in den Evangelien sehr häufigen, in Ag und Apk seltenen υἱὸς τοῦ ἀνθρώπου hier als Titel für Jesus einführen: „Mensch" und „Menschensohn" werden im Folgenden gerade nicht aufgenommen und bleiben im Hb singulär. Dadurch wird aber nicht ausgeschlossen: der Hb denkt, wie der Kontext zeigt, bei „Mensch" und „Menschensohn" von vornherein an Jesus (gegen Gräßer Beobachtungen). Wie im hbr Ps auf den niedrigen generellen Menschen, richtet hier Gottes Gnadenzuwendung sich auf den leidenden Jesus V 9 (anders Michel ThW IV 680); in diesem Sinne ἐπισκέπτεσθαι nicht außerjüd und außerchr, μιμνήσκεσθαι meist jüd-hell; siehe 8,12. Hb V 7a zitiert LXX Ps 8,6a, im NT nur hier, der nur Verschreibungs-LAA hat, wörtlich, wieder den Sinn verschiebend: Im hbr Ps wird der geschöpfliche Mensch durch Gottes Zuwendung fast zu einem Gottwesen erhoben; der Hb dagegen läßt Jesus in seiner Menschwerdung und Passion, die, dem Verf wichtig, im Folgenden aufgenommen wird, für eine nur kurze Weile unter die Engel erniedrigt sein (Bengel de Wette[2]). τις Bauer 2bβ. Das ἠλάττωσας – ἐλάττ- in Hb B★ ist Verschreibung – der LXX, unexakte Übersetzung des hbr Textes, ermöglicht dem Hb diese Deutung (Schröger 83): in J 3,30 astral vom Täufer, 2K 12,13 vl von den Christen in Korinth, Tat Or Graec 15,4 von der Buße der Asketen. βραχύ Bauer 2, entgegen der Rangbedeutung im hbr Ps, hier zeitlich wie hell LXX Js 57, 17 EpAr 188 Lk 22,58 Ag 5,34, vgl. Act Thom 19 S 129,8; von der Menge 13,22 J 6,7. Der hbr Ps beschreibt mit V 6b die in V 6a genannte Rangerhöhung des geschöpflichen Menschen als Krönung mit Herrlichkeit und Ehre; Hb V 7b dagegen zitiert, anders als die Evangelien bei dem Spottkranz der Passion (Grundmann ThW VIII 361f), diese Krönung als die auf Jesu Erniedrigung folgende Inthronisation, V 9 διὰ τὸ πάθημα, siehe Exkurs 1,3. Der Kontext eines Zitats ist für Hb nicht ausschlaggebend (Synge 54). Zu Jesu Glanz und Erhabenheit vgl Hb 1,3 2,9 3,3 1K 2,8 Jk 2,1; δόξα Bauer 1a ba vRad Kittel ThW II 236–256; aber die Söhne zur δόξα führt letztlich Gott 2,10. τιμή, religionsgeschichtlich als Ehrung antiker Herrscher und Gottheiten – vgl. für Adam PsClemHom 3,20,3 –, wird gern mit δόξα kombiniert: Luc Dial Mort 13,4 Betz Lukian 186 Pist Soph 112 S 188,37; Bauer τιμή 2b; Hb 3,3 2Pt 1,17 Apk öfter. Die Verleihung von Ruhm und Majestät an den Königsmessias durch Gott zitiert im PsMidr Ps 21,4.6, nicht Ps 8 (Braude II 169); vgl. Metatrons Ausstattung mit Ehre, Majestät und Glanz hbHen 48 C 7 8,2; die Herrlichkeitskrone 1QH 9,25 Kolsmala 163; antike Gottheiten werden durch Krönung geehrt (Bauer στεφανόω 2 The Coronation of the Great Šišlam ed ESDrower S 20 Z 14–16 von oben) und mit Macht versehen (Lidz Ginza R 1,17 Unbekanntes altgnostisches Werk Kp 12 S 351,29f). Bei Jesu Krönung kann man, wegen 5,4f, an die Einsetzung ins hohepriesterliche Amt denken, wie ja Sündenreinigung und Erhöhung nicht einfach bloß zeitlich hintereinanderliegen 1,3 (Michel). Aber die Krönung als nur auf Erden geschehen zu nehmen und von der Erhöhung zu trennen, geht wegen des διὰ τὸ πάθημα 2,9 nicht an; Jesu Hohepriestertum ist zudem keineswegs eindeutig irdisch, siehe 1,3 Exkurs mit Kuß gegen Strathmann JSchneider ThW VIII 175f. Auch die Seinen werden im Endgericht 1K 9,24f 1Pt 5,4 und im Martyrium MartPol 17,1 gekrönt. Hb 2,8a meint mit der wörtlichen Zitierung von Ps 8,7b nicht, wie der atliche Ps-V und Philo Op Mund 84, die Unterwerfung der belebten Schöpfung unter das Regiment des Menschen, sondern die Unterwerfung der künftigen Welt unter Jesus durch Gott 1,2 2,5; ὑπέταξεν statt -ξας in 823 ist Verschreibung.

Weil πάντα auf die kommende Welt allein geht, läßt Hb beim Zitieren Ps 8,7a aus, der unumdeutbar von der irdischen Welt redet; die dualistisch verstandene kommende Welt allein erhält gnostisch so den Akzent (Theißen 120f); aber Schöpfungsmittlerschaft 1,2 und Dualismus werden vom Hb nicht zum Ausgleich gebracht. Die Auslassung von Ps 8,7a – in p^{46} B D^2 K 3 206 209 218 322 326 327 328 429 431 442 614 917 1175 1241 1944 2125 2495 vg^{ms} Lect sy^h Chr Dam PsOec Thphyl – ist also echt; die Einfügung – in ℵ A C D★ P Ψ **0121b** 2 5 6 33 36 69 81 104 181 216 241 256 263 307 326 330 365 431 436 440 451 462 547 610 623 629 823 915 1739 1829 1836 1837 1852 1867 1874 1877 1881 1898 1912 1985 2127 2464 2492 lect 597 ar c d dem div e f v x z vg sy$^{p\ h}$★★ co arm aeth Euthal Thret Sedulius Scotus – ist sekundär (Kögel 24 Zuntz 172 Metzger 663f, gegen Ahlborn 116f); 623 fügt hinter ποδῶν αὐτοῦ LXX Ps 8,8a ein.

Zu πούς siehe 1,13. Die messianische Verwertung von Ps 8,7b, jüd kaum vorgegeben, im NT die übliche und möglicherweise vorpaulinisch, wird in 1K 15,27 und Eph 1,20 mit LXX Ps 109,1 kombiniert, anders als hier im Hb; bezieht aber hier zum erstenmal im NT LXX Ps 8,5f mit ein (ὑποτάσσω Delling ThW VIII 40–42). Ohne Zitierung von Ps 8,5–7 klingt der Gedanke in Pol 2,1 und Act Joh 22 112 nach. Allgemein gilt: diejenigen Erklärer, die das Zitat auf den Menschen allgemein deuten (siehe oben), möchten dem Hb-Verfasser die christologische Umdeutung nicht zutrauen.

8bc. Dadurch nämlich, daß er (ihm) ‚alles unterworfen' hat, hat er nichts von der Unterwerfung unter ihn ausgenommen. Jetzt aber sehen wir noch nicht alles ihm unterworfen.

Literatur: BGärtner The Habakkuk Commentary, Studia Theologica 8, 1954, 1–24.

Die jetzt beginnende Zitatauslegung, mit ἐν τῷ, siehe 3,12, wie 8,13, hier nur verkürzt, eingeleitet, begründet *(γάρ)* Jesu Überlegenheit über die Engel: ihm ist die zukünftige Welt unterworfen. Stellungsvarianten: τῷ γὰρ ℵ B D Ψ **0121b** 1739 pc bo^{pt}; γὰρ τῷ p^{46} A C K L P 1834 die meisten Chr Thret; nur τῷ 104 629★ 1175 2464 pc bo^{pt}. Die Erklärung greift, wie im qumranischen pescher (Gärtner 12f Braun Qumran-NT I 245 II 183f), wie aber auch bei Philostr Vit Ap III 15 (Petzke 111), die einzelnen Aussagen des Zitats, allerdings vom Ende beginnend, nacheinander auf. Die Echtheit des αὐτῷ hinter ὑποτάξαι, das in ℵ A C D Ψ **0121b** den meisten lat sy bezeugt ist, aber in p^{46} B d v vg^{mss} bo^{ms} sy^h arm fehlt, ist fraglich. Aber τὰ πάντα hinter αὐτῷ wird trotz seiner variablen Stellung – vor ὑποτάξαι in D vg sy bo – und trotz seines Fehlens in p^{46} aeth echt sein: es ist der springende Punkt, nicht eine tedious tautology (gegen Zuntz 32f). Der hier durch den Verf dem πάντα des Zitats zweimal vorgesetzte bestimmte Art läßt gleichwohl die Übersetzung „alles" zu (Bauer 2bβ Bl-Debr § 275,7), zumal hier im Gegensatz zu οὐδέν, und zwingt nicht, an das All wie in 1,3 zu denken. Hier ist, wie 2,5 zeigt, anders als in 1,3 nur die kommende Welt gemeint. Die im Ps genannte Unterwerfung ist ausnahmslos gedacht, eine Ausnahme hätte sonst im Ps erwähnt sein müssen; zu dieser Argumentation siehe 1,5. ἀφίημι siehe 6,1. ἀνυπότακτος hier nicht „widersätzlich", siehe Bauer 1 und 2. νῦν ist temporal (Bauer 1c, gegen Vanhoye Situation 278), siehe 8,6. οὔπω verneint die totale Unterwerfung, nicht bloß die augenblickliche Sichtbarkeit, sondern das augenblickliche Vorhandensein; vgl 10,13 1,13. ὁρᾶν Bauer 1c*a*. Der Ton liegt nicht auf *αὐτῷ*, als würde *Adam* gegen Jesus V 9 abgehoben, siehe 2,5; sondern per Achterstellung ist *τὰ πάντα ὑποτεταγμένα* betont: Jesus ist in V b und im Zitat gemeint, und *seine* jetzt noch eingeschränkte und dann eschatologisch entschränkte Herrschaft stehen einander gegenüber. Bei der jetzt noch nicht total ihm unterworfenen zukünftigen Welt ist freilich nicht an die Engel zu denken; sie helfen ja jetzt schon dienend den Gläubigen, siehe 1,14. Zu den Zeitpunkten siehe 1,3 Exkurs. Das unausgeglichene Nebeneinander von Schöpfungsglaube, 1,2f, und Dualismus auch hier wieder, siehe 1,10 und 2,6–8a.

9. Wir nehmen jedoch wahr: der ‚für eine kurze Zeit unter die Engel Erniedrigte', Jesus ist um des erlittenen Todes willen mit Herrlichkeit und Ehre gekrönt', damit er, getrennt von Gott, für einen jeden den Tod koste.

Literatur: AvHarnack Zwei alte dogmatische Korrekturen, in: Studien zur Geschichte des NT und der Alten Kirche, 1931, 235–245; JChrKvHofmann Der Schriftbeweis II 1², 1859, 387; HLausberg Elemente der literarischen Rhetorik³, 1967; JCO' Neill Hb 2,9, JThSt 17, 1966, 79–82; *Μάρκου Α Σιώτου ὁ θάνατος τοῦ κυρίου*, Athen 1977 (auslegungsgeschichtliche Texte zu Hb 2,9); FMYoung Christological Ideas, JThSt 20, 1969, 150–163.

Nach Ps 8,7b wird nun Ps 8,6ab erklärt; Ps 8,5 bleibt unberücksichtigt. *βλέπειν* meint, wie 3,19 10,25, eine Wahrnehmung des Glaubens (Bauer 7b Michaelis ThW V 342f). Die L-LA *βλέπωμεν* nimmt das Verb, hier irrig, als kohortativ wie 3,12 12,25. Alles ist Jesus noch nicht unterworfen, V 8bc. Gleichwohl wurde er, bei der Inthronisation 2,6–8a (1,3 Exkurs) mit Herrlichkeit und Ehre gekrönt; zum einzelnen der Ps-Worte siehe 2,6–8a. Zum erstenmal nennt der Verf den Nanen *'Ιησοῦς*. Die Passion, wegen Jesu Erhöhung nun nicht mehr pudendum, wird im Folgenden ja zum Thema. Jesus (Bauer 3 Foerster ThW III 284–299) hier ohne Zusatz; aber öfter im Hb mit verschiedenen Titeln verbunden, auch „Jesus Christus"; während *(ὁ)Χριστὸς* meist ohne dazugesetzten Titel erscheint, siehe 3,6. Jesus ohne Zusatz 2,9 7,22 10,19 13,12; mit *ἀρχιερεὺς* 3,1 6,20; mit *υἱὸς τοῦ θεοῦ* 4,14; mit *ἀρχηγὸς* und *τελειωτὴς τῆς πίστεως* 12,2; mit *μεσίτης* 12,24; mit *κύριος* 13,20. Verf fügt dem kommentierten Ps-Text als Grund für die Krönung den erlittenen Tod ein, vgl. Phil 2,9; natürlich den Jesu, nicht den Tod als Menschenschicksal (gegen Hofmann 387). 623 ergänzt *θανάτου* um *αὐτοῦ* also richtig, läßt aber *καὶ τιμῇ* irrig fort. *πάθημα*, von der historischen Passion noch V 10 und 1Pt 1,11, meint nicht das Leiden bei dem Tod, sondern, wie das hell, spät-jüd rabb und in den Evangelien, nicht aber in LXX belegte *γεύεσθαι θανάτου* zeigt (Bauer *γεύομαι* 2; hier klass mit dem Gen Radermacher 123; Behm ThW I 674–676), den erlittenen Tod, den Tod als Leiden, etwa analog Corp Herm 1,19. *γεύεσθαι* (Moffatt) hebt nicht auf die Kürze des Todes ab (gegen Chr MPG 63,39 Thomas). *παθήματα* Jesu Hb 2,10 1Pt 5,10 1Cl 2,1; Sing und besonders Plur öfter in Const Ap.

Der Hb spricht wohl von Jesu *θάνατος*, noch 2,14 5,7 9,15, nicht aber von seinem *ἀποθνήσκειν* (Bauer *πάθημα* 1 Behm ThW I 676 Michaelis *πάσχειν* ThW V 916f); vgl. 5,7. Der Christ ist dabei im Hb nicht, wie im Corpus Paulinum, durch die Taufe (R 6,3f) oder auch ohne sie (Phil 3,10) mit Jesu *θάνατος* verbunden; vgl. auch die *παθήματα* der Christen 10,32. Das *ὅπως* bezeichnet, im jetzigen Zusammenhang ablaufs- und sinnwidrig (Luther Scholien: *absurdus sensus,* wenn final), die Inthronisation als Mittel zum Zweck des Sühnetodes. Der Sühnetod, nicht das *ὑπὲρ παντὸς* hat den Ton; das *ὅπως* kann schließlich auch nicht „wie" bedeuten (gegen viele Erklärer). Der Verf beachtet zwar sonst den Zeitablauf (vgl. 5,7f 9,28 12,2; anders etwa 1,2f) auch in seinem Gebrauch von ὅπως und ἵνα. Aber sollte Hb hier 2,9 die Kunstform des hysteron-proteron verwenden (Lausberg §413)? (Brieflicher Hinweis von FSiegert November 1978, damals aus Tübingen). Fünf Handschriften von sy^p (Harnack 239 A3) ersetzen, ungeschickt, ὅπως durch γάρ. Ist vor ὅπως etwas ausgefallen (Windisch gegen Harnack)? Aber der ganze ὅπως-Satz ist nicht Glosse (gegen Neill 80f). Vom Schmecken des Todes in Gottverlassenheit redet die LA χωρὶς – 13mal noch im Hb – θεοῦ. Die Annahme eines Abschreiber-Irrtums entscheidet nichts, ist auch mit dem Gefälle χάριτι-χωρὶς unwahrscheinlich. χωρὶς ist handschriftlich – nur in **0121b** 424^cor 1739* vg^ms sy^p3cdd bo^ms gg p^46 ℵ A C B D K P Ψ die meisten Lateiner Syrer Kopten – schwach bezeugt. Aber viele Väter – Or^4/6 Theod^mops Thret Anastasius-Abbot PsOecThphyl Ambst Ambr Hier^pt Vig Fulg – zeigen die Verbreitung von χωρὶς seit dem 2. Jhdt und in fast allen Textprovinzen an (breite Väterzitate in Cramer Cat Staab Wettstein TischNT Westcott *Μάρκου Α Σιώτου*). Für Orig ist χωρὶς noch die Haupt-LA: ἔν τισι--ἀντιγράφοις χάριτι; bei Hier bereits umgekehrt: *in quibusdam exemplaribus – absque deo.* χωρὶς ist die schwerere LA, meint Jesu Gottverlassenheit beim Sterben wie Mk 15,34 Mt 27,46 Gl 3,13 und ist dem Hb durchaus zuzutrauen, vgl. 5,7ff 11,26 12,2 13,12f.

Die Fortsetzung V 10 besagt dann, in gutem Anschluß an χωρίς (gegen zahlreiche Erklärer): gerade dies extreme Sterben war Gottes Führung (Michel). Die Härte dieser Aussage – vgl Luc Menippus 1: der Hades ist mit Einwohnern versehen χωρὶς θεῶν – spiegelt sich in der Umdeutung seitens der darin wieder untereinander noch differierenden (Greer 64 Young 159) Väter: die Nestorianer schätzen die LA χωρίς, weil sie in sie die Leidensunfähigkeit der göttlichen Natur Christi hineinlesen (Greer 239f). Aber dogmatisch erfunden haben die Nestorianer das seit Orig bezeugte χωρίς nicht. Die Hypothese, χωρὶς wolle, sekundär, für das πάντα in V 8 oder für das ὑπὲρ in V 9, Gott ausnehmen, wirkt zu künstlich (gegen Metzger und viele). Die Änderung des harten χωρὶς in χάριτι erklärt sich dagegen leicht: „die Emsigkeit der Abschreiber, die immer auf das weniger Anstößige hinauswill" (Bengel). χωρὶς erlitt das Schicksal des Eli-Wortes in Mk 15,34 LA D c (i) k Porph und in den Umbildungen bei Lk und J. Zudem paßt χάριτι, der Ersatz für χωρίς, nicht als Begründung für den Sühnetod; die richtige Begründung steht in V 10: Gottes Alleinzweck und Alleinwirksamkeit; außerdem ist χάρις im Hb die dem Menschen zugewendete Gnade, sie betrifft nicht, wie PsClemHom 3,20,2 und Lindz Ginza R 5,1 S 153,17f, den Heilsträger und das Heilswerk. Man mag Gott zwar definieren wie Vanhoye (Situation 297), der gehorsame Jesus sei Gott nicht fern. Aber ist Luthers Dialektik Scholien zu 2,7 nicht tiefer: „Dann gedenkt Gott am meisten, wenn er vergißt; dann sucht er am meisten gnädig heim, wenn er verläßt?" Auch der Hb hat mit dem χωρὶς θεοῦ und dem zeitlich danach folgenden εἰσακουσθεὶς 5,7 diese Dialektik nicht ganz erreicht. (Für χωρὶς als alte LA treten ein ua Harnack 235–245 Zuntz 34f Héring Michel zögernd Neill 79f Montefiore; weiteres bei Bauer χωρὶς 2aα und Conzelmann ThW IX 389 A 214.) Der Sühnetod zugunsten (ὑπὲρ Bauer 1aε Riesenfeld ThW VIII 510–518; nicht „anstelle" wie Calvin) von jedermann wendet das Heil gleichwohl nur den Gehorsamen zu, 5,9; Hb denkt nicht an die Apokatastasis (gegen die mit Orig anhebende Erklärung der griech Väter; Texte Westcott Greer 51).

10. Denn für den, um dessen willen das All und für den das All ist, war es angemessen, wenn er eine Schar von Söhnen zur Herrlichkeit führte, ihren Heilsführer durch Leiden zu vollenden.

Literatur: ThHäring Über einige Grundgedanken, MPTh 17, 1921, 260–276; HKrämer Zu Hb 2,10, Wort und Dienst 3, 1952, 102–107; OMichel Die Lehre von der chr Vollkommenheit, ThStKr 106, 1934, 333–355; GPMüller Χριστὸς ἀρχηγὸς 1973; ASeeberg Zur Auslegung von Hb 2,5–18 siehe V 5; AWikgren Patterns of perfection, NTSt VI, 1960, 159–167.

Der schwere Tod Jesu, in V 9 schon berührt, wird begründet, γάρ: Er war für eine Gottheit – αὐτῷ ist nicht Jesus (gegen Athan Cramer Cat 400 und ASeeberg Auslegung 447–449) – angemessen, wenn sie das Heil vielen Söhnen zuwandte; der folgende Text geht noch näher darauf ein. πρέπω (Bauer; Lit; Spicq II) meint im NT und bei den ApostVät die Angemessenheit eines bestimmten Verhaltens paränetisch für die Christen; hier, wie Philo Leg All 1,48, die für Gott; in Mt 3,15 die für Jesus. Die stoische Allmachtsformel, auch außerchr etwa für Sarapis, Ael Arist 45,14, verwendet, kommt über das hell Judentum in die chr Lit, nun natürlich nicht mehr pantheistisch gemeint. Variabel, drei- (R 11,36), zwei- (1K 8,6 Kol 1,16 Hb 2,10), ja eingliedrig (KgPt 2 Pist Soph 7 S. 6,21) gebraucht, auf die Gottheit (R 11,36 1K 8,6 KgPt 2 Pist Soph 7) oder auf Jesus (1K 8,6 Kol 1,16) bezogen, unterstreicht die Formel hier (Norden 240–250 JWeiß 1K 223–227 Lietzmann R 107 Oepke ThW II 67 Bauer διά AIII2bβ BII): Wenn Gott Grund und Urheber für die Existenz des Alls ist – das δι' οὗ 1,2 bleibt hier unerwogen –, so ist für seine Universalität die Eröffnung eines Heilsweges angemessen, der die Verwandtschaft der vielen Söhne mit dem Sohn und die todbedrohte Situation der Söhne berücksichtigt. Zu πάντα siehe 1,3; Alliteration von π siehe 1,1. Das ἐξ ἑνὸς πάντες V 11 wird im doppelten τὰ πάντα vorbereitet (vgl. Wettstein). ἀγαγόντα meint also Gott, so die meisten Erklärer; es braucht zeitlich nicht vor dem τελειῶσαι zu liegen (Bl-Debr § 339), der Acc nach dem Dat ist nicht ungewöhnlich – Ag 11,12 15,22 22,17 25,27 (Radermacher S 181 Bl-Debr § 409,3 410 Krämer 102–107 Moffatt). Zu Jesu Wirksamkeit vor der Passion würden die πολλοὶ υἱοί nicht passen; sie sind, wegen 11,39f, auch nicht die atlichen Frommen, sondern die große Schar der von der chr Botschaft Erreichten und heißen „Söhne", im Hb nicht τέκνα; hier natürlich Gottes, nicht Jesu. υἱοί im Hb noch 12,5–8. Diese Bezeichnung findet sich im NT und später für die Gläubigen öfter, ja für Menschen überhaupt (Mt 5,45 Par), hebt aber hier, siehe V 11, auf die „Gemeinsamkeit der Herkunft" (Cl Al ExTheod 27,5) für den Sohn und die Söhne ab. Gerade der Gnosis ist das wichtig: Corp Herm 1,32 OSal 31,4 EvThom 50 Ev Ver 38,25–30 Lidz Ginza R 15,15 S 356,9 15,17 Seite 371,4.

Die Söhne werden zur δόξα geführt durch den Sohn als ihren Heilsführer; ἀρχηγὸς τῆς σωτηρίας meint nicht (gegen Bauer 3 Delling ThW I 485f) den Urheber, sondern wie 12,2 den Führer zum Heil, vgl. Ag 5,31 ἀρχηγὸς καὶ σωτήρ; nur 206 liest, wie Ag 3,15, τῆς ζωῆς statt τῆς σωτηρίας. Qumranisch ist er nicht belegt (Braun Qumran NT I 246); selbst der das AT als Quelle bevorzugende Müller 149–171 ist dem qumranischen נשיא gegenüber zurückhaltend. „Es müssen alle einem einzigen als ihrem Führer folgen, in dem sie das Abbild Gottes verehren; der Führer aber muß den Weg wohl kennen, der zur heiligen Stadt geht", PsClemHom 3,62,4. Dieser Topos des gnostischen Erlösermythos (Gräßer Glaube 34), eine „variationsfähige Wendung der nachapostolischen hell Erbauungssprache" (Haenchen Ag[14] 6), ist außerchr und chr substantivisch und verbal breit belegt (Corp Herm 1,26 4,11 10,21 Philo Quaest in Ex 2,40 OSal 31,4 38,1 Lidz Ginza L 2,13 Seite 476,27f 2,18

Seite 487,8 3,2 S 510,26 3,7 S 516,27 Lidz Joh 239 S 220,8 f Lidz Liturg Qolasta 18 S 26 2Cl 20,5 Act Joh 113 S 213,3 f Act Thom 103 111 117 119 155 f 167 Ev Ver 22,20 Nag Hammadi I 2). Diese Texte benennen den Ort, aus dem herausgeführt wird, mit Wendungen wie: zeitliche Erscheinung, Irrtum, Land des Irrtums, Ort der Finsternis. Das Ziel heißt: Weg nach oben, bleibende Erscheinung, Unvergänglichkeit, Licht (der Gnosis, der Wahrheit), Ort des Lichts, glänzende Wohnung, Reich, heilige göttliche Stadt, Himmel, Jenseits. Eindeutig ist also im Hb wie in diesen Texten das Heil dualistisch als jenseitig-himmlische Herrlichkeit gedacht. Daß der Heilsführer dabei, wie hier im Hb, sterben muß, findet sich nur in den chr unter den hier soeben genannten Texten. Die παθήματα sind sein Sterben wie V 9. Weiteres Material bei Käsemann Gottesvolk 80–82. Das hell Judentum spricht wohl von Erziehung durch Leiden für den Frommen (Str-B III 445), aber auch Qumran nicht vom Tode des Messias (Braun Qumran-NT I 245 f). Dagegen sterben die rettenden Mysteriengottheiten, Herren und θεῖοι ἄνδρες (Braun Studien 258A46: θεῶν παθήματα von Typhon, Osiris Isis Plut Is et Os 25 II360D 27 II 361E, HDBetz 1975 55 f; Plut Def Or 15 II 417E). Gott übt das τελειοῦν, nicht der Logos gegenüber dem Menschen Jesus als dem Heilsführer (gegen Theo[mopsv] Staab 204 Greer 236–238 248). τελειοῦν, als „weihen" belegt in LXX, zB Ex 29,9.29 und Hipp Ref 5,24,2, τελεῖν Philo Vit Mos 2,150, ist also kultnah. Es ist für den Heilsführer – noch 5,9 7,28 –, der dabei als Erster den Tod durchbricht – 6,19 f 9,24 – und inthronisiert wird, nötig; freilich nicht als Sündentilgung 4,15 7,26 f; ὁ μὲν σώζει, ἡμεῖς δὲ σωζόμεθα Chr Cramer Cat 399. Die Spannung zwischen der ewigen gottheitlichen Gestalt des Sohnes und dem Menschen Jesus tritt hier zutage: die Vollendung bringt für Jesus nichts hinzu (Chr Cramer Cat 399 Wikgren 164–166), siehe Hb 1,3 Exkurs. Jesus gibt das τελειοῦν, das vom atlichen Kult nicht geleistet wird – 7,19 10,1 – und von Qumran nicht ableitbar ist (Wikgren 162), weiter an die von ihm Geführten 10,14 11,40 12,23 (vgl. Die drei Stelen des Seth Nag Hammadi VII5 ThLZ 100, 1975, 571 ff p 121,5 ff Unbekanntes altgnostisches Werk 21 S 363,8–15), sie leitend und den Weg von unten nach oben bahnend (Gyllenberg 677–679). Wie der Führer-Topos meint auch das τελειοῦσθαι, mag man es als Vollendung oder als Weihe (Calvin) verstehen (die Erklärer differieren, siehe Bauer 3), nicht das Zustandekommen einer irdischen Kultfähigkeit oder einen auf Erden geleisteten Gehorsam – wenngleich dieser Gehorsam als persönliche Hinwendung zum Himmlischen für Jesus (5,7 f) wie für die Geführten (5,9) nötig war und ist –, sondern die Entweltlichung und den Gewinn himmlischer Art, die ἀφθαρσία, Athan Cramer Cat 400. Philo läßt zwar öfter (zB Agric 42) dies τελειοῦσθαι durch ἄσκησις erreicht werden; aber es wird nicht gewonnen in dem Gewordenen (Plant 93) oder in der Sinnenwelt (Migr Abr 214), es geschieht im Sterben (Leg All 3,45 vgl. Act Phil 140 (34) Hb 12,23). Das Hb-Christentum denkt betont dualistisch, es ist entschlossene Einübung in das zeitlich-eschatologisch bevorstehende Jenseits; für den Heilsführer (5,8 f) wie für die Geführten (13,13 f). Zum Ganzen Häring 265–267 Michel 348–350 Käsemann aaO 82–90 Dibelius Himmlischer Kultus 165–172 Spicq I 348 Delling ThW VIII 81–84 Theißen 97–101; Müller 287 f, dessen Ablehnung der gnostischen Erklärung sich aus der richtigen Erklärung von ἀγαγόντα und τελειῶσαι doch keineswegs ergibt, wenn der ἀρχηγὸς Jesus in einem reichen gnostischen Anschauungsfeld steht.

11. Stammen doch der, der die Weihe erteilt, und die, die die Weihe empfangen, ausnahmslos von Einem ab; darum schämt er sich nicht, sie ‚Brüder' zu nennen,

Literatur: JCDhôtel La „sanctification" du Christ, Recherches de science religieuse 48, 1960, 420–452; JKögel Der Begriff τελειοῦν im Hb, 1905; GPMüller siehe V 10; KRudolph Die Mandäer II, 1961; ASeeberg siehe V 5; AWarrack Hb 2,11, ExT 3, 1891/2, 510f.

An die explizite Begründung für die Angemessenheit des Todes Jesu in V 14ff führt heran die durch Schriftbeweis erhärtete, begründende – γάρ; dessen Fortlassung in 256 330 440 wie die von τε in 255 ist Versehen – Feststellung (wie Hb 8,13b 10,18.31 11,6 13,9b ohne Hilfsverb Vanhoye Situation 329), deren Zentralaussage vorweggenommen wird. Nicht als allgemeine Kultregel des Inhalts, daß Priester und Gläubige stammesgleich sein müssen (richtig Riggenbach; gegen SpicqII Héring Michel Bruce); denn der Text spricht nicht von einem Erfordernis, sondern betont des weiteren die *vorhandene* Einheit: Der (gegen Bengel) in πάντες mit enthaltene Sohn und die vielen Söhne haben ausnahmslos – πάντες Achtergewicht wie 11,13, 12,8.14 13,4 – dieselbe Abstammung. ἁγιάζειν, außer-jüd-hell selten, gemeinchr, meint „kultischen Charakter verleihen", „weihen" (Bauer 2 Procksch ThW I 113) durch Beseitigung der Sünden. Hier nimmt ἁγιάζειν, wie noch in 9,9–9,13 10,14, das vorhergehende τελειοῦν auf; auch TestVer 44,18f Nag Hammadi IX3 ZNW 69 1978 97–117. Jesus heiligt, wie im AT Gott (Moffatt), die Seinen; das macht den Unterschied aus zwischen ihm und ihnen. Daß Jesus selber geheiligt wird, sagt Hb, trotz 2,10, explizit nicht (anders die griech Väter, Orig bei Greer 61–63 und die Exegese-Geschichte bei Dhôtel, auch Delitzsch). Jesus weiht die Seinen durch sein Opfer 10,10.14, sein Blut 10,29 13,12; die Tieropfer leisten das nicht 9,9.13. Gleichwohl bleibt Heiligung Aufgabe der ἁγιαζόμενοι 12,10.14; in einem unparadoxen Nebeneinander, siehe 6,6 Exkurs. Die Seinen werden durch diese Heiligung jedoch nicht Priester wie 1Pt 2,5.9, siehe 10,22. Jesu Tod klingt also schon an. Unterstrichen aber wird hier nicht der Unterschied zwischen Jesus und den Seinen, sondern ihre gemeinsame metaphysische Herkunft, die Syngeneia; zum Terminus siehe Philo Virt 79 ClAl ExcTheod 41,2 Act Andr 15 S 44,6f Act Thom 39 S 156,17f (vgl Käsemann aaO 90–95). In der Syngeneia geht es nicht einfach um die Herkunft vom Schöpfergott (richtig schon deWette[2] Bleek-Windrath; gegen Cyr Cramer Cat 397 SpicqII Müller 292–301). Denn Jesus wie die Seinen haben Fleisch und Blut erst sekundär angenommen, sie existierten beide vorwelthaft 2,14 5,7 13,3 (Warrack 511f Kögel 59 Schierse 104f Moffatt Theißen 121f). ἐκ bezeichnet, wie oft bei Joh, diese metaphysische Herkunft. ἐξ ἑνὸς weist darum nicht, wie R 5,16 Ag 17,26, auf Adam (gegen ASeeberg 451 Riggenbach Héring), nicht auf Abraham (gegen Bengel Laubach) oder auf ein Neutrum (gegen lat Väter Calvin Moffatt Bruce Vanhoye Situation 333), sondern auf die Gottheit (siehe Bauer εἷς 2b; so die meisten, vgl die Übersichten bei Spicq II Vanhoye Situation 333).

Die zahlreichen außerchr (für die Mandäer Rudolph II 23) und chr Belege für die Syngeneia bieten eine unserer Passage analoge Terminologie: das ἐκ bzw „von" der Herkunft bei Philo Vit Mos 1,279 Lidz Ginza R 14 S 291,23f Lidz Joh 36 S 40,1f EvThom Haenchen-Aland 49, und diese Herkunft datiert von Anbeginn Philo Virt 79 Od Sal 23,3b; die Ableitung der gemeinsamen Herkunft vom heiligen Allvater Melchisedek 12,7–11 bzw aus der göttlichen Sphäre Philo Vit Mos 1,279 Virt 79 Lidz Ginza R 14 Lidz Joh 36 EvThom 49; der „führende" Erlöser Lidz Ginza L 3,27 S 553,36–38; die Bezeichnung „Söhne" Lidz Ginza R 14 S 291,23f EvThom 50 Die dreigestaltige Protennoia Nag

Hammadi XIII1 49,15–24 oder „gottverwandt" Philo Vit Mos 1,279, also der gemeinsame Name EvPhil Nag Hammadi II3 72,17 ff EvVer Nag Hammadi I2(3) 38,20–30, für „alle" ActAndr 15, vgl. Die drei Stelen des Seth Nag Hammadi VII5 125,15 ff; die Bezeichnung „Brüder" Lidz Joh 135 S 132,11 f The thousand and twelve questions Drower S 287, 427,2f Die dreigestaltige Protennoia Nag Hammadi XIII1 49,10–23 ApcJak I Nag Hammadi V3 24,12–15, „Bruder" auch metaphysisch-negativ OSal 28,16a. Vgl. auch 2,10. Diese dem Mythos entstammende Syngeneia ist vom Hb nicht naturhaft gemeint, wie auch in der Gnosis nicht schlechthin (LSchottroff Der Glaubende 96–98). Aber der Hb schränkt den Mythos (gegen Käsemann aaO 94) ebenfalls nicht ein; denn das ἔπρεπεν redet vom Heilswillen des universalen Gottes, und die πολλοί V 10 werden hier zu den betonten πάντες, in denen der πᾶς V 9 (Michel) und das doppelte πάντα V 10 (Schierse 104f) nachklingt, also zu den zu Erlösenden, nicht bloß zu den τέλειοι unter ihnen (gegen ClAl Mees 228), freilich nicht einschließlich aller πνεύματα (gegen Theißen 66), wegen Hb 2,16. Hb will durch diese dem NT sonst ungewöhnliche und in der Exegese-Geschichte (Ath Cyr Chr Thret Photius v Konstantinopel Cramer Cat 400 156 Staab 640 Delitzsch Westcott ASeeberg) abgeschwächte Vorstellung die enge Verbundenheit Jesu mit den Seinen unterstreichen (Käsemann aaO 93 Theißen 91). Jesu Vorrang bleibt freilich gewahrt: οὐκ ἐπαισχύνεται (Kögel 62 Moffatt; vgl. Die drei Stelen des Seth aaO 125,15 ff). Die gemeinsame göttliche Herkunft begründet – δι᾿ ἣν αἰτίαν vermeidet den Hiatus, Bl-Debr § 486,1; als Satzanfang LXX Philo Jos 2Tm 1,6.12 T1,13 (Bauer1); Einbeziehung des Nomens in den Relativsatz, Bl-Debr § 294,5; vgl Hb 7,14 10,10.20 –, warum Jesus sich nicht schämt, die Seinen „Brüder" zu nennen. Die Begründung für die Inkarnation erfolgt erst 2,14. ἐπαισχύνομαι Bauer 3 „nicht zu stolz sein". Bultmann ThW I 188–190. Im Hb nur 2,11 und 11,16. Für Gottes μὴ ἐπαισχύνεσθαι (11,16; nie LXX), für das Jesu (Mk 8,38Par) bzw für das des Offenbarers (OSal 8,17 Pist Soph 96 S. 148,11) erscheint nie, wie hier, die Gleichheit der Herkunft als Begründung. Auch Jesu Stellung als Erstgeborener (siehe 1,6) beruht in R 8,29 auf Gottes Prädestination, nicht auf Gleichheit der Abstammung. Für die Gottheit sind rabb (Str-B III 682 II 564f) die bedrängten Israeliten und die Tora-Frommen Brüder; ähnlich für den Jesus der Evangelien die Täter des Gotteswillens Mk 3,33ffPar, die Bedrängten Mt 25,40 und die Jünger Mt 28,10 Joh 20,17; ἀδελφός Bauer 2 vSoden ThW I 144–146. καλεῖν hier nicht „berufen", sondern „anreden mit", Bauer 1αβ. καλῶν statt καλεῖν in 33 gleicht an λέγων an. Die Umstellung von ἀδελφοὺς αὐτούς zu αὐτοὺς ἀδελφούς in **0121b** 2 1245 1852 sy^{p h} verschiebt nicht den Sinn. Daß Jesus die Seinen „Brüder" nennt, leitet der Hb nicht aus der Evangelien-Tradition, sondern von dem im AT redenden Jesus ab; daraus ergibt sich aber nicht, Hb wolle *Juden* gewinnen (gegen Kosmala 14–17). Dem nachfolgenden expliziten Zitat V 12 entstammen hier V 11 und V 17 die Formen von ἀδελφοί.

12. indem er sagt: ‚ich will deinen Namen meinen Brüdern verkünden, inmitten der Gemeinde will ich dich preisen'.

Literatur: HJ Kraus Psalmen I², 1961; ASeeberg siehe V 5.

Aus der Wesensverwandtschaft erwächst, wie Act Andr 15 S 44,6f, das Sprechen. Der präexistente Jesus spricht zu einem Zeitpunkt, der hier, anders als 10,5, nicht präzisiert ist, die Worte von LXX Ps 21,23. Formen von λέγειν leiten wie in 10,5.7.8.9 auch hier sein Sprechen ein, das, abgesehen von 2,3, immer aus atlichen Zitaten besteht. LXX Ps 21, ein individuelles Klage- und Danklied aus unbestimmter Zeit, ist im Ursinn nicht messianisch, bis ins 9. Jhdt auch nicht in der jüd Exegese Just Dial 97,4 (Riggenbach Str-B II 574–580); messianisch und nicht bloß typisch prophetisch (gegen Delitzsch), wohl aber für das NT, wo der Ps die Passionsgeschichte der Evangelien stark formt (Kraus 176 182 184), auch für Barn 6,16 und Just Dial 97–106. V 23 wird im NT nur hier zitiert. Das Zitat bringt den variantenfreien LXX-Text wörtlich; nur das ἀπαγγελῶ ist an die Stelle des διηγήσομαι getreten; beide Verben sind synonym, LXX Ps 54,18ab, und können das hbr ספר wiedergeben, LXX Ps 77,3.4. Warum Hb ἀπαγγέλλειν wählt, bleibt unentscheidbar; weil dies unlegere Wort zu ὄνομα besser paßt (Bleek-Windrath Ahlborn 117)? Weil Hb bei ἀπαγγέλλειν etwa ἄγγελος und εὐαγγέλιον assoziiert (Ahlborn 117 Laubach)? Aber Hb nennt Jesus nicht ἄγγελος und verwendet nicht εὐαγγέλιον. Weil ἀπαγγέλλειν dem Hb in der Liturgie vorgegeben ist (Schröger 88)? Aber Just Dial 98,5 106,2 zitiert wie LXX und nicht wie Hb. ἀπαγγέλλειν, klass, hell und LXX auch religiös gebraucht, im NT und den Apost Vät häufig, im Hb nur hier, spricht nur hier und Mt 12,18 von Jesu Verkündigung, an beiden St im Zitat; und allein hier von der Verkündigung, die der Präexistente beabsichtigt (Bauer 2 Schniewind ThW I 64–66). Die Mythisierung des Weges Jesu vor der Inkarnation ist fortgeschritten. Zentral ist im Hb Gottes, siehe 1,1, nicht Jesu Sprechen; Jesus handelt, priesterlich sühnend, Teufel und Tod überwindend 2,14–17, das ist seine Heilspredigt 2,3.

Gottes ὄνομα, im ganzen NT nur hier Obj von καταγγέλλειν – vgl. ἀπαγγέλλειν LXX Ps 101,22 –, ist im Hb – nur noch 6,10 13,15 – unzentral, verglichen etwa mit Joh 17,6.26 12,28; die „Kraft", mit der das Tg den Namen Gottes umschreibt (Str-B III 682f), eignet im Hb, 4,12, dem Wort Gottes. Freilich, daß nur der Sohn den Namen des Vaters aussprechen kann, ist gnostische Lehre EvVer Nag Hammadi I2 38,20–30 (Theißen 43). Wann Jesus den Namen Gottes verkündet, wird vom Hb nicht beschrieben, sondern durch das nachfolgende ἐκκλησία, siehe dort, gerade nur angedeutet: nicht auf Erden vor der Passion, (gegen Windisch), sondern nach der Auffahrt (Calvin Bleek-Windrath Vanhoye Situation 340). Wirklich wichtig ist dem Hb hier die Adresse der Verkündigung Jesu, die Brüder, in V 11 schon vorweggenommen, in V 17 nochmals unterstrichen. Sie sind nun auch die Heiden-Menschen, nicht nur wie im AT Israel (Spicq II). Ermöglichen sie doch per Schriftbeweis die Einbringung der Syngeneia: die Söhne sind Brüder (ApkJak II Nag Hammadi V4 46,21 Corp Herm 1,32 Lidz Ginza R 15,17 S 371,4, vgl. Hb 2,11). Neben die Verkündigung an die Brüder tritt als Frucht (Thomas) Jesu Preis Gottes inmitten der Festversammlung. Zur Assimilierung ἐμμέσῳ in A P 1909 siehe Bl-Debr § 19,1; die Verbindung mit ἐκκλησίας im NT nur hier. Es geht nicht um die Hörerschaft des irdischen Jesus, gegen ActJoh 94 S 197,13 (Seeberg 453), auch nicht um die Gemeinde auf Erden, in deren Mitte Jesus laut Mt 18,20 28,20 zugegen ist (gegen Laubach Montefiore), sondern um die Festversammlung (ἐκκλησία Bauer 4 Schmidt ThW III 516) in der himmlischen Welt, wo nach der Auffahrt (Just Dial 106,1) oder gar nach der Parusie (Schierse 99 105 f) der Sohn inmitten seiner Brüder den Vater preisen wird – vgl. Corp Herm 1,16 OSal 31,3b (Bruce). Zur ἐκκλησία zählen dann auch die Hörer, 12,23. Denn die irdische Gemeinde heißt im Hb ἐπισυναγωγή und nicht ἐκκλησία (Moffatt), wie ja auch ἀπόστολος für die Gemeindeleiter vermieden wird 13,7. ὑμνεῖν, klass, hell, LXX, auch mit einer Gottheit oder Göttern als Obj, im NT selten, im Hb nur hier, muß nicht das gesungene Lied meinen (Bauer 1 Delling ThW VIII 494 502).

13. Und weiter: ‚ich werde mein Vertrauen auf ihn setzen'; und weiter: ‚siehe, ich und die Kinder, die Gott mir gegeben hat'.

Literatur: BDuhm Das Buch Jesaja[5], 1968; PFiedler „und siehe", Studien zu A und NT, 1969; JKögel siehe V 5; OProcksch Jesaja I, 1930; ASeeberg siehe V 5.

Das erste καὶ πάλιν – zu dieser Anreihungsformel siehe 1,5 – wird in 181 1836 1898 durch Zusatz von λέγει, siehe R 15,10, verdeutlicht. Das zweite καὶ πάλιν ist alter Text (gegen Windisch Synge 17f), muß im Sinne des Verf aber nicht ein neues Zitat einführen; auch in Hb 10,30 und bei Philo Rer Div Her 2 (Moffatt) unterbricht καὶ πάλιν eine weiterlaufende Zitierung der gleichen LXX-St. Hb zitiert in V a also wohl nicht die mit Js 8,17 fast wortgleichen Texte aus 2βασ 22,3 oder Js 12,2, sondern, in V a und b, im NT nur hier, Js 8,17.18 (so die meisten Erklärer), modifiziert aber Js 8,17 leicht: καὶ fällt weg, ἔσομαι tritt vor πεποιθώς; ein vor ἔσομαι wohl aus V b (Riggenbach) eingefügtes ἐγὼ setzt den Ton. Die Abschreiber stellen vor das ἐγὼ (88 330 2143) oder an seine Stelle (1311) noch ein ἰδού, ebenfalls aus V b, oder aber Js 12,2 vor Augen.

V a belegt nicht direkt, wie V 12a, die Gleichheit zwischen dem Sohn und den Söhnen, sondern läßt, in umschreibender Konjugation (Bl-Debr § 352; noch 4,2 10,10) statt des Propheten nun Jesus die menschlicher Art gemäße (Seeberg 453) auf Gott sich richtende Vertrauenshaltung aussprechen (vgl. Mt 27,43, ebenfalls Zitat). Das ἐγὼ hebt Jesus nicht gegen die Seinen ab. Zu πείθομαι siehe Bauer 2a Bultmann ThW VI 5–7. Die Varianten – ἐν statt ἐπ' αὐτῷ – verschieben nicht den Sinn. Jesus übt im Hb sonst zwar nicht das πεποιθέναι, wohl aber die πίστις als Glauben, 12,2. Man mag an sein Beten 5,7, seine Treue 3,2, seine Kreuzesbereitschaft 10,7 und seine Anführer-Stellung 2,10 denken (Kögel 68f Größer Glaube 22 60 A 280).

Dann folgt Js 8,18 wörtlich aus LXX. Die Varianten der LXX – Umstellung von μοι ἔδωκεν δέδωκεν ὁ κύριος – sind unwesentlich; ebenso die des Hb: die sinnlose Auslassung von ἅ in C* und die Auffüllung von *pueri* durch *mei* in vg. Im Ursinn des hbr Textes weist der Prophet Jesaja auf sich und seine leiblichen Kinder als auf Namenssymbole für Gottes Hilfe und Eingreifen (vgl. Procksch 139 Duhm 85); auch die seltenen jüd Bezugnahmen auf Js 8,18 denken an den Propheten (Str-B III 683). Daß die Gottheit es ist, die Kinder schenkt, ist Glaube der Gesamt-Antike (AT Hom Hymn Demeter 210f Xen Oec 7,12 Isoc 11,41). ἰδού, ohne Verbum wie Mt 12,18, in Mt Lk Ag Apk oft, im Hb, anders als bei Paulus, nur in Zitaten, macht nun, vom Präexistenten gesprochen, wie in 8,8 10,7.9 auf eine heilsgeschichtlich wichtige Etappe des Jesusweges aufmerksam; zu ἰδού siehe Bauer 2 Fiedler 13 46 82. Aus den leiblichen Jesaja-Söhnen sind hier nicht schlechthin Menschenkinder (gegen Riggenbach), sondern *Jesu* geistliche Kinder geworden (siehe vg Thret Cram Cat 407 Delitzsch Bruce Westcott); nicht Gottes Kinder (gegen viele Erklärer, vgl deWette[2] Héring Schröger 93). Gott gab sie ihm, und mit ihnen zusammen präsentiert er sich, (ἰδού) – ob vor Gott, ist fraglich wegen des ὁ θεός (gegen Schierse 99).

Wichtig ist dem Verf an dem Zitat, das darum, die LXX-Zäsur des καὶ vor ἔσται weiterführend (Kögel 69 Schröger 92), nur den Anfang von Js 8,18 bringt, wieder die Syngeneia und das ἀρχηγός-Motiv (Vanhoye Structure 80). Zur alexandrinischen und antiochenischen Auslegung des V siehe Greer 243. Jetzt freilich geht es um Jesu *Kinder*, also stärkere Unterordnung als bei Brüdern (Käsemann aaO 94); vgl. Joh 21,5. Kinder des Heilsträgers wie in TestXII L 18,8 Jud 24,3 OSal 41,2a 42,20 Lidz Ginza R 15,10 S 335,9 PsClemHom 3,19,1 S 63,13 ActThom 67 S 184,13; auch Kinder des Mystagogen Corp

Herm 13 öfter. Diese Kinder sind aber zugleich die „Brüder" von V 12; Kinder von dem gottessohngleichen Apostel (ActThom 45 S 162,15 66 S 182,14) und den mandäischen Heilsträgern (Lidz Ginza R 4 S 145,24f R 11 S 251,27 252,28f, vgl. Rudolph II S 25 A5; ähnlich gnostisch die dreigestaltige Protennoia 49,15–21). Betonter als das διδόναι der Gottheit, wichtig im NT besonders bei Joh, auch der Gesamt-Antike bekannt (Preisigke Wört I Sp 373 Nr 11) ist dem Hb, der διδόναι mit Gott als Subj nur noch 8,10 und 10,16 bringt, Gottes Sprechen (siehe 1,1).

14. Da nun die ‚Kinder' an Blut und Fleisch teilhaben, erhielt auch er in gleicher Weise Anteil an derselben Beschaffenheit, damit er durch den Tod den vernichte, der über den Tod gebietet, nämlich den Teufel;

Literatur: EGräßer Die Heilsbedeutung des Todes Jesu in Hb 2,14–18, in: Theologia Crucis, 1979, 165–184; AvHarnack Marcion[2], 1924; JKögel siehe V 5; JKroll Gott und die Hölle, 1963.

Die eben dargelegte Syngeneia zeitigt Folgen: ἐπεί im NT fast nur kausal, nicht temporal; in R 1 2 K zusammen 10mal, im Hb 9mal; ἐπεὶ οὖν folgernd schon klass und LXX (Bauer ἐπεί 2 Bl-Debr § 456,3). Die 2,13 zitierten „Kinder", also mot crochet (Vanhoye Structure 80), haben Teil an Blut und Fleisch; also muß auch Jesus wirklicher Mensch werden. Das ἔπρεπεν der Passion (2,9.10) wird nun entfaltet; für die Hörer offenbar notwendig wegen der damit zusammenhängenden paränetischen Unterstreichung des Himmlischen 13,12–14. κεκοινώνηκεν, mit Gen im NT nur hier: Für den Text ist die Teilhabe der Kinder an Blut und Fleisch in jedem Falle ein zweiter *logischer* Schritt, aber auch ein die Präexistenz der Kinder meinender temporaler, wie EvVer Nag Hammadi I2 41,5–10; sie sind „in die δουλεία geraten" (Gräßer 169f.). Denn πατρὶς inkludiert *Rück*kehr; und Weltexistenz ist Aufenthalt in der Fremde 11,9.13.16, siehe 2,11 (gegen Williamson 327f). Grammatisch ist das beim Perf wahrscheinlich (siehe Bl-Debr § 340 342), aber nicht unerläßlich (vgl. Polyaen Strat 3,11,1 von den sicher nicht präexistenten irdischen Feinden: τῆς αὐτῆς φύσεως ἡμῖν κεκοινωνηκόσιν. Der Besitz der menschlichen Natur im Blick auf ihre Vergänglichkeit und Schwäche ist gemeint mit der Teilhabe der Kinder an „Blut und Fleisch" (diese Reihenfolge noch bei Philo Rer Div Her 57 Polyaen aaO und Eph 6,12; ihre Umkehrung in K L Ψ 6 81 104 326 1175 1834 f vg demid tol sy[p] aeth Or Cyr Thret Dam Ambr Aug Hier lehnt sich an Mt 16,17 1K 15,50 Gl 1,16 an, wo der Sprachgebrauch von LXX Sir, und ausnahmsweise der Hermetik wiedergegeben wird). αἷμα Bauer 1a und 9,7 Exkurs. σάρξ Bauer 5 Schweizer ThW VII 141–143. καὶ αὐτός setzt den Akzent kräftig (Bauer αὐτός 1g, siehe 4,10; ὁ αὐτός siehe 4,11): auch Jesus wird wirklicher Mensch. παραπλησίως meint hier nicht bloß Ähnlichkeit, sondern, wegen κατὰ πάντα 2,17, die volle Gleichheit (Bauer Radermacher 76; so auch Chr Cramer Cat 408 Thret MPG 82,696A Thomas Kögel 75 Spicq II); Jesus hat also nicht einen besonderen Leib (gegen PsClem ExcTheod 59,3,4 Schierse 105 Gräßer 171). Die LA τῶν αὐτῶν παθημάτων wie 2K 1,6 – in D* b d (t) sy[pal] Eus[pt] Thret Hier – verwischt die Gleichheit von Blut und Fleisch. Der Hb übergeht hier das von Pls in R 8,3 Phil 2,7 mit ὁμοίωμα anvisierte Problem (Käsemann zu R 8,3), wird aber in 4,15 und 7,26f Jesus gegen die anderen Menschen abgrenzen. μετέσχεν, siehe 5,13, blickt auf die nach der fleischlosen Existenzweise folgende Menschwerdung; sie ist für Jesus eine Etappe; der Gedanke eilt sofort auf Jesu Tod zu (Käsemann Gottesvolk 98). Also macht Gott den Menschen nicht göttlich und unsterblich wie bei Philo Det

Pot Ins 86 Corp Herm 13,14. Sondern er paßt sich den Geschöpfen an (Philo Quaest in Gn 4,180 OSal 7,3.4.6): Der Sohn läßt sich herab (Bultmann zu Joh 1,14) und kann nun, situationsgleich mit den Menschen, Mitleid üben V 17.

Als erster Zweck der Menschwerdung Jesu wird die Entmachtung des Teufels genannt, des Gebieters über den Tod. καταργεῖν, im Corp Paul von der Außerkurssetzung unwesentlicher Dinge und von der Vernichtung überirdischer Mächte (siehe Konkordanz), in 1K 15,26 2Tm 1,10 und Barn 5,6 von der Vernichtung des Todes, in 2Th 2,8 und Barn 15,5 von der des Antichrists gebraucht, sagt hier, im Hb einmalig, also wohl aus der apokalyptischen Tradition stammend, die Niederwerfung des Teufels aus. διάβολος ist Übersetzung des atlichen Satans, in LXX vor allem in Hi, vgl Test XII N 8,4.6. Das NT redet auch von σατανᾶς; die jüngeren Texte, wie hier einmalig der Hb, nur vom διάβολος; Philo von beiden nicht; die Rabb von Sammael, Qumran von Beliar. Der atliche Satan ist absolut undualistisch in den göttlichen Hofstaat eingegliedert. Dann wird er mit dem Tode des Menschen verbunden: aber bei den Rabb, seit dem 3. Jhdt post (Str-B I 139) qua „Todesengel", noch als untergeordneter Befehlsempfänger der Gottheit, ähnlich 1K 5,5 10,10; daneben jedoch in Sap 2,24 und besonders in Qumran (1QH 3,28) dualistisch verselbständigt (siehe Bauer διάβολος 2 vRad Foerster ThW II 74 77 Str-B I 144–148 Braun Qumran NT I 246f). Der Hb nimmt diese dualististisch gefüllte Verbindung hier auf; τοῦτ' ἔστιν – noch 7,5 9,11 10,20 11,16 13,15; auch Corpus Paulinum; siehe Bauer οὗτος 1bε Bl-Debr § 12,3; 17 – setzt den Teufel mit dem Todesgebieter gleich. Diese Verbindung wird bei Just Dial 100,6, und in den apokr Apost-Act weitergeführt: Act Phil 155 S 46,10f; Act Thom 32 S 149,18–20. Der Tod ist also für den Hb keineswegs, wie für Philo, als Befreiung vom Leibe (Leg All 1,108 2,34) ein Positivum. Er wird entmachtet, hier nicht erst bei der Parusie wie 1K 15,26 Apk 21,4, sondern bereits vor dem Ende, wie zwar wohl noch nicht für alle, Apk 1,18. Und zwar hier nicht durch Jesu Epiphanie und das Evangelium 2Tm 1,10, nicht durch den Glauben gegenüber Jesus Joh 11,16, sondern, ähnlich wie Joh 12,31f, durch die Niederwerfung des Teufels. Auch sie ist hier kein Endereignis wie in der jüd Apokalyptik – Ass Mos 10,1 Test XII L 18,12 – und in Apk 20,2 Mk 16,14W; ihre Präludierung in Jesu Exorzismen – Mt 12,25–30 (Vanhoye Situation 351) – bleibt hier unbedacht. Sie geschieht vielmehr, ähnlich Joh 16,11, durch Jesu Tod; διὰ τοῦ θανάτου bildet mit dem nachfolgenden τοῦ θανάτου eine symétrie concentrique (Vanhoye Structure 80) und ist in der Tradition sonst, R 5,10 Kol 1,22, mit der Versöhnung verbunden. Dem entspricht, daß bei der Ausschaltung des Todes hier, entgegen zT atlicher und jüd Auffassung (Str-B I 815) und 1K 15,56, die ἁμαρτία außer Betracht bleibt (richtig Kögel 77 Gyllenberg 677f Käsemann Gottesvolk 101 Gräßer 174 gegen Photius v Konstantinopel Ps Oec Staab 463 640 Thphyl MPG 125,213D 216A Thomas Luther). Anders als bei den Rabb, wo Gott, laut Js 25,8, in den Tagen des Messias den Tod vernichtet (Str-B IV 143f), handelt hier der Heilsträger.

Wie die Entmachung des Teufels durch Jesu Tod vor sich geht, sagt der Hb nicht explizit. Die Sühnekraft des Todes Jesu ist (gegen SpicqII Kuß Westcott) kaum gemeint; die Sünde spielt hier ja gerade keine Rolle. Man wird aber zu erklären haben nach den mehreren Schemata, die sonst die Entmachtung des Teufels und des Todes beschreiben; beide Größen sind hier ja verbunden, vgl die LA in D d, die, 1K 15,16 im Blick, θάνατον hinter διὰ τοῦ θανάτου einfügt. Zum Folgenden siehe Gräßer 175–178. Teufel und Tod werden überwunden durch Täuschung: σφῆλας τοὺς ἄρχοντας (Act Thom 143 S 250,10). „Denn die Hölle ist nicht gewöhnt, Leben in sich aufzunehmen, und deswegen sollst du ans Kreuz kommen, um einem Toten ähnlich zu werden, damit sich der Mund der Hölle öffne, dich aufzunehmen, und damit du in sie eingehst und sie leer machst"; der Herr der Geschöpfe (der marcionitische, nur gerechte Gott) zu Jesus: „Dafür, daß ich – dich unwissend getötet habe" Esnik v Kolb bei Harnack Marcion² S 376f*. Vgl schon 1K 2,8. „Der Tod spie mich aus und viele mit mir, Essig und Bitterkeit war ich ihm" (OSal 42,11f, vgl. Kroll 41–43; noch drastischer Lidz Ginza R 5,1 S 157,20–29). Tod und Teufel unterliegen sozusagen auf ihrem eigenen Felde: der Tod läuft wie eines der wilden Tiere gegen das Fleisch des Logos an und erschlafft (Cyr Cramer Cat 159,12f); das Erstaunliche ist: Des Teufels Machtwerkzeug wird zu seiner Niederlage (Chr Cramer Cat 408,33–35). Das διὰ τοῦ θανάτου ist Gottes *opus alienum;* der Teufel erliegt seinem eigenen Töten (Luther Scholien S 128,14 129,11 f). Darum fehlt ein αὐτοῦ hinter διὰ τοῦ θανάτου (Delitzsch). Noch anders: Tod und Teufel werden bezwungen durch Machtanwendung: „der niederwarf durch meine (des Erlösers) Hände den siebenköpfigen Drachen" OSal 22,5; „habe ich die Fesseln der Dämonen der Unterwelt zerschnitten" Die dreigestaltige Protennoia Nag Hammadi XIII1 41,5ff; „den Fliehenden verfolgend und wegtreibend" Eus Dem Ev 4,12,3 unter Zitierung von Hb 2,14. Ja, nicht einmal ausdrückliche Gewaltanwendung ist nötig: Ag 2,24; „die Füße und das Haupt ließ er (der Tod) sinken, weil er nicht zu ertragen vermochte mein Angesicht" OSal 42,13; „damit er besiege einerseits den Tod dadurch, daß er Gottes Sohn war" De resurrectione (Nag Hammadi I3) 44,27–29. Die Besiegung des Teufels mittels der Bresche, die Jesus in die Himmel und Erde trennende Materie–Mauer schlägt, ist (gegen Gyllenberg 678 Käsemann Gottesvolk 101–103 Schierse 37 Gräßer Glaube 111) hier weniger wahrscheinlich: es geht hier wie in OSal 17 um Türöffnung für Eingeschlossene; die Durchbrechung von unten nach oben fehlt in Hb 2,14 6,20 OSal 17; der Teufel fehlt in Hb 6,20 Eph 2,14 Ign Tr 9 long recension Lightfoot Eus Hist Eccl 1,13,20; der Tod in Hb 6,20 Eph 2,14.

15. und damit er die befreie, welche insgesamt durch Furcht vor dem Tode das ganze Leben hindurch der Sklaverei verfallen waren.

Literatur: JKögel siehe 2,5; JLeipoldt Der Tod bei Griechen und Römern, 1942.

Jesus wendet die Vernichtung von Teufel und Tod den Menschen zu als Befreiung von lebenslänglicher Todesfurcht, wobei nicht an den ewigen Tod gedacht ist (gegen Erasmus paraphrasis). Chr schildert die Freudlosigkeit des todverfallenen Lebens und die Befreiung drastisch, Cramer Cat 409. ὅσοι, das oft das einfache Relativum ersetzt (Radermacher 76), hier entgegen dem Üblichen (Bauer 2 Bl-Debr § 290,3) mit vorausweisender οὗτος-Form, hebt nicht die Todesängstlichen aus der Gesamtschar heraus, sondern will die Todesfurcht als gesamt-menschheitlich kennzeichnen (Seeberg). Und zwar nicht als gelegentlichen, wie bei Jos Ant 11,270, sondern als lebenslänglichen Zustand. διὰ παντὸς τοῦ ζῆν: zum Inf mit Art und Pron siehe Bl-Debr § 398 403 Radermacher 185.189. ζῆν kontrastiert wirkungsvoll gegen θανάτου (Kögel 79). ζῆν hier und 9,17 vom physischen Leben (Bauer 1a Bultmann ThW II 856–864). Die Haltung der Antike dem Tode gegenüber, siehe 9,27, ist vielfältig und gegensätzlich. Zwar möchte Achill lieber, lebend, Sklave eines Armen als, gestorben, Totenherrscher sein (Hom Od 11 489–491). Theophr (Cic Tusc 3,28,69) wie Philo Som 1,10 klagen über die das Bildungsbedürfnis abschneidende Kürze des Lebens, und Eur Phoen Fr 816,10f bescheinigt jedem Menschen Todesfurcht. Meist aber überwiegt bei Griechen und Römern, besonders in der Stoa, der souveräne Heroismus, gepaart gelegentlich mit Optimismus gegenüber dem Totsein (Philo Jos 129), oder mit einer Leben und Tod gleich bewertenden Indifferenz (Epict Diss 3,26,28); öfter verbunden mit einer Lebensmüdigkeit, die das Sterben als Befreiung begrüßt ($\dot{\alpha}\pi\alpha\lambda\lambda\acute{\alpha}\tau\tau\epsilon\iota\nu$ Eur Or 1522) und nur die eines Weisen unwürdige Todesfurcht (Plat Ap 17 I29A), nicht aber das Todsein als das Schlimme versteht (Epict Diss 2,1,13 2,18,30 Philo Vit Mos 1,183 EpAr 268 Cic Tusc 1,21 47f). Anders das AT und das rabb Judentum: Hiskia, Abraham Jochanan ben Zakkai weinen sterbend, Mose sträubt sich gegen den Tod. (Ähnlich Sap 2,1 Philo Flacc 179 LegGaj 17 325; mandäisch Baptism S 36 Z 10 von unten Drower Die koptisch-gnostische Schrift ohne Titel S 174,3f.) Der Tod gilt im Judentum als Strafe, ist freilich besser als ein Leben in Sünde (aeth Hen 4Esra); nur etwa Qoh, zT Sir und Jos denken da griechischer. Zum Ganzen siehe Windisch; $\varphi\acute{o}\beta o\varsigma$ Bauer 2a Balz Wanke ThW IX 186–204. $\vartheta\acute{\alpha}\nu\alpha\tau o\varsigma$ Bauer 1 Bultmann ThW III 7–13; Leipoldt 1–13 106–118 SpicqII Moffatt.

Das NT übernimmt diese Todesfurcht als Furcht vor dem göttlichen Richter (Lk 12,4f), verkündet aber, wie unchristologisch schon Philo Virt 67 Omn Prob Lib 30 116, den im Christusgeschehen zustande gebrachten Triumph über den Tod (R 8,38 1K 15,54f Apk 1,18, vgl. Act Thom 93 S 207,1f; mandäisch The Great First World Drower S 40,525 Z 2f). Vergänglichkeit (R 8,21 2Pt 2,19), Weltexistenz (ClAl ExThod 57 ActJoh 77 S 189,17f ActThom 110 S 221,23 syr 135 S 242,9 ApkPt Nag Hammadi VII3 78,10–15; siehe auch Lidz Ginza R 15,17 S 373,29f R 11 S 254,6–18 L 3,16 S 534,26), Gefangenschaft unter dem Teufel (schon Test XII D 5,11; vgl EvPhil Nag Hammadi II3 13) und Todverfallenheit (Act Phil 117 S 47,12f Apk Adam Nag Hammadi V5 67,12–14 Test Ver Nag Hammadi IX3 68,1f) gelten nun dualistisch als Sklaverei. Knechtet schon die Furcht als solche (R 8,15 1J 4,18), so besonders die vor dem Tode (Philo Omn Prob Lib 22) in der Weltverfallenheit (Apk Adam siehe oben 65,19–21). Mithin bedarf der Mensch der Befreiung von der Vergänglichkeit (R 8,23 ClAl ExcTheod 80,3 Act Thom 67 S 184,13.16f ApkPt siehe oben 78,10–15 Lidz Liturg Qolasta 93,4 S 159), von den Sieben, den Planetengeistern (The thousand and twelve questions I,I S 158,200 Z 5f), von den Fesseln (The Lesser First World Drower S 86,400 Z 1 von unten 405 Z 1f von oben), vom Tode (Act Phil 117 S 47,12f) und von der Todesfurcht (Sen epist III 24,4 Act Thom 135 S 242,1f). Als Befreier werden genannt die guten Werke (The Lesser First World S 86 400 Z 1 von unten 405 Z 1f von oben), das philosophische Vorbild (Sen epist III 24,4), Herakles (Sen Her Fur 891), der gnostische Erlöser (OSal 17,11a), das $\pi\nu\epsilon\tilde{v}\mu\alpha$ bzw Jesus (R 8,2.21 Barn 14,5 Act Phil 117 S 47,12f) und die Trinität (ClAl Exc Theod 80,3).

In diesen Gesamthorizont gehört V 15 mit seinen einmalig begegnenden Termini: einmalig im Hb $\dot{\alpha}\pi\alpha\lambda\lambda\acute{\alpha}\tau\tau\epsilon\iota\nu$, $\delta ov\lambda\epsilon\acute{\iota}\alpha$; $\check{\epsilon}vo\chi o\varsigma$ siehe Bl-Debr § 182,2 mit Gen oder Dat konstruierbar, hier aber nicht mit $\varphi\acute{o}\beta\omega$, sondern mit $\delta ov\lambda\epsilon\acute{\iota}\alpha\varsigma$ verbunden, das nicht von dem zu weit voranstehenden $\dot{\alpha}\pi\alpha\lambda\lambda\acute{\alpha}\xi\eta$ abhängt (gegen Moffatt); einmalig im NT $\varphi\acute{o}\beta o\varsigma$ $\vartheta\alpha\nu\acute{\alpha}\tau ov$, freilich öfter $\varphi o\beta\epsilon\tilde{\iota}\sigma\vartheta\alpha\iota$ vor dem Tod. Der aus Todesfurcht befreiende Jesus des Hb kennt (5,7, wie auch sonst im NT Mk 14,34 Mt 26,38 Lk 12,50 Joh 12,27) selber die Todesfurcht; sie gilt dem Hb also nicht als unterwertig. Aber die Paränese richtet sich gegen die Menschenfurcht (11,23.27 13,6). Ja, inkonsequenterweise benutzt der Hb auch die Todesfurcht als stimulans (9,27). Dagegen entfallen in V 15 Sünde (anders als R 6,6.17.20 8,2 Joh 8,34, vgl Mk 2,9) und Gesetz (anders als Gl 4,3.9.24) als die Mächte, von denen Jesus befreit (gegen Isidor Cramer Cat 410 Thomas Luther); vgl 2,14. Die Ersetzung des $\dot{\alpha}\pi\alpha\lambda\lambda\acute{\alpha}\xi\eta$ durch $\dot{\alpha}\pi o\kappa\alpha\tau\alpha\lambda\lambda\acute{\alpha}\xi\eta$ in A korrigiert den Hb also im Sinne der paulinischen Versöhnungslehre. Die Befreiung von der Furcht vermittelnden Todessklaverei geschieht in der Ausdauer des gebotenen Kampfeslaufes im Aufblick zu dem Vorläufer Jesus, der die Seinen ins himmlische Heiligtum führt (6,20 12,1.2). δόξα 2,10 steht gegen δουλεία 2,15 (Bengel Vanhoye Structure 81). Die Befreiung von der Todesfurcht ruft im Hb zu der angemessenen Furcht, der vor der Gottheit, aber gerade auf (12,28f) und schließt für den Glaubenden das physische Sterben gerade ein (12,4 13,3.13). Die Syngeneia spielt dabei ihre Rolle; die Miserabilität des Lebens, das außerchr breit belegte Motiv für die Todesbejahung, klingt im Hb (11,38) nur an.

16. Denn doch wohl nicht der Engel ‚nimmt er sich an'; sondern ‚der Nachkommen Abrahams nimmt er sich an'.

Literatur: ABakker „Christ an Angel", ZNW 32, 1933, 255–265; BDuhm Das Buch Jesaja[5], 1968; JKögel siehe V 5; HSchoeps Aus frühchristlicher Zeit, 1950.

Daß Jesu helfendes Zugreifen nicht den Engeln gilt, ist die Begründung für V 14.15 und wird als den Hörern der Homilie bekannt und als von ihnen zugestanden vorausgesetzt; daher δήπου, im NT nur hier (siehe Bauer Bl-Debr § 441,3). Der fehlende Art vor ἀγγέλων und σπέρματος braucht nichts zu besagen (siehe 1,4 und Bl-Debr § 259,2): Jesus als ἀρχηγὸς tritt in solidarische Schicksalsgemeinschaft (Praes), seit der Menschwerdung und jetzt im Himmel, vielmehr mit den Menschen (siehe V 14.17). Das meint hier ἐπιλαμβάνεται, wie die Sophia in Sir 4,11; vgl das Schol zu Aesch Pers 742, das συνάπτεται mit συνεπιλαμβάνεται erklärt (Bauer 2c Delling ThW IV 9 Vanhoye Structure 81). So seit dem Humanisten Castellio die meisten Erklärer; gegen vg griech und lat Väter Chr Cramer Cat 160 Thomas Luther Erasmus adnotationes mit Bedenken Calvin Bakker 259 Spicq II, die zum Verb erklären: Die Schrift rede im Blick auf Jesus nirgends – οὐ δή που = nusquam – von der Annahme der Engelnatur, sondern von der der Menschennatur, die, vor Jesus fliehend, von ihm ergriffen werden müsse (Material bei Westcott).

σπέρμα, griech von dem einzelnen Sprößling, besonders in LXX und NT als kollektiver Sing von dem gesamten physischen Nachwuchs (Bauer 2b Quell Schulz ThW VII 537–547). σπέρμα 'Ἀβραάμ sind im AT (besonders Gn 12–22, dort qua Anrede, σου) die zahlreichen Israeliten als Nachkommen Abrahams; ebenso Hb 11,18 und öfter im NT, auch Paulus (R 11,1 2K 11,22). Paulus und die Nachfolgenden nehmen dann aber σπέρμα (R 4,16.18 9,7 Gl 3,29), die synonymen υἱοί (Gl 3,7) und τέκνα (Mt 3,9 Par Joh 8,39 Just Dial 119,5), das γένος (Just Dial 11,5) und die Abrahams-Vaterschaft (R 4,12 Jk 2,21 1Cl 31,2 Barn 13,7) als geistliche Abrahams-Kindschaft und Vaterschaft für die Christen insgesamt in Beschlag. So sind denn auch hier in V 16 mit σπέρμα 'Ἀβραάμ, schon wegen des ὑπὲρ παντὸς V 9, die Menschen als potentielle Christen gemeint (Jeremias ThW I 7–9 Schoeps 154 die meisten Erklärer), nicht primär Israel (gegen Bengel Delitzsch deWette[2] Bleek-Windrath Kögel 83f Riggenbach Kosmala 44 Williamson 191). Die zahlreichen Abrahams-Kinder (Gn) entsprechen mithin den „vielen Söhnen" V 10 (Vanhoye Situation 359).

Den Schriftbeweis liefert Js 41,8f, aus LXX andeutend zitiert. σπέρμα 'Ἀβραάμ ist wörtlich übernommen; aus LXX ἀντελαβόμην wird hier ἐπιλαμβάνεται. Der LXX-Text zeichnet Jahwe, der Israel, seinen Knecht, von den Enden der Erde hergeholt hat (Duhm 304); der Hb macht daraus Jesus, der bei den Seinen helfend zugreift. Schon das Zitat an sich erlaubt die Konsequenz: also muß Jesus den Seinen, weil sie Menschen sind, gleichwerden. Diese Notwendigkeit wird nun aber noch vertieft durch die hermeneutische Bedeutsamkeit vom Schweigen der Schrift (siehe 1,5): Der Text von Js 41,8f erwähnt als Obj des schon in V 16a zitierten ἐπιλαμβάνεται – also Antistrophe Bl-Debr § 491 – nicht Wesen ohne Blut und Fleisch, ohne Todesfurcht; nicht Wesen, die keiner Befreiung bedürfen (Williamson 191f), nicht Engel; also kümmert Jesus, anders als in Kol 1,20 (deWette[2] Hollmann Greeven zSt Strathmann gegen Kögel 85) sich nicht um sie, und eine veritable *Mensch*werdung ist mithin doppelt unerläßlich für ihn. Hier bilden die Engel, zum letztenmal im Hb antithetisch verwendet (Inklusion 1,5), also wirklich eine Art Kontrastfolie zu den Menschen (siehe 1,14 Exkurs). Der Vorrang des verlorenen jüngeren vor dem älteren Bruder Lk 15 wird hier mythologisch ausgesagt (Theißen 66). οὐ – ἀλλά noch in 5,4.5 9,24 10,39 12,11.18.22 13,14.

17. Daher mußte er in jeder Hinsicht den Brüdern gleichwerden, damit er vor Gott ein barmherziger und treuer Hoherpriester würde, um die Sünden des Volkes zu sühnen.

Literatur: WEBrooks The Perpetuity of Christ's Sacrifice, JBL 89, 1970, 205–214; SGiversen Evangelium Veritatis and the Epistle to the Hebrews, Studia Theologica 13, 1959, 87–96; EGräßer siehe V 14; KGrayston ἱλάσκομαι – in LXX, NTSt 27, 1981, 640–656; HHegermann Die Vorstellung vom Schöpfungsmittler, 1961; JKögel siehe V 5; WLueken Michael, 1898; WPeek Der Isishymnos von Andros, 1930; HFWeiß Untersuchungen zur Kosmologie, 1966; HWenschkewitz Die Spiritualisierung der Kultbegriffe, 1932; FMYoung siehe V 9; HZimmermann Die Hohepriester-Christologie, 1964.

ὅθεν, unpaulinisch, aber noch Hb 3,1 7,25 8,3 9,18 11,19, hier nicht lokal, sondern logisch (Bauer Bl-Debr § 451,6). Aus dem Engagement für den Samen Abrahams folgte für Jesus eine Verpflichtung; ὀφείλειν, *grande verbum* (Bengel), meint nicht Zwang. Vanhoye Structure 81: dem πρέπειν bei Gott entspricht ein ὀφείλειν Jesu; die ἀδελφοί sind die in V 12 zitierten; ὁμοιωθῆναι (A schreibt das erste o als w, siehe 4,11) präzisiert das μετέχειν τῶν αὐτῶν 2,14 mit κατὰ πάντα als totale Eingliederung (vgl Test XII N 1,8), hier ohne die Einschränkung von 4,15 (siehe 2,14). Gottwesen können, antik gedacht, Menschen gleichwerden (Ag 14,11; Corp Herm Nock-Fest IV Fragments divers 21 S 118 Z 9f). Nur so kann Jesus vor Gott ein mitleidiger und treuer Hoherpriester werden. Zu den vielen Einzelheiten dieses Zentralbegriffs siehe den Exkurs. ἀρχιερεύς hier abrupt, gerade nur andeutungsweise vorbereitet (Käsemann Gottesvolk 124f Zimmermann 9; gegen Riggenbach Vanhoye Structure 83 Michel).

Jesus als ἐλεήμων im NT nur hier. Das ἐλεεῖν des irdischen Jesus öfter in den Evangelien; das ἐλεεῖν und das ἔλεος des Erhöhten gelegentlich im Apostolos, auch Hb 4,16; aber nirgends wie hier als Aufgabe Jesu und verbunden mit ἀρχιερεύς. Die Gottheit als ἐλεήμων, neben οἰκτείρμων, öfter in LXX, vgl Sir 2,11 und Joseph-Aseneth 11 S 54,6 (auch mandäisch Lidz Ginza R I S 5,17.19.20 R I 119 S 19,3 Liturg Qolasta LXX S 103,9). Der barmherzige Michael aeth Hen 40,9 68,2f gr Bar 16,1. Außerbibl barmherzige Erlöser-Gottheiten: der klein werdende Erlöser (OSal 7,3–6 42,15b), Leto (bei Apollodor FGRHist Teil 2B Nr 244 Fr 121), Isis (Peek 128), der um ἐλεεῖν angerufene κύριος (Epict Diss 2,7,12), Adam (Die drei Stelen des Seth Nag Hammadi VII5 p 119,30ff). Nachklänge des Jesus ἐλεήμων Preis Zaub 13,291 Act Joh 108 II S 206,11ff Act Andr 1 II S 38,12.14 Act

Thom 80 II S 195,17 Pist Soph 5 S 5,15 6 S 5,31 17 S 16,8. Keiner der Helfer und Erlöser neben Jesus, auch Michael nicht, ist barmherzig als Priester. Nicht verwunderlich, denn der opfernde und sühnende Priester des AT soll sich kultisch korrekt verhalten; Mitleid ist von ihm weder in Lv 16 noch in Joma oder in den von Michel genannten Texten (bJoma 19a bQid 23b) gefordert; ja es wird bei Philo (Spec Leg 1,115) ausdrücklich verboten, oder sein Fehlen kann anerkannt werden (Spec Leg 3,136); typisch Spec Leg 1,229: der *ἀρχιερεὺς* wird zum *ἔθνος* hin aufgewertet (Wenschkewitz 198 Vanhoye Situation 373f gegen Kosmala 154). Entgegen dieser jüd Korrektheit hebt Jesu Mitleid, hier wie 4,15 dem *ἀρχιερεὺς* durch den Hb unjüd hinzugefügt, etwa ab auf sein *βοηθεῖν* (2,18) und seine Fürbitte (7,25), so wie Petrus und die Priester *φιλανθρωπία* lernen auf Grund ihres Menschseins, allerdings ihres sündigen (Chr MPG 50,728 Lueken). Jesus soll hier nicht nur Priester werden, als solcher kam er schon in die Welt 9,11; es geht auch nicht um die Belehrung der Menschen über seine Barmherzigkeit und Treue, sondern er soll, wie den Gehorsam (5,8), so barmherzig und treu zu werden *lernen*. Das darf nicht abgeschwächt werden (Chr Cramer Cat 161 Cyr Cramer Cat 470 zu Hb 4,13 Hollmann Hegermann 118A2; gegen Cyr Cramer Cat 429 Young 156 Thomas Erasmus paraphrasis Calvin; Delitzsch: „werden" ist „etwas Unziemliches"; Kögel 93.96 Riggenbach Schrenk ThW III 279A58). Die einander wiederstrebenden Elemente der Hb-Christologie treten hier wieder deutlich zutage (siehe 1,3 Exkurs).

πιστός, Bauer 1 a Bultmann ThW VI 203–230, im Hb immer auf personale Verhaltensweisen (Gräßer Glaube 20f) bezogen, hier nicht „gläubig", sondern „verläßlich". Aber nicht profan, wie in den Pap (Preisigke Wört II 310). Vielmehr „treu", wie Gott es ist (siehe 10,23) und die Christen es sein sollen, beide im NT oft. Jesu Treue im NT selten: 2Th 3,3 2Tm 2,13 Apk 1,5 3,14 19,11. Im Hb noch 3,2, wie Mose; vgl Jesu *πεποιθέναι* 2,13 (Gräßer Glaube 60). Hier wie 3,2 als Hoherpriester: er entläuft nicht (*πιστὸς = ἄδραστος* PLond 251,14), hält in versuchlichen Leiden stand (2,18), erlernt so Barmherzigkeit; *πιστὸς* ist also deren Wurzel (gegen Kögel 95f); und er sühnt. Jesu *πιστὸς*-sein nicht in den Apost Vät, wohl aber, zusammen mit seiner Barmherzigkeit, gnostisch, EvVer Nag Hammadi I2 20,10–14 (siehe Giversen 87.92). Der treue *Hohepriester* (*ἱερεὺς πιστὸς 1βαο* 2,35) ist wenig zu belegen, auch nicht Philo Quaest in Gn 4,23, wo der Text vielleicht verderbt ist. Es geht hier nicht um Jesu persönliche Treue gegen Gott im Unterschied zu seiner Barmherzigkeit gegenüber den Menschen (Westcott gegen Zimmermann 10), sondern, wie 5,1, um den sühnenden Priesterdienst „vor Gott" (Michel); *τὰ πρὸς τὸν θεὸν* so schon antik und LXX (Belege Wettstein Bauer *πρὸς* III5b Bl-Debr § 160). *εἰς τὸ* Bauer *εἰς* 4f Bl-Debr § 402,2, vorwiegend bei Paulus und im Hb; in 11,3 auch konsekutiv wie R 1,20, hier, wie meist, final (Weiß 144): Zweck des Hohenpriestertums Jesu ist die Sühnung der Sünden, die nun, nach der Befreiung von der Todesfurcht V 14, thematisch wird.

ἱλάσκεσθαι Büchsel ThW III 311–318 Grayston, hier nicht pass „gnädig werden" wie Lk 18,13 und in der unechten LA *ταῖς ἁμαρτίαις* in A *Ψ* 5 33 623 913 Athan Chr, ähnlich Aug Vig, vielleicht f vg *(repropitiaret)*. *ἱλάσκεσθαι* hier „sühnen", auch außerbibl Bauer 2, LXX Ps 64,4 Da 9,24Θ und Philo (Spec Leg 1,116 Leg All 3,174 Praem Poen 56), der zT die Vorstellung vergeistigt. LXX gibt das כפר pi meist mit *ἐξιλάσκεσθαι* wieder, gerade auch in Lv 16 (siehe Hb 9,7 Exkurs). Dort schafft der Hohepriester die jährliche Sühnung durch die Manipulation mit dem Blut der Opfertiere (Hermann ThW III 309–311). Aus diesem auf der Manipulation liegenden Akzent folgt aber nicht, daß das *ἱλάσκεσθαι* hier ausschließlich erst im Himmel stattfindet und nicht schon am Kreuz (deWette[2] Riggenbach Gräßer

Glaube 21 A47 Westcott; gegen Seeberg Hb Kögel 91 93f SpicqII Schierse 109 Moffatt Vanhoye Situation 380f Brooks 211f): der Heilswert des Blutes Jesu dauert an (9,12.14 10,19.29), das Selbstopfer geschieht einmalig am Kreuz (7,27 9,26.28 10,12), wodurch Jesu Eintritt in das himmlische Heiligtum als das für den Hb entscheidende Heilsereignis nicht bestritten wird. Die Sühnung, analog dem $\kappa\alpha\vartheta\alpha\rho\iota\sigma\mu\grave{o}\varsigma$ 1,3 (Vanhoye Structure 82), macht die Sünden unwirksam: der Zugang zum Heiligtum (10,19), zum Gnadenthron (4,16) liegt nun frei (Büchsel ThW III 316). Die Sündensühnung, die bei der Todesvernichtung V 14f noch fehlte, wird hier nun „gleichsam nachgetragen" (Gräßer 178–180), um dann in Hb 8–10 zentral zu werden. Der irdisch-jüd Hohepriester ist ambivalent gezeichnet: Er sühnt Unwissenheits-Sünden 5,2 9,7 bzw er sühnt überhaupt nicht 10,4.11 (zu Schrenk ThW III 278). Jesu Tod sühnt die toten Werke 6,1 9,14, die vorchr Sünden ($\dot{\alpha}\mu\alpha\rho\tau\acute{\iota}\alpha$ meist im Plur; siehe 1,3), wozu aber auch die absichtlichen Sünden der vorchr Zeit gehören werden 10,26 (mit Schierse 142 Gräßer Glaube 20 A 44), und die unfreiwilligen Sünden der chr Zeit 10,26.29. Denn $\lambda\alpha\acute{o}\varsigma$, intensiv in LXX, zB Sir 45,16, und, wie oft im NT auch im Hb für Israel verwendet, bezeichnet hier (gegen Chr Cramer Cat 161f Riggenbach Kosmala 44) wie noch 4,9 8,10 10,30 13,12 die Christen. So schon Paulus Lk Ag 1Pt Apk und intensiver die Apost Vät; Volk Jesu in Mt Ag Tt; Bauer 3b Strathmann RMeyer ThW IV 29–57.

17 Exkurs: Jesus, der himmlische Hohepriester

Literatur: JWBailey The usage in the post-restoration period, JBL 70, 1951, 217–225; HBietenhard Die himmlische Welt, 1951; WEBrooks siehe V 17; GLCockerill Hb 1,1–14, JBL 97, 1978, 437–440; JCoppens Le Messianisme sacerdotal, Recherches Bibliques VI, 1962, 101–112; JHDavies The Heavenly Work of Christ, Studia Evangelica IV, TU 102, 1968, 384–389; JGnilka Die Erwartung des messianischen Hohenpriesters, Revue de Qumran 2, 1960, 395–426; AJBHiggins Priest and Messiah, VT 3 1953, 321–336; MHoudijk Eine Diskussion, Concilium 8, 1972, 774–781; AJeremias Babylonisches im NT, 1905; WvLoewenich Zum Verständnis des Opfergedankens, ThBl 12, 1933, 167–172; WLueken Michael, 1898; OMoe Das Priestertum Christi, ThLZ 72, 1947, 335–338; BMurmelstein Adam, Wiener Zschr für die Kunde des Morgenlandes 35, 1928, 242–275; 36, 1929, 51–86; SNomoto Herkunft und Struktur, NovTest 10, 1968, 10–25; JRSchäfer The Relationship between Priestly and Servant Messianism, Catholic Biblical Quarterly 30, 1968, 359–385; KTSchäfer $\kappa\rho\alpha\tau\epsilon\tilde{\iota}\nu\ \tau\tilde{\eta}\varsigma\ \dot{o}\mu o\lambda o\gamma\acute{\iota}\alpha\varsigma$, Festgabe Höffner, 1971, 59–70; HMSchenke Erwägungen zum Rätsel des HbBriefes, NT und chr Existenz, 1973, 421–437; GSchille Erwägungen zur Hohenpriesterlehre, ZNW 46, 1955, 81–109; CSpicq L'origine johannique, Mélanges offerts à MMGoguel, 1950, 258–269; AVanhoye Situation et Signification, NTSt 23, 1977, 445–456; HWenschkewitz siehe V 17; GWuttke Melchisedek, Beiheft ZNW 5, 1927; YYadin, The Dead Sea Scrolls, Scripta Hierosolymitana IV, 1965, 36–55; HZimmermann siehe V 17.

Wo der Hb LXXps 109,4 und Sach 6,11 zitiert, heißt Jesus meist $\iota\epsilon\rho\epsilon\grave{\upsilon}\varsigma$ 5,6 7,11.15.17.21 10,21; $\iota\epsilon\rho\epsilon\grave{\upsilon}\varsigma$ ohne Zitat 8,4, rangniedriger als der $\dot{\alpha}\rho\chi\iota\epsilon\rho\epsilon\acute{\upsilon}\varsigma$. $\dot{\alpha}\rho\chi\iota\epsilon\rho\epsilon\acute{\upsilon}\varsigma$ in Verbindung mit LXXps 109 in 5,10 6,20 8,1; die überwiegenden $\dot{\alpha}\rho\chi\iota\epsilon\rho\epsilon\acute{\upsilon}\varsigma$-St also ohne Zitat-Zusammenhang. Der atliche Hohepriestertitel, gewöhnlich הכהן הראש, seltener, auch in 1QM, הכהן הגדול, im Kontext des Großen Versöhnungstages Lv 16 Aaron ohne Titel, in Joma dann כהן גדול, wird in LXX und bei Jos oft mit $\dot{o}\ \iota\epsilon\rho\epsilon\grave{\upsilon}\varsigma\ \dot{o}\ \mu\acute{\epsilon}\gamma\alpha\varsigma$ oder einfach mit $\dot{o}\ \iota\epsilon\rho\epsilon\grave{\upsilon}\varsigma$ wiedergegeben. $\dot{\alpha}\rho\chi\iota\epsilon\rho\epsilon\acute{\upsilon}\varsigma$, in LXX, auch in den Test XII noch sehr selten, aber außerbibl und im Kaiserkult gebräuchlich, erscheint dann zahlreich in den atlichen Apokryphen und im NT (Bauer Ditt Or II Reg Ditt Syll[4] IV Reg Bl-Debr § 124 Schrenk ThW III 263–267 Bailey 219–223), auch im Hb für den Hohenpriester abgesehen von Jesus 5,1 7,27f 8,3 9,7.25 13,11, und wird, neben der Bezeichnung aller Christen als Kultdiener (RGG[3] V 578f), schon vor dem Hb, freilich nicht direkt bezeugt, zu einer Bekenntnisformulierung für Jesus, auf die Hb 3,1 sich bezieht, sie also nicht selber geschaffen hat (Schille 104 Schierse 161 Gnilka 418 Käsemann Gottesvolk 124f

zu 2,17 — Exkurs: Jesus, Der himmlische Hohepriester

Zimmermann 10 Nomoto 10 Theißen 37–41 48–51). Daß die ὁμολογία nur den Gottessohn nannte, der vom Hb dann als ἀπόστολος und ἀρχιερεύς interpretiert wird, ist wegen der Formulierung in 3,1 unwahrscheinlich (zu Bornkamm Bekenntnis 190 KTSchäfer 66f).

Hb zeichnet von dem Hohenpriester Jesus folgendes Bild: Mensch geworden, lernt er Barmherzigkeit, Treue (2,17 4,15) und Gehorsam (5,8); er sühnt sterbend (1,3 2,17), Priester und Opfer zugleich (7,27). Bei seiner Erhöhung durchschreitet er die Himmel und betritt mittels seines eigenen Blutes, dessen Realität nicht als persönlicher Einsatz vergeistigt und umgedeutet werden darf (Windisch Héring zu Hb 9,22; gegen Riggenbach zu Hb 9,12 v Loewenich 167–172), das himmlische Heiligtum (4,14 9,12.24 13,20). Dort setzt er sich zur Rechten Gottes (1,3 8,1) und zieht, als Vorläufer den Weg durch den „Vorhang" bahnend (10,20), die Seinen nach sich (6,20); er hat auf diese Weise unirdische Hoheit gewonnen (7,26), wie Melchisedek König und Priester (5,10 6,20 7,1.3), Verwalter der wirklichen Güter (9,11), und übt im Himmel Fürbitte, deren Aktivität sich mit dem passiven Sitzen zur Rechten schlecht verträgt (Davies 388f) und die kaum in 7,25 als zeitlich unbegrenzt gelten, in 9,24 dagegen auf die Spanne zwischen Auffahrt und Parusie beschränkt werden soll (zu Theißen 30). So erwartet er im Himmel die endgültige Niederwerfung seiner Feinde (10,13). Für diesen seinen Weg ist das Werden typisch: Er *wird* Hoherpriester (5,5 6,20), barmherzig und treu (2,17), über die Himmel erhöht (7,26), er hat sich die Ehre nicht selber genommen (5,5). Auf diesem Weg sorgt die Menschwerdung des Präexistenten dafür, daß der himmlische Priester nun mitfühlen kann (Schenke 429). Seit wann Jesus Hoherpriester ist – vor der Menschwerdung, seit dem Kreuz, seit dem Eintritt in das himmlische Heiligtum –, bleibt im Hb ambivalent; Grund dafür und Texte siehe 1,3 Exkurs. So gibt es eigentlich zwei Stätten seiner Tätigkeit: Er bringt, Sünden sühnend, das einmalige Selbstopfer am Kreuz auf Erden, das wiederholte ἅπαξ; und er vollzieht, den Tod entmachtend, den Durchbruch ins himmlische Heiligtum und fungiert *dort* als Hoherpriester, in Analogie zum Versöhnungstage Lv 16, wobei in 8,16 die explizite himmlische θυσία gerade noch vermieden wird (dazu Lueken 147 Gyllenberg 674–689 Käsemann Gottesvolk 144 Schrenk ThW III 276 Schierse 55 Schille 96 Zimmermann 19f Davies 387–389 Brooks).

Erst wenn klar wird, wie der himmlische Hohepriester der dem Hb vorgegebenen chr Tradition aussah und woher die Tradition ihrerseits ihn entnehmen konnte, läßt sich in etwa abschätzen, wieweit der Hb dies komplexe Theologumenon übernommen hat und wieweit er es umgebildet hat (Theißen 13–16). Die Quellenlage ist für solch eine Erhebung aber nicht günstig. Das NT sonst schreibt Jesus zwar gelegentlich priesterliche Einzelfunktionen zu, wie Sühnetod, Selbsthingabe, Fürbitte, die im Hb dann ohne wesentliche Verwendung der Knecht-Gottes-Christologie (JRSchäfer 377–384) mit Jesu Hoherpriesterstellung verbunden werden. Aber gerade diese explizite Verbindung vollzieht das NT sonst nicht (richtig Coppens 108–112 Hendijk 775f; gegen Moe 335–338 Spicq L'origine 261–264 Nomoto 11.13.21–23, die diese Sachlage einebnen). 1Cl 36,1 61,3 64,1 Ign Phld 9,1 Pol 12,2 MartPol 14,3 nennen Jesus ἀρχιερεύς. Das sind dies Thema frei modifizierende Tochtertraditionen, nicht selbständige Schwestertraditionen, die etwa Rückschlüsse auf die dem Hb vorliegende ὁμολογία zum ἀρχιερεύς Jesus erlaubten (gegen Theißen 37–44, vgl 1,3 und Cockerill). Diese Apost Vät verbinden den Hohenpriester Jesus nicht mit seinem Selbstopfer (Theißen 48–51) und mit Melchisedek. Weiteres für die Alte Kirche siehe Schrenk ThW III 284. Die Frage, wodurch der Hb sich von der ihm vorgegebenen liturgischen Tradition abhebt, bleibt unbeantwortbar. Weiter dagegen führt die Besinnung: Woher haben Hb und seine Vorlage die Vorstellung vom himmlischen Hohenpriester?

Für die nachfolgenden Überlegungen sehen wir hier von Melchisedek ab; er wird in einem eigenen Exkurs zu 5,6 behandelt. LXXPs 109,4 bietet weder den *Hohen*priester noch seine himmlische Art, wird also mit dem himmlischen Hohenpriester durch Zitieren nur in Verbindung gebracht, ist aber nicht die Quelle dieses Aussagekomplexes (mit Lueken 148 Käsemann Gottesvolk 134 gegen Wenschkewitz 209 Nomoto 10.13.23 Schröger Schriftausleger 126f). Jüd Glaube, atlich vorgegeben LXX Ps 10(11),4 Js 6,1, belegt seit dem 1. Jhdt nChr etwa in Sap 9,8 Sib 3,308, in Apokryphen, Pseudepigraphen und bei Rabb, besagt: seit Anfang existiert im Himmel ein Heiligtum mit sämtlichen Kultgegenständen, das Urbild des irdischen Tempels; seine Lage ist präzise beschreibbar, siehe 1,3. Engel üben an ihm den Kult aus, viel Michael, auch Raffael; Tob 12,15 Jub 31,14; für Qumran 4Q Sl 39; Philo Spec Leg 1,66. Die Bedeutung des irdischen Kultes wird durch dies himmlische

Exkurs: Jesus, Der himmlische Hohepriester zu **2,17**

Heiligtum nicht gemindert; ja in jüngeren Texten gilt gerade der himmlische Kult nur als Interim nach der Zerstörung des Tempels (Str-B III 700–704 Bietenhard 123–125 AJeremias 62–69). Für das Folgende sind der eschatologische und der himmlische Hohepriester zu unterscheiden; dagegen braucht der Wechsel vom Priester zum Hohenpriester nicht berücksichtigt zu werden.
Adam ist Priester, weil er die nahtlose Priesterkleidung trug; aber Murmelsteins Belege, 272 57f, sind sehr jung. Murmelstein, 69f und Käsemann Gottesvolk 128–131 erklären: der Priester Adam inkarniere als Urmensch, in verschiedenen Generationen unter neuen Namen; die Menschen seien seine Teile. Dagegen: durch syr Bar 23,4f und aeth Hen 49,1.2 wird das nicht belegt; und: Entsprechung ist nicht Identität (Theißen 45–47). Eschatologischer Hohepriester ist Levi in den Test XII, vor allem dort L 18; aber er bleibt irdisch L 5,2 (Wenschkewitz 210); diese Tradition könnte, von chr Zusätzen abgesehen, vorchr sein (Käsemann aaO 127). Aaron ist der eschatologische Priestermessias der Qumrangemeinde (Braun Qumran-NT II 75–78). Elias-Pinechas als Hoherpriester der messianischen Zeit ist vorchr belegt durch die Targume, vgl. Joh 1,21 bis in jüngere rabb Texte, Pesikt r 4,13a um 400 nChr (Str-B IV 792). Die Quellen für die rabb ohnehin umstrittene Priesterfunktion des Mose zu seinen Lebzeiten sind jung (Murmelstein 64); sein Grab schafft in einem konkreten Falle Sühne, Sota 14a (Str-B I 757), um 260 nChr (Käsemann aaO 138).
Von den bisher behandelten irdischen und eschatologischen Priesterfunktionen ist zu unterscheiden das *himmlische Priestertum*. Elias-Pinechas „steht und schafft Sühnung", also doch wohl im Himmel, S Nu 25,13 § 131,48b (Str-B IV 463) 1./2. Jhdt nChr; ist aber durch Apk 11,4 nicht als alt gedeckt (siehe Kraft Apk 154, zu Käsemann aaO 128). Jünger ist die Tradition von Michaels himmlischem Priesterdienst: nach R Meïr, 150 nChr Chag 12b (Str-B III 532), bringt er, anders als in Herm s 8,3,3, am Altar im vierten Himmel Opfer dar, ähnlich Men 110a Zeb 62a, 3. Jhdt nChr; noch später Midr Ps 134 § 1,259b (Str-B III 701); in grBar 14,2 2./3. Jhdt nChr bringt er die Tugenden der Menschen vor Gott; in einem Zusatz des Talmud opfert er die Seelen der Gerechten Chag 12b עיּן יעקב (Murmelstein 69). Henoch-Metatron wird als himmlischer Priester in hb Hen 15B1 und 43,2 zwar nicht direkt belegt, wohl aber der Jüngling Metatron in Nu r Par 12 Cap 7,1 (Bibliotheca Rabbinica IV S 294), 12. Jhdt, wo er die Seelen der Frommen, Sühne leistend, im Himmel darbringt (zu Käsemann aaO 138f). Nach S Dt 34,5 § 357,149b (Str-B I 754), vielleicht 2./3. Jhdt nChr, „steht Mose und dient oben". Als älter wird diese Tradition nicht gedeckt durch Philo Vit Mos II: Mose wird zwar vom Himmel herab wunderhaft gespeist 69, in die geheimen Weihen des Priesteramtes aber wird er eingeführt oben auf dem Berge 70f, nicht im Himmel (zu Murmelstein 70A1 Käsemann aaO 138).
Der eschatologische Hohepriester kann als ein zweiter Heilbringer neben dem Königsmessias stehen: so die beiden messianischen Gestalten von Qumran (Braun Qumran-NT II 75–78); die eine messianische Aussagengruppe in den Test XII, zB S 7,2; Elias-Pinechas und Melchisedek (Str-B IV 462–465). Beide messianische Gestalten können in Einer Person zusammenfallen: wenige Qumrantexte CD 12,23 14,19 19,10 20,1; die andere messianische Textgruppe der Test XII, zB R 6,8, deren Bedeutung nicht dadurch herabgesetzt werden sollte, daß sie als idealisierende Konzession an das makkabäische Königtum bezeichnet wird (zu Higgins 325–330; vgl auch Philo Vit Mos 2,31). Letzteres spiegelt ebenfalls die Zusammenfassung der zwei – 1Makk 14,41 –, ja der drei (plus Prophet Jos Ant 13,299 Bell 1,68) Würden in Einer Person wider. Mit dem Urmenschen Adam hat diese Zusammenlegung nichts zu tun, siehe oben.
Elias-Pinechas bringt kein Selbstopfer dar (gegen Murmelstein 69f und Käsemann aaO 137f). Denn nach S Nu 25 geschieht die Sühne nicht bei seinem Tode, sondern so, daß er stehend opfert, also nicht als Selbstopfer. Die Opferung der Seelen der Gerechten wird im Talmud doch wohl Michael zugeschrieben, es ist eine Ergänzung zu Chag 12b. Beide Texte, S Nu und diese Talmud-Ergänzung, liegen zeitlich weit auseinander. Zudem sind die Seelen nicht auf dem Wege über den Urmenschen mit weiteren sich inkarnierenden Erlösergestalten identisch, so daß die Opferung der Seelen einem Selbstopfer des Opfernden gleichkäme (Theißen 45–47). Das Judentum kennt viele Fürbitter, die im himmlischen Kult Priester- bzw. Hohenpriesterdienst verrichten: Die Engel, Elia, Michael, Gabriel, Henoch-Metatron, Mose (aeth Hen 40,6.9 47,2 68,4 hbHen 15B2 Test XII L 3,5 5,6 Str-B I 142b 782 II 560f IV 768 1206).
Philos ἀρχιερεύς (ὁ μέγας ἀρχιερεύς Som 1,214.219 2,183), Sohn der Gottheit und der Sophia (Fug 109),

zu 2,17 — Exkurs: Jesus, Der himmlische Hohepriester

in der Mitte zwischen Gottheit und Menschen stehend (Spec Leg 1,116 Som 2,189 231), repräsentiert, für sich genommen, das ganze Menschengeschlecht (Som 2,188). Trotz seines von ihm dargebrachten Sündopfers (Spec Leg 1,226.288) ist er in Wirklichkeit fehllos (Som 1,230 2,185 Fug 108 117 118). Denn er ist, wie auch der ἀρχιερεὺς Mose (Praem Poen 56 Vit Mos 2,3.292 Rer Div Her 205f), der λόγος (Fug 108.117). Durch seine Vermittlung stimmen die Menschen Gott gnädig und reicht Gott den Menschen seine Gnadengaben dar (Spec Leg 1,116), wie ja auch Mose himmlischer Fürsprecher vor Gott ist (Rer Div Her 205). Der Hohepriester ist also auch im Himmel tätig, vor allem aber in den Seelen der Menschen. Er bringt sich der Gottheit dar, aber nicht leidend und sterbend (Wenschkewitz 211f), sondern ekstatisch (Som 2,183). Sein Allgewand ist stoisch monistisch gedacht und charakterisiert den Hohenpriester nicht als gnostisch entweltlichenden, den Vorhang durchbrechenden Welterlöser: Der ganze κόσμος, die πατρὶς des Hohenpriesters, betritt mit ihm das Heiligtum, wird durch ihn zum Kult herangezogen und ist, als Gottessohn, sein Fürsprecher, dessen er sich als würdig erweisen soll, Vit Mos 2,133–135 Spec Leg 1,93–97 (zu Käsemann aaO 125). Gnostisch an dem philonischen Hohenpriester ist freilich, daß er die Ekstase selber übt (Som 2,183) und weitergibt (Leg All 3,82).

Der Hb konnte also auf gleichzeitige jüd Vorstellungen über himmlisches Priestertum zurückgreifen. Wie ist die Verbindung im einzelnen zu denken? Die Texte, die Michael, Adam, Mose, Henoch-Metatron als Hohepriester nennen, bleiben, weil zu jung, besser außer Betracht. Vielleicht darf man die Levi-Texte der Test XII und S Nu 25 berücksichtigen; sicher die Qumran-Texte und Philo (Wuttke 12 Theißen 130). Allgemein jüd und auch dem Hb eigen, freilich nicht philonisch, ist die lokal gemeinte (gegen Nomoto 17f) Vorstellung vom himmlischen Heiligtum und seinen Kultgegenständen. Speziell mit Philo verbindet den Hb das gottheitliche Wesen des Hohenpriesters; nur die Seele als Ort seiner Wirksamkeit ist dem Hb fremd. Der Eine Hohepriester des Hb hat eine entfernte Analogie zu den wenigen CD-St, die die beiden Messiasse in Eine Person zusammenziehen. Wie im Hb hat der Hohepriester bei Philo und in S Nu 25 eine erlösende, führende, fürbittende Funktion. Schon hieraus erhellt: Die Gemeinde, deren ὁμολογία der Hb benutzt, und der Hb selber haben den gottheitlichen, wenn S Nu 25 alt ist, auch den himmlischen Hohenpriester im Judentum bereits vorgefunden.

Freilich gibt es auch tiefgreifende Differenzen. Denn Philo kennt mehrere Hohepriestergestalten, den meist namenlosen, Mose, Melchisedek und den Logos, während für den Hb nur Jesus und sein Abbild Melchisedek Hoherpriester ist. Im Judentum stehen Hoherpriester und Messias meist als zwei Personen nebeneinander, besonders in Qumran; im Hb ist Jesus Hoherpriester und Messias in E i n e r Person, was aber nicht als eine mit einer gewissen Analogie verbundenen antiqumranische Polemik des Hb verstanden werden darf (Coppens 104 Braun Qumran-NT II 181f gegen Yadin 41–45 48–53). Der Hohepriester ist Levit bei Philo, sehr betont in den Qumran-Texten und in den Test XII, im Hb gerade nicht 7,14 (Braun aaO II 181f). Der Hohepriester Philos trägt das kosmische Allgewand, der entweltlichende Jesus des Hb, 11,15f, nicht. Die gewichtigste Differenz ist das Selbstopfer im Tode, das den Hohenpriester des Hb von dem Philos unterscheidet. Die Benutzung der jüd Tradition vom himmlischen Hohenpriester erfolgt im Hb selbständig; Philo wird nicht kopiert. Hb betont 5,1ff zwar die Analogie zwischen dem Priestertum Aarons und Jesu (Vanhoye Situation 453–456), tut dann aber – darin ganz unjüd – mit seiner Hohenpriester-Theologie die himmlische Überlegenheit Jesu über irdisches Kultwesen dar, das sich im levitischen Priestertum verkörpert (Zimmermann 33 Theißen 30–33) und schon vom Jesus der Synoptiker, wenn auch nicht grundsätzlich, hie und da konkret bekämpft wird. Das wird sich besonders im Melchisedek-Exkurs noch zeigen. Es ist aber unwahrscheinlich (Dibelius Der himmlische Kultus 160–163), daß diese Frontstellung bestimmte Neigungen der Predigthörer ermahnend korrigieren will: es gibt im Hb keine Anzeichen dafür, daß die Angeredeten mit dem Judentum liebäugeln (zu Schrenk ThW III 247). Bedroht sind sie von Müdigkeit oder gar Abfall. Auch daß der Verf den Hörern mysterienhafte Neigungen ausreden will, scheint mir angesichts der doch positiv ernsthaft gemeinten Hinweise von 6,4f so summarisch nicht sicher (zu Theißen 48–51); 13,9 formuliert eben doch vorsichtig mit οὐκ ὠφελήθησαν.

18. Denn auf Grund dessen, daß er als einer, der selber Versuchungen ausgesetzt war, gelitten hat, ist er imstande, denen zu helfen, die Versuchungen ausgesetzt sind.

Literatur: RSBarbour Gethsemane, NTSt 16, 1970, 231–251; OCullmann Christologie⁴, 1966; HHegermann siehe V 17; JKögel siehe V 5; KGKuhn Temptation, in: KStendahl The Scrolls, 1957; HWenschkewitz siehe V 17; HWindisch Taufe und Sünde, 1908; FMYoung siehe V 9.

γάρ bringt den „Schlußpunkt" (Kögel 98) des Beweises: totale Situationsgleichheit schloß Jesu Versuchlichkeit ein, und nur sie befähigt ihn zu barmherzigem und treuem Helfen; anders als bei Paulus (Wenschkewitz 205). ἐν ᾧ wie R8,3 kausal (Bauer ἐν IV6d Bl-Debr § 219,2, so schon Erasmus adnotationes); nicht von Jesu menschlicher Natur (gegen Thomas), auch nicht von dem Gebiet, auf dem Leiden und Versuchungen stattfanden (gegen Kögel 99f Westcott). πάσχειν, von Jesus noch Synoptiker Ag 1Pt, nie bei Paulus, meint im Hb, wie auch in Pap bisweilen (Preisigke Wört II 275,2), immer, auch in 5,8 9,26 13,12, das Sterben (Riggenbach, gegen Seeberg Kommentar SpicqII Westcott), für das Hb ἀποθνῄσκειν vermeidet (siehe 2,9), also anders als Mk 8,31 Par. πάσχειν Bauer 3aα Michaelis ThW V 903–923. Die Apost Vät, besonders Barn, sprechen viel von Jesu πάσχειν, aber ohne es mit seinen Versuchungen und mit seinem Helfenkönnen zusammenzubringen. Der Ton liegt hier auf πειρασθείς: richtig Erasmus adnotationes trotz seiner Fehlübersetzung von πέπονθεν mit *contigit* (Delitzsch Kögel 99f; einschränkend Riggenbach; gegen Westcott). πειρασθείς (Bauer 2b Seesemann ThW V 23–37) wird durch αὐτός, hier ohne das meist ihm vorangestellte καί, kräftig akzentuiert und mit τοῖς πειραζομένοις im Nachsatz aufgenommen. πέπονθεν in p⁴⁶ ist Verschreibung. Die Umstellung αὐτὸς πέπονθεν in D d und das *passus est ipse et tentatus* in demid tol vg^cl verschiebt diese Akzentuierung; die Auslassung von πειρασθείς in ℵ und Cyr^1:1 – Versehen oder Vermeidung von Anstoß? – verdirbt das Gefälle vollends. Jesus wird nicht versucht laut Ag Paulus KathBr Apk, auch nicht in den ApostVät, wohl aber in den Evangelien; von Gegnern und vom Teufel. Hier und in 4,15 wie auch bei den πειραζόμενοι V b scheint Gott als der Versuchende gedacht, wegen 11,17 (wie Mt 6,13a gegen Jk 1,13). Der Teufel ist aber, wie im Judentum (Str-B I 135 139–141 422), dabei nicht wegzudenken; es geht, qumrannah, um eine eschatologische Versuchung (Kuhn bei Braun Qumran-NT I 247 Barbour 247). Die Versuchung geschieht nicht in 4,15, aber hier nicht v o r (wie Mt 4,1–11 Par Lk 22,28), sondern in der Passion (Michaelis ThW V 916 gegen Laubach Montefiore) als Möglichkeit zur Flucht vor dem Tode (Spicq Moffatt); nicht bloß als äußerliche Anfeindung (gegen Thomas Kögel 101f Westcott); nicht bloß als Erprobung (gegen Calvin Vanhoye Situation 384; schon Cyr und Chr differieren hier, Young 156f). Daß Jesus diesem *posse peccare* (gegen Photius v Konstantinopel Staab 640f) ausgesetzt war (so Hegermann 119 Cullmann 93), macht seine Fähigkeit, nicht sein Recht (gegen Kögel 102) zum Helfen aus; d a s, nicht sein Sieg über die Versuchung 5,7f 12,3, ist hier betont (gegen Schrenk ThW III 279). Diese Fähigkeit des versuchten Jesus steht hier im Zentrum; die Tradition ist also von den synoptischen Versuchungsberichten unabhängig (Seesemann aaO Barbour 234). Sie, wie Barbour 247, zu historisieren und zu psychologisieren, führt freilich in den Widerspruch zwischen Jesu göttlicher Qualität und seinem *posse peccare*. Gottes βοηθεῖν in LXX oft, besonders Ps und Sir. Jesus kann helfen; δύναται, nun Praes, also der Erhöhte. Der Irdische in den Evangelien kann Wunder tun, heilen und so βοηθεῖν (Mk 9,22), Sünden vergeben; der Erhöhte bei Paulus (Phil 3,21) kann sich alles unterwerfen. In 7,25 kann Jesus retten als der Ewige; hier wie 4,15 als der Situations*gleiche,* analog der allgemein-menschlichen Regel: Philistion Bauer συμπαθέω; Wettstein Vergil Aen I 630: „nicht unkundig des Schlimmen, lerne ich, den Elenden Hilfe zu leisten".

Die Hilfe durch Jesu Gnade 4,16 und Fürbitte 7,25 (Michel) gegen die Versuchung zu Ungehorsam und Abfall empfangen die πειραζόμενοι, dh primär die Christen (Windisch Taufe 303); die Existenz des Gottesvolkes ist durch Versuchlichkeit gekennzeichnet, 10,25 12,4.9–11 (Käsemann aaO 26); die nachfolgende Mahnung (3,7ff), die Ruhe nicht zu versäumen, wird das drastisch klarmachen. Das *et* (= καί) vor τοῖς πειραζομένοις in amiat StGallen Karlsruhe vg^cl (RWeber Vulgata) zerstört den Sinn. Jesu Helfen ist zu unterscheiden von dem Sühnen wie das comme nous von dem pour nous (Windisch aaO 303 gegen Seeberg Kommentar SpicqII Kosmala 409 Strathmann); ἱλασθῆναι neben βοηθεῖν in LXXPs 78,9 wiegt nicht als Argument, es bedeutet dort „gnädig sein", nicht „sühnen". Es ist also ein anderes Helfen gemeint als in der an Jesus gerichteten Bitte um Heilung (Mt 15,25 Mk 9,22.24). βοηθεῖν im Hb nur hier (Bauer 2 Büchsel ThW I 627). βοήθεια nur 4,16 im Hb; βοηθός nur 13,6 im NT. Jesu βοηθεῖν in den Apost Vät nicht; Jesus als βοηθός 1Cl 36,1; Jakobus als βοηθός 2Apk Jk Nag Hammadi V4 59,23f, wo die Situationsgleichheit, aber ohne πάσχειν und πειράζειν, anklingt. Jesus, angerufen um ein βοηθεῖν, das zu den höheren Äonen trägt, Pist Soph 35,1–3 38,5. Anders als Act Joh 88 S 194,2f führt Jesus im Hb nicht in die Versuchung hinein. Das Motiv des Helfers und Beistandes ist bei den Mandäern breit belegt: Verschiedene Helfer (Lidz Ginza R III S 68,21–23 L II 16 S 483,6f Lit Oxf XII S 175,5–10), unter ihnen Manda d'Haije (Lidz Ginza R XII S 284,28–30 S 285,8f). Der Helfer steigt hinab, er ist für die Frommen Stütze und Festigkeit (Lidz Lit Oxf XXIV S 195,8–11); er vermittelt den Aufstieg zum Lichtort (Lidz Lit Oxf XLIV S 212,1–4). In keinem dieser Texte ist der Helfer ein sterbend Versuchter. Auch der Königssohn des Perlenliedes Act Thom 108–113 stirbt nicht; er schläft nur ein, und das befähigt ihn gerade nicht zur Gewinnung der Perle. Die Gnosisnähe des Helfers Jesus ist also nicht komplett (zu Käsemann aaO 55–58 Dibelius S 164f).

3,1–6. Der treue Jesus und der treue Mose, zwei verschiedenwertige Chargen im Hause Gottes.

1. Daher stellt, heilige Brüder, die ihr an der himmlischen Berufung teilhabt, euch den Apostel und Hohenpriester unseres Bekenntnisses vor Augen, Jesus:

Literatur: MPAuffret Essai sur – Hb 3,1–6, NTSt 26, 1980, 380–396; GBornkamm Lobpreis; Apophoreta, 1964, 46–62; ders. Homologia, Geschichte und Glaube I, Ges Aufsätze III, 1968, 140–156; RBultmann Die – neuerschlossenen – Quellen, ZNW 24, 1925, 100–146 (= Exegetica, 55–104); WKramer Christos Kyrios Gottessohn, 1963; RWLyon A re-examination, NTSt 5, 1959, 271; KTSchäfer κρατεῖν τῆς ὁμολογίας, Festgabe Höffner, 1971, 59–70; HGSchütz „Kirche" in spätntlicher Zeit, Diss Bonn, 1964; JSwetnam Form and Context in Hb 1–6, Bibl 53, 1972, 368–385; AVanhoye Situation et Signification, NTSt 23, 1977, 445–456; HFWeiß Bekenntnis und Überlieferung, ThLZ 99, 1974, 321–330; KWengst Christologische Formeln, 1972; PGWetter „Der Sohn Gottes", 1916.

ὅθεν (siehe 2,17): wegen 2,5–18. Die ἀδελφοὶ nicht, wie 2,11.12.17, speziell die Brüder Jesu (zu Auffret 381), sondern die Mitchristen des Verf, im Hb selten (3,12 10,19 13,22) als paränetische Anrede. Warum erst hier? Schon 2,1–3 brachte doch ernste Mahnung. Diese Anrede allgemein im NT und in den Apost Vät. Atlich (siehe 7,5) entstammt sie dem Judentum, meint hier jedoch nicht die Qumran-Frommen wie in CD (gegen Kosmala 46 50); auch außerbibl für Volksgenossen, Freunde und Mitglieder einer religiösen Gemeinschaft (Bauer 2 vSoden ThW I 145f). ἀδελφοὶ im Hb als Sing 8,11 13,23. ἀδελφοὶ im NT, außer 1Th 5,27 LA, nur hier verbunden mit dem Adj ἅγιοι. Das Subst ἅγιοι (in Hb 6,10 13,24 wie in Ag Corpus Paulinum 1Pt Apk Apost Vät, nicht in 1J) stehende Bezeichnung für Christen; für die Israeliten schon LXX (Bauer 1bα2dβ Procksch ThW I 101–112). Gottgeweiht sind die ἀδελφοὶ nicht, weil sie nur Anwärter (gegen Kosmala 5), sondern Teilhaber an dieser Berufung sind. κλῆσις (siehe καλέω 5,4), im Hb nur hier, noch im Corpus Paulinum 2Pt 1Cl 46,6, vom göttlichen Rufen schon im AT, besonders Dtjs; auch in der Isis-Religion (Bauer 1KLSchmidt ThW III 492–495). Der Ruf ist hier personaler gedacht als die οὐράνιος – μοῖρα Philos (Rer Div Her 63f). Er kommt vom Himmel und holt in den Himmel (vgl. Phil 3,14 Eph 2,6 2Tm 4,18), also unalttestamentlich (Thomas) und unqumranisch (Braun Qumran-NT I 247f). ἐπουράνιος, mit οὐράνιος in 206 gleichbedeutend (Gegensatz χοϊκὸς; Jeu Cap 3 S 259,9.19, vgl. Phil 2,10), von dem, was aus dem Himmel stammt (6,4) oder sich in ihm befindet (8,5 9,23 11,16 12,22), in Evangelien Paulus Apost Vät (Bauer 1 Traub ThW V 538–542). Die Vorstellung ist nun nicht temporal-eschatologisch, sondern lokal. Jesus ladet in Mk 2,15–17 Par Deklassierte in seine Mahlgemeinschaft und in die nahe βασιλεία; der Ruf hier holt Menschen aus der gnostisch verstandenen Fremde (11,13) in die Himmelswelt (Schierse 45f 118); vgl. 2,10. μέτοχοι, in LXX spärlich, außer Lk 5,7 nur im Hb (in 1,9 subst; hier und 3,14 6,4 12,8 1Cl 34,7 Ign Eph 11,2 adj; Bauer 1 Hanse ThW II 830–832; für den Wortstamm bei Plut siehe Betz Plutarch 1975 S 195 277). Eine mysterienhafte Vokabel (Theißen 101): Corp Herm 4,5.5 Pist Soph Cap 98 S 153,7–16.

Aus dem Ind der Teilhaberschaft erwächst die Paränese. Hb korrigiert das Statisch-Mysterienhafte von μέτοχοι, zwar nicht hier, aber durch Einschränkung in 3,14 6,4 12.8 (Theißen 102); freilich ohne das paulinische Paradox von Ind und Imp zu meinen, die Gefährlichkeit überwiegt, siehe 2,2; Luther paulinisiert hier den Hb zu Unrecht. Der Imp – κατανοήσετε in D* ist Schreiberversehen – ruft zum verstehenden Hinschauen (vgl. Lk 12,24 Ag 11,6 Philo Som 1,165), hier übertragen, auf Jesus. Zur 2. Pers siehe 2,1. κατανοεῖν noch 10,24; LXX Evangelien Ag Paulus Jk Apost Vät, besonders Herm (Bauer 3 Behm ThW IV 970–972). ἀπόστολος, im Hb entgegen frühkatholischem Amtsverständnis (Theißen 107 Grässer Gemeindevorsteher 79) nie wie sonst im NT von chr Predigern (siehe 13,7; von Jesus im NT nur hier, nicht Apost Vät, wohl aber, freilich nicht neben ἀρχιερεύς, Just Apol I 12,9 63,5.10. Später von Mohammed (Bauer 2). ἀπόστολος 3βαο 14,6 für einen Unheilspropheten; verbal Js 6,8. Die Anwendung auf Jesus ist vorbereitet: ἀποστέλλειν, πέμπειν mit Obj Jesus bei Paulus, besonders Joh. Hintergrund ist nicht Mal 2,7; Hb las dort LXX ἄγγελος (gegen Kosmala 79 Vanhoye Signification 452A1); auch nicht der Hohepriester am Versöhnungstage als שליח Joma 1,5 Qid 23b (Str-B III 3f), weil nur punktuell beauftragt; sondern der gnostische Gesandte, insofern wie ἀρχηγός, siehe 2,10 (Vanhoye Structure 87), besonders in mandäischen Texten (Wetter 26–30 Bultmann Die neuerschlossenen 105 f Bauer Joh³ zu 3,17 Käsemann aaO 95 f Römer zu 1,1; ferner Baptism of Hibil Ziwa S 69 Z 6 von unten, S 82 Z 4 von unten; gegen Rengstorf ThW I 423 f 444 f). Jesus, der Apostel, als Mensch gewordener (Thret Cramer Cat 434), ist autorisiert in seiner Botschaft 1,2 2,3.12 (Rengstorf aaO 423 f Schierse 129) und in seinem Führertum (Gyllenberg 673); nicht als göttlich in Vergleich zu den halbgöttlichen Engeln (gegen Swetnam 370 f); auch nicht in Antithese zu Mose (gegen Thomas Calvin). ἀρχιερέα (das angehängte ν in C ist Verschreibung, Lyon 271) mot crochet zu 2,17, neben ὁμολογία und Ἰησοῦς, Inklusion zu 4,14 (Vanhoye Structure 54). Es geht um den himmlischen Hohenpriester (siehe 2,17 Exkurs; Schierse 109), nicht um Jesus qua Mensch (gegen Swetnam 370 f). Zum Ganzen siehe Michel.

Die Hörer werden mit ἡμῶν auf ihre eigene (gegen Kosmala 2 f) ὁμολογία angeredet; freilich nicht betont antijüd (gegen Luther). Aus dem Entscheidungsakt des ὁμολογεῖν, im NT öfter, und aus der ὁμολογία qua Bekenntnisakt ist hier, analog der Formuliertheit politischer und merkantiler ὁμολογίαι („Verträge"; Ditt Or 5,31 f Syll⁴ 742,52 647,65 Preisigke Wört II 179 unten; wie 1Tm 6,12 f, nicht Apost Vät) gültiges formuliertes Bekenntnis geworden; natürlich, ehe hier im Hb auch die explizite Vokabel dafür vorlag, die der Hb dann interpretiert (Käsemann 108). So Seeberg Kommentar Hollmann Windisch Bauer 2 Käsemann aaO 106 Bornkamm Bekenntnis 188–194 Lobpreis (Dank und Schuldbekenntnis im AT als Opfer) Homolgia (als politischer und unpolitischer Begriff bei Plato Aristot Epict) Michel ThW V 199–220 Kramer 70 Schütz 78 KTSchäfer 63 vCampenhausen 231–234; gegen viele Eklärer, zuletzt Riggenbach SpicqII Héring Westcott Laubach Strathmann Barclay; Weiß ebnet das ein 321–330. Formuliertheit, aber nicht Einmaligkeit dieser formulierten Tradition ergibt sich aus dem κρατεῖν 4,14 und κατέχειν 10,23; Taufe als liturgischer Ort ist also nicht sicher (gegen Bornkamm Bekenntnis aaO; Michel ThW V 216 Wengst 107 nicht so eindeutig; vgl. Käsemann aaO 107 KTSchäfer 63 vCampenhausen aaO, die die ὁμολογία liturgisch allgemeiner lokalisieren; siehe 1,3 am Ende). Ihr Inhalt ist christologisch (3,1 4,14) und soteriologisch (10,23); im Sinne des Hb wohl kein Unterschied. Die Hoheitstitel schwanken noch: ἀρχιερεὺς hier und 4,4, ἀπόστολος nur hier, υἱὸς τοῦ θεοῦ nur 4,14. So Windisch; anders Bornkamm (siehe 2,17 Exkurs).

Zuletzt das Wichtigste, der Name Jesus (siehe 2,9). Ἰησοῦν Χριστὸν in C¹ D² KL Ψ 104 326 1175 Koine sy^{p.h} Hil und Χριστὸν bei Or Cyr gleichen, sekundär, an die übliche Fassung an.

2. er ist seinem Schöpfer treu, wie auch Mose in seinem Hause es war.

Literatur: MPAuffret siehe V 1; ATHanson Christ in the Old Testament, Studia Evangelica II, 1964, 393–407; MNoth Das vierte Buch Mose, 1964; JSwetnam siehe V 1; AVanhoye Jesus fidelis, Verbum Domini 45, 1967, 291–305; ders. Signification siehe V 1.

Bei dem Apostel und Hohenpriester Jesus sollen die Hörer auf seine Treue achten: ἐλεήμων und πιστός (siehe 2,17) werden hier und 4,15f chiastisch aufgenommen. πιστός, Nu 12,7 im NT nur hier zitiert, aber 1Cl 17,5 43,1 und ClAl Strom IV 106,4 II S 295,6f (Mees 228), ohne Zitationsformel (Schröger 95) wie 2,16, verschiebt wie LXX das Betreutsein (Noth zSt), des hbr Textes נאמן in die Treue. Jesus, als Mensch, wurde treu und ist es geblieben (Gräßer Glaube 20; gegen die rein präsentische Deutung bei Hollmann Seeberg Kommentar); ὄντα ist auch imperfektisch auflösbar (Bl-Debr § 339,2 Hanson 394). Nicht: der himmlische Jesus gilt Gott als glaubwürdig. πιστὸς mit dem Dat könnte das wohl heißen; in Philos Deutung von Nu 12,7 variiert πιστὸς zwischen „bewährt" (Leg All 2,67), „glaubwürdig" (Leg All 3,204) und „vertrauend" (Leg All 3,228); aber der Grundsinn von Nu 12,7 wiegt hier nicht als Argument, und πιστὸν ὄντα muß, zur Abwehr der ἀπιστία 3,12.19, paränetisch verwendbar bleiben (Gräßer Glaube 22 gegen Vanhoye fidelis 291–305 Signification 451). Jesu Treue richtet sich auf seinen Schöpfer; vet lat: *creatori suo*. ὁ ποιήσας der Schöpfer, klass, hell, LXX (meist für עשה), NT, Apost Vät (Bauer 1aβ, Braun ThW VI 457–463). Jesus ist also Geschöpf (so schon Wettstein), trotz der Abwertung der πεποιημένα 12,27 (gegen das Nicaenum). Mithin nicht: Gott hat ihn zum Apostel und Hohenpriester gemacht oder eingesetzt (gegen Athan Greer 88.95 Chr Cramer Cat 163,5 Thret Cramer Cat 434,8f Thomas Erasmus paraphrasis adnotationes Calvin Bengel Schierse 109 Moffatt Hanson 394 Michel Westcott Laubach Vanhoye fidelis 296 Montefiore Swetnam 377; breitere Väter-Belege bei SpicqII Michel Westcott). Solche Einsetzung würde dann, vom Hb aber kaum gemeint, wie bei Philo (Vit Mos 2,3.292) auch von Mose gelten. Hier steht zudem kein doppelter Acc wie 1,7 Ag 2,36; ποιεῖν „einsetzen" ist in 1βαο 12,6 fraglich. Nun kann, antik gedacht, ein Gottwesen das andere ποιεῖν (Nock-Fest III Stob Exc 5,2; neben γεννᾶν Preis Zaub I 4,643f und δημιουργεῖν Act Thom 6 109,10f); aber dem Stande des υἱός würde das γεννᾶν besser entsprechen, wie auch Plut das δημιουργεῖν und ποιεῖν vom γεννᾶν abhebt (Ser Num Vind 16 II 559D Amor Prol 2 II 494C). Ob Hb, wie die meisten neueren Erklärer seit Delitzsch, hier betont an den zeitlichen Lebensanfang, an Jesu σῶμα gedacht und dieses von Jesu ewiger Göttlichkeit unterschieden hat, bleibt fraglich; zur Spannung zwischen Jesu Geschöpflichkeit und Göttlichkeit siehe 1,3 Exkurs. ὡς, im Hb öfter, zB 11,29, ohne Verb (Bauer I2a II2); zu ergänzen ist πιστὸς ἦ. Es ist ein einfacher Vergleich (Bultmann Exegetica 375), nicht eine Typologie (gegen Schröger 98 Schiwy). Mose wird nicht als untreu Jesu entgegengesetzt (Schierse 108); sein νόμος gilt als positiv 10,28. Wie die Engel in Hb 1 wird auch er nicht abgelehnt. Auch Mose war also treu, trotz Nu 20,12. Bei Jesu Treue ist mithin hier kaum an Sündlosigkeit, wie 4,15, zu denken (gegen Gräßer Glaube 20). Die Qumrantexte schweigen über Moses Treue (Braun Qumran-NT I 248). Aber RJose 150p stellt Moses Bewährtheit über die der Dienstengel; im sehr späten Jalqut Schimoni ist Moses Herrschaftsbereich ausgedehnter als der der

Engel, und seine Bescheidenheit trotzdem Gott gegenüber macht seine Bewährtheit aus (Str-B III 683). Zur ursprünglichen Schreibweise *Μωϋσῆς* siehe Bauer Bl-Debr § 38 JJeremias ThW IV 852–878. *Μωϋσῆς* in p[46] C K L P 33 81 326 1175 1834 d e f vg fu demid sa bo Chr Thret; *Μωσῆς* in ℵ A B D **0121b** Ψ 6 38 104 205 241 242 383 424 506 642 1108 1245 1311 1319 1518 1610 1611 1739 1852 1872 2004 2005 2138 vg am Dam. Im Hb erscheint Mose als Handelnder (3,2.3.5.16 8,5 9,19 11,23–28) und als Verf, Sprecher des Schrifttextes (7, 149, 19 10,28 12,21). Seine – nicht etwa Jesu (gegen Thomas Calvin Bleek-Windrath) – Treue geschieht *ἐν τῷ οἴκῳ αὐτοῦ*. *ὅλῳ*, vor einem mit Art versehenen Subst wie auch sonst im Hellenismus, LXX und NT (Bauer 2a), wird aus V 5 und Num 12,7 stammen; sein Fehlen in p[13] p[46 vid] B co Cyr Ambr wird ursprünglich sein (Seeberg Kommentar Riggenbach Ahlborn 46 Schröger 95f; Zuntz 65 schwankt; gegen viele Erklärer); 1Cl 17,5 43,1 spricht nicht dagegen (Hagner 191). Hb konnte es weglassen; er argumentiert nicht, wie Jalqut (siehe oben), mit dem Umfang von Moses Herrschaftsbereich, sondern er betont *ἐν* gegen *ἐπὶ* V 6 (Riggenbach Schröger 95f; gegen Delitzsch SpicqII Westcott). *αὐτοῦ*, das in Philos Deutungen zu Nu 12,7 (siehe oben) fehlt, meint Gott, den Schöpfer, wie das *μου* Nu 12,7 und Hb 10,21, nicht Jesus; richtig die meisten Erklärer (gegen Bleek-Windrath Hanson 394f Auffret; trotz der Nähe von *οὗτος* V 3 = Jesus; zu weiträumigeren Rückbeziehungen im Hb vgl 10,10–12). *οἶκος* bezeichnet die Hausbewohner, wie 11,7, die *familia dei* wie 3,5.6 8,8.10 10,21 (Michel ThW V 122–133 Bauer 2.1b*a*); hier Israel, vgl Ez 3,17 TgO בכל עמי (Größer Glaube 22, so die meisten); nicht Synagoge (gegen Erasmus paraphrasis); nicht Stiftshütte (gegen Laubach). „Haus" als Stiftshütte und Jerusalem aeth Hen 89,36.50; aber richtige jüd Belege für „Haus" = „Gemeinde", abgesehen von בית ישראל, fehlen weithin (siehe Michel ThW V 131 Str-B III 683f; Bengel: „eine seltene Bezeichnung zZ des Mose"). Mose als *πιστός*, ohne Verbindung mit *οἶκος*, PsClemHom 2,52,3 Recg 1,36,1.

3. Denn dieser ist einer Herrlichkeit gewürdigt worden, die um so größer ist als die des Mose, je größere Ehre, verglichen mit dem Haus, sein Erbauer hat.

Literatur: AT Hanson siehe V 2; AStebler Beweisstelle, Theologisch-praktische Quartalsschrift 76, 1923, 461–468; JSwetnam siehe V 1.

Warum trotz seiner Treue nicht Mose, sondern Jesus beachtet werden soll, hat seinen Grund – *γὰρ* blickt zurück auf *κατανοήσατε* (Bengel) –: Jesus überragt an Herrlichkeit den Mose um so viel, wie der Baumeister sein Haus. *πλείων* (Bauer *πολὺς* II 1b), bei Paulus nicht komparativisch (Westcott), noch 11,4, auch da wie hier mit dem komparativischen *παρὰ* (siehe 1,4), wie Herm s 9,18,2, gehört zu der für Hb typischen Denkstruktur des Überbietens (siehe 1,1 2,2). *οὗτος* von Jesus noch 10,12, *τοῦτον* 8,3; bei Joh oft (Westcott); die Auslassung hier in 467 arm Bas ist Schreiberversehen. *δόξης*, hinter *οὗτος* in p[46 vid] ℵ A B C D Ψ 2495 pc, ist kunstvoller als die sekundäre Stellung vor *οὗτος* in p[13] K L **0121b** 6 33 81 104 326 1175 1834 f vg Dam. Zu Gottes und Jesu *δόξα* siehe 1,3 2,6–8a. Zu Mose siehe 3,2. *Μωϋσῆν* in p[46] ℵ B C D★ K L P al pler; *Μωσῆν* in A D[2] **0121b** 69 203 242 255 383 462 489 506 642 1245 1311 1610 1611 1738 1739 1827 1845 2143 2004. Die ihm auch in 2K 3,7 gemäß Ex 34,29–35 zugeschriebene *δόξα* ist geringer als hier: dort vergeht sie, sein Tun wird mit *διακονία τοῦ θανάτου* inhaltlich abgewertet (Michel Montefiore). *ἠξίωται* Bauer 1a Foerster ThW I 379f. Jesus als *ἄξιος* noch Apk 5,9.12; das Verb von Christen 2Th 1,11 1Tm 5,17, in 10,29 auch negativ. Ein Gegensatz zu *ὑπερηφανέω* und der Sinn der unverdienten Herablassung (wie Preis Zaub

13,705–707) ist hier nicht gemeint. καθ' ὅσον (Bauer κατά II 5aδ ὅσος 3), im Hb noch 7,20 9,27 (ähnlich 1,4 8,6 10,25, nicht bei Paulus), vergleicht die Überlegenheit von Jesu Herrlichkeit gegenüber der des Mose mit der höheren Ehre des Erbauers gegenüber dem Gebäude; für Vergleiche bei Philo siehe Spicq I 47. (ὅσῳ statt καθ' ὅσον in 1245 1852 gleicht an 1,4 8,6 an.) Die in 2,7.9 (siehe 2,6–8a) kombinierten δόξα und τιμή, hier in V a und b, sind also auswechselbar. Subj zu ἔχειν im Hb Christen, Personen und zB 11,10, Sachen; weniger, wie hier, Gott und Jesus (vgl 4,14). τιμὴν ἔχειν (Bauer 2g) Joh 4,44: Jesus ist der δόξα „würdig", der Baumeister „hat" nur einfach τιμή. Zu τιμή siehe 2,6–8a. Der οἶκος ist hier nicht, wie 3,2, die Familie (gegen deWette[2]); nicht die atliche Gemeinde (gegen Seeberg Kommentar Stebler 466); nicht *Jesu* οἶκος (gegen Hanson 394f Swetnam 377); sondern jedes beliebige Haus, wie Lk 6,48, erstellt von jedem beliebigen Baumeister, vgl πᾶς V 4. Vg – *honorem habet domus* – verkennt den komparativischen Sinn von τοῦ οἴκου, mit ihr Thomas. Richtig: Erasmus paraphrasis adnotationes; nach Laurentius Valla; Luther korrigiert seine falsche Übersetzung ins Richtige (WA Die deutsche Bibel 7 S 350 633; Bengel). αὐτοῦ hinter οἶκον in 206* ist sekundäre Angleichung an 3,2.

Also ein Topos (deWette[2] Riggenbach Moffatt), der breit im kosmologischen Gottesbeweis des Hellenismus verwendet wird (Michel ThW V 129 Käsemann Römer 34–37): „Das Wesen, das die Schöpfung vollbracht hat, ist mehr als das Gewordene" (Philo Migr Abr 193; vgl. Leg All 3,97–100 Plant 68 Just Apol I 20 PsClemHom 10,19.2). Seit der Alten Kirche wird dieser Topos im Hb freilich vielfach speziell christologisch mißverstanden: Mose–Jesus wie ποίημα–ποιητής (Thret Cramer Cat 434 Photius v Konstantinopel Staab 641). Jesu Überlegenheit über Mose ist mit diesem Topos freilich nur dann bewiesen, wenn οἶκος darauf hinweist: nicht Gott (gegen Seeberg Kommentar Westcott), sondern Jesus hat das atliche Gotteshaus, Israel, erbaut, in dem Mose, ohne Erbauer zu sein, treu war 3,2 (Michel ThW V 129 gegen Jeremias ThW IV 875f Héring). Es bleibt aber zu beachten: als Erbauer seines eigenen Hauses wird Jesus explizit hier nicht bezeichnet (siehe oben zu Hanson Swetnam); die Ambivalenz des Hb gegenüber dem AT tritt hier wieder zutage (siehe 1,1 Exkurs). Die eindeutige Auswechselbarkeit zwischen Jesus und Mose, wie PsClem Hom 8,6,2, wird hier vielmehr vermieden (vgl. Schröger 98). κατασκευάζω hier 3,3f und 11,7 „herstellen"; vom Tempel des Herodes Jos Ant 16,115; Hb 9,2.6 „einrichten"; Bauer 2.3. Daß ὁ κατασκευάσας αὐτὸν aus 2 βασ 7,13 Prv 9,1 Sach 6,12 stammt, ist unwahrscheinlich wegen des οἰκοδομεῖν in den drei St (gegen Synge 21).

4. Jedes Haus wird ja von jemandem erbaut. Der aber, der alles erbaut hat, ist Gott.

Literatur: ATHanson siehe V 2; AStebler siehe V 3; JSwetnam siehe V 1.

Der Jesu Überlegenheit über Mose begründende Vergleich zwischen Baumeister und Haus ist schlüssig *(γάρ)*, denn ein Haus muß ja einen Erbauer haben. Diese „triviale" (Delitzsch) Feststellung gilt ausnahmslos: πᾶς, vgl. 12,6.8; und zwar für Haus und Stadt (Philo Cher 126), für jedes kluge Gebilde (PsClem Hom 6,25,1), für alles Gewordene (Plat Tim 5 III28C), für den κόσμος (Philo Cher 127). οἶκος wie 3,3. κατασκευάζεται siehe 3,3; Praes der Regel. Die Einfügung von ἄνωθεν (sic!) dahinter in 440 ist sinnlos. τινος Bauer 1a; hier nicht der Schriftautor wie 2,6; die in τις enthaltene Beliebigkeit ist hier, anders als sonst im Hb, völlig uneingeschränkt. Der Schritt von πᾶς οἶκος zu πάντα hier entspricht bei Philo dem von der οἰκία zum κόσμος und zum τόδε τὸ πᾶν (Leg All 3,98f), von der οἰκία – πᾶσα zur μεγίστη οἰκία, zum κόσμος (Cher 126f). V4b gilt als Parenthese für Hanson 396; V 4 im ganzen für Héring als Leserglosse, für Windisch, als Zwischengedanke, für Kuß als Unterbrechung. Vanhoye Structure 89–91 plädiert für Einheitlichkeit des Ganzen. Jedenfalls ist die Unterbrechung nicht willkürlich assoziiert: sie folgt hier, anders als R 1,25c 9,5c, dem Gefälle des hell Gottesbeweises: Gott ist der generelle Erbauer. Schon darum ist mit dem Prädikatsnomen (gegen andere, wie Delitzsch: mit dem Subj) θεός, art los, hier trotz 1,2f.8 nicht Jesus gemeint (gegen Cyr Cramer Cat 170,3–5 und viele Väter, siehe SpicqII Michel; auch gegen Bengel Stebler 467 Schiwy Svetnam 377). Aber auf Jesus war in V 3 ja als auf den Ersteller des Gotteshauses angespielt; und „Sohn" in V 6 wäre für ihn eine Antiklimax, hieße er in V 4 „Gott" (Bleek-Windrath Riggenbach). ὁ κατασκευάσας, Aor, damals; ὁ κατασκευάσας τὰ ἄκρα τῆς γῆς Js 40,28. Gott, der Schöpfer aller Dinge; formuliert mit ποιεῖν Js 45,7 Philo Plant 130 Preis Zaub 5,138f; mit πατήρ Corp Herm 5,10; oder mit ἐκ Ael Arist (Bauer πᾶς 2aδ Preis Zaub 4,2838); vgl δι' οὗ 2,10. πάντα, davor sekundär aus 1,3 oder 2,10 τὰ eingeschoben in C³ D¹ L P Ψ 81 104 326 1175 1834 Chr Thret Dam; der alte Text ohne τὰ in p¹³ p⁴⁶ ℵ A B C★ D★ I K **0121b** 6 33 1739 1881. Gemeint ist nicht nur, wie 2,7f, die kommende Welt; nicht nur die Himmelsstadt (11,10) oder die Gründung und Förderung der Kirche (gegen Calvin), sondern die αἰῶνες, die Welt in ihrer Geräumigkeit (1,2). Jesus als Schöpfungsmittler bleibt hier (gegen Thomas), wie 2,10 und 11,3 unberücksichtigt; er kommt wieder ins Spiel 3,6 beim erneut aufgenommenen οἶκος-θεοῦ-Thema. Zur Schöpfung im Hb siehe 11,3.

5. Und ‚Mose war treu in seinem ganzen Hause als Diener', der die zukünftigen Offenbarungen bezeugen sollte.

Literatur: ATHanson siehe V 2; MNoth siehe V 2; JSwetnam siehe V 1.

V 5 fügt für Jesu Überlegenheit über Mose dem ersten Argument (V 3) ein zweites hinzu, durch erneute Zitierung von Nu 12,7; das Zitat ist, gegen V 2, um das hier nun echte ὅλῳ und um ὡς θεράπων – ebenfalls aus LXX A F Orig Hexapla (Ahlborn 47) – erweitert. Μωυσῆς in p⁴⁶ ℵ C D K P; Μωσῆς in A B L **0121b** Koine 51 69 206 383 491 1739 1758 2004. Mose war treu *innerhalb,* also Teil (Erasmus paraphrasis) des ganzen Gotteshauses – αὐτοῦ meint θεὸς V 4 – als *Diener;* V 6 wird, durch chiastische Entgegensetzung von υἱός und ἐπί, den Beweis abschließen. θεράπων, für עבד , im NT nur hier (Bauer); die Stellung des obersten Sklaven, der das ganze Hauswesen verwaltet (Noth 82); fast Freund des Herren, von gewöhnlichen Sklaven unterschieden (Wettstein); für Mose öfter (Ex 4,10 14,31 Nu 11,11 Dt 3,24 Sap 10,16 18,21; St bei Riggenbach SpicqII; Williamson 465 Philo Sacr AC 12, häufig 1Cl – vgl Hb 3,2 – Barn 14,4 Just Dial 46,3 56,1 79,4 130,1). Der gleiche Nu-Text wertet im AT Mose gegen Mirjam und Aaron auf, hier gegen Jesus ab: „nur" θεράπων, „nur" ein Teil des οἶκος; eine „spitzfindige Exegese" (Schröger 95). εἰς μαρτύριον im Hb nur hier, öfter in Synoptikern; aber hier gegen griech Sprachempfinden „Bezeugung"; mit dem Gen Obj des Zeugnisinhaltes wie Ag 4,33 1K 1,6 2,1 2Tm 1,8 (Bauer 1a Strathmann ThW IV 508–510). Des Mose Dienst bestand in der Bezeugung künftiger Offenbarungen. λαληθησομένων im NT einziges Part Fut Pass (Bl-Debr § 351,2). Zu Gottes λαλεῖν und λέγειν siehe 1,1 und 1,1 Exkurs. Die Zukünftigkeit meint hier im Hb nicht nur die Gesetze, die Mose von Gott empfängt (gegen Thret νομοθέτης Cramer Cat 443 Luther

Glosse Bleek-Windrath Riggenbach Strathmann Héring Swetnam 376). Auch nicht nur des Mose Hinweis auf das zukünftige Reden ntlicher Zeugen (gegen Thomas, der Joh 5,46 erwähnt; gegen Wettstein: Mose gab Zeugnis für Christus, der den Willen Gottes voller erschließen sollte R 3,21; gegen Delitzsch deWette[2] Hollmann SpicqII Moffatt Hillmann Bruce Montefiore). Sondern den christologischen Bezug der dem Mose offenbarten Gesetze; so Erasmus paraphrasis („Abschattungen") Calvin (gemäß einer „ihm auferlegten Beschränkung") Bengel Windisch Michel Westcott Laubach Schiwy; vgl. 8,5 9,19–22 11,26 (Jeremias ThW IV 875f). Daß Mose mit Christus sprach, geht allerdings über den Hb-Text hinaus (Schröger 98 gegen Hanson 396). Für Μωυσῆς, πιστός, ὅλος, οἶκος siehe 3,2.

6. Christus aber (ist treu), als Sohn der über seinem Hause steht; dieses Haus sind wir, wenn anders wir die Freudigkeit und hoffende Hochgemutheit bewahren.

Literatur: MPAuffret siehe V 1; OBetz Der Katechon, NTSt 9, 1963, 276–291; BGärtner The Temple, 1965; GKlinzing Die Umdeutung des Kultus, 1971; EPeterson Zur Bedeutungsgesch von παρρησία, in: RSeeberg-Festschr I, 1929, 283–297; RReitzenstein Die hell Mysterienreligionen[3], 1927; HSchlier Christus und die Kirche im Eph-Brief, 1930; PVielhauer Oikodome, 1939.

Zum ersten von 12 Malen hier nun Χριστός, Eigenname geworden (Bauer 2 Grundmann ThW IX 558–560). Χριστὸς 3,6 9,11.24; ὁ Χριστὸς 5,5 9,28; τοῦ Χριστοῦ 3,14 6,1 9,14 11,26; Ἰησοῦς Χριστὸς 13,8; Ἰησοῦ Χριστοῦ 10,10 13,21; zu Ἰησοῦς siehe 2,9. Im Hb nie das paulinische ἐν Χριστῷ. Christus ist Sohn und steht über dem Hause Gottes; αὐτοῦ meint Gott (Cyr Cramer Cat 171,8f 444,1 Chr aaO 442,3 Thret aaO 443,10 und viele; gegen vg Thomas Erasmus paraphrasis de Wette[2] Bleek-Windrath Windisch SpicqII); siehe 3,5. ὡς wie 12,5.7.27 nicht fiktiv, sondern real (SpicqII); hier in Anlehnung an das Zitat. In υἱὸς fließen Stellung im Haushalt und christologische Titulatur zusammen, siehe 1,2 Exkurs; dagegen ist Mose auch als בן בית nur Hausverwalter Str-B III 683f Fohrer ThW VIII 345,21–23). ἐπί, gegen ἐν im Hb nur hier, nicht Zitat wie ἐν (Bauer III 1bα), in LXX öfter mit βασιλεύειν verbunden, „über" wie 10,21, aber hier 3,6 nicht wie Mt 25,21.23 von πιστὸς abhängig. Bei Mose wie bei Jesus der gleiche οἶκος, die Gemeinde (Schierse 110 gegen Laubach) 3,2; nur so wird der vom Text gewollte Gegensatz deutlich. „Dies Haus sind wir." οὗ ὁ οἶκος 440 2005 und τοῦ οἴκου 552 sind sekundäre LAA; aber wohl auch das in p[13] ℵ A B C D[2] I Ψ den meisten v co Hier breiter bezeugte οὗ οἶκος. Dagegen scheint ὅς οἶκος – in p[46] D★ **0121b** 6 88 424★ 1739 d e f lat sy[p] Lcf Ambr Theo[mopsv] Prisc– in seiner sprachlichen Härte ursprünglich zu sein (schon Bengel[3]; Zuntz 92f Héring Tasker 186). In jedem Falle, auch wenn die LA οὗ οἶκος echt ist, geht es um das Haus nicht Jesu, sondern Gottes (siehe oben), wie ναός und οἶκος auch sonst im NT und in den Apost Vät (1K 3,16 2K 6,16 Eph 2,19–22 1Tm 3,15 1Pt 4,17, vgl. 1Pt 2,5; viel in Herm: Vielhauer 156–162); aber bei Paulus und im Eph, anders als im Hb, kombiniert mit σῶμα. Jesus ist freilich der Erbauer und regiert das Haus. Der οἶκος Gottes ist nicht bloß Bild (gegen Gärtner 68f Schröger 100 Barclay), sondern, wegen 3,1 und 12,22–24, eine gnostisch gedachte himmlische Wesenheit (Schlier 49–60 Käsemann 96f Schierse 170f). Das AT trotz seiner Terminologie des Bauens – etwa Jer 24,6 Sach 6,12 –, die Apokalyptik und die Rabb nennen die Gemeinde nicht „Haus", höchstens „Haus Israel", „Familie" (3,2). Auch im Griechentum ist οἰκοδομεῖν nicht religiös gefärbt (Vielhauer 9–28 152). Haus Gottes individualistisch als Bezeichnung der frommen bzw asketischen Einzelexistenz: Philo Som 1,149 Sobr 62 Cher 101 106 (Siegfried 329 Williamson 110f); die alchemistische Schrift der Kleopatra (Reitzenstein 229); 1K 6,19 Barn 6,15 16,8–10 (Windisch) 2Cl 9,3 Act Thom 12 S 117,1 87 S 202,27–203,1 94 S 207,16f 156 S 266,4f. Dagegen belegt Qumran als Gemeindebezeichnung בית קודש für Israel, für Aaron 1QS 8,5 9,6; בית התורה CD 20,10.13; בית נאמן CD 3,19 (Braun Radikalismus I 43A15 127A7 Gärtner 68f Klinzing 199). Ähnlich die Mandäer: Lidz Liturg Qolasta 18 S 26,9f 76 S 135,2f Oxf 1,20 S 190,9ff (Vielhauer 39–42 Rudolph II 151). ἡμεῖς, hier wie 2,3 12,1.25 warnend und mahnend; nur 10,39 ohne Einschränkung. Das Heil ist, wie 3,14 10,38 Herm s 9,27,3 (Windisch), konditioniert nicht nur durch eine futurische Eschatologie, sondern, ernsthaft gemeint, durch den Wandel, durch das Festhalten an der Hoffnung, 2,2 (zu Theißen 102). ἐάν in p^{13} B D★ **0121b** P 33 81 630 1175 1739 1881 d e f vg Ambr und κἄν in ℵ★ müssen wohl zurückstehen hinter dem ἐάνπερ in p^{46} ℵ^2 A C D^2 Ψ 1834 den meisten Chr Thret Dam Lcf; ἐάνπερ siehe Bauer ἐάν III 3c. παρρησία (Bauer 3b Schlier ThW V 869–884 Michel): ursprünglich die demokratische Redefreiheit der Nichtsklaven, dann moralisches Gut allgemein; erst in LXX Hi 27,10 und bei Philo Rer Div Her 27 und Jos Ant 2,52 5,38 auf die Gottheit bezogen (Peterson 289–292), bei Paulus vor allem als apostolisches Selbstbewußtsein, in Deutero-Paulinen und 1J von Christen allgemein, meint, dem Glauben verwandt, auch hier wie 4,16 10,35 die Freudigkeit der Gemeinde vor Gott; der kultische Bezug wie 1Cl 34,5 Act Andr 1 bahnt sich an (Bultmann ThW III 653 A 48). Die παρρησία beruht auf der Ermächtigung durch Jesu Heilswerk 10,19 (Erasmus paraphrasis Käsemann aaO 23 Schlier ThW V 882f Schierse 167 Größer Glaube 17 96–98;, unmythologisch: auf einer vorpsychologischen Gegebenheit.

καύχημα Bauer 1 2 Bultmann ThW III 646–654. Der von Paulus häufig verwendete καυχ-Stamm im Hb nur hier, nun nicht mehr als auch heilsgefährdend wie R 3,27, sondern „das atliche Rühmen des Gottvertrauens in chr Form" (Bultmann aaO 653), wie παρρησία (siehe oben) auf dem Wege zum kultischen Bezug Act Andr 1 S 38,18f. καύχημα, als Gegenstand des Rühmens, hätte dann, dem Sinne nach wie R 5,2, den Gen appos (Bl-Debr § 167) τῆς ἐλπίδος qua Hoffnungsgut neben sich. Oder: καύχημα als Hochgemutheit, die sich im Hoffen betätigt (Erasmus paraphrasis: *gloriosa spes;* Riggenbach). ἐλπίς hier nur von καύχημα, nicht von παρρησία abhängig (Bauer 2b 4 Bultmann ThW II 515–520 525–531 Rengstorf ThW II 520–525): act sicher noch 6,11, mit den Strukturelementen des festen Vertrauens (Calvin) wie bei Pls, und des eschatologisch gerichteten Wartens, vgl 11,1; als Hoffnungsgut 6,18 7,19 10,23. Ebenfalls eschatologisch verbal Barn 8,5; subst Just Dial 44,4 Athenag 33,1 Sib 2,53. Das Fehlen von μέχρι τέλους βεβαίαν in p^{13} p^{46} B sa aeth Lcf Ambr wird ursprünglich sein (so seit Delitzsch viele, vDobschütz 139 Zuntz 33 Metzger 665; gegen ältere Erklärer, noch de Wette^2) gegenüber der breiten Bezeugung in ℵ A C D Ψ **0121b** 33 1739 den meisten latt sy$^{(p)}$ bo; auch die veränderte Stellung μέχρι τέλους κατάσχωμεν βεβαίαν in 4 c ist sekundär. Die drei Wörter kamen aus 3,14 ein (siehe dort), wo βεβαίαν korrekt ist; hier in 3,6 müßte βέβαιον stehen (Bl-Debr § 135,3). κατέχειν (Bauer 1bβ Hanse ThW II 828–830): „festhalten" in die Zukunft hinein an etwas Vorgegebenem, wie תמד 1QH 2,21f 7,20 (OBetz 280), TestXII Jud 26,1 Lk 8,15 1K 11,2 15,2 1Th 5,21; im Hb noch 3,14 10,23. 3,1–6 polemisiert nicht gegen den qumranischen Mose und Lehrer; Jesus und der Qumran-Lehrer haben verschiedene Funktionen (Braun Qumran-NT I 248f). In 1,4–14 Jesu Höherrangigkeit gegenüber den Engeln, hier in diesem „Midrasch zu Nu 12,7" (Michel) gegenüber Mose (Windisch); beidemal mit nachfolgender Paränese, die sich hier schon ankündigt. Zu 3,1–6 siehe Auffret.

3,7–4,13. Das warnende Beispiel der Wüstengeneration Israels mahnt zum Eingehen in die Ruhe

7. Darum (ist es angemessen), wie der heilige Geist sagt: ‚heute, da ihr seine Stimme hört,

Literatur: JBarbel Christos Angelos, 1941, 1964; ABonhoeffer Epiktet und das NT, 1911; HGunkel Die Psalmen, 1926; HJKraus Psalmen², 1961; GvRad Gesammelte Studien⁴, 1971, 101–108; WRordorf Der Sonntag, 1962; AVanhoye Signification siehe V 1.

Die Inklusion ἀρχιερεὺς 3,1–4,14 als Indiz reicht nicht aus, um die enge Verbindung von 4,14 mit dem Folgenden zu zerschneiden und den in 3,7 beginnenden Abschnitt erst in 4,14 enden zu lassen (Gyllenberg 145 Svetnam 384f und die meisten; gegen Vanhoye Structure 59 92 Montefiore). Dem tröstenden Zuspruch von 2,5–3,6 folgt hier, wie 2,1, die von besorgter Furcht diktierte Warnung (Theißen 93). διό, καθώς, eine auf Ergänzung (siehe die Übersetzungen) angelegte Aposiopese (Bl-Debr § 482). καθὼς bis zum Zitatende ist keine Parenthese (gegen Calvin Bengel deWette² Bleek-Windrath ASeeberg Kommentar Riggenbach Westcott). διὸ Bauer: mit Imp 3,7 6,1 12,12.28; mit Ind 3,10 10,5 11,12.16 13,12; wie hier als Zitat-Einleitung oder -Fortsetzung 3,7.10 10,5 12,12; „darum", weil die Hörer, nur wenn sie dabeibleiben, die Familie des hochrangigen, treuen Jesus sind, „Jesus ist treu, seid nur ihr nicht untreu" (Bengel; Vanhoye Signification 452). καθὼς als Zitateinleitung 3,7 4,3.7 5,6 8,5; vgl καθὼς γέγραπται oft bei Paulus; vergleichend Bauer 1: das Schriftwort paßt zu der paränesebedürftigen Situation der Hörer. λέγει, Präs, die im Hb übliche Zitateinleitung (siehe 1,1 Exkurs). Zu πνεῦμα als Wind, Engel, Geistgabe im Hb siehe 1,7 1,14 2,4. τὸ πνεῦμα τὸ ἅγιον hier und 9,8 10,15 der im AT redende Geist der Inspiration (Bauer 5c*a* ESchweizer ThW VI 444f). Die LAA τὸ ἅγιον πνεῦμα in 489 und τὸ πνεῦμα in 206*, beide paulinisch, aber nicht im Hb (Westcott), sind sekundär. Der heilige Geist als Sprecher des Schriftwortes, wie hier und 10,15, auch bei Rabb (Str-B III 684) und Exegese über die Seele Nag Hammadi II6 129. So selten, etwa Mk 12,36 Ag 4,25 28,25 (Windisch), im NT, in dem, abgesehen von dem Bezug auf das AT, sonst das πνεῦμα oft, besonders in Ag, spricht. Aber nirgends im NT hat der Geist, wie Hb 3,7 9,8 10,15 und 1Cl 13,1 16,2, den im AT redenden Autor, hier – jedoch nicht 4,7 – den David der LXX-Ps-Überschrift, verdrängt (Hagner 31 191). Zu ἅγιος siehe 2,4 und 3,1. Die verschiedenen Sprecher des Schriftwortes – 3,7 der Geist; 3,10 die Gottheit (Schröger 101) – meinen nicht, gegen Didym, die Identität der Trinitätspersonen (siehe Barbel 143). Ps 95 wird in Synagoge und Kirche noch heute liturgisch verwendet (Bruce). HbrPs 95,7b besagt: „heute" hält bei der regelmäßig wiederkehrenden kultisch-liturgischen Begehung der Prophet der einziehenden Gemeinde das nachfolgende Gottesorakel als neues Heilsangebot entgegen, nachdem das in der „Ruhe", in Kanaan, angesiedelte Israel das erste Angebot vertan hat: „wenn ihr heute doch auf seine Stimme hören wolltet!" (Gunkel 417–420 vRad 101–108 Kraus 659–663). Ähnlich R Jehoschua b Levi (250p) Sanh 98a (Str-B II

286e); R Acha (um 320) pTaan 1,1,64a (Str-B I 164). LXXPs 94,8a, ohne Varianten, verschiebt das hbr שמע ב leicht: ἀκούειν nun nicht „gehorchen", sondern die noch entscheidungsoffene Gelegenheit des Hörens, die erst im Sich-nicht-verstocken noch genutzt werden muß (Schröger 102). Der Hb läßt unberücksichtigt, daß das warnende Beispiel der nächsten Verse sich erst einmal an die Gemeinde des Ps 95 wendet und redet darum mit der ersten Zeile des Zitats gleich *seine* Hörer direkt an (Montefiore). Den LXX-Text übernimmt er wörtlich; μου wie in Joh 10,16.27, statt αὐτοῦ ist in 1319 sekundär. Wie in LXX folgt im Hb dem Hören das Gehorchen, siehe 4,2 (vgl. Lidz Ginza L 3,57,588,26); das „heute" ist noch nicht der Eingang in die „Ruhe" (gegen Rordorf 110 f). σήμερον, hier nicht christologisch wie 1,5, sondern paränetisch (wie bei Epict Diss 4,12,1, vgl Ench 51,2, freilich ohne dessen uneschatologische, pädagogische Erwägungen; Bonhoeffer 329 f). σήμερον, dem Hb wichtig, wird in der nachfolgenden Auslegung des Zitats dreimal, 3,13.15 4,7, hervorgehoben (vgl. Lk 4,21 2K 6,2). ἐάν, hier nicht konditional wie 3,6 10,38 13,23 und in der rabb Auslegung von Ps 95, sondern, wie auch in 3,15 4,7 temporal (Bauer 1d Bleek-Windrath). Gottes φωνὴ atlich, jüd und auch ein Topos der Religionsgeschichte (etwa Corp Herm fr 23,62, Lidz Joh 63 S 218,18–21; siehe Bauer 2d OBetz ThW IX 272– 302). Das Hören der Stimme im NT oft Joh und Ag, sehr viel Apk. Hb nennt nur Gottes Stimme: 3,7 (Gottes wegen 3,12) 3,15 4,7 und am Sinai 12,19.26; Erasmus paraphrasis: *vox divina;* wegen 1,2 aber läuft der Bezug von αὐτοῦ auf Jesus – viele Erklärer, analog der messianischen Erklärung des PsV bei den Rabb – auf dasselbe hinaus. ἀκούειν (Bauer 1bγ) im Hb theologisch zentral, siehe 2,1.

8. verstockt nicht eure Herzen wie bei dem Aufstand am Tage des Versuchens in der Wüste,

Literatur: GHarder Die LXXZitate des Hbbriefs, in: Theologia viatorum, 1939, 33–52; AVanhoye Longue marche, Biblica 49,9–26.

Die Hörer des Hb sollen auf die Gottesstimme nicht so, wie die Wüstengeneration, mit Ablehnung antworten; anders als in Hb 11 ist das atliche Gottesvolk hier *negative* Folie (Theißen 110). Der hier zitierte LXXPs 94,8 (siehe Harder 35 f) redet, gegen hbrPs 95,8, von „Herzen" im Plur (Schröger 103), ersetzt die schon ihrerseits mit der Vokabel-Bedeutung des Namens spielenden hbr Ortsnamen Meriba und Massa durch παραπικρασμὸς und πειρασμὸς und zieht die beiden Situationen des hbr Textes in Eine zusammen (gegen Thomas). Hb übernimmt den variantenfreien LXXText wörtlich. σκληρύνεσθαι in 917 statt des Konj und πικρασμῷ in א statt παραπικρασμῷ sind Verschreibungen. ClAl zitiert V 8 wörtlich (Mees 228 f). σκληρύνειν, Bauer 1.2.3, griech Arztsprache; bei Philo nicht das Verb, wohl aber der Wortstamm (Spicq I 48 f), im Hb nur als Zitat von LXXPs 94,8 und in dessen Paraphrase, gehört also nicht zum eigenen paränetischen Sprachschatz des Hb. Hier nicht vom Tun Gottes wie Ex 7,3 9,12 und öfter, auch R 9,18; von Gott im Hb nicht σκληρύνειν, obwohl Hb den zornigen Gott kennt 10,31 12,29. Sondern: der Mensch verstockt sein Herz 3,8.15 4,7, er verstockt sich 3,13. Mit καρδία als Obj oder Subj wie hier Ex 7,3 8,19 9,12.35 1Cl 51,3.5; der Stamm σκληρ sonst in Verbindung mit καρδία Mk 10,5 16,14 Mt 19,8 R 2,5 Ag 7,51; καρδία ersetzt durch τράχηλος Dt 10,16 Ps Sal 8,29 Barn 9,5; σκληρύνειν ohne καρδία wie Hb 3,13 in Sir 30,12 Ag 19,9 R 9,18. καρδία im Hb wie im NT oft, am wenigsten Joh und Apk: als Sitz des geistigen Lebens (Bauer Baumgärtel Behm

ThW III 609–616). Das מריבה wird nur in hbr Ps 95,8, von LXXPs 94,8, mit *παραπικρασ-μός* wiedergegeben, sonst mit *λοιδόρησις, λοιδορία* Ex 17,7, mit *ἀντιλογία* Nu 20,13 LXXPs 80,8. *παραπικρασμός*, in LXX nur Ps 94,8, im NT nur Hb 3,8.15, nicht bei Philo, aber in Hexapla und spätgriech, meint nicht, in Verwechslung von מריבה mit dem Stamm מר, der griech Wurzel πικρ analog, „Verbitterung", sondern „Auflehnung", „Aufsässigkeit" (Bauer Michaelis ThW VI 125–127; so auch Luther Glosse deWette² Bleek-Windrath Bruce Westcott; gegen viele). Der hbr Ortsname ist trotz Übersetzung als Ortsname beibehalten *(τοῦ τόπου ἐκείνου)* in LXX Ex 17,7 TgO und TgJI zu Ex 17,7. Er ist als Ortsname entfallen in LXX Ps 94,8 und hier im Hb, ferner in LXX Nu 20,13 Ps 80,8 Tg zu Ps 95,8. Das gleiche gilt für מסה -*πειρασμός* in LXX Ex 17,7 TgO und TgJI zu Ex 17,7 betreffs Beibehaltung; dagegen in LXX Ps 94,8 hier in Hb V 8, ferner in Dt 6,16 9,22 Tg zu Ps 95,8 betreffs Fortfall der Ortsbezeichnung. Der Art vor *παραπικρασμῷ* und *πειρασμοῦ* weist also (zu Michaelis aaO) kaum emphatisch (Bl-Debr § 261) auf einen Ortsnamen zurück (Str-B III 684). Diese Rebellion geschah am Tage des Versuchens in der Wüste. *κατά* temporal (Bauer 2a, schon Erasmus adnotationes; nicht vergleichend, gegen vg Thomas Bengel). *ἡμέρα* (Bauer Delling ThW II 949–956) geht im Hb selten auf eine nichtgeschichtliche allgemeine Zeitspanne wie 3,13 7,27 10,11 12,10; sonst meist auf konkrete Tage und Zeitabschnitte atlicher (wie hier und 4,4 7,3 8,9 11,30), das NT einleitender (4,7.8 8,8.10 10,16), ntlicher (5,7 10,32) und eschatologischer (1,2 10,25) Begebnisse. *πειρασμός* Bauer 3 Seesemann ThW VI 32f. Hb nur hier, act vom Versuchen seitens des Menschen gegenüber Gott, nicht umgekehrt (gegen Erasmus paraphrasis, siehe V 9); wie Dt 6,16 9,22. So subst im NT nur hier. Verbal öfter LXX, auch Hdt 1K 10,9.9 Ag 5,9 15,10 (Bauer 2e). Zu *πειράζεσθαι* siehe 2,18. *ἔρημος* hier die arabische Wüste (Bauer 2 Kittel ThW II 654–657), wie 1K 10,1–13 und Ag 7,36–44 Stätte des Ungehorsams; im NT sonst auch Ort der Gnadenerweisung; „auf der Schaubühne der gewaltigsten Ereignisse" (Bengel). *ἐν τῇ ἐρήμῳ* im Hb nur 3,8.17 als Zitat aus LXXPs 94,8; anders interpretiert als in Qumran (siehe Braun Qumran NT I 250). Hb betont also für das irdisch-heimatlose, der himmlischen Ruhe zustrebende Gottesvolk nicht speziell die *Wüsten*-wanderung (gegen Kosmala 39); ja, hier überhaupt noch nicht das Motiv der Wanderung, siehe 3,11b Exkurs. Der »Genealogie des ungläubigen Ungehorsams« (Käsemann aaO 25) hier liegt freilich der Topos vom Haderwasser zugrunde Ex 17,1–7 Nu 20,1–13 hbr Ps 81,8. LXX und Hb wegen des Fortfalls der Ortsnamen hier und wegen der engen Beziehungen des Passus zu Nu 14 nur an die Situation kurz vor dem Einzug nach Kanaan (so schon Chr Cramer Cat 445 und Thomas) und nicht mehr an eine lange Bemühung denken zu lassen, wie Vanhoye Longue marche, verkennt die geographische Fraglichkeit der Pentateuch-Texte, die Uninteressiertheit des Hb an einer geographischen Betrachtung und seine ständige Mahnung zu einem langen Atem 3,14 10,36 11,1 12,1; siehe auch 3,16.

9–11. wo eure Väter Versuchung und Erprobung betrieben und sahen doch meine Werke vierzig Jahre lang. Darum wurde ich böse auf dies Geschlecht und sagte: immer verfallen sie im Herzen der Verirrung. Sie aber erkannten, was ich von ihnen wollte, nicht an. So schwur ich in meinem Zorn: ‚sie sollen bestimmt nicht in meine Ruhe hineingelangen'.

Literatur: HBraun Die Gewinnung der Gewißheit im Hbbrief, ThLZ 96, 1971, 321–330; HBraun Wie man über Gott nicht denken soll, 1971; MFlascher Exegetische Studien, ZAW 32, 1912, 81–116; KJThomas The Old Testament Citations, NTSt 11, 1965, 303–325.

LXX Ps 94,9–11 wird fast wörtlich zitiert. Hinter ἐπείρασαν fügen LXX und Hb in ℵ² D¹ K L P Ψ **0121b** 6 104 326 1739 1834 f vg sy^p ^h bo arm Chr Thret Dam Ambr ein με, in Anlehnung an den hbr Ps, sekundär ein; alter Text, ohne μέ, in p¹³ p⁴⁶ ℵ★ A B C D★ 33 pc sa Cl Lcf. Das ἐδοκίμασαν der LXX, vom Hb sekundär mit με in ℵ² D² K L Ψ 6 104 326 den meisten a vg^mss sy^(p) arm aeth Chr Cyr Thret Dam – und ohne με in f v vg Ambr – übernommen, ersetzt der Hb, den Anakoluth vermeidend (Ahlborn 119), primär durch ἐν δοκιμασίᾳ in p¹³ p⁴⁶ ℵ★ A B C D★ P **0121b** 33 81 365 1739 1881 b vg^ms co Cl Lcf. Das hell εἴδοσαν der LXX gibt Hb attisch mit εἶδον wieder, was dann sekundär auf die LXX zurückwirkt; ebenso ist das LXX-εἶπα, das sekundär auch im Hb – in A D¹ 4 33 51 76 81 206 234 321 429 442 489 616 1518 1758 1836 1925 – auftaucht, im Hb primär verändert zu εἶπον, das sekundär auf LXX zurückwirkt. Hb ἔργα Plur wie LXX, gegen Sing im hbr Ps. LXX τεσσαράκοντα wie ClAl Prot 9,84,4 S 63,26, so Hb sekundär in B² K L P **0121b**; Hb echt in den Codices, nicht für die ntliche Zeit, τεσσεράκοντα (zur Schreibweise Bauer Bl-Debr § 29,1 Radermacher 43 Balz ThW VIII 127 f). Gegen hbr und LXX-Ps zieht Hb τεσσεράκοντα ἔτη vor zu εἶδον; LXX kopiert das sekundär. Der Hb fügt, eine proportionierte Stichen-Einteilung erstrebend (Ahlborn 120 Vanhoye Structure 93), gegen hbr und LXX-Ps, vor προσώχθισα ein διό ein; er übernimmt aus LXX sekundär in Ψ **0142** 103 206 327 462 489 623 2004 aus LXX das Fehlen, LXX übernimmt sekundär aus Hb die Einfügung des διό. Hinter γενεᾷ Hb alte LA ταύτῃ in p¹³ p⁴⁶ ℵ A B C D★ **0121b** 6 33 1739 1881 pc lat sa^mss, LXX ἐκείνῃ, das der Hb breit – in C D² K L P Ψ 81 104 326 1834 den meisten a sy bo arm aeth Eus Chr Cyr Thret Dam – sekundär aus LXX übernimmt. Hb primär αὐτοὶ δέ, p¹³ statt dessen διό, Apollin διότι; LXX primär καὶ αὐτοί, ihr αὐτοὶ δέ sekundär aus Hb. Das ἡμῶν statt ὑμῶν in A des Hb ist ebenso sekundär wie das ἐν vor τῇ καρδίᾳ in p¹³ und das αὐτῶν hinter τῇ καρδίᾳ in p¹³ Apollin.

οὗ „wo" im Hb nur hier: In der Wüste haben eure Väter Versuchung betrieben durch Erprobung. ἐπείρασαν, hier nicht durch die dem Menschen begegnende (2,18 11,17.37), sondern die von ihm gegenüber der Gottheit betätigte Versuchung, 3,8 (Plut Def Or 7 II 413B Betz Plut 1975 143). Sie besteht, entgegen der Darstellung der Szene bei Philo Vit Mos 1,210–213, in der Frage, ob oder ob nicht Gott in ihrer Mitte sei (Ex 17,7), „ob er kann oder will" (Bengel); siehe auch Nu 14,22. πατέρες, siehe 1,1, wie 1,1 8,9 Vorfahren. δοκιμασία hapax legomenon im NT (Hb hat auch nicht δοκιμάζειν außer der hier sekundären LA, siehe oben; Bauer Grundmann ThW II 258–264): hier nicht, wie PsSal 9,14 Did 16,5 von der Prüfung des Menschen durch Gott (gegen KJThomas 307); sondern nur hier im NT "prüft" der Mensch die Gottheit (vgl. allenfalls 1J 4,1). Das, obwohl die Israeliten lange Zeit hindurch Gottes Werke sahen. καί „und doch" wie 12,17 (Bauer I2g Bl-Debr § 442,1). εἶδον, wie LXX εἴδοσαν nicht Plusquamperf, gegen hbr Ps (Vanhoye Structure 93), nicht erst eschatologisch wie 2,8bc 9,28 12,14, sondern innerweltlich mit den Augen wie 11,13 (Bauer 1); was aber, anders als Lk 19,37 Joh 11,45 (Michaelis ThW V 342), doch nicht zum Glauben führte. τὰ ἔργα, wie LXX und hell Gottes Taten (Bauer 1cα Bertram ThW II 636–640), 1,10 4,10: hier nicht betreffs der Schöpfung; auch nicht bloß Zornerweise (gegen Schröger 103), sondern auch Heilswunder in Ägypten und in der Wüste Nu 14,11.22; RAbbahu, um 300, Pesikt r 13,55 a (Str-B III 685). Auch in Ägypten (gegen Vanhoye Structure 93, der dem Hb zu viel historische Präzision zutraut).

τεσσεράκοντα ἔτη, Acc der Zeitdauer, auch LXX (Bauer Balz ThW VIII 135–139 Conzelmann Apostelgesch² 25). Im Hb nur im Zitat 3,10.17. Hier durch διό eindeutig, gegen hbr und LXXPs, dem εἶδον zugeordnet. Eine religionsgeschichtlich befrachtete Rundzahl im Griechentum, AT. Spätjudentum, auch, aber nicht speziell Qumran (Braun Qumran-NT I 12 251): Sintflut (Gn 7,6), Mose (Ex 34,28 Ag 7,23.30.36 1Cl 53,2 Barn 4,7 14,2), Israels Götzendienst (Ag 7,42) und Strafe (Nu 14,34 32,13) in der Wüste, Jesu Versuchung (Mk 1,13 Par), Ostern-Himmelfahrt (Ag 1,3). Eine so lange Gnaden- und, wie 3,17, Strafzeit (so im hbr Ps); beides kein Gegensatz, Philo Quaest in Ex 2,49; (Bengel): „zur gleichen Zeit". διό, siehe 3,7: also ist der Zorn berechtigt. προσοχθίζω Bauer, auch LXX, im NT sonst nicht; im Hb nur im Zitat 3,10.17. ἡ γενεὰ αὕτη Bauer Büchsel ThW I 660f: auch LXX, im NT öfter (Synoptiker, Ag 2,40), manchmal mit Adj, negativ. εἶπον Bauer Bl-Debr § 101 ad λέγειν und § 81,1 Kittel ThW IV 69–140; zu Gottes Reden siehe 1,1. Nach Israels Verschuldung V 8–10a und Gottes Zorn V 10b nun die Anklage V 10c; nicht im Selbstgespräch der Gottheit (gegen Erasmus paraphrasis „bei mir"); αὐτοὶ δὲ zeigt an: Israel war, trotz πλανῶνται, angeredet. ἀεί, auch LXX Ps 94,10 – vielleicht eine Gesamtisrael entlastende absichtliche Verschiebung des hbr עם in עולם (מי) Flascher 84 (vgl. de Wette² Bleek-Windrath Riggenbach Moffatt) –, im Hb hapax legomenon, Bauer 2.3: „schon immer" Tt 1,12 oder „immer wieder" 2K 4,11 Ag 7,51 Hb 3,10; hier steigert es, wie Ag 7,51 Tt 1,12, den Vorwurf. πλανᾶσθαι übertragen wie hier noch 5,2 und im ganzen NT, nur hier verbunden mit καρδία; unübertragen 11,18; hell LXX. Bauer 2cα Braun ThW VI 230–254, besonders 237.244; ders., Der Fahrende Ges. Studien² 1–7. Zu καρδία siehe 3,8. Hier atlich, spätjüd, undualistisch, uneschatologisch: der Vorwurf meint nicht Tragik wie im Griechentum, sondern schuldhaften Abfall wie Barn 2,9 16,1, jetzt über das in LXX meist angeredete Israel hinweg warnend an die Hörer gerichtet. ClAl Prot 9,85,1 S 64,9 umschreibt V 10 cd in Anlehnung an den Wortlaut. αὐτοὶ δέ: der Vorwurf nützte nichts. γνῶσις im Corp Paul, γινώσκειν in LXX NT Apost Vät intensiv. Hb γνῶσις gar nicht; das Verb hier und 8,11 im, 10,34 13,23 ohne Zitat (Bauer 3a Bultmann ThW I 688–714, bes 698 704). 13,23 profanes „wissen"; sonst, wie schon atlich, „verstehen" als „anerkennen". Gottes Wege, in Synpt Ag viel, oft im Zitat; Joh Paulus wenig; im Hb Plur nur hier, Sing als Weg ins Heiligtum 9,8 10,20 (Bauer 2b Michaelis ThW V 42–101, bes 50–53 91); AT LXX; in Qumran oft dualistisch (Kuhn Qumran-Konkordanz). Die Wege, die Gott geht: R 11,33; Apk 15,3 im Zitat. Oder: der Wandel, den Gott vom Menschen fordert: Mt 22,16 Par; im Zitat Ag 13,10 1 Cl 18,13. So hier (gegen Michaelis ThW V 91): die ἔργα Gottes V 9b laufen ja auf Tat-Anerkennung seitens des Menschen hinaus; vgl Luther Glosse: „auf denen er unter uns wandelt und uns zu wandeln veranlaßt".

ὡς, Bauer IV2, nicht vergleichend (gegen viele, zuletzt noch Westcott), sondern konsekutiv: so im NT, als Zitat, nur 3,11 4,3. Der Nichtbeachtung folgt die Strafandrohung. Weil durch Gottes Schwur bekräftigt, ist die Strafe 3,11.18 4,3, wie auch die Verheißung 6,13 7,21 sicher garantiert (Braun Gewinnung 321 f); daneben, zum Vergleich, das Schwören der Menschen 6,16; all dies fast stets im Zitat. Gottes Schwören so in AT und LXX, auch bei Philo (Leg All 3,203ff Sacr AC 91 Abr 273, weitere Philo-Texte bei 6,13.16.18);

im NT sonst, ebenfalls Zitat, Lk 1,73 Ag 2,30 7,17 Koine; sodann Herm v II 2,5.8 Barn 6,8 (Zitat) 14,1. ὄμνυμι Bauer JSchneider ThW V 177–185, bes 183f. Unter den Zeitgenossen betont, wie der Hb, auch Philo den Eid Gottes (Siegfried 329 Spicq I 66); aber anders als im Hb gilt für Philo Gottes Schwören als eine der Gottheit unangemessene, für den Menschen jedoch hilfreiche Konzession (Williamson 206–208. Ähnlich Schneider 183: „vom ntlichen Gottesbegriff aus eigentlich unmöglich"; abgeschwächter Väter-Voten Gräßer Glaube 31A100). Jedenfalls scheint Jesu striktes Schwurverbot Mt 5,33–37 Par dem Hb unbekannt; ebenso die essenische Eidablehnung (siehe Braun Qumran-NT II 289). Gottes Schwur ist zorngeladen, Nu 32,10 Dt 1,34, vgl. Nu 14,11.34 32,13. Gottes ὀργὴ im Hb nur, im Zitat, 3,11 4,3 gegen die Wüstengeneration und als Warnung an die Hörer. Das Verb und θυμὸς fehlen im Hb; aber nicht, weil er den Zorn Gottes theologisch ablehnt, siehe 3,8. Der Götterzorn ist der Antike bekannt; im AT Jahwes Zorn primär gegen Israel, später auch gegen die Völker. Die Rede von Gottes Zorn gilt Philo als anthropomorph, aber als für die Trägen pädagogisch unentbehrlich (Braun Wie man 33; auch Thomas: „er straft, als sei er zornig"). Gottes ὀργή in Synoptikern wenig, im Corpus Paulinum und Apk viel; 1Th 2,16 gegen das Israel der ntlichen Zeit (Bauer 2a; ThW V: Kleinknecht 384–392 Fichtner 395–410 Grether-Fichtner Sjöberg-Stählin Procksch 410–419 Stählin 419–448). Der Schwur der Gottheit wörtlich aus LXX Ps 94,11; dort, außer der Ersetzung von κατάπαυσιν durch ἀνάπαυσιν in R, nur unwesentliche Varianten. Der Hb-Text ohne Varianten, so auch bei ClAl (Mees 229) und in p[46]. εἰ (אם) in betont (Erasmus paraphrasis: „niemals") negativer Bedeutung nach Verben des Schwörens ist Hebraismus; die Aposiopese meint etwa: „So tue mir Gott und so fahre er fort, wenn –" 2S 3,35; noch Hb 4,3.5 Mk 8,12; Bauer εἰ IV Bl-Debr § 372,4 454,5. εἰσέρχεσθαι, Bauer 2a, hineinkommen in das Heil: atlich vor allem in das verheißene Land (JSchneider ThW II 674); synoptisch besonders in die βασιλεία, auch in die ζωή, χαρά, δόξα, Apk in die πόλις. Im Hb noch 6,19 vom Hoffnungsanker, in 6,20 9,12.24 von Jesu Betreten des himmlischen Heiligtums, in 10,5 von Jesu Eintritt in die Welt; 9,25 vom irdischen Hohenpriester. Hier vom Hineingelangen in Gottes Ruhe: atlich wurde das von Israel nicht erreicht 3,11.18.19 4,3.5.6, vgl. Nu 14,26ff Dt 1,34ff. Die Christen werden, im Sinne des Hb direkt, dadurch vor dem Ausschluß gewarnt und zum Eintritt ermutigt 4,1.3.6.10.11. Zu Gottes Ruhe siehe den Exkurs.

11 Exkurs: Die Ruhe

Literatur: Ch Burchard Untersuchungen zu Joseph und Aseneth, 1965; JFrankowski Requies, Verbum Domini 43, 1965, 225–240; SGiversen Evangelium Veritatis, Studia Theologica XIII, 1959, 87–96; OHofius Katapausis, 1970; WJohnsson The Pilgrimage Motif, JBL 97, 1978, 239–251; GvRad siehe V7; WRordorf siehe V7; CSchneider, RAC I, 413–418; PhVielhauer ΑΝΑΠΑΥΣΙΣ, Aufsätze 215–234.

Die hier zitierte κατάπαυσις (Bauer 1.2 Bauernfeind ThW III 629f Williamson 544–557; auch ἀναπαύειν CSchneider RAC I 413–418) meint in LXX nicht den Seelenfrieden, sondern den Ruheort Kanaan (Dt 12,9), daneben den Ruhezustand vor den Feinden, auch Gottes Ruhe bei seinem Volk; in LXX Ps 94,11 den Ruheort als eine „Gabe, die Israel nur in der allerpersönlichsten Einkehr bei seinem Gott finden wird" (vRad 106). Die Verbindung τόπος τῆς καταπαύσεως Js 66,1, in Ag 7,49 und Barn 16,2 zitiert, zeigt an: die Bedeutungen von „Ort" und „Zustand" sind benachbart. καταπαύειν (Bauer 1bαβ Bauernfeind ThW III 629) in LXX „an den Ort der Ruhe bringen" oder, wie Gn 2,2 „ausruhen"; anders Ag 14,18 „von etwas abbringen". All dies in LXX lokal diesseitig und innerzeitlich. Das

Exkurs: Die Ruhe zu **3,**11

apokalyptische und rabb Judentum weitet das aus: Gott hat eine andere Ruhe, nachdem die erste Ruhe vertan war, als Ort geschaffen, in den Israel „hineinkommt" (Midr Qoh 10,20,49b), als siebenten Äon und Sabbat, als Zustand völliger Untätigkeit, eschatologisch als ewiges Leben (Abot RN 1,1c Pirqe R El 18,9d Str-B III 687; Gn r 17,12a Str-B III 672; Tamid 7,4 RH 31a Bar Str-B II 77). Diese eschatologische Ruhe realisiert sich am Ende fast ausschließlich auf der erneuerten Erde siehe 2,5; auch die unsichtbare Stadt ist im Himmel nur aufbewahrt, bis sie in der Endzeit auf die erneuerte Erde kommt (4 Esra 5,45 7,75 aeth Hen 45,5 f Test XII L 18,9); also kein Dualismus, in 4Esra 7,26–44 kein „himmlisch" (Jeremias ThW V 764 f Str-B 1145 f). Der endgültige Ruheort im Himmel ist jüd selten, etwa Bar 51,10 slav Heb 8,1 9,1 (vgl Str-B IV 1138 III 750 zu Hb 12,27). Die Ruhe der Gottheit am siebenten Tag ist gleichwohl irgendwie Tätigkeit (Str-B II 461 f); auch der Gottheit und des Messias eschatologische Ruhestätte sind das irdische Jerusalem und sein Tempel (SDt § 1 Ende Bacher Tannaiten I² 390–392 Midr HL zu 7,5 Wünsche Bibliotheca Rabb II 170; Hofius 46 f). Der Gegensatz vom „Pfuhl der Qual" und „Ort der Ruhe" will natürlich, wie die Apokalyptik überhaupt, paränetisch spornen.

Die κατάπαυσις, im NT sonst nur noch Ag 7,49, bezeichnet im Hb den Ruheort (wegen εἰσέρχεσθαι) Gottes: verbunden mit μου 3,11 4,3.5; mit αὐτοῦ 3,18 4,1; ohne Zusatz 4,3; ersetzt durch αὐτὴν 4,6 und durch ἐκείνην 4,11; in 4,10 den Ruheort des Menschen. Das bei τῶν ἔργων in 4,3 fehlende πάντων will nicht betonen, daß Gott auch die κατάπαυσις geschaffen habe, wenngleich Hb dies rabb Theologumenon kaum bestreiten würde 11,16 (zu Hofius 55.91); siehe 4,3. Wie in LXX und Judentum lassen auch im Hb Ort und Zustand sich nicht trennen: Gott καταπαύει, 4,4.10, und auch beim Menschen führt das εἰσέρχεσθαι zum καταπαύειν 4,10. Anders 5Esra 2,24.34, wo das Hineinkommen in die ewige Ruhe entfällt: der „Hirte" wird sie eschatologisch geben (Rordorf 90). Diese Ruhe ist, wie im Judentum, Sabbatruhe 4,9. Die κατάπαυσις ist Verheißungsgut 4,1, also wie die οἰκουμένη 2,5 und die πόλις 13,14 eschatologisch zukünftig, darin von der LXX, aber nicht von der Apokalyptik und den Rabb unterschieden. Als Heilsgut ist sie ἐπουράνιος 3,1, im Himmel gelegen wie die πατρίς 11,16, wie die wahre himmlische Stiftshütte 8,2 und der himmlische Tempel 9,24 (Hofius 53 f). Ja, sie ist so betont himmlisch, daß es, anders als bei der Stadt Gottes und dem himmlischen Jerusalem 12,22, von ihr nicht in Vorwegnahme heißen kann: ihr seid schon jetzt als auf Erden lebende Gläubige zur κατάπαυσις herangetreten. Der Zugang ins Heiligtum ist frei für die Glaubenden 10,19; aber das εἰσέρχεσθαι ist Aufgabe. Wie im Judentum, besonders in der Apokalyptik, herrscht paränetische Andringlichkeit; das εἰσέρχεσθαι – 11mal neben 9 κατάπαυσις-Formen in 3/4 – hat den Ton; die Gefahr ist die Verspätung 4,1. Der Weg dahin, die Wanderung, wird hier noch nicht erwogen (siehe Johnsson 240), anders als in Hb 11. ὁδός, ὁδοιπορία, πορεύεσθαι fehlen, anders als in ActJoh 114 S 214, 12 f, in 3,7–4,11; das τρέχειν 12,1 meint den sportlichen Kampflauf. Jesus als der in die Ruhe Hineinbringende wird in 4,8 kaum auch nur angedeutet durch den Gegensatz zu Josua; anders als in 5Esra 2,34, siehe oben. Vorherrschend bleibt hier im Hb die Paränese. Der Eintritt in die Ruhe meint dualistisch das Verlassen der Welt 13,13 (Schierse 114). Denn anders als im Judentum und in der Apokalyptik, anders auch als in Apk 21,1 f kommt im Hb der Himmelsort nicht zu den Gläubigen auf die erneuerte Erde; Himmel und Erde werden im Hb nicht erneuert, sie vergehen, und übrig bleiben die ἀσάλευτα 12,27 (Theißen 129); καινὸς und νέος heißt im Hb nur die διαθήκη 8,8.13 9,15 12,24. Daß die Gläubigen aus der Himmelswelt stammen, sagt Hb nicht explizit, deutet es durch πατρὶς aber an 11,14–16, 2,11 2,14.

Weder Genealogie noch Analogie (Theißen 117 f) der „Ruhe" des Hb sind unwesentlich (gegen Schierse 113); verhelfen sie doch dazu, den Typ des Daseinsverständnisses im Hb schärfer zu erfassen. Genealogie kommt natürlich nur für ältere, Analogie auch für jüngere Quellen in Frage. AT und LXX entfallen als Quellen, in ihnen fehlt das Postletale der Hb-κατάπαυσις. Für die Entscheidung darüber, ob der Hb-„Ruhe" jüd oder dualistisch-gnostische Texte jüd-hell, chr oder außerbiblorientalischer Prägung näherstehen, eignen eine ganze Reihe von Merkmalen sich nicht, weil diese Merkmale sich in allen drei Bereichen, dem Judentum, dem Hb und der Gnosis, finden. Daß die Ruhe Ort und Zustand zugleich ist, sagt neben AT, Judentum und Hb (siehe oben) auch die Gnosis aus: zB Jos/Aseneth 15,7 22 (S 73,19 f) EvVer Nag Hammadi I2 36,35 42,40–43,5 Koptischgnostische Schrift ohne Titel Nag Hammadi II5 152,26 f 173,5–11 Test Ver Nag Hammadi IX3 35,28 36,1 PsClemHom EpCl 13,3 (siehe Hb 11,10) 16,3 ActJoh 99 (S 200,23 f); siehe Vielhauer 218. Daß die ἀνάπαυσις nach dem Tode erreicht wird, steht, neben jüd Texten und Hb (siehe oben), auch in gnostischen Texten, zB: ClAl ExcTheodt 65,2 86,3 PsClemHom 15,2,4 Recg 2,22,4 ActJoh 114 (S 214,1–3) ActAndr 16 (S 44,26–28) ActAndr et Matth 28 (S 107,14f) ActThom 34 (S 151,5f) 35 (S 152,16f) 94 (S 208,2f) 147 (S 256,3f) Lidz Ginza R VI (S 210,9f) Liturg Qolasta VIII (S 92,5f). Die Gnosis kennt die Ruhe freilich auch als gegenwärtiges Gut, siehe unten. Auch die Rede vom Hineinkommen gehört, neben dem Judentum und dem Hb (siehe oben), der Gnosis an, zB Jos/ Aseneth 8,9 Ev Ver Nag Hammadi I2 41,28.30 Koptisch-gnostische Schrift ohne Titel Nag Hammadi II5 173,5–11 PsClemHom EpCl 13,3 Recg 22,2 ActPhil 148 (S 89,8f 90,1f). Für Judentum, Hb (siehe oben) und Gnosis ist die Ruhe das jeweilig variabel formulierte Heil: zB Jos/Aseneth 8,9 Unbekanntes altgnostisches Werk 2 (S 336,17–20) 11 (S 350,28–32) ActJoh 109 (S 208,3) 114 (S 214,1–3) ActAndr 18 (S 45,14f). Im Judentum (siehe oben), dessen Apokalyptik auf Barn 15,4f eingewirkt hat (Theißen 125), im Hb (siehe oben) und in der Gnosis trägt die Ruhe sabbatlichen Charakter: zB Philo Cher 87 Leg All 1,18 Deus Imm 10–12 PsClemHom 17,10,1 ClAl Exc Theodt 49,2 63,1 (chr Sonntag). Wie im Judentum (siehe oben) und Hb 4,4.10 ist die Ruhe das Aufhören mühender Tätigkeit auch in der Gnosis: zB PsClemRecg 2,22,4 ClAl Exc Theodt 49,2 EvPhil Nag Hammadi II3 87 Ev Ver Nag Hammadi I2 42,20; wobei hbHen 22 B8 C5 Philo Op Mund67 Quaest in Gn 4,93 der Bewegung den Vorzug geben und EvThom 50 für beides optiert. Judentum und Hb sprechen von der Ruhe der Gottheit (siehe oben), die Gnosis ebenso: zB Philo Cher 87 Quaest in Gn 4,140 Preis Zaub 1,198f OdSal 16,12 25,12 Ev Ver Nag Hammadi I2 24,15 38,25–30 JohApocr Cod Berol 8502 26,6–8 (die ruhende Gottheit der oberste Äon; Vielhauer 219) ApkPt Nag Hammadi VII3 70,15.20 PsClemHom 2,44,3 17,9,3 17,10,1 PistSoph 69 (S 99,17) Unbekanntes altgnostisches Werk 6 (S 341,3) Act Joh 114 (S 214,1–3) ActPhil 148 (S 89,8f 90,1f). Wie auch im Judentum (siehe oben) und Barn 15,8 (chr Sonntag!) ruht auch in gnostischen Texten die Gottheit gleichwohl nicht: Philo Leg All 1,5.6.18 Cher 87 Aet Mund 84 ActJoh 112 (S 211,3f). Der Heilsträger als Ruhespender ist jüd schwach bezeugt (Str-B I 607), wie im Hb (siehe oben); in den gnostischen Texten informiert er über die Ruhe Ev Ver Nag Hammadi I2 40,30–41,10, PsClemHom 3,26,5, schenkt sie ActJoh 109 (S 208,3), die Menschen empfangen sie von ihm EvVer Nag Hammadi I2 22,9.10, er führt hinein CSchmidt Gespräche Jesu 1967 V S 45, ja er ist die Ruhe Ev Veritatis Nag Hammadi I2 41,28–30 ActPhil 148 (S 89,8f 90,1f) Act Thom 10 (S 114,7) 37 (S 155,16ff). All die bisher genannten Topoi ermöglichen keine klare religionsgeschichtliche Eingliederung des Hb. Die Gnosis hat in der Tat auch jüd Inhalte interpretiert (Hofius 99). Daß die Gottheit die Ruhe geschaffen hat (siehe oben), ist jüd Glaube; Hb formuliert ihn nicht explizit, wohl aber auch gnostische Texte wie Jos/Aseneth 8,9 OdSal 11,12a. Der Hb steht jüd Mentalität darin näher, daß er das Gerichtsmotiv handhabt 4,12f 9,27 und andringlich warnt, die Ruhe nicht zu versäumen, während die diesbezüglichen Imp gnostischer Texte einen mehr einladenden Tenor haben: zB Od Sal 30,2 PsClemHom 17,10,1 EpCl 13,3 PsClem Recg 2,22,2.4 ActPhil 148 (S 89,9f 90,1f); oder gar, wie das EvVer Nag Hammadi I2 25,19–30, zum Bleiben in der schon präsenten Ruhe auffordern (Giversen 93).

Diese differenten Nuancen zwischen Hb und gnostischen Texten stellen die Ruhe des Hb aber keineswegs auf die Seite jüd Mentalität. Der Ruheort im Judentum und in der Apokalyptik, auch in 4Esra 7,26–44, liegt auf der erneuerten Erde. Der Dualismus des Hb verlegt den Ruheort in den Himmel; die Erde ist, wie in der Gnosis EvVer Nag Hammadi I2 24,11–25,19 (Giversen), für den Hb ein Negativum. Die sehr breiten Zeugnisse der Gnosis machen hier die Entscheidung eindeutig; die Belege aus Jos/Aseneth sichern die Gleichzeitigkeit, wenn nicht sogar den zeitlichen Vorrang dieses Dualismus, verglichen mit dem Hb (siehe Burchard 143–151). „Er gehe ein in deine Ruhe, die du bereitet hast deinen Auserwählten!" Jos/Aseneth 8,9; „sie wird einen Ruheort in den Himmeln gewähren" Jos/Aseneth 15,7; „ihren Ruheort in der Höhe" Jos/Aseneth 22,13 –, das entspricht dem κρείττονος ὀρέγονται (πατρίδος), τοῦτ' ἔστιν ἐπουρανίου Hb 11,16. Oder: „geziemt es sich für uns, uns die Auferstehung zu erwerben, damit wir uns vom Fleisch entkleiden, in (dem Ort) der Ruhe (ἀναπαύσεως) erfunden werden und nicht in der Mitte wandeln" (EvPhil Nag Hammadi II3 63; „Mitte" ist nach dem Kontext „Tod"). Man hört die Paränese des Hb an die αὐτοὶ ὄντες ἐν σώματι: ἐξερχώμεθα πρὸς αὐτὸν ἔξω τῆς παρεμβολῆς – 13,3.13. „Unser Ort ist der Ort des Aufruhrs, in dem keine Ruhe ist" Lidz Ginza R XV 17 S 374,7f. Die himmlische Lage des Ruheortes, der neben dieser explizitem Formulierung noch vielartig benannt wird – Paradies, Ogdoas, Pleroma, Äon, Lichtort, Skina des Lebens – ist in der Gnosis intensiv belegt: Jos/Aseneth 8,9, 15,7.22 (S 73,19f) EvThom 60 ClemAl Quis Div Salv

23,3 EvPhil Nag Hammadi II3 63 Ev Ver Nag Hammadi I2 40,30–41,10 41,12 42,40–43,5 Joh Apocr Cod Berol 8502 68,2.6–13 Koptisch gnostische Schrift ohne Titel Nag Hammadi II5 173,5–11 Die drei Stelen des Seth Nag Hammadi VII5 124,5.10 Pist Soph 91 (S 134,16f) Unbekanntes altgnostisches Werk 19 (S 360,6–14) PsClemHom EpCl 13,3 16,3 PsClem Recg 2,22,2 ClemAl ExcTheodt 63,1.2 Act Joh 99 (S 200,23f) Act Phil 148 (S 89,8f 90,1f) Lidz Ginza R XII4 (S 275,3–6) Liturg Qolasta XVII (S 25,1) XLIX (S 80,4) LXXV (S 125,4f 132,13–133,3). Die himmlische Herkunft des Menschen in Ev Ver Nag Hammadi I2 40,30–41,10 scheint unexplizite Andeutungen des Hb in 2,11.14 11,14–16 nur auf den klaren Begriff zu bringen. Die Ruhe des Hb trägt also, gerade was ihre dualistisch-himmlische Lokalisierung betrifft, nicht spätjüd, sondern gnostisches Gepräge (vgl Käsemann Schierse Grässer Theißen; gegen Frankowski 230.238 Hofius 59–74, deren Materialsammlungen aber gute Hilfen bieten).

Hb entwickelt freilich nicht die komplette Breite gnostischen Denkens, denn andere, allerdings jüd Mentalität nicht nahe Züge fehlen im Hb: die Realisierung der dualistischen Ruhe schon während des irdischen Lebens: Philo Fug 174 Leg All 1,18 Deus Imm 12 Som 1,174 Hbr-Ev in ClAl Strom II IX 45,5 V XIV 96,3 OdSal 11,12a 26,12 28,3a 30,2.7 35,6b 37,4a EvThom 51 60 90 (Vielhauer 234) Corp Herm 13,11.20 EvPhil Nag Hammadi II3 82 86 87 EvVer Nag Hammadi I2 22,9.10 35,25 38,25–30 De resurrectione Nag Hammadi I3 1–3 Unbekanntes altgnostisches Werk 2 (S 336,17–20) Act Joh 78 (S 190,5f) 82 (S 192,2) 109 (S 208,3) Act Thom 10 (S 114,7) 16 (S 123,7) 37 (S 155,16) Lidz Ginza L I2 (S 435,33f 437,15f) II 27 (S 501,34f) Joh 7 (S 13,4) 166 (S 168,2) 178 (S 176,8). Es fehlen im Hb ferner die erotischen Töne in der Beschreibung der Ruhe, zB EvPhil Nag Hammadi II3 82 86 87 EvVer Nag Hammadi I2 41,28.30; sodann die ausdrückliche Verknüpfung der Ruhe mit dem Erlöser, sei es, daß er zur Ruhe kommt Barn 15,5 PsClemHom 3,20,2 Recg 2,22,4, daß er im Gläubigen ruht Act Joh 96 (S 198,20), daß die Gläubigen in der Gottheit ruhen Philo Fug 174 Deus Imm 12 oder im Erlöser ruhen OdSal 30,2 35,6b 37,4a Ev Ver Nag Hammadi I2 38,25–30 42,20 PsClemHom 17,10,1 Act Joh 82 (S 192,2) Act Thom 35 (S 152,16f) Lidz Liturg Qolasta 75 (S 133,1–3); ja daß der heilige Geist im Erlöser ruht Hbr Ev Hier in Js 11,2 KlT Nr 8 S. 6,4.

12. Gebt acht, Brüder, daß ja nicht etwa bei einem von euch der Abfall von dem lebendigen Gott geschehe und ein böses ungläubiges Herz da sei,

Literatur: WEichrodt Theologie des AT I, 1948; AVanhoye siehe V 8.

Die Paränese beginnt, wie oft im NT außer Joh und Kath Br, mit *βλέπετε* oder, als Ausdruck der Besorgnis, mit *βλέπετε μή (ποτε)*; letzteres mit Ind Fut wie hier und Kol 2,8, mit Konj Aor 12,25 (Bauer 6 Michaelis ThW V 343f Bl-Debr § 369,6: hell Pap). *βλέπειν* nichtparänetisch siehe 2,9. *βλέπειν* und *ἀπιστία* sind in 3,12.19 Inklusion (Vanhoye Structure 92). *ἀδελφοί* siehe 3,1. Die Zusätze von *δέ* in 102 und von itaque in d e aeth hinter *βλέπετε* und von *μου* hinter *ἀδελφοί* sind sekundär; ebenso die Umstellung von *ἀδελφοὶ βλέπετε* in 429. *μήποτε*, verstärkend, im Hb 2,1 3,12 4,1 9,17, auch LXX, viel Synoptiker Ag Past, fehlt bei Paulus und Deuteropaulinen (Bauer 2a). Die Paränese individuiert und zeigt damit eine drohende Herauslösung aus der Gemeinde als aus dem Wichtigen an (Schierse 159): wie hell und sonst im NT mittels einer *τις*-Form 4,11 10,25.28 12,15 13,2, mit folgendem *ὑμῶν* hier 3,12 oder folgendem *ἐξ ὑμῶν* 3,13 4,1 (Bauer *τις* 1a Bl-Debr § 164,1). C* läßt vielleicht *ἐν* vor *τινι* aus. Den Ton hat das Achten *aufeinander;* die Selbstprüfung ist damit nicht ausgeschlossen (Thomas), aber nicht als einziges gemeint (gegen Luther Glosse). 255 fügt sinnwidrig *ἡ* vor *καρδία* ein. *καρδία* siehe 3,8. Das Herz ist tief, *βλέπετε μήποτε* ist also nötig und möglich, trotz Jer 17,9f. Die *καρδία πονηρά* selten: Jer 16,12 18,12 Bar 1,22 2,8 4Esr 3,20f *(cor malignum)* Abot 2,9 (לב רע) Hb 3,12, im NT nur hier, Mt 9,4 klingt an, 1Cl 3,4; Menander *πονηρά*

(Bauer 1bβ), verbunden mit ψυχή. πονηρὸς klass LXX hell, in 10,22 noch bei συνείδησις; im NT sonst subst und adj (Bauer 1bβ Harder ThW VI 546–562; Bauer καρδία 1bδ).

Das böse Herz wird beschrieben als ungläubig, abgefallen 3,12 und verhärtet 3,13. ἀπιστία Bauer 2b Bultmann ThW VI 178 205: klass LXX auch Plut Superst 2 II 165B Wyttenbach Pap Preisigke Wört 1,164; im NT wenig, Synoptiker Paulus Past, im Hb nur 3,12.19. In 2Cl 19,3 neben διψυχία, in Herm s 9,15,3 wie Hb 4,6LA neben ἀπείθεια, in Ign Eph 8,2 als strikter Gegensatz zu πίστις, die in R 10,9f, ja mandäisch (Baptism of Hibil-Ziwa S 63 Z 5 von unten) ebenfalls auf das Herz bezogen ist. Ob man ἀπιστία wegen 4,2f als Unglaube (Bauer) oder, im Gegensatz zum πιστὸς Jesus, vgl 3,2, als Untreue (Bultmann aaO) faßt, ist unerheblich (Delitzsch); denn πίστις meint im Hb „feststehen", „festhalten", 3,14. Darin wie Philo Rer Div Her 95: die ἀπιστία ist der Gegensatz von „allein bei dem Seienden fest und ohne Abwendung Anker werfen". ἀπιστίας im NT nur hier als Gen qualitatis; dieser, im Klass selten, in der Koine unter semitischem Einfluß häufiger, ersetzt im NT öfter das Adj (Bl-Debr § 165 Radermacher 108f). ἐν τῷ mit Inf Bauer ἐν II3 Bl-Debr § 404,3. Für das NT nicht unüblich (Bl-Debr § 406,3) fügt 917 ὑμᾶς hinter ἀποστῆναι ein. ἐν τῷ schon LXX für ב mit Inf, Ps 46,3 LXX Ps 45,3. Im NT selten, vor allem Lk. Mit InfPraes für ein gleichzeitiges (Hb 3,15 8,13), mit Inf Aor für ein vorzeitiges (2,8 3,12) Geschehen. Das böse ungläubige Herz ist abgefallen von dem lebendigen Gott. ἀφίστασθαι (Bauer 2a Schlier ThW I 509f) im Hb nur hier, im NT als religiöser Abfall selten (nur Lk 8,13 1Tm 4,1), aber in LXX, term techn geworden, in dieser Bedeutung oft, in PsSal 9,1b wörtlich ἐν τῷ ἀποστῆναι ἀπό, in Herm oft. Der Abfall ist das Gegenteil von der 3,14 verlangten Festigkeit und meint nicht, wie Herm s 8,8,2, die Verweigerung einer erneuten μετάνοια, weil diese in Hb 12,17 ja gerade ausgeschlossen ist. Die Warnung vor dem Abfall, atlich etwa Nu 14,9 (Vanhoye 19) Ez 20,8 (Moffatt), ist nicht typisch qumranisch (Braun Qumran-NT I 245–251 gegen Kosmala 32). Sie ist nötig, βλέπετε, trotz Jer 32,40 (= Ιερ 39,40), zu Grässer 83. Der Abfall von Gott ist für Hb gleich dem von Jesus: 3,12 12,25 = 6,6 10,29 (Schierse 146). Freilich nicht so, daß mit θεοῦ ζῶντος Christus gemeint ist (gegen CyrAl Cramer Cat 447). Der Abfall vom Glauben an Gott meint bei Philo Som 1,68 den Abfall vom Ja zum Unsichtbaren. So auch Hb: Glaube hat es mit unsichtbaren Dingen zu tun 11,1. Der Abfall im AT eilt zu anderen Göttern wie das böse Herz (Bar 1,22). Der Abfall im Hb verneint den Dualismus und eilt zur sichtbaren Diesseitigkeit; er meint nicht Rückfall ins Judentum (zutreffend Riggenbach Windisch Michel, gegen viele Erklärer). ζῶν im Hb auch vom λόγος τοῦ θεοῦ 4,12 und von der ὁδὸς ins himmlische Heiligtum 10,20. θεὸς ζῶν Bauer ζάω 1aε, als אל חי breit atlich (Bultmann ThW II 852 Eichrodt 100 A1 Cullmann 102 A1 Deichgräber 99; nicht Jos, ähnlich aber Philo Decal 67; ferner Preis Zaub 12,79 Preisigke Wört I 643): die strafend und heilschaffend wirksame Gottheit. Im NT (Bultmann ThW II 862–867) als Missionsformel gegen die außerchr Gottheiten 1Th 1,9 Ag 14,15; beim Schwören Mt 26,63; sonst Mt 16,16 R 9,26 2K 3,3 6,16 1Tm 3,15 4,10 Apk 4,9 7,2 15,7. Im Hb 3,12 9,14 10,31 12,22, also verglichen mit sonstigen ntlichen Texteinheiten häufig, analog der das Numinose unterstreichenden Paränese des Hb. In Apost Vät selten, öfter nur in Herm, und dort v 2,3,2 3,7,2 zusammen mit ἀποστῆναι, vgl. Just Dial 6,2. PsClemHom 19,11,2 formuliert hell.

13. sondern ermahnt einander Tag für Tag, solange das ‚Heute' dauert, damit keiner aus eurer Mitte durch den Betrug der Sünde verhärtet werde.

Literatur: WLLorimer Hebrews III 13, NTSt 12, 1966, 390f.

Dem drohenden Abfall wird, wie in 10,25, begegnet durch Mahnung; *παρακαλέσατε* p¹³ verändert nicht den Sinn, *παρακαλέω* klass hell LXX (Bauer 2 Schmitz/Stählin ThW V 771–798): nicht in Joh und Apk; das Zusprechen und Ermahnen meist seitens der Apostel und Gemeindeleiter bei Paulus, Deutero-Paulinen, Ag, KathBr, so auch Hb 13,19.22; auch das der Christen untereinander, siehe 3,12. *ἑαυτούς*: nicht jeder sich selber, sondern = *ἀλλήλους* Kol 3,13.16 (Bl-Debr § 287); zu Seeberg Komm: tägliche Zusammenkunft *ist* bezeugt Barn 19,10 Did 4,2. Ebenso, etwa 2K 13,11 1Th 4,18 5,11, wird gegenseitige Mahnung, wie hier und 10,25 LA, ausdrücklich nahegelegt. Die Vokabel viel in den Ign. Die Sache ebenfalls in hell Trauerbriefen (Deißmann LO 143ff). Qumran hat intensive brüderliche Mahnung, jedoch, anders als Hb, kasuistisch und betreffs ritueller Observanzen (Braun Qumran-NT I 251). Intensiv auch hier: *καθ' ἑκάστην ἡμέραν*; so nicht im NT; wohl aber Test XII L 9,8 und, verbunden mit *παρακαλέω*, Barn 19,10; zu *ἡμέρα* siehe 3,8. Schierse 135 erwägt: spielte die Ermahnung LXX Ps 94,7.8 in der täglichen Gemeindeliturgie eine Rolle? Diese Ermahnung soll statthaben bis zur nahen Parusie; nicht bis zum Lebensende (gegen Cyr Cramer Cat 447 Erasmus paraphrasis adnotationes, siehe Westcott); richtig ClAl Prot 9,84,6 S 64,2f *μέχρι συντελείας*, nur ohne Berücksichtigung der Parusienähe. *ἄχρις* hell, nur noch Gl 3,19; *ἄχρι* attisch, so hier **0121b**. *ἄχρις οὗ* „solange als" (trotz Synge 47); *ἄχρι* „bis" temporal 6,11, lokal 4,12 (Bauer Bl-Debr § 21). Der Sinn ist: „solange noch" (Theißen 89). Verf greift nun auf LXX Ps 94 in Einzelerklärungen zurück; zur hier angewandten qumranischen pescher-Methode siehe 2,8bc. Das *σήμερον* ist ihm die Entscheidungszeit bis zur Parusie (Schierse 92); zu *σήμερον* vgl 3,7 1,5 (Bauer Fuchs ThW VII 269–274); die „andere Ruhe" der Rabb 3,11 Exkurs; zur Naherwartung im Hb siehe 1,2. Die Zeit ist befristet R 13,11 2K 6,1.2; in Lk 4,21 nicht mehr so. Philo legt das *σήμερον* von Dt 4,4 zwar als unbegrenzte Ewigkeit aus Fug 57, weiß aber, wie die Rabb, um die Gefährlichkeit des Aufschubs Sacr AC 70. *καλεῖσθαι*, nach *παρακαλεῖτε* Paronomasie – wie 9,28 10,26.34 11,27 11,39–12,1 13,2 (Bl-Debr § 488,1) –, hier nicht wie 2,11, sondern „benannt werden" fast im Sinne von „sein" (Bauer 1aδ KLSchmidt ThW III 488–492; klass und hell Beispiele für die Verkürzung einer Seinsaussage in ein *καλεῖσθαι* Lorimer 390f). *καλεῖτε* in A C 104 1241 2465 al verschiebt, wenn nicht Itazismus (Bl-Debr § 25), sinnentstellend in das Sagen des *σήμερον* seitens der Hörer. Die Mahnung soll erreichen, daß keiner der Hörer sich verhärtet; für *ἵνα μή* siehe 4,11. Zu dem aus dem Ps entnommenen *σκληρύνεσθαι* siehe 3,8. Die Umstellung *ἐξ ὑμῶν τις* in B D K L 6 326 d e sy^h Thret Dam wird sekundär sein, siehe 4,1; zudem versucht Hb, wenn auch nicht konsequent, den Hiatus zu vermeiden (Bl-Debr § 486). Die ursprüngliche Stellung in p¹³ ℵ A C H P Ψ **0121b** 33 81 104 629 1241 1739 1881 2464 al lat. Zur Individuierung siehe 3,12. Die Verhärtung kommt zustande durch den Betrug seitens der Sünde, nicht seitens der Schlange, von der zudem Eva *getäuscht* wird Gn 3,13 2K 11,3; *ἁμαρτίαις* in D^gr * statt *τῆς ἁμαρτίας* ist sekundär. *ἀπάτη* (Bauer 1.2 Oepke ThW I 384, öfter in Herm): hier nicht die illusionierende Lust wie Mk 4,19 Mt 13,22 2Pt 2,13 Eph 4,22, auch Corp Herm 13,1.7; sondern der Betrug, absolut Kol 2,8 neben *φιλοσοφία*, geübt von der *ἀδικία* 2Th 2,10, vom *κόσμος* Dg 10,7, von der Aphrodite Die Exegese über die Seele Nag Hammadi II6 p 137; nur hier im NT *ἀπάτη τῆς* ἁμαρτίας; vgl εὐπερίστατος 12,1. Betrug deswegen, weil die ἁμαρτία zeitliche ἀπόλαυσις verspricht 11,25, den Tod aber einbringt 3,17 (Vanhoye Structure 95). Paulus freilich interpretiert R 7,11–13 das von der Sünde geübte ἐξαπατᾶν nicht einfach wie der Hb als Verführung zur Diesseitigkeit, sondern tiefer: bei ihm tötet die verführende ἁμαρτία nicht nur den Übertreter, sondern auch den *Befolger* von νόμος und ἐντολή mittels der ἐντολή; die Abwehr der *propria justitia* liest Luther Scholien auch in den Hb hinein. Die ἁμαρτία hier zum erstenmal im Hb sing als Grundsünde; sonst noch 4,15 9,26.28 12,4; vgl 1,3: die betrügende und zum Abfall verführende Macht, die nur durch Opfer aufgehoben wird, die leicht bestrickt 12,1 und gegen die es zu kämpfen gilt 12,4 (Bauer 4 Stählin ThW I 317f).

14. Denn Anteil haben wir an Christen bekommen, wenn wir die anfängliche Haltung bis zum Ende fest bewahren.

Literatur: HDörrie Ὑπόστασις, 1955; HDörrie Zu Hb 11,1, ZNW 46, 1955, 196–202; EGräßer Der Hbbrief, ThR 30, 1964, 228f; JSwetnam siehe V 1.

Die Mahnung V 13 ist nur zu begründet, γάρ: der hohe Rang der Christen gilt nur, wenn sie durchhalten. V 14, also zentral, ist keineswegs Parenthese (Moffatt gegen Westcott). μέτοχοι, hier adj oder subst, siehe 3,1; ähnlich Joh 13,8 praes, Epistula Ap 19 als Verheißung; vgl Ev Ver Nag Hammadi I2 41,18: „sie haben durch die Begrüßungen (oder Huldigungen, ἀσπασμοί) (Anteil) an seinem Anblick erhalten". Aber hier: Anteil nicht an Göttern (Bauer μέτοχος 1 Inschr), sondern an Christus, weil er μετέσχεν 2,14 (Spicq Gräßer Glaube 18). τοῦ Χριστοῦ Eigenname, nicht „Messias" (gegen Kosmala 4; siehe 3,6). Teilhabe an ihm ist Teilhabe an der Berufung zur Himmelswelt 3,1. γεγόναμεν, wir sind es also (Bl-Debr § 340). Wir: wie 1,2 2,1. 3 3,6. Zu Jesu γίνεσθαι siehe 2,17 Exkurs. Die Auslassung von τοῦ vor Χριστοῦ in 467, die Ersetzung von τοῦ Χριστοῦ durch τοῦ κυρίου in 256 2127 durch τοῦ θεοῦ in 631, die Umstellungen γεγόναμεν τοῦ Χριστοῦ in K 6 326 arm Eus Chr Thret oder γεγόναμεν Χριστοῦ in L Eus umakzentuieren nur leicht. ἐάνπερ Bauer ἐάν I3c Bl-Debr § 454,2; im NT nur 3,6 vl 3,14 6,3, nicht Paulus. Zur korrigierenden Einschränkung des mysterienhaften Ind siehe 3,1: die anfängliche Entschlossenheit gilt es durchzuhalten. ἀρχή, Bauer 1bc Delling ThW I 481, in 1,10 Urzeit, in 7,3 Lebensbeginn, in 2,3 Beginn des Christentums, meint hier, im Gegensatz zu τέλος (Gräßer Glaube 18), ähnlich wie 1Tm 5,12 Apk 2,4, den Beginn des Christenstandes der Hörer (gegen Köster ThW VIII 586), wie 5,12 6,1 die dabei ihnen erteilten Elementarbelehrungen. Ihre anfängliche Haltung dabei heißt hier ὑπόστασις. Zur sehr umfangreichen Literatur Bauer Dörrie Ὑπόστασις ders. ZNW Köster ThW VIII 586f Swetnam. ὑπόστασις im Hb nur 1,3 3,14 11,1; nur 3,14 ohne nachfolgenden Gen. Hier nicht Gottes jenseitige Wirklichkeit wie 1,3. Wie im griech Sprachbereich, in LXX und Text XII, die für die Hb-Bedeutungen nicht einschlägig sind, variiert die Bedeutung von ὑπόστασις auch in den drei Hb-St (gegen Köster 586 Gräßer ThR 229). Der Kontext zeigt: ὑπόστασις analog der παρρησία und dem καύχημα τῆς ἐλπίδος 3,6, entgegen der ἀπιστία 3,12.19, dem ἀποστῆναι 3,12 und ἀπειθεῖν 3,18 (Dörrie ZNW 201 Ὑπόστασις 39 Gräßer Glaube 18). Der in ὑπόστασις ausgedrückte feste Stand (Erasmus paraphrasis: *fundamentum – in nobis*) wird hier als Haltung, natürlich der Christen, zu verstehen sein; in dieser Richtung verstehen Gräßer Glaube 15 Kuß Laubach und viele. Wie die Standhaftigkeit der Soldaten bei Polyb 4,50,10; unterschieden von ihrer bloß physischen δύναμις Polyb 6,55,2. Also nicht Wirklichkeit Gottes im Sinne des objektiven Besitzes des Glaubens (gegen Köster aaO 586f). Auch nicht Wesen Christi; so mißversteht die LA ὑπόστασις αὐτοῦ A 5 88 122 623 629 1827 1912 2495 a f vg^cl, zu vg Harnack 220, Hier zT (gegen Theod Mops Staab 205 Greer 237 Thomas Luther Scholien 2. Erklärung, wobei Thomas und Luther die *fides*, Swetnam 381 sogar die Eucharistie einbringen). Auch nicht das Wesen der Christen, das als mit dem Glauben verbunden gedacht ist (gegen Luther Scholien 1. Erklärung Calvin). Schon 424^c ersetzt, wegen 11,1, ὑποστάσεως durch πίστεως; Chr MPG 63,56: τὴν πίστιν λέγει. Weitere Väter-Zitate bei Westcott; noch Bengel: *substantia*. Die oben genannten Analogien und Gegensätze zur ὑπόστασις in 3,6.12.18.19 sind personale Verhaltungsweisen, wie der Mut in Polyb 6,55,2 und die Unveränderlichkeit der Haltung der Zeloten in Jos Ant 18,24. Wie sollte es ein Bewahren der anfänglichen Haltung geben können ohne subjektives Engagement! Diese Betonung der Haltung verschiebt aber, gegen Paulus, den Glauben in das Feld der ἀρετή, der *qualitas* (Käsemann aaO 19 Gräßer Glaube 102): die anfängliche Haltung soll bis zum Ende bewahrt werden. Zu κατέχειν siehe 3,6; zur Sache vgl PsClemRecg 2,18,10 S 62,22–24. μέχρι τέλους nicht: Hoffnung auf das Ende (zu Kosmala 8). μέχρι Bauer 1bc: im ganzen NT, außer Joh 1J 2J 3J. Im Hb temporal 3,6 vl 3,14 9,10; modal 12,4, zu μέχρις Bl-Debr § 21. τὸ τέλος Bauer 1acd Delling ThW VIII 55–57. Mit Art als eschatologisches Ende Synoptiker Paulus; nicht Hb. τὸ τέλος Hb 7,3 das Aufhören des Lebens, 6,8 der Ausgang des Fluches. τέλος ohne Art nach folgenden Praepos: μέχρι klass hell LXX, auch uneschatologisch „bis zuletzt", im NT nur Hb 3,6 vl 3,14; ἄχρι Hb 6,11 Apk 2,26; εἰς Synpt Joh Pls; ἕως im NT nur Pls 1K 1,8 2K 1,13. In diesen Texten ist τέλος, von Haus aus uneschatologisch, nicht explizit das eschatologische Ende, hat aber meist, bei μέχρι und ἄχρι Hb 3,6 vl 3,14 6,11 immer, das Eschaton mit der Parusie im Blick. μέχρι τέλους uneschatologisch Dg 10,7. Ohne Mahnung zusprechend nur 1K 1,8 2K 1,13; erbeten Act Thom 61 S 177,18f; Act Thom 124 S 233,14f stellt mit ἀρχή und τέλος zeitliches und ewiges Leben gegenüber. Synoptiker Apk 2,26 PsClemHom EpCl 10,4 „bis zuletzt" mahnend, PsClem mit ὑπομένειν ähnlich wie Hb die Beharrlichkeit fordernd. Ermahnend auch Hb 3,14 6,11; nicht verwunderlich: es geht ja um die *qualitas* der Entschlossenheit. Philo hat nicht die zeitliche Gerichtetheit des Hb; τέλος als Ziel ist ihm die Einsicht in das Nichtwissen Migr Abr 134; das Sein als Ziel ist nie erreichbar PosterC 21; anders PsClemRecg 3,65,5 S 138,16f ActJoh 69 S 184,15–18. Die entschlossene Haltung ist sehr wichtig. Daher βεβαίαν (zur Fem-Form Bl-Debr § 59,2): hier und 3,6 vl nicht „rechtsgültig" „verläßlich" wie 2,2, sondern paränetisch: „fest" bewahren. βέβαιος ist, ähnlich wie Hb 3,14 mit ὑπόστασις, verbunden mit ἐλπίς 4Makk 17,4 ℵ V 2K1,7, aber unparänetisch; Philo Plant 88 paränetisch. Philo stellt βέβαιος besonders mit πίστις zusammen: PosterC 13 Plant 70 Fug 154 Spec Leg 4,50 Virt 216 (πίστις als ἀρετή); und zwar wie Hb paränetisch Conf Ling 31 (πίστις als διάθεσις) Praem Poen 30. Des Hb ὑπόστασις βεβαία und Philos βεβαιοτάτη πίστις treffen sich im dualistischen Nein zur Welthaftigkeit; anders als Philo füllt Hb dessen Dualismus christologisch auf.

15. Wenn es heißt: ‚heute, da ihr seine Stimme hört, verstockt nicht eure Herzen wie bei dem Aufstand', –

Die Mahnung wird verschärft durch erneuten Hinweis auf das warnende Beispiel der Wüstengeneration, an das der hier wiederholte Zitatanfang LXX Ps 94,8 des Gesamtzitates 3,7–11 erinnert. Die Weiterführung in V 16 verlangt einen das Anakoluth glättenden Einschub, etwa: „so ist zu fragen". Darum schwankt in der Exegese-Geschichte die Zuordnung von V 15. Mit V 13 oder 14 verbinden ihn ua Erasmus paraphrasis Bengel Spicq Westcott. Ja, Chr MPG 63,56 stellt V 15 hinter 4,1.2a und macht, wie andere griech Väter, 3,16–19 zur Parenthese; Luther Scholien folgt ihm darin. Aber natürlicher wird V 15 mit dem Folgenden verbunden (so ua Delitzsch de Wette[2] Riggenbach Windisch Kuß Michel). Die NT-Ausgaben und Übersetzungen spiegeln diese Situation in der differenten Interpungierung wider; siehe The Greek NT Aland usw. Das Fehlen von ἐν τῷ λέγεσθαι in 1836 zerstört zu Unrecht den Zitat-Charakter des Folgenden; zu ἐν τῷ mit Inf siehe 3,12. Das pass λέγεσθαι, als Zitat-Einl im Hb nur hier, als Zitat-Bezugnahme noch 7,11.13, umgeht den λέγων. Die Auslassung von ὡς in **0121b** 122 206* 328 429 616 a entfernt zu Unrecht im Zitat den Hinweis auf die Wüstensituation, wie manche Erklärer denn auch, künstlich, μὴ σκληρύνητε als Mahnung des Autors verstehen wollen. vg verstärkt den Hinweis: *in illa exacerbatione* („bei jener Verbitterung"); Chr, ὡς durch ὥσπερ ersetzend, beläßt ihn. σκληρύνετε in D ist Verschreibung. Für die Einzelerklärung des V siehe 3,7.8.

16. (so ist zu fragen:) wer waren denn diejenigen, die erst ‚hörten' und dann ‚sich auflehnten'? Waren es nicht (doch) alle, die unter Mose's Führung aus Ägypten ausgezogen waren?

Literatur: A Vanhoye siehe V 8.

V 16–18 im Diatribenstil (Spicq Moffatt); auch V 16, wie im folgenden, zwei Fragen, nicht Aussagen. Die Warnung wird dringlich durch den Umfang der damals Betroffenen: „denn" es war die gesamte Auszugsgeneration, nicht „lauter solche Leute, die von Ägypten ausgegangen waren" (gegen Bengel); jedenfalls nicht nur ein größerer Teil der Auszugsgeneration wie 1K 10,5 (Bruce). Nur in 1827 fehlt γάρ. Der erste Fragesatz spitzt die Frage, unter Aufnahme von ἀκούειν und παραπικρασμὸς aus dem V 15-Zitat, zu, der zweite beantwortet sie (Schröger 105). Die Härte dieser Antwort wird abgebogen, wenn τίνες als τινὲς „einige" und der Satz als Aussage mißverstanden wird: so in K L P **0121b** 69 1834 d e f vg sy[h] bo gegen viele Handschriften und sy[p]. Ebenfalls dann, wenn ἀλλ' οὐ usw, das den Sinn von εἰ μή usw V 18 hat (Bengel), zu Unrecht als Aussage mißverstanden wird: so it vg sy[h] bo; gegen viele Handschriften und sy[p]. Hb meint die Totalität der Auszugsgeneration (so Chr Theod Mops Staab 205 Thret Dam und fast alle neueren Erklärer, gegen jüngere griech Väter Thomas Erasmus adnotationes paraphrasis Luther Glosse Bibel 1546 [WA Deutsche Bibel 7 2 1931 S 351] Calvin Hillmann). Die Ausnahmslosigkeit der Auflehnung geht aus Nu 14,11.22, aus dem uneingeschränkten κἀκεῖνοι 4,2 und aus dem weiteren Ausstehen der damals unerfüllt gebliebenen Ruheverheißung 4,1.6.8.9 eindeutig hervor. πάντες betont voran, siehe 1,14. *Alle* empörten sich, anders als πάντες οἱ ἀκούοντες 5,9: das widerspricht zwar der Gesamtheit der im Glauben wartenden vorchr Väter 11,39, gehört aber zur diesbezüglichen Ambivalenz des Hb, siehe 1,1 Exkurs 3,3. Die oben besprochenen FehlLAA umgehen das: die Leute um Kaleb und Josua sollen nicht Empörer sein (Theod Mops aaO). 1836 und sy[h cod White] lesen ἀλλὰ statt ἀλλ' οὐ, treffen also den rechten Sinn, mißverstehen aber den zweiten Satz als Aussage. ἀλλ' fehlt in sy[p]. Vielleicht, aber nicht mit Sicherheit kann es sekundär sein, weil τίνες als τινὲς mißverstanden wurde (zu Bl-Debr § 448,4 Bauer ἀλλά 2). Im NT gibt es, außer Lk 17,8, kein ἀλλ' οὐ οὐ(χὶ) als Frage-

Einleitung. Falls ἀλλ' echt ist, muß man hinzudenken: „ihr meint, es waren nur wenige"; aber waren es nicht alle –. τίνες: zur rhetorischen Frage im Hb siehe 1,5. γὰρ hinter einer τίς-Form oft im NT außer Joh KathBr Apk; siehe Bauer 1 f. Die ἀκούσαντες, die erst hörten: zum Part Aor siehe 2,3; zur Wichtigkeit des Hörens siehe 2,1 3,7. παρεπίκραναν, zum Subst siehe 3,8; das Verb nur hier im NT, oft in LXX, meist als Übersetzung von מרה „sich auflehnen", so auch hier, fast intr, nicht „erbittern" (richtig deWette[2] Bauer Michaelis ThW VI 125–127 Moffatt Bruce Westcott; gegen die meisten). Noch bei Philo Leg All 3,114 Som 2,177 Herm s 7,2,3. ἐξέρχεσθαι (Bauer 1a*a* JSchneider ThW II 676–678) wie hier aus Ägypten 11,15 Koine Ag 7,7, dualistisch genommen bringt Heil 11,8 13,13; aber hier nicht, weil nicht durchgehalten. ἐξέρχεσθαι von der Abstammung 7,5. Ägypten (siehe Bauer) negativ dualistisch 11,26, Auszug von dort positiv 11,27; hier freilich mit negativem Ausgang wie 8,9 Jd5; wie dort ἐκ γῆς Αἰγύπτου hier in 33. Die von Vanhoye Longue marche 20 behaupteten Beziehungen von V 16 zu Nu 14,13.19.22 sind zu lose, um Vanhoyes These, siehe 3,8, zu stützen: Αἴγυπτος in LXX auch in Ex 17,3 Nu 20,5 LXXPs 80,11; ἐξέρχεσθαι ἐξ Αἰγύπτου in Nu 22,5 Jos 5,4. διὰ „unter Führung" Bauer 2a; vgl Ag 7,36; zu διὰ siehe 1K 3,5 (Riggenbach). Aber wirklich ausführen tat die Gottheit 8,9, ähnlich Jd5. Zu Mose im Hb siehe 3,2 3,5. Hier Μ*ω*νσέως in p[46] ℵ B C D H K L 33 1834 Chr Thret Dam; Μωσέως in A **0121b** P 2 69 218 221 241 242 323 326 462 547 639 642 920 1245 1518 1739 1827 1872 2004.

17. Welchen Leuten aber ‚war er vierzig Jahre lang böse'? Etwa nicht denen, die gesündigt hatten, deren ‚Leichname in der Wüste zu Boden stürzten'?

Literatur: A Vanhoye siehe V 8.

Wieder Frage und Antwort in Form von zwei Fragen: Grund und Folge des göttlichen Zorns sind die Sünde und in der Wüste der Tod. τίσιν, wie gelegentlich in Synoptikern Paulus Jk mit δὲ jetzt hier hinter der τίς-Form, also variiert gegen V 16. τίσιν δὲ καὶ verstärkt den stilistischen Wechsel, τίσιν γὰρ ebnet ihn ein. τίσιν meint nicht: „nicht allen" (gegen Luther Glosse). Zum einzelnen von V 17a siehe 3,9–11a. Die 40 Jahre bezeichnen jetzt, wie im Ps, anders als V 10, die Dauer des Zornes. τεσσαράκοντα wird hier gelesen von B[2] H K L **0121b**. Die zweite Frage ist eingeleitet mit οὐχί; dazu siehe 1,14. Sie bringt das erste ἁμαρτάνειν des Hb, neben 10,26. Im Hb nur 2 Verbformen, neben 2 Adj und 26 Subst des ἁμαρτ-Stammes; ein ähnliches Verhältnis wie bei dem πιστ-Stamm, siehe 4,2 Exkurs. ἁμαρτήσασιν: andere Formen des Part Aor noch R 5,14.16 2Pt 2,4; hier nimmt der Dat ἁμαρτίας V 13 auf (Spicq); aber nicht Nu 14,40, wo der attische II Aor steht (gegen Vanhoye Longue marche 20). Aor: das Sündigen geht der Strafe voraus, siehe 2,3. Das Part Praes in 4 122* 177 209/460 635 redet die Hörer direkt an. ἁμαρτάνειν meint den Ungehorsam V 18, wonach A 47 mit ἀπειθήσασιν hier in V 17 korrigieren; meint den Unglauben V 12.19, vgl Jd 5, also den irreparablen Abfall 10,26 (Käsemann aaO 24–27). Daher der Ernst der Mahnung. ἁμαρτάνειν religiös seit Homer, intensiv in LXX, absolut wie hier im ganzen NT und den Apost Vät, von der Wüstengeneration im NT nur hier. Bauer 1 Stählin ThW I 317 f; vgl ἁμαρτία 1,3 3,13. Die Strafe ist formuliert mit Nu 14,29 (Vanhoye aaO 20). Der LXX-Text ist zur Einpassung leicht geändert: in der Wortstellung und statt πεσεῖται hier ἔπεσεν. Für den korrekten Sing (Bl-Debr § 133) bringen sehr viele ἔπεσον, neben D einige Minuskeln und Cyr ἔπεσαν. Sodann: um das ὑμῶν hinter κῶλα und um das ταύτῃ hinter ἐρήμῳ ist der LXX-Text gekürzt. Zu ὧν τὰ κῶλα – Relativ-Pron und Art – siehe 6,8 12,26 R 2,29

3,8 2K 8,18 (Windisch). κῶλα nur hier im NT, wenig LXX, immer im Plur, für unbestattete Leichname (siehe Bauer); Nachklang ClAl Prot Schol OStählin S 315,32–36. πίπτειν, Bauer 1bα 2aδ Michaelis ThW VI 161–163 unübertragen wie 11,30, hier von der Wüstengeneration wie 1 K 10,8, drückt den Tod durch Waffen aus: seit Hom Xenoph viel LXX, zB Sir 28,18 Test XII Jud 9,3 (unsicherer Text) Lk 21,24 viel Jos; auch den jähen Unglücks- und Straftod hier wie 1K 10,8 Ag 5,5.10; vgl 1K 10,5. Ja, auch den Tod allgemein Hi 14,10. πίπτω übertragen siehe 4,11. Die Rabb reflektieren zu Nu 14, zT mit Schriftbeweis, über die Todesursache: Bräune, Abfallen der Glieder (Str-B III 686). Thomas detailliert da noch spezieller. Philo domestiziert mit der 40tätigen Fürbitte des Mose (Quaest in Ex 49) und mit der Darstellung Vit Mos 1,236–238 die Härte des atlichen Beispiels. Zu ἔρημος siehe 3,8.

18. Welchen Leuten aber ‚schwor er, sie sollten nicht in seine Ruhe hineingelangen', wenn nicht denen, die ungehorsam gewesen waren?

Literatur: AvHarnack Zur Revision der Prinzipien, in: Beiträge zur Einleitung VII, 1916, 81f; AVanhoye siehe V 8; LVénard L'utilisation des Psaumes, in: Mélanges Podechard, Lyon 1945, 253–264.

Jetzt, anders als V 16.17, nur Eine Frage, die die Antwort sogleich mitenthält. Zu τίσιν δὲ siehe 3,17. V 11 und damit der zitierte LXX-Ps 94,11 wird in der Auslegung reproduziert. Die Einpassung verschiebt die 1. Pers des Zitats (ὤμοσα – μου) hier in die 3.; das εἰ ἐλεύσονται in den mit μή verbundenen Inf des Fut, der im NT selten ist (Radermacher 155); gemeint ist, sie werden nicht hineingelangen (obwohl, trotz des Subj-Wechsels, anders als Tob 9,3, der Subj-Acc fehlt Westcott Riggenbach Bl-Debr § 396). ὤμωσεν in **0121b** ist Verschreibung; zu o–ω siehe Bl-Debr § 28. Das ἐν τῇ ὀργῇ μου des Zitats fällt hier weg; der Zorn der Gottheit ja schon im Zitatteil von V 17. Die für den Hb zentrale κατάπαυσις wird in der Zitatauslegung hier zum ersten Male aufgenommen; bis 4,11 dann öfter. Zur Sache siehe 3,9–11 und 3,11 Exkurs. εἰ μή „außer" (Bauer εἰ VI8a); im ganzen NT; im Corpus Paulinum über 2 dutzendmal, im Hb nur hier. ἀπειθεῖν ἀπείθεια Bauer Bultmann ThW VI 10–12. Klass hell LXX vom religiösen Ungehorsam gegen die Gottheit. Im NT und Apost Vät mit Dat-Obj und absolut, auch als subst Part; nur absolut und als Part im Hb. 3,18 von dem ungehorsamen Verhalten der Wüstengeneration, etwa Nu 14,43 und öfter besonders Dt, als Adj Nu 20,10 (siehe Vanhoye Longue marche 20). Mit diesem Bezug im NT und Apost Vät sonst nicht. Hb 11,31 von den Jericho-Bewohnern. Zum Part Aor siehe 2,3. Die Frage hier, anders als die Aussage in LXX-Ps 94,11 und Hb 3,11 (Vénard 257), grenzt freilich nicht einen gehorsamen gegen einen ungehorsamen Teil Israels ab, siehe zu 3,16. ἀπείθεια 4,6 von jener Generation, 4,11 im Blick auf die gewarnten Christen, an die mit auch schon das Verb in 3,18 denkt. Subst und Verb bei Paulus auch von den Juden R11,30–32, aber dort nicht endgültig für Israel wie 1K 10,1–13 und hier im Hb. Bei Paulus auch nicht analog der Meinungsänderung der Gottheit wie bei R Eliezer TSanh 13,10f (Str-B III 409) und bei R Abbahu MidrQoh 10,20,49b (Str-B III 687), sondern prädestinatianisch. Ungehorsam, Unglaube und Sünde fallen für den Hb zusammen, sie entwickeln sich nicht eins aus dem anderen (gegen manche Erklärer; siehe 3,12 3,17). Aber die Ersetzung von ἀπειθεῖν durch ἀπιστεῖν in p[46] lat sa – jedoch nicht Erasmus paraphrasis: *non paruerunt* – ist für die vg allgemein ntlich und nicht auf den Hb beschränkt (siehe

Harnack Beiträge VII 81 f); vgl Herm s 9,15,3, wo nach der ersten Frau als 'Ἀπιστία die dritte Frau die 'Ἀπείθεια personifiziert, siehe Hb 3,12; auch Plut CarnEs II5 II 998F Wyttenbach stellt ἀπειθεῖν und ἀπιστεῖν nebeneinander.

19. Und so sehen wir, es lag am Unglauben, daß sie nicht ‚hineingelangen' konnten.

καὶ consecutivum Bl-Debr § 442,2: folgernd wird noch einmal der Grund für die Bestrafung der Wüstengeneration genannt. βλέπειν hier nicht mahnend wie 3,12, sondern von der Wahrnehmung des Glaubens, siehe 2,9, hier mittels der Geschichte Israels. Die Unterstreichung der Unmöglichkeit ist schärfer als das einfache (οὐκ) εἰσῆλθον in 218: „obwohl sie es nachher gewollt hatten" (Bengel). Zu Jesu δύνασθαι siehe 2,18. Das ganze NT verneint das δύνασθαι der Heilsgewinnung dort, wo der Mensch nicht gehorcht, etwa Mt 6,24 Lk 14,33; aber in solchen δύνασθαι-Sätzen heißt das Heil nicht εἰσέρχεσθαι und der menschliche Ungehorsam nicht ἀπιστία; Mk 1,45 6,5 (Windisch) Mt 12,29 Apk 15,8 sind für die vorliegende Terminologie nur formale, Herm s 9,12,5 9,15,2 9,16,2 dagegen inhaltliche Par. Mk 10,26 Par R 8,8 Joh 12,39 bleiben im Hb hier unerwogen. Das δύνασθαι Gottes Hb 5,7 (vgl. 11,19), das des Priesters 5,2; das οὐ(μὴ) δύνασθαι der Opfer 9,9 10,11, das des νόμος 10,1. εἰσελθεῖν siehe 3,11b, wie im Zitat LXX-Ps 94,11 Hb 3,11; ohne Zusatz, der Hörer ist ja im Bilde; *in requiem ipsius* in Cl vg$^{\text{fuld demid harl}}$; vg^{s} ist später, so schon Erasmus adnotationes. Der per Achtergewicht (Spicq Moffatt) hier betonte Grund für die Nichterlangung der Ruhe ist der Unglaube; ἀπιστία siehe 3,12, zur Sache R 11,20; das Fehlen des Art oft nach Praep (Radermacher 114 116). Gerade bei διὰ ist die Elision des α zur Vermeidung des Hiatus in der Koine häufig (Bl-Debr § 17). διὰ ἀπιστίαν in C D² Ψ und sehr vielen Minuskeln ist sekundär. διὰ τὴν ἀπιστίαν hat diese Fehllesart von C D² Ψ kaum korrigieren wollen, weil schon vor 4 103 122 177 337 460 618 635 Thphyl durch Cl bezeugt. δι' ἀπείθειαν in 1908 setzt textgeschichtlich sekundär, sachlich richtig Unglaube und Ungehorsam gleich, siehe 3,18. Sogleich in 4,2 folgt der positive Gegensatz, πίστις, so wie bei Philo Ebr 40 und PsClemHom 7,7,3 πίστις und ἀπιστία kontrastieren.

4,1. So laßt uns nun Furcht haben, daß nicht jemand aus eurer Mitte als zu spät gekommen erfunden werde, während die Verheißung, in seine Ruhe hineinzugelangen, noch aussteht.

Literatur: HKöster Die Auslegung der Abrahamsverheißung, in: Studien zur Theologie der atlichen Überlieferungen, herausgegeben von RRendtorff/KKoch, 1961, 95–109; WNauck Das οὖν-paraeneticum ZNW 49, 1958, 134f; HGSchütz „Kirche" in spätntlicher Zeit, Diss Bonn, 1964; SSchulz Die Mitte der Schrift, 1976; AVanhoye Longue marche, Biblica 49, 1968, 9–26.

Der Unglaube der Wüstengeneration soll die Gefahr anzeigen und die Befürchtung wecken, auch von den Christen könne jemand das Heil versäumen; denn die Verheißung, noch unerfüllt, gilt weiter, Anlaß zur Sorge und zur Ermutigung zugleich. Es geht also nicht darum, den Hörern die Meinung (δοκῇ) auszureden, sie könnten im Blick auf die verheißene Ruhe zu kurz kommen; denn dann wäre μὴ φοβηθῶμεν und μὴ – δοκῇ zu erwarten (gegen Seeberg Komm Spicq Héring Montefiore Barclay; richtig Delitzsch). Zudem meint καταλείπεσθαι nicht die Verzögerung der Verheißung, siehe unten (gegen

Héring Montefiore). Das NT sonst ermutigt zum Nichtfürchten vor Engeln, vor Gegnern und vor Jesus, mahnt aber auch zur Furcht vor Gott und dem Kyrios, in jüngeren Texten zunehmend: 1Pt 5mal φόβος, Apost Vät öfter; φοβηθῶμεν 1Cl 28,1 Ign Eph 11,1, mit nachfolgendem οὖν PsClemHom 17,12,5; mit μήποτε Herm m 12,5,3. Anders 1J 4,18. Hier Hb 4,1 betrifft die Furcht den Heilsverlust wie Mt 10,28 Par R 11,20 Phil 2,12; wie φοβερὸς Hb 10,27.31 12,21. Vgl 10,22. Furcht vor dem Tode Hb 2,15; δέος im NT nur Hb 12,28. Nicht fürchten im Hb als Mahnung 13,6 absolut, als Bericht 11,23.27. Zu φοβέομαι Bauer 1a Bl-Debr § 337,1 Radermacher 169 178 Balz ThW IX 214f. οὖν im Hb oft kohortativ wie 4,1.11.14.16 10,19.22.35 13,15; Bauer 1b Nauck 134f. Zu μήποτε siehe 3,12; mit Ind Fut Mk 14,2 Hb 3,12 Herm m 12,5,3; mit Konj Aor Hb 2,1; mit Konj Praes Hb 4,1 Lk 12,58 (Bauer 2a αβγ Bl-Debr § 370,1). καταλείπω act Hb 11,27; pass nur hier im NT als „noch ausstehen", „unerfüllt geblieben sein"; vgl ἀπολείπομαι 4,6.9 10,26 (Bauer 2f Preisigke Wört 7). Zur Sache siehe R 9,6. Gen absolutus, nicht als Verbum finitum mit „wir" als Subj aufzulösen „daß wir die Verheißung verlassen" (gegen Erasmus paraphrasis Luther WA Deutsche Bibel 7, 1522, ähnlich 1546). Im Hb muß Israel abfallen, damit für die Christen die verheißene Ruhe frei wird; anders R 11,15.26.31, siehe Hb 3,18. Zudem *betätigen* in Hb 11 viele Israeliten πίστις. ἐπαγγελία im Hb zentral, 14mal, siehe Konkordanz, auch in Apost Vät öfter. Der Art ist entbehrlich (Radermacher 112–118); D* 255 tragen ihn sekundär nach. Bauer 2 Schniewind-Friedrich ThW II 573–577 580–582. Das Subst in AT und LXX kaum, zum Verb siehe 6,13. In der religiösen Umwelt ist das Subst als sakral klingend belegt von der Darbringung an Götter und Tempel usw; vgl auch Corp Herm Stob 23,8 – ἀπαγγελία = ἐπαγγελία, wie Hb 4,1, mit καταλείπειν –; auch im hell Judentum: Gebet Manasse 6 Ps Sal 12.6 Jos Ant 2,219; in der Apokalyptik erscheint das Verb: 4Esr 7,119 sBar 14,13 51,3 uö; die Rabb kennen die Verheißung, wagen aber nicht immer die persönliche Aneignung (Str-B III 208). Im NT viel im Corpus Paulinum; wenig Evangelien, Ag Kath Br; gar nicht Apk. Hb hat ἐπαγγελία als Zusage im Plur in 7,6 8,6 11,17; den Gen der verheißenen Sache dahinter 9,15 wie Jos Ant 3,77; läßt den Inf folgen hier 4,1 wie hinter καιρὸς 11,15 (siehe Bl-Debr § 393,6); bringt ἐπαγγελία als Gen qualitatis 11,9a. ἐπαγγελία als verheißenes Gut mit κομίσασθαι 10,36 11,39, mit λαμβάνειν 11,13, mit ἐπιτυχεῖν 11,33; ähnlich Ps Sal 12,6 Test XII Jos 20,1. Weniger eindeutig sind 6,12.15.17 11,9b.33; Bauer und Schniewind-Friedrich differieren; vgl später zu den betreffenden St. ἐπαγγελία ist also „Basis" und „Ziel" zugleich (Käsemann aaO 15). Sing und Plur meinen nicht verschiedene ἐπαγγελίαι. Hier in 4,1 geht es um die atliche κατάπαυσις-ἐπαγγελία, die aber ins NT hineinragt (gegen Schulz 258). Das Evangelium zu hören bekamen Israeliten wie Christen 4,2. Die ἐπαγγελία, mit dem pass εὐαγγελίζεσθαι gleichgesetzt V 2, eschatologisiert das εὐαγγελίζεσθαι (Käsemann 11f), wird jedoch nicht etwa durch das εὐαγγελίζεσθαι enteschatologisiert (gegen Schulz 74). Die chr ἐπαγγελίαι sind gleichwohl hervorragender als die atlichen 8,6. An der Ewigkeit ihres Inhalts kann das nicht liegen: auch die Patriarchen strebten der κρείττων, der ἐπουράνιος πατρὶς zu, 11,16. Die vorchr Zeit brachte zwar Nichterfüllung wegen Ungehorsam 3,19; bei Gehorsam und Glaube zwar auch partielle Erfüllung wie 11,12.28–31 33–35a; letztlich, trotz 11,19, generell jedoch Noch-nicht-Erfüllung 11,13.39.40. Doch auch die Christen haben vor sich eine noch n i c h t erfüllte ἐπαγγελία 4,1 9,15 10,36. Worin besteht der Unterschied betreffs der ἐπαγγελία zwischen beiden Perioden? Gewiß, das Himmlische und der kommende Äon ragen in das Christenleben hinein 6,5. Aber die Überbietung läge, auch wenn man 6,15 und 11,33 bei den Vätern nicht als Erreichung des eigentlich Verheißenen verstünde, für die Christen dann doch nur in der größeren Endnähe; ein bescheidener Vorsprung, kaum geeignet, Juden zu überzeugen, mit denen der Hb, besonders nach der freilich unbegründeten Meinung älterer Erklärer, in werbendem Gespräch stehen soll. Eschatologische Nochnichterfüllung und Erfüllung (préfiguration und accomplissement réel) sind im Hb nicht die Gegensätze zwischen AT und NT (gegen Käsemann aaO 17 Schütz 74 Vanhoye Longue marche 23 und viele Erklärer). Köster 104f erklärt die Problematik als Spannung zwischen dem Hb-Verf und der von ihm übernommenen Tradition. Trotzdem betont der Hb die Überbietung des AT durch das NT stark. Daß sie nicht recht einsichtig wird – Calvin zu 8,6 Spalte 100 merkt das –, hat seinen Grund: die Überwertigkeit des Himmlischen, der Dualismus, wird vom Hb bereits in das AT hineingelesen; auch Josua darf die Israeliten nicht in die κατάπαυσις hineingebracht haben 4,8, weil die ja eigentlich nur himmlisch ist. Und wenn das schon auf atlichem Boden gelten soll, so ist das im NT schwer zu überbieten; siehe 1,1 1,1 Exkurs. Aber immerhin siehe 11,40. Zu εἰσελθεῖν siehe 3,11; zu κατάπαυσις siehe 3,11 Exkurs. δοκῇ (siehe Kittel ThW II 235f) hier nicht „meinen" wie 10,29 12,10, siehe 4,1 oben; auch nicht von einem der Wirklichkeit widersprechenden Anschein wie 12,11 und im NT öfter, zB 1K 12,22 2K 10,9; also nicht beschwichtigend (gegen PsOec MPG 119,312B Bengel Bauer 2a und andere), wofür allenfalls Hb 6,9 sprechen könnte. δοκῇ wird hier in Anlehnung an den forensischen Sprachgebrauch (Michel) heißen „erfunden werden", „gelten" in Übereinstimmung mit der Wirklichkeit (vgl vg Thomas Luther Glosse Bleek-Windrath Hollmann Riggenbach [Windisch: vielleicht] Moffatt Hillmann Bruce). So δοκέω Plat Phaed I 113D Prv 17,28 27,14; besonders viel bei Philo (das Folgende ist nur eine Auswahl: Leg All 2,6 3,34.97 Det Pot Ins 55 Deus Imm 46 Plant 176 Ebr 35,64.187 Conf Ling 59 Migr Abr 86–88.96.110.167.201 Rer Div Her 21). Eindrücklich: der für die Gottesschau als geeignet *erfundene* (δόξας) Jakob *bekam* den Namen, weil er *wirklich* ἱκανός war (Philo Migr Abr 201). Der Einschub οὐ δυνηθῶμεν vor δοκῇ in 330 440 823 bringt einen hier sinnlosen Nachhall von 3,19; τις ἐξ ὑμῶν individuiert, siehe 3,12. Auffällig ist der Wechsel von „wir" (φοβηθῶμεν) zu „ihr" (ὑμῶν); das ἡμῶν in 5 vg[demid] vg[s] Thret Faber Stapulensis Luther Scholien retouchiert ihn, die Auslassung von ἐξ ὑμῶν in 93 Thphyl beseitigt ihn. Üblich im Hb ist „wir – wir": 2,1.3 3,6.14 siehe 2,1 3,14; seltener „ihr – ihr" 3,12. ὑστερέω, „Mangel leiden an", „fehlen", act und med, im NT öfter, Mk 10,21 1K 1,7; R 3,23 betreffs Heilsverfehlung; auch absolut Dt 15,8 AF Lk 15,14 Phil 4,12, so auch Hb 11,37; so med in Apost Vät. Hier 4,1 ὑστερέω act „verfehlen" (Bauer 1a Wilckens ThW VIII 594); im Sinne der Heilsverfehlung, die im Hb mannigfaltig – 3,12.18.19 10,25.35.38f – formuliert wird (Gräßer Glaube 107f). Hier nicht mit ἀπό wie Hi 36,17 Qoh 6,2 Sir 7,34 Hb 12,15, sondern absolut wie Qoh 10,3 Hab 2,3 DaLXX 4,30 Philo Leg All 2,100 Agr 85 Jos 182 (die beiden letzten St wie hier Hb 4,1 im Perf) Corp Herm 4,8 (wie hier Hb 4,1 von Heilsverfehlung). Dies Verfehlen kann räumlich als „nicht erreichen" gedacht sein: Hi 36,17 Qoh 10,3 Philo Leg All 2,100 Corp Herm 4,8; so fast ausnahmslos das oft auch absolut gebrauchte ὑστερίζειν bei Philo. ὑστερέω als „versäumen", „zu spät kommen" in Hab 2,3 DaLXX 4,30 Philo Agr 85 Jos 182 Vit Mos 2,233. In Hb 4,1 könnte wegen des εἰσελθεῖν das ὑστερηκέναι räumlich gedacht sein, so viele Erklärer; aber wegen πάλιν 6,6 und οὐκέτι 10,26 scheint „versäumen" besser, also temporal (Delitzsch Seeberg Komm Spicq Strathmann); siehe 3,11 Exkurs. Und zwar: endgültig versäumen, wegen Perf (Westcott). Von ἐπαγγελίας, nicht von ὑστερηκέναι hängt εἰσελθεῖν ab (Bl-Debr § 393,6 Vanhoye Structure 97 und die meisten gegen Wilckens aaO 594). Wo ὑστερέω mit dem Inf konstruiert wird – Nu 9,7.13 Philo Vit Mos 2,233 –, steht er nicht so entfernt von der ὑστερέω-Form wie in Hb 4,1 (vgl Riggenbach).

2. Denn das Evangelium empfangen haben wir, wie auch jene, ebenfalls. Aber Nutzen gebracht hat das Wort der Predigt jenen nicht, da es durch den Glauben nicht mit denen verbunden war, die es gehört hatten.

Literatur: GHWhitaker Hebrews 4,2, The Expositor 48 Vol 23, 1922, 239 f.

Die Gefahr, die weitergeltende Verheißung zu versäumen und damit die in V 1 genannte Besorgnis ist in der Situationsgleichheit der Christen mit der israelitischen Wüstengeneration begründet. καὶ γὰρ noch 5,12 10,34 12,29 13,22, auch bei Paulus (Bauer γὰρ 1b Bl-Debr § 452,3). Die Situationsgleichheit hat den Ton, vgl die vorangestellten Verben. Die liturgische Verwendung von LXXPs 94,8 bei den Hb-Adressaten (so Schierse 135), ist natürlich möglich. Israel als erste Gruppe empfing das Evangelium, das im Hb mit der Verheißung identisch ist (Schniewind-Friedrich ThW II 581 A 67); vgl V 1; die Christen, nicht die Vor-Christen (gegen Kosmala 102), als zweite Gruppe, siehe V 6. πάρεσμεν in C entstand durch Verschreibung des Γ in Π. εὐαγγελίζομαι Bauer 2bβ Schniewind-Friedrich ThW II 705–718; med klass hell LXX, Js 52,7 von der messianischen Heilsbotschaft; pass wie hier mit pers Subj auch in LXX und rabb Texten (Str-B III 7f) Mt 11,5 Par 1Cl 42,1. Zur umschreibenden Konjugation siehe 2,13. Nur in Mt 11,5 Par richtet das pass, in Ag 5,42 das med εὐαγγελίζεσθαι sich an Juden der ntlichen Zeit; zur Sache freilich vgl R 1,16 Ag 13,46. Evangeliums-Empfang seitens des atlichen Israel im NT und Apost Vät sonst nicht. Hb verwendet nicht εὐαγγέλιον, siehe 2,1. καθάπερ Bauer: Hb nur hier: hell LXX; Paulus öfter, Dg; gelegentlich elliptisch wie hier. Die Auslassung von καὶ bei der LA ἐκεῖνοι in Ψ★ 201 241 480 664 910 gleicht an V b an (Riggenbach) und unterbetont den Vergleich. κἀκεῖνοι Bauer 1b: Evangelien Ag Corpus Paulinum; Hb nur hier.

Innerhalb der zahlreichen LAA unterscheide ich nicht zwischen denjenigen, die das attisch assimilierte συγκ bringen und denjenigen, die es nach-attisch in συνκ aufheben (siehe Bl-Debr § 19); wohl aber zwischen den LAA, die attisch συγκέκραμαι oder hell συγκεκέρασμαι schreiben (Bl-Debr § 101 S 46). Bei dem attischen συγκέκραμαι berücksichtige ich nicht, ob die LAA das μ doppelt schreiben. συγκεκερασμένος ℵ Ephr CyrAl Thret. συγκεραμένος 57 102. – μένος b c d (e) vg[demid] [div] vg[cl] sy[p] sa[mss] Lcf. συγκεκερασμένους p[13 vid] p[46] A B C D[gr]★ Ψ **0121b** 33 69 81 88 218 263 442 462 1739 1834 1906 1912 2127 2464 Theo mops. συγκεκραμένους D[2] K P 42 76 122 181 205 241 326 330 436 451 460 464 469 614 629 630 1241 1877 1881 1962 1984[vid] 1985 2492 2495 Macarios Chr CyrAl Thret Photius Thphyl. – μένος it[f x (z)] vg[am fu tol] sy[h] sa[mss] arm aeth Ir Aug. συγκεκραμμένοι 104. Von dem sehr breit bezeugten τοῖς ἀκούσασιν weichen ab: τοῖς ἀκούουσιν 1891; τῶν ἀκουσάντων D★ 104 1611 2005 2495 d e sy[h mg] Lcf; τοῖς ἀκουσθεῖσιν 1912 f vg[cl am fu demid] Theo mops. Eine Entscheidung scheint erreichbar durch nachfolgende Erwägungen, in denen ich mit συγκεκερασμένους und συγκεκερασμένος immer auch die entsprechenden vor-hell Formen mitmeine. Wenn man von dem breit bezeugten συγκεκερασμένους als echt ausgeht, paßt dazu nur das schwach bezeugte τοῖς ἀκουσθεῖσιν, nicht τοῖς ἀκούσασιν; denn es geht um die Hörer der Botschaft, und die wären dann ja die συγκεκερασμένους, und für ἀκούσασιν blieben dann nur die hier völlig uninteressanten Überbringer der Botschaft übrig (gegen Whitaker 239). Bei Echtheit von συνκεκερασμένος müßte das dazu gut passende τοῖς ἀκουσθεῖσιν später in das breit bezeugte τοῖς ἀκούσασιν verändert worden sein; unersichtlich, aus welchem Grund; oder verändert worden in die anderen act Formen von ἀκούειν. Und τοῖς ἀκούσασιν müßte dann das schwach bezeugte συγκεκερασμένος veranlaßt haben. Den Übergang von ἀκουσθεῖσιν zu ἀκούσασιν erklären Bleek-Windrath und vDobschütz 142, in Anlehnung an die Thret-Konjektur Nösselts 1771, dadurch, daß sie ἀκούσμασιν als primär konjizieren und dann das μ als ausgefallen annehmen; eine Vermutung ohne Zeugen; zudem findet sich ἄκουσμα weder in LXX noch im NT und ApostVät. Wenn man dagegen von dem sehr gut bezeugten ἀκούσασιν als echt ausgeht, paßt das nur schwach bezeugte συγκεκραμένος als echt, das auch das schwach bezeugte τῶν ἀκουσάντων und das singuläre τοῖς ἀκούουσιν neben sich duldet. Die Veränderung des συγκεκερασμένος in das breit bezeugte συγκεκερασμένους, gut erklärbar durch das benachbarte ἐκείνους, hätte dann sekundär auch die Veränderung des ἀκούσασιν in das schwach bezeugte ἀκουσθεῖσιν bewirkt. Kurz: der Wechsel von συγκεκερασμένος in den Acc Plur ist leichter zu erklären als der von ἀκουσθεῖσι in das act Part. συγκεκερασμένος – τοῖς ἀκούσασιν wird also echt sein; so die meisten neueren Erklärer, unter ihnen Harnack 214 für vg (Bl-Debr § 202 Kittel ThW IV 120). Bauer συγκεράννυμι 1 Gräßer Glaube 14; gegen Chr Cramer Cat 451, für den die μὴ συγκεκερασμένους einmal die ungläubigen Israeliten, sodann Josua und Kaleb sind, die sich nicht mit den Ungläubigen verbinden; auch gegen Bleek-Windrath Whitaker 239 vDobschütz 142 Spicq Vanhoye Structure 97 Metzger 665 The Greek NT 1966 Nestle-Aland[26].

Mit ἀλλ' οὐκ, das im ganzen NT, auch Paulus, sich findet, nun die Warnung: das Wort der Predigt hat der Wüstengeneration nicht zum Heil verholfen. ὁ λόγος τῆς ἀκοῆς, für Israel und die Christen in gleicher Weise nur hier, trotz der Situationsgleichheit in 1K 10,1–13; als Terminus noch 1Th 2,13, aber dort beide Subst ohne Art. Die 12 λόγος-Stellen des Hb – siehe Bauer Debrunner Kleinknecht Procksch Kittel ThW IV 69–140 – bezeichnen das Sinai-Gesetz 2,2 12,19 siehe 2,2; ein Schriftzitat 7,28 wie bei Paulus Ag Joh 1Cl 56,3; den christlichen λόγος τοῦ θεοῦ 4,12 13,7 wie sonst im NT, besonders Corpus Paulinum und Ag; den λόγος τοῦ Χριστοῦ 6,1 wie Kol 3,16, aber Jesu λόγος oft in den Evangelien; als λόγος δικαιοσύνης die höhere Stufe christlicher Information 5,13, so nicht Pol 9,1 gemeint; den geschriebenen (NT)-Text 5,11 13,22, wie schon klassisch Philo Ag 1,1 Apk 1,3 22,9.18f; die Rechenschaftsablegung 4,13 13,17, so klass, hell, vgl Libanius bei Bauer 2e, NT, ApostVät. Wie hier ist der λόγος verbunden mit εὐαγγελίζεσθαι in Ag 8,4 1K 15,2. ἀκοή, siehe Bauer, noch 5,11 „Ohren". Als „Kunde" seit Homer, bei Mt Mk; als Predigt hier wie LXX Paulus Joh; als Ohr, meist Plural, gelegentlich NT ApostVät. ὠφελέω Bauer: LXX, vom Nutzen für das Heil, das also für den Menschen da ist (schon Philo PosterC 143 Congr 66 Mt 16,26 Par Joh 6,63 R 2,25 1K 13,3 14,6 Gl 5,2 Did 16,2 Barn 4,9 Herm s 9,13,2. Hb noch 13,9). An all diesen Stellen wird der Nutzen bestritten, sofern nicht bestimmte Verhaltungsweisen vorliegen; aber nirgends ist das Geforderte wie hier ein zu der Botschaft hinzukommender Glaube, siehe Exkurs. ἐκεῖνος im ganzen NT, im Hb 8mal, zum Teil negativ, siehe 8,7; auch 1K 10,28 wie Hb 4,11 konstruiert ἐκεῖνος ὁ. συγκεράννυμι noch 1K 12,24 Herm v 3,9,8; siehe Bauer. Das Eingehen der Botschaft in den Hörer kommt öfter zur Sprache, aber meist nicht, wie Plutarch Cleomenes 2 (Moffatt), als Vermischung von Botschaft und Hörer; vgl Philo Quaest in Gn 3,57 Quaest in Ex 2,13.34 (Str-B III 666) Ab RN 24 1Cl 31,1 (Hagner 194); auch Philo drückt die Vermischung nicht durch συγκεράννυμι oder das Simplex aus. Der paränetische Zusammenhang zeigt an: nicht die Gottheit, sondern der in responsabilité individuelle (Spicq) hörende Mensch soll mittels des Glaubens die gehörte Predigt mit sich verbinden, vgl δεῖ 11,6; also anders als zu **4**,2   *Exkurs: Der Glaube*

Barn 9,4, wo die Gottheit „unsere Ohren beschnitten" und so Glauben ermöglicht hat. Der Glaube ist hier nicht abhängig vom Wort (gegen Riggenbach): „jene Zusage genügt nicht" Thomas. Calvin verzeichnet die *πίστις*-Paränese des Hb in eine paulinische Glaubensparadoxie: „wenn wir (Gottes Ruf) nicht durch den Glauben gültig machen" – „wenn der Glaube nicht hinzukommt" einerseits; *und:* „nicht hängt die Wirksamkeit des Wortes von uns ab" andererseits; siehe Exkurs. Qumrannah wäre nur die LA *συγκεκερασμένους* (Braun Qumran-NT I 251 f). *πίστει*, mit einem zweiten Dat daneben wie *ταῖς γνώμαις τῇ πόλει* Aelius Aristides (Riggenbach); hier instrumental (Bl-Debr § 202) wie R 11,20 Ag 15,9, also = *διὰ πίστεως* Photius Staab 642, nicht abhängig vom Predigtwort (gegen Thomas Luther Erasmus adnotationes Calvin Bengel Hollmann). *τοῖς ἀκούσασιν*, Part wie 3,16, vgl 4,3 (Windisch): sie haben vorher gehört; zum Part Aor siehe 2,3; „die gehört hatten" (Erasmus adnotationes), und zwar ohne Glauben (gegen Photius Staab 642). Das Hören ist dem Hb wichtig; aber entscheidend ist das Glauben.

2 Exkurs: Der Glaube.

Literatur: BWBacon The Doctrine of Faith in Hebrews, JBL 19, 1900, 12–21; HBraun Wie man über Gott nicht denken soll, 1971; GDautzenberg Der Glaube im Hbbrief, BZ 17, 1973, 161–177; EGräßer Der Hbbrief, ThR 30, 1964, 138–236; EGräßer Rechtfertigung im Hbbrief, in: Festschrift Käsemann, 1976, 79–93; WGKümmel Der Glaube im NT, ThBl 16, 1937, 216; PPSaydon The Master-Idea of the Epistle to the Hebrews, Melita Theologica 13, 1961, 19–26; ASchlatter Der Glaube im NT[4], 1927, 520–536; HGSchütz siehe V 1; SSchulz siehe V 1.

    πίστις siehe Bauer 2 Bultmann-Weiser ThW VI 174–230 Baumgärtel-Braun RGG[3] II 1588–1597. Subst und Verb klass, hell, LXX, jüd-hell; hell auch außer-jüd und außerchr religiös, zB Corp Herm 11,1. Im NT Glaube an Gott Mk 11,22 1Th 1,8 1Pt 1,21. In Synoptikern oft Glaube an Jesu helfende Taten; der Heilsglaube an ihn viel Corpus Paulinum Ag Joh. Der *πίστις*-Begriff ist im NT also uneinheitlich (Dautzenberg 174 f).

Der Hb verwendet den *πιστ*-Stamm 32mal subst und 2mal verbal. Zum Verb siehe 4,3. Das Subst 24mal in Hb 11; gar nicht in 7,1–10,18 (Melchisedek, himmlischer Kult); 31mal *πίστις* absolut; nur 6,1 *πίστις ἐπὶ θεόν*, als Anfänger-Stufe, überhöht von 7,1–10,18. Es gibt Stufen des Glaubensinhalts und der Glaubensintensität, *πληροφορία πίστεως* (10,22). Der Glaube begegnet im Hb in paränetischen Zusammenhängen (Schulz 262).

Was glaubt die *πίστις*? Der Glaube an Gott rechnet mit seiner Existenz und seiner vergeltenden Tätigkeit (11,6.26 10,35), mit der Verläßlichkeit seiner Zusage (11,11 6,18) und mit seiner Macht zur diesbezüglichen Durchführung (11,19). Jesus ist Führer und Vollender auf dem Wege des Glaubens (12,2), er ist Führer zum Heil (2,10), wie aber auch die *πίστις* der Gemeindeleiter nachgeahmt werden soll (13,7, vgl 6,12). Diese Christologie hat zur Folge (Gräßer Glaube 216): Heilsglaube an Jesus, wie er sich sonst im NT außerhalb der Synoptiker findet, fehlt im Hb. Jesus gegenüber *gehorcht* der Christ (5,9), er läuft dem Anführer hinterher (12,1 f). Darum können auch die atlichen Väter (Hb 11) Vorbilder für die *πίστις* sein. Die Glaubenden, im Hb nicht so sehr der einzelne, schauen auf Jesu Glaubensweg, der vom Kreuz zum Throne Gottes führt (12,2). Das heißt: der Glaube realisiert Erhofftes, also Zukünftiges (11,1), und beweist Unsichtbares (11,1). Er rechnet, gegen den Augenschein, generell mit dem Unverfügbaren, zB mit der Totenerweckung (11,17–19); und die Unverfügbarkeit, nicht speziell der Gekreuzigte wie 1K 1,23, ist im Hb das Paradox des Glaubens 11,27 (Käsemann Gottesvolk 20.22). Der Glaube bedient sich des formulierten Bekenntnisses (10,23 4,14 3,1). Ihm haftet etwas intellektualistisch Reflektiertes an (Schlatter 521 Schulz 261): nun, anders als in der paulinischen Zeit, wird er, freilich nicht allseitig erschöpfend, definiert (11,1.6); ähnlich Jk 2,19 Herm m 1,1. Er ist *ἐπίγνωσις τῆς ἀληθείας* (10,26), die sich vor allem in den Past findet, ja er ist „Beweis" (11,1).

Wie *verhält* sich der Glaube? Das AT liefert seine Strukturelemente, siehe Literatur. Zum Folgenden vgl Bultmann Theologie[6] 92 f Gräßer aaO 63. Der Glaube übt das *νοεῖν*, vg *intelligere,* das für Paulus R

Exkurs: Der Glaube zu **4,2**

1,20 auch dem vorgläubigen Menschen eignet, und das λογίζεσθαι, aber gerade nicht wie R 3,28 auf einen spezifisch chr Inhalt bezogen. Er wartet (11,10), hält fest (3,14 4,14), erweist sich als eifrig (4,11 6,11 ff), er gehorcht (11,8 wie R 1,5), er kämpft voller Ausdauer (12,1, vgl 10,35), die in 1Th 1,3 2Th 1,4 1Tm 6,11 2Tm 3,10 Tt 2,2 Jk 1,3 Apk 13,10 Barn 1,4 Pol 13,2, oft neben der πίστις, betont wird, aufrichtigen Herzens (10,22, vgl 2Tm 1,5 2,22). Er wird genannt Seit' an Seite mit der Absage an die Todsünden der Vergangenheit (6,1), mit den guten Werken (10,24), mit der Standhaftigkeit (6,12) und der die Belohnung erwägenden Freudigkeit (10,35 11,26). Der rechte Wandel geht also nicht aus dem Glauben hervor wie Gl 5,6, ist mithin nicht sein ἔργον wie 1Th 1,3 (siehe Kümmel 216). Der Glaube ist selber eine auf Zukunft und Himmel ausgerichtete Verhaltensweise (11,1); die Hoffnung eignet ihm nicht als ein hinzukommendes Strukturelement wie 1Th 1,3 5,8 1K 13,13 Kol 1,4 1Pt 1,21 1Cl 58,2; er ist von Haus aus Hoffnung (vgl. 6,11 mit 10,22; Käsemann aaO 20), ähnlich wie Barn 1,6, wo die „Hoffnung auf Leben" „Anfang und Ende unseres Glaubens" heißt. Man „steht" nicht in dem oder durch den Glauben wie R 11,20 1K 16,13 2K 1,24 1Pt 5,9; der Glaube, als master-idea des Hb (Saydon 26), *ist* Haltung (3,14), so wie Lidz Liturg Qolasta 18 S 26,10f das rechte Hören mit Festigkeit geschehen soll. Darum ist der Unglaube (3,12.19) Verhärtung (3,13), Ungehorsam (3,18), Zurückweichen (10,38f), kurz, Abfall (3,12 6,6) und Sünde (3,13 11,25; siehe 3,14). Nie steht, wie bei Paulus R 3,27f und öfter, im Hb der Glaube als Heilsweg den Werken ausschließlich gegenüber. Jesus ist Führer für die Glaubenden und hat ihnen die Vollendung des Glaubenslaufes ermöglicht (12,2); als himmlischer Hoherpriester weckt er die Freudigkeit des Glaubens (10,19; Schütz 73). Sicher ist für den Hb die zusprechende Predigt und das Hören wichtig, siehe 2,1. Das NT warnt davor, zu hören und nicht zu tun: Mt 7,26 Par Lk 8,21 Jk 1,22 Mk 4,18f, ähnlich Hippolyt Ref 8,28 PsClemHom 8,5,1; auch Philo Quaest in Ex 2,16. Es berichtet von hören und glauben (Joh 5,24 Ag 4,4 Barn 9,4), von hören und nicht glauben (Lk 1,20; ähnlich die Mandäer Lidz Ginza R 1,131 Lidz Joh 183/184 S 180,10–15). Dies schlichte Nebeneinander wird bei Paulus dahin systematisiert: der Glaube fließt aus der gehörten Botschaft (R 10,17, vgl Gl 3,2.5). Typisch – Gräßer Glaube 14 – anders Hb 4,2: *so* kräftig, trotz Hb 4,12, ist im Hb das gehörte Predigtwort für sich allein nicht (zu Gräßer Glaube 63 Rechtfertigung 88); es deckt wohl den Menschen auf, aber der Glaube, also bereits vorhanden (vgl 11,6), muß zur Predigt hinzukommen, soll sie Nutzen bringen. So wird im Hb der Glaube psychologisiert (Bacon 13), er wird zur Tugend (Spicq II 371 Schulz 261), zur Haltung wie in der nachapostolischen Literatur (Gräßer Glaube 191), und nicht einmal zu einer spezifisch chr (Bacon 13 Dautzenberg 171 Schulz 261f; gegen Gräßer Glaube 216 Schütz 73): das Paradox von Indikativ und Imperativ fehlt (siehe 2,2), die Gegenwart ist „pure Zwischenzeit" (vgl Gräßer Glaube 214). Der Wandel der kirchlichen Situation, der Kampf gegen eigene Schwäche und für Rechtgläubigkeit, kann diese Verschiebungen erklären (Gräßer Glaube 146).

Was *bringt* der Glaube *ein*? Das Gerechtsein (11,4.7), freilich nicht paradox wie R 4,5; Gottes Wohlgefallen (11,5.6), also die Möglichkeit des Zutritts zu Gott (11,6). Für das Leben besagt das: der Glaubende verrichtet Taten (11,28–31. 33–35a), empfängt die verheißenen Nachkommen (11,12), er fürchtet sich nicht (11,23.27; vgl jedoch 2K 7,5!). Aber diese Erfüllung ist doch keine richtige (Käsemann aaO 22): sie geschieht in der „Fremde" (11,8–10), „von fern" (11,13), gleichnishaft (11,19), sie bringt die Schmach Christi (11,24–26; vgl 12,2), Leiden und Tod ein (11,35b–38), bleibt irdisch generell also Nichterfüllung (11,13.39.40). Die wirkliche Erfüllung ist Verheißung (6,12 11,9.17–19; vgl 4,1), und in ihr geht es um Zukünftiges (11,8.20.26), um Unsichtbares (11,3.7.27), um Leben (10,38), und zwar über den Tod hinaus (11,4.5.19.22.35b), um Himmlisches wie κατάπαυσις (4,3), um die Bewahrung der Seele (10,39).

So hat der Glaube des Hb etwas alexandrinisch Philo-Nahes, was hier nur angedeutet werden kann (gegen Williamson 309–385; vgl Braun Wie man 79–94). Der Glaube richtet bei Philo sich auf Gott im Gegensatz zum welthaft Vorhandenen, der Gegensatz dazu ist freilich nicht das Himmlische (Op Mund 45 Sacr AC 70 Rer Div Her 92f Mut Nom 201 Som 1,68 Abr 263 Vit Mos 2,259 Virt 218). Und zwar auf Gott allein, abgesehen vom Geschaffenen (Rer Div Her 92.95). Solch ein Glaube ist eine feste, unbeugsame Haltung (Quaest in Gn 4,17). Er ist daher schwer und so die höchste der Tugenden (Rer Div Her 91,93), Gott bewundert solch einen Glauben (Abr 273). Der Glaube ist der Hoffnung verwandt, allerdings ohne eine zeitlich vorausliegende Eschatologie (Leg All 3,164 Migr Abr 43,268). Der Glaube glaubt Gott, dem Retter (Sacr AC 70), und so schafft der Glaubende sich

Rettung (Quaest in Gn 4,49). Der Glaube traut Gott zu, daß er sein Versprechen hält (Migr Abr 44) und den Würdigen reichlich vergilt (Leg All 3,164) So bringt der Glaube Gerechtigkeit ein (Rer Div Her 94f). Zum nicht-qumranischen Inhalt der Hb-πίστις siehe 10,36.

3. Wir, die wir zum Glauben gekommen sind, gelangen freilich in die Ruhe hinein, wie er gesagt hat: ‚so schwur ich in meinem Zorn: sie sollen bestimmt nicht in meine Ruhe hineingelangen', und doch waren ‚die Werke' seit Grundlegung der Welt fertig.

Literatur: CKBarrett The Eschatology of the Epistle to the Hebrews, in: New Testament and its Eschatology, edited by WDDavies/DDaube, 1956, 363–393.

γὰρ ist sehr gut bezeugt durch p^{13} p^{46} B D Ψ sehr viele Minuskeln it$^{c\ d\ e\ f\ v\ x\ z}$ vg$^{dem\ div}$ sy^h sa aeth Chr Cyr Euthal Thret Dam Lcf Prim. Es führt, etwa als „freilich", den Gedanken, mit leichtem Gegensatz, weiter, wie öfter bei Paulus (Bauer 4). Es ist echt (vSoden NT Seite 1981 Metzger 665f fast alle Erklärer; gegen ASeeberg Kommentar). Aber als „denn" bereitet es Schwierigkeiten; (Riggenbachs Erklärung macht das klar, ebenso die Textgeschichte: es wird ersetzt durch δὲ in sy^{p}arm, durch οὖν in ℵ A C **0121b** 81 104 256 263 365 436 442 1739 1867 1881 1898 1909 2005 2127 2464 vg^{ms} bo. Das sekundäre οὖν wiederum bewirkt, wie in 4,1.11.14.16 sinngemäß, hier in V 3 aber sinnwidrig, die kohortativen Formen εἰσερχώμεθα in A C 69★ it$^{c\ f\ v\ x\ z}$ vg$^{dem\ div}$ Lcf Prim und ἐρχώμεθα in 2143; Zuntz 203 Metzger 665f). Die Futura ἐλευσόμεθα bei Chr und εἰσελευσόμεθα bei Lcf verschieben nicht den Sinn, der auch bei εἰσερχόμεθα futurisch ist und nicht ein bereits im Gange befindliches εἰσέρχεσθαι meint (richtig Hollmann Riggenbach Moffatt Michel Bruce gegen Spicq II Westcott Montefiore; auch gegen Barrett 372, der die Ruhe präsentisch *und* futurisch versteht; siehe 3,11 Exkurs). LXX Ps 94,1 wird, vor der expliziten wörtlichen Zitierung, auf die Christen angewendet leicht abgeändert gebraucht. Das dabei ausgefallene LXX-μου hinter κατάπαυσιν (1) füllen Cyr und Lcf mit αὐτοῦ auf; nachher im Zitat läßt C★ das μου hinter κατάπαυσιν (2) aus. Vielleicht fehlte hinter κατάπαυσιν (1) ursprünglich τὴν wie in p^{13} p^{46} B D★; τὴν wird gebracht von ℵ A C D^2 Ψ **0121b** und den meisten. Das Part Praes in 3 209 1912 statt πιστεύσαντες und die Umstellung von οἱ πιστεύσαντες in P hinter καθὼς εἴρηκεν ist sicher sekundär. Die Fortlassung von εἰ vor εἰσελεύσονται in p^{13} A 440 1311 1912 entspringt der Gleichheit der beiden Wortanfänge; ebenso das ἐλεύσονται in p^{13}.

Wir Christen werden in die Ruhe hineingelangen, wir sind ja zum Glauben gekommen. Der Ton liegt nicht auf „wir", sondern auf dem Hineingelangen (Riggenbach Moffatt); aber die Sorge von 3,12ff 4,1 tritt nur kurz zurück, siehe 4,11ff. Zwei Schriftworte, kombiniert (Schiwy) wie in Hillels Regeln (Strack Einleitung 97–99), beweisen die Möglichkeit des Hineingelangens der Christen: LXXPs 94,11 und, in Vers 4, Gn 2,2. Zu LXXPs 94,11 und den daraus vorweg in der Umschreibung entnommenen Vokabeln siehe 3,9–11 und 3,11 Exkurs. LXXPs 94,11 zeigt auf: Israel kam nicht hinein, dagegen οἱ πιστεύσαντες, die nicht, entgegen Israels Verhalten, den Glauben verweigerten. Der absolute Gebrauch von οἱ πιστεύοντες in 1Th 1,7 1K 14,22 Herm s 8,3,3 und von οἱ πιστεύσαντες hier und in Ag 2,44 4,32 2Th 1,10 2Cl 2,3 Herm s 9,19,1 ist stehende Formel für die Christen (zu Gräßer Glaube 14). πιστεύειν, Bauer 2b und die Literatur zu πίστις in 4,2 Exkurs. Das Verb klass, hell, LXX, Philo, Josephus; religiös auch außerchr und außerjüd, siehe etwa Corp Herm 4,4, dort wie hier bezogen auf den Aufstieg zur Gottheit. Im NT sehr viel; der Inhalt wie das Subst, siehe Exkurs 4,2. Im Hb nur 4,3 und, mit ὅτι, 11,6; aber das im Hb sehr häufige Subst meint ja auch die Betätigung. Zu καθὼς siehe 3,7. εἴρηκεν, mit dem Subj „Gott", als Zitat-Einleitung im Hb 1,13 4,3.4 10,9.15 13,5 wie Ag 13,34 17,28 (vgl Bauer εἶπον 4 und Hb 1,1 Exkurs). Paulus hat als Zitat-Einleitung nur das passivische εἴρηται R 4,18. τῶν ἔργων – γενηθέντων ist Gen abs und nicht etwa mit κατάπαυσίν μου, „meine Ruhe, nämlich von den Werken", zu verbinden (gegen Frühere und Hillmann). Denn καίτοι ist nicht *quidem* vg, sondern konzessiv (Luther Glosse; Erasmus adnotationes nicht so eindeutig). καίτοι im NT nur noch Ag 14,17, schon klass, mit Part weniger klass (Bauer, Bl-Debr § 425,1).

Der Gen abs blickt nicht als Verschärfung der Anklage auf den Ausschluß Israels zurück (gegen die meisten Erklärer von Luther Glosse bis Montefiore), sondern – so Calvin, deWette[2] Windisch – auf die Christen, die begreifen sollen: trotz des Versagens Israels bleibt die Ruhe vorhanden (4,1.9); sie wartet, existent seit dem Schöpfungsabschluß, auf Einkommende (V 6). Dieser Gedanke, in V 4 durch Zitat – das Stichwort κατέπαυσεν – belegt, wird im Gen abs vorbereitet, unter Vorwegnahme von τῶν ἔργων aus dem Zitat. In der Tat ist der Textverlauf sperrig und nicht durchsichtig (Vanhoye Structure 97 f; siehe auch Calvin Riggenbach Héring): Gott ging, nach Vollendung der Schöpfungswerke, in die Ruhe ein, sie ist also vorhanden. Ob der Hb, wie Jub 2,32 betreffs des Sabbat, und wie die Rabbinen und die Gnosis explizit hier die Ruhe ebenfalls – siehe 3,11 Exkurs – als geschaffen bezeichnen will, bleibt fraglich; hätte er das πάντων des Zitats, in *dem* Falle die Hauptsache, sonst hier in der Vorwegnahme nicht gerade *bringen* müssen? (zu Schierse 114 Montefiore). In jedem Falle ist nicht an drei verschiedene Arten von Ruhe zu denken, – nach der Schöpfung, nach der Wüstenwanderung, im Himmel (gegen Thret Cramer Cat 451 Photius Staab 642 Thomas zu Hb 4,9 Bengel); der Hb schaut, wie schon seine Zitatenverwendung zeigt, unhistorisch allegorisierend die drei zusammen (deWette[2] Bleek-Windrath). τῶν ἔργων (siehe 1,10 3,9–11): hier von der Schöpfung (1,10), aber hier nicht durch den Sohn, sondern durch Gott (gegen 1,10). ἀπὸ καταβολῆς κόσμου: nicht terminologisch, aber sinngemäß ähnlich in 1QH 13,8 CD 2,7 (zu Kosmala 132 A 17) und bei Rabbinen und St-B I 982; LXX und Paulus nicht, aber vgl R 1,20. καταβολὴ κόσμου im Hb noch 9,26; mit ἀπὸ Mt 25,34 Lk 11,50 Apk 13,8 17,8; ohne κόσμου Mt 13,35; mit πρὸ Joh 17,24 Eph 1,14 1Pt 1,20. Hb 11,11 καταβολὴ als „Einsenken". Plutarch Aqu an Ign 2 II 956A stellt die πρώτη καταβολὴ τῶν ἀνθρώπων neben ἐξ ἀρχῆς. Nachklänge Barn 5,5, wo ἀπὸ aber = „bei", und Jeu (Edition Schmidt/Till) 44 S 306,36 f. Zu καταβολὴ Bauer; Hauck ThW III 623. ἀπὸ hier zeitlich wie 9,26 (Bauer II 2a); räumlich 7,1.26 11,15 12,25 13,24; noch öfter im Hb in verschiedenen Bedeutungen. κόσμος (Bauer 2 Sasse ThW III 867–896), in Ag 1mal, in Joh 17mal, R 1K sehr viel, im Hb 5mal: hier 9,26 10,5 neutral, in 11,7.38 negativ wie besonders in der johanneischen Literatur. Zur Weltsicht der Antike und des Hb siehe 1,11; zur Schöpfung siehe 11,3. γίνεσθαι absolut „zustande kommen" (Bauer I3 Büchsel ThW I 680 f); so im Hb noch 7,12.18 9,15.22; im ganzen NT sonst nicht von den Schöpfungs-ἔργα wie hier. Zu Jesu γίνεσθαι 2,17 Exkurs.

4. Denn er hat vom siebenten (Tag) irgendwo Folgendes gesagt: ‚und Gott ruhte am siebenten Tag von allen seinen Werken'.

Literatur: PKatz The Quotations from Deuteronomy, ZNW 49, 1958, 213–223.

Die Ruhe Gottes existiert also, wie V 3 schon andeutete. Kein Wechsel von Arbeitstagen und Sabbat im Himmel wie Jub 2,17–24 (Windisch). In der Predigt-Paränese hier liefert die Schrift dafür den Beweis: die Gottheit selber vollzog, nach Abschluß der Schöpfungswerke, die Ruhe. Die Auslassung von γὰρ in p[13] 460 vg[ms] sy[p] würde, sinnwidrig, diesen Beweis zum Verschwinden bringen. Zu εἴρηκεν siehe 4,3. *ποv*: Hb, einem verbreiteten Manierismus verhaftet (Moffatt), kennt sicher den Fundort (siehe 2,6–8a; vgl. Philo Migr Abr 182). *περί*, im Hb sonst nicht den Zitat-Inhalt vorweg umschreibend (vgl Bauer 1a Riesenfeld ThW VI 53–56). *ἑβδόμη* Bauer Rengstorf ThW II 623–631. Im NT öfter, besonders Apk; aber vom Sabbat nur hier, 4,4, zweimal. In V 4a als absolutes Subst wie bei Philo (siehe Michel zur Stelle Anmerkung 2); auch Vit Cont 30 32, da im Plur. In Vers 4b adj bei ἡμέρα wie Barn 15,3.5. Reflexionen über die Heiligkeit der Sieben wie bei Philo Op Mund 89–128 fehlen im Hb. *οὕτως*: zurückweisend 5,5 6,9.15 9,6 10,33 12,21 (Bauer 1ab); nur hier im Hb vorausweisend, wie im ganzen NT, auch Paulus (Bauer 2, dort zur Schreibung mit Schluß-ς). Gn 2,2 im ganzen NT nur hier zitiert. Die beweisende Kombination ruht auf der Verwendung des gleichen καταπαυ-Stammes in LXX Gn 2,2 und Ps 94,11; entgegen dem masoretischen Text, in dem שבת Gn 2,2 mit מנוחה Ps 95,11 ursprünglich nichts zu tun hat (Schröger 110); die Sabbat-κατάπαυσις LXX Ex 34,21 35,2 2Makk 15,1 (Schierse 113) ist, soweit eine hebräische Vorlage überhaupt existiert, nicht Übersetzung von מנוחה. Thret freilich verlegt diese Differenz zwischen den verschiedenen „Ruhen" zu Unrecht auf die Ebene des Hb selber (Cramer Cat 452). Auch Judentum und Gnosis sehen Ruhe und Sabbat zusammen (siehe 3,11 Exkurs). LXX und Hb bringen das sing „Werk" von hbr Gn 2,2 im Plur. Das Zitat im Hb hat das der LXX fehlende Subj ὁ θεός, das schon durch Philo Poster C 64 und durch des Origenes LXX-Rezension und -Tradition bezeugt ist, also vielleicht doch nicht erst durch den Hb selber eingeführt wurde, zumal es, wo Gott selber εἴρηκεν, nicht paßt (siehe 1,1 Exkurs; Ahlborn 27–31; anders deWette[2] Riggenbach SpicqII Moffatt und Katz 220 Anmerkung 12). Von den kleinen abweichenden LAA innerhalb der LXX ist wesentlich das Fehlen von ἐν in vielen Handschriften; aber Origenes hatte es, auch Hb wird ἐν vorgefunden haben (Ahlborn aaO, LXX Gn-Ausgabe Wevers 1974). Hb selber läßt ἐν aus in Ψ 33 102; es ist grammatisch entbehrlich (Bl-Debr § 200,1). *ἐν τῇ ἡμέρᾳ τῇ ἑβδόμῃ* fehlt in A, sinnwidrig; *πάντων* in 33. Zu κατέπαυσεν siehe 3,11 Exkurs. Gottes Sabbatfeier noch Ex 31,17. *καταπαύειν* hier intransitiv; transitiv 4,8. Der Gott des Hb übt nicht das ἐργάζεσθαι wie der von Joh 5,17. Hb reflektiert nicht, wie Judentum und Gnosis –siehe 3,11 Exkurs – und manche Erklärer von Thomas bis Bruce über Ruhe und Aktivität der Gottheit. Zu *ἐν τῇ ἡμέρᾳ* siehe 3,8. Zu *ἀπό* bei καταπαύειν Radermacher 126; wie Philo Poster C 64. Zu *πᾶς* siehe 1,14 2,8bc 3,4.16. Die Ausnahmslosigkeit – von allen Arten der erschaffenen Ruhe – wird durch *πάντων* nicht betont, siehe 4,3. Zu ἔργον siehe 1,10.

5. Und an dieser Stelle andererseits: ‚sie sollen bestimmt nicht in meine Ruhe hineingelangen'.

ἐν τούτῳ, so ohne Verb im NT sonst nicht, vgl *ἐν ἑτέρῳ* 5,6. Hinweis auf das Zitat LXX Ps 94,11 (siehe Bauer *ἐν* II d, Bl-Debr § 219,1). Die LA *ἐν τούτοις* in 242 verdirbt den Einzelverweis. Vergleichbar ist der Bezug auf spezielle Texte wie Hb 10,7 Apk 22,18f. *πάλιν* (Bauer 3.4) reiht formal als „noch einmal" ein anderes Schriftwort an, siehe 1,5 (so die meisten Erklärer). Oder es führt als „andererseits" wie Mt 4,7 einen gegensätzlichen Schriftinhalt ein, den Ausschluß Israels aus der Ruhe (so Hollmann Windisch Westcott). Darum verkehrt die Auslassung von εἰ in p¹³ D★ 2 81 330 440 623 629 642 1319 1739 1912 1927 bo – zu ihrer Begründung siehe 4,3, zT dieselben Handschriften – ebenso wie die Verkennung der hebr Negation in vg und bei Erasmus paraphrasis den Sinn des Zitats ins Gegenteil. ἡ für εἰ in I 33 326 ist Itazismus (Bl-Debr § 24). εἰ korrekt in p⁴⁶ A B C D² Ψ den meisten lat sy^h sa^mss. Zum zitierten LXX Ps 94,11, ab 3,11 wiederholt, zuletzt 4,3, siehe 3,11.

6. Da es nun dabei bleibt, daß einige in sie hineingelangen, und da diejenigen, die zuerst das Evangelium empfingen, wegen Ungehorsams nicht hineingelangten,

Aus den Schriftzitaten erwachsen Einsichten, die das neue, das chr σήμερον nun nach 3,13 nochmals einschärfen werden. Der ἐπεί-Satz nennt nicht eine (gegen Bleek-Windrath), sondern zwei (deWette² Westcott) Einsichten als Voraussetzung des Folgenden: das Ruhen der Gottheit, seit Schöpfungsabschluß existent, kann nicht für sich bleiben; es wartet auf Teilhaber. Sodann: diese Ruhe blieb aber faktisch bisher unbenutzt; für Israel, die zuerst Gerufenen, wurde die Frohbotschaft zur Drohbotschaft (Schierse 134), sein Ungehorsam hielt den Platz in der Ruhe offen, was Riggenbach verkennt. Aus diesen Prämissen ergibt sich die Folgerung V 7. Zu ἐπεὶ οὖν siehe 2,14. Statt ἐπεί in Ψ 33 ἐπειδή. ἀπολείπεται, passivisch nur Hb, hier unpersönlich, in 4,9 und 10,26 persönlich; in Past Jd nur akt; bei Paulus gar nicht. Bauer Bl-Debr § 393,6; siehe καταλείπομαι 4,1.

Irgendwelche müssen in diese wartende Ruhe hineingelangen: Hb hebt nicht vorsichtig (gegen Michel) auf eine kleine Zahl ab; die Gottheit gibt nicht auf (vgl Mt 3,9 Ag 28,25–28). Nur warnt Hb die Christen nicht vor Hochmut gegen Israel wie R 11,17–21, siehe 3,18; die τινες sind freilich nicht unbegrenzt wie der τις 3,4; das Glauben bildet die Grenze 4,3.

Zu εἰσέρχεσθαι siehe 3,11. Die Umstellung εἰς αὐτὴν εἰσελθεῖν in 203 506; εἰς αὐτὴν fehlt in 1518, εἰς in p⁴⁶. Zu εἰς αὐτὴν siehe 3,11. πρότερον das erste, atliche Ergehen des Evangeliums (Bl-Debr § 62) an die Wüstengeneration, vor πάλιν V 7; von der chr Anfangszeit der Hörer 10,32 wie Gl 4,13; von der vorchr Zeit der Christen 1Tm 1,13 1Pt 1,14; von der Reihenfolge der Opfer des Hohenpriesters Hb 7,27 (siehe Bauer). οἱ fehlt in 5 181 623 917 1898; ευηγγ – schreiben C★ P 440. Zu εὐαγγελίζεσθαι siehe 4,2. Das α von διὰ elidieren nicht A C L Ψ 81 206 326 378 429 639 1758 1827 1834; vgl 3,19. Itazistisch schreiben απιθιαν ℵ² D★, απειθιαν D¹, απιθειαν A P. ἀπιστίαν in p⁴⁶ ℵ★ f vg Cyr ist Angleichung an 3,19, zudem für Unzial-Schrift gerade bei Itazismus als Verlesung verständlich. Zu ἀπείθεια siehe 3,18.

7. setzt er wiederum einen Tag fest, heute, und spricht nach einer so langen Zeit in David, wie schon vorher angeführt wurde: ‚heute, da ihr seine Stimme hört, verstockt nicht eure Herzen!'

Literatur: LCAllen The Old Testament Background of (προ)ὁρίζειν in the NT, NTSt 17, 1970, 104–108.

Nun der Nachsatz mit der Folgerung aus V 6. Sie ist nicht bloße, den beiden Prämissen entnommene logische Konsequenz (gegen Hollmann). Sie kommt vielmehr zustande als neue Setzung (πάλιν, σήμερον) Gottes, der Menschen in seine Ruhe hineinhaben will. Der τοσοῦτος – adj wie 12,1, siehe dort – χρόνος, in dem außer der Gottheit die Ruhe keine

4,7 *Das warnende Beispiel der Wüstengeneration Israels*

Bewohner hatte, meint zwar die Spanne von der Wüstengeneration bis zu David. Aber daß der atliche Psalm ja schon die David-Generation *πάλιν* auf den Eintritt in die Ruhe anredet, bleibt hier außer Betracht (gegen Bleek-Windrath). Direkt gemeint sind, nach dem Ungehorsam Israels, mit dem *σήμερον* hier sofort die heute, die chr Glaubenden.

Die Textkritik erbringt Umstellungen: *ὁρίζει τινά* ℵ* Cyr: *σήμερον ἡμέραν* 635*; *χρόνον λέγων* 1908. Ersetzungen: *καιρόν* für *ἡμέραν* in *Ψ*; *τοιοῦτον* für *τοσοῦτον* in 1245. Auslassungen: *σήμερον* (1) in 1243 1319 1610; *σήμερον* (2) in p⁴⁶. Zusätze: nach *ὑμῶν* aus 3,8 *ὡς ἐν παραπικρασμῷ* in 5 623. Alt und sehr gut bezeugt ist *προείρηται* in p¹³ ᵛⁱᵈ p⁴⁶ ℵ A C D* P *Ψ* 33 38 81 104 218 326 1611 1834 1906 1908 2004 2005 2464 2495 d e f vg sy^h(p) bo arm Cyr Chr Thret Lcf. Diesen Rückverweis des Verf auf sein in 3,7.8 gebrachtes Zitat verdirbt die an Gottes Sprechen denkende schwach bezeugte LA *προείρηκεν* in B 256 263 436 442 999 1739 1837 1881. *εἴρηται* in D² K L 6 und vielen Koine-Handschriften Dam Thphyl verundeutlicht die rückverweisende Absicht des Verf. Für die alternierende Schreibung *Δαυίδ Δαυείδ* und in jüngeren Handschriften *Δαβίδ (Δᾱδ)* siehe Bauer Bl-Debr § 38 39,1 vSoden NT S 1375.

Zu *πάλιν* siehe 1,6. *τινά* unbetont wie 12,15 (Bauer 2aα). *ὁρίζειν* Bauer 1aα KLSchmidt ThW V 453f; mit der Gottheit als Subj auch hell, Corp Herm 5,3, LXX und spätjüd (Allen), im NT besonders Lk Ag, auch R 1,4; im Hb nur hier, vom Festsetzen der Zeit wie Ag 17,26, vgl Ag 17,31, Herm v 2,2,5. Nachklang PsClemHom 20,2,2.4. Zu *ἡμέραν* siehe 3,8 und OSal 41,1: „ein großer Tag leuchtete uns", freilich nicht paränetisch wie hier. Für *σήμερον*, die Apposition zu *τινά ἡμέραν*, siehe 3,7: das chr „heute" Theo mops (Greer 234). Zum *ἐν* bei *λέγειν* vgl 1,1 f. Als ב in Zitateinleitungen rabb (Str-B III 288 687). Hier (siehe Bauer I1d III1b) drei Möglichkeiten: *a)* „durch David" (so die meisten, Windisch neben c; Bruce neben b); *b)* „im Psalter" (so Moffatt), aber David wird hier chronologisch verwertet (Riggenbach); *c)* wohl am besten, „in David", siehe 1,1 (so vg Erasmus adnotationes deWette² Seeberg Kommentar Hillmann). David als Verf des im NT nur hier zitierten Psalmes nur LXX Ps 94, nicht hebr Ps 95, siehe 3,7; David als Glaubenszeuge 11,32. Er wird bei Ps-Zitaten genannt in Synoptikern Ag R Barn 10,10 12,10. *λέγειν* als Zitat-Einleitung siehe 1,1 Exkurs. *μετά*, mit Acc (Bauer II1) „nach" zeitlich dient dem Hb zum Nachweis der Überlegenheit wie hier in 4,8 7,28 8,10 10,16; als Warnung 9,27 10,26; 4Makk 5,6 ist formale Parallele. *μετὰ τό* mit Inf siehe 10,15. *τοσοῦτος* (Bauer 1aα) vergleichend in 1,4 7,22 10,25; verbunden mit *νέφος* 12,1, hier mit *χρόνος* wie bei Lucian, Josephus Joh 14,9, vgl Lk 15,29. *χρόνος* (Bauer Delling ThW IX 576–589) hier die Zeit von Mose bis David, in 5,12 die des Christseins der Hörer, in 11,32 die des Verf beim Aufzählen; vgl formal Mt 25,19; inhaltlich, freilich betreffs vorchr Zeit allgemein, Ag 17,30. Anders Paulus: das Erste wird vom Zweiten nicht aufgehoben (R 4,10 Gl 3,17). zu *καθώς* siehe 3,7. *προείρηκα, προείρημαι* Bauer *προεῖπον* 2ab: von prophetischer Voraussage (so auch Plutarch Fac Lun 26 II 942A Betz Plutarch 1975 S 293); act Hb 10,15 Koine-Text (vgl Mt 24,25), aber so hier nicht. Noch weniger gemeint ist die Andeutung, das hier folgende Zitat aus LXX Ps 94 stünde in V 8, also *vor (προ)* dem soeben in Hb 4,3 zitierten 11. Psalmvers; hier liegt vielmehr ein Rückbezug vor, aber nicht auf früher getane Äußerungen wie 2K 7,3 13,2 Gl 1,8; sondern hier ein Rückbezug auf zurückliegende Äußerungen in demselben Schriftstück: in pass Form in Papyri LXX Josephus, hier in Hb 4,7 zurück auf Hb 3,7.8, auch in Apost Vät; in act Form Barn 6,18. Zum Zitat siehe 3,7f.

8. Denn wenn Josua sie zur Ruhe gebracht hätte, würde er nicht von einem anderen Tage nach diesen Ereignissen sprechen.

Literatur: CKBarrett siehe V 3.

Die Argumentation erfolgt hier über ein Reden, nicht (wie 1,5) über ein Schweigen der Gottheit (vgl 8,7). Die Neueröffnung der Ruhe für die Christen ist an LXX Ps 94,8 ablesbar: *nach* der Landnahme Israels gesprochen, verdeutlicht dies σήμερον, diese ἄλλη ἡμέρα: also hat Josua Israel nicht in die Ruhe hineingeführt. Das widerspricht zwar dem wiederholten καταπαύειν, das die Gottheit bei der Landnahme an Israel übte (Jos 1,13.15 21,44 22,4 23,1, siehe auch Ag 7,45); widerspricht der Schätzung Josuas als des Bringers der σωτηρία Sir 46,1 (Moffatt) Philo Mut Nom 121 Quaest in Ex 2,43. Aber das argumentative Schwergewicht liegt für den Hb ja gar nicht bei den historischen Vorgängen, sondern in seinem Dualismus: Kanaan und die wahre Ruhe sind eben nicht ein und dasselbe (gegen deWette[2]); Kanaan war nicht etwa auch nur die symbolische Ruhe, *signum* (gegen Thomas); dem Kanaan steht die himmlische Ruhe als die *vera* (wie bei Erasmus paraphrasis Barrett 367), als die *ultima* (wie bei Calvin) oder die *alia* (wie bei Bengel) gegenüber; Kanaan *kann* also gar nicht die Ruhe sein, weil es irdisch ist (Hollmann Windisch). Ebenso beim Kanaan-Aufenthalt der Patriarchen 11,9f 13–16 (vgl Siegfried 323). Die Rabb weichen in ihrer Erklärung zu Ps 95,11 ebenfalls auf die eschatologische Ruhe aus, sie freilich ohne die himmlische Lokalisierung dieser Ruhe; zudem reklamieren sie die zweite Ruhe für Israel, der Hb für die glaubenden Christen (siehe Str-B III 687 Hb 3,11 Exkurs).

εἰ γὰρ Paulus öfter, Hb 2,4 4,8 (8,4) 8,7 9,13. αὐτοὺς meint Israel, die *πρότερον εὐαγγελισθέντες* V 6 (deWette[2]). Das verkennt die Ersetzung von αὐτοὺς durch αὐτὸς in Ψ 76 201 206 234 241 242 257 460 480 489 547 635 642 664 919 920 1518 2298. Ἰησοῦς Josua (Bauer 1 Foerster ThW III 285–286): so in LXX Philo Josephus Apost Vät, im NT außer Ag 7,45 nur hier. Josua ist ein nur eben angedeuteter Kontrast zu Jesus (zu Windisch Héring), schon gar nicht Vorzeichen oder Typus wie Barn 6,9 Just Dial 113,3f 132,1 (zu Synge 22 Michel Montefiore; zurückhaltender Bruce). Denn der Führer in die Ruhe ist für den Hb Jesus ja gar nicht ausdrücklich (siehe 3,11 Exkurs). Vor Ἰησοῦς stellen ein ὁ 201 257 326 480 664, vielleicht veranlaßt durch die Fehl-LA αὐτός, denn drei Minuskeln haben beide Fehl-LAA. Der Zusatz ὁ τοῦ Ναυὶ in 81 330 440 823 sy[p h mg] sichert Ἰησοῦς gegen mißverstehende Verwechslung, so wie Aquila bei Origenes Hexapla Dt 1,38 Ἰωσουα transskribiert. καταπαύειν im Hb nur hier transitiv; siehe 3,11 Exkurs. Zu περὶ siehe 4,4: wie hier mit λαλεῖν 2,5 7,14, mit λέγειν 4,4 5,11 9,5. ἄλλος im Hb noch 11,35, dort subst; hier wie Joh 10,16 mit eschatologischem Akzent; Bauer ἄλλος 1eβ ἕτερος 1bδ Büchsel ThW I 264f. λαλεῖν siehe 1,1; das Imperf mit ἄν, obwohl zeitlich zweideutig, meint, Gott redet *jetzt* zu den Christen (Riggenbach), siehe 4,7; obwohl ἄν hier nicht obligatorisch ist (Bl-Debr § 360, 1.3 Bauer I1b), ist seine Ersetzung durch das folgernde ἄρα in B doch wohl Schreibfehler (vgl V 9 Anfang). μετὰ ταῦτα nach Wüstenzeit und Landnahme, wie 4,7. μετ᾽ αὐτὰ in C läßt per Schreibfehler α τ aus; statt ταῦτα in 330* 2005 ταύτας mißversteht ἡμέρας als Acc Plur. Die Umstellung von μετὰ ταῦτα vor περὶ in 1739 betont den späteren Zeitpunkt für Gottes Sprechen, nicht für ἄλλης ἡμέρας; 635 bringt dann, sozusagen für alle Fälle, μετὰ ταῦτα an beiden Stellen. Zu ἡμέρα siehe 3,8.

9. Also steht eine Sabbatruhe für das Volk Gottes noch aus.

Literatur: SGiversen Evangelium Veritatis and the Epistle to the Hebrews, Studia Theologica XIII, 1959, 87–96; WRordorf Der Sonntag, 1962.

Aus LXX Ps 94,8.11 und Gn 2,2 nun die Folgerung, die natürlich nicht, wie in ℵ*, ursprünglich gefehlt haben kann: für das Gottesvolk steht eine Sabbatruhe noch aus. Denn sie existiert schon seit der Weltschöpfung und ist immer noch unbesetzt.

ἄρα, Bauer 1 Bl-Debr § 451,1 Radermacher 24 37, im Hb noch 12,8. In Synoptikern Ag und sehr viel bei Paulus, bei ihm, gegen Hb, öfter verbunden mit οὖν. Im NT auch sonst, wie hier, unklass als Satzanfang; darum versichert Thret (Cramer Cat 453), es sei trotzdem kein Frage-, sondern ein Aussagesatz. ἀπολείπεται, B verschreibt, πε auslassend: siehe 4,6 und für καταλείπεται 4,1. Profan: nach der Niederlage im Kampf ἀπολείπεται eine Hoffnung auf Errettung (Polyb 6,58,9). σαββατισμός: 88 ergänzt sekundär, aber sinnrichtig, siehe 4,5, μον. Bauer, Lohse ThW VII 7.34f: in LXX und NT nur hier in Rückgriff auf V 3f(bei Westcott eindrucksvolle Zitate aus Augustin und griechischen Vätern. σαββατισμός auch bei Liddell/Scott nur belegbar Plutarch Superst 3 II 166A, von nicht-griechischen religiösen Bräuchen (Bentley konjiziert dort βαπτισμούς). Gemeint ist im Hb der Ort der Ruhe im Himmel, die in Judentum und Gnosis als Sabbatruhe verstanden ist (3,11 Exkurs). Entsprechend erklären Philo Cher 87 und Josephus Ap 2,27 σάββατον für nicht-jüd Leser mit ἀνάπαυσις. Diese Sabbatruhe ist eschatologisch, wie noch aus dem Zerrbild des messianischen Gauklers hervorgeht, der Heil und Beendigung des Elends verheißt Jos Ant 20,188 (Giversen 94). τῷ λαῷ τοῦ θεοῦ; natürlich nicht τῷ θεῷ, wie 2 sinnentstellend verkürzt. Zu λαός siehe 2,17. ὁ λαὸς τοῦ θεοῦ noch 11,25 und, als λαὸς αὐτοῦ, 10,30. Neben dem Unterschied von israelitischem Priester und λαός sind auch die atlichen Israeliten in 11,25 mit dem λαὸς τοῦ θεοῦ gemeint; ohne diesen Ausdruck auch 11.39f. Aber hier in 4,9 ist bei ὁ λαὸς τοῦ θεοῦ nicht an die dem Verfasser gleichzeitigen Juden gedacht (siehe 3,18). Auch kaum an die atlichen Israeliten für sich genommen: in 3,7 bis 4,11 interessiert den Verf nur der Gegensatz zu Israel, dessen Unglaube die Sabbatruhe für die Christen freimacht. Zur Ambivalenz dieser Haltung im Hb siehe 1,1 Exkurs 1,1. Diese Ambivalenz wiederholt sich in den disparaten Entscheidungen der Erklärer zu ὁ λαὸς τοῦ θεοῦ hier: neben Judenchristen und Heidenchristen auch vorchr Juden (Seeberg Kommentar Bruce Laubach); die Judenchristen besonders neben den Heidenchristen (Bengel Bleek-Windrath); Judenchristen und Heidenchristen (Windisch); nicht die Juden völkisch (deWette[2]); einfach die Christengemeinde, nicht die Juden (Hollmann Spicq II Héring Rordorf 89 Hillmann Kuß Strathmann). Der Kontext hier läßt an Ausschluß Israels, Hb 11 dagegen an Beteiligung Israels denken. Die fehlende Eindeutigkeit ist aber typisch: Israel hat für den Hb eine warnende und ermutigende Funktion, ist aber kein für sich existierendes Thema.

10. Denn wer in seine Ruhe hineingelangt ist, hat auch seinerseits Ruhe gefunden von seinen Werken, wie Gott von den seinigen.

Literatur: EbNestle Hebrews 4,10, ET 9, 1897/98, 47f.

Wieder werden LXX Ps 94,11 und Gn 2,2 in Bruchstücken zitiert. Daß Ruhe Sabbatruhe ist V 9, wird begründet *(γάρ)* mit dem Hinweis: jedes Eingehen in die Ruhe, auch das des Glaubenden, bringt wie bei der Gottheit Sabbatruhe, das Ende welthafter Tätigkeit.

Es geht nicht um Polemik gegen jüd-äußerliche Zeremonien (gegen Calvin). Sondern: der Dualismus des Hb im Verständnis von Gott und Mensch, die im Gegensatz zu Welterschaffung und welthafter Tätigkeit hier zusammengenommen werden, tritt wieder zutage (Theißen 121); siehe 2,10 2,15 3,11 Exkurs. Beide Arten von Ruhe, das Aufhören der Schöpfertätigkeit bei Gott und des Tätigseins beim Menschen, werden parallelisiert, ὥσπερ (Theißen 128). Der Glaubende teilt mit der Gottheit nicht bloß den Ort, sondern auch den Zustand. Denn als Glaubender steht er fest (4,2 Exkurs) und sehnt sich nach Ruhe (Philo Poster C 23; Gräßer Glaube 106). Ganz anders die zeitweilige Ruhe des Hades, die die Menschen von der schadenbringenden Aktivität des Gottes befreit (Plutarch Is et Os 47 II 370C; Betz Plutarch 1975 S 66). Es kommt im Hb aber nicht zum ἐν θεῷ εἶναι (Bauer εἰμί III 4), wie beim ἀναπαύεσθαι der ψυχή (Philo Deus Imm 12), weder für den Menschen wie Ag 17,28 noch für den Glaubenden wie 1J 2,5 (gegen Spicqs coincidence parfaite der beiden Ruhen). Anders als Judentum und Gnosis reflektiert der Hb neben dem Ruhen der Gottheit explizit nicht über ihre Aktivität, 4,4 (Windisch; gegen Héring Michel und manche Erklärer). Zu εἰσέρχεσθαι siehe 3,11. ὁ εἰσελθών meint jeden Glaubenden, nicht den λαὸς τοῦ θεοῦ (eben war ja von ihm die Rede; siehe die Polemik bei deWette[2]); meint nicht den „wahren Jesus" (gegen Schierse 134; siehe die Polemiken bei Delitzsch, de Wette[2], Bleek-Windrath). Der zitat-vorgegebene Aor (Delitzsch Bleek-Windrath) κατέπαυσεν bezeichnet als gnomischer Aor (Bl-Debr § 333) nicht etwas Vergangenes, sondern etwas für alle Eintretenden Geltendes (Vanhoye Structure 98). Das αὐτοῦ hinter κατέπαυσεν blickt auf die Ruhe des εἰσελθών, die natürlich von der Gottheit bereitet wurde (so Michel und Theißen 128, wenn ich sie richtig verstehe); blickt aber nicht, wie mit der vg sonst die meisten Erklärer, auf Gottes Ruhe, obwohl das grammatisch möglich ist, Mk 2,15 (Nestle 47f Bl-Debr § 282); denn den Ton vorher hat τῷ λαῷ, nicht τοῦ θεοῦ. Zu κατάπαυσις siehe 3,11 Exkurs. καὶ αὐτός (siehe 2,14) ist hier nicht unbetont wie 1,5 (vgl 8,10), sondern es akzentuiert (Bauer αὐτός 1g), betont wie 2,14 5,2 13,3, den εἰσελθών. Anders 11,11. Zu καταπαύειν siehe 3,11. Nur hier im NT des Menschen καταπαύειν ἀπὸ τῶν ἔργων αὐτοῦ; vgl Apk 14,13, aber dort von den Märtyrern, und nicht, wie im Hb, kombiniert mit dem Ruhen der Gottheit. Die Einfügung von πάντων hinter ἀπό (1) in ℵ[2] D* 1611 2005 sy[h] Cyr lehnt sich an V 4 an. Nur hier im NT stehen die ἔργα des Menschen, als Tätigkeit, im Gegensatz zur Ruhe. Das ἔργον des Menschen ist positiv gesehen in 6,10, dort kollektiv statt Plur wie auch bei Paulus, positiv in 13,21 Koine-LA, positiv seine καλὰ ἔργα 10,24, siehe dort; so nie bei Paulus, aber Synoptiker Joh KathBr Apost Vät. Negativ die vorchr νεκρὰ ἔργα 6,1 9,14 (vgl Bauer 1a cβ Bertram ThW II 648). ὥσπερ (Bauer 2 Bl-Debr § 425,3) nur hier im NT von der Analogie zur Gottheit (aber vgl Mt 5,48); sonst viel im NT, auch bei Paulus; im Hb noch 7,27 9,25; in 9,25 mit formuliertem, in 4,10 7,27 mit ergänzungsbedürftigem Nachsatz. ἴδιος Bauer 1aβ: im Hb nur hier von Gottes ἔργα, in 9,12 13,12 von Jesu αἷμα wie Ag 20,28, in 7,27 von den ἁμαρτίαι des Hohenpriesters, überall als Gegensatz logisch zu nicht-ἴδιος wie 1K 3,8. Zu Gottes ἔργα in der Schöpfung siehe 1,10, in der Heilsveranstaltung 3,9–11.

11. Beweisen wir also Eifer, in jene Ruhe hineinzugelangen, damit nicht jemand nach demselben Beispiel, das den Ungehorsam als Grund aufzeigt, zu Fall komme.

Literatur: EKLee Words denoting ‚Pattern' in the NT, NTSt 8, 1962, 166–173; FMYoung Temple Cult and Law in Early Christianity, NTSt 19, 1973, 325–338.

Die gesamte Zitat-Exegese ab 3,7 – zu ihrer Methode siehe 2,8bc – läuft hier auf die Mahnung hinaus, mit Eifer den Eingang in die Ruhe anzustreben; sonst droht den Christen der gleiche Sturz wie der Wüstengeneration. V 11 nimmt V 1 auf (SpicqII). Dem Indikativ der vorhandenen Ruhe folgt die Mahnung zur Aktivität der Hörer; vgl Corp Herm 4,8. σπουδάζειν (Bauer Bl-Debr § 392,1a Harder ThW VII 559–568) hier nicht „sich beeilen" wie vg Thomas und viele, sondern „eifrig bemüht sein", mit Inf (schon Calvin); so klass hell Philo Josephus Test XII, aber nicht LXX; im NT Paulus Past 2 Pt Apost Vät, besonders Ignatianen; im Hb nur hier, das Subst nur 6,11. Gemeint ist die energische Zuwendung zum Himmlischen (11,9f.13–16 13,13), also der Glaube (4,2 Exkurs). Dies Streben gehört in das σήμερον 3,7; der Eintritt aber steht eschatologisch bevor. Es geht nicht um eine Warnung vor nationalistisch-jüd Revoluzzern (gegen Young 330). σπουδάσομεν in L zerstört die Paränese. Zum kohortativen οὖν siehe 4,1. Formal zu ἐκείνην τὴν siehe 4,2; es geht um die parallele Sabbatruhe von Gottheit und Mensch; ἐκείνην läßt hier, wie sonst nicht im Hb, aber öfter im NT, das Eschaton anklingen (Bauer 2bβ). Zu κατάπαυσις siehe 3,11 Exkurs. Die Auffüllung durch οἱ πιστεύσαντες in sy^h c* hinter κατάπαυσιν stammt aus 4,3, die durch ἀδελφοὶ in D* d e hinter εἰσελθεῖν aus 3,12; die Umstellung von εἰσελθεῖν hinter κατάπαυσιν besagt nichts. Zu εἰσελθεῖν siehe 3,11. ἵνα μή (Bauer ἵνα I1c) warnt paränetisch hier wie 3,13 6,12 12,3.13; anders 11,28.40. τῷ αὐτῷ (Bauer αὐτός 4) hier wie 6,11 10,1.11 11,9 mit Subst; in 1,12 2,14 13,8 ohne Subst und christologisch. Die unterbrechende Dazwischenschiebung von τις zwischen αὐτός-Form und Subst in 4,11 6,11 – nie bei Paulus – kennzeichnet die rednerisch gewählte Wortstellung des Hb (Bl-Debr § 473,1.2). Zu τις siehe 3,12; τις, in ℵ fehlend, ist unentbehrlich. ἐν für die Art und Weise (Bl-Debr § 219,4). ὑπόδειγμα (Bauer 1 Schlier ThW II 32f) hell, wenig LXX; Philo Josephus; hier nicht dualistisch vom Abbild wie 8,5 9,23, sondern vom Vorbild, positiv Joh 13,15 Jk 5,10, warnend negativ hier wie 2Pt 2,6. Das böse Beispiel geben die Israeliten, die positiv und negativ auch 1Cl 5,1 ὑποδείγματα sind (Delitzsch); nicht, unter Einführung einer neuen Thematik, die gewarnten Christen (richtig Spicq II Héring Montefiore gegen Delitzsch Bleek-Windrath Hollmann Riggenbach). Die Gleichheit liegt nicht in der Art, sondern im Effekt des Ungehorsams (Erasmus adnotationes Michel Westcott Montefiore), siehe Bauer. Die Glaubenszeugen Hb 11 heißen nicht ὑπόδειγμα, aber siehe μιμεῖσθαι 13,7 und μιμηταὶ 6,12 (zu Gräßer Glaube 124). πέσει in P 69 ist Itazismus (Bl-Debr § 24); περιπέσῃ in 256 ist Erweiterung, Hb hat sonst nicht περιπίπτω. πίπτω, siehe 3,17. Dort unübertragen; hier, wie auch R 11,11.22 1K 10,12 Apk 2,5, übertragen, vom Menschen absolut gebraucht, so auch Qumran und Rabb (Braun Qumran-NT I 252); nicht „fallen in", gegen vg (Seeberg Kommentar). Ein düsterer Aspekt (Lee 169); Philo Jos 122 redet optimistischer vom πίπτειν. Zu ἀπείθεια siehe 3,18. Die Achterstellung hinter πέσῃ setzt betont den Akzent, vgl 9,15 10,32 12,11 (Riggenbach Windisch Westcott). Itazistisch: ἀπιθείας A P; ἀπειδίας D² (Bl-Debr § 23). Statt ἀπειθείας in p^46 104 1611 2005 lat sa ἀπιστίας dürfte Hörfehler sein, behält aber den Sinn bei, siehe 3,19; ἀληθείας in D* d e verdirbt den Sinn.

12. Denn lebendig ist das Wort Gottes und wirkkräftig und schneidender als jedes zweischneidige Schwert, und es dringt durch bis zur Spaltung der Seele und bis zu der des Geistes, bis zu der der Gelenke und des Markes, und es entscheidet über die Erwägungen und Gedanken des Herzens.

Literatur: HClavier ‛Ο λόγος τοῦ θεοῦ dans l'épître aux Hébreux, in: NT Essays in Memory of TWManson, 1959; 81–93; SGiversen siehe V 9; DMHay Glory at the Right Hand, 1973; OHofius στόματα μαχαίρης, ZNW 62, 1971, 129–130; WNauck Zum Aufbau des Hebräerbriefs, in: Festschrift JJeremias[2], herausgegeben von WEltester, 1964, 199–206; JSwetnam Form and Content in Hebrews 1–6, Biblica 53, 1972, 268–385; GTrompf The Conception of God in Hb 4,12–13, Studia Theologica 25, 1971, 123–132.

Anders als die Paränese vor 1K 10,13 wird hier das σπουδάσωμεν V 11 begründet *(γάρ)* mit der kritischen Schärfe des Wortes Gottes; vgl das andringliche Gericht Gottes in der Sapientia-Literatur (Trompf 126f). Dem Christus-Hymnus 1,3 korrespondiert hier, als Abschluß von 1,1–4,13, der Logos-Hymnus (Nauck 205); das Hören des Wortes erst wieder 12,18ff (Schierse 197 A6). ζῶν Bauer 4b; das ν fehlt in C versehentlich; betonte Voranstellung wie 1,1 2,2.5 3,3. Wichtiges Attribut zu Gott, siehe 3,10; hier zum λόγος τοῦ θεοῦ. Im emphatischen Sinne „leben" Jesus (7,25), Melchisedek (7,8) und, als Verheißung, die Gläubigen (10,38 12,9). Die Lebendigkeit des Wortes noch Ag 7,38 1Pt 1,23, als Zitat ClAl Prot 2,27,2 (Mees 229); dualistisch Act Thom 124 S 234,3f. λόγος, siehe 4,2; hier Inklusion zu V 13 (Vanhoye Structure 102). λόγος τοῦ θεοῦ ist die gehörte Verkündigung 13,5, trotz der personalen Fassung (so schon Theod Mops, auch Bengel, die meisten Neueren, Schierse 65 Theißen 43; gegen viele griech und lat Väter seit ClAl und Ambr, auch gegen Thomas Erasmus paraphrasis, Delitzsch verklausuliert, Clavier Laubach Svetnam 382f; gute Väter-Nachweise bei Riggenbach Westcott, siehe Cramer Cat 459f Staab 78f 246). ἐνεργής, nicht wesentlich unterschieden von ζῶν (Bleek-Windrath), vgl das Scholion zu Soph Oed Tyr 45 (Moffatt); ἐναργὴς in B Hier[pt] wegen Vokal-Vertauschung. Im Hb nur hier, kaum in Anlehnung an LXXPs 109,2 (zu Hay 17); noch 1K 16,9 Phlm 6, das Verb 1Th 2,13; ähnlich OSal 42,14c. Hier Trennung wirkend (gegen Corp Herm 10,23); nicht magisch (gegen Corp Herm 16,2). τομώτερος: hell; aber LXX Philo und Apost Vät haben nicht den Positiv und Komparativ; von der Waffe schon des menschlichen Wortes Luc Nigr 35 (Moffatt); Achikar-Sprüche 7,100 (Spicq); Ps-Phokylides 124, vgl Luc Toxaris 11. Im NT nur hier. Vergleichbar die σοφία als πνεῦμα ὀξὺ Sap 7,22, die Schärfe des Wortes OSal 12,5. Philos Gott übt mit dem τομεὺς λόγος bei der Schöpfung unaufhörlich das theoretisch klassifizierende τέμνειν (Rer Div Her 130–132), ähnlich das διαιρεῖν und διαστέλλειν („auseinandernehmen" und „absondern") 312. Ebenso mit dem τομεὺς λόγος im moralischen Sinne das τέμνειν (Det Pot Ins 110), das διακρίνειν und διατειχίζειν (Rer Div Her 201), ebenfalls Verben der Trennung; das Durchbohren (Quaest in Ex 2,101). ὑπὲρ mit Accusativ nach Komparativ Hb nur hier, im NT noch Lk 16,8 (Bauer 2 Riesenfeld ThW VIII 517f). Zu πᾶς siehe 3,4. μάχαιρα Bauer 1 Michaelis ThW IV 530–533 Trompf 124–127. Wie Hb 11,34.37 das Schwert gegenständlich im AT, siehe Michaelis; als Gottesschwert selten heilbringend wie Js 49,2 (vgl PsClemHom 11,19,2), meist vernichtend als μάχαιρα (Js 27,1 34,5f), als große, breite ῥομφαία (Js 66,16); als ξίφος (Sap 18,15f; 1QM 16,1 aeth Hen 62,12 91,11). Sonst übertragen Prv 5,4. Bei Rabb das zweischneidige Schwert als mündliche Tora, aber ohne etwas am Menschen zu zerteilen (Str-B III 618 687f). Die ῥομφαία des Todes Apk 6,8; die Jesu Apk 2,16 19,15.21. Im NT μάχαιρα übertragen als

Gottes Wort Eph 6,17; übertragen nicht in Apost Vät. Die übertragene μάχαιρα im Hb nur 4,12; sie bringt aber nicht die eschatologische Vernichtung wie das Gottesschwert und das Schwert Jesu, nicht die Bestrafung (gegen Chr Cramer Cat 180 464f), sondern die überführende Aufdeckung (Michaelis aaO 533 A 24 zu Käsemann 5 A4). δίστομος Paronomasie nach τομώτερος (Windisch), siehe 3,13; beim gewöhnlichen Schwert die Ausnahme; Bauer Michaelis ThW IV 533; Hofius 129f; klass; LXX bei μάχαιρα und ρομφαία. Im NT bei ρομφαία Apk 1,16 2,12; bei μάχαιρα Hb 4,12; Apost Vät nicht; aber Achikar-Sprüche 7,100 Rabb Nag Hammadi I 2 Ev Ver 25,36–26,1 (siehe Giversen 93). διικνούμενος; δεικνύμενος in D* ist Verschreibung. Bauer klass; LXX wenig; Josephus; Philo nicht. Im NT nur hier; Apost Vät nicht. Vergleichbar χωρεῖν und διήκειν Sap 7,23 f, das φθάνειν Philo Deus Imm 29, das εἰσδύεσθαι Philo De Prov 2,35, das Durchbohren Philo Quaest in Ex 2,101 Unbekanntes altgnostisches Werk Till 2 S 336,3f, das εἰσδύειν Just Dial 121,1. Zu ἄχρι siehe 3,13. ἄχρις in D 1611 2005; μέχρι in 221 330 440 491 823 1102. μερισμός siehe 2,4: „Teilung", „Spaltung"; davon abhängig die beiden Genitiv-Paare. Ich fand keine μερισμός-Stelle mit zwei Genitiven, die zwei verschiedene auseinanderzuteilende Größen bezeichnen. Natürlich gibt es Texte, in denen werden zwei Größen von einander unterschieden; aber dann mit anderen Verben oder Subst als dem μερ-Stamm: ψυχή und σῶμα (Philo Leg All 1,105 Agr 161); ψυχή und μέλη (Rer Div Her 133); ἀκουστά und ὁρατά (Migr Abr 48); das θεῖον und das θνητόν (Ebr 70); die ζῶντες und νεκροί (PsClemHom 11,19,2); „diese und jene Seite" (Ev Ver Nag Hammadi I 2 25,35–26,1); „Licht und Finsternis" (Baptism of Hibil Ziwa S 52 Zeile 8/7 von unten). Ein Text, in welchem die ψυχή explizit vom πνεῦμα getrennt wird, ist mir nicht bekannt; analog freilich ist die Trennung von νοῦς und ψυχή Corp Herm 10,16. Dagegen kann von einer Zerteilung ein und derselben Größe in verschiedene Unterteile die Rede sein. Mit μερισμός für die ἔθνη Philo Poster C 90; einzige μερισμός-Stelle bei Philo. Sonst in variierender Terminologie für klassifizierende Aufzählung: bei Philo die πράγματα und die σώματα (Rer Div Her 312); die πάσας φύσεις in σώματα und πράγματα, die λόγῳ θεωρητικά in μοῖρας, die αἰσθητά in ἀμερῆ, die ψυχή in λογικόν und ἄλογον, die αἰσθήσεις in eine sachgemäße und unsachgemäße Vorstellung (Rer Div Her 130–132). Die Zerteilung ein und derselben Größe kann auch ethisch werten. Bei Philo: die ψυχή in sterbliche und unvergängliche Dinge (Migr Abr 18), die Gedanken in fromme und unfromme (Rer Div Her 201), das Reden in Wahrheit und Lüge (Rer Div Her 132), das Freilegen von unclean and unworthy deeds (Quaest in Ex 2,101), das Herausschneiden der Sinneswahrnehmungen (Quaest in Gn 3,51). Ferner: Herrschaftsgebiet und Haus je in Irrtum und Wahrheit (PsClem Recg 2,35,3); das Haar spalten, um das Innere zu sehen (Lidz Ginza R 5,4 S 194,16). So ist der μερισμός ψυχῆς zu verstehen: ethisch wertende Zergliederung der ψυχή. Darin liegt die Verwandtschaft zu dem philonischen τομεὺς λόγος, sofern man bei letzterem von der theoretisch klassifizierenden Bedeutung absieht, siehe oben. Zur Diskussion siehe Siegfried 325f Käsemann 5 A4 Spicq I 51–53 Williamson 386–409 Trompf 124f und die Kommentare.

Dieses Verständnis bestätigt sich bei einer Untersuchung von ψυχή und πνεῦμα. ψυχή Bauer 1bγ c Schweizer ThW IX 651. ψυχῆς τε in D K 326 Koine PsOec statt ψυχῆς gleicht an V b an; ohne τε braucht das erste Genitiv-Paar aber nicht vom zweiten abhängig zu sein (gegen Westcott). ψυχή und πνεῦμα nebeneinander Gn 2,7, auch Sap 15,11 Jos Ant 1,34 nicht unterschieden. Bei Philo hat die ψυχή einen oberen Teil, genannt ἡγεμονικόν, νοῦς, λόγος, λογισμός, teils dem πνεῦμα gleichgesetzt, teils mit ihm begabt (Op Mund 69 135 Leg All 1,32.36–40 3,161 Det Pot Ins 80 83 84 86 Deus Imm 134 Rer Div Her 55–57 Quaest in

Gn 2,59). Der untere Teil der ψυχή besteht aus den fünf Sinnen, der Sprache und dem Zeugungsvermögen (Op Mund 67 135 Leg All 1,40). Beide Teile sind unterscheidbar. In der ψυχή ringen νοῦς und αἴσθησις (Sacr AC 112). Der obere Teil, der νοῦς, ist nicht teilbar (Rer Div Her 232), er ist göttlich (Op Mund 67), so daß der τομεὺς λόγος eine göttliche Funktion darstellt. Philo trennt nicht den oberen ψυχή-Teil vom πνεῦμα. Das NT stellt, psychologisch uninteressiert, über das σῶμα die ψυχή als Leben (Mt 6,25 Par) und als Seele (Mt 10,28). Paulus setzt, einmalig, πνεῦμα, ψυχή und σῶμα nebeneinander (1Th 5,23), das σῶμα ψυχικόν und πνευματικὸν gegeneinander (1K 15,44–46). Hb redet von ψυχή nur positiv, als dem Sitz der Empfindungen (12,3), sogar bei Gott (10,38), ja als dem Sitz überirdischen Lebens (6,19 10,39 13,17). Sie kann in 4,12 also nicht als das Minderwertige von dem πνεῦμα als dem Höheren abgetrennt werden sollen. Beide stehen gleichwertig nebeneinander wie im jüdischen Hellenismus (siehe oben, und etwa Lidz Ginza L 3,38 Baptism of Hibil Ziwa S 67 Zeile 7/6 von unten).

πνεῦμα Bauer 3a Schweizer ThW VI 444. σώματος in 2 38 257 547 1245 1319 1891 2464 2495 statt πνεύματος denkt vielleicht an Mt 10,28 (Clavier 87). Im Hb πνεῦμα als Wind (1,7), als Geistwesen (1,14), als verstorbene Gerechte (12,13), als im AT redender (heiliger) Geist (3,7), als zugeteilter heiliger Geist (2,4). Darum ist das absolute πνεῦμα 4,12 nicht der zugeteilte heilige Geist, sondern anthropologisch zu verstehen, und zwar nicht der ψυχή überlegen; Gott ist ja als Schöpfer der πατὴρ τῶν πνευμάτων (12,9). Eine gnostische Überlegenheit des πνεῦμα über die ψυχή (wie in Preis Zaub 4,626–630 Joh Apocr Codex IV 40,21–27 Act Phil 130 S 59,6–8) liegt mithin hier nicht vor. Auch nicht in der Form, in der das Corp Herm 10,13.16.17 den νοῦς über die ψυχή stellt, wobei νοῦς den höchsten Stellenwert hat, den sonst in der Gnosis gewöhnlich das πνεῦμα besitzt (zur Trichotomie siehe Dihle Tröger ThW IX 657–659 659–661). In 4,12 ist also die unphilonische (siehe oben) Spaltung des πνεῦμα in sich gemeint, nicht eine Trennung von ψυχή und πνεῦμα (deWette[2] Bleek-Windrath Riggenbach Héring Westcott Schweizer, gegen viele Erklärer Theißen 43f 63). Auch Joh Apocr Codex III 22,19–24,22 belegt nicht die gnostische Teilung von ψυχή und πνεῦμα: die 7 ψυχαί sind zwar das Mindere, die vierte ψυχή sogar die Mark-Seele, und erst das eingehauchte πνεῦμα macht den Adam beweglich und frei. Aber die Abtrennung des πνεῦμα von der ψυχή, wie das gnostische Verständnis von Hb 4,12 sie ja annehmen müßte, würde dem Menschen das Heil ja wieder rauben, und Hb 4,12 will das ja nicht bewirken, sondern gerade verhindern. Zum Joh Apocr siehe LSchottroff 4–14.

ἁρμοί, im NT nur hier, Bauer, „Fugen", „Gelenke", klass hell LXX Josephus; nicht Philo. Wettstein belegt ὀστέα, nie ἁρμοί neben μυελοί. Wie ψυχή und πνεῦμα, werden die ἁρμοί, ebenso die μυελοί, nicht eins vom anderen getrennt, was auch schwer vorstellbar ist (Schweizer ThW IX 651). Die μάχαιρα wegen der ἁρμοί und μυελοί als Schlacht- oder Opfermesser zu verstehen, überzieht den Anspruch an die Bild-Einheitlichkeit; zudem ist der Teiler der λόγος, nicht die μάχαιρα (Michel gegen Michaelis ThW IV 533). τε–καί, Bauer τε 3a Radermacher 5 37: auch Paulus oft; kann pleonastisch sein. μυελοί, im NT nur hier, Bauer Bl-Debr § 29,2; attische zT LXX-Schreibung, klass LXX Philo Josephus: parallel den Eingeweiden (Hi 21,24 Jos Bell 6,204), übertragen von der ψυχή (Eur Hipp 255). Gelenke und Mark: nun nicht das Physische nach dem Immateriellen (gegen Thomas Erasmus paraphrasis Delitzsch Westcott), sondern (wie Calvin Hollmann Seeberg Kommentar Riggenbach Héring Moffatt) bildlich für das Eindringen in den Menschen von außen bis ins Innerste. κριτικός, im NT nur hier. Bauer Büchsel ThW III 945, klass hell Philo, nicht LXX: „mit der Fähigkeit zu urteilen ausgestattet"; wie das Unterscheiden seitens Gottes zwischen echter und falscher Münzprägung (Philo De Prov 2,35); der große, hohe gepriesene Gott heißt unter anderem „Unterscheider" Lidz Ginza R 1,4 5,21. ἐνθυμήσεων καὶ ἐννοιῶν: ἐνθυμήσεως C* D* d e Lcf Ambr, aber der Plur ist sichergestellt durch 1Cl 21,9 (Zuntz 113). Statt καὶ ἐννοιῶν bringt D* ἐννοιῶν τε. ἐνθύμησις Hb nur hier; Bauer klass hell Symmachus; Philo nicht. Die „Erwägungen" können neutral sein (wie Ag 17,29 Luc Salt 81 und im Bindezauber Preis Zaub 5,328); aber auch, wie hier 4,12, ganz oder teilweise schlecht (siehe Mt 9,4 12,25 Corp Herm 1,22 Herm m 4,1,3 1Cl 21,9). ἔννοια im Hb nur hier, Bauer, besonders bei Philosophen, klass hell Symmachus Josephus Philo. Positiv wie Jos Ant 6,37 1Pt 4,1 Dg 8,9 (Gottes); wie 4,12 ganz oder teilweise schlecht Symmachus Hi 21,27 1Cl 21,3.9 Pol 4,3. Symmachus Hi und 1Cl verbinden wie Hb 4,12 ἔννοια mit ἐνθύμησις, Pol mit καρδία. Derselbe Gedanke, nur auf Gott bezogen, Philo Quaest in Gn 2,11. Zu καρδία siehe 3,8. Ähnlich vom Lichtboten Lidz Ginza R 16,4 S 389,23 f.

13. Und kein Geschöpf ist verborgen vor ihm; alles ist vielmehr unverhüllt und offengelegt für die Augen dessen, vor dem wir uns zu verantworten haben.

Die Unverhülltheit des Geschöpfes vor dem Richter ist ein breit belegbares jüdisches Theologumenon; hier wird dadurch der Eifer um den Eingang in die Ruhe nachdrücklich eingeschärft. Am Satzanfang καὶ wie 1,7.10.12 und öfter, wie auch R 1,28 2,27; καὶ οὐ noch 5,4.12 Koine 7,21 10,37 11,5.23.12,8. καὶ hier konsekutiv wie 3,19; daß V 13 V 12 begründet, trifft aber nur zu, wenn die beiden αὐτοῦ Gott meinen (zu Calvin). οὐκ – ἀφανής: Unterstreichung durch Negierung des Gegenteils, Litotes (Lausberg § 211 Bauer οὐ 2b). κτίσις, nicht, wie D* verliest, κρίσις. Bauer 1bα, hier nicht dualistisch wie 9,11. Einzelgeschöpf, jüd-hell: Tob 8,5 grHen 18,1. Auch wie Kol 1,15, aber selten wie hier und Kol 1,23 nur vom Menschen; R 8,39 abgesehen vom Menschen. κτίσις auch 1Cl 59,3 Mart Pol 14,1 Herm v 1,13 s 9,1,8. An all diesen Stellen keine Aufdeckung des Geschöpfes wie hier. Viele Erklärer verstehen κτίσις von allen irdischen und himmlischen Wesen der Schöpfung, und das mag für den vorgegebenen Hymnus – siehe unten – zutreffen; aber Hb wird, wegen des paränetischen Zusammenhangs, hier nur an den Menschen denken (Michel, vorsichtiger Laubach). ἀφανής im NT nur hier. Bauer, klass hell LXX Josephus Philo: „unsichtbar", „verborgen". Analog ist κεκρυμμένος (Sir 20,30 41,14 Plutarch Is et Os 9 II 354D Betz Plutarch 1975 46); ἄδηλος (Philo Spec Leg 3,52). Steigernd: sogar das noch Ungetane LXX Ps 138,16 ℵ[c.a] RT. Gegensatz ist ἐμφανής (Philo Cher 96 Spec Leg 3, 52); φανερός (Philo Fug 160). Der Gottheit ist, anders als dem Menschen, kein Mensch verborgen: nicht die Gesinnung (Philo Cher 16), die Gedanken (Spec Leg 3,121), das, was nicht zu sehen ist (Fug 160). Ähnlich, ohne ἀφανής, LXX Ps 138,16 ℵ[c.a] RT Philo Spec Leg 3,52 De Provid 2,35 Act Thom 136 S 243,12f. Nur ausnahmsweise vermag das auch ein Mensch (Philo Leg Gaj 23.263). ἐνώπιον Bauer 2b.3.4; Paulus sehr viel Lk Ag Apk; hier statt Dat, Gerichtssituation wie Lk 23,14 1Tm 5,20 2K 7,12; noch Hb 13,21. αὐτοῦ könnte θεός meinen wie in den oben genannten Philo-Stellen, greift aber doch wohl auf den λόγος τοῦ θεοῦ zurück; siehe 3,2 (so Windisch SpicqII Héring Kosmala 131 A 8 Strathmann; gegen fast alle Erklärer). πάντα betont vorangestellt wie 1,14; Gott sieht alles: grHen 9,5, vgl Sap 1,6 (antike Beispiele Moffatt). δὲ „vielmehr" nach vorausgegangener Negation Bauer 1d; nach Litotes 4,15 2K 10,15 12,6. γυμνός im Hb nur hier, Bauer 4 SpicqI 52:

„unverhüllt" Hi 26,6. Durch Entkleiden: Philo Spec Leg 3,121 De Provid 2,35. Hb meint mit γυμνός nicht die vom Körper getrennte Seele wie Plato im Gerichtsmythos Gorg 79f I 523E 524D, sondern den im Körper lebenden Menschen, in dessen Inneres der λόγος eindringt. γυμνός von der διάνοια auf Grund ihrer Taten schon für das Urteil der Menschen (Jos Ant 6,286); von den Krankheiten und Leidenschaften der ψυχή, die die Menschen vor Apoll bringen (Plut Def Or 7 II 413B Betz Plutarch 1975 143). Die Gottheit allein kann die Seele γυμνός sehen (Philo Cher 17). So hier Hb 4,13 vom λόγος τοῦ θεοῦ. Ähnlich ohne γυμνός, Philo Migr Abr 81 Jos 255. τραχηλίζειν, im NT nur hier (Bauer Wettstein, Riggenbach sehr informativ; Westcott Spicq I 52 Williamson 395–398): ein oft und variabel verwendetes Wort, nicht LXX. ι statt η in KLP ist Itazismus (Bl-Debr § 24). Belegt ist nur die Bedeutung „niederwerfen", „überwältigen". Bei Philo vollzieht nicht Gott oder sein λόγος solch ein τραχηλίζειν, sondern schlimme Ereignisse (Cher 78 Vit Mos 1,322, so auch Jos Bell 4,375) oder Unmoral (Mut Nom 81 Vit Mos 1,297 Praem Poen 153 Omn Prob Lib 159); ein Mann sollte τραχηλίζειν eher activisch als passivisch (Rer Div Her 274). So als „niederwerfen" verstehen hier in 4,13 Héring Montefiore. Aber was soll dann der pure Dativ ohne Präp davor? Siehe unten die LAA. Und Hb will hinaus nicht auf die Vernichtung des Menschen, sondern, wie schon bei γυμνά, auf seine Aufdeckung, damit er in die κατάπαυσις gelangt. Daher denken, wie schon vg mit *aperta,* die allermeisten Erklärer auf Grund des Kontextes, trotz der schwachen Belegbarkeit dafür (siehe Bauer), mit Recht an Offenlegung des Menschen. Das Opfertier, dessen Inneres freigelegt wird, ist vom Hb allerdings kaum gemeint (gegen Chr Cramer Cat 182 Kuß Michel). Das Freigelegtsein des Menschen vor Gott, ohne τραχηλίζειν, oft: LXX Ps 7,10 Jer 11,20 grHen 9,5 Apk 2,23 OdSal 11,2b PsClemHom 8,19,4 Lidz Liturg Qolasta 35 S 67,4f. τοῖς ὀφθαλμοῖς: 206 stellt ἐν davor (siehe ZNW 12, 1911, 260); 1319 ersetzt, an V a angleichend, τοῖς ὀφθαλμοῖς durch ἐνώπιον; 2 läßt τοῖς ὀφθαλμοῖς αὐτοῦ aus und macht das nachfolgende ὅν beziehungslos. In diesen Varianten spiegelt sich die Ambivalenz der Bedeutung von τραχηλίζειν, siehe oben. ὀφθαλμός Hb nur hier; Bauer 1 Michaelis ThW V 376–379. Gottes Augen im AT oft, die des κύριος im NT selten, die Gottes direkt im NT nicht, hier nur indirekt. Denn αὐτοῦ auch hier nicht von Gott, sondern vom λόγος (Windisch Héring Kosmala 131 A 8 Strathmann; gegen die meisten). Natürlich kann der λόγος Augen haben (gegen Riggenbach), wie bei Polyb 23,10,3 die Strafgöttin, bei Philo pluralisch die Vernunft (Spec Leg 4,191), die Seele (Spec Leg 3,6), die Philosophie (Congr 145), ja ὁ θεοῦ λόγος (Leg All 3,171), der sehr scharfblickend ist und alles beaufsichtigen kann. Gott ist im NT also ent-anthropomorphisiert (vgl PsClem Hom 17,7,3). Das Auge des Osiris meint seine πρόνοια (Plut Is et Os 10 II 354F 51 II 371E Betz Plutarch 1975, 46 69). Das Auge (singularisch Hesiod Polybius Philo Plutarch) bzw die Augen der Gottheit sind belohnend und strafend verstanden LXX Ps 138,16 א[c.a] RT 1Pt 3,12 1Cl 22,6; stärker belohnend LXX Ps 33,16 PsSal 18,2 Philo Mut Nom 40; stärker strafend wie Hb 4,13 Hes Op 267f Polyb 23,10,3 LXX Ps 5,6 Philo Cher 96 Apk 1,14 5,6 19,12. πρὸς ὅν ἡμῖν ὁ λόγος: von Synge 46 um des besseren Zusammenhanges willen gestrichen, zu Unrecht. ὁ λόγος V 12 am Anfang, V 13 am Ende: „Wort", „verantworten". Zu λόγος siehe 4,2. Zur ganzen Wendung Bauer λόγος 2e und Handbuch Ergänzungsband II bei Ignatius Mg 3,2 Debrunner Kittel ThW IV 73 104 Spicq I 53 Williamson 407f; viele Belege Wettstein. Formal möglich ist (abgeblaßt, wie bei Philo Det Pot Ins 13 Leg All 2,64, wo aber περί statt πρός steht und wo ein Dativ fehlt): „von" oder „vor ihm reden wir" oder „wir haben zu reden" (vg Erasmus adnotationes Luther Scholien Windisch Michel). Aber besser, wegen 4,12–13 ab (Aufdeckung), hier wie 13,17 von der Rechenschaft vor der richtenden Gottheit (Lib Declamatio IV 2, so Ign Mg 3,2 PsClemRecg 5,18,7 *ratio*, vgl ZNW 12, 1911, 260; Chr Cramer Cat 182 und griech Väter, *ratio* bei Lcf Luther Glosse Erasmus paraphrasis und Calvin; Thomas: *auctoritas judicandi*). Die meisten Erklärer (auch Kittel aaO Bauer Kosmala 131 A 8 Vanhoye Structure 102 Theißen 109 deWette[2] Kuß Hillmann Laubach) erwägen beide Möglichkeiten. Viele Wörter aus V 12 begegnen im NT nur hier: τομώτερος, διϊκνεῖσθαι, ἁρμός, μυελός, κριτικός; im Hb nur hier: ἐνεργής, δίστομος, ἐνθύμησις, ἔννοια, πνεῦμα anthropologisch, siehe 4,12. Aus V 13 im NT nur hier: ἀφανής, τραχηλίζειν; im Hb nur hier: γυμνός, ὀφθαλμός. Der Hymnus (siehe Kuß Michel Schiwy) dürfte durch den Hb-Verfasser daher übernommen worden sein (Michel gegen Kuß).

4,14–16. Hinführung zu Jesu himmlischem Hohenpriestertum

14. Da wir nun einen großen Hohenpriester haben, der die Himmel durchschritten hat, Jesus, den Sohn Gottes, laßt uns festhalten an dem Bekenntnis!

Literatur: KGalling Durch die Himmel hindurchgeschritten Hb 4,14, ZNW 43, 1950/51, 263f; DMHay siehe Vers 12; WSchenk Hb 4,14–16 Textlinguistik als Kommentierungsprinzip, NTSt 26, 1980, 242–252; HMSchenke Besprechung zu Böhlig-Labib, OLZ 61, 1966, Spalte 29.

Auf die Gerichtsmahnung folgt der Indikativ, freilich nur als Ansatz zu erneuter Paränese; Ind und Imp sind gegen Paulus verschoben (siehe 2,2 4,2 Exkurs). Hier, nicht 4,15 beginnt die Hinführung zum Zentralthema des Hb „Hoherpriester", siehe 3,7. In Verbindung mit der kirchlichen Lesung fügen C² H¹ ἀδελφοί vor ἔχοντες ein.

ἔχειν, siehe 3,3 Bauer 2bβ Hanse ThW II 816–827, im Hb wichtig, unterstreicht den Besitz der atlichen und ntlichen Glaubenden, öfter mit dem Objekt des Hohenpriesters Jesus (4,14.15 8,1 10,21), anderer Heilsgüter (6,19 10,19.34.35 12,1 13,10.14) und christlicher Verhaltensweisen (5,14 6,18 10,19 13,18); gelegentlich, wie hier, als Einleitung zur Paränese betont vorangestellt. „Jesus haben" bei Paulus nicht; Kol 4,1 unbetont: der Kyrios ist da. Analog dem Hb ist 1J 2,1 5,12; aber begrenzt: „den Sohn haben" 1J 5,12 schließt das Heil ein, freilich 2J 9. „Den Hohenpriester haben" ruft hier nach dem κρατεῖν V 14 und dem προσέρχεσθαι V 16, wenn die Gemeinschaft mit ihm fest sein soll (zu Hanse aaO 823 Schierse 159). οὖν siehe 4,1; in 206 326 wie in der kirchlichen Lesung ausgelassen. ἀρχιερεύς siehe 2,17 Exkurs; dies Thema, in 2,17 3,1 präludiert, in der Hb-Fassung den Hörern noch schwierig (5,11ff), wird nun sorgfältig und lange vorbereitet (Hay 144). μέγας Bauer 2bα Grundmann ThW IV 535–547 Preisigke Wört II 58f Deißmann LO 229 A3; ohne ν A 33 216 917 1245 1319 1912 wohl in Angleichung an ἀρχιερέα. μέγας im Hb vom Lohn (10,35), Lebensalter (8,11 11,24); besonders von Jesus als ἀρχιερεύς (4,14), ἱερεύς (10,21 wie Sach 6,11) und als ποιμήν (13,20 unter Einfügung zu Js 63,11). Im NT noch von Jesus Lk 1,32 absolut, Lk 7,16 als προφήτης, Tt 2,13 als θεός und σωτήρ; vom Täufer Lk 1,15. Eine Titulierung, völlig gesamt-antik verbreitet: von Machthabern (Mk 10,42 Par); von Mose, Heraklit und Plato bei Philo (Leisegang); von Abraham, Josua, Jesaja (Sir 44,19 46,1 48,22); von Babylon (Apk 14,8 16,9 17,5 18,2.10.21); von Gottheiten und höheren Wesen wie Ahura Mazda, Hibil-Ziwa, häufig von Zeus, auch von Apollo, Isis, Sarapis, Helios, Horos, Sabaoth in hell Inschriften, Papyri und Texten (Bauer ThW Preisigke); von Artemis (Ag 19,27f.34f), Simon Magus (Ag 8,10); vom atlichen θεός und κύριος LXX-Konkordanz, Sib 3,97.162 und öfter, Test XII S 6,5 βS Philo Cher 29 Jos Ant 8,319 μέγιστος); vom ἱερεύς (LXX Josephus siehe 2,17 Exkurs); vom ἀρχιερεύς (1Mkk 13,42, für Philo siehe 2,17 Exkurs Inschriften Bauer); von Melchizedek (Nag Hammadi IX 1 Melchizedek 26,3 Robinson); von Michael (Herm s 8,3,3). ἀρχιερεὺς μέγας nicht in Apost Vät, aber ClAl Strom VII 13,2 (Mees 229).

Jesus hat die Himmel durchschritten, siehe 2,17 Exkurs, betrat das himmlische Heiligtum und setzte sich zur Rechten Gottes (siehe 1,3). In 1,3 und 2,17 Exkurs siehe auch zum räumlichen Charakter der Vorstellung und zum Zeitpunkt. διέρχεσθαι: vg penetravit; Bengel transiit, non modo intravit; falsch: Luther WA Deutsche Bibel 7,2 S 355 „gen Himel gefaren", Calvin ingressus est. Denn das διέρχεσθαι ist präziser als das Hineinkommen in den Himmel, das pass (Mk 16,19 Lk 24,51 Koine Ag 1,11) und akt (Ag 1,10 Joh 3,13 1Pt 3,22) berichtet wird (akt auch grBar 4,2 Test XII L 2,6.10 Corp Herm Stob Excerpta 27,3, mandäisch Haran Gawaita S 20 Zeile 3f). διέρχομαι Bauer 1a, mit dem Acc des Orts, lokal auf Erden von Jesus und den predigenden Aposteln, Evangelien und Ag, Paulus wenig. Im Hb nur hier. Philo hat kein διέρχεσθαι τοὺς οὐρανούς (Mayer). Aber Nag Hammadi V 4 belegt in der 2. Apk des Jk 46,12f für Jesus ein Durchschreiten der Welten (siehe Schenke OLZ 61, 1966, Spalte 29); in Baptism of Hibil Ziwa Drower S 34 Zeile 5 steht ein Durchqueren der Mysterien von Krun; die Apk des Paulus Nag Hammadi V 2 19,20–24,9 nennt den Weg des Paulus vom dritten bis zum zehnten Himmel, dabei: er „ging hindurch hinauf zum vierten –" (19,24f). Zur ganzen Vorstellung siehe auch 2,17 Exkurs. Dies Durchschreiten Jesu bahnt den Seinen den Weg ins himmlische Heiligtum, bereitet das Heil aber nicht als Entmachtung der Tyrannen wie Pist Soph 27 S 23,1–3. οὐρανὸς siehe 1,10: von Jesus geschaffen, die Sterne des οὐρανὸς (1,12), in ihm Kultgegenstände (9,23), die vollendeten Gerechten (12,23), der Ort, von dem her die Gottheit redet (12,15), den sie aber, soweit er zur Schöpfung gehört, am Ende vernichten wird (12,27 1,11.12). In μέγας und besonders im Durchschreiten der Himmel sehen viele Erklärer (von Thomas und Erasmus paraphrasis bis Montefiore) zum kleineren Teile die Analogie, in der Mehrzahl die Überlegenheit Jesu gegenüber dem Hohenpriester angedeutet, der in Jerusalem das Heiligtum betritt. Galling verweist dafür auf den Gang des Hohenpriesters durch die beiden, himmel-bebilderten Vorhänge des Jerusalemer Tempels. Aber: von *zwei* Himmeln ist im Hb nicht die Rede; zudem erwähnt Jos Bell 5,207–227 nur die betr. Bebilderung der Vorhänge, nicht das Durchschreiten des Hohenpriesters; Joma 5,1 nennt nur das Letztere, nicht die Bebilderung; vor allem: Hb hat die Stiftshütte, nicht den herodianischen Tempel im Blick.

Jesus wird hier feierlich tituliert. Zu ’Ιησοῦς siehe 2,9; zu τὸν υἱὸν τοῦ θεοῦ siehe 1,2 Exkurs. κρατεῖν Bauer 2eβ Michaelis ThW III 910f: „festhalten an etwas und so damit eng verbunden bleiben", also das persönliche Engagement eingeschlossen (Käsemann 107), obwohl es sich um ein formuliertes Bekenntnis handelt. Nicht „erstmalig-ergreifen" (gegen Kosmala 3.7–10), sondern wie 10,23 2,1 3,1; kohortativ. κρατεῖν im Hb noch 6,18, beidemal mit Genitiv wie auch in Sir 4,13 15,11 (Windisch) und bei Josephus, so im NT nur Hb; sonst mit Acc (wie Test XII N 3,1 Mk 7,3.4.8 Kol 2,19 2Th 2,15 Apk 2,13–15 3,11). Wie Hb 4,14 „sich an etwas Formuliertes halten" Mk 7,3.8 2Th 2,15, negativ Apk 2,14f. Zu ὁμολογία siehe 3,1. Daß auch Bußpraxis oder Sündenbekenntnis gemeint sei, scheint mir gerade für Hb nicht einleuchtend, siehe 6,6 12,17 (Windisch gegen Galling 264 Schierse 162). Festgehalten wird mit dem κρατεῖν τῆς ὁμολογίας letztlich doch wohl noch an Jesus wie 1J 2,23.

15. Denn wir haben nicht einen Hohenpriester, der nicht mit unseren Schwachheiten mitfühlen kann, vielmehr einen, der in jeder Hinsicht versucht worden ist ebenso wie wir, freilich ohne Sünde.

Literatur: WBauer Das Leben Jesu im Zeitalter der Apokryphen, 1909; HGollwitzer Zur Frage der Sündlosigkeit Jesu, EvTh 31, 1971, 496–507; ThLorenzmeier Wider das Dogma von der Sündlosigkeit Jesu, Ev Th 31, 1971, 452–471; HZimmermann Die Hohepriester-Christologie des Hbbriefes, 1964.

Die Mahnung V 14 wird begründet durch die Fähigkeit dieses Hohenpriesters, mit den Schwachheiten der Glaubenden mitzufühlen. οὐ γὰρ siehe 2,5. ἔχομεν siehe 4,14. Der Hohepriester ist im Himmel ja da; ἀρχιερεύς siehe 2,17 Exkurs. Hb will Ermüdete ermutigen (Zimmermann 30f) und ihrem möglichen Einwand begegnen (Seeberg Kommentar Spicq Michel Westcott): ganz bestimmt kann der Hohepriester mitfühlen: οὐ–μή, Litotes, siehe 4,13. Zu Jesu δύνασθαι siehe 2,18. συμπαθεῖν – die Schreibung variiert zwischen συμ und συν – tätiges Mitgefühl haben (Bauer Michaelis ThW V 935f), hier von Jesus, 10,34 als Aussage von den Christen; 1Pt 3,8 adj paränetisch; sonst nicht im NT. Außer 4 Mkk 5,25 13,23 nicht in LXX; also typisch hell. Als menschliches Mitfühlen wie hier verbunden mit ἀσθεν-Stämmen (Plutarch Timoleon 14 I 242d Test XII B 4,4); als Mitfühlen des Gesetzes, verbunden mit ἔλεος (Philo Spec Leg 2,115). Situationsgleichheit lehrt Mitgefühl (Aesch Suppl 215 und Hb 2,18). Auch die Gottheit übt συμπαθεῖν (4Mkk 5,25). Für den jüd Hohenpriester jedoch wird das Mitfühlen weder erwartet noch gefordert, sondern verboten (siehe 2,17). Philo gebraucht die Wortgruppe nie speziell vom Hohenpriester. Jesu συμπαθεῖν hat von Haus aus mit seinem Hohenpriestertum also nichts zu tun. Es geschieht im Himmel, ist aber doch in etwa Motiv bei der Menschwerdung in 2,14–16 (zu Michaelis aaO 935); es ist nicht spezifisch qumrannah (Braun Qumran-NT I 243 252). Zu Jesu Barmherzigkeit siehe 2,17. Ign wünscht in R 6,3 sich seitens der Mitchristen, Just betätigt in Dial 38,2 den Zuhörern gegenüber συμπαθεῖν (siehe auch OSal 42,16a). Besonders die Mandäer betonen das Mitgefühl des Offenbarers (Lidz Ginza R 14 S 291,18 Joh 163 S 163,16f Baptism of Hibil Ziwa S 36 Zeile 5 von unten Canonical Prayer Book 172 Z 2f. The Great „First World" 265 S 19 Zeile 4f). Jesu Mitgefühl gilt hier nicht dem πλανώμενος κόσμος von Act Paul Thecl 17 (Moffatt), wo die Versuchung unerwähnt bleibt, sondern den ἀσθένειαι der Christen. Itazistisch – ι statt ει – schreiben ℵ D H P, siehe 4,11; 1319 vergröbert: ἁμαρτίας statt ἀσθενείας. Bauer 1c2 Stählin ThW I 488–492. Im Hb von der Schwachheit der Christen 4,15, der des jüdischen Hohenpriesters 5,2 7,28 und der der vorchristlichen Glaubenszeugen 11,34. In den Synoptikern und Joh ist ἀσθένεια vorwiegend physisch, bei Paulus geistlich und physisch gemeint. In LXX ist ἀσθένεια Äquivalent für מכשול „Antoß" (Stählin), nähert sich also, als Hinfälligkeit, im Hb der Bedeutung „Sünde" (Schierse 143); der der ἀσθένεια verhaftete jüd Hohepriester muß zuerst für sich das Sündopfer darbringen. Die ἀσθένεια ist typisch für ἄνθρωποι (siehe 5,1.2 7,28 Herm m 4,3,4; gegen Käsemann 26). Nachklang 1Cl 36,1 (Hagner 182); Act Thom 153 S 262,12. Der Messias der Psalmen Salomos οὐκ ἀσθενήσει (17,42). Jesus lernte – siehe 2,17 – das Mitfühlen, als er versucht wurde; er kam also selber mit ἀσθένειαι in Berührung; richtig ClAl Paed 1,62 2 (Mees 229): „du hast die Schwachheit des Fleisches in eigener Erfahrung erprobt", er war also, jetzt im Himmel freilich nicht mehr (gegen Seeberg), als Heilsführer um der „Söhne" willen (Schierse 120), der Versuchung, der Möglichkeit zur Sünde ausgesetzt (siehe 2,18). Anders der Hohepriester Philos, der das Privileg hat, nichts in sich aufzunehmen, was die Gesinnung zu Fall bringt (Fug 118). Statt des hell πεπειρασμένον lassen attisch das σ aus C K L P 1834 Koine Or Epiph Greg Nyssa Thret (siehe Bl-Debr § 101 S 47). δὲ nach Negation siehe 4,13. κατὰ πάντα (Bauer κατὰ II6), christologisch und verbunden mit ὁμοι-Stämmen wie 2,17: hier ist die Versuchung also nicht ausschließlich auf den Beginn der öffentlichen Wirksamkeit wie in den Synoptikern (richtig Windisch Strathmann) oder auf die Passion beschränkt, siehe 2,18; schon Lk 4,13 steht in der Hinsicht dem Hb näher. καθ' ὁμοιότητα (Bauer JSchneider ThW V 189f) im NT nur hier und 7,15, stets christologisch; absolut wie hier Gn 1,11f, sonst LXX wenig; Philo Corp Herm Papyri; mit Gen auch Philo. Hier von der Gleichheit der Versuchung bei Jesus und den Christen. χωρὶς (Bauer 2bβ) im Hb wichtig, 13mal, im Corpus Paulinum 10mal. Im Hb in Verbindung mit Jesus (4,15 7,20a 9,28), den Priestern (7,20b 9,7), dem Opferwesen (9,18.22), dem Gesetz (10,28), den Menschen (11,6), den Christen (11,40 12,8.14), formal (7,7). χωρὶς ἁμαρτίας als Sündlosigkeit sonst nicht in NT und Apost Vät. Zu ἁμαρτία siehe 1,3 3,13.

Jesu Sündlosigkeit ist im NT nicht älteste Traditionsstufe: Mk 10,18 Lk 18,19 gegen Mt 19,17; dann Sündlosigkeit explizit 2K 5,21 Hb 4,15 Joh 8,46 1J 3,5 1Pt 2,22 (= Js 53,9); im Blick auf den fehllosen Priester Hb 7,26, das fehllose Opfertier Hb 9,14 1Pt 1,19 (vgl Betz Lukian 68 A2), auf Jesu Gerechtsein 1J 2,29 3,7 1Pt 3,18 Joh 7,18. Vorgegeben ist die Sündenfreiheit des Messias der PsSal 17,36 – καθαρὸς ἀπὸ ἁμαρτίας – und des philonischen Logos-Hohenpriesters (siehe 2,17 Exkurs; Test XII Jud 24,1aβS wird chr sein). Dies Dogma widerspricht einem ernst genommenen *posse peccare*: Jesus kennt die ἀσθένειαι existentiell aus der Versuchungserfahrung (4,15), darin den jüdischen Priestern gleich; inkonsequenterweise braucht *er* für *sich* nicht zu opfern (5,2.3 7,27.28). Auch Ps Sal und Philo demonstrieren diesen Sachverhalt: der Sündlosigkeit des Messias in den Ps Sal korrespondiert das *Fehlen* der ἀσθένεια (17,36.42; Zählung Rahlfs); bei Philos Hohenpriester ist die Sündlosigkeit, anders als bei Jesus, begleitet von *fehlender* Versuchlichkeit (Fug 118) und von *ausgeschlossenem* Mitfühlen (Spec Leg 1,115 3,136). Zum Hintergrund dieses Widerspruchs, was Jesus betrifft, siehe 2,17 2,18 1,3 Exkurs. Die Exegese-Geschichte illustriert das. Wo man den Hb-Text nicht bloß, wie PsClemHom 2,6,1, umschreibt, sondern ihn verständlich machen will, bricht der Widerspruch zwischen einer den Menschen wirklich analogen Versuchung Jesu und seiner Sündlosigkeit auf. Meist wird er gelöst in der Weise, daß die Gleichheit der Versuchung reduziert wird: Jesus hatte keine sündige σὰρξ (Chr Cramer Cat 470 und andere Väter, Texte bei Westcott); Jesu ἀσθένειαι sind nicht wie beim Menschen sündlich affiziert (Calvin Bengel); zwischen Jesus und den Menschen ist die Gleichheit der Versuchung beschränkt (Delitzsch), seine Versuchung ging aus „vom Feind" und „von der Welt", nicht „vom Fleisch"; „es geht um Ähnlichkeit ohne Sünde, nämlich Strafe für die Schuld, aber nicht Versuchung zur Schuld" (Thomas 387f 370); die versuchlichen Vorstellungen treffen ihn schärfer als die Menschen im Verstand, nicht im Willen (Bengel); er kannte nicht gewisse Einflüsterungen des Bösen oder Hinneigungen zur Sünde (Spicq); von Jesu Versuchungen waren ausgenommen die Übereilungssünden (Westcott); ja, Jesus ist überhaupt nicht zur Sünde versucht worden (alte Erklärer des 19. Jahrhunderts bei Bleek-Windrath); bündig text-widrig-doketisch nennen Act Joh 90 S 196,2 Jesus ἀπείραστος. Nur als Sündloser kann Jesus richtig mitfühlen (Seeberg Kommentar), nur bei einem wirklich versuchten Jesus hat Sündlosigkeit rechten Sinn (Cullmann 94). Die Gegenstimmen sind rar (vgl Luther bei Lorenzmeier 471). Die Vereinbarkeit beider Seiten wird von Montefiore psychologisierend vorsichtig hinterfragt, von Windisch – wie mir scheint, mit Recht – kritisiert; ja, Héring hält für möglich, der Hb-Verf würde, falls er reflektiert hätte, Erbsünde für Jesus bejaht haben. Zwar Tertullian Praescr Haer 3,5: „ihm als einzigem, nämlich dem Sohn Gottes, war es vorbehalten, sündlos zu bleiben". Aber nicht nur die *christliche* Gnosis (Nag Hammadi V3 1. Apk Jk 28,12.13.17–20 und IX3 Test Ver 33,1f) spricht von Jesu Unbefleckheit. Auch die Sophia in dem doch wohl außerchr Nebront (Nag Hammadi VI 2 19,15–20) bekennt: „ich, ich bin sündlos, und doch stammt die Wurzel der Sünde von mir". Auch der mandäische Offenbarer ist „ohne Mangel und Fehl" (Lidz Ginza L 2,11 S 471,32 2,17 S 484,17–26). Zur ganzen Frage siehe Bauer Das Leben Jesu 329–333 Lorenzmeier Gollwitzer.

16. So laßt uns denn mit Freudigkeit zum Thron der Gnade hinzutreten, damit wir Barmherzigkeit empfangen und Gnade finden zu rechtzeitiger Hilfe.

Literatur: JSwetnam Jesus and Isaac, 1981.

Aus V 15 folgt (οὖν, siehe 4,1; in 33 fortgelassen): wir Hörer dürfen zuversichtlich zur Gottheit nahen, um durch Erbarmung und Gnade uns gegen unsere Schwachheiten helfen zu lassen. προσέρχεσθαι Bauer 2 JSchneider ThW II 680–682. Der Ind in P und Koine infolge Vermischung von ω und ο (Bl-Debr § 28). Dies Verb in Synoptikern und Ag häufig irdisch-lokal, aber nie τῷ θεῷ; Paulus nie; Joh Past KathBr je 1mal. Im Hb 7mal, also wichtig. Belegt in LXX, Philo, hell-außerchr und späteren chr Texten. Im Hb kohortativ 4,16 10,22, beidemal mit vorausgehendem ἔχοντες ἀρχιερέα (Laubach); zu Gott (11,6) und dem himmlischen Zion (12,22), nicht zum Sinai (12,18); möglich geworden durch den Hohenpriester Jesus (7,25), nicht durch das Gesetz (10,1). Es geht also nicht um eine Wendung bloß zum irdischen Richter (Preisigke Wört I 398,4); sondern wie 1Pt 2,4 kultisch (Käsemann aaO 31 gegen Montefiore), freilich ohne Anspielung auf das προσέρχεσθαι des atlichen Hohenpriesters zu seinem Dienst (Riggenbach); vgl Plutarch E ap Delph 2 II 385C (Betz Plutarch, 1975, 90). Vom irdischen Wesen fort, ἐξέρχεσθαι 13,13 (Schierse 193), hin zum himmlischen. Im Gebet, siehe Jer 7,16 Philo Deus Imm 8 1Cl 29,1; lauteren Herzens Sir 1,28 Philo aaO 1Cl 23,1 29,1 (vgl Hagner 193f); Hb 4,16 μετὰ παρρησίας wie Philo Sacr AC 12; so erfolgt die Annahme Philo Plant 64. Der Ton ist kultisch-liturgisch (Schierse 200); aber gemeint ist nicht speziell der Zutritt zur Taufe (wie PsClemHom 11,26,3), zur Eucharistie (wie Act Thom 49 S 166,4) oder der Tod (wie Od Sal 42,15a). Zu μετὰ siehe 5,7. Zu παρρησία siehe 3,6; παρρησία und χάρις zusammen bei Philo Ebr 149. Zu θρόνος siehe 1,8: Gottes himmlischer Thron, auf dem Jesus sitzt. Auch für außerchr Gottheiten Corp Herm Stob Exc 23,38, dort wie Hb 4,16 mit dem Gen qual. χάρις Bauer 2a Conzelmann-Zimmerli ThW IX 363–393; an important minor theme of the epistle (Swetnam 164). Im Hb haben die Christen das πνεῦμα τῆς χάριτος (10,29); die χάρις, nicht Speiseobservanz macht das Herz fest (13,9), Paulus dagegen setzt χάρις gegen νόμος und ἔργα (R 6,15 11,6); die Gefahr ist der Abfall von ihr (12,15), was Paulus mit ἐκπίπτειν ausdrückt (Gl 5,4); χάρις bildet den Schlußgruß (13,25) wie im gesamten Corpus Paulinum und in Apk; χάριν ἔχειν (12,28) dagegen „dankbar sein" (wie Lk 17,9 1Tm 1,12 2Tm 1,3). Außerchr von gnädigen Cäsaren-Erlassen. Von der Gunst der Gottheit LXX Philo Josephus NT Apost Vät; außerchr zB OSal 21,1, betreffs Hermes Preis Zaub I 8,4, mandäisch Lidz Ginza R 17,2 S 404,15.17f L 2,6 S 462,28; 3,19; gnostisch Ev Ver Nag Hammadi I 2 36,1 ff.

Hier θρόνος τῆς χάριτος; αὐτοῦ dahinter in c* sy^h arm Chr ist sekundär; Hb denkt nicht an das ἱλαστήριον der Lade (Delitzsch; gegen Bruce Laubach). Gen qual wie θρόνος τῆς μεγαλωσύνης (8,1) und δόξης (Mt 19,28). Belegbar ist θρόνος τῆς χάριτος in LXX, NT sonst und Apost Vät nicht. Wohl aber Js 16,5 διορθωθήσεται μετ' ἐλέους θρόνος. Rabb des 3. Jhdts setzen bei der Gottheit den Thron des Erbarmens gegen den des strengen Rechtes (Str-B II 112; siehe Riggenbach Michel). ὁ ἐλέου βωμὸς Philo Praem Poen 154 (Conzelmann ThW IX 389); in Athen *misericordiae ara* Diod S 13,22,7; Ἐλέου βωμὸς Paus 1,17,1; in Epidaurus Ἐλέου βωμὸς Ditt Syll⁴ III 1149. Der Hinzutritt zum Gnadenthron bringt Barmherzigkeit und Gnade ein. λαμβάνειν (Bauer 2 Delling ThW IV 5–7) hier nicht formal mit den Objekten ἀρχὴν (2,3) und πεῖραν (11,29.36), auch nicht akt „nehmen" (siehe 5,1); sondern „empfangen" analog der Situation vor der Gottheit. Das pass λαμβάνειν in LXX selten, etwa LXXPs 23,5. Im Hb wie im NT sonst für den Heilsempfang der Christen: ἔλεος 4,16 wie χάρις Joh 1,16 R 1,6; die Zusage der αἰώνιος κληρονομία (Hb 9,15), das verheißene πνεῦμα (Ag 2,33 Gl 3,14); die ἐπίγνωσις τῆς ἀληθείας (10,26); auf atlicher Ebene die δύναμις zur Zeugung 11,11; die erweckten Toten (11,35); den verheißenen τόπος (11,8); das Verheißungsgut (11,13 Koine); τὴν ἱερατείαν (7,5), vgl τὸν κλῆρον (Ag 1,25 Koine). Aber auch die Strafe als μισθαποδοσία (2,2) wie das κρίμα (Lk 20,47 R 13,2 Jk 3,1). ἔλεος (Bauer Bl-Debr § 51,2 Bultmann ThW II 474–483) klass, hell, LXX Apost Vät. In Profan-Gräzität, Philo, Josephus meist Maskulinum, wie auch hier in Hb 4,16 in C² D² Ψ 104 Koine Chr Thret Dam; Neutrum LXX und chr Literatur. Ps Sal oft, zB 2,36; aber, wie auch in LXX, nie ἔλεος λαμβάνειν. Philo ἔλεος Som 2,149; mit λαμβάνειν Spec Leg 1,308 ThW II 479 A 87, mit εὑρίσκειν Deus Imm 115. ἔλεος auch von außerchr Gottheiten: Zeus (Luc Dial De 13,1; Corp Herm 13,8 dort adj 5,2); ja mandäisch (The Great „First World" 140,3.4 als obtain mercy). Öfter in diesen Texten als Bitte um Barmherzigkeit. Im NT bei Mk Ag Joh gar nicht; sonst wenig, nie mit λαμβάνειν, 2Tm 1,18 mit εὑρίσκειν, Jd 21 mit προσδέχεσθαι. Hb nur hier. Auch Act Joh 108 S 207,1–3 Act Thom 170 S 287,6f nicht mit λαμβάνειν. Hier ἔλεος voran: die Not der Schwachheiten erfährt Erbarmen; ihre Nähe zur Sünde verbietet aber Ansprüche und bedarf so auch der Gnade. χάρις und ἔλεος nebeneinander Sap 3,9 4,15 Phil Deus Imm 74–76 1Tm 1,2 2Tm 1,2 Tt 1,4 Koine 2J3. λάβωμεν ἔλεος – χάριν εὕρωμεν Chiasmus wie 7,3 10,9.16cd. 33f 12,19.26 13,4 (Bl-Debr § 477 Deichgräber 177 A3). Die sekundäre Auslassung von εὕρωμεν in B (siehe Zuntz 41) zerstört den Chiasmus, ebenso die Verbstellung in vg *misericordiam consequamur*. Zu εὕρομεν in K siehe oben bei προσερχώμεθα. Zu χάρις im Hb siehe oben. χάριν εὑρίσκειν sehr viel in LXX (siehe Hatch-Redpath ad χάρις); ferner Philo Leg All 3,77f Deus Imm 74.104.111; Lk 1,30 Ag 7,46, nicht Paulus; χάριν δέχεσθαι Act Thom 28 S 145,14f. εὑρίσκειν im ganzen NT; Bauer 3 Preisker ThW II 767f. Andere Objekte im Hb αἰωνία λύτρωσις (9,12), μετανοίας τόπος (12,17); absolut (11,5). εἰς, in D* d 255 ausgelassen, wohl auch in Verkennung des Chiasmus (Riggenbach); hier konsekutiv oder final (Bauer 4e Oepke ThW II 426–428), vgl 9,15.26 10,39 11,11 12,7. εἰς βοήθειαν 1Ch 12,16 Jdt 6,21. εὔκαιρος (Bauer Delling ThW III 464) klass, hell zB Ditt Or 762,4 bei βοηθεῖν; LXX zB Ps 103,27 von der Jahreszeit; Philo; gleichwertig mit Sir 8,9 ἐν καιρῷ χρείας (Moffatt). Im NT noch Mk 6,21, im Hb nur hier; adverbial Mk 14,11 2Tm 4,2. Die Rechtzeitigkeit verhindert das „zu spät" von 4,1. Chr Cramer Cat 472 warnt, durch Verzögerung den jetzigen θρόνος χάριτος nicht mit den künftigen θρόνος κρίσεως vertauschen zu müssen. Verpassen des „heute" (3,13) und Entwicklung der ἀσθένεια zur ἀπιστία (3,19) sind dabei, gegen manche Erklärer, keine wirklichen Alternativen. βοήθεια Bauer Büchsel ThW I 627; zum Verb siehe 2,18. Das Subst im NT nur noch Ag 27,17 als nautischer terminus technicus. Klass hell; in LXX oft, besonders Psalmen; Ps Sal 15,1. Nachklang nicht Apost Vät, aber Act Thom 54 S 170,16 f. Auch seitens außerchr Gottheiten (Die drei Stelen des Seth 127 Nag Hammadi VII 5).

5,1–10. Jesus, der Hohepriester, verglichen mit der alten Ordnung

Literatur: HBraun Spätjüdisch-häretischer und frühchristlicher Radikalismus[2], 1969; RBultmann Ursprung und Sinn der Typologie, 1950, in: Exegetica, 1967, 369–380; HConzelmann Die Apostelgeschichte[2], 1972; GFriedrich Das Lied vom Hohenpriester – Hb 4,14–5,10, ThZ 18, 1962, 95–115; HHillmann Der Hohepriester der künftigen Güter, Bibel und Leben 1, 1960, 157–178; JJeremias Jerusalem zur Zeit Jesu[2], 1958, II B 1–17; AVanhoye Situation et Signification NTSt 23, 1977, 445–456.

Gyllenberg 146: die Hohepriester-Definition V 1–4 wird V 5–10 auf Jesus angewandt (Vanhoye Structure 108). Es geht um den Hohenpriester, nicht um Aaron speziell (Bultmann Typologie 377, gegen Weiß ThW IX 370). Die Anwendung auf Jesus stimmt nur halb: bedingt in dem ἐξ ἀνθρώπων, nicht im Opfer des Hohenpriesters für sich selbst; auch das Mitfühlen wird in 5,5–10 für Jesus nicht betont. Daher ist γάρ V 1 keine Wiederaufnahme von 4,15 (gegen deWette[2] Bleek-Windrath Riggenbach). Analog dagegen ist die Einsetzung durch Gott. Die Analogie von V 1–4 und 5–10 wird seit Thomas, Calvin, Delitzsch bis zu Dibelius Der himmlische Kultus 169–171 überzogen (einschränkender Erasmus adnotationes: „um eine Ähnlichkeit anzuführen"; Hillmann 160, Friedrich 95–97, Strathmann, in etwa auch Michel). γάρ: 5,1–10 insgesamt begründet προσερχώμεθα 4,16: weil Jesus der rechte Hohepriester ist; Luther: für den, der glaubt, auch er sei einer von jenen, für die Jesus Hoherpriester ist (Delitzsch Seeberg Kommentar).

1. Jeder Hohepriester nämlich, der aus der Mitte von Menschen genommen wird, wird zugunsten von Menschen eingesetzt im Blick auf das Verhältnis zu Gott, damit er Gaben und Opfer zur Sündentilgung darbringe.

Die Hohepriester-Definition gilt ausnahmslos, für Hb natürlich nicht außerbibl. πᾶς, siehe 3,4, πᾶς γάρ als Satzanfang noch 3,4 5,1.13 8,3, bei Paulus nicht; wohl aber andere πᾶς-Formen mit γάρ: R 3,23 10,13 und öfter. ἀρχιερεύς atlich und jüd siehe 2,17 Exkurs. ἐκ Bauer 3bf: hier zur Bezeichnung der Herkunft wie 2,11, in 11,35 „auf Grund von". „Aus der Mitte von Menschen" gilt nur bedingt für Jesus, der, wie Gott (6,16 8,2 13,6), gegen Menschen meist abgehoben wird (7,8.28 9,27f). Hier soll die menschliche Herkunft den atlichen Hohenpriester und Jesus verbinden, in 7,8f.28 beide im Rang trennen. Zu ἄνθρωπος als Jesus siehe 2,6–8a. Zu λαμβάνειν vgl 4,16; hier „nehmen" (Bauer 1) als „entnehmen"; in 5,4 „nehmen" anders als 2Pt 1,17; in kultischen Bezügen 7,8f 9,19. ὑπέρ siehe 2,9 als „zugunsten von"; so dem Sinne nach auch atlich (Ex 28,23 29,45f Lev 16,17; gegen Vanhoye Situation 446). ὑπέρ in Ag Apk nicht, in Synoptikern wenig, bei Paulus Joh Kath Br oft; im Hb „zugunsten von" beim atlichen Hohenpriester (5,1a), bei Jesus (2,9 6,20 7,25 9,24), bei den Gemeindeleitern (13,17). Als „zur Beseitigung von" (Bauer 1b) bei atlichen Priestern (5,1b.3 7,27 9,7), bei Jesus, wie 1K 15,3 Gl 1,4 (Hb 10,12). ὑπέρ ἀνθρώπων im NT sonst nie von Jesus, vom Hohenpriester nur hier. καθιστάναι (Bauer 2b Oepke ThW III 447–449) „bestellen zu", klass, hell, LXX, NT zB Tt 1,5, Apost Vät, Hb 2,7 Koine. Zum Hohenpriester bestellen (1Mkk 10,20 2Mkk 14,13 4Mkk 4,16 Philo Vit Mos 2,109 Diog L 9,64) im NT nur Hb, und zwar 5,1 und 8,3 von atlichen Hohenpriestern, in 7,28 von ihnen und Jesus. In 5,1 pass, nicht actives Medium (gegen Calvin: „er regelt die Dinge, die Gott betreffen"). V 1–4 Praesentia; nicht: in Jerusalem findet jetzt noch, also vor 70 post, Priesterdienst statt; sondern das Präsens des überzeitlichen Instituts (Beispiele aus Texten nach 70 post bei Windisch). τὰ πρὸς τὸν θεόν – also die Gottheit als Empfänger der Opfer von V 2 (gegen Vanhoye Situation 447) – siehe 2,17, nur dort und hier im Hb (vgl Philo Migr Abr 81 und R 15,17). τὰ ist ausgelassen in p^{46} und 547. ἵνα definiert die kultische Zentralpflicht des Hohenpriesters am Versöhnungstage (9,7), läßt aber seine sonstigen kultischen, juristischen und politischen Pflichten beiseite (Jeremias IIB 1–17, Michel, Theißen 51, Montefiore); nur so ist er Antityp für Jesus. προσφέρει in L P 1834 ist Itazismus, siehe 4,11. προσφέρειν (Bauer 2 Weiß ThW IX 67–70, viel LXX für קרב Hiphil; Philo, zB Spec Leg 1,179 und öfter, aber auch außerbibl-hell, zB Ditt Syll^4 1042,15) das Opfer vollziehen, so im Hb 19mal; anders 12,7. Der Hohepriester opfert θυσίαι, προσφοραί, ὁλοκαυτώματα und περὶ ἁμαρτίας (10,8, vgl Nu 15,24 Barn 2,7); δῶρα καὶ θυσίαι (5,1 8,3 9,9, vgl ep Ar 234); δῶρα (8,4); θυσίαι (10,1.2.11); αἷμα (9,7); περὶ ἁμαρτιῶν (5,3, vgl im Sing Lv 16,9 1Cl 41,2). Abel opfert eine θυσία (11,4), Abraham den Isaak (11,17.17); Jesus δεήσεις, ἱκετηρίαι (5,7) und sich selber (9,14.25.28), als θυσία (10,12). προσφέρειν unübertragen vom Opfer nicht Corpus Paulinum Joh Past Kath Br Apk; aber Mt 5,23.24 8,4 Mk 1,44 Lk 5,14 Ag 7,42 21,26. In den Apost Vät besonders 1Cl paränetisch, Barn typologisch; Did 14,3 Ausgangsbasis für Eucharistie als Opfer (Theißen 79–83). δῶρον ist in LXX und Hb nicht nur unblutiges Speiseopfer (siehe 11,4); θυσία in LXX nicht nur Schlachtopfer, siehe Nu 29,9 (gegen Bengel Delitzsch). Der dem Hb wichtige Versöhnungstag (9,7) wird auch hier gemeint sein (Delitzsch, Riggenbach). Dagegen kaum das tägliche Tamidopfer für das Volk und das tägliche Speisopfer für den Hohenpriester (zu Michel): sie sind gerade nicht *Pflicht (ἵνα)* des Hohenpriesters (Jeremias II B 7 A 4); zudem ist beim täglichen Opfer das Speisopfer in die beiden Phasen des Tamid eingeschoben (Str-B III 697), also gegen die Reihenfolge δῶρα καὶ θυσίας. δῶρον (Bauer 2 Büchsel ThW II 169) als Opfergabe, klass, hell LXX, zB Lv 2 als Spezifizierung für die und die θυσία; Apost Vät, besonders 1Cl, siehe Index Patristicus. Im NT Corp Paul als atliches Opfer nicht; als solches nur Mt 5,23.24 8,4 15,5 23,18.19 Mk 7,11 Lk 21,1.4. Im Hb außer 11,4 nur als Objekt von ποοσφέρειν (siehe dort). τε, siehe 4,12; versehentlich fortgefallen in p^{46} B D^1 Ψ d e f vg sy^p bo arm aeth (Zuntz 40). θυσία (Bauer 2 Behm ThW III 180–190) gesamtantik, in LXX für זבח. Im Hb 15mal; mit προσφέρειν siehe oben; mit ἀναφέρειν 7,27 13,15; in anderen Verbindungen 9,23.26 10,26 13,16. In Qumran Reinigung durch Riten *und* Wandel; im Hb Sühne ohne atliche Opfer, aber durch Jesu Selbstopfer (Braun Qumran NT I zu Hb 1,3 S 242). Der levitische Hohepriester bringt Opfer (5,1 7,27 8,3 9,3 10,1.5.8); immer wieder, daran als unwirksam erkennbar (10,11, vgl. 10,2); Abel bringt eine θυσία dar (11,4); ja es gibt θυσίαι im Himmel (9,23). Jesus brachte sich Ein Mal dar als θυσία – hier immer Sing (9,26 10,12). Opfer der Christen sind Lobpreis (13,15) und Wohltätigkeit (13,16). Opferablehnung der Essener Braun Radikalismus^2 I 34 A 15 35 A 10 114 A 3.4. Barmherzigkeit Mt 9,13 12,7 sowie Gottes- und Nächstenliebe Mk 12,33 gelten mehr als Opfer; Ag 7,41–43 ist als Opferkritik unklar (siehe Conzelmann Kommentar zSt). Erst Hb kritisiert die atlichen Opfer grundsätzlich (9,9 10,4.18). Jesu Selbstopfer noch Eph 5,2 (vgl 1K 5,7). Opfer der Christen: wie

Hb 13,16 etwa Phil 4,18; siehe R 12,1 Corp Herm 1,28. Zur Eucharistie siehe oben bei *προσφέρειν* und 13,9. *θυσία* besonders 1Cl Barn Index Patristicus. *ὑπὲρ* siehe oben; hier in V 1 doppelt wie *περὶ* in Hi 1,5. „Zur Beseitigung von", so in LXX selten, außer Ez 40–46 *ὑπὲρ ἁμαρτίας* „Sündopfer" (Hatch-Redpath). *ὑπὲρ ἁμαρτιῶν* gehört hier (wie 7,27 10,12) zum Verb, nicht zu *θυσίας*, (Michel; gegen Westcott); anders Barn 7,6. p[46] und 1739 ersetzen, sekundär, in Analogie zu 5,3, *ὑπὲρ* durch *περί* (Zuntz 43). Zu *ἁμαρτία* siehe 1,3 3,13.

2. Dabei kann er in seinen Gefühlen gegenüber den Unwissenden und Irrenden maßhalten, weil auch er selbst Schwäche an sich trägt

Literatur: WLueken Michael, 1898; EJYarnhold ΜΕΤΡΙΟΠΑΘΕΙΝ in Hb 5,2, Verbum Domini 38, 1960, 149–155.

Der levitische Hohepriester unterdrückt seine Empörung über die Sünder – was freilich jüd nicht ausdrücklich von ihm gefordert ist (siehe 2,17), weil er selbst Sünder ist. *μετριοπαθεῖν*, der Wortstamm in NT und Apost Vät nur hier, typisch hell, nicht LXX (Wettstein Michaelis ThW V 938 Spicq I 43 Bauer Williamson 25–30): „maßvoll fühlen", die starken Gefühle zurückhalten, wie Abraham (Philo Abr 257) und Jakob (Philo Jos 26) die extreme Trauer. Hb denkt hier an den gebändigten Zornaffekt, wie Philo Leg All 3,129 subst (so Erasmus adnotationes Bengel Delitzsch deWette[2] Bleek-Windrath Seeberg Kommentar Riggenbach Windisch Michaelis ThW V 938 Moffatt Kuß Bruce und andere), anders als Mose Ex 32,19 angesichts des Abfalls. Hb denkt nicht an ein domestiziertes Mitleid; sonst gibt der *ἐπεὶ*-Satz keinen Sinn. Genaue Begründung mit Texten des *μετριοπαθ*-Stammes bei Yarnhold. Es geht also nicht um ein volles oder gemindertes *συμπαθεῖν* (gegen vg Thphyl MPG 125,240B Thomas Luther Calvin Spicq Vanhoye Structure 109 Michel Westcott Strathmann Montefiore und andere). Der – hier freilich nicht formulierte – Unterschied zwischen Jesu Mitfühlen (4,15) und des Hohenpriesters Zorn-Bändigung bildet den Hintergrund; Hb will aber nicht einen zum Mitleid unfähigen Engel-Hohenpriester abwehren (gegen Lueken 144f). Freilich ist für Hb nicht, wie für Philo Leg All 3,134, das *μετριοπαθεῖν* das Minderwertige gegenüber der *ἀπάθεια* (Williamson aaO). Zu *δύνασθαι* siehe 3,19. *ἀγνοεῖν* (Bauer 4 Bultmann ThW I 116–119) hier nicht dualistisch: in Anlehnung an den juristischen Sprachgebrauch vor allem in der Stoa von geringen Verfehlungen, so schon weltlich Polyb 1,67,5; dann verbal und subst in LXX als Übersetzung von שגג, besonders in jüd-hell Texten, in Qumran (Braun Radikalismus I 47,3 für 1QS, anders 138,1 für CD) und im NT: terminus technicus für sühnbare Sünden: sie geschehen unbewußt (Lv 4,13 5,18 2Mkk 11,31 Jos Ant 3,231f), sind nicht *παρανομία* (Test XII Seb 1,5), passieren auch bei Gerechten (Nu 12,11 1βασ 14,24 26,21 Test XII L 3,5) und sind, obgleich Sünden, leichter vergebbar (Test XII Jud 19,3.4 Ag 3,17 1Tm 1,13). So hier Hb 5,2; *ἀγνόημα* 9,7. *πλανᾶσθαι* siehe 3,9–11a. *πλάνη* und *ἄγνοια*, freilich gegen Hb 5,2 dualistisch, verbunden Corp Herm 1,28 16,11. Das *πλανᾶσθαι* kann in 5,2, gegen 3,10, nicht als unvergebbar, also nicht als von *ἀγνοεῖν* unterschieden gedacht sein, während PsClemHom 10,2,1 beides unterscheidet. *πλανᾶσθαι* hier nicht sündigen *ἐν χειρὶ ὑπερηφανίας*, auf das Ausrottung (Nu 15,30) und Todesstrafe (Nu 18,22) folgt (vgl Jub 33,13 und Windisch KathBriefe 1930 S 134f). LXX verbindet zwar nie *ἀγνοεῖν* oder *ἄγνοια* mit *πλανᾶσθαι* oder *πλάνη* wie hier Hb 5,2. Aber *ἀγνοεῖν* ist in LXX öfter, siehe oben, wie auch *πλανᾶσθαι* in Hi 6,24 19,4, Übersetzung von שנה (siehe Hatch-Redpath); *πλανᾶσθαι* meint also in Hb 5,2 sühnbare Sünden wie das ἀγνοεῖν (Schierse 144); vgl Act Thom 38 S 156,6 mit 59 S 177,4. Die Sühnung nur dieser leichten Sünden macht nicht den Unterschied des levitischen Hohenpriesters zu Jesus aus; denn auch bei Jesus gilt 6,6 10,26 12,17 (gegen Thphyl MPG 125,301A zu Hb 9,7 Luther Scholien zu 9,7; siehe Schrenk III 278 A 55). Hier in 5,2 *kann* der levitische Priester helfen, in 9,13 10,1 f nicht; vgl 9,7 Exkurs. Zu dieser Aporie siehe 1,1 Exkurs 4,1 9,7 Exkurs. ἐπεὶ siehe 2,14; statt ἐπεὶ καί, nicht sinnverschiebend, καὶ γὰρ in D★. καὶ αὐτὸς siehe 2,14 4,10. περίκειμαι Bauer 2b Büchsel ThW III 656. In LXX, im NT noch Mk 9,42Par Ag 28,20, nur unübertragen. Hier übertragen „an sich tragen", noch 12,1; vgl mit ὕβριν Theocr 23,14, mit ἀμαύρωσιν und νέφος (Blindheit und Nebel) 2Cl 1,6. ἀσθένεια siehe 4,15: auch der Hohepriester sündigt läßlich, vgl Lv 4,3; die ἀσθεν-Stämme werden in LXX allerdings nicht mit dem Hohenpriester verbunden. Der Fortfall des Accusativ-*v* in Ψ ist Versehen.

3. und um dieser willen verpflichtet ist, wie für das Volk, so auch für sich Sündopfer darzubringen.

Die Opfertätigkeit des levitischen Hohenpriesters wird nun daraufhin spezifiziert, wem sie zugute kommt (Vanhoye Structure 108). Die Nachstellung von καὶ περὶ ἑαυτοῦ setzt den Akzent: weil er schwach, sündenanfällig ist, opfert er auch für sich. Der ἐπεί-Satz V 2 geht weiter. διά, zum elidierten *a* siehe 3,19. αὐτὴν – in p[46] ℵ A B C★ D★ P 33 81 1739 1881 2464 2495 sy co – alte LA, weist zurück (Bl-Debr § 290,2) auf die ἀσθένεια; διὰ ταύτην in C² D² K L Ψ 6 104 326 den meisten sy[h mg] Chr ThretAntioch, διὰ ταύτης in 1610, διὰ τοῦτο in 442, διὰ ταῦτα in 467 a b f vg[cl] sy[h] sind sekundär; vielleicht entstanden, weil man das Weiterregieren von ἐπεί nicht mehr wahrnahm (Riggenbach). ὀφείλειν, siehe 2,27 (Bauer 2aβ Hauck ThW V 559–564): klass, hell, LXX, NT, Apost Vät: Subj Jesus (2,17); die Hörer als verpflichtet (5,12); hier der Hohepriester, so im NT nur hier. Es ist seine gesetzliche Pflicht, auch für sich zu opfern (Hauck aaO 563; siehe Lv 4,3–12 9,7 16,6.11); in LXX dafür aber nicht ὀφείλειν, sondern der Ind des Futur. Zu ὠφείλει in L siehe 4,16. καθώς: das καί dahinter in 1518 vg zT wie in 5,6. Hier nicht als Zitateinleitung, siehe 3,7, sondern vergleichend (5,3 10,25 11,12); in 8,5 begründend (Bauer 1.3). Mit nachfolgendem οὕτως καί im Hb nur hier (aber vgl 9,27.28); auch Lk Joh 2K Kol 1J 1Cl Hermas. Gleichstellung von Hohempriester und Volk auch Philo Spec Leg 1,229. περί, vielfach fast wie ὑπὲρ „zugunsten von" (Bauer 1 f Riesenfeld ThW VI 53–56 Bl-Debr § 229,1; siehe 4,4). περὶ τοῦ λαοῦ wie Lv 16,15.24B. λαός siehe 2,17 4,9. Hier die atliche Kultgemeinde im Gegensatz zum levitischen Priester wie noch 7,5.11.27 9,7.19; in 13,12 die Christen im Gegensatz zu ihrem Hohenpriester Jesus; bei Just Apol I 67,5 dann der λαός unterschieden vom Gemeindeleiter. περὶ αὐτοῦ in p[46] B D★ 122★ 1881[s] 2005 144 153 Thret, auch mit spiritus lenis gelesen, verschiebt nicht den reflexiven Sinn von ἑαυτοῦ (siehe Lv 16,6 in B und F, Bl-Debr § 64 283 Metzger zu Phil 3,21); περὶ ἑαυτοῦ in ℵ A C D² Ψ[vid] den meisten. Hb weiß um die richtige Reihenfolge der Opfer in Lv 9,7 16,6 (vgl auch Philo Spec Leg 1,228 Rer Div Her 174): siehe Hb 7,27 und 9,7. In 9,7 ist das für sich selbst dargebrachte Opfer des Hohenpriesters unbetont, in 7,27 wird es, gegen Jesus, hervorgehoben durch πρότερον und ἰδίων, hier in 5,3 durch die den Lv-Texten nicht entnommene Achterstellung. προσφέρειν siehe 5,1. Zu ἁμαρτία siehe 1,3 3,13. ὑπέρ statt des dritten περί in C³ D² K L 6 326 den meisten Chr Thret Antioch Dam ist sekundär aus 5,1 entnommen (Zuntz 43); περί in p[46] ℵ A B C★ D★ P Ψ 33 81 104 1739 1881[s] ist alt. περί hier „zur

Fortschaffung von": חטאת, seltener חטאה, mit und ohne ל davor, werden in LXX übersetzt mit περὶ ἁμαρτίας, terminus technicus für „Sündopfer", zB Lv 7,27 16,3.9 Nu 8,8 Ps 39,7 Js 53,10, mit τὸ περὶ τῆς ἁμαρτίας Lv 9,7 14,19, mit τὰ περὶ τῆς ἁμαρτίας Lv 6,30; auch nach vorhergehender Detailbezeichnung der Opfergabe und dann wiederholtem Artikel περὶ τῆς ἁμαρτίας Lv 16,11.11.15 und περὶ τῶν ἁμαρτιῶν Lv 16,25; vgl Philo Spec Leg 1,226. Das Sündopfer auch als Objekt von προσφέρειν Lv 16,9; in LXX neben anderen Verben des Opferns. So hier, 5,3, περὶ ἁμαρτιῶν, wo Hb, trotz der beiden vorangegangenen περί, das dritte περί, weil terminus technicus, nicht vermeiden kann. So auch der Singular ἁμαρτίας im Zitat 10,6.8. In 10,18.26 13,11 neben einem Subst, nicht mehr terminus technicus; aber natürlich klingt das Sündopfer auch da an. Bauer περί 1g Riesenfeld ThW VI 55. Auch der christliche Priester bezieht in der Eucharistie sich ein (Chr Cramer Cat 474); Thomas verweist dafür auf den Meßkanon.

4. Und keiner eignet sich die Amtswürde selber an, sondern er nimmt sie entgegen als einer, der von Gott berufen wird, so wie auch Aaron.

Literatur: JJeremias siehe V 1.

Außer der Verpflichtung zum Opfern ist für den Hohenpriester kennzeichnend die Legitimität seiner Berufung. Zur Unterstreichung der Position zunächst die abgelehnte Verneinung der Position. καὶ οὐχ, siehe 4,13. Das erste καὶ wird ausgelassen in 206 sy^p; οὐχ wird ersetzt durch οὐχὶ in 1912, durch οὐκ in D* (zur Vermeidung des Hiatus im Hb siehe Bl-Debr § 486, mit Beispielen). ἑαυτῷ betont die Selbstherrlichkeit durch Stellung. τις, nicht schlechthin jeder Beliebige wie 3,4 (vgl Joh 3,27); auch nicht von der Einsetzung jeder denkbaren Amtsperson durch die Gottheit (Str-B III 303 f; vielleicht will die Auslassung von τις in B* dies Mißverständnis abweisen); sondern (Bauer 1aβ) speziell vom Hohenpriester (Vanhoye Structure 108). D 69 stellen um: λαμβάνει τις. λαμβάνειν „empfangen" (siehe 4,16), „nehmen" (siehe 5,1). Hier „nehmen" illegitim (Bauer 1c; Dio C 64,2,1 stellt „eine Herrschaftsstellung ergreifen" gegen „sie gegeben bekommen"; Procop MPG 87,2 2180C ersetzt sinngemäß λαμβάνει durch ἁρπάζει, vgl Phil 2,6). Für Aaron wird solch ein „nehmen" abgewehrt Midr Ps 2 § 3,13a (Str-B III 304) und Tanch קרח 218a (Str-B III 688); er und seine Familie empfangen legitim die Erstlinge der Opfer (Nu 18,1). τὴν τιμήν, siehe 2,6–8a. τήν, „die besagte". τιμή hier „Amtswürde" (Bauer 2d). So, ohne λαμβάνειν, vom Ornat des Hohenpriesters Ex 28,1.2, von seinem Kopfschmuck Sir 45,12; verbal von der priesterlichen Tätigkeit Philo Vit Mos 2,225, von der Aarons Jos Ant 3,188–192 mehrmals, von den Priestern Jos Ap 2,186; ja τιμαί von einem Dionysos-Priester Ditt Syll^4 1101,35. Legitim τιμὴν λαμβάνειν nicht vom Hohenpriester, aber Da Θ 2,6; jedoch bei Jos Ant 12,42 (vgl 12,157); τιμὰς λαμβάνειν von einer gesellschaftlichen Vorzugsstellung Ditt Syll^4 893A. ἀλλά, man ergänze: λαμβάνει legitim.

ἀλλὰ καλούμενος lesen ℵ A B C* D K Chr Procop Dam. Ein ὁ, nach ἀλλὰ oder ἀλλ', schieben sekundär ein C^1 L P 5 33 81 104 177 203 206 221 256 257 263 337 378 383 429 436 462 506 547 623 635 919 999 1245 1311 1518 1610 1738 1758 1834 1837 1845 1852 1891 2004 2127 Thret Cyr Phot Thphyl; vgl 5,5 (Moffatt). καλεῖν, siehe 2,11 3,13: vom souveränen Berufen durch die Gottheit, auch außerbibl (Bauer 2 KLSchmidt ThW III 488–492), LXX oft; im NT Joh selten, Corpus Paulinum viel; im Hb noch gegenüber Abraham (11,8) und den Christen (9,15). Hier von der Berufung zum Priesteramt, in LXX und NT so nie mit καλεῖν; auch nicht bei Aarons

Einsetzung Ex 28,1 Nu 3,10 18,1 Jos Ant 3,188–192 Tanch קרח 218a und Midr Ps 2; außer Nu 18,1 vermittelt Mose die Einsetzung. Hb berücksichtigt das atliche Soll, aber nicht (gegen Spicq und anderer Erklärer) die Illegitimität der Abstammung und Einsetzung der Hohenpriester seit der Makkabäerzeit (dafür siehe Jeremias IIB 15 f Schrenk ThW III 268). καθώσπερ, im NT nur noch 2K 3,18 B, in LXX und Apost Vät nicht, hell, selten, Bauer. 1) καθώσπερ in p⁴⁶ ℵ A B D* 33 Cyr Chron. 2) καθὼς in C* Chr. 3) καθάπερ in ℵ² C² D² K L P Ψ 6 69 81 104 216 326 440 489 642 1739 1834 Thret Photius. 4) die Verneinung *non quemadmodum Aaron* in d e. 5) καθώσπερ καὶ 'Ααρὼν ist vielleicht ausgelassen in p¹³. LA 1) ist ursprünglich, LAA 2) und 3) gleichen die Praep zT an Nachbartexte an, lassen zT καὶ aus und fügen zT vor Aaron den Artikel ein. LAA 4) und 5) korrigieren durch Bestreitung der Analogie zu Aaron, (Riggenbach).

Aaron (Bauer Kuhn ThW I 3 f): in LXX, Philo, Josephus; im NT noch Lk 1,5 Ag 7,40. Im Hb verkörpert Aaron das levitische Priestertum, das dem AT als ewig gilt (Nu 18,19, gegen Calvin); hier 5,4 positiv, 7,11 negativ; in 9,4 sein Stab. „Aaron" weist hier nicht auf pro-aaronitische Hörer hin (gegen Seeberg Kommentar); auch Qumran legt das nicht nahe (Braun Qumran-NT I 252f).

5. So hat auch Christus nicht sich selbst die Würdestellung verliehen, Hoherpriester zu werden, sondern der hat es getan, der zu ihm gesagt hat: ‚mein Sohn bist du, heute habe ich dich gezeugt',

In V 5–10 wird V 1–4 auf Christus angewendet, aber nicht in vollem Umfange (siehe 5,1). Auch Christus ist legitim eingesetzter Hoherpriester. οὕτως: zum Schluß-ς siehe 4,4. οὕτως καί (siehe Bauer οὕτως 1b): wie in den Synoptikern, auch R 6,11 1K 2,11 und öfter, weist die Wendung zurück (siehe 4,4) und verklammert V 5 mit V 4 (Deichgräber 174). καὶ οὕτως in 6,15: anders in 12,21. ὁ Χριστός Eigenname, siehe 3,6 3,14; 426 läßt ὁ aus, siehe 3,6. οὐχ ἑαυτὸν wie οὐχ ἑαυτῷ 5,4 (Westcott), gegen die Selbstherrlichkeit (siehe 5,4). δοξάζω Bauer 2, act reflexiv mit Inf nicht LXX und Apost Vät; so im NT nur hier, Joh 8,58 von Jesus reflexiv ohne Inf. δόξα-Stamm V 5 und τιμή V 4 eng verwandt, siehe 2,6–8a. Die δόξα des Hohenpriestertums Sir 45,23 2Mkk 14,7. Zu ἀρχιερεύς siehe 2,17 Exkurs; zu seinem γενηθῆναι ebendort. Statt des dorischen γενηθῆναι – so die meisten Handschriften, mit doppeltem ν in D – lesen attisch (wie 2,17), γενέσθαι A 623 1912 CyrJ Cyr Chron Phot (siehe Bauer Bl-Debr § 78). Das volle ἀλλά in p⁴⁶; zur α-Elision siehe 13,19. Zu ergänzen ist ἐδόξασεν (vgl Ag 3,13 Joh 8,54b). λαλεῖν siehe 1,1 7,14; mit πρὸς noch 11,18, auch 1Th 2,2, Lk und Ag öfter (Bauer πρὸς III 1e). Der λαλήσας ist Gott, siehe 1,1 Exkurs. Er verleiht, in LXX-Ps 2,7 sprechend, zunächst die υἱὸς-δόξα, die, über den καθαρισμὸς 1,3, für Hb also mit der ἀρχιερεύς-Stellung zusammenhängt. LXX-Ps 2,7 wie in 1,5.

6. wie er auch an anderem Orte sagt: ‚du bist ein Priester in Ewigkeit ganz wie Melchisedek'.

Literatur: DMHay Glory at the Right Hand, 1973; GSchille Erwägungen zur Hohenpriesterlehre des Hbbriefs, ZNW 46, 1955, 81–109; PWernle Die Anfänge unserer Religion², 1904.

Durch ein zweites Schriftwort verleiht Gott an Jesus die ewige, zu Melchisedek in Analogie stehende Priesterqualität. καθὼς Zitateinleitung 3,7. καὶ betont dabei unterstreichend: Jesus ist Sohn *und* Priester. Hier ist Hb bei *seinem* Thema (Vanhoye Structure 112f Hay 144f). V 6 ist für den Verf also geplantes Ziel, nicht nachträglich in eine Vorlage eingeflickt (Deichgräber 174, gegen Schille 98). Zur Frage der Vorlage generell siehe V 10. ἐν ἑτέρῳ Bauer 1bα, als unbestimmte Zitatangabe noch Ag 13,35 Barn 15,2; die ἑτέρα γραφή Joh 19,37 2Cl 2,4; ἐν ἑτέρῳ τόπῳ 1Cl 8,4 29,3 46,3; ἐν ἑτέρῳ προφήτῃ Barn 6,14 12,4. Die Vagheit der Zitatangabe zeigt: wichtig ist Gottes Sprechen, nicht der menschliche Verfasser (siehe 1,1 Exkurs). Das zitatanreihende πάλιν (siehe 1,5) wird auch hier von D⋆ hinter ἑτέρῳ eingeschoben. λέγει, Subj Gott, im Zitat (siehe Exkurs 1,1). Hb zitiert LXX-Ps 109,4 wörtlich, nur unter straffender Auslassung des LXX-εἶ hinter σύ; so auch in 7,17.27. p^{46} P 5 38 442 629 794 1311 1906 1908 2004 2005 d e f vg sy^h bo arm CyrJ Cyr Chron korrigieren nach LXX das εἶ wieder hinein (Ahlborn 121); die echte Hb-LA hat dann unter Umständen die Auslassung des εἶ in der Lukian-LA der LXX, L A 55 Tht, bewirkt. Zur atlichen, jüd und chr Deutung von LXX-Ps 109,1 siehe 1,3 und 1,13. ἱερεύς siehe 2,17 Exkus. LXX-Sy (= Paulus von Tella) ersetzt ἱερεύς durch ἀρχιερεύς, Hesych Hier sinnverschiebend durch βασιλεύς (zur Verschreibung von ἱερεύς in p^{46} siehe Zuntz 253 A7). εἰς τὸν αἰῶνα (siehe Bauer 1b Sasse ThW I 197–209): hell, LXX; noch 6,20 7,17.21.24.28 als Zitat aus LXX-Ps 109,4; vgl 1,8. Sing viel in Joh, aber nicht, wie Hb, als Zitat; selten Synoptiker, Paulus (1K 8,13), Kath Br; gar nicht Deutero-Paulinen Apk. εἰς τοὺς αἰῶνας Hb 13,8, vgl 13,21; viel Paulus Apk; selten Synoptiker, Deutero-Paulinen, Kath Br; gar nicht Joh. Diese Wendung besonders in der Doxologie, oft in LXX-Psalmen. εἰς τὸν αἰῶνα hier im Hb voll dualistisch: auch das Heil, das der ewige Priester spendet, ist ewig-jenseitig (9,11f). αἰών singularisch qua Eschaton (6,5 2Cl 6,3); pluralisch qua Welt (1,2 11,3); qua Weltzeiten (9,26). κατὰ τὴν τάξιν Bauer 1.2.4. τάξις, klass, hell, LXX, ist hier nicht die Reihenfolge (wie Lk 1,8), nicht die rechte Ordnung (wie 1K 14,40 Kol 2,5), nicht die Priesterstelle (Preisigke Wört III 384), sondern bei Aaron (7,11) und bei Melchisedek (hier wie 5,10 6,20 7,11.17) die Beschaffenheit (vgl 7,15). Diese liegt nicht im Ursprung des Priestertums; auch Aaron (5,4) ist von Gott berufen. Sie meint im Hb, anders als im atlichen Psalm, nicht betont die Vereinigung von König- und Priestertum (deWette² Bleek-Windrath, gegen viele Erklärer); denn abgesehen von 1,8 spielen die βασιλ-Stämme für Hb keine christologische Rolle (Wernle 302). Die Analogie Jesu zu Melchisedek liegt auch nicht in der Ersetzung von Levi-Aaron durch einen anderen israelitischen Stamm; schon gar nicht im sakramentalen Hintersinn von Brot und Wein Gn 14,18 (gegen unter anderen Ath Cramer Cat 478 Ps Oec Staab 464 Thomas; Luther 1517/18 schon mit Zurückhaltung, siehe Exkurs. Sondern in der ewigen, unwelthaft-himmlischen Qualität des Priestertums: Hb 7, besonders 7,3.8.23. A 1311 f vg Orig$^{1:1}$ Chr schreiben Melchisedek am Ende mit χ (ch) statt mit κ.

6 Exkurs: Melchisedek.

Literatur: R le Déaut Le titre de Summus Sacerdos donné à Melchisedech, Recherches de science réligieuse 50, 1962, 222–229; MDelcor Melchisedek from Genesis to the Qumran Texts, Journal for the Study of Judaism 2, 1971, 115–135; BDemarest A History of interpretation, 1976; JSFitzmyer Now this Melchisedek, Catholic Biblical Quarterly 25, 1963, 305–332; HGunkel Genesis, 1901; HGunkel Die Psalmen, 1926; ATHanson Christ in the Old Testament according to the Hebrews, Stud Ev II, 1964, 393–407; FLHorton The Melchizedek Tradition, 1976; JJeremias Zur Gedankenführung in den paulinischen Briefen, Studia Paulina, 1953, 146–154; HJKraus Psalmen² II, 1961; WLueken Michael, 1898; HE del Medico Melchisedech, ZAW 69, 1957, 160–170; JJPetuchowski The Controversial figure of Melchisdek, The Hebrew Union College 28, 1957, 127–136; GvRad Das erste Buch Mose, ATdeutsch, 1961; HRusche Die Gestalt des Melchisedek, Münchener theol.

Exkurs: Melchisedek zu 5,6

Zeitschrift 6, 1955, 230–252; GSchille Erwägungen zur Hohenpriesterlehre des Hbbriefs siehe V 6; MSimon Melchisedek in the Polemic Between Jew and Christian, Revue d'histoire et de philosophie réligieuse 17, 1937, 58–93; HStork Studien zum Hbbrief Teil II, Die sogenannten Melchisedekianer, 1928; GWuttke Melchisedech Der Priesterkönig von Salem, 1927; PWinter Note on Salem-Jerusalem, Nov Test 2, 1958, 151–152; PAVaccari Melchisedec rex Salem, Verbum Domini 18, 1938, 235.243; HZimmermann Das Bekenntnis der Hoffnung, 1977.

Melchisedek wird im NT 8mal genannt: 5,6.10 6,20 7,1.10.11.15.17; also nur im Hb (Bauer Michel ThW IV 573–575). Im AT ist er eine Randgestalt: zu Gn 14,18–20 siehe Gunkel Genesis 260–262 vRad 150–152 Fitzmyer 305–321; zu Ps 110,4 siehe Gunkel Psalmen 483–486 Kraus 755f 760f. Allgemein Schrenk ThW III 275 Kutsch RGG³ IV 843f.

Melchisedek ist Eigenname, gegen Medico, und bedeutet: (der Gott) „Maelaek ist gerecht" (Kutsch Kraus Fitzmyer). Daß Abraham – vom atlichen Jahweglauben aus ganz ungewöhnlich (vRad) – dem unisraelitischen Priesterkönig mit dem altkanaanäischen Namen in der dem Kontext eingeschobenen Begegnungsszene den Zehnten entrichtet, soll das Zehntrecht der Jerusalemer Priesterschaft legitimieren; denn Melchisedek ist König von Salem = Jerusalem (Gn 14,18–20). Das Alter der Szene ist umstritten, weniger die wirkliche Historizität des Melchisedek. Der alte, nicht erst makkabäische Inthronisations-Ps 110 (siehe 1,13), sagt in V 4 den Davididen als den Jerusalemer Stadtkönigen endgültiges Priestertum zu.

Hb 5,6.10 6,20 bereiten die Hörer auf Melchisedek als auf eine für sie neue Thematik vor (siehe 5,11–6,8; Theißen 16); also anders als beim ἀρχιερεὺς τῆς ὁμολογίας ἡμῶν (3,1). Hb 7 ist ein Midrasch zu Gn 14,18–20, wobei Ps 110,4 intensiv mitverwendet wird – nach dem zweiten Analogieschluß Hillels (JJeremias 149) – und beide atliche Texte nun auf Jesu himmlisches Priestertum, freilich nicht gezielt antiqumranisch (Braun Qumran-NT I 258–260), gedeutet werden. Zu den jüd Deutungen des Psalms siehe 1,3. Dem AT entstammt bei dieser Deutung des Melchisedek im Hb: Melchisedeks Segen über Abraham (7,1.6.7), sein Empfang des Zehnten von Abraham (7,2.4.8–10) und, schon unter dualistischer Umdeutung von εἰς τὸν αἰῶνα LXX-Ps 109,4, sein betonter Besitz des wirklichen Lebens (7,8.16.17). Unatlich ist die hbr und griech Ethymologisierung seines Namens (7,2), seine schroffe Entgegensetzung zu Levi (7,11–14; Wuttke 26 Schrenk ThW III 275), die aber nicht antiqumranisch gezielt ist (Braun Qumran-NT I 258–260), ebenso seine Abstammungslosigkeit, die nicht einmal für Jesus gilt (Fitzmyer 318) und seine Überzeitlichkeit (7,3). Dazu kommt: Melchisedek Ein Mal (7,10) ohne Würdeprädikat; in vollständiger oder anspielender Zitierung fünfmal ἱερεὺς (5,6 7,1.11.15.17) analog dem masoretischen Text und der LXX; zweimal primär von Jesus, aber damit sekundär von Melchisedek ἀρχιερεὺς (5,10 6,20), gegen das hbr und griech AT. Die hohen Würdeprädikate 7,3, die Melchisedek in Jesu Nähe rücken, werden im Hb des weiteren nicht verwendet, Melchisedek spielt seine Rolle als Doppelgänger Jesu nicht durch (Theißen 28–30); nicht deswegen nicht, weil Hb zur expliziten Gleichsetzung von Jesus und Melchisedek nicht den Mut hätte (gegen Hanson 398–402); sondern Melchisedek verschwindet ab 7,17 spurlos, weil von der Sache her der Antityp neben dem Typus Jesus nicht zu groß werden darf. Zudem: gerade V 3 enthält keinen Schriftbeweis (Rusche 237f), ist aber zu breit, um aus der rabb Regel vom Schweigen der Schrift (siehe 1,5) erklärt werden zu können (Käsemann 134 gegen viele Erklärer), zumal aus diesem Schweigen auch ganz andere Folgerungen gezogen wurden (siehe unten Epiph Haer 55,7). Schließlich deutet die gehobene Prosa von V 3 auf ein Liedfragment hin (Schille Erwägungen 84–86 Theißen 21); weiteres siehe im Kommentar. Kurz: Hb fand eine außeratliche Melchisedek-Tradition vor. Welche?

Sie ist natürlich weithin jüd, reproduziert atliche Aussagen und ist insofern für den Hb nicht belangvoll. Melchisedek ist König in Tg JI Tg JII Tg Neofiti, in einer samaritanischen Quelle 150 vor Chr bei Eus Praep Ev 9,17,6, in 1Q GnApocr 22,14; in 11Q Melch 16,24 ohne Bezug auf Gn 14; βασιλεὺς δίκαιος Philo Leg All 3,79 Jos Bell 6,438 Ant 1,180. Melchisedek ist Priester in TgJI und TgO verbal; subst in TgJII Tg Neofiti, in der samaritanischen Quelle bei Eus aaO 9,17,6, in 1Q GnApocr 22,15; bei Philo Leg All 3,79.82, vgl Congr 99; bei Jos Bell 6,438 verbal, subst Ant 1,180; bei R Jischmael Ned 32b (Str-B IV 453). Melchisedek ist nicht Priester in 11Q Melch, wo Gn 14,18–20 und Ps 110,4 nicht berücksichtigt werden. τοῦ θεοῦ τοῦ ὑψίστου in TgJI TgJII Tg Neofiti 1Q GnApocr 22,15; Philo Leg All 3,82; τοῦ μεγίστου θεοῦ Philo Abr 235 (wie von Melchisedek von Hyrkan Jos Ant

16,163). In Eusebs samaritanischer Quelle aaO 9,17,6.5c ἱερεὺς – τοῦ θεοῦ; das Garizim-Heiligtum ist ὄρος ὑψίστου; für die synkretistische Versetzung vgl: Herakles und Astarte als Eltern Melchisedeks Epiph Haer 55,2. εἰς τὸν αἰῶνα Jub 32,1 und makkabäische Fürstentitulatur 1Mkk 14,41. Melchisedek als Tempelgründer in Jerusalem Jos Bell 6,438; er segnet Abraham 1Q GnApoc 22,15f und preist Gott Jos Ant 1,181. Brot und Wein, im Hb übergangen und nicht als Eucharistie-Bezug ausgenutzt, gelten als profane Bewirtung (samaritanische Quelle Eus aaO 9,17,5 Jub 13,27 1Q GnApocr 22,15 Philo Abr 235 Jos Ant 1,181); bei Philo Leg All 3,82 dient der Wein übertragen der göttlichen Trunkenheit der Seelen.

Innerhalb der jüd Tradition gibt es freilich Texte, welche atliche Aussagen abändern, sie unterschiedlich interpretieren und sie durch Zusätze bereichern. Solche Texte sind für den Hb interessant, sofern sie ihm zeitlich vorausgehen.

Salem gilt als Jerusalem in Tg JI Tg JII Tg Neofiti TgO 1Q GnApocr 22,13 (Winter 151f) Jos Bell 6,438 Ant 1,180; als ein Ort in Samaria (Vgl Jub 30,1), in der samaritanischen Quelle Eus aaO 9,17,5; unlokal als εἰρήνη, wie Hb 7,2 hinter βασιλεύς², Philo Leg All 3,79.81; als „vollkommen" im Sinne von „beschnitten" Gn r 43 (26d) (Str-B III 693 Déaut 225).

Melchisedek wird in einer Reihe von Texten, analog dem Hb, verglichen mit dem AT, aufgewertet. Der *Hohe*priester des Hb ist vorchr: in Tg JII und in Tg Neofiti versieht der *Priester* Sem=Melchisedek die כהנת רבתא (Déaut 223–225); ja כהנא רבא für Sem Tg 1Ch 1,2 Ausgabe Sperber. Für Philo Abr 235 heißt Melchisedek μέγας ἱερεύς (vgl 2,17 Exkurs). Aus Gn 14,18 ist der ἀρχιερεὺς θεοῦ ὑψίστου geworden Jos Ant 16,163; aus dem *Priester*fürsten Ps 110 der ἀρχιερεὺς μέγας καὶ στρατηγὸς καὶ ἡγούμενος τῶν Ἰουδαίων 1Mkk 13,42; so auch in der Polemik gegen diese makkabäische Fürstentitulatur (*sacerdotes summi* Ass Mos 6,1). Der ἱερεὺς εἰς τὸν αἰῶνα LXX Ps 109,4 wurde zu ἀρχιερεὺς εἰς τὸν αἰῶνα 1Mkk 14,41; ähnlich Gn r 46,29a bei R Jischmael, gestorben 135 p (Str-B IV 455). Melchisedek ist dann, allerdings viel später, messianischer Hoherpriester in AbRN 34,9a (Str-B IV 457.464); in Pesikta 51a (Str-B IV 464), freilich nicht in den Parallelen, ebenso neben Elias, dem Königsmessias und Kriegsgesalbten (Simon 83f). Ja in der Kabbala des 13. und 17. Jahrhunderts heißt Melchisedek Michael (Lueken 31). Melchisedek ist der Königs- und Priesterstellung, wie in Hb 7,3, von vornherein würdig Philo Leg All III 79, gegen Jos Ant 1,180. Er ist bei jüngeren Rabb Priester-Messias (siehe oben). In 11Q Melch, vorchr, gilt er zwar nicht als Priester – Qumran ist ja streng aaronidisch ausgerichtet – aber als eschatologischer Richter und Befreier (10.13), er kehrt in die Himmelswelt zurück (11), ist Königsmessias (24), ja wie Hb 7,3 Gottwesen אלוהים (10.24). Er besitzt bei Philo Leg All 3,82 die Ekstase vermittelnde (siehe oben) göttliche Logos-Qualität, Eus Praep Ev 7,13,1; siehe 2,17 Exk. Keiner dieser Texte kommt in *vollem* Umfange für eine dem Hb vorliegende Melchisedek-Tradition in Frage: die Ekstase-Vermittlung durch den philonischen Melchisedek-Logos (siehe Williamson 434–449) und die Unpriesterlichkeit des 11Q Melch Melchisedek sind dem Hb fremd. Aber daß der *Hohe*priester Melchisedek und seine Göttlichkeit zeitlich bereits vor dem Hb als jüddualistische Traditionselemente existierten, dürfte gleichfalls unbestreitbar sein.

Neben der Aufwertung enthält die jüdische Tradition Abwertungen Melchisedeks wegen seiner nicht-jüd Herkunft: entweder wird Melchisedek verschwiegen oder abstammungsmäßig jüd vereinnahmt, wobei aber seine Bedeutung herabgesetzt wird. Diese Züge sind bestimmt nicht nur gezielte jüd Polemik gegen die antilevitische Verwertung Melchisedeks im Hb, denn die Gleichsetzung von Sem und Melchisedek ist vorchr bezeugt (siehe unten; zur Diskussion darüber, ob überhaupt jüdantichr Polemik vorliegt, vgl Simon 63–65 Petuchowski 129 Theißen 135 Delcor 130). Diese Abwertung Melchisedeks zeigt jedenfalls: seine Gestalt bot schon auf jüdischem Boden Anlaß, ihn als Bedrohung der levitischen Würde zu empfinden, wie Hb die Entgegensetzung Melchisedek–Levi, freilich nun zu ungunsten Levis, denn ja auch ausdrücklich vornimmt.

Melchisedek wird übergangen in Test XII, nicht nur in dem chr Passus aus L 8. Der ursprüngliche Text von Jub 13,24–27, wo Melchisedek jetzt fehlt, ist nicht mehr erkennbar. „Nach der Weise Melchisedeks" Ps 110,4 fehlt gelegentlich in Zitaten wie Gn r 55 zu 22,1 22,2; es kann auch auf die Überordnung des Königsmessias über Melchisedek gedeutet werden AbRN 34,9a (siehe oben). Melchisedek wird herabgesetzt: nach jüd Aussagen stammt er ab von einer Hure Epiph Haer 55,7. Melchisedek wird in der Abstammung jüd vereinnahmt, er ist gleich dem Noah-Sohn Sem (siehe

Str-B IV 453 a2). So Tg JI und Tg 1Ch 1,24; Sem der Alte Tg JII und Tg Neofiti. Melchisedek gleich Sem bei den Samaritanern Epiph Haer 55,6; bei R Jischmael, gestorben 135 nach Chr, Ned 32b (Str-B IV 453), in Gn r 44,27b (Str-B IV 465) und in Nu r 4,3 (Str-B III 692). Nur Melchisedek, nicht seine Nachkommen waren Priester, weil er in Gn 14,19.20 die Reihenfolge der Segen verdarb, על דברתי wird „als wegen der Worte" gedeutet, Ned 32b (Str-B IV 453); nach seinem Tode gehen die Priestergewänder über Abraham schließlich bis zu den Leviten über, Nu r 4,3 zu 3,45 (siehe Str-B III 692). So spielt in Gn 14 Abraham die Hauptrolle schon für die samaritanische Quelle Eus aaO 9,17,5.6, für Jub 13,27, für Philo Abr 235. Abraham empfängt von Melchisedek die Bestimmungen betreffs des Hohenpriestertums, während Melchisedek zu den Durchreisenden gehört, Gn r 43 zu 14,18 und 14,19. Schon Jub 32,1 wendet Gn 14,18 und Ps 110,4 auf Levi an. Wer in Gn 14,20 wem den Zehnten gibt, bezeichnet Hier ep 73,6 als *ambiguum*, doppeldeutig. Melchisedek gilt gewöhnlich als der Empfänger, wie Hb 7,2.4.8–10, Tg Neofiti, 1Q Gn Apocr 22,17 Jos Ant 1,181, noch Schatzhöhle 28,11. Aber bei Philo Congr 93.99 empfängt *Gott* den Zehnten von Abraham; in der samaritanischen Quelle Eus aaO 9,17,6 ist Abraham der Empfänger der δῶρα. Entgegen all dem gilt die nicht-levitische Herkunft Melchisedeks dem Hb als positiv.

Nun die zeitlich *nach* dem Hb liegende chr oder häretische Tradition. Erst nach den Apost Vät, seit Justin, setzt sich die Melchisedek-Tradition fort. Diese Fortsetzung reproduziert zT Bekanntes, bringt aber auch legendäre Anreicherungen und ist für das Verständnis des Hb selber von beträchtlichem Interesse dort, wo die Rivalität zwischen Melchisedek und Jesus zur Debatte steht. Zunächst die einfachen Reproduktionen der Hb-Aussagen.

Salem gilt weiter als Jerusalem (Just Dial 113,5, Theophil Autol 2,31, auch noch Schatzhöhle 30,8); als Tätigkeitsort des Täufers (Joh 3,23) Salim in Samaria (Hier ep 73,8 CSEL 55,21) oder als Sedima mit den Melchisedek-Palastresten (S Silviae peregrinatio 13,3.4 CSEL 39,56); als δικαιοσύνη, synonym mit εἰρήνη, also wie Hb 7,2 (ClAl Strom 4,25 161,3); als εἰρήνη (2,5 21,4); als *pax et iustitia* (Ambr Hexahemeron 1,3,9 CSEL 32,8).

Melchisedek ist Priester (bei Just Dial 19,4 33,2 63,3 83,2.3 113,5 Theophil Autol 2,31 ClAl Strom 4,25 161,3 Ambr De Abraham 1,3,16 CSEL 32 514 Hier Ep 73). Er ist Hoherpriester (Just Dial 33,2 Nag Hammadi Cod IX 1 Melch 6,17 11,12 Melchisedek-Stück am Ende des slav Hen, Ausgabe Vaillant, französische Seite 79.81). Priester des Höchsten (Gottes) (Just Dial 19,4 33,2 Theophil Autol 2,31). Melchisedek ist König (Just Dial 113,5 Theophil aaO Ambr De Abraham 1,3,16 Hexahemeron 1,3,9). Just Dial 19,4 135,5 und Ambr De Abraham kombinieren, wie Hb 7, Gn 14,18 und Ps 110,4. Melchisedek segnet den Abraham (Just Dial 19,4; noch Schatzhöhle 28,11).

Jetzt Melchisedek in neuen, bisher nicht belegten Rollen. Er wird, über Hb hinaus, weiter aufgewertet: der unbeschnittene Melchisedek empfängt den Zehnten von dem beschnittenen Abraham (Just Dial 19,4). Wie in jüd Texten mit Elia und Michael zusammengeschaut (siehe oben), wird Melchisedek im Laufe der weiteren Entwicklung nun ausgestattet mit Zügen der Abrahamslegende bei PsAth narratio apocrypha und im Chronicon paschale (Wuttke 38–40 Simon 70–75); mit dem Adam-Motiv, so daß er, auf Golgatha im Mittelpunkt der Erde am Altar dienend, Adam und Christus verbindet (Melchisedek-Stück am Ende des slav Hen, Vaillant, französische Seite 81, Schatzhöhle 23 29,6; Wuttke 38 Simon 87–91); mit asketischen Täufer-Zügen bei PsAth aaO, in der Schatzhöhle 16,24 23,21–23 (Simon 75–83). Melchisedek heißt Zorokothora, reinigt als Paralemptor die Lichtkräfte, trägt sie zum Lichtschatz, aber nur in der „Zeit ihrer Bestimmung"; ziehen Melchisedek und Jeu sich in den Lichtschatz zurück, so rauben die Archonten die Seelen und verzehren sie (Pist Soph 25 Seite 21,16–18 139 Seite 237,8–11.16.26–33). Jesus betet um Zorokothoras Kommen (Jeu 2,45 Seite 309,16–18 2,46 Seite 310,22–24). Melchisedek ist zur Rivalität mit Jesus hinaufgewachsen. Seine rabb Rivalität zu Levi ist verschwunden; seine Identität mit Sem (siehe oben) wird bestritten (Hier Ep 73,5 CSEL 55,18). Just Dial 19,4 113,5 nennt, das εἰς τὸν αἰῶνα über Hb 5,6 hinaus weiterdenkend, Melchisedek αἰώνος ἱερεύς, freilich noch als einen Antityp Jesu. Ambr De Abraham 1,3,16 CSEL 32,514 dagegen *identifiziert* Melchisedek mit dem Gottessohn (vgl Hanson 398–402 Zimmermann 95); aber der Jesus des Hb wechselt nicht seine Gestalt (9,26 13,8 Theißen 28–30). Die Melchisedekianer schalten Jesus als Mittler aus und stellen Melchisedek über ihn (Tert Praescr Haer 53 Hipp Ref 7,36 10,24 Epiph Haer 55 Wuttke 29–37 Stork). Aber schon Orig und Didym nennen Melchisedek einen Engel (Hier Ep 73,2 CSEL 55,14). Hierakas bei Epiph Haer 55,5 67,3 und Ps Aug Quaest

109,20 CSEL 50,267 verstehen ihn als die dritte Person der Trinität; gegen Ps Aug wahrscheinlich Hier Ep 73 (Stork 43). Ambrosius Hexameron 1,3,9 CSEL 32,8 sieht in Melchisedek die Gottheit selbst, wie wahrscheinlich die Melchisedekianer, die Marcus Eremita De Melchisedech 2 MPG 65 1120 bekämpft.
Die Häresiologen und die Mehrzahl der offiziell-kirchlichen Erklärer halten, gegen diese Überbewertung auf Grund von Hb 7,3, Melchisedek für einen Menschen, dessen Eltern und Herkunft die Schrift eben bloß zu nennen unterläßt und dessen Würden Hb 7,3 in Wirklichkeit, als $ἀλήθεια$ und *res*, nur für Jesus gelten (Epiph Haer 55,1 67,7; Chr, Severian, Theod Mops, Cyr Photius in Cramer Cat 202–205 Staab 208 350 646f; Thomas Erasmus paraphrasis Calvin, vgl Stork 33–35). Das ist ein aufschlußreiches Indiz für die Brisanz der dem Hb vorgegebenen und durch ihn übernommenen Melchisedek-Tradition: sie war von Haus aus nicht neben dem Typus Jesus für die bescheidene Antityprolle gedacht, die der Hb selber allein der von ihm benutzten Tradition zugestehen kann. Die offizielle Erklärung versteht also den Hb selber in seiner Absicht zutreffend; sie verkennt aber, daß die vom Hb übernommene und nun in ihm enthaltene und von ihm nicht domestizierte Melchisedek-Tradition diese Gestalt höher bewertet, als Hb selber das brauchen kann. Schon Melchisedeks Konkurrent Levi spendet Test XII L 8,5 $ἄρτον\ καὶ\ οἶνον\ ἅγιον$, vgl Philo oben. Bei Cl Al Strom 4,25 161,3 gibt Melchisedek Wein und Brot, $τὴν\ ἡγιασμένην$ – $τροφὴν\ εἰς\ τύπον\ εὐχαριστίας$. Ab dann die im Hb noch fehlende sakramentale Deutung bei vielen Kirchenvätern (auch Schatzhöhle 16,25 28,11). Im ordo Missae Romanus KlT 19,16: *Summus Sacerdos tuus Melchisedech*. Luther versteht seit 1527 Gn 14,18 unsakramental. In Jeu I 45 Seite 309,16–18 bringt Melchisedek sogar das Wasser der Lebenstaufe heraus. Aber nur in der Orthodoxen Ostkirche steht Melchisedek in Heiligenkalender. Vgl. Wuttke 39 57f 60–63 74–76 Stork 76 Vaccari 235; für die Exegese-Geschichte der Neuzeit siehe Demarest Horton. Der Spannungsbogen der mit Melchisedek zusammengebrachten Deutungen ist faszinierend weit.

7. Er, der in seinen Fleischestagen Gebet und flehentliche Bitten dem, der ihn aus dem Tode erretten konnte, unter lautem Geschrei und Tränen darbrachte, und auf Grund seiner Gottesfurcht erhört wurde,

Literatur: PAndriessen – A Lenglet Quelques passages difficiles, Biblica 51, 1970, 207–220; HWAttridge Heard because of His Reverence, JBL 98, 1979, 90–93; ThBoman Der Gebetskampf Jesu, NTSt 10, 1964, 261–273; EBrandenburger Text und Vorlagen von Hb 5,7–10, Nov Test 11, 1969, 190–224; GBraumann Hb 5,7–10, ZNW 51, 1960, 278–280; MDibelius Botschaft und Geschichte I, 1953, Gethsemane, 258–271; MDibelius Die Formgeschichte des Evangeliums[3], 1959; GFriedrich Das Lied vom Hohenpriester, ThZ 18, 1962, 95–115; AvHarnack Zwei alte dogmatische Korrekturen, in: Studien zur Geschichte des NT, 1931, 245–252; DMHay siehe V 6,; HHillmann Der Hohepriester der zukünftigen Güter, Bibel und Leben 1, 1960, 157–178; JJeremias Abba, 1966, 319–323; ThLescow Jesus in Gethsemane, ZNW 58, 1967, 223–239; ChMaurer Erhört wegen der Gottesfurcht, in: NT und Geschichte, Cullmann-Festschrift, 1972, 275–284; REOmark The Saving of the Saviour, Interpretation 12, 1958, 39–51; MRissi Die Menschlichkeit Jesu, ThZ 11, 1955, 28–45; GSchille siehe V 6; AStrobel Die Psalmen-Grundlage der Gethsemana-Parallele, ZNW 45, 1954, 252–266; JSwetnam Jesus and Isaac, 1981; JThurén Gebet und Gehorsam des Erniedrigten, Nov Test 13, 1971, 136–146; HZimmermann Die Hohepriester-Christologie des Hbbriefes, 1964.

Hb setzt Schwerpunkte durch den Wechsel von Part und Verba finita: den ersten Hauptton hat das Lernen des Sohnes V 8. Für das schwierige Verstehen von V 7 ist die Differenz zum synoptischen Gethsemane zu beachten: dort betet Jesus in einer Einzelsituation um Vorübergehen des Kelches und ergibt sich dann in Gottes Willen; im Hb erbittet er während seines irdischen Lebens Errettung aus dem Tode und wird erhört. Also verschiedene Traditionen (Dibelius Botschaft I 260 Botschaft II 172 Brandenburger 215 Maurer 279): man darf den Hb mithin nicht mit synoptischem Material erklären (gegen

Strobel 257 Omark 40 42 f Cullmann 95 Lescow 238 und die meisten Kommentare). Die Klage-Psalmen bilden den Sprachhintergrund von V 7 (viele Erklärer); Dibelius Gethsemane 261 f Formgeschichte 213 f denkt an LXX Ps 21 30 38 68; Strobel 256–261 Brandenburger 211–213 Maurer 279 an LXX Ps 114; Rissi 37 Lescow 237 Hay 43 allgemeiner. LXX Ps 114 bietet die meisten Analogien, ist aber nicht die ausschließliche Quelle. Die nachfolgende Übersicht zeigt: andere Termini als V 7 finden sich in anderen Texten als in den genannten Psalmen; wieder andere stammen gar nicht aus LXX.

δέησις LXXPs 21,25 30,23 38,13 114,1. σῴζειν LXXPs 68,2.15 114,6. ἐκ LXXPs 68,15. θανάτου LXXPs 114,3. ἐκ θανάτου LXXPs 114,8. κεκραγέναι LXXPs 21,25 30,23. δάκρυον LXXPs 38,13 114,8. εἰσακούειν LXXPs 21,25 30,23 38,13 114,1. σῴζειν ἐκ in LXX-Psalmen öfter als σῴζειν ἀπό. κραυγή im Gebet LXXPs 5,2 17,7 101,2 Jon 2,3. Gar nicht aus LXX-Psalmen belegbar sind ἡμέραι τῆς σαρκός, weil typisch dualistisch; ferner nicht in Gebetszusammenhängen ἱκετηρία (Hi 40,22 vom Krokodil), ἰσχυρὸς als Attribut zum Beten, προσφέρειν πρός, εὐλάβεια; εἰσακούειν ἀπό in LXX gar nicht. Hinter V 7 steht also nicht eine ausschließlich LXX-gespeiste Tradition.

Eine Tradition wird freilich vorliegen, wie der harte Rückgriff des ὅς V 7 über die „du"-Formen V 5b 6 hinweg und wie die hapax legomena des Hb, δέησις, ἱκετηρία, κραυγή, εἰσακούειν zeigen (Friedrich 104 Michel Deichgräber 175 Brandenburger 196 209–215). Zur Form dieser Tradition siehe V 10. Diese Tradition ist, auch wenn man von V 8 absieht und mit Brandenburger 199 τῆς σαρκὸς erst dem Hb-Verfasser zuschreibt, jünger als die Gethsemane-Tradition: zu Jesu Beten kommt nun das nicht negierte εἰσακουσθείς hinzu. Sie ist also nicht unmythisch, gegen Lescow 227 235 f, der εἰσακουσθείς erst vom Hb eingefügt sein lassen muß, und sie ist nicht ein biographischer Geschichtsbericht (gegen Boman 263 f Lescow 239). Ferner ist zu beachten: bei natürlichem Verstehen ist der Inhalt der Bitten Jesu der Gottesprädikation zu entnehmen: ὁ δυνάμενος σῴζειν αὐτὸν ἐκ θανάτου (Brandenburger 192). Das kann, angesichts von Jesu tatsächlichem Tod 2,9, nur bedeuten: aus dem eingetretenen Tode herausreißen, sofern das εἰσακουσθείς gelten soll. Allem vorweg: man wird in einem chr Text um 80 p ein οὐκ vor εἰσακουσθείς für undenkbar halten müssen, gerade angesichts der hier geschilderten Härte dieses Sterbens, V 7 und 2,9 χωρίς (gegen Harnack Studien 245–252 Windisch Bultmann ThW II 751). Psychologische Erwägungen gegen den unkonjizierten V7-Text betreffs der Unmöglichkeit solch eines Gebetsinhaltes sind unangebracht (Brandenburger 192): Hb hat den dogmatischen, wenn auch voll Mensch gewordenen, aber eben präexistenten Sohn im Auge. Diese Vorweg-Einsichten müssen sich im einzelnen bewähren.

ὅς wie 1,3, dort mit ὤν, hier ὤν in D* eingefügt, freilich ohne deswegen hier einen rhythmisierten Hymnus einzuleiten, siehe zu V 10. ἐν ταῖς ἡμέραις, zu ἡμέρα siehe 3,8 und Bauer 4b: nicht speziell in Gethsemane, sondern während der ganzen Lebenszeit (Windisch Rissi 39 Boman 264 268). τῆς σαρκὸς αὐτοῦ, Jesu durch Schwäche und Vergänglichkeit gekennzeichnete Lebenszeit nach der Präexistenz, so weder LXX noch Apost Vät noch sonst im NT. αὐτοῦ gehört als semitisierender Gen logisch zu ἡμέραις (siehe 1,2). Jesu σάρξ siehe 2,14; noch 10,20. δέησις (Bauer Kittel ThW II 40); klass, hell, auch zu außerchr Gottheiten (Plutarch PsLukian). In LXX-Psalmen nicht mit προσφέρειν; in Hi 40,22 mit ἱκετηρία. Rabb vom Gebet und Flehen des Mose DtR 11 (207c) (Str-B III 688). Im NT Lk Corpus Paulinum Kath Br, nie mit προσφέρειν und ἱκετηρία, nie δεήσεις Jesu. Vgl PsClem-Hom 9,10,5. Bitten und Erhörung mandäisch (Lidz Ginza L 2,11 S 471,27–30); devotional prayers, wie εὐλάβεια (Baptism of Hibil Ziwa S 35 Zeile 6 f 14 f von oben). τε-καί siehe 4,12.

τε fehlt in K 88 103 242 336 440 1245 sy^p Didym. ἱκετηρία (Bauer Büchsel ThW III 297 f Spicq I 45 Williamson 51–64) unterstreicht das Flehentliche des Bittens. Im NT und Apost Vät nur hier, vgl 1Cl 59,2. In LXX nicht religiös, siehe oben; politisch 2Mkk 9,18. Hell politisch Isoc 8,138 vl; als Gebet vor δεήσεις Polyb 3,112,8 Philo Cher 47 Cod L. Der Wortstamm religiös Phil Sacr AC 70 DetPotIns 93 95. τὸν δυνάμενον Bauer 1 Delling Partizipiale 26 f; Hb 3,19. Jesu δύνασθαι 2,18. Daß Gott σῴζειν (Sap 14,1), σῴζειν καὶ ἀπολέσαι (Jk 4,12 Herm m 12,6,3) kann, ist feste Prädikation, vgl Herm s 9,23,4. Die Auslassung von αὐτὸν in 115 unterstreicht das noch; die Umstellung αὐτὸν σῴζειν in 547 1908 Didym Thphyl ist sinnunerheblich. σῴζειν ἐκ θανάτου. Zu σῴζειν siehe Foerster ThW VII 996 f und 1,14. Klass, hell; auch Isis rettet (Bauer 1ab). Im Hb noch 7,25 mit δύνασθαι, absolut, Jesus Subjekt (anders Mk 15,31 Par). σῴζειν ἀπὸ bewahren vor etwas Drohendem (R 5,9) oder herausholen aus etwas Gegenwärtigem (Ag 2,20). Ebenso ἐκ vor etwas Drohendem (Plato Gorg 67 I 511C Preis Zaub IV 1167 f 1192 1211 f Prov 15,24 Jk 5,20, vgl 2Cl 16,4) oder aus etwas Gegenwärtigem (Soph El 1356 Plat Gorg 67 I 511D Sap 14,4 Joh 12,27). Formal grammatisch ist eine Entscheidung hier also nicht möglich. Daß ein Mensch aus dem eingetretenen Tode herausgeholt werden kann, berichten atliche, ntliche und außerbibl antike Texte. Auch wenn das AT dabei nur an todesnahe Krankheit denkt, nähern sich seine Aussagen in der Formulierung dem V 7: ἤγγισαν ἕως τῶν πυλῶν τοῦ θανάτου, – καὶ ἐκ τῶν ἀναγκῶν ἔσωσεν αὐτοὺς LXXPs 106,18.19b: ἔσωσας γάρ με ἐξ ἀπωλείας Sir 51,12; ἐκ χειρὸς ᾅδου ῥύσομαι καὶ ἐκ θανάτου λυτρώσομαι αὐτούς Hos 13,14. Lk 8,50 dann das freilich absolute σωθήσεται von der gestorbenen Jairustochter. Als Rettung aus dem eingetretenen Tode ist σῴζειν ἐκ weder in LXX noch in NT, Philo und Apost Vät belegt. Gleichwohl muß Hb das gemeint haben, wenn man das erbetene σῴζειν ἐκ θανάτου im εἰσακουσθεὶς als erfolgt versteht. Die Erhörung wäre dann das τελειωθεὶς (V 9), das ἀνάγειν ἐκ νεκρῶν (13,20); und zwar im Blick darauf, daß Jesus der Heilsführer für die Söhne ist (2,10). Nur so korrespondiert das ihm zugewendete σῴζειν mit seiner Stellung als αἴτιος σωτηρίας αἰωνίου V 9 (Omark 48); zur Entsprechung zwischen seinem und der Glaubenden Weg siehe 2,10 2,18. Zudem bilden Passion und Erhöhung für Hb nicht schlechterdings ein zeitliches Nacheinander, siehe 1,3. Nach Chr Cramer Cat 480 und manchen Erklärern hat Jesus nicht um Auferstehung gebetet, weil sie ihm als selbstverständlich galt. Aber sie ist mit εἰσακουσθεὶς gemeint (nach Luther Glosse Schille Erwägungen 100 Hillmann 161 Schiwy); die Erhöhung ist gemeint schon nach Photius Staab 643, neben der Bitte um Bewahrung vor dem Tod (Erhöhung als Gebetsinhalt Jeremias 320–322 Braumann 279 Friedrich 105 Michel Westcott Brandenburger 216 f Maurer 284). Nur die Zweinaturenlehre und die Rücksicht auf das synoptische Gethsemane bringt da Unsicherheit hinein: „er floh den Tod – er wollte sterben" (Thomas). Solch ein Gebetsinhalt mag uns zwar für Jesus historisch und psychologisch als unwahrscheinlich gelten (dazu siehe oben); aber Unehrerbietigkeit schreibt er Jesus nicht zu (gegen Strobel 59 f, siehe Jeremias 322). Wer dieses Verständnis für falsch hält und σῴζειν ἐκ θανάτου als Errettung vor dem drohenden Tode liest (wie viele Erklärer von Delitzsch bis Montefiore), hat nur zwei Möglichkeiten: ein ursprüngliches οὐκ vor εἰσακουσθεὶς mit Harnack für ausgefallen zu postulieren, und das ist dann noch die bessere Lösung. Oder: lehnt man diese Konjektur ab, so muß man die Erhörung, weil Jesus ja starb, gegen den Text verstehen als die Überwindung von Angst (wie Calvin Bengel Seeberg Kommentar Dibelius Gethsemane 260 262 Héring Strobel 258 Montefiore Andriessen-Lenglet 208–211 Thurén 141) beziehungsweise als Gewinnung von Gehorsam (seit Erasmus viele Erklärer; unter Berufung auf LXX Ps 114/5 Strobel 261). Noch weiter vom Text führen ab die Versuche, Jesus für die Feinde (Luther Glosse), für die Glaubenden (Chr Cramer Cat 480) oder um Bewahrung der Jünger vor Verhaftung (Boman 270) beten zu lassen. Es bleibt, wenn nicht οὐκ εἰσακουσθείς, Jesus betete vorher um Errettung aus dem dann später eingetretenen Tode.

Zu θάνατος siehe 2,15. μετὰ Bauer AIII1 Grundmann ThW VII 767–772; vgl 4,16 10,22.34 11,31 12,17.28 13,17. κραυγὴ Bauer 1b Grundmann ThW III 898–904. Geschrei gilt bei Griechen und Römern den Göttern gegenüber als unpassend; rabb zerreißt es einen göttlichen Gerichtsbeschluß, R Jicchaq 300p Chr RH 16b (Str-B IV 232). In LXX ist es mit dem Gebet verbunden, siehe die Wörtertabelle oben. Im NT nur hier von Jesus, freilich anders und nicht vom Gebet κράζω Joh 7,28.37 12,44. κραυγὴ sonst im NT bei Mt Lk Ag Eph Apk, nie beim Gebet. ἰσχυρὸς Bauer 2 Grundmann ThW III 400–405. Nicht in Gebets-Zusammenhängen der LXX-Psalmen. Im Hb adj noch 6,18; subst 11,34. Im NT sonst und bei Philo nie κραυγὴ ἰσχυρά; aber ähnlich Apk 18,2. δάκρυον Bauer; Hb 12,17 von Esau. In LXX-Psalmen δάκρυα, siehe die Wörter-Tabellen oben. μετὰ δακρύων beim Beten (2Mkk 11,6), nicht beim Beten (Test XII Seb 1,7 2,1 Jos Bell 5,420 6,119 Luc Ver Hist 1,21). Abraham bei Isaaks Opferung nicht „voller Tränen" (Phil Abr 174); wohl aber „sperrte" Isaak, auf dem Altar, „seinen Mund auf mit Weinen", Jalkut Schim 2 Gn 22,9 (1§ 101), sehr spät (Str-B III 688). In das Bild des Messias der Psal Sal, der οὐκ ἀσθενήσει (17,42), passen nicht Tränen. Außer V 7 weint Jesus im NT Joh 11,35 δακρύειν, Lk 19,41 κλαίειν. Beim echten Paulus δάκρυα 2K 2,4, κλαίειν Phil 3,18; beim Ag-Paulus μετὰ δακρύων 20,19.31; bei Timotheus 2Tm 2,4. προσενέγκας, gelegentlich im Hb erster Aor (Radermacher 95). Von Haus aus spezieller Opferterminus (5,1), bezeichnet dies Verb hier Jesu Beten nicht (gegen Luther Glosse und andere) speziell als Opfer in Analogie zu Aaron (5,1, wo ὑπὲρ ἁμαρτιῶν und kein πρὸς steht, Delitzsch, de Wette², Riggenbach). προσφέρειν Hi Ps Prv Sap Sir nicht vom Gebet; auch nicht Achill Tat 7,1. Wohl aber Test XII L 3,6.8 G 7,2 Jos Bell 3,353 und Barn 12,7 (ἀναφέρειν). εἰσακουσθείς; ἀκουσθεὶς in D* will kaum den Charakter der Erhörung verwischen. Bauer 2ab: in hell-jüd Texten von der Erhörung des Beters oder des Gebets, in LXX öfter absolut, nie mit ἀπό. Im NT εἰσακούω Synoptiker, Ag, Paulus, nie mit ἀπό; Mt 6,7 Lk 1,13 Ag 10,31 von der Erhörung. Im Hb nur hier. Gebetserhörung auch mandäisch (siehe oben). Zur οὐκ-Konjektur und Interpretation von εἰσακουσθεὶς siehe oben. Das hier die Entscheidung berührende Problem von καίπερ kommt in V 8 zur Sprache. Als Analogie zu V 7 vergleiche OSal 42,10. ἀπὸ τῆς εὐλαβείας ist (gegen Bl-Debr § 211) nicht mit dem nachfolgenden ἔμαθεν zu verbinden, weil zu künstlich. Es meint nicht zeitlich „seit", „nach" (zu Swetnam Jesus and Isaac 181), sondern kann „von weg" oder kausal „auf Grund von" bedeuten (Bauer V 1); denn unerwartete und wahre Ursache bilden keinen Gegensatz; ἀπό in Lk 19,3 Mt 13,44 Jos Ant 9,56 bezeichnet die wahre Ursache, wie auch aus den alternierenden LAA in Mk 2,4 hervorgeht (gegen Andriessen-Lenglet). Und 12,2 ἀντὶ scheint von Jesu Erwartung zu sprechen. Ob „von weg" oder „wegen", hängt ab von εὐλάβεια (siehe Bauer Bultmann ThW II 749–751 Schrenk ThW III 281 Spicq I 46). Klass und hell ist εὐλάβεια Vorsicht, fromme Scheu, auch Angst. In Jos 22,24 Sap 17,8 Vorsicht, Prv 28,14 wie auch das Verb in LXX Gottesfurcht. Im NT Ag 23,10 HLP Besorgnis. In Hb 12,28 könnte die fromme Scheu gemeint sein wie Pol 6,3; so sicher das Verb 11,7, nicht Angst vor der Katastrophe. Die im Hellenismus zunehmende Bedeutung „Gottesfurcht" auch hier V 7 (so f vg Chr Cramer Cat 480 Vigil Photius Staab 643 Thomas Erasmus Luther und sehr viele; de Wette² Michel zögernd). Mit d e Ambr votieren für „Angst" Harnack 247 Bultmann ThW II 751 Brandenburger 194

218. Schon das χωρὶς θεοῦ 2,9 widerspricht einer Überwindung der Angst. Bei Diog L 7,116 εὐλάβεια als Verhalten des σοφός, gegen φόβος. Bereits die Vorsicht des Perikles vor Antritt einer Rede veranlaßt sein Beten zu den Göttern (Plut Pericl 8 I 156c). Daß die εὐσέβεια verstanden wird als das Sichauskennen in der Götterverehrung, was das Beten zum mindesten einschließt, liegt an der εὐλάβεια (Plut Aem 3 I 256 cd). Bei Philo macht die εὐλάβεια, gepaart mit παρρησία, den Menschen zum Beter (Rer Div Her 22 29 f 37; Attridge 90–93). Jesu Gottesfurcht, Grund der Erhörung wie Phil 2,9, wird vom Hb gedacht sein als sein πεποιθέναι (2,13) in der Angstsituation des χωρὶς θεοῦ (2,9). Vgl Od Sal 41,12 Lidz Ginza L 2,11 S 471,27–34. Trotz V 7 sieht Hb Jesu Sterben schon triumphaler als die synoptische Gethsemane-Szene; der Triumph wächst über Joh 12,27f und Ag 2,25–31 (Jeremias 322 Brandenburger 216) bis zum reinen Doketismus (Apk Pt 81,15 ff). Instruktive Exegese-Geschichte bei Spicq; für Väter vgl Greer 364 das Register zu 5,7–9.

8. lernte, obwohl Sohn, an dem, was er litt, den Gehorsam,

Literatur: PAndriessen-Lenglet siehe V 7; GBornkamm Sohnschaft und Leiden, in: Geschichte und Glaube II, 1971, 214–224; EBrandenburger siehe V 7; JCoste Notion greque et notion biblique de la souffrance éducatrice, Recherches de science réligieuse 43, 1955, 481–523; HDörrie Leid und Erfahrung, Akademie der Wissenschaften und der Literatur Mainz 1956, 304–343; GFriedrich siehe V 7; AvHarnack siehe V 7; HHegermann Die Vorstellung vom Schöpfungsmittler, 1961; JJeremias siehe V 7; ChMaurer siehe V 7; REOmark siehe V 7; MRissi siehe V 7; FScheidweiler ΚΑΙΠΕΡ, Hermes 83, 1955, 220–230; AStrobel siehe V 7; JThurén siehe V 7; HWenschkewitz Die Spiritualisierung der Kultbegriffe, 1932; HZimmermann siehe V 7.

Betont ist, durch verbum finitum: Jesus lernte, den Weg über den Tod zu gehen, das heißt, den Gehorsam, auf den es ankam (Spicq); das steht im Gegensatz zu seiner gottheitlichen Sohneswürde. Diese gewichtige Aussage ist kaum Parenthese (zu Jeremias 321). καίπερ (Bauer Bl-Debr § 425,1) klass, hell, LXX, Apost Vät, im Hb noch 7,5 12,17, im NT Phil 3,4 2Pt 1,12, immer mit Part, im NT christologisch nur hier. Hier im Blick auf ἔμαθεν–ἔπαθεν, nicht auf εἰσακουοθείς (Brandenburger 193 196 Maurer 278 gegen Harnack 248 Andriessen-Lenglet 211). καίπερ kann einen Satz einleiten (Jeremias 320 Strobel 261 A 30 Scheidweiler 225 f Brandenburger 194 A 4 220 A 1). Die Unangebrachtheit des Leidens hebt auf den *filius* nicht im Unterschied zum *servus* ab (gegen Erasmus adnotationes). ὤν, wie 1,3, hier imperfektisch aufzulösen, 3,2: er war und ist. υἱός, das ὁ davor in 1739 schwächt die Unterstreichung der Würde ab, siehe 1,2. Zu υἱός siehe 1,2 1,2 Exkurs 1,3 Exkurs. μανθάνειν Bauer 4 Rengstorf ThW IV 412–414; zu ἀπό Bauer IV 2b. Im Hb nur hier; Jesus als Subj nur noch Joh 7,15, verneint; mit ἀπό als sachliche oder persönliche Informationsquelle Mk 13,28 Par Gl 3,2 Kol 1,7; als Aneignung durch Erfahrung hier wie Mt 11,29.

Der Gedanke, durch Leiden lernen, ist allgemein menschlich. Die Weisheits-Literatur der LXX drängt auf Lernen, auch unter Verwendung von μανθάνειν (Sir 8,8). πάσχειν kann als Strafe bei der Aneignung (Sap 12,27) und als Folge (4Mkk 10,10) eine Rolle spielen. Der gleiche Gedanke auch ohne πάσχειν Prv 3,11 f Sir 31(34),10. Das Gelernte heißt in LXX nie ὑπακοή, oft Gottesfurcht, Weisheit, Einsicht; so auch das ὑπακούειν in Prv 22,21 und, zusammen mit μανθάνειν, Js 29,24 (vgl Str-B III 445 zu 1K 11,32). LXX nie μανθάνειν ἀπό und nie das klangliche Wortspiel ἔμαθεν - - ἔπαθεν. Der Wert des Leidens auch mandäisch (Lidz Ginza R 1,162). Im Hb, der Klangfiguren liebt (1,1 2,16) erscheint dieser

Gedanke in einer Parechese, wie 13,14.18, die in ähnlicher Form klass und hell breit bezeugt ist (Bl-Debr § 488,2 Wettstein Spicq I 46 Coste Dörrie): πάθει μάθος (Aesch Ag 177) ist Zeus-Setzung (Dörrie 325, siehe 12,6); leidvolle παθήματα können μαθήματα werden (Hdt 1,207, Dörrie 321); sie können unerwünscht sein: „möchtest du es nicht durch Leid lernen" (Soph Trach 143). Das Gelernte variiert breit: bei Hdt zB die Wandelbarkeit des menschlichen Glücks. Ähnliche Beispiele bei Xenoph, Demosth, Dion Hal Plot. Besonders intensiv bei Philo: ἔμαθον ἔπαθον von der erfreuenden Begabung mit Himmelsweisheit (Fug 138); ἐκ τοῦ παθεῖν μάθη (Spec Leg 4,29) vom Klugwerden durch Schaden; παθόντες, wo das μαθόντες nichts half (Vit Mos 2,280); Joseph παθὼν ἔμαθεν, ich, Philo, analog, ἔμαθον ihnen zu gehorchen (Som 2,107.108); die Begierden können das Gehorchen (Conf Ling 55), das Gehorsamsein (Spec Leg 4,96) μανθάνειν; ὁ μαθὼν ἄρχεσθαι (passiv: sich beherrschen zu lassen) καὶ ἄρχειν εὐθὺς μανθάνει (Quaest in Gn 3,30); vgl Hb 5,7.9 σῴζειν und σωτηρία bei Jesus. Ohne die beiden betreffenden Vokabeln: Not führt zum Gehorsam (Leg All 3,137).

Das πάσχειν ist in diesen Texten nie, wie im Hb, das Erleiden des Todes; auch nie, wie im Hb, μανθάνειν ἀπό. Gleichwohl besitzt Hb philonische Färbung (Coste 118). ἔμαθον greift hinter des εἰσακουσθεὶς V 7 auf das Beten und Weinen zurück: die Erwartung, aus dem Tode wieder herausgerissen zu werden, war nicht gleich komplett da. Die ὑπακοὴ wurde im ἔμαθον erworben (Wenschkewitz 205 Hegermann 119 Gräßer 137f), analog dem Werden des Hohenpriesters (2,17). Hb denkt sicher nicht an einen anfänglichen Ungehorsam bei Jesus (Rissi 43); also nicht, wie Philo bei Joseph, an eine μετάνοια (Som 2,108). Aber auch den Gehorsam lernenden Begierden in den philonischen Texten ist ihr Widerstreben wohl anzumerken. Anders als von einer notvollen inneren Entwicklung Jesu im Todesleiden auf den Gehorsam hin läßt das ἔμαθεν, dem man neben dem betonten ἔπαθεν den Ton nicht nehmen darf, ungekünstelt sich nicht deuten. Das Problem sieht Chr Cramer Cat 480; Thphyl MPG 125, 244D formuliert es klar: „er lernte – scheint jedoch einfach fehl am Platz, denn Jesus war auch, bevor er litt, in so starkem Maße gehorsam".

Folgende Lösungen werden angeboten. Er war auch Mensch, es geht περὶ τῆς σαρκώσεως (Chr Cramer aaO). Er war, neben „Sohn", auch Hoherpriester (Bornkamm Sohnschaft und Leiden 221 f Thurén 139). Wegen seiner Gottheit kann von sittlicher Entwicklung und Kampf bei ihm keine Rede sein (Rengstorf ThW IV 413 Käsemann Gottesvolk 86 Schierse 154 Coste 518 521). Sein Gehorsam mußte im Todesleiden erst voll errungen werden (viele Erklärer). Oder: Beweis durch Taten (διὰ πραγμάτων Greg Naz Cramer Cat 482); von dem einfachen Wissen zum Tatbeweis (*experimentum* Thomas); zum völligen Lernen (Calvin);„durch eine Stufenfolge" (deWette[2]); „in vollem Sinne" (Riggenbach); Hb sagt von Jesus die niedrigen Dinge *(τὰ ταπεινά)* aus zur Ermutigung der Kleinmütigen (Thphyl MPG 125,245A). Moffatt erkennt die Härte der Hb-Formulierung mit am deutlichsten.

Hinter diesen Lösungen steht bei den Vätern explizit, bei den Modernen zT vorsichtiger die Zweinaturenlehre. Die Unlösbarkeit der Problematik um diese „zumindest mißverständliche" (Dörrie 342) Hb-Formulierung gründet in der Widersprüchlichkeit der Hb-Christologie selber (vgl 1,3 Exkurs 2,17 2,18 4,15). Das Nebeneinander des πιστὸν ὄντα und des ἔμαθεν geht nicht restlos auf.

ἀφ' ὧν, so im NT sonst nicht: Hb vermeidet den Hiatus 5,4; ἀπὸ ὧν in B* D* also sekundär. ὧν für τούτων ἅ, Attraktion des Relativums (Bl-Debr § 294). ἔπαθεν siehe 2,18 2,9.10: nicht Jesu ganzes Leben (gegen Spicq), sondern sein Todesleiden; nicht doketisch wie Act Joh 101 S 201,13. Es ist mehr als die Mühen des Zeus-Sohnes Herakles (Epict Diss

3,26,31f). Es ist nötig für den Heilsführer (2,10), für die Entmachtung des Teufels (2,14), für die Fähigkeit des Hohenpriesters zur Barmherzigkeit (2,18 4,15), für die Sündenreinigung (1,3) durch sein Selbstopfer (7,27). Besonders betont ist hier aber durch Achtergewicht seine erlernte ὑπακοή, verklammert nicht mit dem συμπαθῆσαι (4,15; zu Maurer 283), sondern mit dem ὑπακούειν der Seinen als der Bedingung für ihre σωτηρία V 9 (Omark 47), insofern im Hinblick auf die Menschen (Kosmala 297), als Anerkennung des Heilsplanes durch Jesus (Käsemann aaO 86). ὑπακοὴ Bauer 1b Kittel ThW I 225; absolut wie hier, aber auch mit Gen subj und obj. Kaum prophan (siehe Liddell-Scott). LXX nur 2βασ 22,36 von Gottes Herabneigung. Test XII nur Jud 17,3 Judas Gehorsam gegenüber Jakob. Paulus, 1Pt, 1Cl meist vom Gehorsam der Christen oder atlicher Frommer gegenüber der Gottheit. Hb nur hier. Von Jesus noch R 5,19 als ὑπακοὴ τοῦ ἑνός, die wie Hb 6,9 Heil schafft; Heil aber im Hb, gegen R, konditioniert. Jesus ὑπήκοος Phil 2,8. τήν: den Gehorsam, der um Herausholung aus dem Tode flehentlich betete (V 7), sich also gerade nicht bloß in den Tod ergab und der nichts zurückzunehmen hatte, weil Hb das synoptische Gebet um Bewahrung vor dem Tode gar nicht bringt (gegen Windisch Dörrie 341f Montefiore). ὑπακούειν ist Betätigung der πίστις (4,2 Exkurs). Jesus also anders als der einschlafende Erlöser des Perlenliedes Act Thom 109 S 221,9–12. Gedanken und Vokabeln von V 8 nicht aus LXX, ganz im Unterschied zu dem traditionsvorgegebenen V 7. Gleichwohl schreibt man besser V 8 nicht einer zweiten *Tradition* zu, sondern dem Verfasser, für den υἱός ebenso typisch ist wie die Verklammerung σῴζειν V 7 -σωτηρία V 9 und ὑπακοή V 8 – ὑπακούειν V 9 (zu Friedrich 108 Zimmermann 28f Brandenburger 211.218).

9. und, zur Vollendung geführt, wurde er für alle, die ihm gehorchen, der Urheber ewigen Heils,

Literatur: EBrandenburger siehe V 7; JThurén siehe V 7.

Und nun die Wende: Jesus wurde in die Himmelswelt aufgenommen und erhielt so die Fähigkeit, allen ihm Gehorsamen das ewige Heil zu vermitteln. τελειωθείς siehe 2,10: vollendet wird nicht Jesu vollkommener und absoluter Gehorsam (gegen Wettstein Montefiore Schiwy Thurén 138; ähnlich, nur kombiniert mit der folgenden Erklärung, deWette[2] Riggenbach Westcott). Sondern: die Periode des Gehorsamlernens gehört, als Grund für die Vollendung (2,9 wie Phil 2,9), der irdischen Vergangenheit Jesu an. τελειωθείς aber meint mythisch die Herausnahme aus dem Tode in die dualistisch und lokal (siehe 1,3) verstandene Himmelswelt hinein: als ἀνάστασις und ἀθανασία (Thret Cramer Cat 483), als *glorificatio* (Thomas), als Eignung zum *pontifex* (Luther Glosse Seeberg Kommentar Käsemann aaO 86 Schierse 154f). Daß die Bedeutung von „zur Vollendung führen" zum „weihen" hinübergleitet (Windisch), trifft zu, wofern man den Gehorsam als Grund, aber nicht als Objekt der Vollendung nimmt. Hier pass, Gottes Tat wie 2,10 7,18, Inhalt des εἰσακουσθείς 5,7 (vgl Mart Andreae alterum 11 Bonnet II 1 S 64). Hb kann aber auch akt formulieren: ἐκάθισεν (1,3), διεληλυθότα (4,14). Aber nicht diese Wende, sondern ihr ihr folgender Heilsertrag hat den Ton: ἐγένετο verbum finitum (Brandenburger 203 205). Jesu γίνεσθαι auch sonst im NT: Gl 3,13 R 15,8 Phil 2,8 Joh 1,14; im Hb besonders oft: 1,4 2,17 5,5.9 6,20 7,16.22.26; siehe 2,17. πᾶσιν, hinter αὐτῷ gestellt von K L Ψ und sehr vielen Minuskeln außer 33 38 69 103 218 256 263 436 441 462 1834 1837 1908 2127; diese Umstellung ist sekundär, weil sie, sinnverschiebend, die Ausnahmslosigkeit betont (Riggenbach); vgl 3,4; gemeint ist aber die Einschränkung: nur für die Gehorsamen. τοῖς ὑπακούουσιν αὐτῷ. Das Part Aor in P braucht nicht zu meinen: die ihm gehorcht haben (Bl-Debr § 339,1). ὑπακούειν Bauer 1 Kittel ThW I 224f Bl-Debr § 173,3. In LXX öfter mit Gen, im NT, wie klass, nur mit Dat. ὑπακούειν in LXX öfter gegenüber der Gottheit, bei Philo gegenüber den göttlichen Weisungen und den erlassenen Gesetzen (Fug 21 Som 1,162). ὑπακούειν im NT außer johanneischer Literatur und Apk; Subj nie Jesus, also anders als beim Subst und Adj (siehe 5,8). ὑπακούειν gegenüber Jesus: Wind und See Mk 4,41 Par, die Dämonen Mk 1,27; ὑπακοὴ der Christen gegenüber Jesus 2K 10,5 1Pt 1,2; ὑπανούειν der Christen gegenüber der πίστις (Ag 6,7), dem Evangelium (R 10,16 2Th 1,8; vgl ὑπακοὴ πίστεως bei Paulus, zB R 1,5). Daneben im NT auch πείθεσθαι. Im Hb nur noch Abrahams ὑπακούειν gegenüber Gott (11,8). Nur hier im Hb und in den Apost Vät ὑπακούειν gegenüber Jesus. Aber nur die Vokabel, nicht der Gedanke ist „fremd" (zu Brandenburger 206). Denn Jesus ist Führer (2,10 12,2), wie hier αἴτιος; das setzt Geführte voraus. Wer die σωτηρία ablehnt, lehnt ihren Verkünder ab (2,3). Man gehorcht ihm, indem man wie er gehorcht: ὑπακοή – ὑπακούειν V 8–9 (Vanhoye Structure 109f); als das vom treuen Jesus regierte Haus, διὸ 3,7ff; im Hinausgehen aus der Welt wie er (13,12–14). Der Inhalt des Gehorsams hat im Hb den Ton. Darum nicht glauben an Jesus, sondern ihm gehorchen (4,2 Exkurs; die ὑπακούοντες αὐτῷ hier sind die πιστεύσαντες (4,3). ὑπακούειν religiös auch außerchr; gegenüber dem mandäischen Heilbringer (Lidz Ginza R 1,129). αἴτιος σωτηρίας αἰωνίου. αἴτιος Bauer Wettstein, Beispiele seit Demosth (Spicq I 44): in LXX Menschen Urheber für Negatives (2Mkk 4,47 13,4) und Positives (4Mkk 1,11). Bei Philo sehr viel (Williamson 84–88), im NT nur hier, Apost Vät nicht. αἴτιος σωτηρίας breit bezeugt, öfter mit γίνεσθαι: Menschen als Urheber für Rettung des Lebens (Philo Virt 202), für Wohlfahrt (Ditt Syll[4] 485,69) und militärischen Sieg (Jos Ant 14,136); eine Gottheit als Urheber der Gesundung (Diod S 4,82), die eherne Schlange (Nu 21,8 Philo Agr 96, vgl SpecLeg 1,252), wobei Gesundheit religiös verstanden ist (Philo Quaest in Gn 3,57); die Gottheit als Urheber von kriegerischer Errettung und Befreiung (Jos Ant 3,64) oder von anderen religiösen Gütern (ep Ar 205 Jos Ap 166 PsClemHom 12,5,2), auch ohne αἴτιος (Philo Ebr 111). σωτηρία allermeist eschatologisch, siehe 1,14 2.3. σῴζειν V 7 – σωτηρία V 9 (Vanhoye Structure 109f Deichgräber 184). αἰώνιος Bauer 3 Sasse ThW I 208f Bl-Debr § 59,2, siehe 9,15; zwei- und dreiendig, siehe 9,12. Hell öfter im Zusammenhang mit dem Caesar (Presigke Wört I 40,3); mit ζωή im jüd Hellenismus. In LXX bei νόμιμον und διαθήκη; auch bei κληρονομία Est 4,17 (14,5) und σωτηρία Js 45,17. Letzteres Heilsweissagung, in LXX ohne variierende LAA, hier in V 9 zitiert, der LXX-Acc hier als Gen. Im AT, תשועת עולמים, ist gemeint ein nie endendes irdisches Heil für Israel; wie rabb in Tg JI und JII die andauernde einer kurzfristigen Erlösung gegenübersteht (Str-B III 689 II 331); ewige Erlösung in einem jüngeren Text Pesqt r 4,13a (Str-B IV 792). Paulus und johanneische Literatur vor allem ζωὴ αἰώνιος, die im Hb fehlt. Hb dagegen hat mannigfache, sonst im NT nicht belegte Verbindungen des für ihn zentralen αἰώνιος: in Anlehnung an LXX mit σωτηρία (5,9), κληρονομία (9,15) und διαθήκη (13,20), siehe oben; mit κρίμα (6,2), vgl Mk 3,29, λύτρωσις (9,12) und πνεῦμα (9,14). σωτηρία αἰώνιος, nicht bei Philo und Apost Vät, aber PsClemHom 1,19,1, ist für Hb als himmlisch-jenseitiges Heil, also unatlich, eine Tautologie; denn σωτηρία ist in sich schon eschatologisch, siehe oben. V 9 wird kaum Tradition enthalten; richtig singulär im Hb ist nur das antik sonst geläufige αἴτιος, siehe oben.

10. von Gott ernannt zum Hohenpriester ganz wie Melchisedek.

Literatur: EBrandenburger siehe V 7; GFriedrich siehe V 7; DMHay siehe V 6; ThLescow siehe V 7.

Jetzt erfolgt die Begründung für Jesus als αἴτιος V 9: er ist der himmlische Hohepriester, den Gott ernannt hat; nicht ein angemaßter (V 5f). προσαγορεύειν (Bauer 2 Preisigke Wört II 386 2) im NT nur hier, Philo oft. Als „nennen", „bezeichnen" wird es geübt von Menschen und von Gott; letzteres auch klass; in 1Cl 10,1 17,2 im Zusammenhang mit AT-Texten; 2Cl 1,4. Oft meint es schlicht eine Bezeichnung oder Namensverleihung: 2Mkk 1,36 4,7 10,9 Jos Bell 3,35 Ant 15,293 Ditt Syll[4] 695,25; auch bei Namenswechsel Jos Ap 1,250. Die Bezeichnung kann auch unzutreffend sein, für eine Sache (Sap 14,22), für eine Person (Test XII L 16,3). Oft aber ist eine für den Titel typische Funktion mitgemeint: Plut Aem 8 I 258e Ditt Syll[4] 705,55 747,15 764,5 1Mkk 14,40 2Mkk 14,37 1Cl 10,1 17,2; wobei die Angemessenheit des Titels (Philo Agr 66; synonym dort ἐπιφημίζειν) und die in ihm enthaltene Verpflichtung (Xenoph Mem 3,2,1) unterstrichen werden können. Auch hier im Hb Titel und dessen Funktion: Jesus wird in die hohepriesterliche Amtsführung eingesetzt (Luther Glosse: *constitutus*); siehe Hb 7–10. Zum Zeitpunkt siehe 1,3 Exkurs. Funktionsträchtige Namensverleihung an Jesus auch Phil 2,9–11 Eph 1,22 Apk 19,13. Im Hb erfolgt die Ernennung dadurch, daß Gott in LXX Ps 109,4 Jesus anredet. προσαγορευθείς braucht nicht zeitlich vor dem ἐγένετο zu liegen, siehe 2,10. ὑπὸ τοῦ θεοῦ, vgl 5,4. ἀπὸ statt ὑπὸ wie in 13,19 ist gebräuchlich (Bl-Debr § 210,2). Die Trennung des ἀρχιερεύς von dem Folgenden durch Vorziehung vor ὑπὸ in 19,12 ist ungelenk. Die Auslassung von τοῦ in 33 103 206 429 1758 Thphyl ist möglich (Bl-Debr § 254,1). Das hier gekürzt gebrachte Zitat wird gemäß V 6 aufgefüllt durch σὺ εἶ hinter θεοῦ in p[46], durch εἰς τὸν αἰῶνα hinter ἀρχιερεύς in 69 88 255 256 436 462 1912 sy[h] bo arm c★. Der ἱερεύς des Psalmes ist hier ἀρχιερεύς geworden (vgl 2,17 Exkurs). κατὰ τὴν τάξιν siehe 5,6. Melchisedek siehe 5,6 Exkurs.

Zum zweiten Male, unüberhörbar, wird *das* Thema des Hb präludiert; schon deswegen kann V 10 nicht eine vorgegebene Tradition sein (Lescow 228). In V 7–10 sieht Friedrich 99 ein Tauflied über den Hohenpriester, Hay 43 spricht von a hymnic background, Brandenburger 205 von „hymnischen Merkmalen"; Deichgräber 174 wohl richtiger von Prosa statt Hymnus und von „gelehrter theologischer Deduktion".

5,11–6,12. Hinleitung zum Zentralthema des Hb: Melchisedek und das himmlische Hohepriestertum Jesu

Literatur: PAndriessen-Lenglet siehe V 7; HPOwen The „Stages of Ascent" in Hb 5,11–6,3, NTSt 3, 1957, 243–253.

Dies Thema ist die στερεὰ τροφὴ für die τέλειοι. Die Gedankenführung dieser Präambel, dieses „rhetorischen Meisterstücks" (Windisch) ist in sich widersprüchlich. 5,11–14 formuliert pädagogisch: Die Hörer sind in Erkenntnis und Wandel zurückgeblieben. 6,1–3: Sie müssen über die Elementarstufe hinausgeführt werden, sind also gleichwohl belehrbar. Der θεμέλιος scheint doch noch zu existieren, gilt aber als fast gar nichts, wenn die τελειότης nicht dazukommt. 6,4–8: Letztere ist nötig, weil sonst, bei einem Verweilen auf der Elementarstufe, Abfall und Heilsverlust drohen. 6,9–12: aber *so* ernst ist die Gefahr nicht, der bisherige Wandel der Hörer läßt auf σωτηρία hoffen; aus dem νωθροὶ γεγόνατε 5,11 wird ἵνα μὴ νωθροὶ γένησθε 6,12; in den niederen στοιχεῖα scheint also doch nicht bloß Gefahr, sondern eine pädagogisch zu nutzende Aufstiegsmöglichkeit zu stecken. Man merkt jedenfalls: der Verfasser erwartet von der verständigen Aufnahme der Hohenpriester-Theologie die Hebung der christlichen Aktivitäten (Owen 251); er will die Hörer nicht aufgeben. Aber warum verwickelt er sich dann in die genannten Widersprüche? Man wird die Schwierigkeit nicht dadurch los, daß man 5,11b–14 als „nachträgliche Einfügung" streicht (gegen Kosmala 17–21); auch nicht dadurch, daß man ἐπεὶ 5,11 elliptisch (dafür Bauer 2) als „denn sonst" versteht und so die Hörer noch nicht wirklich als νωθροὶ bezeichnet sein läßt (gegen Andriessen-Lenglet 212–214, deren Beispiele zudem vor ἐπεὶ explizit oder logisch, anders als hier 5,11, immer eine Negation enthalten). Dibelius' Vorschlag (Himmlischer Kultus 162f), in 5,11–6,12 nicht eine konkrete Einzelgemeinde, sondern die Gesamtkirche angeredet sein zu lassen, weil in ihr Ungereifte und Gereifte zusammenseien, bleibt auch bedenklich, denn der zusammengewürfelte Zustand gilt ja bereits für jede Einzelgemeinde (Windisch); und: würden die Unreifen sich nicht zu Unrecht vom Appell gerade dispensieren, weil sie sich reif wähnen, und würden die Reifen nicht zu Unrecht skrupulös reagieren? Man muß vielmehr bedenken: der Passus besitzt „stark rhetorischen Charakter" (Windisch) und scheint eben doch ein „nur stilgemäßes Ornament" zu sein (Theißen 13). Käsemann aaO klassifiziert die Herkunft des Stiles zutreffend (117–124): gnostische und mysteriennahe Texte warnen vor Unverstand, ehe sie die Belehrung bringen. Seltener, zB der hermetische Asclepius 1–2, bei Beginn des Themas wie hier im Hb; öfter sind die Warnungen zwischendurch eingestreut wie Corp Herm 1,20.22 13,14 Herm s 5,4,2f 6,5,2. Auch die sonstige Vokabulatur des Hb-Passus entstammt hell-religiösen, philosophischen und medizinischen Texten und nicht wesentlich der LXX, wie sich des weiteren zeigen wird. Allerdings hat Hb keine Schweigegebote, spricht auch nicht von μυστήριον, während Philo und die Gnosis auf Geheimhaltung dringen (Philo Cher 42 Sacr Ac 60 62 Fug 85 Som 1,84 Corp Herm 13,13 Hipp Ref V 8,9.29.44 Barn 9,9 PsClemHom 3,19,1 20,8,5; zT unter Verweis auf die „Ohren" Philo

Mut Nom 138 Cher 48 Leg All 3,219 Gig 54 wie Hb 5,11). Die Analogie zum Hb ist also nicht komplett. Diese Paränese baut, anders als 2,1–4 3,1f 3,7ff, nicht auf Vorhergehendem auf, sondern ist eine Einschaltung, natürlich des Verf selber (Riggenbach). 5,12–6,1a wird bei ClAl Strom V 62,2–4 zitiert (Mees 229f).

11. Über diesen Gegenstand müssen wir eine lange und schwierig darzulegende Rede halten, weil ihr im Hören träge geworden seid.

Literatur: HPOwen siehe 5,11–6,12.

Vor περί fügt D* καί, sy^p „aber" ein. Zu περί siehe 4,4. οὗ, besser neutrisch (so schon Thphyl MPG 125,245D, Thomas, Luther seit 1522 (WA Deutsche Bibel 7,2) und die meisten), weil auf 7,1–10,18 bezogen; nicht maskulinisch (wie Luther Scholien Calvin Bengel und einige); in sa bo bleibt es grammatisch unentscheidbar. πολύς, Bauer I1bα; mit λόγος schon Plato, Philo Rer Div Her 221, weiteres bei Wettstein; Ag 15,32 20,2, vgl Joh 16,12. ἡμῖν meint den Verfasser allein (gegen Bengel Westcott); schriftstellerischer Plur, so noch 2,5 6,3.9.11; Sing in 11,32 13,19.22.22; bei Paulus sind, anders als im Hb, im Plur die Mitabsender oft eingeschlossen; schriftstellerischer Plur etwa 2K 10,11ff (Bl-Debr § 280). Zu λόγος siehe 4,2. Die Analogie hier zu 4,13c ist formal und nicht inhaltlich (zu Synge 45). λόγος–λέγειν klingt klass (Bl-Debr § 393,6). Der Fortfall des Artikels in p$^{13\ vid}$ p^{46} D* P 1319 arm könnte alte LA sein (Zuntz 118 257); λόγος ist Prädikatsnomen (Bl-Debr § 273); auch Wettsteins Beispiele zur Stelle bringen λόγος nur ohne Artikel. δυσερμήνευτος „schwer darzulegen" (Bauer) im NT nur hier; LXX Apost Vät nicht; aber PsPhilo Som 1,183 bei θέα, Artemidor 3,66 bei ὄνειροι. Der Gedanke der schwierigen Sagbarkeit und darum Begreifbarkeit 4Esr 4,10f (Michel) Corp Herm St Exc 1,1 Fragm div 12a Hipp Ref 5,8,38. In diesen Texten ist die Schwierigkeit begründet durch die Unwelthaftigkeit der Gottheit. Im Hb dagegen bedarf es einer breiten und schwierigen Darlegung deswegen, weil das Verstehen der Hörer zurückgegangen ist (Chr Cramer Cat 484 Calvin Owen 251). Das λέγειν des Verf 5,11 8,1 9,5 11,32; auch Paulus öfter zB 1K 10,15 15,51. ἐπεί kausal siehe 2,14; ἐπειδή statt ἐπεί in 547 ist paulinisch, sonst nicht im Hb. Die nachfolgende Paränese hat keine spezifisch qumranische Färbung (Braun Qumran-NT I 254f). νωθρός „träge", „faul", im NT nur hier und 6,12. Bauer klass, hell, Preisker ThW IV 17, dort Synonyma, Wettstein; bei Plut öfter, Wyttenbach; in Papyri das Verb und Subst (Preisigke Wört II 142f); Philo nicht; Prv 22,19. Sir 4,29 wie 1Cl 34,1, synonym παρειμένος (erschlafft), vom faulen Arbeiter. Heliodor 5,1,5 νωθρότερος ὢν τὴν ἀκοὴν von der Altersschwerhörigkeit. Epict Diss 1,7,30, synonym ἀργοί und ῥᾴθυμοι, träge und fahrlässig von der Denkfaulheit. Corp Herm 10,24 von der dem νοῦς nicht erträglichen trägen ψυχή. Bei den Mandäern von den dumpfen Leuten in der Tibil (Lidz Ginza R 15,6 S 321,20). Die Lernunwilligkeit wird getadelt (Lidz Ginza R 15,18 S 376,27f Joh 168 S 170,6f 171 S 171,26f 181 S 179,1f). Neben den Wenigen mit den aufgetanen Ohren οἱ ἄλλοι πάντες κεκώφηνται (taub geworden) Philo Mut Nom 138. So hier von der geistigen Trägheit. Zum γίνεσθαι der angeredeten Hörer Bauer I 4; Hb 5,12 6,4.12 10,33. Zur „ihr"-Anrede der konkreten Situation 5,11f 10,32–36; öfter das „wir" von Verfasser und Hörern 2,1 4,1.11 6,18–20 10,22.39. ἀκοή, siehe 4,2. Es geht nicht um das bloß physische Hören, sondern um die „Ohren" ἐν ψυχῇ Philo Virt 147; vgl Barn 10,12; auch Lidz Ginza L III 9 S 520,16: die Ohren als Fenster, die die Rede des Lebens aufnehmen.

12. Denn während ihr im Blick auf die Zeitdauer Lehrer sein solltet, braucht ihr jemanden, der euch noch einmal die Anfangsgründe der Worte Gottes lehrt, und es ist notwendig geworden, daß ihr Milch, nicht feste Speise bekommt.

Literatur: BCollins Tentatur nova interpretatio Hb 5,11–6,8, Verbum Domini 26, 1948, 144 ff 193 ff; FHKettler Der ursprüngliche Sinn der Dogmatik des Origenes, ZNW Beiheft 31, 1966; HPOwen siehe 5,11–6,12; WThüsing Milch und feste Speise Hb 5,11–6,3, Trierer Theologische Zeitschrift 76, 1967, 233 ff 261 ff.

Die Hörträgheit der Angeredeten wird deutlich an ihrem Rückschritt: vor längerer Zeit Christen geworden, können sie gleichwohl die Anfängerlehren nicht weitergeben, bedürfen vielmehr einer erneuten Unterweisung darin, also einer Säuglings- statt einer Erwachsenenspeise. Καὶ γὰρ siehe 4,2. ὀφείλω siehe 5,3; im Hb immer mit Inf; so auch bei Paulus. Sinnähnlich Epict Diss 3,24,53. διδάσκαλος Bauer Rengstorf ThW II 150–154 160–162. In LXX, im Unterschied zum Verb, nur Est 6,1 als Vorleser, 2Mkk 1,10 als Belehrer in Sachen des Judentums; also ein hell, technisch-rationales Wort. Als chr Amt Ag 13,1 1K 12,28 f Eph 4,11 2Tm 1,11 Apost Vät; Hb nur hier, aber nicht als chr Amt (Bengel); freilich mehr als 1Pt 3,15 Kol 4,6 (Strathmann). Die Hörer also anders als 1K 12,29; sie sollten wenigstens die Anfangsgründe lehren können. διὰ τὸν χρόνον, siehe 4,7 (Wettstein, Delling ThW IX 577,18 f), in hell Inschriften, im NT nur hier: nennt den Grund für das ὀφείλειν; die Gemeinde existiert schon eine geraume Zeit, allerdings nicht seit Beginn der chr Mission (Windisch), siehe 2,3. πάλιν, siehe 1,6, gehört logisch zu διδάσκειν: Wiederholung der Erstunterweisung. χρεία Bauer 1, ἔχω Hanse ThW II 817. χρείαν ἔχειν in LXX und NT viel. χρεία Hb 7,11; χρείαν ἔχειν als Bedürfnis (nicht als Wunsch, gegen Owen 194 f) der Hörer 5,12 (vg *indigere*) 10,36; nur hier im NT, attisch Bl-Debr § 400,1, vor dem Inf τοῦ, in 547 weggelassen. διδάσκειν (Bauer 2c Rengstorf ThW II 138–141 147–150) hier mit dem Acc der Person und Sache. Das sekundäre Passiv in 462 1912 d e f vg sy^h mg Orig hängt zusammen mit dem falschen Verständnis von τινα als Frage-Pronomen. διδάσκειν fehlt in 635. Hell nur gelegentlich mit religiösem Inhalt, in den etwa 100 LXX-Stellen überwiegend die Tora und der Wille der Gottheit als Inhalt, nicht bloß intellektuell: hier 5,12 betreffs der christlichen Erstunterweisung. In der Endzeit ist Unterweisung nicht nötig 8,11; vgl 1J 2,27. ἡμᾶς fehlt in 635 1912 Orig. τινα, zu τις siehe 3,4. Die Akzentuierung ist nicht feststellbar in p^46 ℵ A B* C D* P als Frage-Pronomen akzentuieren, τίνα, B² D² K L sehr viele Minuskeln it vg sa^ms bo Cl Orig Hier Aug; es geht nicht um Benennung der στοιχεῖα, sondern um Belehrung über sie. Als Acc Sing Masc verstehen Ψ 33 (81) 1834 sa^ms PsOec, zutreffend: schon ein beliebiger Christ könnte die belehren, die selber sollten belehren können (Metzger 666). τινα lassen aus 6 424¹ 1739 1881. τὰ στοιχεῖα, in p^46 ohne Artikel, im Hb nur hier (Bauer 1 Delling ThW VII 678 f 687), im Plur häufiger, meint hier nicht die Urbestandteile wie in den drei einzigen LXX-Stellen Sap 7,17 19,18 4Mkk 12,13, in Philo Rer Div Her 190 209 2Pt 3,10.12 Dg 7,2 8,2 Herm v 3,13,3; auch nicht die feindlichen Elementargeister wie in Gl 4,3.9 Kol 2,8.10 und im Corpus Hermeticum; sondern, wie in hell-pädagogischen, besonders stoischen Texten, die „Grundlehren": sei es der πολιτεία (Isoc 2,16); der παιδεία (Xenoph Mem 2,1,1 die Ernährung; Plut Lib Educ 16,2 II 12C Aussicht auf Ehre und Furcht vor Strafe; Cornut Theol Graec 14 Aufblick zur Gottheit); oder der Gotteslehre (Porphyr Ad Marc 24 πίστις ἀλήθεια ἔρως ἐλπίς). Im Hb sind die στοιχεῖα nicht atliche Verheißungen oder jüd Lehren (gegen Collins 147 149 f Synge 49), auch nicht die ἀνθρωπότης τοῦ Χριστοῦ (gegen Orig Kommentar Joh MPG 14,53 CD Cyr Gennadius

Cramer Cat 487 189; für Orig siehe Greer 39–42 52f Kettler 4f). Sondern der Taufunterricht (Theißen 55), also identisch mit dem τῆς ἀρχῆς τοῦ Χριστοῦ λόγος 6,1a, inhaltlich definiert in 6,1b.2. Die positive Bewertung tritt freilich im folgenden Kontext zurück; noch negativer später in der expliziten Gnosis (Nag Hammadi I 3 Resurr 49,33, vgl V 5 Apk Adam 65,14–16). τῆς ἀρχῆς, in 642 1518 Orig ausgelassen, meint den Beginn des Christenstandes, siehe 3,14. τὰ λόγια (Bauer Kittel ThW IV 140–143) von der Gottheit herrührende kurze Sprüche, außerchr zB von Orpheus. So auch LXX, aber dort mehr von dem Wort Gottes. In R 3,2 Ag 7,38 aufs AT zurückweisend, ähnlich 1Cl. Aber 1Pt 4,11 2Cl 13,3 die chr Worte, vgl Pol 7,1 τὰ λόγια τοῦ κυρίου. Im Hb nur hier, von der chr Gottesunterweisung. Die Ersetzung von λογίων durch λόγων in D★ 3 209 398 2004 verschiebt also nicht wesentlich; *verborum* d e; *sermonum* f vg Orig Aug Hier. γεγόνατε, von den Hörern, siehe 5,11; hier schuldhaft: ἠθελήσατε Chr Cramer Cat 488. γάλα Bauer 2 Schlier ThW I 644f. In LXX nie übertragen von einer Anfangsbelehrung. Philo Agric 9 zeigt den Übergang von γάλα unübertragen als Kindernahrung zur Anfangsnahrung für die ψυχή, also übertragen; in Omn Prob Lib 160 ist γάλα übertragen die zweite Stufe nach den zarten τροφαί; γαλακτώδεις τροφαί; neben den Attributen „zart", „für Kleinkinder", „für Kinder", kommen für das selbstlernende Geschlecht nicht in Frage (Somn 2,10 ähnlich Migr Abr 29). Epictet mahnt andringlich zum Verzicht auf Milchnahrung, ἀπογαλακτισθῆναι übertragen, und zum Gebrauch einer festeren τροφή (Diss 2,16,39, ähnlich 3,24,9). Das NT bringt γάλα unübertragen 1K 9,7; in 1Pt 2,2 ist γάλα positiv mysterienhaft gerade die rechte Nahrung (Hipp Ref 5,8,30, ähnlich positiv Barn 6,17). In 1K 3,2 und in den nur Hb 5,12.13 begegnenden Stellen dagegen bezeichnet γάλα übertragen, wie bei Philo und Epictet oben, die Kindernahrung als mindere Stufe, über die es hinauszukommen gilt. Der Hb klingt eindeutig nach in ActJoh 45 und in dem Schreiben des kretischen Bischofs von Knossos an den korinthischen Amtsbruder (Eus Hist Eccl 4,23,8; siehe auch ClAl Strom V 62,2–4). γάλα geht nicht etwa auf das Judentum (gegen Collins 195), sondern γάλα, στοιχεῖα und der τῆς ἀρχῆς τοῦ Χριστοῦ λόγος meinen dasselbe. Die Gemeinde kann sich zu dieser Anfängerstufe verschieden verhalten: in positiver Aufnahme und Fähigkeit zur Weitergabe oder im Rückschritt unter diese Stufe und somit in Bedürftigkeit nach erneuter Anfangsbelehrung; das ist das Richtige an der Behauptung von *drei* Stufen (zu Windisch Owen 244); denn über der Anfängerstufe steht die „feste Speise". στερεὸς Bauer, klass, hell, LXX, Philo, Josephus (Bertram ThW VII 609–613). τροφή Bauer 2. Zum pädagogischen Denken Philos Spicq I 55–57, Williamson 277–308. LXX und Test XII verbinden στερεὸς nie mit τροφή. LXX hat τροφή meist unübertragen, als Engel- bzw ambrosische Speise nur Sap 16,20 19,21. Das NT bringt στερεὸς neben θεμέλιος 2Tm 2,19 und bei τῇ πίστει 1Pt 5,9, verwendet τροφή vor allem in Synoptikern und Ag viel unübertragen, nicht bei Paulus; die übertragene στερεὰ τροφή dagegen nur Hb 5,12.14. Diese übertragene Bedeutung kam dem Hb von der „stoischen Erziehungsweisheit" zu, auf dem Wege über das hell Judentum (Bertram). Diod S 2,4,4f gebraucht στερεωτέρα τροφή unübertragen von der einem Kinde notwendigen höherwertigen Ernährung. τροφή bei Philo unübertragen vom Backwerk (Agric 91) und beim Materialisten (Op Mund 158). Übertragen schon im Pythagoräerspruch ἀΐδιος τροφή für die ψυχή (Bauer). τροφή bzw τροφαὶ für die Seele bei Philo Agric 9 Leg All 1,97 Sacr AC 44; mit den Attributen θειότερος Leg All 3,152, αἰθέριος und θεῖος Leg All 3,161, οὐράνιος Fug 137 Rer Div Her 191 Vit Mos 2,266, οὐράνιος, φιλοθεάμων, ἄφθαρτος Rer Div Her 79. Luc Lexiphanes 23 ruft zur στερρὰ (sic) τροφή analog der Regel der Athleten, und Epict 2,16,39 setzt der Trennung von der Milchnahrung die τροφή στερεωτέρα entgegen. τροφή übertragen mit πευματική (Did 10,3 PsCl Exc Theod 13,1), mit χριστιανή entgegen der Irrlehre (Ign Trall 6,1). Engere Anlehnung an Hb dann Act Joh 45 S 173,14f στερεὰ πέτρα (Eus Hist Eccl 4,23,8 στερρωτέρα τροφή). Die στερεὰ τροφή des Hb macht die bisher implizite himmlische Hohepriester-Christologie des Melchisedek explizit; allerdings, im Unterschied zu den hell Texten, nicht für eine Gruppe, sondern für die *gesamte* Gemeinde (Thüsing 240 265). Das καὶ vor οὐ in ℵ² A B* D K L P Ψ **0122** vielen Minuskeln d e vg^ms sy arm aeth ClAl Orig Chr Thret Antioch Dam wird trotz der breiten Bezeugung sekundär, die asyndetische Entgegensetzung ohne καὶ in p⁴⁶ ℵ* B ² C 33 81 1288 1319 1739 1834 f vg bo^mss Orig Cyr Chr Did Aug wird ursprünglich sein, trotz 12,8, vgl 13,9 (Zuntz 207f gegen Riggenbach).

13. Denn jeder, der sich von Milch nährt, ist unempfänglich für eine Predigt vom rechten Wandel, er befindet sich nämlich in einem kindlichen Stadium.

Literatur: BCollins siehe V 12; FHahn Der urchristliche Gottesdienst, 1970; FHKettler siehe V 12; HPOwen siehe V 5,11–6,12.

Die Milch-Bedürftigkeit ist bedenklich: Milch und feste Speise schließen, auch in übertragenem Sinne, sich aus. Der geistig Kindliche kann, als Unreifer, den Ruf zum rechten Wandel nicht entsprechend aufnehmen. πᾶς: das gilt ausnahmslos, siehe 3,4; zu πᾶς γὰρ siehe 5,1. μετέχω Bauer, klass, hell, LXX; Hanse ThW II 830f. Bei Paulus 1K 9,10.12 10,17.21.30. Hier in 5,13 nicht von Jesu Teilhabe 2,14 7,13. γάλα siehe 5,12; hier unübertragen und ins Übertragene hinüberspielend. ἄπειρος Bauer I, klass, hell, LXX, im NT nur hier: ungeübt, unkundig. Daher neben dem Anfänger (Philo Agric 160), dem Uneinsichtigen (Op Mund 171), dem Kindlichen (wie Hb νήπιος γάρ ἐστι Philo Jos 225), dem wenig Verständigen (Leg Gaj 163); im Gegensatz zum Erfahrenen (Omn Prob Lib 51f), zum Vollkommenen (Agric 160). Die Unkundigkeit kann sich beziehen auf die Deutekunst (Philo Deus Imm 122), die Wahrheit (Op Mund 171), die Redekunst (Epict Diss 2,24,3), die Dinge allgemein (Philo Jos 195 225), das Leben allgemein (Omn Prob Lib 51), die ägyptische Gottlosigkeit (Leg Gaj 163); wie im Hb meist im Gen. Die ἄπειροι sind Schlechte (Omn Prob Lib 52); also wie im Hb unempfänglich für einen λόγος δικαιοσύνης. Der der Mysterienlehren Unkundige muß freilich aus dem Kreis der Mysten ausscheiden, Aristoph Ra 354f, während der Hb die Gemeinde nicht in zwei Gruppen teilt (5,12). Auch Philo beläßt die verschiedenen Reifegrade je in ihrem Status (Migr Abr 46 Fug 146); Hb dagegen will den νήπιος zur τελειότης führen (6,1).

λόγος siehe 4,2; Bauer 1bβ. λόγος δικαιοσύνης im NT nur hier; siehe Pol 9,1; νόμος δικαιοσύνης R 9,31, ἡ ὁδὸς τῆς δικαιοσύνης 2Pt 2,21. δικαιοσύνη Bauer 4 Schrenk ThW II 195 200. δικαιοσύνη Jesu 1,9, Melchisedeks 7,2; der glaubenden Väter 11,7.33; als Effekt der Züchtigung 12,11; als Sache der τέλειοι nur hier 5,13. Der λόγος δικαιοσύνης wird nicht von den Milch-Ernährten, den Unreifen erfaßt (gegen Kosmala 19), sondern ist identisch mit der στερεὰ τροφή der τέλειοι, die gut und böse unterscheiden können 5,14; *justitia* meint *perfectio* (Calvin). Die himmlische Hohepriester-Christologie hilft nach Meinung des Hb dazu (siehe 5,11): Chr erklärt mit Recht auf den richtigen Wandel und auf die „hohe" Rede von Christus (Cramer Cat 495). Schon deswegen geht δικαιοσύνης nicht auf die paulinische Glaubensgerechtigkeit (gegen Bleek-Windrath), sondern auf das Verhalten. Der λόγος ist die zum rechten Wandel rufende Predigt, die die Hörer, τέλειοι werdend, nicht selber halten, aber annehmen sollen. Diese Bedeutung gerade auch in gnosisnahen Texten (Barn

5,4, Käsemann aaO 120; Nag Hammadi VII 3 Apk Pt 70,25: unterscheiden lernen zwischen „Worten der Ungerechtigkeit und Gesetzeswidrigkeit und (Worten der) Gerechtigkeit". Es geht inhaltlich freilich nicht um den ὀρθὸς λόγος, der die Selbstschätzung als Höchstes lehrt (M Ant 11,1, gegen Owen 245 und manche Erklärer). λόγος δικαιοσύνης meint auch nicht die einem Kleinkind nicht verstehbare, normale Erwachsenensprache (gegen Hollmann Seeberg Kommentar Riggenbach Schrenk 200 Bl-Debr § 165 Collins zT 196 Michel Strathmann). Solch eine Bedeutung scheint bisher nicht belegt. Die Artikellosigkeit von δικαιοσύνης ist kein Argument. Denn in sämtlichen folgenden Stellen bedeutet das artikellose δικαιοσύνης nicht adj, wie LXX Dt 33,19 Ps 4,5 22,3 50,21, „richtig": R 6,13 9,31 2Pt 2,5 1Cl 48,2 Pol 3,3 Barn 1,4 5,4; umgekehrt heißt τόν τε τῆς (!) δικαιοσύνης πῆχυν „die richtige Elle" ClAl Strom VI 4,36,2; und Riggenbach selber übersetzt zutreffend δικαιοσύνης 7,2 nicht mit „richtig". Ob das zwischen λόγου und δικαιοσύνης in 330 440 823 dazwischengeschobene καὶ mit einem Abschreiber-Irrtum bei der zweiten Silbe von δικαιοσύνης zusammenhängt? Das von D* d e f vg Orig Aug hinter δικαιοσύνης gebrachte ἐστιν wird sekundär sein; die Auslassung der Copula ist im NT üblich (Bl-Debr § 127). ἤπιος „freundlich" in 33 statt νήπιος ist sinnlose Verschreibung; das gleiche umgekehrt in 1Th 2,7 2Tm 2,24. Zwischen γὰρ und ἐστιν schieben D* d e Orig sekundär, aber sinngemäß ἀκμὴν („noch") ein. νήπιος Bauer Bertram ThW IV 919–922; klass, hell, LXX. Das kleine Kind; die Zeitspanne schwankt zwischen Fötus und Pubertät. Nebensinn: unerfahren, entgegengesetzt dem Verhalten des Wirklichkeitsmenschen. Diese Altersangabe kann als positiv gelten: kindlich, unverbildet. In LXX Test XII νήπιος nicht tadelnd: Strafgerichte auch über Kinder; Jahwe belehrt die Schlichten. So auch Mt 11,25 Par 21,16 R 2,20 Gl 4,1 1Cl 57,7 Herm m 2,1 s 9,29,1, auch mandäisch (Drower Coronation S 4 Zeile 13 von oben). In diesen Stellen, mit Ausnahme weniger Übersetzungen durch Aquila und Symmachus, soll das Kindsein nicht überwunden werden. In griechischen Texten dagegen wird das Verhalten des νήπιος als töricht und urteilslos getadelt: beim zimperlichen Kleben am Leben (Ps-Plat Ax 2 III365b), für παιδάριον beim Verkennen der auf Unrecht folgenden Strafe (Plut Ser Num Vind 9 II 554B; Betz Plut 1975, 205). Der Gegensatz zum νήπιος ist der τέλειος (wie hier im Hb Philo Migr Abr 46), der ἀνὴρ (Epict Diss 3,24,53), der ἀνὴρ τέλειος (Philo Sobr 9); νήπιος steht neben „unreif, töricht, schwach, ungestalt" (ClAl Exc Theod 68); mandäisch gibt es foolish and illconditoned uthras (Drower Haran Gawaita S 17 Zeile 6 von oben). νήπιοι sind für die ἐπουράνια unempfänglich (Ign Tr 5,1); man muß dies mindere Stadium hinter sich bringen (Epict Diss 3,24,53 Philo Abr 26). So im NT 1 K 3,1 13,11 Gl 4,3 Eph 4,14; im Hb nur hier 5,13: von der zu überwindenden kindlichen Beschränktheit; Thomas: es geht dabei nicht ums Alter, sondern um die innere Haltung. Hier kaum von Katechumenen vor der Taufe, denn διὰ τὸν χρόνον 5,12; und der νήπιος gehört doch zu den vom Abfall bedrohten φωτισθέντες 6,4–6 (gegen Hillmann Hahn 70). Zu 5,13f bei Orig siehe Kettler 9.

14. Für Reife aber ist die feste Speise angemessen; wegen (ihrer) Beschaffenheit sind ihre Sinnesorgane ja eingeübt auf die Unterscheidung zwischen gut und böse.

Literatur: BCollins siehe V 12.

Der Reife allein verträgt feste Speise, unübertragen; übertragen: er allein vermag zwischen gut und böse zu unterscheiden. Diese seine Fähigkeit hängt mit Übung zusammen. Seine Differenz zum νήπιος, dem diese Fähigkeit fehlt, meint also nicht nur einen Grad, sondern besitzt qualitatives Gewicht. Der Appell an die Hörer, „erwachsen" zu werden 6,1, bereitet sich vor (Delling ThW VIII 78). Die Ersetzung von δὲ durch γὰρ in 33 ebnet diesen Gegensatz ein. τέλειος, Wettstein (auch für weitere Begriffe dieses Verses), Bauer 2aβ Delling ThW VIII 68–79. Hier „volljährig", „reif", also anders als das Verb, siehe 2,10 (Dibelius Himmlischer Kultus 167 A 10). τέλειος und תמים in LXX und Qumran nicht als „erwachsen". Wohl aber im außerjüd und jüd Hellenismus. Einfach vom Lebensalter Diogenes ep 31,3 Dio Chrys 5,18 Philo Sobr 9, im Blick auf die altersgemäße Nahrung. Körperliche und übertragen verstandene Reife brauchen nicht zusammenzufallen (Fug 146). τέλειοι und νήπιοι sind getrennte Gruppen (Migr Abr 46), wie Lehrer und Schüler (Spec Leg 4,140 Quaest in Gn 4,104). Auch τέλειοι bedürfen noch der Übung (Agric 160), siehe unten bei ἕξις Aristot; es gibt aber, wie bei Abraham, eine Reife von Anfang an (Philo Somn 1,162), ein „Sein aus dem Geschlechte – des vollkommenen Menschen" (Nag Hammadi Cod Berol Apocr Joh 22). Die τέλειοι, nur oberflächlich im Körperlichen verwurzelt, empfangen Weisheit und geistliche Güter (Philo Rer Div Her 315 Lidz Ginza R 20 S 379,11–14). Im Unterschied zum νήπιος bedarf der τέλειος keines Gebotes, Verbotes und Zuspruchs (Philo Leg All 1,94). Er stuft die Werte zutreffend ein (Philo Sobr 15). Zu dieser geistigen Reife ermutigt Epictet im Sinne stoischer Ethik (Ench 51,2) Lidz Joh 53 S 57,21 auf dem Boden mandäischer Religion. Man wird τέλειος durch verstehende Annahme des Kerygmas (Corp Herm 4,4). Von diesem Hintergrund aus erschließt sich, wie 1K 2,6 14,20 Eph 4,13f Kol 1,28, so auch hier Hb 5,14; der τέλειος ist der Entweltlichte, vgl 9,11. Hb wird die Hörer dahin führen durch die Lehre von Jesu himmlischem Hohenpriestertum, im Hauptteil 7,1–10,18; hier geschieht auf diesen λόγος τέλειος hin die Vorbereitung (Käsemann aaO 117–124). Allein auf Grund der Taufe sind die Hörer eben noch keine τέλειοι (gegen Riggenbach Collins 198). Zu εἶναι mit Gen (5,14, 10,39, 12,11) siehe Bauer IV 3.4 Bl-Debr § 162,7 Radermacher 126. στερεὰ τροφή, siehe 5,12. Als τελεία τροφὴ ist sie göttlich (Act Thom 120 S 230,14 61 S 178,6f; the heavenly food Philo Quaest in Gn 2,59).

διὰ τὴν ἕξιν: Bauer, seit den Vorsokratikern. In LXX wenig und dann meist von der körperlichen Beschaffenheit; vom inneren Zustand vielleicht Da 7,15 Theod. Im NT und Apost Vät nur hier. Das Wort meint nicht die Gewohnheit: διὰ συνήθειαν ἀπὸ ἕξεως „gewohnheitsmäßig infolge einer Veranlagung" (Aristot Rhet 1,1). Richtig sa bo habit, so die meisten (gegen vg consuetudo Thomas Luther (WA Deutsche Bibel 7,2 355) Hollmann Hillmann Laubach Barclay); Erasmus adnotationes und Michel kombinieren „Gewohnheit–Beschaffenheit" und „Gebrauch–Beschaffenheit". ἕξις als „Fähigkeit", „Beschaffenheit" wird geübt, ist aber nicht Übung (Aristot Pol 6,4 1319a,22f). Es gibt auch negative Fertigkeiten und Zustände (Epict Diss 2,18,13 3,25,8 Philo Mut Nom 150). Meist aber werden positive genannt: körperliches Wohlbefinden (Epict Diss 4,4,25); geistige denkerische Fähigkeit (Aristot Cat 8 S 9a,4–8 Philo Poster AC 141 Leg All 1,10 Fug 177); lesen (Polyb 10,47,4); Rhetorik (Aristot Rhet 1,1); Umgang mit heiligen Texten (Sir Prolog Zeile 7f ep Ar 121); Gesetzgebung (Philo Vit Mos 2,8.187); Kriegshandwerk (Aristot Pol 6,4 1319a,22f Polyb 21,9,1); die beste und königliche ἕξις (Philo Mut Nom 121 152). Benachbart, nicht identisch sind Kraft (Epict Diss 2,18,1); Erziehung (Philo Fug 177); Treffsicherheit, das Üben, das Behalten, die Veranlagung (Plant 31). Die ἕξις ist also nichts Zufälliges (Aristot Rhet 1,1 Philo Leg All 3,210); unterliegt nicht der Bewegung (Aristot

Cat 8 S 9a 4–8 Philo Sobr 34); nicht dem Irgendwie (Mut Nom 121); ist vielmehr ein Ewiges, ein wirkendes Vollkommenes (Mut Nom 122). Sie kommt zustande und wird gefördert durch entsprechende Betätigung (Epict Diss 2,18,1.7), durch üben (Aristot Pol 6,4 1319a,22 f); die Gottheit setzt eine ruhende Beschaffenheit in Gang (Philo Op Mund 149). Hier im Hb ist die ἕξις die Beschaffenheit des τέλειος, die die Unterscheidung ethischer Verhaltungsweisen ermöglicht: ἕξις meint die Vollkommenheit und Festigkeit des sittlichen Verhaltens (Thphyl MPG 125 249A). Sie kommt zwar nicht explizit durch üben zustande, ist aber dem stoischen Übungsdenken eng verschwistert, wie sonst nicht im NT (Gräßer Glaube 141): es geht ja gegen die Trägheit (5,11).

τὰ αἰσθητήρια Bauer Delling ThW I 187, seit Hippocr: die Sinnesorgane unübertragen körperlich 4Mkk 2,22, als gefährdet Corp Herm 7,3, bei Philo negativ gewertet, zB Leg All 1,104. Bei Galen vom diagnostizierenden Arzt: das hinreichend geübte αἰσθητήριον (Beurteilungsvermögen) De diagnoscendis pulsibus Ausgabe Kühn VIII 892; Jer 4,19 vom Innenleben des Herzens; bei Plut ist der Verstand das der Seele eigene αἰσθητήριον (Urteilsorgan) (Suav Viv Epic 14 II 1096E). Im NT nur hier: von der geistig-sittlichen Entscheidungsfähigkeit der τέλειοι; Thomas: sensus hier nicht als sensus exterior. Apost Vät nicht. Περὶ ὑπακοῆς πίστεως αἰσθητηρίων bei Eus Hist Eccl 4,26,2 als Titel einer Schrift Melitos von Sardes. γυμνάζω Bauer Oepke ThW I 775; zur pädagogischen Gesamtterminologie siehe Spicq I 55–57 Williamson 277–308. „(Nackt)sport treiben", in LXX nur 2Mkk 10,15 unübertragen. Auch Test XII nicht. In hell Texten, Philo Isoc; intensiv bei Epictet, siehe Editio major Register. Auch Nag Hammadi I 3 Resurr 49,30–33: „es gehört sich für jedermann, daß er übe (ἀσκεῖν) eine Anzahl von Arten, und er wird befreit werden von diesen Anfangsgründen (στοιχεῖον)". Sib 3,230 von den Astrologen übertragen, negativ: ψυχὰς γυμνάζοντες. Im NT das Subst unübertragen 1Tm 4,8; das Verb nur übertragen 1Tm 4,7 wie Hb 5,14 mit πρός, 2Pt 2,14 negativ; Hb 12,11 die durch Züchtigung Geübten. Hier in 5,14 prädikativ, siehe 7,24. Zum Verhältnis von ἕξις und γυμνάζειν siehe oben. Zu ἔχειν siehe 4,14; vgl 12,1 (Westcott). διάκρισις Bauer 1; Hb nur hier. LXX nur Hi 37,16 B, textlich fraglich; Test XII N 2,8 physisch. Unterscheidung von falschen Aussagen vor Gericht (Plat Leg 11 II 937B); von entgegengesetzten moralischen Zielen (Philo Plant 45); von Geistesbegabungen (1K 12,10), von Worten (1Cl 48,5). περὶ τὴν διάκρισιν zwischen Gutem, Bösem und Unwesentlichem (Sext Emp Pyrrh Hyp 3,168); fast wörtlich wie Hb 5,14 betreffs der ethischen Entscheidung. Diese Erwachsenen-Fähigkeit gilt dem Hb als unerläßlich für das Heil, 6,9 (vgl Ps Clem Recg 3,56,2); ohne sie besteht Verführbarkeit (Ps Clem Hom 2,39,3). καλοῦ τε καὶ κακοῦ. Zu τε καὶ siehe 4,12. τε ist ausgelassen in 1311 1319; vgl 2,4.11 5,1.7. καλὸν Bauer 2b Grundmann ThW III 539–553; Neutr im Hb noch 13,9. κακὸν Bauer 1c Grundmann ThW III 470–482, Hb nur hier. Beides neutrisch als Gegensätze Gn 24,50 vl Test XII A 1,5 2,4 4,2.3 6,3 Philo Somn 2,282 Jos Bell 2,165 Sext Emp siehe oben; R 7,18.19.21 12,17. Im Hb nur hier. Es geht um Unterscheidung nicht von zuträglichen und unzuträglichen Speisen (gegen Riggenbach), auch nicht bloß um höhere oder niedere Dogmen (gegen Chr Cramer Cat 496); sondern um rechtes und unrechtes Verhalten, siehe 5,13 λόγος δικαιοσύνης. Analoge Verbindungen: καλὸν und πονηρὸν Gn 2,17 3,5; ἀγαθὸν und κακὸν bei Philo und Josephus oft (Leisegang Register 2,423, Rengstorf Concordance II 412–415); R 16,19, vgl Phil 1,10.

6,1. Darum wollen wir die Anfangsunterweisung über Christus dahintenlassen, der Vollkommenheit zueilen und nicht noch einmal das Fundament legen (und predigen) über die Abkehr von toten Werken, über Glauben an Gott,

Literatur: ACAdams Exegesis of Hb 6,1f, NTSt 13, 1967, 378–385; WBousset-Greßmann Die Religion des Judentums³, 1926; BCollins Tentatur nova interpretatio, Verbum Domini 26, 1948, 144ff.193ff; GLindeskog Studien zum NTlichen Schöpfungsgedanken I, 1952; GSchille Bemerkungen zur Formgeschichte des Evangeliums, NTSt 4, 1957, 1–24; ASeeberg Der Katechismus der Urchristenheit, 1966; WThüsing Milch und feste Speise Hb 5,11–6,3, Trierer Theologische Zeitschrift 76, 1967, 233ff.261ff; UWilckens Die Missionsreden der Ag², 1963; KSWuest Hebrews Six, Bibliotheca Sacra 473, 1962, 45–53.

Nur der Reife ist urteilsfähig. Darum sollen die Hörer mitmachen, wenn der Prediger die Anfangsunterweisung nun dahintenlassen und sich der Vollkommenheit, dem Thema vom himmlischen Hohenpriestertum Jesu, zuwenden wird. Die jetzt außer Betracht bleibenden folgenden sechs katechetischen Stücke werden nur gerade aufgezählt. διὸ siehe 3,7. Hier anders als 1K 3,2 (Bruce). Aber V 1 hängt eigentlich nicht in der Luft (gegen Kosmala 17): Verfasser gibt die trägheitsgefährdeten Hörer gerade nicht auf, sondern muß ihnen die τελειότης als Heilmittel zumuten (Thüsing 240f); auch im Hb ist der paulinische Indikativ des Heils also noch nicht total verschwunden.

ἀφίημι Bauer 3b Bultmann ThW I 506–507 Siegfried 3,22 Wettstein; zusammen mit φέρεσθαι Eur Andr 392f. Nicht wie 2,8 „übrig lassen"; nicht als unübertragen „zurücklassen" wie in den Nachfolge-Texten Mk 1,18 und öfter, nicht übertragen tadelnd wie Mk 7,8 Mt 23,23 Apk 2,4; sondern als rhetorischer Topos „ein Thema liegen lassen": die politik-fremden Ausführungen (Plut An Seni Sit Gerend Resp 18 II 793A); den Caesar, die Werke der Natur (Epict Diss 4,1,15 1,16,9); das Aufhören der Orakel (Plut Def Or 23 II 423C; Betz Plut 1975 165); ähnlich mit anderen Vokabeln von der Hohenpriesterkleidung Philo Migr Abr 102. Also keine abwertende Abwendung, aber – für den Verfasser – diese traditio verlassen (Bengel) – für die Hörer – in ihr nicht hängen bleiben (Calvin; gegen Wuest 50 Adams 381); denn bloß beim Anfang stehenzubleiben ist schädlich Philo Agric 125f (Moffatt zu 6,4). Hipp Ref 5,8,44 ist keine Sachparallele.

τὸν τῆς ἀρχῆς τοῦ Χριστοῦ λόγον. τῆς fehlt in 1518. 38 und 2005 ersetzen Χριστοῦ durch θεοῦ, siehe 5,12. 1836 stellt um: λόγον τοῦ Χριστοῦ; 429 läßt τοῦ Χριστοῦ aus. Hinter λόγον fügt L λοιπὸν ein; λοιπὸν Bauer 3b, bei Paulus öfter, siehe Hb 10,13. Den Varianten entspricht die Unsicherheit unter den Auslegern. Sicher ist: der Gesamtausdruck meint die nachfolgenden sechs Stücke; sie gelten dem Hb, wegen τοῦ Χριστοῦ, als christliche Anfangskatechese, ἀρχῆς auf die Botschaft von Christus bezogen (Thüsing 242), ähnlich die Missionspredigt 1Th 1,9f (Wilckens 83), auch wenn Hb 6,1b.2 eine ausdrückliche Erwähnung Jesu fehlt, vgl dazu 4,2 Exkurs. Χριστοῦ meint wahrscheinlich Predigt über Jesus, Genitivus objectivus (Riggenbach Héring Moffatt). Dann besagt der Ausdruck dasselbe wie die στοιχεῖα τῆς ἀρχῆς τῶν λογίων τοῦ θεοῦ und γάλα in 5,12–14; wie die ὁμολογία 3,1 (Thüsing 262–265); also eine dem Hb vorgegebene chr Tradition. Ebenso fest steht aber: der Inhalt dieser 6 Stücke ist auch jüd belegbar, so daß ein Zusammenhang mit einem jüd Proselytenkatechismus bestehen kann (Wilckens 84 Thüsing 242), freilich nicht für alle sechs qumranisch belegbar (gegen Kosmala 31f); siehe die folgende Einzelerklärung von V 1b.2. ἀρχῆς denkt nicht an das levitische Opfersystem, in dem Christus typologisch vorweggenommen ist und das die Hörer aufgeben sollen (gegen Wuest 50). Hb spielt auch nicht auf die Verkündigung des historischen Jesus an, die de facto zwar christologisch unexplizit war, aber nicht nach Meinung des Hb (gegen Adams 381); falls Χριστοῦ Genitivus subjectivus ist – so Seeberg Katechismus 248 (Kommentar) – und Jesu Predigen meint, dann im Sinne von 2,3. Zu λόγος siehe 4,2. Zu ἀρχή siehe 3,14; zur Konstruktion vgl τῶν ἐξ ἀρχῆς δογμάτων Philo Leg All 3,84 Spicq I 56. Zu τοῦ Χριστοῦ siehe 3,6 3,14. ἐπί aufs Ziel hin, siehe 12,10.

τελειότης; die Ersetzung durch θεμελιό(η)τα in p[46] hat schon hier θεμέλιον im Sinn (Bl-Debr § 110,1. Bauer Delling ThW VIII 79f); das substantivierte Adjektiv 5,14. In LXX von der Macht der Gottheit (Sap 12,17), vom reifen Alter im Unterschied zur Jugend (Jer 2,2 א), ohne hebräisches Äquivalent; vom Höchstmaß der Einsicht (Sap 6,15); in Ri 9,16.19 als „Redlichkeit". Beginn der körperlichen τελειότης etwa mit 14 Jahren (Aetius Placita 5,23 Diels Doxographie 434f). Magisch: zwangskräftiger Ausfluß der τελειότης (Preis Zaub 7,779). Bei Epict Diss 1,4,4 ist die τελειότης das endgültig erreichte Ziel, die προκοπή die Annäherung daran. Nur das den Menschen wirklich Angehende gehört zur τελειότης der menschlichen Natur (MAnt 5,15). Am nächsten steht dem Hb Philo, auch wenn Hb nicht, wie er, von „Fortschritt" spricht und nicht die ψυχή im Blick hat. Die τελειότης hat einen höheren Rang als die μετάνοια (Philo Abr 26), die Seele strebt nach der τελείωσις (Leg All 3,213). Dem Vollendeten ist das Anfangsstadium seiner τελειότης noch unbewußt (Agric 165). Die τελειότης ist charakterisiert durch treffsicheres Verstehen und Erklärenkönnen (Migr Abr 73); Anfang, Fortschritt und Vollkommenheit in löblichem Handeln ergibt sich aus den Seelenkräften (Agric 157), durch Schauen (Ebr 82); so nicht explizit im Hb, aber immerhin φωτισθέντας γευσαμένους 6,4. Das Höchstmaß der τελειότης ist die Entsinnlichung (Fug 115), die vollkommenen Tugenden werden von Schicksalsschlägen nicht berührt (Sacr AC 111). Hier denkt Hb anders: die Entweltlichung führt in die welthafte Not 13,13. Hb verbindet die τελειότης aber nicht, wie Kol 3,14 und 1Cl 50,1 53,5 – einzige Stellen in NT und Apost Vät außer Hb – mit der ἀγάπη. Für ihn ist τελειότης Reife, Vollkommenheit, Aufnahmefähigkeit gegenüber der festen Speise, nicht gegenüber der Milch, also anders als die Milchnahrung der Gnostiker (Od Sal 19,5b); die Beschaffenheit, die geistlich rechtes Urteil und rechtes Verhalten ermöglicht 5,13.14 und zu jener Entweltlichung führt, die mit dem himmlischen Hohenpriestertum gemeint ist, also nicht nur die innerweltliche Ethik betreffend, wie Chr Cramer Cat 191,19 und andere griechische Väter verengen.

φερώμεθα; mit ο schreiben D K P 5 6 88 216 330 383 440 462 491 623 794 823 917 999 1245 1319 1836 1845 1912 2004 2143 sy[h], orthographische Variante (Riggenbach), siehe 4,16. φέρω im Hb activisch: Subjekt der Präexistente 1,3; die Israeliten „ertragen nicht" 12,20; „auf sich nehmen" 13,13; passivisch: juristisch „beigebracht werden" 9,16. Hier 6,1 medial (Bauer 3c Weiß ThW IX 58–61). Von der schnellen Bewegung, unübertragen, des Windes (Js 28,15.18 19,6 Ag 2,2), des Blattes (Lv 26,36), des Pferdes (2Mkk 3,25). Von der geistigen Bewegung des Menschen: „wohin laßt ihr euch fortreißen, o ihr Menschen, trunken, wie ihr seid!" (Corp Herm 7,1), also negativ. Hier 6,1 positiv: für den sich mit einbeziehenden Verf – nicht explizit sich einbeziehend wie Paulus Phil 3,12–13 – die Vorankündigung von 7,1–10,18; für die Hörer das Achtgeben auf das Angekündigte, ohne träge zu sein 5,11 (Wettstein); sie sind also in die Aufforderung mit eingeschlossen (Orig Greer 42 griechische Väter Luther Glosse Calvin Delitzsch bedingt deWette[2] Bleek-Windrath Michel; gegen Bengel Seeberg Kommentar Riggenbach). πάλιν, siehe 1,6: in Wiederholung der Missionspredigt, also der Tradition.

θεμέλιος Bauer KLSchmidt ThW II 63f Williamson 121f. Zur Frage des Genus siehe

Deißmann B 119f Bauer Bl-Debr § 49,3; Neutrum meist im Herm. „Fundament" unübertragen und übertragen. In LXX und Str-B I 733 875f III 33 nicht übertragen; wohl aber als „Lehre" in Qumran (Braun Qumran-NT I 255). Übertragen bezeichnet θεμέλιος, im Singular oder Plural, die Grundlagen des Charakters (Luc Calum 20), die Fundamente der Persönlichkeit des Gnostikers (Od Sal 36,16b), von den Vätern überkommene Bräuche (Ditt Syll[4] 888,55,70); die Prüfung eines Entschlusses (Epict Diss 2,15,8); gute Anlage und Unterricht (Philo Cher 101); Fundament für Hören und Lernen (Mut Nom 211), für Freundlichkeit und Menschenliebe (Spec Leg 2,110), für eine nachfolgende Exegese (Som 2,8), für die τέχνη (Machon bei Athen 8 p 346A). In Hb 11,10 unübertragen wie Lk 6,48.49 14,29 Ag 16,26 Apk 21,14.19 ab. Hier in Hb 6,1 übertragen; aber nicht als unentbehrliche Voraussetzung wie 1K 3,11 Eph 2,20 2Tm 2,19 1Cl 33,3 (vgl oben Ditt Syll Philo Cher Spec Leg Mut Nom Macho); sondern als grundlegender Anfang wie R 15,20 1K 3,10.12 (vgl oben Epict und Philo Som). Hier die Missionskatechese, siehe Did 1–6 (Schille 23 Thüsing 243); ihr Inhalt V 1b.2. καταβαλλόμενοι; statt dessen, aus φερόμεθα erwachsen (Riggenbach), sekundär καταβαλλόμεθα in 177 1245 1912; Bauer 2, im Hb nur hier. Nicht –siehe die Falschübersetzung in d – „niederwerfen" wie LXX und passivisch 2K 4,9 Apk 12,10, sondern „das Fundament legen" übertragen; so LXX weder mit θεμέλιος noch absolut. Unübertragen mit θεμέλιος Jos Ant 11,93 15,391 Dion Hal Ant Rom 3,69; activisch Porphyr Abst 8,10. Übertragen wird mit θεμέλιος noch verbunden βάλλεσθαι Philo Spec Leg, προκαταβάλλειν Som Mut Nom, ὑποβάλλειν Cher, ἱστάναι Epict, siehe oben; καταβάλλομαι absolut ohne θεμέλιος von der Gründung der stoischen Schule durch Zenon Plut Alex Fort Virt 6 II 629A.

Das erste Lehrstück des θεμέλιος (Seeberg Kommentar), aber als Norm für den Wandel gedacht: μετάνοια (Wettstein, Bauer Behm ThW IV 972–1004 Bousset 389f Str-B I 170–172 Braun Qumran NT II 89 Studien[2] 70–85). Unreligiös ep Ar 188 Prv 14,15. Als religiöse Umkehr absolut, nie mit ἀπό, ohne hebräisches Äquivalent Sap 11,23 12,10.19 Sir 44,16 Gebet Manasse 7. Das Verbum in LXX oft; mit ἀπὸ τῆς κακίας αὐτοῦ Jer 8,6. Also jüd, auch qumranisch zentral. Hell oft unreligiös als Gesinnungswechsel. Im NT und Apost Vät nie, wie hier Hb, mit ἀπό; aber bei Just Dial 121,3. μετάνοια εἰς 2K 7,10 Ag 11,18. μετανοεῖν ἀπό Ag 8,22 Just Dial 109,1, mit ἐπί 2K 12,21, mit ἐκ Apk 2,21.22 9,20.21 16,11. In den Synoptikern meint μετάνοια auf jüd Boden endzeitlich bedingten verschärften Toragehorsam und Anerkennung radikaler Abhängigkeit von der Gottheit, nicht Trennung von Judentum oder Heidentum; bei Paulus konkrete Umkehr 2K 7,9, aber nicht Erstzuwendung zur christlichen Kirche, siehe 1Th 1,9; so dann aber Ag von der Christwerdung der Juden 5,31, der Heiden 11,18 εἰς ζωήν, verbal 17,30; der Juden und der Heiden 20,21 (μετάνοια und πίστις wie Hb 6,1!) 26,20; verbal auch Apk 9,20 16,11; im Hb nie verbal. So als Missionsterminus hier 6,1, die entscheidende Abkehr vom bisherigen Wandel. In Hb 6,7 12,17 die Unmöglichkeit, die μετάνοια zu wiederholen.

νεκρὰ ἔργα. Bauer νεκρός 1bβ Bultmann ThW IV 896–899; hier ohne Artikel wegen ἀπό, Bl-Debr § 255. LXX nicht νεκρὸν ἔργον, auch nicht Qumran (Braun Qumran NT I 256); aber 4Esr 7,119 mortalia opera; rabb gelten die Gottlosen als lebendig tot (Str-B III 652 zu 1Tm 5,6 I 489 zu Mt 8,22). So ist die vorchr sündige Existenz eine tote Eph 2,5 Kol 2,13 Mt 8,22 Herm s 9,16,3 (Windisch). Der übertragene Gebrauch besonders in Stoa (Bultmann). Hb hat νεκρός unspezifisch 9,17, im Zusammenhang mit der Auferstehung 6,2 11,19.35 13,20; die νεκρὰ ἔργα im NT und Apost Vät nur hier und 9,14, analog der toten vorchr Existenz, verwandt mit den vorchr Unwissenheitssünden 9,7 (Schierse 142; vgl

Sap 13,6). νεκρὰ ἔργα hier nicht die Täufer-Buße (gegen Wuest 50f), nicht bloß vorchr Sünden allgemein (gegen Chr und Thret Cramer Cat 191,29f 496,26), nicht der Legalismus (gegen Bleek-Windrath Héring), sondern wie 9,14 das Gegenteil vom Kult des lebendigen Gottes. Die μετάνοια ist Anfangsbekehrung (Calvin), in ihr erfolgt die Zuwendung zum ausschließlichen Monotheismus, einem Zentralstück der christlichen Kurzbelehrung Ps Clem Hom 15,11,1 16,2,1 (Windisch). Also meinen die νεκρὰ ἔργα doch wohl den vorchr Götterkult (Wilckens 84), der den Tod einbringt (Theißen 54): das Götterbild ist τὸ νεκρόν (Sap 13,18 Jos Asen 11,8 12,5); Bilderdienst versperrt die Umkehr (Philo Spec Leg 1,58), während die Umkehrenden ihre Götterbilder vergraben (Tob 14,6) oder zerbrechen und fortwerfen (Jos Asen 10,12). So gehören die beiden ersten Stücke, Abkehr von den Göttern und Glaube an Gott, eng zusammen (Theißen 53f). Zum ἔργον der Menschen siehe 4,10. πίστις ἐπὶ θεόν, Missionsterminus (Gräßer Glaube 66), definiert 11,6; im NT nur hier. ἐπὶ θεοῦ in 642. πίστις siehe 4,2 Exkurs; für Philo dort. Betont ist nicht der Schöpfer (zu Lindeskog 180), sondern der Gegensatz gegen die Götter. Die Hörer waren vorchr also nicht Juden (Hollmann Windisch Schierse 175 Wilckens 85 Kuß; gegen Collins 147 Wuest 51); darum die Missionsreden Ag 1–7 anders als hier.

2. nicht die Lehre (vorbringen) über Taufen und Handauflegung, Totenauferstehung und ewiges Gericht.

Literatur: WBieder Pneumatologische Aspekte, in: NT und Geschichte, herausgegeben von Baltensweiler/Reicke, 1972, 251–259; WBousset siehe V 1; OHofius Der Vorhang vor dem Thron Gottes, 1972; SLJohnson Some Important Mistranslations, Bibliotheca Sacra Dallas 110, 1953, 25–31; JKParratt The Laying on of Hands in the NT, ExpT 80, 1969, 210–214; ASeeberg siehe V 1; WThüsing siehe V 1; UWilckens siehe V 1; KSWuest siehe V 1.

Die vier letzten Stücke der Fundamentalunterweisung; in zwei Paaren, deren je zwei Glieder wie V 1b, hier als sakramentaler und eschatologischer Inhalt, zusammengehören. Alle vier hängen ab von „Lehre" (Seeberg Katechismus 254 Riggenbach Wilckens 83 Thüsing 245 und viele). Die Genitive βαπτισμῶν und διδαχῆς liegen nicht voneinander unabhängig auf Einer Ebene (gegen Erasmus adnotationes Luther Deutsche Bibel WA 7,2). βαπτισμῶν ist auch nicht der διδαχῆς regierende Genitiv „Lehrtaufen" (gegen Bengel). διαδοχῆς in 327 ist orthographische Verschreibung. Trotz der breiten Bezeugung von διδαχῆς – ℵ A C D K L P Koine f g – ist das schmal, aber qualitativ gut bezeugte διδαχήν – p⁴⁶ B d – vermutlich echt (Seeberg aaO 252 Bl-Debr § 168,2 Zuntz 93f Tasker 186 Moffatt Montefiore; gegen Metzger 666): Angleichung des Accusativs an die umgebenden Genitive ist verständlich, das Umgekehrte, zwecks stilistischer Verbesserung, nicht so; auch die ungewöhnliche Voranstellung eines abhängigen vor einen regierenden Genitiv spricht für διδαχήν, siehe Bl-Debr oben.

διδαχή Bauer 2 Rengstorf ThW II 166f. In LXX nur Ps 59 im Titel. Wie in ep Ar 294 hier bezogen auf καταβάλλομαι, also mit θεμέλιον V 1b auf Einer Ebene. In den Evangelien von Jesu Lehrtätigkeit und Lehre; bei Paulus schon Ansätze zu Lehrformulierungen (Käsemann R 6,17 S 171); so hier im Hb eindeutig, auch Apost Vät. Die Einbringung der διδαχή in das zweite und dritte Paar unterstreicht: es geht nicht um Wiederholung des Vollzugs der bereits empfangenen Taufen und der erst bevorstehenden eschatologischen Ereignisse. Aber auch die Sakramente heben nicht die Unentbehrlichkeit der τελειότης auf. In 13,9 διδαχαί von Irrlehren. βαπτισμῶν: zum ο statt ω in D★ 93 104 436 642 1912, siehe 4,16; oder

Vermeidung des ungewöhnlichen Plurals? Angleichend an das Folgende fügen 1908 arm aeth hinter βαπτισμῶν sekundär τε ein. Der Genitiv ersetzt ein klassisches περί (Radermacher 109). βαπτισμός Bauer Oepke ThW I 543: im 2. Jahrhundert nach Chr medizinischer terminus technicus für lethargischen Schlaf; in LXX nicht belegt, auch nicht βάπτισμα. βαπτισμός singularisch von der Täufertaufe, einzige Josephus-Stelle Ant 18,117. βαπτισμοί betreffs Spülen von Geschirr Mk 7,4, als jüd-rituelle Waschungen Hb 9,10, im Singular als chr Taufe Kol 2,12 p[46] B D* G. In Apost Vät nicht. Der Plural in Hb 6,2 fällt auf; βάπτισμα in NT und Apost Vät nie pluralisch. Waschungen spätjüd Str-B I 695–705; auch Philo Spec Leg 1,261, aber ohne βαπτισμοί und βαπτίσματα (zur Proselytentaufe siehe Str-B I 102–112 Dinkler ThW VI 628). Qumranisch Braun Qumran-NT II 1–29; wiederholte Taufen gnostisch Pist Soph 91 S 134,25 112 S 188,18 115 S 192 19.24 und öfter Jeu 43 S 305,19 45 S 308,3 49 S 314,11; vielmals wiederholt mandäisch Drower The thousand and twelve questions S 130,73 Zeile 3f von oben S 132,80 Zeile 4 von oben 81 Zeile 3 von oben. Manche Ausleger denken daher hier beim Plural an die Vielzahl der Täuflinge, zB Thret Cramer Cat 497: künstlich. Oder an positiv erwähnte gnostisch-christliche Waschungen wie Ps Clem Hom 10,1,1, 11,1,1, was Hb aber kaum akzeptieren würde, siehe 9,10 (Riggenbach Windisch). Die große Mehrzahl – eine gute Übersicht bei Spicq – erklärt auf Abgrenzung gegen jüd Waschungen, gegen die Täufer-Taufe und andere außerchr Riten (zB Johnson 28 Kosmala 33 Thüsing 245 Bieder 254) beziehungsweise auf die Unterscheidung von Wasser- und Geisttaufe (Seeberg Katechismus 253f). Entscheidend für das Verständnis ist (vgl Windisch): Abgrenzung wird, wie bei den νεκρὰ ἔργα, im Hb ausdrücklich formuliert; die übrigen fünf Stücke, auch die βαπτισμοί, müssen, gerade in einer Anfangsunterweisung, positiv gemeint sein. Dreimaliges Untertauchen bei der Taufe zwar erst bei Tert Adv Praxean 26 (vgl Hippolyt Kirchenordnung koptisch XVI 15 herausgegeben von Leipoldt 1954 S 21). Aber schon Did 7,3, wenige Jahrzehnte nach Hb, verlangt, wie Tert und Hippolyt unter ausdrücklicher Nennung der trinitarischen Formel, als Ersatz für die Volltaufe bei Wassermangel die d r e imalige Begießung des Hauptes. Die βαπτισμοί werden also hier 6,2 als dreimaliges Untertauchen zu verstehen sein (so schon Estius 1631, siehe Spicq I 384 Windisch Wilckens 83 Kuß). Sonstige Taufterminologie siehe Hb 10,22. Keine Taufe ohne Bezug auf Jesus; die βαπτισμοί hier sind chr.

ἐπιθέσεώς τε χειρῶν. Die Auslassung des τε in 1319, seine Ersetzung durch τῶν in 1845 ist sekundär. ἐπίθεσις Bauer Maurer ThW VIII 160–162; „Handauflegung" Conzelmann Handbuch 1Tm 4,14 Exk, Parratt 210–214; mandäisch Rudolph II 188–191. LXX gebraucht ἐπίθεσις, wie sonst auch griech, meist in feindlichem Sinn, nie mit χειρῶν als Handauflegung; Josephus auch nicht. LXX ἐπιτιθέναι mit χείρ singularisch oder pluralisch sehr viel: meist von der Aufstemmung der Hände aufs Opfertier, zB Ex 29,15. Dazu Philo Spec Leg 1,203; Ein Mal, nur erwogen, als Heilung 2 βασ 5,11. Dieser terminus technicus der hell Thaumaturgie auch qumranisch (Braun Qumran-NT I zu Lk 13,11–13). Als Amtsgeist-Übertragung Mose-Josua Nu 27,18.23 Dt 34,9. Zur Handaufstemmung als jüdischem Ordinationsbrauch Str-B II 647–661. ἐπίθεσις χειρῶν als Kraftübertragung also auch jüd (vgl Philo Leg All 3,90); freilich ohne das Nebeneinander von Taufe und Handauflegung. Das Verb, meist mit χείρ pluralisch, in den Synoptikern als heilende Handauflegung; Paulus gar nicht; in Ag betreffs Heilung 9,12.17 28,8; betreffs Amtsbefähigung 6,6 13,3, vgl 1Tm 5,22; als Geistverleihung Ag 8,17.19 9,17 19,6. ἐπίθεσις χειρῶν (nur pluralisch, also beide Hände) nicht in Apost Vät. Im Hb nur 6,2: nicht gegenüber dem Opfertier (gegen Wuest 51); nicht betreffs Amtsbefähigung wie 1Tm 4,14 2Tm 1,6 (gegen

Maurer 161 Bieder 254); sondern als Geistverleihung wie Ag 8,18; verbal, mit der Taufe verbunden Ag 19,5f, vgl Hipp Kirchenordnung oben. Die Handauflegung wird im Hb, anders als in Ag, nicht mehr von den Aposteln vollzogen, sondern durch Amtsträger der zweiten und dritten Generation. Die χεῖρες der Gottheit 10,31, die Jesu 1,10 Zitat, die der Amtsträger 6,2, der Christen 12,12 Zitat; singularisch von Israel 8,9 Zitat. Zu χείρ siehe 1,10. Belehrung über die Eucharistie gehört also nicht zur Anfangskatechese; mithin Einweisung für noch Ungetaufte? Aber die Eucharistie ist im Hb wahrscheinlich fraglich, siehe 13,9f.

ἀναστάσεώς τε νεκρῶν. Das τε fehlt in B D* P 33 365 vg^{ms} co, ist ersetzt durch τῶν in 1319 1845, vgl oben bei ἐπιθέσεως; es wird ursprünglich sein, in p^{46} ℵ A C D^2 I K L Ψ **0122 0252** den meisten d e f vg bo sy$^{p\ h}$ arm aeth; Nestle-Aland[26] bringt es zu Recht im Text. Zum mehrfachen τε siehe Bauer 2. ἀνάστασις Bauer 2b Oepke ThW I 368–372. Als Auferstehung griech klassisch und hell entweder abgelehnt oder als wunderhafter Einzelfall akzeptiert. In LXX ἀνάστασις eschatologisch nur 2Mkk 7,14 12,43, und zwar nicht mit νεκρῶν. Bei Philo und Josephus ἀνάστασις nicht = Auferstehung. Gleichwohl ist Auferstehungshoffnung spätjüd-apokalyptisch und rabb (Str-B IV 1166–1198); qumranisch wahrscheinlich nicht (Braun Qumran-NT II 271f). ἀνάστασις im gesamten NT; verbunden mit νεκρῶν nie bei Joh; aber siehe bei ἐγείρειν 11,19. ἀνάστασις ἐκ νεκρῶν Lk 20,35 Ag 4,2, ähnlich Barn 5,6. ἀνάστασις τῶν νεκρῶν Mt 22,31 1K 15,42. ἀνάστασις νεκρῶν R 1,4 1K 15,12.13.21 Ag 17,32 23,6 (24,15) 24,21; 26,23; ähnlich Just Dial 80,4. Vgl dagegen ἀνάγειν ἐκ νεκρῶν 13,20. Diese im NT am häufigsten verwendete, also traditionsgeprägte Formulierung bringt Hb hier 6,2. ἀνάστασις in 11,35a innerzeitlich, davon als eschatologisch durch κρείττων abgehoben 11,35d. So gemeint hier 6,2, als Voraussetzung für das Endgericht; als so nahe gilt das Ende eben doch nicht mehr. Im Hb ἀνάστασις nie von Jesus; von den Christen beziehungsweise Menschen nicht 9,27, nur hier. Und das aus Tradition; Hb selber sagt die Sache mit „Stadt" und „Vaterland" aus 11,10.15. Seine dualistische Einstellung auf das Himmlische hindert ihn, vom Auferstehungs-σῶμα bei Jesus oder den Christen zu sprechen, vgl 10,5 11,19 (zu Schierse 163f Hofius Vorhang 78). Zu νεκρός siehe 6,1.

κρίμα Bauer 3 Büchsel ThW III 943f Hein Horst Conzelmann RGG^3 II 1415–1421. Vgl κρίσις 9,27 κριτής 12,23. κρίμα zusammen mit Auferstehung: jüd Bousset 269f Str-B IV 1199–1212; chr Apk 11,18 2Cl 9,1 Barn 21,1 Just Dial 81,4 (siehe auch Windisch). Im gesamten NT, vom göttlichen Gericht. Hb nur hier; κρίσις 9,27 10,27; κρίνειν 10,30 Zitat, 13,4: immer ist Gott Richter, nicht Christus, siehe 9,28. Diese Wortgruppe im Hb meist besonders affektbetont drohend. κρίμα αἰώνιον: ein Gericht, dessen Entscheidung endgültig ist. So, ohne diese Vokabeln, schon bei Plato: die „Unheilbaren" erleiden die schwersten Unterweltstrafen für immer (Gorg 81 I 525C); im Tartarus, aus dem sie niemals herauskommen (Phaed 62 I 113E). LXX hat αἰώνιος nicht bei κρίμα und κρίσις, aber bei anderen Straf- und Verwerfungstermini (Jer 18,15 23,14 25,9.12 27,5 Ez 35,9 4Mkk 9,9–13.15); das große ewige Gericht aeth Hen 91,15; vgl ewige Strafe Da 7,26 12,2. Zu den positiven αἰώνιος-Aussagen siehe 5,9. Ewige Dauer der Gehinnom-Strafen apokalyptisch und spätjüd (Str-B IV 1050 1059–1062 1077–1079); zB Jochanans Weinen angesichts der Ewigkeit von Gottes Zorn, Fessel und Töten (Ber 28b 23 Str-B IV 1034). Ähnlich Qumran (Braun Qumran NT II 270); zB 1QS 4,12f Jos Bell 2,155. Philo und Josephus nicht αἰώνιος bei κρίμα und κρίσις, Josephus aber δεσμοὶ αἰώνιοι von lebenslänglicher Haft (Bell 6,434). NT sonst nicht κρίμα αἰώνιον, wohl aber sinnverwandte Wendungen: αἰώνιος bei κρίσις Mk 3,29 A C^2 Koine, bei πῦρ Mt 18,8 25,41 Jd 7, bei κόλασις Mt 25,46 und ὄλεθρος

2Th 1,9; vgl Mk 9,43. In Apost Vät *αἰώνιος* nicht bei *κρίμα* oder *κρίσις*. *κρίμα αἰώνιον* also eine der Apokalaptik eigene Bildung.

3. Und das werden wir tun, wenn Gott es zuläßt.

Es ist unwahrscheinlich, daß Gottes Erlaubnis für die sechs Stücke der Anfangsbelehrung erst beigebracht werden muß, während gerade bei Zurückgebliebenen der Weg zur *τελειότης* ohne weiteres begehbar sein sollte. Daß er begehbar ist, daß der *θεμέλιος* noch vorhanden und überbaubar ist, dafür bedarf es der Bestätigung durch Gott; „denn" (V 4) läge nach Gottes Urteil Abfall vor, so wäre das Fundament unwiederbringlich verloren, von *τελειότης* ganz zu schweigen. Nur die Wendung zu ihr hilft weiter. Gottes *ἐπιτρέπειν* ersieht der Verf aus dem Wandel der Hörer 6,10. *τοῦτο* meint also *φερώμεθα* V 1a (siehe Thret MPG 82 716B und die meisten Kommentare; gegen Seeberg Windisch Laubach Schiwy Barclay). Hb schlägt freilich eine erneute Fundamentalbelehrung nicht deswegen aus, weil die Hörer dadurch zur Rückkehr in ihren angeblich jüd früheren Glauben ermuntert werden könnten (gegen Bruce). *τοῦτο* weist zurück, wie die *οὗτος*-Formen oft im Hb, zB 13,17.19 (Bauer 1b*a* Bl-Debr § 290,2). *καί* davor auch Lk Corpus Paulinum; im Hb nur hier; in Hb 11,12 *καὶ ταῦτα* anders Bl-Debr § 290,5 442,9.

ποιήσομεν. Der Indikativ ist echt, breit und bestens bezeugt durch p[46] ℵ B I K L **0122 0252** 1 2 5 6 33 69 88 206 216 218 221 226 242 255 256 337 429 489 614 629 630 910 919 920 1149 1241 1518 1739 1827 1867 1881 1984 2127 2143 2464 2492 ar c d dem e f x z vg sy[p] [h] sa[mss] bo Ambr Chr Thret[text] Thphyl. In den Konjunktiv verschreiben orthographisch oder an *φερώμεθα* V 1 angleichend A C D P Ψ 81 104 181 326[vid] 330 365 436 451 1834 1877 1962 1985 2495 it zum Teil vg[ms] arm Chr Euthal Thret[Kommentar] Dam; Metzger 666 f; *o–w* siehe 4,16. Auch *ποιήσαντες* in 257 ist Verschreibung. *ποιεῖν* Bauer 1b*ε* Braun ThW VI 475. Im Hb von Gott als Schöpfer 1,2.7 3,2, vgl 12,27, als Errichter der Setzung 8,9, von seinem Handeln an den Christen 13,21; von Jesus, der die Sühnung herstellt 1,4 7,27 und Gottes Willen tut 10,7.9. Von menschlichem *ποιεῖν*: des Hb-Verfassers 6,3; des Mose 8,5 11,28; der Gemeindeleiter 13,17; der Christen 10,36 12,13 13,19.21; der Menschen allgemein 13,6. Der Plural ist hier schriftstellerisch, siehe 5,11. Der Verf vollzieht sein hier in Aussicht gestelltes *ποιεῖν* in 7,1–10,18; als unerläßliche Förderung der Hörer. *ἐάνπερ*, in 255 *ἐάν τι*, in 1319 *ἐάν*: konditional, nicht temporal, siehe 3,14. *ἐπιτρέπῃ*: *ἐπιτρέπει* in L P 102 ist Itazismus, siehe 4,14. Deißmann NB 80 Preisigke Wört I 582f 669 *θέλειν* 4) MDibelius Der Brief des Jk, 1921, zu 4,15 Windisch Bauer 1. *ἐπιτρέπειν* in Synoptikern öfter, Jesus Subjekt; vgl 4Mkk 5,26 Dg 10,3 Corp Herm 13,15 14,1. Im Hb nur hier; von der Einschränkung menschlicher Planung durch den Vorbehalt göttlicher Zustimmung, ein antiker Topos, siehe Minucius Felix Octavius 18,11: dieser Vorbehalt ist „eine Redeweise des einfachen Volkes". In LXX so nicht, weder mit *ἐπιτρέπειν* noch mit *θέλειν*; Str-Billerbecks rabb Belege III 758 aus dem Alphabet des Ben Simon zu Jk 4,15 sind mittelalterlich. Aber Josephus mit *ἐπιτρέπειν* von literarischen Plänen Ant 20,267. Außerbiblisch besonders in hell Privatbriefen der Kaiserzeit, mit *ἐπιτρέπειν* und *θέλειν* seitens der *θεοί* oder der *τύχη*. So auch Hb 6,3 von der Erlaubnis seitens Gottes. 1K 16,7 seitens des Kyrios. Der gleiche Sinn, ausgedrückt durch das *θέλειν* oder das *θέλημα*, besonders Missionspläne betreffend, seitens der Gottheit R 1,10 Ag 18,21 Jk 4,15 Dg 10,4 oder des Kyrios 1K 4,19. *ὁ θεός*: zum Artikel, den 919 1827 hier weglassen, siehe 1,1.

4. Denn es ist unmöglich, diejenigen, die erst einmal erleuchtet worden sind und die die himmlische Gabe geschmeckt haben und des heiligen Geistes teilhaftig geworden sind

Literatur: WBieder siehe V 2; HConzelmann Grundriß der Theologie des NT[2], 1968; GJeremias Der Lehrer der Gerechtigkeit, 1963; RReitzenstein Die hellenistischen Mysterienreligionen[3] 1927; SSchulz Die Mitte der Schrift, 1976; ASeeberg siehe V 1.

Gottes Erlaubnis (V 3) ist nötig, denn *(γάρ)* für Abgefallene wäre eine zweite Buße und damit der Weg zur τελειότης ausgeschlossen. ἀδύνατον, Bauer 2a Grundmann ThW II 287. ἔστιν fehlt öfter, Bl-Debr § 127. ἀδύνατον hier nicht „kraftlos", sondern „unmöglich", wie noch 6,18 10,4 11,6. Nirgends im NT außer in diesen Hb-Stellen regiert ἀδύνατον als Prädikat einen abhängigen Infinitiv; sonst aber wohl (zB Sap 16,15 2Mkk 4,6 Jos Ant 5,109 Corp Herm 6,3 1Cl 27,2). Der Ton dieses „harten Knotens" – Luther WA Deutsche Bibel 7,2 S 344 Zeile 13 – ist kategorisch, vgl Herm s 9,26,6. Chr Cramer Cat 501 unterstreicht, es hieße nicht „es gehört sich nicht, nützt auch nichts, ist auch nicht erlaubt". Mk 10,27 wird nicht in Erwägung gezogen. Thomas, Calvin, Bengel, Spicq schwächen ab. Schon profan gilt ein alt gewordenes Bösesein als unaufhebbar (Dinarch 2,3).

Das ἀδύνατον will unmittelbar einleuchten durch die 6,4f fünffach unterstrichene Höhe der Vorgabe.

a) ἅπαξ Bauer 2 Stählin ThW I 380–382. Im Hb oft. Als „ein einziges Mal" 9,7.26.27.28 12,26.27; auch 2K 11,25 Phil 4,16 1Th 2,18 1Pt 3,18. Als „ein für alle Mal" 10,2 Jd 3.5. Als „überhaupt erst einmal" hier 6,4; Gegensatz zu πάλιν 6,6. Der Sinn, gültig für den „rauschenden Enthusiasmus" (Spicq) der vier folgenden Participia des Aorist: dann ist die Entscheidung endgültig. Nach eingetretenem Tod (Amphis 8 CAF 2,238); nach dem γενέσθαι fremder Bräuche (Jos Ant 4,140); nach dem Schmecken essenischer Weisheit (Jos Bell 2,158); beim Kontakt mit der interpretierenden Person (Herm v 3,3,4 m 4,4,1); nach dem Ja zu Mordplänen, zur Seefahrt (Alciphr Ep 1,8,4 1,10,2); nach der Wahl der leitenden Beamten (Jul Or 2 p 91d). Hier Hb 6,4: nach eingetretener Erleuchtung steht die Wirksamkeit außer Frage; nun freilich – anders als in den vorangehenden Texten – mit dem doppelten Ausgang von Heil oder Unheil. Sie ist, nach dem Verlust, unwiederholbar, anders als die qumranischen Waschungen (Braun Qumran-NT I 257). φωτίζειν Bauer 2b Conzelmann ThW IX 302–349 Reitzenstein 264f; noch Hb 10,32. In LXX öfter als „belehren" qua Heil schaffen, Objekt öfter „die Augen". Aber nie ist die Gottheit Licht als unwelthafte Sphäre, aber nie erschließt sie die himmlischen Dinge oder verwandelt in sie wie Hb 6,4. Ähnlich der LXX, nur universaler, die Test XII (L 4,3 18,3.9 G 5,7 B 6,4 11,2). Ähnlich auch Qumran: האיר betreffend den Wandel (1QS 2,3 4,2 Jeremias 215f); Objekte der Erdkreis (1QM 1,8 1QSb 4,27), die Menschen (1QM 17,7f), das Angesicht (1QH 3,3 4,5.27). Des Hb φωτίζειν also unqumranisch (Braun Qumran NT I 257, gegen Kosmala 117–119 Michel). Im Hellenismus dagegen ist die obere Sphäre die Realität der Heilsmacht als Licht, im Gegensatz zu dieser Welt als der Finsternis; φωτίζειν meint Verwandlung, Vergottung, sakrale Weihe; Mysteriensprache Philo Congr 106 Fug 139 Corp Herm 13,19 Apul Met 11,27,2 11,28,4 Cl Al Paed I 6 26,2 Nag Hammadi I 2 EvVer 30,35; oft in Lidz Ginza, zB R XVI 1 S 381,35 L I 3 S 441,14f). Ähnlich Joh 1,9 Eph 1,18 3,9 2Tm 1,10 Ign R Einleitung. So ist für φωτίζειν der Schritt zur Bedeutung „taufen" verständlich: ausdrücklich Just Apol I 61,12 65,1 Sib 8,247.271 Act Thom 25 S 140 Zeile 18 die LAA H und B; Hb 6,4 sy^p ^{ph}; vgl Drower Baptism 42 Zeile 7–9 von oben. In 6,4 wird φωτισθέντας erklärt als der gesamte Vorgang der Umkehr auf Grund der Predigt (Chr Cramer Cat 194 Erasmus paraphrasis Calvin deWette² Riggenbach Windisch Héring Moffatt Kuß Bieder 52 Williamson 302–304); als mit der Taufe verbunden (Thomas Luther Glosse Bengel Hollmann Seeberg Kommentar Spicq Schierse 140 Bruce Conzelmann Theologie 66 ThW IX 347 Deichgräber 84); als terminus technicus für die Taufe (Seeberg Katechismus 257 Käsemann aaO 119 Hillmann Bultmann Theologie 145 f Strathmann Schröger 167 f Schulz 265). Letzteres wohl mit Recht: das absolute φωτίζειν als traditionsvorgegebenes „taufen" ist für Hb wahrscheinlicher, denn er verwendet sonst nie φως- und σκοτ-Stämme. Dieser Ersatz für ausdrückliches βαπτίζειν, das bei ihm fehlt, kommt auch seiner Sakraments-Reserviertheit entgegen: die Lehre von den βαπτισμοί ist nur Anfangsunterricht 6,1; vgl auch unten zu δωρεά. Anders freilich als in Dualismus und Mystik sind im Hb die φωτισθέντες gerade extrem verpflichtet und gefährdet.

b) γευσαμένους, siehe 2,9. 6,4 mit Genitiv; 6,5 mit Accusativ, unklassisch Bl-Debr § 169,3 Radermacher 121; nur stilistische Abwechslung (Moffatt); nicht Sinnverschiebung (Michel; gegen Bengel Delitzsch); nicht: von der δωρεά wenig, vom ῥῆμα und den δυνάμεις gründlich „geschmeckt". In LXX meist unübertragen vom physischen „kosten"; übertragen „kennen lernen", zumal sogleich wiederholt im Sinne der Realitätserfahrung (Delitzsch Spicq), den Affekt (Thomas), kaum, bei der Herbheit des Hb (12,25), die Lieblichkeit betonend (gegen Tertullian Pud 20 Calvin). Objekte: die Güte des Herrn LXX Ps 33,9, die Schönheit der Arbeit Prv 29,36 (31,18). Paulus verwendet γεύεσθαι nicht. 1Pt 2,3 zitiert Ps 33,9. Die antike Religionswelt bringt zum übertragenen, unphysischen γεύεσθαι folgende Objekte: Philo göttliche Liebeserweise (Som 1,165), den ungetrübten Frieden (Som 2,149), die Frömmigkeit (Vit Mos 1,190), the heavenly food (Quaest in Gn 2,59); vgl Spicq I 57; Hipp Ref 5,8,30 Honig und Milch übertragen; Corp Herm 10,8 die Unsterblichkeit; Jos Bell 2,158 die essenische Weisheit; Plut Gen Socr 21 II 590 A die Philosophie (Betz Plut 1975 273). Dazu kommt chr: die unsterbliche Gnosis 1Cl 36,2 (Hagner 183); Nag Hammadi I 2 Ev Ver der Sohn 30,25, die himmlische Lichtwelt 41,10; ferner negativ die todeinbringende Frucht Ign Tr 11,1, die Speise Ägyptens Act Thom 109 S 221,8 f. Es gibt freilich auch ein übertragenes, physisch-sakramentales „kosten": ἀπογεύεσθαι der Götzenopfer 4Mkk 5,2 (Theißen 41); γεύεσθαι von heiligen Sachen Preisigke Wört I 291, beim Brotbrechen Ag 20,11, von der Lebensmedizin Act Thom 135 S 242,1. Aber der stark übertragene Gebrauch von γεύεσθαι und Hb 13,9 legen den Gedanken an die Eucharistie nicht gerade nahe (zu Theißen 41). Statt τε sinnwidrig δε in 1836; τε fehlt in p⁴⁶. Zu τε – καί siehe 4,12. τῆς δωρεᾶς Bauer Büchsel ThW I 169. Eine Vokabel des Kaiserrechts: Ditt Or 614,3 Ditt Syll⁴ Register, Preisigke Wört I 404, Deißmann LO 311 Anmerkung 4. LXX belegt viel δωρεάν. In Sap die schöpfungsgemäße δωρεά 16,25; die δωρεαί entstammen der Bildung 7,14. Gaben der Gottheit auch außerbiblisch: die δωρεά des Dionysus der Wein (Plat Leg 2,13 II 672A); Abraham wird wegen der wie ein Regen von oben ausgegossenen δωρεαί gut und vollkommen (Philo Som 1,162); früher Tod ist seitens der Götter eine δωρεά (Plut Cons ad Apoll 14 II 108E); Unsterblichkeit eine δωρεά seitens der Gottheit (Corp Herm 4,5). Im NT wird Gottes δωρεά auf das Christus-Geschehen bezogen R 5,15.17 Eph 3,7 4,7 Joh 4,10; für Ag ist der heilige Geist *die δωρεά* 2,38 8,20 10,45 11,17. Im Hb δωρεά nur hier 6,4. Wo chr Texte des 2. und 3. Jahrhunderts nicht (wie 1Cl 23,2 32,1 Od Sal 11,9b Ps Clem Hom 3,30,2) von δωρεά allgemein reden, beziehen sie die δωρεά(ι) speziell auf den Geist (Barn 1,2), auf die Lehre (Barn 9,9), auf den Frieden (1Cl 19,2), unter anderem auf Leben in Unsterblichkeit (1Cl 35,2.4), auf Einführung in das ewige Reich (Mart Pol 20,2), auf die Taufe (Ps Clem Hom 13,10,3) und auf die Eucharistie (Ign Sm 7,1). Ähnlich disparat die Exegese-Geschichte. δωρεά wird verstanden als Taufe (Thret Cramer Cat 500); als Eucharistie, die man hier hinter der Taufe in der Tat erwarten möchte, wenn man von 13,9 absieht (Héring, Hillmann, Bruce Theißen 56–60, Schulz 265), aber die Eucharistie fehlt auch Eph 4,5 f; als Christus (Bengel Bieder 255); als heiliger Geist (Windisch Schierse 45 Strathmann), aber heiliger Geist wird ja sogleich besonders aufgezählt; als Sündenvergebung (Chr Cramer Cat 193, Erasmus paraphrasis, Luther Glosse; Seeberg Katechismus und Kommentar, Hollmann). Angesichts dieser nicht auf Einen Nenner zu bringenden Vielfalt ist der Verzicht auf eine Spezifizierung der δωρεά, abgesehen von ihrem jenseitig himmlischen Charakter, am einleuchtendsten (so Thomas, Calvin, Delitzsch, deWette[2], Bleek-Windrath, Riggenbach, Spicq, Moffatt, Kuß, Bruce, Schröger 161–168, Montefiore, Williamson 300–304). ἐπουράνιος bei δωρεά – wie Act Thom 94 S 207,10 f; vgl das „von oben" Philo Som 1,162 – unterstreicht, typisch für die Sakraments-Reserviertheit des Hb: die δωρεά ist dualistisch-jenseitig; „Speisen" sind unangemessen 13,9; der Kult geschieht im *himmlischen* Jerusalem 12,22, nicht welthaft im „Lager" 13,10–13, vgl 11,13.16. Zu ἐπουράνιος siehe 3,1.

c) zu μέτοχος siehe 3,1. γενηθέντας Bl-Debr § 78; γεννηθέντας in A 69 440 483 489 1311; ist an Zeugung durch die Taufe gedacht? γενομένους Or, γενηθέντας ausgelassen in 1836. Zum Verb siehe 5,11. Zu πνεῦμα ἅγιον siehe 4,12 2,4. Gemeint ist der zugeteilte Geist, nicht die dritte Person der Trinität (gegen Bengel); Handauflegung dabei erwägen Erasmus paraphrasis, Luther Glosse, Montefiore.

5. und die das gute Wort Gottes und die Kräfte der künftigen Weltzeit geschmeckt haben

Literatur: WBieder siehe V 2; SSchulz siehe V 4.

Die den Hörern zuteil gewordene Vorgabe wird weiter rühmend und im Blick auf einen möglichen Abfall gravierend dargelegt.

d) Sie haben das gute Wort Gottes geschmeckt; kunstvolle Wortstellung wie zB 4,8 5,11. καλὸς Bauer 2cβ, siehe 5,14. LXX καλὸς beim ῥῆμα des Mose Dt 1,14 und des Elia 3 βασ 18,24, vgl die λόγοι καλοί der Weisen Prv 16,24; bei den ῥήματα des Kyrios Jos 21,45 23,15 Sach 1,13; vgl den ἀγαθὸς λόγος des Kyrios Js 39,8 Wettstein Jer 40,14 Theodotion. Philo Quaest in Gn 4,49 the sweet, good and human word of God. Bei Josephus κάλλιστα von der Gesetzgebung Ant 15,136 Ap 183. NT καλὸς öfter, besonders in Past, aber nie bei ῥῆμα und λόγος; bei „Gesetz" R 7,16 1Tm 1,8. Im Hb noch bei „Werken" 10,24, siehe dort, und „Gewissen" 13,18. Apost Vät nicht καλὸν ῥῆμα; aber τὰ λόγια τοῦ θεοῦ als καλά 2Cl 13,3. καλὸς unterstreicht den hohen Wert der Vorgabe; Thomas: die *vita aeterna*. γευσαμένους siehe 6,4; die beiden davon abhängenden Accusative machen V 5 nicht zu einem „nachträglichen und unbeholfenen Zusatz" (gegen Kosmala 41 Anmerkung 27): bei γεύεσθαι Accusativ neben Genitiv 1 βασ 14,43/14,24 Joh 2,9/8,52. Der Genitiv ῥήματος vor δυνάμις (sic) in p[46] ist eine an V 4 angleichende Verschreibung. θεοῦ, bei ῥῆμα wie 11,3, dem Sinne nach auch 12,19; zum Fehlen des Artikels siehe 5,10. ὁ λόγος τοῦ θεοῦ 4,12 13,7. P 1831 Tertullian stellen um: ῥῆμα θεοῦ. ῥῆμα siehe Bauer 1 Debrunner ThW IV 74 f Procksch 91 Kittel 117. Zu LXX siehe oben bei καλός. ῥῆμα im ganzen NT außer Past Apk. Seltener als ῥῆμα θεοῦ Mt 4,4 Lk 2,29 3,2 Joh 3,34 8,47 Eph 6,17; zahlreicher als ῥῆμα, singularisch und pluralisch, Jesu: Ev, besonders Lk, Joh; vgl Herm s 9,11,8 als Objekt von „verzehren" (Windisch); öfter auch „Wort" der Apostel, besonders Ag. ῥῆμα im Hb von Gott und Jesus bei der Schöpfung und Erhaltung der Welt 11,3 1,3; im Plural am Sinai 12,19, dort = λόγος, für letzteres siehe 4,2. Hier 6,5 generell als Verkündigung wie schon Sach 1,13; singularisch R 10,17 Eph 6,17 1Pt 1,25. Tertullian CSEL 20 S 266 Pud 20: das süße Wort Gottes. In diesem Sinne die meisten Kommentare (gute Argumente bei Spicq). Nicht Einzelworte (gegen Westcott Bieder 252); nicht einzuengen auf Verheißung (gegen Thret Cramer Cat 500 Erasmus paraphrasis Luther Glosse deWette Seeberg Kommentar Laubach Montefiore); nicht speziell in Verbindung mit dem Abendmahl (gegen Schulz 265). ῥῆμα hier wie Ag 10,44 Joh 3,34 benachbart dem Geist (Windisch); aber hier hinter Geist. Der λόγος τοῦ θεοῦ wurde von den Gemeindeleitern gesagt 13,7; die λόγια τοῦ θεοῦ als von einem beliebigen Mitchristen gelehrt 5,12. Das ῥῆμα mit Kraft verbunden 1,3 wie vor den Krafttaten hier 6,5. Andere Attribute zu ῥῆμα: verborgen (Lk 18,34), unaussprechlich (2K 12,4), des ewigen Lebens (Joh 6,68), des Lebens (Ag 5,20), der Wahrheit, der Vernunft (Ag 26,25), das Schwert des Geistes (Eph 6,17). Für ὁ λόγος τοῦ θεοῦ vgl Hb 5,12f. Philo Fug 137f Leg All 3,173 deutet das Manna von Ex 16,15 als die himmlische Speise für die Seele, als ῥῆμα θεοῦ, gleichgesetzt mit dem göttlichen Logos (Siegfried 329).

e) „und der Kräfte der zukünftigen Weltzeit". δυνάμεις, siehe 1,3; zu ihrem Inhalt siehe 2,4. Das einfache τε verbindet seltener einzelne Begriffe (Bauer 1b). Tertullians sinnlose Übersetzung Pud 20 – *occidente iam aevo* – beruht auf einer wahrscheinlich durch Zeilenausfall verstümmelten griechischen Textvorlage (Tischendorf NT[8] II zur Stelle Riggenbach Moffatt). Die Hermetik zB zeigt, die Gabe der δύναμις ist von Haus aus nicht eschatologisch: Stob Excerpta 2A, 6 7,3 (Festugière); Abammon Scott I S 538 Nr 16 IV S 39 Zeile 11f. Vgl auch Ex 8,15 mit Lk 11,20. Eschatologische Wunder im Judentum als Drangsale bei Beginn der Endzeit und als Heilswunder der angebrochenen Endzeit (Str-B IV 978f 914f). Sie ragen auch im Judentum gelegentlich in das Jetzt hinein, sogar mit dem Verb „schmecken" (Str-B III 690,3); freilich ohne daß die Endzeit, wie im NT und hier 6,5 2,4, so nahe ist, siehe 1,2. Also 6,5 vorweggenommene Eschatologie, wie Barn 1,7 (Windisch). Hier speziell „Wunder", nicht besonders mit dem Abendmahl verbunden (zu Schulz 265); nicht gleich Taufe und Geist (gegen Thret Cramer Cat 500); nicht der Geist, sondern dessen Auswirkungen (zu Williamson 302–304). Also nicht wie Photius Staab 645: die einzelnen Inhalte der Eschata – Gericht usw – lernt man. μέλλοντος, siehe 2,5 1,14. Vor μέλλοντος in 255 τοῦ; Umstellung *saeculi venturi* in f vg Harnack Studien I 222. μέλλων αἰὼν ohne Artikel nur hier (Westcott). Wie im Hb anfangsweise, wird später komplett aus der zeitlichen Zukunft die himmlische Unwelthaftigkeit einer engelgleichen Existenz (Act Thom 21 S 133,6–8 Chr Cramer Cat 193f Luther Glosse) oder wenigstens das Unterpfand dafür (Erasmus adnotationes; zu Schierse 98). αἰῶνος siehe 1,2 5,6; zur zeitlichen Ansetzung des μέλλων αἰὼν im Judentum siehe 2,5 3,11 Exkurs. In den fünf Stücken der Vorgabe ist die ἀγάπη nicht genannt, also anders als 1K 13,1f; aber 6,10 erwähnt sie dann doch (Westcott).

6. und die dann abgefallen sind, wieder zur Buße zu erneuern; denn sie kreuzigen, was sie selbst anlangt, den Gottessohn und machen ihn zum Gespött.

Literatur: KBornhäuser Empfänger und Verfasser des Hb, BFTh 35, 1932, 303–393 (= 8–97); CECarlston Eschatology and Repentance, JBL 78, 1959, 296–302; BCollins siehe V 1; KSWuest siehe V 1.

καὶ „und doch", siehe 3,9–11. Der Gegensatz wirkt um so schneidender, als er nicht ausdrücklich formuliert ist. παραπεσόντας. Die LA παραπεσόντος in D* gleicht verschreibend an μέλλοντος αἰῶνος an. παραπίπτειν im NT nur hier (Bauer Michaelis ThW VI 170f). In Sap 6,9 12,2 als „zu Fall kommen". Ebenso Ez 14,13 15,8 18,24 20,27 verbunden mit, 22,4 ohne παράπτωμα; immer absolut, außer 20,27 hebräisch ב, griechisch εἰς. In Ez 18,24 als Abfall; vgl 2Mkk 1,7. 1Cl 51,1 als „verfehlen" neben „betätigen". Vgl „abfallen" 3,12. Der Abfall ist als einmalige Tat in der Vergangenheit geschehen. Aorist wie 10,29 12,16 (Carlston 297); fort vom chr Heil, aber nicht als Rückfall ins Judentum (gegen Collins 201), oder gar als Verharren im Judentum und als Verweigerung der Bekehrung zu Jesus (gegen Wuest 51). Zum Abfall in chr und außerchr Texten siehe den Exkurs. πάλιν siehe 1,6. Umstellung: *rursus* vg F, *rursum* vg A hinter *renovare*. ἀνακαινίζειν Bauer Behm ThW III 453f. Im NT nur hier. Objekte in LXX: der Altar 2Ch 15,8, das Jugendalter LXX Ps 102,5, unsere Tage Thr 5,21, Schmerz und Trübsal LXX Ps 38,3 1Mkk 6,9, das Angesicht der Erde LXX Ps 103,30. Josephus hat als Objekt stets ein Bauwerk (Rengstorf Konkordanz). Plut Marcell 6,3 I 300d Objekt: den Krieg. Philo Leg Gaj 85 Cod H[1]: Polydeukes setzte gegenüber Kastor als Neuerung an die Stelle der Ungleichheit die Gleichheit. Das ἀνακαινίζειν geschieht durch Buße Jos/Asen 15,7, vgl Exkurs, Herm s 8,6,3 9,14,3 Chr Hom in R MPG 60,598; bei der Taufe PsLuc Philopatris 12 Act Thom 132 S 239,22; durch Wiedergeburt Od Sal 11,11 Barn 6,11 Act Joh 78 substantivisch; bei der Eucharistie Act Joh 48 158 substantivisch Liturgy of St Mark Brightman 125f. An Synonymen sind belegt: ἀνακαινοποιεῖν Test XII L 17,10; ἀνακαινοῦν 2K 4,16 Kol 3,10; ἀνακαίνωσις R 12,2 Tt 3,5; ἀνανεοῦν Eph 4,23; im Hermas ἀνανεοῦν v 3,11,3 3,12,2.3 3,13,2 s 9,14,3; ἀνανέωσις v 3,13,2 s 6,2,4. Von diesen Stellen sind μετάνοια-nah Eph 4,23 Tt 3,5, ausdrücklich mit μετάνοια verbunden Herm s 6,2,4 9,14,3; in beiden Fällen nicht ausgeschlossen wie im Hb. μετάνοια siehe Exkurs.

ἀνασταυροῦντας siehe Wettstein, Bauer, JSchneider ThW VII 584. In LXX, NT und Apost Vät nur hier. p[46] ἀνασταυροῦντες, Verschreibung, hinterher richtig παραδειγματίζοντας. In Plat Gorg 28 I 473C, den Polybius-Stellen Bauers, bei Jos Vit 420 Bell 2,306 5,449 Ant 2,73 11,246, bei Plut Fab Max 6,5 I 177e, Agis/Cleom 60(39),2 I 823e, Alex 72,3 I 704f, Caes 2,7 I 708c und Anton 81,2 I 953b ist für ἀνασταυροῦν die Bedeutung „wieder kreuzigen" durch den Kontext eindeutig ausgeschlossen. ἀνά meint „hinauf" wie bei ἀνασκολοπίζω (auf den Pfahl spießen): seit 1713 wurde man darauf aufmerksam (Riggenbach 158 A 19). Aber d r vg (Harnack Studien I 206 A 1) sy^p sa bo übersetzen mit „erneut kreuzigen", und Orig stellt ἀνασταυροῦν gegen προσταυροῦν Commentar zu Joh 8,40 MPG 14,600A. Als erneute Kreuzigung viele Väter (unter anderen Chr Cramer Cat 194 Photius Staab 646 Thomas Erasmus paraphrasis adnotationes Luther WA Deutsche Bibel 7,2 NT 1522 Bibel 1546 Calvin Bengel) und viele neuere Kommentare (JSchneider 584). Man wird dieser Übersetzung nicht folgen dürfen (so richtig Windisch, Spicq, Héring, Moffatt, Bruce, Strathmann, Montefiore). Denn Hb drückt bei ἀνακαινίζειν die Wiederholung durch πάλιν aus und müßte als guter Stilist wissen, daß ἀνασταυροῦν nicht die Wiederholung meint. Vielleicht wählte er das Kompositum statt des Simplex wegen der Anaphora, er liebt Klangfiguren, siehe 5,8, Moffatt. Auch die Acta Pauli – herausgegeben von Carl Schmidt 1936 Hamburg – formulieren in 7,39 das bekannte Christuswort von der notwendigen erneuten Kreuzigung nicht mit ἀνασταυροῦν, sondern ἄνωθεν μέλλω σταυρ(οῦσθαι); wörtlich zitiert bei Orig MPG 14,600b. Warum bringen dann aber die alten Übersetzungen und Väter „wieder kreuzigen"? Die Hörer des Hb sind ja nicht die Juden der Evangelien und Ag, die Jesu real-leibliche Kreuzigung veranlaßt haben (gegen Bornhäuser 314–316 [= 18–20]). Folgende Assoziation mag die Übersetzer geleitet haben: die μετάνοια lenkt die Gedanken zur Taufe, zumal ἀνακαινίζειν Taufterminologie ist Tt 3,5, siehe oben. Die Taufe ist verbunden mit dem Kreuz: Kol 2,12.14 noch äußerlich, Barn 11,8 9,8 Just Dial 86,6 explizit. So mag das πάλιν kraft dieser Assoziation zur Übersetzung „wieder kreuzigen" geführt haben. Entgegen der Intention des Hb selber; aber die spätere Deutung der μετάνοια als Taufe, siehe den Exkurs, hätte dann ihre unterschwellige Vorgeschichte. Für den Hb selber stehen die Jesus Kreuzigenden auf der Seite derer, die ihn in die Schande stoßen 12,2 und seine Schmach nicht mittragen wollen 13,13. Das gegenteilige Verhalten Gl 2,19 5,24 6,14. Das Präsens zeigt die gegenwärtigen Konsequenzen des einmaligen Abfalls an (Carlston 297). Kosmala 25–27 empfindet die beiden Participien als „unlösbare Dissonanz" im Text und streicht sie deswegen als sekundär, weil die erste μετάνοια der Hörer ihm – zu Unrecht – nicht als chr Bekehrung gilt. De facto nennen die beiden Participien im Sinne des Hb den Grund für die Unmöglichkeit der zweiten Buße. Sie bezeichnen nicht die wiederholten atlichen Opfer als das Mittel, durch welches die Abgefallenen sich Erneuerung erhoffen; wer sollte *das* aus dem Text heraushören? (gegen Synge 50).

ἑαυτοῖς: das verschriebene ἑαυτούς in p⁴⁶ berichtet der erste Korrektor. Das „*in eis*" in d e (so übersetzt auch Montefiore) belegt vielleicht keine abweichende LA, sondern ist bereits Auslegung (Riggenbach 158 A 20). ἑαυτοῖς Dativ incommodi Bl-Debr § 188, vgl Gl 6,14; *in semetipsos* schon Tertullian Pud 20 CSEL 20 S 266,29: „sich zum Schaden"; also gegen eine real-welthafte Kreuzigung, vgl Orig Commentar in Joh 20,12 MPG 14,600A. τὸν υἱὸν τοῦ θεοῦ siehe 1,2 Exkurs. Wer das Heil – V 4f – fahren läßt, kreuzigt den göttlichen Heilbringer. παραδειγματίζοντας: παραδειγματίζοντες ist in D Verschreibung, weil vorher richtig ἀνασταυροῦντας. Bauer Schlier ThW II 32. Im NT noch Mt 1,19 als LA von ℵ* ² C L W Θ; das Simplex Mt 1,19 Kol 2,15. Hb nur hier; in Apost Vät nicht. „Durch Strafe der öffentlichen Entehrung aussetzen"; auch ohne Verbindung mit Strafe. Die Mehrzahl der Belege meint öffentliche Schändung und Strafe (Nu 25,4 Est 4,17 Jer 13,22 Ez 28,17 Da 2,5 LXX [Theod: ihr werdet umkommen] Ps Sal 2,12 Polyb 2,60,7 29,15,5 Passio Petri et Pauli 51f gegenüber dem Magier Simon ep de martyrio S Photini 16 MPG 5,1448A gegenüber Märtyrern). Seltener nur Bloßstellung ohne Strafe: der sinnlichen Menschen (Philo Som 1,87–89 unter Zitierung von Nu 25,4); Selbstbloßstellung des Literaten Archilochos (Plut Curios 10 II 520B). Der Öffentlichkeitscharakter wird betont durch Erwähnung der Sonne (Nu Ps Sal Philo ep de martyrio), durch Aufdeckung (Jer Philo), durch den Gegensatz zu Schattenexistenz (Philo) und zur Nacht (Polyb 2,60,7), durch die Gegenwart von Königen (Ez), durch Offenkundigkeit (Passio Petri et Pauli), durch Tageshelle (ep de martyrio). Hb meint nur Spott, nicht Strafe; aber dem Abfall wie dem ἀνασταυροῦν wohnt Öffentlichkeit inne. Hb argumentiert nicht, wie 1K 6,7f, mit der Verunreinigung der *ganzen* Gemeinde; siehe zu 12,15 *πολλοί*.

6 Exkurs: Die Ablehnung der zweiten Buße.

Literatur: CECarlston siehe V 6; A v Harnack Lehrbuch der Dogmengeschichte[5] I, 1931; ERiggenbach Die ältesten lateinischen Kommentare zum Hbbrief, in: Historische Studien zum Hbbrief I. Teil, 1907; SSchulz siehe V 4; AMVitti Rursum crucifigentes, Verbum Domini 22, 1942, 174–182.

1. Hb 6,4–6 bezeichnet eine zweite Buße für Christen als unmöglich, wenn sie abgefallen sind; das gleiche gilt für bewußte Sünder, die der Gemeinde fernbleiben 10,26–31; das Beispiel des Hurers und Frevlers Esau bestätigt das 12,16 f. Alle drei Stellen meinen dasselbe (Carlston 296). Zu μετάνοια siehe 6,1; für weitere Einzelheiten vgl die betreffenden Textauslegungen. Hb ist in sich zwar widersprüchlich in dem Urteil darüber, ob seine Hörer wirklich vom Abfall und damit von dem „unmöglich" einer zweiten Buße bedroht sind, siehe 5,11 und zum διό 6,1. *Daß* aber eine zweite Buße für Abgefallene unmöglich – nicht bloß schwierig (gegen Nikolaus von Lyra, Hirsch-Rückert Luthers Vorlesung über den Hbbrief, 1929, S 187; Erasmus adnotationes, Carlston 301, Schiwy) – ist, sagen die Hb-Texte ohne Kautelen (Calvin, Delitzsch, Hollmann, Riggenbach, Héring, Bruce, Laubach, Theißen 66; gegen Meinhold RGG[3] I 1545), mag auch eine den Rigorismus befördernde Verfolgungssituation dahinterstehen (vgl Luther Scholien; Barclay). Die Versagung gilt von Gott aus, nicht bloß seitens des chr Lehrers; denn der repräsentiert ja die Gottheit 2,3 (Moffatt, Carlston 229 f; gegen Riggenbach, Windisch, Behm ThW III 453, Michel, Laubach). Darum wiegt hier der Einwand von der die Möglichkeit des Menschen übersteigenden Möglichkeit Gottes nicht (gegen Ambr poenitentia II 2,12 CSEL 73, 168f; Bengel, Westcott). Die Unmöglichkeit ist im Text nicht eingeschränkt bloß auf die beim Abfall Beharrenden, siehe 12,17 (gegen Herveus MPL 181, 1572B, Vitti 180, Schierse 146); eben die Distanzierung von ihrem Abfall gilt für die Abgefallenen ja gerade als unmöglich.

Diese Unmöglichkeit einer zweiten Buße hat im Hb verschiedene Voraussetzungen. Der Mensch leistet Buße nicht eigenmächtig; Gott muß sie erlauben 12,17. Sodann: Sünden gelten dem Hb als verschieden schwer, siehe 5,2 2,17, was Carlston 301 zu verkennen scheint: die bewußten wie Abfall und moralische Verstöße 6,6 10,25–29 12,16; anders die nur sünden-*nahen* „Schwachheiten", siehe 2,17, 4,15. Nach Bekehrung und Taufe sind nur die letzteren vergebbar, 4,15f 12,1, vgl 13,4. Besonders wichtig ist: der neue chr Status ist zwar da 6,4f, der dem Volke Gottes den vollen Einsatz zur Gewinnung der himmlischen „Ruhe" abfordert 4,11 f; aber das paradoxe Ineinander bedingungsloser göttlicher Gnade und menschlicher Verpflichtung, wie in der paulinischen Haltung, ist im Hb verschwunden, siehe 2,2 4,2 Exkurs, bis auf Reste, siehe 6,1 zu διό. So tritt die Gefährlichkeit chr Existenz stark in den Vordergrund, siehe 2,1, und verlangt nach drastisch-rigoristischen Gegenmaßnahmen. Die Naherwartung spielt dabei noch eine Rolle, aber nur die verschärfende des „um soviel mehr" 10,25, vgl 1,2 3,14. Das eigentlich Schreckende ist der Verstoß gegen den Gottessohn und sein Opfer 6,6 10,26.29 (vgl Carlston 300f, Schulz 265f). Zur Einmaligkeit von Buße und Opfer siehe 7,27.

2. Daß Buße und Erlangung der Vergebung begrenzt sind, ist ein Phänomen der außerchristlichen Religionsgeschichte, besonders im AT und Judentum. Ungewollte Verstöße – in LXX beschrieben mit dem ἀκουο-Stamm Lv 4,2.13.22.27 5,15 Nu 15,24–29, mit ἀγνοεῖν Lv 4,13 und λανθάνειν Lv 5,15 – sind mittels Opfer vergebbar; von bereuen reden die Texte nicht. Absichtliche Sünden – ἐν χειρὶ ὑπερηφανίας – ziehen Ausrottung des Täters nach sich Nu 15,30.36. Also Verschiedenwertigkeit von Sünden. Später wird die Buße als Gabe der Gottheit formuliert: Sap 12,10 (Raum für Buße) 12,19–21; Gott kann sie versagen TJoma 5,11(191) Str-B III 690; er kann verhärten ExR 11 Ende Str-B III 689f. Die Buße erneuert jeden, der umkehrt Jos/Asen 15,7. Aber sie ist limitiert. Sünden sind verschiedenwertig Test XII Iss 7,1β Str-B I 636–638 II 192. But if he take (sic) back his words (das gelobte Vergebungsopfer) before the time, there is no repentance for him slav Hen 62,2A. Es gibt keine Sühnung, wenn der Sünder immer weiter sündigen will Sir 31(34),30f Sib 1,167–170 aeth Hen 50,2–4 bab Taan 16a; wenn er entgegen seiner Kenntnis von Gottes Kraft sündigt, die Buße zuerst hartnäckig ablehnt, der Sünde völlig anheimgefallen ist und andere zur Sünde verführt Str-B III 689f. Die Autoritäten divergieren aber; Aqiba hält auch nicht ganz schlimme Sünden für sühnbar im Gehinnom Str-B IV 1050–1055 1058, vgl auch 9,7. Andererseits TSanh 13,5(434) Str-B 230: „aber die Häretiker und die Abtrünnigen und die Verleugner der Tora und die von den Wegen der

Gemeinde sich Absondernden und die, welche die Auferstehung der Toten leugnen, und jeder, der sündigt und die Menge zur Sünde verführt –, hinter denen ist der Gehinnom verriegelt, und sie werden in ihm für alle Geschlechter gerichtet".
Ähnlich 4Esr 7,82 9,10–12; sBar 85,12 (siehe Moffatt S 213 oben). Auch Qumran kennt den endgültigen Ausschluß aus der Gemeinde, aber als Gipfel einer Skala innergemeindlicher Strafen (Braun Radikalismus I 47 A 3 70 A 2 Qumran NT I 256 265 f). Ein ähnliches Bild bei Philo; nur auf psychologischer Ebene, ohne die eschatologischen Aspekte der Apokalyptik und Qumrans, aber sonst alle bisherigen Motive. Vielen Seelen, die umkehren wollen, hat Gott es nicht erlaubt (Leg All 3,213). Die Stufen der Sünde: aus dem ἀκουσίως wird, wenn die Betätigung zur Absicht hinzukommt, das ἑκουσίως sündigen (Det Pot Ins 97); Vergeßlichkeit gegenüber den Gaben Gottes, sich für ihrer würdig, ja sich für deren Urheber halten ist die sich steigernde Skala (Sacr AC 54). Bewußte Freiwilligkeit und Unkenntnis markieren den Unterschied. Buße ist möglich bei Hoffnung auf Straferlaß (Fug 99), bei einer bald folgenden Ernüchterung wie im Falle des weisen Noah (Leg All 2,60); bei Absichtslosigkeit, denn sie sind halb so schlimm und leichter, ja schuldfrei und sündlos (Deus Imm 128, vgl Quaest in Gn 3,56 mit 4,64); bei Unkenntnis wird Verzeihung gewährt (Flacc 7). Der Versöhnungstag sühnt absichtliche und unabsichtliche Verstöße (Post C 48 Spec Leg 2,196). Wer dagegen immer wieder nach Sodom zurückstrebt, dem wird, auch wenn er bußwillig ist, die Buße von der Gottheit versagt (Leg All 3,213); er ist schwierig zu reinigen und muß fernbleiben (Deus Imm 9). Bitte um Vergebung und erneut sündigen vertragen sich nicht (Spec Leg 1,193). Der absichtlich Sündigende (Poster C 9.11), bei dem es zu sündigen Taten gekommen ist (Leg All 2,63), ist in seiner übermütigen Aufgeblasenheit unheilbar (Virt 171). Der bewußt Sündigende hat keine Ausrede (Flacc 7). Ernsthaft umkehrende Götzendiener erlangen Vergebung (Praem Poen 163); aber die sich Tätowierenden lassen sich keine Rückkehr zur Buße übrig (Spec Leg 1,58). „Ist eine Seele – Allegorie von der Ehefrau her – erst einmal geschieden und vom alten Heim getrennt, so ist sie, gewissermaßen vertraglos, für alle Ewigkeit herausgeschossen, es ist für sie unmöglich (ἀδύνατον οὐ, vgl 6,4), daß sie in das alte Heim zurückkehrt" (Det Pot Ins 149). Dieser jüd Rigorismus dürfte auf den Hb nicht ohne Einfluß gewesen sein (vgl Spicq I 57–59; anders Williamson 245–263); allerdings urteilt Hb strenger als Philo (Riggenbach zu Hb 10,26 Williamson 261 f).
Ähnlich der Rigorismus der Mandäer, ohne den expliziten terminus „Buße". Abtrünnige gehen verloren (Lidz Ginza R II 1,138 S 48,21–31 R III S 130,35–131,9 R XI S 254,24–29 S 255,1–5). Ebenso Nasoräer, die nicht eifrig sind (R XV 5 S 317,39–318,21) oder straucheln (R XV 6 S 322,9 Lidz Joh 57 S 61,20f). Für schlimme Leiden gibt es keine Heilung (Lidz Ginza R I 157 S 23,32f). Hibil Ziwas Taufe und Totenmesse has cured all pollutions save one pollution for which there is no cure, and that is apostasy (Baptism of Hibel Ziwa S 68 Zeile 3.2 von unten). Eine mildere Praxis: erst Abtrünnige, die sich nicht aufrichten und belehren lassen, werden als „böser Weinstock" ausgerissen, bekommen keinen „Sündenerlasser" (Ginza R I 161 S 24,9–15 R II 1,97 S 41,34–42,12 R XIII S 286,32–287,3). Der Lichtkönig urteilt gütiger als Manda d'Haije (Lidz Joh 30–32 S 36,6–37,4).
3. Der Rigorismus des Hb ist im NT kein schlechthinniges Novum. Dem Zentrum urchristlicher Tradition ist er zwar fremd: wenn Vergeben seitens des Menschen und seitens Gottes einander bedingen, so darf das dem Menschen abgeforderte „siebenzig mal siebenmal" auch von der Gottheit erhofft werden Mt 6,14f 18,22 (Meinhold RGG³ I 1544); die Gnade ist mächtiger als die Sünde R 5,20. Gott gibt die Bekehrungs- und Taufbuße Ag 5,31 11,18 2Tm 2,15. Die Gnade überwiegt und macht paradox den Imperativ des „du sollst" zu einem „du darfst" (siehe oben). Die Heiligkeit der „Heiligen" schließt Gemeindezerwürfnisse und das durch sie gebotene Bußetun noch problemlos ein 2K 7,9f 12,21, vgl Gl 6,1 1J 5,16a. Es gibt auch wirklichen Abfall. Petrus und alle Jünger fielen ab Mk 14,50.66–72 (dazu Luther Scholien); wenn auch Legende, galt sie doch als historisch, und in ihr findet Petrus immerhin zurück. Der Ketzer Simon wird von Petrus zum Buße tun – doch als zu einer Möglichkeit – gerufen Ag 8,22. Vgl Hb 10,27. Im Unzuchtsfall 1K 5 und bei der Belügung des heiligen Geistes Ag 5,1–11 ist Rückkehr dagegen offenbar unmöglich. Das sind Einzelfälle, die noch nach keiner durchreflektierten Regel entschieden werden. Aber die Verschiedenwertigkeit von Sünden zeichnet sich ab: beim Lästern Mk 3,28f Par; nach dem Prinzip von unbewußt und bewußt Lk 12,47f. Auch schwersten Verstößen gegenüber wird noch zur Buße aufgefordert: bei Abfall, Irrlehre, Götzendienst, Erstorbenheit, Gleichgültigkeit Apk 2,5.16. 21 f 3,3.19; aber der Rufende ist

171

der Geist durch den Mund des Apokalyptikers. Der Grundsätzlichkeit nähert sich dann aber schon die Ermahnungsskala Mt 18,15–17: Ungehorsam gegen die Gemeinde erbringt Exkommunikation; ob der, der die Sünde beging, nun noch zurückkann, bleibt aber noch unerörtert. Ähnlich wird die Fürbitte für den Todsünder zwar noch nicht verboten, es wird zu ihr aber auch nicht geraten 1J 5,16b. Die Entwicklung strebt einer festen moralisierenden Grenzziehung zu, was die Vergebbarkeit von Sünden nach der Taufe anlangt. In diese Entwicklung reiht der Hb sich ein. Neu ist an ihm der nun grundsätzliche Charakter der Ablehnung der zweiten Buße für schwere Sünden.
4. Nach dem Hb verläuft die Entwicklung noch auf unterschiedlichen Wegen (siehe Harnack 439–444). Der 1Cl ruft konkret die Aufsässigen zur Buße 57,1 62,2. Sie ist eine Gnade und eine Gelegenheit, von Generation zu Generation durch die Gottheit verliehen 7,4–7 8,1–3.5; so bekennt die Gemeinde im gottesdienstlichen Gebet ihre Sünden 60. Ebenso mahnt der 2Cl, solange die nicht geringe Gelegenheit dauert 8,2f 16,1, zu lebenslänglicher Buße aus ganzem Herzen 8,1 13,1 17,1, für Sünden der Vergangenheit 13,1 und der christlichen Gegenwart 8,2; die Buße, den Almosen gleichwertig 16,4, ist ein Gegenlohn des Menschen an die Gottheit 9,8 und ein Lohn an den Prediger 19,1. Nach der Did wird fehlende Heiligkeit bei der Eucharistie durch Buße tun gewonnen 10,6, was unerläßlich ist bei Verfehlungen gegen die Brüder 15,3; das Einzelbekenntnis der als möglich vorausgesetzten Verfehlungen hat vor der Gemeinde dem Gemeindegebet vorauszugehen 4,14. Die Ignatianen kennen Buße für Nichtchristen Eph 10,1 Phld 3,2, ein Bußetun für Christen fort von Spaltung und Streit, hin zur Einheit Gottes und zur Ratsversammlung des Bischofs Phld 8,1, ja vielleicht ein Bußetun, wenn auch ein schwieriges, für Ketzer Sm 4,1 5,3. Rechtzeitige bußfertige Hinwendung zu Gott ist für Christen in verständiges Verhalten Sm 9,1. Barn, rigoristischer, erwähnt nur die von Gott gegebene Buße der Erstbekehrung 16,9. Aber schon nach 100 nach Christus wird in dem von einem Engel überreichten Buche Elchasai auch den Christen sogar bei Sex-Sünden, im Falle von Bekehrung, Glaube und erneuter Taufe, eine neue Sündenvergebung zugesagt, Hipp Ref 9,13–15, besonders 9,13,4. Hermas modifiziert den Hb-Rigorismus, vielleicht bewußt antithetisch, ausdrücklich. Die Buße ist zwar Gottes Setzung v 4,1,3 m 4,3,4f s 8,6,2; es gibt verschiedenwertige Sünden, zB s 8,6–10. Die Bußzeit ist für Christen grundsätzlich abgeschlossen v 2,2,5 m 4,3,1–3. Das gilt für nun künftige Sünden v 3,6,1 m 4,3,6f und künftige Verleugnung v 2,2,8. Aber für vergangene Sünden, welche Christen nach der Taufe begingen, hat der barmherzige Gott, in Kenntnis menschlicher Schwachheit und der List des Teufels, jetzt nochmals Eine Buße festgesetzt m 4,3,4–6; auch bei Verleugnung v 2,2,8, Verführung zur Irrlehre s 8,6,5 und Ehebruch 4,1,8. Freilich, abgefallene, Verräter der Gemeinde, Lästerer und Christen, die sich Jesu schämen, nehmen diese zweite Buße nicht an s 8,6,4; ja, sie *haben* keine zweite Buße s 9,19,1. Anders Justin Dial 44,5: Sündenvergebung und Erbschaft der verheißenen Güter gibt es nur bei fehllosem weiteren Leben nach der Taufe. Aber schon der vormontanistische Tertullian konzediert, unter ausdrücklicher Berufung auf Apk 2 und 3 (siehe oben), in paen 8,1 CSEL 76, wenn auch nur verdrießlich, eine zweite Buße; keine weitere, um nicht zu künftiger Sünde zu verleiten 7,2. Doch es gibt eine zweite Buße 7,14 12,9, neben der Taufe als zweite Planke für das Heil; und zwar auch für Fleisches- und Weltlust, Obrigkeitsfurcht und Irrlehre 7,9. Als Montanist verbietet Tertullian, unter ausdrücklicher Anführung von Hb 6,4ff, dann aber die zweite Buße dem Sex-Sünder Pud 20 CSEL 20 S 266f Pud 5 S 227f. Auch Iren Haer 4,27,2 MPG 7,1 1059B spricht von Furcht vor Sünden nach der Taufe, weil es dann keine Vergebung mehr gibt. Nach ClAl Strom 3,62,2 GCS 52 ist die paulinische καινὴ κτίσις 2K 5,7 nicht mehr zum Sündigen geneigt. Orig dagegen befürwortet eine Wende (μεταβολή) getaufter Christen, wenn sie beträchtlich ist, bei Ausschreitungen und unziemlichem Verhalten Cels 3,51 GCS 2,1 S 247,22–248,2. In den Apostel-Acten schenkt Gott die Erstbuße (Act Joh 81 S 191,13f 18f), aber bei Abfall tritt endgültiger Heilsverlust ein (Act Joh 107 Act Thom 35), denn es gibt ein μὴ δύνασθαι (siehe Hb 6,4) bei einem „zu spät" (Pass Andr 13 S 31,16–18). Ähnlich versagen die zweite Buße Jeu 4 S 260,13–16 und Nag-Hammadi-Texte: Ev Thom 44 (Zählung Haenchen Aland) unter Verweis auf Mt 12,31f; Apocr Joh 70,9–71,2 BG (Berolinensis Gnosticus) 8502; Ev Phil 114 Cod II3; Apk Jak II 59,16f Cod V 4. Dagegen lehrt Pist Soph immer erneute Buße 104–106 S 170,27–175,37 119 S 197,30–198,23. Den Ps Clementinen gelten Christen nach der Taufe als sündlos Hom 9,19,4. Sünder, sogar Abtrünnige, erleiden zwar Strafe, können aber, nach Prüfung des Wertes ihrer Buße, Verzeihung

erlangen Hom 8,19,3 3,6,2; zweifelhaft ist das bei Irrlehrern Hom 3,17,1.2, ausgeschlossen beim Magier Simon Recg 2,72,2.
Die Anerkennung einer Buße auch nach der Taufe setzt sich schließlich allgemein durch; mit Hb 6,4–6 wird man fertig, indem nun, textwidrig, das als „erneut kreuzigen" übersetzte ἀνασταυροῦν auf eine zweite *Taufe* bezogen wird, denn „die Taufe ist das Kreuz" Chr Cramer Cat 238 502: Athan Cramer Cat 501 Ambr De poenit 2,10 MPL 16,520A Philastrius CSEL 38 Haer 61(89),5.7 Epiph Haer 59,2.3 Chr MPG 63,79.145 Theod Mops Staab 209f zu Hb 10,26–27 12,12.13 Thomas Erasmus paraphrasis adnotationes, in 10,27 mit einigen Bedenken, Luther Glosse zu 6,6 und Scholien zu 10,26:1517/18 liest Luther aus dem Hb noch heraus, eine Wandlung der Zustände *„in gratia"* und *„in peccato"* sei in 10,26 nicht bestritten. Für weitere lateinische Kommentare, die Hb 6,4–6 auf die Taufe deuten, siehe Riggenbach Historische Studien I 237. Später befürwortet Luther zwar die Erklärung auf die Ablehnung der zweiten Buße, bezweifelt aber die Genugsamkeit einer „glose" auf den klaren Hb-Text und stellt vielmehr dessen Widerspruch zu den Evangelien und Paulus fest (Vorrede zum NT 1522 WA Deutsche Bibel 7,2 S 344). Vgl 6,4.

7.8. Der Blick auf das gegensätzliche Geschick eines Frucht oder Unkraut hervorbringenden Ackers macht das Irreparable eines Abfalls verständlich, 6,4–6, γάρ. Keine Zitationsformel, also nicht primär ein Zitat, sondern ein rational einsichtiger Vorgang. Der Sprachgebrauch entstammt auch der LXX, besonders in V 8; aber nicht nur ihr (siehe unten). Die Situation der Hörer schließt einen positiven Ausgang noch nicht aus V 7, sie bleibt ambivalent (siehe 6,6 Exkurs). Aber das Achtergewicht liegt doch bei der Drohung V 8 (Vanhoye Structure 119f). Zur Doppelheit von εὐλογία und κατάρα siehe Dt 11,26–28 30,19 Jos 9,2 Jos Ant 4,302.307. Zu einem Gegensätzliches hervorbringenden Acker vgl Ps Clem Recg 3,38,4; nicht aber 1QH 8,4–15 (Braun Qumran-NT I 258). Für dies Bild bei Philo siehe Spicq I 48 Williamson 233–241. Für Orig ist 6,7f wichtig betreffs der Willensfreiheit des Menschen (Greer 31–34).

7. Denn wenn der Erdboden den oftmals auf ihn (herab)kommenden Regen getrunken hat und ein Gewächs hervorbringt, das denjenigen zugute kommt, um derentwillen er ja auch bebaut wird, nimmt er an dem Segen von Gott her teil.

γῆ, siehe 1,10. Hier „Erdreich", Bauer 1. Der Artikel kann fehlen, Bl-Debr § 253,3. 242 läßt ἡ aus, ohne Sinnänderung; zu Substantiv ohne, danach Particip oder Adjectiv mit Artikel siehe Bl-Debr § 412,3 270,3. πιοῦσα, also nicht nur oberflächlich (Bengel). Im Hb nur hier. Aorist, geht dem Präsens τίκτουσα voraus. Bauer 2a Goppelt ThW VI 135–145, besonders AII1. Die Erde dürstet Philostr Vit Ap 3,5 (Petzke 146). Darum trinkt sie, wie die Hörer V 4f die geistlichen Gaben, den Regen, der deshalb aber nicht speziell auf die Lehre und deren überirdische Herkunft allegorisiert werden darf (gegen Chr Cramer Cat 195 Thomas Luther Glosse). Trinken seitens des Regens im NT nur hier, gesamtantik: Anacr 21,1 Plut Fac Lun 25 II 939C; Regen stammt vom Himmel Dt 11,11, ohne ihn droht Vertrocknung Hi 8,12, es gibt ein Zuviel Hdt 4,198; trinken seitens der Erde auch von Stauwasser, bis zur Sättigung Hdt 1,117, oder von Blut Sib 3,696. Mandäisch Lidz Ginza R I 178 S 27,9–11 Joh 135 S 132,19f. τὸν ἐπ' αὐτῆς ἐρχόμενον πολλάκις ὑετόν. Die LAA ἐπ' αὐτὴν in B[2] 122[1] 1952, ἐν αὐτῇ in 1 4 verändern nicht den Sinn (siehe Bl-Debr § 233f). Die Stellung von πολλάκις variiert beträchtlich: ursprünglich stilistisch kunstvoll hinter ἐρχόμενον in p[46] ℵ B D P 69 255 256 462 1149 1872 2127 d e sy[p h] bo Chr Orig; dann sekundär geglättet vor ἐρχόμενον in A C K L 1834 Koine f vg arm Epiph Chr Cyr Al Thret Dam Orig; ganz vereinzelt hinter ὑετὸν Orig; hinter πιοῦσα, also damit verbunden, in Ψ 216 547 Antioch Tertullian; ganz fortgefallen, wegen variierender Stellung (Riggenbach), in 263 1836 Orig. ἐρχόμενον Bauer 1cα JSchneider ThW II 662–672. Dies Verb im Hb noch von Abraham 11,8, Timotheus 13,23; im Zitat eschatologisch 8,8 und christologisch 10,37. Hier vom Regen, so im NT nur hier; vom ὄμβρος Lk 12,54. Ähnlich Hos 6,3. Das Niederfallen des ὑετὸς Js 55,10 wird zitiert in Taan 6b Str-B III 691. πολλάκις Bauer. Eine ähnlich kunstvoll eingeschobene Wortstellung (siehe Bl-Debr § 473,2) auch in 1,4b 4,8 9,15.22.24 10,11.12.23.32.34 11,10.12.25.28 12,8.11.23 und öfter. πολλάκις im Hb typisch für Kult 10,11; abgewiesen für Christi Selbstopfer 9,25 f. Hier vom Regen; so, wie auch die Erweisungen 6,4 f zT als wiederholte gemeint sind. In LXX und NT sonst nicht vom Regen; im NT sonst nicht von Jesu Kreuz. ὑετὸν Bauer, im NT nur hier. Regen schafft Fruchtbarkeit der Vegetation (Str-B III 690 f Ps Clem Recg 3,38,4), ist also wichtig für Mensch und Vieh (Ps Clem Hom 3,36,1 Lidz Ginza R V 5 S 201,15–18); er wird erwartet (Hos 6,3 Jk 5,7 Drower Alma Risaia Rba S 39 505 Zeile 5–9 von oben); die Gottheit wird darum gebeten (Sach 10,1 Jk 5,18 MAurel 5,7; Moffatt), sie spendet ihn Mt 5,45 Ag 14,17, der Mensch dankt dafür (Str-B I 374); Regen-Versagung (Js 5,6) gehört zu den Enddrangsalen Apk 11,6. τίκτουσα, Bauer 2. Ein im Blick auf δὲ V 8 zu erwartendes μὲν fehlt. Dies Verb im Hb noch 11,11 vl ℵ² D² P die meisten, mit γῆ als Subjekt im NT nur hier. LXX nie τίκτειν seitens der Erde; Hb denkt also kaum an LXX Gn 1,11 (βλαστησάτω ἡ γῆ βοτάνην χόρτου), ist mithin hier nicht „biblisch" getränkt (zu Westcott, Schröger 202 A 5). Die Rabbinen erwähnen die eheliche Vereinigung von Regen und Erde (Str-B III 690 f), wie die außerbiblische Antike breit die von Himmel und Erde (Wettstein). τίκτειν von der Erde klassisch-hellenistisch: γαῖαν αὐτήν, ἣ τὰ πάντα τίκτεται (die alles gebiert) Aesch Coeph 127 (vgl Philo Op Mund 132); im Blick auf Kraut und Nahrung (Eur Cyr 332 f), Philo von der Vegetation, neben schwanger sein und in Wehen liegen (Op Mund 43), irreal im Blick auf die Menschen als Objekt (Aet Mund 65). Übertragen von der Habgier, mit Dativ, Sib 3,235 f. βοτάνην, Bauer 1, im NT nur hier; die Verschreibung τὸν ἐν βοτάνῃ εὔθετον in 1836 ist vielleicht verursacht durch das vorausgehende τὸν ἐπ' αὐτῆς. βοτάνην wie Gn 1,11, aber – anders als Hb und Philo Op Mund 40 – ohne den Menschen als Empfänger; in Sach 10,1, aber ohne die Erde als Mittelglied wie im Hb. In Ignatianen und Hermas übertragen, manchmal als Unkraut. εὔθετον, Wettstein, Liddell-Scott; Hb nur hier. Mit Dativ Lk 9,62 Stob III,471,14; mit εἰς Lk 14,35 9,62 Koine; mit πρὸς Stob IV,710,1 f; absolut bei Zeitangaben LXX Ps 31,6 Sus Thdotion 15 Pol 13,1 und bei in ihrem Bezug klaren Eignungen Ditt Syll⁴ 736,74.148.154 Preisigke Wört I 612. Daher hier nicht absolut, sondern mit ἐκείνοις zu verbinden, Bauer, wie viele, gegen viele Kommentare, obwohl auch τίκτειν mit Dativ belegt ist, Sib 3,235 f.

ἐκείνοις, Bauer 1d, mit nachfolgendem Relativpronomen noch 11,15, Bl-Debr § 291,5. Der Bezug auf Gott (und Christus) bei Photius Staab 646 Thomas Luther Glosse ist überzogene Allegorisierung: der Bezug auf alle Lebewesen (siehe oben bei ὑετὸς und 1Cl 20,4), vor allem auf die Menschen überhaupt (Spicq Héring Westcott) ist möglich; besser aber der auf die Grundbesitzer (Delitzsch deWette² Bleek-Windrath Hollmann Strathmann) wegen des καί: gerade die Investierenden dürfen den Erfolg erwarten; καί blickt ja auf die Besitzer (Erasmus adnotationes Delitzsch Riggenbach). δι' οὓς vom Zweck, Bl-Debr § 222. vg (a quibus), auch Erasmus paraphrasis Luther WA Deutsche Bibel 7,2, verschieben den Sinn vom Grundbesitzer zum Feldsklaven. p⁴⁶ verschreibt in δι' οἷς. Καὶ hier wie Kol 3,15 1Pt 2,8 (Riggenbach); Bauer II 6 Bl-Debr § 442,12; die Auslassung in D★

241 642 1518 d e f vg sy^p bo arm aeth Orig ist sekundär. γεωργεῖται, Bauer. Im NT nur hier. 1Ch 27,26 definiert; gegen Philo, der ἐργάζεσθαι τὴν γῆν gegen γεωργεῖν abhebt Det Pot Ins 104 Agric 5. Absolut Test XII Iss 5,3 6,2, Philo öfter. Transitiv activisch unübertragen mit „das Erdreich" Esr A 4,6 1Makk 14,8; bei Philo öfter übertragen mit menschlichen Tugenden als Objekt; dem Hb analog in der Übertragung aufs ethisch-religiöse Gebiet, wobei aber Hb das Verhalten des Erdreichs, nicht wie Philo das des Bebauenden betont. Übertragen auch Ign Phld 3,1: Jesus kultiviert nicht das Unkraut. Transitiv passivisch unübertragen, wie im Hb zunächst auf der Bildebene, von Flach- und Bergland (Philo Leg Gaj 47), vom Erdreich (Eus Praep Ev 8,7,15 Jos Bell 7,145 Ant 12,378). μεταλαμβάνειν; Wettstein Bauer 1 Delling ThW IV 11 Bl-Debr § 169,1. Das Kompositum betont die Teilhabe gegenüber dem bloßem „bekommen" (Plut Quaest Rom 64 II 279E). Hb noch 12,10, Subjekt der, der gezüchtigt wird, Objekt die Heiligkeit Gottes. Im NT sonst mit Genitiv-Objekt vom Bauer betreffs der Früchte (2Tm 2,6), vom Brotbrechen und profaner Nahrung (Ag 2,46 27,33); mit Accusativ-Objekt „Zeit finden" (Ag 24,25). In LXX in verschiedenen Bedeutungen; als „teilhaben" Sap 18,9 4Makk 16,18. In 1Cl 2Cl Barn Hermas meist mit Genitiv, von geistlichen Gaben, aber nicht von εὐλογία wie hier; Herm v 3,9,2 am Geschaffenen, mit Accusativ. Anders als Mt 13,3ff, wo es um das Schicksal des ausgestreuten Samens geht, ist hier der Regen die Vorgabe an die Erde (zu Delling 11).

εὐλογίας, Bauer zu den verschiedenen Bedeutungs-Nüancen, Beyer ThW II 751–761. Das Wort selten in der Profan-Gräzität. Hier „die Segensgabe", wie im NT noch R 15,29 Gl 3,14 Eph 1,3 1Pt 3,9; im Hb noch 12,17. Hier kaum als „reicher Ertrag": die Analogie zu Philo Leg All 3,210 ἐπ' εὐλογίαις liegt hier ja nicht vor (zu Bauer 6). Auf erhöhten Ertrag erklären auch Thomas (allegorisierend), Seeberg Kommentar, Riggenbach, Spicq, Westcott. Aber: in LXX ist die εὐλογία, ohne μεταλαμβάνειν, die Verdreifachung der Ernte (Lv 25,21); sie folgt nicht auf den Regen, sondern *ist* der Regen (Ez 34,26 Mal 3,10; vgl Schemone Esre Benedict 9 palästinensische Rezension Str-B IV 212 Preis Zaub 4,3048–3050). Hier dagegen im Hb hat das Erdreich bereits Regen empfangen und Frucht erbracht. Worin besteht dann aber eine der Erde erst *danach* mitgeteilte εὐλογία? Hb will offenbar, in Anlehnung an den vorgegebenen Gegensatz εὐλογία – κατάρα V 7.8 aus der Sachhälfte das Ererben der Verheißung 6,12 für die nicht Abgefallenen auch in das Bild 6,7 hineinbringen und gerät so in eine Aporie (die von Bleek-Windrath deWette[2] Delitzsch Kuß zutreffend beobachtet wird). ἀπὸ τοῦ θεοῦ. παρὰ statt ἀπὸ in 1610. Zum Artikel siehe 5,10. Er wird sekundär ausgelassen von D Ψ **0122** 5 181 323 378 442 642 1610 1611 2005 Orig[1:1] Dam Thphyl. In 3,12 ἀπὸ θεοῦ ohne Artikel; so stets in den Eingangsgrüßen des Corpus Paulinum, auch in Eph 6,23 Phil 1,28.

8. Wenn er aber als Ertrag Dornen und Disteln bietet, taugt er nicht und verfällt dem Fluch, der mit Verbrennen endet.

Literatur: BCollins siehe V 1; ADieterich Nekyia, 1913.

Jetzt der „dunkle Hintergrund", antienthusiastisch (Theißen 67), auf den es dem Hb ankommt. Der Erdboden bleibt Subjekt; nicht als derselbe konkrete Acker in einem späteren Stadium (gegen Héring), denn dies „später" wäre sonst im Text zu erwarten; sondern als ein Fall mit derselben Voraussetzung: intensiv regengetränkt, aber ohne Frucht.

ἐκφέρουσα. Bauer 3, allgemein üblich im Blick auf die als Frucht erbrachte Vegetation: Subjekt γῆ Gn 1,12 Hag 1,11 Jos Ant 2,191 Xenoph Oec 16,5 Plut Lib Educ 4 II 2E; χώρα Hdt 1,191 Jos Ant 2,18; konkret benannte Gegenden Hdt 4,198 Polyb 36,16,8; Zeder Ez 17,23 Feige Cant 2,13 Samenkörner 1Cl 24,5 und Aaronstab Nu 17,8; verneint beim Mond Plut Fac Lun 24 II 937D; übertragen Gottes Reichtum Philo Poster C 151. Dies Verb im Hb nur hier; im NT sonst (Lk Ag 1Tm) nicht mit γῆ als Subjekt und Vegetation als Objekt wie hier. δέ, im Gegensatz zu „Gewächs". ἀκάνθας, im Hb nur hier; Bauer. Sie werden produziert vom Erdreich (Hb denkt an Gn 3,18) und vom Weinberg (Js 5,2); erscheinen neben Disteln (Gn 3,18 Hos 10,8 Poll 2,146); veröden das Land (Hos 10,8 Js 5,6 7,23–25 32,13 34,13), verderben die gute Aussaat (Jer 4,3) und enttäuschen den Bauer (Jer 12,13). Daher werden sie verbrannt (Ex 22,6 2 βασ 23,6 LXX Ps 117,12 Js 33,12 Poll 1,246). In LXX vielfach übertragen (siehe Ez 28,24 Prv 15,19 26,9) und negativ gebraucht; ebenso Philo Leg All 3,248. Ähnlich in den Synoptikern (Mt 7,16 Par Mk 4,7.18 Par); die Dornenkrone der Passion (Mt 27,29 Joh 19,2). Im Hb gedeutet auf das Verhalten der Abgefallenen; nicht speziell zum Judentum (gegen Collins 204). Negativ allegorisierend auch Hermas, zT auch zusammen mit Disteln, aber die Erde als Produzent entfällt (m 10,1,5 s 6,2,6 9,1,5 9,20,1). In Barn 7,11 wird die „furchtbare Dorne" stark allegorisiert auf die Notwendigkeit der Leiden für Christen. Zum Bild siehe auch Lidz Ginza R I 178 S 27,9–11. τριβόλους im Hb nur hier, im NT noch Mt 7,16; Bauer. In LXX neben Distel, siehe oben. Übertragen vom harten Lebensweg (Philo Leg All 3,253 Som 2,161), vom Weg der Übeltäter (Prv 22,5); hier im Hb zu deuten wie bei ἀκάνθας, im Hermas (siehe oben) von verweltlichten Christen. ἀδόκιμος, im Hb nur hier; Bauer, Grundmann ThW II 258 f: „unbewährt", „unbrauchbar". Ohne ἐστίν, wie 3,4b–6a 7,11 8,1.10 9,3.16a.17.23 10,4.18.23.25.31 12,7.16.29 13,6.17; siehe Bl-Debr § 127 f. ἀδόκιμος, von Sachen: schriftstellerische Arbeiten (Polyb 16,14,9); Silber (Prv 25,4 Js 1,22); Denken (R 1,28); nur hier im NT Erdreich: es leistet nicht das, wozu es da ist. Von Personen hier nur, wenn man das Bild transponiert. Sonst direkt von Personen: 1K 9,27 2K 13,5–7 Ign Tr 12,3 absolut; 2Tm 3,8 Tt 1,16 mit Zusätzen.

κατάρας, im Hb nur hier; Wettstein, Bauer, Büchsel ThW I 449–451. Fluch über den Erdboden Gn 3,17 adjektivisch, woran Hb hier denken mag. Als Verb Gn 5,29 8,21, vgl Js 24,6; der Fluch trifft Jerusalem, seine Bewohner, Israel 4 βασ 22,19 Jer 33,6 51,8.12 Test XII L 10,4 16,5, immer mit εἰς wie hier bei καῦσις. Fluch wirkt Vernichtung 4 βασ, Schmach und Zerstörung Test XII. Auch außerbiblisch-religiös: fluchen gegen beten (Ps Plat Alc II 6 I 143B; Fluchinschriften Ditt Syll⁴ 1240 1241 Deißmann LO 74 f); Verfluchungen gegen einen Herrscher neben Anflehen der Götter im Unglück (Polyb 23,10,7); Fluch verunmöglicht Pläne (Ael Arist Or Dindorf Band 1 XIV 212 S 343); damit wird man nicht fertig und ist κατάρας ἐγγύς. Bei Paulus ist Fluch bezogen auf das Gesetz Gl 3,10.13; Jk 3,13 als gesprochenes Wort; 2Pt 2,14 als Verdammnis; so hier. ἐγγύς, Bauer „nicht weit von". Preisker ThW II 329–332, Radermacher 144. LXX viel: übertragen Dt 30,14 Tob 5,10 א LXX Ps 33,18 84,9; Hi 13,18 ἐγγύς εἰμι τοῦ κρίματος (rettend, als Heil). Ael Arist siehe oben. Evangelien temporal und lokal; übertragen Eph 2,14.17. Hb noch 8,13: mit „Untergang", siehe 4 βασ 22,19. Apost Vät mit himmlischem Lohn und Martyrium 2Cl 7,3 Ign Sm 4,2. Material, besonders Ael Arist, und Kontext zeigen: ἐγγύς meint nicht mildernd „nur gerade nahe", sondern drohend „bereits nahe" (siehe Moffatt; gegen Chr Cramer Cat 195, andere Väter und Delitzsch Bleek-Windrath Riggenbach Kuß). τέλος, siehe 3,14. Bauer 1c, „Ausgang" wie Act Joh 67 S 183,20; also nicht: Verbrennen nur, wenn der Abfall bis zum τέλος andauert (gegen Chr Cramer Cat 506). Denn ἧς geht auf die κατάρα (so mit vg Thomas Erasmus paraphrasis Calvin, etwa der Hälfte der Erklärer), nicht auf γῆ (gegen Chr Cramer Cat 196, andere Väter, Luther WA Deutsche Bibel 7,2 [1522 und 1546] Bengel Delitzsch Seeberg Riggenbach Spicq Héring Moffatt Hillmann Westcott Strathmann Montefiore Schiwy).

εἰς καῦσιν, statt dessen καῦσις in 917. Im NT nur hier; siehe Wettstein, Bauer, JSchneider ThW III 644. Zu εἰς siehe oben bei κατάρας. Das Verbrennen von Unkraut als meliorierende Praxis des Bauern, unübertragen Poll 1,246. In LXX Feuer als Gericht: καῦσις des Tieres (Da 7,11); das Brennen trifft Erde (Js 34,9 Philo Abr 140), Berg (Dt 4,11 9,15), Disteln (2βασ 23,6f), Stroh (Mal 4,1 Js 5,24), Gras (Js 10,17), überhaupt Menschen, Tiere und Vegetation (Jer 7,20); das Feuer erfaßt die Gottlosen (Js 66,24 Sir 7,14). Ebenso in rabbinischen Texten (Str-B IV 1075–1079 1094 1114). Im NT kommt das Gerichtsfeuer über Unkraut (Mt 3,12 Par 13,40), über unfruchtbare Vegetation (Mt 3,10 Par 7,19 Joh 15,6); über Menschen (ohne Bildverwendung: Mt 5,22 13,42.50 18,8f Par 25,41 Mk 9,45 2Th 1,8 2Pt 3,7 Jd 7.23); in Apk über apokalyptische Verführer und Menschen (19,20 20,10.14f 21,8). Im Hb über Menschen (10,27 12,29; siehe 1,7). Anders Philo Leg All 3,248: die Dornen verfallen nicht selber der Verbrennung, sondern als Leidenschaften verbrennen sie die Seele. Das Material macht klar: die landwirtschaftliche Verbrennung des Unkrauts steht hinter dem Bild. Hb verschiebt, wie schon 6,7, den Vergleich von der Anwendung her: nun ist das Unkraut nur Produkt, schuldig ist der Erdboden, *er* wird verbrannt; ohne Bild: die Abgefallenen. Den Griechen galt das Feuer ursprünglich als Reinigung wirkend; noch nicht in Platos Unterwelt-Mythen, erst im Verlauf des Hellenismus begegnet es, wohl unter jüdischem Einfluß, als Strafe: die Feuerströme (Plut Superst 4 II 167A Luc Ver Hist 2,27.29.30; siehe Dieterich 195–202).

9. Wir sind aber im Blick auf euch, Geliebte, von der günstigeren und das Heil einschließenden Möglichkeit überzeugt, wenn wir auch so reden.

War die scharfe Drohung 5,11–6,8 nur „une feinte" (Vanhoye Structure 120)? Sind die Mängel nur Verstehensmängel (Theißen 15), wenn Abfall droht? Die Sorge des Hb scheint echt (Theißen 86); nur überwindet er sie und wirft das Steuer herum, δέ; und das nicht endgültig, 10,25ff 12,25ff. Seelsorgerliche Erklärung Luther Scholien 183f Calvin 74. Zur Problematik siehe 5,11; zum Optimismus Philo Quaest in Gn 3,21.

πεπείσμεθα. 2005 liest πεποίθαμεν; Hb benutzt diesen in LXX überwiegend verwendeten Wortstamm nur 2,13 von Jesus im Zitat; 13,3 noch als varia lectio. Bauer 4; Bultmann ThW VI 3f. Zum schriftstellerischen Plural (gegen Chr MPG 63,86 Xβ) siehe 5,11. Der Sinn ist präsentisch, mit Accusativ wie klassisch, auch Tob 14,4B (siehe Bl-Debr § 341 159,1). πέπεισμαι mit περί Test XII Jos 4,2. Im Corpus Paulinum immer mit ὅτι (R 8,38 14,14 15,14 2Tm 1,5.12). Auf den Verfasser bezogen; der Inhalt der Überzeugung hier im Accusativ. Das Praesens in 13,18 mit ὅτι; 13,17 vom Gehorchen der Christen, mit dem Dativ. In Apost Vät selten, Ignatianen und Barnabas. περὶ ὑμῶν Bauer 1a Riesenfeld ThW VI 1,53–55. Im Corpus Paulinum öfter, im Hb nur hier; περὶ ἡμῶν 11,40 13,18. ἀγαπητοί fehlt in 483; statt dessen ἀδελφοί in ℵ* Ψ **0121**[c] 1 442 sy[p h] aeth; ἀγαπητοὶ ἀδελφοί in 257?, in r vg[ms] Aug umgestellt. Alle anderen, auch p[46], die echte LA ἀγαπητοί. Bauer 2 Preisigke Wört I 5: „geliebt" in Briefen aus römischer, nicht aus ptolemäischer Zeit. LXX; Corpus

Paulinum viel. Als Anrede Tob 10,13B R 12,19 1K 10,14 15,58 2K 7,1 12,19 Phil 2,12 4,1.1; sehr viel in 1Pt 2Pt 1J 3J (singularisch) 1Cl; auch Ignatianen; nicht als Anrede Test XII Philo Josephus. ἀδελφοί im Hb gelegentlich, siehe 3,1; ἀγαπητοί nur hier, als Milderung nach den Drohworten. τὰ κρείσσονα, wie Paulus hellenistisch mit σσ, in p^{46} ℵ A B C D^2 333 234 1834, scheint echt, weil besser bezeugt, obwohl Hb sonst immer κρείττων schreibt, in 10,34 als varia lectio; allerdings siehe vSoden NT S 1364 1948. Sollte Hb wirklich κρείσσονα als „the softer linguistic form" gewählt haben (Moffatt)? κρείττονα, attisch mit ττ, in D* K 69 177 203 206 241 255 256 323 337 378 462 489 506 635 642 920 1518 1738 1758 1827 1836 1867 1872. Bl-Debr § 34,1; Bauer 2. κρείσσων in NT wenig, bei Paulus 1Pt 2Pt. Im Hb wichtig, siehe 1,4. Neutrum Singularis 12,14 als Adverb; 7,7 11,40 als Substantiv. Nur hier 6,9 als Neutrum Pluralis substantivisch. Mit πείθεσθαι verbunden nicht LXX, Philo, Josephus, NT sonst, Apost Vät. Es vergleicht den günstigeren Fall des Heils mit dem Fluch. ἐχόμενα σωτηρίας. Zu ἔχειν siehe 4,14 3,3; Bauer III 1 Hanse ThW II 817 Bl-Debr § 170,3; medial viel in LXX. „sich anschließen" lokal, zB Mk 1,38; temporal zB Ag 21,26. Im Sinne innerer Dazugehörigkeit klassisch, hellenistisch öfter, zB Luc Hermot 69 von solider Belehrung: das sind bessere Aussagen, und sie enthalten eine nicht geringe Hoffnung. ἔχεσθαι σωτηρίας in LXX, Test XII Apost Vät und NT sonst nicht. Hier von der günstigeren Möglichkeit, die zum Heil führt. Zu σωτηρία siehe 1,14 2,3; ohne Artikel, weil Abstractum, Bl-Debr § 258. εἰ καί, Bauer εἰ VI 4, im Hb nur hier; Lk 1Pt wenig, Corpus Paulinum viel. Das καί fehlt in 2 6. οὕτως, siehe 5,5. λαλοῦμεν; ἐλάβομεν in p^{46} ist Verschreibung; suggeriert vom ἐπιλαθέσθαι der nächsten Zeile? Zu λαλεῖν siehe 1,1 2,3 2,5. λαλοῦμεν Paulus öfter, aber nicht, wie Hb, schriftstellerischer Plural (siehe 5,1). Trotz δέ und κρείσσονα gehört die warnende Rede auch hier nicht endgültig der Vergangenheit an: λαλοῦμεν Praesens.

10. Denn Gott ist nicht ungerecht, daß er das von euch Geleistete und die Liebe vergäße, die ihr gegenüber seinem Namen erwiesen habt, indem ihr den Heiligen Hilfe brachtet und noch bringt.

Literatur: SSchulz siehe V 4.

Jetzt der Grund für die optimistische Wendung V 9: Gottes Gerechtigkeit berücksichtigt die bis heute andauernde christliche Aktivität der Hörer; es geht nicht um die Wirksamkeit der Taufe (zu Käsemann Gottesvolk 121). οὐ γάρ siehe 2,5. ἄδικος Bauer 1 Schrenk ThW I 150–153. Die Gottheit ist gerecht, auch außerbiblisch (Bauer δίκαιος 2; Zeph 3,5 LXX Ps 114,5 118,137); als Richter (1Cl 27,1 60,1); strafend (Thr 1,18 Da 9,14 3Makk 2,3 R 3,5 Apk 16,5); lohnend und strafend (R 2,5f; vgl Philo Quaest in Gn 2,60 4,26 worth worthy); δίκαιος ist der Vergelter Act Thom 159 S 271,1. Es geht hier also um Lohn, siehe 10,35 (Thomas Tridentinum Sessio VI Kapitel 16 Hollmann Windisch Schrenk 152 Spicq Schierse 205 A 19 Bruce Schulz 263; gegen Calvin deWette^2 Riggenbach Gräßer Glaube 26 A 75 Strathmann Montefiore). ὁ θεός, zum Artikel siehe 1,1. ἐπιλανθάνεσθαι. Bauer 2 Radermacher 121: klassisch hier mit Genitiv; zum konsekutiven Infinitiv ohne ὥστε siehe Bl-Debr § 391,4. Daß Gott vergißt, ist die Klage der atlichen feindbedrängten Frommen (Js 49,14; Jer 14,9 in den Psalmen öfter, zB LXX Ps 9,32 12,1); selbst die billigen Sperlinge vergißt er nicht (Lk 12,6). Nur dort und hier, 6,10, ist im NT und Apost Vät Gott Subjekt von „vergessen". Daß Gott nicht vergißt, kann auch Strafe, also das Gegenteil von Lohn, sein (Am 8,7 Thr 5,20.22). Seitens der Christen gibt es ein löbliches Vergessen (Phil 3,13) und ein verbotenes (Jk 1,24 Hb 13,2.16; vgl ἐκλανϑάνεσϑαι 12,5). τοῦ ἔργου ὑμῶν, siehe 4,10. τῆς ἀγάπης in p⁴⁶ ℵ A B C D⋆ P Ψ 6 33 69⋆ 81 104 256 263 365 424¹ 442 1611⋆ 1739 1834 1881 1908 2005 2125 2127 2464 2495 d e f vg syᵖ ʰ sa arab arm aeth Chr Antioch Thphyl hier ist echt. 1Th 1,3 veranlaßt die LA τοῦ κόπου τῆς ἀγάπης in D² K L 326 den meisten bo Chr Thret Dam PsOec, wohl auch in 6 τοῦ ἔργου ὑμῶν (ohne καὶ) τῆς ἀγάπης. Bauer: ἀγάπη auch außerbiblisch belegt; Quell, Stauffer ThW I 20–55. In LXX meint ἀγάπη oder ἀγάπησις Eros des Menschen oder die Liebe der Gottheit; selten die des Menschen zur Gottheit (Jer 2,2 Sap 3,9, auch Test XII G 5,2). Ähnlich Philo nur Deus Imm 69, verbal etwa Abr 50 Spec Leg 1,300; Jos Ant 4,326 nur als Konjektur für ἀρετή (Rengstorf Konkordanz). Selten auch im NT, siehe Bauer 1bγ; öfter 1J; verbal Mk 12,29–31 Par, der Nächstenliebe gleichwertig Mt 22,39, von der Bruderliebe untrennbar 1J 4,20; typisch die Objektlosigkeit 1K 13. Ähnlich 1Cl: zu Gott explizit nur 49,2. Auch Hb nur hier Liebe zu Gott; 10,24 ohne Objekt. ἀγάπη εἰς, aber nicht zu Gott, öfter (R 5,8 Eph 1,15 1Th 3,12 2Th 1,3). ἧς, Attraktion des Relativums, siehe 5,8; verdorben in den Accusativ in p⁴⁶ B² (Ψ) 1739 1881 2005 2495. Außerhalb des Hb benutzt das NT meist andere Verben zur Betätigung der ἀγάπη: ἔχειν, περιπατεῖν mit ἐν und κατά, διώκειν, κυροῦν; der 1Cl ἔχειν, παρέχειν und ἐγκαταλείπειν. Hb hat ἐνδείκνυσϑαι nur 6,10, mit ἀγάπη, und 6,11 mit σπουδή. Bauer 1, in unserer Literatur nur medial. Accusativ-Objekte in LXX Böses, Gewalt und sinnverwandte Begriffe; die Empfänger meist im Dativ; in Gn 50,15 cod B mit εἰς. Ähnlich wie LXX Test XII Seb 3,8. Philo Praem Poen 166 mit Verehrung und πρός. Josephus mit Eifer (Bell 2,2), Wohlwollen (Ant 1,297), Bereitwilligkeit (Ant 6,122) und Liebe (Ant 17,84); die Empfänger mit πρὸς und περί; Ant 6,122 mit εἰς. Im NT dies Verb nur noch im Corpus Paulinum, als „erweisen" (R 9,17.22 2K 8,24 Eph 2,7 1Tm 1,16 2Tm 4,14 Tt 2,10 3,2); außer Tt 2,10 mit positiven Begriffen als Objekten, die Empfänger im bloßen Dativ, auch mit ἐν und πρός; nur 2K 8,24 τὴν ἔνδειξιν τῆς ἀγάπης ἐνδείκνυσϑαι εἰς. Ähnlich Dg 3,5, einzige Stelle in den Apost Vät: φιλοτιμίαν (Bemühung) εἰς. Auch Dit Syll⁴ 285,5 762,40 946,20: Empfänger immer mit εἰς; Objekte: Bereitschaft, Eifer, Tüchtigkeit, Bemühung.

Zu ὄνομα als Ausdruck des Wesens siehe 1,4, Bauer I 4cβ, Bietenhard ThW V 242–281, Deißmann LO 97f, Bl-Debr § 206,2, Preisigke Wört II 185f 2e. LXX belegt nicht die ἀγάπη εἰς τὸ ὄνομα, wohl aber das ἀγαπᾶν des ὄνομα Gottes (LXX Ps 5,12 68,37 118,132 Js 56,6). Zu Gottes Namen in NT und Hb siehe 2,12. Jesu Name wird im NT häufiger genannt als der Gottes; davor εἰς bei zusammenkommen (Mt 18,20), glauben (Joh 1,12 und öfter), bei sich taufen lassen (Ag 19,5). Gottes Name aber bei Joh und in Apk; jedoch nie εἰς τὸ ὄνομα. In Apost Vät benutzen Ign und Hermas ὄνομα intensiv, aber ohne Verbindung mit ἀγάπη und ἀγαπᾶν. εἰς τὸ ὄνομα ist dreifach erklärbar: 1) „mit Rücksicht auf", „im Gedenken an", wie rabbinisch Abot 2,2b Mt 18,20 Ign R 9,3; so vg: in nomine (Bietenhard 267 274 Héring Moffatt Kuß Michel). 2) als Übernahme der Geschäftsformel „auf Rechnung des-", „auf sein Konto", „ihm geltend", siehe Preisigke (so Deißmann); Windisch erwägt 1) und 2)). Der Sinnunterschied zwischen 1) und 2) ist unbeträchtlich. Da aber ἐνδείκνυσϑαι oft – siehe oben: Gn, Josephus, 2K, Dg, 3 Inschriften – mit εἰς zur Bezeichnung des Empfängers verwendet wid, gehört εἰς hier doch wohl zum Verb: 3) die Hörer wendeten die ἀγάπη der Gottheit zu, die mit ὄνομα αὐτοῦ, wie das Objekt von ἀγαπᾶν in LXX (siehe oben), bezeichnet wird (so Erasmus adnotationes deWette² Bleek-Windrath Seeberg Riggenbach Schiwy Barclay). Solche Zuwendung geschah und geschieht als Dienst an den Mitchristen. In D⋆, davon abhängig d e, wird διακονοῦντες durch Auslassung von ON und durch Einfügung von O hinter Y in διακούοντες verschrieben.

Zum Hintereinander der Tempora siehe Bl-Debr § 339. διακονεῖν Bauer 4 Beyer ThW II 81–87; zu διακονία siehe 1,14. Schon seit Herodot ist die Grundbedeutung „bei Tisch aufwarten" ausgeweitet ins Allgemeine; so vom jüdischen Opferdienst (nicht LXX, aber Josephus Ant 3,155), von außerbiblischem Kult (Ditt Or 383,159), vom Zauber (Preis Zaub 36,304 335). In den Evangelien viel von Personen, die Jesus dienen; er selber, nur übertragen, „dient" Mk 10,45 Par. Vom Tischdienst Ag 6,2. Paulus hat διακονοῦντες als Helfer in der Mission und privat (Ag 19,22 2Tm 1,18 Phlm 13); anders die die Sklaverei ablehnenden Therapeuten Philos (Vit Cont 70). Vom Dienst der Gemeindeglieder untereinander 1Pt 4,10f. So Hb, diese Vokabel nur hier, im Sinne von „helfen", „unterstützen" wie Mt 25,44 R 15,25, also noch nicht im technischen Sinne wie 1Tm 3,10.13 von der Tätigkeit des Diakons, deren Bereich auch ausgeweitet ist Ign Tr 2,3. Das Verb in Apost Vät nur bei Hermas: noch als Tischdienst (s 8,4,1.2), aber auch von der spezifischen Amtsführung des Diakons (v 3,5,1). Dies Helfen ist veranschaulicht in Hb 10,32–34; also doch wohl konkrete Verhältnisse (gegen Dibelius, siehe 5,11); aber der Ort der angeredeten Gemeinde ist dadurch gleichwohl nicht auszumachen (Windisch). τοῖς ἁγίοις, siehe 3,1. Gemeint sind nicht die Christen im Unterschied zu den ihnen „dienenden" Noch-nicht-Christen (gegen Synge 49); nicht die Jerusalemer Christen wie R 15,25 (gegen Seeberg, Spicq); nicht andere auswärtige Christen (gegen Riggenbach), oder einzelne hervorragende Christen (siehe Beyer ThW II 86); sondern die Gemeindeglieder untereinander. Aber warum dann nicht εἰς ἑαυτούς wie 1Pt 3,10 oder ἀλλήλοις? Die urchristliche Ehrenbezeichnung macht deutlich: die Hilfe untereinander, weil den „Heiligen" zugewendet, geschah letztlich als Liebe zu Gott (Riggenbach, Windisch).

11. Uns verlangt aber dringend danach, jeder von euch möchte den gleichen Eifer beweisen für die volle Stärke der Hoffnung bis zum Ende,

Liebe und Dienen sind bei den Hörern in Ordnung. Das Vollmaß der Durchhaltung der Hoffnung aber muß Gegenstand gleich intensiver Bemühung bleiben. ἐπιθυμοῦμεν, vox media. Bauer, Büchsel ThW III 168–172, Bl-Debr § 392,1a. Hb nur hier; mit AcI, wie Jos Bell 7,67, im NT nur hier. Schriftstellerischer Plural, siehe 5,11. Paulus mahnt nie mit ἐπιθυμεῖν, so auch nicht in der Sapientia-Literatur der LXX, in Test XII, bei Philo und Apost Vät. Der Wunsch ist dringend. „Zärtliche, väterliche Liebe" (Chr Cramer Cat 509) steht dahinter. Luther Scholien: „brüderliche Liebe"; treffender, τέκνον, υἱός, παῖς als Anrede im Hb nicht. δέ, in p[46] ausgelassen. Mit der bewiesenen Liebe ist es also noch nicht getan; würde Verfasser 1K 13,13 nachsprechen? ἕκαστον ὑμῶν: der Wunsch ist so wichtig, daß individuiert wird, keiner darf zurückbleiben, siehe 3,12. τὴν αὐτήν, siehe 4,11; 440 fügt αὐτοῦ an im Blick auf den, der den Eifer erweist. Hb mahnt nicht zu eifriger Weiterbetätigung der bisherigen Haltung (gegen Erasmus paraphrasis); sondern der gleiche Eifer, wie bisher beim Liebe-üben und Dienen, soll einem intensivierten Hoffen zugewendet werden (so seit Calvin Bengel viele Neuere). Die Wortstellung τὴν–σπουδήν ist kunstvoll, siehe 4,11. ἐνδείκνυσθαι. Orthographische Varianten: ἐνδίκνυσθαι D★, ἐνδίγνυσθαι A, ἐνδείγνυσθαι C★; zum Itazismus siehe 4,11, zum Wechsel κ – γ ESchwyzer Griechische Grammatik I S 207 untere Hälfte. Statt des Praesens in Ψ der Aorist, wie 6,10; ἐπιδείννυσθαι in 2004, δείκνυσθαι in p[46]. Zum Verb siehe 6,10. Es begegnet wie hier mit πρός für die Richtung auf den (die) Empfänger Tt 3,2 Philo Praem Poen 166 Jos Ant 1,297 17,84 Ditt Syll[4] 522,10ff

391,1 ff; letzteres, also außerbiblisch, religiös gegenüber dem delischen Apollo-Heiligtum. σπουδὴν ἐνδείκνυσθαι Jos Bell 2,2 Ditt Syll⁴ 762,40 ff. σπουδήν, zum Verb siehe 4,11. Das Substantiv Bauer 2, Harder ThW VII 559–568. Klassisch, hellenistisch, LXX, zB Sir Prol 30, dort abhängig von προσφέρεσθαι, ähnlich 2Pt 1,5. Im Hb nur hier; natürlich als Eifer, nicht als Hast, der ja der lange Atem („bis zum Ende") gerade fehlen würde. τὴν αὐτὴν σπουδὴν 2K 8,16. σπουδή mit πρός 2K 7,12 Philo Som 2,67 Jos Ant 12,134; Philo und Josephus sonst allerdings sonst viel mit περί. σπουδή religiös auf die Frömmigkeit gerichtet Philo Som 2,67 Ditt Syll⁴ 539A 15f; ja wie im Hb eschatologisch Lidz Joh 185 S 181,7f betreffend den Lichtort. Der Eifer soll sich auf die πληροφορία τῆς ἐλπίδος richten; zu πρός siehe 1,7. πληροφορία Bauer, Delling ThW VI 309; zum Verbum Deißmann LO 67f. Im Hb noch 10,22 mit πίστεως. Im NT 1Th 1,5 neben heiligem Geist wie 1Cl 42,3. In Kol 2,2 ohne Geist-Bezug. LXX und Test XII belegen nur das Verb; Philo beides nicht, aber vgl Abr 268: im Glauben ist enthalten die Erfüllung *(πλήρωμα)* guter Hoffnungen (Gräßer Glaube 115). Außerbiblisch fast nur als volle Gewißheit; βεβαιότης Hesych. So sa Erasmus adnotationes, Calvin, Delitzsch, Hollmann, Seeberg, Laubach, Strathmann. Ebenso möglich, nur um eine Nuance verschoben: die Intensität des Hoffens soll das Vollmaß erreichen (so Thphyl MPG 125, 260b und seit Bengel die meisten Neueren). Dagegen blickt πληροφορία nicht auf die Realisierung des Erhofften, gegen vg *(expletionem)* bo (fulfilment) Thomas Spicq. ἐλπίς activisch, siehe 3,6. Statt τῆς ἐλπίδος: in I 18 67 a* τῆς πίστεως, wie 10,22; 33 kontaminiert τῆς πίστεως τῆς ἐλπίδος. Hoffen, dem Hörer neben der Liebe unentbehrlich; dem Verfasser wichtig, weil mit dem Glauben identisch, siehe 4,2 Exkurs. ἄχρι τέλους, fehlt in 69 104; ἄχρι wird durch μέχρι ersetzt in 255 256 436 442. Zu ἄχρι siehe 3,13 4,12; zu τέλος siehe 3,14. Diese Wendung hat hier den Ton per Achtergewicht.

12. damit ihr nicht träge werdet, sondern dem Beispiel derer folgt, die durch Glauben und Ausdauer die verheißenen Güter erben.

Literatur: HDBetz Nachfolge und Nachahmung, 1967; ASchulz Nachfolgen und Nachahmen, 1962.

Das Hoffen soll Trägheit verhindern und, in Nachahmung alttestamentlicher Vorbilder für Glauben und Ausdauer, die verheißene Erbschaft einbringen. νωθροί, siehe 5,11. L P schreiben νοθροί, zu ω – ο siehe 2,3. Das Wort ist Inklusion zu 5,11 (Vanhoye Structure 120). Hier ist Trägheit noch bevorstehende Gefahr, in 5,11 ist Hörträgheit bereits eingetreten. Windisch, Héring registrieren das. Bengel, Bleek-Windrath, Seeberg, Westcott verstehen es als Fortschritt von partieller zu genereller Trägheit; aber ist für Hb Hörträgheit etwas noch nicht so Gefährliches (siehe 2,1 3,8ff)? Zum Problem siehe 5,11. γένησθε. 33 verschreibt γενήσεσθε, 1311 1912 γίνεσθε; zum medialen Aorist siehe Bl-Debr § 78, zum γίνεσθαι der Hörer siehe 5,11. Chr hebt schön die seelsorgerlich schonsame Art des Verfassers hervor (Cramer Cat 509f). μιμηταί; p⁴⁶ μειμηταί, itazistisch, siehe 4,11. Bauer 2, Michaelis ThW IV 661–678, ASchulz 188 316f Gräßer Glaube 121–123 Betz Nachfolge 173ff. Der Freund ist, im Unterschied zum Schmeichler, ein μιμητής nur der wertvollen Verhaltensweisen (Plut Adul 8 II 53B); Solon ist Zeuge, Publicola μιμητής (Plut Publ 24 I 109D). LXX belegt nicht das Substantiv, nur das Verb: im Blick auf Märtyrer (4Makk 9,23 13,9); Test XII im Blick auf Gott, Menschen und Verhalten (A 4,3 B 3,1 4,1). Philo: der Nachahmer des Lebens steht gegen den Hörer der Worte (Congr 70); Josua, der Nachahmer der liebenswerten Verhaltensweisen des Mose (Virt 66). Hb nur hier; verbal noch 13,7. Sonst im NT nur Corpus Paulinum, überwiegend mit γίνεσθαι. (συμ)μιμηταὶ des Paulus 1Th 1,6 1K 4,16 11,1 Phil 3,17; des Kyrios beziehungsweise Christi 1Th 1,6 1K 11,1; Gottes Eph 5,1; der judäischen christlichen Gemeinden 1Th 2,14. Es geht dabei um konkretes Verhalten, zT spezifiziert wie im Hb. Anders ist dagegen im Hb: die Nachahmer blicken nicht auf den Hb-Verfasser, also ohne Unterstreichung des autoritären Moments; nicht auf die Gottheit, nicht auf Jesus (trotz 6,20 12,2), sondern auf die alttestamentlichen Frommen (6,12); in 13,7 auf die schon gestorbenen Gemeindeleiter. Diese Vorbilder aktivieren durch Glaube und Ausdauer die Hörer gegen die Trägheit (Michaelis 668). Anders die Apost Väter: der Nachahmer hat vor Augen Gott (Ign Tr 1,2; Dg 10,4.6), dabei selber Gott werdend für die die Hilfe Empfangenden; vor allem Jesus (Ign Eph 1,1 10,3 R 6,3 Phld 7,2 Pol 8,2 Mart Pol 1,2 17,3); nur 1Cl 17,1 wie Hb Nachahmer atlicher Vorbilder. δὲ stellt die Nachahmung gegen die Trägheit, darf also nicht fehlen wie in 440. γένησθε V a wirkt weiter. τῶν κληρονομούντων. Siehe 1,4. Bauer 2 Foerster ThW III 766–786, besonders 785 f. In LXX nie mit den Objekten des Hb Name 1,4, Heil 1,14, Verheißungen 6,12, Segen 12,17; dagegen sehr häufig mit Land; wohl aber mit den Zeugnissen LXX Ps 118,111. Philo und Josephus verbinden das Verb nicht mit Verheißung, Heil, Segen; aber Erbe wird man auf Grund der göttlichen Versprechungen (ὑποσχέσεις) Rer Div Her 101. Philo deutet das Erben des Landes als Versetzung aus der geschaffenen Welt ins Himmlische, zum Schöpfer und Vater (vgl Hb 11,15 f); dies freilich, gegen den Hb, ekstatisch (Rer Div Her 96–98). Die im NT häufigen Objekte von erben, siehe 1,14, im Hb nicht; nur εὐλογία Hb 12,17 auch 1Pt 3,9. Das Verb meint hier, wie in LXX, die Erbschaft antreten, so mit Verheißungen Ps Sal 12,6 1Cl 10,2; mit λόγος Nag Hammadi IX 2 The thought of Norea 28,8 f. Die Erbenden sind hier nicht christliche Zeitgenossen der Hörer (gegen Seeberg, Montefiore und vorsichtiger Héring), sondern die Patriarchen, Abraham V 13, vgl 11,9 (so die meisten seit Chr Cramer Cat 197); die Christen sind kaum mitgedacht (gegen Luther Glosse, Delitzsch, deWette[2], Bleek-Windrath, Riggenbach). Vielleicht korrigieren deswegen 3 205 209 241 das präsentische Partizip in den Aorist. Freilich, zu ihren Lebzeiten haben die alttestamentlichen Frommen die Verheißungen nicht in die Hand bekommen, siehe 4,1; meint vg das mit dem Futur *heritabunt*? Aber das Particip des Praesens kann als Futur wie als Vergangenheit aufgelöst werden, Bl-Debr § 339. Erbschaft heißt Dauerbesitz, siehe 1,2. διά, in kunstvoller Wortstellung, siehe 6,7, zeigt an, was speziell an den Erbenden nachahmenswert ist. πίστεως siehe 4,2 Exkurs; der Artikel davor in D★ 3 2005 ist ungewöhnlich, weil Abstractum, siehe 6,9.

μακροθυμίας. μακροθυμοῦντας in D★, gegen d, ist Verschreibung, veranlaßt qua Particip-Form durch das folgende Particip, qua ας-Endung durch das echte μακροθυμίας. Bauer 1, Horst ThW IV 377–390. Verb und Substantiv in LXX selten: nötig bei Kleinmut (Js 57,15), in Prv Sir 1Makk eine Sapientia-Tugend, verleiht Anteil am Heil (Test XII G 4,7). Eine hellenistische Tugend: als Mensch soll man von den Göttern nicht Bewahrung vor Trübsal, sondern μακροθυμία erbitten (Menander CAF III Fr 549); nicht bei Philo. Im NT sonst nur Corpus Paulinum Jk 1 und 2Pt. Verbunden wie hier mit πίστις als Glaube 2Tm 3,10, als Treue Gl 5,22; neben Geduld Kol 1,11; wie hier alttestamentliche Fromme als Vorbild darin Jk 5,10. Im Hb nur hier; besser activisch als Ausdauer (Bleek-Windrath, Horst ThW IV 388, Spicq, Hillmann, Michel), nicht als Langmut, siehe 4,2 Exkurs. In Apost Vät oft neben Glaube: 1Cl 62,2 Ign Eph 3,1 Barn 2,2 Herm m 5,2,3; bringt Leben ein Herm s 8,7,6. τὰς ἐπαγγελίας, siehe 4,1.; hier doch wohl das Zugesagte wie V 15 (so seit Thret Cramer Cat 508 Thomas Erasmus paraphrasis adnotationes, die meisten Neueren);

nicht das Activum des Zusage-machens (gegen Bengel, Bleek-Windrath); denn um die Zusage zu bekommen, bedürfte es nicht dieser emphatischen Notwendigkeit von Hoffnung, Glaube, Ausdauer (Riggenbach). Die Auslassung in K ist Versehen.

13. Denn als Gott dem Abraham die Verheißung gab, schwor er, da er bei keinem Höheren schwören konnte, bei sich selbst

Literatur: JBarbel Christos Angelos, 1941; OHofius Die Unabänderlichkeit des göttlichen Heilsratschlusses, ZNW 64, 1973, 135–145; BKlappert Die Eschatologie des Hbbriefs, Theol Ex 156, 1969, 7–61; HKöster Die Auslegung der Abrahamsverheißung, in: Studien zur Theologie der ATlichen Überlieferungen (Festschrift vRad), 1961, 95–109; JPedersen Der Eid bei den Semiten, 1914.

6,13–20. Der Wert des göttlichen Schwures: jetzt wird, ohne Paränese, der Hörer über den Schwur Gottes gegenüber Abraham (V 13–15), über das Schwören der Menschen (V 16) und über den Schwur Gottes gegenüber den Verheißungserben hingeleitet zum Vorläufer Jesus und damit zur Breite des Melchisedek-Themas (V 17–20; Köster 98 · Klappert 27f). V 13–20 nimmt viele vorangegangene Begriffe auf (Vanhoye Structure 120f).

τὰς ἐπαγγελίας V 12 führt zu Abraham als zu *der* diesbezüglichen Gestalt; γὰρ fehlt in 440 zu Unrecht. Zu Abraham siehe Bauer, Jeremias ThW I 7–9. Abraham: im Hb in der Melchisedek-Szene 7,1–9; sein Glaubensgehorsam 11,8.17; als Exempel gerade für die Christen, für seine Nachkommenschaft 2,16, geeignet. Verheißungen an ihn Gn 12 15 17 22; Nachklang in Apokryphen und Apokalyptik Jeremias ThW I S 7 Anmerkung 15. Vgl Damask 12,11; Hb 6,13 11,18; im NT noch Ag 7,15.17 R 4,13.16 9,8f Gl 3,16.18.29 4,23. Eidliche Verheißung an ihn Gn 22,16 Ex 32,13; aufgenommen Sir 44,21 Jub 1,7 sBar 57,2; im Hb nur 6,13, im NT nur noch Lk 1,73 Ag 7,17 Koine; später Barn 6,8. ἐπαγγειλάμενος; die Ersetzung des ι durch λ in 2 440 wird Verschreibung sein. Bauer 2, Schniewind-Friedrich ThW II 573–578; vgl 4,1. Zum Tempus siehe 2,10; es geht hier also um die Verheißung aus Gn 22,17. Dies Verb von der Verheißung, die Sarapis im Traum gibt (Ditt Syll[4] 663,25ff); aber von der Verheißung Gottes an Abraham nie in LXX – siehe 2Makk 2,17f 3Makk 2,10 –, in Test XII, bei Philo (dort bedeutet es rühmend „beanspruchen"), Josephus (siehe Rengstorf Konkordanz). Aber wohl in R 4,21 Ag 7,5; hier im Hb in 6,13 als mot crochet zu 6,12 (Vanhoye Structure 121), in 11,11, vgl 1Cl 32,2. Ohne Abrahams-Bezug 12,26. Gott ὁ ἐπαγγειλάμενος 10,23 11,11 2Cl 11,6, geprägte Wendung; wie profan der Stifter ThW II 574,24f. ὁ θεός; zum Artikel siehe 1,1. Nicht Christus ist gemeint, gegen Ambr de fide II 8,71f CSEL 78,81f; siehe Barbel 152. ἐπεί, siehe 2,14. οὐδενός: Bauer 1.2. Neutrum in 2,8 7,14.19; Masculinum 6,13 7,13 12,14. Nur hier im Hb adjektivisch; mit μείζων noch Lk 7,28.

εἶχεν: siehe 4,14; hier „können" Bauer I6a wie klassisch, hellenistisch und Gesamt-NT; im Hb so und mit Gott als Subjekt nur hier. Die kunstvolle Wortstellung εἶχεν μείζονος, siehe 6,7, ist verdorben durch μείζονος εἶχεν in 33 81 Didym; die Pointe entfällt bei Auslassung von μείζονος in 255. Zu μέγας siehe 4,14; Bauer 2bα. In LXX Gottes Überlegenheit mit μέγας Ex 18,11, aber nicht mit μείζων. Philo von der Gottheit κρεῖττον (Leg All 3,203) und ἄμεινον (Sacr AC 92); πάντων μείζων im Zauber (Preis Zaub XIII 689). In Hb μείζων Substantiv maskulinisch 6,13.16; adjektivisch bei Zelt 9,11 und Reichtum 11,26. Gottes Überlegenheit mit μεῖζον Joh 10,29; die Jesu 1Cl 36,2. Zur Struktur des Überbietens im Hb siehe 1,4. ὀμόσαι, ὤμοσεν καθ' ἑαυτοῦ. Zur Vokaldehnung in ὠμόσαι in P L 33 siehe 4,16. Zum Verb siehe 3,9–11 (Wettstein, Pedersen 157f, Ahlborn 32, Schröger 127–130). Mit κατά klassisch, hellenistisch; im NT nur hier 6,13. Die Gottheit schwört im AT. In assyrischen Texten: Ischtar Gilgamesch 6,175–177 11,165 (beim Lasurstein); Ereschkigal Ischtars Höllenfahrt 1 Rückseite 20–28; alles Flucheide: AOT I S 163 179 209. Die griechischen Götter schwören bei der Styx (Eustath Thessal Commentar zu Ilias β 336,16f [= 254,31 f]). Die Gottheit schwört bei sich selbst, vor allem AT, in LXX: κατ' ἐμαυτοῦ Gn 22,16 Js 45,23 Jer 22,5 29,14(49,13) Am 6,8; κατὰ σεαυτοῦ Ex 32,13; bei ihrer Herrlichkeit Js 62,8; bei ihrer Heiligkeit Am 4,2; bei sich als dem Stolz Israels Am 8,7; bei ihrem großen Namen Jer 51(44), 26; bei ihrem Arm Jer 28(51),14; überall ohne die Begründung des Hb: weil ein μείζων oder ἀμείνων oder κρείσσων nicht existiert. Auch bei den Rabbinen schwört die Gottheit bei sich, als Sicherung für die Unvergänglichkeit des Schwurs; aber auch beim Leben des Mose, des Salomo, einzelner Rabbinen und der Tempeltore (Str-B III 691 I 325). Auf griechischem Boden schwört Poseidon bei sich (Aristoph Av 1614), was dem Scholion – Herausgeber J W Koster IV 3 S 1166 – als lächerlich gilt. Gott schwört bei seiner Herrlichkeit und seinem Sohn Herm v 2,2,5 2,2,8. Aber daß für die Gottheit nur ein Selbstschwur in Frage kommt, sagen nur Hb 6,13 und Philo: „bei wem sollte er schwören außer bei sich" (Quaest in Gn 4,180); es gibt nichts Besseres *(ἄμεινον)* Sacr AC 91 f; nichts Mächtigeres *(κρεῖττον)*, er ist von allem der Beste, nur er kennt sich selber richtig, so daß der Selbstschwur berechtigt ist (Leg All 3,203–208). Diese Analogie wiegt trotz der spekulativen Note bei Philo, dessen religiöses Engagement deswegen keineswegs fehlt (zu Hofius 140). Die Verbindung von Verheißung und Schwur ist in LXX Ps 88,35 und Tanch Nu blq § 13,33 nur indirekt, zudem in Tanchuma nur spät bezeugt (zu Hofius 138 142). Die Formulierung des Zitats aus Gn 22,16 – κατ' ἐμαυτοῦ ὤμοσα – ist hier in die dritte Person zugunsten des Achtergewichts für den Selbstschwur verschoben; vgl 13,5. Wozu Gottes Selbstschwur dient, sagen V 16 und 18.

14. und sprach: ‚ganz bestimmt will ich spürbar dich segnen und reichlich dich mehren'.

Literatur: BKlappert siehe V 13; HKöster siehe Vers 13; RWLyon A Re-examination of Codex Ephraemi Rescriptus, NTSt 5, 1959, 271.

Jetzt der Wortlaut der Verheißung, Zitat aus Gn 22,17; wie im Hb üblich (siehe 1,1 Exkurs), mit einer λέγω-Form eingeführt, die in 440 sekundär fehlt. Gn 22,17 fast wörtlich wie Hb; nur am Anfang ἦ μήν, freilich breit bezeugt auch εἰ μήν; in LXX hinter πληθυνῶ nicht σέ, sondern τὸ σπέρμα σου, in LXX 55 Aeth Arab σὲ καὶ τὸ σπέρμα σου, also Hb-Einfluß auf LXX-Tradition. εἰ μήν, besser εἶ μήν, hellenistisch, LXX, anstatt des klassischen, freilich auch bei Josephus bezeugten ἦ μήν: Schwurformel (siehe Wettstein, Deißmann NB 33–36, Bl-Debr § 24 441,1, Bauer εἰ VII; dieser Wechsel ist nicht Itazismus). Besser bezeugt ist das hellenistische εἰμήν: p[46] ℵ A B C (siehe Lyon 271 gegen Tischendorf) D* 25 33 38 88 104 218 256 263 326 623 910 1906 1908 1912 2005 2464; D[1] L[c] verschreiben das εἰ μή, daher d e f vg Ambr Prim *nisi;* ἦ μήν: K Ψ 6 81 1739 1834 die meisten sy[h] Chr CyrA Thret Thphyl; itazistisch, siehe 4,11, verschreiben L* 440 1898 in ἡμῖν, 1319 in ὑμῖν. εὐλογῶν εὐλογήσω σε; 489 verschreibt das Particip in εὐλογῶ. Hier „segnen". Bauer 3, Beyer ThW II 751–761; zum Substantiv siehe 6,7. Griechisches Particip und Verbum finitum für hebräischen Infinitivus absolutus und Verbum finitum; Bl-Debr § 422; vgl Od Sal 28,4a. Das Verb selten außerbiblisch vom Segen der Gottheit, wie Eur Suppl 925–927 gegenüber Amphiaraos; Pap Lond 1380,13 Preisigke Wört I 615 (gehört ins 8. Jahrhundert nach Christus). In LXX und Test XII zahlreich; siehe auch gr Hen 1,8. Vom Segen an Abraham öfter ab Gn 12,2; auch Philo Leg All 3,203 (Gn 22,17 zitiert, siehe Hb 6,13) Sobr 17 Migr Abr 1. εὐλογεῖν als segnen im NT öfter; mit Abraham als Objekt Gl 3,8 f. Im Hb der Segen an Abraham durch Gott 6,14, vgl 1Cl 10,3 31,2, durch Melchisedek 7,1.6; Isaak segnet seine, Jakob die Josephsöhne 11,20 f; segnen allgemein 7,7. πληθύνων πληθυνῶ σε; 255 läßt σε fort. Bauer 1a, Delling ThW VI 279–282. Zum Particip und Verbum finitum siehe oben. Das Verb in LXX zahlreich; Gott als Subjekt, Objekt Abraham oder sein Same Gn 16,10 17,2 22,17 Jos 24,3, auch Isaak, Jakob und Volk Israel. Philo Leg All 3,203 (siehe oben). Im NT vgl 2K 9,10; nur dort und Hb 6,14 Gott Subjekt bei der aktiven Form. Im Hb nur hier; im NT nur hier Abraham Objekt.

Segnen und Mehrung im AT betreffs Landbesitz und Nachkommen; Philo allegorisiert; Hb denkt an die Himmelswelt 11,13–16 und an die Christen als Nachkommen Abrahams 2,16. Aber nicht darauf ruht hier der Blick; also nicht, wie Gl 3,8, auf dem auch für den Abrahamssamen, für die Christen, gleichen Inhalt der beschworenen Verheißung; sonst hätte Hb das Objekt der LXX, τὸ σπέρμα σου, nicht durch σε ersetzt. Vor allem aber zeigt das Folgende: wichtig ist hier dem Hb die Sicherung durch einen Eid, sie ermöglicht die auch für Christen vorbildliche Ausdauer Abrahams (siehe Seeberg, Delling ThW VI 280 f, Köster 105–108, Klappert 27 f; gegen Beyer ThW II 761,9 und eine Anzahl Kommentare von Bleek-Windrath bis Barclay).

15. Und so bewies er Ausdauer und erlangte das verheißene Gut.

οὗτος in K^c Cyr A verschiebt *w* und *o*, siehe 4,16, οὕτως weist zurück, siehe 4,4, und meint: weil die Gottheit die Verheißung durch Schwur gesichert hatte, konnte Abraham Ausdauer beweisen und Segen und Nachkommenschaft gewinnen; sein Einsatz, der von Gott belohnt wird (V 10), ist durch die Vorgabe seitens Gottes keineswegs aufgehoben (zu Schniewind-Friedrich ThW II 582).

μακροθυμήσας, Bauer 1, Horst ThW IV 377–390. Das Verb gehört, soweit der Mensch Subjekt ist, in die Sapientia-Ethik als „geduldig sein": so der Barmherzige (Prv 19,11(8)), gegenüber dem Niedrigen (Sir 29,8), im Elend (Sir 2,4) und bei Bestrafung durch Gott (gr Bar 4,25); vgl auch den „sanftmütigen" Hillel (Str-B I 198 f). Die Note der Ausdauer klingt an bei den 10 Versuchungen Josephs (Test XII Jos 2,7), ebenso bei Plut Gen Socr 24 II 593F (siehe Wyttenbach): Ausdauer im Lebenskampf mittels der eigenen Tüchtigkeit, bis der Daimon helfend eingreift. Im NT ist μακροθυμεῖν, mit dem Menschen als Subjekt, Paränese-Inhalt: Geduld gegenüber dem anderen (1K 13,4 1Th 5,14), was sich in 1Cl 49,5 Pol 6,2 fortsetzt; aber auch ausdauerndes Durchhalten bis zum Endheil (Jk 5,7 f). So im Hb hier; das Verb nur hier. Zum Substantiv siehe 6,12. Gemeint ist: das Durchhalten kann für eine lange Zeit gefordert sein. ἐπέτυχεν: Bauer; zur Konstruktion Bl-Debr § 171,2. Das Verb in LXX vom Gewinnen irdischer (Gn 39,2 Prv 12,27), bei Philo irdischer (Spec Leg 1,225) und geistiger (Poster AC 70) Güter. Sehr viele Belege bringen ἐπιτυγχάνειν so, daß der Kontext von erstreben, erbitten, erwarten redet, zu dem das wirkliche Bekommen dazugehört (Jos Ant 11,262 12,121 14,230 20,15.184.209 Vit 392 Luc Menipp 6 Ditt

Or 378,7f Preisigke Wört I 385 5). So auch im NT (R 11,7 Jk 4,2 Ag 13,29 D) und zum Teil in Apost Vät (Ign R 1,1 Herm m 9,5 10,24). Ebenso hier Hb 6,15 und 11,33, mit *ἐπαγγελία* als Objekt. Darum wird *τῆς ἐπαγγελίας* hier den in 6,13 verheißenen Inhalt meinen, siehe 6,12. Zwar bekam Abraham zu Lebzeiten diesen Inhalt nur partiell in die Hand: seine reiche Nachkommenschaft. Man sollte aber im Sinne des Hb dies „partiell" nicht durch Abrahams postmortale Existenz beziehungsweise seinen Aufenthalt im Himmel (Lk 16,32), komplettieren, weil man dann zwei im Hb nicht zusammengedachte Linien über den Text hinaus zusammendenkt; man sollte vielmehr die Ambivalenz stehen lassen, siehe 4,1 (gegen Chr Cramer Cat 511 („doppelter Trost"), Delitzsch, Hollmann, Seeberg, Strathmann, unter Vorbehalt auch Windisch; mit deWette[2], Riggenbach).

16. Denn Menschen schwören bei dem, der höher ist, und als Beendigung jeglicher Einrede dient zur Verbürgung ihnen der Eid.

Der Schwur an Abraham wird weitergeführt ins Allgemeine: der Eid bei der Gottheit schafft Eindeutigkeit und Bürgschaft unter den Menschen. *ἄνθρωποι*, über sie hier allgemeingültig wie 9,27; gegen Gott und Jesus meist angehoben, siehe 5,1. Ohne Artikel auch in Philos Eiddefinition Sacr AC 93. Die echte LA in p[46] ℵ A B D★ P (Ψilleg) 81 336 1108 1245 1518 1610 1611 1739 1834 1852 1881 1908 2005 2138 2495 d e f vg sa sy[p h] arm basm Cyr A bietet hinter *ἄνθρωποι* kein *μέν*. Der Einschub von *μέν* – in C D[1] K L 6 33 104 326 den meisten bo aeth Chr Thret Dam – verkennt: der nachfolgende göttliche Eid ist kein Kontrast zu V 16, sondern steigert (Zuntz 199 Anmerkung 1, Michel). *κατὰ τοῦ μείζονος*, siehe 6,13. Explizit so LXX und Test XII nicht. Philo warnt: der Meineid macht Gott, den Überlegenen, zum Unterlegenen (Decal 91); man soll nicht gleich bei der höchsten Instanz schwören (Spec Leg 2,5). *ὀμνύουσιν*, siehe 3,9–11. *πάσης αὐτοῖς ἀντιλογίας*: zur gewählten Wortstellung siehe 6,7; sie wird verdorben durch *ἀντιλογίας αὐτοῖς* in D★ [2] sy[p h]. *πάσης*: ausnahmslos, siehe 3,4; bei *ἀντιλογία* 7,7 und in Preisigke Wört I 136f. Zum Dativ *αὐτοῖς* siehe Bl-Debr § 190,1. *ἀντιλογίας* Bauer 1; rechtlicher terminus technicus Preisigke aaO. LXX, Philo und Josephus, wo das Wort oft „Streit" heißt, nennen den Eid explizit nicht, wie Hb, eine Beendigung der Widerrede. Hier 6,16 und 7,7 nicht „Streit", wie die älteren Erklärer, sondern „Widerrede", formal; 12,3 gegen Jesus; Jd 11 von der Widersetzlichkeit Korahs. Aber den Gedanken, daß der Eid zur Verbürgung mehrdeutiger Dinge angewendet wird, hat Philo oft: strittige Sachverhalte (Leg All 3,205 Sacr AC 91 Plant 82 Decal 86 Spec Leg 2,10); zweifelhafte Dinge (Som 1,12); vgl Ps Clem Hom ep Clem 10,6; etwas verschoben auch Sap 18,6. *πέρας* Bauer 2. In LXX meist lokal, mit *τῆς γῆς*. Aber auch temporal Esr A 9,17 Est B 13,3 LXX Ps 118,96 Sap 18,21 2Makk 5,8. In Mt 12,42 Par R 10,18 lokal; im Hb nur hier; temporal. *εἰς βεβαίωσιν*; d übersetzt mit *in observationem* fehl. Zum Adjektiv siehe 3,14 2,2. Wettstein; Bauer, dort weitere Literatur; Schlier ThW I 600–603; Preisigke Wört I 263, auch mit *εἰς*; Siegfried 329 Spicq I 65f. Zum fehlenden *ἐστὶν* siehe 6,8. Ein hellenistischer terminus technicus der Rechtssprache: Verbürgung, rechtsgültige Bestätigung. So auch LXX Lv 25,23; ähnlich Sap 6,18. Im NT nur noch Phil 1,7. Daß Eidleistung Bürgschaft liefert, breit bei Philo: mit *βεβαίως* Abr 273, auch beim Fluch Vit Mos 2,199; mit dem Verbum Leg All 3,203 Som 1,12; mit *πίστις* (Glaubwürdigkeit) Leg All 3,204; mit *πίστις βεβαιοτάτη* Plant 82; *πιστευθῆναι* Sacr AC 93; mit *ἐμπεδόομαι* (befestigen) Migr Abr. 18. So *βεβαίως* hier 6,16. Daß der Wunsch, das Beschworene möchte wirklich eintreten, dem

Eide vorgezogen wird – Eustath Thess Commentar in Od 14 S 537,51 f –, ist eine Ausnahme, bedingt durch die Situation von Hom Od 14,148–173. *ὁ ὅρκος*: Achterstellung, als das Zentrum der Argumentation; der Eid als solcher, nicht ein bestimmter. Bauer, JSchneider ThW V 458–463; Preisigke Wört II 198f Arten des Eides. In LXX meist der Eid der Israeliten; aber auch der der Gottheit gegenüber Abraham (Sir 44,21), Isaak (LXX Ps 104,9), den Vätern (Jer 11,5 Sap 12,21 18,6.22); gegenüber Juda (Test XII Jud 22,3); als Fluch Da 9,11. The letters of the oath hb Hen 15 B 5. Für Philo siehe oben *βεβαίωσις*. Der *μέγιστος θεὸς Ὅρκος* stellt Versprechen und Glaubwürdigkeit her Stob I 406,17f. Im NT *ὅρκος* beim Eidverbot Mt 5,33 Jk 5,12; der Eid des Herodes Mk 6,26 Par, des Petrus Mt 26,17, der Gottheit Lk 1,73 Ag 2,30, siehe Hb 3,11. In Hb 6,16 allgemein der Sinn des Eides; Mt 5,37 scheint dem Hb nicht bekannt. Hb 6,17 dann der Eid Gottes.

17. Daher hat Gott in der Absicht, in noch höherem Maße den Erben der Verheißung die Unveränderlichkeit seines Willens vor Augen zu stellen, mittels eines Eides Bürgschaft geleistet,

ἐν ᾧ, siehe 2,18, „darum": weil schon bei Menschen der Eid Sicherheit gewährt. *ἐν τῷ* in D* gr ist Verschreibung. *περισσότερον*: Bauer 2.3. Noch 7,15. Adverbial, klassisch, hellenistisch, nicht LXX, aber Synoptiker; Paulus nicht als Adverb. *περισσοτέρως* 2,1 13,19. Der Komparativ meint: als durch Verheißung allein. *περισσοτέρως* in B gleicht an (Zuntz 40f). *βουλόμενος* Bauer 2b Schrenk ThW I 628–631. Von Gott als Subjekt in LXX, viel bei Philo und Josephus (Schrenk 629 Anmerkung 19 630 Anmerkung 37 44–49); auch außerbiblisch, zT im Genitivus absolutus, Corp Herm 13,21, von Sarapis Ditt Syll[4] 663,21; in Papyri Preisigke Wört I 276. Im NT von Gott Lk 22,42 Jk 1,18 2Pt 3,9; vom Menschensohn Mt 11,27 Par, vom Geist 1K 12,11. In Apost Vät von Gott 1Cl 8,2.5 2Cl 13,2 Barn 2,5 Dg 9,6 Herm: m 11,9 s 5,1,4 5,6,5: vom Logos Dg 11,7. Im Hb nur hier. Die Umstellungen – *ὁ θεὸς βουλόμενος* in p[46] 3 4 323 a d e f vg[ms]; ohne Artikel 1912 – glätten. *ὁ θεός*, zum Artikel siehe 1,1. *ἐπιδεῖξαι*; das Medium in A 103 1908 Thphyl verschiebt nicht den Sinn. Das Verb bei Philo und Josephus, Philo auch Gott als Subjekt; aber nicht von Gottes Unveränderlichkeit, so auch nicht Apost Vät. Im NT nicht Paulus, nur Synoptiker und Ag; Subjekt nicht Gott, sondern Jesus (Mt 16,1 Lk 24,40). Hb dies Verb nur hier: die Hörer sollen es vor Augen gestellt bekommen, so können sie Nachahmer der Väter werden, V 12. *τοῖς κληρονόμοις*; davor schiebt 69 *κλητοῖς* ein; wegen des gleichen Wortanfangs *κλη*? Bauer 2b, Foerster ThW III 776–780; siehe *κληρονομία* 9,15; das Verb 6,12. Erben des Wohlwollens Isocr 5,136. In LXX wenig, immer unübertragen, nie vom Heilsempfänger. So aber intensiv bei Philo betreffs geistlicher und geistiger Gaben (Rer Div Her 1 33 39 63 66 68 76 101 298 313 Fug 19 Som 1,175 Vit Mos 1,155 Spec Leg 4,75); an Hb 11,26 erinnert dabei der wahre Reichtum Rer Div Her 76 Fug 19 Spec Leg 4,75, an die Leibdistanz Hb 13,3 erinnert Rer Div Her 66. *κληρονόμος* im NT unübertragen und dann auf Jesus allegorisiert Mk 12,7 Par; Abraham Erbe der Welt R 4,13; die Christen Erben Abrahams und absolut Gl 3,29 4,7; Erben des Reiches Jk 2,5; absolut Tt 3,7. Im Hb der Sohn Erbe des Alls 1,2; Noah Erbe der Glaubensgerechtigkeit 11,7; Isaak und Jakob Miterben der Verheißung 11,9. Hier V 17 die Christen, vgl 6,12, weil Plural und „wir" V 18 (so Hollmann, Seeberg, Hillmann, Bruce, Strathmann). Also nicht ausschließlich atliche Glaubenszeugen (gegen Luther Glosse, Schierse 134, Moffatt); auch kaum die atlichen Frommen *und* die Christen (gegen die meisten Kommentare von Chr Cramer Cat 514 über Calvin bis Barclay). In Barn sind Erben der Verfügung, mithin verheißungsbezogen, atliche Fromme (13,6) und Christen (6,19). τῆς ἐπαγγελίας; Eusebs LA τῆς βασιλείας Dem Ev 223 MPG 22 368A, wie Jk 2,5. Zu ἐπαγγελία siehe 4,1. Gemeint ist nicht Gn 22,17; siehe 6,14. Die Christen haben die Zusage und werden das Zugesagte bekommen (Foerster ThW II 785 Schierse 134; siehe 6,12). Der Inhalt, siehe V 19f, kurz: das Himmlische 9,15, wird hier noch nicht expliziert. τὸ ἀμετάθετον, Bauer 1. Von menschlicher Unbeugsamkeit 3Makk 5,1.12, die einzigen LXX-Stellen; Jos Ap 2,189. Von menschlichen Verträgen, zusammen mit Eidleistung, Ditt Or 335,72f; in Papyri Preisigke Wört I 67. Unveränderbar von übermenschlichen Mächten mit ἀμετάθετος neben anderen Synonymen: bei der Moira Atropos (vgl Plut E Delph 19 II 392E; Betz Plut 1975, 99 Chrysipp vArnim II 264,26f 265,18f); bei der Heimarmene (Plut Quaest Conv 5,2 II 675B); bei der Verordnung des Mithras (Preis Zaub 4,527f). Die Unveränderlichkeit göttlichen Willens wird auch ohne ἀμετάθετος formuliert: in LXX mit ewig (LXX Ps 32,11 Prv 19,18(21) Js 9,6f) oder anders (Hi 12,13–25 Js 14,26f Nu 23,19 1 βασ 15,29 LXX Ps 109,4; vgl Hb 7,21 Od Sal 4,11). In LXX wird die Unabänderlichkeit göttlichen Wirkens nicht theoretisch ausgedrückt, sondern an der Durchführung der Planung aufgezeigt. Für Qumran siehe 1QS 3,16 1QH 15,14 (Michel). Bei Philo dagegen Formen von unbeweglich, nicht veränderlich im Geschmack, den Sinn nicht ändern (Leg All 1,51 2,89 Cher 19 90 Poster AC 23 27–30 Deus Imm 28). Bei Ps Clem Hom 19,13,3 dafür „fest". Im NT ἀμετάθετον nur hier 6,17f, ausgesprochen hellenistisch; in 6,17 substantivisch, in 6,18 adjektivisch gebraucht. R 11,29 formuliert das gleiche LXX-mäßig. In Mart Pol 11,1 ἀμετάθετος als „unmöglich". τῆς βουλῆς αὐτοῦ: Bauer 2b Schrenk ThW I 631–634. Vom Willen der Gottheit Corp Herm 1,8.31; Artemis heißt ἀριστοβούλη, die vorzügliche Ratgeberin (Plut Herodoti Malign 37 II 869C). Gottes βουλή in LXX öfter, als von Menschen verworfen und Schrecken einflößend (LXX Ps 106,11 65,5) und als heilbringend (LXX Ps 72,24 Js 55,8; Philo Leg All 3,205 Jos Ant 4,42). Im NT Lk 7,30 Ag 2,23 4,28 13,36 20,27 Eph 1,11, in Apost Vät 1Cl 27,6 57,4.5 Dg 8,10 Herm v 1,3,4; in Ag 2,23 4,28 ist die Festigkeit der βουλή unterstrichen. Im Hb nur hier; Inhalt: das Verheißene geschieht. ἐμεσίτευσεν Bauer Oepke ThW IV 602–629. Ein terminus technicus des Pfandrechts, Mitteis-Wilcken II 1 S 31 Preisigke Wört II 77. In LXX und Apost Vät nicht. Als „bürgen" vom Caesar Jos Ant 16,118; vielleicht auch Eustath Commentar in Il 1342,39f (Hildesheim 1960). Von der Gottheit Philo Spec Leg 4,31. Ja, der μεσιτεύων als Bürge kann die Rolle als Dritter zwischen dem Verbürgten und dem Bürgschaft Empfangenden aufgeben, indem er selber das Verbürgte in Gang setzt: so der Konsul die Verträge Dio Hal IX 59,5; so wie Daedalus der Pasiphae den begehrten Stier verfertigt Eustath Commentar in Il 1166,25f (Hildesheim 1960); Oepke ThW IV 604f. So hier Hb, im NT nur hier: Gott verbürgt das Verheißene 6,17; Jesus verbürgt und realisiert zugleich die göttliche Setzung 8,6. ὅρκῳ, siehe 6,16; zum Schwören der Gottheit siehe 6,13. Der Artikel fehlt: es ist nicht mehr der Eid für Abraham V 13f, aber noch nicht explizit der für Jesus geschworene Eid der Gottheit 7,21, siehe 6,14. Auf ihn sind die Hörer nun aber vorbereitet: der Eid ist generell wichtig (Riggenbach 173 Anmerkung 6).

18. damit wir durch zwei unveränderliche Geschenisse, bei denen ein Lügen Gottes unmöglich ist, einen kräftigen Antrieb haben, wenn wir unsere Zuflucht dazu nehmen, an dem zukünftigen Hoffnungsgut festzuhalten.

Literatur: OHofius siehe V 2.

Gott beabsichtigte: durch seine Wahrhaftigkeit gesichert, sollen Verheißung und Eid das Movens bilden für das Festhalten der Hörer (nun: wir) an dem Erhofften.

ἵνα: Gott tut hier, was Abraham erbittet (Philo Quaest in Gn 3,2). μετά in D gr statt διά verschiebt leicht von der Begründung auf die Begleitung; Bl-Debr § 227. δύο Bauer: 10,28 bei Zeugen wie Dt 17,6 19,15 Mt 18,16 2K 13,1 1Tm 5,19 Apk 11,3. δύο πράγματα nur hier, sonst nicht in LXX NT Apost Vät; Dg 9,6 ist nur formal parallel; Philo Som 1,65 δύο πράγματα für den Logos und Gott. πρᾶγμα Bauer 1 Maurer ThW VI 638–641: „Tatsache", „Geschehnis". So gelegentlich im NT. Aber nur im Hb, sonst nicht im NT, πράγματα als künftige 10,1, als nicht sichtbare 11,1. Der vorhergehende Text zeigt: die zwei Geschehnisse sind hier die Christus-Verheißung, deren Erfüllung freilich noch nicht abgeschlossen ist, und der Eid der Gottheit (Maurer, so fast allgemein seit den griechischen Vätern; für Chr Thret siehe Cramer Cat 511, für Theod Mops Staab 206; gegen Schierse 200; gegen Schröger 128f: nicht zwei Eide; vgl 6,14 und 6,17). ἀμεταθέτων, siehe 6,17. ψεύσασθαι, im Hb nur hier: Bauer 1 Conzelmann ThW IX 590–599, vgl Handbuch NT zu Tt 1,2. Die Gottheit kann nicht lügen, das ist Überzeugung der gesamten biblischen und bibelnahen Literatur. Im Folgenden mit ψευδ-Stämmen: LXX Ps 88,36 Hi 24,25; vgl ἀμετάθετον Hb 6,17. Philo Congr 101, Spec Leg 1,89, Ebr 139, sogar von Mose Vit Mos 1,196. Pesikt r 24,125b Str-B I 813f. Im NT Tt 1,2 1J 1,10 5,10. Später: Herm m 3,1, Ps Clem Hom 3,26,2. Dasselbe versichert die außerbiblische Antike: ἀψευδής von der Gottheit (Plat Resp 21 II 382E), von Zeus (Orph Fr 168,17); sein Lügen-sagen verneint Aesch Prom 1032; nur der die Gottheit fürchtende Aberglaube denkt sich die Götter als treulos, wetterwendisch (Plut Superst 11 II 170E; Betz Plut 1975 31). Hb formuliert nahe hellenistischen Texten: „Gott besinnt sich nicht um und geht nicht ab von dem, was er einmal gesagt hat" (Philo Vit Mos 1,283); „fremd ist der Gottheit das Lügen" (Artemid 2,69): „nichts ist bei Gott unmöglich außer dem Lügen" (ψεύσασθαι wie Hb 6,18) 1Cl 27,2 Hagner 190. θεόν ohne Artikel in B D K L Ψ 1834 Koine Eus Cyr A Thret Phot Dam Thphyl; mit Artikel in p[46] ℵ A C P 33 336 436 1245 1739 1827 1852 1881 2495 Athan Eus[2:2] Did Cyr A Chr Thret[1:3] Chron, vielleicht echt wegen Bezeugung, siehe Nestle[26], trotz Bl-Debr § 254,1 Zuntz 130. ἰσχυρός siehe 5,7.

παράκλησις Bauer 1 Stählin-Schmitz ThW V 771–798. Hier nicht „Trost", wie noch Thomas Erasmus paraphrasis Luther NT 1522 und wenig Neuere; sondern „Antrieb", „Ermunterung" (so die meisten von Delitzsch bis Montefiore). LXX nicht ἰσχυρά, aber ἀληθινὴ παράκλησις Js 57,18; ähnlich der Gedanke Js 66,11. Philo παράκλησις nur 3mal, ohne Attribut; Jos 70 als Zureden zur Sünde. Substantiv und Verb fehlen in johanneischen Texten. Viel belegt in Lk Ag; intensiv im Corpus Paulinum. Attribute: viel (2K 8,4), ewig (2Th 2,16). Verbindungen: mit Wort Ag 13,15 siehe Hb 13,22, mit Geduld R 15,5, mit Auferbauung und Zuspruch 1K 14,3, mit Lehre 1Tm 4,13. Im Hb noch 12,5 Vergessen des Zuspruchs und 13,22 Mahnrede als zusammenfassende Selbstbezeichnung des Ganzen. „Kräftig" unterstreicht den Appell; das Ziel, der Anker V 19, verbürgt die Verläßlichkeit. ἔχωμεν, siehe 4,14; statt des Konjunktivs, der wegen der Bezeugung echt sein wird, schreiben ἔχομεν K L P 6 69 102 103 104 218 255 256 263 326 378 383 467 489 623 794 823 919 927 1319 1738 1845

2005 2127 Eus Chr; vielleicht im Blick auf V 19; zudem: *o* und *w* variieren, siehe 4,16. *οἱ καταφυγόντες*, die Zuflucht nehmen, absolut; Bauer Spicq I 81 Anmerkung 7. Unübertragen vom Asylrecht Ditt Syll[4] 741,31. Übertragen bei Eingaben an den Caesar Ditt Or 569,15 f Ditt Syll[4] 888,156 f. In LXX meist Zuflucht nehmen zu Gott; Sap 14,6 zur Arche. Nie absolut ohne Zielangabe; mit Infinitiv nur „zu wem wollt ihr entfliehen, um Hilfe zu finden" Js 10,3. Ähnlich wie LXX Test XII S 3,5 Jos/Asen 11 Batiffol S 54,10 f 57,3. Bei Philo von der Zuflucht zu welthaften Aushilfen statt zum einzigen Seelenarzt Sacr AC 70; absolut, aber ohne folgenden Infinitiv Conf Ling 160 f. Die qumranische Flucht hat nichts mit dem übertragenen „Zuflucht nehmen" des Hb zu tun (Braun Qumran-NT I 258). Im NT *καταφεύγειν* nur noch Ag 14,6, unübertragen. Ps Clem: fliehen zu Gott (Hom 7,3,4 9,10,5 9,21,3 11,11,5 Recg 3,50,2 3,66,2 4,17,2 9,18,3); zur Taufe (Hom 11,26,4). Die Act Thom sprechen von fliehen zum Zufluchtsort (27 48 60 102); zu Jesus (29 136 139 156), der als die *καταφυγή* personalisiert ist (60 156). So noch nicht im Hb, wo es aber darauf hinausläuft. Der Aorist kann präsentisch aufgelöst werden Bl-Debr § 339 (so Windisch, Hillmann Schiwy; gegen viele Erklärer von vSoden bis Barclay). Die sekundäre LA *καταφεύγοντες* – in 2 81 218 221 255 326 330 383 440 462 506 794* 823 1311 1518 1845 Chr Thret – verändert also nicht den Sinn.

Darum geht *κρατῆσαι* – abhängig von *καταφυγόντες*, so Luther bis 1527 WA Deutsche Bibel 7,2 S 357 – nicht auf die Erstzuwendung als „ergreifen" (gegen deWette[2], Hollmann, Riggenbach, Windisch, Moffatt, Kosmala 7 f, Michel); sondern meint „festhalten", vg *tenendum,* Bauer 2eβ (so BleekWindrath, vSoden, Seeberg, Spicq, Gräßer Glaube 32, Laubach, Westcott, Montefiore, Schiwy, Barclay). Das entspricht dem Duktus der Gedankenführung des Hb besser, siehe 3,6.14 6,11 10,23. Zu *κρατεῖν* siehe 4,14. *ἐλπίς* Hoffnungsgut; aber nicht sie gibt die Sicherheit, sondern erst das Festhalten an ihr; wie beim Predigtwort 4,2, siehe 4,2 Exkurs. *τῆς προκειμένης ἐλπίδος. ἐλπὶς* hier Hoffnungsgut, *rem spei* Luther Glosse, siehe 3,6. *πρόκειμαι* Bauer 2.3 Büchsel ThW III 656 kann das Vorhandensein bezeichnen wie 2K 8,12 Jd 7 Ps Clem Hom 3,51,1. Aber oft meint es etwas Zukünftiges: den Kampfpreis (Philo Congr 159 Mut Nom 48 82 88 Leg All 1,153 2,257 4,195 Praem Poen 13 Jos Ant 1,14 8,208); Tod und wahres Leben (Philo Jos 169 Ign Eph 17,1 Mg 5,1); ein vorausliegendes Ziel (Philo Vit Mos 1,48.141.194 1Cl 63,1). Auch diese Bedeutung erfordert nicht als unerläßlich einen dazugehörigen Dativ, der anzeigt, wem etwas bevorsteht (siehe Philo Vit Mos 1,48 Spec Leg 1,153 Jos Ant 1,14 Ign Eph 17,1 Mg 5,1). Diese Bedeutung, wie 12,1 f, auch hier: das Erhoffte wartet auf die daran Festhaltenden: „im Blick auf die zukünftigen Dinge" Chr Cramer Cat 199; „daß wir das vorausliegende Hoffnungsgut im zukünftigen Zeitalter in Besitz nehmen" Erasmus paraphrasis; Hofius Vorhang 86 Barclay. Gegen Kommentare von Thomas bis Hillmann.

19. An ihm haben wir einen sicheren und festen Anker für die Seele, der in das Innerste des Vorhangs hineinreicht.

Literatur: RGyllenberg Die Christologie des Hbbriefes, ZSTh 11, 1934, 662–690; OHofius siehe V 2; GLindeskog The Veil of the Temple, Coni Neot 11, 1947, 132–137; CSpicq *Ἄγκυρα* et *Πρόδρομος,* Studia Theologica (Lund) 3, 1951, 185–187; GTheißen Besprechung zu Hofius Vorhang, ThLZ 99, 1974, 427.

Das Hoffnungsgut ist der Halt, der Anker für die Seele, der in den Himmel reicht; das wird nun direkt zu Jesus-Melchisedek überleiten. ἥν: die künftige ἐλπίς. ὡς führt eine wirkliche Eigenschaft ein, Bauer III1a. ἄγκυραν: Wettstein, Bauer. Nicht LXX, Test XII, Apost Vät. Bei Josephus, wie sonst im NT, Ag 27,29 f 40, nur unübertragen. Im Hb nur hier. Ein Bild aus der Nautik wie Hafen (Corp Herm 7,1 f Act Thom 37), ist Anker übertragen typisch griechisch, ja mit „letzter" (Marinus Vita Procli 29) und „heiliger" (Plut Praec Ger Reip 19 II 815D Almquist Luc Jup Trag 51 Fugitivi 13 Betz Luc 47 Anm 9) ein Topos. Anker, für die Hoffnung (Heliodor 7,25,4), sind Kinder (Soph Fr 623 Nauck Eur Hec 79), ist der Philosoph (Marinus aaO), ein Argument (Luc Jup Trag aaO), ein zuversichtliches Verhalten (Plut aaO). Der Anker *ist* hier nicht Jesus, reicht aber bis in den Himmel, in den auch Jesus eingegangen ist (zu Spicq ἄγκυρα 186). Die Bildkombination ist schief: der Anker sichert durch Festmachen, will aber hier den Himmel gewährleisten, in den zu laufen der Vorläufer Jesus ruft (12,1). Gleichwohl widerspricht es der Wortstellung, die drei folgenden Attribute (gegen Michel, Westcott) oder auch nur das dritte (gegen Bleek-Windrath, Riggenbach) weiter zurück auf ἥν, also auf die Hoffnung, zu beziehen; ἄγκυραν „aber sagte er nicht naiv" Chr Cramer Cat 522. ἔχωμεν, V 18 vor Augen, verschreiben D 1311 2004 a vg^ms; siehe 4,14. τῆς ψυχῆς, siehe 4,12. ἀσφαλῆ, Bauer 1a „fest", KLSchmidt ThW I 503. Vor allem in der Sapientia-Literatur: vom Weg (Tob 5,16), bei der Schiffahrt (Sap 4,3). Der Anker ist Symbol der Sicherheit, nicht der Hemmung (Appian Rom Hist Syr 9,56). ἀσφαλὴς oft neben βέβαιος (Sap 7,23 Philo Rer Div Her 314 Cher 103 Ign Sm 8,2 Cebes 31,1 Sext Emp Adv Log 2,374). Von der Hoffnung (Jos Ant 15,67 17,66). So im Hb, nur hier, sonst nur neutrisch (Ag 21,34 22,30 Phil 3,1). Ein Schluß-ν hängen an A C D* P 88; ähnliche Beispiele siehe Tischendorf NT, Bl-Debr § 46,1. τε καὶ siehe 4,12; das τε fehlt in 1518. βεβαίαν siehe 2,2 3,14. εἰσερχομένην, Bauer 2b „hineinreichen", siehe 3,11; statt des εἰσπορεύεσθαι des Hohenpriesters Lc 16,2, weil für den Anker besser passend. ἐσώτερον Bauer. Als Praeposition LXX 1βασ 24,4; mit τοῦ καταπετάσματος Ex 26,33 Lv 16,2.12.15 Nu 3,10. Hier Zitat aus Lv 16,2, ἐσώτερον dabei substantiviert. Gemeint ist das Allerheiligste des himmlischen Zeltes, also τὰ ἅγια wie 9,12.24.25; hier aber statt dessen unter Verwendung von „Vorhang" formuliert, weil der Vorhang ja gedeutet werden soll. ἐσώτερος im NT nur noch Ag 16,24.

τοῦ καταπετάσματος. Bauer, CSchneider ThW III 630–632, Gyllenberg 674 f, Käsemann aaO 135 145–147, Lindeskog, Schierse 36–38, Gräßer Glaube 37, Hofius Vorhang, Theißen Besprechung. In LXX unübertragen, meist für den Vorhang zwischen dem Heiligen und dem Allerheiligsten, siehe oben bei ἐσώτερον (Jos Bell 5,219). Vorhang bei Rabbinen: vor Gottes Thron, hinein dürfen vereinzelt Himmelswesen oder Auserwählte; kosmisch, Himmel und Erde trennend, den Wechsel von Tag und Nacht ermöglichend (Hofius 4–27). Im NT der zerreißende Tempelvorhang bei Jesu Tod (Mk 15,38Par); sonst nur Hb: unübertragen 9,3 wie LXX; übertragen 6,19 10,20. In diesen beiden Stellen geht es um das Heil. Jesus trat als Vorläufer (siehe 2,10) in die Gottesunmittelbarkeit des himmlischen Heiligtums ein (siehe 4,14). Dadurch haben die Seinen die Gewißheit: auch sie kommen hinein, durch den Vorhang. Der kritische Punkt für das Heil ist der Weg durch den Vorhang hindurch (10,20); davon hängt der Eintritt ins Heiligtum ab. Diese Konzeption ist breit belegt in gnostischen und gnosisnahen Texten: Philo Mut Nom 192 Vit Mos 2,82 Cl Al Exc Theod 27,1–4 37 38,1–3 Pist Soph 29 S 25,29–33 Jeu 33 S 290,5–10 Unbekanntes altgnostisches Werk 13 S 353,25–29 19 S 360,14–16 Ev Phil Nag Hammadi Cod II 3 76 Wesen der Archonten Cod II 4 142,7 ff 143,19 ff Koptisch-gnostische Schrift ohne Titel Cod II 5 146,18 ff Sophia Jesu Christi BG 8502 118,7–14 Lidz Ginza R VI S 212,7 f (siehe

Gräßer Glaube 37 Hofius 28). In diesen Texten hat der Vorhang eine trennende und hemmende Funktion: Philo Mut Nom Ev Phil Wesen der Archonten Schrift ohne Titel Sophia Jesu Christi Pist Soph Unbekanntes altgnostisches Werk Lidz Ginza. Auch der feurige τόπος, der Demiurg, hindert, während der Vorhang in diesem Falle die Geister schützt (Cl Al Exc Theod 37 38). Die vom Vorhang ausgegrenzte Region heißt: das Geistige (Philo Vit Mos); das Pneumatische (Cl Al Exc Theod 27,3); das Pleroma (ebendort 38,3); das Brautgemach (Ev Phil); die Oberen (Wesen der Archonten); die Unsterblichen (Schrift ohne Titel Sophia Jesu Christi); der dreizehnte Äon (Pist Soph); Topos des Vaters (Jeu); das Existierende (Unbekanntes altgnostisches Werk 13); Haus des Vaters (Ginza). Jesus zähmt den Topos-Demiurg (Cl Al Exc Theod 38,3); oder andere Formulierungen der Wende. Jetzt kann der Eintritt in die Himmelswelt stattfinden, als „durchziehen", „überschreiten", „Durchzug" (Cl Al Exc Theod 27,3.4 38,3); von unten nach oben gehen (Ev Phil); hineingehen (Pist Soph); hinübersetzen (Jeu). Der spätjüdische Hintergrund in vielen dieser gnostischen Texte wird von Hofius 28–48 zu Recht unterstrichen. Aber die unjüdische Dualismus-Sättigung des Übernommenen, von Hofius wohl vermerkt, bringt jene gnostische Unwelthaftigkeit zustande, die auch hinter dem „Vorhang" des Hb steht (Gyllenberg, Käsemann, Gräßer; zurückhaltender Lindeskog, Schierse; gegen Hofius). Wäre der Vorhang nicht als hemmend wie in der Gnosis verstanden, so bliebe die Heilsbedeutung Jesu als des Vorläufers unverständlich. Siehe auch 9,8.

20. Dort ist als Vorläufer Jesus uns zugut hineingegangen, der, ganz wie Melchisedek, ein Hoherpriester in Ewigkeit geworden ist.

Literatur: OHofius siehe V 2; CSpicq siehe V 19.

ὅπου und εἰς τὸν αἰῶνα rahmen die Aussage, den himmlisch-ewigen Charakter des Ortes unterstreichend, der dem Anker und dem Hohenpriester Jesus gemeinsam ist. Die Überleitung zu Melchisedek geschieht elegant (Thomas und viele). ὅπου Bauer 1b*a* 2a: hier „wohin", räumlich; 9,16 10,18 logisch; beides im NT auch sonst. πρόδρομος, in NT und Apost Vät nur hier: Bauer, Bauernfeind ThW VIII 234f Spicq Ἄγκυρα. „Vorläufer", zeitlich und räumlich, in vielfachen Bezügen: botanisch (Nu 13,21 Js 28,4), sportlich, nautisch (Bauernfeind aaO), philosophisch (als Verb Luc Hermot 27 Betz Lucian 122 Anmerkung 1), meteorologisch (Spicq), astrologisch (Corp Herm 11,7), medizinisch (Plut Tuend San Praec 11 II 127D), vor allem militärisch (siehe besonders Plut Vit Parallelae Wyttenbach; auch Sap 12,8). Hier Hb 6,20 nicht abgewertet wie die Orakel gebenden Vorläufer des Asklepios (Ael Ar 38,21 Keil) oder wie der Vorläufer Simon (Magus) Ps Cl Hom 7,4,1; auch nicht bloß wie der Täufer in christlichen Papyri (Preisigke Wört III 406). Sondern in gewisser Analogie zum „Vortrupp", so manche Erklärer, auch Spicq, der daneben die nautische Ableitung erwägt: die „Vorläufer der anderen" als Bedeckung für den Rest der Mitkämpfer" (Hdt 7,203). Denn Jesus ist das Anfangsglied einer Reihe (Hofius 86); er zeigt aber nicht bloß den Weg an (wie Act Thom 80 S 196,7 Nag Hammadi I 2 Ev Ver 19,15), er geht auch nicht nur voran wie der mandäische Erlöser (Lidz Ginza L III 20 S 544,5 41 S 569,30). Er ist Vorläufer nicht bloß ἡμῶν, wie 489 verschreibt, sondern ὑπὲρ ἡμῶν; er stellt einen bisher nicht vorhandenen Weg ins himmlische Heiligtum her (10,20); als Heilsführer (2,10); als Urheber ewigen Heils für die ihm Gehorchenden (5,8f; Bauernfeind), die sich nun freilich selber bewegen müssen (12,1

13,13). Diese Konzeption ist nicht antitäuferisch oder antiqumranisch (Braun Qumran-NT I 285; gegen Montefiores Erwägung), sondern gnostisch (Käsemann 147 Gräßer 34); freilich unjüdisch, wo der Hohepriester die Laien nicht ins innere Heiligtum nach sich zieht (Kommentare von Delitzsch bis Strathmann). ὑπὲρ „zugut", siehe 2,9. εἰσῆλθεν siehe 3,11: nach vollbrachter Sündenreinigung 1,3 9.12. Ἰησοῦς siehe 2,9; D* d e fügen sekundär Χριστὸς an. κατὰ τὴν τάξιν siehe 5,6; die volle Analogie Jesu zu Melchisedek wird in 7,1 ff sogleich entfaltet werden. Μελχισέδεκ, siehe Exkurs 5,6; *Melchisedech* f vg, *Melcisedech* fuld. γενόμενος siehe 5,9 2,17 Exkurs; zum Zeitpunkt siehe 1,3 Exkurs. εἰς τὸν αἰῶνα siehe 5,6. Das Achtergewicht legt schon vorweg die Stellung des Melchisedek aus: Christus ist e w i g e r Hoherpriester (Theod Mops Staab 207). Von κατὰ τὴν bis αἰῶνα zitiert ClAl Strom 136,2 S 188,10f wörtlich (Mees 230).

7. Melchisedek

1. Dieser ‚Melchisedek' nämlich, ‚König von Salem, Priester des höchsten Gottes, ging dem Abraham, als der von der Niederwerfung der Könige zurückkehrte, entgegen und segnete ihn'.

Literatur: GJeremias Der Lehrer der Gerechtigkeit, 1963.

Melchisedek ist Inklusion (Vanhoye Structure 125 137). V 1–3 wird er vorgestellt; V 4–10 seine Überlegenheit über Abraham und Levi. V 1 f zunächst Prosa (Deichgräber 176–178). Zitat Gn 14,17–19, in veränderter Reihenfolge; fast wörtlich, nur: die Verba finita der LXX im Hb als Participia.

οὗτος γάρ, wie Mt 3,3 11,10 vl vor einem Zitat: man merkt die Befriedigung des Verfassers, jetzt endlich, nach 5,6 6,20, kann er ausholend begründen. Melchisedek, hier und zu allem Folgenden siehe 5,6 Exkurs. A f vg fuld demid schreiben am Ende mit χ beziehungsweise mit ch. βασιλεύς Bauer Kleinknecht Kuhn KLSchmidt ThW I 562–568 576–579; Jesus als König Israels und der Juden (Evangelien, vgl Apk 17,14 19,16 Apost Vät; Act Joh 8 S 156,2 f mit „ewig" und „wahr"). Im Hb von Melchisedek 7,1 f, von den Gegnern Abrahams 7,1, von Pharao 11,23.27. Im Hb nie von Jesus βασιλεύς oder βασιλεύειν; nur 1,8 im Zitat seine βασιλεία; also für Hb kein betonter Titel Jesu (gegen manche Erklärer).

Σαλήμ: in LXX außer Gn 14,18 nur, ohne „König", Gn 33,18 Jer 48(41),5; Philo, Apost Vät nicht; im Hb nur 7,1 f. Zur Lokalisierung und Deutung siehe 5,6 Exkurs. ἱερεύς siehe 2,17 Exkurs 5,6 Exkurs. Aus 6,20 fügt 1836 hinzu γενόμενος εἰς τὸν αἰῶνα. τοῦ θεοῦ: den Artikel lassen aus 919 1836, siehe 5,10. τοῦ ὑψίστου, Bauer 2 Bertram ThW VIII 613–619; τοῦ lassen aus 1836 1867. Das Wort hat eine synkretistische Note (Héring): Melchisedek ist ja auch Nichtisrealit; Hb meint es natürlich monotheistisch. Von Zeus und Isis siehe Bauer. ὕψιστος θεός Preis Zaub 12,62 f, Preisigke Wört II 681. Ein hochheiliger Rettergott Ὕψιστος Σωτήρ Ditt Or II 755, vgl 756. In jüdisch-hellenistischer Diaspora Jos/Asen 8,2 S 48,18 Batiffol; Deißmann LO 229,3. In LXX ὕψιστος mit Gott, Herr und absolut, besonders intensiv Sir; auch Test XII. Bei Philo öfter, mit Gott und absolut; zB bei Behandlung von Gn 14,18 in Leg All 3,82. אל עליון bei Rabbinen selten, zB bRH 1,3 p 186 (Str-B II 100); öfter in Qumran 1Q Gn-Apocr (GJeremias 209 Anmerkung 1). Im NT θεὸς ὕψιστος Mk 5,7 Par Ag 16,17; absolut Lk 1,32.35.76 6,35 Ag 7,48. Im Hb nur hier. In Apost Vät Ign R Einleitung; öfter, in Zitaten, 1Cl. συναντήσας Bauer 1; so echt, wenn auch schmal bezeugt in p[46 vid] C★ L P Ψ 1834 den meisten; das besser bezeugte ὅς statt ὁ in ℵ A B C³ D I K 33 436 794 1831 1837 verdoppelt das σ irrtümlich, vielleicht sehr alt, und zerstört die gekonnte Konstruktion (vDobschütz Einführung 3). Das Verb ist belegt in LXX; schwach in Test XII, bei Philo – zB Leg All 3,81 bei Allegorisierung von Gn 14,17 f – und in Apost Vät. Im NT nur Lk: 9,18 vl 9,37 22,10 Ag 10,25 20,22. Im Hb nur von Abraham-Melchisedek 7,1.10; statt LXX Gn 14,17 ἐξῆλθεν (der Sodom-König!) – εἰς συνάντησιν αὐτῷ. Ob Melchisedek die

Begegnung suchte, bleibt offen. *Ἀβραάμ*, siehe 6,13; p[46] P setzen, grammatisch richtig, ein *τῷ* davor. *ὑποστρέφοντι ἀπό*; das Partizip Aorist in 255 verändert nicht den Sinn. *ὑποστρέφειν* Bauer. Das Verb schwach belegt in LXX Test XII Philo Apost Vät; mit *ἀπό* Ri 3,19 Jos Vit 139 und, in Hb-ähnlicher Situation, 329. Im NT Mt Mk Paulus 2Pt je einmalig; Lk Ag viel, in Lk 4,1 24,9 mit *ἀπό*. Hb nur hier. *τῆς κοπῆς*, Bauer. In LXX noch 3mal, außer Gn 14,17; Philo Ebr 24 und NT Hb 7,1 nur in Reproduktion jener Szene. Test XII, Josephus, Apost Vät nicht. *τῶν βασιλέων*, siehe oben. 456 und 460 fügen, frei nach Gn 14,16, an: „als er die Fremdstämmigen verfolgte und Lot mitsamt sämtlichen Gefangenen befreite". *εὐλογήσας αὐτόν*, siehe 6,14. Erasmus paraphrasis: „nach der tapfer erledigten Angelegenheit"; aber ist die „Niederwerfung" Grund oder doch nicht nur Situationsangabe für die Segnung? D fügt an, siehe Gn 14,19: *καὶ Ἀβραὰμ εὐλογηθεὶς ὑπ' αὐτοῦ*; ebenso, unter Auslassung von Abraam, 330 440 823; 440 ersetzt dabei *ὑπ'* durch *ἀπ'*. Diese Minuskeln denken an gegenseitigen Segen, gegen den echten Text. Das Ganze ist eine nicht sehr junge Variante (Zuntz 163f). Der Segnende, also der Überlegene, ist für Hb nicht der nicht-israelitische, sondern der ewige Melchisedek.

2. Ihm teilte ‚Abraham' denn auch ‚den Zehnten von allem' zu. Zunächst ist Melchisedek übersetzt ‚König der Gerechtigkeit', dann aber auch ‚König von Salem', das bedeutet König des Friedens.

ᾧ καί: zur LA *o* statt *w* in D siehe 4,16. *καί* Bl-Debr § 442,12: in Anerkennung von Melchisedeks Überlegenheit. *καί*, formal ähnlich Philo Congr 93; ausgelassen von am fuld sa bo. *δεκάτην*, f vg *decimas*: auch außerchristlich für den Zehnten: *τὸ ἐπιδέκατον* auch als Strafgeld: Bauer, Wettstein, Mitteis-Wilcken II 1 S 277, Ditt Syll[4] Register, Preisigke Wört III 231 237. Hier, wie das folgende *ἀπὸ πάντων*, Zitat aus Gn 14,20. LXX gebraucht für den Zehnten *ἡ δεκάτη* und, seltener, *τὸ ἐπιδέκατον*, beides in Singular und Plural. Vorschriften über das zu Verzehntende Lv 27,30.32 Num 18,21 Dt 12,17 14,21 f Philo Virt 95. Philo und Josephus nicht *ἐπιδέκατον*, aber *δεκάτη* in Singular und Plural. Beides nicht in Test XII und Apost Vät. Im NT nur Hb: 7,2.4 Singular, 7,8.9 Plural. *ἀπὸ πάντων*: *ἀπὸ* lassen fort D* d e f vg; *παντός* statt *πάντων* in p[46] B; p[46] fügt *αὐτῷ* hinter *παντός* ein, weil in seinem Text mit dem Ende von V 1 auch *ᾧ* entfallen ist. Nach 7,4 wird die Beute verzehntet, (so auch 1Q Gn Apocr 22,17 Philo Congr 93 Jos Ant 1,181; gegen Erasmus paraphrasis und Luther Glosse); in Spannung zu Gn 14,21–24, wo aber eine andere Traditionsschicht vorliegt. In LXX öfter *πᾶς*-Formen in Verzehntungstexten (Gn 28,22 Lv 27,30.32 Dt 14,21.27 1βαο 1,21 2Ch 31,5; ebenso Philo Congr 94 95 99). *ἐμέρισεν*, von ℵ 1108 1245 1518 1611 1739 1852 1908 2005 2138 Chr Thret vor *ἀπὸ πάντων* gestellt; 1836 verdoppelt: *ἀπὸ πάντων ἐμέρισεν ἀπὸ πάντων*. Bauer 2b „zuteilen", statt „er gab" Gn 14,20. Das Entrichten des Zehnten in LXX sonst mit *διδόναι, φέρειν, ἐκφέρειν, ἀναφέρειν, θύειν, ἀποδεκατοῦν*, bei Philo mit *ἀνατιθέναι, ἀπάρχεσθαι, κομίζειν*, bei Josephus mit *διδόναι, φέρειν, ποιεῖσθαι, τελεῖν*. *μερίζειν* vom Zehnten Neh 13,13, aber·nur als „weitergeben", wie *ἀπομερίζειν* Jos Ant 4,69; von der Beute, wie im Hb, nur ohne Verzehntung, Js 53,12 (zitiert 1Cl 16,13), 2Makk 8,28 mit *ἀπό* wie im Hb; Philo Cher 74. Im NT als „zuteilen" seitens von Menschen, Jesu und der Gottheit Synoptiker Paulus; Hb nur hier. *Ἀβραάμ*, siehe 6,13. Er *entrichtet* den Zehnten V 4–10. Eine spätere Tradition kehrt, Melchisedek abwertend, das um (siehe 5,6 Exkurs). Vgl die Auslassung von Abraham in D* d e. *ὁ* vor Abraham fügen ein 1245 1611, *partriarcha* hinter Abraham sy^h, siehe V 4. Bis jetzt Zitat; nun deutet Hb. *πρῶτον μὲν – ἔπειτα δέ*: Bauer *πρῶτος* 2b *ἔπειτα* 2b. Hb nur hier, aufzählend, vgl 7,27; Jos Ap 104 temporal. Ähnliche Wendungen temporal Mk 16,9.12 Lk 6,42 1K 15,46 1Th 4,16f 1Tm 3,10. Fast wie hier Jk 3,17, aufzählend. *ἑρμηνεύω* Bauer 2 Behm ThW II 659–662 Preisigke Wört I 600 Siegfried 190–196 Spicq I 60. Ein hellenistisch gängiger terminus technicus: „übersetzen". In LXX 3mal, *μεθερμηνεύω* einmal, ebenso *διερμηνεύω*. Philo *ἑρμηνεύω* sehr viel, *διερμηνεύω* weniger; Josephus *ἑρμηνεύω* wenig, ebenso Apost Vät. LXX, Philo, Josephus, Apost Vät nie betreffs Melchisedek. Im NT *ἑρμηνεύω* Joh 1,42 9,7; Hb nur hier; *μεθερμηνεύομαι διερμηνεύω* Mt Mk Joh Ag als „übersetzen". Für Philo sind Namen in der Schrift bedeutungsvoll und sagen weniger etwas über Menschen als über Kräfte aus (Abr 54; vgl Quaest in Gn 4,243); für Paulus Gl 4,25. So erklärt, wie Hb, Philo, wenn auch ohne Verwendung von *ἑρμηνεύω*, Melchisedek und Salem, Josephus Melchisedek, Gn r 43(26d) Str-B III 693 Salem etymologisch; nicht dagegen LXX; siehe 5,6 Exkurs. *βασιλεὺς* hier und nachher siehe 7,1. *δικαιοσύνη* siehe 5,13. *εἰρήνη* und *δικαιοσύνη* wie hier nebeneinander Test XII Jud 24,1. *βασιλεὺς δικαιοσύνης* in LXX nicht, wohl aber *βασιλεὺς δίκαιος* (Prv 20,8 Sach 9,9 Js 32,1 2Makk 1,24; in etwa auch Js 9,7(6) 45,13 3Makk 2,3; vgl Cl Al Mees 230). In NT und Apost Vät *βασιλεὺς δικαιοσύνης* sonst nicht. Zu Jesu *δικαιοσύνη* im Hb siehe 1,9. *δὲ καί*: *δὲ* fehlt in 920 Thret, dies *καὶ* in K Ψ 102 460 618 635 1912 tol bo arm; beides in 67 642 1518 d e. *Σαλὴμ* siehe 7,1; bei Cl Al Mees 230. *ὅ ἐστιν* „das bedeutet"; *εἶναι* als „bedeuten" Bauer II 3, klassisch, hellenistisch, LXX; im NT vor allem Mk, sonst wenig. 81 verschreibt *ὅ* in *ὅς*. *εἰρήνης* Bauer vRad Foerster ThW II 398–417, *βασιλεὺς εἰρήνης* in LXX nicht explizit, aber in etwa vom Messias Js 9,7(6), von dem Makkabäer Simon 1Makk 4,11. Explizit im NT nur hier, in Apost Vät nicht. *εἰρήνη* noch Hb 13,20, als Heilsgut, aber nicht so betont und zentral wie im Corpus Paulinum und bei Joh. *εἰρήνη* als menschliches Verhalten noch 11,31; Ermahnung dazu 12,14 freies Zitat; vgl *εἰρηνικὸς* 12,11.

3. Vaterlos, mutterlos, ohne Stammbaum, hat er weder einen Anfang der Lebenstage noch ein Lebensende, ist aber dem Gottessohn gleichgestaltet und bleibt Priester für immer.

Literatur: CBourgin Le Christ-Prêtre, Lumière et Vie StAlban Leysse 7, 1958, 67–90; MdeJonge and ASvan der Woude 11 Q Melchizedek and the NT, NTSt 12, 1966, 301–326; HRusche Die Gestalt des Melchisedek, Münchner Theol. Zeitschrift 6, 1955, 230–252; GSchille Erwägungen zur Hohenpriesterlehre des Hbbriefes, ZNW 46, 1955, 81–109; GWuttke Melchisedek, der Priesterkönig von Salem, Beih ZNW 5, 1927.

Melchisedek ist zeitlos, darin Jesus gleich, ewig bleibender Priester. Bis auf *ἱερεὺς* nichtatlicher Hintergrund; ja *ἀπάτωρ, ἀμήτωρ, ἀγενεαλόγητος, ζωῆς τέλος, ἀφωμοιωμένος* im NT nur hier. Zudem Prädikationsstil, Norden Agnostos 177–201; 3mal Alliteration von *α*, siehe 1,1; *ζωῆς τέλος* Chiasmus, siehe 4,16. Also doch wohl Liedfragment (gegen Deichgräber 176–178) aus außerchristlicher Melchisedek-Tradition, siehe 5,6 Exkurs; nicht Tradition ist *ἀφωμοιωμένος – θεοῦ* (Wuttke 10f Rusche 237f Michel Theißen 20–33); aus christlicher Tradition Zimmermann Bekenntnis 79–97, dort Forschungsgeschichte. *ἀπάτωρ* Bauer Schrenk ThW V 1021–1023 Wettstein Preisigke Wört I Spicq I 60. Das ausgelassene *ὤν* ist hinzuzudenken (Radermacher 210). Das Schweigen der Schrift über Melchisedeks Herkunft ist im Spiel, erklärt aber allein zu wenig, siehe 5,6 Exkurs (gegen Epiphan Haer 55,1,8, Chr Cramer Cat 202, Thomas, Calvin, Bengel und die meisten Neueren). Denn

Hb meint hier, wie die weiteren hohen Prädizierungen zeigen, nicht negativ ein Kind von unbekannten Eltern wie eine Waise, ein Findelkind, einen ungeratenen Sohn (vgl Eur Ion 109, Lidz Liturg Oxforder Sammlung LVI S 224,8f, Str-B III 693f; gegen Riggenbach). Hb wählt vielmehr, bis auf ἀγενεαλόγητος, gefüllt gottheitliche Titel. ἀπάτωρ, nicht in LXX, Test XII, Philo, Josephus Apost Vät, ist Hephaistos (Poll 3,26 Anth Pal 15,26,7f); Horus (Preis Zaub I V 282f); Pan (Theocr Schol 1,3/4d Wendel); die Physis (Orph Hymn 10,10 Nonnus Dionys 41,53; zu ihrer Göttlichkeit siehe Pauly-W XX 1,1060–1064); Mercur (Lact Inst 1,7); der Demiurg (Iren Haer 1,5,1); ja die Gottheit selber (Apk Abr 17,9), im Munde des Trismegistos (Lact Inst 4,13), der Lichtkönig (Lidz Ginza R I 30 S 9,29); vgl Ex r 29,88d Str-B II 542. Von Christus αὐτογενέτωρ Zaub II P13a S 202. ἀμήτωρ, in 1610 vor ἀπάτωρ gestellt. Nicht in LXX, Test XII, Josephus Apost Vät; im NT nur hier. Bauer, Williamson 20–23. Nicht unmythisch negativ, wie Eur Ion 109, sondern gottheitlich. Mutterlos ist: die himmlische Aphrodite (Plat Symp 8 III 180D); Athene (Eur Phoen 666 Philo Op Mund 100 Leg All 1,15 Poll 3,26 Orig Cels 6,42 S 113,4f); Apollo und Mercur (Lact Inst 1,7); die Sieben als Abbild der Gottheit (Philo Op Mund 100 Leg All 1,15 Spec Leg 2,56 Rer Div Her 170 216 Vit Mos 2,210 JLydus De mensibus 2,12); Sara als gottgezeugtes mutterloses Prinzip (Rer Div Her 62 Ebr 60f), wobei Philo wie Hb Schweigen der Schrift und mythische Überhöhung kombiniert; Sara als Weisheit (Quaest in Gn 4,145), als Tugend (Quaest in Gn 4,68), als Physis (Decal 102); die Physis ohne Bezug auf Sara und die Sieben (Nonnus Dionys 41,53); Emmacha-Seth (in Nag Hammadi Cod VII 3 Die drei Stelen des Seth 118,25); ja die Gottheit selber (Apk Abr 17,9), als Aussage der Pythagoräer (Philo Op Mund 100), im Munde des Trismegistos (Lact Inst 4,13). Als mutterlos gilt bei Christus nur der Logos, als vaterlos der jungfräulich Geborene (Theod Mops MPG 66,994B). Vater- und mutterlos kombiniert negativ unmythisch Eur Ion 109; gottheitlich Apk Abr Poll Lact Inst Nonnus, alle aaO; darum Lact Inst Epitome 4 von der Gottheit: elternlos. Vgl den ägyptischen Hymnus auf Ptah (Windisch zur Stelle). Melchisedek ist für Hb ein Gottwesen.

ἀγενεαλόγητος Bauer Büchsel ThW I 663. Belegbar sonst nur in Abhängigkeit vom Hb; Apost Vät nicht. Melchisedek, stammbaumlos, würde für das levitische Priestertum also nicht taugen, ist aber in seiner Ewigkeit den Leviten gleichwohl überlegen 7,6–10 (Büchsel ThW I 663; Schrenk ThW V 1022f). Gegen die qumranische Aaron-Christologie ist das aber nicht gezielt (Braun Qumran NT I 260f). μήτε – μήτε Bl-Debr § 445. Hb nur hier; im NT noch Synoptiker Ag Deut-Paulus Jk Apk; Paulus und Joh nicht. Aber siehe μηδὲ 12,5. ἀρχὴν ἡμερῶν: siehe 3,14 zu ἀρχή, 3,8 zu ἡμέρα. Anfang der Tage als Geburt Jdt 8,29; nicht Test XII NT sonst Apost Vät. Anfang und Ende nebeneinander Js 19,15 Qoh 3,11 Sap 7,18 Philo Plant 13 Fug 172 Poster C 174 Jos Ap 2,190; im NT Apk 21,6 22,13. Für Philo ist Isaak gleichsam zeitlos geboren (Fug 167); Simon Magus behauptet von sich: ich bin ohne Anfang (Ps Clem Recg 3,47,1). ζωῆς τέλος, aber vg stellt *finem vitae*. ζωή Bauer 1a Bultmann vRad ThW II 833–877. Hier 7,3 physisch, wie zB Ag 17,25. Noch Hb 7,16 unzerstörbares Leben, so im NT nur Hb; als eschatologisches Heilsgut noch viel Paulus und Joh. Lebensende als Tod nicht LXX, Test XII, Josephus, NT sonst Apost Vät. τέλος, siehe 3,14; ohne ζωῆς oft Lebensende; auch τέλος βίου Preisigke Wört II 590 Philo Leisegang Register τέλος. Melchisedeks Überzeitlichkeit erstreckt sich also auf Vergangenheit und Zukunft. Auch Philo, für den Melchisedek der Logos ist, sagt damit indirekt von ihm, er ist ewig (Plant 8 18), unvergänglich (Fug 117 Ebr 142 Conf Ling 41), er spendet unvergängliche Nahrung (Rer Div Her 79). Vgl Ditt Syll[4] 1125: Aion, derselbe in Selbigkeit immerdar kraft göttlicher Natur, bleibt, als Ein Kosmos, im Gleichen, so wie er ist und war und sein wird, ohne Anfang, Mitte und Ende zu haben; vgl Hb 13,8. Auch vom hohen Lichtkönig gilt: von Anfang bis in alle Ewigkeit; ohne Ende, Maß und Zahl (Lidz Ginza R I 8 und 13 S 6,16f 7,9). $ἀρχὴν - τέλος$ Chiasmus, siehe 4,16. $ἔχων$, siehe 3,3.

$ἀφωμοιωμένος δέ$: $ἀφομοιωμένος$ in p[46] C D L P 1 101 460 1908; für $ω - o$ siehe 4,16. $δὲ$ fehlt in 2004. $ἀφομοιόω$ Bauer JSchneider ThW V 198: von Ähnlichkeit oder Gleichheit. $δὲ$ nicht gegensätzlich, sondern überleitend, Bl-Debr § 447,8 Bauer 2. Dies Verb besagt Ähnlichkeit Sap 13,14 א; Gleichheit Ep Jer 4 62 70. Es fehlt in Test XII, Philo, Josephus, Apost Vät; im NT nur hier. Hb sieht die Gleichheit bei Melchisedek und dem Gottessohn in der Überzeitlichkeit. Er betont nicht, eine hochgreifende Melchisedek-Tradition korrigierend, Melchisedeks Unterordnung unter Jesus, denn $μένει$ und $πηλίκος$ folgen V 3f (Schneider, Michel; gegen Epiph Haer 55,1,7, Schille Erwägungen 84–87, Bourgin 84, de Jonge-van der Woude 321, Theißen 20f). Freilich ist der Gottessohn der Maßstab (allerdings siehe V 15): Melchisedek gleicht Jesus, nicht umgekehrt (so mit Theod Mops Staab 208, Thomas, Bengel viele Neuere). Melchisedeks Konkurrenz zu Jesus – siehe 5,6 Exkurs – sollte jedoch nicht entschärft werden durch den Vorschlag, es gehe hier nur um die Aussagen des AT, statt um den wirklichen Melchisedek, so daß mit den Hoheitsprädikaten eigentlich oder gar ausschließlich nur Jesus gemeint sei (gegen Severian von Gabala Thoed Mops Staab 350 207 Chr Cramer Cat 202 Tomas Erasmus paraphrasis Luther Glosse Calvin Bengel und fast alle Neueren, mit Ausnahme etwa von Bleek-Windrath Windisch Michel, wohl auch Schiwy Kuß, wenn ich sie recht verstehe). Unwahrscheinlich ist auch, daß bereits das Lied-Fragment von Jesus und nicht von Melchisedek geredet habe (gegen Schille Zimmermann aaO). $τῷ υἱῷ τοῦ θεοῦ$, siehe 1,2 Exkurs. 1898 gleicht mit $τοῦ υἱοῦ$ an den folgenden Genitiv an. $μένει$, Bauer 1bc Hauck ThW IV 578–581; als juristisches in Geltung bleiben Preisigke Wört II 68,4. LXX sagt, besonders zahlreich in den Psalmen, oft verbunden mit $αἰὼν$-Formen, das Bleiben aus von Gott selbst, von seinem Ratschluß, seiner Gerechtigkeit, seinem Preis, seiner Wahrheit, seinem Wort, seinen Großtaten; aber auch von der Nachkommenschaft Davids oder der Frommen: gemeint ist irdische Dauer, nicht das himmlisch Jenseitige. Die Entnahme aus dem Irdischen zeichnet sich bei Philo ab: das Bleibende steht gegen das Gewordene (Leg All 3,300; vgl Op Mund 100). Deutlicher im Corpus Hermeticum Festugière Stob Exc: das Bleibende und Ewige ist ein Wirkliches (Fr II A 12), es verändert sich nicht (Fr II A 10), als solches existiert es im Himmel (Fr XI 2,25). Vgl auch die $Αἰὼν$-Inschrift oben bei Ditt Syll[4]. So im Hb. $μένειν$ steht gegen den Tod 7,24, gegen das Erschütterte, das Geschaffene 12,17, ist nicht irdisch 10,34 13,14; es hat Dauer, Melchisedek ein Priester für immer 7,3: Ausdruck des Hb-Dualismus, jenseitig, nur in Hoffnung gegenwärtig, das nur-Irdische abwertend; siehe 1,4 zu $κρείττων$ 2,6–8a 2,10. Anders $μένειν$ paränetisch 13,1. Das dualistische Bleiben ähnlich 2K 3,11 1K 13,13. In johanneischen Texten $μένειν$ viel, aber meist mit $ἐν$. Absolut Papias Fr II4: eine lebendige und bleibende Stimme. $ἱερεὺς$ aus LXX Ps 109,4: siehe 2,17 Exkurs 5,6 Exkurs. In 88 hat 6,20 die Veränderung zu $ἀρχιερεὺς$ suggeriert.

$εἰς τὸ διηνεκές$; dahinter eingefügt Teile einer euthalianischen Inhaltsübersicht, siehe Tischendorf NT[8] und vDobschütz Einführung 61 unten. Bauer, klassisch, hellenistisch, „für immer", „beständig". Im NT nur Hb 7,3 10,1.12.14. In Hexapla $διηνεκὴς$-Formen für LXX $αἰὼν$-Formen Sym Ps 47(48),15 88(89),30; für LXX $διὰ παντὸς$ ein Anonymus Lv 6,20(13). Temporal auch Philo Sacr AC 94 Abr 26 1Cl 24,1; bei Josephus häufig, meist temporal, aber auch modal. Also müßten für Hb nun Jesus *und* Melchisedek als zwei ewige Priester nebeneinanderstehen; doch vgl 5,6 Exkurs. Auch Apollonius von Tyana ist überzeugt, daß er immer sein wird (Philostr Vit Ap 8,28). Der Tag jedes Weisen ist der Ewigkeit gleichwertig (Philo Quaest in Ex 2,20).

4. Nehmt doch wahr, wie bedeutend derjenige ist, dem ‚Abraham den Zehnten' von der Beute ‚gab', er, der Patriarch!

Literatur: JJeremias Jerusalem zur Zeit Jesu², 1958.

Jetzt legt der Verfasser das in V 1 f zitierte Gn-Zitat aus (Zimmermann Bekenntnis 200); δεκάτην ἔδωκεν wörtlich aus Gn 14,20. Die Rabbinen zur Stelle Str-B III 695. Anders als in 7,7 wird hier die von Philo Spec Leg 1,142 unterstrichene Überlegenheit des Zehnten-Empfängers vom Verfasser schweigend vorausgesetzt (Westcott, Spicq); Abraham dem Messias untergeordnet auch Midr Ps 18 § 29 79a Str-B IV 457 (Windisch). θεωρεῖτε, Bauer 2, Michaelis ThW V 327f 335f 345f: vom geistigen Sehen, viel bei Philo, im NT so besonders Ag Joh. Der Aufmerksamkeit heischende Imperativ auch 4 Makk 14,13. δέ, Lehre zu Lehre fügend, Bauer 1c; auch 4Makk 14,13. Es fehlt in 255. πηλίκος, in D★ ἡλίκος. Bauer 2, Bl-Debr § 304. In Sa 2,2(6) Philo Decal 31 Gl 6,11 räumlich; uneigentlich von Sachen 4Makk 15,22 Jos Ant 13,1; betreffs der Bedeutsamkeit von Personen Philo Deus Imm 106; so hier von Melchisedek; nicht ironisch, wie der neidische Crassus über Pompeius Magnus (Plut Crass 7 I 546D). οὗτος fehlt wegen Homoioteleuton (Riggenbach) in D 424¹ 1738 (Zuntz 87). Bauer 1: im ganzen NT absolut verwendet wie hier 3,3 8,3 10,12; für Jesus siehe 1,3. Zur fehlenden Copula siehe 6,8. Nach ᾧ das καί in ℵ A C D² K L P Ψ 1834 den meisten f vg fu¹ demid syʰ arm Chr Thret Dam Aug ist doch wohl sekundär; nur ᾧ ohne καί alte LA in p⁴⁶ B D★ 6 1311 1739 1881 d e r vg fu★ tol syᵖ bo basm Primas (siehe Zuntz 210). δεκάτην, vg *decimas;* siehe 7,2. In V 1–2 an letzter, hier an erster Stelle (Vanhoye Structure 126). Ἀβραάμ, siehe 6,13. Ausgelassen in 1518. Umstellungen: ἔδωκεν Ἀβραάμ in A D Ψ 69 255 442 462 1245 1611; δέδωκεν Ἀβραάμ in 5 206 241 623. ἔδωκεν siehe 7,2 2,13. Bauer δίδωμι 1a, ἐκ 4aε. Bl-Debr § 169,2. Wie hier das Verb mit ἐκ Ez 16,17 48,16 Tob 4,16 Jos Vit 298 Ditt Syll⁴ 1157,26 f Mt 25,8 1J 4,13 Apk 21,6. Hier ἐκ statt LXX ἀπό. τῶν ἀκροθινίων: p⁴⁶ verschreibt θ in τ. Itazismen: ι¹ in A C² L P als η, siehe 4,11; statt τ² in B★ ει, siehe 4,11. Dies Substantiv Bauer, Wettstein, Wyttenbach, Liddell-Scott; nicht in LXX, Test XII, Philo, Josephus, Apost Vät; im NT nur hier. Das Beste von der Beute: *de primitibus* d, *de primitiis* r, *de praecipuis* f vg (Harnack Studien zur vg 208). Dies Substantiv meist als Gabe an Götter (Hdt 1,86 Thuc 1,132,2); an Apollo (Ditt Syll⁴ 23a), Athene (Ditt Syll⁴ 605 A5), Artemis (Plut Sollert Anim 8 II 965C), nach Delphi (Plut Quaest Conviv 8,4,4 II 724C); aber auch profan (Plut C Marius 23,6 I 419A). Falls Hb diesen kultischen Bezug kennt, würde die Wortwahl die gottheitlichen Prädikationen Melchisedeks V 3 unterstreichen.

ὁ πατριάρχης, Bauer: Test XII, Philo, Apost Vät nicht. LXX im Plural, von den Erzvätern und Familienhäuptern: 1Ch 24,31 27,22 2Ch 19,8 23,20 26,12 4Makk 7,19 16,25. Später die palästinensischen Patriarchen als rabbinische Schulhäupter (JJeremias Jerusalem zur Zeit Jesu II B 157ff). Die Rabbinen können die atlichen Patriarchen auch tadeln (Str-B I 854 Midr HL 1,4; 1164 Pes 119b,11). Im NT David Ag 2,29, die 12 Jakobsöhne Ag 7,8f. Die Achterstellung betont die Würde Melchisedeks: ihm zehntet sogar der *Patriarch* Abraham, „sogar die Wurzel der Priester" (Thret Cramer Cat 556).

5. Zwar haben auch diejenigen von den Söhnen Levis, die das Priestertum empfangen, das Gebot, nach dem Gesetz dem Volk, das heißt ihren Brüdern, den Zehnten abzuverlangen, obwohl diese aus der Lende Abrahams hervorgegangen sind.

Literatur: JJeremias siehe V 4.

Melchisedeks Bedeutsamkeit wird klar durch Vergleichung: die levitischen Priester sind Zehnten-*Empfänger;* gleichwohl *entrichtet* ihr Ahn Abraham den Zehnten an Melchisedek. Zwei at-fremde Züge verschärfen das: schon die levitischen Priester sollen den Zehnten *einfordern;* und: um wieviel mehr dürfte da der Prae-Levit Abraham den ihm stammesungleichen Melchisedek zehnten!

οἱ μὲν – δὲ noch 7,20.23f 10,33 12,10 und im ganzen NT; siehe 7,18. οἱ ἐκ partitiv, Bl-Debr § 164; wie die Unterscheidung Nu 3,9f, vgl unten zu ἱερατεία. Λευί, der Jakobsohn, im NT nur Hb 7,5.9. Apk 7,7; zur Orthographie und sonst siehe Bauer Bl-Debr § 53,1 55,1e Strathmann ThW IV 241–245. A D[1] [2] K L P 1834 Koine bo schreiben Λευί, p[46] ℵ B C D★ 1908 basm Λευεί. Λευίτης, vom Priester unterschieden Lk 10,32 Joh 1,19; nicht ausdrücklich Ag 4,36. οἱ υἱοὶ Λευί, zum fehlenden τοῦ vor Λευί siehe Bl-Debr § 162,2 260. Im NT nur hier; in LXX oft für בני לוי; Test XII R 6,5 S 5,4 D 5,6; Philo nur im Zitat Ebr 67; Josephus und 1Cl (32,2 40,2) nicht, nur Λευίτης. τὴν ἱερατείαν: Bauer Schrenk ThW III 251. Statt -ειαν p[46] ℵ B C K L schreiben -ιαν A D P; Itazismus, siehe 4,11. Als Priestertum außerbiblischer Gottheiten oft in Papyri und Inschriften, Preisigke Wört III 373 Ditt Syll[4] IV S 390 Register. Bei Philo, Josephus, Apost Vät nicht; im NT nur Lk 1,9 und Hb 7,5. Der LXX-Befund ist kompliziert. Das Priestertum wird den Aaroniden zugeschrieben (Ex 29,9 35,19 39,19 40,13 Nu 3,10 18,1.7 Sir 45,7); aber auch dem Stamm Levi (Dt 17,9AF 33,8.10 Jos 18,7 Ri 17,13 Ez 44,15ff. Test XII L 5,2 8,2.10 Jud 21,2 Iss 5,7; ebenso, ohne ἱερατεία, Philo Plant 33 Sacr AC 118 Det Pot Ins 62). Gleichwohl tun die Leviten nicht Priesterdienst (Nu 1 3 4 18); zwischen ihnen und den Leviten als Tempelwärtern wird unterschieden (Philo Mut Nom 191 Vit Mos 1,316); fürs NT siehe oben bei Λευί; 1Cl 40,3 „durch wen". Das Zehntrecht gilt, obwohl eingeschränkt Nu 18,24–29 Dt 12,18f 14,17, freilich auch den nicht-priesterlichen Leviten. Hb berücksichtigt das nicht und meint wegen ἱερατείαν in jedem Falle die Priester des levitischen Stammes (Philo Mut Nom 2), selbst wenn hier ebenso wie vg *(„de")* ἐκ nicht partitiv den Stamm Levi unterteilte. λαμβάνοντες, siehe 4,16; hier als „empfangen" wie „die Priesterwürde empfangen" (Philo Plant 63) und „den Priesterdienst empfangen" (Dion Hal Rom 2,73.3). Durch Weglassung von M-AN verschreibt 1311 in λαβόντες. ἐντολήν, Bauer 2aγ, Schrenk ThW II 542–553, Einzelgebot, im ganzen NT; aber in Test XII, im NT und Apost Vät nicht betreffs des Zehnten. Siehe ἐντέλλομαι 9,20. Im Hb das atliche Gebot über den Zehnten 7,5, die Priestereinsetzung 7,16, allgemein 7,18; am Sinai erlassen 9,19; immer verbunden mit „gemäß dem Gesetz". In LXX gibt Jahwe den Levi-Söhnen den Zehnten Nu 18,21.24.26; ähnlich Philo Spec Leg 1,156. Das Gebot in LXX aber meint die Zehnten-*Entrichtung* und ergeht an die *Israeliten,* an den „du" und „ihr" der Weisungen (vgl Dt 26,13 Lv 27,32.34 Philo Poster C 95 Virt 95). Wo der Priesterstand ein *Gebot* bekommt, wird ihnen der Anteil an der Landvergabe versagt (Nu 18,10.13 Dt 18,1); beziehungsweise sollen die Leviten vom Zehnten an die Priester weitergeben (Philo Mut Nom 191). Im Hb dagegen sind, anders als in LXX, die priesterlichen Leviten *verpflichtet,* den Zehnten zu erheben (siehe auch zu ἀποδεκατοῦν); ihr und so ihres Ahnherrn Rang ist damit erhöht; „denn je höher an Rang Abraham ist, desto höher steigt nun noch Melchisedeks Würde" (Calvin zu V 6). ἔχουσιν, siehe 3,3 4,14. Bauer I2a. ἐντολὴν ἔχειν 1Esra 4,52 2Makk 3,13 Joh 14,21, nie den Zehnten betreffend. ἀποδεκατοῦν, Bauer; -τοιν schreiben späthellenistisch gegen fast alle p^{46} B D★, Bl-Debr § 91, Radermacher 95. Die tatsächlichen Zehnten-Verhältnisse im 1. Jahrhundert (Jeremias Jerusalem II A 20–24) interessieren hier nicht. Dies Verb hier nicht vom *Entrichten* des Zehnten (wie Gn 28,22 Dt 14,21(22) 26,12 Tob 1,7 א Test XII L 9,4 Philo Congr 99 (= Gn 28,22) Mt 23,23 Par und ἀποδεκατεύειν Lk 18,12), sondern vom *Auferlegen* des Zehnten. So nur 1 βασ 8,15–17, seitens des Königsinstituts, vor dem gewarnt wird; in Neh 10,33.38(32.37) werden, neben Israel als Geber, die Leviten als Einsammler genannt (δεκατοῦν). Hier im Hb dagegen geht es ja nicht um den Modus des Einsammelns, auf den Thomas hinweist. Wie ἐντολή betont das aktivistische ἀποδεκατοῦν, anders als das λαμβάνειν der Leviten Nu 18,26, über LXX hinaus die Ranghöhe der priesterlichen Levisöhne und damit erst recht die Melchisedeks. τὸν λαόν, siehe 2,17 4,9: der mit dem Zehnten Belegte. Als solcher explizit im Pentateuch selten, im NT nie. Gemeint ist das „du" und „ihr" der Zehnten-Gebote, also Israel (Nu 18,21.24.26).

κατὰ τὸν νόμον, Windisch Exk 7,19 Bauer 3 Kleinknecht Gutbrod ThW IV 1016–1084. Gesetz, wie in LXX, im Gesamt-NT meist von der Tora. Im Hb 7,5.12.16.19.28.28 8,4.10 9,19.22 10,1.8.16.28. κατὰ (τὸν) νόμον öfter in LXX: Nu Dt 4βασ 2Ch 1Esr Tob Da. Im NT Lk 2,22.39 Joh 18,31 19,7 Ag 22,12 23,3 24,14 Phil 3,5 Hb 7,5.16 8,4 9,19.22 10,8; Ign Mg 8,1. Im Hb von der atlichen Tora in ihrem speziellen Bezug zu Priestertum und Kult. Das Gesetz ist heilsunkräftig, weil seine Priester nur Menschen sind (Gutbrod 1071–1073). Es wird gerade noch nicht, etwa 7,12.16 8,6.10 10,16, als terminus ins ntliche Heil hinübergenommen, wie andere atliche kultische und Heilsgüter: Setzung 8,7, Kultdienst 8,6, Verheißung 8,6, Erbe 9,15, Opfer 9,23, Weg 10,20. Erwarten könnte man es auch für den νόμος, denn das Kult-Gesetz ist immerhin die irdische, wenn auch heilsunkräftige Abschattung des dualistisch-*ewigen* Heils. Daß das Gesetz, wie bei Paulus, die Sünde aktivieren soll (R 5,20) und den Menschen zerstört (R 7,13–25), liegt dem Hb fern; Hb 10,2f denkt domestizierter. Darum hebt im Hb die Änderung des Gesetzes 7,12 die gesetzliche Struktur religiösen Denkens nicht auf, sondern steigert sie (siehe 6,6 Exkurs). Zur weiteren Auswertung atlicher Kultbezüge in der Alten Kirche siehe Bultmann Theologie § 11. τοῦτ' ἔστιν, in B★ ausgelassen; siehe 2,14. εἶναι als „bedeuten" siehe 7,2. τοῦτ' ἔστιν auch hellenistisch-außerntlich; wenig in Evangelien, Ag, 1Pt, häufig im R; im Hb 2,14 7,5 9,11 10,20 11,16 13,15. τοὺς ἀδελφοὺς αὐτῶν, siehe 3,1. Hier, wie im Zitat 8,11, „Brüder" auf dem Boden des AT. Die Leviten sind Brüder der Aaroniden (Num 18,1.6), des Leviten (Dt 18,6f); ja die Glieder der 11 Stämme sind Brüder der priesterlichen Leviten und des Stammes Levi (Dt 18,1–2). Als dem Zehntenrecht der Priester eigentlich entgegenstehend, wie hier Hb 7,5 καίπερ, gilt dies Bruder-Verhältnis in LXX nicht. καίπερ, siehe 5,8. ἐκ τῆς ὀσφύος; die Verschreibung ὀσφρύος in D★ denkt kaum an ὀσφρὺς „Braue". Bauer 2 Seesemann ThW V 8; Test XII Philo nicht. Hier nicht unübertragen vom Körperteil wie Mt 3,4 Par, auch nicht übertragen vom Gürten der Lenden Lk 12,35 Eph 6,14 1Pt 1,13; sondern zur Festlegung der Abstammung: von David her Ag 2,30, von Abraham her Hb 7,5.10; Hebraismus. Mit ἐξέρχεσθαι – siehe 3,16 – Gn 35,11 von Jabob, 2Ch 6,9 von David, Hb 7,5 von Abraham her. Die Mitbetroffenheit der Nachfahren, wie Hb 7,10, ist auch sonst gemeint; aber die ausdrückliche Bruder-Bezeichnung wie 7,5 taucht sonst bei der so verwendeten ὀσφῦς nicht auf. Ἀβραάμ, siehe 6,13; zum fehlenden τοῦ siehe oben bei Levi.

6. Er aber, der seinen Stammbaum nicht von ihnen ableitet, hat dem Abraham den Zehnten abverlangt und ‚hat' dem, der die Verheißungen besitzt, ‚den Segen erteilt'.

Literatur: NTurner The Literary Character of NT Greek, NTSt 20, 1974, 107–114.

Jetzt der Gegensatz zu V 5. Dem Melchisedek fehlt der levitische Stammbaum, er dürfte den Abraham also gar nicht verzehnten. Eher Abraham den Melchisedek, denn hier fällt ja sogar die Bruderschaft als Zehntungshindernis (V 5) zwischen den beiden fort. Trotzdem fordert Melchisedek den Zehnten und erteilt dem Verheißungsträger den Segen. Seine levitische Stammbaumlosigkeit ist ja eine der levitischen Ordnung überlegene Anfangslosigkeit V 3. Statt ὁ δὲ μὴ bis Ἀβραὰμ hat aeth: *quem sperare iussit* („dem er Hoffnung abverlangte"); vielleicht zunächst Auslassung wegen Homoioteleuton (siehe vDobschütz Einführung 4: Ἀβραὰμ – Ἀβραάμ). γενεαλογούμενος ἐξ, Bauer, Büchsel ThW I 663. Im NT nur hier. Wie Hb medial beziehungsweise passivisch 1Ch 5,1 Demetrius bei Eus Praep Ev 9,29,2; activisch Philo Abr 31 Jos Ant 11,341 Bell 1,476 Plut Plac Phil 3,5,2 II 894B Lycurg 1,4 I 40a Luc Alex 11 Salt 24. Demetrius und Luc Alex mit ἀπό; Jos Ant mit ἐκ wie Hb. αὐτῶν, die Levisöhne und ihr Ahn Abraham; nicht Israel überhaupt (gegen Erasmus paraphrasis). ἐκ τούτων in 1518 behält den Sinn bei; die Auslassung von ἐξ αὐτῶν δεδεκάτωκεν in 920 läßt ἐντολὴν ἔχ(ει) ἀποδεκατοῦν aus V 5 hier weiterregieren. δεδεκάτωκεν Bauer; profan Dositheus Scriptores de Orthographia Keil 1878 S 436 Zeile 5. Neh 10,38; im NT nur Hb 7,6.9. Hb verändert Abrahams ἔδωκεν Gn 14,20 in die Aktivität Melchisedeks, wie beim ἀποδεκατοῦν der Leviten V 5; und er verschiebt durch das Perfekt das einmalig Vergangene in das immer Gültige, Bl-Debr § 342,4.5; zu Turner 111; vgl Philos πεποίηκεν Leg All 3,79 (Moffatt). Ἀβραάμ, siehe 6,13. Ohne τὸν vor Ἀβραὰμ p[46] ℵ* B C D* 33 218 460 920 1106; zum Artikel siehe Bl-Debr § 260. ℵ[2] A D[2] K L P Ψ die meisten Chr Thret Epiph Dam setzen τόν, 177 635 τῷ vor Ἀβραάμ; der Dativ macht Abraham, gegen den Text, zum Zehnten*empfänger*. τὸν ἔχοντα; vg: *hunc qui habebat*. ἔχειν siehe 3,3 4,14. Verheißungen haben von Abrahams Frühreife Jos Ant 2,230, von der Frömmigkeit 1Tm 4,8 und von den Christen 1K 7,1. ἐπαγγελίας, siehe 4,1; von 88 versehentlich durch εὐλογίας ersetzt; Verheißungen an Abraham siehe 6,13.

εὐλόγηκεν: Hb verändert wieder den Aorist Gn 14,19 ins überzeitliche Perfekt (siehe bei δεδεκάτωκεν oben). Insofern hat die Textkritik hier Gewicht. Das Perfekt ist eindeutig bezeugt durch ℵ B D K L 33 378 460 547 1245 1611 die meisten Thret Dam Thphyl; der Aorist in A C P Ψ 056 6 81 104 242 263 326 383 442 1739 1834 1908 2004 2143 Chr ist an LXX angeglichen. In p[46] bricht die Schreibung bei ευλογ ab. Von den Perfekt- und Aoristzeugen bilden sekundär das attische Augment ην- A D 81 104 326 378 460 547 1245 1611, siehe Bl-Debr § 67,1 Radermacher 83. εὐλογεῖν, siehe 6,14. Gewöhnlich erteilt Verheißung und Segen, offenbar mit gleichem Inhalt, derselbe: Gott (Test XII Jos 18,1 20,1 1Cl 10,2.3 Herm v 1,3,4); Jesus (Lk 24,49f). Hier dagegen tritt zu Gottes Verheißung Melchisedeks Segen offensichtlich als etwas Zusätzliches hinzu. Im Hb gegen Gn 14,19f der Segen an zweiter Stelle (Delitzsch); wichtiger ist dem Hb der Zehnte: V 4–6a und 8–10 umschließen V 6b.7.

7. Ohne jede Widerrede aber (gilt:) das Geringere wird von dem Höheren gesegnet.

Die ungewöhnliche Rollenverteilung zwischen Segen-Spender und Segen-Empfänger besagt aber – δὲ – etwas. „Ohne jede Widerrede" meint nicht den Fortfall des Widerspruchs seitens des Segenempfängers, sondern stellt unwidersprechlich fest: der Höhere segnet den Niederen. Ein allgemeingültiger Satz, wie Hb sie liebt: noch 3,4 6,7 f. 16 7,7.12.18 8,13 9,16.23 12,6.8; öfter mit πᾶς-Formen. Hier wohl als nötig empfunden, weil das Segen-Motiv dem breiten Zehnten-Thema nur knapp eingefügt ist, siehe 7,6; auch der Segen an Abraham zeigt Melchisedeks Überlegenheit an. Tatsächlich allgemeingültig ist diese Regel, elitär wie etwa Philo Mut Nom 127, nicht (Michel, Kuß, Schiwy): den Segen erteilen zwar die Aaroniden Nu 6,22–27 und der König 3 βασ 8,14; aber auch umgekehrt: Niedrigstehende dem gesalbten König 2 βασ 14,22 24,23 3 βασ 1,47, die Erntearbeiter dem Boas Rt 2,4, die Menschen den Jakobsöhnen Test XII N 8,4; ja die Gibeoniten dem Erbe Jahwes, Israel 2 βασ 21,3 und Symeon den Eltern Jesu Lk 2,34. Die Rabbinen registrieren das auch (Str-B III 695).

χωρίς, siehe 4,15. ἀντιλογία, siehe 6,16. ἄνευ χωρὶς πάσης ἀντιλογίας viel in rechtlich-merkantilen Papyri Preisigke Wört I 136 f; siehe auch Ps Clem Hom 2,13,3 (Windisch). τὸ ἔλαττον ὑπὸ τοῦ κρείττονος. ἔλασσον in 33; zu σσ siehe 6,9. κρίττονος in p[46], zum Itazismus siehe 4,11. ἐλάττων Bauer, Michel ThW IV 658–661. Im Hb nur hier; im NT noch Joh 2,10 R 9,12 1Tm 5,9. κρείττων siehe 6,9 1,4. Beide Komparative nicht rein soziologisch, sondern vom heilsmäßigen Rang. Das Neutrum, 12,13 (Delitzsch, Westcott), unterstreicht: nicht das Individuum, sondern die (hier: heilsmäßige) Qualität gibt den Ausschlag; ἐπάνω τοῦ θνητοῦ, „oberhalb des Sterblichen" (Pseudo Longinus herausgegeben von OLahn 1905 XXXVI 1 S 67,21 Bl-Debr § 138,1). Der Gegensatz ἐλάττων–κρείττων in LXX und NT nur hier; vgl etwa Corp Herm 10,22. Zur Verbindung beider mit „segnen" ist entfernt analog Ps Clem Recg 1,59,6. εὐλογεῖται, siehe 6,14.

8. Und hier nehmen sterbliche Menschen die Zehnten entgegen, dort aber einer, von dem das Zeugnis sagt, er lebt.

Das levitische Priestertum war also von Anfang an mit Abraham gemeint. Jetzt wird nicht Abrahams Zehntengabe behandelt, sondern der tiefe Gegensatz zwischen den beiden Zehntenempfängern.

ὧδε Bauer 2ab. Hier nicht dualistisch wie 13,14. ὧδε–ἐκεῖ hier nicht lokal wie Mk 13,21 Par Jk 2,3, sondern logisch. Paulus nicht. δεκάτας; siehe 7,2. p[46] verschreibt δεκάδας. λαμβάνουσιν, siehe 4,16 5,1; Bauer 1d: Steuern einziehen. λαμβάνειν: τὸ ἐπιδέκατον Nu 18,26.28; δεκάτας Philo Mut Nom 2 Spec Leg 1,157 Hb 7,8 f; δεκάτην Jos Ant 4,69 Ap 1,188; δεκάτας ἀπολαμβάνειν Jos Vit 80. ἀποθνῄσκοντες, siehe Bauer 2 Bultmann ThW III 7–25; zum Tode siehe 2,15; verbunden mit dem Zehnten im NT nur hier. Sterben von Menschen 7,8 9,27; vom Gesetzesübertreter 10,28; im Glauben 11,13.21; als Märtyrer 11,37; bringt den Glauben nicht zum Schweigen 11,4. ἄνθρωποι, siehe 5,1 6,16 2,6–8a. Ψ stellt unpassend οἱ davor. Hier als sterbliche von Melchisedek abgehoben. μαρτυρούμενος Bauer 2ab Strathmann ThW V 477–520, besonders 501 f, Bl-Debr § 312,1 Spicq I 41 Anmerkung 3. Vom Zeugnis der Dichter für Wettkämpfe Ditt Syll[4] 704 E 17 (siehe die Register Ditt Or und

Syll[4]). Von der Bezeugung der Tugend Apollonius Tyan ep 12. In LXX nicht als „Zeugnis bekommen". Vom Zeugnis der Schrift Philo häufig, zB activisch Leg All 2,47 3,2.4.129; passivisch Leg All 3,46.208; wie Hb μαρτυρούμενος ὅτι Leg All 3,228. Von der Schrift im NT sonst activisch Joh 5,39 Ag 10,43; passivisch R 3,21. Im Hb activisch 10,15 11,4; passivisch 7,8.17 11,2.4.5.39. Hb denkt hier nicht an LXX Ps 109,4, vgl 7,17 (gegen Erasmus adnotationes, deWette[2], Bleek-Windrath, Riggenbach, Michel und andere), sondern im Zusammenhang mit dem Zehnten-Motiv, an das Schweigen von Gn 14, vgl V 3 (so schon Thomas und viele). In Apost Vät activisch Barn 15,4; passivisch von den atlichen Frommen 1Cl 17,1 f 18,1 19,1 Ign Phld 5,2. ζῇ, siehe 3,12 4,12. Hier nicht von der Länge der Tage (4Makk 18,19 א), sondern emphatisch, ohne zu sterben: vom ewigen Leben oder von leben schlechthin auch außerbiblisch (Luc Philopatr 17); im hellenistischen Judentum Sir 48,11 4Makk 16,25 Philo Fug 55 59 Rer Div Her 242. So Hb 7,8 von Melchisedek, 7,25 von Jesus; futurisch, typisch, von den Gläubigen 10,38 12,9. Wie die ὄντως ζωὴ 1Tm 6,19; τὸ ἀληθινόν ζῆν Ign Eph 11,1 Tr 9,2, vgl Eph 3,2; das ὄντως ζῆν Act Joh 47 S 175,2; nur, daß Melchisedek erst gar nicht stirbt. Wie in Hb 7,8 kontrastieren Vergänglichkeit und emphatisches Leben Sap 5,13–15 Philo Poster C 39 Fug 55 59 Paulus R 6,10 14,9 2K 6,9 Phil 1,21 Joh 6,50 f 11,25 f. Die Stammbaumlosigkeit V 3 meint also nicht bloß die fehlende levitische Genealogie: Melchisedek hat kein Lebensende, er bleibt für immer; zur Konkurrenz mit Jesus siehe 5,6 Exkurs.

9. Und auf dem Wege über Abraham ist sozusagen auch Levi, der Zehnten-Empfänger, in Zehntpflicht genommen worden;

Levi, Stammvater der Zehntenempfänger V 5, ist über Abraham, seinen Ahn, zur Zehntenentrichtung an Melchisedek verpflichtet worden. Schon vorchristlich empfanden auch Juden diese hohe Position Melchisedeks als Bedrohung der levitischen Würde, siehe 5,6 Exkurs. „sozusagen" bringt diese erstaunliche Konsequenz auf eine bündige, jeden Widerspruch zerstreuende Formulierung.

ὡς ἔπος εἰπεῖν; C★ D★ verschreiben εἶπεν. Klassisch, hellenistisch breit belegt, fehlt diese Wendung in LXX, Apost Vät; im NT nur hier. Jos Ant 15,387. In Philos 22 Belegen besagt sie gelegentlich, wie hier im Hb, das Beachtliche von Implikationen: zB bei der Siebenzahl für die Musik (Op Mund 107, vgl Op Mund 13 Spec Leg 3,206 4,133); ähnlich die Breitenwirkung Perikleischen Bauens (Plut Pericl 12,6 I 159C). Wettstein, Bauer, Bl-Debr § 391a, Radermacher 179; Preisigke Wört, Wyttenbach, Mayer Philo-Register zu ἔπος; Spicq I 42 f, Williamson 103–109. δι' in p[46] א B D★ 69 81 255 326 442 917 919 1149 1311 1319 1518 1739 1836 1908 1912; διὰ in A C D[2] K L P den meisten Chr Thret Dam; zur Elision siehe 3,19. διὰ hier mit Genitiv, gegen r *propter* und Photius Staab 647. Ἀβραάμ, siehe 6,13. Λευ(ε)ὶς schreiben א[2] A B C★ I 6 33 81 630★ 1739 1834 2495 μ basm; Λευ(ε)ὶ (ohne ς) schreiben, wie Nestle-Aland[26] druckt, א★ C[2] D K L P Ψ 1908 die meisten Chr Thret Dam. Zum Itazismus siehe 4,11. ὁ δεκάτας λαμβάνων siehe 7,8; fehlt in 623 1912; p[46] schreibt, wie in V 8,δ statt τ. δεδεκάτωται, Perfect, bleibende Wirkung, siehe 7,6.

10. Denn er war noch in der Lende des Ahnherrn, als Melchisedek diesem begegnete.

Das καὶ Λευὶ V 9 wird begründet: noch ungeboren, war er an der Szene Gn 14, also an Abrahams Zehntenentrichtung gegenüber Melchisedek, voll beteiligt. γὰρ zeigt mithin an: das „sozusagen" V 9 will diese Beteiligung Levis im Blick darauf, daß er noch nicht geboren war, gerade nicht etwa halb zurücknehmen (Héring), gegen viele Kommentare. ἔτι γὰρ ist in ℵ ausgelassen. ἔτι ἐν τῇ ὀσφύϊ ist in LXX, Test XII Philo, Apost Vät und auch im NT sonst zwar nicht belegt; aber die uns fremde Vorstellung, daß das Schicksal eines Menschen schon vor der Geburt entschieden ist, liegt auch in Gn 25,23 Mal 1,2f Jer 1,15 Lk 1,15 R 9,10–13 Gl 1,15 vor. ἔτι Bauer; im ganzen NT; hier temporal wie Hb 8,12 9,8 10,2.17.37 11,4.32 12,26f; logisch 7,11.15 11,36. Zu ὀσφῦς siehe 7,5. τοῦ πατρός, siehe 1,1. Hier nicht der Vater wie 12,7.9, die Eltern wie 11,23, sondern der Vorfahr wie 1,1 3,9 8,9; Gott als Vater 12,9; für Jesus 1,5. ὅτε siehe 9,17. συνήντησεν, aus LXX-Text umgebildet, siehe 7,1. Statt αὐτῷ hat P αὐτόν, basm Abraham. Μελχισέδεκ, siehe 5,6 Exkurs. Ohne Artikel p[46] ℵ B C* D* Ψ 33 122* 203 242 263 365 442 463 506 919 1245 1311 1611 1739 1908 2004 2495 wird ältere LA sein (gegen vSoden NT III 1891); ὁ davor A C[3] D[2] K L P 1834 die meisten Chr Thret Dam. Am Ende mit χ statt mit κ 1311 r vg.

7,11–28. Die entscheidende Abwertung des levitischen Priestertums, das dem Melchisedek unterlegen ist, wird daran deutlich, daß, laut LXX-Ps 109,4, ein anderer Priester, dem Melchisedek und nicht dem Aaron analog, auftritt: Jesus, und zwar unter Abschaffung des schwachen Priester-Gesetzes, in Kraft unzerstörbaren Lebens V 11–19; unter göttlicher Eidleistung eingesetzt V 20–22; nie sterbend, sondern ewig V 23–25; ohne für sich selber opfern zu müssen, der wahre Hohepriester V 26–28. Siehe Vanhoye Structure 128–136.

11. Wenn nun Vollendung durch das levitische Priestertum zustande käme – auf ihm als dem Fundament ruht ja das Gesetz, das dem Volk gegeben worden ist –, wozu ist es noch nötig, daß ‚ganz wie Melchisedek' ein anderer Priester auftritt und nicht ‚ganz wie Aaron' benannt wird?

εἰ, statt dessen ἤ in C L* P, siehe 4,11. Zur Argumentation siehe 8,7. Zu οὖν siehe 2,14 4,1. εἰ μὲν οὖν noch 8,4. οὖν leitet über (9,1.23). τελείωσις Bauer 1 Delling ThW VIII 85–87; siehe das Verb 2,10. Klassisch, hellenistisch; in verschiedenen Bedeutungen in LXX 2Ch 29,35 Jd 10,9 Sir 31,8 2Makk 2,9; gr Henoch 2,2 25,4. Im NT nur noch Lk 1,45. Besonders als Kultakt im Rahmen der Priesterweihe, der ἱερέων τελείωσις Philo Rer Div Her 251, bei der der Widder τῆς τελειώσεως die Rolle spielt. Ex 29,22–27 Lv 7,27 8,22–35; Philo Leg All 3,129f Migr Abr 67 Vit Mos 2,149 152. Das, die wirkliche Weihung, klingt hier an. Λευιτικῆς; Λευειτ- in ℵ B D, siehe 4,11. Bauer. In LXX nur als Über- und (Windisch) Nachschrift von Leviticus, bei Philo und Josephus nicht mit ἱερωσύνη wie im Hb. Im NT nur hier. ἱερωσύνη; ο statt ω in D L P 378 489 1845, zu ω–ο siehe 4,16; ersetzt durch ἱερουργίας in 38. Bauer Schrenk ThW III 247f. Klassisch, hellenistisch, siehe die Register bei Ditt Or Syll[4] Wyttenbach; LXX Test XII. Im NT nur Hb: das Priestertum atlich 7,11; Jesu 7,24; allgemein 7,12; 1Cl 43,2 atlich. Von ἱερατεία, siehe 7,5, nicht wesentlich verschieden; siehe die Lesarten bei Charles Test XII zu Jud 21,2. Für den Hb macht das levitische Priestertum das Volk nicht kultfähig. Das Judentum kennt zwar eine schlechte Kultverrichtung seitens der Priester (Test XII L 14,7 16,1 17,8.11). Aber die Institution selber gerät nicht in Zweifel. Levis eschatologisches Priestertum ist intakt vor dem Herrn: πλήρης μετὰ κυρίου, שלם עם Test XII L 17,2; unter ihm hört die Sünde auf (L 18,9). Der Levit vollzieht Kulthandlungen, die zur vollkommenen Priesterlichkeit (ἱερωσύνην – τελείαν) führen, das Sterbliche wird durch sie mit der Gottheit vereint (Philo Sacr AC 132). Des Mose Priestertum, vollkommen in Opfern und Kultwissen, erbittet Abwendung von Schäden und Teilnahme an Gütern (Philo Vit Mos 2,5; vgl 2,152). Aaron und seine Nachkommen besitzen das Priestertum für immer (Jos Ant 2,216). ἦν fällt weg in B 1245 1611. Jetzt Parenthese, wie 7,19a 20b 21; auch Philo oft, zB Mut Nom 81 98f. Vor λαὸς fügt 2298 καὶ ein, läßt das γὰρ dahinter weg und zerstört so die Parenthese. ὁ λαός, hier die atliche Gemeinde, siehe 2,17. γάρ, wiederholt in V 11–14. Alte LA αὐτῆς in p[46] ℵ A B C D* L P Ψ 33 69 88 104 181 255 256 365 442 463 917 1175 1241 1245 1611 1739 1898 2004 2127 2495 Cyr Al; αὐτήν, sekundär, in 6 102 103 242 326 330 356 378 383 440 462 467 489 491 614 999 1610 1834 1836 1912 Thphyl; ebenso sekundär der Dativ αὐτῇ in D[1] K 81 den meisten Chr Thret Dam Ps Oec. Vor λαός: in 255 256 363 ἐπ' αὐτῆς γάρ. Vom Priestertum als Basis, nicht als seinem Inhalt, vgl Ex 34,27, Gutbrod ThW IV 1082f, Bl-Debr § 234,8, mit vielen Kommentaren (gegen Bengel, Riggenbach, Héring). νενομοθέτηται, in p[46] ℵ A B C D* P 5 6 33 81 88 93 104 242 365 442 463 623 917 1245 1611 1739 1834 1881 1908 1912 2495 Cyr Al, wie Hb 8,6, aber kaum sekundär von dort entnommen (gegen vSoden NT III 1978); νενομοθέτητο in D[2] Ψ K L 1175 den meisten Chr Thret Dam, sekundär, wie ἐνομοθέτητο in 103 122* 326 489. Bauer Gutbrod ThW IV 1082f. Klassisch, hellenistisch, siehe das Register in DittOr Syll[4] Wyttenbach; Preisigke Wört II 137. Im NT nur Hb: 7,11 betreffs des AT, 8,6 betreffs des NT. Philo oft τὰ νομοθετέντα von Gesetzen, zB Migr Abr 91 mit ἐπ' αὐτῇ von der Sieben als dem Inhalt; passivisch auch 1Cl 43,1. Activisch mit dem Accusativ der Person in LXX Ps 24(25),8 26(27),11 118(119),33.102.104, auch Philo Poster C 143, nie mit Angabe der Basis. Nur Hb 7,11 hier passivisch mit Person als Subjekt. Kult und Gesetz gehören gerade im Hb zusammen, siehe 7,5: wie Gesetz des Priestertums Test XII L 9,7 und Hoherpriester neben Gesetzgeber Ps Clem Hom 2,16,7. Zum Perfekt siehe 7,6. τίς: τί in 919 r vg; hinter τίς fügt D γὰρ ein, wie 12,7 2K 6,14. ἔτι, siehe 7,10; hier logisch, wenn auch zeitlich nach der Etablierung des levitischen Priestertums. 1912 „verbessert" in ἐστι, vielleicht die fehlende Kopula zu χρεία einbringend; zu ihrem Fehlen siehe 6,8. χρεία, siehe 5,12; Wettstein. τίς ἔτι χρεία im NT nur hier; vgl Sext Emp ad Log 2,343 τίς ἔτι χρεία diese Dinge darzulegen? κατὰ τὴν τάξιν siehe 5,6. Zu Μελχισέδεκ siehe 5,6 Exkurs. ἕτερον, im Hb noch 5,6 und 11,36; siehe Bauer 1bδ, Beyer ThW II 699–702. Hier, wie besonders im Dt, von fremden Göttern (Spicq, Hatch-Redpath): „unterschieden von" Levi-Aaron, was den Priester (7,11.15) und den Stamm (7,13) anlangt. Die Notwendigkeit eines eschatologischen neuen Priesters auch im Judentum Test XII L 18,2; freilich ob eines nicht levitischen wie im umstrittenen Text von Test XII L 8,14? Für Qumran jedenfalls ist der aaronitische Charakter des eschatologischen Priestermessias zentral (Braun Qumran-NT II § 4). Mandäisch: „A new priest am I" (The Baptism of Hibil Ziwa Drower S 56 Zeile 5 von unten). ἀνίστασθαι Bauer Oepke ThW I 368f. Im Hb nur 7,11.15 von Jesus. Für die passivische Deutung vieler Erklärer, das variabel übersetzte „aufgestellt werden", spricht die Analogie zum folgenden passivischen λέγεσθαι. Activisch „eine Person auftreten lassen" Dt 18,15.18 1 βασ 2,23 Ep Jer 52 Ag 3,22 7,37 Bauer 1b; passivisch aber mir bekannt nur von aufgestellten Kultgeräten 2Makk 5,16. Das mediale „auftreten" dagegen viel in LXX und NT, wie in Test XII L 8,14 von dem wohl christlich interpolierten aus Juda kommenden Stifter eines neuen Priestertums. Hier Hb 7,11 vg *surgere*, bo „rise": so seit Chr Cramer Cat 563 eine Minderzahl von Kommentaren, zuletzt besonders angelsächsische. Immerhin verbindet Hb auch in 12,15 eine active und passive Form durch καί. Der Sinn bleibt so und so hier derselbe. ἱερέα. 1912, 7,26 vorwegnehmend, schreibt ἀρχιερέα; siehe 2,17 Exkurs. Statt καὶ οὐ –λέγεσθαι im ath „was er vernünftig ausgedrückt hat". P schreibt μὴ statt des οὐ, das hier auffällig ist (Radermacher 212 Bl-Debr § 429). Ἀαρών, siehe 5,4. λέγεσθαι: Bauer; Debrunner Kleinknecht, Procksch, Kittel, Quell, Schrenk ThW IV 69–140. Activisch als Zitateinleitung siehe 1,1 Exkurs; als „sagen" des Verfassers siehe 5,11; als einfaches „sagen" 7,13 9,20 11,14 13,6; hier 7,11 als „nennen" beziehungsweise „heißen" wie 9,2.3 11,24 Bauer II 3. Zu Jesu λέγειν siehe 2,12.

12. Denn wenn das Priestertum wechselt, findet notwendigerweise auch ein Wechsel des Gesetzes statt.

Literatur: GWuttke siehe V 3.

Ein allgemeingültiger Satz, siehe 7,7, begründet *(γάρ)*, warum das unlevitische Priestertum Melchisedeks auch das bisherige Priestergesetz abschafft. Davon war bisher aber nicht die Rede, γάρ paßt nicht; ein folgendes οὐκοῦν – Chr Cramer Cat 564 – wäre richtig. Beide Umstellungen hängen folgerecht zusammen; Luther Glosse 39 Anmerkung 3 weist auf das Sprichwort: „Ein neuer König, ein neues Gesetz". μετατίθημι und μετάθεσις meinen nicht die Veränderung innerhalb einer Größe, sondern den verändernden Austausch einer Sache gegen die andere (Vanhoye Structure 130): Buchstabe gegen Buchstabe, also eine Abschaffung (Philo Aet Mund 113); Schlaf gegen wachen (ep Ar 160); Übertritt von der Stoa zu Epicur (Diog L 7,1,37) (Spicq); die Vokabel ist dem Überläufertum verwandt (Philo Gig 66). μετατίθημι Bauer 2a Maurer ThW VIII 162f Wettstein, klassisch, hellenistisch. Als „entrücken" Gn 5,24 Sap 4,10 Sir 44,16 49,14A, so Philo öfter, Hb 11,5.5 1Cl 9,3. Andere Bedeutungen Dt 27,17 Prv 23,10 Hos 5,10 Js 29,17 LXX Ps 45,2 3Makk 1,16 Gl 1,6 Ag 7,16. Gemeint ist hier V 12 ein grundlegender Wechsel wie von Freundschaft zu Feindschaft (Sir 6,9); der Wechsel ist analog der Umstimmung eines Menschen (2Makk 4,46 4Makk 2,18), der Vorordnung Abels vor Kain (Philo Sacr AC 11), der Übertragung der Hohenpriesterwürde an eine andere Familie (Jos Ant 12,387), der Verdrehung der Gnade Gottes in Ausschweifung (Jd 4). So hier Hb 7,12: das Priestertum als solches hält sich zwar durch, aber der Wechsel von Levi zu Melchisedek ist grundstürzend. μετάθεσις Bauer 2 Maurer ThW VIII 162f: „Entrückung" Philo zB Praem Poen 17; Hb 11,15. Hier 7,12 die entscheidende Umstellung des Priestergesetzes. Gesetzesänderung wird in der Antike weithin abgelehnt, beklagt, verboten (Pseud-Aristot Mund 6 Pseud-Plat Min 7 II 316 CD Xenoph Mem 4,4,14 2Makk 11,24 Philo Vit Mos 2,34), auch in der Isisreligion (Ditt Syll[4] 1267,10f) und bei den Mandäern (Haran Gawaita S 6 Zeile 7f von oben Drower). Philo Vit Mos 2,14: die Gesetzesordnungen sind fest, unerschütterlich – haben festen Bestand, sind unsterblich; auch auf dem Boden des neuen Priestertums, siehe 7,11 zu ἕτερος und ἀνίστασθαι (vgl Str-B I 246f Michel). Einen anderen, den bei Philo abgelehnten Wechsel als Abschaffung, vertritt der Hb: hier 7,12 für das Gesetz, auf eine Kraft mit unzerstörbarem Leben hin 7,16; in 12,27 für Dinge, die erschüttert werden auf Dinge hin, die nicht erschüttert werden. Ptolemaeus An Flora 3,1.9 für ein Sinnliches und Sichtbares auf das Geistige und Unsichtbare hin (Windisch). ἱερωσύνης, siehe 7,11; D L P schreiben ο statt ω, siehe 4,16. ἐξ ἀνάγκης, Bauer 1, Preisigke Wört I 80,3; klassisch, hellenistisch. LXX belegt diese Wendung nicht im Sinne der Folgerichtigkeit, auch nicht ἀνάγκη (ἐστίν), ἀνάγκην ἔχειν und den Kultbezug der ἀνάγκη. Philo hat ἀνάγκη (ἐστίν) und ἐξ ἀνάγκης häufig, auch für die Folgerichtigkeit, zB ἀνάγκη Op Mund 72 132, ἐξ ἀνάγκης Leg All 3,200. Letzteres auch Plut E Delph 19 II 392F Betz Plutarch 1975 99. Bei Josephus heben solche Wendungen Ant 4,137 11,138 3,1 nicht auf die logische Konsequenz ab. Das NT sonst verwendet ἀνάγκη (ἐστίν) Mt 18,7 R 13,5, ἀνάγκην ἔχειν Lk 14,18 1K 7,37 und ἐξ ἀνάγκης 2K 9,7 nicht für die Folgerichtigkeit und im Zusammenhang mit dem Kult. Kultbezogenheit wohl aber im Hb: ἐξ ἀνάγκης 7,12, ἀνάγκην ἔχειν 7,27, ἀνάγκη (ἐστίν) 9,23. Alle ἀνάγκη-Stellen des Hb außer 7,27, also 7,12 9,16.23 meinen, wie öfters Philo, Folgerichtigkeit und formulieren allgemeingültig. So auch Herm s 7,3. καί „auch", Bauer II. Das Gesetz ist unausweichlich mitbetroffen, weil die Gesetzgebung eine Lehre über das Priestertum ist (Philo Spec Leg 2,164). νόμου, siehe 7,5; die Auslassung von καὶ νόμου in B zerstört die Pointe. γίνεται, „sich ereignen", siehe 4,3. p[46] hat mit μετάθεσιν γίνεσθαι offenbar ἀνάγκη (ἐστίν) als regierend im Sinn.

13. Denn der, der damit gemeint ist, gehört einem anderen Stamme an, aus dem niemand sich dem (Opferdienst am) Altar ergeben hat.

Daß sich mitsamt der Person des Priesters auch das Priestergesetz grundlegend geändert hat, erweist sich *(γάρ)* an der unlevitischen Abstammung Jesu, dessen ausdrückliche Nennung V 14 hier schon vorbereitet ist.

λέγεται Bauer I 2a und 7,11. λέγει in D*; wohl Verschreibung. ταῦτα, zurückverweisend, siehe 6,3: das Auftreten des Melchisedek-gleichen Priesters und die damit gegebene Gesetzes-Änderung V 11 f. φυλῆς, Bauer Maurer ThW IX 240–245. Auch hellenistisch für außerbiblische Priester (Ditt Or Register, Preisigke Wört III 385) und für eine Volksgruppe in Sparta (Plut Lycurg 6 I 43A). Hier 7,13 wie zahlreiche LXX-Stellen von den israelitischen 12 Stämmen; so auch meist im NT, besonders viel in Apk. Im Hb nur 7,13f. ἑτέρας, siehe 7,11. Bei Philo ἄλλος Plant 63. Hier nicht wie Nu 36,9; wichtig ist hier die Abgrenzung gegen Levi. μετέσχηκεν, siehe 5,13. p[46] verschreibt in μετέσχεν. Außerbiblisch von Teilnahme an Kult und Opfern (Ditt Syll[4] Register, so auch 1Esra 5,40) und an politischen Führungsgremien (Plut Pericl 9 I 157A Eumenes 3,6 I 584F). Hier Hb 7,13 von der Zugehörigkeit zu einem der 12 Stämme: LXX und Philo dafür nicht μετέχω; LXX dafür oft ἐκ. ἀπό für den Genitivus partitivus, Bauer I 6. οὐδείς, siehe 6,13. Hb berücksichtigt nicht die von David und Salomo dargebrachten Opfer, zB 2βασ 24,25 3βασ 3,9; auch nicht Test XII L 8,14, falls das kein christlicher Einschub ist, siehe 7,11. Auch für die Pistis Sophia „stand Jesus bei dem θυσιαστήριον" nach der Auferstehung (Cap 136 S 232,19f). προσέσχηκεν in ℵ B D L Ψ 1834 sehr vielen Minuskeln co Chr Thret Dam; προσέσχεν in p[46] A C **056** 33 81 436 1739 1905 2004; μετέσχηκεν in K 356 440; ebenso ohne Schluß-ν in 206, siehe Bl-Debr § 20; μετέσχεν in P 489 623* 1912. Hb liebt Paronomasie, siehe 3,13 5,8, hier zu μετέσχηκεν. προσέσχηκεν wird älteste LA sein (Metzger 667 gegen Zuntz 79 Anmerkung 1). Zum Perfect siehe 7,6. προσέχειν: Bauer 1c. Klassisch, hellenistisch. LXX oft; im NT Ev Ag Past 2Pt Apost Vät; nicht Paulus. Hier im Hb nicht, wie 2,1 und sonst oft, „achten auf", sondern von einer sich betätigenden Zuwendung: etwa zur schlechten Frau (Prv 5,3), zu den Götzenbildern (Sap 14,30); zur Vernunft und ihren Werken (Philo Leg All 2,70 3,186);

zum Verhalten der Menschen (Decal 91); zum Vorlesen (1Tm 4,13); zum Wein (1Tm 3,8); zur Witwe und zum Waisen (Barn 20,2). In LXX Philo NT sonst und Apost Vät προσέχω nie verbunden mit Altar wie hier. τῷ θυσιαστηρίῳ, Bauer 1 Behm ThW III 182f Schrenk ThW III 283: vom Brandopferaltar im inneren Tempelvorhof; nur in jüdisch-hellenistischen und christlichen Texten: LXX; NT Ev Paulus Jk; viel Apk; im Hb noch 13,10; in Apost Vät oft übertragen. LXX benutzt für den Zutritt zum Altar andere Verben: προσπορεύομαι προσεγγίζω προσέρχομαι εἰσέρχομαι ἀναβαίνω ἐγγίζω, meist lokal, bezogen auf den Einzelakt einer Opferhandlung; gelegentlich verbunden mit λειτουργέω als dem eigentlichen Kultvollzug, zB Ex 30,20. Vom Einzelakt auch Philo Ebr 127. Dagegen für die gesamte priesterliche Amtsführung θυσιαστήριον mit προσιέναι Jos Ant 11,308; ähnlich hier Hb 7,13 mit προσέχω, 1K 9,13 mit παρεδρεύω.

14. Denn es ist offenkundig, daß aus Juda unser Herr hervorgegangen ist, einem Stamm, im Blick auf den Mose keine Verordnung erlassen hat, die von Priestern handelt.

Der unpriesterliche „andere Stamm", also die Abgrenzung Jesu gegen Levi, in V 13 negativ gebracht, wird nun positiv begründet, γάρ: Jesus stammt aus Juda. Aber Juda wird hier nicht betont als Messias-Stamm genannt. Denn Jesus heißt im Hb nicht Davidssohn oder König, siehe 7,1; vor allem: der Hinweis auf Juda gilt immer noch als schwaches Argument, V 15. Also gegen Chr Cramer Cat 565: derselbe Stamm, sowohl königlich als auch priesterlich. Auch gegen Thret: als ewiger König Hoherpriester Cramer Cat 565. Die neueren Kommentare urteilen über einen hier gemeinten messianischen Bezug Judas zurückhaltender.

πρόδηλον Wettstein Bauer: klassisch, hellenistisch, synonym ἐναργής (deutlich) Philo Gig 39. Ohne ὅτι in LXX (Jdt 8,29 2Makk 3,17 14,39), Philo aaO, Jos Vit 22 212, 1Tm 5,24f 1Cl 40,1 50,3. πρόδηλον mit Copula und ὅτι für eine kriegerisch-politische Situation Xenoph Hist Graec 6,4,9 Dio C 46,32,1; für theologischen und christologischen Zuspruch 1Clem 11,1 12,7. Wie ohne Copula δῆλον ὅτι 1K 15,27 Gl 3,11 1Tm 6,7 Koine, so πρόδηλον ὅτι für eine mathematische Tatsache Hero Alex III S 312 Zeile 17f. Zum Fehlen der Copula siehe 6,8 7,11. Paulus nicht; im Hb nur hier: für Jesu Abstammung aus Juda als allbekannte Tatsache. ἐκ statt ἐξ in p[46]; siehe Bl-Debr § 19,3. Ἰούδας, Bauer 1b, zur Schreibung Bl-Debr § 53 55,1a. Aus diesem Stamm der Messias Gn 49,10 Mi 5,2(1) Test XII L 8,14 Jud 24,1. Philo allegoresiert Juda unmessianisch, siehe Register in Mayer Konkordanz. Im NT messianisch Mt 1,2f 2,6 Lk 3,33 Apk 5,5; siehe 1Cl 32,2. Häufiger David als Messias-Ahn: 2 βασ 7,12–16 Js 11,1 Jer 23,5 LXX Ps 131,11; Synoptiker von Jesus als David-Sohn Lk 1,32; vgl R 1,3 2Tm 2,8 Apk 3,7 5,5 22,16; als umstritten Mk 12,35–37 Par Joh 7,40–44 (siehe Bauer Kommentar[3] zu Joh 7,40–44 Käsemann Kommentar zu R 1,3). Im Hb Juda noch 8,8. ἀνατέταλκεν Bauer Schlier ThW I 354: klassisch, hellenistisch. Oft unübertragen in LXX Philo Josephus NT, von meteorologischem Geschehen, von Gewächsen. Wenn übertragen, manchmal transitiv wie Js 61,11 Test XII G 8,1 Philo Conf Ling 63. Wie hier im Hb meist intransitiv; synonym ἀνίστασθαι Nu 24,17, siehe Hb 7,11. Gelegentlich, wie im Hb, mit dem ἐκ der Herkunft Nu 24,17, besonders viel in Test XII, christlicher Einschub, S 7,1 Jud 24,1 D 5,10 G 8,1 Jos 19,11. Was da „aufwächst", kann etwas religiös Neutrales sein wie die Caesaren (Preisigke Wört III 107); oder gar etwas Schlimmes wie böse Nachbarschaft (Apoll Rhod 1,810). Atlich und jüdisch vom messianischen Heil (Js 58,10 60,1 Mal 4,2 (3,20) Test XII D 5,10 N 8,2 G 8,1, auch Od Sal 15,10). Außerbiblisch und biblisch von Heilbringern: der Retter Zeus, der große (Epigr Graec 978); von Manda d'Haije (Lidz Liturg II Oxf 22). Atlich-jüdisch von Stern, Licht, Gotteslamm (Sach 6,12; Test XII L 18,3 Jud 24,1 Seb 9,8 Jos 19,11). Im NT von Jesus (Mt 4,16 2Pt 1,19; vgl Lk 1,78). Im Hb nur hier, von Jesu irdischer Herkunft, wie Mt Lk 1,78; nicht von der Auferstehung wie Ign Mg 9,1 Od Sal 15,10 oder vom Eschaton 2Pt 1,19. ἐκ zeigt an: Hb formuliert hier hellenistisch-jüdisch. Die Erleuchtung für die Welt ist für Hb mit dem Verb nicht gemeint, siehe zu φωτίζειν 6,4 (gegen Thphyl MPG 125,277B). ὁ κύριος ἡμῶν, siehe 1,10. 33 104 365 2127 fügen, wie Hb 13,20, Ἰησοῦς an. Zu φυλή siehe 7,13. εἰς ἥν siehe 2,11. ἱερέων Bauer 1 Schrenk ThW III 257–265; zu ἱερεύς betreffs Jesus und Melchisedek siehe 2,17 Exkurs. „Priester" intensiv auch außerbiblisch (siehe Preisigke Wört III 374–377; vgl Ag 14,13 1Cl 25,3 Barn 9,6). Vom atlichen Priester zahlreich in LXX, Philo, Josephus und im jüdischen Schrifttum. Im NT so Ev Ag, im Hb 7,14.20.23 9,6 10,11; 1Cl 32,2 40,5 Barn 7,3.4.6; Paulus so nicht. In Apk 1,6 5,10 20,6 Christen übertragen als Priester, jetzt und in der Vollendung. Ab περί viele Stellungsvarianten. Alte LA ist περὶ ἱερέων οὐδὲν Μωϋσῆς ἐλάλησεν in A B C D P 33 365. Sekundär περὶ ἱερέων Μωϋσῆς οὐδὲν ἐλάλησεν in p[46] ℵ* 104 255 256 263; ebenfalls sekundär οὐδὲν περὶ ἱερέων Μωϋσῆς ἐλάλησεν in 81 1739 1881 f vg sa bo. Im Nachklang zu V 11 f ist ἱερέων durch ἱερωσύνης ersetzt: οὐδὲν περὶ ἱερωσύνης Μωϋσῆς ἐλάλησεν in ℵ[2] den meisten b; οὐδὲν περὶ ἱερωσύνης ἐλάλησεν Μωϋσῆς in Ψ 2495 pc. οὐδέν, siehe 6,13, korrespondiert dem οὐδεὶς V 13 (Vanhoye Structure 131). Für die 5 LXX-Pentateuch-Stellen, die Juda nennen, trifft das Schweigen des Mose zu: Gn 29,35 35,23 38,12 Ex 1,2 Dt 27,12; das Schweigen der Schrift ist beweisend, siehe 1,5. Anders Test XII L 8,14, siehe Hb 7,11. Μωϋσῆς, siehe 3,2. Mose (7,14 9,19 10,28), nicht Gott direkt (2,2) verkündete das Gesetz, das also etwas minder ist (Schierse 179). Μωσῆς (ohne υ) schreiben A Ψ D L 203 218 506 547 1149 1311 1610 1739 1827 1845 2004 vg. ἐλάλησεν, siehe 1,1.2 3,5 4,8 5,5 11,18 12,25 Subjekt Gott; 2,2 Subjekt Engel; 2,3 Subjekt Jesus; 2,5 6,9 Subjekt der Hb-verfasser; λαλεῖν περί siehe Bauer 2aδ; λαλεῖν des Mose 7,14 9,19; 7,14 betreffs Priestervorschriften, zB Lv 16,2; λαλεῖν Abels und seines Blutes 11,4 12,24; der Gemeindeleiter 13,7. Zu λαλεῖν siehe Bauer, Debrunner Kleinknecht Procksch Kittel ThW IV 69–140.

15. Und noch viel deutlicher ist es, wenn in gleicher Weise wie ‚Melchisedek' ein anderer ‚Priester' auftritt,

Literatur: Mde Jonge and ASvan der Woude siehe V 3.

Jetzt die eigentliche, mit καί angereihte Klarstellung dessen, worauf die Veränderung des Priestertums hinauswill: „das, was jedes der beiden Priestertümer trennend vom anderen unterscheidet" (Chr Cramer Cat 209). Das wird überdeutlich, wenn man LXX Ps 109,4 versteht: Hb V 15 bringt eine Umschreibung dieses Textes, V 16 die aufhellende Interpretation (deJonge-vander Woude 321); V 17, mit Achtergewicht, das ausdrückliche Zitat.

περισσότερον, siehe 6,17. ἔτι hier nicht zeitlich, sondern logisch, siehe 7,10. κατάδηλόν ἐστιν Wettstein Bauer; für Papyri Mitteis-Wilcken I 2:281,28 33 37f; Preisigke Wört I 748. Klassisch, hellenistisch. Paronomasie nach πρόδηλον V 14, siehe 3,13 wohl auch zum folgenden κατά (Moffatt); jetzt mit Copula, Hb variiert gern. Ein seltenes Wort: LXX

Philo Apost Vät nicht; NT nur hier. κατάδηλον εἶναι Jos Vit 167; mit γεγονέναι Jos Ap 1,287, Text laut Rengstorf Concordance. Galen De dignosticendis pulsibus 1,8 Kühn VIII S 812: „noch deutlicher aber wird es" von der erhöhten Erkennbarkeit einer medizinischen Gegebenheit. Hier in Hb: erhöhte Deutlichkeit im Vergleich zu Jesu Abstammung aus Juda. Statt κατὰ τὴν τάξιν aus LXX Ps 109,4 in V 17 hier, formal, nicht inhaltlich variierend, κατὰ τὴν ὁμοιότητα. τὴν lassen B 1739 aus; ὁμοιώτητα in L, siehe 4,16; ὁμοίωσιν in P wie Jk 3,9. ὁμοιότης siehe 4,15. Mit Genitiv: „der Herr – hat dir gesagt, du besäßest Macht ganz wie er" Preis Zaub 1,209–211; ähnlich hier V 15. Μελχισέδεκ, siehe 5,6 Exkurs. Zum fehlenden τοῦ siehe 7,5. Daß Jesus sich hier nach dem Modell Melchisedek richtet, liegt in dessen zeitlichem Voraus begründet; die wahre Rangfolge wurde V 3 ja klargestellt, zudem verschwindet Melchisedek ab V 17. ἀνίσταται, siehe 7,11; auch hier vg *exurgere;* sa rise, bo arise. p[46] verschreibt in ἀνίστασθαι. ἕτερος wie 7,11. Ψ: ἕτερος ἀνίσταται ἱερεύς; vg: *exurgat alius sacerdos.*

16. der nicht nach dem Gesetz einer Vorschrift, die Vergängliches behandelt, sondern in Kraft unzerstörbaren Lebens (Priester) geworden ist.

Der levitische Priester ist charakterisiert durch Vergängliches: korrekte Abstammung 7,11ff und äußerlich-kultische Reinheit 9,13. Der andere Priester Jesus waltet in Kraft unzerstörbaren Lebens, wie Melchisedek 7,3. Daß Cyrill Al V 16 für seine anti-antiochenische Christologie (siehe Greer 333) benutzt, ist verständlich. Eine vorgeformte Tradition ist für V 16 nicht vorauszusetzen (Zimmermann Bekenntnis 86), siehe 7,3; nicht jeder Relativsatz mit christologischem Inhalt zeigt sie an (Delling Partizipien 45).

ὅς, in p[46] ausgelassen per Homoioteleuton, siehe 7,6. οὐ – ἀλλά Unterstreichung durch Negation des Gegenteils, siehe 4,13. κατὰ νόμον, siehe 7,5. ἐντολῆς, siehe 7,5. σαρκίνης, so die alte LA in p[46] ℵ A B C★ D★[2] L P 6 33 38 61 81 110 122★ 177 201 206 226 256 260 263 365 429 436 460 467 480 614 630 635 642 664 920 1610 1739 1758 1834 1837 1867 1872 1881 1891 2127 Dion Al Chr Cyr Al Dam. σαρκικῆς, siehe R 7,14 1K 3,1, in C[3] D[1] Ψ K 104 326 1175 den meisten Chr Thret Thphyl Ps Oec; siehe Bl-Debr § 113,2. Bauer Schweizer ThW VII 101 f 144 Preisigke Wört II 451 Wyttenbach; siehe zu σάρξ 2,14 5,7. Klassisch, hellenistisch: „aus Fleisch bestehend" wie Philo Leg All 2,20 von der allegorisierten Rippe. Übertragen positiv „real" wie Plut De profectibus in virtute 8 II 79C; oder im Gegensatz zu „steinern", also „nicht hart" wie Ez 11,19 36,26 2K 3,3 Barn 6,14. Häufiger übertragen negativ, also von σαρκικός in der Bedeutung nicht unterschieden: „schwach", „vergänglich". Im Gegensatz zur Stärke des Schwertes Prv 24,22c. Vom Menschen, neben „sterblich", der Pythagoäer Hipparch (Diels II 228,15 Sib fr 1,1). Von der Vergänglichkeit auch der Mächtigen (2Ch 32,8 Est 4,17 C 21). Von der asketisch zu behandelnden „fleischlichen Bürde" des Menschen (Philo Sacr AC 63); dort verschreibt ein Papyrus wie im Hb in σαρκικόν. Im Hb nur hier: Gegensatz „unzerstörbares Leben", also für die irdisch-vergängliche Sphäre, der, nach Eintrittsbedingung und Funktion, das levitische Priestertum angehört. Anders Paulus R 7,14 1K 3,1 von der sündigen Art des Menschen. γέγονεν, also nicht in Selbstherrlichkeit, siehe 5,5. Zu Jesu γίνεθαι siehe 5,9. Der als Subjekt gemeinte ἱερεύς fehlt, wie in 7,8b das Verb; vgl auch 1J 3,1.

κατὰ δύναμιν ζωῆς. δύναμις siehe 1,3 2,4; zu ζωή siehe 7,3. Die Verbindung von δύναμις und ζωή – in LXX nicht bezeugt – meint unwelthafte, gottheitliche Qualität: Gott hauchte bei der Erschaffung dem Verstand die Kraft wahren Lebens ein (Philo Leg All 1,32); die lebendige Kraft des Himmels beim Neuplatoniker (Abammon ad Porphyrium 4d Scott IV 34,5f); die ewige Kraft des Gnostikers (Nag Hammadi Cod IX 3 Test Ver 43,17); die Gottheit straft „mit der Kraft des gewaltigen Lebens" (Lidz Liturg Oxf I 38,6 S 206); die Seele des Sterbenden geht hinaus „mit der Kraft des Lebens" (Lidz Ginza L III 8 S 518,5, vgl L III 9 S 521,2). Paulus „Kraft der Auferstehung" (Phil 3,10); die „göttliche Kraft" schenkt das "für das Leben Notwendige" (2Pt 1,3). So ist hier Jesu Priestertum gekennzeichnet durch gottheitliches, kraftgeladenes Leben, vgl 7,8. Anders Philo mit der „gesetzgeberischen Kraft" (Fug 95) und Act Joh 112 S 211,8f, wo Jesus der Seele als „Gesetz" erscheint. ἀκαταλύτου. Ein seltenes Wort, NT nur hier, Philo Josephus nicht, Bauer, Büchsel ThW IV 339–341. „Unzerstörbar", von einer irdischen Verfassungsform (Chio 14,1 Epistolographi 201). „Unvergänglich" von göttlichen Strafen (4Makk 10,11), von Leben und Person des Erlösers (Od Sal 22,11a); das Leben ohne Tod beim Erlöser (Lidz Ginza R I 10); als seine Gabe (Od Sal 38,3b Lidz Liturg Qolasta 102). So hier, als Umschreibung des εἰς τὸν αἰῶνα LXX Ps 109,4: Jesu Priestertum ist ohne Tod, vgl 7,3. Aber Jesus ist doch gestorben 2,14, ἐκ θανάτου 5,7 ἐκ νεκρῶν 13,20? Siehe Windisch zu 13,7. Schierses Antwort 163, exemplarisch für viele Erklärer – „auch im Tode verließ ihn die Kraft des unzerstörbaren Lebens nicht" – spricht den Hb-Text exakt nach, hilft aber nicht weiter, denn Tod ist Lebenszerstörung. Ebensowenig hilft die Auskunft, das ἀκατάλυτος gelte erst von seiner Auffahrt an, denn sein Priestertum existierte ja schon während seiner Erdentage. Diese Aporie wurzelt vielmehr einfach in der Grundstruktur der Hb-Christologie, siehe 1,3 Exkurs.

17. Denn ihm sagt das Zeugnis: ,du bist ein Priester in Ewigkeit ganz wie Melchisedek'.

Das Schriftzeugnis bestätigt die eigene Formulierung des Verfassers V 15f. Darum liegt der Ton im Zitat jetzt auf εἰς τὸν αἰῶνα. Die Ewigkeit gilt dem Priester, nicht dem Gesetz wie Ps Clem Hom 8,10,3. Zu μαρτυρεῖται siehe 7,8. Die alte passivische LA steht in p^{46} ℵ A B D* P Ψ 6 33 81 104 256 365 424[1] 436 442 463 1739 1834 1837 1881 2127 2464 d e f vg sa bo basm sy^{p} ^{h} Chr Cyr Al Thphyl; das sekundäre Activ in C D^{2} K L 326 1175 den meisten arm aeth Thret Dam Ps Oec. In 33 δὲ statt γάρ. Zum Zitat siehe 5,6. οὐ ist ausgelassen in 69 und um εἰ erweitert in p^{46} D^{2} K P 5 216 326 330 383 440 623 635 639 794 823 917 1175 1245 1311 1319 1611 1827 1836 1881 1898 1912 2004 d e f vg sa bo basm sy^{p} ^{h} aeth.

18. Aufhebung einer früher erlassenen Verordnung geschieht nämlich wegen deren Schwachheit und Nutzlosigkeit,

Hb nennt die von der Gottheit durch LXX Ps 109,4 bewirkte Auswechslung Levis gegen den Melchisedek-Priester eine unter gleichen Bedingungen übliche Gepflogenheit, eine geläufige Alltäglichkeit (Calvin); Schriftzeugnis (V 17) und allgemeingültiger Satz, siehe 7,7, bestätigen sich, γάρ. ἀθέτησις. Bauer Maurer ThW VIII 158–160 Deißmann NB 55f Preisigke Wört I 29. In LXX 1 βασ 24,12 Jer 12,1 Dan Thdt 9,7 als „Verstoß", synonym mit „Versehen", wie ἀθετεῖν Hb 10,28. In NT und Apost Vät nur Hb 7,18 9,26. Als Textstreichung Diog L 3,39,66; als ad-absurdum-Führung einer angeblichen Erkenntnis, synonym ἀναιρεῖν, Sext Emp Log 2,142 = Math 8,142, vgl Hb 10,9 Bengel ἀναιρεῖν; Gegensatz von Festhalten Cic Att 6,9.3. Als Sündenbeseitigung Hb 9,26. Als juristischer terminus technicus für eine Ungültigkeitserklärung in Papyri und im verderbten 2Makk 14,28 -AText. So hier Hb 7,18. Solche offizielle Aufhebung von Kultvorschriften im Judentum nur partiell, etwa 1Makk 2,41; ja der Erub, für unpraktibel gewordene Stücke der Sabbat-Halacha, verschleiert die Tatsächlichkeit einer Aufhebung (Str-B II 590–594). Außerbiblisch wird die Aufhebung von testamentarischen Verfügungen unter Strafandrohung verboten (POxy 492,9 493,9). Die Aufhebung strenger Soldatengesetze durch den Caesar Severus gilt als unzweckmäßig (Herodian 3,8,4f). Die palästinensischen Christen nahmen am jüdischen Opferkult teil (Mt 5,33f Mk 1,44 par). Hier im Hb nun ein den jüdischen Opferkult treffender, nicht bloß immanenter Wechsel, siehe 7,12; daß die Hörer aber etwa vor diesbezüglichenden judaisierenden Neigungen gewarnt werden sollen, ist im Text nicht einmal angedeutet. Dem μέν, in p^{46} 1241 r sa fortgelassen, entspricht in V 19 δέ; so ntlich außer in Ag nur im Hb häufiger, Bl-Debr § 447,2. γίνεται, siehe 7,12. προαγούσης Bauer KLSchmidt ThW I 130. Betreffs des zeitlichen Vorausgehens von Texten Jos Ant 19,218; vom Gesetzgeber Mose Jos Ap 2,154; von Prophezeiungen 1Tm 1,18; von Jahr, Monat, Festversammlung, ja von Sitte Preisigke Wört II 360; summarisch von „allem" Mart Pol 1,1; so im Hb hier, von einer atlichen Anordnung. D* προσαγούσης, nicht d, also Schreibfehler, προϊούσης in 1836 verändert nicht den Sinn. ἐντολῆς, siehe 7,5; der Zusammenhang zeigt, Hb denkt an Priestertum und Opfer. αὐτῆς: zur Voranstellung siehe 2,4; vg stellt um: *infirmitatem eius*. ἀσθενές: Bauer 2a Stählin ThW I 491 f; zum Substantiv siehe 4,15. Neben „unbrauchbar" Sap 2,11. Für LXX sind Gesetz und Gebote nicht schwach. The Law – was – uncorruptible (Philo Quaest in Ex 2,53). Beim Gesetz am Sinai wäre es schwächlich nur dann zugegangen, wenn eine menschliche Zunge statt der Gottheit selber den Israeliten das zu Tuende übermittelt hätte (Jos Ant 3,89). Aber Paulus spricht von den mit dem Gesetz zusammenhängenden schwachen Elementargeistern (Gl 4,9, vgl R 8,3); freilich anders als im Hb gemeint, siehe 7,5. Im Hb die Schwachheit des levitischen Hohenpriesters 5,2. Hier in 7,18 Schwachheit, weil Priester sündigen und sterben 7,23f 7,27f. ἀνωφελές Bauer, klassisch hellenistisch. In LXX nicht von Gesetz und Verordnung. Dem rechten Gebrauch der Gesetze steht die Tradierung unterhaltender Begebnisse als nutzlos gegenüber (Philo Vit Mos 2,48). Nutzlos ist Reue und Erinnerung nach Übertretung von Gesetzen (Jos Ant 4,191). Im NT ἀνωφελής nur Tt 3,9: unter anderem von Streitereien um das Gesetz; und hier Hb 7,18: von der Priester-Verordnung, denn Tieropfer machen nicht kultfähig. Für Ign sind die zum Judentum gehörenden irrigen Ansichten und Fabeleien ohne Nutzen (Mg 8,1).

19. – das Gesetz hat ja nichts zur Vollendung gebracht –, dagegen geschieht die Einführung einer besseren Hoffnung, durch die wir Gott nahen.

Die Parenthese, siehe 7,11, οὐδὲν – ὁ νόμος verdeutlicht, γάρ, die Schwachheit und Nutzlosigkeit V 18. ἐπεισαγωγή beschreibt nicht, was das *Gesetz* trotzdem ist (gegen Erasmus paraphrasis und adnotationes), sondern steht als Antithese, δέ, gegen ἀθέτησις μὲν V 18: an die Stelle des unwirksamen Kultgesetzes tritt der höhere Hoffnungsinhalt.

οὐδέν, p^{46} verschreibt οὐ. Siehe 6,13. Kein Zustandebringen der Gottesnähe, für deren Herstellung das Priestertum da ist. Des Chr Erwägung (Cramer Cat 567), daß die

Effektlosigkeit des Gesetzes im Falle von Gehorsam wie von Ungehorsam gilt, liegt dem Hb fern. ἐτελείωσεν, ähnlich schon 7,11, siehe 2,10 10,1. Also gegen Philo Spec Leg 2,39: die bloße Aufzählung der humanen Sabbatgebote ist geeignet, die gut Veranlagten zu vollenden. Origenes nimmt diesen Hb-Text auf (Greer 8). ὁ νόμος, siehe 7,5. ἐπεισαγωγή; D* verschreibt in den Genitiv, wohl suggeriert von den folgenden Genitiven. Bauer. NT nur hier; LXX, Philo, Apost Vät nicht. γίνεται V 18 wirkt als Verb weiter. Wie oft auch andere Verben 4,15 5,4f 6,12 7,20.28b 9,3.7.23 12,25; vgl das fehlende ἐστιν, siehe 6,8. Die Auslassung von δὲ in 2 verwischt dies Weiterwirken. Die Hoffnung kommt zur Verordnung nicht ergänzend hinzu wie dort, wo schlechte Ärzte die Einführung anderer Heilmethoden scheuen (Hippocr Praec 7); die Hoffnung ersetzt vielmehr die Verordnung, wie bei der Einführung einer anderen Ehefrau die frühere Ehefrau verstoßen wird (Jos Ant 11,196). κρείττονος, siehe 1,4 6,9: natürlich nicht immanent welthaft, wie Jos Ant 2,119 3,83, sondern besser als von Verordnung und Gesetz gewährt, weil der Inhalt der Hoffnung unwelthaft-himmlisch ist, siehe V 16; wie ActJoh 36 S 153,6f, wo die verheißenen Dinge stärker sind als die sichtbaren. ἐλπίδος, siehe 3,6; hier: Hoffnungsgut. ἐγγίζομεν; ἐγγίζωμεν in A 69 104 256 1311* 2004 verwechselt die o-Laute, siehe 4,16, oder mißversteht paränetisch. Bauer, Preisker ThW II 329–332. Hier nicht, wie gelegentlich LXX und oft NT, von dem sich nahenden Eschaton, so im Hb nur 10,25; sondern vom Sichnahen des Menschen zur Gottheit, wie V 25 προσέρχεσθαι, siehe 4,16. So selten außerhalb des biblischen Bereichs, auch nicht Josephus Apost Vät: Theodoros Prodromos 12. Jahrhundert Rhodanthe/Dosikles 7,475 in Erotici Scriptores Hercher θεοῖς ἐγγίζειν von der Darbringung eines Opfers; anders Epict Diss 4,11,3 dies Verb von der Verwandtschaft der vernunftbegabten Menschen mit den Göttern. In LXX ἐγγίζω als „nahen zur Gottheit". Absolut oder mit ἐπί, πρός, ἐνώπιον, auch wie Hb mit bloßem Dativ, zB Ex 19,22 Lv 10,3 LXX Ps 148,14; ebenso auch der Weisheit gegenüber Prv 3,15. Nicht jeder darf es (Ex 24,2); es geht um Altardienst (Lv 21,23 Ez 40,46), um den Priester (Ex 19,22 Lv 10,3), der nur kultisch rein sich nahen darf; aber auch sonst um Gebet (LXX Ps 118,169), um Lobpreis der Gemeinde (LXX Ps 148,14), bei dem aber das Herz dabeisein muß (Js 29,13). Ähnlich Test XII Jud 21,5 D 6,2. Philo in diesem Sinne absolut oder mit bloßem Dativ ἐγγίζειν, nur in Zitatzusammenhängen: als Fürbitte (Leg All 3,9); als Hinwendung zu dualistischer Erkenntnis (Cher 18 Deus Imm 161 Migr Abr 132 Poster C 27 Rer Div Her 30) und als Warnung vor ihr (Fug 162), als sterben (Leg All 2,57 Fug 59). Im NT noch Jk 4,8. Hb 7,19 teilt mit Philo nicht den Gegensatz gegen das Gesetz, wohl aber den dualistischen Tenor. Vgl noch Od Sal 42,1 36,6.

20. Und insoweit, als dies nicht ohne eidliche Versicherung vor sich ging, – denn die einen sind allerdings ohne eidliche Versicherung Priester geworden,

Literatur: EFraenkel Geschichte der griechischen Nomina agentis I, 1910.

Für 20–22 liefert LXX Ps 109,4 nun die Eidthematik: die Priesterwertung der Leviten ohne, die Jesu mit göttlicher Eidleistung. Wie V 23–25 οἱ μὲν – ὁ δὲ (Vanhoye Structure 134). καὶ fehlt in 1319. καθ' ὅσον – κατὰ τοσοῦτο siehe 3,3. Erasmus adnotationes erkennt das Korrelativ-Pronomen, Luther 1546 Deutsche Bibel WA 7,2 und Calvin nicht. Zu Unrecht mit dem atlichen Status verbindet Chr Cramer Cat 210. οὐ χωρὶς, Litotes, siehe 4,13; zu χωρὶς siehe 4,15. Das Verb fehlt wie in V 19; wie immer man ergänzt – vg: *est* –, der Sinn ist durch den Gesamtzusammenhang eindeutig. Statt ὁρκωμοσίας schreiben in V 20 zweimal, dann auch in V 21 und 28 ὁρκομοσίας C L P Ψ 2 5 93 177 181 203 255 383 506 623 635 917 1311 1319 1836 1891 1898 1912 2004 2005 2127; für ω–o siehe 4,16. Für die Dialekt-Einordnung siehe Bauer JSchneider ThW V 464f EFraenkel 200 Bl-Debr § 2 119,3; vgl Preisigke Wört II 198. Dies Wort im NT nur Hb 7,20.20.21.28; Philo Apost Vät nicht. Pollux Onom 1,38 zählt das seltene Wort zwischen ὁρκωμοτεῖν und ὁρκωμότας auf. Bei Jos Ant 16,163 vom politischen Eid ohne Erwähnung der Gottheit. Sie empfängt die Eidleistung (1Esra 8,90) und straft deren Verachtung (Ez 17,18f). Daher sind die Götter ὅρκιοι (Pollux aaO); wie im 6. Jahrhundert post die ὁρκομοσία der erbstreitenden Geschwister sich an die heiligen Anflehbaren wendet (P London V 1728,9). Zwar schwören antike Gottheiten auch bei sich selber, siehe 3,9–11 6,13; aber in den mir bekannten Texten ohne Zusammenhang mit der Vokabel ὁρκωμοσία, die dagegen hier im Hb für den Eid verwendet wird, den die Gottheit *leistet*. Er gibt den Ausschlag für die Überlegenheit, siehe 6,17. Jetzt Parenthese, siehe 7,11; von οἱ μὲν bis αἰῶνα V 21. Sie ist gegliedert durch μὲν – δέ (V 21), siehe 7,18 7,5; οἱ μὲν die Leviten. οἱ μὲν bis ὁρκωμοσίας ist ausgelassen in D★ Ψ 2 5 93 547 1311 1836 d e sy^h; per Homoioteleuton, siehe 7,6; sinnzerstörend wie das Fehlen von οἱ μὲν bis γεγονότες in aeth. εἰσὶν ἱερεῖς γεγονότες, keine eigentliche Umschreibung, Westcott: εἰσιν und γεγονότες zwei logische Etappen, Bl-Debr § 353,2. p[46] stellt εἰσὶν ἱερεῖς hinter das erste ὁρκωμοσίας. ἱερεῖς siehe 7,14. γεγονότες, Bauer I 4 Büchsel ThW I 680. Das γίνεσθαι, wo nicht von Gott, Jesus und den Hörern ausgesagt, im Hb noch 2,2 7,20.23 11,7.24.34 12,8. Hb argumentiert hier mit dem Schweigen der Schrift (Michel); siehe 1,5.

21. er dagegen unter eidlicher Versicherung durch den, der zu ihm gesagt hat: der Herr schwor, und es wird ihn nicht gereuen: ‚du bist Priester in Ewigkeit' –,

Anders als die Leviten Jesus: seine Ernennung zum ewigen Priester geschah unter Leistung eines unwiderruflichen Eides seitens der Gottheit, wie das betonte „der Herr schwor" LXX Ps 109,4 beweist. ὁ ist Jesus; der Name folgt V 22 per Achtergewicht. δέ, gegen die Leviten; die Auslassung in p[46] zerstört formal. μετὰ Bauer III 2. μετὰ schreiben ℵ★ D K L P Eus Dam Thphyl Ps Oec; μετ' p[46] ℵ² B★ C 33 38 81 255 1834 1912; μεθ' A B² 69 218 256 429 489. Zur Elision siehe Bl-Debr § 17, zum Hiatus siehe 5,4; 241 ersetzt μετὰ durch δι'. ὁρκωμοσία siehe 7,20. τοῦ λέγοντος, die in LXX wörtlich redende Gottheit, siehe 1,1 Exkurs. Praesentische Partizipien sind präterital auflösbar, siehe 6,12. πρὸς meint Anrede, anders als 1,7. ὤμοσεν, siehe 3,9–11. Der λέγων spricht von sich in der 3. Person, vgl 1,6.9. ὤμοσεν bis μεταμεληθήσεται wörtlich LXX. κύριος hier, wie im Hb meist, von Gott, siehe 1,10.

μεταμεληθήσεται. Bauer Bl-Debr § 101 Michel ThW IV 630–633 Windisch 2K⁹ 1924 Exkurs zu 7,8. Von Menschen in der klassischen, hellenistischen, hellenistisch-jüdischen und christlichen Antike belegbar; von der Gottheit meines Wissens nur atlich, hellenistisch-jüdisch und christlich nachweisbar. In LXX Gottes μεταμέλεσθαι immer für נחם. Drohend: Gott reut eine Zuwendung (1 βασ 15,35), nicht sein Zorngericht (Jer 20,16). Zusprechend: Gott reut sein Strafen (1Chr 21,15 LXX Ps 105,45), nicht sein Schwur gegenüber dem Melchisedek-Priester (LXX Ps 109,4). Daß das Strafen Gott nicht reut, explizit, verneintes נחם und μετανοεῖν: 1 βασ 15,29 Jer 4,28 Sach 8,14. Für das heilbringende nicht-Reuen Gottes andere Formulierungen als mit μεταμέλεσθαι Nu 23,19 Jer 49(42),10 Ex 32,14. Außer in LXX Ps 109,4 wird Gottes μεταμέλεσθαι oder μετανοεῖν nicht mit „schwören" oder „Eid" verbunden. Jos Ant 6 übernimmt das Drohende von Gottes μεταμέλεσθαι (145) und μετανοεῖν (143). Philo hat nicht μεταμέλεσθαι; das Substantiv nicht von der Gottheit. Aber für ihn schließt Gottes Voraussicht (Deus Imm 72) die Leidenschaft der Reue Gottes aus (Aet Mund 40 Deus Imm 33 Vit Mos 1,283). Die auf Gott bezogene Reue im NT nur Hb 7,21, christologisch; der Wortstamm adjektivisch soteriologisch von den Gnadengaben R 11,29. Der Wandel von LXX zum NT ist deutlich: das NT vermeidet, durch weithinnigen Verzicht auf die Wortgruppe, wie schon LXX bei gelegentlichen Übersetzungen von נחם siehe oben, das Anthropopathische der Gottesvorstellung; und: μεταμέλεσθαι hier Hb 7,21 nur für die Festigkeit der Zusage, siehe 6,17f; nicht mehr, wie in LXX, auch für die Unausweichlichkeit der Strafe. Freilich, Hb meint nicht Gottes Leidenschaftslosigkeit wie Philo, sein Gott droht nachdrücklich (10,31 12,29). Nachklang nicht Apost Vät; aber Just Dial 33,2, jedoch ohne „Eidleistung".

οὐ ἱερεὺς εἰς τὸν αἰῶνα, siehe 5,6. Hinter οὐ ergänzen aus LXX εἶ p^{46} D^1 K P 5 101 325 326 327 383 623 917 1175 1319 1739 1827 1845 1898 1912 2004 2005 it vg Or Eus. εἰς τὸν αἰῶνα fehlt in ℵ★. Melchisedek aus LXX Ps 109,4 entfällt hier wie 7,28, er ist nicht mehr nötig. Die Abschreiber – Zuntz 144 meint, schon im 2. Jahrhundert – haben das verkannt: κατὰ τὴν τάξιν Μελχισέδεκ ergänzen aus V 17 ℵ² A D K L P Ψ 6 104 326 1739 die meisten d e hal sy^{p.h} bo^{pt} aeth Or Eus Chr Thret Chron Dam Prim; die echte LA ohne die Anfügung in p^{46} (ℵ★) B C 33 81 436 629 1834 2464 f r vg sa bo^{pt} basm arm Amb. Ähnliche Verkürzung eines Zitats wie hier bei Wiederholung 10,16f nach 8,8–12 (Delitzsch).

22. in demselben Maße ist Jesus Bürge einer höherstehenden Setzung geworden.

Die Eidleistung zeigt an: die von Jesus als Bürgen garantierte Setzung Gottes ist qualitativ, weil himmlisch, wertvoller als die atliche Ordnung. κατὰ τοσοῦτο, siehe 7,20; zur Konstruktion vgl Wettstein. τοσοῦτο, alte LA, in p^{46} ℵ★ A B C 33 38 81 218 256 326 365 436 917 1831 1837 1906 2127 Athan. τοσούτῳ in D★ P; zu o–ω siehe 4,16. τοσοῦτον in ℵ² D² K L Ψ 6 104 1739 1834 den meisten Athan Chr Thret Dam; wohl Angleichung an ὅσον. καὶ bringen, wohl unter Einwirkung von 8,6, ℵ★ B C★ 33 35 1610 1831 2298; das Fehlen in p^{46} ℵ² A C² D K L P Ψ den meisten lat sy co Athan Chr Thret Thphyl ist unter Umständen alt (Zuntz 211, vgl Nestle-Aland²⁶). κρείττονος, siehe 1,4 6,9. κρείττων διαθήκη Hb 7,22 8,6, sonst nicht in LXX Test XII Philo Josephus NT Apost Vät; zum dualistischen Sinn siehe den nachfolgenden Exkurs. Hb verbindet κρείττων noch mit Hoffnung 7,19, Verheißung 8,6, Opfer 9,23, Besitz 10,34, Vaterland 11,16, Auferstehung 11,35. Vor κρείττονος fügt 38 χωρὶς ein; wirkt das doppelte χωρὶς V 20 nach? κρείττονος, die Hauptsache, ist in 920 ausgelassen. διαθήκη, siehe den nachfolgenden Exkurs. Gegen die Übersetzung „Testament" spricht speziell hier: Jesus bürgt für die διαθήκη hier ja gar nicht als sterbender, sondern gerade kraft seines unwandelbaren Priestertums V 24 (Windisch). γέγονεν, zu Jesu γίνεσθαι siehe 5,9. Es fehlt in 917; unter Nachwirkung des fehlenden γίνεται V 19? ἔγγυος; P Ψ verschreiben durch Weglassung des v. Bauer Preisker ThW II 329, Ditt Syll⁴ oft, siehe Register, Preisigke Wört I 410; Mitteis-Wilcken II 1,264–270 zum Juristischen. In NT und Apost Vät das Substantiv nur hier; das Verb gar nicht. In LXX ἔγγυος, ἐγγύη und ἐγγυάομαι fast nur für zwischenmenschliches Bürgen, zB Sir 29,15f Prv 17,18; nur in 2Makk 10,28 ist die Zuflucht zum Herrn neben der Tapferkeit Bürge für Glück und Sieg im Kampfe. Die Wortgruppe fehlt in den Test XII; ἔγγυος fehlt bei Philo und Josephus. Das Verb bei Philo oft als „anvertrauen". Philos Aussagen werden verbürgt durch ein Schriftwort (Congr 134 Som 1,254 Decal 47), auch durch ein menschliches Schicksal (Jos 132). Ja eine Person kann ἐγγυητής (Bürge) sein; der Psalmist für Gott als Hirten (Agr 50), Mose für Gottes schenkendes Erzeugen (Cher 45). ἐγγυάομαι gilt für Philo als Formel aus dem Vertragswesen, mit ihr will Macro für seine Lobsprüche auf Caligula bei Tiberius um Vertrauen werben (Leg Gaj 37): die Wortgruppe kann also auch außerhalb von Verträgen bei Philo wie im Hb Garantie-Gewährung ausdrücken. Samuel ist Bürge für Gottes Versprechungen (Jos Ant 6,21); Gott selber ist Bürge für den Sieg im Kampf (Jos Ant 7,72). Aber eine explizite Bürgschaft für die atliche Setzung ist mir nicht bekannt. Ja, nach Rabbi Meir, 2. Jahrhundert post, *verlangt* die Gottheit von den Israeliten am Sinai für den Toragehorsam Bürgen, akzeptiert dafür aber nicht die Väter und Propheten, sondern die Kinder (Ps 8,3 Midr HL 1,4(85b) Str-B I 854f.). Im Hb bürgt Jesus durch seinen Tod 9,12, durch die Ewigkeit seiner Person und den himmlischen Charakter seiner Priestertätigkeit 7,1–10,20. Ἰησοῦς, siehe 2,9; im Hb ohne Artikel Bl-Debr § 260,1; ὁ davor in L P 88 326 460 1831 1836 ist sekundär. Hb betont hier durch Achtergewicht. Die Argumentation mit dem Gottesschwur LXX Ps 109,4 verbindet den Hb mit Ab R Nat 34,9a Str-B III 696; nur trennt der Hb dabei nicht, wie der rabbinische Traktat, Priester- und Königsmessias.

22 Exkurs: Διαθήκη.

Literatur: JBehm Der Begriff διαθήκη im NT, 1912; AGuest The Word „Testament" in Hebrews 9, The Expository Times 25, 1913/14, 379; GDKilpatrick Διαθήκη in Hebrews, ZNW 68, 1977, 263–265; ELohmeyer Διαθήκη, 1913; ERiggenbach Der Begriff διαθήκη im Hebräerbrief, Theologische Studien ThZahn dargebracht, 1908; CSpicq La théologie des deux Alliances, Revue des sciences philosophiques et théologiques 33, 1949, 15–30; GSwetnam A suggested Interpretation, Catholic Biblical Quarterly 27, 1965, 373–390; AVanhoye De instauratione novae Dispositionis, Verbum Domini 44, 1966, 113–130. Bauer, Quell Behm ThW II 106–137, Ditt Syll[4] Register, Preisigke Wört I 349, Deißmann LO 286f.

διαθήκη ganz selten „Vertrag"; hellenistisch sozusagen stets „Testament" als letztwillige Verfügung; vgl Philo Spec Leg 2,16 Jos Ant 17,146. Daher übersetzt LXX בְּרִית mit διαθήκη, das Einseitige der göttlichen Willenserklärung über den Text hinaus betonend: also nicht „Bund", sondern „Anordnung", „Verfügung"; auch nicht „Testament", denn das hebräische בְּרִית bedeutet nie „Testament", sondern „Vertrag". Gott setzt in LXX die διαθήκη, die Verfügung, der Israelit muß sie beachten. Sie ist nahe dem Gesetz 2Chr 25,4 Sir 39,8 42,2; daher ihre Tafeln Ex 34,28 Dt 9,9.11; ihr Buch Ex 24,7 4 βασ 23,2; ihre Lade sehr oft, zB Dt 31,9. Sie ist kultnah: Priester tragen die Lade, sehr oft, zB Jos 3,15; Priesterrecht Nu 25,13, Deckplatte Ex 31,7, Vorhang Ex 27,21, Blut Ex 24,8 sind mit „Verfügung" verbunden. Ihre irdische Dauer wird oft durch αἰών-Formen ausgedrückt, zB Gn 17,7 Lv 24,8 1Ch 16,15 LXX Ps 104,8 Js 55,3 61,8 Jer 39(32), 40 27(50),5 Ez 16,60 37,26 Bar 2,35. Selten διαθήκη καινή, Jer 38(31),31; öfter im qumranischen CD, siehe Braun Qumran-NT I zu Gl 4,22–24. Für Philo ist das Wort unzentral, öfter in atlichen Zitaten, nie mit καινή; „ewige Verfügung" klingt nach gr Hen 99,2 Ps Sal 10,4 Philo Leg All 3,85; in Qumran siehe Braun Qumran-NT I zu Hb 13,20. Im NT als irdisches Testament Gl 3,15. Sonst „Verfügung": als „alte" 2K 3,14; ihre Nähe zu Gesetzgebung, Kult, Verheißungen R 9,4; zwei „Verfügungen" Gl 4,24, gegensätzlich wie Buchstabe und Geist, die alte Verfügung wirkt den Tod, 2K 3,6, die neue geht als Verheißung zeitlich der alten voraus Gl 3,16–18. „Neue Verfügung" als terminus technicus beim Herrenmahl Mk 14,24 Par 1K 11,25. διαθήκη bei Paulus in R 1K 2K Gl Phil 1Th 8mal; in Joh 1–3 J Kath Br gar nicht. Im Hb dagegen ist dies Wort ganz zentral, 17mal. Als menschliches Testament nur 9,16f, siehe dort (gegen Guest 379 Kilpatrick 263–265). Sonst „Verfügung", „Setzung" wie in LXX. Die atliche Verfügung als „erste" 9,15; ohne „erste" 8,9 9,20; bei Lade und Tafeln 9,4, weil fest geprägt dort als „Bund" zu übersetzen (Bauer 3). Die neutestamentliche Verfügung in LXX-Terminologie als neu 8,8.13 9,15 (Jer 38(39),31) und ewig 13,20, dies aber jetzt als unwelthaft todüberlegen. Die neutestamentliche Verfügung in Zitaten 8,10

10,16.29. Das weitere ohne LXX-Analogie. Als neue (mit *νέα*); siehe Test Sal McCown S 88 Zeile 10. Gegen die alte als untadelig abgesetzt 8,7, ist sie als höher stehend, 7,22 8,6, von himmlischer Qualität, nicht nur relativ unterschieden. Der Schwäche und Vergänglichkeit des atlichen Gesetzes entnommen 7,16.18 f, gehört sie durch das gleiche Attribut „höher stehend" *(κρείττων)* zur eschatologischen Hoffnung, Verheißung, Heimat, Auferstehung. Sie meint den himmlischen Kult, denn sie wird durch den allezeit lebendigen Priester verbürgt 7,22.25 *(ἔγγυος)* und zustande gebracht 8,6 9,15 12,24 *(μεσίτης)*, entscheidend durch sein Blut 9,14 f 12,24, das Stiftungsblut 10,29 13,20. Darum verfügt die neue Stiftung über höher stehende Opfer 9,23. Nachklang Kg Pt 2 (Klostermann S 15,5–7) *καινή* und *νέα διαθήκη*; *καινὴ διαθήκη* Just Dial 11,3 34,1; zu *αἰώνιος διαθήκη* Just Dial 118,3; zu *νέα διαθήκη* später siehe Behm ThW IV S 902 Anmerkung 17. Zum Qumran-Bezug siehe Braun Qumran-NT I zu Hb 8,6–13 8,8–12 13,20. *διαθήκη* im Hb verstehen als „Testament" vg Erasmus paraphrasis Luther Scholien; Riggenbach (1908) 294–310 und Lohmeyer 94–148, indem sie Hb 9,16 f konsequent als Maßstab auf den ganzen Hb anwenden, siehe auch Swetnam. Als „Bund" verstehen Calvin und fast alle Neueren; Spicq deux alliances 16–20, aber die Initiative der Gottheit betonen auch Guest und Kilpatrick. Als „Testament" und Bundesordnung Thomas Bengel Schierse 139 Vanhoye De instauratione 123. Als „Anordnung", „Verfügung" Behm Der Begriff 73 Seeberg Riggenbach Kommentar Windisch Behm ThW II Bauer. Als „Anordnung" oder „Bund" oder „Testament" Delitzsch.

23. Und die einen sind freilich in größerer Anzahl Priester geworden, weil sie durch den Tod am Dableiben verhindert werden.

V 23–25 nehmen das Motiv von Jesu Ewigkeit auf, aus V 3 8 16 f: dem Einen stehen alle anderen Priester in Vielzahl gegenüber; sie müssen sich, als Sterbliche, in ihrer Funktion ja ablösen. Der Gedanke, daß wahres Priestertum Unvergänglichkeit des Priesters voraussetzt, scheint mir außerchristlich-antik sonst nicht belegbar. Cyr Al verwendet V 23–25 gegen Nestorius (Greer 335).

οἱ μὲν – ὁ δέ, siehe 7,5. *πλείονες*, pluralisch im Hb nur hier, oft in Ag; Bauer *πολὺς* II 1. Hier betont, weil Hauptsache, vorangestellt. An die Mehrzahl auch nebeneinander denkt Hb kaum (gegen Erasmus paraphrasis Delitzsch), sondern *alius post alium* (Bengel). Nicht die Einzahl überbietend – wie Hb gern das Schema der Überbietung benutzt, siehe 3,3 –, sondern die Vielzahl abwertend gegen die Einzahl, vgl 1,2 10,1 f (Thomas Michel Kuß). *εἰσὶν γεγονότες ἱερεῖς*, siehe 7,20. Diese hier echte Reihenfolge der Wörter, auch in p[46], wird in A C D 33 257 1611 1739 2005 d e Chr Cyr Al verschoben zu *εἰσὶν ἱερεῖς γεγονότες*, Einfluß von V 20; *γεγονότες εἰσὶν ἱερεῖς* in 1245 vg. *ἱερεῖς*, siehe 7,14. *διὰ τὸ* mit Infinitiv, Bauer *διὰ* B II 3 Bl-Debr § 402,1, für Kausalsatz, hellenistisch, LXX, im ganzen NT, auch Paulus Phil 1,7, im Hb noch 7,24 10,2. Statt *τὸ* schreiben *τω* P 81 88 102 917 1245 1836 1891 1912; siehe 4,16. *θανάτῳ*, siehe 2,15. *κωλύεσθαι* Bauer 1. Hb nur hier; Joh Apk nicht; LXX und NT sonst öfter, auch mit Infinitiv. Der Neid hindert daran, beim Wohlwollen zu verharren, Jos Ant 1,259. Aber der Tod übt das „hindern" in LXX Test XII Philo Josephus NT sonst und Apost Vät nicht; die Hinderung betrifft nicht das „bleiben". Hier Hb-Dualismus: „die Schönheit ist für die Menschen nicht etwas Bleibendes" Act Thom 66 S 184,2 f; aber bei einem richtigen, also dualistisch verstandenen Priester ist für Hb das Sterben unnormal; denn tritt es ein, so liegt eine „Hinderung" vor. Dagegen Test XII L 18,8: „selbst der neue Priester – wird die Majestät des Herrn seinen Söhnen weitergeben". *παραμένειν* Bauer, Hauck ThW IV 581 f, Wettstein, Preisigke Wört II 252: „am Leben bleiben", von Kindern Hdt 1,30; ob Artemid 2,27.67 auch so, ist fraglich. „Bei einer Beschäftigung bleiben": von Philosophiestudenten bei den Studien Diod S 2,29,5; von jüdischen Priestern bei der

Kultausübung Jos Ant 9,273. Beide Bedeutungen nicht in LXX, Test XII, Philo, NT außer Hb, Apost Vät. *παραμένειν* im NT sonst: bei jemandem 1K 16,6 p[46] ℵ A C D (F G) Ψ Phil 1,25; bei einer Einsicht Jk 1,25. Mit Priestern als Subjekt wie hier im Hb nur bei Josephus, siehe oben; nicht in LXX, Test XII, Philo, NT sonst, Apost Vät. Das hier wie bei Hdt, siehe oben, absolut gebrauchte *παραμένειν*, als „am Leben bleiben" verstanden, ergäbe eine Banalität (gegen Bengel, Bleek-Windrath). Hb wird hier, auch bei seinem absoluten Gebrauch, dasselbe meinen wie Diod S und Josephus, siehe oben, mit ihren Objekten: die Fortführung ihrer Tätigkeit, Bauer Hauck; so fast alle Erklärer; ganz gleich, ob man „beim Priesterdienst" ergänzt wie Ps Oec MPG 119,357B (Riggenbach, Spicq), oder „bei den Menschen", für die die Priester tätig sind (Seeberg, Westcott).

24. *Er* aber besitzt, weil er ‚in Ewigkeit' bleibt, das Priestertum, das sich nicht wandelt.

Literatur: WLLorimer Hebrews VII 23F, NTSt 13, 1967, 386f.

Jesus, weil nicht sterbend, prägt das neue Priestertum als unwandelbar; *εἷς*, erwartbar als Gegensatz zu den *πλείονες* V 23, wird gar nicht mehr genannt: wichtig ist die *dualistische* Höherrangigkeit. *ὁ δὲ* ist Jesus, siehe 7,23. *διὰ τὸ*, siehe 7,23; 69 läßt *τὸ* weg. *μένειν* hier: am Leben bleiben; zur dualistischen Füllung siehe 7,3; nicht: als Priester bleiben, denn das wird sogleich als Folge erwähnt. *μένειν* ist gottheitlich: vom „Vater, dem ein ewiges Bleiben eignet" Preis Zaub III 605 f; von Jesus Act Thom 88 S 203,20; 117 S 227,20. *εἰς τὸν αἰῶνα* aus LXX Ps 109,4; vgl 13,8 Joh 8,35 12,34. Nachklang Just Dial 96,1 Act Joh 139 S 246,21 f. In allen Hb-Zitaten dieser Ps-Stelle fehlt nur hier *τὸν* in 1319. *ἀπαράβατον* Cremer-Kögel[10] 184 f Bauer JSchneider ThW V 738 f Wettstein Liddell-Scott Wyttenbach; für Juristisches Preisigke Wört I 155 f. Fehlt in LXX Test XII Apost Vät; im NT nur hier. Die Bedeutung ist nicht intransitiv „auf einen anderen übergehend", dafür keine Belege (gegen bo Thret Cramer Cat 570 Ps Oec MPG 119,357B Thphyl MPG 125,281C Erasmus adnotationes Bengel und Neuere bis Moffatt). Die Belege sprechen eindeutig für „unvergänglich", „unwandelbar", passivisch (so vet lat, vg, Thomas Erasmus paraphrasis Luther WA Deutsche Bibel 7,2 Calvin Delitzsch und Neuere bis Westcott). *ἀπαράβατος* als unwandelbar: für menschlichen Beschluß (Epict Diss 2,15,1 adverbial); für ein politisches Gesetz (Plut Quaest Conv 9,14,6 II 745D); für rechtsgültige Verfügungen (PLond III 1015,12); für die gesetzestreuen Juden (Jos Ant 18,266; siehe Cremer-Kögel[10]) und ihre Frömmigkeit (Jos Ap 2,293); für die Laufbahn der Sonne (Plut Def Orac 3 II 410 EF Betz Plut 1975 138); für die gute Ordnung des Geschaffenen (Hierocl 2,1); für das Gleichgewicht der Elemente (Philo Aet Mund 112) und ihr Gesetz (Corp Herm Stob Exc 24,1); ja metaphysisch für das Schicksal (vArnim Stoic II S 265 Nr 918, vgl Plut Plac Phil 1,28 II 885B; vArnim Stoic II S 293 Nr 1000, Chrysipp, vgl Gellius Noct Att 7,2; Plut De fato 1 II 568D; M Ant 12,14). Die Synonyma in diesen zitierten Texten stellen die Bedeutung vollends sicher: unwandelbar (Plut Quaest); unverletzlich, unerschütterbar (P Lond); gesetzlich festgelegt (Plut Def Orac); dauernd (Philo); unveränderlich (vArnim II 265); von Ewigkeit her (vArnim II 293); göttlich, ungehindert (Plut Fat); Schicksalssetzung (M Ant). Im letzten Teil der Belege tritt die dem Hb willkommene dualistische Färbung klar hervor; vgl dazu mit dem Hb-Kontext auch Plut EDelph 19 II 392E Betz Plut 1975 99; Ditt Syll[4] in Hb 7,3; Corp Herm Exc in Hb 7,3. Lorimer 386 verkennt, daß *ἀπαράβατος* sich in einen Zusammenhang, der εἷς und die Frage der Nachfolger gar nicht mehr, dafür aber παντελὲς und πάντοτε V 25 bringt, sinnvoller einfügt als das konjizierte ἀμετάβατος. Für die Mandäer siehe Lidz Ginza R IX 2 S 235,26; Drower Canonical Prayer Book Nr 316. ἔχει siehe 3,3 4,14; ἔσχεν, also das Werden betonend, in 823. ἱερωσύνη, siehe 7,11; o statt ω in L P Eus, siehe 4,16; statt dessen ἱερατείαν in D*.

25. Daher kann er auch für immer diejenigen retten, die durch ihn Gott nahen; er lebt ja allezeit, um für sie Fürbitte zu tun.

Literatur: DMHay Glory at the Right Hand, Nashville 1973; ERiggenbach Historische Studien zum Hebräerbrief, I. Teil, 1907; FMYoung Christological Ideas in the Greek Commentaries, JThSt 20, 1969, 150–163.

Das unvergängliche Priestertum Jesu dient der Möglichkeit, die Seinen endgültig zu erretten: der allezeit Lebende leistet für sie Fürbitte. ὅθεν, siehe 2,17: weil er der unvergängliche Priester ist. καὶ gehört zu εἰς τὸ παντελές; Bauer II 2; zur Stellung siehe Bl-Debr § 443,12. σῴζειν δύναται: zu σῴζειν siehe 5,7, das ν fehlt versehentlich in p⁴⁶; zu δύνασθαι siehe 5,7, zu Jesu δύνασθαι siehe 2,18. Daß Jesus retten kann, im NT *explizit* nur hier; Dg 9,6: „der Retter, – der imstande ist zu retten". Die Christen sind diejenigen, die gerettet werden können Act Joh 112 S 211,4; Jesus, der Retter unserer Seelen Act Thom 39 S 157,5. Vgl Herm Trismegistos 1,26: „damit das menschliche Geschlecht mittels deiner (des Initianden) von Gott gerettet werde"; Lidz Joh 150 S 154,11: „ich werde meine Freunde retten". εἰς τὸ παντελές, Bauer 1 3 Delling ThW VIII 67f. Das einmalige παντελὲς bei σωτηρία 3Makk 7,16 und das fünfmalige Adverb in 2Makk fast ausschließlich als „vollständig"; ebenso „vollständige Errettung" Philo Agric 94 96 Migr Abr 2. Die beiden einzigen NT-Stellen, Lk 13,11 und Hb 7,25, sind nicht eindeutig. Herm s 7,4 von „völliger Sündenvergebung". Aelian, Philo und Josephus belegen die Bedeutung „vollkommen" fast immer in negativem Sinn. Dagegen „für immer" P Lond III 1164f,11 von der Rechtsgültigkeit; Ditt Or 642,2 von der ewigen Ehrung des Mausoleum-Erbauers. Aelian verwendet das Wort modal 17,27 und temporal 7,2. In Hi 30,2 A mehrdeutig wie auch Hb 7,25. Die Übersetzungen helfen nicht weiter: modal Altlateiner r und armenisch; temporal d vg bo syᵖ. Wegen „allezeit" V b und der „ewigen Errettung" 5,9 möchte man „für immer" bevorzugen; so die Mehrzahl der neueren Kommentare (aber auch schon Chr Cramer Cat 211 Thomas Luther Glosse Delitzsch), während die Älteren (aber auch noch Héring Westcott) modal erklären. Michel, Spicq Delling ThW mit Recht: beide Bedeutungen schließen sich nicht aus. τοὺς προσερχομένους, siehe 4,16: die Seinen; vgl „der Retter der Seelen, die zu ihm kommen" Act Thom 42 S 159,17f. προσευχομένους in 440 ist Verschreibung. Prim nennt MPL 68,731B als LA auch „kraft seiner selbst sich Gotte nahend", also von Jesus geltend; dazu Riggenbach Historische Studien 48 213.

διὰ Bauer III 2bγ Oepke ThW II 64–69. δι' αὐτοῦ oder „durch Jesus Christus" außerhalb der Synoptiker zahlreich; zB Joh 1,17 10,1.2.9 1J 4,9; Ag 3,16 4,30 10,43 13,38 öfter mit „Name"; R 1,8 3,22 5,1f 1Pt 2,5. Im Hb noch 13,15.21. Vgl 7,25 mit 7,19: „durch Jesus" = „durch die höhere Hoffnung". Siehe das „mittels deiner" Herm Trismeg oben. τῷ θεῷ, wie 11,6 mit „sich nahen"; siehe 7,19 mit ἐγγίζειν. πάντοτε, Bauer, nur hellenistisch unattizistisch. LXX nur 2 mal Sap. Im NT Corp Paulinum sehr oft, Ag Kath Br nicht; nie von Jesus mit ζάω. In Apost Vät besonders Herm. Im Hb nur hier, Aufnahme von V 24 LXX Ps

109,4. Nur scheinbar im Widerspruch zu Mk 14,7 Par Joh 12,8; auch nicht zu Hb 9,24, siehe 2,17 Exkurs. ζῶν, siehe 3,12 4,12 7,8 7,16; vgl Apk 1,18. Statt ζῶν wie Va σῴζειν in 33. εἰς τό, final, Jesu „leben" ist nicht Selbstzweck; Thret schränkt das ein als menschliche Betrachtungsweise (Cramer Cat 571). ἐντυγχάνειν: Bauer 1ab Bauernfeind ThW VIII 243f Deißmann B 117f Siegfried 327 Ditt Sylloge[4] Register Preisigke Wört I 502; klassisch hellenistisch. Eintreten vor und für Menschen Ael Var Hist 1,21 Plut Fab Max 20,2 I 185F. Nicht vor Göttern Max Tyr 10,4 Dübner, gegen ThW VIII 243,25f; Fürbitte vor Gott BGU I 246,12; jüdisch oder christlich? Abraham Gn 18,23–33, Mose Ex 32,11–14 üben Fürbitte, Aaron mit den beiden Steinen des Gedenkens auf der Schulter Ex 28,12, aber all das ohne ἐντυγχάνειν. LXX ἐντυγχάνειν: jemanden bittend (Da LXX 6,12 3Makk 6,37) oder, oft anklagend (1Makk, zB 8,32) angehen; in Sap 8,21 16,28 beten zur Gottheit. Die Fürbitte ist im Judentum wichtig (Str-B III 643 759f), füreinander. Vor Gott durch Engel, die die Verdienste der Frommen geltend machen (Str-B II 560f Michel). Siehe 2,17 Exkurs. Mose übt Fürbitte Philo Quaest in Ex 49, ἱκετεύειν, er als Logos Migr Abr 122, ἱκέτης. Gottwesen üben Fürbitte vor der Gottheit; die hypostasierte Metanoia Jos/As 15,7 S 61,17 ἐρωτᾶν; der Engel Test XII D 6,2 παραιτεῖσθαι; der Prince of the World hb Hen 30,2 מדבר בשבחו, universal, Odeberg; Philo Vit Mos 2,134 der Kosmos als Sohn der Vollkommenheit, παράκλητος für den Hohenpriester; Fromme, im Himmel, gegen die Verfolger, für die Verfolgten, aeth Hen 47,2. ἐντυγχάνω jüdisch-hellenistisch: Mose für die bedrängten Israeliten (Philo Vit Mos 1,173); tote Menschen gegen die Bedränger (gr Hen 9,3.10 25,5–7.12). Im NT, das diesen Vorstellungskomplex übernimmt, heißt ἐντυγχάνω „jemanden bittend angehen" Ag 25,24; „beten gegen" R 11,2; Fürbitte, geübt vom Geist R 8,27, von Jesus R 8,34 Hb 7,25, immer mit ὑπέρ, also geprägte Formulierung. Andere Formulierungen von Jesu Fürbitte Hb 9,24 1J 2,1; sie wird schon in sein Leben verlegt Lk 22,32; Joh 17,9 ausdrücklich für die Seinen wie im Hb. Zur Spannung zwischen Jesu Fürbitte und seinem herrscherlichen Sitzen zur Rechten siehe 2,17 Exkurs; zwischen Fürbitte und Sühnetod, der die stärkere Betonung hat, siehe Hay 149f. Die Fürbitte Jesu überbrückt die Zwischenzeit zwischen Kreuz und Parusie (Gräßer Glaube 212) und meint im Hb die vergebbaren Sünden nach der Taufe, siehe 6,6 (Gräßer aaO 161 gegen Hay aaO). Jesu Fürbitte bei Greg Naz siehe Greer 120, in alexandrinischer und antiochenischer Christologie Young 159f. Entmythologisierungsansätze: Jesus bittet den Vater nicht kniefällig (Greg Naz Cramer Cat 572), sondern auf Grund seiner Menschwerdung (Oecumenius von Tricca Staab 464). ἐντυγχάνω in Apost Vät: „sich bittend an Menschen wenden" Mart Pol 17,2; „zur Gottheit beten" Herm m 10,3,2; „beten gegen" Herm m 10,2,5; „Fürbitte leisten" 1Cl 56,1 Pol 4,3 Herm s 2,6,8; Jesus nie Subjekt. Fürbitte durch den vergotteten Frommen Od Sal 17,12; durch holy helpers The Thought of Norea Nag Hammadi Cod IX 2 28,27–30 edidit Claremont; durch himmlische Wesen mandäisch Lidz Ginza R 16,4 S 389,31 L 2,12 S 473,13 Liturg Qolasta 57 S 142,6. ὑπὲρ αὐτῶν siehe 2,9 5,1. V 25 wird kaum ein Bestandteil des Melchisedek-Hymnus 1,3 sein (gegen Theißen 22), sondern eine Bildung des Verfassers, siehe nur das für Hb typische προσέρχεσθαι und Jesu hier ständig betonte Ewigkeit, Zimmermann Bekenntnis 86.

26. Solch ein Hoherpriester war ja auch das Richtige für uns: heilig, ohne Schlechtigkeit, unbefleckt, getrennt von den Sündern und in überhimmlische Höhen erhoben.

Literatur: DMHay siehe V 25 OHofius Der Vorhang vor Gottes Thron, 1972; HZimmermann Die Hohepriester-Christologie des Hbbriefes, 1964.

V 26–28 sind la conclusion de la section tout entière (Vanhoye Structure 135): Menschen, die die himmlische Heimat suchen, benötigen nicht nur den Solidarischen 2,17 4,15, sondern den himmlisch Erhabenen als Hohenpriester; daß diese himmlische Erhabenheit das „Hinzutreten" 4,16 lähmen könne, ist offenbar nicht die Sorge des Verfassers. V 26 wirkt hymnisch, also doch wohl Tradition, möglicherweise aus Melchisedek-Material (Michel, Zimmermann Hohepriester-Christologie 27, Bekenntnis 85 f, Theißen 23–25; gegen Moffatt, Deichgräber 178). Auf drei priesterlich-kultische Eigenschaften folgen zwei Beschreibungen seines jetzigen Aufenthaltes (Zimmermann Bekenntnis 38).

τοιοῦτος Bauer 2aβ: faßt das über Jesu Priestertum Vorausgegangene (Bl-Debr § 290,3) in die folgenden Prädikationen zusammen, zumeist mittels hellenistisch-jüdischer und gnostischer Begrifflichkeit. Von Jesus noch 8,1, ebenfalls vorausweisend; dagegen zurückweisend 11,14 12,3 13,16. Im NT sonst noch von der Vollmacht Mt 9,8, den Wundern Mk 6,2 Joh 9,16 und den Gleichnissen des irdischen Jesus Mk 4,33. Formal parallel Luc Quomodo Historia 41 Betz Lucian 210; auffällig inhaltlich parallel Philo Som 1; nach breiter Beschreibung der Unwelthaftigkeit des Hohenpriesters § 218: „so soll der Hohepriester von uns beschrieben werden als τοιοῦτος" § 219. γάρ, in 1319 weggelassen; sinnverschiebend, weil die „wir" ihn benötigen. ἡμῖν, für die als Christen der „Ruhe" erst zustrebenden Menschen, 4,11; nicht etwa für Juden (gegen Synge 52). Zu ἡμεῖν p^{46} siehe 4,11. καί „auch", Bl-Debr 442,12; als Konjunktion mißverstanden, wird es in ℵ C K L P Ψ 1834 den meisten r vg bo arm aeth Bas Chr Thret fortgelassen (Zuntz 211); die echte LA mit καί bringen p^{46} A B D 104* 1245 1611* 1739 2005 sy^p ^{h} arab Eus. Es gehört nicht zu ἡμῖν (gegen Bleek-Windrath Theißen 28), sondern zu ἔπρεπεν, die Kongruenz zwischen der Art des Hohenpriesters und dem Bedürfnis der Menschen unterstreichend. ἔπρεπεν, in 177 vor ἡμῖν gestellt. Bauer. Hier wie 2,10; nicht paränetisch wie sonst im NT. ἀρχιερεύς, siehe 2,17 Exkurs: statt des Zitat-ἱερεύς 7,1 ff; vorgeschwebt hat er dem Verfasser offenbar stets. 1245 bleibt bei ἱερεύς, 1319 läßt ἀρχιερεύς fort. ὅσιος, Bauer Hauck ThW V 488–491. Auch außerbiblisch von den Musen (Orph Hymn 77,1 f), von einer Gottheit (CIG 3594), im Zusammenhang mit Orakeln (Plut Def Orac 40 II 432D), Ehrentitel für Diocletian (Ditt Or 718,1–3). Aber besonders in jüdischen Texten; die alexandrinischen Juden nennen sich in einem Papyrus ὅσιοι (Deißmann B 63). In LXX von der Gottheit (Dt 32,4 LXX Ps 144,14.17; verbal LXX Ps 17,26 ℵ^2). In Psalmen überwiegend vom frommen, kultisch sich betätigenden Israeliten. Außerhalb von LXX oft Bezug zum Priestertum. Das Opfer des Heiligen ist wirksam (Philo Vit Mos 2,108 Spec Leg 1,274 f); die Gebete bei der Investitur Aarons durch Mose geschehen in reiner und hochheiliger Gesinnung (Philo Vit Mos 2,154); die priesterlich ausgerichteten Essener sind eine Schar von Heiligen (Philo Om Prob Lib 91; Braun Radikalismus I 73–76); der Nicht-Heilige ist nicht kultfähig (Jos Ant 19,332). Also anders als bei der vom Priester nicht erwarteten Barmherzigkeit 2,17. ὅσιος im NT von Gott (Apk 15,4 16,5); von Menschen (1Tm 2,8 Tt 1,8); von Jesus nicht bei Paulus, nur Ag 2,27 13,35 = LXX Ps 15,10. Im Hb nur 7,26, und nur hier im NT von Jesus als Hohepriester, analog dem hellenistischen Judentum. In Apost Vät nur von Gott oder

Menschen 1Cl 14,1 45,7 2Cl 6,9 15,3. Im 6. Jahrhundert dann Ehrentitel für Äbte (Preis Wört III 198). ὅσιος ist oft verbunden mit gerecht (CIG 3594 Dt 32,4 Philo Vit Mos 2,108 Tt 1,8 Apk 16,5 1Cl 14,1 2Cl 6,9 15,3).

ἄκακος Bauer, Grundmann ThW III 483: klassisch hellenistisch. Von jemandem, der jung und in der Seele offen ist Diod S 13,76,2. In LXX meist in Hi und Prv, nie von der Gottheit; Synonyma sind wahrhaftig, untadelig, fromm Hi 2,3; gerade LXX Ps 24,21; gütig Prv 2,21; tadelnd für Unbildung und Leichtgläubigkeit Prv 8,5 14,15; aber auch variierende Lesarten zu ὅσιος Prv 2,21. Kultischer Bezug klingt an bei den ganz ohne Schlechtigkeit beschaffenen und unverdrehten Seelen des Hohenpriesters und seiner genealogischen und ethischen Maßstäben unterworfenen Braut (Philo Spec Leg 1,105). Hb füllt ἄκακος sicher mit dem Höchstwert der verschiedenrangigen Synonyma; zu Jesu Sündlosigkeit siehe 4,15; also anders als R 16,19; sonst nicht im NT. Von Jesus in Apost Vät nur Dg 9,2; sonst von Menschen neben Schlichtheit Herm m 2,1, schlicht, glückselig Herm s 9,24,2; gütig 1Cl 14,4 = Prv 2,21; langmütig, barmherzig, ruhig, gut Did 3,8.

ἀμίαντος Bauer Hauck ThW IV 650; klassisch hellenistisch. Das καί vor ἔπρεπεν verleitet A zu einer Einfügung auch hier. ἀμίαντος von Gottwesen: dem Erlöser Od Sal 10,5b; von Apoll Plut E ap Delph 9 II 388F Betz Plutarch 1975 95; vom Namen Gottes Preis Zaub 4,289f; von den Körpern der Vestalinnen Plut Num 9,5 I 66B. Chr Cramer Cat 212 irrt also mit der Behauptung, ἀμίαντος würde niemand von Gott sagen. Priesterlich-kultische Bezüge besonders im hellenistischen Judentum: „unbefleckt" vom Tempel 2Makk 14,36 15,34 Jos Bell 6,99. Von des Hohenpriesters und der Nasiräer kultischen Reinheit Philo Spec Leg 1,113 249f; er kann unbefleckte und jungfräuliche Gedanken säen (Som 2,185); er ist, als Gewissen, unbefleckt, hat zur Braut eine unbefleckte Gesinnung (Fug 118 114). Im NT „unbefleckt" von der Erbschaft (1Pt 1,4) und, kultnah, vom Gottesdienst (Jk 1,27); im Hb vom Ehebett 13,4 (wie Epigr Graec 204,13f). Hier, 7,26, vom Hohenpriester Jesus; kultbezogen wie im hellenistischen Judentum. In Apost Vät nicht von Jesus; aber von Christen 1Cl 29,1 Herm m 2,7 s 5,6,7 5,7,1 und von der Taufe 2 Cl 6,9. „Unbefleckt" ist am häufigsten verbunden mit „rein": Plut Num E ap Delph, siehe oben; Test XII Jos 4,6 Philo Fug 114 Spec Leg 1,250; 2Makk Jk 1Pt siehe oben; Herm m 2,7 s 5,7,1, siehe oben. Nicht wie Hb Plut Is et Os 79 II 383B: die totale Reinheit und Unverletztheit kann körperliche und seelische Krankheiten nicht heilen. κεχωρισμένος Bauer 2c. In LXX betreffs der Trennung von außerjüdischen Kontakten 1Esr 7,13 9,9 Neh 9,2, aber nicht speziell für den Priester. Der Hohepriester wird 7 Tage vor dem Versöhnungstage von seinem Hause abgesondert, damit er kultisch rein bleibt (Str-B III 696). Er soll sich von allem Geschöpflichen fernhalten, damit die Verwandten seinen Dienst nicht stören (Philo Spec Leg 1,114). χωρίζειν im NT nicht Joh Kath Br Apk; sonst meist von lokaler Trennung, aber nie gegenüber Sündern. Im Hb nur hier, lokal, im Sinne des Verfassers, nicht nur quasi-lokal (zu Hay 102): Jesus ist im Himmel (so die meisten Kommentare, darunter Erasmus paraphrasis, Luther Scholien). Bengel: „nach Verlassen der Welt". So besser als „unterschieden von", was sprachlich auch möglich ist. ἀπὸ τῶν ἁμαρτωλῶν. τῶν fehlt in 206* und wird in 1245 durch πάντων ersetzt. Bauer 2 Rengstorf ThW I 320–337 Deißmann LO 91; Bl-Debr § 180 zu ἀπό, § 112 zu ἁμαρτωλός. Auch außerbiblisch-religiös in lykischen Grabinschriften der römischen Kaiserzeit: Sünder sollen im Urteil aller Götter diejenigen sein, von denen das Opfer unterlassen wird (Ditt Or 55,31f); ähnlich ARW 19,284, dort ohne Erwähnung eines Strafgeldes, das für Rengstorf 321 Argument gegen den religiösen Sinn ist. In LXX ohne χωρίζειν Trennung von Sündern LXX Ps 1,1 Sir 11,9 13,17 Sap 4,10;

freilich auch Erbarmen ihnen gegenüber Test XII B 4,2. Summarische Ablehnung von Sündern 1Tm 1,9 Jd 15. Hier Hb 7,26 explizit Jesu räumliche Trennung von den Sündern; sie widersprachen ihm auf Erden heftig 12,3. Der „Freund von Zöllnern und Sündern" Mt 11,19 Par Mk 2,16f scheint hier versunken, siehe auch 6,6 Exkurs. Die Apost Vät zitieren Mt 9,13 in 2Cl 2,4 Barn 5,9; dringen aber auch auf Trennung 1Cl 56,5 = LXX Ps 140,5 Barn 4,2. ὑψηλότερος, in L P ὑψηλώτερος, zu o–ω siehe 4,16. Bauer 1 Wettstein. ὑψηλὸς als Ausdruck für religiöse Erhabenheit breit belegt: für den Tempel (Philo Spec Leg 1,73), für Engel (Herm s 8,1,2), für Mose (Barn 12,2), für Jesus (Herm s 9,6,1). Besonders oft das Überragen des Himmels. Für die Gottheit „dem über die Himmel Erhabenen" (Corp Herm 13,17); das Seiende steht über dem Himmel (Philo Som 1,157); Apk Pt Nag Hammadi Cod VII 2 „oberhalb der Himmel", „über den Himmeln" 70,20 71,10. Jesus, beim Verlassen des Grabes; die Häupter seiner beiden Begleiter reichen bis zum Himmel, sein Haupt überragt die Himmel (Ev Pt X 40). Die Wiedergeborenen ascended all the heavens (Nag Hammadi Cod IX 1 Melchizedek 8–10). Die Seele Hibil Ziwas going to high places (Drower The Baptism of Hibil Ziwa S 57 Zeile 9–8 von unten). Aarons Tugend, die gedanklich den Himmel überragt Philo Ebr 128. Ähnlich beyond the ether and above the heaven (Philo Quaest in Gn 4,138); above the heavens (Quaest in Ex 2,40). Die Gnostiker umfassen das, was im Himmel ist und was etwa über dem Himmel ist (Corp Herm 4,5). Laß deinen Sinn sich erstrecken bis zum Himmel und noch über den Himmel hinaus (Ps Clem Recg II 61,4). Plotin jedoch geißelt die Parole „du aber bist stärker sogar als der Himmel" (Enn II 9,9). Ntlich ὑψηλὸς vom Himmel nur Hb 1,3; als Komparativ nur Hb 7,26. Die Vorstellung bleibt räumlich, siehe 1,3, aber kaum von einem Raum über den Himmeln, sondern vom Übersteigen der unteren Himmel, denn Jesus sitzt zur Rechten des Thrones Gottes in den Himmeln 8,1 (Hofius Vorhang 51 68f). τῶν οὐρανῶν, siehe 1,10 4,14. Die Ersetzung durch τῶν ἀνθρώπων in 206 verdirbt den Sinn. γενόμενος; diesen Platz bekommt Jesus bei der Auffahrt, zum Zeitpunkt siehe 1,3 Exkurs; also anders als das ἵστασθαι der Gottheit bei Philo Som 1,157, siehe oben. Zu Jesu γίνεσθαι siehe 5,9.

27. Er braucht nicht täglich, wie die Hohenpriester, zunächst für die eigenen Sünden Opfer darzubringen, sodann für die des Volkes; denn das hat er ein für allemal getan, indem er sich selbst darbrachte.

Aus Jesu hoher Würdestellung folgt ein dreifacher Gegensatz gegen die Hohenpriester: das täglich wiederholte und das für allezeit gültige Opfer; zuerst für die eigenen Sünden – daß das für Jesus nicht in Frage kommt, braucht nach V 26 und 4,15 nicht mehr eigens betont zu werden; die von der Person des Hohenpriesters unterschiedenen Opfer und der Hohepriester als das Selbstopfer in eigener Person. ἔχει, siehe 3,3;4,14. ἡμέρα, siehe 3,8. καθ' ἡμέραν wie hier vom täglichen Opfer noch 10,11 Sir 45,14; in 910 καθ' ἑκάστην ἡμέραν, wie in 3,13; mit ἑκάστῃ ἡμέρᾳ vom Opfer Philo Spec Leg 3,131 Siegfried 327f, Jos Ant 3,257. ἀνάγκη, notwendig für die Hohenpriester, weil das Gesetz sündenanfällige Menschen beauftragt. ὥσπερ, siehe 4,10; das von 623 1912 dahinter eingefügte καὶ ist sinnwidrig, anders als in Ag 3,17. οἱ ἀρχιερεῖς, siehe 2,17 Exkurs; ὁ ἀρχιερεὺς in D* Chr; οἱ ἱερεῖς in 323 945 pc. πρότερον, siehe 4,6; ἔπειτα siehe 7,2. πρότερον – ἔπειτα Literatur-Sprache Bl-Debr § 62; vgl Ps Clem Hom 7,6,3. ὑπέρ, in 1518 dafür sinnlos ὑπό; „zur Beseitigung von", siehe

5,1;2,9. τῶν ἁμαρτιῶν, siehe 1,3;3,13; in 479 623 dafür τῶν ἁμαρτημάτων. ἰδίων, siehe 4,10; vgl 5,3 ἑαυτοῦ. θυσίας, siehe 5,1; θυσίαν sekundär in D P 81 442 618 630 1867 1908 d e r vg^mss bo Chr Thret Ambr Aug; in p^46 vg^ms per Schreibfehler ausgelassen (Zuntz 19). ἀναφέρειν, die Breite der Bedeutungsspanne gut erkennbar bei Preisigke Wört I 110 f; Bauer Weiß ThW IX 62 f; siehe auch προσφέρειν 5,1, so 547 Bas statt ἀναφέρειν. Umstellung ἀναφέρειν θυσίας Chr, προσφέρειν θυσίας Bas. Kultisch auch außerbiblisch: heilige Jungfrauen sollen Ähren als Weihegaben ἀναφέρειν dem Bild der Göttin (Berenike) Ditt Or 56,68. Objekte in LXX differenziert nach Art des Opfers und nach Teilen der Opfertiere, öfter auch θυσίαν und θυσίας, oft mit „auf dem Opferaltar"; Sünden „sich aufladen" Js 53,12. In LXX nie „sich selber opfern". Bei Philo dies Verb vom Opfer (Leg All 1,50 Sacr AC 136 Som 1,195 und öfter); vom Selbstopfer als dem ekstatischen Bekenntnis zum Seienden: „wenn das Bewußtsein aus sich herausgeht und sich selber Gott zum Opfer darbringt" (Philo Leg All 1,82); vgl 2,17 Exkurs. Josephus mit Opfer als Objekt Ant 7,86 11,76; mit täglichen Opfern Ant 8,104. Im NT Paulus nicht; das Verb nicht mit Opferbezug in den Synoptikern, aber Jk 2,21 unübertragen, 1Pt 2,5 übertragen; 1Pt 2,24 Jesus – unsere Sünden. Im Hb vom Opfern der Hohenpriester und Jesu hier 7,27; in 9,28 als „wegnehmen" wie Js 53,12; übertragen paränetisch 13,15. In Apost Vät nicht als opfern: 1Cl 16,12 = Js 53,11; 1Cl 16,14 wie Hb 9,28; Pol 8,1 = 1Pt 2,24.

Für den Hohenpriester wird täglich das Morgen- und Abend-Speiseopfer-Tamid dargebracht (Lv 6,20–23 (13–16) Sir 45,14 Str-B III 696–700 714h); aber nur ausnahmsweise, an Festtagen, durch den Hohenpriester selber: „nicht immer" (Jos Bell 5,230). Dies tägliche Opfer für ihn ist eingebettet in das tägliche Brandopfer für das Volk, vor dessen Abschluß durch ein Trankopfer das Speiseopfer für den Hohenpriester seinen Platz hat (Joma 2,3); bei Philo Rer Div Her 174 Spec Leg 3,131 Jos Ant 3,257 werden die Einzelheiten nicht so deutlich. Diese Reihenfolge – für das Volk, für den Hohenpriester – widerspricht Hb 7,27. Sühnung ist auch beim Morgen- und Abend-Tamid für Volk und Hohenpriester mitgedacht, bleibt aber unerwähnt. Anders als am Versöhnungstag. An ihm ist die Funktion des Hohenpriesters unentbehrlich, Sündensühnung für ihn und die Gemeinde wird ausdrücklich erwähnt, und zwar in dieser zu Hb 7,27 passenden Reihenfolge (Lv 16,3.5.6.11.15–17). Freilich nennt Hb nun dies Ein Mal im Jahr stattfindende Joma-Opfer ein tägliches: καθ' ἡμέραν wird nur künstlich als „immer am Versöhnungstage" erklärt (gegen Str-B zur Stelle). Der Text sagt auch nicht: Jesus muß bei der Fürbitte im Himmel nicht täglich opfern, wie die Hohenpriester es jährlich Ein Mal müssen (gegen frühere Kommentare, zuletzt Strathmann). Hb weiß um das „jährlich" 9,7 10,1.3, korrigiert es aber wohl absichtlich hier in das „täglich" des Tamid, damit der Abstand gegen das ἐφάπαξ Jesu besonders in die Augen fällt. Die Verknüpfung von Tamid- und Joma-Opfer vertreten viele Kommentare, mit starkem oder schwachem Akzent auf der Eigenwilligkeit solcher Kombination. Hb hat also keine eigene reale Anschauung von den Kultvorgängen in Jerusalem (Windisch, Michel, Kuß, Schröger Schriftausleger 156 mit Recht). Diskussion zu weiteren Erklärungen bei Riggenbach Spicq Michel.

᾿τοῦ λαοῦ, siehe 2,17. τοῦτο, zurückbezogen, siehe 6,3; hier auf das Darbringen für das Volk, natürlich nicht für die eigenen Sünden, siehe oben. γὰρ begründet, warum nicht täglich; δὲ in Ψ ist sinnwidrig. ἐποίησεν, siehe 6,3. ἐφάπαξ; p^46 ἅπαξ. Bauer Stählin ThW I 382 f: klassisch; hellenistisch in Papyri; vgl ἅπαξ 6,4. LXX Test XII Philo Josephus Apost Vät nicht. Im NT als „ein für allemal" nur R 6,10 Hb 7,27 9,12 10,10; in 1K 15,6 als „auf Einmal". In Hb 7,27 und 9,12 von Jesus Opfer und Inthronisierung, in 10,10 von der

Heilswirkung dieses Opfers. Immer hinter dem Verb, dies per Achtergewicht hervorhebend; vgl das alles Weitere abschneidende am Ende des Textes stehende πρὸς ἅπαξ P Oxy 1138,13. Für Hb also zentral, für ihn korrespondieren Unwiederholbarkeit von Jesu Opfer und von Christenbuße (Gräßer Glaube 195); von der Einmaligkeit des Opfers her ist diese Korrespondenz nicht zwingend, siehe 6,6 Exkurs. Der bleibende Heilswert des Blutes Jesu ist durch ἐφάπαξ ja nicht aufgehoben, siehe 2,17. ἑαυτὸν ἀνενέγκας, zum ersten Aorist siehe 5,7 und Bl-Debr § 81,2. προσενέγκας in ℵ A I 33 81 255 256 365 436 442 1837 2004 2127 sy^h mg wird aus 5,7 stammen, gegen Tischendorf NT; ἀνενέγκας in p⁴⁶ B C D K L P Ψ 1834 den meisten sy^h co Chr Thret Dam ist primär, siehe vSoden NT S 1975. Von Jesus ἑαυτὸν ἀναφέρειν im NT nur hier; hier im NT zum erstenmal Jesu einmaliges Selbstopfer; vgl ἑαυτὸν προσφέρειν Hb 9,14.25; διδόναι Gl 1,4 Tt 2,14; παραδιδόναι Eph 5,2.25. „Er wurde Priester und Opfertier" Thret Cramer Cat 574.

28. Denn das Gesetz bestellt als Hohepriester Menschen, die Schwachheit an sich haben, das Wort der eidlichen Versicherung jedoch, die zeitlich nach dem Gesetz erfolgte, einen Sohn, der in Ewigkeit vollendet ist.

Alles Vorhergehende wird abschließend auf den Generalnenner gebracht: auf der Ebene des Kultgesetzes wirken als Hohepriester sündenanfällige sterbliche Menschen; auf der des späteren, heute gültigen Eidwortes ein Sohn, der für immer vollendet ist.

ὁ νόμος, im Hb speziell das Kultgesetz, siehe 7,5. ἀνθρώπους, zur Artikellosigkeit siehe 6,16; zur Abhebung gegen Jesus siehe 5,1. Die Stellung von 1 ἀνθρώπους 2 καθίστησιν 3 (ἀρχ)ιερεῖς schwankt: 2 1 3 sa bo fajjum; 2 3 1 d e D D²; καθίστησιν, siehe 5,1; Praesens des überzeitlichen Instituts. ἀρχιερεῖς, siehe 2,17 Exkurs; in D* I^vid d e r vg sy^p sa ἱερεῖς. ἔχοντας, siehe 3,3;4,14. ἀσθένειαν, siehe 4,15, ὁ λόγος, siehe 4,2; zitiert in 7,21. δὲ markiert den für Hb zentralen Gegensatz; hier ohne vorhergehendes μέν, das im Hb aber seltener fehlt als sonst im NT, siehe 7,18. ὁρκωμοσίας, siehe 7,20; dort auch zur Schreibung. τῆς, also nicht betreffs λόγος; vg aber: sermo–qui. μετὰ τὸν νόμον: μετὰ kann auch den höheren Wert bezeichnen; hier aber ausschließlich temporal gemeint (gegen Erasmus paraphrasis). Die eidliche Versicherung ist als das Jüngere also gerade überlegen, ähnlich 4,7,8; gegen Gl 3,17. υἱόν, aus LXX Ps 2,7 (siehe 1,2 Exkurs; statt dessen ἰησοῦν in 1909: beruht auf Verwechslung der Abkürzungen υν–ιν. εἰς τὸν αἰῶνα aus LXX Ps 109,4; siehe 5,6. Diese Herkunft zwingt nicht, εἰς τὸν αἰῶνα mit dem weiter regierenden καθίστησιν zu verbinden und es prädikativ zu verstehen (gegen Bengel Héring); die Wortfolge spricht dagegen. Die Ausschnitte aus beiden Psalm-Zitaten sind hier kombiniert wie 5,5f die vollen Zitate. Auch in Test XII L 4,2 ist der Sohn der Helfer und Kultdiener der Gottheit (Windisch); bei Philo noch expliziter, siehe 2,17 Exkurs. 1245 stellt um: τετελειωμένον εἰς τὸν αἰῶνα. τετελειωμένον, siehe 2,10 5,9. In 5,9 der zurückliegende Zeitpunkt der Auffahrt, Aorist; hier der endgültige Zustand, durch den Jesu Werden beendet ist.

8,1–10,18. Der himmlische Charakter von Jesu Kultdienst

Literatur: RGyllenberg Die Komposition des Hebräerbriefs, Svensk Exegetisk Årsbok XXII–XXIII, 1957/58, 137–147.

8,1–13 Jesus als Hoherpriester ist alttestamentlichem Priestertum überlegen und bringt, als Mittler einer höheren Setzung, jenes zum Verschwinden.

1. Worauf es aber ankommt bei dem, was dargelegt wird: wir haben einen solchen Hohenpriester, der sich zur Rechten des Thrones der Majestät in den Himmeln gesetzt hat,

Literatur: OHofius Der Vorhang vor Gottes Thron, 1972.

κεφάλαιον: Wettstein Bauer Preisigke Wört I 789 Spicq I 42 Williamson Philo and the Epistle 123–129. In LXX als Kapitalsumme, wie Ag 22,28, und als Gesamtzahl. Von der Hauptsache, dem Hauptpunkt innerhalb eines Textes: vom Lied (Philo Leg All 2,102); von Worten (Menand Koerte 1959 II 740(531)1, Philo Som 1,235, Jos Ap 1,219); von Gesetzen als Hauptgeboten (Philo Deus Imm 53 Congr 120); von der Philosophie (Plat Phaed 44 I 95B Philo Rer Div Her 214 betreffs Heraklit); von Briefen (Thuc 4,50,2 Jos Ant 16,290 17,93). κεφάλαιον verbunden mit Formen von λέγειν wie hier im Hb in Demosth Or 13,36 Isocr 4,149 Philo Mut Nom 106 oder von „lesen" Jos Ant 17,182. Als Hauptsache gelten juristische Tatbestände (P Oxy 67,18), das Menschsein (Menander siehe oben), die göttliche Herkunft des Eros (Plut Amat 16 II 759d), ein früher Tod (Plut Cons ad Apoll 27 II 115E) oder die Möglichkeit des Freitodes (Epict Diss 1.24.20). Die Hauptsache bringt den Betroffenen Nutzen (Herm v 5,5). Formal ähnlich wie Hb Galen De symptomatum causis 2,6 Kühn Band VII S 196, nur mit κεφαλή statt κεφάλαιον: „da wir nun an diesen Punkt der Ausführung gelangt sind, setzen wir ihr endlich die Hauptsache hinzu!" κεφάλαιον, im Hb nur hier, ohne ἐστιν siehe 6,8, setzt, die Darlegung unterbrechend δέ, die Priorität; das Wichtigste wird genannt κεφάλαιον Chr Cramer Cat 214: dieser Hohepriester ist für uns tätig im wirklichen, im himmlischen Heiligtum. ἐπὶ τοῖς λεγομένοις, von der laufenden Darlegung, Praesens, des Verfassers. ἐν in A 1912 b? statt ἐπὶ beläßt den Sinn. τοιοῦτον, siehe 7,26; wird expliziert im folgenden Relativsatz. ἔχομεν siehe 4,14: das *pro nobis* der hohenpriesterlichen Tätigkeit: Kultdiener für die Menschheit (Cramer Cat 576). ἀρχιερέα, siehe 2,17 Exkurs; *sacerdotem* in d r; *pontificem* in vg. ἐκάθισεν, siehe 1,3; Zitat wie 1,3 Rückgriff auf den Anfang des Hb (Vanhoye Structure 141); also nicht Tradition, sondern gezielt vom Verfasser selber (Zimmermann Bekenntnis 112). ἐν δεξιᾷ auch Zitat, siehe 1,3. τοῦ θρόνου, siehe 1,8 4,16. τῆς μεγαλωσύνης, siehe 1,3; mit o statt ω in D F G 36 38 69 88 181 256 307 326 378 431 453 610 642 915 999 1319 1610 1829 1836 1874 1898 1912 2004 2127 Eus, siehe vSoden NT S 1366. Vgl 4,16. ἐν τοῖς οὐρανοῖς, siehe 1,10 1,3; hier die Himmelswelt insgesamt, anders als die unteren Himmel 7,26 (Hofius Vorhang 51 59). ἐν τοῖς οὐρανίοις 69 365. Wie 1,3 ἐν τοῖς ὑψηλοῖς 33 vg^{mss} excelsis harl* fajjum Eus Cyr Al; εἰς τὸν οὐρανὸν 1908.

2. ein Diener am Heiligtum und am wirklichen Zelt, das der Herr errichtet hat, nicht ein Mensch.

Literatur: OHofius siehe V 1; GWMac Rae Heavenly Temple and Eschatology in the Letter to the Hebrews, in: Semeia 12 Part I, 1978, 179–199; LSabourin Liturge du Sanctuaire et de la Tente Véritable, NTSt 18, 1971, 87–90.

Dieser Hohepriester vollzieht Kultdienst am himmlischen Heiligtum, das Gott errichtet hat; nicht an einem irdischen, von Menschen erbauten Tempel. Es sind „Schlüsselverse" (Sabourin 87). τῶν ἁγίων nicht maskulinisch von Menschen beziehungsweise Christen (gegen Cyr Al Cramer Cat 575 f Thret MPG 82,736A Ps Oec MPG 119,361A Prim MPL 68,733B Photius Staab 647); auch nicht von heiligen Gütern (gegen Erasmus adnotationes 1004 Luther WA Deutsche Bibel 7,2 S 360f), sondern analog dem Zelt, vom Heiligtum (so schon Thomas). τὰ ἅγια Bauer 2aβ b Bl-Debr § 141,8 Procksch ThW I 87–97; siehe auch 3,1 2,4. Für Tempel schon hellenistisch-außerbiblisch: adjektivisch singularisch IG XII 1,694,14; pluralisch Isocr Areop 29 p 145c; substantivisch singularisch Wilcken Ptol I 119,12 Ditt Or 56,59; pluralisch Plut Quaest Rom 111 II 290B; vgl Preisigke Wört III 369. Im jüdischen Hellenismus fächert die Anwendung auf das Heiligtum stark auseinander. τὸ ἅγιον das Heiligtum als ganzes Nu 3,38 und öfter Philo Leg All 3,125 Jos Bell 4,159; das Heilige vor dem Allerheiligsten Ex 26,33; das Allerheiligste Lv 16,2.17 Jos Bell 1,152 und öfter. τὰ ἅγια das Heiligtum als ganzes Lv 10,4 Nu 3,28 und öfter, Test XII L 9,11 Philo Poster C 173 und öfter, Jos Bell 2,539; das Heilige vor dem Allerheiligsten Philo Mut Nom 192 Rer Div Her 226. Das Allerheiligste heißt auch τὸ ἅγιον τῶν ἁγίων Ex 26,33 und öfter in LXX; τοῦ ἁγίου τὸ ἅγιον Jos Ant 3,125; τὰ ἅγια τῶν ἁγίων 3 βαο 8,6 Philo Leg All 2,56; τὰ ἐσωτάτω τῶν ἁγίων Philo Som 1,216. τὸ ἅγιον und τὰ ἅγια verbunden mit Kultdienst leisten Es 28,31(35) 29,30; mit Kultdienst Philo Fug 93, mit Kultdiener Philo Leg All 3,135. Im NT τὸ ἅγιον τὰ ἅγια als Heiligtum nur im Hb: als irdisches 9,1–3.25 13,11; platonisierend als himmlisches, dem irdischen überlegenes Heiligtum 8,2 9,8.12.24 10,19; zu letzterem siehe 2,17 Exkurs. Die spezifische Bedeutung kann, angesichts dieses jüdisch-hellenistischen Sprachgebrauchs, nur je dem Kontext entnommen werden: das Heiligtum insgesamt τὸ ἅγιον 9,1; das Heilige vor dem Allerheiligsten ἅγια 9,2; das Allerheiligste τὰ ἅγια 9,8.12.24.25 10,19 13,11 und ἅγια ἁγίων 9,3, siehe Bauer zur Wortbildung. Hier in 8,2 kann das Heiligtum insgesamt, also wie σκηνή, oder das Allerheiligste gemeint sein; der Ton liegt hier nicht auf der Unterscheidung zwischen beiden (zu Schierse 56 Hofius Vorhang 59f), sondern auf dem Gegensatz zum irdischen Heiligtum. Hb denkt an ein im Himmel lokalisiertes Bauwerk (gegen Riggenbach); die disparate Terminologie 9,24, siehe dort, spricht nicht dagegen; siehe 1,3. τὰ ἅγια τῶν ἁγίων von Jesus Ign Phld 9,1.

λειτουργός, Bauer Strathmann ThW IV 236–238. Außerbiblisch von Menschen als Kultdienern von Göttern (Dion Hal Rom II 73,2) und von Dämonen als Orakelspendern (Plut Def Or 13 II 417A Betz Plutarch 1975 153). Jüdisch-hellenistisch gleichrangig mit Leviten (2Esr 7,24 Sir 7,30 (vgl Dt 12,19) ep Ar 95). Untergeteilt in Priester und Tempelwärter (Philo Vit Mos 2,276). Als Priester und priesternah (Js 61,6 Test XII L 2,10 4,2 Philo Poster C 184 Som 2,231 Vit Mos 2,149 Spec Leg 1,152.249: von der Dienstausübung des Priesters). Der λειτουργός ist am Heiligtum tätig (Leg All 3,135), er opfert (Vit Mos 2,94 Spec Leg 4,191). Für Hb und sonst siehe 1,7. Im NT von Jesus nur hier 8,2; im Sinn des am Versöhnungstage (Lv 16) fungierenden Hohenpriesters, daher ἀρχιερεύς V 3; nicht bloß von Fürbitte 7,25 (Zimmermann Bekenntnis 111, gegen Chr Cramer Cat 580). Dazu und zur Spannung zwischen „er setzte sich" und seinem Kultdienst siehe 2,17 Exkurs: schon Chr nimmt diese Spannung wahr (Cramer Cat 577); die meisten Kommentare lösen sie mittels christologischer Begrifflichkeit unter Verzicht auf Anschaulichkeit. Das hinter λειτουργός in p[46] eingeschobene γάρ ignoriert diese Spannung. τῆς σκηνῆς, Bauer Michaelis ThW VII 376–378 Str-B III 704 f. Ein heiliges Zelt auch bei den Karthagern Diod S 20,65. In LXX Ex Lv Nu sehr oft als das Wüstenheiligtum. Mose bekommt auf dem Berg das Modell gezeigt Ex 25,8(9), das aber keinen Eigenwert besitzt; das Wesentliche ist die irdische Ausführung. Sehr oft „das Zelt des Zeugnisses", zum Beispiel Ex 27,21; öfter verbunden mit λειτουργία, zum Beispiel Nu 4,28, und mit λειτουργεῖν, zum Beispiel Nu 4,30; nie mit λατρεύειν und πρώτη. Auch Philo bringt die Belehrung der Gottheit an Mose über das Zelt (Vit Mos 2,74.141). Aber nun hat das Modell den höheren Eigenwert: das Zelt des Mose ist nur Nachahmung und Abbild jenes göttlichen Zeltes, letzteres besitzt wirkliche Existenz, das erstere nur den Namen (Det Pot Ins 160). Dagegen ist das von Mose erstellte Urbild wiederum dem von Bezaleel gefertigten gegenständlichen Zelt überlegen (Leg All 3,102). Das wirkliche Zelt ist unzerstörbar (Congr 89) und gehört in den Bereich der unsichtbaren und geistigen Dinge, das gegenständliche dagegen nur zu den Abbildern (Ebr 132). Das wirkliche Zelt symbolisiert das Unkörperliche, die Seele (Leg All 2,54 f 3,95 Det Pot Ins 59) und die Weisheit (Leg All 3,46). Philo wie Hb vertreten die Überlegenheit des göttlichen Zeltes; das führt bei Philo aber nicht, wie im Hb, zur religiösen Negierung des gegenständlichen Zeltes (Migr Abr 89–93); zudem lokalisiert Philo das wahre Zelt im geistigen Bereich, Hb im Himmel. Im NT ist σκηνή, nie bei Paulus, das gegenständliche Wohnzelt Mk 9,5 Par, das Moloch-Zelt Ag 7,43, die Davids-Wohnung Ag 15,16, Gottes Wohnung Apk 13,6 21,3, die ewigen Zelte der Frommen Lk 16,9; die Stiftshütte der Wüstenzeit Ag 7,44 und die im Himmel Apk 15,5. In Hb 11,9 von Abrahams Wohnzelten. Sonst die Stiftshütte; nie in Verbindung mit τοῦ μαρτυρίου. Die irdische: als ganze 8,5 9,21 13,10; davon das Heilge, der Hekal als σκηνὴ ἡ πρώτη, πρώτη nicht temporal wie Jos Ap 2,12, sondern lokal 9,2.6.8 Bauer πρῶτος 1d; das Allerheiligste, der Debir, 9,3. Das himmlische Zelt: in 8,2 das gesamte Zelt als das wirkliche, wahre; in 9,11 das Heilige als größer und vollkommener in Vergleich zum irdischen, der Durchgang zum himmlischen Allerheiligsten, zu τὰ ἅγια 9,12. Für die Aporie siehe 9,8 9,11. In 1Cl 43,2.3.5 die Stiftshütte im Zusammenhang mit Nu 17. τῆς ἀληθινῆς; ει statt ι in p[46], siehe 4,11. Bauer Bultmann ThW I 249–251. Als „wahr", „wahrhaftig" breit belegbar. In LXX von der wahren Gottheit, von Menschen und Sachen, zum Beispiel bei „Herz" Js 38,3 Test XII D 5,3. Vom Mann neben „gut" Test XII D 1,4. Als „echt", „wirklich" innerweltlich, zum Beispiel Plat Leg 1,12 II 643C von realen Gegenständen im Unterschied zu Lernmodellen; Philo Praem Poen 41 von dem sichtbaren Kosmos. Anders dagegen „echt", „wirklich" in dualistischem Gegensatz zu welthaft-sinnenfälliger Realität. Plotin Enn 6.9.4 vom Licht bei der Schau, Epict Diss 4,1,154 von den Göttern als den richtigen Vorfahren des Diogenes, Philo vom Leben im Gegensatz zur Schlechtigkeit und zum Tod der Seele Leg All 1,32.35 3,52, von den Gütern im Gegensatz zum Leib Virt 78, vom Reichtum im Himmel Praem Poen 104, vgl Fug 17. So nicht in LXX und Josephus. Im NT ἀληθινός dualistisch besonders bei Joh, vom Licht 1,9 1J 2,8, vom Brot Joh 6,32,

Weinstock Joh 15,1; auch Lk 16,11. So im Hb, aber nun vom wirklichen, dem himmlischen Heiligtum, mit σκηνὴ und ἅγια 8,2 9,24. Dieser Dualismus wird in 8,5 per Gegensatz erklärt. Diesen Dualismus versteht Mac Rae als Anreicherung, die der alexandrinische Verfasser seinen mehr apokalyptisch denkenden Hörern zuwenden will; aber letztere sind (gegen Mac Rae 196) nicht Judenchristen, siehe zum Beispiel 6,1 Glaube an Gott als Missionspredigt. ἀληθινὸς im Hb 10,22 undualistisch als „wahrhaftig" vom Herzen. Später dualistisch Ign vom Leben Eph 7,2 und bei leben Eph 11,1 Tr 9,2 Sm 4,1; Act Thom 124 S 234,1 f von Jesus, dem Bräutigam; Nag Hamm Cod II 3 Ev Phil log 72 von dem Fleisch im Gegensatz zum menschlichen Fleisch. Ψ 623 1898 1912 gleichen ἦν an σκηνῆς an mittels ἧς; zur Nicht-Attraktion siehe Bl-Debr § 294,1. ἔπηξεν: Bauer 2. Oft, auch in LXX, mit dem Objekt „Wohnzelt"; Gott Subjekt bei Jakobs Zelten Nu 24,6; aber nicht bei der Stiftshütte. Dies Verb, mit dem Objekt „Stiftshütte", hat als Subjekte Mose Ex 33,7 Philo Leg All 2,54 Gig 54 Ebr 100; Beseleel Ex 38,26(8); die Israeliten Jos 18,1; David 2 βασ 6,17 1Chr 16,1. Von den Zelten der Israeliten an Festen Philo Vit Mos 2,42 Jos Ant 3,247. Im NT dies Verb nur hier 8,2; aber anders formuliert ist Gott Erbauer der Himmelsstadt 11,10. ὁ κύριος; ὁ fehlt in p[46]. Hier „Gott", siehe 1,10. οὐκ ἄνθρωπος; p[46] verschreibt in ἀνθρώποις. Das Asyndeton wird alte LA sein, in p[46] ℵ B D★ 33 1739 2004 d e Eus Ch[1:1]; καὶ setzen davor ℵ[2] A D[2] K L P Ψ 1834 die meisten f vg bo fajjum sy[p] [h] arm aeth Eus Chr Cyr Al Thret Chron Dam; siehe Zuntz 208. Zum Asyndeton siehe Bl-Debr § 460,1. Zur Entgegensetzung „Gott–Mensch" siehe 5,1; vgl den nicht mit Händen gemachten Tempel Mk 14,58 Ag 7,48 und die Verneinung von „mit Händen gemacht" Hb 9,11.24; vgl Philo oben zu „Zelt". Daß die Gottheit den Auftrag zur Herstellung von Zelt und Tempel gegeben hat Ex 25,40 2βασ 7,13, wird dualistisch interpretiert V 5 beziehungsweise verschwiegen.

3. Jeder Hohepriester nämlich wird eingesetzt, um Gaben und Opfer darzubringen; daher ist es notwendig, daß auch dieser etwas hat, was er darbringen kann.

Literatur: GSchille Erwägungen zur Hohenpriesterlehre des Hbbriefes, ZNW 46, 1955, 81–109.

V 3–6 begründen, warum Jesu hoherpriesterlicher Dienst im Himmel stattfinden muß. Zunächst: als Priester fungieren heißt: etwas opfern. πᾶς γὰρ ἀρχιερεύς, wörtlich wie 5,1, siehe dort und 2,17 Exkurs. πᾶς, vom atlichen Hohenpriester, vgl „nach dem Gesetz" V 4. Aber in der Tat scheint damit jeder irdische Opferkult kritisiert zu sein, ob jedoch in der Absicht des Verfassers selber? (zu Theißen 69). εἰς τό, siehe 2,17. προσφέρειν, siehe 5,1; 69 läßt versehentlich das σ aus. δῶρα, siehe 5,1. τε καὶ siehe 4,12, P verschreibt τε in γε; d e f vg sy[p] [h] bo fajjum lassen τε aus; zu τε – καὶ siehe 4,12. θυσίας, siehe 5,1. καθίσταται, siehe 5,1. ὅθεν, siehe 2,17: aus der Regel – jeder Priester ist zum Opfern eingesetzt – folgt: auch Jesus muß etwas darzubringen haben. ἀναγκαῖον: Bauer 1, vgl das Substantiv 7,12. Zum Fortfall des Hilfsverbs siehe 6,8. Die Kommentare wählen zwischen ἦν und ἐστὶν als Ergänzung; zu Unrecht alternativ: denn ἦν würde das ἅπαξ des Kreuzes, ἐστὶν den andauernden Heilswert des Blutes ausdrücken, siehe 2,17; vgl Athan Cramer Cat 579 „sei es im Tode, sei es im Leben". Wo in LXX ἀναγκαῖος „notwendig" heißt, kann ein abhängiger Infinitiv folgen Sir Prolog 18 2Makk 9,21; aber nie von kultischer Notwendigkeit. Im NT sonst kann dies Adjektiv als „notwendig" einen Infinitiv regieren Ag 13,46 Phil 1,24 2,25, das Hilfszeitwort kann fehlen Ag 13,46 D Phil 1,24; aber der Inhalt: Notwendigkeiten der Verkündigung und des Gemeindelebens, nie jedoch priesterlicher Bezug oder Zusammenhang mit Jesus.

Unkultisch auch 1Cl 37,5; Ign Tr 2,2 freilich vom Bischof. Von der Erstellung des atlichen Heiligtums Philo Vit Mos 2,72, von der Fürsorge für den Artmis- und Apollo-Tempel Ditt Syll⁴ 742,25 ff 1157,74 ff. Von Notwendigkeiten atlichen Opferkultes Philo Vit Mos 2,146 f Jos Ant 3,235 Bell 5,562. Ohne Copula Jos Ant 3,235. In Vit Mos 2,147 und Ant 3,235 auch von kultischer Unerläßlichkeit. So im Hb, nur hier, 8,3. ἔχειν, siehe 3,3 4,14; vg stellt um: *ei hunc habere aliquid*. καί fehlt, sinnwidrig, in ℵ* 206 d e. τοῦτον, Jesus, siehe 3,3; hier zurückbezogen, siehe 6,3. Die LA τοιοῦτον in 206 440 623 wie V. 1. π–ö ein Opfer: ἑαυτὸν 7,27 9,14.25. τις im Zusammenhang mit „Hoherpriester" siehe 5,4. προσενέγκῃ, siehe oben bei προσφέρειν; προσενέγκει K L P und viele, siehe 4,14; προσενέγκοι in 452. Aorist: Ein Mal, am Kreuz, dagegen „oftmals darbringen" 9,25 (Spicq). Daß Jesus etwas zu opfern hat, weiß der Hörer aus 7,27; in 9,14. 25 f wird das weiter bedacht. Hier geht es dem Verfasser um den gemeinten, aber nicht explizit formulierten Ort des Opfers: im Himmel. Der schweigende Übergang vom Objekt zum Ort des Opferns in V 4 befremdet, zeigt aber an, gerade das ist dem Verfasser wichtig. Daß bis V 3 der Verfasser formuliert und daß mit V 4 eine übernommene Tradition einsetzt, scheint mir nicht sicher (zu Schille Erwägungen 91 Zimmermann Bekenntnis 111).

4. Wäre er nun auf Erden, so wäre er nicht einmal Priester, denn da existieren solche, die gemäß dem Gesetz die Gaben darbringen.

Literatur: KWClark Worship in the Jerusalem Temple, NTSt 6, 1960, 275 f; JTrinidad De sacrificio Christi, Verbum Domini 19, 1939, 207–212.

Die atlichen Priester lassen infolge ihres Opferkultes für einen Opferdienst Jesu auf Erden keinen Raum. Aber warum kann Jesus denn nicht zusätzlich zu den amtierenden Leviten auch selber irdische Opfer darbringen? Hb argumentiert hier nicht wie 7,13f: Jesus stammt nicht von Levi ab. Er betont vielmehr V 4–7: Jesus leistet nicht Priesterdienst in einem Heiligtum, das nur Kopie ist: er zeigt den Unterschied des Priestertums auf (Chr Cramer Cat 581); nicht kann das Bildhafte und die mit dem Bildhaften gemeinte Sache zusammen bestehen (Luther Glosse). Sein Kreuz ist nicht „auf Erden", weil es mit der Auffahrt zusammengehört, siehe 1,3, wobei er sein Blut ins himmlische Heiligtum bringt 9,12.26, siehe 2,17 (Thomas Trinidad 208 Schierse 54).

εἰ μὲν οὖν siehe 7,11. οὖν, in p⁴⁶ ℵ A B D* ² P 33 81 255 256 263 436 442 1739 1834 1837 1881 2004 2127 2464 d e f vg co ist echt (Zuntz 203 gegen vSoden NT 1981); sekundär an V 3 angeglichen ist γάρ in D¹ K L Ψ 104 326 den meisten syʰ arm Chr Thret Dam. Zur Argumentation vgl 8,7. ἦν in 1; in 81 255 versehentlich ausgelassen. ἐπὶ γῆς, siehe 1,10. Im Gegensatz zu den himmlischen Kultdingen V 5, während bei Philo Praem Poen 104 Himmel und Erde sich nicht ausschließen. Vor γῆς fügen 38 251 421 920 1518 1944 Thret sekundär τῆς ein. οὐδὲ hier „nicht einmal"; sonst im Hb „auch nicht" 9,12.18.25 10,8 13,15, siehe Bauer 2 3. Zu οὐκ abgeschwächt in 33. ἱερεύς, siehe 2,17 Exkurs. 69 88 104 462 zerstören die mit οὐδὲ eingebrachte Akzentuierung durch ἀρχιερεύς.

ὄντων, „vorhanden sein" Bauer 1. Kein Beweis für jüdischen Tempeldienst nach 70 post, siehe 5,1 (gegen Clark 275). Alte LA ist τῶν προσφερόντων in p⁴⁶ ℵ A B D* P 6 33 81 255 256 263 365 424¹ 442 629 1739 1834 1881 2127 2464 d e f vg co arm aeth; davor fügen D¹ K L 104 326 die meisten syᵖ ʰ aeth Chr Thret Dam τῶν ἱερῶν, Ψ τῶν ἱερέων ἑτέρων, 462 Chr Dam ἱερέων τῶν προσφερόντων ein und verschieben den Ton von der Darbringung auf die Darbringenden. Ob Hb selber nicht nur an jüdisches Opfern denkt, ist wegen κατὰ νόμον und V 5 fraglich (zu Theißen 32). Zu προσφέρειν siehe 5,1. νόμον in p⁴⁶ ℵ* A B 33 38 218 436 1319 1611 1881 2005 2495 Thret scheint echt (aber vSoden NT S 1975); τὸν νόμον, wie 7,5 9,22, in ℵ² D K L P Ψ 1834 den meisten Chr Dam sekundär. L sy^p bo aeth stellen κατὰ (τὸν) νόμον hinter τὰ δῶρα; 1108 1245 1518 1611 1852 2005 2138 fügen es zwischen τῶν und προσφερόντων ein; beide Umstellungen akzentuieren die gesetzliche Begründung der Darbringung zu betont (Riggenbach). Zu νόμος siehe 7,5. τὰ δῶρα, die im Gesetz vorgeschriebenen, siehe 5,1.

5. Sie allerdings verrichten an einem Abbild und Schatten der himmlischen Dinge Priesterdienst, wie denn Mose, als er das Zelt herstellen wollte, die göttliche Weisung empfing: ‚gib acht‘, heißt es nämlich, ‚daß du alles nach dem Urbild machst, das dir auf dem Berge gezeigt wurde!‘

Literatur: AvBlumenthal τύπος und παράδειγμα, Hermes 63, 1928, 391–414; RBultmann Ursprung und Sinn der Typologie, Exegetica 1967, 369–380; AFeuillet La citation d'Habacuc II 4, NTSt 6, 1959, 52–80; LGoppelt Typos, 1939; EKLee Words denoting „Pattern", NTSt 8, 1962, 166–173; ELohse Umwelt des Neuen Testaments, 1971; RAStewart Creation and Matter, NTSt 12, 1966, 284–293.

V 5 ist eine Art Einschub, dem μὲν V 4 korrespondiert δὲ V 6. Die Jesus den Raum streitig machenden Priester amtieren freilich nur an einer Kopie von Heiligtum; die Schrift selber sagt das ja; die Vorstellung ist Plato nahe, dem Hb vermittelt über Philo. Eus Praep Ev 12,19 verweist für Hb 8,5 auf Plat Resp 13 II 500D–501C. Für Orig siehe Greer 8–18. Platonisches Denken vermerken Moffatt Bruce Strathmann Barclay Stewart Creation 288 Lohse Umwelt 186. Zimmermanns (Bekenntnis 111) Zuweisung von V 5 an den Verfasser statt an die ihm vorliegende Tradition erkennt jedenfalls das Zentrale des Gedankens.

οἵτινες, Formen von ὅστις noch 2,3 8,6 9,2.9 10,8.11.35 12,5 13,7 Bauer 2b, unterstreicht etwas Charakteristisches, siehe 2,3. ὑποδείγματι; δείγματι in K wertet auf. Bauer Behm ThW I 32f, siehe 4,11. Überwiegend als positiv gewertetes Vorbild belegbar, auch in LXX. Aber auch als Abbild: LXX Ez 42,15. „Gott bildete die Welt als Abbild seiner selbst" (Plut Plac Phil 1,7 II 881A). Bei Philo als positives Vorbild; aber auch: das Opferfest als Abbild für die Kraft der Seele (Poster C 122); vgl auch die Ersetzung von ὁμοίωμα und ὁμοίωσις durch ὑπόδειγμα in variierenden LAA von Dt 4,17 Ez 8,10. So, gemindert, weil parallel zu „Schatten" (siehe Lee Words 168), hier in 8,5 und 9,23; der Dativ von λατρεύουσιν abhängig, nicht im Sinne von ἐν ὑποδείγματι (gegen Calvin). σκιᾷ, siehe Bauer 2 Schulz ThW VII 396–401. Übertragen in LXX für Tod und Vergänglichkeit; als verkleinerte Nachahmung von Tapferkeit (Plut Pyrrh 8,1 I 387D). Innerweltlich als Spiegelbild im Gegensatz zur Realität des sich spiegelnden Gegenstandes (Achill Tat 1,15,6; vgl Plut Pomp 31,6 I 635E). Dualistisch: das Menschliche als minderes Abbild der göttlichen Weltdurchwaltung (Synesius Ep 44 p 182D Epistolographi 657). σκιογραφίαι und σκιάζεσθαι als Täuschungen durch die vergängliche Sinnenwelt (Corp Herm 6,4 und Corp Herm Stob Exc 1,1). Schönheit von Körpern gehört zu Bildern, Spuren, Schatten (σκιαί), ist nicht ein Wirkliches (Plot Enn 1,6,8). Besonders Philo: zusammen gehören Schatten, Abbild (also anders als Hb 10,1), Wiedergabe, Nachahmung; dagegen stehen Gott, Modell, urbildliche Naturen, Realitäten (wie Hb 10,1), Körper, geistige Dinge und „in deutlicher Weise" (Leg All 3,96.103 Plant 27 Som 1,206 Migr Abr 12 Leg Gaj 320). „Der Äon der Wahrheit aber hat keinen Schatten in seinem Innern" (Koptisch-gnostische

Schrift ohne Titel Nag Hammadi Cod II 5 147,23–25). So im NT noch Kol 2,17; im Corp Paul sonst nicht. Hb „Schatten (8,5) der himmlischen Dinge", also entgegen dem Urbild; 10,1 der künftigen Güter, entgegen der Wirklichkeit der Dinge. Philos σκιά steht nicht gegen die himmlischen Dinge, siehe 8,2, und ist nicht an eschatologischer Zukunft interessiert. λατρεύουσιν, Bauer Strathmann ThW IV 58–66: von der kultischen Verehrung überhaupt; λειτουργεῖν dagegen speziell vom priesterlichen Opferdienst. λατρεύειν außerbiblisch seltener: von der Pythia und den Kultdienern des Apollo (Plut Pyth Or 22 26 II 405C 407D). LXX sehr oft in Dt und Jos, meist mit Dativ von Gott, Herr und Götter. Philo nur 2mal. Im NT öfter; nicht in johanneischer Literatur und Kath Br. In Hb 8,5 und 13,10 vom priesterlichen Dienst an der Stiftshütte; absolut 9,9 10,2. In 8,5 das Priesterliche unterstrichen durch die LA λειτουργοῦσιν in 1611 und 2005. In 9,14 12,28 λατρεύειν τῷ θεῷ kultisch unpriesterlich; ähnlich 1Cl 45,7 Pol 2,1; dem Teufel Ign Sm 9,1. τῶν ἐπουρανίων, Bauer 2a Traub ThW V 538–542, siehe 3,1. Die himmlischen Dinge neben dem Unkörperlichen, dem Ungeschaffenen, dem über sich selber Verfügendem, den ewigen Dingen, nicht dem Schicksal unterworfen, für Menschen nur wie durch Nebel sichtbar (Corp Herm Frg Cyrill 26, Ascl 32). Ein Dämon-Geist kann himmlisch, zur Luft gehörend, irdisch oder unterirdisch sein, also alles lokal gedacht (Preis Zaub IV 3038–3043). In LXX meist adjektivisch, nie betreffs Priesterdienst, nie die Form τὰ ἐπουράνια. Bei Philo dies Wort Himmelskörper Gig 62 Virt 12; nicht Kultgegenstände. Im NT als Himmel Eph 1,3. 2,6 3,10 6,12; himmlische Dinge, aber nicht priesterlichen Dienst betreffend Joh 3,12; ebenso Ign Tr 5,1.2 Pol 2,1; himmlische Güter Preuschen Antilegomena[2] Herrenworte S 27 Nr 10; himmlische Wesen Ign Sm 1,6. Hb 8,5 nicht himmlische Güter (gegen Luther WA Deutsche Bibel 7,2), sondern, wie 9,23, himmlische Kultgegenstände. καθώς, siehe 3,7. κεχρημάτισται Bauer 1 Reicke ThW IX 469–471. Von Orakel gebenden Gottheiten außerbiblisch Diod S 3,6,2 15,10,2; Zeus (Luc Ep Saturn 25); das Orakel in Delphi (Plut Def Orac 46 II 435C); Asclepius (Ael Arist Keil 50,5 Ditt Syll[4] 1110,8f). Diese Bedeutung in LXX nur Jer: Subjekt Gott 32,16(25,30); der Prophet 33(26),2; die Lügenpropheten 36(29),23; Gott 43(36),2.4 mit λαλεῖν als Übersetzungsvarianten. Philo mit Gott als Subjekt nur Vit Mos 2,238; aber: Mose durch χρησμοὶ über den Priesterdienst belehrt (Vit Mos 2,67). Josephus mit Subjekt Gott (Ant 5,42), einen konkreten Auftrag betreffend; Subjekt Mose (Ant 3,212) passivisch persönlich. Im NT von göttlicher Weisung passivisch persönlich Mt 2,12.22 Ag 10,22; passivisch unpersönlich Lk 2,26; also Paulus nicht. In Apost Vät nicht. Im Hb passivisch persönlich 8,5 Mose, 11,7 Noah Subjekt; beide Stellen mit konkreter Weisung; 12,25 aktivisch Gott der Weisung Gebende. Μωϋσῆς ℵ B K L P; p[46] verschreibt Μωυσῆ; Μωσῆς A D 69 203 241 506 1311 1319 1739 1827 1845 2004; siehe 3,2. μέλλων siehe 1,14. 8,5 von beabsichtigter Handlung, 10,27 Umschreibung des Futurs Bauer 1c γ β. ἐπιτελεῖν, Bauer 2 Delling ThW VIII 62f. Hier nicht „zu Ende bringen", sondern „vollbringen". Außerbiblisch: wie es sich gebührt (P Oxy 483,34); die Opferdarbringungen für die Götter beziehungsweise im Heiligtum (Wilcken Ptol 106,21 43,19f). In LXX, neben „zu Ende bringen", ausführen von Weisungen zum Beispiel (Jdt 2,13 Est 8,14); von Gelübden (Ri 11,39A statt ποιεῖν in B). Bei Philo mit Objekten: die im Gesetz gebotenen Opferhandlungen (Som 1,214, ähnlich Spec Leg 1,98), Weihen (Ebr 129), Opfer (Vit Mos 2,14, vgl Plut Def Orac 45 II 434F Betz Plutarch 1975 174); Gebete, Feste, Erstlingsopfer gleichgesetzt mit den Pflicht-Kulthandlungen (Spec Leg 2,167); Josephus sehr viel mit Opfer, auch Ep Ar 93. Dies Verb im NT – neben „zu Ende bringen" R 15,28 2K 8,6.11.11 Gl 3,3 Phil 1,6 – „vollbringen" 2K 7,1. So hier Hb 8,5 das Zelt verfertigen, 9,6 Kulthandlungen verrichten. Von Opfern Dg 3,5. τὴν σκηνήν, siehe 8,2. Ex 25,40, hier zitiert, lautet in LXX: ὅρα ποιήσεις κατὰ τὸν τύπον τὸν δεδειγμένον σοι ἐν τῷ ὄρει. Das Suffix in בְּתַבְנִיתָם ist in κατὰ τὸν τύπον nicht ausgedrückt; der hebräische Text denkt also an Modelle von allem Zubehör; LXX in 25,8(9) aber auch. Hb bringt hinter ποιήσεις über Masoreten und LXX hinaus πάντα: entweder aus LXX-Texttradition oder vom Hb selber wie von Philo Leg All 3,102 auf Grund von Ex 25,8(9) eingetragen; ebenso stammt das δειχθέντα des Hb aus einer Origenes-nahen LXX-Tradition (Ahlborn 42–44 Schröger 159f). ὅρα, siehe 2,8bc; Bauer 2bα. Am Satzanfang, Achtsamkeit verlangend. Außerbiblisch in Papyri, siehe Preisigke Wört II 193; für Plutarch siehe Wyttenbach II 1124; bei Lucian zum Beispiel Philops 19; 20 mit ἔφη. In LXX gelegentlich, zum Beispiel Gn 31,50 Jos 9,7; im NT Mt 8,4 Mk 1,44 Apk 19,10 22,9, also Paulus nicht. Did 6,1 Herm m 6,2,4. Im Hb nur hier. γάρ gehört nicht zum Zitat; gegen γάρ, φησὶ(ν) in 1834 den meisten. γὰρ in Itala und vg ausgelassen. Anders als die Apokalypse beruft der Hb für das himmlische Heiligtum sich nicht auf eine Vision, sondern zitiert die Schrift (Schierse 25f). φησίν. p⁴⁶ φησει(ν), siehe 4,11. Als Zitateinleitung γάρ φησιν Sap 15,12 4Makk 17,19 Philo Leg All 3,129.165; φησὶ γὰρ 1Cl 13,3 16,2; φησὶ Philo zum Beispiel Leg All 3,102 (für Ex 25,40!) 105 151 157 1K 6,16 2K 10,10 1Cl 16,5 30,2 Barn 6,9 7,11. Hb nur hier 8,5. ποιήσεις in א A B D K L P 1834 Orig Eus; ποιήσῃς in vielen Minuskeln, siehe 4,11; ausgelassen in p⁴⁶; Umstellung πάντα ποιήσεις vg, siehe Harnack Studien 225. Bauer 1aα „herstellen", nimmt ἐπιτελεῖν auf. Zum Futur als Imperativ siehe Bl-Debr § 362; vgl 12,20. In LXX Ex 25–31 von der Anfertigung des Heiligtums und seines Zubehörs sehr viel, mit πάντα verbunden Ex 25,8(9). 39 29,35 31,6; bei Philo Vit Mos 2,71–140, Jos Ant 3,102–223 und in Apost Vät in solch einem Zusammenhang nicht. Aber Ag 7,44 auch mit Mose als Subjekt. πάντα, mit sämtlichem Zubehör.

κατὰ τὸν τύπον. Bauer 5 Goppelt ThW VIII 246–260 Goppelt Typos 193–215 Bultmann Exegetica 378 Williamson 557–570 vBlumenthal τύπος. Der τύπος ist das wahre Zelt V 2, nicht etwa dessen Abbild (gegen Bleek-Windrath, Seeberg, Riggenbach). Das Gegenstück dazu ist „Abbild und Schatten der himmlischen Dinge". Hier interessiert aus der weitverzweigten Bedeutungsskala des Wortes nur die Sparte „Vorbild", und zwar nicht ethisch, sondern technisch, also „Modell". Außerbiblisch innerweltlich: der Pseudoprophet Alexander drückte das Original (τύπος) des Briefsiegels in Wachs und gewann so ein Siegel, das dem Archetypos genau gleicht (Luc Alex 21). Metaphysisch-dualistisch: „Urbild dessen, was drunten ist, ist das, was droben. Denn alles ist droben, und drunten ist nichts, sondern es erscheint (nur so) denen, in denen keine Erkenntnis ist" (Od Sal 34,4f; vgl Koptisch-gnostische Schrift ohne Titel Nag Hammadi Cod II 5 147,18–21). Mandäisch The Great First World, Drower 160 S 10 Zeile 4 von oben build a sanctuary of crystal, and arrange in order all before it, just as I arranged in thy presence. In LXX τύπος in Am 5,26 3Makk 3,30 4Makk 6,19 in anderen Bedeutungen; in Ex 25,40 als Modell תַּבְנִית, das aber nur Modell ist (Schierse 15 Schröger 159), wichtig nur als Bauvorlage. So auch rabbinisch: das Modell besteht aus Feuer; oder: Gott zeichnet es auf des Mose Handfläche, die Anfertigung durch Mose ist nicht minder gegenüber dem Modell (Str-B III 702–704), vgl 2,17 Exkurs. Anders Philo. Bei der Schöpfung erdenkt Gott Formen, τύποι, für die Welt; sie sind unkörperlich und geistig (Op Mund 19.34; vgl Quaest in Ex 2,52). Unter dem Urbild, ἀρχέτυπος, steht der τύπος, der aber, obwohl Nachahmung, selber weiterprägt und einen neuen Typos zustande bringt (Rer Div Her 230f; vgl Decal 101). So auch beim Zelt: Mose sieht unkörperliche Ideen und wird danach Körper bilden; die Form des Urbildes prägt sich ihm ein, nach diesem Typos stellt er her in materiellen Stoffen (Vit

Mos 2,74.76; vgl Quaest in Ex 2,82.90). Typos im NT im Zusammenhang mit der Stiftshütte nur Ag 7,44 und Hb 8,5; in Apost Vät nicht. Im Hb ist τύπος positiv das Urbild; bei Philo ist das Urbild der ἀρχέτυπος, τύπος aber ist eine vox media, die erst durch Attribute in ihrem positiven oder negativen Wert bestimmt wird (vgl Leg All 1,61 Spec Leg 4,218 und öfter). Hb hat für das himmlische Zelt auch nicht Philos explizites Interesse an seiner Körperlosigkeit. Auch die Rolle des Mose ist bei Philo höher: er stellt nicht bloß ein Abbild her wie im Hb. Aber Hb und Philo sind sich darin einig: es gibt eine unweltliche Wesenheit „Zelt", dem irdischen weit überlegen. Es ist allerdings bei Philo und im Hb je verschieden angesiedelt, bei beiden auch mit differenten Konsequenzen für den atlichen Kult, siehe 8,2. Der Kult im Himmel durch Jesus ist also das Original, der atliche Kult eine veraltete und vergreiste Kopie (Feuillet 78), vgl 8,13. Hb denkt neben der eschatologischen Linie, die Philo nicht hat, wirklich auch in vertikaler Typologie, und das nicht bloß für das Zelt, sondern auch für die „Ruhe" und die gesamte christliche Existenz (vgl 3,11 Exkurs und zum Beispiel 6,18–20 13,13f: siehe Bultmann Exegetica 378 gegen Goppelt Typos 200f, Williamson 557–570).

τὸν δειχθέντα σοι; d e f vg stellen σοι voran, D verschreibt in δειχθέντων. Bauer 1a Schlier ThW II 26–30. Außerbiblische Gottheiten üben das „zeigen": Isis (Ditt Syll[4] 1267,18); eine Gottheit (Plut Aratus 43,4 I 1047D). Das „zeigen" des Modells in LXX Ex 25,8(9).40 26,30 Nu 8,4. „Zeigen" im Zusammenhang mit dem Zelt bei Philo vom Modell nur Leg All 3,102. Josephus nicht von der Stiftshütte, aber von den dem Mose durch Gott gezeigten „Zeichen" auf dem Sinai (Ant 2,283). In den Evangelien übt Jesus, in Joh 5,20 Ag 7,3 10,20 1Tm 6,15 Gott das „zeigen", ohne Hb-analogen Bezug. In Apk zeigt der Offenbarungsengel künftige und himmlische Dinge, zum Beispiel 21,10 das himmlische Jerusalem, das aber, anders als das Hb-Zelt, zur Erde herniederkommt. Im Hb δεικνύναι nur hier. Ein Aufzeigen von etwas Realem, nicht bloß „une pure impression produite pour les sens", scheint mir Hb zu meinen; wie könnte sonst ein opfernder Kultdiener eine λειτουργία im himmlischen Heiligtum vollziehen, V 2 und 6 (zu Spicq I 74). ἐν τῷ ὄρει. Bauer Foerster ThW V 475–486. Das NT sonst und Hb sprechen vom Sinai Ag 7,30.38 Gl 4,24f Hb 8,5 12,20; vom Zion Apk 14,1 21,10 Hb 12,22; von Bergen als Zufluchtsstätten Mk 13,14 Par Apk 6,15f Hb 11,38. Hb scheint, wenn auch unausdrücklich, Berg und Himmel gleichzusetzen: Mose bekommt die himmlischen Kultdinge gezeigt, die ja wohl nicht erst als auf den Sinai gebracht gedacht werden sollen. Philo nennt, soweit ich sehe, Berg und Himmel nicht in Einem Paragraphen zusammen. Aber die Gottheit redet in Exodus ἐκ τοῦ οὐρανοῦ (19,3B 20,22); ἐκ τοῦ ὄρους (19,3AF); ihr Herabkommen auf den Berg (19,20 24,16). Eine Ineinssetzung von Berg und Himmel war dem Hb also wohl möglich.

6. Nun aber hat er einen Kultdienst erlangt, der um so viel bedeutender ist, als auch die Stiftung einen höheren Wert besitzt, deren Mittler er ist; eine Stiftung, die auf Grund höherer Verheißungen gesetzlich festgelegt worden ist.

Literatur: JBehm Der Begriff διαθήκη im NT, 1912; WBrandt Die Wortgruppe λειτουργεῖν, Jahrbuch der Theologischen Schule Bethel 1, 1930, 145–176; KWengst Christologische Formeln, 1972.

Anders als der atliche Kult Jesus. Daß er am himmlischen Original Kultdienst tut, sagte schon V 2. Jetzt wird die Überlegenheit dieses seines Dienstes – nach dem ernüchternden V 5 (Vanhoye Structure 142) – kräftig unterstrichen: er ist Hoherpriester auf dem Boden höherer Setzung und höherer Verheißungen. Das Jeremia-Zitat V 8–12 und die ausdrückliche Beschreibung seines himmlischen Dienstes 9,11 ff bereiten sich vor. *νῦν* in p^{46}★ B D★ Athan Antioch Dam; *νυνί*, vielleicht älter, siehe Nestle-Aland^{26}, in p$^{46\ c}$ ℵ A D^2 K L P Ψ den meisten 1834 Chr Dam. Die Bedeutung ist bei beiden LAA die gleiche, Bl-Debr § 64,2. *νῦν* beziehungsweise *νυνί* auch bei Paulus. Im Hb temporal 2,8 9,5.24 12,26; logisch hier 8,6 9,26 11,16, die Wirklichkeit einführend, Bauer *νῦν* 1b 2, *νυνί* 2b. Hier nicht temporal; denn für Hb befindet Jesus sich seit seiner Auffahrt, also schon längst, im Himmel. Stählin ThW IV 1099–1117, dort S 1102 Anmerkung 3. *δέ*, gegen *μέν* V 4. *διαφορωτέρας*, siehe 1,4. In LP *o—o*, in p^{46} *w—w*, siehe 4,16. Es geht um einen Unterschied zwischen himmlischen und irdischen Dingen wie bei Philo Jos 147. Das hellenistische *τέτυχεν* ist echt (Zuntz 119f), bezeugt in p^{46} ℵ A D★ K L 81 462 623 910 1241 1610 1611 1888 1898 1912 2464 Athan Thphyl Ps Oec; sekundär das hellenistisch-jonische *τέτευχεν* in ℵ^2 B D^2 2 5 35★ 38 177 202 218 221 226 330 337 365 467 506 635 799 920 927 945 1149 1175 1311 1318 1827 1836 1867 1872 1873 1891 2004 2127 2143 2298 Dam und das klassische *τετύχηκεν* in K Ψ 6 33 88 104 206 216 217 221 255 256 257 263 326 378 383 429 442 547 629 630 665 876 917 1245 1739 1758 1852 1872 1881 1908 2495 Athan Chr Thret Antioch Dam; siehe Bl-Debr § 101. Bauer 1 Bauernfeind ThW VIII 238–243. In LXX, bei Philo, im NT sonst und Apost Vät nicht wie im Hb mit Kultdienst 8,6 und Auferstehung 11,35; beide Genitive mit einem Komparativ verbunden. Dies Verb von der Erlangung eines delphischen Orakelspruches Plut Camill 4 I 131A; von jenseitigen Gütern im NT noch Lk 20,35 2Tm 2,10. Außerbiblisch die Einsetzung von Kulthandlungen durch Wahl Ditt Syll^4 547,5. Jesus Subjekt von *τυγχάνω* im NT nur hier. Er und die atlichen Priester *empfangen* ihre Stellung 5,4f; Jesus für immer, 8,6 Perfekt. *λειτουργίας*, Bauer 1 Strathmann Meyer ThW IV 221–238 Deißmann B 197f Preisigke Wört II 12f; WBrandt Die Wortgruppe *λειτουργεῖν*; vgl *λειτουργός* 1,7 8,2. Viel in Papyri und Inschriften. Hier interessiert nicht die politische und vulgäre, nur die kultisch-religiöse Dienstleistung. *λειτουργίαι*, Plural und Singular, heißen üblich (Ditt Syll^4 1109,111), richten sich auf die göttlichen Dinge (Dion Hal Ant Rom 10,53,6), müssen schön (Jul Ep 89 p 298c) und untadelig (Wilcken Ptol 20,61–63) ausgeführt werden; im Kult der Isis (Diod S 1,21,7) und des Sarapis (Wilcken aaO). In LXX fast nur vom Dienst der Priester und Leviten im und am Heiligtum, besonders viel in Nu 1Ch 2Ch. Die Verpflichtung erlischt mit dem 50. Lebensjahre (Nu 8,25); die Leviten beaufsichtigen die Geräte (1Ch 9,28), die für den Kult benötigt werden (Jos Bell 1,39 5,562). Die Opferkultverrichtungen, synonym heilige Dienste, gehören zum höchsten Ehrenamt; Mose durch Orakel darin belehrt (Philo Vit Mos 2,67); der Levit nimmt die Kultdienste ohne Ausnahme auf sich (Sacr AC 132); selbst zur Bewachung der Heiligtümer wird längst nicht jeder Bewerber zugelassen (Det Pot Ins 63). Im NT unübertragen, also von der wiederholten Darbringung der Opfer Hb 10,11; des Zacharias Kultpflicht Lk 1,23. Übertragen von der Kollekte 2K 9,12, von des Paulus und Epaphroditos „Opferung" Phil 2,17.30. Im Hb unübertragen die Geräte des atlichen Kultdienstes 9,21. Jesu Kultdienst im NT nur hier 8,6: das Opfer einmalig 10,12, aber der Kultdienst im Himmel andauernd 8,2. Also anders als Corp Herm Exc Stob 23,2.68: der Himmel ist zwar den unteren Dingen überlegen, also wie im Hb; aber Osiris und Isis führen die Gottesdienstverrichtungen, die den himmlischen Mysterien korrespondieren, auf *Erden* ein. Kultverrichtungen des atlichen Hohenpriesters 1Cl 40,5; aber in 1Cl 36,1 61,3 64 Ign Phld 9,1 Pol 12,2 Mart Pol 14,3 vollzieht der Hohepriester Jesus keinen Kultdienst; allerdings gelten die diesbezüglichen atlichen Anordnungen übertragen auch für das christliche Gemeindeleben (1Cl 40,2). *ὅσῳ*, in 920 1311 *ὅσον*, siehe 3,3. Der Kultdienst nun ausgeweitet auf die Stiftung, die *διαθήκη; καί* fehlt in D★ K 69 234 421 436 442 462 vg^ms arm Thret Dam. κρείττονος; in p^46 κρίττονος und κρίττοσιν, siehe 4,11. Qualitativ, nicht bloß gradmäßig, siehe 7,22. ἐστιν hinter διαθήκης in ℵ² K P 81 241 326 oder hinter μεσίτης mindert die beabsichtigte Betonung von κρείττονος (Riggenbach); ἐστιν fehlt in 256. διαθήκης, siehe 7,22 Exkurs; entgegen 7,22 begründet hier die Vorzüglichkeit der Stiftung die des hohenpriesterlichen Kultdienstes.

μεσίτης, Bauer Oepke ThW IV 602–629 Behm Begriff διαθήκη 77–81 Preisigke Wört II 77f. Ein vieldeutiger terminus technicus der hellenistischen Rechtssprache: Mittler zwischen zwei Parteien; auch religiös. Außerbiblisch: Gott für die gegenseitigen Leidenschaften von Orest und Pylades (Luc Amor 47); Mithras für Ahura Masda und Ahriman, also im parsistischen Dualismus (Plut Is et Os 46, II 396E). In der einzigen LXX-Stelle, Hi 9,33, ein Schlichter zwischen Gott und Hiob. Engel zwischen Gott und Menschen (Test XII D 6,2 Philo Som 1,142f). Mose zwischen Gott und dem abgefallenen Israel (Philo Vit Mos 2,166). Im NT Jesus zwischen Gott und Menschen 1Tm 2,5; Mose für das Gesetz, zwischen Gott und Menschen, wobei die Notwendigkeit eines Mittlers das Gesetz negativ qualifiziert Gl 3,19f. All das zeigt, „Mittler" besitzt akklamatorischen Charakter (Wengst 143), hilft für Hb aber nicht recht weiter: in 8,6 9,15 12,24 ist Jesus, im NT nur hier, Mittler einer hochwertigen Stiftung (Zimmermann Bekenntnis 196) und nicht ein Mittler „zwischen" wie Mose Rer Div Her 206. Stiftung ist ja göttliche Setzung und meint nicht, als „Bund", zwei gleichberechtigte Parteien, siehe oben; Seeberg, Riggenbach, Windisch Moffatt, Michel, Strathmann tragen dem Rechnung. Freilich soll der Mensch auf die neue Setzung hören und ist insofern im Sinne des Hb doch Partner. Daher wiegen die folgenden Belege, auch wenn die in ihnen vorausgesetzte Balance zwischen zwei Partnern im Hb nicht statthat. Als Mittler bürgt Jesus, siehe 7,22, so wie der Mittler Herakles der Medea Hilfe verspricht, falls ihr Vertragspartner sie schädigt (Diod S 4,54,7). Der Mittler Jesus realisiert die verheißene Stiftung, so wie die Fürbitte des Mittler-Engels (Test XII D 6,2) und des Versöhner-Mittlers Mose (Philo Vit Mos 2,166) etwas nicht Vorhandenes zustande bringt; vgl μεσιεύειν 6,17; Thphyl MPG 125,291B: Mittler und Geber. Also nicht bloß Diener wie die Apostel 2K 3,6 (Westcott). ἥτις, siehe 8,5. ἐπὶ hier „auf Grund von" Bauer I 1bγ. κρείττοσιν, siehe oben. ἐπαγγελίας, siehe 4,1. In LXX nicht mit κρείττων verbunden. Der Blick des Textes geht schon auf das Zitat V 8–12. In 8,6 sind die Verheißungen Basis der Stiftung; in 9,15 ruht der Empfang der Zusage auf der Stiftung (Käsemann Gottesvolk 14). Zur Problematik der höheren Verheißung siehe 4,1. νενομοθέτηται, siehe 7,11. Die Zusagen Basis für die Stiftung und damit für den Kultdienst: das Gesetz ist im Hb kultbezogen.

7. Denn wenn jene erste keinen Tadel verdiente, so würde nicht Platz gesucht werden für eine zweite.

Der Mangel bei der ersten Stiftung begründet, γάρ, die Überlegenheit der zweiten, die ja sonst nicht Gegenstand der Verheißung geworden wäre. Das Jeremia-Zitat, im für sich genommenen Inhalt positiv, hat hier diese für die Sinai-Setzung negative Funktion. εἰ: zur Form der Argumentation vgl 4,8 7,11 8,4. Hinter γάρ fügt 33 μὲν ein. ἡ πρώτη, Bauer 1a Michaelis ThW VI 866–869. ἡ fehlt in 462 1311. πρώτη hier nicht lokal wie bei dem Zelt, siehe 8,2, sondern temporal von der Sinai-Setzung. Diese heißt „die erste" nicht in LXX Test XII Philo Josephus NT sonst und Apost Vät; die πρότεραι διαθῆκαι Jos Ant 17,224 meinen testamentarische Verfügungen über Thronfolge; allenfalls suggeriert das „zum zweitenmal" Midr HL 1,2(82b) Str–B III 704 „ein erstes Mal". Hb formuliert hier also traditionsunabhängig: in 9,15 adjektivisch, in 8,7.13 9,1.18, ohne die gemeinte Stiftung ausdrücklich zu nennen. πρώτη in 8,7 gegen eine zweite, in 8,13 9,15 gegen die neue Stiftung. πρώτη 8,7–8,13 Inklusion (Vanhoye Structure 143). Zu τὸ πρῶτον siehe 10,9. Selten ist sonst, wie hier, das Erste das Minderwertige; so noch: der ältere Sohn Gn 25,23 48,19, verwendet für die Überlegenheit der Christen Barn 13,1.5; Adam und ἄνθρωπος 1K 15,45.47; Himmel und Erde Apk 21,1, vgl 21,4; eschatologische Wertung. ἐκείνη, Bauer 1b; negativ wie 4,2 11,15 12,25. vg stellt um: *illud prius*. ἄμεμπτος, Bauer Grundmann ThW IV 576–578. In LXX fast immer von Personen; oft in Hiob. Verneint von Kains Opfern, die in unheiliger Absicht dargebracht werden (Philo Agr 127). Im NT sonst von Personen, adjektivisch, und zwar Juden Lk 1,6 Phil 3,6 und Christen Phil 2,15 1Th 3,13; adverbial 1Th 2,10 5,23. Im Hb nur hier; zum Inhalt des Tadels siehe 7,22 Exkurs; er bezieht sich natürlich auf die Institution, nicht bloß auf die ungehorsamen Israeliten 8,8 (Cyrill Cramer Cat 584 Erasmus adnotationes 1004 Calvin; gegen Chr Cramer Cat 216 Luther Glosse Bengel Seeberg Westcott Grundmann ThW und andere mehr); siehe 8,13. Diese Kontroverse zeigt eine Grund-Unausgeglichenheit des Hb an, siehe 1,1 Exkurs. ἄμεμπτος in Apost Vät adjektivisch und adverbial von Christen; im 1Cl adjektivisch verbunden mit dem Stamm λειτουργ 44,3.6, mit „Gaben darbringen" als den Eucharistie-Gebeten 44,4. δευτέρας Bauer 2, von der Zeitabfolge, nicht lokal wie Test XII L 2,8. ἑτέρας in B★, δεύτερος in 365. LXX Philo Josephus und NT sonst verbinden δεύτερος nicht mit Stiftung oder Vorhang. δεύτερος überlegen für „Mensch" 1K 15,47, siehe oben bei πρώτη. Im Hb bei Vorhang 9,3, vgl 6,19; bei Zelt 9,7, vgl 8,2; τὸ δεύτερον von Jesu Parusie 9,28 und seinem Selbstopfer, nach Aufhebung des πρῶτον, der Tieropfer, 10,9. Hier 8,7 bei „Stiftung", betreffs Jer 31; also nicht wie dort καινή. Die zweite bessere Stiftung verdrängt die erste; aber im Hb und Barnabas, siehe oben, universal, gegen den Grundsinn von Jeremia (zu Spicq), nicht innerisraelitisch. Ebenso δεύτερος bei Gestaltung Barn 6,13 und Aion Ps Clem Hom 3,7,3. ἐζητεῖτο Bauer 2a Greeven ThW II 894–896, vgl ἐπιζητεῖν 11,14. vg stellt um: *locus inquireretur*. ζητεῖν mit τόπος verbunden 1 βασ 22,23 und, in anderem Sinn, LXX Ps 36,10; in Test XII Philo Josephus NT sonst und Apost Väter diese Verbindung nicht. Im NT dies Verb mit „gute Gelegenheit" Mt 26,16 Par. ζητεῖν im Hb nur hier; logisches Subjekt der Herr, weil er in Jer 31 laut Hb schelten muß V 8; nicht, wenngleich zweitrangig, auch die Menschen (gegen Thomas). τόπος, Bauer 1 2 Köster ThW VIII 187–208, besonders 206. Im NT übertragen Objekt von verschiedenen Verben Ag 1,25 25,16 R 12,19 Eph 4,27 1K 14,16. Im Hb lokal-unübertragen 11,8; übertragen als Subjekt von gesucht werden hier 8,7; als Objekt von nicht finden 12,17, gegen ἐκζητεῖν. In 8,7 ist τόπος nicht lokalunübertragen. Konditioniert verneint ist nicht ein bestimmter Ort für die zweite Stiftung; nicht die Heilsbotschaft (gegen Delitzsch); nicht die Menschenherzen (gegen BleekWindrath); nicht der himmlische Tempel (gegen vSoden Spicq). Es geht nicht um das Wo, sondern darum: es ist ein Platzbedürfnis da für die zweite Stiftung, also war es nichts Rechtes mit der ersten. Nachklang von Hb 8,7 Just Dial 34,1.

8. Tadelt er sie doch mit den Worten: ‚siehe, Tage kommen, spricht der Herr, da will ich für das Haus Israel und für das Haus Juda eine neue Setzung zum Vollzug bringen,

Literatur: BDuhm Das Buch Jeremia, 1901; WRudolph Jeremia³, 1968.

Hb liest aus Jeremia einen Tadel heraus. Der Jeremia-Text selber verheißt Heil. Seine neue Setzung bleibt freilich auf dem Boden der Tora, die dann ohne Belehrung durch andere jeder kennen und aus freien Stücken befolgen wird; und das nicht universal, sondern innerjüdisch; siehe die Kommentare von Duhm und Rudolph zur Stelle.

μεμφόμενος, Bauer Grundmann ThW IV 576–578 Bl-Debr § 152,1. Mit Accusativ-Objekt: P Oxy 1481,5f Philo Migr Abr 89 Som 2,104 Spec Leg 3,181 4,126 Leg Gaj 236 331 Jos Ant 13,109 Sib 5,237 Herm s 9,10,4 Dg 12,5; so auch die wahrscheinlich alte LA Hb 8,8. Mit Dativ-Objekt immer LXX Sir 11,7 41,7 2Makk 2,7 Philo Fug 33 Jos Ap 1,142. Dies Verb im NT noch Mk 7,2 Koine, R 9,19, ohne Objekt; Hb nur hier. Meist sind Menschen Subjekt; die Gottheit nur Philo Leg Gaj 236 R 9,19 und Hb 8,8; der Herr Herm s 9,10,4; Mose Philo Spec Leg 4,120; der Apostel Dg 12,5. Hb *erschließt* aus der Jeremia-Stelle den Tadel an der ersten Setzung; wie Philo aus den Speisevorschriften den Tadel an der Jagd (Spec Leg 4,120). γὰρ begründet das nicht „untadelig" und damit die Notwendigkeit der zweiten Setzung V 7. αὐτοὺς lesen ℵ* A D* I K P Ψ 33 81 88 102 256 263 326 365 436 467 999 1311 1319 1834 1837 1845 1912 2004 2127 2465 2495 c d e f vg sa bo fajj arm Chr Thret. αὐτοῖς in p⁴⁶ ℵ² B D² L 6 104 181 330 451 614 629 630 1739 1877 1881 1962 1984 1985 2492 den meisten Chr Dam. αὐτὸς in 1241. Der Accusativ ist wahrscheinlich, aber nicht mit Sicherheit echt (Metzger 667). Der Sinn bleibt derselbe; auch Philo und Josephus verwenden jeder Accusativ und Dativ, siehe oben. αὐτοὺς die abgefallenen Israeliten V 9, aber daneben auch die Setzung selber, siehe V 7. λέγει ist Zitateinleitung, mit Gott als nicht ausdrücklich genanntem Subjekt, obwohl im Zitattext nochmals λέγει κύριος steht. Im Hb das längste Zitat; Jer 38(31),31–34 fast wörtlich; im älteren Midrasch selten (Str-B III 704). Hb wird das φησὶν seiner LXX-Vorlage selber in λέγει geändert haben, das λέγει in LXX ℵ und Minuskeln ist nicht mit Sicherheit gleich alt wie der Hb. Ebenso hat der Hb das LXX-διαθήσομαι in συντελέσω geändert, das sich auch in LXX Syrohexapla und Symmachus findet. Wegen συντελέσω macht Hb aus dem 2maligen τῷ οἴκῳ der LXX sein 2maliges ἐπὶ τὸν οἶκον. Siehe Ahlborn 75 79f Schröger 162–168. ἰδού, siehe 2,13; p⁴⁶ läßt ἰδού bis λέγει aus, per Homooiteleuton, vgl vDobschütz Einleitung 4. ἡμέραι, siehe 3,8; mit ἰδοὺ ἔρχονται Lk 23,29, mit ἐλεύσονται Mt 9,15 Lk 17,22 21,6. ἔρχονται, also für Jeremia zukünftig, für Hb erfüllt; siehe 6,7. In LXX ἡμέραι ἔρχονται Am 4,2 8,11 9,13; besonders Jer 7,32 9,25(24) 16,14 19,6 23,5 28(51),52 30(49),2 31(48),12 37(30),3 38(31),27.31. λέγει, siehe oben. κύριος Gott, siehe 1,10. καὶ am Satzanfang, siehe Bauer I 2c Bl-Debr § 442,4. συντελέσω, siehe Bauer 2 Delling ThW III 63–65. Hb nur hier; nicht „vollenden", wie oft in LXX, auch Mt 7,28 Koine Lk 4,2.13 Ag 21,27; sondern „ausführen". Subjekte Menschen, zum Beispiel Est 4,1 2Makk 4,3 5,5 8,17 12,3 13,8. Objekte zum Beispiel eine Übereinkunft zwischen Menschen (Jer 41(34),8.15); ein Verhalten (Herm m 4,1,11 s 5,4,7); auch Kulthandlungen: ein Opfer (3Makk 5,43, Plut Sept Sap Conv 18 II 160E); Ditt Syll⁴ die Opfer und die Mysterien 736,39, die Eleusinien 540,23f, vgl Ditt Syll⁴ Register zu ἐπιτελέω. Subjekt kann ein Gott sein: er vollbringt Heilungen (Polystratus CWilke 1905 S 10), die gewünschte Zauberhandlung (Preis Zaub 3,121 57,3), realisiert seine Ankündigungen (LXX Thr 2,17), die strafende Abrechnung

(R 9,28 [= Js 10,22]). So hier in Hb 8,8: eine neue Setzung. ἐπὶ τὸν οἶκον Ἰσραήλ, zu οἶκος siehe 3,2 3,6; zu Ἰσραήλ Bauer 1 Gutbrod ThW III 356–394. ὁ οἶκος Ἰσραήλ in LXX öfter, zum Beispiel Lv 10,6 Ri 2,1 3 βαο 12,21. Philo Som 2,172 = Js 5,7. In NT Mt 10,6 15,24 Ag 2,36 7,42; auch 1Cl 8,3 29,2 als Zitat. Aber nur Hb 8,8 im NT vom Zehnstämme-Reich. ἐπὶ τὸν οἶκον Ἰούδα. D★ läßt ἐπὶ aus. Ἰούδα siehe 7,14. In LXX zum Beispiel 3 βαο 12,23 Jer 38(31),31 43(36),3.9 Ez 4,6. Im NT nur Hb 8,8. διαθήκην καινὴν siehe 7,22 Exkurs; zu καινός Bauer 3b Behm ThW III 450–452.

9. nicht nach der Art der Setzung, die ich für ihre Väter tätigte an dem Tage, als ich sie bei ihrer Hand faßte, um sie aus Ägyptenland herauszuführen; denn sie verblieben nicht in meiner Setzung, und ich nahm mich ihrer nicht länger an, spricht der Herr.

Literatur: OEger Rechtswörter und Rechtsbilder in den paulinischen Briefen, ZNW 18, 1917, 84–108.

Israels Ungehorsam machte eine neue, von der alten unterschiedene Setzung erforderlich. Hb verändert LXX Jer 38(31),32 wenig: statt LXX διεθέμην Hb ἐποίησα, was auf den LXX-Q-Text zurückwirkt; statt LXX καὶ ἐγώ Hb κἀγώ, ebenso in LXX Minuskeln; statt LXX φησὶν Hb λέγει, ebenso in LXX Minuskeln; siehe Ahlborn 79–81 Schröger wie 8,8. οὐ κατὰ τὴν διαθήκην: in p[46] καὶ davor. Zu διαθήκη siehe 7,22 Exkurs. ἐποίησα; dafür, wie in LXX, διεθέμην in 442 1149 1245 1827 1852 1908 1911[mg] sy[h mg] bo Thret Dam Thphyl, also gegenseitige Beeinflussung; d und e verändern in die dritte Person: *fecit*. Zu ποιεῖν siehe 6,3. διαθήκην ποιεῖν in LXX Js 28,15 von einem negativen Vertrag, ferner Jer 41(34),18 2Chr 34,32; im NT nur hier. ποιεῖν, Bauer 1b δ, mit Dativ noch 12,13 13,6, nicht von dem Schöpfer wie 1,2 3,2, sondern hier von dem Lenker der Heilsgeschichte. τοῖς πατράσιν, siehe 1,1. ἐν ἡμέρᾳ, B 110 sa[mss] ἐν ἡμέραις; zu ἡμέρα siehe 3,8. ἐπιλαβομένου μου, wieder umgestellt in 69★ 642 1912; wieder 3. Person, apprehendit, in d e. Bauer 1 Delling ThW IV 9f; ἐν ἡμέρᾳ mit Partizip im Genitiv auch Bar 2,28, siehe Bl-Debr § 423,5; korrekter Just Dial 11,3, vgl 7,22 Exkurs. ἐπιλαμβάνομαι nicht wie 2,16; hier verbunden mit τῆς χειρός. So in LXX: Subjekt Gott, übertragen Jer 38(31),32; Subjekt Menschen, unübertragen, in Panik (Sach 14,13), Unheil bringend (Ez 29,7); auch freundlich, unübertragen (Plut Apophth Kaisar 7 II 207C Jos Ant 9,180 Herm v 3,2,4). So, freundlich helfend, Subjekt Gott, übertragen hier Hb 8,9; Subjekt Jesus Mk 8,23, der Chiliarch Ag 23,19 unübertragen. Außer Jer 38(31),32 und Hb 8,9 in LXX, NT und Apost Vät nicht vom Auszug aus Ägypten. τῆς χειρός; hinter αὐτῶν in 255; zu χείρ siehe 1,10 6,2. ἐξαγαγεῖν, 255 fügt davor τοῦ ein, 1831 läßt das nachfolgende αὐτούς weg. ἐξάγειν, Bauer 1, im Hb nur hier. „Aus Ägyptenland herausführen" viel in Ex bis Dt, es ist ja das zentrale Heilsereignis. Subjekt Gott, zum Beispiel Ex 3,8 7,4 Dt 26,8, auch Mose Ex 3,10 6,26. Nachklang meist mit Mose als Subjekt Philo Vit Mos 1,172 Jos Ant 2,269 6,38 Ap 1,280 1Cl 53,2 Barn 4,8 14,3. Im NT Subjekt Mose Ag 7,36.40, die Gottheit beim Auszug aus Ägypten nur Hb 8,9. Zu γῆ siehe 1,10; D[gr] 327 τῆς statt γῆς, was auf LXX Cod V einwirkt. Αἴγυπτος, siehe 3,16; vgl Barn 2,7. ὅτι, der Grund für οὐ κατά –, also dafür, warum eine neue Setzung nötig ist. ὅτι kausal im Hb nur 8,9.10.11, im Zitat; bei Paulus ohne Zitat öfter. ἐμμένειν, siehe Deißmann NB 76 f Eger Rechtswörter 94 Preisigke Wört I 474 Bauer 2 Hauck ThW IV 581; mit Dativ-Objekt, mit und ohne ἐν, eine gebräuchliche Rechtsformel, vgl Plut Ages 23,5 I

608d. Synonyma beachten P Oxy 138,36, gehorchen Ditt Syll⁴ 1219,20f, dort Objekt Gesetz, Polyb 3,70,4 Treue. In LXX Subjekt Menschen: ihr Verharren in menschlichen Bindungen (Da 6,12(13) 1Makk 10,26f); bei Gott (Js 30,18), der Gottesfurcht (Sir 2,10), der Setzung (Jer 38(31),32), dem Gesetz (Dt 27,26), den Geboten (Sir 28,6), der Weisheit (Sir 6,20), der Arbeit (Sir 7,21), nicht beim Götzendienst (Jer 51(44),25). Ähnlich Philo: bei den Verträgen mit der Philosophie (Congr 78), bei Abmachungen (Congr 125), Gesetzen (Migr Abr 160 Spec Leg 4,150), bei Erkenntnissen (Som 2,101). Bei Josephus öfter für das Verbleiben in jüdischen Bräuchen (zum Beispiel Ap 2,144); auch in Ermahnungen (Ant 8,126) und Verträgen (8,258). Im NT Objekt der Glaube Ag 14,22; für Paulus negativ das Verharren auf dem falschen Gesetzes-Heilsweg Gl 3,10. Im Hb ist das Nicht-verharren – nur 8,9 – in der Setzung der Abfall; vgl 3,9–11.16. Im Hermas vom Verharren in der Schlichtheit (v 3,1,9); im Glauben (s 8,9,1, vgl 2Cl 15,3); in schlechten Taten (m 4,1,9 s 8,7,3). Vor τῇ διαθήκῃ lassen p⁴⁶ 2 920 1912 das ἐν aus. κἀγώ, im ganzen NT; Hb nur hier, statt LXX Jer 38(31),32 καὶ ἐγώ; siehe Bl-Debr § 18. ἀμελεῖν Bauer. In LXX Subjekt Menschen Jer 4,17 Sap 3,10 2Makk 4,14; Gott Jer 38(31),32. Josephus οὐκ ἀμελεῖν, Gott Subjekt, helfend Ant 4,13; strafend 5,319,195 11,300. Im NT ἀμελεῖν Subjekt Menschen, siehe 2,3; Gott im NT nur Hb 8,9; bei Dg 8,10 als vernachlässigen, aber scheinbar. λέγει κύριος, siehe 8,8.

10. Das ist nämlich die Setzung, die ich für das Haus Israel nach jenen Tagen setzen werde, spricht der Herr: ich gebe meine Gesetze in ihren Sinn und werde sie in ihre Herzen hineinschreiben, und ich werde ihr Gott und sie werden mein Volk sein.

V 10–12 definieren, das κρείττων V 6 verdeutlichend, die neue Setzung als Beseitigung dessen, was Israels Abfall und Gottes Abwendung möglich machte. Der Jeremia-Text meint die neue Setzung für Israel nach der Heimkehr aus der Gefangenschaft: Gottes Gesetze, die bisherigen, werden innerer Besitz der Israeliten, die Befolgung geschieht dann gern und freiwillig; der atliche Opferkult bleibt hier außer Betracht; Gottheit und Volk sind dann eng verbunden; gegenseitige Ermahnung unter den Israeliten entfällt als überflüssig; alle Volksglieder kennen Gott. Begründung all dessen: die bisherigen Sünden werden gnadenvoll erlassen; das Ganze geschieht freilich irdisch auf der Volksebene. Die Internalisierung des Gesetzes und die Sündenvergebung sind bereits auf atlichem Boden selber bezeugt, siehe unten bei ἐπιγράψω, ἔσομαι αὐτοῖς und ἵλεως. Für den Hb verschiebt sich die Aussage des Jeremia-Textes, wie folgt: die neue Setzung beendet den atlichen Opferkult als den Heilsweg, siehe 8,13 10,18, daher dies Zitat zweimal; aber die grundsätzliche Kultbezogenheit bleibt, nur tritt an die Stelle des atlichen Opferdienstes das Selbstopfer und der himmlische Kult des Hohenpriesters Jesus; das atliche Kultgesetz wird ersetzt 7,12; das Heil, „nach jenen Tagen", ist jetzt in Jesus da, vollendet sich aber erst im himmlischen Ruheort 4,11; die Sündenvergebung ist Opfersühnung durch das Blut Jesu 10,19; die Glieder der neuen Setzung, nun frühere Heiden 6,1, besitzen zwar die himmlische Ausrichtung grundsätzlich 6,9 13,14, bedürfen aber gleichwohl intensiver brüderlicher Mahnung 3,7–13 5,11–6,12 10,22–31 12,12–29. 8,10–12 werden bei Cl Al Prot 11,114,4, mit verkürztem Text, zitiert (Mees 320f).

V 10 Textänderungen gegenüber der LXX: LXX φησίν, Hb wie 10,16 λέγει; LXX δώσω entfällt im Hb wie 10,16; LXX γράψω, Hb wie 10,16 und LXX Codices ἐπιγράψω; siehe

Ahlborn 79 82 84; für Schröger vgl 8,8. ὅτι, siehe 8,9: begründet, warum die Setzung neu heißt. αὕτη, vorausweisend, siehe 2,5. Zum Fehlen von ἐστιν siehe 6,8. ἡ διαθήκη, siehe 7,22 Exkurs; 1245 1611 lassen ἡ fort, A D^gr Ψ bo^pt fügen μου an, siehe 8,9. διαθήσομαι, siehe Bauer 1 und Literatur in 7,22 Exkurs. In LXX διαθήκην Objekt seltener von ἱστάναι und τιθέναι, sehr oft von διατίθεσθαι; auch Test XII N 1,1 und Philo Rer Div Her 313. Im NT διατίθεσθαι als vererben Lk 22,29; von der Abrahams-Setzung Ag 3,25; Paulus nicht. διατίθεσθαι διαθήκην im Jeremia-Zitat hier Hb 8,10 mit Dativ, in 10,16 mit πρός; ὁ διαθέμενος als Erblasser 9,16 f. διατίθεσθαι διαθήκην Barn 14,5; zum Kg Pt und Just Dial siehe 7,22 Exkurs. τῷ οἴκῳ Ἰσραήλ, siehe 8,8; Juda fehlt hier gegen V 8, Israel ist also nicht das 10-Stämme-Reich. Ohne τῷ in 440. μετὰ τὰς ἡμέρας ἐκείνας, in 1912 ausgelassen. ἡμέρα ἐκείνη, als Singular und Plural, oft in Evangelien und Ag, selten in Deutero-Paulinen und Apk, nicht bei Paulus und in Kath Br. Hb nur in 8,10 10,16 im Jeremia-Zitat; Hb meint: nach der AT-Zeit, in der NT-Gemeinde. Zu ἡμέρα siehe 3,8. λέγει κύριος, siehe 8,8. διδοὺς νόμος μου; für δίδωμι siehe 7,4 2,13; für νόμος siehe 7,5. μου: die bekannten vom Sinai, im Hb dualistisch interpretiert auf die Jenseits-Ausrichtung. LXX διδόναι mit Objekt Gesetz, meist im Singular, Subjekt Gott Lv 26,46, Js 8,20 Jer 38(31),33 4Makk 2,23; Subjekt Josua Js 24,25; Subjekt Jeremia 2Makk 2,2. Vgl Test XII L 14,4; Philo Leg All 3,43: „die Seele – bringt Gesetze und Sitten hervor". Midr HL 1,2(82b) Str-B III 704: Jer 31,33 wird in der messianischen Zeit geschehen. Im NT „Gesetz geben", Passiv und Aktiv, Subj Gott Gl 3,21; Mose Joh 1,17 7,19. Im Hb wie 8,10 nur noch 10,16. Hermas das verliehene Gottesgesetz (s 8,3,2); Jesus gab ihnen das Gesetz (s 5,6,3); Michael, der sein Gesetz (= den Gottessohn) in die Herzen der Glaubenden gab (s 8,3,3). εἰς τὴν διάνοιαν; τὴν fehlt in 440 483 489. Zu διάνοια siehe Bauer 1 Behm ThW IV 961–965: das Vermögen sittlicher Einsicht. Sinn und Gesetz sind verbunden: das Gesetz verstehen ist Zeichen einer guten Gesinnung Prv 9,10; ähnlich Weisheit statt Gesetz Prv 2,10. Auch Philo: der Sinn erforscht die Gesetze gottgeliebter Menschen (Det Pot Ins 13); die Sinne derer, die sich der Gesetze bedienen, bedürfen der Vorbereitung (Op Mund 2); ähnlich statt Gesetz die Weisheit (Det Pot Ins 38) oder die Vorschriften (Praem Poen 80). Es gibt einen gesetzlosen Sinn (Flacc 102); die väterlichen Gesetze können aus dem Sinn vollständig vertrieben werden (Jos Ant 9,99). Im NT διάνοια noch Deutero-Paulinen und Kath Br; nicht Paulus. In Mk 12,30 Par Sinn neben Herz, wie im Jeremia-Zitat Hb 8,10 10,16. Sinn und Herz sind synonym, siehe die Vertauschung zwischen Verb und Objekt in 8,10 und 10,16. Hb zitiert also aus dem Gedächtnis. Sinn neben Herz auch 1Cl 36,2; in 2Cl 3,4 Nachklang von Mk 12,30. ἐπὶ καρδίας αὐτῶν: nicht auf die Steine Jos 9,5 (8,32). Vor καρδίας fügen τὰς ein 81 255 256 2127; alt ist καρδίας Accusativ Pluralis in p^46 ℵ^2 A D L Ψ 1834 den meisten Chr Thret Dam, wohl auch ursprünglich in B, wo ΚΑΡΔΙΑΣ ΑΥΤΩΝ in ΚΑΡΔΙΑ ΕΑΥΤΩΝ verlesen werden konnte (Riggenbach); sekundär ist καρδίαν in ℵ* K 122* 425 2288 f vg aeth Cl Al Chr; καρδίας in P 104 365 d e Prim; Plural auch in sy^p h bo arm; siehe Zuntz 173 Anmerkung 1. Ψ stellt um und verändert: ἐπὶ καρδίας αὐτῶν καὶ ἐπὶ τῶν διανοιῶν αὐτῶν, schriftliche Mitteilung von Kurt Aland vom 7. 9. 1978. Zu καρδία siehe 3,8. Vgl Apk 17,17. ἐπιγράψω, in p^46 B Ψ arm Cl Al γράψω, Zuntz 174. Dies Verb Bauer 2 Preisigke Wört I 547f, ein vielfältig gebrauchter juristischer terminus technicus; mit ἐπί und, gegen Bl-Debr § 234,2, dem Accusativ, vgl Ditt Syll^4 957,68.87 1168,7. Mit Herz wie Jer 38(31),33 auch Prv 7,3; im NT nur Hb 8,10 10,16. Das Verb ohne „Herz" zum Beispiel Nu 17,3(16,18) Philo Vit Mos 2,179 Jos Ant 4,64 Mk 15,26 Ag 17,23 Apk 21,12 1Cl 43,2. Die freudige Befolgung des Gesetzes auch ohne die neue Setzung im AT, zum Beispiel Ps 1,2 118(119),2.97.113 Prv 9,10. Calvin 103 beobachtet das. ἔσομαι αὐτοῖς und so weiter: diese reziproke Formel, unter Vertauschung der beiden Hälften und Variierung der Personen: Lv 26,12; öfter in Jeremia, zum Beispiel 7,23, und Ezechiel, zum Beispiel 37,27; Philo Sacr AC 87; im NT 2K 6,16 Apk 21,3. Zu εἶναι εἰς siehe 1,5; zu λαός siehe 2,17.

11. Und ganz bestimmt wird keiner seinen Genossen und keiner seinen Bruder belehren und sagen: erkenne den Herrn! Denn alle werden sie mich kennen, vom Kleinsten bis zum Größten unter ihnen.

Literatur: HBraun Wie man über Gott nicht denken soll, dargelegt an Gedankengängen Philos von Alexandria, 1971.

Zur Verschiebung der Jeremia-Aussage durch den Hb siehe 8,10. Textänderungen gegenüber der LXX: LXX αὐτῶν καί hinter μικροῦ fehlt im Hb und in LXX-Handschriften; siehe Ahlborn 85 f. οὐ μή, siehe Bauer μή D Bl-Debr § 365,2; im ganzen NT; im Hb noch 8,12 13,5 mit Konjunktiv, 10,17 mit Futur, immer in Zitaten. διδάξωσιν: statt des in der niederen Koine üblichen Konjunktivs verbessern in den nach οὐ μή im NT seltenen Indikativ Futuri D² Chr Cyr, ebenso LXX-Handschriften; διδάξῃ in p⁴⁶ ist Schreiberirrtum (Zuntz 19 Anmerkung 6). Zu διδάσκω siehe 5,12. Aus der eschatologischen Gabe wird bei Philo die Seelenqualität der Selbstbelehrung, des von selbst lernenden Geschlechts (Migr Abr 140 Vit Mos 1,22). Hb dagegen ermahnt intensiv, und nicht nur in paradoxem Verhältnis zu einer übermächtigen göttlichen Gnade, siehe 6,6 Exkurs. Chr Cramer Cat 591 593 und Thomas korrigieren den Jeremia-Text: das direkte Belehrtsein durch Gott gilt nur von den Aposteln, den ersten Gründern, sie üben das weitere Lehren, mit reibungslosem Effekt; Calvin und Bengel verteidigen den Fortgang christlicher Ermahnung als voreschatologisch notwendig. Vgl 1J 2,27. ἕκαστος; p⁴⁶ ἕτερος. Hier: keiner wird belehren; 6,11: jeder einzelne wird ermahnt. τὸν πολίτην αὐτοῦ: Bauer 2 Strathmann ThW VI 517 525–528 533–535. So die alte LA in ℵ A D K L 33 88 181 330 451 614 1241 1739 1877 1881 1962 1984ᵛⁱᵈ 2127 2492 2495 den meisten d e bo fajj syᵖ ʰ ᵗᵉˣᵗ arm Chr Thret Dam, auch in p⁴⁶ B πολείτην, siehe 4,11 (Metzger 667). Sekundär statt τὸν πολίτην in P 35 38 81 104 206 218 226 257 365 429 436 483 547 629 630 642 1149 1311 1518 1758 1834 1867 1912 1985 2464 ar c dem div f z vg syʰ ᵐᵍ aeth Chr Cyr Thphyl τὸν πλησίον, abhängig von dem sekundären LXX-πλησίον, das an die übliche Übersetzung von רע angeglichen ist (Ahlborn 78). τὸν πλησίον καὶ ἕκαστος τὸν πολίτην in 326. ἕκαστος τὸν πολίτην αὐτοῦ καί entfällt per Homoioteleuton in LXX Cypr, in Hb Itala x. Statt αὐτοῦ¹ in D★ ἑαυτοῦ. πολίτης besonders 2Makk, sonst in LXX selten: der Volks- und Religionsgenosse. Bei Philo die Seelen in der Luft (Som 1,137), die Therapeuten (Vit Cont 90); bei Josephus, gegen Jer 38,34, mit *bejahter* Unterweisung, die Mitisraeliten des Mose (Ant 1,21). Außerbiblisch ist in πολίτης das politisch-rechtliche Element stärker; aber auch dort ist von Opfern und Tempel im Zusammenhang mit der Vokabel die Rede (Philo Spec Leg 1,97 Ditt Syll⁴ 485,11–13 994,7–10). πολίτης Hb nur hier; synonym dem christlichen Bruder im NT nur hier; aber siehe Eph 2,19. Sonst – Lk 15,15 19,14 Ag 21,39 1Cl 55,1 Dg 5,5 – nicht religiös gefüllt. ἕκαστος τὸν ἀδελφὸν αὐτοῦ, zu ἀδελφός siehe 7,5. 1912 bringt irrtümlich mit ἕκαστον ein Attribut zu τὸν ἀδελφὸν ein; das αὐτοῦ fehlt in p⁴⁶ ᵛⁱᵈ D★ 181 255 d e. Bruder ist hier synonym mit Bürger: in LXX immerhin gelegentlich, im Hb für NT ungewöhnlich, siehe 3,1. λέγων, hier nicht die übliche Zitateinleitung, sondern vom Reden der Menschen innerhalb des Zitats. γνῶθι, siehe 3,9–11. τὸν κύριον, Gott, siehe 1,10. ὅτι begründet, warum gegenseitige Belehrung nicht nötig ist, siehe 8,9. πάντες, ausnahmslos, siehe 3,4. εἰδήσουσίν με, jonisch-hellenistisches Futurum Bl-Debr § 101 S 45; εἰδέσουσιν D★, zu η–ε siehe Bl-Debr § 28; εἴδοσιν B★. Bauer 2 Seesemann ThW V 120–122 Radermacher 101: „kennen" nicht nur theoretisch, sondern ein Verhältnis zu ihm haben. In LXX negativ von den Heiden Jer 10,25 Ps 78(79),6. Auch Israel kennt ihn nicht 1 βασ 2,12 Js 5,13 Jer 4,22 9,6(5) Hi 18,21 36,12. Aber Jahwe wird das ändern, für Israel Jer 24,7 38(31), 34, sogar für die Heiden Js 55,5. Für Philo sind die Menschen, weil sie am Sichtbaren hängen, solche, die den wirklich Seienden nicht kennen (Decal 57; vgl Braun Wie man 24–29). Außerbiblisch: die, die den Schöpfer bestreiten, wissen auch nichts von Gott (Corp Herm 14,8); man muß Gott gut kennen in seiner Art, Orakel zu geben (Plut Pyth Or 25 II 406F). Das NT übernimmt die negative atliche Formel für die Heiden Gl 4,8 1Th 4,5 2Th 1,8; bei Joh kennen, im Unterschied zu Jesus, die Juden den Vater nicht 7,28f 8,19.55 15,21; Tt 1,16 stellt „kennen" gegen das wirklich Tun. Zum „Kennen" hier in 8,11 gehört, ebenfalls zitatbezogen, das Wissen um Gottes Vergeltung und um die dem Esau versagte Buße 10,30 12,17. ἀπὸ μικροῦ ἕως μεγάλου αὐτῶν. So, ohne αὐτῶν hinter μικροῦ, alte LA in ℵ A B D★ K P 2 33 51 57 81 104 218 256 319 330 336 436 440 442 547 623 823 1311 1611 1738 1739 1834 1837 1838 1845 1881 1912 2004 2464 d e f vg fajj arm Cl Al Chr Cyr, ebenso μεικροῦ p[46], siehe 4,11. Sekundär μικροῦ αὐτῶν, wie in LXX, in D[1] L 326 den meisten sy[p h] co aeth Thret Dam Thphyl Ps Oec; statt μικροῦ in 257 μικρῶν; vor ἕως in 326 1245 1852 καὶ wie in LXX; statt μεγάλου in 38 μεγάλων; hinter μεγάλου, wie in LXX-Handschriften, kein αὐτῶν in 442 1827 2005 sy[h] bo fajj. ἕως Bauer 3. μικρὸς Bauer 1b Michel ThW IV 650–661. μέγας siehe 4,14. μικρὸς, wie Mt 18,6.10.14, und μέγας hier vom Alter; der Positiv als Superlativ, Bl-Debr § 245,2. μικρὸς-μέγας kombiniert Ag 26,22, öfter in Apk. ἀπὸ-ἕως öfter in Synoptikern Ag; Joh 8,9 UΛ; nicht Paulus; Hb nur hier. ἀπὸ μικροῦ ἕως μεγάλου öfter, auch beide Glieder vertauscht, in LXX, besonders Jer 6,13 38(31),34 49(42),1.8 51(44),12. Auch in Papyri, zum Beispiel Oxy 1350 im Plural und verschrieben; weiteres siehe Preisigke Wört II 105. Im NT Ag 8,10 und hier Hb 8,11: wie in P Oxy 1350 wird durch die Formel zusätzlich zu πάντ(ε)ς die Ausnahmslosigkeit unterstrichen.

12. Denn ich werde gegen ihre Unrechttaten gnädig sein und werde ihrer Sünden bestimmt nicht mehr gedenken'.

Hb hier keine Abweichungen vom Jer LXX 38. ὅτι, siehe 8,9: die Vergebung der bisherigen Sünden ist der Grund für die direkte Gotteserkenntnis. ὅτι bis ἀδικίαις αὐτῶν fehlt in p[46], bis ἁμαρτιῶν αὐτῶν in 69, beides per Homoioteleuton, siehe vDobschütz Einführung 4. Cl Al hat καὶ statt ὅτι. ἵλεως ἔσομαι, Bl-Debr § 44,1 Radermacher 60 Anmerkung 1 62 Bauer Büchsel ThW II 300f: „gnädig", attische Form. ἵλεος in K L P Ψ 1 255 462 467 623 639 642 823 999 1311 1319 1738, für ο–ω siehe 4,16. Hinter ἵλεως fügt Cl Al φησὶ ὁ θεός ein. ἵλεως in LXX von der Zusage Gottes und Bitte an ihn, sehr oft, besonders Jeremia und Makk; gegenüber Sünden zum Beispiel Bosheit des Volkes Ex 32,12; Sünden 3 βασ 8,34 2Ch 6,25.27; Ungerechtigkeiten 3 βασ 8,50 Jer 38(31),34 43(36),3. Synonym die Sünden vergeben Nu 14,19 erhören 2Ch 6,21. Vgl den Tragiker Ezechiel (Eus Praep Ev 9,29,11) und Sib 1,161. Bei Philo oft, gegenüber Sünden, mit moralisierender Einschränkung; im Blick auf Ungerechtigkeiten (Migr Abr 124), auf Unrechttaten (Som 1,90). Außerbiblisch von der Zusage der Gottheit oder von der Bitte an sie, aber nicht betreffs Sünden (Sallust IV S 10,4

Ditt Or 382,224–228 232–234 Ditt Syll⁴ 985,46 f); von der Gottheit Oenomaeus (Eus Praep Ev 5,19,1) Corp Herm 5,2; Apollo (Plut Sollertia Anim 35 II 983E), Isis (Wilcken Ptol 78,23 f), Demeter (Alciphr 4,18,17). Siehe auch die häufige mokante und gebetsparodische Verwendung des Wortes bei Lucian (Philops 19 [Amor 6 30] Alex 25 Bacch 8 Pro Imag 12; Betz Lukian 61 Anmerkung 15). Im NT adjektivisch nur Hb 8,12; als Abwehrformel Mt 16,22. Gegenüber Sünden 1Cl 2,3 48,1 Herm v 2,2,8 s 9,23,4; bei Genesung, christlich P Oxy 939,7. ταῖς ἀδικίαις αὐτῶν: Bauer 1 Schrenk ThW I 153–157. Statt ἀδικίαις bringen Cyr ἁμαρτίαις, 81 1245 und LXX-LAA ἀνομίαις, Cl Al αὐτοῖς. Umstellung αὐτῶν ταῖς ἀδικίαις in 1836. Die Unrechtstat ist biblisch nicht nur zwischenmenschliches, sondern ein gegen die Gottheit gerichtetes Vergehen, vgl Prv 11,5. Für LXX siehe oben bei ἴλεως; vgl Test XII L 4,2. ἀδικία und ἀνομία wechseln in LAA der LXX-Psalmen wie hier in Hb und LXX. Der Hellenismus unterscheidet öfter zwischen ἀδικία und ἀσέβεια; ThW I 154. Aber auch außerbiblisch steht die Gottheit gegen Ungerechtigkeit (Isoc 8,35 Plut Amat 20 II 766C Epict Diss 2,16,44 Corp Herm 13,9) und wird von ihr betroffen (Ditt Syll⁴ 372,4–10). ἀδικία bei Paulus und im Corpus Paulinum öfter, im NT außer Hb nur im Singular; im Hb nur hier, und zwar im Zitat, also kein für Hb zentrales Wort; vgl 1J 1,9 1Cl 60,1 Dg 9,2. τῶν ἁμαρτιῶν αὐτῶν. Zu ἁμαρτία siehe 1,3 3,13. Statt ἁμαρτῶν schreiben ἀνομιῶν 81 460 1319 1834 Chr Cyr. Ohne Einfügung hinter ἁμαρτῶν αὐτῶν der alte Text in p⁴⁶ ℵ* B 33 38 81 218 460 629 999 1319 1739 1881 1906 f vg sa bo fajj syᵖ aeth ar Cl Al Prim; siehe Zuntz 64. καὶ τῶν ἀνομιῶν αὐτῶν fügen aus 10,17 ein ℵ² A D K L P Ψ 6 104 326 die meisten d e vgᵐˢ syʰ arm Thret Dam; LXX-LAA in Jer 38,34 übernehmen das (Ahlborn 86). Umstellung: erst ἀνομιῶν, dann ἁμαρτιῶν 1908 Chr. In 69 beginnt V 12 erst mit καὶ τῶν ἀνομιῶν αὐτοῦ. Die Sündenvergebung ruht im Hb auf Jesu Selbstopfer und dem offenen Zugang zum himmlischen Heiligtum, 9,1–10,21. οὐ μὴ siehe 8,11. μὴ fehlt in 917. μνησθῶ Bauer Michel ThW IV 678–682. μνησθήσομαι in 33, zum Indikativ siehe 8,11. Dies Verb mit Objekt „Setzung" oft in LXX. „Nicht gedenken" betreffs Unwissenheitssünde (LXX Ps 24,7); Gesetzlosigkeiten (LXX Ps 78,8); Ungerechtigkeit singularisch und pluralisch (Js 43,25A Bar 3,5); wie hier mit Sünde singularisch und pluralisch (LXX Ps 24,7 Sir 23,18 Jer 38(31),34 40(33),8 Ez 33,16). Die Objekte sind also synonym. Dies Verb im Hb als Fürsorge seitens Gottes 2,6 und seitens der Christen 13,3. μὴ μνησθῆναι τῶν ἁμαρτιῶν in Hb 8,12 und 10,17, im Zitat; sonst in NT und Apost Vät nicht. ἔτι, siehe 7,10.

13. Damit, daß er von einer neuen spricht, hat er die erste (Setzung) als veraltet erklärt; was aber veraltet und greisenhaft ist, ist dem Untergang nahe.

Literatur: MWerner Die Entstehung des christlichen Dogmas, 1941.

Jetzt die Quintessenz des Zitats, wie 1,14 (Spicq): καινή bezeichnet indirekt, den Tatbestand jedoch nicht nur feststellend, sondern vollziehend die erste Setzung als veraltet, unbrauchbar, vgl Just Dial 11,2 (Windisch). Damit aber kommt die allgemeine Wahrheit, siehe 7,7, zum Tragen: veraltet, vergreist heißt reif zum Sterben; (Werner Entstehung 194; Héring: jamais (le culte) n'est dévalorisé comme tel).

ἐν τῷ, siehe 3,12. L läßt τῷ fort. λέγειν, im Zitat, Gott Subjekt siehe 1,1 Exkurs. καινήν, siehe 8,8. Statt δὲ in Dᵍʳ τε. πεπαλαίωκεν, siehe 1,11. Activisch und passivisch alt, unbrauchbar machen beziehungsweise werden. Von einer Sache, Lk 12,33, das einzige Vorkommen des Wortes im NT außer Hb; vgl Preisigke Sammelbuch 5827,11 vom Tempel. Hier

Hb Perfekt, die Veraltung ist abgeschlossen, siehe 7,6. Die Unbrauchbarkeit des Kults war den Opfernden laut Hb halb bewußt, 10,2, und zwar als rational einsichtige Unmöglichkeit, $\mu\dot{\eta}$ $\delta\upsilon\nu\acute{\alpha}\mu\varepsilon\nu\alpha\iota$ 9,9; aber dem wirklichen Bewußtseinsstand atlicher Frömmigkeit entspricht diese Optik des Hb kaum (gegen Delitzsch 348f); siehe 9,9. Jetzt ist Raum für den Wechsel 7,12. $\pi\alpha\lambda\alpha\iota\acute{o}\omega$ LXX activisch das zerstörende Tun der Gottheit (Hi 9,5 Thr 3,4), des Antiochus (Da Theod 7,25); das Verschleißen des Erarbeiteten durch den Besitzer (Js 65,22); passivisch das Verschleißen von Gütern durch die Zeit (Philo Sobr 56). Synonym ist verschwinden (Plat Symp 26 III 208B), zerstören (Hi 9,5), zerreiben (Thr 3,4 Da LXX 7,25), zugrunde gehen (LXX Ps 101,27 Vgl LXX Da 11,33), der Mottenfraß (Hi 13,28 Js 50,9), Staub werden (Act Thom 37 S 155,9). Gegensatz ist Frucht bringen (Ez 47,12); jung sein (Philo Sobr 56); sinngemäß wie das Synonym $\gamma\eta\rho\acute{\alpha}\sigma\kappa\varepsilon\iota\nu$ hier im Hb. Philo kann die Wichtigkeit des Alten, freilich nicht von der Setzung (Jos 202), aber auch seine nur begrenzte Tauglichkeit angesichts des Neuen unterstreichen (Sacr AC 78 Rer Div Her 279 Op Mund 113). Hb hier, im Rahmen dieser gängigen Wahrheit: nicht Sünde, sondern Alter (Schierse 92) als Unbrauchbarkeit und Todesnähe, charakterisieren die erste Setzung. Ign Mg 10,2 nennt den Judaismus, als schlechten Sauerteig, veraltet; Act Thom 37 S 155,7–9 spricht von alternder und verschwindender Schönheit, vom veraltenden Leib, in Wortwahl dem Hb ähnlich, aber stärker asketisch. $\tau\dot{\eta}\nu$ $\pi\rho\acute{\omega}\tau\eta\nu$, siehe 8,7; nicht $\pi\alpha\lambda\alpha\iota\acute{\alpha}\nu$, weil dieser Wortstamm für die negative Charakterisierung gebraucht wird. Die $\pi\rho\acute{\omega}\tau\eta$ $\delta\iota\alpha\vartheta\acute{\eta}\kappa\eta$ leitet über zur $\sigma\kappa\eta\nu\dot{\eta}$ $\dot{\eta}$ $\pi\rho\acute{\omega}\tau\eta$ 9,2 (Theißen 69), wobei die Zählung ins Räumliche wechselt. $\gamma\eta\rho\acute{\alpha}\sigma\kappa o\nu$, Bauer. Meist unübertragen von Personen, so Joh 21,18, dem einzigen Vorkommen im NT außer Hb; auch 1Cl 23,1. Ebenso von Tieren, synonym das Leben beenden (Plut Cons ad Apoll 17 II 111C). Übertragen von Göttern (Jos Ap 2,253); von der Erde, synonym unfruchtbar sein Philo Aet Mund 61; von der Schönheit, synonym verschwinden (Act Thom 37 S 155,7f). So negativ wie der allgemeine Sprachgebrauch hier im Hb. $\dot{\varepsilon}\gamma\gamma\acute{\upsilon}\varsigma$, siehe 6,8; ohne $\dot{\varepsilon}\sigma\tau\iota\nu$, siehe 6,8; gegen vg: *est*. $\dot{\alpha}\varphi\alpha\nu\iota\sigma\mu o\tilde{\upsilon}$, Bauer. In LXX ist $\varepsilon\dot{\iota}\varsigma$ $\dot{\alpha}\varphi\alpha\nu\iota\sigma\mu\grave{o}\nu$ Gerichtsformel, besonders Jeremia Ezechiel; synonym Verderben 3 $\beta\alpha\sigma$ 13,34, Verfluchung 4 $\beta\alpha\sigma$ 22,19. Jos Ant 19,174 von der väterlichen Sitte. Der Tod wird unter anderem definiert als Untergang sowohl des Leibes als auch der Seele (Plut Cons ad Apoll 12 II 170 CD), als Vernichtung körperlicher Empfindung (Ascl in Stob IV 1087,9f). Im NT nur hier: Untergang, Tod. Chr erklärt in dieser Weise negativ, Severus schwächt über $\dot{\varepsilon}\gamma\gamma\grave{\upsilon}\varsigma$ ab (Cramer Cat 597f). Hb denkt natürlich nicht an die jüngst geschehene oder kurz bevorstehende Zerstörung des Tempels, er argumentiert theologisch vom Schriftbeweis aus.

9,1–10,18. Alter und neuer Opferkult

Literatur: OHofius Das erste und das zweite Zelt, ZNW 61, 1970, 271–277; ders Der Vorhang vor Gottes Thron, 1972. Weiteres im Exkurs zu V 7.

Für das Thema des himmlischen Opferkultes 8,1–10,18 nun, nach der Exposition 8,1–13, die Durchführung 9,1–10,18; vorher *in generali,* jetzt *in speciali* (Thomas). Zunächst 9,1–10 die Erfolglosigkeit des atlichen Kultes, also die Negativfolie, nicht „aus liebevollem Interesse" (zu Kosmala 39); richtig Calvin zu 9,2: „er berührt es nur obenhin". Zuerst, chiastisch nach V 1 (Bengel, Vanhoye Structure 144, Hofius Das erste 271) die Schilderung des Zeltes V 2–5 und dann die der Riten V 6–10.

1. Nun besaß ja die erste (Setzung) Kultbestimmungen sowie das Heiligtum in weltlicher Beschaffenheit.

εἶχε siehe 3,3; in D P mit Schluß-ν, siehe 7,13. Betont vorangestellt: daran fehlte es nicht. Imperfekt des Verlaufs, Bl-Debr § 327; vergangen, nicht mehr in der realen Wirklichkeit des Verfassers, für ihn aber theologisch (vgl Chr Cramer Cat 219). οὖν καὶ fehlt in 431 fajj. Alt ist der Text ohne καί, bezeugt in p[46] [vid] B 3 6 38 51 103 206* 216* 336 489 547 629 1739 1827 1881 sy[p] co Thphyl (so auch Zuntz 209f; Nestle-Aland[26] bringt [καί]). καὶ sekundär hinzugefügt wahrscheinlich als Milderung der Kritik an der ersten Setzung in ℵ A D K L P 1834 den meisten, d e f vg sy[h] arm Chr; aber das beide Setzungen verklammernde „auch" gilt ja nur für die beiderseitigen Kultbestimmungen, aber nicht für den je unterschiedlichen irdischen und himmlischen Ort, 9,1 gegen 9,11. ἡ πρώτη. ἡ fehlt in D*. Zu πρώτη siehe 8,7. Der alte Text ohne Zusatz in p[46] ℵ A B D K L P f vg sy[p] [h] fajj arm Chr Cyr Cosm Phot Dam. Sinngemäß zu ergänzen ist διαθήκη (so schon Theod Mops Staab 208 Chr Cramer Cat 219 Photius Staab 647 Erasmus adnotationes Luther Glosse Calvin Bengel die meisten Neueren, zuletzt Hofius Vorhang 61 Zimmermann Bekenntnis 182). Textlich sekundär sind die Zusätze von σκηνὴ in 2 5 6[mg] 38 81 88 104 203 206 216 218 257 263 326 330 365 378 383 429 436 440 442 462 469 489 491 506 629 630 639 642 714 823 915 919 1518 1758 1827 1834 1867 1891 1908 2004 2143 2464 vg[ms] bo[ms] Thret Oecum, auch noch Wettstein; von ἐκείνη in 67 und von der sinngemäß richtigen διαθήκη in aeth. Zu διαθήκη siehe 7,22 Exkurs. δικαιώματα Bauer Schrenk ThW II 223–227. Auch außerbiblisch, zum Beispiel von Kontraktbestimmungen (Dio C 36,40,1). In LXX sehr viel, besonders Ex Nu Dt Psalmen. Das Gesetz enthält Rechtssatzungen, sie betreffen den Kult (1Makk 2,21f, vgl 1,43.49 Nu 15,1–15.16). Synonym sind Anordnungen, Gebote, Rechtsvorschriften (Gn 26,5). Die Vorschriften über verbotene Tiere Lv 11 und Verunreinigungen Lv 15 heißen nicht δικαιώματα. Für Josephus siehe Bell 7,110. Neben anderen Bedeutungen bei Paulus und in der Apokalypse ist dies Wort im NT die Rechtsforderung beziehungsweise -vorschrift des Gesetzes (Lk 1,6 R 1,32 2,26 8,4); aber – gegen den Hb – inhaltlich nicht abgewertet und nie speziell, wie im Hb, auf Kult-, Speise- und Reinheitsvorschriften bezogen. Im Hb nur 9,1.10, inhaltlich negativ bewertet. Die Apost Vät, besonders Barnabas, auch 1Cl und Hermas, verwenden das Wort für christliche Vorschriften, und die gelten dort nicht mehr als fleischlich wie atliche Hb 9,10; sondern jüdische Inhalte werden umallegorisiert Barn 10,2. λατρείας, Bauer Strathmann ThW IV 58–66; für das Verb siehe 8,5. Schreibung λατρίας in D^{gr}, siehe 4,11. Außerbiblisch, singularisch und pluralisch, von Gebeten, Lustrationen und Weihen (Plat Phaedr 22 III 244E); vom herben Kult des Isis-Initianden (Plut Is et Os 2 II 352A); gegen orgiastische Exzesse (Plut Adulat 12 II 56E); vom selbstkritischen Philosophieren des Sokrates (Plat Ap 9 I 23B); dagegen ist Preisigke Sammelbuch 1934,3 textlich unsicher. In LXX neben Rechtssatzungen, siehe oben; vom Passa Ex 12,25f, vom Opfer- und Tempeldienst Jos 22,27 1Chr 28,13A. Der Kult geschieht durch Festobservanzen, Weihen, Lustrationen, Gebete und Opfer (Philo Decal 158, ähnlich Spec Leg 2,167). In NT Joh 16,2 R 12,1, nicht auf konkreten Kult bezogen; dagegen R 9,4 vom AT-Kult. Nur so im Hb, 9,1 9,6; siehe 8,5. In Did 6,3 Dg 3,2 vom Götzendienst. τό τε, siehe 6,5; τό δὲ in D^{gr}, τότε arm. ἅγιον, siehe 8,2, hier vom Gesamtheiligtum, nicht einem speziellen Teil. Nicht „Heiligkeit" (gegen Luther WA Deutsche Bibel 7,2 zur Stelle). κοσμικόν, Bauer Seesemann ThW III 897f; ohne Artikel, prädikativ, Bl-Debr § 270,1 (siehe Delitzsch Riggenbach). In LXX nicht. Dies Adjektiv neutral den Kosmos betreffend Phil Aet Mund 53; ja positiv die kosmosgemäße Ordnung neben Vorsehung, dem bloß Natürlichen und Menschlichen überlegen Plut Cons ad Apoll 34 II 119 EF. Ebenso Josephus: die jüdischen Tempelpriester in ihrem Ornat üben eine das All einbegreifende, eine kosmische Kultverrichtung (Bell 4,324); Stiftshütte und Geräte stellen das ganze Weltall dar (Ant 3,123.180 Bell 5,212); vgl die Kosmos-Bezogenheit am Ornat des Hohenpriesters bei Philo (Hb 2,17 Exkurs). So, freilich falsch, wird κοσμικὸς auch für den Hb erklärt: als Symbol des Kosmos (Theod Mops Staab 208 Thret MPG 82,737D 740A); oder als: allen zugänglich (Chr Cramer Cat 219 Ps Oec Phot Staab 465 648 Erasmus paraphrasis und adnotationes). Hb selber aber füllt dies Wort nicht stoisch-monistisch. κοσμικός, im Hb nur hier: gegen das nicht mit Händen gemachte, wirkliche Heiligtum 9,24, gegen das größere, vollkommenere Zelt, das nicht zu dieser Schöpfung gehört 9,11, vgl 8,2. Im Hb κοσμικὸς also nicht bloß lokal-neutral „irdisch", wie Test XII Jos 17,8 Did 11,11 Mart Pol 2,3; sondern: das Himmlische, nicht das Irdische ist geistlich ausschlaggebend, vgl die zum Teil dualistische Füllung auch von κόσμος im Material von Hb 4,3 bei κόσμος. So dualistisch abwertend erklären κοσμικὸς zutreffend Schierse 26ff Theißen 78 Zimmermann Bekenntnis 182; gegen Hofius Das erste 275 Vorhang 61. Von daher κοσμικὸς widergöttlich Tt 2,12 2Cl 5,6 17,3.

2. Denn der erste Raum des Zeltes wurde eingerichtet, in dem sich der Leuchter, der Tisch und die Brotauflage befinden; und er heißt ‚Heiliges'.

Literatur: OCullmann Der johanneische Kreis, 1975; OHofius Das erste siehe V 1; ders. Der Vorhang siehe V 1; JSwetnam Hebrews 9,2 and the Uses of Consistency, Catholic Biblical Quarterly 32, 1970, 205–221; RWilliamson The Eucharist and the Epistle of the Hebrews, NTSt 21, 1975, 300–312.

Daß es sich um Kult und Heiligtum handelt, ergibt sich, γάρ, aus der Art der Einrichtung der Kultstätte. Der Tempel wird nicht in Betracht gezogen, aber auch im Zelt ist der Kult effektlos V 8–10, zu Cullmann joh Kreis 58. Zu 9,2ff bei Orig siehe Greer 22.

Zu σκηνή siehe 8,2–3a; zur Konstruktion σκηνὴ – ἡ siehe 6,7. κατεσκευάσθη, siehe 3,3; in 33 κατεσκεύασται. Hier „einrichten": außerbiblisch vom Altar Ditt Syll^4 587,13–15. In LXX

Objekt außerisraelische Götter Ep Jer 9 45f; nicht aber das Zelt und seine Geräte; nur die Anfertigung des Leuchters Nu 8,4. Bei Philo „einrichten", das Zelt betreffend, Leg All 3,102 Rer Div Her 112 Vit Mos 2,89, vgl Congr 89; bei Josephus Ap 2,12. Im Hb geschieht die Einrichtung nach Gottes Anweisung, aber nicht durch ihn wie beim wirklichen Zelt 8,2. ἡ πρώτη ohne Artikel in 919. ἡ πρώτη, siehe 8,2. Nicht zwei Zelte, wie Erasmus paraphrasis zu V 3: *aliud tabernaculum;* sondern zwei Räume innerhalb derselben Anlage: auch Josephus unterscheidet inneren und äußeren Tempelvorhof als δεύτερον πρῶτον Heiligtum (Bell 5,193–195); ὁ πρῶτος οἶκος ist die Vorhalle des Gesamttempels (Bell 2,208f., Hofius Das erste 274f); so schon Homer Od 1,255 ἐν πρώτῃσι θύρῃσιν „vorn an den Türen" (Delitzsch). ἐν ᾗ: nun die Ausstattung des ersten Raumes. Ex 26,35 30,1.6 Philo Rer Div Her 226 Vit Mos 2,101–104 Jos Bell 5,216 Rabbinen Str-B III 737c nennen Leuchter, Tisch und Räucheraltar; Hb dagegen lokalisiert letzteren im Allerheiligsten V 4. ἡ vor τε fehlt in D^gr. Zur fehlenden Copula siehe 6,8, zu τε – καί siehe 4,12. λυχνία, Bauer Michaelis ThW IV 325–329 Str-B III 705–718. vg *candelabra,* Plural, wie die 10 Leuchter im Salomo-Tempel 3 βασ 7,35(49). Im Herakles-Kult zwei 7flammige Leuchter neben unter anderem einem Tisch und drei Räucherfässern (Ditt Syll⁴ 1106,118–127). In LXX besonders Ex und Nu, vor allem Ex 25,30–38; auch 2Chr 13,11 Sach 4,2.11 Sir 26,17 1Makk 1,21 4,49f. Bei Philo Rer Div Her 216–227 mit Material- und astraler Zahlensymbolik und mit der Zweckangabe der Danksagung (vgl auch Str-B III 717c), was Hb – siehe 9,9 – in dieser Spezialisierung nicht hat. Der Leuchter bei Josephus: an der Südwand (Ant 3,144), im Salomo-Tempel (Ant 8,90), bei der Tempel-Eroberung durch Pompejus (Ant 14,72) und im römischen Triumphzug (Bell 7,148). Im NT Leuchter profan im Gleichniswort Mk 4,21 Par; der Leuchter von Ex 25 nur Hb 9,2 und Apk 1,12f.20 2,1. ἡ τράπεζα, Bauer 1 Goppelt ThW VIII 211 Str-B III 718f. Der Tisch außerbiblisch ein Altar der Freundschafts- und Gastrechtsgötter (Plut Sept Sap Conv 15 II 158C); der Priester soll ihn mit Speise füllen (Ditt Or 383,146); Tisch des Zeus (Diod S 5,46,7). Für LXX siehe besonders Ex 25,22ff; an der Nordwand Philo Vit Mos 2,104. Tisch öfter wie im Hb ohne Zusatz (zum Beispiel Ex 26,35 Philo Rer Div Her 226 277 Vit Mos 2,94.146 Jos Ant 3,139). Mit „leer" Lv 24,6 2Chr 13,11; bei Philo öfter mit heilig; Josephus mit golden (Ant 14,72) Pompejus-Szene (Bell 7,148) Triumphzug; mit „Schaubrot-" zum Beispiel Ex 39,18 1Chr 28,16 2Chr 29,18 1Makk 1,22. Tisch viel in Verbindung mit Broten (zum Beispiel Lv 24,6 2Chr 4,19 13,11 1Makk 4,51 Philo Rer Div Her 175 Congr 168 Spec Leg 1,172 2,161 Jos Ant 3,142 8,89f). Im NT als Schaubrottisch nur Hb 9,2; so noch 1Cl 43,2.

ἡ πρόθεσις; hier interessiert nicht die Bedeutung „Entschluß", sondern „Aufstellung". Bauer 1 Maurer ThW VIII 165f Deißmann B 155 Preisigke Wört II 370 1) Str-B III 719–736. Religiös auch außerbiblisch: als Verb Athen 3,74 (110b); von geschehendem Aufstellen Ditt Or 90,48; Aufstellen als zugänglich fürs Essen Preisigke Sammelbuch 5252,19; ja auch Aufstellen von Broten in einem Heiligtum Wilcken Ptol (Urkunden) I 149,21.31, wo im Text πρόθεσις in „Korb" verbessert ist. In LXX folgende Zusammensetzungen: für τράπεζα τῆς προθέσεως siehe oben; ἄρτοι τῆς προθέσεως zum Beispiel Ex 39,18(36)A^aF, wo, ähnlich wie im Hb, τὴν τράπεζαν τῆς προθέσεως vorangeht; ἄρτοι τῆς προθέσεως auch Ex 40,21(23) 1 βασ 21,6(7) 1Chr 9,32 2Chr 4,19 Philo Congr 168 Fug 185; πρόθεσις (τῶν) ἄρτων 2Makk 10,3 Philo Spec Leg 2,161, προθέσεις ἄρτων 2Chr 13,11; πρόθεσις τῆς τραπέζης Ex 40,4; τράπεζα τῆς προθέσεως 1Chr 28,16. In LXX und Philo ist πρόθεσις keine gegenständliche Einrichtung, sondern eine Verrichtung, ein Vorgang (wie besonders deutlich aus Ex 40,4 2Chr 2,4(3) 2Makk 10,3 Congr 168 Spec Leg 2,161 hervorgeht). Im NT πρόθεσις von

Schaubroten im Zitat Mk 2,26 Par. Sonst nur noch Hb 9,2; aber hier nicht, wie in LXX und bei Philo, als Vorgang, also nicht wie 2 Makk 10,3 Philo Spec Leg 2,161; sondern offenbar als Konkretum, wie die vorhergehenden „Leuchter" und „Tisch", also dasselbe wie τράπεζα. Hat Hb, der den Räucheraltar ins Allerheiligste verlegt, die Ausstattung auf diese Weise verbal anreichern wollen? Vgl 7,27. τῶν ἄρτων, Bauer 1b. In LXX zugewendete (Ex 25,29(30)) und ausliegende (Ex 39,18(36)B) Brote; für die Verbindungen mit πρόθεσις und τράπεζα siehe oben. Hinter τῶν ἄρτων korrigiert der sekundäre Zusatz „und den goldenen Räucheraltar" in B sa^mss aeth in „verwunderlicher Keckheit" (Delitzsch), aber sachlich zutreffend die falsche Lokalisierung des Räucheraltars im echten Hb-Text (Metzger 667). ἥτις hier, wie 10,8.35 12,5 einfach für das Relativ-Pronomen, Bauer 3; siehe 8,5. Es bezieht sich auf σκηνὴ ἡ πρώτη, in Analogie zu δευτέρα V 7; das Relativpronomen greift also, wie ὅν in 7,13 auf 7,11, weiter zurück. Es mit πρόθεσις zu verbinden und in dieser als ἁγία, Femininum Singularis, das eucharistische Brot, wie die altkirchliche Exegese will, zu finden, überzeugt nicht (gegen Swetnam The Uses 208–213; vgl Williamson The Eucharistic 304f). λέγεται, siehe 7,11. Hb formuliert also in der üblichen Bezeichnung (Hofius Vorhang 56). Ἅγια, siehe 8,2; der Artikel kann ausfallen (zu Swetnam The Uses aaO), siehe 1Ch 6,49(34) 2Chr 35,15 LXX Ps 19,3 21,4 Philo Vit Mos 2,114, zumal beim Prädikatsnomen. Mit Artikel im Hb meist das Allerheiligste, der Debir; hier 9,2 der Hekal. Auch B, mit τὰ vor ἄγια, versteht neutrisch (wie Thret Erasmus adnotationes Tischendorf vSoden Nestle-Aland[26] Greek NT Aland-Black-Metzger-Wikgren). ἁγία, Femininum Singularis (in 69 365 629 b Luther WA Deutsche Bibel 7,2 Synge The Scriptures 26 Vanhoye Structure Swetnam siehe oben) ist Mißverständnis. ἄγια ἁγίων in p[46] A D★ d e vg^ms Or, wohl wie Lv 24,9 auf die Schaubrote bezogen (Riggenbach), für Hb 9,2 irrtümlich.

3. Hinter dem zweiten Vorhang jedoch liegt das Zelt, mit dem Namen ‚Allerheiligstes'.

μετὰ mit Accusativ wie klassisch, hellenistisch, aber nicht LXX, als lokal, im NT nur hier, Bauer BI. δέ, Gegensatz zu V 2, nicht zu μὲν V 1. vg: *post velamentum autem secundum*. δεύτερον, siehe 8,7. In 1836 ausgelassen. δεύτερον καταπέτασμα als Formulierung nicht in LXX Philo Josephus Apost Vät; im NT nur hier. Es gibt aber noch zwei andere Vorhänge im Heiligtum (Ex 26,36 27,16 Philo Vit Mos 2,101; zu Windisch, Kuß). καταπέτασμα, siehe 6,19; wichtig: der Vorhang isoliert ἄγια ἁγίων und disqualifiziert religiös ἄγια. Das Verb fehlt, siehe 6,8. σκηνή, siehe 8,2; gemeint ist der Zelt-*Teil*, siehe 9,2 zu πρώτη. Zur Konstruktion σκηνὴ ἡ siehe 6,7. ἡ λεγομένη, siehe 7,11. Traditionelle Bezeichnung; freilich nicht betreffs der beiden fehlenden Artikel, siehe 9,2. Ἅγια Ἁγίων, siehe 8,2. So ℵ★ A D★ I^vid die meisten; ohne Artikel in Lv öfter von den Opfern. In den von LXX bezeugten Wortgebrauch für das Allerheiligste τὰ ἄγια τῶν ἁγίων korrigieren ℵ[2] B D[1] K L 5 6 181 398 623 917 1241 1836 1898; in ἄγια τῶν ἁγίων P 1739 1908 bo fajj; nur ἄγια Orig und p[46], in diesem Papyrus aus *ΑΓΙΑ* in *ΑΝΑ* verlesen.

4. Es hat einen goldenen Räucheraltar und die Bundeslade, die ringsum mit Gold verkleidet ist; in ihr befindet sich ein goldener Krug, der das Manna enthält, und der Aaronstab, der gesproßt hatte, und die Bundestafeln.

Literatur: O Moe Das irdische und das himmlische Heiligtum, ThZ 9, 1953, 23–29.

Die Ausstattung entstammt, mit einigen Abweichungen, dem AT und nicht dem dem Hb gleichzeitigen jüdischen Kult: eine Lade sowie ihr Inhalt existierte seit dem babylonischen Exil nicht mehr, Jer 3,16. Das viele Gold (vgl das goldene Kultbild der Anathema Thoeris P Oxy 1117,1 f) kontrastiert um so schärfer zur Heilsungenügsamkeit des atlichen Kultes 9,1–10; zu letzterer siehe Vanhoye Structure 144–147. Auf Israels Aufsässigkeit will Hb freilich nicht mit den drei Lade-Inhalten hinweisen (zu Chr Cramer Cat 219).

χρυσοῦν und θυμιατήριον καὶ fehlen in B sa^mss aeth; siehe 9,2. χρυσοῦς, Bauer. In LXX viel. In 2Tm 2,20 von profanem Hausrat, in Apk sehr viel von Kultgeräten. Die Vergoldung des Räucheraltars Ex 30,3–5 Jos Ant 3,198, Rabbinen (Str-B III 737c); Philo nicht, siehe unten bei θυμιατήριον. Im Hb golden noch vom Krug 9,4. ἔχουσα, siehe 3,3 4,14. In B nur χουσα. θυμιατήριον, Bauer. In LXX und sonst als Räucherwerkzeug 2Ch 26,19 Ez 8,11 4Makk 7,11; ebenso Josephus, zum Beispiel Ant 4,32; die Räucherpfanne nicht im Allerheiligsten aufbewahrt Str-B III 736f. θυμιατήριον als Räucheraltar in Smyrna für Apollo viereckig (Ditt Syll[4] 996,12); für Zeus, parodisch, Ael Var Hist 12,51; für den Räucheraltar der Stiftshütte beziehungsweise des Tempels (Philo Rer Div Her 226f Vit Mos 2,94.101.105.146 Spec Leg 1,231), allegorisiert als Ort der Danksagung namens der Elemente (Jos Ant 3,147.198 Bell 5,218). In LXX heißt der Räucheraltar θυσιαστήριον θυμιάματος, seine Fertigung Ex 30,1–10. θυμιατήριον in NT und Apost Vät nur hier. Nicht als die kultisch untergeordnete Rauchpfanne (gegen vg Thomas Erasmus adnotationes Luther Scholien, alle drei bringen den Altar aber schon ins Gespräch; auch gegen Bengel Riggenbach Michel). Sondern als Räucheraltar (seit Calvin so die meisten Kommentare; für weitere Erklärer siehe Spicq zur Stelle). Die, abgesehen von sBar 6,7, der jüdischen Tradition widersprechende Lokalisierung – siehe 9,2 – des Räucheraltars im Allerheiligsten ist, wie bei der Lade, wirklich lokal und nicht ideell gemeint (gegen manche Erklärer, zum Beispiel Seeberg). Kaum in Anlehnung an die Einzeltradition sBar 6,7 (zu Spicq). Aber auch nicht als Gedächtnisfehler (gegen manche Erklärer, zum Beispiel Synge 54); sondern als Absicht wie bei dem καθ' ἡμέραν 7,27 (vgl die so oder so votierenden Kommentare bei Spicq). Das Allerheiligste soll aufgewertet werden: weniger durch Erreichung der Dreizahl, der Debir ist ohnehin im Hb reichlich ausgestattet (zu Zimmermann Bekenntnis 184); noch weniger, um die Offenheit des Allerheiligsten für *alle* Beter zu symbolisieren, denn auf der Ebene dieser Schilderung gilt ja gerade das „noch nicht" V 8 (zu Delitzsch und Moe Das irdische 23–29); sondern: um den Kontrast eines so reich ausgestatteten Heiligtums zu seiner Heilsunwirksamkeit zu verdeutlichen. Dafür nimmt der Hb den Selbstwiderspruch (Kuß) in Kauf: das tägliche Rauchopfer der Priester geschieht ja vor dem Vorhang, nicht im Allerheiligsten 9,6.

τὴν κιβωτόν, als Arche siehe 11,7, als Lade Bauer 2. In LXX sehr oft, verbunden mit Zeugnis oder, wie hier, mit Bund, siehe 7,22 Exkurs. Ihre Herstellung Ex 25,9(10)–14(15) Jos Ant 3,134; wie im Hb ihre innere und äußere Vergoldung Ex 25,10(11)–12(13) Philo Ebr 85 Mut Nom 43 Vit Mos 2,95 Jos Ant 3,135; wie im Hb ihr Standort im Allerheiligsten Ex 26,33 Philo Vit Mos 2,95 Jos Ant 3,138 8,90. Als Lade in NT und Apost Vät nur:

Hb 9,4 im Wüstenzelt; Apk 11,19 im himmlischen Tempel. περικεκαλυμμένον, Bauer. Von den Cherubin und der Lade 3 βασ 8,7; von anderen Kultgegenständen Ex 28,20 3 βασ 7,5(17), vgl 7,27(41); ähnlich wie Hb Josephus Ant 3,135. Dies Verb im NT nur noch Mk 14,65 Par. πάντοθεν Bauer; in NT und Apost Vät nur hier und Mk 1,45 Lk 19,43. πανταχόθεν in 1908. χρυσίω, Bauer, im Hb nur hier; Gold im Kult siehe besonders Ex 25f 28 36–38; im Himmel 21,18.21. ἐν ᾗ; ohne Verb, siehe 6,8. στάμνος, Bauer Bl-Debr § 49,1: Femininum wie hier attisch, Masculinum dorisch LXX Philo. Der Manna-Krug in LXX nur Ex 16,33; in NT und Apost Vät nur Hb 9,4. Bei Philo für die himmlische und göttliche Nahrung (Congr 100); bei den Rabbinen statt Krug meist eine irdene Flasche (Str-B III 740); Josephus bringt in Ant 3,26–32 keine Deponierung des Manna. Das Manna-Behältnis wird deponiert vor Gott (Ex 16,33f); im Allerheiligsten (TJoma 3,7(186) Str-B III 739); Philo Congr 100 ohne Ortsangabe; nur Hb: in der Lade. χρυσῇ siehe oben; davor ἡ in 88. Golden fehlt in Ex 16,33 hebräisch; aber in Ex 16,33 LXX und Philo Congr 100 wie Hb χρυσῇ. ἔχουσα siehe oben. τὸ μάννα griechisch, המן hebräisch, siehe Bauer RMeyer ThW IV 466–470. Das Manna-Wunder in Ex 16 Nu 11 Dt 8, es erlischt Jos 5,12. Nachklang Jer 17,26 48(41),5 Bar 1,10 Ez 45,25A 46,5A Neh 9,20 LXX Ps 77(78),24 Sib fr 3,48 sBar 29,8 Philo Leg All 2,86 3,175 Sacr AC 86 Det Pot Ins 118 Rer Div Her 79. 191 Congr 173f. Josephus Ant 3,31f; Rabbinen Str-B II 481f. Im NT der Sache nach 1K 10,3; explizit Joh 6,31.49.58 Apk 2,17; Ev Eb 2. Hb nur 9,4: er allegorisiert nicht wie Philo und 1K 10,3, rationalisiert und etymologisiert nicht wie Josephus, eschatologisiert nicht wie Sib sBar Rabbinen Apk, dualisiert, jedenfalls hier beim Manna, nicht wie Joh. ἡ ῥάβδος ἡ βλαστήσασα; ἡ fehlt in 69. ῥάβδος Bauer CSchneider ThW VI 966–972. Die Wunderszene Nu 17,1–11(16–21). Philo Vit Mos 2,178–180; Jos Ant 4,63–66 βακτηρία statt ῥάβδος; Rabbinen Str-B III 739f. Religionsgeschichtlicher Hintergrund Stab-Mantik; Hieronymus Commentarius in Ez MPL 25,206BC: beschriftete Pfeile, im Köcher gemischt, belehren den Assyrerkönig über die Wahl seines Angriffszieles, ῥαβδομαντία (siehe Gundel Pauly-W I A1 1914 Spalte 13–18). Im NT Stab zum Wandern Mt 10,10 Par, zum Strafen 1K 4,21; im Hb als Szepter des Sohnes 1,8, als Stab Jakobs 11,21; als Aaronstab im NT nur Hb 9,4. Noch 1Cl 43,5. Der Aaronstab wird niedergelegt vor den Zeugnissen Nu 17,10(25), das ist vor den Gesetzestafeln, also vor der Lade; im Allerheiligsten TJoma 3,7(186) Str-B III 739; nur im Hb befindet er sich in der Lade. Über die Aufbewahrung schweigen Philo, Josephus und 1Cl an den genannten Stellen. Hb erwähnt lediglich das Grünwerden; Nu 17,8(23) Philo Josephus TJoma und 1Cl, siehe oben, zusätzlich das Blühen und Mandeltragen, wobei Philo allegorisiert, Josephus rationalisiert. Das Grünen und Fruchtbringen bei einem Schiffsmast Luc Ver Hist 2,4 Wettstein; Homer bestreitet die Möglichkeit für erstorbenes Holz Il 1 234–236. Zu βλαστάνω siehe Bauer; noch in synoptischen Gleichnissen Mt 13,26 Mk 4,27; vgl Jk 5,18; im Hb nur hier; noch 1Cl 43,5. Ἀαρών, siehe 5,4. αἱ πλάκες, Bauer. Hier steigernd zuletzt genannt (Bengel). πλάκαις L, siehe 3,13; πλάκαι K[1]. Sie befinden sich in der Lade Dt 10,3–5 Philo Fug 100 Mut Nom 43 Vit Mos 2,97 Jos Ant 3,138 4,304; und zwar, gegen Hb, nur die Tafeln 3 βασ 8,9 2Ch 5,10 Jos Ant 18,104; vgl oben bei Krug und Stab. Zur Beschriftung von Tafeln mit Gesetzestexten siehe Mitteis-Wilcken I 2 S 78f Nummer 54: eine Tafel mit Verleihung des Asylrechtes an eine Synagoge. Hb erwähnt nicht die Fertigung der Tafeln aus Stein und ihre Zweizahl (Ex 34,1); die Zweizahl zum Beispiel auch Philo Rer Div Her 167 Jos Ant 3,138. Gott selber hat die Tafeln beschriftet (Ex 32,16 34,1); sie sind sein Werk (Philo Rer Div Her 167). Sie enthalten die Gebote (Test XII A 2,10), die Sprüche (Philo Migr Abr 85), die allgemeinen zehn Gesetze (Rer Div Her

167), die zehn Worte (Dt 10,4 Jos Ant 3,138 4,304). Hb nur hier; Tafeln im NT noch, als steinerne, 2K 3,3. τῆς διαθήκης, siehe 7,22 Exkurs. Bundestafeln LXX Tg J I Tg O, siehe Str-B III 502; auch Barn 14,3.

5. Über der Lade aber befinden sich die Keruben der Herrlichkeit, die das Sühnegerät überschatten. Von diesen Dingen kann man jetzt nicht im einzelnen sprechen.

Literatur: HKittel Die Herrlichkeit Gottes, 1934.

Die Aufzählung der Ausstattung des Debir endet (Achtergewicht) mit den Keruben und dem Sühnegerät. Absichtlich wurden bei beiden Räumen des Zeltes Einzelheiten weggelassen. ὑπεράνω Bauer Bl-Debr § 215,2. Hb nur hier; lokal wie Ez 43,15 Philo Som 1,157 Spec Leg 4,114 Eph 4,10. LXX hat aber nicht ὑπεράνω τῆς κιβωτοῦ; jedoch ἐπάνωθεν Ex 25,19(20). ὑπέρ – αὐτήν in D* ist das einzige lokale ὑπέρ im NT, Bl-Debr § 230. δέ im Gegensatz zu den tiefer liegenden Gegenständen; vg *superque*. αὐτῆς, betreffs der Lade V 4. Χερουβίν. Die aramäische Endung als -βιν in ℵ D* 255 d vg am fu sa fajj Prim, als βειν in p^{46} B D^2; die hebräische als βιμ in Koine K L 1834 f vg demid bo Chr Thret Dam, als βειμ in A P 33 69 Chr; für ι–ει siehe 4,11 und Bl-Debr § 38. Hier wie meist Neutrum Pluralis; zu Genus und variierender Schreibweise der Endung siehe Bauer; zum fehlenden Artikel siehe Bl-Debr § 254,1. Lohse ThW IX 427 f. Zur fraglichen Historizität von Keruben und Kapporet siehe Kutsch RGG^3 IV 197–199. Es sind die mythischen Engelwesen, bei den Rabbinen als Knaben, Jünglinge gedeutet (Str-B III 168 f). LXX zu den Lade-Keruben eingehend Ex 25,17–21 3 βαο 6,22–27 8,6 f 2Ch 3,10–13 Ez 9,3 10; knapper Ex 38,6–8 Nu 7,89 1 βαο 4,4 2 βαο 6,2 22,11. Keruben gelegentlich in Psalmen, Jesaja, Sirach, aethiopischem, griechischem und slavischem Henoch, in Fluch- und Zaubertexten. Philo allegorisiert sie (Cher 25 Rer Div Her 166 Fut 100 f Vit Mos 2,97); Josephus beschreibt sie (Ant 3,137 7,378 8,72 f). In NT und Apost Vät nur hier. Ihre in LXX, zum Teil auch bei Philo erwähnte Zweizahl, Vergoldung, ihre Flügel, Gesichter und das Thronen und Sprechen der Gottheit zwischen ihnen fehlt im Hb. Er redet von ihnen also wirklich „nicht – im einzelnen". δόξης, siehe 1,3 2,6–8a: also Jahwes Präsenz bezeichnend. Mit Cherubin verbunden Ez 9,3 10,4.18 (vgl Kittel Herrlichkeit 191). Hinter δόξης fügen D d e καί ein. κατασκιάζοντα; das κατασκιάζον in p^{46} * A P 33 256 436 1912 2127 faßt Χερουβίν singularisch auf, wie in Preis Zaub 4,3061. Bauer: von der Beschattung eines Begrabenen durch das Erdreich (Epigr Graec 495), durch einen Hain (Plut Artaxerxes 18 I 1020D). Dies Wort sonst nicht in LXX NT Apost Vät. Aber ähnlich wie Hb von den Keruben: συσκιάζω Ex 25,19 σκιάζω 38,8; sich senken Philo Cher 25; Decke bedecken Josephus Ant 8,73.103.

τὸ ἱλαστήριον: Bauer Hermann-Büchsel ThW III 319–324 Str-B III 165–185 Kutsch RGG^3 IV 197–199. Als Sühnegabe, zum Beispiel für Athene: Dio Chrys 11(10),121 vArnim; Lindische Tempelchronik B 49 Kleine Texte 131; für die Gottheit Jos Ant 16,182; zu R 3,25 siehe Käsemann R zur Stelle. Als deutende Wiedergabe von כפרת: das auf der Bundeslade liegende, aber nicht zu ihr gehörende Sühnegerät, das am Versöhnungstage mit dem Blut des Sühnopfers besprizt wurde. So Ex 25,16–21 31,7 35,11 38,5.7 f Lv 16,2.13–15 Nu 7,89; Philo Cher 25 Rer Div Her 166 Fug 100 f Vit Mos 2,95–97, der auch hier allegorisiert. In NT und Apost Vät in dieser Bedeutung nur Hb 9,5. Hinter ἱλαστήριον fügt p^{46} καί ein. περί, hier nicht vorausweisend wie 4,4. περὶ ὧν: der zurückweisende

Verfasser, siehe 2,5, und zwar auf das Zelt mit seinen sämtlichen Inhalten (so viele Kommentare seit Bengel, zum Beispiel Riggenbach). Schon hier fügen 206 547 1758 *νῦν* ein, während 1912 es ausläßt. *οὐκ ἔστιν*; א* *οὐκ ἔνεστιν*; beides ist gleichbedeutend, Bauer *εἰμί* I 7 Bl-Debr § 393,6; *ἔστιν* so auch 1K 11,20. *νῦν*, siehe 8,6: nicht etwa, weil die Zeit des AT abgelaufen ist (gegen Schiwy), sondern einfach: an dieser Stelle der Predigt. Wie „nicht jetzt ist der richtige Zeitpunkt, (darüber) zu reden" Ael Nat An 9,33 Gal De differentiis febrium II 16 Kühn VII S 393; ähnlich Philo vom Leuchter im Hekal: „eine lange Beschreibung über jede Einzelheit muß auf ein anderes Mal verschoben werden" (Rer Div Her 221). Hb holt aber die Einzelbelehrung trotz des nur nach Aufschub klingenden *οὐκ– νῦν* nicht nach. *λέγειν* des Verfassers, siehe 5,11. 412 stellt das *λέγειν* hinter *κατὰ μέρος* und verdirbt das Achtergewicht. *κατὰ μέρος*; Bauer *μέρος* 1c Ditt Syll[4.] Register 444 Preisigke Wört II 76. Klassische, hellenistische Inschriften und Papyri häufig; Prv 29,11 2Makk 2,30 11,20. Im NT und Apost Vät nur hier. Verbunden mit *λέγειν* Plat Theaet 12 I 157B Polyb 10,27,7; mit *λόγος* Naassener-Predigt Hipp Ref 5,7,6. Vgl Philo Praem Poen 67: „die Strafen im einzelnen aufzuzählen ist jetzt nicht der rechte Augenblick". In Quaest in Ex II 59–68 *redet* Philo über Gesetzestafeln, Sühnegerät, Keruben und Lade *κατὰ μέρος*, so explizit II 68. Den achtergewichtlichen Ton hat im Hb „nicht im einzelnen": es geht dabei nicht einfach um die Herabsetzung des atlichen Kultes (zu Kosmala 39); sondern: die hohe Qualität des alten Heiligtums und trotzdem seine radikale Heilsunwirksamkeit wird eh auch ohne Detail-Belehrung deutlich werden, wenn nun der atliche und ntliche Kultus zur Sprache kommt (vgl Luther Glosse Delitzsch Riggenbach).

6. So war nun die Einrichtung, und in den ersten Raum des Zeltes gehen ständig die Priester hinein und vollziehen die gottesdienstlichen Verrichtungen.

Literatur: KWClark Worship in the Jerusalem Temple, NTSt 6, 1960, 275f; OHofius Vorhang siehe V 1; ESchürer Geschichte des jüdischen Volkes II[4], 1907, IV § 24, 336–363.

Die Erwähnung des regelmäßigen Priesterdienstes bildet den kontrastierenden Auftakt zur Beschreibung des hohenpriesterlichen Wirkens am Versöhnungstage. *τούτων*, die in V 1–5 genannten Kultgegenstände. *δὲ* überleitend, Bauer 2. *οὕτως* zurückweisend, siehe 4,4. *κατεσκευασμένων*, siehe 3,3 9,2. L* P 69 216 440 483 verschreiben das erste ε in α. Dies Verb rahmt die Tempelbeschreibung V 2–6 (Vanhoye Structure 145). *εἰς μὲν τὴν πρώτην σκηνήν*. *μὲν* V 6, *δὲ* V 7, siehe 7,18. Der erste Zeltraum natürlich der Hekal (Hofius Vorhang 62); siehe 9,2 und 8,2. Der erste Zeltraum nie Objekt von *εἰσιέναι* in LXX, bei Philo und Josephus, im NT sonst und Apost Vät: dem Hb jedoch ist die betonte Unterscheidung von Hekal und Debir theologisch wichtig als Kritik am atlichen Kult, siehe 9,8 10,20. *διὰ παντὸς* Bauer *διὰ* AII1a: klassisch, hellenistisch, LXX, Hermas. Im NT Mt 18,10 Mk 5,5 Lk 24,53 Ag 2,25 10,2 24,16 R 11,10 2Th 3,16. Im Hb noch 13,15 vom Dankopfer der Christen. Hier 9,6 für die Intensität des atlichen Kultes, so daß seine Effektlosigkeit drastisch kontrastiert. Zur Intensität Ep Ar 87–95: viele Myriaden Opfertiere (88), sie dienen ununterbrochen (92), 700 Opferkult Verrichtende anwesend (95). Philo Vit Mos 2,159 viele Opfer, täglich und besonders bei Versammlungen und Festen, für einzelne und für die Gesamtheit, aus verschiedensten Anlässen. Schürer Geschichte II § 24 IV. Ähnlich außerbiblisch in Ägypten: ununterbrochen vollziehen sie das gesetzlich Festgelegte für die Götter (Mitteis-Wilcken I 2,70,10f; Windisch). *εἰσίασιν*. p[46] läßt das erste ι versehentlich aus. 88 schreibt εἰσίεσαν; vielleicht itazistisch statt εἰσήεσαν; zum Imperfect siehe Ag 17,10.15 Bl-Debr § 99,1; zum Itazismus siehe 4,11. Auch vg Impferfect: *introibant*. Das Praesens beweist nicht Tempelkult in Jerusalem nach 70p (gegen Clark 275f); auch nicht vielleicht einen Bezug auf den Tempel in Leontopolis (gegen Bleek-Windrath); siehe 5,1. Bauer: vom Eintreten in außerbiblische Heiligtümer: der Athene (Ditt Syll[4] 982,3); der Hera (Wilcken Ptol 162 VIII 19); des Dagon (Jos Ant 6,2); allgemein (Jos Ant 3,266). In LXX selten: Aaron – in das Heiligtum (Ex 28,23(29)); Heliodor, absolut (in den Tempel), gewaltsam (2Makk 3,14). Philo dagegen hat das Verb oft in diesem Zusammenhang: von Aaron in das Zelt (Ebr 129); von den Priestern – in den Tempel (Vit Mos 2,138); von Besuchern des Vorhofs (Vit Mos 2,91 Spec Leg 1,75) und von diesbezüglichen Verboten (Vit Mos 2,90 Spec Leg 3,205). Ähnlich Josephus: von Mose – in das Zelt (Ant 3,212 222); von den Priestern – in den Tempel (Ant 8,87), in den umfriedeten Bezirk (Ant 13,373); von den Vorhofbesuchern (Ant 8,68.96 16,115) und von diesbezüglichen Verboten (Ant 3,278 12,145 15,417). Im NT das Verb nur Ag: in den Tempel 3,3 21,26. Im Hb nur 9,6; siehe oben zu πρώτη σκηνή. οἱ ἱερεῖς, siehe 7,14: nicht die Laien, die „nichts von den Kultdingen hatten, sie bekamen sie nicht vor die Augen" (Chr Cramer Cat 221); und die Priester auch nur – in den Hekal. τὰς λατρείας, siehe 9,1. p[46] itazistisch λατρίας, siehe 4,11. Vom Versorgen der Geräte und vom Räucheropfer. ἐπιτελοῦντες, siehe 8,5.

7. In den zweiten Raum des Zeltes aber geht Ein Mal im Jahr, allein, der Hohepriester, (und das) nicht ohne Blut, das er für sich und für die unwissentlichen Verfehlungen des Volkes darbringt.

So mehrfach verengt ist der Zugang zum Debir. εἰς τὴν δευτέραν, siehe 9,2. δέ, bezogen auf μέν, siehe 9,6. ἅπαξ τοῦ ἐνιαυτοῦ: zu ἅπαξ siehe 6,4; zu ἐνιαυτὸς siehe Bauer 1. Zeitliche Einschränkung auch beim Besuch des Osiris-Grabes auf einer Meeresklippe: durch die Priester – an einem einzigen Zeitpunkt (Plut Is et Os 20 II 359B Betz Plutarch 1975 S 51). Ein Mal im Jahr von der Entsühnung des Räucheraltares (Ex 30,10); von der Begehung des Versöhnungstages (Lv 16,34) und dem Betreten des Debir durch den Hohenpriester (Philo Leg Gaj 306 Hb 9,7). So noch „jedes Jahr" Hb 9,25 10,1.3. Ähnliche Wendungen: Philo Ebr 136 Spec Leg 1,72 Gig 52 Jos Bell 5,236 3Makk 1,11. Hb 9,7: im Gegensatz zum διὰ παντὸς der Priester Hb 9,6; vgl auch Lv 16,2. Auch Philo und Josephus verbinden die zeitliche Einschränkung mit dem Eintreten; sie meinen wie Hb: an diesem Einen Tage im Jahr, an ihm aber mehrmals (Lv 16,12.14f). Philo Leg Gaj 307: zwei Mal; die Rabbinen (Str-B III 741): drei oder vier Mal. Abwegig ist: die jährliche Einmaligkeit gelte nur für den Eintritt mit Blut, nicht für den mit Räucherwerk (gegen Oecumenius von Trikka Staab 465). μόνος, Bauer 1b. Nur allein die Priesterin darf das Kultbild der trojanischen Minverva sehen (Lucanus Pharsal 1,598; Servius, Kommentar zu Vergil 2,166 Wettstein). In Hb 9,7 die zweite und dritte Verengung: nicht die Priester oder gar das Volk; und der Hohepriester ohne Begleitung. μόνος wie 3Makk 1,11 Jos Bell 5,236. Philo μόνον Leg Gaj 306; εἰς Spec Leg 1,72. In Lv 16,17 dasselbe, breiter, ohne μόνος; von Philo öfter, zum Beispiel Rer Div Her 84, als Positivum allegorisiert für die Übermenschlichkeit des Hohenpriesters; also anders als Hb. Das im Hb fehlende Verb ist zu ergänzen mit εἰσιέναι (wie Hb 9,6 Philo Ebr 136 Migr Abr 104 Rer Div Her 84 Som 1,216 2,189 Vit Mos 2,133 Spec Leg 1,72 Jos Bell 5,236); oder mit εἰσέρχεσθαι (wie Hb 9,12 Lv 16,3.23 Philo Leg Gaj 306); oder mit εἰσπορεύεσθαι (wie Lv 16,17.23). ὁ ἀρχιερεύς, siehe 2,17 Exkurs. Das ο in A über der Linie. *οὐ χωρίς*, nicht in LXX. Die vierte Verengung. Zu *χωρὶς* siehe 4,15; zur Litotes siehe 4,13. Sie gibt den Ton dem Blut; zu dessen Wichtigkeit Schierse 34. Zu *αἷμα* siehe den Exkurs. Statt *ὅ* in 1836 *οὗ*: wenn als *οὗ* gemeint, dann Attraktion des Relativ-Pronomens, Bl-Debr § 294. *προσφέρει*, siehe 5,1; zum Kultgebrauch in LXX siehe den Exkurs. *ὑπέρ*: „zur Beseitigung von", so in Verbindung mit *τῶν ἀγνοημάτων*. Wenn *ἑαυτοῦ* nicht von *ἀγνοημάτων*, sondern direkt von *ὑπὲρ* abhängt (so schon Erasmus adnotationes), dann meint *ὑπὲρ* „zugunsten von", siehe 5,1. *ἑαυτοῦ*; dafür in p⁴⁶ L★ 2 5 38 177 337 623 635 1836 1908 2298 *αὐτοῦ*; dasselbe umgekehrt in Lv 16,11 F. Lv 16 vermehrt *αὐτοῦ* um des Hohenpriesters Familie in V 6 11 17 24; in V 17 kombiniert mit der ganzen Gemeinde der Söhne Israels, in V 24 mit dem Volk und den Priestern. Das Sühnopfer für die Gemeinde anders formuliert auch in Lv 16,16.19.21. Zu *λαός* siehe 2,17 5,3. Zur Reihenfolge *ἑαυτοῦ–λαοῦ* siehe 5,3. *τῶν ἀγνοημάτων*, siehe Bauer Bultmann ThW I 117 Preisigke Wört I 8, vgl *ἀγνοεῖν* 5,2: Verfehlung aus Unkenntnis. Ditt Or 116,2. Neben *ἁμαρτήματα* Wilckens Ptol 111,3 1Makk 13,39; neben *ἁμαρτία* Tob 3,3; neben *ἁμαρτάνειν* Jdt 5,20(24); für sich allein Sir 51,19 Joseph und Asenath 13 S 57,20 Batiffol. Involuntary transgressions Philo Quaest in Gn 2,69. Im NT nur Hb 9,7; Herm s 5,7,3f die früheren, vorchristlichen *ἀγνοήματα*. Das Blut sühnt in Lv *ἁμαρτίαι* uneingeschränkt; in Lv 16,34 und im Zitat Barn 7,4 ausdrücklich *πᾶσαι αἱ ἁμαρτίαι*; vgl auch Philo Poster C 48 Spec Leg 2,196. Hb dagegen schränkt ein: die Verfehlungen aus Unkenntnis. Eine andere Einschränkung: Sühne nur in Verbindung mit Umkehr (Joma 8,8f; Zimmermann Bekenntnis 185). Ebenso Qumran 1QS 3,4.

7 Exkurs: Sühneblut.
Literatur: DJMcCarthy The Symbolism of Blood and Sacrifice, JBL 88, 1969, 166–176; MPNilsson Geschichte der griechischen Religion I, 1941; ESchürer siehe V 6; JWThompson Hebrews 9 and Hellenistic Concepts of Sacrifice, JBL 98, 1979, 567–578; NHYoung The Gospel according to Hebrews 9, NTSt 27, 1981, 198–210.
1. Blut gilt in der Antike weithin auch außerbiblisch als sühnend (Nilsson griechische Religion I 80–100, besonders 96f; Mühlmann Galling Nauck RGG³ I, 1327–1330; Schimmel Hentschke RGG³ IV, 1637–1647; Hamburg Pauly-W X 2 1919 Spalte 2513–2519; Bauer; Behm ThW I 171–175). Ein Mörder muß schweigen, bis man an ihm mit dem Reinigungsblut eines jungen Tieres das *καθαιμάσσειν*, die Behandlung mit Blut, vollzieht (Eur Eum 448f). „Durch Blut geschah die Reinigung – der Mörder, die, mit Blut gewaschen, dieses als Reinigungsmittel hatten" (Eustath Thessal Commentarius in Od 22,481 797). „Alle Frauen, die die Schuldigen reinigen, begießen mit dem Blut des Opfertieres" (Scholion zu Ps Plat Min 315C). Die philosophische Polemik gegen den Brauch als einen bei Missetätern abzulehnenden Bestechungsversuch (Plat Leg 10,1 III 885B Leg 10,12 III 905D, Thompson 574) zeigt an, der Brauch wurde wirklich geübt: Heraclit vergleicht die Reinigung durch Blut mit Beschmutzung (fr 5 Diels I 78,6ff); Plut Superst 12 II 171b: „unreine Reinigungsriten".
2. Eine zentrale Rolle spielt das sühnende Blut im AT und im jüdischen Kultus. Der Grund dafür: denn das Leben eines jeden Fleisches ist sein Blut (Lv 17,11; vgl Philo Rer Div Her 56 Jos Ant III 260). McCarthy 166–176 meint, nachweisen zu können, die Lebensträchtigkeit und Gottbezogenheit des Blutes sei specifically Isarelite. Die wichtigsten unter den Opfern sind die blutigen Tieropfer (Schürer, Geschichte II⁴ 19 § 24 IV; dort und RGG³ IV 1645f zu den einzelnen Opferarten). Zur prophetischen Opferpolemik, zur Wert-Relativierung der Opfer in den Psalmen und zur nachexilischen einseitigen Betonung des Sühneopfers siehe RGG³ IV 1643f.
3. *αἷμα* in LXX vor allem in Ex, Lv, Nu, Dt. Besonders zentral ist das sühnende Sündopfer des Versöhnungstages Lv 16; siehe auch Hb 2,17. Die termini im einzelnen: Blut Lv 16,14.14.15.15.18.18.19.27; Stiftungsblut Ex 24,8. Die Opfertiere: der junge Stier als *μόσχος* Ex 29,12 Lv 4,5.7 16,3.6.11.14.18, als *ταῦρος* 1Esr 7,7 Js 1,11; der Ziegenbock als *χίμαρος* Lv 16,5.15.18 und als *τράγος* Nu 7,17 und öfter. Blut darbringen Lv 1,5 7,23(33) 9,9; den Ziegenbock darbringen Lv

Exkurs: Sühneblut zu **9,7**

16,9. Das Hineingehen des Hohenpriesters Lv 16,3.23. Blut beziehungsweise von dem Blut nehmen Ex 24,6.8 29,12.20.21 Lv 4,5.30.34 8,15.23 14,25 16,14.18. Von dem Blut hineintragen activisch und passivisch Lv 4,16 6,30 16,15.27. Das Schreien der Stimme des Blutes Gn 4,10. Der Effekt der Blutverwendung ist Sühnung, Lv 16 besonders intensiv; heiligen Lv 16,19; reinigen Ex 30,10 Lv 16,19.20.30, Reinigung Ex 30,10; vergeben werden Lv 4,20.26 und öfter: ἄφεσις in Lv 16,26 meint kaum Vergebung. An kultischen LXX-termini hat Hb *nicht* übernommen: das außerhalb von Lv 16 begegnende auf den Boden schütten Ex 29,12 Lv 4,7, Jesus nimmt sein Blut mit in den Himmel Hb 9,12 12,24; das Sprengen des Blutes als προσχέειν Ex 29,16 Lv 1,5 und öfter und als ῥαίνειν Lv 16,14.15.19; den Ziegenbock Lv 16,5 und öfter. Umgekehrt *fehlt* in LXX von den kultischen Hb-Termini: die Stiftung einweihen Hb 9,18; natürlich der Gegensatz von eigenem und fremdem Blut Hb 9,12 13,12 9,25; die Besprengung beim Passablut Hb 11,28; das Blut der Besprengung Hb 12,24; die Blutausgießung Hb 9,22; die dualistisch gemeinte ewige Erlösung und der Eintritt ins Heiligtum Hb 9,12 10,19. Philo läßt sich selten auf eine detailliertere Darstellung des Opferns ein wie Vit Mos 2,152 für das Blut und Spec Leg 1,228 für das Opfertier. Oft allegorisiert er das Blut wie Rer Div Her 185; im Blick auf Lv 16 Leg All 2,56 Spec Leg 1,205. Öfter bleibt bei seinem Bezug auf Lv 16 das Blut völlig unerwähnt: Ebr 136 Rer Div Her 84 Som 1,216 2,189 Spec Leg 1,72.84 Vit Mos 2,23f Leg Gaj 306. Jos Ant 3,242f beschreibt Lv 16 unter Verwendung von Blut Stier Bock hineinbringen bringen sprengen. Qumran erwähnt den Versöhnungstag 1Q p Hab 11,7 1Q 34[bis 2+1] 6 (Qumran Cave I Barthélemy Milik S 152f), wahrscheinlich mit abweichender Datierung. 1QS lehnt blutige Opfer ab (Braun Radikalismus I 58 Anmerkung 6, 34 Anmerkung 15). Einzelheiten bei Rabbinen zur Sühnehandlung und ihrer Wirkungskraft siehe Str-B III 175–178. Die Maxime „keine Vergebung ohne Blutvergießen" (Str-B III 742) formuliert die atlich-jüdische Konsequenz.

4. Jesus selber wird in den Synoptikern als dem Opferdienst gegenüber reserviert dargestellt (Braun Radikalismus II 43 Anmerkung 2;63–65). Die Heilsbedeutung seines Blutes entstammt alttestamentlichem Hintergrund, aber außerhalb des Hb nie im Gegensatz zum Blut der Opfertiere, das nur Lk 13,1 begegnet. Die Terminologie, verglichen mit der der LXX, macht das klar. Gar nicht in LXX-Bezügen belegt ist die Verbindung des Sühne-Blutes mit δικαιοῦσθαι R 5,9; mit dem Stamm λυ in Eph 1,7 1Pt 1,19 Apk 1,5; mit περιποιεῖσθαι und ἀγοράζειν Ag 20,28 Apk 5,9; mit ἐγγὺς γενέσθαι Eph 2,13; mit εἰρηνοποιεῖν Kol 1,20; mit ἔρχεσθαι δι' αἵματος und ἐν τῷ αἵματι 1J 5,6 als „sterben"; mit λευκαίνειν τὰς στολὰς Apk 7,14; mit νικᾶν Apk 12,11; ebenso nicht das ἴδιον αἷμα Ag 20,28. Besonders drastisch der Unterschied zum Hb: das αἷμα ἴδιον ohne formulierten Gegensatz Ag 20,28; das τίμιον αἷμα gegen Münzen und Edelmetall 1Pt 1,18f, während Hb das Blut der Opfertiere dagegensetzt, siehe unten 5b. LXX, aber nicht speziell Lv 16, bringt ἐπιραντίζεσθαι, ähnlich 1Pt 1,2. Wie in Lv 16 ist ἱλαστήριον belegt in R 3,25, aber kaum als Kapporet (Käsemann Römerbrief zur Stelle). Nur das καθαρίζειν Lv 16, siehe oben, hat zu 1J 1,7 engeren Bezug, wenn man von der unrituellen Füllung in 1J 1,7 absieht. Ähnlich steht es bei der Abendmahlsterminologie Mt 26,26f Mk 14,22–24 Lk 22,19f Joh 6,53–56 19,34 1K 10,16 11,25–27 1J 5,8: die eucharistische Bedeutung von αἷμα, σῶμα, σάρξ, ὕδωρ und ποτήριον hat keine LXX-Wurzeln. Die ἄφεσις von Lv 16,16 meint nicht sicher Vergebung; wenn, dann gegen den hebräischen Text. Das ἐκχύνειν in LXX außerhalb von Lv 16 besitzt Analogie zu den Eucharistie-Texten, ebenso dort das αἷμα διαθήκης.

5. Hb gebraucht αἷμα *a)* im Zusammenhang atlicher Opfer und *b)* als Blut Jesu. *a)* Als Blut atlicher Opfer 9,7.12f.18–22.25; 10,4; 11,18; 13,11. Am häufigsten im Zusammenhang mit dem Versöhnungstag Lv 16: Hb 9,7.12f.25; 10,4; 13,11. Abgesehen von Ein Mal, allein, vom Mitnehmen des Blutes durch den Hohenpriester in den Debir und von der Bestimmung des Opfers, für den Opfernden und für das Volk, entfallen im Hb die speziellen Einzelheiten aus Lv 16. Blut beim Bundesschluß Ex 24 ausführlicher in Hb 9,18–21; beim Pascha Ex 12 in Hb 11,28; Blut allgemein Hb 9,22. Die weitgehende LXX-Bezogenheit, verglichen mit dem sonstigen ntlichen αἷμα-Gebrauch, erhellt für den Hb aus der Terminologie; für das Folgende vgl oben 3 und 4. LXX bietet im Zusammenhang mit αἷμα gar nicht ζῷα als Opfertiere wie Hb 13,11; nicht das ἐγκαινίζειν διαθήκην wie Hb 9,18; nur das ἀφίεσθαι und die ἄφεσις wie Hb 9,22; nicht die πρόσχυσις beim Pascha wie Hb 11,28; und natürlich nicht die strikte Verneinung der Sündentilgung beim Tieropfer wie Hb 10,4. Nicht Lv 16, aber sonst LXX ist die Quelle für die Stiere Hb 9,13 10,4; für die Böcke Hb 9,12.13.19;10,4; dem Wortstamm nach für das ῥαντίζειν Hb 9,19.21; für das Blut der Setzung Hb 9,20 im Zitat. Aus Lv 16

entstammen: die Stiere Hb 9,12.19; das Darbringen Hb 9,7; das Hineingehen Hb 9,12.25; das Nehmen Hb 9,19; das Hineingebrachtwerden Hb 13,11; als Effekt das Heiligen und Reinigen Hb 9,13.22. Die atliche Blutreinigung für Kultgeräte wird im Hb über die diesbezüglichen LXX-Texte hinaus ausgedehnt, siehe 9,19.21.22. Der Effekt der Tieropfer wird von Hb in 9,13 relativiert, in 10,2.14.18 als Hilfe gegen Sünden ganz bestritten; zu dieser Aporie siehe 5,2. Bei der Behandlung atlicher Opfer ist Hb mit Philo einig in der knappen Wiedergabe von Lv 16; aber nicht in Philos Blut-Allegorese und Blut-Desinteresse; andererseits natürlich auch nicht in der Verwerfung der Tieropfer durch den Hb, siehe Philo Migr Abr 89–91. Josephus verwendet, abgesehen von Blut, andere Vokabeln als Hb. Für Qumran siehe Braun Qumran-NT I 262f. Die Rabbinen reden von Lv 16 detaillierter als Hb; sie bringen allerdings die Maxime von der Unerläßlichkeit des Blutes für die Vergebung wie Hb 9,22. Die LXX ist mithin die wichtigste Quelle für das sühnende Blut des Hb.
 b) Diese Konzeption wird im Hb nun der Deutung des Todes Jesu zugrunde gelegt, in Analogie und Überbietung. Das sühnende Blut Jesu heißt im Hb τὸ αἷμα τοῦ Χριστοῦ 9,14, ’Ιησοῦ 10,19; es ist das eigene Blut 9,12 13,12, nicht das der Opfertiere. Zum folgenden siehe oben 3. Nicht aus LXX belegbar ist das Blut der Besprengung Hb 12,24; vor allem nicht diejenigen Wendungen, die die zum Teil dualistisch formulierte Wertsteigerung des Blutes Jesu gegenüber dem der Opfertiere ausdrükken: es wirkt eine ewige Erlösung 9.12 und eine ewige Setzung 13,20; die ewige Setzung der LXX und das „ewig" Lv 16,29.31.34 sind nicht dualistisch gefüllt wie im Hb. Das Blut Jesu reinigt das Gewissen 9,14, vermittelt für Jesus den Zutritt zu Gottes Thron 10,12 und redet kräftiger als das Abel-Blut 12,24. Der LXX entstammen Wendungen, die, wie oben αἰώνιος, atlich und dualistisch-christlich interpretierbar sind: aus Texten außerhalb von Lv 16 sinngemäß λαλεῖν 12,24; das Stiftungsblut 10,29 13,20; wie das verbale ἀφίεσθαι der LXX die substantivische ἄφεσις Hb 9,22. Zahlreicher sind die Bezüge auf Lv 16: die Verbindung des Blutes Jesu mit hineingehen 9,12 und darbringen 9,14; als Effekt das Sühnen 2,17; Reinigen 9,14 und Heiligen 13,12. Zur realistischen Bedeutung, die Young The Gospel, besonders S 205f, gegen den Hb-Text mir abzuschwächen scheint, siehe Hb 2,17 Exkurs.
 6. Die Polemik gegen die atlichen Opfer wird in der nachfolgenden Zeit nicht, wie im Hb, durch den Hinweis auf Jesu kräftigeres Sühnopfer geführt, sondern unter Rückgriff auf atlich-prophetische Opferkritik Barn 2,5 f oder auf rationalem Wege Dg 2,8 3,5. Aber in Barn 5,1 das αἷμα τοῦ ῥαντίσματος (Hb 12,14) und Barn 7,5 Jesu προσφέρειν (Hb 9,14) seines Fleisches. Für Lv 16 richtet sich das Interesse auf die beiden Böcke, die die Selbigkeit Jesu in der ersten und zweiten Parusie abbilden Barn 7,6–11 Just Dial 40,4 Tert Marc 3,7 MPL 2,231AB.
 7. Hb teilt mit dem NT die an das AT anknüpfende Wertschätzung des erlösenden Blutes Jesu, baut sie aber durch Unterstreichung der Sühnekraft des Blutes und durch Rückgriff auf den Versöhnungstag Lv 16 zu dem nun zentral gewordenen Theologumenon aus. Die Konsequenz dessen reicht weit in die Dogmen- und Liturgiegeschichte hinein. Ein Urteil über diese Entwicklung hängt ab von der Beantwortung der Frage, ob dies gegenständlich-materielle Sühnedenken für uns theologisch möglich ist.

8. Das ist der Hinweis, den der heilige Geist dadurch gibt: der Weg ins Heiligtum ist noch nicht offenbar geworden, solange der vordere Zeltraum noch existiert.

Literatur: OHofius Vorhang siehe V 1; GTheißen Besprechung zu Hofius Vorhang, ThLZ 99,1974, 427.

Die Art des atlichen Kultes selber zeigt an, was allerdings erst der heilge Geist einsichtig macht: die vom *tremendum* durchwaltete Zugangsverengung V 7 ist nicht hilfreich, sondern schädlich; der Weg ins Heiligtum liegt gleichwohl noch nicht offen. Atlich-jüdischem Selbstverständnis entspricht das freilich nicht; siehe 8,13. Der Text lautet nicht: „nur für das Volk, die Gemeinde nicht offen" (siehe Zimmermann Bekenntnis 186). Sondern: überhaupt nicht offen. Der versperrte Debir ist mehr als der Hinterraum des Wüstenzeltes: es geht um das himmlische Heiligtum, in das Jesus gelangt ist 9,12 und in das die Seinen gelangen sollen 10,19: zu jenen Stätten, die wahrhaft heilig sind (Erasmus paraphrasis). „Unter der Hand wird –" (Strathmann). aber weder τὰ ἅγια (gegen Westcott) noch ἡ πρώτη σκηνή (gegen Héring Strathmann) meinen das irdische Heiligtum als ganzes im Gegensatz zum himmlischen. τὰ ἅγια ist auch nicht „Heiligkeit" (gegen Luther 1522 1546 WA Deutsche Bibel 7,2). Der zu durchschreitende Hekal liegt also nicht einfach im Wüstenzelt 9,11, nicht im welthaften Heiligtum 9,1. Denn der wirkliche Debir befindet sich im Himmel 7,26 9,11, ja er ist der Himmel 9,24. Der vordere Zeltraum liegt also und der Durchgang durch ihn und den Vorhang geschieht also nicht im, sondern vor dem Himmel. Er hat keinen Bestand mehr und bildet kein Hindernis mehr für diejenigen, die, wie Jesus durch den Tod 10,20, wie die Seinen durch Abwendung von der Erde 11,13 und von dieser Weltzeit 9,9 den Vorhang durchschreiten 6,19f und zur künftigen Stadt eilen 13,14 (gegen Hofius 62f). In der Tat gerät die auf Analogie angelegte himmlische Topographie in Unordnung (Theißen ThLZ 99); siehe auch 6,19.

δηλοῦντος, siehe Bauer Bl-Debr § 397,4 Bultmann ThW II 60f Preisigke Wört I 335f. Eine Säuleninschrift „informiert" über eine Olympiade (Ditt Syll[4] 1073, 45–48); von der „Deutung" eines Orakels (Lib Decl 9,16) und des Traumes (Diod S 18,60,4 Paus 4,33,5 Ael Arist 47,51); dabei von einem Gott als Deuter (Ael Arist 47,55 Paus 1,29,11); von einem Opfer für Zeus und Sarapis und von Kulttagen (Ael Arist 49,48). Der Hinweis auf eine Wahrheit im Apollo-Kult (Plut E Delph 2 II 385b Betz Plutarch 1975 89). In LXX üben das Hinweisen neben Menschen der Engel (Da 7,16) und besonders die Gottheit (Ex 6,3 33,12 1 βασ 3,21 Da 2,28 Ps 147,9). Inhalt: Name und Absichten der Gottheit, Verborgenes (LXX Ps 50,8) und Träume (Da 2 wiederholt). Philo: *δηλοῦν* = ausdrücklich sagen (Leg All 1,60), = deutlich reden (Migr Abr 166). Der göttliche Geist bringt beim Propheten die Stimme zum Klingen, es kommt zur klaren Verdeutlichung (Spec Leg 4,49), vgl Hb 9,8. Subjekt öfter der Schriftspruch, zum Beispiel PosterC 28 Mut Nom 33 34, wie Hb 12,27. Inhalt: das Aufzeigen der verdeckten Bedeutung (Migr Abr 92, wie Hb 9,8); aber gegen Hb fordert Philo die Praktizierung auch des unallegorisierten Sinnes. Bei Josephus *δηλοῦν* = kundmachen Ant 3, 183–185 (de Wette[2]). Subjekt Gott auch bei abgeblaßtem Sinn; als Traumdeutung Ant 10,195; als Offenbarung positiven Ant 1,191 und strafenden Inhalts Ant 5,43. Im NT außerhalb des Hb: *δηλοῦν* als Mitteilung seitens von Mitchristen 1K 1,11 Kol 1,8; Aufdeckung am Gerichtstage 1K 3,13. Hb-analog: Mose deutet Ex 3,6 auf die Auferstehung Lk 20,27 LA DW; der Geist Christi in den AT-Propheten weist auf den ntlichen Kairos hin 1Pt 1,11; Jesus selbst Subjekt 2Pt 1,14. In diesen Zusammenhang gehören Hb 9,8 und 12,27; beidemal Praesens, das *δηλοῦν* dauert an (Michel Westcott). In Apost Vät: Subjekt der Offenbarungsengel, Inhalt die Bußfrage (Herm s 9,1f und 9 insgesamt). Gn 17,23ff und 14,14 weisen auf Christi Kreuz hin (Barn 9,8); Barn von seiner eigenen Allegorese des AT 17,1. Die Apostel als die, die das Zukünftige anzeigen Kg Pt 3 (Kleine Texte 3 S 15,21). τοῦ πνεύματος ἁγίου, siehe 3,7; im AT redend siehe 4,12. Als Subjekt von *δηλοῦν* siehe oben. Vgl Corp Herm 12,19: allein dem Menschen sagt die Gottheit voraus das Zukünftige, durch Vogelflug, Eingeweideschau, Inspiration *(διὰ πνεύματος)*, durch die Eiche.

μήπω Bauer. p[46] *μήπως*. Statt *μήπω πεφανερῶσθαι: μήπως πεφανερῶσαι* D*; *μήποτε φανερω-σθαι* 216* 383 1889 1912, nur *φανερῶσθαι* 378 639. *μήπω* vom Nicht-gehen-können des jungen Ismael Jos Ant 1,217; von der Prädestination vor der Geburt R 9,11; von der Unvollkommenheit des Wandels nach der Bekehrung 2Cl 18,2. Hb 9,8: von der Unzulänglichkeit atlichen Heiligtums und Kultus. Philo dagegen Congr 89 Mut Nom 110. *φανερόω* Bauer

1b Bultmann/Lührmann ThW IX 4f. Die Gottheit offenbart Heil für Jerusalem Jer 40(33),6; vielen Suchenden hat sie sich nicht offenbart Philo Leg All 3,47. Im NT oft christologisch und soteriologisch, siehe Hb 9,26; wie Hb 9,8 vom μήπω des Erfolges beim atlichen Kult im NT sonst nicht. Aber vergleichbar Barn 2,4 16,5. τὴν – ὁδόν, mit Genitiv der Richtung, siehe Bl-Debr § 166 Bauer 1a: wie ὁδοῦ 'Οάσεως „zur Oase" Preisigke Sammelbuch 4636,28; in LXX öfter, zum Beispiel Gn 3,24 Ex 13,17; Mt 10,5. Der versperrte Weg Hb 12,19. Zu ὁδὸς siehe 3,9–11, τῶν ἁγίων, der Debir, siehe 8,2; hier übertragen: der himmlische. ἔτι: p^{46} ὅτι; G^{gr} ἐπί. Der Hekal hat also eine begrenzte Dauer. τῆς πρώτης σκηνῆς siehe 9,2. ἐχούσης siehe 3,3. στάσιν Bauer 1 Delling ThW VII 568–571. Als „Bestand" neben μονὴ Philo Abr 68. στάσιν ἔχειν: vom Passat Polyb 5,5,3; betreffs neuer Krankheiten, von ihrer Entstehung und ihrer Dauer *([σύ]στασιν)* Plut Quaest Conv 9,1 II 731B. In LXX als Standort Dt 28,65, Feststehen Jos 10,13, und in verwandten Bedeutungen. Im NT außer Hb 9,8 nur als „Aufstand", „Zwist"; aber siehe ἵστημι Hb 10,9.

9. Das ist ein Gleichnis für die Gegenwart: ihm entsprechend werden Gaben und Opfer dargebracht, die nicht imstande sind, den den Kult Übenden im Gewissen zu weihen.

Literatur: W Bieder Pneumatologische Aspekte, in: Neues Testament und Geschichte, herausgegeben von Baltensweiler/Reicke, 1972; KW Clark siehe 9,6; O Hofius Vorhang siehe 9,1; H Wenschkewitz Die Spiritualisierung der Kultbegriffe, 1932.

Das Beispiel meint die Existenz des versperrenden Hekal. Ihr entspricht die Heilsunwirksamkeit der Opfer. Diese charakterisieren die negative gegenwärtige Weltzeit, im Unterschied zur Zeit der rechten Ordnung, die mit Jesu Eintritt ins himmlische Heiligtum angebrochen ist 9,10–12. Gleichwohl redet Hb hier von der Gegenwart so, als sei sie noch in Kraft: das Praesens des überzeitlichen Instituts, siehe 5,1. Ohne Berücksichtigung der Gegenwart des Heils kann auch Paulus die negative Wirkung des Gesetzes R 7,14–21 (Käsemann Römerbrief zur Stelle), wie Hb hier die der Opfer, *präsentisch* darstellen.

ἥτις siehe 8,5. D* d e fügen hinter ἥτις sinngemäß richtig πρώτη ein, aus 9,8. παραβολή, Bauer 1 Hauck ThW V 741–759. vg ergänzt *est. παραβολή* ist hier in den Relativsatz einbezogen, Bl-Debr § 294,5. Ein terminus technicus der griechischen Rhetorik. In LXX besonders Ezechiel und Sirach. In Dt 28,37 und öfter neben „Rätsel". παραβολὴ ἐπί „für", Ez 12,22 24,3, meist negativer Inhalt. Außerhalb von Hb im NT von Jesu Gleichnissen, Synoptiker. Paulus nicht. Im Hb hier negativ für die Heilsunwirksamkeit atlicher Opfer; in 11,19 positiv für die Auferstehung. Besonders viel in Herm s. Für eschatologische Not Barn 17,2; ein prophetisches Beispiel auf Jesus Barn 6,10; Kg Pt 4 (Kleine Texte 3 S 15,30f) neben „Rätsel". εἰς „im Blick auf", wie 7,14; nicht „bis", die Gegenwart ausschließend (gegen Luther Scholien; Luther anders NT 1522 und Deutsche Bibel 1546). τὸν καιρόν: Bauer 1 Delling ThW III 456–463. Wie Hb 9,9 mit bösem Inhalt: Qoh öfter, gut und böse abwechselnd; apokalyptisch negativ R 8,18 2Tm 4,3. Hier die gegenwärtige Zeit der heilsunwirksamen atlichen Opfer; im Gegensatz zur Zeit der richtigen Ordnung 9,10; nicht der qumranische Versöhnungstag oder Jesu Kreuzigungstag (Braun Qumran NT I 262f). Im Hb noch als Lebensalter 11,11 und als Zeit haben 11,15. τὸν ἐνεστηκότα, Bauer 1 Oepke ThW II 540 Preisigke Wört I 492. Die LAA ἐνεστῶτα in 81 255 und ἑστηκότα in 102 429 1311 2125 variieren nur formal grammatisch; ἀνεστηκότα in 33 dagegen versteht die Zeit als in

Bewegung geraten, also zusammenhangswidrig. Die Einfügung καθέστηκεν hinter ἐνεστηκότα in 69 103 104 181 330 436 440 442 462 483 491 823 1319² 1836 1837 1898 1906 2005 2127 Chr ergänzt die fehlende Kopula; zum Fehlen siehe 6,8. Die Zeit wird eingeteilt in vergangene, gegenwärtige und zukünftige (Philo Plant 114 Plut Comm Not 41 II 1081C 1082A Dion Thr Art Gramm 638b,22 Sext Emp Phys 2,193). Die gegenwärtige Zeit für den Angriff Polyb 1,60,9. LXX das Partizip Perfect nicht bei καιρός, aber zum Beispiel bei „Winter" 1Esr 9,6. Philo Leg All 1,186 verbindet καιρός mit dem Verbum finitum. Jos Ant 16,162 stellt den ἐνεστὼς καιρός gegen den vergangenen. Im NT „gegenwärtig sein" Verbum finitum vom Tag des Herrn 2Th 2,2, Partizipium von der bösen Zeit Gl 1,4, absolut neben den zukünftigen Dingen R 8,38 1K 3,22. ὁ καιρὸς ὁ ἐνεστὼς im NT nur Hb 9,9, negativ-apokalyptisch gefüllt, als atlich vergangen und doch noch gegenwärtig (so Bengel, der die Schwierigkeit, ob gegenwärtig oder vergangen, merkt; auch de Wette² Bleek-Windrath Seeberg Spicq Michel Montefiore Schiwy); also nicht schlechthin nur die vor Christi Kommen liegende atliche Zeit (in dieser Hinsicht zu undifferenziert Chr Cramer Cat 221 Erasmus paraphrasis und adnotationes Calvin Gräßer Glaube 161f Hofius Vorhang 64); auch nicht die christliche Gegenwart (gegen Delitzsch Hollmann Riggenbach Windisch Héring Moffatt Kuß Bieder Aspekte 257). Eine gegenwärtige Pestzeit 1Cl 55,1; τὰ ἐνεστῶτα neben μέλλοντα von Sünden Barn 17,2; neben παρεληλυθότα und μέλλοντα von den den atlichen Propheten offenbarten Geschehnissen Barn 1,7 5,3. καθ' ἥν, alte LA in ℵ A B D* 5 33 38 88 218 255 256 263 424¹ 442 1108 1245 1518 1611 1739 1852 1881 1898 1906 1907 1912 2005 2127 2138 2464 2495. Statt dessen sekundär καθ' ὅν in D² K L P Ψ 104 326 1834 den meisten d e sy^h bo Thret Thphyl bezieht sich auf den καιρός. Die variierenden LAA verschieben aber nicht den Sinn; ob der Anschluß an die πρώτη σκηνή, die παραβολή oder den καιρός denkt: immer ist die Situation der effektlosen atlichen Opfer gemeint. δῶρα, siehe 5,1: die atlichen Opfer (Vanhoye Structure 146). Nicht die atlichen Tieropfer und die ntlichen Lobe- und Bekenntnisopfer (gegen Bieder Aspekte 257). Auch nicht die ntliche Eucharistie: Hb übt zwar Sakramentsreserve, siehe 6,4 13,9; aber er kann hier doch nicht dem ganzen Zusammenhang nach eine innerchristliche Kontroverse aufgreifen und meinen, daß Jesu Inthronisierung zum Zeitpunkt der richtigen Ordnung V 10 Sakramente aufhebt, die vor ihm ja gar nicht existierten (zu Theißen 69–71); siehe V 10. τε καί siehe 4,12. θυσίαι, siehe 5,1. D^gr verschreibt θυσίαν. Mandäische Opferablehnung Lidz Ginza R 1,31. προσφέρονται, siehe 5,1. Statt dessen προπέμπονται in 440 verschiebt die Darbringung. Aber die ersten Christen opferten nach Mt 5,23f. Das Praesens besagt nichts über einen noch gegenwärtigen jüdischen Kult in Jerusalem (gegen Clark Worship 276, siehe 8,4). μὴ δυνάμεναι, siehe 3,19 5,7; vgl ἀδύνατον 10,4. Wie im Hb öfter – 3,2 5,10 6,19 7,13f 10,20.25.34 12,17 – bringt auch hier erst das nachfolgende Partizip oder der nachfolgende Relativsatz die Hauptsache. Dies Nichtkönnen ist Offenbarung, siehe 9,8, den den Kult Übenden aber gleichwohl bewußt 10,2, siehe 8,13. Ps Clem Recg 10,48,2 schreibt die gleiche Heilsunwirksamkeit philophischen Weisungen zu.

κατὰ συνείδησιν, Bauer Maurer ThW VII 897–918 Preisigke Wört II 531 Str-B III 91–93. τὸ συνειδός und ἡ συνείδησις „Bewußtsein", seit dem ersten Jahrhundert vor Christus auch „Gewissen". Ihm als einer nicht zu verachtenden Bewachung sind die Erwachsenen seitens der Gottheit übergeben; sie dürfen es nicht in den Wind schlagen; Mißfallen bei Gott ist Feindschaft gegen das eigene Gewissen (unechtes Epictet-Fragment 97, in EDübner Theophrasti Charakteres (1842) 25). So auch Menander Mon 81 110 – ἡ συνείδησις θεός –, wenn man dies nicht mit Maurer 901 als Ironie versteht. LXX συνείδησις nur dreimal, siehe zu Hb 10,2 und 10,22; Masora und meist auch LXX sprechen in diesbezüglichen Zusammenhängen von „Herz", siehe Sir 42,18אC; LXX Hi 27,6b ist Ausnahme, vgl den hebräischen Text. *συνείδησις* im Hb 9,9.14 10,2.22 13,18; im NT sonst nicht in den Synoptikern, dem echten Joh und in Apk. Hb 9,9: das *κατὰ συνείδησιν* formal noch Jos Ant 16,103; vergleichbar der Accusativus graecus 1Tm 4,2. Hb 9,9f.13f stellt *συνείδησις* gegen *σάρξ*: Tieropfer können den Menschen nur äußerlich weihen. 1Pt 3,21 der gleiche Gegensatz, aber ohne Bezug auf Tieropfer. Die in Ag 7,42 enthaltene Opferkritik ist ambivalent (siehe Conzelmann Apostelgeschichte zur Stelle). Daß Tieropfer nur die menschliche *σάρξ* betreffen, im NT nur hier; vgl 13,9: Speisen festigen nicht das Herz. Paulus stellt *σάρξ* gegen *καρδία* R2,28, *συνείδησις* gegen *ὀργὴ* R 13,5 (Käsemann Römerbrief zur Stelle). Die Barn 2,7–10 zitierte prophetische Opferkritik setzt, dem Hb gleich, wahres Heil und rechten Wandel gegen Opfer; formuliert aber, anders als Hb, atlich: *θυσίαι* gegen *καρδία*. Die Behauptung des Hb, Tieropfer hätten mit der Innerlichkeit des Opfernden nichts zu tun, widerspricht wesentlichen Aussagen des AT. Die Opfer des Gottlosen zwar sind dem Herrn ein Greuel (Prv 21,27 Sir 32(35),1–15, besonders V 14); wo aber das Opfer des zerknirschten Geistes vorliegt, finden die Tieropfer Annahme (LXX Ps 50,19.21; vgl Joma 8,8 9,7). Für diese Linie widersprechen Tieropfer und Herzensbeteiligung im jüdischen Kult einander nicht; zurückhaltender urteilt die prophetische Opferkritik, siehe 9,7 Exkurs. Philo Spec Leg 1,203 ausdrücklich anders als Hb: der Opfernde soll in der Gesinnung fromm sein, die Handauflegung auf das Opfertier soll *ἐκ καθαροῦ τοῦ συνειδότος* erfolgen; gleichwohl geschieht durch Opfertiere die Reinigung der *ψυχὴ* Spec Leg 1,222.258; vgl Wenschkewitz Spiritualisierung 198. *τελειῶσαι*, siehe 2,10; hier besser „weihen": das *κατὰ συνείδησιν* hebt gegen einen rein äußerlichen Kulteffekt ab. Anders Zosimus § 8 Hermetica Scott IV S 111,15f: Abwehropfer gegen Dämonen erbringen das *τελειωθῆναι* (wie Hb) *τὴν ψυχήν. τὸν λατρεύοντα*, siehe 8,5. In 81 dafür *τοὺς λατρεύοντας*. Priester und Laien.

10. Denn diese Opfer hängen zusammen nur mit Speisen und Getränken und verschiedenen Waschungen: Fleischessatzungen, die bis zu der Zeit der richtigen Ordnung erlassen sind.

Literatur: WBieder siehe V 9; OHofius Vorhang siehe V 1; JSwetnam On the Imagery and Significance of Hebrews 9,9–10, Catholic Biblical Quarterly 28, 1966, 155–173.

Die Heilsunwirksamkeit der Opfer resultiert aus ihrem Zusammenhang mit Speisegesetzen und Reinigungsriten; daß diese minder sind, wird hier hellenistisch ohne Begründung vorausgesetzt. All das sind vergängliche Interimssatzungen, gültig nur bis zur richtigen Heilsordnung.

μόνον, Bauer 2b: wie 12,26 zur Präzisierung atlicher Sachverhalte im Sinne des Hb. *ἐπί*, Bauer II1bγ Bl-Debr § 235,2. *μόνον ἐπὶ* macht nicht den schon beschränkten Effekt der Opfer V 9 zusätzlich noch abhängig von einzuhaltenden Ritualgesetzen (gegen vSoden); es charakterisiert nicht den Kultdiener (gegen Luther WA Deutsche Bibel 7 zur Stelle); sondern es meint den Zusammenhang, in dem die Opfer stehen. *βρώμασιν*, Bauer 1 Behm ThW I 640–643. Für Plut Spuperst 7 II 168D ist die Beobachtung ritueller Speise- und Trinkregeln Aberglaube. *βρῶμα* auch prophan zusammen mit *πόμα* 2Esr 3,7 Test XII R 2,7; rituell vgl ep Ar 128. Atlich und spätjüdisch sind sie religiös wichtig: Lv 11 die verbotenen Tiere, siehe 1Makk 1,63 4Makk 1,34; Speiseregeln für Priester Lv 10,12–15. Philo allegorisiert Fug 174, aber sie gelten auch wörtlich unübertragen Migr Abr 92. Josephus, βρωτὰ oder βρῶσις, Ant 3,259f Ap 2,141.282. Opfer und Speiseregeln werden zusammen erwähnt wie hier im Hb: Lv 7,14f(24f) 19,6 Philo Spec Leg 1,220–222 Josephus Ant 3,205. βρῶμα neben πόμα 1K 10,3; βρώματα neben ποτά Ign Tr 2,3; βρῶσις neben πόσις R 14,17 Kol 2,16. Als minder gilt βρῶμα Mk 7,19 1K 6,13 8,8; antiasketisch 1Tm 4,3; βρῶσις Joh 6,27. Speisegesetze, wörtlich genommen, gehören, wie im Hb, zum „Fleisch" Barn 10,9. In Did 6,3 hebt die βρῶσις-Askese an. Opfer und βρῶσις zusammen genannt Dg 3,5 4,1. Hb disqualifiziert die Speisen in 9,10 durch „nur" und das Folgende, in 13,9 durch ihre geistliche Unergiebigkeit und durch die Entgegensetzung zur Gnade. Der Verzicht auf Begründung wirkt hellenistisch. Theißen 69–71 hat rein vokabulär recht: θυσία könnte zur Zeit des Hb die Eucharistie bezeichnen. Aber: βρῶμα und πόμα 1K 10,3f sind allegoriebedingt. In NT und Apost Vät βρῶμα sonst nicht eucharistisch; freilich: βρῶσις eucharistisch Joh 6,55, πόμα eucharistisch Ign R 7,3, πόσις Joh 6,55. Zur Eucharistie-Frage siehe 9,9. πόμασιν, Bauer 1 Goppelt ThW VI 145. Von dem die Mühsal beendenden Lethe-Trank Epigr Graec 2,44,10. In LXX auch neben βρῶμα, siehe oben; meist unrituell, ebenso Philo. In rituellem Zusammenhang Lv 11,34, vgl Hag 2,12. Lv 10,9 die dem Priester während seines Dienstes, Nu 6,3 die dem Nasiräer verbotenen Getränke. Ferner ep Ar 128 142 162, also vor den Opfervorschriften 170 erwähnt. Im NT πόμα nur noch 1K 10,4, siehe oben. Zu den Apost Vät und der Frage der Eucharistie siehe oben. διαφόροις, Bauer 1 Weiß ThW IX 64–66; in LXX Philo Test XII Josephus und Apost Vät nicht verbunden mit βαπτισμός; aber ähnlich die διάφοροι ἁγνεῖαι (Reinigungsriten) der Essener (Josephus Bell 2,159). Im NT nur noch R 12,6. Hb nur hier; Bedeutung nicht „besser", sondern „verschieden"; und zwar in geringschätzigem Sinne wie die „verschiedenen Personen" POxy 1033,8. βαπτισμοῖς, siehe 6,2. Plut Superst 3 II 166A polemisiert ethisch-rational gegen das „tauche dich im Meer unter!" In LXX Waschungen für Priester und Leviten Ex 29,4 Lv 6,27(20) 16,4.24.26.28 Nu 8,7; für Laien Lv 11,25.28.32 14,8f 15,5ff Nu 19,11ff. Waschungen und Opfer wie im Hb kombiniert Lv 14,9f 15,13–15 Nu 8,7f. Im Judentum sind Reinigungsriten zentral wichtig (Str-B I 695–704 IV 227g; vgl Sib 3,591–593). Bei Philo Spec Leg 1,258 geschieht die Reinigung für den Leib durch Waschungen und Besprengungen. Qumran verlangt erhöhte Penibilität in der „Reinheit", auch wenn diese durch rechten Gehorsam ergänzt werden muß 1QS 3,4–6 (siehe Braun Qumran-NT I 29f). Hinter βαπτισμοῖς fügen καὶ ein ℵ² B D² K L Ψ 88 181 326 330 451 614 629 630 1175 1241 1827 1877 1962 1984 1985 2492 2495 it vg sy^h Chr Thret Dam; ohne καὶ p^46 ℵ* A D* I P 33 81 104 256 263 436 442 618 1739 1834 1881 1907 1912 2127 2464 d e sy^p sa bo fajj^vid arm Or Cyr Euthal als ursprüngliche LA. Statt des alten δικαιώματα in p^46 ℵ* A I P 33 81 104 1739 1881 2464 pc b sa der Singular δικαίωμα in D* d e; δικαιώμασιν in D² K L Ψ 88 181 326 330 614 629 630 1175 1241 1877 1962 1984 1985 2495 den meisten it vg sy^h Chr Thret Dam. Die LA καὶ δικαιώμασιν, weitgehend in denselben Zeugen, adaptiert sekundär das ursprüngliche δικαιώματα an die drei vorhergehenden substantivischen Dative (Metzger 668). δικαιώματα, siehe 9,1. σαρκός, siehe 2,14 5,7. Die am Fleisch haftende Haltung ist unvollkommen und vergänglich (Philo Gig 45). Aber Gottes δικαιώματα in LXX nie negativ, sie sind gerade (LXX Ps 18,9); ja, das fleischliche Herz *gehorcht* gerade den Satzungen (Ez 11,19f). Positiv sind Gottes Satzungen auch bei Philo Quaest in Ex 25,3, siehe Hb 7,18, und bei Josephus. δικαίωμα in NT und Apost Vät sonst nicht negativ, siehe 9,1. Anders Hb: die rituellen Satzungen sind schwach, vergänglich, 7,16 9,13f; entgegen dem Gewissen 9,9. μέχρι, siehe 3,14. Statt dessen μέχρις in D², ἄχρι in 547, ἕως in 241. Die beiden Zeiten lösen einander ab, die gegenwärtige ist für die Christen vergangen, siehe 9,9; sie bildet 9,1–10 die negativ-Folie für den folgenden Text. *καιροῦ*, siehe 9,9. *διορθώσεως*, Bauer Preisker ThW V 451 f. Dies Wort als Stabilisierung eines Vertrages Ditt Syll[4] 658,4 f; als richtige gegenüber der falschen Darstellung einer Lehre Plut Musica 31 II 1142B, als günstige Lebensgestaltung Preis Zaub 13,707 f. In LXX nur verbal Js 62,7 (Héring); in Test XII nicht. Bei Philo Sacr AC 27 als „Besserung" innerhalb eines breiten Tugendkataloges; *καιρὸς* ist, als „günstige Zeit", dasselbe wie *χρόνος κατορθώσεως*, „Zeit der glücklichen Ausführung" Op Mund 59. Bei Josephus Ant 2,51 als Wiedergutmachung von Verfehlungen. Der Hb-Terminus ist in LXX dem *καιρὸς κατορθώσεως* vergleichbar Ps 68,14; siehe auch *καιρὸς δεκτὸς* Js 49,8; im NT ist analog etwa 2K 6,2. *διόρθωμα* in Ag 24,2 als „Reform". *διόρθωσις* in NT und Apost Vät nur hier im Hb; verbal von der Besserung der Ehefrauen 1Cl 21,6. Das Substantiv in gnostischen Zusammenhängen Cl Al Exc Theod 30,2 35,2. Im Hb als die rechte eschatologische Ordnung, gegen die jüdischen Riten; daher so dem AT und dem Judentum unmöglich, wie nach Josephus Ap 2,183 das jüdische Gesetz auch ausdrücklich keiner *διόρθωσις* bedarf. Sie trat ein mit Jesu Erscheinen (Käsemann Gottesvolk 30 Gräßer Glaube 161 Williamson 118 Hofius Vorhang 4); sie ist nicht rein zukünftig (gegen Bieder Aspekte 258). Hb wählt hier mit *διόρθωσις* einen terminus, der, siehe die Belege, auch „Besserung" meinen kann und so nicht bloß den Bruch mit dem Früheren ausdrückt, vgl 1,1 zu „Andersartigkeit und Überbietung". In etwa analog zu Qumran 1QS 4,18 f CD 12,23 13,1 (siehe Braun Radikalismus I 110 Anmerkung 5 111 Anmerkung 1; Qumran-NT II 266–272). *ἐπικείμενα*, Bauer 2c. Das Aufliegende ist meist etwas Bedrückendes: der Tod als Strafe (Luc Calumniae 17); die Nacht (Sap 17,21(20)א); Regierungsverpflichtungen (1Makk 6,57); Philo: das Sinnliche (Som 2,207) und seine Niederhaltung (Leg All 3,136). Im NT die apostolische Verpflichtung 1K 9,16; im 1Cl der Kampf christlichen Wandels 7,1, die kultischen Verpflichtungen atlicher Leviten 40,5. Im Hb nur 9,10, von dem jüdisch-rituellen Geboten; *βάρος*, Schwere klingt an, Ag 15,28, siehe Oecumenius MPG 119 373D (Spicq). Daß die Riten die christlichen Sakramente blockieren, ist eine scharfsinnige Überinterpretation von Joh 11,38 (zu Swetnam Imagery 155–173).

11. Als aber Christus als Hoherpriester für die wirklichen Güter auftrat, ging er durch das größere und vollkommenere Zelt, das nicht mit Händen gemacht ist, das heißt, das nicht zu dieser Schöpfung gehört,

Literatur: PAndriessen Das größere und vollkommenere Zelt, BZ 15, 1971, 76–92; OHofius siehe V 1; LSabourin Liturge du Sanctuaire, NTSt 18, 1971, 87–90; FSchröger Der Gottesdienst, MThZ 19, 1968, 161–181; JSwetnam The Greater and More Perfect Tent, Biblica 47, 1966, 91–106; ders The Uses siehe V 2; AVanhoye Par la tente plus grande, Biblica 46, 1965, 1–28; RWilliamson The Eucharist, NTSt 21, 1975, 300–312.

9,11–14 Das wahrhaft wirksame Opfer Christi. Nach 9,1–10: les préfigurations provisoires laissent place aux réalités définitives (Vanhoye Structure 147). 9,11 formuliert so, als durchschreite Jesus einen im *Himmel* gelegenen Hekal (so zutreffend Delitzsch Michel). Das Entscheidende für Jesus und die Seinen ist aber das Betreten des himmlischen Debir 10,19, der der Himmel is t 9,24; also kann vor diesem Debir eigentlich kein Hekal liegen, der, wie hier 9,11 die hohen Attribute zeigen, zum *Himmel* gehört. Zu dieser Doppeldeutigkeit siehe 9,8 6,19. Die weniger sorgfältige Ausdrucksweise hier entspringt der erstrebten Analogisierung von irdischem und himmlischem Heiligtum (Riggenbach). Sie läßt sich nicht beseitigen dadurch, daß διά als rhetorische Anpassung (zu Hofius Vorhang 76), als paränetisch gefordert (zu Zimmermann Bekenntnis 191) oder daß es nicht lokal, sondern instrumental als „kraft" gedeutet wird (zu Seeberg Synge Scriptures 28 f Westcott Montefiore); Hb benutzt verschieden gemeintes διά, wie hier 9,11 und 9,12, durchaus nebeneinander 2,14f 13,15 13,21 f. Ebenso hilft es nicht aus der Aporie heraus, unter σκηνή das Gesamtheiligtum im Himmel (wie Seeberg Montefiore Schiwy Hofius Vorhang 67 Zimmermann Bekenntnis 191), den himmlischen Debir (wie Synge Scriptures 28) oder den Himmel in weiterem Sinne (wie viele von Bleek-Windrath bis Strathmann) zu verstehen. σκηνή meint auch nicht Jesu irdischen, auferweckten oder eucharistischen Leib; denn sein Blut ist das Mittel zum Eintritt V 12, ist nicht das Zelt, der durchschrittene Raum (gegen Chr Cramer Cat 222f Severian von Gabala Staab 350 Thphyl MPG 125,305A Thomas zweite Deutung Calvin Bengel Westcott Sabourin Liturge 88 Schierse 58f Vanhoye La tente 1–28 Swetnam Tent 91–106 The Uses 214–221; gegen die eucharistische Deutung Schröger Gottesdienst 165f Andriessen aaO 76–92 Williamson Eucharist 304f Michaelis ThW VII 377f).

Χριστός, siehe 3,6. δὲ korrespondiert dem μὲν 9,1 (Vanhoye Structure 150). 440 491 823 lassen es zu Unrecht aus. παραγενόμενος Bauer; in 69 παραγενάμενος, siehe Deißmann NB 18 Bl-Debr § 81,3. Gegensatz ἀπογενέσθαι „fernsein" Antiphon O 2,3,5. „Auftreten" von Mit-Opfernden Ditt Syll[4] 1051,14–16. Absolut von einem Propheten 1Makk 4,46; vom Täufer Mt 3,1; von Jesus Lk 12,51 Herm s 9,5,7. So Hb, nur 9,11, von Christi Auftreten; zum Zeitpunkt siehe 1,3 Exkurs. ἀρχιερεύς, siehe 2,17 Exkurs. τῶν – ἀγαθῶν, Bauer 2aγ Grundmann ThW I 15. Die Güter Ägyptens Gn 45,18; absolut LXX Ps 106,9 Hi 22,18 Mt 7,11 Lk 11,53; die unvergänglichen Güter 2Cl 6,6. In Hb 9,11 10,1 nicht, wie das zu tuende Gute 13,21, sondern das Heil. γενομένων in B D* 1611 1739 2005 d e sy[(p) h pal] ar Or Cyr Chr, in p[46] als γεναμένων, scheint echt zu sein; aus 10,1 dürfte μελλόντων stammen in ℵ A D[2] I[vid] K L P 33 81 88 104 181 326 330 436 451 614 629 630 1241 1834 1877 1881 1962 1984 1985 2127 2492 2495 den meisten fund it breit vg sy[hm] bo fajj arm aeth Eus Ephr Cyr Jer Chr CyrAl PsAthan Thret Proclus Cosmas Dam. Für μελλόντων als alt votieren Seeberg Héring Westcott Schiwy Zuntz 119 Metzger 668; für γενομένων Grundmann aaO Zimmermann 189f und die meisten. Der Aorist meint nicht die Vorzeitigkeit vor εἰσῆλθεν, siehe 2,10 (zu Riggenbach). γίνεσθαι vom Eintreten des Nutzens Ditt Syll[4] 526,40; einige der Güter, die sich realisierten und da waren (Philo Leg All 3,86); die Güter, die sich realisieren werden (Jos Ant 2,86). So Hb 9,11 vom realen Heil; vgl das wiederholte ἔχειν im Hb 4,14; beim Gesetz sind künftige Güter angemessen 10,1. Künftige ewige Güter Act Thom 24 S 138,10. διά, Bauer AI1, lokal; nicht von παραγενόμενος abhängig (gegen Luther Deutsche Bibel WA 7,2 September 1522), sondern von εἰσῆλθεν. μείζονος, siehe 6,13. Eine größere und vollkommenere Beschaffenheit Plut Prof Virt 11 II 82E; eine größere und vollkommenere und wahrhaft gottbegeistert redende Seele Philo Mut Nom 128. τελειοτέρας; mit ω statt ο in A L P 33 69 102 103, siehe 4,16. Zu τέλειος siehe 5,14. Zur Verbindung mit μείζων siehe oben. Rituelles gilt außerhalb des Hb als vollkommen: die Opfer Philo Spec Leg 1,286 Virt 146 Decal 158 Vit Mos 2,5; die in Lv 23,2 vorgeschriebenen Feste sind eine Festfeier, zu vollkommen für die menschliche Natur (Spec Leg 2,51). Ähnlich the house of perfection in Coronation of the Great Šišlam S 17 Zeile 17 von oben S 36 Zeile 6 von unten Drower. Hb urteilt hier anders über atliche Riten. Vgl Act Thom 158 S 268,10f zu τελειοτέρα σκηνή. Der Komparativ im NT nur hier. χειροποίητον, Bauer Lohse ThW IX 425f. In LXX meist von Götzen, Js absolut, Dan mit εἴδωλα. Philo wertet das mit Händen gemachte Heiligtum nicht ab Vit Mos 2,88. Im NT von der Beschneidung Eph 2,11; von Tempeln Mk 14,58 Ag 17,24 mit ναός, Ag 7,48 absolut. Hb 9,11 dualistisch (Theißen 121); wie vorher μείζων und τελειοτέρα; ebenso 9,24 mit ἅγια. Die Abwertung richtet sich nicht gegen die künstliche Entstehung, sondern gegen den welthaften Hersteller, siehe 8,2, und die welthafte Art. Das wird klar an der Erklärung τοῦτ' ἔστιν, siehe 2,14; zu εἶναι „bedeuten" siehe 7,2. ταύτης τῆς κτίσεως. Zu κτίσις siehe 4,13; kann undualistisch sein wie αὕτη ἡ κτίσις LXX Ps 73,18. κτίσις dualistisch Corp Herm 1,13 beim beginnenden Abstieg des ἄνθρωπος. Ähnlich R 8,21f. So, die dualistische Linie unterstreichend, hier Hb 9,11, die Abwertung der geschaffenen Dinge 12,27. Wie Hb αὕτη ἡ κτίσις gegen ewige Erlösung V 12, setzt Ps Clem Hom 1,7,3 das Zeitliche gegen das Ewige.

12. auch nicht kraft des Blutes von Böcken und Jungstieren, sondern kraft des eigenen Blutes ein für allemal in das Heiligtum hinein und erreichte eine ewige Erlösung.

Literatur: OHofius Vorhang siehe V 1.

Nach dem *himmlischen* Heiligtum, V 11, nun, gegen V 7–10, das *eigene* Blut Christi, nicht das der Opfertiere; darum der *einmalige* und endgültige Eintritt und so die *ewige* Erlösung (siehe Hofius Vorhang 66; für Origenes siehe Greer 19).

οὐδέ, siehe 8,4: ein weiterer Unterschied. Die Verneinung chiastisch hier vor, V 11 hinter der positiven Aussage (Michel). δι', siehe Bauer A III Oepke ThW II 65: modal als „vermittels", nicht lokal wie 9,11. Lv 16 hat immer ἀπὸ τοῦ αἵματος, siehe 9,7 Exkurs; dieser Exkurs wird im Folgenden einfach als Exkurs (ohne „9,7") zitiert. διά in 489; entgegen der üblichen Vermeidung des Hiatus im Hb, siehe 5,4. αἵματος, siehe Exkurs. τράγων; dafür ταύρων in 1518, aus V 13. Hier V 12 Reihenfolge: „Böcke, Jungstiere", also für das Volk zuerst; in 9,19 umgekehrt, also wie Lv 16,14f; der Wechsel scheint mithin ungezielt. Im Hb Plural der Kategorie (Riggenbach). Statt LXX χίμαρος im Hb τράγος; so auch Philo Poster C 70 Plant 61 Rer Div Her 179, bei Field Hexapla Lv 16,8 Symmachus; χίμαρος auch LXX Lv 16,5.7.18.20.27. τράγος Bauer, im NT nur Hb. In LXX öfter. Für LXX, Hb und Barnabas siehe Exkurs. μόσχων, Bauer Michel ThW IV 767–769. Stieropfer in Ägypten Mitteis-Wilcken Chrestomatie I Nr 87–89; auf Kos Ditt Syll[4] 1106,25f. Lv 16,3: εἰσελεύσεται – ἐν μόσχῳ ἐκ βοῶν περὶ ἁμαρτίας; für LXX und Philo siehe Exkurs. Im NT Lk 15,23.27.30 Apk 4,7: nicht als Opfer. Für Hb siehe Exkurs. 1Cl 52,2 im Rahmen der prophetischen Opferkritik, siehe Exkurs. Barn 8,2 der von den Sündern geschlachtete Jesus. διά siehe oben; wie ἐν 13,20. τοῦ vor ἰδίου fehlt in p[46]. Zu ἴδιος siehe 4,10. LXX und NT sonst bringen nicht ἴδιος im Gegensatz zu den Opfertieren, siehe Exkurs. αἵματος, siehe Exkurs. Also kein unblutiges Opfer wie Test XII L 3,6. εἰσῆλθεν, siehe 3,11 6,20. Zu Lv 16 siehe Exkurs. εἰσῆλθεν – εὑράμενος: une seule et même action (Spicq). Wortstellung εἰσῆλθεν εἰς τὰ ἅγια ἐφάπαξ in ℵ*, aber selber rückverbessert. ἐφάπαξ siehe 7,27. τὰ ἅγια: in den himmlischen Debir, siehe 8,2. τὰ ἅγια τῶν ἁγίων P, wie V 3; *in sanctis aeternis* d e; τὰ ἅγια αἰώνια p[46]; τὰ ἅγια καὶ αἰώνια Dion Alex. αἰωνίαν siehe 5,9. Ewige Erlösung im dualistischen Sinne nicht LXX, siehe Exkurs. Aber im Kampf gegen eschatologische Feinde Qumran 1QM 1,12 15,1 18,11; freilich in Verbindung mit Tieropfern (Braun Qumran-NT I zu Hb 9,12). Im Gegensatz zur Erlösung für eine flüchtige Stunde Str-B III 741. Vgl Od Sal

17,2b. Weitere Verbindungen mit *αἰώνιος* siehe Windisch. *λύτρωσιν*, Bauer Büchsel ThW IV 353f. Palaeph 23 als Auslösung von Personen; so öfter LXX. Verschenken von handerarbeitetem Verdienst als Lösegeld für Sünden Did 4,6 Barn 19,10 Text Bihlmeyer. Erlösung durch eine Gottheit mandäisch Baptism of Hibil Ziwa S 61 Zeile 8f von oben Drower: he redeemeth a thousand thousand uthras. In LXX *λύτρωσις* = Setzung für immer (Ps 110,9); = Barmherzigkeit und erlösen von allen Ungerechtigkeiten (Ps 129,7f); = Vergeltung an Heiden (Js 63,4); nie mit Blut verbunden, siehe Exkurs. In Test XII Erlösung Israels L 2,10b; Loskommen von Potiphars Frau Jos 8,1. Bei Lukas religiös-politisch 1,68 2,38; als Verb durch Selbsthingabe Jesu Tt 2,14 und sein Blut 1Pt 1,18f. So Hb, nur hier; ähnlich 1Cl 12,7. *εὑράμενος* in p[46] ℵ A B K L P 1834 den meisten Dion Al Eus Chr Thret Dam; zur Form siehe Bl-Debr § 81,3 Radermacher 95. *εὑρόμενος* in D* 226 328 436 920 1907 Chr Ps Oec Thphyl. *εὑρίσκω* siehe 4,16. Das attische Medium „sich verschaffen" in NT und Apost Vät nur hier, Bauer 3 Bl-Debr § 310,1. Die medialen Formen sonst meist mit innerzeitlichem Objekt: zum Beispiel Philo Sicherheit (Det Pot Ins 42), Befreiung von Krankheit (Leg All 3,87); bei Josephus Vergessen von Unglücksfällen (Ant 2,92), Verzeihung (Ant 6,208), Hilfeleistung (Ant 15,313). Aber wie im Hb kann das Medium verwendet werden, allerdings mit Dativ, um eine nicht für sich, sondern für andere beschaffte Rettung zu bezeichnen (Ael Var Hist 3,17 Jos Vit 14). Vgl Ps Oec MPG 119,376C: er beschaffte sie nicht für sich – denn wie sollte der Sündlose (das nötig haben) –, sondern für das Volk.

13. Denn wenn das Blut von Böcken und Stieren und wenn Kuhasche, die die Verunreinigten besprengt, heilig macht zu der Reinheit des Fleisches,

Literatur: JHDavies Th Heavenly Work of Christ in Hebrews, Studia Evangelica IV, TU 102, 1968, 384–389.

εἰ V 13 – *πόσῳ μᾶλλον* V 14: siehe Bauer *πόσος* 1 *μᾶλλον* 2a b. Qal Vachomer (leicht und schwer), Str-B III 223–226. Hb 2,2 3,3 7,20–22 8,6 9,13f 12,9 12,25; siehe Schröger Schriftausleger 258f. Die Überbietung, *a minori ad majus* formuliert (Thomas und viele), erkennt hier Tierblut relativ, für die kultische Reinigung, an; entgegen der eigentlichen Meinung des Hb, Tierblut reinigt von Sünden überhaupt nicht 9,9 10,4.18. Die relative Anerkennung hier 9,13 entspricht aber dem Verfahren des Hb: die Überlegenheit des Opfers und Blutes Jesu wird in rituellen Zusammenhängen dargestellt, siehe 9,7 Exkurs. 9,13f nicht ganz wörtlich Just Dial 13,1. *γὰρ* begründet die „ewige Erlösung" V 12. *αἷμα*, siehe 9,7 Exkurs; es kommt auf die Wertigkeit des Geopferten an. Blut meint Opfer (Conzelmann Grundriß 89). *τράγων*, siehe 9,12. Reihenfolge *τράγων καὶ ταύρων* in p[46] A B D 177 326 337 356 1245 1319 1908 d e f vg bo fajj sy[p] ar Cyr Al Thret Prim; *ταύρων καὶ τράγων*, wie 10,4, in C K L P Ψ 33 81 104 1834 Koine sy[h] arm aeth Athan Did Cyr Jr Cyr Al Chr Dam Ambr. *ταύρων*, Bauer. Als Opfertier für Zeus (Ditt Syll[4] 589,6.7 Philo Omn Prob Lib 102 Ag 14,13); für Poseidon (Cornut De natura deorum Philosophi Graeci Cantabrigiae 1670 S 59 Arrian Anab 1,11,6); für die Eleusinien (Ditt Syll[4] 540,24f); für Dionysos (Ditt Syll[4] 717,15–17). Auch Heidenchristen können also ihre vorchristliche religiöse Vergangenheit hier einbezogen wissen. In LXX Stier als Opfertier singularisch Ri 6,25; pluralisch 1Esr 6,28(29) 7,7 8,14 8,63(65) Ps 49,13 Dan 3,40; Js 1,11 pluralisch vor *τράγων*; mit Blut, siehe 9,7 Exkurs. Als Opfertiere am Laubhüttenfest Philo Fug 186 Jos Ant 13,242. Als Opfertiere dem Tempel in Jerusalem zugestellt durch Antiochus Plut Apophth 2 II 184E, ebenso ein Stier und zwei Lämmer täglich durch Augustus Philo Leg Gaj 317. Barn 2,5 als Zitat aus Js 1,11. Im NT noch Mt 22,4 pluralisch, ohne Opferbezug. σποδός Bauer; mit ἱερά auch außerchristlich Ditt Syll[4] 1171,12. Hier im Hb nicht als Ausdruck der Trauer, wie zum Beispiel 2 βασ 13,19 Test XII Jos 15,2 oder der Buße wie Mt 11,21 Par; sondern zur Herstellung des Reinigungswassers, gegen Verunreinigung an einer Leiche Nu 19,9 19,10 AF. Bei Philo Spec Leg 1,262.268 und Jos Ant 4,80 τέφρα statt σποδός. Nu 19, Philo Spec Leg 1, 261–269, Jos Ant 4,78–81 zu den Einzelheiten der Herstellung und Verwendung von Reinigungswasser. Zur Allegorisierung siehe Philo aaO und Barn 8. Die „toten Werke" V 14 sind kaum auf die Verunreinigung an einer Leiche zu beziehen (gegen Chr Cramer Cat 224; Riggenbach). δαμάλεως Jungkuh, Bauer. Außerchristlich Opfertier für Hera (Ditt Syll[4] 1026,5 f). In LXX auch sonst als Opfertier. In Nu 19,2.6.9.10 Texte zur Herstellung der Asche; ebenso Philo Spec Leg 1,268 Jos Ant 4,80. Bei Jos Ant 4,80 δάμαλις neben μόσχος θήλεια 4,79 Kuhkalb. Im NT nur hier. Barn 8,1. ῥαντίζουσα Bauer 1 Hunzinger ThW VI 976–984. Hb will neben den Opfern auch Besprengungen negativ charakterisieren, vgl βαπτισμοῖς 9,10 (Moffatt). „Besprengungen" von der Asche als dem entscheidenden Bestandteil des Reinigungswassers (Hunzinger). Außerchristlich Athen 12 p 521a: ein Schiff, auf dem kein „Besprengen" stattfinden wird. Hb 9,13 Barn 8,1 vom „Reinigungswasser" Nu 9,13. In diesem Zusammenhang ἐπιρραίνειν Philo Spec Leg 1,262, ῥαίνειν Jos Ant 4,81. Dagegen Blutbesprengung bei der Schlachtung der Kuh Nu 19,4 ῥαίνειν, ἐπιρραίνειν Philo Spec Leg 1,268, ῥαίνειν Jos Ant 4,79. ῥαντίζειν ohne Bezug auf Nu 19 in Mk 7,4 medial, Apk 19,13 passivisch. In Hb 9,19.21 von Blutbesprengung; Hb 12,24 1Pt 1,2 ῥαντισμός übertragen; ῥαντίζειν übertragen Hb 10,22. Blutbesprengung am Versöhnungstag Lv 16 Hb 9,12.25; bei dem Bundesschluß und der Zelteinweihung Ex 24 Hb 9,19–21 (Davies Work 388 f). τοὺς κεκοινωμένους Bauer 1 Hauck ThW III 810. Hb nur hier. Abhängig von ῥαντίζουσα, so schon Erasmus paraphrasis und adnotationes; nicht von ἁγιάζει, gegen Luther Deutsche Bibel WA VII 2 zur Stelle (1522 und 1546), Bengel. κεκοιμημένους D*[gr] ist Versehen. Levitisch verunreinigen; nicht bloß an Leichen, denn neben dem Reinigungswasser üben in 9,13 ja die Tieropfer das Heilig-machen. κοινοῦν als levitische Verunreinigung 4Makk 7,6א neben μιαίνειν; Ag 21,28; Did 14,2 gegenüber der Eucharistie. In Mk 7,15.18.20.23 Par levitisch und moralisch. Nu 19,11 spricht vom ἀκάθαρτος; in diesem Zusammenhang Philo Spec Leg 1,262 von zu Reinigenden, Jos Ant 4,81 von Befleckten, Barn 8,1 von Sünden. ἁγιάζει, siehe 2,11. ἁγιάζουσα in 1836 gleicht an ῥαντίζουσα an. Nu 19,9 ἅγνισμα Reinigung; Philo Spec Leg 1,268 Jos Ant 4,78 καθαίρειν; Barn 8,1 ἁγνίζειν, „reinigen". τῆς σαρκός, siehe 9,10 2,14. τῆς vor σαρκός fehlt in 88. Die Reinigung des Leibes durch Waschungen und Besprengungen Philo Spec Leg 1,261; daher müssen die Besucher des Opferdienstes im Tempel den Leib strahlend sauber machen und die Seele noch mehr als den Leib (Philo Spec Leg 1,269, vgl Plant 162). Die Reinigung des Fleisches oder des Leibes meint nicht, wie Epict 4,11,9 ff, Hygiene, sondern Kultfähigkeit. Diese aber ist atlich-jüdisch nicht, wie hier Hb es verkehrt darstellt, auf das Äußere des Menschen beschränkt: nach Besprengung mit der Asche der roten Kuh „flieht der Geist der Unreinheit" Jochanan ben Zakkai (Str-B I 861); der בשר in Qumran 1QS 4,21 ist auch nicht bloß äußerlich (richtig Michel; vgl Hunzinger ThW VI 982 Anmerkung 34, siehe Hb 9,9). καθαρότητα Bauer Hauck ThW III 416–430. Im NT nur hier. In 177 statt dessen κάθαρσιν. Siehe καθαρός 10,22. „Reinheit" in P Oxy 67,6 904,2 ein Ehrentitel, Preisigke Wört III 191. LXX: vom Himmel Ex 24,10A und von der Weisheit Sap 7,24. Sie wird erworben durch Nahrungsaskese (Plut Quaest Conv VI 7,2 II 693B vl Jambl Vit Pyth 13; vgl Petzke Apollonius 214). Reinheit des Herzens Test XII N 3,1. Reinheit von Seele und frommer Gesinnung gegen Gaben und Opfer ep Ar 234.

14. um wieviel mehr wird das Blut Christi, der kraft des ewigen Geistes sich selbst als untadelig Gott dargebracht hat, unser Gewissen von den toten Werken zum Dienst des lebendigen Gottes reinigen.

Literatur: W Bieder siehe V 9; W E Brooks The Perpetuity of Christ's Sacrifice, JBL 89, 1970, 205–214; SL Johnson Some Important Mistranslations, Bibliotheca Sacra Dallas 110, 1953, 25–31; W Nauck Die Tradition und der Charakter des ersten Johannesbriefes, 1957; HF Weiß Untersuchungen zur Kosmologie des hellenistischen und palästinensischen Judentums, TU 97, 1966.

Wichtig ist der überbietende Gegensatz zu V 13: Tierblut, Kuhasche – Blut Christi; (unformuliert: Tiere unfreiwillig) – Christus, durch seine Göttlichkeit zum Selbstopfer veranlaßt; (unformuliert: Opfer für wen) – für Gott; der Effekt: Heiligmachung zur äußeren Reinheit – Reinigung des Gewissens von toten Werken zum Dienst des lebendigen Gottes. „Untadelig" soll auch das atliche Opfer sein; Hb erwähnt das aber nicht. πόσῳ μᾶλλον, siehe 9,13. πολλῷ μᾶλλον in 33 90 wie R 5,9. τὸ αἷμα, siehe 9,7 Exkurs; statt dessen τὸ σῶμα in 1836*, wie in 10,10. Preis Zaub P 13,9f, christlich: durch das Blut des Lammes wurden die Seelen befreit. τοῦ Χριστοῦ, siehe 3,6, statt dessen Ἰησοῦ Didym. διὰ modal wie 9,12 (Vanhoye Structure 151 Theißen 58); aber vom Wirken des Geistes hier nicht an Christen wie Ag 11,28 21,4 R 5,5, vgl Hb 2,4, sondern von der Wirksamkeit des in Christus einwohnenden Geistes. πνεύματος, siehe 1,14 2,4 4,12. Der Artikel fehlt nach Präpositionen, siehe 6,1. Jesus weiß alles durch den ihm einwohnenden ewigen Geist (Ps Clem Hom 3,12,3). Der Geist des mandäischen Heilbringers reinigt Befleckungen (The Baptism of Hibil Ziwa S 74 Zeile 2f von oben Drower). Im NT πνεῦμα christologisch: bei der Jungfrauengeburt Mt 1,18.20 Lk 1,35; bei der Taufe Mk 1,10 Par Joh 1,33f; bei der Versuchung Mk 1,12 Par; bei der Auferstehung R 1,4 8,11 1Pt 3,18. Jesu πνεῦμα Ag 8,39 R 8,9 Gl 4,6 Phil 1,19. Jesus verleiht πνεῦμα Ag 2,33 1J 3,24 4,13; er tauft mit ihm Mk 1,8 Par; er ist πνεῦμα 2K 3,17. Erst Hb 9,14 verbindet πνεῦμα und Jesu Selbstopfer. Nicht trinitarisch (Johnson Mistranslations 29–31, gegen Athan Greer 79). Nicht „aus Antrieb des heiligen Geistes" (gegen Thomas Michel Bieder Aspekte 251 Zimmermann Bekenntnis 194f). Nicht im Gegensatz zu der Feuerverbrennung der Opfertiere (gegen Chr Cramer Cat 224 Erasmus paraphrasis). Sondern kraft Jesu eigenen, ihm innewohnenden Geistes (so viele Erklärer von Delitzsch über Riggenbach Windisch Spicq Héring Johnson aaO Westcott bis Montefiore, vgl Moffatt: his spiritual nature). Sein Geist ist ewig: vgl sein unzerstörbares Leben 7,16, sein unwandelbares Priestertum 7,24, das eine ewige Erlösung wirkt 9,12. Das „er hat sich selber dargebracht" weist also über den Tod hinaus (Calvin Bleek-Windrath Seeberg Riggenbach). αἰωνίου, siehe 5,9. So p[17 vid 46] ℵ* A B D² K L die meisten b sy[p h] arm Athan Didym Chr Thret Ambr; dafür sekundär das übliche ἁγίου in ℵ² D* P 35 81 88 104 206 216 326 365 462 483 547 629 630 1319 1831 1834 2464 a d e f vg sa[mss] bo fajj Didym Chr Cyr Al Dam; ἁγίου αἰωνίου in 489. Das für Hb typische αἰώνος nicht in LXX – trotz Js 11,2f 61,1 – NT sonst und Apost Väter bei πνεῦμα. ἑαυτόν, siehe 7,27. Vom Einsichtigen und Tugendhaften: um sich selber als Opfertier darzubieten (Philo Spec Leg 1,270); denn nicht Fleisch, sondern das reine, unbefleckte Leben ist Opfer (Philo Quaest in Ex 2,98).

προσήνεγκεν, siehe 5,1; mit „untadelig" verbunden Lv 3,6 4,32 Ez 43,23. Hb meint: am Kreuz, nicht im Himmel (gegen Brooks Perpetuity 211). ἄμωμον, Bauer 1 Hauck ThW IV 836. Das fehlerfreie Opfertier auch Luc Sacrificiis 12 Betz Lukian 68,2. In LXX unübertragen vom Opfertier Ex, besonders Lv Nu Ez; auch übertragen vom Frommen (zum Beispiel Ps 14,2). Philo vom Opfertier unübertragen, aber meist übertragen allegorisiert, denn auf die Opfernden kommt es an (Spec Leg 1,166f). Im NT meist übertragen ohne Opferbezug, von Christen; vom Opferlamm Jesus und seinem Blut 1Pt 1,19. Im Hb nur hier: von Jesu Sündlosigkeit (Cullmann Christologie 93), also übertragen, vgl 4,15; aber anders als bei Philo meint das fehlerfreie Selbstopfer Jesu im Hb ein reales Sterben. Von Christus übertragen, aber ohne Opferbezug, Mart Pol 17,2. τῷ θεῷ: auch in LXX gelegentlich der Dativ der Gottheit, zum Beispiel Lv 2,11f 22,18; ebenso Ag 7,42 Hb 11,4. Also erreicht auch Kains Opfer die Gottheit; das ist für Hb freilich inkonsequent. Zum Artikel siehe 1,1. Hinter τῷ θεῷ läßt p[46] in der *manus prima* καθαριεῖ bis λατρεύειν θεῷ per Homoioteleuton aus.

καθαριεῖ, Bauer Hauck RMeyer ThW III 416–434 Deißmann NB 43f Bl-Debr § 180,1; καθαρίζω für das klassische καθαίρω. Statt καθαριεῖ lesen 206 221 431 1831[2] 2125 Didym Athan καθαρίσει. Zu καθαρισμὸς siehe 1,3. Folgerndes Futur wie 2,3 10,29, wo das Gefolgerte aber erst in Zukunft, hier in 9,14 dagegen jetzt eintritt. Außerbiblisch: rituell mit ἀπὸ Ditt Syll[4] 1042,3. In Pist Soph werden die Seelen gereinigt durch Taufen (Cap 116 S 194,38 195,1.6); durch die Lichtjungfrauen (Cap 128 S 212,33f Cap 130 S 216,17f); durch Gebet (Cap 130 S 214,1–3); durch die Mysterien (Cap 135 S 231,6f); durch Feuer (Cap 144 S 248,1f Cap 146 S 249,25f 250,14f, Cap 147 S 252,25f). LXX verbindet öfter mit ἀπό, zum Beispiel Lv 12,7, besonders Sirach. Das *rituelle* καθαρίζειν überwiegt, bei Kultgegenständen wie dem Altar, zum Beispiel Ex 29,36f; bei Personen mit kultisch verunreinigender Krankheit besonders in Lv und Nu; bei Götzendienst 2Chr 34,3. Aber auch *unrituelle* Reinigung der Personen von Sünden, vollzogen durch Jahwe (LXX Ps 50,4 Jer 40(33),8) oder durch den Frommen (Sir 38,10, vgl 9,7 Exkurs); Selbststreinigung Josephs von jeglicher Hurerei (Test XII R 4,8). Philo meist καθαίρω; καθαρίζω nur in Zitaten. Besprengungen (Som 1,226 Decal 45 Spec Leg 1,262 (rote Kuh)) und Opfertiere (Spec Leg 1,228) vollziehen die rituelle Reinigung, die, allegorisiert, dem Denken, Reden und Handeln gilt (Mut Nom 245). Das Blut des Ermordeten wird durch das des Mörders gereinigt (Spec Leg 3,150). Wichtiger als die Makellosigkeit des Opfertieres ist die Reinigung der Gesinnung des Opfernden (Spec Leg 1,191). Gott beziehungsweise der Logos reinigen die Seele (Migr Abr 2 Som 2,25 1,198); der Mensch reinigt das Denken durch Tugend (Som 1,177 Spec Leg 1,201). Josephus verwendet καθαρίζειν und καθαίρειν nur rituell; auch mit ἀπὸ Ant 9,138 13,34 Ap 2,205. Subjekt der Mensch. Objekte: das Land (Ant 10,70, vgl 9,273); Kultgegenstände (Ant 3,198 12,316 Bell 4,159); Personen (Ant 3,198 4,78 (rote Kuh)). Die Reinheit der Seele, die innere Reinheit ist auch den Rabbinen wichtig (RMeyer ThW III 426f). καθαρίζειν im NT: mit ἀπὸ 2K 7,1 1J 1,7.9. Rituell: Jesus gegenüber kultisch verunreinigender Krankheit zum Beispiel Mk 1,40–42 Par; Jesus Mk 7,19 und Gott Ag 10,19 11,9 erklären als rituell rein; Menschen reinigen rituell Gegenstände Mt 23,25 Par. Unrituell: der Mensch reinigt sich Mt 23,26 2K 7,1 Jk 4,8; Gott beziehungsweise der heilige Geist den Menschen Ag 15,9 1J 1,9 Lk 11,2 Marcion. Jesus reinigt durch Selbsthingabe den Menschen Eph 5,26 (Taufe) Tt 2,24; durch sein Blut 1J 1,7. Die Folge der Reinigung: der rechte Wandel Eph 5,26 Tt 2,14. Hb nimmt diesen Sprachgebrauch auf. Subjekt Menschen, Objekt irdische Kultgegenstände, sozusagen ausschließlich durch Opferblut rituell 9,22;

Objekt Personen, durch Tieropfer, aber ohne wirklichen Effekt, weil nur rituell und nicht innerlich 10,2. Subjekt Christi Blut, Objekt himmlische Kultgegenstände 9,23; Subjekt Christi Blut, Objekt das menschliche Gewissen 9,14, im Hb nur hier mit ἀπό. An die Taufe ist, anders als beim „gewaschen" 10,22, hier in 9,14 nicht direkt gedacht (zu Nauck Tradition 58). In den Apost Vät kein rituelles καθαρίζειν. Oft, besonders in Hermas, reinigen die Christen sich selbst (zum Beispiel s 8,7,5); Gott die Christen (zum Beispiel 1Cl 60,2; so öfter Hermas). Subjekt Jesus: Objekt die Christen (Herm s 5,6,3); durch seine Mühsale (Herm s 5,6,2); durch seine Taufe und sein Leiden, Objekt das Wasser (Ign Eph 18,2). Ps Clem Hom 16,21,2: Worte können die Seele reinigen.

τὴν συνείδησιν, siehe 9,9. Statt dessen „die Herzen" Didym. συνείδησις hier gegen die σάρξ V 13, nicht gegen das öffentliche Urteil wie Ps Clem Recg 10,48,2. Das Sündenbewußtsein, die *memoria peccatorum* (Luther Scholien 207), kann nun, anders als beim Tieropfer 10,2, schwinden. Plutarch schildert, wie die Seele die Erinnerung an die Unrechttaten verliert und als eine καθαρά ein neues Leben beginnt (Ser Num Vind 11 II 556A). ἡμῶν in A D* K P 5 38 218 234 241 302 328 365 378 428 451 452 469 506 1319 1739* 1831 1834 1836* 1877 1908 1912 1984 1985 2004 2492 d e vg[demid] vg[cl] sy[p] bo[pt] ar Athan Cyr Al Thret Ambr Didym Mutianus ist alte LA, weil Hb die zweite Person der Anrede nur in Paränesen bringt (Metzger 668); vgl auch 9,24. ὑμῶν in ℵ D² L 33 81 88 104 181 326 330 436 629 1241 1739² 1881 1962 2127 2495 den meisten it[ar c f t x z] vg[am fu to] sy[h] sa bo[pt] arm aeth Athan Didym Chr Macarius Dam ist sekundär. Ebenso συνείδησιν ohne Possessiv-Pronomen in 614 pc. νεκρῶν ἔργων, ohne Artikel, siehe 6,1; zu ἔργον siehe 4,10. τῶν vor νεκρῶν in K 431. Statt νεκρῶν in 2 πονηρῶν. Statt νεκρῶν ἔργων bei Didym συνειδήσεως πονηρᾶς. Die Gewissensreinheit von toten Werken ist nicht Sexual-Askese (gegen Cl Al Strom 3,59,4 Mees 231). Die toten Werke sind nicht bloß die sündigen Triebe (zu Hauck ThW III 430). Die Verunreinigung an einem toten Werk darf nicht analog der an einer Leiche erklärt werden (gegen Chr Cramer Cat 224 Riggenbach). Bei Philo stehen die θνητὰ ἔργα gegen das Ruhen der Seele in Gott (Deus Imm 12). Hier in 9,14 kontrastieren die toten Werke gegen ζῶντι, meinen also das Gegenteil vom wahren Kult, den vorchristlichen Götterdienst. εἰς τό final (Weiß Kosmologie 144; siehe 2,17). Nun, nach dem Negativum, der positive Effekt. λατρεύειν, siehe 8,5. Hb betont bei der Reinheit nicht, wie Epict Diss 4,11,5–7, den Gegensatz von richtigen und falschen Entscheidungen. Sondern: der Unreine darf Gott nicht nahen (vgl Philo Deus Imm 8); die Gereinigten sind ermächtigt zum λατρεύειν, zur Kultfähigkeit (Schierse 167); auf der Basis eines unerschütterlichen Reiches 12,28, ausgerichtet auf Dinge, die man nicht sieht 11,1. Aber Priester heißen sie im Hb nicht; anders 1Pt 2,5.9 Apk 1,6. θεῷ ζῶντι, siehe 3,12. τῷ θεῷ τῷ ζῶντι D. τῷ ζῶντι p[46]. ζῶντι ohne Zusatz p[46] ℵ D K L Koine d e f vg sy[p h] fajj arm aeth Cl Al; hinter ζῶντι fügen A P 93 104 1911[mg] b bo Chr Macarius Thphyl καὶ ἀληθινῷ an; wie in 1Th 1,9.

15. Und darum ist er Mittler einer neuen Setzung: nachdem der Tod erfolgte zur Erlösung von den zur Zeit der ersten Setzung geschehenen Übertretungen, sollen die Berufenen die Zusage des ewigen Erbes erhalten.

Literatur: BKlappert Die Eschatologie des Hebräerbriefes, Theol Ex 156, 1969, 7–61; H-WKuhn Enderwartung und gegenwärtiges Heil, 1966.

V 15–23: in beiden Setzungen erfolgt Reinigung und Vergebung durch Opferblut (siehe Vanhoye Structure 151–154). V 15: die hohe Wirkung seines Selbstopfers. V 14 macht

Christus zum Stifter einer neuen Ordnung; ihr Zweck: nun können die von früheren Sünden Erlösten das ewige Erbe zugesagt bekommen. Wie in 9,14: nach dem Negativum das Positivum (Michel).

διὰ τοῦτο (siehe 1,9) verweist zurück (siehe 6,3) auf V 14 (so Luther Glosse Delitzsch de Wette[2] Seeberg Riggenbach). διὰ τοῦτο wie 2,1. Nicht nach vorn mit ὅπως zu verbinden, was im NT sonst nicht begegnet (gegen Bleek-Windrath vSoden Hollmann Héring Moffatt Kuß, zum Teil auch Spicq). p[46] verschreibt τοῦτο in τούτου. διαθήκης καινῆς; 33 69 256 462 d e f vg Chr stellen beide Wörter um, wie καινῆς διαθήκης in Mk 14,24 vl Par 1K 11,25 2K 3,6. Zu διαθήκη καινὴ siehe 8,8 7,22 Exkurs. Sie ist die bessere Setzung 7,22 8,6: nun Reinigung des Inneren 9,14; ewige Erlösung 9,12; Sündenvergebung 8,12 10,18 (Seeberg). Im Blick auf V 14 hat καινῆς, auf V 16f διαθήκης den Ton (zu Riggenbach). Zur Problematik der Überlegenheit vgl 4,1. μεσίτης, siehe 8,6; er bringt zustande. Hinter ἐστίν in 33 Ἰησοῦς. ὅπως, wie noch 2,9. θανάτου, siehe 2,15; zum Tod Jesu siehe 2,9 2,14. Jesus ist gemeint, aber nicht ausdrücklich genannt: der Tod des Testators V 16 wird vorbereitet (Bleek-Windrath). γίνεσθαι εἰς Hb nur hier, auch 2K 8,14 1Th 3,5; Hb 9,15 εἰς final, siehe 4,16. Ἀπολύτρωσις, Bauer Büchsel ThW IV 354–359 Deißmann LO 278 Anmerkung 2; siehe λύτρωσις 9,12. Im Blick auf Gefangene als Freilassung (Diod S Fragment 37,5,3 Dindorf 149,6 Plut Pomp 24,4 I 631B ep Ar 33); als Loskauf (Philo Congr 109 Omn Prob Lib 114 Jos Ant 12,27). Als Entlassung aus Strafkrankheit (LXX Da 4,30c). Im NT eschatologische Erlösung Lk 21,28 R 8,23 Eph 4,30; gegenwärtig durch Jesus R 3,24 Eph 1,7.14 Kol 1,14; Jesus selber ist ἀπολύτρωσις 1K 1,30. In Hb 11,35 Freilassung aus Martern; hier 9,15 Erlösung durch Jesu Tod, wie im Corpus Paulinum; aber nur Hb 9,15 im Blick auf die vorchristlichen Übertretungen. Diese sind hier auf die Zeit der Sinai-Setzung bezogen. Aber gemeint sind im Sinne des Hb, der die atliche Unvollkommenheit betonen will (Seeberg), nicht allein Judenchristen (gegen Riggenbach), sondern primär Heidenchristen, siehe 6,1 2,16 2,17; so die meisten Kommentare, aber mit differenter Akzentuierung: „auch die Judenchristen" 11,40 12,23; oder „auch die Heidenchristen", die, in 9,14 ausdrücklich per ἡμεῖς angeredet, die unpersönlich formulierten judenchristlichen Erfahrungen der Verse 13 und 15 nicht selber gemacht haben (vSoden). Die Erlösung ist objektiv wie die Reinigung 1,3 und die Vergebung 9,22. ἀπολύτρωσις mit dem Genitiv, der die Befreiung „wovon" ausdrückt, in LXX, NT und Apost Vät nur hier Hb 9,15; R 8,23 der Leib, Eph 1,14 das Eigentum wird erlöst; aber vergleichbar ist die Befreiung (ἀπόλυσις) von allen Sünden und Gesetzlosigkeiten (Philo Spec Leg 1,215). τῶν παραβάσεων, siehe 2,2. ἐπί temporal Bauer II 2 Bleek-Windrath Windisch; nicht „auf Grund von", also nicht, weil die erste Setzung das Sündigen nahelegt (gegen Chr Cramer Cat 225 Luther Scholien Bengel vSoden Spicq Moffatt). In 1890 ἐν statt ἐπί. πρώτῃ, siehe 8,7. Beseitigung vorchristlicher Sünden auch R 3,25 (Windisch), aber ohne πρώτη διαθήκη; auch Ag 13,38 (Moffatt), wo in der Synagoge freilich auch vor Juden gepredigt wird. τὴν ἐπαγγελίαν: die Zusage des noch nicht erreichten Erbbesitzes (Erasmus paraphrasis Calvin Windisch Schierse 139 Gräßer Glaube 161 Klappert 60f), siehe 4,1. Hb 9,15 also nicht von der innerzeitlichen Besitznahme des Verheißungsgutes, wie auch nicht 10,36 (gegen die meisten Kommentare). Zum differenten Verhältnis von Verheißung und Setzung siehe 8,6. λαβεῖν, siehe 4,16. Anders Philo Vit Mos 1,157: der rechtschaffene Mensch, der den gesamten Kosmos als Erbteil bekommen hat.

οἱ κεκλημένοι, siehe 5,4 3,1. In 489 κεκληρωμένοι, veranlaßt durch κληρονομίας. Den Berufenen stehen im Hb keine Auserwählten gegenüber; siehe 10,22. Anders Philo: nur die göttlicheren und reinen Naturen, die vom sterblichen Leibe getrennt sind, erlangen die göttlichen Güter (Mut Nom 219). *τῆς κληρονομίας*, Bauer JHerrmann Foerster ThW III 766–788. Dauerbesitz, siehe *κληρονόμος* 6,17 *κληρονομέω* 1,4 6,12. Statt *κληρονομίας* in 623 *ζωῆς*, siehe 1Tm 4,8. *κληρονομίας* hängt ab von *ἐπαγγελίαν*, nicht von *κεκλημένοι* (gegen vg und Luther NT 1522, Deutsche Bibel WA 7,2 S 364f). Kunstvolle Wortstellung, siehe 6,7. Zur Füllung von *κληρονομία* in LXX und NT siehe das Verb 6,12. Zur Verbindung mit *αἰώνιος* siehe 5,9. *κληρονομία* in LXX oft, nicht verbunden mit *λαμβάνειν εἰς* wie Hb 11,8 oder mit *ἐπαγγελ*-Stämmen wie Hb 9,15. Aber der Sache nach, freilich innerzeitlich, doch, Ex 32,13: das Land ist verheißen *(ὤμοσας εἶπας)* als Besitz für immer. In Test XII B 10,4f Erbe als ewiger Besitz. Bei Philo das Verb vom Heilsbesitz, siehe 6,12. Im slavischen Henoch eternal inheritance vom obersten Himmel 55,2 und von der Hölle 10,6; inheritors of the endless time 66,6. Im NT Erbteil profan Mk 12,7 Par Lk 12,13, als Erbbesitz Kanaan Ag 7,5, die Heiden Ag 13,33 D sy^h ^mg = Ps 2,8. Das eschatologische Erbe Ag 20,32 Gl 3,18 Eph 1,14.18 5,5 Kol 3,24 1Pt 1,4 (mit „unvergänglich"). Die *κληρονομία* als die Erben R 11,1 p⁴⁶ F G b. In Hb 11,8 vom Erbbesitz, den Abraham aber noch nicht bekam; hier 9,15 eschatologisch vom ewigen Heilsbesitz, den wirklichen Gütern 9,11 der Christen. Vom Erbbesitz Christi 1Cl 36,4 Barn 4,3; dem der Christen Barn 14,4. *αἰωνίον*, siehe 5,9. Vgl *αἰώνιος κλῆρος* Philo Omn Prob Lib 117); גורל עולם 1QH 3,22 (Kuhn Enderwartung 47); verheißen ist uns eine unsterbliche Zeit 4Esr 7,116 (Friedrich ThW II 576); ein Erbe ewiger und unentreißbarer Güter Ps Clem Hom 1,16,3, ähnlich 9,23,2 10,25,3; ewige Erbschaft Ps Clem Recg 1,52,5, ähnlich 1,51,4 3,67,1. Baptism of Hibil Ziwa 1953 Drower S 71 Zeile 8 von oben: instal him (den Getauften) in his world for evermore.

16. Denn wo ein Testament vorliegt, muß notwendigerweise der Tod des Testators beigebracht werden.

Literatur: JBehm Der Begriff *διαθήκη* im Neuen Testament, 1912; AGuest The Word „Testament" in Hebrews 9, The Expository Times 25, 1913/14, 379; GDKilpatrick *Διαθήκη* in Hebrews, ZNW 68, 1977, 263–265.

Der Tod, für einen, der nur Mittler ist, nicht erforderlich, wird unerläßlich (Zimmermann 197), wenn der Text bei *διαθήκη* von der Bedeutung „Setzung" zu dem hellenistisch üblichen Sinn „Testament" übergeht. Dann rückt der Mittler, auch als Hersteller, auf zum Testator, im Blick auf den die allgemeine Wahrheit, siehe 7,7, von V 16 gilt. Daß der Testator Jesus (Delitzsch Windisch) Gott vertritt, braucht dabei nicht angenommen zu werden (zu Gyllenberg Christologie 672f). Hb kann bei diesem „logischen Seitensprung" (Behm *διαθήκη* 96) hier natürlich nur hellenistisch, nicht an ברית denken, siehe 7,22 Exkurs.

ὅπου, siehe 6,20. *γάρ* begründet die Notwendigkeit von Jesu Tod. *διαθήκη* hier als Testament (so Vanhoye Structure 153 und die meisten Kommentare; gegen Seeberg ‚Verfügung' Westcott ‚Covenant'). Wie Gl 3,15.17 ohne Artikel (Bengel). Dort und Hb 9,15–18 Wechsel zwischen „Setzung" und „Testament". Derselbe Wechsel: „ein Besitztum testamentarisch *(κατὰ διαθήκας)* zu vergeben zum Nutzen der der Begabung Würdigen"; also *διαθήκη* „Testament". Und: „ich werde meine Setzung *(τὴν διαθήκην μου)* zwischen mir und dir errichten"; also *διαθήκη* Setzung. Das ganze bei Philo, der Gn 17,2 zitiert und dabei *διαθήκη* doppeldeutig verwendet Mut Nom 51 f (Bleek-Windrath). Zum fehlenden ἐστίν siehe 6,8. θάνατον, siehe 2,15; zum Sterben Jesu siehe 2,9. Zum fehlenden Artikel siehe 6,9. „Wenn er stirbt, ohne Testament gemacht zu haben", Aristot Pol 2,9 Seite 1270a: also erst Testament, dann Tod. Menschen haben Erben, wenn sie nicht mehr vorhanden, sondern tot sind (Philo Quaest in Gn II 10); ein Testament gilt erst nach dem Tode (Str-B III 546b). θάνατον ist hier V 16 vorbereitet durch θανάτου ohne Possessiv-Pronomen und durch τῆς κληρονομίας V 15. ἀνάγκη siehe 7,12. Ohne ἐστίν wie eben διαθήκη. φέρεσθαι, siehe 6,1. Bauer 4aβ. Juristisch beibringen: Argumente (Demosth Or 58,22), ein Zeugnis (Plut Cato Min 19,4 I 768C), eine Beschuldigung (Polyb 33,11,2 NT Ag 25,18 25,7 Koine), eine Anklage (Joh 18,29), ein Urteil (2Pt 2,11); beigebracht werden Beispiele (Polyb 18,13,7 1Cl 55,1), Berechnungen (Polyb 1,32,4), Folgerungen (Polyb 12,5,5), eine Abrechnung (Ditt Syll⁴ 932,15f); ein Sklave soll „registrieren" die Ablieferung von Weidetieren (POxy 244,12, siehe Preisigke Wört φέρειν 4). Beigebracht werden soll hier Hb 9,16 nicht das Eintreten des Todes, gegen Erasmus paraphrasis Luther WA Deutsche Bibel VII 2 zur Stelle, sondern der Nachweis dafür. τοῦ διαθεμένου, siehe 8,10. Als Testator ὁ διαθέμενος POxy 99,9.15, Ditt Or 509,16. Im Zusammenhang mit Testaments-Anfechtung Isaeus 1,26.34f; οἱ διαθέμενοι Ditt Or 509,6; immer Aorist wie Hb 9,16; das Praesens hier im Hb in 5 38 88 218 256 642 794 917 1836 1845 1912 2127 ist sekundär. Gemeint ist der Tod des Testators, nicht der des Opfertieres (gegen Guest Testament 379 Kilpatrick διαθήκη 263–265; siehe 7,22 Exkurs).

17. Denn ein Testament ist bei Toten rechtsgültig, da es sich niemals in Geltung befindet, solange der Testator lebt.

Literatur: SGiversen Evangelium Veritatis and the Epistle to the Hebrews, Studia Theologica XIII, 1959, 87–96.

διαθήκη, siehe 7,22 Exkurs. ἐπί wie 9,10. νεκροῖς, siehe 6,1; die allgemeine Wendung ermöglicht im Folgenden die Anwendung auf Opfer. βεβαία, siehe 2,2 Bauer 2 Preisigke Wört I 262: „rechtsgültig"; synonym κύριος „gültig" Ditt Syll⁴ 712,29; vgl 2,3 βεβαιοῦν, 6,16 βεβαίωσις. Zur Verbindung mit διαθήκη siehe Philo Som 2,223: für die Gottheit ist bezeichnend das Übermaß an Verläßlichkeit; Beweis: ich will meine Setzung dir gegenüber aufrichten Gn 6,18. Die Wendung im Testament „Dies soll bestehen und gelten. Wenn ich sterbe", ist rabbinisch (Str-B III 546b). Zum fehlenden ἐστίν siehe 6,8. ἐπεί siehe 2,14. μήποτε, im Hellenismus statt οὔποτε zur Vermeidung des Hiatus, „niemals" Bauer 1 Radermacher 212 unten; nicht *nondum* (noch nicht), gegen vg Erasmus paraphrasis; nicht fragend (gegen Bengel Delitzsch Héring Westcott Bl-Debr § 428,5), wie auch die LA μὴ τότε in ℵ* D* Isidorus Pelusiota mißversteht. ἰσχύει, Bauer 4 Preisigke Wört I 704f: „in Kraft stehen". Von der Wahrheit 1Esr 4,38; beim Tun gilt es, stark zu sein 1Chr 28,10. Eine Haltung kann Lob und Ehrung in Gang setzen (Philo Apologia bei Euseb Praep VIII 6,4). Der Exorzismus steht in Geltung (Jos Ant 8,46). Nicht Beschneidung oder Unbeschnittensein, sondern Glaube (Gl 5,6), Demut (1Cl 21,8) gilt etwas. Besonders Subjekte, die die juristische Einfärbung anzeigen: Subjekte von ἰσχύειν das atliche (Jos Ap 2,284) oder ein anderes Gesetz (Plut Pericl 37 I 172E Ael Var Hist 2,33), Gesetze (Jos Ap 2,275); eine Mose-Gesetzesvorschrift (Jos Ant 3,285); politische Anordnungen (Ditt Syll⁴ 888,59f 151f). So hier Hb 9,17 von einer letztwilligen Verfügung. Anders die rabbinische „Schenkung" in gesunden Tagen (Str-B III 550). ὅτε Bauer 1b „als" mit Aorist wie 7,10; 1d

„solange als" mit Praesens hier 9,17. ζῇ, physisch, siehe 2,15 (vgl oben Str-B III 546b). Laut Nag Hammadi Cod I 2 Ev Ver 20,15 macht erst die Testamentseröffnung das Vermögen des verstorbenen Testators kund (Giversen Evangelium 91 f; Bruce zu 9,16). ὁ διαθέμενος, siehe 9,16; ὁ διατιθέμενος in 81 1845 1912; das Praesens ist sekundär, siehe 9,16.

18. Daher ist auch die erste Setzung nicht ohne Blut eingeweiht worden.

Literatur: JBlinzler Der Prozeß Jesu³, 1960; EFascher Theologische Beobachtungen zu δεῖ. NTliche Studien für RBultmann, 1954, 228–254.

Die zweite Antwort auf die Frage, warum Jesus sterben mußte (vgl Fascher Beobachtungen 245): nach dem Testator-Beweis nun die rituelle Unerläßlichkeit des Blutvergießens V 22. Zum kunstvollen Aufbau V 18–21 siehe Vanhoye Structure 152. ὅθεν, siehe 2,17; D* verschreibt in οδεν. Also enge Verbindung zu V 16f. Gleichwohl wird διαθήκη vom „Testament" nun wieder zur „Setzung". Gleichwohl nicht, wie zu erwarten, „ohne Tod" (Theißen 72), sondern „ohne Blut", obwohl weder beim Tode des profanen Testators noch beim Kreuzestod des Testators Jesus Blut im Spiel ist; zur Todesart der Kreuzigung siehe Blinzler Prozeß 274–277. οὐδέ, siehe 8,4. οὐδὲ in A C D¹ ² I L Ψ 33 35 38 181 221 226 241 256 326 330 429 436 448 489 547 823 917 999 1108 1149 1245 1319 1518 1611 1738 1827 1831 1837 1852 1898 1912 2004 2005 2127 2138 2143 b Chr Thret; οὐδὲν in D*, wohl verschrieben. Den Hiatus vermeiden – siehe 5,4 – ℵ P al mit οὐδ' und p⁴⁶ mit οὐθ'; vielleicht doch primär (mit Tischendorf Octava und vSoden NT). ἡ πρώτη, siehe 8,7, natürlich διαθήκη, wie D* d e textlich sekundär, aber sinnrichtig ergänzen. χωρίς, siehe 9,7 4,15; zur Litotes siehe 4,13. αἵματος, siehe 9,7 Exkurs. ἐγκεκαίνισται, siehe Bauer 1.2 Behm ThW III 455f. Das Perfekt der Nachwirkung Bl-Debr § 342,4. p⁴⁶ ℵ A D schreiben ενκε-, siehe 10,26; p⁴⁶ außerdem ενκεκε–, itazistisch, siehe 3,13. ἐγκεκαίνισται C K(?) L P Koine, siehe Bl-Debr § 19,2. „weihen": profan ein Haus, Dt 20,5, zitiert bei Philo Agric 148; kultisch-rituell weihen außerbiblisch einen Tempel IG XII 5 712,58, Text lückenhaft; LXX das Haus des Herrn 3 βασ 8,63 2Ch 7,5; das Heiligtum 1Makk 4,36; den Opferaltar 2Ch 15,8 Rahlfs 1Makk 4,54. So Hb 9,18 von der Sinai-Setzung, 10,24 vom neuen Weg ins himmlische Heiligtum. Daneben die Grundbedeutung von ἐγκαινίζειν „erneuern". Objekte: Gebäude (1Makk 4,57 5,1); Bräuche (Wilcken Ptol 185 II 6 1 βασ 11,14); Erweisungen (Sir 33(36),6); das Innere des Menschen (LXX Ps 50,12, zitiert 1Cl 18,10, und Js 16,11); einen Erzählstoff (2Makk 2,29). Dies Verb im NT nur Hb 9,18 10,20.

19. Denn nachdem jedes Gebot gemäß dem Gesetz durch Mose dem ganzen Volke zur Kenntnis gebracht worden war, nahm er das Blut der Jungstiere (und der Böcke) zusammen mit Wasser, schlarlachfarbener Wolle und Ysop und besprengte das Buch selbst und das ganze Volk.

V 19–22 begründen, γάρ, das „nicht – ohne Blut" V 18, in loser Anlehnung an Ex 24,3–8. Dabei entfällt von der LXX-Szene im Hb: Lokalität, Tageszeit, Schreiben und Vorlesen des Setzungsbuches, Altar, Opferbericht, Zustimmung des Volkes. Der Wechsel von Participium und Verbum finitum zeigt, was dem Hb wichtig ist: nach der Mitteilung jedes Gebotes die detaillierte Beschreibung der Blutbesprengung, vorbereitet bei der Ersetzung von „Tod" durch „Blut" V 18. Die Blutbesprengung ist, gegen Ex 24,3–8, bereichert durch Nennung weiterer Mittel und Objekte der Besprengung; die Hb-Zusätze entstammen anderen LXX-Stellen und jüdischer Tradition (so schon Calvin Wettstein), die aber nicht in vollem Umfange belegbar ist.

λαληθείσης, siehe 7,14; Ex 24,3 *διηγήσατο*. *πάσης*, vgl 2,2 bei *παράβασις* und *παρακοή*; das כול in 1QS (siehe Braun Radikalismus I 28 Anmerkung2). Der Einschub von *τῆς* vor *ἐντολῆς* in p[46] D Chr und die Ersetzung von *πάσης* durch *ἁπάσης* in 177 337 verderben „jedes" in „das ganze" Einzelgebot; auch die Auslassung von *πάσης* in K 5 181 623 917 1836 1898 ist sinnlos. *ἐντολῆς*, siehe 7,5. Ex 24,3: die Reden Gottes und die Rechtssatzungen. *κατὰ τὸν νόμον*, siehe 7,5. *τὸν* vor *νόμον* lassen aus א* D² K P die meisten Chr Dam. Hb verfährt da nicht einheitlich: 7,16 8,4 10,8.28 ohne, 7,5 9,19.22 mit Artikel. Aber *τὸν νόμον* scheint hier besser bezeugt, in p[46] א² A C D* L 33 81 93 101 103 104 241 255 256 263 442 479 489 547 1241 1827 1834 1908 1912 2127 2143 2288 2464 2495 Chr Thret Thphyl, siehe vSoden NT S 1975. vg: *legis. ὑπό*, von D[gr] ausgelassen; wirkt da 10,28 ein? *Μωσέως*, siehe 3,2. Viele Zeugen schreiben *Μωϋσέως*: A P 2 5 33 203 216 255 256 263 323 479 489 506 642 919 920 1245 1311 1518 1611 1739 1827 1831 1872 2004 2127, andere *Μωϋσέος*. *Μωϋσέως* in p[46] א C D K L. *παντὶ τῷ λαῷ*; Ex 24,3 ohne *παντί*. *πᾶς ὁ λαὸς* im NT oft, nur bei Lk und Ag, nicht Corpus Paulinum; im Hb nur hier, zweimal. *λαὸς* Christen, siehe 2,17 4,9; atliche Kultgemeinde siehe 5,3, so hier. *λαβὼν* als „empfangen" siehe 4,16; als „nehmen" wie hier siehe 5,1. Dahinter *γὰρ* in 255; wirkt *λαληθείσης γὰρ* nach? *τὸ αἷμα*, siehe 9,7 Exkurs. *λαβὼν τὸ αἷμα* Ex 24,8. Auch Josephus *αἷμα* für Ex 29,20f in Ant 3,205 f. *τῶν μόσχων καὶ τῶν τράγων*; *μόσχος* siehe 9,12, *τράγος* siehe 9,12. Ex 24,5 nur *μοσχάρια*; aber *αἶγα* auch Gn 15,9. Die üblicherweise akzeptierte LA *τῶν μόσχων καὶ τῶν τράγων* in א* A C 81 256 326 429 436 451 629 635 1834 1912 2127 2464 2492 f vg sa[mss] Thret. Ihre Variationen: *τῶν μόσχων καὶ τράγων* in P 33 69 88 104 330 614 630 1908 1962 2127 den meisten bo fajj Thret Dam; *μόσχων καὶ τῶν τράγων* in 206; *τῶν τράγων καὶ τῶν μόσχων* in D 365 d e sa[ms]. Wahrscheinlich älteste LA ist die ohne *καὶ τῶν τράγων*, weil in diesen drei Wörtern Stellung und Artikelsetzung stark variiert. The Greek New Testament bringt sie gar nicht, Nestle-Aland[26] in []. Weitere Argumente für die Auslassung Zuntz 54f; zurückhaltender urteilt Metzger 668f. Diese LA, also nur *τῶν μόσχων*, in p[46] א² K L Ψ 5 181 203 241 242 489 506 547 623 794 917 942 1108 1241 1245 1311 1319 1518 1611 1738 1739 1827 1836 1845 1852 1877 1881 1898 1984 1985 2004 2005 2138 2143 2298 2495 sy[(p) h pal] Or Chr. Philo Quaest in Ex II 32: Lämmer und Zicklein, weil im Vergleich mit Jungstieren zu schwach, in Ex 24,5 nicht. Josephus Ant 3,204 ergänzt Ex 29,1.15.19 um *ἔριφος*. *μετά*, in p[46] 69 462 *μεθ'* zur Vermeidung des Hiatus, siehe 5,1. Hinter *μετὰ* in 206 *καί*.

ὕδατος; statt dessen in 2004 sinnlos *αἵματος*. *ὕδωρ* Bauer Goppelt ThW VIII 313–333. Als Lustration schon außerbiblisch bei Ägyptern und Griechen (Goppelt 316; siehe Philo Spec Leg 1,262 Mt 27,24). In LXX bei der Priesterweihe, Jos Ant 3,205; gegen den Aussatz Lv 14,50–52; am Versöhnungstage Lv 16,4.24.26.28; das Reinigungswasser Nu 19 Philo Spec Leg 1,162; für die kultische Priesterreinigung Ex 30,18–21 Philo Som 1,214; vgl ferner Nu 31,23 Ez 36,25; besonders Qumran (Braun Radikalismus I 34.73.116). Im NT, abgesehen von der Taufe, ohne die ausdrückliche Vokabel, Mk 7,4 Mt 18,2. So hier Hb 9,19; freilich als Zusatz zu Ex 24,3–8. Im Hb noch 10,22, von der Taufe. *ἐρίου κοκκίνου*: *τὸ ἔριον κόκκινον* in Barn 7,8 8,1 über Lv 16,21 und Nu 19,6 hinaus: *φοινικὸν* (purpurrot) *ἔριον* bei Jos Ant 4,80 über Nu 19,6 hinaus. *τὸ ἔριον* Bauer: Wolle als Kleidung dem Priester bei Kulthandlungen verboten (Ez 44,17 Philo Spec Leg 1,84); bei der Ausstattung des Zeltes verwendet (Jos Ant 3,103.131). LXX Philo Josephus NT sonst Barnabas bringen Wolle nicht, wie Hb, im Zusammenhange mit Ex 24,3–8. *ἔριον* Hb nur hier; kultisch im NT nur hier Hb 9,19. *κόκκινος*, beziehungsweise statt Adjektiv neutrisches Substantiv, auch *ὁ κόκκος* Bauer

Michel ThW III 812–815. Als Symbol für Sünde und Üppigkeit zum Beispiel Js 1,18 Jer 4,30 Apk 17,3f 18,12.16. Als Aussteuer für das Heiligtum Ex 25–27 35–37 Philo zum Beispiel Vit Mos 2,84.88 Jos zum Beispiel Ant 8,72; für die Kleidung des Hohenpriesters Philo Vit Mos 2,111 133 Jos zum Beispiel Bell 5,232. Bei der Herstellung des Reinigungswassers gegen Aussatz Lv 14,4.6.49.51.52; beim Asaselbock des Versöhnungstages Mischna Joma 4,2 6,6 Barn 7,8; bei der Verbrennung der roten Kuh Nu 19,6 Philo Spec Leg 1,268 Barn 8,1. Hb nur hier. Nur Hb für Ex 24,3–8. ὑσσώπου, Bauer. Mit Einem σ in P f vg$^{am\ fu}$. Auch außerbiblisch die Reinigungskraft des Ysop Chairemon FGr Hist Fragment 618,6(4) Ditt Syll^4 1218,14–17. So LXX Ps 50,9. Als Wedel beim Sprengen von Blut gegen den Würgeengel (Ex 12,22). Als Reinigungsmittel gegen den Aussatz (Lv 14,4.6.49.51.52), zusammen mit Wasser und Scharlachstoff; als Mittel beim Reinigungswasser (Nu 19,6 Philo Spec Leg 1,268 Barn 8,1), als Wedel (Nu 19,18 Philo Spec Leg 1,262). Hb 9,19 vielleicht beides, Reinigungsmittel und Wedel, Hb nur hier; nur Hb im Zusammenhang mit Ex 24,3–8. Ysop im NT noch Joh 19,29.

αὐτό, Bl-Debr § 288, auch Hb 9,23.24 10,1; weist zurück auf das Gesetz. p^{46} verschreibt τε in δέ. τὸ βιβλίον, Bauer Schrenk ThW I 615. LXX hat βιβλίον als Tora in vielen Zusammensetzungen (siehe ThW I 616 Anmerkung 8); so auch Epistolographi Synesius ep 4 S 162b. Test XII redet meist von der βίβλος Henoch, zum Beispiel L 10,5. Von der Tora Philo βιβλίον Som 2,175 und βίβλος Migr Abr 14; Josephus βιβλίον Ant 4,194 und βίβλος 4,303. Ebenso das NT: βιβλίον Gl 3,10, βίβλος Mk 12,26. Beide Wörter auch in Apost Vät. An keinem dieser Fundorte ist von einer Besprengung des Gesetzesbuches die Rede wie in Hb 9,19. Ex 24,7 τὸ βιβλίον τῆς διαθήκης. βιβλίον noch Hb 10,7 = LXX Ps 39,8. πάντα τὸν λαόν siehe oben. Bei Philo und im NT sonst nie wie hier Objekt von „besprengen"; aber τοῦ λαοῦ Ex 24,8 und die Kinder Israel beim Noah-Bund Jub 6,11. ἐρράντισε, siehe 9,13. Mit zwei ρ in P Koine, siehe Bl-Debr § 11; mit Einem ρ in p^{46} ℵ A C D K L 33 483 642 1834 1908. Ex 24,8: κατεσκέδασεν τοῦ λαοῦ; rabbinisch „schwenken" = „spritzen" (Str-B III 742).

20. Dabei sagte er: ‚das ist das Blut der Setzung, die Gott für euch verfügt hat'.

Das Wort des Mose, aus Ex 24,8 verkürzt zitiert, erklärt den Israeliten den Sinn der Blutbesprengung: eine *confirmatio* für die Setzung Gottes (Primasius MPL 68,744D). LXX ist leicht umgebildet: τοῦτο statt ἰδού; ἐνετείλατο πρὸς ὑμᾶς ὁ θεός statt διέθετο Κύριος πρὸς ὑμᾶς. λέγων, siehe 7,11; zum Sprechen des Mose siehe 3,2. Mose zitiert hier nicht Ex 24,8, sondern wird als ein in der Ex 24-Szene Sprechender erwähnt (Schröger 169). λέγον in P: siehe 4,16. τοῦτο: die wenigen LXX-Handschriften mit τοῦτο oder ἰδοὺ τοῦτο sind Hb-Einfluß, nicht umgekehrt (siehe Ahlborn 44f Schröger 169f). Aber trotz des τοῦτο τὸ αἷμα τῆς διαθήκης in Mk 14,24 steht hier in Hb kaum eucharistische Tradition: Eucharistie-Bezüge fehlen in 6,4 9,10 9,11 10,29 13,10 (so Riggenbach Windisch Montefiore; gegen viele Kommentare, auch Schierse 201 Anmerkung 16 Theißen 72f Zimmermann 197). τοῦτο weist zurück, siehe 6,3. τὸ αἷμα, siehe 9,7 Exkurs; dort zur Verbindung mit διαθήκη. τῆς διαθήκης, siehe 7,22 Exkurs. ἧς relativische Attraktion, siehe 5,8; wie Ex 24,8. ἐνετείλατο, siehe Bauer Schrenk ThW II 541f; vgl ἐντολή 7,5. Außerbiblisch dies Verb seitens eines den Menschen Licht bringenden Dämons Pind Olymp 7,39f. In LXX Subjekt oft Gott, zum Beispiel Gn 2,16; auch von dem in LXX häufigen διατίθεσθαι διαθήκην, eine Setzung feststellen, dies mit Dativ oder πρός. Aber ἐντέλλεσθαι διαθήκην ebenfalls LXX Jos 23,16 Ri 2,20 Ps 110,9 Jer 11,4, freilich nie mit πρός. Daher hat Hb, unter Beibehaltung des πρός Ex

24,8, das διατίθεσθαι doch wohl gezielt, kaum nur zwecks stilistischer Variation, gegen ἐντέλλεσθαι ausgewechselt, so das Autoritäre unterstreichend (Schröger 169 Zimmermann 197; gegen Ahlborn 45). C schreibt, unter LXX-Einfluß, διέθετο statt ἐνετείλατο. ἐντέλλεσθαι im NT, aber nicht im Corpus Paulinum; selten mit Gott, meist mit Jesus als Subjekt; nicht verbunden mit διαθήκη und πρός. Im Hb noch 11,22. Joseph Subjekt. ὑμᾶς; in 5 1611 2005 ἡμᾶς; vielleicht vom eucharistischen (Miß)verständnis geleitet. ὁ θεός, zum Artikel siehe 1,1; statt des LXX-Κύριος Ex 24,8: gegen eine Verwechslung von Gott und Jesus (Delitzsch Bleek-Windrath Ahlborn 46 Schröger 169). Das Κύριος der LXX-Zitate bleibt zwar im Hb meist unkorrigiert, siehe 7,21 8,2.8.9.10.11 10,16.30 12,6 13,6; aber gerade beim αἷμα τῆς διαθήκης soll klarwerden: hier ist nicht eucharistisch von Jesus die Rede (zu Riggenbach). Die Achterstellung von ὁ θεὸς setzt betont den Akzent, wie auch sonst 9,5 10,7.23b.26 12,23; vgl Bl-Debr § 473. Die Auslassung von ὁ θεὸς in p[46] manus 1 und in 1319 verdirbt das.

21. Aber auch das Zelt und alle Kultgeräte besprengte er ebenso mit dem Blut,

Literatur: OHofius Vorhang siehe V 1.

Die Besprengung erstreckt sich auch auf Zelt und Kultgeräte. Daß diese erst nach dem Bundesschluß in Auftrag gegeben werden Ex 25f, deutet der Text vielleicht selber an durch das die Aufzählung unterbrechende Zitat V 20, unter Umständen auch durch das δὲ V 21. καὶ – δέ; davor ῥάντισεν in 1834. καὶ – δὲ auch Mt 10,18 Joh 8,17 15,27 Ag 3,24 R 11,23 und öfter; siehe Bauer δὲ 4b. δὲ fehlt in 2 vg; statt δὲ in p[46] τε. τὴν σκηνήν: aber Ex 40,7f nur Ölsalbung für das Zelt und seine Geräte; Nu 19,4 und Philo Spec Leg 1,268 Blutbesprengung nur in *Richtung* auf Zelt beziehungsweise Tempel. Allerdings behandelt Mose bei der Investitur Aarons unter anderem das Zelt und die das Zelt betreffenden Geräte mit Öl und mit dem Blut der geschlachteten Stiere und Widder Jos Ant 3,206. Also eine dem Hb ähnliche Tradition. Zelt hier die gesamte irdische Stiftshütte; siehe 8,2; Hofius Vorhang 57. τὰ σκεύη, Bauer 1a Maurer ThW VII 359–368. Im Hb nur hier; als Kultgeräte im NT nur hier; später als Gerät der christlichen Kirche in Papyri öfter (Preisigke Wört II 468). Dies Wort in LXX auch Kultgerät; so „alle Kultgeräte" öfter, zum Beispiel Ex 25,39, besonders in Ex Lv Nu 1Ch 2Ch. Als Kultgeräte ausdrücklich verbunden mit τῆς λειτουργίας 1Ch 9,29, mit τὰ λειτουργικά Nu 4,12.26, mit τά λειτουργήσιμα 1Ch 28,13; mit „heilig" Philo Rer Div Her 226 Jos Bell 2,321, in einem außerkanonischen Evangelium des 4. Jahrhunderts POxy 840,14.21.19f; mit „sakral" Philo Vit Mos 2,94.146; mit „hochsakral" Philo Spec Leg 1,231; mit „für den Kult bestimmt" Jos Bell 1,39, mit „für die sakralen Verrichtungen" Jos Bell 6,389. Zu diesen Geräten gehören Lade, Schaubrottisch, Leuchter, Räucheraltar, Brandopferaltar, Weinspendegefäße, Schalen und die für Opfer erforderlichen Geräte: zum Beispiel Ex 17,3 30,26–28 31,7f Philo Rer Div Her 226 Vit Mos 2,94.101–106.146; in diesen Belegen unterschiedlich vollständige Aufzählung. Der Blutbesprengung der Geräte ist außerbiblisch analog die Blutbehandlung der Altäre Pollux 1.27 (Windisch); von Pythagoras abgelehnt (Philostr Vit Ap 1,1; siehe 9,7 Exkurs). In LXX keine Blutbesprengung der Geräte. Sie sind aber Objekt von sprengen, salben und heiligen mit Öl Ex 40,7f Lv 8,10f, von weihen 2Ch 29,18. Blutbesprengung des Hekal, des Raumes, in dem sich die hochheiligen Geräte befinden Philo Spec Leg 1,231. Ausdrücklich werden, wie im Hb, die Geräte mit Opferblut behandelt Jos Ant 3,206, siehe oben bei σκεύη. τῆς λειτουργίας, siehe 8,6. τῷ αἵματι, dem von Opfertieren, nicht unbedingt dem Stiftungsblut; *αἷμα* siehe 9,7 Exk. *ὁμοίως*, Bauer „ebenso". Besonders viel Lk, aber im NT außer Hb nie von einer analogen Kulteinrichtung; im Hb nur hier. Wenigstens in etwa mit losem kultischen Bezug Jos Ant 14,216. Statt *ὁμοίως* in 462, sinnlos verdoppelnd *πάντα*. *ἐρράντισεν*, siehe 9,13. Mit zwei ρ in D² P Ψ 104; mit Einem ρ in p⁴⁶ ℵ A C D⋆ K L 2 5 33 177 218 226 255? 440 483 623 635 794 999 1149 1311 1319 1834 1891 1907 2004; siehe 9,19. Zur mandäischen Polemik siehe Lidz Ginza R II 1,104 S 43,9.

22. und fast alles wird gemäß dem Gesetz mit Blut gereinigt, und ohne Blutausgießung geschieht keine Vergebung.

Literatur: TCGThornton The Meaning of haimatekchysia Hb 9,22, Journal of Theological Studies 15, 1964, 63–65; AVanhoye Mundatio per sanguinem, Verbum Domini 44, 1966, 177–191.

Die Blutregel: sie faßt die Texte V 18–21, wie im Hb üblich, siehe 7,7, in einen allgemeingültigen Satz zusammen, der zu Jesu himmlischem Priesterdienst überleitet. *σχεδόν* Bauer. vg stellt um: *omnia pene in sanguine*. *σχεδόν*, auch in 2Makk 5,2 3Makk 5,14.45, schränkt ein; hier V 22 wie Ag 13,44 19,26 *πᾶς*-Formen. Aber hier, kunstvoll, siehe 6,7, von *πάντα* getrennt. So auch Philo Leg All 3,113.138 Mart Pol 1,1; in einem Papyrus Tebt bei Preisigke Wört II 563 zu *σχεδόν* ist dies Wort getrennt von einem anderen Bezugswort. Also keine Einschränkung von *καθαρίζεται* (gegen Chr Cramer Cat 226). Eingeschränkt wird *πάντα*, weil einiges kultisch nicht mit Blut behandelt wird, siehe 9,19.21, sondern etwa mit Öl, mit Wasser, siehe V 19, mit Feuer (siehe Lang ThW VI 934,7–14); mit Stoffen, die zum Teil ohne Blut verwendet werden. Zudem gibt es im AT eine auch überhaupt unrituelle Reinigung, siehe 9,14. Aber der Heilswert gerade des Blutes ist dem Hb wichtig und wird denn auch durch die Wortstellung akzentuiert. *ἐν*, instrumental, wie 10,3.19.29 11,2.37, Bauer III1a Oepke ThW II 535,3–8 Bl-Debr § 219,3. *αἵματι*, in p⁴⁶ erst manus zwei, *νεκρῷ* manus eins. „Die Sühne erfolgt ja nur durch das Blut" Men 93b Zeb 6a (siehe Str-B III 742). Vgl. 9,7 Exkurs: das Blut der Opfertiere und das Blut Jesu. *πάντα* meint, wegen „Buch, Zelt, Geräte" (V 19.21), Sachen; wegen „das Volk" (V19) und „Vergebung" (V 22), Personen; also beides (Vanhoye Mundatio 177 f). *καθαρίζεται*, siehe 9,14; in 1311 1319 vor *πάντα* gestellt. Zum Praesens siehe 5,1. Dies Verb wieder in V 23, also wichtiger als *ἄφεσις*, siehe unten. Tatsächlich findet für Hb im atlichen Kult weder Reinigung noch Vergebung statt; sie bleiben, entgegen alttestamentlichem Selbstverständnis, im Hb ein schattenhaftes Alsob (siehe 5,2 9,7 Exkurs), durch das die wirkliche Reinigung mittels des Selbstopfers Jesu unterstrichen wird 9,14.23. *κατὰ τὸν νόμον*, siehe 7,5 9,19. 1311 läßt, wie der Text in 7,16 10,8, *τὸν* aus; vgl 8,4. Hinter *τὸν νόμον* schreibt p⁴⁶ manus zwei *καὶ σχεδόν*, also wie am Versanfang; beide Wörter sind dann aber getilgt. *χωρὶς–οὐ*, siehe 4,15 7,20 9,7: durch Litotes bekommt wieder eine *αἷμα*-Zusammensetzung den Ton.

αἱματεκχυσίας, p⁴⁶ statt dessen *αἵματος ἐκχυσίας*. *αἱματεκχυσία*, Bauer Behm ThW I 175: kein verschriebenes Wort (Radermacher 36), hier zum erstenmal belegbar, danach erst wieder bei christlichen byzantinischen Chronisten des 9. bis 12. Jahrhunderts (Psaltes Grammatik der Byzantinischen Chroniken 1913 S 349). LXX hat *ἔκχυσις* mit *αἵματος* in außer-atlich-magischem Sinn 3βασ 18,28, vom Tode im Kampf Sir 27,15. 1Cl 2,2 *ἔκχυσις* mit *πνεύματος ἁγίου*, Charax von Pergamon *ἔκχυσις* mit *τῶν αἱμάτων* vom gewaltsamen Tod FGrHist 103 Fr 5(6). Das doppelte *ἐρράντισεν* V 19.21 und des weiteren V 23–26 zeigen:

gemeint ist die kultische Manipulation mit dem Blut, dem der Opfertiere und dem Jesu, trotz Jesu unblutiger Todesart, siehe 9,18. Der Tod des Opfers, in 9,19 gar nicht besonders erwähnt, ist dafür Voraussetzung, ist durch αἱματεκχυσία aber gar nicht besonders betont (so deWette[2], Spicq, Thornton Meaning 63–65; gegen Riggenbach, Behm ThW, Michel, Vanhoye Mundatio 180–182, der Justiz- oder Straftod erwägt). γίνεται, siehe 7,12; mit ἄφεσις verbunden Philo Spec Leg 1,215. ἄφεσις Bauer Bultmann ThW I 506–509. Im Pentateuch sozial als Freilassung, in LXX nicht als Vergebung, auch kaum Lv 16,26. Bei Philo, wenn als Sündenvergebung, nie absolut, immer mit kultischem Opfer, aber nie ausdrücklich mit αἷμα verbunden, siehe 9,7 Exkurs: Vit Mos 2,147 Spec Leg 1,190.215.237f. Josephus von des Herodes Vergebung gegenüber seinen Söhnen Bell 1,481. Im NT als Vergebung, absolut Mk 3,29; meist mit ἁμαρτιῶν oder παραπτωμάτων Kol 1,14, selten rituell mit αἷμα Mt 26,28 Eph 1,7; nie mit γίνεσθαι. In Hb 9,22 absolut; 10,18 mit ἁμαρτιῶν und ἀνομιῶν sinngemäß. Der Kontext hier V 22 legt ἄφεσις aus durch gereinigt werden V 22a 23, durch Aufhebung der Sünde mittels des Opfers V 26, durch mittels Blutes Sünden wegnehmen 10,4, durch Sünden wegnehmen durch Opfer 10,11; wo Vergebung fehlt, ist Darbringung für Sünde unerläßlich 10,18. ἄφεσις ist also in den Opferkult einbezogen und wird durch Reinigung ausgelegt (gegen Michel). Typisch: ἀφιέναι τὰς ἁμαρτίας fehlt im Hb. Erlangen von Vergebung, gegen Hb ohne Blut, geschieht gleichwohl bei einem Armen, der kein Opfer*tier* erstellen kann Lv 5,13. Die Apost Vät spiegeln den Sprachgebrauch von ἄφεσις im Hb schwach wider: absolut 1Cl 53,5; verbunden mit αἷμα Barn 5,1;8,3 per Zusammenhang.

23. So müssen zwar die Kopien der in den Himmeln befindlichen Dinge durch die vorerwähnten Mittel gereinigt werden; die himmlischen Dinge selber jedoch durch höhere Opfer als diese.

Literatur: AJeremias Babylonisches im NT, 1905; AVanhoye Mundatio siehe V 22; HWenschkewitz Spiritualisierung siehe V 9.

V 23–26: jetzt, V 23, der Übergang von der Reinigung des irdischen Heiligtums durch Tieropferblut V 21f zu der wirklichen Beseitigung der Sünde mittels des einmaligen Selbstopfers und des himmlischen Priesterdienstes Jesu; letzterer dauert bis zur Parusie.
ἀνάγκη, siehe 7,12; zur fehlenden Kopula siehe 6,8. Von der Basis der Blutregel aus V 22 unterstreicht ἀνάγκη nach metaphysischer Logik die überbietende Analogie zwischen irdischem und himmlischem Kult; ganz gegen Ps Clem Hom 3,26,3. οὖν folgert, siehe Bauer 1a. μὲν – δέ, siehe 7,18. Statt δέ in 33 1245 1852 τε. τὰ ὑποδείγματα, siehe 8,5: das atliche Zelt und seine Kultgeräte; aber hier nicht mit diesen direkten Worten, sondern zwecks negativer Charakterisierung als Kopie bezeichnet, wie das irdische Öl Ps Clem Recg 1,47,6; nicht als mangelhaftes Original, denn siehe 8,5 (gegen Vanhoye Mundatio 187). τῶν ἐν τοῖς οὐρανοῖς; τοῖς fehlt in 242. Ähnlich Eph 1,10 Kol 1,20 Apk 10,6; aber nicht von Kultgegenständen. τὰ πρὸς in Hb 2,17 5,1; im Hb nur hier τὰ ἐν. Zu οὐρανὸς siehe 1,10 1,3. Der Himmel enthält also die Originale der Kultdinge. τούτοις, Plural der Kategorie; rückverweisend, siehe 6,3, auf das Blut 9,21f. καθαρίζεσθαι, siehe 9,14; im Blick auf Sünden. D[gr] 424[1] 1739 bo schreiben καθαρίζεται wie V 22 (aber siehe Zuntz 87). αὐτά, siehe 9,19, unterstreicht τὰ ἐπουράνια gegen ὑποδείγματα, dazu siehe 3,1 8,5. Zu ergänzen ist καθαρίζεσθαι, nicht Einweihung (gegen deWette[2] Bleek-Windrath Spicq); ἀνάγκη regiert

weiter, siehe 7,19 (so Luther Deutsche Bibel WA 7,2 NT 1522); also kein Zeugma (Bl-Debr § 479,2; gegen Luther aaO Bibel 1546 und manche Kommentare). αὐτὰ τὰ ἐπουράνια sind nicht auf uns Menschen bezogene Dinge (gegen Chr Cramer Cat 227 Luther Glosse Scholien Bruce Schierse 48); nicht das himmlische Vaterland (gegen Thomas); nicht Christi Taten auf Erden (gegen Erasmus paraphrasis); nicht das *regnum Christi* und die auf die Kirche sich beziehenden Dinge (gegen Calvin Vanhoye Mundatio 188 f). Sondern, im Weltbild des Hb, die in den Himmeln befindlichen Originale der irdischen Kopien, siehe 2,17 Exkurs: das himmlische Zelt und seine Geräte (so Delitzsch de Wette² Spicq). Rabbinisch werden davon aufgezählt Lade, Tisch, Leuchter; für ihre, wenn nicht Reinigung, so doch Wartung Salböl (Str-B III 702). Warum ihre Reinigung hier im Hb? Himmlische Dinge sind als solche rein (Bengel Wenschkewitz Spiritualisierung 204). Die Parallelisierung mit der Notwendigkeit der irdischen Reinigung wird einwirken (Wenschkewitz aaO). Menschliche Sünde, die Erde beeinflußt auch den Himmel (so Windisch und viele Kommentare seit Thomas; vgl b Taan 5a AJeremias Babylonisches 65 Anmerkung 4). Das wird im Text aber nicht weiter verfolgt (Zimmermann Bekenntnis 199), ist also kaum ein Problem für den Hb selber. Aber auch der Himmel selbst und seine Mächte können die Reinheit des himmlischen Heiligtums gefährden (so Bleek-Windrath Héring): der Himmel ist nicht rein vor ihm Hi 15,15; die negativen himmlischen Mächte Eph 6,12 Ign Sm 6,1 (Theißen 92 Anmerkung1); vgl auch Ign Tr 5,2. Auch der Himmel muß am Ende durch Erschütterung verschwinden Hb 12,27. κρείττοσιν, siehe 1,4 7,22 6,9: nicht ohne Blut, aber ohne rituelles Tieropferblut 9,13 f. Für Philo dagegen können Tieropfer vollkommen sein, siehe 9,11; vgl Quaest in Ex 2,76. V 24–26 werden die Notwendigkeit von besseren Opfern begründen. κρείττων θυσία sonst nicht in LXX Philo Josephus NT und Apost Vät. θυσίαις, siehe 5,1. Jesu Blut wirkt weiter, für ihn 9,12 und für die Seinen 9,14 10,19.29 12,24 13,12; sein Selbstopfer jedoch ist betont einmalig 9,25 f 10,12.14. Der Plural hier meint, in Anlehnung an die atlichen Opfer, die Kategorie, nicht eine tatsächlich erfolgende Wiederholung durch eine höhere Art von Opfern. παρὰ ταύτας: 1311 παρ' αὐτάς; statt ταύτας in D^gr ταύτης, in 3 10 103 319 460 ταῦτα, in p⁴⁶ 462 463 ταύταις, angeglichen an θυσίαις (Riggenbach). Zu παρὰ siehe 1,4. ταύτας dasselbe wie oben τούτοις; jetzt Femininum, weil bezogen auf θυσίαι.

24. Denn nicht in ein mit Händen gemachtes Heiligtum, in ein Gegenbild des wirklichen, sondern in den Himmel selbst ist Christus eingegangen, um jetzt vor dem Angesicht Gottes uns zugut zu erscheinen.

Literatur: FNötscher Das Angesicht Gottes schauen², 1969.

V 24–28. Die doppelte erläuternde Weiterführung von κρείττοσιν V 23: der himmlische Ort von Christi Priestertätigkeit verlangt ein höheres Opfer als das im irdischen Zelt V 24; und: die Einmaligkeit seines Opfers ist mehr als die jährliche Wiederholung des Versöhnungstages V 25 f. Einmaligkeit gilt, je anders, für die Menschen und für Christus; bei ihm erweitert um die Parusie V 27 f. V 24 bei Orig und Athan siehe Greer 19/86. οὐ γάρ, siehe 2,5; γάρ begründet. χειροποίητα, siehe 9,11; vgl 2,17 Exk. εἰσῆλθεν, siehe 3,11b. Statt εἰσῆλθεν in 69 προσῆλθεν, wie 10,1. ἅγια, siehe 8,2. εἰσῆλθεν ἅγια, kunstvolle Wortstellung, siehe 6,7; so ursprünglich in p⁴⁶ ℵ A P 33 69 256 263 463 1149 1245 1834 1872 2127; ἅγια εἰσῆλθεν in C D K L Ψ 104 326 Koine d e Gr Ny Chr Thret Dam. Χριστός, siehe 3,6; ohne Artikel in p⁴⁶ ℵ A

C⋆ D⋆ 33 256 263 463 467 1834 1912 2127 arm Cyr; mit Artikel in C² D^{1.2} K L P Ψ 104 326 Koine Athan Ps Athan Gr Ny Chr Cyr Thret Dam; statt Χριστὸς in 1099 f vg Or^{3:2} Ἰησοῦς. ἀντίτυπα, Plural Substantiv, siehe Bauer 2 Goppelt ThW VIII 247f. Undualistisch: vom Gegensatz jüdischer gegen andere Gesetze Est 3,13 (XIII 4) ℵ A von der Kopie eines Schriftstückes P Oxy 1470,6 Preisigke Wört I 140; vom Echo Soph Phil 1460, siehe Scholion Wettstein; von einer nachahmenden Stimme Nonnus Dionys 8,22f; Taufe als Gegenbild eines Vorbildes, der Errettung aus der Sintflut 1Pt 3,21. Anders, metaphysisch-dualistisch Plot Enn 2,9,6: die Gnostiker reden von ἀντίτυποι, wenn die Seele nur Bilder der wirklich existierenden Dinge, nicht die wirklichen Dinge selber schaut. So, bis in die Formulierung hinein, Hb 9,24: wie ὑπόδειγμα V 23 vom minderen Gegenbild des wirklichen Heiligtums, siehe 8,5. Dualistisch auch 2Cl 14,3: Gegenbild des πνεῦμα ist die σάρξ, die aber – anders als im Hb das mit Händen gemachte Heiligtum – durch das Urbild gerade aufgewertet wird. τῶν ἀληθινῶν, zu ergänzen: ἁγίων; siehe 8,2. Statt ἀληθινῶν in 462 οὐρανῶν. οὐ – ἀλλά, siehe 2,16. αὐτόν, siehe 9,19, gegen das bloße Gegenbild. τὸν οὐρανόν, siehe 1,10 1,3. Der Himmel als das Allerheiligste, als Debir siehe 6,19 9,8 9,11. Vgl Philo Spec Leg 1,302: der unmaterielle, der in Wirklichkeit Himmel des Himmels ist Dt 10,14; Ps Clem Recg 2,68,2 der Unterschied zwischen dem oberen und dem sichtbaren Himmel. νῦν, siehe 8,6: der Zeitpunkt, da Jesus vor Gott „erscheint", geht über in Jesu bis zur Parusie währenden Priesterdienst (Zimmermann Bekenntnis 199; gegen Seeberg 108). ἐμφανισθῆναι Bauer 1 Bultmann-Lührmann ThW IX 7f. Zum Activ siehe 11,14. ἐμφαν– in p^{46} ℵ C D² K L P; ἐνφαν– in A D⋆; zu μ–ν siehe Bl-Debr § 19,2. Dies Wort nicht im Corpus Paulinum. Passivisch „sich offenbaren" Sap 1,2 Philo Leg All 3,101, Subjekt die Gottheit. Oder „erscheinen", meist mit Dativ, vor Menschen: Subjekt Schreckbilder mit (nicht: vor) προσώποις Sap 17,4; auferstandene Tote Mt 27,53; die interpretierende Greisin Herm v 3,1,2 3,10,2; die Gottheit Philo Leg All 3,27 Jos Ant 1,223; auch Götter Diog L prooem 7. Anders Hb 9,24: Christus erscheint vor der *Gottheit,* hilfreich den Menschen, fürbittend hier nicht ausdrücklich, siehe 7,25; aber doch wohl mit seinem Sühneblut, wie das kontrastierende „mit fremdem Blut" V 25 nahelegt: mitsamt dem Opfer ging er empor, das imstande ist, den Vater zu versöhnen (Chr Cramer Cat 228; Theißen 30 Zimmermann Bekenntnis 200). Die Terminologie des Versöhnungstages wird aber erst in V 25 dichter, siehe dort.

τῷ προσώπῳ τοῦ θεοῦ; p^{46} manus eins verschreibt τῷ προσώπον, manus zwei korrigiert richtig. Bauer 1b Lohse ThW VI 769–781. Auch außerbiblisch Schauen von Gottes Angesicht (Nötscher Angesicht III 2–4 für Kanaan, Ägypten, Babylon). Athene zeigt ihr sonnengleiches Angesicht hoch über dem Tempel (Eur Ion 1549f.). LXX verbindet Gottes πρόσωπον nicht mit ἐμφανίζεσθαι, wohl aber, kultisch, mit sehen LXX Ps 16,15 41,3; mit suchen Ps 26,8 Da 9,13 LXX; mit bitten, nicht als Fürbitte, 1 βασ 13,12 3 βασ 13,6 Jer 33(26),19 Da 6,13(14) LXX 9,13 Th; mit versöhnen Sach 8,22. πρόσωπον nicht bei Abrahams Fürbitte Gn 18,23ff, nicht, als „Angesicht" am Versöhnungstage Lv 16. Philo allegorisiert das πρόσωπον Gottes (Poster C 2.3.7), es gilt ihm als pädagogische Akkomodation (Som 1,234f); „vom Angesicht Gottes her" wird *gehört* (siehe Leisegang πρόσωπον). Im NT Gottes Angesicht Mt 18,10 Apk 22,4; als Zitat Ag 2,28 1Pt 3,12. Im Corp Paulinum nicht. Hb nur hier; Jesu Erscheinen vor Gott hat kultischen Charakter. τοῦ θεοῦ, zum Artikel siehe 1,1. περὶ ἡμῶν. Nicht „anstelle von" (gegen Zimmermann Bekenntnis 201): die Gemeinde soll dem Vorläufer (6,20) ja nacheilen und selber ins Heiligtum eintreten 10,19ff 12,1. Sondern: „zugunsten", siehe 2,9; eine geprägte Formulierung bei der Fürbitte 7,25. ἡμῶν auch Orig Athan Gr Ny; ὑμῶν C 33 1845; anredend sekundär auch 9,14.

25. Auch ist er nicht eingegangen, um oftmals sich darzubringen, wie der Hohepriester Jahr für Jahr ins Heiligtum mit fremdem Blut eingeht,

Literatur: EFascher Zum Begriff des Fremden, ThLZ 96, 1971, 161–168.

Die wiederholte Selbstopferung Christi wird verneint; beim Hohenpriester dagegen alljährliche Wiederholung des Eintritts in den Debir, weil nur mit Tierblut. οὐδ' nimmt aus V 24 schweigend, aber sinngemäß εἰσῆλθεν auf, Ps Oec MPG 119,381D Thphyl MPG 125,313B, und das ist der Eintritt ins himmlische Heiligtum. Hb verschiebt damit aber den Gedanken und erzwingt die Zusammengehörigkeit von εἰσέρχεσθαι und προσφέρειν ἑαυτόν. Seine Absicht ist aber, bei Jesus die Wiederholung des Selbstopfers nicht für den Himmel, sondern für die Erde zu verneinen, nämlich wiederholtes πάσχειν V 26 (de Wette[2] gegen Delitzsch). Also kein wiederholtes Selbstopfer auf Erden, aber Weiterwirksamkeit des Blutes, siehe 9,23. Zu οὐδὲ siehe 8,4. Statt οὐδ' in p[46] C Ψ 206 221 431 1758 οὐδέ; in 1845 οὐχ; in P οὐ γάρ; zur Vermeidung des Hiatus siehe 5,4. πολλάκις, siehe 6,7. προσφέρῃ, siehe 5,1; in L P προσφέρει, siehe 4,11. Jetzt intensiver als V 24 die Terminologie des Versöhnungstages Lv 16: für αἷμα, προσφέρειν und εἰσέρχεσθαι siehe 9,7 Exkurs; für ἅγια siehe 8,2; für ἐνιαυτὸς siehe 9,7. ἑαυτόν; dafür αὐτὸν in 917 1836, siehe 5,3; αὐτὸς in p[46]. ὥσπερ siehe 4,10. ὁ ἀρχιερεύς, atlich-jüdisch, siehe 2,17 Exkurs. εἰσέρχεται, siehe 3,11; dafür ἔρχεται in 2005; es fehlt ganz in 917. εἰς τὰ ἅγια; sinngemäß, aber sekundär ergänzen ℵ[2] 69 442 462 489 1912 sa[mss] fajj arm aeth Ch τῶν ἁγίων. κατ' ἐνιαυτόν; siehe 9,7; p[46] καθ' statt κατ'. ἐν „mit", Bl-Debr § 198,2 Bauer I 4cβ Oepke ThW II 534,32–35. Zur Verwendung des Blutes siehe 9,13. ἀλλοτρίῳ, siehe Bauer 1a 3 Büchsel ThW I 265; Fascher Begriff. Das fremde Blut gegen das eigene Blut Jesu 9,12. ἴδιος gegen ἀλλότριος bei Sachen: bei Regierung Jos Ant 18,46; bei Tempel Jos Ant 19,305; bei Feuer Philo Som 1,23; bei irdischem Besitz Epict Diss 4,5,15. ἀλλότριος hebt andere Personen gegen die eigene ab (Hi 19,13 LXX Ps 53,5); hinsichtlich der Schande Plut De Capienda ex Inimicis Utilitate 5 II 88F. Hier Hb 9,25 die Opfertiere gegen den Opfernden. Das Eigene ist dem Fremden überlegen wie das Echte dem Unechten Philo Som 2,47. ἀλλότριος im NT in Ev und Corp Paulinum; im Hb noch 11,9.34, aber nicht mit αἷμα; in 11,34 nicht gegen ἴδιος.

26. denn sonst hätte er oftmals leiden müssen seit Grundlegung der Welt; nun aber ist er Ein Mal beim Abschluß der Weltzeiten zur Aufhebung der Sünde mittels seines Opfers offenbar geworden.

Literatur: BKlappert Eschatologie siehe V 15; GStrecker Das Judenchristentum in den Pseudo-Clementinen, 1958; JSwetnam Sacrifice and Revelation, Catholic Biblical Quarterly 30, 1968, 227–234; HFWeiß Kosmologie siehe V 14.

Jetzt Begründung für οὐ πολλάκις V 25. Hb deutet mit keinem Wort an, daß er hier mittels einer Absurdität die Argumentation abbrechen will. Er widerlegt die oftmalige Selbstdarbringung Jesu vielmehr damit, daß eine Mehrzahl des Selbstopfers Jesu in dem Zeitraum von der Weltschöpfung an bis kurz vor dem jetzigen Weltende eben nicht stattgefunden hat (vSoden; gegen viele Kommentare von Thomas und Calvin an). Der markante Zeitpunkt seines wirklich geschehenen Selbstopfers – das Weltende – unterstreicht dabei die Einmaligkeit.

ἐπεί, siehe 2,14. *ἔδει*, siehe 2,1; Bl-Debr § 358,1 Bauer 6b: was unter der Voraussetzung eines dem Versöhnungstage analogen Selbstopfers hätte geschehen müssen. *πολλάκις*, siehe 6,7. In D^{gr} *πολλά*, Accusativus Pluralis Neutr, wie im NT öfter, Bauer I 2b*a*. Wie der gnostische Erlöser der Pseudo-Clementinen, der freilich nicht leidet, sondern nur wiederholt auftritt (Strecker Judenchristentum 145–153). *παθεῖν*, man erwartet *ἀποθανεῖν*, wie für die Menschen V 27; und wie in V 26 für Christus 241 1908 sa fajj aeth denn auch ändern. Aber Hb verwendet nie das Verb *ἀποθνήσκειν* für Jesus: siehe 2,9 2,10 2,18 5,8. Jesu Leiden meint die Selbstdarbringung V 25, also das Todesleiden. *ἀπό* zeitlich, siehe 4,3. *καταβολῆς κόσμου*, siehe 4,3: der Sohn war, wie der Menschensohn aeth Hen 48,6, ja v o r der Welt da, Hb 1,2. *νυνί* echt, in p^{46} ℵ A C P 5 38 69 218 263 326 436 442 462 917 1834 1908 1912 2005 Or Chr$^{1:1}$; *νῦν* sekundär in D K Ψ 104 Koine Chr Thret Dam. *δέ* bei *νυνί*; fehlt in 206. *ἅπαξ*, endgültig, siehe 6,4. Hier zentral, in V 27f wiederholt. Vgl Tat Or Graec 6,1: *ἅπαξ* am Weltende Auferstehung zum Zweck des Gerichts. *ἐπὶ συντελείᾳ*: zur Eschatologie des Hb siehe 1,2 und Klappert Eschatologie; zur Ewigkeit der Welt und dem Weltende siehe 1,11 2,5 3,11 Exkurs. *ἐπί* temporal siehe 9,15. *συντέλεια* Bauer Delling ThW VIII 65–67. Innerzeitlich besonders viel Sirach, so mit *ἐπί* Sir 22,8 Da 4,25.30 LXX; innerzeitlich auch der *μέλλων αἰών* Jos Ant 18,287. *συντέλεια* dagegen eschatologisch: Da 8,19 9,26 11,27.35.40 12,4.6.13 LXX, nie mit *αἰών*; *ἐπὶ τῇ συντελείᾳ τῶν αἰώνων* Test XIII 10,2, vgl B 11,3 Seb 9,9. Naheschatologie in Qumran Braun Radikalismus I 32 Anmerkung 1; 51 Anmerkung 4–52 Anmerkung 9; die Präsenz des Israel-Messias ist eingeplant 1Q Sa 2,12.14. עד סוף העולם Sanh 4,5 meint ein ferneres Weltende. Im NT *συντέλεια* nur Mt: 13,39.40.49 24,3 28,20, immer mit *τοῦ αἰῶνος (τούτου)*, immer vom Weltende, nie mit *ἐπί*. Im Hb nur hier; eschatologisch. So auch Herm v 3,8,9 s 9,12,3. *τῶν αἰώνων* „Weltzeiten", siehe 5,6. Anders Orig Princ II 3,5 Koetschau S 120: diese Welt ist die Vollendung vieler Welten; Orig nimmt *συντέλεια* mit vg als *consummatio* (Weiß Kosmologie 114 Anmerkung 1 Greer 24 26). *εἰς ἀθέτησιν*, siehe 7,18, endgültige Aufhebung, wie für das Böse bei Philo Quaest in Ex 1,17, also mehr als Hb 9,15. Aber Verführung übt die Sünde immer noch Hb 12,1. *τῆς ἁμαρτίας*, siehe 1,3 3,13. *τῆς ἁμαρτίας* in ℵ A D² P 33 81 104 365 442 630 sa fajj bo; *τῶν ἁμαρτιῶν* bei Orig$^{1:1}$; *ἁμαρτιῶν* wie Hb 10,2.3 in D* Aug; *ἁμαρτίας* ohne Artikel vielleicht älteste LA, in p^{46} C K L Ψ 326 1739 den meisten Orig Cyr Al Thret Dam, im Hb öfter ohne Artikel (Zuntz 52), Nestle-Aland bringt *τῆς* in []. Hier die Grundsünde. *διὰ τῆς θυσίας αὐτοῦ*, siehe 5,1, geschieht die Aufhebung. *πεφανέρωται* Perfect, endgültig; aus der Präexistenz heraus; gegen das „noch nicht" 9,8. Hier von Jesu Opfer am Kreuz. Von seinem irdischen Auftreten noch Joh 1,31 2,11 17,6 1Tm 3,16 2Tm 1,10 1Pt 1,20 1J 1,2 3,5.8; von der Zeit nach seiner Auferstehung Mk 16,12.14 Joh 21,1.1.14; von seiner Parusie 1Pt 5,9 1J 2,28 3,2; von der Botschaft R 16,25 Kol 1,26 Tt 1,3; vom „noch nicht" christlicher Existenz 1J 3,2. Das AT „offenbart" Jesus 2Cl 14,2 Barn 6,14 7,3.7 12,8. Für Hb gehören Opfer und Offenbarung zusammen (Swetnam Sacrifice 227–234). Darum stellt er die Überbietung des AT kultisch dar, nicht messianisch. Die Endzeit bringt nach jüdischem Glauben wohl auch das Ende der Sünde, wie Test XII L 18,9 Ps Sal 17,36; dies aber oft als Vernichtung der Sünder Ps Sal 17,26.41 aeth Hen 62,10–12, siehe Str-B I 67f; wie Hb freilich auch 10,30 12,25 (zu Windisch).

27. Und genau so, wie den Menschen bevorsteht, Ein Mal zu sterben, danach aber das Gericht,

Literatur: LRuhl De mortuorum judicio, 1903.

Hb vergleicht Christus mit den Menschen unter dem Gesichtspunkt der Einmaligkeit. Aufseiten der Menschen: nicht wiederholter, sondern einmaliger Tod mit nachfolgendem Gericht, das über das künftige Los des Menschen entscheidet. Die Abweisung des „oft" für Christus V 25 f entspricht also der Einmaligkeit menschlichen Sterbens.

καθ' ὅσον, siehe 3,3. ἀπόκειται Bauer 2 Wettstein; zur Konstruktion siehe Bl-Debr § 393,6. Von Gegenständen in einem Depot (Hi 38,23 Philo Det Pot Ins 128 Lk 19,20). Übertragen von Selbstentmannung (Luc Syr Dea 51 Betz Lukian 78 Anmerkung 1); von verborgenen unmoralischen Dingen (Philo Mut Nom 199); von einem bereitliegenden Heil seitens der Gottheit oder der Götter (Gn 49,10 Ditt Or 383,189–191), unter Umständen nach dem Tode (2Makk 12,45 Kol 1,5 2Tm 4,8). Von einer unausweichlichen Setzung: dem strafenden Zorn der Götter (Wilcken Ptol 144,47f), dem Unglück seitens des Schicksals (Jambl Myst 8,7). So auch vom Tode, siehe 2,15: als dem Hafen nach einem unglücklichen Leben (Ps-Longinus de sublim 9,7); von qualvollem Sterben (4Makk 8,11 Jos Bell 5,355); vom Tode überhaupt (Epigr Graec 4,16,6). So Hb, nur hier. Biblisch und außerbiblisch ist die Unausweichlichkeit des Todes auch ohne ἀπόκειται breit bezeugt: Gn 3,19 LXX Ps 38,5 Qoh 3,2.19 Sir 10,11 11,19; rabbinisch der Tod als Strafe für Sünden (Str-B III 228 f; Hom Il 6,488 f Soph El 1172 f Eur Andr 1271 f Alc 418 f 782–784 Alciphr 2,4 Luc Dial Mort 15,3 Cl Al Strom 6,22,4f Hermogenes Rhetores Graeci II 1,6,222 Sprengel S 289 Ps Cl Hom 19,11,2). τοῖς ἀνθρώποις: Henoch Hb 11,5 wird nicht berücksichtigt. Zur Abhebung der Menschen gegen Jesus siehe 5,1. ἅπαξ, siehe 6,4: keine Wiederholung des Todes Sap 2,5 (Windisch); er ist, früher oder später, das Ende des Lebens (Cl Al Strom, siehe oben), ist seine Grenze (Hermogenes, siehe oben). Das „nicht-zweimal" Soph fr Stob IV 1074,13, das „Ein Mal" (Philo Praem Poen 72 Luc Dial Mort 16,3) gilt als Erleichterung; im Hb dagegen als drohende Endgültigkeit 10,27. ἀποθανεῖν, siehe 7,8.

μετὰ – τοῦτο; statt τοῦτο in 1908 ταῦτα. τοῦτο meint ἀποθανεῖν. μετὰ temporal siehe 4,7. μετὰ τοῦτο Joh 2,12 11,7.11 19,28; nicht Corpus Paulinum. κρίσις, ohne Artikel, siehe 6,9. Bauer Büchsel ThW III 942f Ruhl De mortuorum Almquist 129. Vgl κρίμα 6,2; κριτὴς 12,23. κρίσις hier nicht als einmalig betont. κρίσις beziehungsweise κρίνειν immanent Philo Deus Imm 74; durch totbleiben ohne explizite κρίσις Js 26,14 Philo Poster C 39 73. Gericht ohne Zeitangabe 2Cl 16,2.3 18,1. Zur Zeit der akuten Naherwartung des Urchristentums erwarten die Christen normalerweise ihren Tod nicht vor dem postletalen Gericht; später die Erweiterung „zu richten die Lebenden und die Toten" 1Pt 4,5, vgl Pol 2,1 2Cl 1,1 Barn 7,2. Gericht *nach* dem *Tode:* Aesch Suppl 230f Ps-Plat Ax 12f III 371A Plut Cons ad Apoll 36 II 121C (mit der platonischen Begründung: die Leibesschönheit gefährdet die Unparteilichkeit des Gerichts) Corp Herm 10,16 4Esra 7,69 (Windisch) Lk 16,22f Phil 1,23 1Cl 20,5 Ps Clem Hom 1,7,6 16,19,4 Pist Soph 98 S 153,21–26. Lidz Ginza L 28 S 554,17–20 Lidz Joh 89 S 92,27–93,2. Gericht *nach* der *Auferstehung:* Da 12,2 (ohne explizite κρίσις), Test XII B 10,8; Gottes Setzung als Tod, wieder leben, Gericht Ab 4,22 (Michel); Joh 5,29 vgl Apc 20,12; Pol 7,1 2Cl 9,1 Barn 5,7; Lidz Ginza LI 2 S 437,20–22. Tat Or Graec 6,1 betont: die Auferstehung dient lediglich der Zusammenbringung der Menschen wegen des Gerichts. Hb nennt hier die κρίσις sofort hinter dem Sterben, aber nicht in absichtlicher

Fortlassung der Auferstehung der Toten, siehe 6,2, vgl auch 9,28. Denn die Naherwartung besteht zwar noch; aber nicht mehr so, als ob die Mehrzahl der Christen das Gericht noch vor ihrem Tode erleben würde, siehe 1,2 6,2.

28. so wird auch Christus, der Ein Mal dargebracht wurde, um die Sünden vieler sich aufzuladen, zum zweiten Mal, ohne (noch mit) Sünde (befaßt zu sein), denen, die ihn erwarten, erscheinen, zum Heile.

Literatur: FWGingrich Contributions to NT Lexicography, NTSt 9,1962, 3–10; CWestermann Prophetenzitate im NT, EvTh 27, 1967, 316.

Nun die Einmaligkeit auf seiten Christi: sein Opfer. Sein zweites Erscheinen dagegen, ohne Bezug zur Sünde, wird für die ihn Erwartenden die volle Verwirklichung des Heils bringen. οὕτως καί, siehe 5,3; der Fortfall von καί in 216 stört den Vergleich. ὁ Χριστός, siehe 3,6. ἅπαξ, siehe 6,4. Hb vermeidet das zu erwartende und gemeinte „gestorben", siehe 2,9. Dafür προσενεχθείς, siehe 5,1. 183 läßt das σ hinter dem ο aus. Geopfert durch die Gottheit, wie in der Tradition R 3,25 (Theißen 44); so wird die Analogie zum passiv erlittenen Tod der Menschen kräftiger; hier also nicht Selbstopfer (gegen Chr Cramer Cat 229). εἰς τό, siehe 2,17. Statt εἰς τό unter Einwirkung von πολλῶν in P εἰς τῶν; in 326 dann εἰς τὸ τῶν; in Ψ εἰς ὑπέρ, vgl Mk 14,24; also im Blick auf die Eucharistie; nur εἰς, ohne τό, in 33. πολλῶν ἀνενεγκεῖν ἁμαρτίας spielt wörtlich an auf Js 53,12: ἁμαρτίας πολλῶν ἀνήνεγκε. Hb hat also wie LXX das singularische אטח der Masora im Plural. Vgl 1Pt 2,24; Westermann Prophetenzitate 316 Schröger Schriftausleger 203. πολλῶν, siehe Bauer I 2aα JJeremias ThW VI 536–546; „Ein Mal" und „vieler" kontrastieren (Bengel). Nicht „alle", siehe 1,3; vgl „viele Söhne" 2,10 (zu Jeremias 541). ἀνενεγκεῖν, siehe 7,27; statt dessen in P der schwache Aorist ἀνενέγκαι. Paronomasie zu προσενεχθείς, siehe 3,13 (Wettstein). Doch wohl „sich aufladen", Bauer 3[5] gegen [4], viele Belege (Gingrich Contributions 9); ähnlich schon Chr Cramer Cat Erasmus paraphrasis Spicq. Zum Selbstopfer V 26, zum Dargebracht-werden V 28a nun das Auf-sich-nehmen der Sünden. Auch Js 53,10 אשם „Sühnopfer". ἁμαρτίας, siehe 1,3 3,13. ἐκ δευτέρου: zu δεύτερος siehe 8,7. ἐκ δευτέρου Mk 14,72 Par Joh 9,24 Ag 10,15 11,9; nicht Corpus Paulinum; Hb nur hier. δεύτερος in NT und Apost Vät sonst nicht von der Parusie (zu Cullmann Christologie 103). Jesu erstes Erscheinen ist sein irdisches Leben 9,26; sein zweites Erscheinen hier V 28 seine Parusie. Justins δευτέρα παρουσία (Apol I 52,3 Dial 14,8 40,4), die πάλιν παρουσία (Dial 118,2), der *geminus eius adventus* (Canon Muratori 23) bereiten sich vor. χωρίς, siehe 4,15. χωρὶς ἁμαρτίας: jetzt, ohne sich Sünden aufzuladen; das χωρίς also anders als 4,15. Wieder ist die Einmaligkeit des Opfers unterstrichen. 1908 stellt um in ὀφθήσεται χωρὶς ἁμαρτίας: um verdeckt paränetisch die Sündlosigkeit der ihn Erwartenden zu fordern? ὀφθήσεται siehe Bauer 1a Michaelis ThW V 361. Vom Sehen gegenüber Jesus bei der Parusie gewöhnlich ὄψεσθαι Mk 13,26 Par 14,62 Par 1J 3,2 Apk 1,7 22,4; auch Hb 12,14. Das ὀφθῆναι dagegen meist vom Erscheinen des Auferstandenen Lk 24,34 Ag 9,17 13,31 26,16 1K 15,3–8 1Tm 3,16; im Blick auf die Parusie im NT nur Hb 9,28. Ist es noch ein Erscheinen vor irdischen Augen? Das wandelbare All wird dann ja vernichtet 1,11f 12,26f. τοῖς αὐτὸν ἀπεκδεχομένοις, Bauer Grundmann ThW II 55f. Das Schluß-ς fehlt in C*; D* schreibt ἐκδεχομένοις. ἀπεκδέχεσθαι nicht in LXX Test XII Philo Josephus Apost Vät; Hb nur hier. 1Pt 3,20 von Gottes Langmut; sonst immer vom Warten der Schöpfung R 8,19 und dem der Christen R 8,23.25 1K 1,7 Gl 5,5 auf eschatologisches

Heil; in Phil 3,20 wie Hb 9,28 auf Jesus. Hier kein ängstliches Warten wie auf den unsicheren Tod (Alciphr 3,4,6), sondern ein standhaftes 10,36, „Tag für Tag" (wie bei Alciphr aaO). Es beruht nicht auf Askese, wie die Erwartung des Gottesheils Philo Leg All 2,101, sondern auf Christi Opfer. Auch er wartet 10,13 (Schierse 99). εἰς σωτηρίαν, abhängig wohl von ὀφθήσεται, die beiden εἰς entsprechen einander (Riggenbach). Das Heil wird komplett erst bei der Parusie (Schierse 130), siehe 1,14 2,3 6,2. Tod und Gericht existieren dann nur noch dem Namen nach (Bengel de Wette[2] Bleek-Windrath vSoden; gegen Erasmus paraphrasis Delitzsch). Die Zusätze hinter σωτηρίαν, siehe 2Tm 3,15, sind sekundär, sie widersprechen dem πίστις-Verständnis des Hb, siehe 4,2 Exkurs, sie haben paulinischen Charakter (Windisch; gegen Héring): εἰς σωτηρίαν διὰ πίστεως in A P 81 104 442 1245 1834 1898 1908 2495 b vg[mss] sy[h]; εἰς σωτηρίαν διὰ τῆς πίστεως in 1611 2005; διὰ πίστεως εἰς σωτηρίαν in 38 69 218 256 263 330 436 440 462 463 823 1837 1906 1912*, also auf das Partizipium bezogen. Der alte Text ohne die Zusätze in p[46] ℵ C D Ψ den meisten lat sy[p] co Chr Thret Dam Aug.

10,1–18

Das Kultgesetz kann den Menschen nicht entscheidend helfen; die Wiederholung der Opfer zeigt: nur Erinnerung an Sünden kommt dabei zustande. Auch die Schrift sagt: Gott will keine Opfer, sondern das gehorsame Selbstopfer Jesu. Während der Priester opfernd steht, sitzt Jesus nach seinem Opfer zur Rechten Gottes und wartet auf seinen Endsieg. Wieder die Schrift: Die neue Setzung mit der Vergebung macht Opfer überflüssig. Vanhoye Structure 162–172: προσφέρουσιν und προσφορά sind Inklusion.

1. Denn über einen Schatten der künftigen Güter verfügt das Gesetz, nicht über die wirkliche Gestalt der Dinge selbst; darum kann es durch die alljährlich gleichen Opfer, die man darbringt, die Herantretenden niemals weihen.

Literatur: PBenoit Le Codex Paulinien Chester Beatty, Rev Bibl 46, 1937, 58–82; HBietenhard Die himmlische Welt im Urchristentum und Spätjudentum, 1951; FFBruce The Time is Fulfilled, 1978; HHillmann Der Hohepriester der zukünftigen Güter, Bibel und Leben 1, 1960, 157–178; WNiesel Das Abendmahl und die Opfer, Theologische Aufsätze, Barth-Festschrift 1936, 178–190.

V 1 begründet, γάρ, warum nur das einmalige Opfer Christi (9,27f) das künftige Heil gewährt: weil das Kultgesetz es nur mit der Kopie des himmlischen Kultes, nicht mit dessen Original zu tun hat. Schon die Wiederholung der Opfer zeigt an: sie vermögen den Opfernden in keinem Falle die rechte Weihe zu verleihen. Zu V 1 siehe Greer für Orig S 8–18, für Theod Mops S 230f. σκιά, siehe 8,5, Kopie: vergänglich wie 1Ch 29,15, vgl Str-B III 628f; wie Nachahmungen, Bilder (Betz Plut 1978 240 Fratern Amor 3 II 479CD); nur die leiblichen und äußerlichen Güter betreffend Philo Poster C 112 (Windisch); also anders als die drei Stelen des Seth Nag Hammadi Cod VII 5 121,20–122,20, wo „die Ewigen" „aus einem Schatten" „stammen". Es geht im Hb nicht um die Gleichheit im Unterschied, gegen Calvin, sondern um die Unkräftigkeit des alten Gesetzes (Luther Glosse). γάρ fehlt in 919. ἔχων, siehe 4,14 3,3. ὁ νόμος, siehe 7,5; fehlt in 489. τῶν ἀγαθῶν, siehe 9,11. μελλόντων, siehe 1,14 2,5 9,11. Vgl in Ps Clem Hom die asketisch-paränetisch verwendeten kommenden Güter 9,8,2 15,7,5; singularisch 15,7,5; das künftige Reich 15,7,6; die unaussprechlichen Güter, das himmlische Reich Jerusalem Recg 1,51,2. Im Hb τὰ μέλλοντα ἀγαθὰ hier wie die Dinge; 8,5 wie die himmlischen Dinge, das Urbild; 8,2 wie das wirkliche Zelt; 9,11 wie die wirklichen Güter; 9,24 wie das wirkliche Heiligtum; all das gegen 9,24, das mit Händen gemachte Heiligtum; 10,1 gegen das Gesetz; in Kol 2,26f gegen Nahrungs- und Festtagsobservanzen. Das Voraus zeitlicher Eschatologie und der Dualismus himmlischer Wirklichkeit sind im Hb auswechselbar.

αὐτὴν τὴν εἰκόνα; zu αὐτὸς siehe 9,19. Statt οὐκ αὐτήν: in 69 οὐ κατά; in 1908 syᵖ οὐκ αὐτῶν, angeglichen an ἀγαθῶν; in arm καὶ οὐκ αὐτήν; in p[46] sinnändernd καὶ statt οὐκ αὐτή, siehe unten. τὴν εἰκόνα, Bauer Kittel ThW II 391–394 Liddell-Scott Wettstein; Käsemann Leib und Leib Christi 81ff (mir leider nicht zugänglich). Hier interessiert εἰκών nicht als

Götterbild, wie auch in LXX; auch nicht als Bild im gegenständlichen Sinne wie in Synoptikern und Apk; sondern als Abbild, Ebenbild. Dies kann vom Original durchaus verschieden sein, Philo Op Mund 71: Mann gegen Gott 1K 11,7; Schlaf gegen Tod Test XII R 3,1; irdische Stiftshütte gegen göttliche Tugend Philo Rer Div Her 112. So werden die εἰκόνες von den Urbildern (Philo Abr 3 Decal 101 Spec Leg 2,237), die εἰκὼν mit ihrem fehlenden Anteil am Sein von dem Modell (Plut Col 15 II 1115 E) unterschieden. ἐν εἰκόνι die nichtige menschliche Existenz LXX Ps 38,7. Daher werden εἰκὼν und σκιὰ gleichgesetzt: Plat Resp 6,20 II 510A Philo Leg All 3,96 (wobei der Mensch eine Kopie der Kopie der Gottheit ist, vgl Op Mund 25) Cl Al Strom VI 7,58,2 Stählin 461,16 f. p[46] korrigiert, in Kenntnis dieses griechischen Sprachgebrauchs, σκιὰ und εἰκὼν gleichsetzend, οὐκ αὐτὴν sekundär in καί (Benoit Codex 66; Beare Text, 387–389; Zuntz, 20–23; Tasker Corpus Paulinum, 183f; Metzger). Auch Thret Ps Oec und Thphyl stellen die εἰκὼν als die innerweltliche gegen die eschatologische Existenz der πράγματα (MPG 82,745D 748A Staab 496 MPG 125,317C). Die εἰκὼν τοῦ θεοῦ kann aber auch ein mehr oder weniger originalgetreues Abbild der Gottheit oder ihrer Eigenschaften meinen. So Christus (2K 4,4 Kol 1,15); die Sophia (Sap 7,26 Philo Leg All 1,43); der Ur-Mensch (Corp Herm 1,12, mit ἔχων wie Hb 10,1); der Aion (Corp Herm 11,15); die Sonne (Plat Resp 6,19 II 509AB Procl Hymn 1,33f in der Hermetik Stob I 293,20–22); das Vorbild für andere (Philo Leg All 2,4 Rer Div 231); der Kosmos (Plat Tim 44 III 92C); Adam (bBB 58a), Abraham dann die Kopie dieser Kopie, also Adam hochwertig; ptolemäische und persische Herrscher (Mitteis-Wilcken I II. Hälfte 109,11 Ditt Or 90,3 APF 1 (1901) 483,11 Plut Them 27,4 I 125C); der Myste (Apul Met 11,24,6); gute und weise Menschen (Diog L 6,51 Sext Pyth Sententiae 190); der Mensch überhaupt (Gn 1,16 Sap 2,23 1Cl 33,4f Barn 5,5 6,12 Dg 10,2 Luc De Imag 28 Betz Luk 50,4). εἰκὼν ist auch Abbild für göttliche Wesenheiten: der Mensch vom himmlischen Menschen (1K 15,49); die Redekunst von der nicht bewegten Idee (Ioannes Sic Herausgeber HRabe 1931 S 396 Z 23 Mittelalter). Besonders originalgetreu als εἰκὼν ist der λόγος θεῖος, der der Gottheit ganz nahe wohnt (Philo Fug 101), und die lichtgleiche Sophia als das aus dem Glauben emanierte „Bild" (Koptisch-gnostische Schrift ohne Titel Nag Hammadi Cod II 5 146,13–18). Gleichwohl scheint εἰκὼν in diesen Texten Kopie zu bleiben, von den Realitäten unterschieden (Plat Crat 43 I 439A). Plot Enn 6,6,6: das πρᾶγμα ist mehr als die εἰκὼν τῶν πραγμάτων; mit dem ὄν nicht identisch (Philo Conf Ling 97 147). Anders Hb. Die εἰκὼν meint hier nicht eine mit Farben komplettierte Skizze (gegen Chr Cramer Cat 230); nicht eine bessere Sorte von Kopie, als die σκιὰ es ist. εἰκὼν ist, wie αὐτὴ zeigt, vielmehr das Original, die himmlische Wirklichkeit selber (siehe oben zu τὰ μέλλοντα ἀγαθά); πραγμάτων ist Gen des Inhalts. Das Kultgesetz hat nichts zu tun mit dem Wesen der Dinge. So mit Recht viele Kommentare und Erklärer (zum Beispiel: Bengel Delitzsch Spicq; und Niesel Abendmahl, 189; Bultmann Typologie in: Exegetica, 378; Bietenhardt Himmlische Welt, 128; Hillmann Hohepriester, 176; Jervell Imago, 224; Theißen 108; Bruce Fulfilled 77–81).

Der Gesamthintergrund von 10,1 ist plato-nahe (siehe 8,5 und zu σκιὰ und τύπος). Diese Terminologie ist freilich dem gewöhnlichen Griechisch fremd. Wofern die Originaltreue der εἰκὼν in einigen Texten der vorhergehenden Beleggruppe doch eine Identität der εἰκὼν mit dem Original meinen sollte, müßte man diese Texte für Hb 10,1 reklamieren; eine letzte Entscheidung muß ich offenhalten. Die Schwierigkeit liegt darin, daß Philo und gnostische Texte eine von oben nach unten abgestufte Hierarchie beschreiben, während Hb himmlisches und irdisches Zelt ohne Zwischenstufen einander gegenüberstellt. Analog zur εἰκὼν-Bedeutung als „Wirklichkeit" im Hb sind in etwa: innerweltlich ist τῆς εἰκόνος ἡ σκιά der unzerstörte Leichnam, unterschieden von dessen lebender Gestalt (Achill Tat 1,13,3f); die Geometrie kann sich halten an ewige und unkörperliche εἰκόνες (Plut Quaest Conv 8,1 II 718F); der Gegensatz zu νεκροῦ νεκρά εἰκὼν ist, vom Text freilich nicht als ζῶα εἰκὼν formuliert, die Unsichtbarkeit der christlich-asketischen Existenz (Act Joh 26–30); der vollkommene Kosmos ist total ποτὶ τὰν εἰκόνα (dorisch: = πρὸς τὴν) hergestellt, also nach dem Urbild (Tim Locr 19d); Umkehr von den Schatten zu den Gestalten (ἀπὸ τῶν σκιῶν ἐπὶ τὰ εἴδωλα) und zum Licht, und Aufstieg aus dem Unterirdischen und Sinnenfälligen zur Sonne und zum Guten (Jambl Comm Math Scient 6).

τῶν πραγμάτων, siehe 6,18. πρᾶγμα gegen σκιά Philo Deus Imm 177 Plant 27. κατ' ἐνιαυτόν, siehe 9,7. ταῖς αὐταῖς θυσίαις: zu ὁ αὐτός siehe 4,11; zu θυσία siehe 5,1. Statt αὐταῖς in 69 1319 αὐτῶν; αὐταῖς fehlt in 2 57 177 206 327 336 356 429 460 642 920 1518 1758 1872 aeth Dam. Hinter θυσίαις fügen ℵ P 365 pc b αὐτῶν ein. ἅς in p^{46c} ℵ C D^2 Ψ den meisten lat; dafür an das Substantiv angeglichen, αἷς in D* H L 5 88 257 263 442 489 547 623 927 1827 1828 1834 1873 d e z Thret; unter Konstruktionsbruch wird ἅς ausgelassen in p^{46}* A 2 7* 33 1611 1908 2005 2495 sy^p ^{h} arm. προσφέρουσιν, die Priester, siehe 5,1. εἰς τὸ διηνεκές, siehe 7,3. Doch wohl, trotz 10,14, zu προσφέρουσιν zu ziehen, Kommentare im Urteil geteilt; temporal wie Chr ἀεί Cramer Cat 231, neben κατ' ἐνιαυτὸν das „nicht aufhören" unterstreichend. οὐδέποτε, Bauer. Davor αἵ in A^2 104? 1245 1319 1852 sy^h arm, also das Subjekt νόμος ersetzend. In Joh und Ag; mit Praes wie hier 1K 13,8. Die absolute Ausgeschlossenheit, auch nicht Ein Mal, trotz Wiederholung; ebenso 10,11. δύναται, der νόμος; so doch wohl echt, in p^{46} D* ^{2} H K L^s Ψ^{vid} 2 5 35 88 181 206 226 241 242 255 326 383 547 623 629 630 794 927 999 1311 1518 1738 1739 1758 1827 1845 1867 1873 1881 1962 2143 d e f r vg Or Chr Thret Ps Oec (so auch Zuntz 131 Metzger 669); statt dessen, unter Zerstörung der Konstruktion, δύνανται, die Priester, so ℵ A C D^1 P 33 69 81 104 330 424^1 436 442 451 460 462 614 1241 1834 1877 1908 1912 1984 2127 2492 2495 a b z* vg^{ms} sy^p ^{h} sa bo fajj arm Or Chr Thret Ephr Dam Thphyl. Aber Gesetz und Opfer, nicht Priester vollziehen im Hb das „weihen", Tischendorf NT II^8 1872. δύναται fehlt in 489. Zu δύνασθαι siehe 5,7 3,19. τοὺς προσερχομένους, siehe 4,16; τοὺς προσευχομένους in 206. Dem Kontext nach die Priester, aber die Laien, für die geopfert wird, sind mitgemeint; wie ja, von Frauen abgesehen, zum Orakel auch Laien kultischen Zugang haben (Plut E Delph 2 II 385C Betz Plutarch 1975 90). τελειῶσαι, siehe 2,10. Dafür καθαρίσαι D d e, wie in 9,22f 10,2. Vgl 7,19.

2. Denn hätte sonst die Darbringung der Opfer nicht aufgehört, weil die Kultübenden kein Sündenbewußtsein mehr hatten, weil sie Ein für alle Mal gereinigt waren?

V 2 begründet V 1: das Sündenbewußtsein ist geblieben, Sündenreinigung ist also nicht erfolgt; daher, den Opfernden bewußt (siehe 9,9), hören die Opfer nicht auf. Dagegen Philo Spec Leg 1,242 παντελὴς ἀμνηστία; slav Hen 62 ACharles (siehe 9,9). Freilich versteht Philo ἀμνηστία als Vergessen der Sünden seitens des Strafenden, Hb die μηδεμία – συνείδησις als Vergessen seitens des Sünders.

ἐπεί, siehe 2,14. οὐκ ἄν, in 4,8 8,7 als Aussage, ähnlich 8,4; hier als Frage, Bauer οὐ 4c. Die Fortlassung von οὐκ in p^{46} H* 206 263 429 614 630 1245 1518 1739 1758 1852 1881 2495 f vg^{cl} sy^p ^{h} ar Prim bildet sekundär die Frage zur Aussage um, aber nicht sinnwidrig. Die Ersetzung von ἄν durch κἄν in p^{46} (365) 1518 vermeidet die Frage und die lautliche Härte (Zuntz 45f). Den

Fragecharakter betont Thphyl MPG 125,320C: lies als Frage! ἐπαύσαντο Bauer 2; zur Konstruktion siehe Bl-Debr § 414,2. Im NT besonders Lk Ag, auch Corpus Paulinum; nie mit dem Subjekt „Opfer". Hb nur hier; nur hier im NT mit passivem Partizip. Hb argumentiert hier zunächst psychologisch: anders als für Paulus 1K 15,8–11, aber wie bei Philo Spec Leg 1,215 erlischt für Hb im Gnadenstand das Sündenbewußtsein. Darum hätte, im Falle effektiver Opfer, deren Darbringung aufhören müssen. Davon, daß opfern tora-befohlen ist, wird hier abgesehen. Wichtig ist für die Argumentation nur: die Opfer finden weiter statt. Daß die nicht aufhörende καινὴ διαθήκη Jer 38(31),37(36), wenn auch unexplizit, im Sinne des AT Opfer einschließt (siehe 8,10), bleibt unberücksichtigt. Daß der Opferdienst seit dem 17. Tammuz tatsächlich aufgehört hat (Taan 4,6 Just Dial 40,2), besagt für Hb nichts (gegen Bruce; siehe 5,1 8,4). Zudem gilt nach der Tempelzerstörung für Jochanan b Zakkai Wohltätigkeit als Ersatz für Sühneopfer (Aboth RN 4(2d) Str-B IV 555). Hb denkt auch kaum daran, daß einige Rabbinen für die Tage des Messias das Aufhören aller Opfer außer dem Dankopfer annehmen (Str-B IV 935 f a φ χ ψ w; vgl Philo Quaest in Ex II 32). Anders als Hb das Ev Eb 5: erst das Unterlassen der Opfer bringt den Gotteszorn zum Aufhören. προσφερόμεναι, siehe 5,1: seitens der Priester. μηδεμίαν, Bauer: Corpus Paulinum oft, Hb nur hier. ἔχειν, siehe 4,14 3,3. 206 stellt um in ἔτι ἔχειν. ἔτι, siehe 7,10; ausgelassen in D* d e Chr. συνείδησιν, siehe 9,9. Hier „Bewußtsein": neutral absolut Qoh 10,20; als innere Anteilnahme positiv absolut 1Cl 2,4 34,7; positiv mit θεοῦ 1Pt 2,19. Wie hier im Hb negativ: als Bewußtsein der eigenen Ungerechtigkeiten Philo Det Pot Ins 146, ähnlich Spec Leg 2,49; als Bewußtsein deiner Gottlosigkeit Jos Ant 16,212; der Greueltat Diod S 4,65,7; des Mangels Plut Profectibus 14 II 84D; als Mitwissen bestimmter Verfehlungen Philo Virt 124. ἁμαρτιῶν, siehe 1,3 3,13. 440 823 stellen τῶν davor. τοὺς λατρεύοντας (siehe 8,5): auch die Nicht-Priester. D^{gr} τοὺς δὲ λατρεύοντας. ἅπαξ, siehe 6,4. κεκαθαρισμένους, siehe 9,14, zum Perf siehe 7,6: analog dem τελειοῦν V 1, als καθαροὶ ὅλοι Joh 13,10 (Windisch), wie die Christen durch die Taufe (Michel Gräßer Glaube 161); wie der Initiand Corpus Herm 13,15. Dies hellenistische Particip in p^{46} ℵ D H K P 33 38[1] 69 101 326 383 442 462 467 1319 1834 1845 1906[1] 1912 2127; Schreibfehler κεκαθεριομένους in A C; die klassische Form, siehe 9,14, κεκαθαρμένους in L 104 Koine Chr Thret Dam Thphyl Ps Oec.

3. Vielmehr kommt durch sie zustande Erinnerung an Sünden, Jahr um Jahr.

Durch die alljährlichen Opfer des Versöhnungstages werden Sünden nicht bereinigt, sondern, im Gegenteil, in Erinnerung gebracht; das Sündenbewußtsein V 1 verschwindet nicht, sondern wird wachgehalten im Nicht-vergessen-können. Hier widerspricht Hb dem alttestamentlich-jüdischen Selbstverständnis.

ἐν αὐταῖς: dadurch, daß die Opfer stattfinden (Behm ThW I 351); ἐν instrumental, siehe 9,22. Die LA αὐτοῖς in H denkt an die Opfernden. ἀνάμνησις, Bauer Behm ThW I 351 f; das Verb siehe 10,32. Die erinnernden Hinweise auf Opfer zwecks Erhörung der Bitten an die Götter Lys 2,39. Das Substantiv in LXX fast nie von Opfer oder Sünden, sondern: Jahwe soll sich erinnern (Lv 24,7 Nu 10,10 Ps 69 Titel); oder der Fromme soll sich erinnern, an den Sabbat (Ps 37 Titel), an das Gesetz (Sap 16,6). Aber ἀναμιμνήσκειν mit dem Objekt Sünden Gn 41,9 3βασ 17,18 Hi 24,20 LXX Ps 108,14, besonders Ez 21,23(28).24(29) 23,19 29,16 33,16; ebenso ὑπομιμνήσκειν Sap 12,2. Jos Ant 4,191: die Erinnerung an die nicht beachteten Gesetzesvorschriften. In LXX nur Nu 5,15 θυσία – ἀναμιμνήσκουσα ἁμαρτίαν, beim Speisopfer und Fluchwasser, das die Schuld der verdächtigten Ehebrecherin anzeigen wird, also in einem Spezialfall von Opfer. Dies wird im Hb zitiert und auf alle Sünden der Unheiligen ausgedehnt: die ungeweihten Opfer der Unheiligen – bringen die Unwissenheitssünden und die Übertretungen aller in Erinnerung (Philo Plant 108; vgl Vit Mos 2,107); aber: Mose brachte in Erinnerung, nicht durch das Sündopfer zu sündigen (Spec Leg 1,193; vgl Quaest in Ex 1,15). Beim Frommen und Gerechten bleibt also das Opfer effektiv, wirkt Befreiung und Vergessen gegenüber den Sünden (Vit Mos 2,107 f Spec Leg 1,215). Im NT sonst ἀνάμνησις nur in Eucharistie-Texten (Lk 22,19 1K 11,24 f); ὑπόμνησις nur mit positiven Inhalten 2Tm 1,5 2Pt 1,13 3,1. Der Verbstamm μιμνη – in Verbindung mit Vergehen und Strafen Mt 26,75 Par 3J10 Jd 5. Jedoch nie sonst im NT wirkt das Opfer Sünden-Erinnerung. Hb ἀνάμνησις nur hier. Weit über Philo (siehe oben) hinaus und ihm widersprechend, schaffen im Hb die *Opfer als solche,* abgesehen vom Ethos der Opfernden, für Sünden nicht Reinigung, sondern ihre lebendige Vergegenwärtigung (richtig viele Kommentare von Delitzsch bis Montefiore, Spicq I 71 f Williamson 182; gegen Siegfried 327). Also „Erinnerung" im negativen Sinne, „Schande" (Thphyl MPG 125,320D; so viele Kommentare seit de Wette); nicht „öffentliche Erwähnung" (gegen vg und Kommentare bis Bengel). Anders als in der neuen Setzung, wo kein μνησθῆναι stattfindet 10,17. Paulus urteilt über das Gesetz noch strenger R 5,20 (Strathmann); freilich im Blick auf den ethischen Inhalt, nicht auf das Kultgesetz; siehe 7,5. Hb urteilt hier unalttestamentlich und unjüdisch (siehe 9,7 und Jub 34,19); er will aber hier kaum ein falsches Eucharistie-Verständnis korrigieren (zu Theißen 72 Anmerkung 15 und 86; siehe Hb 9,9). ἁμαρτιῶν, siehe 1,3 3,13. κατ' ἐνιαυτόν, siehe 9,7. γίνεται fehlt wie in 6,12 7,12; D* 330 440 823 d e f vg arm bringen es sekundär.

4. Denn es ist unmöglich, daß Blut von Stieren und Böcken Sünden wegnimmt.

V 4 ist Begründung, γάρ, für die Heilsunwirksamkeit der Opfer V 2f. Ein rigoroses Apodiktum (vgl die Artikellosigkeit der Substantiva Spicq), aus dem Dualismus von „Schatten" und „Realität" erwachsen (V 1), mit rationalem Klang: so einsichtig wie die Unwirksamkeit von Bingelkraut gegen Elephantiasis (Thphyl MPG 125,322A; gegen Michel Schiwy). Dies Urteil ist nicht vom historischen Jesus her verständlich, siehe 9,7 Exkurs; vielmehr interpretiert Hb von dieser Maxime her Christus (zu Zimmermann Bekenntnis 121). V 5ff dann die Übereinstimmung dieser Maxime mit der Schrift. Die hier abgelehnte Sühnung durch Opfer ist auch griechischer Volksglaube, von Plato getadelt (Resp 2,7 II 364BC), von Aeschylus (Coeph 518f) für eine besonders schlimme Verfehlung bestritten. Die Uneingeschränktheit dieses Urteils steht gegen alttestamentliches Selbstverständnis (so richtig Windisch Strathmann; siehe 9,9); auch gegen Philo Spec Leg 1,213: durch Gottes Altar geschehen Befreiungen und vollständige Vergebungserweisungen für alle Sünden und Gesetzwidrigkeiten (vgl Spec Leg 1,228 Vit Mos 2,152). Nachklang des Hb in Ps Clem Recg 1,39,2 1,63,4.

ἀδύνατον, siehe 6,4. d schwächt ab zu „schwierig". Zum fehlenden ἐστὶν siehe 6,8. Vgl μὴ δυνάμεναι 9,9 und die Problematik um 9,13: was ist die dortige „Reinheit des Fleisches"? Doch nicht hygienische Reinigung (durch Blut!), sondern äußerliche Kultfähigkeit, aber, 10,4: wertlos, weil ohne Beseitigung von Sünden. αἷμα, siehe 9,7 Exkurs: das der Opfertiere; der Blutkanon 9,22 ist hier aber für Jesu Selbstopfer nicht aufgehoben. ταύρων καὶ τράγων: umgekehrte Reihenfolge, wie in 9,13, hier in 10,4 in p[46] ℵ 69 326 1881 sa fajj arm Aug. Siehe 9,12 f. ἀφαιρεῖν, Bauer. In L 205 209 442 der Aorist ἀφελεῖν; in ℵ H 460 ἀφερειν: entweder ist λ in ρ verschrieben, oder ε gilt itazistisch als αι, siehe 3,13. Außerbiblisch magisch mit den Objekten Krankheit und Schwachheit vom Amulett (Preisigke Wört I 243 BGU 954,12); innerweltlich mit dem Subjekt „redliche Worte" und den Objekten „Neigungen zur Lust" und „Abwehrhaltungen gegenüber Anstrengung", neben dem Synonym „abwenden" (Plut Aud 2 II 38 CD). In LXX ἀφαιρεῖν mit dem Subjekt der Gottheit und dem Objekt von Sünden (Ex 34,7.9 Nu 14,18 Js 27,9 Sach 3,4 Sir 47,11). Im NT außer Hb Subjekt meist die Gottheit, nur nicht Lk 16,3; die Objekte meist positiv (Lk 10,42 Apk 22,19); negativ Lk 1,25; nur R 11,27 Objekt ἁμαρτίας, frei nach Js 27,9. Nachklang Herm s 9,28,3. Explizit Tieropferblut Subjekt nicht in LXX und NT. In etwa, nicht terminologisch, aber inhaltlich wie Hb: das Essen des Sündopfers durch die Priester erbringt ἀφελεῖν τὴν ἁμαρτίαν Lv 10,17; der glühende Stein vom Altar ἀφελεῖ τὰς ἁμαρτίας σου Js 6,7; bestritten ist das Wegnehmen der Schlechtigkeiten für die heiligen Fleischstücke Jer 11,15. ἀφαιρεῖν ἁμαρτίας Hb nur 10,4: identisch mit „im Gewissen weihen" 9,9 und περιελεῖν ἁμαρτίας 10,11. ἁμαρτίας siehe 1,3 3,13.

5. Darum sagt er bei seinem Eintritt in die Welt: ‚Opfer und Gabe hast du nicht gewollt, einen Leib aber hast du mir bereitet.

Literatur: HGunkel Die Psalmen, 1926; HHillmann Hohepriester, siehe V 1; GJohnston Οἰκουμένη and κόσμος in the NT, NTSt 10, 1964, 352–360; HJKraus Psalmen², 1961; FRuffenach corpus autem aptasti mihi, Verbum Domini 6, 1926, 3–6; LVénard L'utilisation des psaumes dans l'épître aux Hébreux, Mélanges Podechard, Lyon 1945, 253–264.

LXX Ps 39,7–9a aus dem Danklied eines alttestamentlichen Frommen: Gehorsam, nicht kultische Opfer sind die Forderung der Gottheit, im Sinne der prophetischen Opferkritik (siehe 9,7 Exkurs; Gunkel und HJKraus Psalmen zur Stelle). Theod Mops notiert diesen unmessianischen Ursinn (Staab 209 Greer 235); Calvin: Psalm 39 geht zunächst auf David. Mittels einiger Verschiebungen im hebräischen und griechischen Text deutet Hb dies Zitat als ein Wort, das Christus beim Eintritt in die Welt an die Gottheit richtet. Denn wie Paulus in 1K 7,25 in anderem Zusammenhang, hat auch Hb kein einschlägiges Herrenwort aus der christlichen Tradition; Ev Eb zum Beispiel (siehe 10,2) brächte ja nicht Jesu σῶμα ins Spiel.

διό, siehe 3,7; διὸ καί in 1066, vgl 11,12. Kein eigentlicher Schriftbeweis mit γάρ oder ὅτι (zu Hillmann 176); sondern: weil die Maxime V 4 gilt, geht Jesu Bereitschaft, im Psalm ausgesprochen, auf sie ein (Delitzsch). εἰσερχόμενος, siehe 3,11. Im NT sonst nicht von Jesu Eintritt in die Welt; der ist im Hb sonst, 2,14 9,26, anders formuliert. Aber ἔρχεσθαι εἰς τὸν κόσμον 1Tm 1,15, besonders Joh 1,9 6,14 9,39 11,27 12,46 16,28 18,37. Rabbinisch „in die Welt kommen" als Geborenwerden des Menschen (Str-B II 358). „Ein Mann, – der ich aufbrach, um in die Welt zu kommen" Lidz Ginza L 2,8 S 465,12–14; Christus existierte also schon; vgl 2,14. Christus spricht dies Zitat aber nicht bei der Weltschöpfung, κεφαλίς ist nicht „Anfang", siehe 10,7 (gegen Synge 8f), auch nicht aus der Präexistenz heraus wie 2,12 (gegen Photius Staab 648 Westcott Montefiore), sondern bei seinem Eintritt in die Menschenwelt. Die zeitliche Differenz rückwärts bis zur Abfassung des Psalmes wird von Hb nicht berücksichtigt (siehe 1,3 Exkurs). εἰς τὸν κόσμον, von 2 ausgelassen. In den Wohnsitz der Menschen (Johnston Οἰκουμένη 355). Zu κόσμος siehe 4,3. λέγει, siehe 1,1 Exkurs 7,11; Jesu λέγειν im Hb siehe 2,12. θυσίαν, siehe 5,1. προσφοράν, Bauer Weiß ThW

IX 71; vgl *προσφέρειν* 5,1. In LXX meist positiv: 1Esr 5,51(52) Sir 14,11 32(35),1.8 38,11 46,16 50,13f Da 3,38 LXX 4,34b LXX;seltener negativ LXX Ps 39,7 Sir 31 (34), 21.23; oft verbunden mit *θυσία*, auch mit *θυσιάζω*. Ebenso Test XII L 3,6 14,5; Jos Ant 11,77. Im NT außer Hb von alttestamentlicher Opfergabe und Opferhandlung Ag 21,26 24,17; übertragen im Blick auf die missionierten Heiden, die *προσφορά* sind R 15,16, und von Jesus, der sich als Opfergabe hingibt Eph 5,2. Im Hb von den alttestamentlichen Opfern negativ 10,5.8.18, vom Selbstopfer Christi positiv 10,10.14. Dabei 10,5.8 als Opfergabe, wie oft in LXX, neben *θυσία*; 10,10.14.18 als Akt der Darbringung. In 1Cl 40,2.4 ist die alttestamentliche Darbringung, anders als im Hb, ein unkritisiertes Vorbild; 36,1 als christliche Gemeindegebete. Der Märtyrer als Opfergabe Mart Pol 14,1. Barnabas dagegen setzt die Opferkritik des Hb fort 2,4.6.

ἠθέλησας, Bauer 4 Schrenk ThW III 43–63. Verneint als „nicht Gefallen haben an Opfern" LXX Ps 39,7 50,18 Hos 6,6 Mt 9,13 12,7 (Hos 6,6). So Hb – *θέλειν* neben anderen Bedeutungen 12,17 13,18– in 10,5.8: Gott hat Jesus mitgeteilt, er will keine Opfer; Chr verdeutlicht: weil sie unverständig und nutzlos sind (Cramer Cat 233); Phot: Gott will sie nicht seit ihrer Einführung (Staab 648); beides im Sinne von Hb 10,1–4. Noch schärfer Ps Clem Hom 3,26,3: er haßt Opfer, Blutgaben, Spenden. *σῶμα* ist nicht vom Hb selber gebildet (gegen Thdrt Staab 209), sondern der LXX entnommen. Sie übersetzt wahrscheinlich von Anfang an fälschlich das ursprüngliche – gegen Ruffenach Corpus 4 – hebräische אזנים als *σῶμα*, zwecks besserer Verständlichkeit (Delitzsch), kaum zwecks messianischer Interpretation (zu Vénard 258). Weniger wahrscheinlich ist Verschreibung eines ursprünglichen *ὠτ(ί)α* in *σῶμα* während der LXX-Textgeschichte, denn *ὠτ(ί)α* ist belegt nur in lateinischen und syrischen Übersetzungen der LXX und in der Hexapla, in keiner der alten LXX-Handschriften (siehe Ahlborn 122 Schröger 172–177). *ὠτ(ί)α* klingt in Hb sy[h mg] „Ohren" nach.

Zu *σῶμα* siehe Bauer ESchweizer Baumgärtel ThW VII 1024–1091, besonders 1055. Der von Gott hergestellte Leib des Frommen (LXX Ps 39,7, vgl Test XII N 2,2) wird in Hb 10,5.10 zum Christus-Leib, und zwar zu dem in gehorsamem Selbstopfer dargebrachten (Thret Greer 299). In R 7,4 1Pt 2,24 der Heilswert des Leibes Christi in anderen Bezügen, vgl Pol 8,1. Hb identifiziert Jesu *σῶμα*, trotz 3,6, nicht mit der Kirche wie R 12,4f 1K 6,15 10,16 Eph 1,23 2,16 Kol 1,18, spricht nicht von der Salbung des Leibes Jesu wie Mk 14,8 Par, nicht von dessen eucharistischem Bezug wie Mk 14,22 Par 1K 11,24, nicht vom Leichnam wie Mk 15,43.45 Par Joh 19,38.40, und nicht vom Auferstehungsleib Jesu wie Lk 24,3.23 Joh 2,21 20,12; Käsemann Gottesvolk 146f. *κατηρτίσω μοι*, siehe Bauer. Hier „herstellen", synonym *ποιεῖν* Barn 16,6. In LXX als Objekte Gebäude, Tempel Ex 15,17 2Esr 4,13.16 und öfter; Heilsgüter LXX Ps 8,3 10,3 67,29. Der Leib des Frommen als Objekt nur LXX Ps 39,7; vgl Philo Rer Div Her 73: „Gott, der auch den Leib zu einem Ganzen macht und festigt" (– *τὸ σῶμα σωματοῦντι καὶ πηγνύντι*). Objekte im NT außer Hb Heilsgüter Mt 21,16 (= Ps 8,2) und Verdammung R 9,22. Im Hb, neben anderen Objekten in 11,3 13,21, hier in 10,5 vom Leib Christi; Christus hatte also vor der Menschwerdung keinen Leib; vgl Gott als den Schöpfer Jesu 3,2, ferner 2,14.

6. An Ganzopfern und Sündopfern hast du kein Wohngefallen bezeigt.

Alle Opferarten (siehe V 5b; Literatur siehe 9,7 Exkurs) lehnt die Gottheit ab, so erfuhr (Aorist) es Jesus in der Präexistenz; also anders als Const Apost VI 20,4. ὁλοκαυτώματα, LXX Ps 39,7; die Haupttradition der LXX hat, wie der hebräische Text, den Singular, der in p^{46} D 1881 d vg^{ms} sa^{mss} sekundär erscheint. Aber der echte Plural des Hb ist kaum vom Hb selber in Anlehnung an LXX Ps 50,18 gebildet, sondern einem alten oberägyptischen LXX-Text entnommen (Ahlborn 123–125 Schröger 173). Bauer: ὁλοκαύτωμα nicht Profan-Gräzität; wohl aber das Verb, zum Beispiel von den Smyrnern, die der Boubrostis einen schwarzen Stier mitsamt Fell, also anders als Lv 1,6 6,38(7,8), als Ganzopfer darbringen (Plut Quaest Conv 6,8,1 II 694 AB). In LXX oft, neben der selteneren ὁλοκαύτωσις, meist für עולה; viel in Pentateuch und Geschichtsbüchern, positiv; in Propheten und Psalmen zum Teil opferkritisch; wie im Hb verbunden mit Sündopfer LXX Ps 39,7 Lv 4,35 5,7.10 6,25 und öfter. Philo allegorisiert ὁλοκαύτωμα gern, zum Beispiel Sacr AC 84 110, immer positiv; neben Sündopfer Mut Nom 233 248; ebenso bei ὁλοκαύτωσις Spec Leg 1,251. Josephus beschreibt das Ganzopfer, als ὁλοκαύτωσις, Ant 3,225–227; ὁλοκαύτωμα Ant 10,70. Im NT außerhalb des Hb ὁλοκαύτωμα nur noch Mk 12,33, der Gottes- und Nächstenliebe untergeordnet. Im Hb nur 10,6.8. Opferkritisch dann Barn 2,4.5.7, meist in Zitaten; in 7,6 als ὁλοκαύτωμα ὑπὲρ ἁμαρτιῶν; auch Dg 3,5 opferkritisch. Ohne opferkritischen Zusammenhang 1Cl 18,16 = LXX Ps 50,18. Der Märtyrer als ὁλοκαύτωμα Mart Pol 14,1. περὶ ἁμαρτίας siehe 5,3. εὐδόκησας; in LXX ursprünglich ᾔτησας; aber Hb hat hier, wie oben beim Singular ὁλοκαύτωμα, sein εὐδόκησας der gleichen oberägyptischen LXX-Tradition entnommen; die Hb-LA ἐκζήτησας in 623* 1836 entstammt ebenso der LXX, deren ᾔτησας durch einige LXX-Handschriften in ἐζήτησας verlesen wurde; Ahlborn Schröger, siehe oben. Die Hb-LA ἐκζήτησεις in Ψ erinnert mit dem Futur an das Verb in LXX Ps 50,18b. Statt εὐδόκησας in p^{46} א D^2 K L al pler Chr Thret Dam wählen A C D* P 38 69 81 104 181 218 241 255 256 263 326 440 442 547 623 1611 1827 1834 2005 das attische Augment ηὐδόκησας, siehe 7,6. Bauer Schrenk ThW II 736–740 Bl-Debr § 148,2 206,2. Ein hellenistisches Volkswort, belegt in Papyri (siehe Ditt Syll^4 Register, Preisigke Wört I 609); intensiv in LXX und hellenistisch-jüdischen und christlichen Texten. In LXX wie im Hb im Zusammenhang mit Opferkritik LXX Ps 39,7 oberägyptischer Text, LXX Ps 50,18 Jer 14,12 Sir 31(34),23. Im NT außer Hb nie opferkritisch. Als Zitat-Anklang bei Jesu Taufe und Verklärung Synoptiker 2Pt 1,17. Im Corpus Paulinum häufig, nie als Zitat wie im Hb. Im Hb nur als Zitat, Gott immer Subjekt: 10,6.8 = LXX Ps 39,7 opferkritisch; 10,38 = Hab 2,4, gegen Abtrünnige. Zu 1Cl 18,16 siehe oben bei ὁλοκαύτωμα.

7. Damals sagte ich: siehe, ich bin gekommen – in der Buchrolle steht über mich geschrieben –, um, Gott, deinen Willen zu tun'.

Literatur: GBornkamm Lobpreis, Bekenntnis und Opfer, Gesammelte Aufsätze III, 1968, 122–139; HGunkel Die Psalmen, siehe V 5; HJKraus Psalmen, siehe V 5; WvLoewenich Zum Verständnis des Opfergedankens im Hbbrief, Th Bl 12, 1933, 167–172.

Statt der von der Gottheit abgelehnten Tieropfer nun der Gehorsam Jesu gegenüber dem göttlichen Willen; daraus erwächst die Selbsthingabe seines Leibes. Der Blutkanon 9,22 ist hier entscheidend ergänzt: die passiven Opfertiere, Jesu Aktivität im Gehorsam des Selbstopfers (vLoewenich 169). Jesus selber weiß, das AT handelt von ihm. Auch diesen Inhalt gewinnt Hb wie oben (siehe 10,5) durch einige Verschiebungen des LXX-Textes.

τότε, Bauer Bl-Debr § 459,2. „Damals", vom Reden Josuas Jos 10,12, Jesu Barn 7,9, vgl 5,9; so Hb 10,7.9. Nicht das unklassische „darauf", wie Jesu τότε εἶπεν Mt 16,24 Joh 11,14. Hb τότε „damals" noch 12,26, am Sinai, gegen „jetzt". In LXX Ps 39: als der alttestamentliche Fromme das Nein der Gottheit zum Tieropfer begriff; im Hb: als der Präexistente ebendasselbe wahrnahm und seinen irdischen Leib empfing. εἶπον, siehe 7,11 1,1 Exkurs; Jesu λέγειν siehe 2,12. ἰδού, siehe 2,13 8,8. ἰδοὺ ἐγὼ in D★ sy^p, ego ecce in d e. ἰδοὺ ἥκω im NT nur Hb 10,7.9 = LXX Ps 39,7; so noch Nu 22,38, vgl Ex 3,9 Jer 4,16. ἥκω, siehe Bauer JSchneider ThW II 929f; in ℵ★ ausgelassen. Vom kultisch anbetenden Kommen des Menschen, zu Isis (Deißmann LO 300 Ditt Or 186,6), zu Isis und Sarapis Preisigke Sammelbuch I 1059); in LXX Ps 41,3 125,6; Ps 39,8 der Fromme zum Tempel; bei Rabbinen David in die Gemeinde und zur Königssalbung (Str-B III 742f); in Hb 10,7.9 der präexistente Sohn zur Gehorsamstat in die Welt, wie Joh 8,41; der irdische Jesus zum Tode (1Cl 16,9 = Js 53,8). Hb läßt von LXX Ps 39,9a ἐβουλήθην fort; so regiert nun ἥκω das ποιῆσαι τὸ θέλημά σου, den Zweck des ἥκειν nennend; ἥκω mit Infinitiv (ohne τοῦ) LXX Ps 97,9 Ez 38,9 1Cl 12,2; zu τοῦ mit Infinitiv siehe Bl-Debr § 400,5. Im Hb ἥκω noch von Jesu Parusie 10,37 = Hab 2,3.

V 7b Parenthese, wegen Verbindung von ἥκω mit 7c. Die Parenthese ist im Sinne des Hb eindeutig: Jesus kommt in die Welt, getragen von dem Wissen, das AT weissage von ihm (siehe 1,1 Exkurs und Hb öfter). Die Erklärer variieren mannigfaltig: die Buchrolle ist der Katalog der gehorsamen Frommen (Calvin); das Blatt von Ps 39 (Bengel); weitere Erklärer bei Spicq zur Stelle. Was sagt LXX Ps 39,8b auf alttestamentlichem Boden? Bornkamm Lobpreis 132f: die Buchrolle ist das Danklied, das der fromme Psalm-Verfasser selbst ins Heiligtum bringt und dort bekanntgibt. Dafür spricht: ספר kann jedes Schriftstück heißen, Gesenius Handwörterbuch über das AT ספר 2; לעשות ist nicht mit עלי zu verbinden, denn חפצתי verlangt ל mit Infinitiv. Ebenso bildet LXX nie θέλημα βούλεσθαι; τοῦ ποιῆσαι (siehe 2 βασ 2,23!) kann also nicht von περὶ ἐμοῦ abhängen; V 8b ist mithin auch in LXX mit περὶ ἐμοῦ abgeschlossen (gegen Gunkel 168 171 Kraus 306). Das alles würde Bornkamms Deutung ermöglichen. Gleichwohl: zu מגלת ספר werden bei Rabbinen des 4. Jahrhunderts Threni Deuteronomium Ruth Sirach Genesis Psalmen zitiert (Str-B III 742f), also das AT schlechthin; sodann: bei Steinleitner (von Bornkamm zitiert in seinem Aufsatz S 133 Anmerkung 30) 10–74 werden inschriftliche *Schuld*bekenntnisse belegt; vor allem: die Spannung zwischen Torabejahung und Opferablehnung bleibt auch für Bornkamm bestehen, siehe Ps 39(40),9 תורתך τὸν νόμον σου. So wird der hebräische und griechische Psalm auf s e i n e r Ebene in V 7b, unter Verbindung von Torafrömmigkeit und Opferablehnung, doch wohl meinen: die Tora hat hinsichtlich des Frommen Weisung gegeben (Gunkel Kraus); כתב und γράφειν mit Komposita als Vorschrift 4 βασ 17,37 22,13 Hos 8,12 Prv 22,20. κεφαλίς, Bauer, Ez 3,1–3; κεφαλὶς βιβλίου Buchrolle, nicht *caput libri* wie vg; nur Ez 2,9 Hb 10,7. Zu den fehlenden Artikeln siehe 6,1 und Bl-Debr § 259,3 (in LXX-Zitaten). Zu weiteren Bedeutungen von κεφαλίς siehe Liddell-Scott. βιβλίον, siehe 9,19. γέγραπται; hier als Zitateinleitung mißverstehend, fügen p[46] D★ [2] γάρ ein, in Analogie zu wirklichen Zitateinleitungen, vgl R 12,19 und öfter. γράφω Bauer Schrenk ThW I 742–749. γέγραπται ist hier selber Zitat, nicht Einleitung dazu (siehe 1,1 Exkurs). Das NT sagt allgemein, das AT „schreibt über" Jesus: besonders Matthäus; Lk 7,27 Ag 13,29. Der Jesus der Evangelien selber stellt das fest: Mk 14,21 Par Lk 4,17–21

24,25 f. 44 Joh 5,39. 46; so auch im Hb, aber nun bereits beim Eintritt in die Welt. *ποιῆσαι*, siehe 6,3. *ὁ θεός*, zum Vokativ siehe 1,8, zum Artikel siehe 1,1. Hier von der Gottheit selber, nicht von Jesus wie 1,8.9. LXX bringt *ὁ θεός μου* hinter *θέλημά σου*; Hb läßt *μου* fort und stellt *ὁ θεὸς* hinter *ποιῆσαι*, dem *θέλημά σου* Achtergewicht verleihend, siehe 9,20. Diese Stellung hat auf LXX 2013 sy zurückgewirkt. Im Hb reproduzieren die LXX-Fassung: *ὁ θεὸς* hinter *σου* 216 255 489 1149 1836; *ὁ θεὸς* mit *μου* **056** 102 181 917 1836 1955 fu aeth Chr, vgl *ὁ θεός σου* Hb 1,9; *ὁ θεὸς* fällt fort in K 88 122* 337 460 483 2125 harl*; in 1836 ist der LXX-Text von *ἠβουλήθην* bis *κοιλίας μου* ergänzt. *τὸ θέλημά σου*, Bauer Schrenk ThW III 54–62, besonders 56. LXX öfter *ποιεῖν τὸ θέλημα (τὰ θελήματα)* Gottes; rabbinisch עשה רצונו ThW III 54 (siehe Str-B I 467 zu Mt 7,21). In LXX der Täter Cyrus Js 44,28; in Test XII B 11,2βS¹ der Geliebte des Herrn, – der dessen wohlgefälligen Willen tut. Im NT *θέλημα ποιεῖν* Mt 7,21 21,31 Joh 7,17 Eph 6,6. Im Hb Subjekt Jesus 10,7.9.10 = LXX Ps 39,9, vgl Joh 4,34; Subjekt Christen 10,36 13,21. Der Wille Gottes auf der alttestamentlichen Ebene ist der Lobpreis vor der Gemeinde LXX Ps 39,10f; im Hb Jesu willentliche Darbringung des Leibes 10,10; darum fällt in LXX Ps 39,9 *ἠβουλήθην* bis *κοιλίας μου* in der Zitierung und Auslegung durch den Hb fort.

8. Während er weiter oben sagt: ‚Opfer und Gaben und Sündopfer hast du nicht gewollt, hast auch nicht Wohlgefallen an ihnen bezeigt', die immerhin gesetzesgemäß dargebracht werden,

Das Zitat, mit Ausnahme von Hb 10,7b, wird nun ausgelegt; nach der qumranischen pescher-Methode (Braun Qumran-NT I 264; vgl Hb 2,8c). In V 8 noch einmal die Opferarten, gemeint sind *alle* Opfer, die insgesamt von der Gottheit abgelehnt werden; auch „Opfer" und „Gaben" nun im Plural. Die Ablehnung ist radikal gemeint: Hb weiß, sie richtet sich ja gegen das Kultgesetz, das als Autorität angeführt werden kann (7,5 8,4 9,19.22) und doch abgetan ist (7,12.16.18 10,9) siehe 1,1 Exkurs).

ἀνώτερον, Bauer Bl-Debr § 62 Preisigke Wört I 144. LXX in Lv 11,21 Esra B 13,25 Tob 8,3 Ez 41,7 gebraucht das Wort räumlich, Philo Som 1,75 und NT Lk 14,10 vom Rang; Hb, nur hier, von der Stellung im Zitat, wie Jos Ant 19,212 und Polyb 3,1,1.3, letzterer im Gegensatz zum *νῦν* der neu einsetzenden Darstellung. P 103 242 1912 Chr ersetzen *ἀνώτερον* durch das mehr attische *ἀνωτέρω*, das, gleicher Bedeutung, bei Josephus vorherrscht (Ant 19,297 20,239 Bell 6,400 Vit 410 Ap 2,18). *λέγων*, siehe 7,11 1,1 Exkurs 2,12. In 623 ist *ὅτι* ausgelassen. Das echte *θυσίας – προσφορὰς* in ℵ* A C D* P 33 38 218 337 1175 1906 2005 d e f vg syᵖ saᵐˢˢ bo ar arm Cyr Al wird durch *θυσίαν προσφοράν* an 10,5 angeglichen in ℵ² D² I K L Ψ 81 104 326 1739 1834 den meisten syʰ saᵐˢˢ aeth Chr Thret Dam. *θυσία*, siehe 5,1. Philo Som 2,72–74 allegorisiert das Opfertier auf die gehorsame, ein unschuldiges Leben führende Seele; Hb kontrastiert gegen die von ihm unterstrichene Menge alttestamentlicher Opfer (Vanhoye Structure 165) das Selbstopfer des Gottes Willen vollbringenden Jesus. *προσφοράς*, siehe 10,5. *ὁλοκαυτώματα*, siehe 10,6. *περὶ ἁμαρτίας*, siehe 5,3. Wie in 5,3 *περὶ ἁμαρτῶν* in D d e harl*. *ἠθέλησας*, siehe 10,5. *οὐδέ*, siehe 8,4. Die häufige Verschreibung, siehe Bauer *οὔτε*, von *οὐδέ* in *οὔτε* in 33 206 256 442 Cyr Al; 33 fügt *μὴν* an. *εὐδόκησας*, siehe 10,6. Statt *εὐδόκησας* in ℵ C D² K L Koine Chr Dam schreiben A D* 69 103 241 442 460 1834 Cyr Al Thret *ηὐδόκησας*, siehe 10,6. *αἵτινες*, siehe 8,5. *κατὰ νόμον*, siehe 9,19; zu *νόμος* siehe 7,5. Hb schwankt in der Artikelsetzung; aber hier ist besser bezeugt das artikellose *νόμον* in p⁴⁶ ℵ A C P Ψ 5 33 38 69 81 104 177 181 218 256 326 442 462 623 794 917 1175 1739 1834 1836 1881 1898 1908 1912 2464 2495 Chr Cyr Al Thret;

297

der Artikel fehlt bei Abstracta (Bl-Debr § 258,2). τὸν νόμον in D K L den meisten Dam Thphyl Ps Oec. προσφέρονται, siehe 5,1. προφέρονται in 81 ist Schreibfehler, wie 1Makk 7,33 ℵ*.

9. hat er damals gesagt: ‚siehe, ich bin gekommen, um deinen Willen zu tun'. Er hebt das Erste auf, um das Zweite in Kraft zu setzen.

Hb stellt mit seiner Auslegung, wie im Grundsinn des Psalms, die Opferbejahung und das Ja zum göttlichen Willen gegeneinander; aber nun, gegen den Psalm, als Gegensätze, die sich unbedingt ausschließen: Gott sagt Nein zu den Tieropfern, damit sie durch Jesu Gehorsam im Selbstopfer ersetzt werden.

τότε, auch hier nicht zeitlich „danach", markiert mit „damals" den weiteren Punkt im Zitatablauf (Bengel zu V 8); also anders als das zeitliche μετά 7,28. Zu den Einzelheiten bis θέλημά σου siehe V 7. Bei εἴρηκεν, der dritten Person statt der ersten in V 7, gleichen vg-Handschriften mit *dixi* an die frühere erste Person an: aber Hb zitiert hier bei εἴρηκεν nicht, sondern referiert. In Anlehnung an V 7 schreiben 81 255 256 635 1912 2004 2005 εἶπεν. 69 bringt τοῦτο, auf θέλημα bezogen, statt τοῦ. Gegen V 7 ist hier V 9 im echten Text der Vokativ ὁ θεός ausgelassen in p^{46} ℵ* A C D K P Ψ 5 33 326 383 467 623 794 1175 1319 1845 1881 2004 2464 2495 d e r harl* sa bo fajj $sy^{h\ Text}$ aeth Chr Cl Al. Der sekundäre Charakter der Einfügung verrät sich durch die Variation in Textform und Einfügungsstelle: hinter ποιῆσαι ὁ θεός in $ℵ^2$ L 81 104 206 462 489 913 919 1739 1834 1912 2127 den meisten f vg sy^p sy^{h**} Chr Thret Dam (vgl Metzger 669); hinter ποιῆσαι ὁ θεός μου in 465 605 1955; hinter θέλημά σου fügen ein ὁ θεός 57 1311 arm Dam, ὁ θεός μου 51 201 234 327 480 664. ἀναιρεῖ, siehe Bauer 1b. „Aufheben", profan-juristisch: Objekte Anklagen (Aristot Pol Athen 29,4 Liddell-Scott); Testamente (Isaeus 1,14); Gesetze (Aeschin Contra Ctesiph 3,39), weil sie schlecht sind (Dio Chrys 76,2, vgl Hb 7,18f). LXX περιελεῖν von Gelübden Nu 30,14–16. Durch das Fehlen einer Zeitangabe ist aufgehoben *(ἀνῄρηται)* das wörtliche Mißverständnis der 6 Schöpfungstage Philo Leg All 1,20. Das „Aufheben" wird getadelt gegenüber: dem Licht des Gesetzes (Test XII L 14,4); der wörtlich verstandenen Beschneidung (Philo Migr Abr 92); der Vorsehung (Jos Ant 13,173); der Existenz der Gottheit (Jos Ap 2,180). ἀναιρεῖν als „aufheben" Paulus und Joh nicht; dies Verb in Ag oft, meist als „umbringen". Aber καταργεῖν–ἱστάναι R 3,31 wie hier ἀναιρεῖν–ἱστάναι (Zimmermann Bekenntnis 124 Anmerkung 309). Im Hb nur hier, im NT nur hier in dieser Bedeutung: Subjekt Jesus, er „hebt auf" durch sein Sprechen im Psalmwort. ἀναιρεῖ–στήσῃ Chiasmus (siehe 4,16). Hb steht hier gegen die palästinensische Tradition Mt 5,17, die allerdings nicht, wie Hb, das Opfergesetz meint. Jesu und der Apost Vät Stellung zum Opfer siehe 9,7 Exkurs. Ps Clem Recg 1,37: vor der Ankunft des wahren Propheten zeigte nicht die Schrift, wie im Hb, sondern die wiederholte Tempelzerstörung, Gottes *sapientia* ist der ihm gefällige Opferort. τὸ πρῶτον, siehe 8,7; = die Tieropfer 10,2–4, das Kultgesetz 10,8. Nicht die Reihenfolge, sondern der innere Wert verhilft zum ersten Platz Philo Quaest in Gn 1,61 II S 185. ἵνα, eine starke *particula* (Bengel); vgl 12,27. τὸ δεύτερον, – „das Tun deines Willens". στήσῃ, Bauer II 2 und I 1bα Grundmann ThW VII 637–652 Preisigke Wört I 702 2); vgl στάσις 9,8. Hier nicht vom Stehen des Priesters am Altar, sondern als „in Geltung setzen". Profan: synonym befehlen (Ditt Or 669,30f), fordern (Ditt Or 669,37f); seitens des Cäsar (Jos Ant 14,202). In LXX, seitens der Frommen: Objekt Gelübde (Nu 30,14–16, siehe oben); den geschworenen Gehorsam (LXX Ps 118, 106); einen Entschluß (Sir 37,13). Seitens der Gottheit: zentrale

Objekte Setzung und Eid; sonst Worte und Willen seines Knechtes (Js 44,26); ironisch das Wort des Lügenpropheten (Jer 35(28),6). Bei Philo seitens der Gottheit Acker- und Völkergrenzen (Poster C 89). Paulus tadelt das Aufrichten der eigenen Gerechtigkeit R 10,3; er will das Gesetz nicht abschaffen, sondern in Geltung setzen R 3,31 (dazu Käsemann Römerkommentar); aber in Geltung setzen nicht als Kultgesetz oder als Heilsweg. Hb hier: Subjekt Jesus, Objekt der wirkliche Gotteswille gegen das alttestamentliche Opfergesetz.

10. In diesem Willen sind wir geheiligt, durch die Darbringung des Leibes Jesu Christi, ein für allemal.

Jetzt wird deutlich, was der Wille Gottes ist. Das Ziel: die Heiligung der Christen. Betont aber ist durch Breite und Achterstellung das Mittel, die Darbringung des Leibes Jesu Christi und ihre, wie 10,14, nicht endende Wirkung. Daß Hb dabei an die abschließende Einmaligkeit dieser Darbringung, wie schon 7,22 9,12.26.28, mit denkt, zeigen V 11–14.

ἐν ᾧ θελήματι: zu ἐν ᾧ siehe 2,11; zu „Willen", zitatentnommen, siehe 10,7; der in die Tat umgesetzte (Seeberg). „Heiligen in" noch 10,29; vgl R 15,16 1K 1,2 7,14 Joh 17,19; in LXX selten, Js 10,17. Thomas verweist auf 1Th 4,3. Vgl Corp Herm 13,4: der Wirker der Wiedergeburt ist der Sohn Gottes, – durch den Willen Gottes. ἡγιασμένοι ἐσμέν: Perfect bedeutsam, siehe 7,6; zu der nichts Besonderes besagenden Umschreibung siehe 2,13. ἁγιάζω, siehe 2,11: Gabe und Aufgabe nebeneinander (Schierse 152), Aber unparadox (siehe 6,6 Exkurs). Wir, die Christen, wie die Kirche (Did 10,5). Im Hb rascher Wechsel zwischen der zweiten und dritten Person Pluralis: zum Beispiel 3,6–14 4,1–3 6,11–20 7,25f 9,14f 10,10.14–16.26–30.36–39 12,1–3 13,7–10. Die Christen, nicht, wie Act Thom 79 S 194,10f die gesamte Darbringung, erfahren durch Jesus die Heiligung. Die alte LA ist nach ἐσμὲν vor διά: kein οἱ in p[46] p[79 vid] ℵ A C D★ P Ψ 33 38 81 104 206 218 226 241 256 365 436 442 489 547 629 630 1149 1739 1758 1834 1837 1881 1908 1912 2143 2464 2495 d e f vg co Chr Cyr Al Thret. οἱ sekundär eingefügt in D[1] K L den meisten Dam Thphyl Ps Oec, wahrscheinlich, als versehentliche Zweitschreibung von ἡγιασμένοι, ein um οἱ erweitertes ἐσμέν (Delitzsch Riggenbach vDobschütz Einführung 4f). 323 pc fügen zwischen ἐσμὲν und διά ein ἡμεῖς sinnrichtig, aber sekundär ein. διά, siehe 9,12. τῆς προσφορᾶς, siehe 10,5. τοῦ σώματος, siehe 10,5. Statt σώματος in D★ d e αἵματος, vgl 13,12. Ἰησοῦ Χριστοῦ, im Hb nur dreimal, siehe 3,6. So alte LA in p[46] ℵ A C K L P 1834 Koine Chr Cyr Al Thret. Sekundär variabel: Christi Jesu vg fuld; τοῦ Ἰησοῦ Χριστοῦ in 2; τοῦ Χριστοῦ in 1149 Thphyl; τοῦ Ἰησοῦ in 103. ἐφάπαξ, siehe 7,27; zum Verb gehörig. Anders Philo Spec Leg 1,261: die den Körper reinigende Besprengung darf οὐκ – εἰς ἅπαξ erfolgen, sondern innerhalb einer siebentägigen Wartezeit zweimal.

11. Und einerseits nimmt jeder Priester eine stehende Haltung ein, wenn er Tag für Tag den Kultdienst verrichtet und dieselben Opfer oftmals darbringt, die denn ja auch niemals Sünden ausräumen können.

V 11–14 verdeutlichen das „ein für alle Mal" V 10 am Gegensatz: alttestamentlicher Priester – Jesus. V 11. καί führt den Gedanken weiter, hin zur Einmaligkeit und völligen Wirkkräftigkeit bei der Selbstdarbringung Jesu.

πᾶς, ausnahmslos, siehe 3,4; vgl 5,1 8,3. μὲν V 11, δὲ V 12 markiert die Gegensätze (siehe 7,18f); die Auslassung von μὲν in 51 489 927 zerstört das. ἱερεύς, siehe 7,14; alte LA in p^{13} p^{46} p$^{79\,vid}$ ℵ D K L Ψ 33 81 326 330 629 1241 1739 1834 1881 1908 1984 2495 den meisten d e f vg bo sy$^{h\,Text}$ Ephr Chr Thret Dam. ἀρχιερεὺς in A C P 5 69 88 104 181 206 216 221 241 256 263 365 429 436 442 451 462 467 489 614 623 630 642 794 917 920 927 999 1175 1758 1836 1837 1872 1877 1898 1912 1962 2127 2464 2492 sy$^{p\,h}$ ★★ sa fajj arm aeth Cl Al Thret Cosmas, aus 5,1 oder 8,3 übernommen (siehe Metzger 669f). ἕστηκεν, gegen ἐκάθισεν V 12, vgl 2Ch 6,10.12; die LA καθέστηκεν in 1836, aus Hb 5,1 oder 8,3, zerstört diesen Gegensatz. Bauer II 2a Grundmann ThW VII 637–652, vgl 10,9. Von Atreus: in eigener Person ist er Priester, in eigener Person steht er an den Altären (Sen Thyestes 691 693 Wettstein). In LXX steht der Priester am Altar (3βασ 13,1 2Ch 5,12, vgl Jos Ant 13,372); im Tempel (Jer 35(28),5); bei der Verrichtung des Priesterdienstes (3βασ 8,11 2Ch 5,14 29,11 Ez 44,15). Das Stehen ist im AT eine Ehre, denn Gott hat ihn dazu auserwählt, bei Priesterdienst vor ihm zu stehen (2Ch 29,11), vor seinem Angesicht (Ez 44,15); im Hb dagegen ist das Stehen eine rangmindernde Geschäftigkeit, des Opferns ist ja kein Ende, verglichen mit dem „dieser – hat sich niedergesetzt" V 12. Das Stehen ist ein Merkmal des Priesterdienst-Tuns, das Sitzen demnach (ein Merkmal) des Priesterdienst Empfangens (Chr Cramer Cat 233, vgl Joh 3,29 Westcott). Das ἕστηκεν setzt nicht Tempeldienst nach 70 p voraus (siehe 8,4). Im NT dies Verb sonst nicht vom Altardienst alttestamentlicher Priester; in Const Ap VII 45,2 wird 2Ch 5,12 zitiert für den christlichen Priester. καθ' ἡμέραν, siehe 3,8 7,27: also wiederholt, wie „dieselben" und „oftmals". Der laufende Kultdienst, nicht der Große Versöhnungstag ist jetzt im Blick (Seeberg). λειτουργῶν, Bauer 1 Strathmann RMeyer ThW IV 221–238 Deißmann B 137 Preisigke Wört II 12 2); siehe das Substantiv 8,6. Auch außerchristlich nicht nur, wie zunächst, politisch, sondern religiös-kultisch: häufig in ägyptischen Papyri, vom Kult im Sarapeum; vom Ochsen-Opfer am Vorackerfest im Tempel (Ditt Syll^4 717,28f); von Priestern im Tempel (Jul Ep 89(303b)). In LXX und im hellenistischen Judentum auch von profanen Diensten (3βασ 19,21 Test XII A 2,2 Philo Det Pot Ins 66). Subjekt auch Engel (Da Th 7,10 Test XII L 3,5 absolut; 1Cl 34,5f mit παρεστάναι). Aber Subjekt sind überwiegend alttestamentliche Priester und Leviten beim Opferdienst im Tempel, terminus technicus, der absolute Gebrauch ist typisch, zum Beispiel Ex 28,31(35). So absolut Philo Ebr 2 Vit Mos 2,152 Spec Leg 1,113 242 Josephus Ant 20,218; mit Objekten Philo Rer Div Her 84 Spec Leg 1,82 Josephus Bell 2,409 1Cl 32,2 43,4. Hb nur hier, absolut, vom alttestamentlichen Priester. So im NT nur hier; sonst vom christlichen Gottesdienst und von christlich-materieller Hilfe Ag 13,2 R 15,27. Das setzt sich fort in 1Cl 44,3 Did 15,1 Herm m 5,1,2fs 7,6 9,27,3, siehe Const Ap Register. ℵ★ stellt λειτουργῶν vor καθ' ἡμέραν. καί^2 fehlt in D★ d e, weil λειτουργῶν = προσφέρων (Riggenbach). τὰς αὐτάς, siehe 4,11. πολλάκις, siehe 6,7 zur kunstvollen Wortstellung. Diese ist verdorben in 241 durch die Umstellung θυσίας πολλάκις. p^{79} läßt πολλάκις fort. Auch bei Philo schätzt Gott nicht die Menge der dargebrachten Opfer, wohl aber, in einem anderen Gegensatz als Hb, die reine Gesinnung des Opfernden (Spec Leg 1,277); durch Gebete und Opfer Gott sich geneigt machen (Spec Leg 2,17). Die Juden stehen hinter anderen Nationen nicht zurück im Blick auf die Menge der Opfer (Philo Leg Gaj 280). προσφέρειν, siehe 5,1; verbunden mit λειτουργεῖν auch Ez 44,15. θυσίας, siehe 5,1. αἵτινες, siehe 2,3 8,5: wie ja die Wiederholung der Opfer zeigt 10,2. οὐδέποτε, siehe 10,1; statt dessen οὐ in 206★ schwächt ab; οὐδέπω (noch nicht) in 216★ 623 verdirbt den Sinn. δύνανται, siehe 5,7 3,19. περιελεῖν, siehe 10,9 10,4. In LXX „nimmt" Jahwe „weg" Schwäche (Dt 7,15) und Schmach (LXX Ps 118,22), aber auch die Schlechtigkeit (1Ch

21,8), die üblen Übermutstaten und Ungerechtigkeiten der Israeliten (Zeph 3,11.15); diese sollen ihre Hartherzigkeit „wegnehmen" (Jer 4,4‫א‬*A). Bei Philo wird das περιαιρεῖν betätigt gegenüber der Sinnenwelt (Leg All 3,21) und von der Vernunft gegenüber der Unvernunft des Menschen (Leg All 3,127). Objekte von περιαιρεῖν im NT: gegenständlich die Anker (Ag 27,40), die Hülle auf den jüdischen Herzen (2K 3,16 = Ex 34,34) und die Hoffnung (Ag 27,20); im NT außer Hb Objekt nie Sünden. Hb hat dies Verb nur hier. ἁμαρτίας, siehe 1,3 3,13. Der Singular ἁμαρτίαν in p[13] a e g vergrundsätzlicht.

12. Dieser dagegen hat ein einziges Opfer für Sünden dargebracht, sich dann für immer zur Rechten Gottes niedergesetzt

Das nur Eine Opfer und das endgültige Sichniederlassen auf dem unüberbietbaren Ehrenplatz kontrastiert zum Verhalten und Rang des atlichen Priesters aufs stärkste.

οὗτος, siehe 3,3, genügt zur Kennzeichnung Jesu. So in p[13] p[46] p[79 vid] ‫א‬ A C D* P Ψ 33 81 256 263 424[1] 436 462 489 927 1739 1834 1837 1873 1881 1908 1944 2127 2143 2495 d e f vg arm Chr Cyr Al. Dafür sekundär αὐτὸς in p[79 vid] D[2] K L 104 326 den meisten Cyr J Thret Dam Thphyl Ps Oec, wie öfter von Jesus bei Lukas. Die Entsprechung μὲν V 11 δὲ V 12 wird zerstört durch γὰρ statt δὲ in 254; vgl οὗτος γὰρ 7,1. μίαν – θυσίαν: zu εἰς siehe Bauer 2b. Das NT sonst verwendet εἰς-Formen gelegentlich christologisch (siehe 1K 8,6), auch für Jesu Tod (zum Beispiel 2K 5,14 Eph 2,16), setzt aber die Einzigkeit nie gegen die Vielzahl alttestamentlicher Opfer. So hier eindeutig, auch betont durch die kunstvolle Wortstellung, siehe 6,7; vgl 10,14 9,26 und das ἐφάπαξ 7,27. Was dagegen weiterwirkt, ist Jesu Blut (siehe 9,23). Zu θυσία siehe 5,1; daß es ein Selbstopfer ist, braucht nach 10,10 nicht wiederholt zu werden (siehe „sich selber darbringen" 5,1). Aber sa und bo füllen dann, aus 9,14, mit himself tatsächlich auf. ὑπὲρ „zur Beseitigung", siehe 5,1. ἁμαρτῶν, siehe 1,3 3,13. προσενέγκας; offerens vg mißverständlich, Erasmus adnotationes, als würde das Opfer im Himmel gebracht. Gemeint ist aber: zeitlich vor ἐκάθισεν (siehe die Übersetzung); wie 1,3; anders als der auf Gott bezogene Aorist in 2,10, der nicht vorzeitig gemeint ist. Das Kreuz ist unerläßlich, aber als Durchgang zum Ziel des ἐκάθισεν (siehe 1,3). προσφέρω, siehe 5,1. 10,11 vom alttestamentlichen Priester präsentisch (siehe 5,1); 10,12 von Jesus aoristisch, die Einmaligkeit wird betont (vgl 5,1–3 gegen 5,7–9; 9,6 f gegen 9,12). εἰς τὸ διηνεκές, siehe 7,3; ausgelassen in 2004; p[46] verschreibt in διηνεγκές. Es wird besser verbunden mit „er setzte sich" (gegen Ps Oec MPG 119 392B Thphyl MPG 125,325B Luther 1522 1546 WA Deutsche Bibel 7,2 Bengel Héring Bruce Westcott Montefiore): im Gegensatz zur Unruhe des Priesters V 11; außerdem würde sonst V 14 vorweggenommen. ἐκάθισεν, in Anlehnung an LXX Ps 109,1, siehe 1,3. Gegensatz ist das „Stehen" V 11 (gegen Seeberg), nun die Königshaltung 2Ch 6,10.16, wie 1,13f gegen die im Auftrag sich bewegenden Engel (Delitzsch). ἐν δεξιᾷ, frei nach LXX Ps 109,1, siehe Hb 1,3. So in p[46] C D K L P fast allen Minuskeln d e f vg Orig Cyr J Cyr Al; ad dextram harl; ἐκ δεξιῶν LXX Hb 1,13 hier in 10,12 in A 104 Athan; ἐκ δεξια in ‫א‬*. τοῦ θεοῦ, auch aus LXX Ps 109,1; zum Artikel siehe 1,1. In 1,3 8,1 anders umschrieben.

13. und wartet für die Folgezeit, bis seine Feinde zu seinem Fußschemel gemacht worden sind.

V 13 malt die Gelassenheit von Jesu Sitzen, der auf die endgültige Niederwerfung seiner Feinde warten kann.

τὸ λοιπόν, siehe Bauer 3aα Preisigke Wört II 39. Hier Zeit-Adverb, mit oder ohne τό, *postea* in d, *reliquum* in r, falsch *de cetero* vg (Harnack Studien 209). Von innerweltlicher Zukunft: Deißmann LO 168,7f Jdt 11,3 öfter auch Herm, zum Beispiel s 6,3,6; von der Heilsoffenbarung, die früher einmal zukünftig war Dg 9,2. Vom bevorstehenden Eschaton 1K 7,29 2Tm 4,8. So Hb, nur hier: die bis zum Ende reichende Wartezeit, für Jesus, natürlich auch für die Seinen. ἐκδεχόμενος: Bauer Grundmann ThW II 55 f Preisigke Wört I 440 1); siehe ἀπεκδέχεσθαι 9,28. Hier in der Bedeutung „warten". Auf ein innerweltliches Ziel: Dion Hal Ant Rom 6,67,2, verbunden mit „in Ruhe"; Plut Mar 17 I 414f; P Oxy 939,25–27; Jos Ant 6,49 11,328. Nur so LXX, auch im NT öfter so. Warten auf ein eschatologisches Geschehen; Objekt: das Ziel des Herrn (Test XII G 7,4); in einem parusie-bezogenen Vergleich: auf die Frucht der Erde (Jk 5,7); auf die Königsherrschaft Gottes (2Cl 12,1); auf den heiligen Äon (Barn 10,11); auf die Stadt mit den Fundamenten (Hb 11,10). So hier Hb 10,13; aber Subjekt nun Jesus, Objekt der ἕως-Satz: der in 1,13 (siehe dort) zitierte LXX Ps 109,1, aber hier durch leichte Konstruktionsveränderung in den Gedankengang eingepaßt. Nicht, wie Prv 13,12 vg, in herzermüdendem Warten Thomas; ob Hb, wie Chr Cramer Cat 234 meint, beim Warten an die noch zu gewinnenden Gläubigen denkt? Zum „noch nicht" siehe Cullmann Christologie 231 f. ἕως: wie LXX Ps 109,1 und Hb 1,13 mit ἄν hier sekundär in Ψ 323 623; Radermacher 178; ἕως siehe 1,13; zur Endnähe siehe 1,2 6,2. τεθῶσιν, siehe 1,13: von Gott, nicht von Christus (gegen Hollmann); vollständig geschehen ist die Unterwerfung zur Zeit noch nicht (siehe 2,8); sie findet statt für Hb vor der Parusie, in 1K 15,23f 28 und Mt 24 Par nach der Parusie (Westcott gegen Héring). οἱ ἐχθροὶ αὐτοῦ, siehe 1,13. αὐτοῦ fehlt in p[13]. ὑποπόδιον, siehe 1,13. τῶν ποδῶν αὐτοῦ, siehe 1,13.

14. Denn durch eine einzige Darbringung hat er für immer den Geheiligten die kultische Vollendung zugewendet.

Literatur: DMHay Glory at the Right Hand, Nashville 1973.

Das ist völlig anders als beim alttestamentlichen Priester und seinen Opfern V 11. Das Eine Opfer V 12 genügt, „denn" das ganze Ziel ist jetzt erreicht. Darum kann Jesus nun im Himmel gelassen warten, der Endsieg über alle Widerstände ist gesichert. Jesu Opfertod und sein Eintritt in den Himmel sind im Hb eng aufeinander bezogen (Käsemann Gottesvolk 150 Hay Glory 87; siehe 1,3).

μιᾷ siehe 10,12. Die Einzahl hat den Ton; daß es ein Selbstopfer ist, muß, wie V 12, nicht mehr besonders betont werden. μία προσφορά im Nominativ, also als Subjekt (wie in 33 630 1881 2495 bo und bei Bengel), scheint erwägenswert im Blick auf die Subjekte von τελειοῦν 7,19 9,9 10,1; aber der Dativus instrumentalis, auch sa und vg, ist besser: ab 10,11 ff geht es nicht um das Opfer, sondern um den Opfernden (Riggenbach). γάρ: V 14 begründet V 12f, siehe oben. προσφορᾷ, siehe 10,5. τετελείωκεν, siehe 2,10: das Perfect der bleibenden Gültigkeit, siehe 7,6. εἰς τὸ διηνεκές, siehe 7,3: in 10,12 betreffs „er hat sich niedergesetzt", jetzt von der Dauer der Wirksamkeit des Opfers; als nochmalige Unterstreichung des Perfects. τοὺς ἁγιαζομένους, siehe 2,11; zur Auflösung des Part Praes in eine Vergangenheitsform, wie sie als Part Perf in 10,10 ausdrücklich dasteht, siehe 6,12; *qui sanctificabantur* (Bengel). Die Heiligung ist geschehen; gleichwohl bleibt sie Aufgabe (12,14; siehe 4,14). p[46] verschreibt in τοὺς ἀνασῳζομένους; dies Verb in LXX öfter, im NT gar nicht; Hb stellt ἁγιάζειν und τελειοῦν nebeneinander (siehe 2,11).

15. Zeugnis gibt uns aber auch der heilige Geist; denn nachdem er gesagt hat:

Literatur: WBieder Pneumatologische Aspekte, in: NT und Geschichte, herausgegeben von Baltensweiler/Reicke, 1972, 251–259.

V 15–18: Schriftbeweis und Auslegung heben mit einem auswählenden Rückgriff auf die neue Setzung Jer 38(31),33f die zentrale Aussage des Ganzen (8,1–10,13) heraus: Sündenvergebung bedeutet: kein weiteres Opfer.

μαρτυρεῖ, siehe 7,8. Der Bezeugende kommt zu den Bezeugenden hinzu (Bengel): nach Jesu (10,5–10 LXX Ps 39) und Gottes Sprechen (10,12f LXX Ps 109) nun das Sprechen des heiligen Geistes (siehe 1,1 Exkurs). Das Zeugnis wird verstärkt (zu Bieder Aspekte 256f). μαρτυρεῖ δὲ καὶ Philo Leg All 3,4. Die eschatologische Erfüllung des AT in der Gegenwart ist qumrannah (Kosmala 16 Braun Qumran-NT I zur Stelle). ἡμῖν, den gegenwärtigen Christen; bei μαρτυρεῖν im NT öfter Dativ; vgl Philo Leg All 3,129 μαρτυρεῖ δέ μου τῷ λόγῳ, so öfter (Leisegang Indices) bei μαρτυρεῖν. ἡμῖν fehlt in 241; in p[46] ἡμεῖν, siehe 4,11. τὸ πνεῦμα ἅγιον, als Sprecher des Schriftwortes, so im NT sonst noch nicht, auch nicht 1J 5,6 (siehe 3,7); aber 1Cl 13,1 16,2 (Hagner The Use 31). μετὰ mit Accusativ, siehe 4,7. μετὰ τὸ mit Infinitiv, Bauer B 4, in johanneischer Literatur und Apokalypse nicht, Corpus Paulinum nur 1K 11,25; in Evangelien wenig, in Apostelgeschichte öfter; im Hb noch 10,26. 10,15 meint das ergangene Reden des heiligen Geistes, vgl 10,26 für den zu ergänzenden Subjekts-Accusativ (gegen Delitzsch Bleek-Windrath Riggenbach): das καὶ erzwingt einen weiteren μαρτυρῶν, nach Jesus und Gott, die ja schon gesprochen haben (siehe oben). Damit verteilt Hb das folgende Zitat auf zwei Sprecher. δὲ statt γὰρ in D*. εἰρηκέναι vor dem Zitat, siehe 1,1 Exkurs. λέγειν von dem Voraussagen seitens der Gottheit an den Menschen Corp Herm 12,19. εἰρηκέναι echt, in p[13] p[46] ℵ A C D P Ψ 33 38 81 104 218 256 263 326 327 365 424[1] 1518 1739 1834 1881 1908 1912 2127 2464 2495 it vg sy[p h] sa bo fajj aeth Chr Thphyl. προειρηκέναι, siehe 4,7, sekundär, in K L den meisten, Thret Dam Ps Oec, hebt die beiden Sprecher, den heiligen Geist und den Kyrios Gott, noch kräftiger gegeneinander ab; zur Übersetzung siehe Bauer προεῖπον 2a.

16. ‚das ist die Setzung, die ich für sie nach jenen Tagen setzen werde', sagt der Herr: ‚ich gebe meine Gesetze in ihre Herzen und werde sie in ihren Sinn schreiben

Literatur: WBieder Aspekte, siehe V 15; RBultmann Weissagung und Erfüllung, ZThK 47, 1950, 360–383; HHillmann Hoherpriester, siehe V 1.

Zu V 16f siehe 8,10 und 8,12; dort der LXX-Text. Jer 38(31) meint in Hb 8,8–12: neue statt alte Setzung; hier in Hb 10,16f, gegen den Grundsinn von Jeremia: neue

Setzung und Sündenvergebung beenden das Opfern. Die neue Setzung wird, gegen das AT, im Hb entweltlicht (Bultmann Weissagung 371 f).

Zum Text von V 16: αὕτη mit δὲ dahinter in p¹³ D★ ² f vg Ambr. λέγει κύριος fehlt in 623. Hinter νόμους fehlt μου in 462 635 1319. Statt καρδίας in 81 104 181¹ 917 1827 1834 καρδίαν. Nach καὶ statt ἐπὶ in 104 547 εἰς. τὴν διάνοιαν, wie 8,10, gegen vSoden NT S 1978 echt, in p¹³ p⁴⁶ ℵ A C D★ I P 6 33 57 81 104 442 547 1739 1827 1881 1908 1912 2464 f z am fu harl★ tol aeth; τῶν διανοιῶν in D¹ K L Ψ 326 den meisten d e r vg^cl sy^(p) arm Ambr Chr Thret Dam. καὶ ἐπὶ τὴν διάνοιαν αὐτῶν fehlt in 1834. τὴν διάνοιαν stellen um gegen καρδίας, siehe 8,10, 547 1827. Statt ἐπιγράψω, wie LXX, γράψω in 1611 2005. Hb ändert in 10,16 gegen 8,10 und LXX: statt τῷ οἴκῳ 'Ισραὴλ nun die Christen, entnationalisiert, πρὸς αὐτούς; statt εἰς τὴν διάνοιαν αὐτῶν nun, vertauscht mit der folgenden Zeile, ἐπὶ καρδίας αὐτῶν; statt ἐπὶ καρδίας αὐτῶν nun ἐπὶ τὴν διάνοιαν αὐτῶν. Hb formuliert offenbar aus dem Gedächtnis; der Chiasmus, siehe 4,16, wird geschlossener als in 8,10; aber sollen beide auf ἐπὶ folgenden Accusative nun von ἐπιγράψω abhängen? (zu Vanhoye Structure 168). V 16 bis ἐκείνας erster Sprecher, der heilige Geist. Das Fehlen eines Nachsatzes zu μετὰ τὸ V 15 ist bei dem hohen stilistischen Niveau des Hb unwahrscheinlich (Riggenbach). Wo setzt der zweite Sprecher ein? Die den Beginn eines Nachsatzes markierenden Einschübe zwischen V 16/17 sind der Bezeugung nach sekundär: ὕστερον λέγει in **0142** 69 104 203 216 242 256 323 424 436 442 483 489 506 547 1518 1831 1912 2298 sy^h ^mg sa fajj arm; καὶ ὕστερον λέγει in 241 462 1739; ὕστερον λέγει κύριος in 1610; τότε εἴρηκεν 1611 2005 2495 pc sy^h. Also nimmt Hb das λέγει κύριος des LXX-Textes nicht als Zitat, sondern als seine eigenen Worte, mit denen er nun den Nachsatz und den Sprecher-Wechsel, die Worte des κύριος Gott, einleitet (so Bengel de Wette² Delitzsch Bleek-Windrath Riggenbach Windisch Kuß Michel Hillmann Hoherpriester 176 Zimmermann Bekenntnis 117). Andere (vSoden Seeberg Moffatt Strathmann Bruce Westcott Montefiore) lassen den Nachsatz erst V 17 beginnen und müssen, weil der echte Text von V 17 ja kein Nachsatz ist, analog den sekundären Einschüben der Textgeschichte übersetzen oder, wie vSoden, auf das μαρτυρεῖ V 15 zurückgreifen. Der Sprecherwechsel ist auch nicht dadurch zu vermeiden, daß man κύριος-Gott als Jesus nimmt und diesen dann, wie 2K 3,17, mit dem πνεῦμα gleichsetzt (zu Bieder Aspekte 256). Nach dem λέγει κύριος zitiert Hb den LXX-Text zunächst weiter, ist aber, infolge seines Rigorismus, schon an der Internalisierung der νόμοι, dem freiwilligen Herzensgehorsam interessiert: für Jesus siehe 5,8 10,9 f; für die Christen siehe 2,10 f 6,1 (vgl Delitzsch de Wette Theißen 71).

17. und werde ihrer Sünden' und ihrer gesetzwidrigen Taten ‚bestimmt nicht mehr gedenken'.

Die Zitierung läßt, anders als 8,10–12, hier aus καὶ ἔσομαι – ἀδικίας αὐτῶν Jer 38(31),33 f; so liegt der Ton besonders auf der Sündenvergebung, noch verstärkt durch den Zusatz καὶ τῶν ἀνομιῶν. Zum Text von V 17: καὶ fehlt in 483 sa. Vertauschung von ἁμαρτιῶν und ἀνομιῶν, wie in der Variante von 8,12, in 257 1827. αὐτῶν¹ fehlt in p¹³ ^vid p⁴⁶ D★ 7 33 81 104 314 442 1739 d e f vg Ambr; αὐτῶν² ist dann auf beide Genitive bezogen. καὶ τῶν ἀνομιῶν αὐτῶν fehlt in 88 323, per Homoioteleuton (siehe 7,6). αὐτῶν² fehlt per Irrtum in 69 r. Alte LA ist μνησθήσομαι in p¹³ ℵ★ A C D★ 33 81 1739 1834 1881 1912. Nach μνησθήσομαι in 440 αὐτῶν, Irrtum. Zum Verb vgl 2,6 13,3. Das sekundäre μνησθῶ in p⁴⁶ ℵ² D² K L P Ψ^vid 104 326 den meisten Chr Thret Dam ist an 8,12 und LXX angeglichen. Hb verändert hier in 10,17 gegen 8,12b und LXX: hinter ἁμαρτιῶν αὐτῶν nun zusätzlich καὶ τῶν ἀνομιῶν αὐτῶν, was auf die Sekundär-

LA in 8,12b zurückgewirkt hat. Die Wörter für „Sünde" sind synonym, siehe 8,12. Zu *ἀνομία* siehe 1,9 (Kosmala 204f). Statt *μνησθῶ* nun *μνησθήσομαι*: der Indikativ Futuri verstärkt nicht den Konjunktiv, siehe *οὐ μὴ* 8,11. Also keine *ἀνάμνησις* wie beim Opfer 10,3 (Westcott Bruce); „soweit wird es fernliegen, daß ich Rache üben wollte", Erasmus paraphrasis. Das Zitat redet von einer Zukunft, die für den Hb aber Gegenwart ist (Schierse 141).

18. Wo aber Vergebung für diese vorliegt, gibt es nicht mehr Darbringung für Sünde.

Nun, 8,1–10,17 abschließend, der Form nach wie 7,7 8,13, die Folgerung aus dem Zitat: neue Setzung V 16 und das *οὐ μὴ* – *ἔτι* werden zum *οὐκέτι* (Schierse 148). Opfer zur Beseitigung von Sünden fallen künftig fort; für die alttestamentlichen Opfer gilt, gemäß der Zitatauslegung durch Hb: „fort mit dem Getier!" (Luther Scholien zu 10,5); natürlich auch für die außerbiblischen (siehe 9,7 Exkurs). Aber auch Jesu Selbstopfer wird nicht wiederholt. Der Kult wird nicht vergeistigt im Sinne der Aufklärung, sondern entweltlicht: der unkräftige irdische wird durch den Kult ersetzt, den der Hohepriester Jesus im himmlischen Heiligtum übt, sonst „würde nämlich dem Opfer Christi Unrecht geschehen", Thomas (siehe 2,17 Exkurs 9,25 9,7 Exkurs). Der späteren, grundsätzlichen rationalistischen Vergeistigung des Kults ist so, ohne Absicht des Hb, ein Stück Weg vorbereitet.

ὅπου, siehe 6,20. *ἄφεσις*, siehe 9,22. *τούτων*, der Sünden und Gesetzlosigkeiten V 17. *αὐτῶν* für *τούτων* in 51 234; *τούτων* fällt aus in ℵ* b r sy^p arm; *ἄφεσις* dann absolut wie 9,22. Zum fehlenden *ἐστὶν* im Vorder- und Nachsatz siehe 6,8. *οὐκέτι*, Bauer 1, temporal: Aufhören des Opferwesens 10,18, des Opfers 10,26. Das *οὐκέτι* ist tröstlich 10,18 (vgl Gn 9,11 von der Sintflut); es ist bedrohlich 10,26 (vgl Sach 11,6 Jer 15,6 2Cl 8,3 von der Frist zur Umkehr). Hb setzt gegen das Heil das alttestamentliche Opfern; Paulus R 11,6, allerdings mit logischem, nicht mit temporalem *οὐκέτι*, die *ἔργα*. *προσφορά*, siehe 10,5. Mandäische Kritik an Jesus: he overturned all the rites Haran Gawaita (Drower) S 4 Zeile 4f. *περὶ ἁμαρτίας*. Zu *περὶ* siehe 5,3; zu *ἁμαρτία* siehe 1,3 3,13. *ἁμαρτιῶν*, wie 10,26, statt des Singulars in 623 1319.

19. Wir haben nun, Brüder, Ermächtigung, in das Heiligtum einzutreten durch das Blut Jesu:

Literatur: OGlombitza Erwägungen zum kunstvollen Ansatz der Paränese Hb 10,19–25, Nov Test 9, 1967, 132–150; OHofius Der Vorhang vor Gottes Thron, 1972; WNauck Zum Aufbau des Hbbriefes, Beiheft ZNW 26, 1960, 199–206.

10,19–39 zieht aus Jesu himmlischem Priestertum die paränetische Summe (Vanhoye Structure 173). V 19–25: bleibt am Bekenntnis! V 26–31: den Abtrünnigen erwartet schreckliche Strafe. V 32–39: denkt an die durchstandenen Leiden und haltet im Glauben bis zum nahem Kommen Jesu durch! In 7,1 bis 10,18 fehlen, von Zitaten abgesehen, wie schon in 1,1–14, *ἡμεῖς*- und *ὑμεῖς*-Formen; anders jetzt in 10,19–39. Die Anknüpfung ist, entsprechend dem Gewicht des zentralen Themas 7,1–10,18, hier in 19–21 breiter als in ähnlichen Anschlüssen 2,1 3,1 4,14 12,1. Zahlreiche Rückbezüge auf Früheres fallen auf (Zimmermann Bekenntnis 203).

V 19 ἔχοντες, siehe 4,14; vgl WNauck Aufbau 203. οὖν, kohortativ, siehe 4,1. ἀδελφοί, zum ersten Male wieder seit 3,12; vgl 3,1. ἀδελφοί: in 177 635 1246 1852 hinter παρρησίαν gestellt, in 206 440 ausgelassen. παρρησίαν: mit ἔχειν Eph 3,12 Phlm 8 1J 2,28 4,17 5,14; mit εἰς sonst nicht in LXX und NT. Siehe 3,6; vgl 4,16. Hier 10,19 nicht als Freimut (gegen die meisten Kommentare, Glombitza Erwägungen 133 Vanhoye Structure 175); sondern als Ermächtigung (so Riggenbach Windisch Michaelis ThW V 109 Michel Spicq Schlier ThW V 882 Schierse 166 Maurer ThW VI 768 Anmerkung 2 Gräßer Glaube 36 Schiwy Barclay); wie schon Sir 25,25 die ἐξουσία von B Malachias durch παρρησία in ℵ A und anderen wiedergibt. Die Ermächtigung ist geschehen durch Jesu Eintritt in das himmlische Heiligtum, siehe 6,20 9,8.12.24. Zu ihrem subjektiven Gebrauch mahnt 10,22. τὴν εἴσοδον; K stellt um: τὴν τῶν ἁγίων εἴσοδον, vgl 9,8. Jesu Person V 21 wird nach dem von ihm bereiteten Heil V 19–20 genannt, also chiastisch zu der Reihenfolge 5,4ff–9,1ff (Bengel). Der Eintritt findet statt im Eschaton, wird aber im Christenleben vorweggenommen V 22 (vgl 4,16 7,25; Hofius Vorhang 80 Anmerkung 178). εἴσοδος im Hb nur hier; nicht lokal als Eingang (gegen de Wette Seeberg), sondern verbal als das Hineingehen (Bauer 1 Michaelis ThW V 108–113). Absolut auch LXX Philo Spec Leg 1,261 Jos Bell 4,614. Ag 13,24 von Jesu Auftreten in der Welt. Der Ort des Hineingehens mit πρὸς 1Th 1,9 2,1; mit εἰς 2Pt 1,11; mit dem Genitivus objectivus Ez 44,5 Jos Ant 19,332 Test Sal 20,15. So hier Hb 10,19, weil εἰς schon vorangeht (Bl-Debr § 183). εἴσοδος Hineingehen in den irdischen Tempel Philo Spec Leg 1,261 Jos Ant 19,332; in den messianischen Tempel der Endzeit (Ez 44,5); in das ewige Reich (2Pt 1,11); in den Himmel (Test Sal 20,15); in das himmlische Heiligtum (Hb 10,19). Dagegen Sib 2,150 „Tor" der Unsterblichkeit. τῶν ἁγίων: nicht die Heilsgüter (gegen Glombitza Erwägungen 134); sondern das Allerheiligste im Himmel, siehe 8,2. ἐν τῷ αἵματι. ἐν instrumental, anders als 9,25 (de Wette Delitzsch), siehe 9,22. Wie Jesu eigenes Eingehen 9,12; freilich 9,14. Zu αἷμα siehe 9,7 Exkurs. Ἰησοῦ: τοῦ Ἰησοῦ in 1319; τοῦ Χριστοῦ, wie 9,14, in 1827. Zu Ἰησοῦς siehe 2,9.

20. ein neuer und lebendiger Weg, den er uns geweiht hat, durch den Vorhang, das ist sein Fleisch.

Literatur: PAndriessen-ALenglet Quelques passages difficiles de l'Épître aux Hébreux, Biblica 51, 1970, 207–220; OGlombitza Erwägungen, siehe V 19; OHofius Inkarnation und Opfertod nach Hb 10,19f, in: Der Ruf Jesu, herausgegeben von Lohse/Burchard/Schaller, 1970, 132–141; JJeremias τοῦτ' ἔστιν, ZNW 62, 1971, 131; GLindeskog The Veil of the Temple, Coniectanea Neotestamentica 11, 1947, 132–137; CSchneider Studien zum Ursprung liturgischer Einzelheiten, Kyrios 1, 1936 (Königsberg) 1969 (Graz) 57–73; FSchröger Der Gottesdienst in der Hb-Gemeinde, Münchener Theol Ztschr 19, 1968, 161–181; RWilliamson The Eucharist and the Epistle to the Hebrews, NTSt 21, 1975, 300–312; GWingren „Weg" „Wanderung", Studia Theologica 3, 1949, 111–123; NHYoung τοῦτ' ἔστιν, NTSt 20, 1973, 100–104.

Das Eintreten der Christen V 19 ist das Begehen eines bisher nicht vorhanden gewesenen, zum Leben führenden Weges. Jesus hat ihn für die Seinen feierlich eröffnet und gangbar gemacht. Er hat dabei den absperrenden Vorhang vor dem himmlischen Debir, das heißt, Jesus hat seine eigene materiell-menschliche Existenzweise durchschritten, also sie hinter sich gelassen. Das ist keine antitäuferische oder antiqumranische Polemik (Braun Qumran-NT I zur Stelle).

ἣν – ὁδόν. Zur Einbeziehung des Nomens in den Relativsatz siehe 2,11, der auch hier, wie öfter, die Hauptsache bringt, siehe 9,9; vgl Käsemann Gottesvolk 9 Verben der Bewegung, Wingren Weg 112. Hier Öffnung des Heiligtums lokal, in 9,8f temporal-futurisch (Theißen 105f). Jesus bereitete den Weg, wie zum Beispiel Act Thom 156 S 265,6. Lidz Ginza R 15,14 S 355,10f 15,15 S 356,28; er ist aber nicht der Weg wie Joh 14,6, auch nicht die Tür wie zum Beispiel Ign Phld 9,1. ἐνεκαίνισεν, in 1836 ἐκαίνισεν; siehe 9,18: mittels seines Hineingehens in das Heiligtum 9,12.24, als Vorläufer 6,20; den Weg, den er hergestellt und selber durchschritten hat (Chr Cramer Cat 255). Die Seinen können nun hinzutreten 10,22. Vor ἡμῖν in 635 ἐν; ἡμῖν fehlt in D*. πρόσφατον: dies Adjektiv im NT nur hier. Bauer Maurer ThW VI 767f. „neu" in LXX tadelnd: von Gottheiten Dt 32,17 LXX Ps 80,10; vom Freund Sir 9,10. Gegensatz „alt" Herm s 9,2,2; „älter" Jos Ant 1,264. Als „noch nie dagewesen" resigniert Qoh 1,9; bewundernd vom soldatischen Selbstopfer als neuer Weg zum Sieg durch die Furche seines Blutes Florus epitomae I 9,3(14) Wettstein; ähnlich Caesar, der beim Gallischen Krieg in einen sozusagen anderen Abschnitt von Leben und Geschehnissen eintrat (Plut Caesar 15 I 714E). So, geistlich, hier im Hb: ein alter Weg ins Heiligtum war nicht verfügbar 9,8. Thret richtig: wie ein Weg, der damals zum erstenmal ans Licht trat (MPG 82,725B). Der neue Weg entspricht insofern der neuen Setzung, als auch diese bisher nicht existierte. καὶ fehlt in D*. ζῶσαν, siehe 3,12: zum Leben führend, 10,38f 12,9 (de Wette²). „Weg (auch Plural) des Lebens" besonders mandäisch (Lidz Ginza Register S 615; du legtest einen Weg an – zum Orte des Lebens Lidz Liturg Qolasta 35 S 68,8f). Vgl Nag Hammadi Cod I3 De resurrectione 45,22f; du tatest mir kund Wege des Lebens Ag 2,28 = LXX Ps 15,11. Gegensatz: ein Todesweg –, der zum Hades führt (Chr Cramer Cat 235); der Todesweg (Corp Herm 1,29). Wer den Lebensweg geht, hat den Schritt aus dem Tode ins Leben getan 1J 3,14. διὰ τοῦ καταπετάσματος, siehe 6,19. Ohne Bezug auf Mk 15,38 Par (gegen viele Kommentare, Bengel bis Barclay und Lindeskog Veil 136): der Jesus des Hb ist ohne Verbindung zum herodianischen Tempel (Windisch), siehe 4,14. Der Vorhang trennt und verhindert (siehe 6,19f), wie der Bestand des vorderen Heiligen, des Hekhal, den Eintritt in den Debir, in das Allerheiligste, d. h. verhindert die gewissensmäßige Weihe des Kultdieners, 9,8f.

τοῦτ᾽ ἔστιν, siehe 2,14: Gleichsetzungsformel. Womit wird durch sie τῆς σαρκὸς αὐτοῦ gleichgesetzt? Zur neuesten Diskussion siehe Andriessen-Lenglet passages 214f Hofius Inkarnation 136–140 JJeremias τοῦτ᾽ ἔστιν 131 Young τοῦτ᾽ ἔστιν 100–104 mit instruktivem Überblick über die Auslegungsgeschichte Zimmermann Bekenntnis 205f. Das τοῦτ᾽ ἔστιν bezieht im Hb die ihm folgende Erklärung in 2,14 9,11 – auch in 11,16, wo das dazwischenstehende ὀρέγονται sozusagen nicht trennt – auf eine unmittelbar vorhergehende Wendung. In 7,5 und 13,15 dagegen stehen breitere Aussagen zwischen der Erklärung und der somit entfernter zurückliegenden Bezugsformulierung. Lediglich das nahe Beieinander erzwingt in 10,20 also nicht unbedingt, obwohl das auf den ersten Blick natürlich erscheint, διὰ τοῦ καταπετάσματος als Bezugsterminus für τῆς σαρκὸς αὐτοῦ. Aber gerade bei räumlicher Trennung der Bezugsformulierung und der auf τοῦτ᾽ ἔστιν folgenden Erklärung steht im Hb die Erklärung immer im gleichen Kasus wie der Bezugsformulierung. Das spricht gegen Andriessen-Lenglet Hofius Jeremias Zimmermann, die den Bezug von τῆς σαρκὸς αὐτοῦ auf διὰ τοῦ καταπετάσματος bestreiten und ihn mit ὁδὸν bezeihungsweise mit dem ganzen vor διὰ τοῦ καταπετάσματος liegenden Satz herstellen wollen. Man kann die Gleichsetzung von „Vorhang" und „Jesu Fleisch" auch nicht dadurch vermeiden, daß man vor τῆς σαρκὸς αὐτοῦ das fehlende διὰ ergänzt und dann das erste διὰ vor τοῦ καταπετάσματος lokal, das ergänzte διὰ vor τῆς σαρκὸς αὐτοῦ instrumental versteht; denn gerade bei zwei gleichen einander folgenden, aber in verschiedener Bedeutung verwendeten Praepositionen wird die zweite immer wiederholt (siehe R 2,28f 4,25 11,28 Hb 9,11f); auch das spricht gegen Hofius Jeremias Young Zimmermann. Also bleibt nur übrig: Jesu Fleisch und der himmlische Vorhang werden gleichgesetzt (so auch Young); und zwar werden beide *lokal* (gegen Young) durchschritten. In welchem Sinne? Zu σὰρξ siehe 2,14; 5,7. D und r fügen vor τῆς σαρκὸς ein διά ein: für sie hängt dieser Genitiv also nicht unmittelbar von καταπετάσματος ab (Riggenbach). σάρξ als Menschwerdung ist im Hb immer mit Jesu Todverfallenheit und Opfertod verbunden (2,14 5,7 10,19f), freilich nicht im Blick auf die Eucharistie (Schröger Gottesdienst 170 Williamson Eucharist 306f; gegen Thret MPG 82,752B Thomas Glombitza Erwägungen 135), meint also nicht die Inkarnation als Heilsereignis (Jeremias 131; gegen Hofius Zimmermann). Hb kennt für Jesus kein Auferstehungs-σῶμα, siehe 10,5, vgl 13,20. Wichtig ist Jesu Blut 13,11f (siehe 9,7 Exkurs). Die Inthronisation als Auffahrt ersetzt die Auferstehung, siehe 1,3. Fleisch und Blut 2,14 wie Leib 10,5 hat Jesus bei der Menschwerdung erst *bekommen;* auch die Christen sind nur während ihrer Erdentage „im Leibe" 13,3. So läßt Jesus, ins himmlische Heiligtum auf dem Weg durchschreitend, sein Fleisch wie den ersten Zeltteil und den Vorhang hinter sich. Sie sind heilshindernd, nicht heilsfördernd; Jesus ging nicht εἰς τὸ καταπέτασμα, sondern διά – (Käsemann Gottesvolk 146 Theißen 105, gegen Schierse 51 63 163, siehe 9,11). Jesus *bleibt* nach dem Eintritt ins Heiligtum also nicht der Christus κατὰ σάρκα, vgl 1K 15,50 (gegen Schneider Studien 67 Lindeskog Veil 137). Er hat, wie der mandäische Johana, „das Gewand von Fleisch und Blut ausgezogen" Lidz Ginza R 5,4 S 194,3f; „er (zerst)örte sein Fleisch" Testimonium Veritatis 33,10 Nag Hammadi Cod IX 3 (ZNW 69, 1978, 100). Die Gnosisnähe liegt auf der Hand. Die syrische Jakobusliturgie zitiert Hb 10,19f (Brightman Liturgies 48 Zeile 20ff.; dazu Schneider Studien 62f). Die Diskussion um τοῦτ' ἔστιν τῆς σαρκὸς αὐτοῦ ist in der Tat ein Labyrinth (Andriessen-Lenglet 214). Die Mehrzahl der Kommentare, von Erasmus paraphrasis und Luther Scholien bis Barclay, setzt den Vorhang und Jesu Fleisch gleich; beide gelten dabei öfter, mehr oder weniger deutlich formuliert, als heilshindernd. Seltener (Seeberg Spicq Héring Westcott Montefiore) wird τῆς σαρκὸς αὐτοῦ auf ὁδόν bezogen; σάρξ meint dabei für die meisten Heilsförderung im Sinne der Inkarnation, wie Thret ja sogar den Vorhang positiv versteht (MPG 82,752B). Der Hb-Text selber jedoch ist keine dem Hb „fremde Reflexion", die von uns zu streichen wäre (vgl den Apparat zu Nestle-Aland[26] bei Hb 10,20; gegen CHolsten Exegetische Untersuchung zu Hb 10,20, Bern 1875, 15; von mir zitierbar nur nach NT St 20, 1973, 100 Anmerkung 1 und 3).

21. Und wir haben einen großen Priester über dem Haus Gottes.

Literatur: OGlombitza Erwägungen, siehe V 19.

Die zweite Voraussetzung für die V 22 einsetzende Paränese: nach dem Heil V 19f nun, mit Achtergewicht, der Heilbringer, als „großer Priester"; in Anknüpfung an 4,14, wie dort die Hohepriester-Thematik beginnt.

ἱερέα μέγαν: L★ ἱερέαν μέγα, das ν ist zu früh eingefügt; die zweite Hand „verbessert" ἱερέαν μέγα–. Abhängig, als zweites Objekt, von ἔχομεν V 19. Dem ersten Objekt verwandt: eben der Priester hat ja die Ermächtigung geschaffen V 19 und ist treu 2,17 3,6 (Größer Glaube 38). Gleichwohl jetzt Motivwechsel: die Christen, die in das himmlische Heiligtum eingehen dürfen V 19f, sind Gottes *familia* V 21. Zu ἔχοντες siehe 4,14; zu ἱερεὺς und μέγας siehe 2,17 Exkurs: μέγας unterstreicht die Würde (Thomas; siehe 4,14); μέγας für Melchisedek siehe 5,6. ἐπὶ „über", siehe 3,6: als Priester; als Opfer (Glombitza Erwägungen 136); als Fürbitter Hb 7,25. τὸν οἶκον τοῦ θεοῦ, siehe 3,2 3,6: wegen 3,6 die Gemeinde, die schon jetzt zur gesamten himmlischen Welt gehört (so schon Lact Inst 4,14 Ps Oec Staab 467 und die meisten Kommentare, Zimmermann Bekenntnis 206); nicht das himmlische Heiligtum oder der Himmel (gegen Thphyl MPG 125,329B de Wette[2] Delitzsch Bleek-Windrath Hollmann Windisch Spicq Héring Schierse 171 Michel, die zum Teil auch die erste Bedeutung erwägen). Wie 3,1–6 sind hier Priester und Haus Gottes verbunden; hier nur ohne „treu", „Diener" und ohne Vergleich mit Mose.

22. Darum laßt uns mit wahrhaftigem Herzen in voller Glaubensgewißheit hinzutreten, durch Besprengung die Herzen gereinigt vom bösen Gewissen und den Leib gewaschen mit reinem Wasser!

Literatur: OGlombitza Erwägungen, siehe V 19; OHofius Vorhang, siehe V 19; RWLyon A Re-Examination of Codex Ephraemi Rescriptus, NTSt 5, 1959, 271; WEMoore One Baptism, NTSt 10, 1964, 511f.; WThüsing Laßt uns hinzutreten, Bibl Ztschr NF 9, 1965, 1–17; ThWächter Reinheitsvorschriften im griechischen Kult, RVV IX 1, 1910.

Cl Al Strom IV 20 126 zitiert V 22f frei; für die Abweichungen siehe Mees 231. Die Paränese mahnt zum Hinzutreten im Blick auf den eröffneten Weg V 20; nicht zum „Gehen auf", das Bild ist verschoben. Das Eintreten in die himmlische Wesenheit (3,1) des Heiligtums (10,19) verlangt lautere Abkehr vom „hier" und Glauben als volle Hinwendung zu Zukunft und Jenseits (11,1). Die Angeredeten – der Verfasser bezieht sich, wie oft, ein – kommen her von der Taufe, die in V 19–21 noch nicht erwähnt wurde: sie hat das böse Gewissen um die vorchristlichen Sünden aus dem Herzen entfernt und auch den Leib gereinigt; zu ihrer Realisierung wird gemahnt (siehe Bultmann Theologie[6] 519 Moore Baptism 511f.). V 22–25 handeln von „Tugend" und „Verhaltensweise" (Gräßer 117); aber ist das Hinausgehen aus dem Lager 13,13 bürgerlich?

προσερχώμεθα. Statt des Konjunktivs der Indikativ in p[46] ★ D K L P 5 38 104 177 203 221 255 256 257 263 326 330 365 378 383 440 462 467 479 489 506 623 629 639 642 794 823 919 920 927 1241 1245 1311 1319 1518 1610 1738 1827 1881 1891 2004 2127 2143; zu ω–ο siehe 4,16; p[46] ★ verschlimmbessert weiter durch Anfügung von γάρ. Es ist nicht das erste Hinzutreten, es geschah schon (12,22), soll also immer neu geschehen. Hinzutreten wozu? Siehe 4,16. Sicher nicht speziell zur Eucharistie, wenn überhaupt, vgl 13,10 (siehe Thüsing Hinzutreten Theißen 74). Die Hinzutretenden werden dadurch nicht zu Priestern (Moffatt, gegen Hofius Vorhang 73; siehe 2,11). Der Zutritt ist, wie in den Eleusinien, erlaubt nur dem, der sich unschuldig weiß (Script Hist Aug XVIII 18,2). μετά, siehe 5,7. μετ' in C Dam: zu Codex C siehe Lyon Re-Examination 271; zur Elision siehe 3,19, zur Vermeidung des Hiatus siehe 5,4. ἀληθινῆς καρδίας; statt des Adjektivs in p[46] ★ ἀληθείας. ἀληθινὴ καρδία im NT nur hier. Zu ἀληθινὸς siehe 8,2, im Hb nur hier undualistisch. Zu καρδία siehe 3,8. Gesinnung (gegen Glombitza Erwägungen 137); ähnlich wird gefordert in 4,16. „Wahrhaftigkeit und Glaube" Lidz Liturg Oxforder LII S 219,9; „Glaube und Aufrichtigkeit ohne Verstellung" Pist Soph 120 S 200 Zeile 3f. ἐν, siehe Bauer III 2 Bl-Debr § 219,4. πληροφορίᾳ πίστεως; vor πίστεως in 1245 τῆς. πληροφορία, siehe 6,11; πίστις, siehe 4,2 Exkurs, Mahnung zum Glauben siehe dort. Vgl volles Vertrauen Apul Met 11,28,4 (Moffatt). In 10,22–24 die Trias πίστις, ἐλπίς, ἀγάπη, siehe 1K 13,13 (Thomas Bengel Schierse 193 Conzelmann Grundriß 208). Hb 11 wird präludiert. Hb meint mit πληροφορία nicht, wie Thomas, den durch Liebe geleiteten Glauben (die *fides formata per caritatem*); er setzt aber auch nicht, wie Cl Al Exc Theod 9,3, die stärker Glaubenden, also diejenigen, die erwählt werden, ab gegen diejenigen, die nur berufen sind (siehe 9,15). Daß dem vollen und gewissen Glauben die gewisse Furcht entsprechen soll, wie bei Ps Clem Recg IX 11,5 S 263,25–264,1, könnte Hb sagen (siehe 4,1 10,27.31).

ῥεραντισμένοι τὰς καρδίας. ῥεραντισμένοι, redupliziert (Bl-Debr § 69) in p^{46} ℵ* A C D* P 38 88 104 326 1004; ἐραντισμένοι 33 69; ἐρραντισμένοι ℵ^2 D^2 K L Ψ Koine 6 81 1739 1834 Thret MPG 82,752C. Siehe 9,13. Hier 10,22 übertragen wie das Substantiv 12,24: besprengt mit Jesu Blut, wie auch 1Pt 1,2. Barn 8,3f allegorisiert das unübertragene „besprengen" auf die Predigt von Sündenvergebung und Herzensreinigung. Außerchristlich Poll I 25 Wettstein: den Göttern darf sich nahen nur ein „Besprengter". Schon wegen dieser Zutrittsregel sind ῥεραντισμένοι und λελουσμένοι nur mit προσερχώμεθα, nicht mit κατέχωμεν zu verbinden (gegen Thret MPG 82,752C Seeberg Glombitza Erwägungen 138); zudem: die differenten Tempora der Partizipien – ἔχοντες, ῥεραντισμένοι, λελουσμένοι – sprechen nicht dagegen (siehe 1,3f 5,7 6,1 besonders 7,1–3). Besprengt und gewaschen: die beiden Seiten der Taufe, die einmalig, anders als die außerchristlichen wiederholten Besprengungen, geschehen i s t und weiterwirkt (Perfectum, siehe 7,6). Auch ῥεραντισμένοι von der sakramentalen Taufe (so zum Beispiel Thret MPG 82,752D Bultmann Theologie^6 139 Michel; gegen Chr Cramer Cat 236 Erasmus paraphrasis Bengel und viele, zum Beispiel de Wette^2 Delitzsch Riggenbach; Windisch vorsichtiger; Calvin bezieht sogar λελουσμένοι nicht auf die Taufe, Westcott ῥεραντισμένοι auf die Eucharistie). Syr Didasc VI 16,9 aspersio, Const Apost VI 20,9 ohne Taufbezug; die syrische Liturgie zitiert Hb 10,22 von ῥεραντισμένοι bis πονηρᾶς im Eucharistie-Zusammenhang (Brightman 72,20f). τὰς καρδίας, siehe oben; zum Accusativ siehe Bl-Debr § 159,3. Hier Plural, Gegensatz σῶμα im Singular. καρδία – σῶμα Ps Clem Hom XI 28,2; ähnlich Recg VI 11,1. Philo bevorzugt ψυχή–σῶμα (zum Beispiel Vit Mos 2,68; siehe Leisegang Register 752ff zu σῶμα). ἀπό hier wie bei καθαρὸς Tob 3,14 Da Sus Thdtn 46 AQ Ag 20,26, bei καθαίρω Hb 9,14, bei λούω Apk 1,5 Koine, vgl ἀποκαθαίρω Porphyr Abst II 44: Bl-Debr § 211 Bauer I 2 Deißmann NB 24 48.

συνειδήσεως πονηρᾶς. Zu συνείδησις siehe 9,9; die geistliche Wirkung ist wichtiger als die leibliche: 9,9f.13f 1Pt 3,21 Ps Clem Hom XI 28,3 Recg VI 11,1. Daher καρδίαι συνείδησις hier in Hb 10,22 zuerst genannt. Umgekehrte Reihenfolge Hände-Gesinnung: Ziehen Leges Graecorum Nr 148,4, von mir zitiert nach ThW IV 302 Zeile 12; Ditt Syll^4 983,3–6. An den Besprengten ist das Reinigen geschehen 9,14; sie heben kein Sündenbewußtsein mehr 10,2. Die Taufe befreit in R 6,7 durch mysterienhaftes Mitsterben von der Sünde; in Hb 10,22, psychologisierend, vom schlechten Gewissen: die gesühnten vorchristlichen Sünden hindern jetzt nicht mehr am Eingang ins Heiligtum 10,19. Zu πονηρὸς siehe 3,12. συνείδησις πονηρά als Formulierung selten: im NT nur Hb 10,22; noch Barn 19,12 Did 4,14 Herm m 3,4. Aber der Sache nach, nur ohne πονηρά, oft. Mit συνείδησις als Gewissen Ps Dion Hal Thuc 8 Heracl Hom All 37 p 54,8 Hierocl Carm Aur ed Mullach XIV p 97 Sap 17,11 Test XII R 4,3 Philo Jos 47f R 2,15 1Tm 4,2 Tt 1,15 Joh 8,9 Koine; mit συνείδησις als Bewußtsein Philodem Philosoph fr 11,5f Jos Ant 16,103. Das gute Gewissen ist im NT häufiger, siehe 13,18.

καὶ λελουσμένοι. So ℵ D* P 5 104 181 326 442 460 623 2004; ohne σ, siehe Bl-Debr § 70,3, p^{46} A C

D² K L Koine 1834 Chr. λούω siehe Bauer 2b Oepke ThW IV 297–309; βαπτισμὸς siehe 6,2. Der zweite Effekt der Taufe, Conzelmann Grundriß 65. καί, wo einige Ausgaben V 23 beginnen lassen (vgl Tischendorf NT und The Greek NT), verbindet die zusammengehörende innere und äußere Wirkung der Taufe, verbindet jedoch nicht προσερχώμεθα und κατέχωμεν und zwingt somit nicht λελουσμένοι zum Bezug auf κατέχωμεν, denn sonst würde man erwarten καὶ κατέχωμεν λελουσμένοι – καθαρῷ (gegen Erasmus adnotationes Bengel Vanhoye Structure 175–177). Die Waschung behebt die kultische Unreinheit, die zum Beispiel durch Knoblauch, Schweine, die Frau (Geschlechtsverkehr) und den Leichnam verursacht wird (Ditt Syll⁴ 1042,4–7; siehe Wächter Reinheitsvorschriften; vgl 1K 7,34 und Hb 9,13). Die wiederholte Waschung geschieht „hinsichtlich der Götter" als auch postletaler Vorteil (Ael Arist 33,32 Keil); mit dem heiligen Wasser der Unsterblichkeit (Preisigke Sammelbuch 4127,14; vgl gereinigt werden mit einem Wasserguß Ditt Syll⁴ 1218,30f). Auch alttestamentlich λούεσθαι verbunden mit Körper und Wasser: Lv 14,9 15 oft 16,4.24 17,15f 22,6 Nu 19,7f Dt 23,11(12) Test XII L 8,5. In POxy 840,14.19.24f absolut (Kleine Texte 31). Philo Som 1,81 Vit Mos 2,143 Deus Imm 8 λούω activisch und medial; Reinigung des Leibes Effekt der Täufertaufe Jos Ant 18,117, wobei aber die moralische Reinigung von Philo und Josephus als das Wichtigere betont wird. Ebenso Qumran bei seinen kultischen Waschungen (Braun Qumran-NT I zu Hb 10,22). All das von wiederholten Waschungen, nicht von einmaliger Taufe. In 1Cl 8,4, Zitat aus Js 1,16, übertragen nur von der Gesinnung. Im NT λούω activisch, medial und passivisch unübertragen und nicht kultisch Ag 9,37 16,33 2Pt 2,22; Joh 13,10 von der Fußwaschung, wo der Taufbezug undeutlich ist (Bultmann Joh-Kommentar zur Stelle). Hb 10,22 wie λούεσθαι Ag 22,16 1K 6,11 und λουτρὸν Eph 5,26 Tt 3,5 bestimmt, λούειν Apk 1,5 Koine vielleicht von der Taufe. Act Pl et Thecl 34 I S 260,6 λούσασθαι von der Taufe; Act Joh 95 II S 198,2 vom Martyrium (siehe Rudolph Mandäer II 391 Anmerkung 4). Act Thom 25 IIb S 140,10: nachdem du sie gereinigt hast durch deine Waschung, also personaler Taufbezug auf Jesus. Bei den Mandäern wiederholte Waschungen als Taufen (zum Beispiel Lidz Ginza L II 218 S 492,27–30; siehe Rudolph Mandäer II 76 f).

τὸ σῶμα; zum Accusativ siehe oben bei τὰς καρδίας. In P 2 4 38* 93* 122 181 206* 256 330 337 378 440 460 491 623 1149 1319 1891 1898 1912 2127 b Chr Thret τῷ σώματι. σῶμα siehe 10.5. Der Leib wird kultisch gereinigt durch Flüsse oder eine Quelle (Porphyr Abst II 44); mit Wasser (in LXX, siehe oben bei λούεσθαι); mit Wasser oder Waschungen (Philo Som 1,81 Spec Leg 1,261 Deus Imm 8). Dagegen R 6,6 Kol 2,11f: Vernichtung des Leibes in der Taufe. Hb kann, bei der ja einmaligen Taufe (siehe 6,2), kaum ernsthaft an eine bloß kultisch-äußerliche Reinigung des Leibes denken, weil er diese ja abwertet 9,10.13 f; zum mindesten ist er unterwegs zu einem vergeistigten Kult, trotz 9,13.22. Luther Glosse –Bilder alter Taufhandlungen – de Wette², Windisch, Spicq (wenn ich ihn recht verstehe) und Héring empfinden mehr oder weniger diese Schwierigkeit. Daß das Taufwasser andererseits den Leib geistlich verändert, scheint mir eine dem Hb fremde Vorstellung zu sein (gegen Thomas: von jeder Sünde, sowohl einer tätlichen wie der Erbsünde, die gleichsam eine Sünde des Körpers ist; Bengel Delitzsch Riggenbach Michel). ὕδατι, siehe 9,19. Wasser dient der kultischen Reinigung Ael Arist 33,32 Keil. Für LXX siehe oben bei λελουσμένοι; in Test XII L 8,5; bei Philo Som 1,81 Vit Mos 2,143 Spec Leg 3,58; Joseph/Asen 14,12.15. Es wird verwendet bei der Taufe Hb 10,22 Mt 3,11.16 Mk 1,8.10 Lk 3,16 Joh 1,26.31.33 Ag 8,36.38f 10,47 11,16 Eph 5,26 1Pt 3,20. Ebenso Did 7,1 Ign Eph 18,2 Barn 11,8.11; oft in Hermas: v 3,3.5 3,7,3 m 4,3,1 s 9,16,2.4.6. καθαρῷ, siehe καθαίρω 9,14.

Bauer Hauck RMeyer ThW III 416–430. Das physisch Reine gilt (siehe oben bei λούεσθαι und σῶμα) als für kultischen Gebrauch unerläßlich. Außerchristlich: reines Wasser bei der Erbauung eines Tempels Ditt Syll⁴ 972,161; im Zauber Preis Zaub 4,3250 f. Für kultische Reinigung im biblischen Bereich: Nu 5,17 Hi 11,15 Ez 36,25 Philo Vit Mos 2,143 Spec Leg 3,58 Joseph/Asen 14,12.15. Im NT nicht ὕδωρ καθαρὸν außer Hb 10,22, da von der Taufe. Aber καθαρὸς kultkritisch Mt 23,26 Lk 11,41 R 14,20. In Apost Vät nicht ὕδωρ καθαρόν; aber siehe Ign Eph 18,2, vgl Hb 9,14. Von der Taufe mandäisch: clear are the waters of a true baptism (The Baptism of Hibil Ziwa Drower S 71 Zeile 3 von unten; vgl Rudolph Mandäer I 232 II 394 Anmerkung 4). Vergleichbar mit καθαρὸν ist der kultische Gebrauch von Fluß- oder Quellwasser: zur kultischen Reinigung Porphyr siehe oben bei σῶμα Preis Zaub 4,3250 f Flußwasser, Nu 5,17 lebendiges = Quellwasser vgl Philo Vit Mos 2,143 Spec Leg 3,58. Quellwasser bei der Taufe Did 7,1; hinab- und hinaufsteigen Barn 11,8.11.

23. Laßt uns das Bekenntnis der Hoffnung, als unwandelbares, fest bewahren! Denn treu ist der, der die Verheißung gab.

Literatur: HFrvCampenhausen Das Bekenntnis im Urchristentum, ZNW 63, 1972, 210–253; GDelling Partizipiale Gottesprädikationen, Studia Theologica Aarhus 1963, 1–59; OGlombitza Erwägungen, siehe V 19; FHahn Der urchristliche Gottesdienst, 1970; KTSchäfer κρατεῖν τῆς ὁμολογίας, Festgabe Höffner, 1971; PWernle Die Anfänge unserer Religion² 1904, 477 f.

Der zweite paränetische Schritt; wieder „wir". Das Hinzutreten V 22 soll andauern: im Lebensvollzug gilt es, das als unwandelbar zu bewahren, wovon das Bekenntnis spricht, den Inhalt der Hoffnung. Das ist angemessen; denn Gott in seiner Treue bleibt ja auch bei der Verheißung, die er gab.

κατέχωμεν, siehe 3,6: die die Gemeindeversammlung im Stiche Lassenden tun es nicht (V 25). Statt des Konjunktivs der Indikativ in K P Ψ 5 69 104 218 221 263 326 327 378 383 440 460 462 467 623 794 823 919 999 1245 1311 1518 1836 1845 1891 1898 1912 2004; zu ω–ο siehe 4,16. Nur ἔχομεν in 6, vgl 6,19. τὴν ὁμολογίαν, wie 4,14. Zu ihrer Formuliertheit, ihrem Inhalt und Sitz im Leben siehe 3,1. Auch hier nur locker mit der Taufe verbunden (Riggenbach vCampenhausen Bekenntnis 234 Anmerkung 136; gegen sehr viele, von Iren Haer I 9,4 Erasmus paraphrasis Bengel bis Glombitza Erwägungen 141 Hahn Gottesdienst 70 Anmerkung 25). Das Bekenntnis erklingt in der Gemeinderversammlung V 25. Zur Formuliertheit vgl: be firm and act according to this book (Haran Gawaita S 14 Zeile 11 von oben Drower). τῆς ἐλπίδος: hier Hoffnungsgut, siehe 3,6. ℵ* f vg syᵖ ar aeth fügen ἡμῶν an, vgl 3,1. Typisch: nicht τῆς πίστεως (Wernle Anfänge 477), wie Ψ 1245 1898 schreiben. Durch „Hoffnung" ist Unwelthaftigkeit und Zukünftigkeit unterstrichen, siehe 6,18 7,19. Die Weltdistanz, auch ohne explizite ἐλπίς, siehe 11,13. ἀκλινῆ, siehe Bauer Williamson 31–36 Festugière Hermès Trismégiste II S 214 Anmerkung 51. Dieser Accusativ geht nicht auf die im Verb enthaltenen „wir", also nicht auf Personen wie Corp Herm 13,1 4Makk 17,3 ℵc.a V und ἑτεροκλινεῖς 1Cl 11,1. ἀκλινῆ ist nicht Adverb wie ἀκλινῶς 4Makk 17,3A Philo Abr 273 Det Pot Ins 148 Thret MPG 82,752C, bezeichnet also nicht die Intensität des Bewahrens. ἀκλινῆ charakterisiert vielmehr das Bekenntnis (siehe Liddell-Scott 2), und zwar als formulierten Bekenntnisinhalt, der im Wissen um dessen Unwandelbarkeit bewahrt werden soll; bewahrt im Wandel, nicht im Verzicht auf eine Korrektur des Bekenntnis-Inhaltes (zu Riggenbach). In diesem Sinne unterstreicht die Achterstellung das Gewicht der Unwandelbarkeit. Die Stellungsvarianten: *τῆς ἐλπίδος τὴν ὁμολογίαν ἀκλινῆ* in D d e f vg; *τὴν ὁμολογίαν ἀκλινῆ τῆς ἐλπίδος* in 1908; sie verderben zwar die kunstvolle Wortstellung, siehe 6,7, und zum Teil das Achtergewicht, siehe 9,20, wollen aber – zu Recht – den Bezug von *ἀκλινῆ* auf *ὁμολογίαν* verdeutlichen. Seit Thret, siehe oben, und Luther WA Deutsche Bibel 7,2 1546 („nicht wanken") übersetzen viele das *ἀκλινῆ* unkorrekt als auf das „wir" von *κατέχωμεν* bezogen; gelegentlich auch solche Kommentare, die das *ἀκλινῆ* zutreffend als Adjektiv notieren. Es wird zu Recht auf „Bekenntnis" bezogen, aber letzteres als Akt verstanden, durch Ps Oec 119,393D 396A Erasmus adnotationes Delitzsch Riggenbach Héring Bruce Westcott; besser, als Bekenntnisformulierung, wird *ὁμολογία* dabei genommen von Thphyl 125,332A Seeberg Michel Schäfer *κρατεῖν* 64 Zimmermann Bekenntnis 208. *ἀκλινὴς* im NT nur hier. Aber die Synonyma erhellen die Bedeutung: aufrecht (4Makk 6,7); die nächsten Stellen von Philo: unbeugsam (Fug 150); das Sich-gleichbleiben (Rer Div Her 87); fest (Praem Poen 30 Rer Div Her 95 Spec Leg 2,2); unwandelbar (Abr 63); ganz trugfrei, mit festem Halt versehen (Spec Leg 2,2); sicher (Ael Var Hist 12,64); unverweichlicht (Plut Aud 13 II 45C); Gegensatz abtrünnig (1Cl 11,1). Wie ein Reich sicher und unveränderlich ist (Aelian aaO), wie von innen mit Erde, Steinen und Blei ausgefüllte hohle Bildsäulen eine bleibende und unwandelbare aufrechte Stellung besitzen (Plut Princ Inerud 2 II 780A), wie ein Untertan den sich nicht durch Wandlung versagenden Ohren des Vorgesetzten dankt (POxy 904,9): so ist in Hb 10,23 der Bekenntnis-Inhalt, die Hoffnung unwandelbar und soll als solche bewahrt werden. Auch Jesus bleibt sich gleich (1,12 13,8; Größer Glaube 23). Hb bedenkt freilich nicht, daß der letztlich gleiche Inhalt, um wirklich derselbe zu bleiben, immer neu formuliert werden muß, wie das NT selber das ja auch tut.

πιστός, siehe 2,17 3,2. Bauer 1a Bultmann Weiser ThW VI 174–230. Zur fehlenden Kopula siehe 6,8. Die Gottheit ist treu, so den Menschen zu Gleichem verpflichtend (Epict Diss 2,14,13). In LXX Gott als treu (Dt 7,9 32,4 Ps 88,38 144,14 Js 49,7 3Makk 1,9 2,11); in seinem Zeugnis (Ps 18,8), in seiner Setzung (Ps 88,29), seinen Geboten (Ps 110,7), seinen Worten (Ps 144,14), in den Gnaden Davids (Js 55,3). Philo: Gott ist allein treu (Leg All 3,204 Rer Div Her 93), im Sprechen auch ohne Schwur (Sacr AC 93). Bei Rabbinen Str-B III 321. *πιστὸς ὁ θεός* 1K 1,9 10,13 2K 1,18, vgl 1Th 5,24. Hb 10,23 11,11: *ὁ ἐπαγγειλάμενος* kann *ὁ θεός* ersetzen, so zentral ist nun die Zukunftszugewendetheit, siehe 11,1. Aber jetzt statt des alttestamentlich-innerweltlichen das zukünftige und jenseitige Verheißungsgut: dessen Verbürgtheit durch Gott 6,17; vgl das unerschütterliche Reich 12,28. Hb 10,23 klingt nach wörtlich, allerdings mit *ἐστίν*, in 2Cl 11,6; fast wörtlich (Moffatt): die Richtschnur der Wahrheit als unwandelbare in sich bewahren Iren I 9,4 Stieren I 116; in etwa 1Cl 27,1; kaum 1Cl 60,1 Ign Tr 13,3. *γάρ* motiviert das *κατέχωμεν*; in 1K 1,9 fehlt es, so auch hier im Hb in 365 r. *ὁ ἐπαγγειλάμενος*. Zum Partizip des Aorist siehe 2,10; zur partizipialen Gottestitulierung siehe Delling Partizipiale 42f. Zum Verb siehe 6,13; zur Verbindung mit *πιστὸς* siehe oben bei *πιστός*.

24. Und laßt uns achtgeben aufeinander und uns anreizen zu Liebe und guten Werken

Literatur: MDibelius Der himmlische Kultus nach dem Hbbrief, in: Botschaft und Geschichte II, 1956, 160–176; OGlombitza Erwägungen, siehe V 19.

Der dritte ermahnende Schritt; „wir". Nach der Bekenntnistreue nun die Gemeinschaft der Gemeinde: die einzelnen sollen einander kräftig anspornen, daß Verbundenheit und rechtes Tun in ihrer Mitte zu Hause sind. Ein Aufruf zu einem typischen christlichen Leben (Dibelius Kultus 161).

κατανοῶμεν, siehe 3,1; vgl 12,15. Vielleicht Nebenton: auf etwas Verdecktes achten, die geheimen Absichten – ausforschen (Jos Ant 7,204). Also nicht, wie Philo empfiehlt (Conf Ling 59), sich dem Rechttun beim Handeln in eigener Regie zuwenden. ἀλλήλους: im Hb nur hier; 33 verschreibt in ἀλλήλοις. Zur Gegenseitigkeit siehe 3,13; für Qumran Braun Radikalismus I 127 Anmerkung 7. Wichtig schon weltlich, im soldatischen Kampf: sich ermahnen, ein jeder den anderen (Silius Italicus Punica V 218 Wettstein). Wie hier im Hb, öfter im NT: als Gegenseitigkeit im Lieben R 13,8 Joh 13,34f 15,12.17 und im fürsorgenden Zuspruch R 15,5.7.14 1K 12,25 1Th 4,18 5,11; ähnlich 1Cl 56,2 2Cl 17,2 Herm v 3,9,10. εἰς παροξυσμόν: Bauer 1 Seesemann ThW V 855f. Hb nur hier. In L παρωξυσμόν, ω für o siehe 4,16. Das Substantiv nur negativ vom Zorn Dt 29,28(27) Jer 39(32),37 Ag 15,39; Ign Pol 2,1 übertragen vom Fieberanfall als Sünde; negativ oft auch das Verb Ag 17,16 1K 13,5: *(ἀγάπη)οὐ παροξύνεται.* Man kann die Korrektur in p^{46} verstehen: ἐκ („von weg") παροξυσμοῦ, von Beare unter die interesting variants gezählt (Text 384). Ebenso Glombitza 143; εἰς als „gegen", also zur Wegschaffung von Erbitterung; was grammatisch schon am εἰς scheitert (Zimmermann Bekenntnis 209 Anmerkung 216). Nun wird das Verb aber auch positiv, als „anreizen", klassisch und hellenistisch verwendet: die Ehrsucht παροξύνει zu edlen und ehrenvollen Dingen (Xenoph Mem 3,3,13); παροξύνεσθαι zum Verlangen nach den guten Taten (Isoc ad Demonicum 46); zum Wohlwollen anreizen (Jos Ant 16,125); die angereizten Jüngeren, die bessere Bürger werden (Ditt Or 48,15f). Dann hätte Hb drastisch formuliert (Seesemann Héring Zimmermann Bekenntnis 208f); wie Plinius der Jüngere ep 3,7,11 die gute ἔρις (Streit) definiert: „wie Freunde durch gegenseitige Ermahnungen sich anstacheln *(se exacuunt)* zur Liebe der Unsterblichkeit" (Moffatt). Die Gefahr der Ehrsucht bei solcher Affektbetonung hätte Hb dann in Kauf genommen, vgl Plut Preac Ger Reip 12 I 806E. Wußte Hb um die Spannung zu 1K 13,5? Er wollte wohl ähnliches sagen wie, mit anderen Worten, Philo Sacr AC 53: die Ausführung des Edlen ist zu tun sofort, im Voraus, ohne Langsamkeit und Verzögerung. Jedenfalls meint Hb nicht: die Achtgebenden sollen einseitig selber durch diejenigen, auf die ihr Achtgeben sich richtet, gebessert werden (siehe V 25; gegen Chr Cramer Cat 236f Thret MPG 82,753A Ps Oec MPG 119,396B Thphyl MPG 125,322B Bleek-Windrath). ἀγάπης, siehe 6,10. Doch wohl innergemeindlich, wie das ἀγαπᾶν τὸν πλησίον und τὸν προσήλυτον Lv 19,18.34 Dt 10,19: also dort, wo man nicht weggehen darf und wo die Zusprache und die Enderwartung zu Hause sind V 25 (Schierse 161f), vgl Bruderliebe 13,1; es fehlt das εἰς πάντας nach dem εἰς ἀλλήλους 1Th 3,12. Natürlich nicht anreizen zum Liebesmahl: Einrichtung und Verhaltensweise zusammen? (gegen Glombitza Erwägungen 143f; zudem siehe Eucharistie Hb 9,20). καλῶν ἔργων. Zu καλός siehe 6,5; zu ἔργον siehe 4,10. Als terminus technicus nicht in LXX. Aber im hellenistischen Judentum: Sib 3,219f; Philo Sacr AC 53 Som 2,34; synonym feine Sitten Rer Div Her 50; Jos Ant als gefahrvolle Taten 154. In Qumran מַעֲשֵׂי טוֹב 1QS 1,5 (Braun Radikalismus I 24 Anmerkung 3); rabbinisch siehe Str-B IV b S 1276 Register. Im außerbiblischen Griechentum φιλικὰ ἔργα, Freundschaftswerke, also ἀγάπη-verwandt, Xenoph Cyrop 8,7,15; καλὰ ἔργα Hippocr ep 27,30 Epistolographi S 315 Isoc ad Demonicum 46 Dio Chrys Or 3,52 Preisigke Wört I 730. Im NT καλὰ ἔργα Mt 5,16 Joh 10,32 1Tm 5,10.25 6,18 Tt 2,7.14 3,8.14 1Pt 2,12; ἔργα ἀγαθά Ag 9,36 Eph 2,10 1Tm

2,10. Später 2Cl 12,4 Ps Clem Hom 8,7,5 Recg 5,14,4. Mandäisch Lidz Ginza R I 151. καλὰ ἔργα im Hb nur hier; auf dem Boden der Gemeinde. Definitionen: jüdisch Str-B IV 6; neutestamentlich zum Beispiel 1Tm 6,18; hellenistisch neben ἀρετὴ δίκαιαι πράξεις Isoc und Dio Chrys, siehe oben. Hb meint aber nicht ausschließlich Wohltätigkeit, siehe V 25 (Riggenbach).

25. und nicht unsere Gemeindeversammlung im Stich lassen, wie es bei einigen Brauch ist, sondern Ermahnung üben, und das um so mehr, als ihr seht, der Tag naht!

Literatur: OGlombitza Erwägungen, siehe V 19; AvHarnack Die Mission und Ausbreitung des Christentums[9] [10], 1924.

Nun die konkrete Zuspitzung: es nicht machen wie einige Mitchristen, die sich daran gewöhnt haben, der versammelten Gemeinde fernzubleiben; vielmehr sich gegenseitig ermahnen, zumal das Weltende mit dem Gericht vor der Tür steht.

μή: die Participia also kohortativ auflösen. ἐγκαταλείποντες, so in A D¹ K L P 1834 Chr Dam Threl Thphyl, ἐγκαταλιπόντες in ℵ 492 1908, für ει–ι siehe 4,11; καταλείποντες in p[46] D★ 88. Bauer. Im Hb noch 13,5. Außerchristlich vom Verlassen des Heiligtums PBerlin PLondon PStraßburg Preisigke Wört I 412. Aber auch das Gegenteil: Priester bleiben bei ihrem Kult (Mitteis-Wilcken I 2 Nr 72,8–10); sogar unter Lebensgefahr (Livius V 46,3 Wettstein); ebenso ein Mandäer trotz christlicher Jugendeindrücke (Baptism of Hibil Ziwa S 92 Zeile 12–14 von oben Drower); aber auch Mandäer müssen gewarnt werden (Lidz Ginza R II 1,112). LXX straft das ἐγκαταλείπειν dem Kyrios gegenüber öfter; lobt das Nichtverlassen der Brüder Jos 22,3. Josephus soll seine Freunde nicht verlassen (Bell 3,195 Vit 205); das Volk Israel verließ Gottes Opfer (Ant 8,271) und den väterlichen Kult (Ant 12,269). Die Rabbinen warnen vor Absonderung von der Gemeinde (Str-B III 743). Den „Paulus" haben Demas und alle verlassen (2Tm 4,10. 16). Die die Wortversammlung Verlassenden sollen zurückgewonnen werden, sie gelten sonst als Kirchenfeinde (Ps Clem Ep Clem 12,2 Hom 3,69,4). Weitere Warnungen vor dem Verlassen der Gemeinde Ign Eph 5,3 Barn 4,10 Herm s 9,26,3; festhalten am Zusammenkommen Ps Sal 17,16 Did 16,12 und öfter (siehe 6,6 Exkurs Schrage ThW VII 841 Anmerkung 15 Harnack Mission I 448–451). Hier in 10,25 ist das Verlassen noch nicht kompletter Abfall wie 6,6, kommt dem aber nahe: die Fernbleibenden begehen das unvergebbare vorsätzliche Sündigen V 26. Der Kontakt mit der Gemeinde ist unverzichtbar, auf ihrem Boden geschehen Liebe und gute Werke, der Fernbleibende verliert Hoffnung V 23 und Zuversicht V 35 (Gräßer Glaube 41). Ein hohes Gut ist die Zusammenkunft. Denn selber steigert sie die eigene Wärme (Chr Cramer Cat 237). Hb schreibt gegen Vereinzelung, nicht gegen Kultvernachlässigung (zu Deichgräber Gotteshymnus 198–200). Das Gegenteil zum Verlassen: Versammlungen der Gläubigen abhalten und jene Zusammenkünfte häufig besuchen (Ps Clem Recg 10,43,4). Der Spott Augustins in seiner Zeit vor der Taufe – „also machen die Wände (des Kirchengebäudes) die Christen" Conf VIII 2,4 – würde von Hb abgewiesen werden. τὴν ἐπισυναγωγήν. Selten belegbar; p[46] manus 2 läßt so das ἐπὶ weg. Bauer Schrage ThW VII 840. Im 2. Jahrhundert vor Chr als Geldsammlung (Deißmann LO 81). Auf biblischem Boden als eschatologische Zusammenbringung der Gläubigen durch die Gottheit oder durch ihre Mandatare und als die versammelte Gemeinde: 2Makk 2,7 2Th 2,1 – neben Hb 10,25 die einzige Stelle im

NT. Ebenso verbal Mt 23,37 Par 24,31 Par (für den Qumran-Bezug siehe Kosmala 347–350 Braun Qumran-NT I bei Joh 11,52). Später uneschatologisch von der kirchlichen Gemeinschaft in etwa Ps Clem Recg 10,43,4, siehe oben; in der Liturgie Const Ap VIII 8,5. Aber in Hb 10,25 ist die Gemeinde gemeint noch im Blick auf den „Tag"; und zwar nicht die abstrakte, sondern die versammelte Gemeinde, und das im Singular, also nicht ihre je einzelnen Zusammenkünfte, die oft geschehen (siehe 3,13). Wer sich von der versammelten Gemeinde fernhält, verläßt die Gemeinde überhaupt (siehe oben). Wohin die Fernbleibenden gehen, bleibt im Text unerörtert. Sicher nicht in andere Hausgemeinden, ἑαυτῶν wäre damit überbelastet (gegen Hollmann); auch nicht in jüdische Gemeinden, siehe 6,1 (gegen Calvin Bengel Spicq Westcott Montefiore). Mehr wissen wir nicht; auch nicht, warum sie fernbleiben; zum Beispiel in Ps Clem Hom 3,69,4 wegen persönlicher Spannungen zwischen einzelnen Christen. Aber schon in Hb 3 f klingt die Sorge an um die Müdigkeit der Gemeinde.

ἑαυτῶν = ἡμῶν αὐτῶν, vgl 3,13, Bl-Debr § 283,3 284,2 Bauer ἑαυτοῦ 2; zur prädikativen Stellung siehe Bl-Debr § 284,2. Statt ἑαυτῶν in ℵ 122 1319 αὐτῶν. καθώς, siehe 5,3. ἔθος, siehe Bauer 1 Kittel ThW II 370 f. Im Hb nur hier; fehlt im Corpus Paulinum. Zur Konstruktion mit Dativ siehe Bl-Debr § 409,3. ἔθος, mit und ohne ἐστίν, 1Makk 10,89 2Makk 13,4 ep Ar 311; viele Belege bei Philo (Leisegang I 221), bei Josephus (Rengstorf Concordance), auch Preisigke Wört I 419; Joh 19,40 Ag 25,16 Mart Pol 9,2 13,1 18,1. Zum Fehlen von ἐστὶν siehe 6,8. Es wird ergänzt von D Chr; *est consuetudini(s)* in d e f vg (am fu demid); *consuetudinis est* in vg[cl]. Öfter dabei mit ὡς oder καθώς. Sext Emp Pyrrh Hyp definiert: ein positiver Brauch, ἔθος, ist weniger verpflichtend als ein Gesetz. Hier Hb 10,25 nicht als verpflichtende Sitte, sondern als Brauch wie zum Beispiel Lk 22,39 Joh 19,40 Ag 25,16; und zwar als ein getadelter, wie Sap 14,16 die Bilderverehrung, Philo Decal 92 das häufige und wahllose Schwören, Mart Pol 13,1 die notorische Christenfeindlichkeit der Juden. τισίν, siehe 3,12. Das sieht nach einer konkreten Situation aus, die sich allerdings in eine damalige allgemeine Zeiterscheinung einfügt, siehe oben (so viele Kommentare, gegen Dibelius Kult 161); ein Participium bringt im Hb oft die Hauptsache, siehe 9,9. Wieviele? Immerhin ist der scharfe Ton V 26ff nötig. παρακαλοῦντες, siehe 3,13; nur hier im Hb absolut; 33 103 1610 1908 sy[p] ar Thphyl füllen daher, sachlich zutreffend, textlich sekundär, mit ἑαυτούς auf. τοσούτῳ – ὅσῳ, siehe 3,3. τοσοῦτο in K 62; τοσοῦτον in 242 1311 1898 2004; τοσούτων in 2005; zu ο – ω siehe 4,16; ὅσον in ℵ* K 242 1518. Die Nähe des Endgerichts macht die Ermahnung dringlicher, den Abfall gefährlicher: 1Q pHab 2,5–7 5Esr 2,34 f Mt 25,1 ff nach Mt 24 1Th 5,1–8 R 13,11–14 Phil 4,4 f Hb 10,36–39 Barn 4,9. Hb 10,25: angesichts des nahen Endes ist Vereinzelung gefährlich: das τοσούτῳ – ὅσῳ geht doch wohl speziell auf die Warnung vor dem Verlassen (gegen Bengel de Wette[2] Glombitza Erwägungen 146 Zimmermann Bekenntnis 210). μᾶλλον, siehe 9,13. βλέπετε, siehe 2,9; nicht Participium wie bisher, sondern zweite Person: besonders andringlich. Sie sehen die Endnähe an den Verfolgungen, vgl Mk 13,12 Par Hb 10,32–34 (Zimmermann Bekenntnis 210). ἐγγίζουσαν, für die lokale Bedeutung siehe 7,19. Die temporale im Hb nur hier, siehe Bauer 5b Preisker ThW II 329–332. ἐγγίζειν und ἐγγύς in LXX meint Gerichtsnähe, aber als Wende innerhalb der Zeit: von der ἡμέρα Jl 1,15 3(4),14 Ob 1,15 Zeph 1,7.14 Js 13,6 Ez 7,7 12,23 22,4; vgl Thr 4,19. Dagegen ist die Endnähe zum Teil apokalyptisch, also auf den Abbruch der Weltzeit bezogen im nachkanonischen Judentum (siehe Str-B Exkurs 29 30) und in Qumran (Braun Qumran-NT II § 16). So ἐγγίζειν im NT bei Königsherrschaft Mt 3,2 Par 4,17 10,7 Lk 10,9.11; bei Zeitpunkt 21,8, schon fraglich geworden; bei Erlösung Lk 21,28;

bei Tag R 13,12; ἐγγὺς bei κύριος und καιρὸς Phil 4,5 Apk 1,3. Akute Endnähe vereinzelt auch noch später: Barn 4,5 21,3 Apk Jak I 25,8 Nag Hammadi Cod V 3; aber bezeichnend für apokalyptischen Schwund: der Tod ist nahe Herm s 8,9,4. Zur Endnähe im Hb siehe 1,2 3,14 6,8 9,26; vgl ferner 3,6 6,11 9,28. Hb rechnet noch ernsthaft mit der Endnähe (Theißen 90); freilich nur in Paränesen, sonst herrscht statt der zeitlichen Horizontale die dualistische Vertikale vor (Gräßer Glaube 179). τὴν ἡμέραν, siehe 3,8; zur Verbindung mit ἐγγίζειν siehe oben dort; absolut wie hier 1K 3,13. Am Tage kommt Jesus 10,37, zum zweitenmal 9,28; aber nicht, wie im jüdischen Urchristentum, zum Regiment über Israel, mit Unterstützung der Zwölf Mt 10,28; sondern: Diese Erde und dieser Himmel werden dann vernichtet, bleiben wird das Unwandelbare 12,27 1,11 f. Den Ton hat dabei das Gericht 10,26–31 12,25–29.

26. Denn wenn wir vorsätzlich sündigen, nachdem wir die Erkenntnis der Wahrheit empfangen haben, bleibt für Sünden kein Opfer mehr übrig,

Literatur: MDibelius ἐπίγνωσις ἀληθείας in: Botschaft und Geschichte II, 1956, 1–13; GJeremias Der Lehrer der Gerechtigkeit, 1963.

Das nahe Gericht bedroht Gefährdete; sie sündigen mit der Abkehr von der Gemeinde bewußt, und dies, nachdem sie die Botschaft angenommen haben; so gibt es für die Ablehnenden keine Vergebung. Die Drohung ist präludiert schon 2,2f. Anders als 6,6 wird das hier in der Opferkategorie ausgedrückt: Jesu Opfer – ein anderes ist sowieso nicht heilskräftig – geschah einmalig 9,25f. Ganz schlüssig ist das nicht, siehe 7,27 9,25. Hb erwägt auch nicht, daß eine *überzeugungsmäßige* Distanzierung von der rechten Lehre nicht ἑκουσίως im Sinne eines vorsätzlichen Mutwillens geschieht (de Wette²). Zum ganzen siehe 6,6 Exkurs. V 26f werden zitiert Cl Al Strom II 12 57,2, siehe Mees. ἑκουσίως, Bauer Hauck ThW II 467f. Außerbiblisch: freiwillig sündigte ich (Aesch Prom 266). Man handelt als Freiwilliger oder unter Zwang (Plut Romul 9 I 22D). Strafe oder Straffreiheit wird, je bei Absicht oder bei Notsituation, zugesprochen der politisch-kriegerischen (Thuc 4,98,6 Diod S 13,27,2.3) und der kriminellen (Antiphon Or 1,26 5,92) Tat. Vgl dies Prinzip im Munde des Antiochus (4Makk 8,13). In LXX meint ἑκούσιος meist die freiwilligen Leistungen des Frommen; aber auch: der, der sich absichtlich befleckt hat (2Makk 14,3); der vorsätzlich geschlagen hat (Ex 21,12f); der Sinn, der sich absichtlich abwendet (Hi 36,19). Für die übliche LXX- und jüdische Terminologie siehe 6,6 Exkurs (GJeremias Lehrer 113). ἑκουσίως ἁμαρτάνειν Philo Fug 76; ähnlich Decal 141 Jos Bell 2,394. Im NT sonst ἑκουσ-Bildungen nur noch 1Pt 5,2 Phlm 14, nicht mit sündigen. Zum verschiedenen Gewicht des Sündigens im NT und später siehe 6,6 Exkurs. Hier in 10,26 ist ἑκουσίως durch Voranstellung stark betont. γάρ, in p⁴⁶ und vg^{ms}, ausgelassen, begründet die Gefährlichkeit der Gerichtsnähe. ἁμαρτανόντων, siehe 3,17. Praesens, sie beharren also beim Fernbleiben; aber Hb redet nicht von den bleibenden Möglichkeiten der Umkehr (wie Theod Mops Cramer Cat 238 Ps Oec Staab 467), sondern behandelt die Sündigenden wie die Abgefallenen in 6,6. In p⁴⁶ ἁμαρτόντων statt des Praesens. ἡμῶν: anders als 6,4–8 schließt hier der Verf sich selbst mit ein. Die „wir" können, als die mit Selbstverfügung Versehenen (Cl Al Exc Theod 56,3), frei sich entscheiden; anders Stob I 275,22f. μετὰ τὸ siehe 10,15 4,7. μετὰ bis ἀληθείας fehlt in F¹. λαβεῖν, siehe 4,16. τὴν ἐπίγνωσιν, Bauer 2b Bultmann ThW I 706. 206 stellt um: τῆς ἀληθείας τὴν ἐπίγνωσιν; ℵ* verschreibt in τῆς ἐπιγνωσίαν. In LXX vom

Erkennen und Anerkennen des alttestamentlichen Gottesglaubens: absolut Jdt 9,14(19) Hos 4,6; mit θεοῦ Prv 2,5 Hos 4,1 6,6. Vom religiösen Umdenken 2Makk 9,11. In LXX nicht mit τῆς ἀληθείας. Wie LXX auch ep Ar 139. ἐπίγνωσις τῆς ἀληθείας von außeralttestamentlicher Wirklichkeit Philo Omn Prob Lib 74. In NT absolut Phil 1,9; mit θεοῦ Kol 1,10 2Pt 1,2(3) und seinem Geheimnis Kol 2,2; mit Gottessohn Eph 4,13, dem Kyrios und seinem Willen Kol 1,9; mit jeglichem Guten Phlm 6; mit der Sünde R 3,20. ἐπίγνωσις τῆς ἀληθείας oft in Past: 1Tm 2,4 2Tm 2,25 3,7 Tt 1,1. Im Hb nur hier, geprägte Formel. Die Erkenntnis der Wahrheit wird empfangen bei der Bekehrung, in der Belehrung vor der Taufe (Dibelius ἐπίγνωσις 3, gegen Kosmala 137). ἐπίγνωσις ähnlich Od Sal 8,8. In Apost Vät ἐπίγνωσις Gottes: Objekt von ergreifen Diogn 10,1, von empfangen Mart Pol 14,1; Erkenntnis seines Namens 1Cl 59,2.

τῆς ἀληθείας, Bauer 2b Bultmann ThW I 244f. Statt ἀληθείας in 1319 ἐπαγγελίας. Auch außerbiblisch vom Streben nach der Wahrheit, besonders nach der über die Götter (Plut Is et Os 2 II 351 E). Verstehen der Wahrheit als Hoffnung auf Unsterblichkeit (Sap 3,9). In Qumran von der Geheimlehre, nach der die Anhänger בני אמת, Söhne der Wahrheit, heißen (1QS 4,5f). Der Proselyt tritt über zur Wahrheit, absolut (Philo Spec Leg 4,178); ebenso die Wahrheit der Gesetze (Op Mund 1) und der Existenz Gottes (Op Mund 170 Praem Poen 46). Wahrheit des Herrn (von den Gesetzen Test XII A 5,4 Jos 1,3; absolut A 6,1). Im NT von der Offenbarung 2K 4,2 Gl 5,7. In Pastoralbriefen mit ἐπίγνωσις verbunden, siehe oben, als rechte Lehre, im Unterschied zur Irrlehre 2Tm 2,18 3,8 4,4, mit praktischer Ausrichtung auf Frömmigkeit Tt 1,1, gegen Materialismus 1Tm 6,5. So wie Pastoralbriefe Hb, nur hier, von der wahren Lehre, technisch; ihr Inhalt 6,4f. In Ign Eph 6,2 Herm s 8,9,1 gegen Irrlehre und Abfall; Diogn 7,2 als Gottes für Menschen unausdenkbarer Logos. Die Erkenntnis der Wahrheit klingt nach in der byzantinischen Liturgie (Brightman 311,31f 322,12) und in Const Ap 7,39,3 8,9,9. οὐκέτι, siehe 10,18. In D* οὐκέτι περιλείπεται θυσίαν περὶ ἁμαρτίας προσενεγκῖν, zu νκ siehe Bl-Debr § 19, zu ει–ι siehe 4,11; in D² οὐκέτι ἀπολείπεται θυσία μερὶ ἁμαρτιῶν; in d e iam non restat peccatis hostia offerre; in 1245 οὐκέτι ἀπολείπεται θυσία περὶ ἁμαρτίας. περὶ ἁμαρτιῶν, siehe 5,3; zum Fehlen des Artikels bei Abstracta siehe 6,9. Statt ἁμαρτιῶν in p⁴⁶ D* 81* 206 1245 sa Hier ἁμαρτίας; zum Singular siehe 10,18. ἀπολείπεται, siehe 4,6; Paronomasie nach ἐγκαταλείποντες V 25 Spicq; siehe 3,13. Statt ἀπολείπεται: in p⁴⁶ καταλείπεται, wie 4,1; in D* περιλείπεται. θυσία siehe 5,1: mit dem Opfer entfällt Vergebung und Buße (Umkehr), gegen Chr Cramer Cat 237f Thret MPG 82,753B. Hier Achtergewicht, siehe 9,20; die Stellungsvarianten verderben das. Hb gegen Const Ap 8,41,2: Gebet für Verstorbene, Gott möge ihnen vergeben πᾶν ἁμάρτημα ἑκούσιον καὶ ἀκούσιον, vgl 6,6 Exkurs.

27. vielmehr ein ganz furchtbares Warten auf Gericht und ein Grimm von Feuer, der die Widersacher verzehren wird.

Literatur: JSchoeps Aus frühchristlicher Zeit, 1950.

Nicht nur keine Vergebung V 26, sondern, wirkungsvoll kontrastiert (Vanhoye Structure 178), vernichtendes Gerichtsfeuer: jetzt voller Angst erwartet, perspective (Spicq), am Ende machtvoll realisiert. Feuer ist außerbiblisch bei den Persern Gottheit, πῦρ δέσποτα Max Tyr 8,4 Dübner Wettstein, vgl Dgn 8,2. Plut Superst 5,6 II 167 B-D (Betz Plutarch 1975, 21) bekämpft zwar die Gerichtsfurcht als einen Aberglauben. Gleichwohl rechnet auch außerbiblisch die Antike mit einem Gericht: der Rachegott, der selbst im Hades die Toten nicht freigibt (Aesch Suppl 413–416). Besonders im Hellenismus dann das läuternde oder vernichtende Gerichtsfeuer (Ovid Amores 1,15,41 Wettstein Vergil Aen 6,742 Corp Herm 1,23 Ascl 3,16a Lidz Ginza R I 96 V 5 S 203,15 L I 2 S 436,8–11 Joh 57 S 61,18). Der unterwertige Gottesgedanke – siehe 6,6 Exkurs, auch unten bei ζῆλος, Chr Thphyl, ferner Hb 10,29 und Windisch zu V 28 – wird bei Philo kompensiert durch Hinweis auf den pädagogischen Nutzen der zu den „Lügen" gehörenden Drohung (Deus Imm 64 Som 1,234–237); für Jambl Vit Pyth 30,179 dagegen ist das Gericht wahrheitsgemäß (so) bezeichnet.

φοβερά: Bauer. Im NT nur Hb; noch 10,31 12,21. In LXX oft von Gott, neben groß und mächtig; in Ps 105(106),22 neben Wundertaten. Zu Hb 10,27 vgl die furchtbare Strafe Sib 3,634; Gottes furchtbarer und herrlicher Name Const Ap 2,22,12; der Name, der Staunen und Schrecken erregend ist für Widersacher, auf einem christlichen Amulett P Oxy 1151,51–56. τις, zur Erhöhung des rhetorischen Nachdrucks, literarische Sprache (Bauer 2bβ Bl-Debr § 301,1). ἐκδοχή, Bauer Williamson 118. Bei Philo (Leg All 2,2) als „Auffassung"; bei Josephus als „Behälter" (Bell 5,164), als „Aufnehmen" des Wassers (Ant 2,259). Im Hb nur hier; ἐκδοχὴ fehlt in LXX Test XII NT sonst und Apost Vät. Laut Hesych = προσδοκία; vgl Lk 21,26 und ἐκδέχομαι Hb 10,13. κρίσεως, siehe 9,27. πῦρ, siehe 1,7; zur Sache vgl 6,8. Bauer 1b Lang ThW VI 927–948 mit Einzelinformationen. Im klassischen Griechentum, anders als im Hellenismus, ist πῦρ nicht Feuerstrafe, zum Beispiel nicht Plat Phaed 61f 112E–114C. In LXX das die Sünder verzehrende Gerichtsfeuer der Gottheit: dem Grimm (ζῆλος) gleichgesetzt Ps 78(79),5; πῦρ ζήλους Zeph 1,18 3,8: Hb hat πυρὸς ζῆλος. Mit Verben des Verzehrens: fressen als κατεσθίω activisch und medial Nu 26,10 4βασ 1,10.12 Hi 1,16 22,20 Ps 20(21),10 Na 3,15; als (κατ)ἔδομαι Hi 20,26 Js 26,11 (in Hb 10,27 benutzt) 30,27; als φάγομαι Js 10,17; als καταφάγομαι Am 5,6; mit zugrunde richten Dt 5,25(22) Sir 45,19(24). Im AT ergeht das Gericht innerzeitlich. Nachexilisch ewige Feuerpein Js 66,24; besonders intensiv in Apokalyptik und Rabbinen, zum Beispiel aeth Hen 90,26f, mit „verzehren" s Bar 48,43 Apk Elias 40,21; Feuer-Strafe an Beliar und den Gottlosen Test XII Jud 25,3 Seb 10,3; Str-B IV 1226 Register unter „Feuer"; auch Qumran (Kosmala 116 Anmerkung 34 Braun Qumran-NT II 270). Philo: verderbenbringendes Feuer Deus Imm 60; aber das Straffeuer tritt bei ihm ganz zurück. Im NT: Feuer vor allem strafend, beim Endgericht Mt 3,10–12 7,19; die Feuer-Geenna Mt 5,22; loderndes Feuer 2Th 1,8. Intensiv so Synoptiker und Apk, wenig Corp Paulinum und johanneische Literatur; mit „verzehren" wie Hb 10,27 in Jk 5,3; mit „zugrunde richten" Hb 12,19. Im Hb zentral, nicht bloß ein Bild, gegen Calvin; meist als Zitat und strafend 1,7 10,27 12,18.29; als innerweltliche Gefahr 11,34. In Apost Vät wie im NT, siehe Lang ThW VI 948. Feuerstrafe auch in Pist Soph 144–147 Ps Clem Hom Ep Clem 11,2. ζῆλος, Bauer 1 Stumpff ThW II 879–884. LXX verbindet mit Feuer, siehe oben; besonders Js 26,11 Zeph 1,18. Bei Philo Deus Imm 60 von Gott ζῆλος neben Feuer, Zorn, Zornerweisungen, aber seltener (siehe oben). Im Hb nur hier; der Grimm eignet dem wie ein Lebewesen erscheinenden Feuer, Bauer ζῆλος 1. Er machte zu einem Lebewesen das Feuer, das wie ein gereiztes, sehr böses und wildgewordenes Tier ist (Chr Cramer Cat 238 Thphyl MPG 125,333B); zur Personifizierung vgl den Logos 4,12. Im NT und Apost Vät sonst nicht πυρὸς ζῆλος. ἐσθίειν Bauer 2 Behm ThW II 686–693. In 69 462 1245 1852 κατεσθίειν wie Joh 2,17 statt ἐσθίειν; ἐσθείειν in p[46], für ι–ει siehe 4,11. Mit Feuer als Subjekt, aber nicht vom göttlichen Gericht: Il 23,182; Eustathius kommentiert: seitdem spricht man von dem alles fressenden Feuer; Max Tyr siehe oben; *edax ignis* Ovid Fast 4,785. Feuer als Subjekt von Verben des Verzehrens in LXX und NT siehe oben; auch Lidz Ginza R 5 S 205,15. Hb nicht als Läuterung, sondern als Vernichtung (zu Schoeps Frühchristlicher 68). Gnostische Polemik Nag Hammadi II 3 Ev Philipp 50: Gott ist ein Menschenfresser. μέλλοντος, siehe 1,14 8,5. vg bezieht falsch: *aemulatio* (Eifer) *quae,* also nicht auf *ignis;* Cl Al Strom 2,57,2 noch richtig. Die Zukunft tritt ein an dem „Tage" V 25 (Delitzsch). τοὺς ὑπεναντίους, Bauer. In LXX werden sie von der Gottheit bekämpft (2Ch 20,29 2Makk 10,29) und bestraft (Js 26,11 64,2(1) Na 1,2 Sap 11,8(9) 18,8 3Makk 6,6). Im NT ὑπεναντίος, außer Hb 10,27, nur neutrisch (Kol 2,14). Ihre Niederwerfung auch Hb 1,13 10,13. Bestrafung der ungehorsamen Feinde, der abfallenden Gemeindeglieder, ist neutestamentlich (siehe 1,13). ὑπεναντίος in P Oxy 1151,51–56 (siehe oben).

28. Wenn jemand sich gegen das Gesetz des Mose vergangen hat, stirbt er ohne Erbarmen auf zwei oder drei Zeugen hin.

Die Bestrafung wird nun alttestamentlich begründet; Dt 17,6 ist partiell verwertet: ἐπὶ δυσὶν μάρτυσιν ἢ ἐπὶ τρισὶν μάρτυσιν ἀποθανεῖται ὁ ἀποθνῄσκων. Aber das ist nur die Basis für die V 29–31 folgende Überbietung. Zur Überbietung überhaupt siehe 1,1 1,4. Das heilsunkräftige Kultgesetz wird zwar gegen Jesu Opfer ausgewechselt, 7,12. Gleichwohl ist das alttestamentliche Gesetz positiv gewertet, 3,2 7,5; aber immerhin: das Gesetz des Mose, nicht das Gottes, vgl 12,18. Hier wird sein *Strafmaß* überboten, siehe 2,2.

ἀθετήσας, Bauer 1a Maurer ThW VIII 158–160. Die sekundäre Anfügung γὰρ in 242 versteht richtig: Hb will begründen. Dies Verb im Hb nur hier; siehe das Substantiv 7,18. ἀθετεῖν (τὸν) νόμον Js 24,16 Ez 22,26 Test XII L 16,2: von aktiver Auflehnung. So auch neutestamentlich: gegen ein alttestamentliches Einzelgebot (Mk 7,9); gegen das neutestamentliche Heil (Lk 7,30 10,16 Joh 12,48 1Tm 5,12 Jd 8), gegen rechten Wandel (1Th 4,8); typisch: gegen die Gnade (Gl 2,21). Hb denkt an geschehenen (Aorist) Abfall (Dt 17,6), falsche Prophetie (Dt 18,20) oder Lästerung (Lv 24,11), nicht bloß an eine Einzelübertretung wie Nu 35,30. In Act Philipp 142 S 80,20 ἀθετεῖν τὴν ἁγίαν ἐντολήν. τις, siehe 3,12. νόμον, siehe 7,5. Hier artikellos, Hb variiert darin (siehe 9,19). Das Gesetz schlechthin wie 7,12. Μωυσέως, so p[46] ℵ K L 33 69 1834 1908 Or Chr Thret Dam; Μωσέως in A D P 25 203 206 216 241 242 323 383 429 462 489 506 547 623 1311 1518 1739 1758 1845 1867 2143 Μωσέος in 42 51 57 223 479 582 912 1405 2115; zu ω–ο siehe 4,16. χωρίς, siehe 4,15. οἰκτιρμῶν, Bauer Bultmann ThW V 161–163; Plural zur Bezeichnung konkreter Erscheinungsformen eines abstrakten Begriffs (Bl-Debr § 142). οἰκτειρμῶν in p[46] A D, zu ει–ι siehe 4,11. καὶ δακρύων fügen an D★ d e sy[c]★ [h]★. Vgl ἔλεος 4,16. LXX zwar: sein Erbarmen hatte kein Ende (Thr 3,22 AQ). Aber Js 27,11: bestimmt wird ihr Schöpfer sich ihrer nicht erbarmen; ähnlich Jer 13,14 und Rache-Psalmen 58(59),6 108(109),12; beim Endgericht wird das Erbarmen schwinden 4Esra 7,33 (Windisch). Ähnlich Philo: zwar ist Gottes οἰκτείρειν in Migr Abr 122 Fug 95 Virt 91 nicht begrenzt, wohl aber sein ἐλεεῖν gegenüber dem Ungerechten (siehe Bultmann ThW II 478 Anmerkung 79); Juden verhängen über Abtrünnige die unerbittlichen Züchtigungen (Spec Leg 1,55; vgl auch unten bei ἀποθνῄσκει). Im NT sonst Gottes οἰκτιρμοὶ (R 12,1 2K 1,3) und die der Christen (Phil 2,1 Kol 3,12) ohne Begrenzung. Im Hb οἰκτιρ-Stämme nur hier. χωρὶς οἰκτιρμῶν und χωρὶς als Absage von Vergebung im NT sonst nicht. Hb urteilt hart (vgl 2,3 6,8): kein Erbarmen des Gesetzes und des Richters, also im Falle der klaren Übertretung auch kein Mitfühlen Jesu wie bei den Schwachheiten 4,15, also wohl auch nicht seitens der

Mitchristen (vgl oben die δακρύων-LA). Thomas mildert, textwidrig, aber sympathisch ab: kein Mitleid, wohl aber Vergebung und Milde. οἰκτιρμοί ohne Begrenzung öfter im 1Cl. ἐπί, siehe 9,10. δυοῖν ἢ τρισίν: Bauer δύο 1c für diese Verbindung. δύο siehe 6,18, zum Dativ Pluralis Radermacher 71. τρεῖς Bauer Delling ThW VIII 215–225. Drei Zeugen stellen Ditt Syll⁴ 9,21,71f. τρεῖς im Hb nur hier. Notwendigkeit von mehreren Zeugen bei Todesstrafe Nu 35,30; Dt 17,6 siehe oben; verallgemeinert Dt 19,15. Nicht nur Ein Zeuge, er kann sich irren, Philo Spec Leg 4,53. Dies Prinzip, dem fast alle Staatsmänner gefolgt sind (Calvin, rabbinisch Str-B I 790; CD 9,20–23 Braun Radikalismus I 126 Anmerkung 1.2. Im NT Mt 18,16 2K 13,1 Tm 5,18). Thomas bezieht, neben dem *sensus litteralis*, die d r e i Zeugen auf die Trinität. μάρτυς, siehe Bauer 1 Strathmann ThW IV 477–504; vgl μαρτύριον 3,5 μαρτυρεῖν 7,8. Im Hb noch 12,1; hier 10,28 juristisch; vgl oben bei δυοῖν ἢ τρισίν. Josephus wünscht sich etwa zwei oder drei vorzügliche und gute Zeugen (Vit 256). ἀποθνῄσκει, siehe 7,8; das Praesens: unabwendbar (Delitzsch). Hier vom gewaltsamen Tode, also passiver Sinn. Daher mit ὑπό: Temenos starb durch (ὑπό) durch seine eigenen Kinder (Nicolaos von Damaskus FGr Hist 90 Fragment 30); Goliath stirbt durch (ὑπό) einen Knaben (Jos Ant 6,180). Philo ersetzt das θανατοῦσθαι von Lv 24,16 und das τελευτᾶν θανάτῳ von Ex 21,16(17) durch ἀποθνῄσκειν (Vit Mos 2,203 Spec Leg 2,248). So ἀποθνῄσκειν vom gewaltsamen Tod Dt 17,6 Nu 35,30; im NT öfter (siehe Bauer 1a), zum Beispiel Ag 25,11; hier Hb 10,28. Wegen Tempelraubs „sterben" Jambl Vit Pyth 28,143. Das AT berichtet von solchen Todesstrafen: als Vorschrift und Ausführung Nu 15,30.36; beim Lästerer Lv 24,23; von 3000 Mann Ex 32,38; Philo spricht dabei von Leichen Vit Mos 2,172. Straftod im Hermas öfter, zum Beispiel s 9,18,2.

29. Eine um wieviel schlimmere Strafe, meint ihr, wird für den angemessen sein, der den Sohn Gottes niedergetreten und das Stiftungsblut, durch das er geheiligt wurde, als unheilig behandelt und gegenüber dem Geist der Gnade sich hochfahrend verhalten hat?

Literatur: WBieder Aspekte, siehe V 15; HWKuhn Enderwartung und gegenwärtiges Heil, 1966; PSMinear Ontology and Ecclesiology, NTSt 12, 1966, 98.

Nun die Überhöhung, anders als V 26 beginnend mit der Strafe (Vanhoye Structure 178). Deren unerhörte Schwere wird wirkungsvoll zunächst dem Urteil der Hörer anheimgegeben, sie werden mit δοκεῖτε zu „Richtern" gemacht (Thphyl MPG 125,333D); jetzt „ihr", gegen „wir" V 26. Dann, mit Achtergewicht, das Eine Vergehen des Abfalls, gewichtig dreifach – καί–καί – aufgegliedert. Die drei vom Vergehen betroffenen Instanzen; kaum die drei Zeugen V 28 (zu Michel V 28). Die Betroffenen in für den Hb zentralen Inhalten (Kosmala 22): der Gottessohn, gleich 1,2 genannt; das durch die Taufheiligung ihnen bekannte Stiftungsblut, besonders Hb 9; der Geist, der, in der Taufe verliehen, die Gnade zuwendet 6,4: alle sind in die Existenz der Hörer betont hineinreichende Größen. Die Vergehen gegen sie sind darum drastisch schärfer (*gravius* Calvin) formuliert: eine einmalige und dann ausgereifte Tat, Aorist; Vergangenheitsform, vom Standpunkt des zukünftigen Richters.

πόσῳ, siehe 2,2 9,13. πόσῳ μᾶλλον, wie 9,14, in K d e f vg; Or zum Teil. Formal vgl Philo: eine wie große Strafe verdient er (Spec Leg 2,255, ähnlich Fug 84). δοκεῖτε, siehe 4,1. δοκεῖται p⁴⁶, für ε–αι siehe 3,13. Hier parenthetisch, Bauer 1e Bl-Debr § 465,2; wie noch Lk

17,9 vl Herm s 9,28,8; mit ὡς Jos Ant 2,131. χείρονος, Bauer Bl-Debr § 61,1; Hb nur hier. τιμωρία mit χείρων Jos Vit 17,2; mit πλείων (μείζων) Corp Herm 1,23 Festugière (Scott). Vgl schlimmere Foltern Act Thom 58(55) IIb 174,13f; damit dir nicht etwas Schlimmeres widerfährt Joh 5,14. Hb wie Philo von den absichtlich extrem Sündigenden: nicht die üblichen, sondern neue und außerordentliche Strafen erleiden (Poster C 9); die göttlichen Gesetze wirken auf die Hörer auch durch gewichtigere und strengere Zurechtweisungen und durch eine drohend emporgehobene Furcht vor Bestrafung (Spec Leg 2,163). „Schlimmer" hier, weil Jesus mehr ist als Mose, 3,1–6. Hb meint mit χείρων V 31. ἀξιωθήσεται, siehe 3,3. In p^{46} καταξιωθήσεται. Im NT dies Verb negativ nur hier, das Adjektiv gelegentlich, zum Beispiel Lk 23,15. Dies Verb mit größerer Strafe (Diod S 19,11,5 Wettstein), mit unterirdischem Gefängnis (Hdt 3,145), mit Schwert (Jos Bell 4,329), mit negiertem „Haß" (Jos Ant 4,289); das Adjektiv mit Strafe (Heliodor 1,11 Wettstein) und Strafen (Philo Vit Mos 2,162). Das Futur im Hb nicht logisch folgernd, sondern temporal: im Gericht. τιμωρίας, in p^{46} τειμωρίας, zu ι–ει siehe 4,11. Bauer. Im NT nur hier; das Verb nur Ag 22,5 26,11, Menschen Subjekt. τιμωρία von Grimm und Zorn geleitet, zur Befriedigung des Rache Übenden, Aristot Rhet 1,10 (Moffatt); vom Hb der Gottheit zugeschrieben (siehe 10,27). Antik weit verbreitet, klassisch, hellenistisch, jüdisch-hellenistisch, altchristlich: seitens der Götter, der Gottheit, der Unterweltsrichter, der Menschen. Zum Beispiel im Singular: FGrHist Theopomp 115 fr 253 Barn 20,1 Herm s 6,4,4; als extreme Strafe 4Makk 11,3 Diod S 19,11,5 in BGU bei Preisigke Wört II 603 Heliodor 1,11. Im Plural: Sap 19,13; als scharfe Strafen Plat Ep 7 III 335a 3Makk 7,3 Jos Bell 2,156 Ap 2,292; ihre Aufzählung Herm s 6,3,4; für Abtrünnige Philo Spec Leg 1,54 Herm s 6,3,3 Papias fr 3 (an Judas). Für Rabbinen siehe Str-B Register unter „Strafe" „Sünde" „Maß".

καταπατήσας: Bauer Seesemann Bertram ThW V 940–946. Unübertragen Mt Lk; übertragen im NT nur hier. Klassisch und hellenistisch vom Niedertreten des Treubundes (Hom Il 4,157), der Gesetze (Plat Leg 4 II 714a Gorg 39 I 484a), der philosophischen Belehrung (Epict Diss 1,8,10) und der Sophismen (Luc Lexiphanes 23). In LXX und im jüdischen Hellenismus: der Frevler tritt den Frommen (Ps 7,6 55,2), das Recht (Ho 5,11 Jos Bell 4,386), das Heiligtum (Js 63,18AQ 1Makk 3,45 vgl Sach 12,3; Moffatt) nieder. Der Abtrünnige des Hb verfährt mit dem Gottessohn, der im Himmel auf Gottes Thron sitzt 1,3, wie die Heiden mit Jerusalem Lk 21,24 (Minear Ontology 98 Anmerkung 2), wo er hätte anbeten müssen (Bengel). Ähnlich extrem Hb 6,6: kreuzigen, zum Gespött machen. Nachklang Const Ap 6,18,4. Nestorius: der Niedertretende hält Jesu Leib für befleckt (Greer 330). τὸν υἱὸν τοῦ θεοῦ, siehe 1,2 Exkurs. Abfall von Gott 3,12 ist Abfall von Jesus 6,6 10,29 (Schierse 146). τὸ αἷμα τῆς διαθήκης: nicht αὐτοῦ, das Stiftungsblut ist etwas Selbständiges. Siehe 9,7 Exkurs 7,22 Exkurs. In b r τῆς καινῆς διαθήκης (siehe Harnack Studien 212), wie Hb 9,15; zum nicht vorliegenden Eucharistie-Bezug siehe 9,20. Das Stiftungsblut vermittelte in der Taufe den Zugang zur Gemeinde 10,19 12,22.24, von der hier der Abfall droht.

κοινόν: Bauer Hauck ThW III 789–798; das Verb 9,13. Hier nicht „gemeinsam", wie nur so Philo Josephus. Hb nur hier, als kultisch unrein; das heißt auf dieser Ebene: profan; das Blut für unrein halten, dadurch, daß man es nicht höher einschätzt als die anderen Dinge (Chr Cramer Cat). So von Opfern 1Makk 1,47; von Nahrung 1Makk 1,62; κοινὸν = ἀκάθαρτον Ag 10,14.28 11,8; R 14,14; von ungewaschenen Händen Mk 7,2.5; neutrisch substantivisch Apk 21,27. Dgn 5,7 heidnische Unreinheit, Wortspiel. Als Verb CD 5,11.

Hb 10,29: daß der Abgefallene das als unheilig behandelt, was ihn heilig machte, ist die Ungeheuerlichkeit. *ἡγούμενος*, Bauer Bl-Debr § 157 Behm ThW II 909f: hier nicht „führen", sondern „halten für". So in LXX wenig; am meisten noch in Hi Sap 2–4Makk. Im NT Corp Paulinum, besonders Phil; Kath Br, besonders 2Pt; nicht mit dem Objekt Blut; vergleichbar per Gegensatz in etwa mit Phil 3,7f. Im Hb „halten für" noch 11,11.26. Dies *ἡγεῖσθαι* schließt ein entsprechendes Verhalten ein: wer die sinnliche Wahrnehmung für das Höchste erachten will, ist mit solchen Dingen auch befreundet (Philo Cher 73f); Elia rät am Karmel den ihren eigenen Gott für nichts Achtenden, sie sollten dann auch den Baalim folgen (Jos Ant 8,337); der Beurteilung der eigenen Gottgleichheit bei Jesus entspricht seine Selbstentäußerung (Phil 2,6f). Der *ἡγησάμενος* von Hb 10,29 hat sich also entsprechend verhalten. Schlimmer als der Günstling, der eine reiche reine Gabe für nichts achtete (Jos Bell 1,514). *ἐν ᾧ ἡγιάσθη*, ausgelassen in A Chr[1:1]; statt *ἡγιάσθη* in 920 *ἡγιασμένος*. *ἐν* instrumental, vgl R 5,9, siehe 9,22. *ἁγιάζειν* siehe 2,11. Geheiligt wurde er bei der Taufe. *τὸ πνεῦμα τῆς χάριτος*: für *πνεῦμα* siehe 4,12 2,4; für *χάρις* siehe 4,16. *τὸ πνεῦμα τῆς χάριτος*, mit leichten Variationen, in Sach 12,10 Test XII Jud 24,2; ברוח רחמיד 1QH 16,9 (HWKuhn Enderwartung 139); nicht ganz so 1QSb 2,24; die Geschenke Gottes, die durch die ehrwürdigen Gnadengaben eingehaucht wurden (Philo Congr 38; 1Cl 46,6; vgl Pist Soph 62 S 79,21–24; in der Byzantinischen Liturgie Brightman S 319 Zeile 20f.; Const Ap 6,18,3). *χάρις τοῦ πνεύματος* und ähnlich Act Phil 95 IIb S 37,21f Act Thom 169 IIb S 284,12. *τὸ πνεῦμα τῆς χάριτος* im NT nur Hb 10,29: der zugeteilte Geist 6,4 (Windisch gegen Moffatt); der Geist, der Freudigkeit (4,16) und Glauben (10,22) für das Hinzutreten zur Gemeinde vermittelt (Bieder Aspekte 254f); Geist als Zeichen der eschatologischen Gnade Gottes (Schweizer ThW VI 444f). Der Hochfahrende weiß also um sich als Beschenkten. Wie hier ist Stiftungsblut und Geist auch bei Philo Quaest in Ex 2,33 benachbart (Theißen 58). *ἐνυβρίσας*: Bauer Bertram ThW VIII 295–307. Die Textausgaben interpungieren dahinter mit „;" oder mit „.". Dies Verhalten kann auch auf menschlicher Ebene geschehen: als Frechheit gegenüber einem Taubstummen (Philo Spec Leg 4,202), in persönlichem Streit (P Oxy 237 VI 17), durch Grabschändung (Epigr Gr 195). Das Religiöse ist im Spiel, wo ein dem Menschen göttlich geschenktes Vorauswissen bestritten wird: Plut Def Or 45 II 434D (Betz Plutarch 1975 174); Ps Clem Hom 3,17,2. Philo bezweifelt zwar, daß jemand die Gnadenerweise Gottes anklagen könne (Jos 198). Tatsächlich aber gibt es Lästerung: gegen die qumranisch ausgelegte Tora (CD 5,11f); ein hochmütiges Verhalten gegen die Gesetze (Jos Ant 20,117), gegen die heiligen Schriften (Const Ap 6,18,4), durch Verfluchung des Namens (Lv 24,11 Orig Hexapla Allos), gegen die Gnade durch Schminken (Const Ap 1,8,24), gegen Gottes Plan mit Adam (Jos Ant 1,47); es gibt eine Lästerung des heiligen Geistes (Ps Clem Hom 3,6,1). So Hb hier, als das eigentlich Undenkbare: der Gnade empfangen Habende behandelt den Gnade Spendenden verächtlich; stärker formuliert als Gl 2,21.

30. Wir kennen ja den, der gesagt hat: ‚mir gehört die Rache, ich werde vergelten'; und wiederum: ‚strafen wird der Herr sein Volk'.

Literatur: PKatz The Quotations from Deuteronomy in Hebrews, ZNW 49, 1958, 213–223.

Die Erwartung härtester Strafe V 29 wird begründet, *γάρ*: die Gottheit selbst hat im

AT ja angekündigt, sie wird auf Rache und strafendes Gericht gegenüber der Gemeinde nicht verzichten.

οἴδαμεν, siehe 8,11; jetzt ist der Verf wieder mit einbegriffen; siehe 10,10.26. τὸν εἰπόντα, Zitat-Einleitung, siehe 1,1 Exkurs; der Aorist noch 1,5 3,10 10,7 12,21. Der Sprecher, nicht nur das Gesprochene ist bekannt; typisch für die Nähe des Hb zum *tremendum*. ἐμοὶ ἐκδίκησις, ἐγὼ ἀνταποδώσω: so, ohne Zusatz, die alte LA in p^{13} ^{vid} p^{46} ℵ★ D★ P Ψ 6 33 38 256 424[1] 629 1739 1881 1906★ 2127 d e f vg sy^p sa^{mss} bo ar aeth Ambr Prim. Das gleiche Zitat aus Dt 32,35 steht in R 12,19, dort aber im ursprünglichen R-Text mit dem Zusatz λέγει κύριος. Hb hat erst sekundär (gegen Delitzsch Bleek-Windrath) den gleichen Zusatz in ℵ^2 A D^2 K L 81 104 326 den meisten b r vg^{mss} sy^h sa^{mss} arm Tert Chr Thret Antioch, ist in seinem ursprünglichen Text von R 12,19 also nicht abhängig. Beiderorts, im Hb wie im R, weicht ἐμοὶ ἐκδίκησις von LXX Dt 32,35 ἐν ἡμέρᾳ ἐκδικήσεως ab. LXX wird aber, wie Philo Leg All 3,105 und der samaritanische Pentateuch, die ältere LA repräsentieren; Hb und R 12 dagegen gehen mit einer vermutbaren griechischen Textform zusammen, die in der Masora – לי נקם – und den Targumim enthalten ist (vgl Str-B III 300). Hb zitiert hier also nicht aus dem Gedächtnis (siehe Katz Quotations 219 f Ahlborn 52–55 Schröger 180). ἐμοί, hier nicht, wie R 12,19, gegen Selbstrache des Menschen. ἐκδίκησις, Bauer Schrenk ThW II 443 f; vgl Corpus Herm 16,11; nur die Gottlosigkeit ist der Bestrafung verfallen. ἐκδίκησις ist alttestamentlich-jüdisch belegt, besonders Jer Ez Sir; Jer 26(46),10: für Gott kommt der Tag der Rache, Rache zu üben an seinen Feinden; Test XII R 6,6 L 3,2.3 18,1 G 6,7 Jos 20,1; verbal Jos Ant 6,307; bei Philo durch Allegorese eingeschränkt Leg All 3,106. Im NT Gottes ἐκδίκησις Lk 18,7 f 21,22 Ag 7,24 R 12,19 *(= ὀργή)* 2Th 1,8 1Pt 2,14; verbal Lk 18,3.5 Apk 6,10 19,2; adjektivisch 1Th 4,6. In einem byzantinischen Papyrus des 6. Jahrhunderts Preisigke Wört I 442. Im Hb nur hier: Gottes Rache; vgl τιμωρία 10,29. Anders Act Joh 107 IIa S 205,3 f: unser nicht zürnender Gott Jesus Christus. Plut Ser Num Vind 20 II 562D (Betz Plut 1975): die Gottheit übt nicht Vergeltung an dem, der Unrecht tut. ἐγὼ wie R 12,19; nicht in LXX Dt 32,35. R 12,19 meint: ihr sollt nicht Rache üben, das tut nur Gott; im Hb hier so nicht. ἐγὼ stammt vielleicht aus einer griechischen Vorlage, die das ושלם der Masora paraphrasierte. ἀνταποδώσω, Bauer 2. Auch als Vergeltung von Guttaten. Strafend vergelten: Preis Zaub 3,7 vom Osiris-Kater. Vor allem alttestamentlich, strafen seitens der Gottheit: Dt 32,35 4 βασ 9,26 Ho 9,4 Jl 3(4),7 Js 66,4 und öfter Jer 16,18 und öfter Test XII Jud 13,8. Im NT R 12,19 2Th 1,6. Barn 14,9 21,1. Im Hb nur hier. πάλιν, siehe 1,5; kaum das Anzeichen für ein vom Hb benutztes Testimonienbuch (zu Synge Scriptures 53). Ohne ὅτι dahinter primär in ℵ A K L P; sekundär mit ὅτι, wie in Dt 32,36, in D 81 104 629 1739 1834 1881 2495 d e f vg arm aeth Thret Antioch.

Das zweite Zitat wörtlich wie LXX Dt 32,36; vgl Ps 134,14. κρινεῖ, siehe κρίμα 6,2 κρίσις 9,27 κριτής 12,23. Feuerstrafe siehe 6,8. Die primäre Reihenfolge κρινεῖ κύριος in ℵ★ A D K **0142** 33 81 104 326 442 629 1241 1319 1739 1834 1881 1912 2005 2127 2495 d e f vg sy$^{p\ h}$ arm aeth Thret Antioch Prim. κύριος κρινεῖ, sekundär, in ℵ^2 Ψ L P 6 1175 den meisten bo Chr Thphyl. Nur κύριος in 1827 Dam. κρίνειν Bauer 4b*a* Büchsel Herntrich ThW III 920–942; von Gott, strafend richten, in LXX öfter, zum Beispiel Gn 15,14 Ps 5,10 57,12; Test XII L 4,1 G 5,11 und öfter. Ebenso im NT: Mt 7,1 Lk 6,37 19,22 Joh 3,17 f 16,11 Ag 7,7 R 2,12 3,7 1K 5,13 2Th 2,12 Jk 5,9 Apk 6,10 18,8 19,2. In Apost Vät: 1Cl 11,1 17,5 2Cl 18,1 Barn 10,5 15,5 Mart Pol 2,4 Herm s 9,18,2. Im Hb 10,30 13,4. Hier in 10,30 gegen den LXX-Sinn, der in Dt 32,36 wie 3 βασ 8,32 Test XII Jud 24,6 „Recht schaffen" meint; gegen Thomas, der auf keine Strafe, und gegen Erasmus paraphrasis Calvin Bengel Delitzsch, die auf Rechtshilfe und Strafe erklären. κύριος, hier Gott, siehe V 31; vgl 1,10. τὸν λαὸν αὐτοῦ, siehe 2,17; im NT sonst nicht Objekt von κρίνειν; aber vgl 1Pt 4,17.

31. Furchtbar ist es, in die Hände des lebendigen Gottes zu fallen.

Literatur: ROtto Das Heilige, 1922.

Der dunkle, schauervolle Klang des Numinosen (Otto Heilige 105) formuliert die abschließende Konsequenz (Thomas) für V 26–30: dies „Fallen in" ist schlimmer (V 29) als das Getötet-werden (V 28). Vgl ewiges Gericht 6,2. Summierungen von Vorhergehendem auch 8,13 10,18.

φοβερόν, siehe 10,27; zum fehlenden ἐστὶν siehe 6,8. Nach Plut Superst 6 II 167D (Betz Plut 1975, 22) ist das Gütige nicht furchtbar; nach Simon Magus ist der furchtbare Gott eine Irrlehre Ps Clem Hom 17,3,2. Aber Stob I 405,17–20 spricht vom strengen Richter als einem schauerlichen, rächenden Tyrannen auch der Toten; Preis Zaub IV 265 f 397 f 2547 VII 325 XII 136 nennt Gottwesen schauerlich neben furchtbar, schauderhaft, gewaltig, entsetzlich. Gott ist Furcht erregend für die Könige der Erde (LXX Ps 75,13), für die Götzendiener (Jos Asen 11,7). Die Bösen haben furchtbare Dinge zu erwarten, in Gottes Strafen wohnt das Furchtbare und Unerbittliche, man kann sie nicht aushalten (Philo Det Pot Ins 140 Gig 47 Ebr 32). Des Christengottes Name ist furchtbar (Preis Zaub 5,54f). Im NT φοβερὸς nur Hb; aber die Sache auch zum Beispiel Mt 10,28 Par. τὸ ἐμπεσεῖν, siehe Bauer 2; zu τὸ mit Infinitiv siehe Bl-Debr § 399,1. D* schreibt ἐνπεσεῖν, zu ν–μ siehe 9,24. Fallen in Hände von Menschen Charito 8,3,7 Alciphr Ep 3,36,1 Test XII D 1,9. Das gilt als schlimm: 2 βασ 24,14 1Ch 21,13 Sir 8,1 38,15 Da Sus LXX und Theodotion 23; es ist schlimmer als in die Hände Gottes fallen 2 βασ 24,14 1Ch 21,13 Sir 2,18(22) Ev Petr 11,48; umgekehrt allerdings 2Makk 6,26 slav Hen 39,8 (Str-B III 156). LXX formuliert das Fallen in Gottes Hände nicht als φοβερόν; jedoch siehe bei χείρ. Im NT außer Hb ἐμπίπτω, übertragen, als „geraten" unter Räuber Lk 10,36, in Sünden 1Tm 6,9, unter die Gewalt des Teufels 1Tm 3,6f; nicht, wie im Hb, in *Gottes* Strafe. Die Folgerung aus dem Zitat ist also „recht eigenartig" (Zimmermann Bekenntnis 214). εἰς χεῖρας, siehe 1,10; zum fehlenden Artikel siehe 6,1. Gottes Hand straft Ex 7,4 1 βασ 12,15 Js 1,25 2Makk 6,26 7,31 und ähnlich 1QM 12,11 19,3 Philo Vit Mos 1,112; im NT Ag 13,11; später 1Cl 28,2 Ps Clem Hom 20,3,4–6. Aber der Fromme legt seinen Geist in Gottes Hände LXX Ps 30,6 Lk 23,46; beim Abendgebet Str-B II 269. θεοῦ ζῶντος, siehe 3,12. Zum Fehlen des Artikels siehe 5,10.

32. Erinnert euch aber an die früheren Tage, in denen ihr, nach eurer Taufe, einen harten Leidenskampf ausgehalten habt:

Literatur: WNauck Freude im Leiden, ZNW 46, 1955, 68–80.

10,32–39, siehe 10,19; V 32–39 bei Cl Al Strom IV 101,2f (Mees 232). Nun, V 32–34 positiv, nach der Drohung V 26–31; wie 6,9f nach 6,4–8:6,9f die Bruderliebe, hier die in Solidarität durchgestandene Verfolgung. V 32–34 *konkreter* Rückbezug auf Früheres (Nauck Freude 79 gegen Dibelius Kultus 160f).

ἀναμιμνῄσκεσθε, Bauer Bl-Debr § 175, vgl das Substantiv 10,3. 919 1912 verschreiben in ἀναμνήσκεσθε. Plat Phaed 18 I 72E: wir müssen in einer früheren Zeit (in der Präexistenz der

10,32 *Denkt an die durchstandene Leiden und haltet durch!*

Seele) die Dinge gelernt haben, an die wir uns jetzt erinnern; Erinnerung an frühere militärische Erfolge Diod S 17,10,6. LXX Ps 142,5: ich erinnerte mich alter Tage. Philo beschreibt die erinnernde Wiederaufnahme des Vergessenen (Deus Imm 90). Erinnerung an vergangene und überstandene Nöte bereitet große Freude (Themistius IV 55d). Im NT an früheres gutes christliches Verhalten 2K 7,15 2Tm 1,6. Hb nur hier dies Verb: von der drohenden Zukunft auf das bei aller Bedrängnis tröstliche Einst blicken; Hb fügt einen Trost an (Bengel). *δέ*: V 26–31 sündigen – Strafe; V 32–35 aushalten – Belohnung (Vanhoye Structure 179); *δὲ* auch 6,9. Die Auslassung von *δὲ* in L 102 181 206 209 429 431 460 635 1319 1836 2125 bo aeth Chr verdirbt das. *τὰς πρότερον ἡμέρας*. In D* *ταῖς προτέραις ἡμέραις*; statt *ἡμέρας* in ℵ* sinnwidrig *ἁμαρτίας ὑμῶν*; *ἡμέρας* ausgelassen in 38*; hinter *ἡμέρας* in p^{13} ℵ^{1} 33 69 81 122* 431 436 442 462 463 1739 1912 bo *ὑμῶν* (siehe Zuntz 251). Zu *ἡμέρα* siehe 3,8; zu *πρότερον* siehe 4,6; zur kunstvollen Stellung siehe 6,7. *πρότεραι ἡμέραι* Dt 4,32; vgl LXX Ps 142,5, verbunden mit sich erinnern; als besser bestritten Qoh 7,11(10). *φωτισθέντες*: siehe 6,4, die Taufe; man kann auf sie, weil einmalig, zurückschauen (Theißen 56, gegen Synge Scriptures 51); als Termin, aber auch wegen ihrer damals ungebrochenen Nachwirkung genannt. Bald nach der Taufe: die früheren Tage (Thret MPG 82,756B Ps Oec MPG 119,400B Thomas Calvin und viele); wie lange das zurückliegt, ist undeutlich. *πολλὴν* Bauer I1bβ. Vgl *θλῖψις πολλὴ* LXX Ps 33,20 70,20; vgl *ἀγὼν ἰσχυρὸς* Sap 10,12. Mit *ἄθλησις* im NT nur hier. *πολύς*-Formen beim Leiden Jesu Mk 8,31 Par und dem der Christen Ag 16,23 1K 16,9 1Th 1,6 2,2; vgl Kol 2,1. *ἄθλησιν*, Bauer Williamson 19f. Außerbiblisch meist unübertragen sportlich; Philo übertragen vom selbstgewählten ethischen Kampf. Im NT nur hier: der von außen auferlegte Kampf; ein Ausdruck des Lobes und höchster Anerkennung (Chr Cramer Cat 240); und Lob ist der beste Ansporn (Thomas). Der Kampf der Märtyrer Const Ap 5,1,5 8,13,6. Die christlichen Führer haben bis zum Tode gekämpft 1Cl 5,2. Vgl *ἀγὼν* 12,1.

ὑπεμείνατε Bauer 2 Hauck ThW IV 585–593 Bl-Debr § 148,1; siehe das Substantiv 10,36 4,2 Exkurs. Objekte: Schädigung (P Oxy 904,5); wieviele Dinge hat Peregrinus der Philosophie wegen ertragen (Luc Pergr Mort 32). In LXX als „aushalten" Hi 22,21 und sehr oft 4Makk, zum Beispiel 5,23 6,9 7,22, Objekte alle Arten von Martyrium. Test XII N 7,1 Jos 17,1 „vieles" und ähnliches. Im NT vom Aushalten der Christen, Objekte Bedrängnis (R 12,12), Versuchung (Jk 1,12), alles (1K 13,7 2Tm 2,10); absolut Mt 10,22 24,13 Mk 13,13 2Tm 2,12 Jk 5,11 1Pt 2,20. So, als „aushalten" von Christen, hier Hb 10,32, Aorist wie *ἐνεδείξασθε* 6,10, damals; das Praesens 12,7. Ähnlich 1Cl 35,4: laßt uns kämpfen in der Zahl derer, die aushalten! Oft Ignatius Diognet Martyrium Polycarpi; auch Didache 2Clemens Hermas. *παθημάτων*, hier nicht Leidenschaften wie R 7,5 Gl 5,24; sondern Leiden. Pharao will gleichsam noch mehr Leiden ausprobieren (Jos Ant 2,299). Jesu *παθήματα* und *πάσχειν* siehe 2,9 2,10 5,8. *παθήματα* der Christen im Hb nur hier; ihr *πάσχειν* im Hb gar nicht. Im Corpus Paulinum werden Jesu Leiden von Christen in ihrem Leiden übernommen (2K 1,5 Phil 3,10 Kol 1,24, auch 1Pt 4,13); so im Hb nicht, freilich 13,13. Aber Christen leiden auch ohne Bezug auf Jesu Leiden (R 8,18 2K 1,6f 2Tm 3,11 1Pt 5,9); so hier Hb 10,32. Ign Sm 5,1: unsere Leiden Mann für Mann.

33. einesteils wurdet ihr durch Beschimpfungen und Bedrängnisse zur Schau gestellt; anderenteils habt ihr mit denen, denen es so erging, gemeinsame Sache gemacht.

Literatur: FBoll Aus der Offenbarung Johannis, 1914; AvHarnach Mission, siehe V 25.

Die Leiden bestanden – doch wohl auf dem Boden derselben Gemeinde – für die einen in öffentlichen Beschimpfungen und Bedrängnissen; für die anderen in einer Folgen nach sich ziehenden Solidarisierung mit den Bedrängten.

τοῦτο μὲν – τοῦτο δὲ Bauer οὗτος 1bδ Bl-Debr § 295,5; Literatursprache, viele Belege Wettstein; im NT nur hier. Statt τοῦτο¹ in Ψ τόδε. ὀνειδισμοῖς: Bauer JSchneider ThW V 241 f. Bei Menander Protector fr 37 Historici Graeci Minores II 76,5 ff neben „übermütige Behandlung". In LXX meist Singular: Beschimpfung Jerusalems (Jd 4,12 Da 9,16); der Gemeinde (Sir 47,4); der Frommen (Neh 1,3 LXX Ps 68,8); seitens der Heiden (Ez 36,15); verbunden mit Bedrängnis (Js 37,3) und Kampf (Sir 6,9); in der Öffentlichkeit (Tob 3,4 Sap 5,3). Fürchtet nicht ihre Beschimpfungen (gr Hen 103,4). Schmach wegen der Sünde (Test XII R 4,2.7 L 10,4 Jud 23,3). Beschimpfung Christi (R 15,3 Hb 11,26 13,13). Ein Bischof soll üble Nachrede vermeiden (1Tm 3,7). Hier Hb 10,33 Beschimpfung gegen Christen; ähnlich ActJoh 69 IIa S 185,1. τε καί: siehe 4,12; τε fehlt in 1319 1845. θλίψεσιν: Bauer 1 Schlier ThW III 139–148 Preisigke Wört I 677; zum Akzent siehe Bl-Debr § 13. In p⁴⁶ θλείψεσιν; zu ι–ει siehe 4,11. Außerbiblisch selten, aber siehe Catalogus Codicum Astrologorum Graecorum bei FBoll Offenbarung 134f. Bedrängnis in Verfolgungen, LXX, besonders in den Psalmen: neben Not (Dt 28,57 Est A7(XI8)), Kriege (1Makk 12,13); seitens der Sünder und Gottlosen (LXX Ps 9,22f 54,4). Test XII Seb 9,6 N 4,2; Jos 2,4 neben Verhaftungen. Bedrängnisse ein Zeichen für die Nähe des Messias Str-B IV 981 Sanh 98a 19; eschatologisch auch Sib 3 186 f. θλῖψις so öfter im NT: Mt 13,21 Par 24,21 2K 1,8 6,4 1Th 1,6 3,3 Ag 7,10 11,19 14,22; nur daß im NT, anders als bei den Rabbinen, die eschatologische Drangsal schon vor der Tür steht, vgl Hb 10,37. Zur Eschatologie im Hb siehe 10,25. θλῖψις so auch Hb 10,33; dies Wort im Hb nur hier. Im NT sonst neben Verhaftung (R 8,35); Ag 20,23 wie in Hb 10,33f neben Gefangenen; neben Not (2K 6,4 1Th 3,7); Verfolgung (Mt 13,21 Par 2Th 1,4 R 8,35, vgl Hb 11,37); töten (Mt 24,9). Eschatologische θλῖψις auch Herm v 2,2,7 2,3,4 3,6,5 4,1,1 s 9,21,3; neben Geißelungen, Einkerkerungen, Kreuzigungen, Tierkampf mit Bestien v 3,2,1. θεατριζόμενοι, statt dessen in D* das „abgedroschene" (Zuntz 42) ὀνειδιζόμενοι, in Anlehnung an das Substantiv. Bauer Kittel ThW III 42 f. θεατρίζω in LXX Test XII Philo Josephus nicht; im NT nur hier, vgl 1K 4,9. Hier Hb 10,33 nicht „Zuschauer sein", wie vielleicht in der Gerasa-Inschrift (Journal of Rom. Stud. 18, 1928, S 154 Nr 14 Zeile 18, vgl Cadbury ZNW 29, 1930, 60–63); sondern „zur Schau stellen", Suidas ed Adler IV S 376. Passivisch, nicht medial (gegen vSoden, der ἀναστρεφομένων irrtümlich, siehe unten, als *aktives* Verhalten versteht). In FGrHist ed Jacoby 87 Poseidonius fr 108 (Anhang) t ἐκθεατρίζειν neben ὀνειδίζειν. Vgl die θεατρικοὶ μῖμοι (Possenspiele) des Judenprogroms in Alexandria (Philo Flacc 72 Leg Gaj 359). Aber zum Martyrium der Neronischen Pechfackeln (Tac Ann 15,44) ist es in der Hb-Gemeinde nicht gekommen, siehe 12,4 (Kittel Moffatt Windisch gegen Strathmann); denn wenn der Tod der Gemeindeführer (13,7) Martyrium wäre, müßte 12,4 das „ihr" betonen und die Gemeindeführer ausnehmen. Die Hb-Gemeinde erfuhr bösartige Verhöhnung der Bedrängten; besonders schlimm, weil durch den Bedränger (Thomas) und öffentlich vor allen (Chr Cramer Cat 240). κοινωνοί, siehe das Verb 2,14. Bauer 1aβ Hauck ThW III 798–808 Preisigke Wört I 815f Bl-Debr § 182,1. Anteil habend, hier am schlimmen Geschick anderer: Porcia für Brutus (Plut Brutus 13,7 I 989f); den Verfolgten Brot, Wasser und Unterkunft geben (Lidz Ginza R I 138, vgl R I 147). Anteil an langwährendem Elend (Jos Ant 4,177); an Beschwernissen (Ant 16,22); an Schicksal und Widerfahrnis (Bell 3,202 Ant 5,322, mit γίνεσθαι wie Hb 10,33). κοινωνός, im Hb nur 10,33: an den Leiden nicht Christi wie Phil 3,10 1Pt 4,13, sondern an denen der Mitchristen wie 2K 1,7, vgl Phil 4,14 Apk 1,9. Also anders als der falsche Freund Sir 6,10. Vgl 10,32. Gemeinsame Sache machend mit den Märtyrern und als deren Mitjünger Mart Pol 13,3 (mit γίνεσθαι wie Hb); vgl Harnack Mission 187–189. τῶν ἀναστρεφομένων: Bauer 2bδ Bertram ThW VII 715–717. Dies Verb ist auch hellenistisch (Deißmann B 83 NB 22 LO 264f). Hier nicht: einen so oder so aktiv sich verhaltenden Wandel führen, wie Hb 13,18 2K 1,12 Eph 2,3 und öfter. Sondern: in seiner Existenz äußeren Einwirkungen unterworfen sein, wie zum Beispiel Sap 7,4A Philo Gig 53 Ditt Syll[4] 836,5f: so hier Hb 10,33, „denen es so erging"; so leiden Chr Cramer Cat 241; diese Dinge erleiden Thret MPG 82,756B. οὕτως, wie V 33a; siehe 4,4. γενηθέντες, siehe 5,11 3,14.

34. Denn ihr habt ja mit den Gefangenen mitgefühlt und habt den Raub eurer Besitztümer mit Freude auf euch genommen im Wissen darum, daß ihr einen besseren und bleibenden Besitz habt.

Literatur: AvHarnack Mission, siehe V 25.

Das Mitfühlen V 34a begründete die Solidarität V 33b; deren Folge war die Konfiszierung des Besitzes V 34b; V 34b zu V 33a chiastisch, siehe 4,16 (Vanhoye Structure 179). Der Besitzverlust wird freudig hingenommen, weil er unwesentlich ist angesichts des wartenden besseren und unverlierbaren Besitzes.

καὶ γάρ, siehe 4,2. τοῖς δεσμίοις alte LA, das Mitfühlen ist gegen Personen wahrscheinlicher als gegenüber Situationen; in A D* H 6 33 69[mg] 81 201 241 424* 442 465[text] 635 1245 1739 1834 1852 1908 1912 2127 *l* 1357 a c dem div f (t) x vg sy[p] [h] co arm Ephr Euthal Chr Valerian Antioch Dam (Metzger 670). Durch Abschreiberversehen fiel ι aus, so τοῖς δεσμοῖς in p[46] Ψ 104 256 (r) Or. Das wird aufgefüllt zu τοῖς δεσμοῖς αὐτῶν in d z[vid] Thret[com]; vor allem zu τοῖς δεσμοῖς μου in ℵ D[2] K L P 88 181 326 330 436 614 629 630 1241 1877 1881 1962 1984 2495 den meisten Byz Lect Cl Or Euthal Thret[text] Dam[text] Ps Oec[text] Thphyl[text], auch zu τοὺς δεσμούς μου in 451 2492; so wird Paulus, vgl Phil 1,7.13.14.17 Kol 4,18, durch diese sekundären Lesarten zum Verf des Hb. τοῖς δεσμίοις Bauer. Religiös begründete Gefangenschaft öfter, in AT Judentum NT und Alter Kirche. So Gefangener, singularisch und pluralisch, in alttestamentlicher Zeit Sach 9,11f Jos Ant 10,150; in Makkabäer-Kämpfen 2Makk 14,27.33 3Makk 4,7 7,5; später Jos Ant 13,203 16,8; bis zum Täufer Ant 18,119 und zum Judenprogrom in Alexandria Philo Flacc 74. Im NT Paulus Ag 16,27 23,18 25,14.27 Eph 3,1 4,1 2Tm 1,8 Phlm 19; im Hb die Christen 10,34 13,3. In jener Zeit verbunden mit Geißelung, schwerer Krankheit und Tod; siehe 11,36. συνεπαθήσατε, siehe 4,15, συμπαθεῖν ist nicht „das Gleiche erleiden", vgl R 8,17 1K 12,26 Test XII Seb 7,3 (= Armut teilen); gegen viele Übersetzungen. Die Hörer taten, aus Mitgefühl sich solidarisierend, was Hb 13,3 2Tm 1,8 anordnen. Für Gefangenen-Auslösung jüdisch Str-B IV 572, christlich Const Ap 4,9,2 8,10,15; Fürbitte im Gottesdienst 1Cl 59,4. Vgl Harnack Mission 187–190.

τὴν ἁρπαγήν; Eus Hist Eccl 6,41,1 zitiert von hier an, nur unter Auslassung von ὑμῶν, bis zu dem in die 3. Person umgesetzten προσεδέξαντο. Hb ἁρπαγὴ nur hier, der Akt der Beraubung, Bauer 1; in Mt 23,25 Par die Beute. Wie ging es dabei zu? Geraubt werden die Besitztümer (wie Luc Judicium Vacalium 1 Test XII Jud 23,3); die Geldmittel (4Makk 4,10 Philo Flacc 60); die Habe (Jos Bell 4,365); das erste beste (Jos Bell 3,177); Recht und Gerechtigkeit (Qoh 5,7). Bei Beraubungen die Attribute schamlos (Philo Decal 171), ungerecht (Leg Gaj 105). Der Effekt der Beraubung: Unglück und Armut (Philo Flacc 57); Gefangenschaft (Tob 3,4אA); Tod (Jd 2,11 Tob 3,4אA Philo Flacc 68); Tod im Hb nicht, siehe 12,4. Synonyma zu ἁρπαγή bei Philo: Räuberei (Flacc 5), Diebstahl (Spec Leg 4,196), Plünderei (Spec Leg 4,84), Jagd nach mehr (Jos 213), Vertreibung aus der Wohnung (Flacc 62), Bestrafung (Flacc 105), Beleidigung (Leg Gaj 302), Schläge (Jos Bell 4,165). Die Ausführenden heißen Frevler (Jos Bell 4,168), Wölfe (Test XII B 11,1); bei Philo Diebe (Conf Ling 117); sie sind geleitet von Habsucht (Philo Agric 83) und rotten sich räubernd zusammen (Leg Gaj 122). Die Lasterkataloge Barn 20,1 Did 5,1 verbieten den Christen das Rauben. Domitian bestrafte unzählige angesehene Männer unter den Christen mit Verlust ihrer Besitztümer (Eus Hist Eccl 3,17). τῶν ὑπαρχόντων ὑμῶν, so auch p$^{46\ cor}$. Statt ὑμῶν in p^{46}* ἡμῶν, in 1836 ὑμῖν. Bauer 1 Bl-Debr § 413,3; oft in Papyri (Preisigke Wört II 643f). Als „Besitz" in LXX öfter; mit stehlen Hi 17,3, mit plündern Ez 26,12. Abrahams Besitztümer Philo Leg All 3,197. Im NT besonders Mt Lk; Ag 4,32 1K 13,3; Lk öfter vom Besitzverzicht. Oft mit folgendem Genitiv wie Hb; in Lk 8,3 Ag 4,32 mit Dativ. Hb nur hier. Weiteres siehe oben bei ἁρπαγή. μετὰ χαρᾶς. Zu μετὰ siehe 5,7; zu χαρά siehe Bauer 1 Conzelmann ThW IX 350–362; vgl Hb 1,9. μετὰ χαρᾶς 1Ch 29,22 1Esr 4,63 Tob 13,10 Est 9,17f., viel in 1 2 3Makk; Phil 1,4 2,29 1Th 1,6. Gewöhnlich tritt Freude ein bei Behebung eines Mangels (Xenoph Hier 1,25), anstelle der Trübsal (Corp Herm 13,8). So auch die LXX-Stellen oben bei μετὰ χαρᾶς; also im Nacheinander, als Übergang von Bedrängnis zur Freude LXX Ps 29,11, siehe 12,11 λύπη. Dieses Nacheinander auch Est 9,22 Test XII Jud 25,4 B 5,6β Philo Leg Gaj 15, es ist eine mühefreie und unbeschwerte Freude (Philo Cher 12; vgl Jos Ant 8,124 11,76), unparadox (1Cl 65,1 Herm v 1,3,4). So auch Hb 12,11 13,17; ebenso bei Jesus erst Kreuz, dann Freude 12,2, vgl 5,7. So muß Armut auf Grund von Beraubung als schlimme und unerhörte Sache gelten (Philo Flacc 58 Leg Gaj 123). Anders χαρὰ und χαίρειν in der Bedrängnis: Mt 5,11f Ag 5,41 2K 6,10 7,9 8,2 Phil 2,17 Kol 1,24 1Th 1,6 1Pt 4,14, vgl R 5,3. So paradox auch hier Hb 10,34; Chr Cramer Cat 241 versteht gut: potz, eine wie große Glaubensfülle! Calvin schwächt ab: ihr Schmerz wurde gelindert, sie tauchten aus ihm wieder auf. Ebenso wie Hb Mart Pol 11,3 12,1; keine Reflexion auf Bestrafung der Bedränger, gegen 2Th 1,6f.

προσεδέξασθε; dafür ἐδέξασθε in 216 241 547 1518; sinnwidrig der Imperativ προσδέξασθε in 69 400. Bauer 1b Preisigke Wört II 393f Grundmann ThW II 56: hier nicht „erwarten", sondern „bereitwillig annehmen". Verneint = „ablehnen" wie Jos Ant 6,42 Barn 11,1; so Hb 11,35. Positiv als „annehmen": sanitäre Vorschläge (Plut Tuenda Sanitate 22 II 134D); den Verlust von Weidevieh (Ex 22,11(10)); die Hoffnung (Ag 24,15); die Fügungen (Barn 19,6 = Did 3,10); die Sünder (Lk 15,2) christliche Mitarbeiter (R 16,2 Phil 2,29: μετὰ πάσης χαρᾶς). So hier Hb 10,34: den Raub der Besitztümer. γινώσκοντες, siehe 3,9–11a. In p^{46} ει statt ι, siehe 4,11. Zum Partizipium des Praesens siehe Bl-Debr § 339,3; zum AcI danach siehe Bl-Debr § 397,1. ἔχειν, siehe 4,14. ἑαυτούς, für die 2. Person Pluralis siehe Bauer ἑαυτοῦ 2 Bl-Debr § 64,1. Das dem Verbum finitum nachfolgende Participium bringt die Hauptsache, siehe 9,9. ἑαυτοὺς schreiben p^{13} p^{46} א A H^{vid} Ψ 5 6 33 81 88 325 365 368 424 429 436 623

10,34–35 *Denkt an die durchstandene Leiden und haltet durch!*

1739 1834 1837 1912 1962 2004 2127 2495 *l* 1365 a c d dem div e fr t x z vg arm Cl Or Euthal Cosmas Chron. Sekundär, weil das μένουσαν vorwegnehmend (Riggenbach), ist ἑαυτοῖς in D K L 104 181 326 330 451 614 630 1241 1877 1984 2492 den meisten Byz Lekt Chr Isidor Thret Dam. Umstellung ἑαυτοῖς ἔχειν in 629; ἐν ἑαυτοῖς in 1 467 489 642 920 927 1867 1873 1881 *l* 598 Antioch; ἑαυτοὺς fehlt in P. κρείττονα, siehe 1,4 6,9 7,22. Schreibung κρείττονα in D H K L P 6 81 104 326 915 1739 1834 Cl Or Isid Antioch; κρείσσονα in ℵ A 33 38* 218 Chr; siehe 6,9. Zur Wortstellung siehe 6,7. κρείττων gegen vergänglich Act Joh 69 IIa S 184,18–20, als göttlich gegen sterblich Stobb II 9,10 f; also im Himmel Philo Praem Poen 104, vgl Hb 11,16. Hb meint aber nicht, wie Herm s 1,9, die Wiedergewinnung des Irdischen im Himmel; auch nicht, wie Philo Praem Poen 104, die Mehrung des Irdischen durch das Himmlische, siehe Hb 12,26 f 13,13 f. ὕπαρξιν, Bauer 2 Preisigke Wört II 641; Stamm ὑπαρχ- wie oben, siehe 3,13 zur Paronomasie. Ohne Zusatz in p^{13} p^{46} ℵ* A D* H 33 d e f vg co aeth Cl Or$^{1:1}$ Chron Prim; mit ἐν οὐρανοῖς, wie Phil 3,20, in ℵ^2 D^2 H^2 L P Ψ 6 81 326 (945) 1739 1834 den meisten vg^{ms} sy^p ^{h} arm aeth Or Chr Isid Thret Antioch Dam; mit ἐν τοῖς οὐρανοῖς in 203 506. ὕπαρξις in LXX wenig, 4mal in Proverbien, 3mal in Daniel, fast immer Besitz, aber irdisch. Ebenso in Test XII; in Ag 2,45, der einzigen NT-Stelle neben Hb, Herm s 1,4 f. Hb dagegen denkt an die Ruhe 4,9,11, an das ewige Erbe 9,15, an die künftige Stadt 13,14. μένουσαν, siehe 7,3. Die Seele darf nicht eintauschend wählen das nicht Bleibende (Act Joh 69 IIa S 184,21); bleiben werden die Dinge, die nicht erschüttert werden (12,27; vgl ewig 9,15). Denn dein Besitz, der von der Erde stammt, kehrt zur Erde zurück (Act Thom 117 IIb S 227,12 f; ähnlich dualistisch Act Thom 24 61 130 144 f).

35. Werft eure Freudigkeit also nicht weg; sie bringt ja große Belohnung mit sich.

V 35–39: diese Vergangenheit, V 32–34, soll zu weiterer Ausdauer und zum Glauben spornen. V 35: die Freudigkeit, früher bewiesen, ist zwar bedroht, aber noch vorhanden, sie darf nur nicht aufgegeben werden; sie wird ja eine beträchtliche Belohnung einbringen. Die Warnung enthält mithin auch eine kräftige Ermunterung (Kosmala 40). Chr: dies erquickte sie stärker (MPG 63,150); lobend spricht er (Cramer Cat 241).

μὴ ἀποβάλητε. A läßt in μὴ das μ weg; infolge des Schluß-ν von μένουσαν? Statt ἀποβάλητε, so auch in D^2, in D^1 ἀποβάλετε, in D* ἀπολύητε. Bauer 1 2. Im NT nur noch Mk 10,50, unübertragen; Hb nur hier, übertragen. Zu 3,6 ist „nicht wegwerfen", so die meisten Erklärer, eine klarere Analogie als „nicht verlieren" (gegen vg Thomas Spicq Héring Moffatt Gräßer Glaube 98). Zum „nicht verlieren" als Betätigung kann eigentlich nicht aufgerufen, Verlust der Freudigkeit kann nur, wie bei Dio Chrys 17(34),39, befürchtet werden. ἀποβάλλεσθαι Medium „verstoßen" Prv 28,26. Das Activum als „verwerfen" gegen „an sich nehmen" Philo Conf Ling 70, analog zu „abschütteln" Conf Ling 73; das Medium R 13,12 p^{46} D* F G. Das Seelenauge zu trüben ist weniger schlimm, als absichtlich es total wegzuwerfen (Philo Decal 68). οὖν, siehe 4,1. τὴν παρρησίαν ὑμῶν, siehe 3,6. In p^{46} statt ὑμῶν sinnwidrig ἡμῶν. Hoffnung festhalten noch 3,16 4,14 6,18 10,23. Vgl Lidz Joh 184 S 180,18: „bleibt fest!" ἥτις, siehe 8,5. ἔχει, siehe 4,14: der Lohn wartet im Himmel als Besitz V 34. Das Präsens ἔχει nicht, weil das Ende nahe ist V 37 (gegen Bengel), sondern weil der, der die Verheißung gab, treu ist V 23. μεγάλην, siehe 4,14. μισθαποδοσίαν, siehe 2,2; vgl Schierse 130 f. Diese ursprüngliche Reihenfolge in p^{13} p^{46} ℵ A D H P 33 69 256 263 462 1831 1834 1912 2127 Cl Or Eus; die umgekehrte in K L Ψ 140 sehr vielen. Paränetisches Motiv in 2,2 f ist Furcht vor der Strafe der Gottheit; hier 10,35 Erwartung des Lohnes, vgl 6,10 11,6.26; Gott als Belohner, positiv und negativ, ist grundlegender Glaubensinhalt 4,2 Exkurs; vgl κρίμα 6,2; κρίσις 9,27; κριτής 12,23. Hb bejaht dies Denken ungebrochener als Philo Abr 128: die mit Lohn rechnende Gottesverehrung ist zwar gottgemäß, aber doch unterwertiger als die Verehrung, die nur an Gott, nicht an Lohn oder Strafe denkt.

36. Ihr braucht nämlich Standhaftigkeit, damit ihr den Willen Gottes tut und dann das Verheißungsgut davontragt.

Literatur: HHegermann Die Vorstellung vom Schöpfungsmittler im hellenistischen Judentum und Urchristentum, 1961; LLeivestad The Meekness and Gentleness of Christ, NTSt 12, 1966, 157.

Hier die Begründung, γάρ, für V 35a: die Freudigkeit ist da, aber der lange Atem fehlt noch; nur durch ihn aber wird es über den Gehorsam zum Besitz des ihnen einst zugesagten (9,15) Heils kommen.

ὑπομονῆς, Bauer 1 Hauck ThW IV 585–593; vgl das Verb 10,32. Der Genitiv auch p[46 cor]; aber p[46] ★ ὑπομονήν. Als edle Haltung Plat Def III 412c; sie gehört zur Mannhaftigkeit (Muson VI S 25 Zeile 13 Cl Al vArnim III 67,40); zu den Tugenden (Sen Ep Moral V 67,10); ist, als Standhaftigkeit gegenüber den eintretenden Geschehnissen, begleitet von der Abkehr gegenüber verweichlichenden Dingen (Muson VI S 25 Zeile 8f). In LXX als Übersetzung von hebräisch „Hoffnung". In Not Jer 14,8, öfter in Psalmen, zum Beispiel 9,19. Ausdauer im Martyrium 4Makk: verbunden, stoisch, siehe oben, mit Mannhaftigkeit 1,11 17,23; Tüchtigkeit 17,12; Hoffnung 17,4; mit Kampf 9,8.30. An Standhaftigkeit kann es mangeln Sir 2,14 17,24 41,2. Standhaftigkeit in Versuchungen Test XII Jos 12,7; neben beten und fasten 10,1 f. Bei Philo als Tüchtigkeit (Cher 78 Cong 37 Fug 38), als Mannhaftigkeit (Deus Imm 13 Mut Nom 197); im Kampf (Omn Prob Lib 26 Deus Imm 13); von Jakobs Kindern (Josephus Ant 2,7). Im NT außer Hb oft in Notsituationen: Lk 21,19 das Leben gewinnen, vgl Hb 10,39; im Kampf (1Tm 6,11); neben Glaube (1Th 1,3 2Th 1,4 1Tm 6,11 2Tm 3,10 Tt 2,2 Jk 1,3 2Pt 1,5 f Apk 2,19 13,10 14,12); neben Hoffnung (R 15,4 1Th 1,3, siehe Leivestad Meekness 157); Standhaftigkeit kann warten (R 8,25) und wird benötigt (R 15,5 Kol 1,11 2Pt 1,6). Ebenso Hb 10,36: als notwendig; mit Glauben verwandt; 12,1 im Wettkampf, übertragen. Ebenso Apost Vät: im Kampf (1Cl 5,5 Ign Pol 6,2 Mart Pol 19,2; Ps Clem Recg 3,49,3); im Martyrium (1Cl 5,7); neben Glaube (1Cl 62,2 64 Ign Eph 3,1 Pol 13,2 Barn 2,2 Herm m 8,9). Die Standhaftigkeit Jesu (Pol 8,2). ἔχετε χρείαν: siehe 5,12; diese Reihenfolge auch ℵ[2] Cl Or Eus Ephr Cyr; χρείαν ἔχετε in ℵ★. Mit Genitiv wie Corp Herm 6,6. τὸ θέλημα, siehe 10,7; τοῦ θεοῦ, siehe 1,1; ποιήσαντες, siehe 6,3. Diese Wendung vom geforderten Tun des Menschen in LXX 1Esr 9,9 Ps 102,21 Sir 16,3ℵ[c.a] 2Makk 1,3 4Makk 18,16; rabbinisch Str--B I 467 zu Mt 7,21; im NT Mt 7,21 Mk 3,35 Joh 7,17 9,31 Ag 13,22 Eph 6,6 1J 2,17: sie besitzt inhaltlich im Hb keine Qumran-Nähe (Gräßer Glaube 90–94, gegen Kosmala 97–116). Im Hb meint Gottes Wille das Festhalten der Hoffnung 10,23, den Glauben 11, den „Marsch auf das Ziel zu" (Hegermann Schöpfungsmittler 192). Riggenbach: ποιήσαντες ist nicht Rückverweis auf V 32f (gegen Bengel), sondern liegt zeitlich vor κομίσησθε, wie d versteht: nach Ausführung des Gotteswillens; also anders als ἀγαγόντα in 2,10. κομίσησθε, Bauer 2a; so auch Cl Eus Ephr Cyr; statt dessen κομίσασθαι in ℵ, κομίσητε Antioch, κομιεῖσθε Dam. Als „erhalten", religiös, vom Lohn positiv Luc Phalaris 2,5. In LXX religiös als Strafe (Lv 20,17 Ps 39,16

Ez 16,52.58 2Makk 8,33 13,8; ebenso gr Hen 100,7). Josephus positiv religiös (Ant 1,183), negativ politisch (18,183 19,68). Im NT seitens der Gottheit positiv Eph 6,8 1Pt 1,9 5,4; negativ Kol 3,25; zweiseitig 2K 5,10. Im Hb Objekt ἐπαγγελίαν 10,36 11,39; pluralisch 11,13, abhängig vom sekundären κομισάμενοι. Siehe ferner 11,19. Bei Ignatius positiv, zweimal Pol 6,2; zweiseitig Barn 4,12; 2Cl 11,5 fast wie Hb: laßt uns standhaft sein, damit wir auch den Lohn davontragen. τὴν ἐπαγγελίαν, siehe 4,1. Plural in 1610; ἕκαστος τὴν ἐπαγγελίαν in 1611, τὴν ἐπαγγελίαν ἕκαστος in 1245; zu ἕκαστος vgl 2K 5,10.

37. Denn noch ‚eine ganz kleine Weile: der da kommen soll, wird dasein und wird sich nicht Zeit lassen;

Literatur: KElliger Das Buch der 12 Kleinen Propheten[3], 1956; AStrobel Untersuchungen zum eschatologischen Verzögerungsproblem, 1961.

Ein wichtiges Argument *(γὰρ)* für die Dringlichkeit der Mahnung V 36 ist, wie schon 3,13 10,25, die Endnähe, hier noch unterstrichen durch Schriftbeweis. Nach einer ganz kurzen Zeit geht Gottes Zorn vorbei Js 26,20 (gegen Lagercrantz Eranos 18, 1918, 54). Im Hb wird daraus eine Drohung, siehe das δὲ V 38; vgl 10,29 (Theißen 109). Auch Hab 2,3 mahnt zur Standhaftigkeit, siehe 10,36, verschiebt aber bereits in LXX das Subjekt des Masora-Textes „Schauung" in das persönliche Masculinum ἐρχόμενος, wahrscheinlich den Messias. Hb unterstreicht das noch, wie schon in Hab 2,3 LXX die Minuskeln 46 130, durch ὁ vor ἐρχόμενος und gewinnt so eine Parusie-Aussage (gegen Kosmala 98). ἐρχόμενος ἥξει für בא יבא in der Masora, siehe 6,14, vermeidet in LXX und Hb den Gleichklang (Vanhoye Structure 181). Das οὐ μὴ χρονίσῃ, Hauptlesart der LXX, im Hb als οὐ χρονίσει (siehe Braun Qumran-NT I 266f., Elliger Propheten zur Stelle, Ahlborn 89–93, Schröger 182–187, Gräßer Glaube 43). Das Verzögerungsmotiv schon in apokalyptischer Tradition (Strobel Verzögerungsproblem 85f Str-B III 744 Iv 1011). V 37f ist ein qumran-analoger pescher (Braun Qumran-NT I 266).

ἔτι, siehe 7,10. Das Fehlen von γὰρ in p[13] 104 vg[ms] sy[p] verwischt die Begründungsfunktion des Zitats. μικρόν, Bauer 3e Michel ThW IV 650–661 Preisigke Wört II 105 3) Bl-Debr § 127,2. μεικρὸν in p[46], siehe 4,11. Temporal: Menand, ed FHSandbach, Epit 858 (536); als Strafe Hos 1,4 Js 28,10.13 Jer 28(51),33 und als Strafende Js 10,15; ferner Mt 26,73 Par Joh 13,33 und öfter; Paulus nicht; ἔτι μικρὸν Joh 14,19. μικρὸν ὅσον ὅσον als Maß Luc Hermot 60. Temporal Js 26,20, zitiert Hb 10,37 und 1Cl 50,4; vgl Pist Soph 9 S 10,22f. ὅσον ὅσον, siehe Bauer 1 Bl-Debr § 304 Wackernagel Glotta 4, 1913, 244f. Statt ὅσον ὅσον, wie auch in p[46 cor], nur Ein ὅσον in p[46] ★ 6 88 181 218 326 429 436 547 623 635 823 917 920 927 999 1245 1610 1831 1836 1837 1852 1867 2298 r Eus Thret Dam (dazu Zuntz 253); statt ὅσον ὅσον ὁ in D★ ὅθεν. ὅσον ὅσον = ὀλίγον ὀλίγον Hesych ed Klatte II 782,15; = τὸ ἐλάχιστον (das Kleinste) Aristoph Vesp 213 Scholion; = πάνυ μικρὸν (sehr klein) Ps Oec MPG 119,401B. Vom Lebensanteil bleibt übrig ὅσον ὅσον στιγμὴ (so ganz wenig wie ein Punkt) Leonidas Anth Pal 7,472,3f. In Lk 5,3D ὅσον ὅσον lokal statt ὀλίγον. In LXX und NT μικρὸν ὅσον ὅσον nur Js 26,20 Hb 10,37: als zeitliches Minimum.

ὁ ἐρχόμενος, siehe 6,7; Bauer I1aη; futurische Bedeutung, siehe Bl-Debr § 323,1. In LXX: der in den Tempel Einziehende (Ps 117,26); der Menschensohn = das Volk der Heiligen (Da 7,13); wahrscheinlich der Messias Hab 2,3 (siehe oben). Der mit den Wolken Kommende Tg 1Ch 3,24 Str-B I 486. In den Evangelien messianisch-eschatologisch (Mt 3,11

11,3 Par 21,9 Par Lk 7,20; Lk 13,35 mit, Par ohne ἥκειν; Joh 1,15.27 3,31 6,14 11,27 12,13; ferner Ag 19,4 Apk 1,4.8 4,8 11,17); Corpus Paulinum nicht. Im Hb von der Parusie nur hier. Der Zukünftige Lidz Ginza R V 4 S 193,10 Liturg S 131,1. ἥξει, siehe 10,7; Bauer 1 c d. Außerbiblisch von der kommenden Gottheit, mystisch-zauberisch Scott Hermetica IV S 111 Zeile 5 9; BCH 30 1906 Papyrus de Ghoran S 131,1–4; Preis Zaub 1,26.29. In LXX vom Kommen der Gottheit, strafend rettend: Praesens (Dt 33,2); Futur (LXX Ps 49,3 Hab 3,3 Sach 14,5 Mal 3,1 Js 3,14 4,5 19,1 35,4 59,20 66,15 Ez 24,26; vgl Test XII S 6,5*a*). Vom Kommen wahrscheinlich des Messias, gegen den Masora-Text, Hb 2,3, nur hier mit ἔρχεσθαι. ἥξει der heilige Herrscher Sib 3,39. Futur von Jesu Parusie Mt 24,50 Par; Lk 13,35 mit ἔρχεσθαι; R 11,26 2Pt 3,10 Apk 2,25 3,3. Im Hb von der Parusie nur hier. Vgl 1Cl 23,5, wie in etwa Js 13,22, wörtlicher wie Mal 3,1 (Hagner 61). Did 16,7f ἥκειν mit ἔρχεσθαι. χρονίσει p[13] p[46] ℵ* D*; dafür χρονιεῖ in ℵ[2] A D[2] H K L den meisten Cl Eus, attisch Bl-Debr § 74,1. Bauer 1. Max Tyr ed FDübner 4,6: sich Zeit lassen mit dem Verschwinden. Sonst: sich nicht Zeit lassen. Mit dem Kommen: der Strafe Js 13,22, neben ἔρχεσθαι; Sir 7,16; vom Richter sBar 48,39 (Windisch). Kein Aufschub von Rettung und Hilfe Js 51,14 Da 9,19. Gegen die Verzögerung Hab 2,3 in Hb 10,37; also ist für die Christen die vom treuen Sklaven erwartete Haltung angemessen Mt 24,45 (Bruce). χρονίζειν im Hb nur hier. Im NT uneschatologisch Lk 1,21; von der Parusie-Verzögerung Mt 24,48 25,5; neben ἔρχεσθαι Lk 12,45. Vgl 1Cl 23,5, siehe oben bei ἥξει.

38. aber mein Gerechter wird auf Grund von Glauben leben, und wenn er zurückweicht, hat meine Seele kein Wohlgefallen an ihm'.

Literatur: KElliger Propheten[3], siehe V 37; TWLewis And if he shrinks back, NTSt 22, 1975, 88–94.

Unter dem Aspekt der Endnähe V 37 wird die Mahnung V 36 und die Warnung V 35 jetzt als Ruf zum Glauben und zum Nicht-weichen chiastisch wiederholt. In Fortführung des begonnenen Zitates nun Hab 2,4. Dessen beide Stichen werden umgestellt. So wird für Hb der δίκαιος neues Subjekt von ὑποστείληται; bei dem ἐρχόμενος, so Stichen-Gruppierung in LXX-Hab, in Hb aber = bei dem Jesus der Parusie, kommt ein Zurückweichen ja nicht in Frage. Hb verändert die Treue Gottes von LXX Hab 2,4b, durch Umstellung von μου, in den Glauben des Gerechten; wahrscheinlich nicht von Neben-Lesarten der LXX abhängig, aber analog zum Masora-Text. Elliger Propheten zur Stelle Ahlborn 89–95 Schröger 182–187.

ὁ – δίκαιός μου siehe Bauer 1b für synonyme und gegensätzliche Begriffe. Quell Schrenk ThW II 176–194; vgl δικαιοσύνη 5,13. μου hinter δίκαιος alte LA, in p[46] ℵ A H* 33 1739 1831 1898 a dem div f r x z[c] vg sa bo[ms] arm Cl Thret Prim Sedul; μου hinter ἐκ πίστεως gleicht an LXX an: in D* 1518 d e μ sy[p h] Eus, zu LXX siehe Quell ThW II 180 Anmerkung 12; μου fehlt in p[13] D[2] H[c] I K L P Ψ 6 81 88 104 181 326 330 436 451 614 629 630 1241 1834 1877 1881 1962 1984 2127 2492 2495 den meisten Byz Lect b t z vg[mss] bo aeth Chr Euthal Thret Dam, sekundär, aus R 1,17 Gl 3,11 (siehe Zuntz 173f Metzger 670f). δίκαιος die zentrale Bezeichnis des atlichen Frommen, oft in LXX. Er bekommt das Leben, wie Hb 2,4, in Ez 3,21 Prv 11,19 Test XII A 5,2; in Mt 25,46 Lk 14,14; betont als glaubender Christ R 1,17 Gl 3,11. Im Hb alttestamentliche Gerechte 11,4; als glaubender Christ im Hb hier 10,38 und 12,23. Vgl Herm s 4,2. δέ: im Parusie-Gericht ist der Ausgang ja noch offen; „aber" beim Glaubenden ist das nicht der Fall. ἐκ Bauer 3f; bei Paulus oft mit δικαιοῦσθαι. πίστεως, siehe 4,2 und 4,2 Exkurs. Nicht vom Bekenntnis zum Monotheismus als der geringsten Leistung, nicht allgemein von dem „Handwerk" der Gebotserfüllungen (zu Str-B III 542–544). Die Umstellung von *μου*, siehe oben, hebt hervor: Glaube ist Bedingung für Leben-Gewinnung, *ex fide vivet* (Erasmus adnotationes). Hb meint nicht, wie beim *δίκαιος ἐκ πίστεως* R 1,17 Gl 3,11, eine unverdiente, geschenkte Gerechtigkeit und den Verzicht auf Werkruhm, sondern *πίστις* ist die Standhaftigkeit des Christen, seine tapfere Gesinnung (Erasmus paraphrasis) im Gegensatz zum Zurückweichen. V 39 stellt das eindeutig klar (Schrenk ThW II 193 Bauer *πίστις* 2d␣ Größer Glaube 48). Paulinisch dagegen erklären Luther Glosse Calvin Delitzsch. *ζήσεται*, siehe 7,8 3,12: eschatologisches Gut, Endheil. Vgl Canonical Prayerbook of the Mandaeans ed Drower 171 S 157,2f von oben: life for those who believe. *καί*, dem Zitat eingefügt. *ἐάν*, siehe 3,7. *ὑποστείληται* ist Fehlübersetzung der LXX für den „Vermessenen", die feindliche Weltmacht, von deren Gesinnung, נפשו, der hebräische Text spricht; LXX dann: *ψυχή μου*. Im Hb *ὑποστελεῖται* in 917, *ὑποσταλεῖται* in 88. Bauer 2a Rengstorf ThW VII 598f Preisigke Wört II 672f 1) Bl-Debr § 400,4. In LXX activisch und passivisch in verschiedenen Bedeutungs-Nuancen der Rückbewegung; medial sich zurückziehen Hi 13,8. *ὑποστέλλεσθαι* des Mose vor einer zu großen Aufgabe (Philo Vit Mos 1,83); des Kriminellen, sich duckend und zurückweichend vor Strafe (Spec Leg 4,77); neben erschrocken sein (Jos Vit 215); Petrus, aus Furcht heuchelnd (Gl 2,12). Vom Abfall auch qumranisch und rabbinisch (Braun Qumran-NT I 267). Ebenso Hb, nur hier; = die Freudigkeit wegwerfen V 35. Anders Lewis Back 88–94: *ὑποστείληται* warnt nicht vor Abfall, sondern vor einem life-style, der unter Berufung auf Js 26,20 – siehe 10,37 – *ὑπομονή* als Rückzug aus der Öffentlichkeit versteht. Dagegen: warum zitiert Hb dann nicht die von ihm angeblich bekämpften Parolen „geh hinein, schließ die Tür ab, verstecke dich" aus Js 26,20?! *ὁ δίκαιος* ist Subjekt, vgl 6,4–6 10,26 (Thphyl MPG 125,340C), nicht *τις* (gegen de Wette[2]). *οὐκ εὐδοκεῖ–ἐν*, siehe 10,6; Bauer 2a. Tempusangleichung an *ζήσεται*: *εὐδοκήσει* in *Ψ*, *εὐδοκιεῖ* in 242. Gottes Wohlgefallen in Mal 2,17; verneint Jer 2,19 14,10אA Test XII Jos 4,6 1K 10,5 hier Hb 10,38. Die Verneinung meint Verdammnis; vgl 11,6a. *ἡ ψυχή μου*, siehe 4,12. In p[13] p[46] D★ [2], nicht LXX-bedingt, *μου ἡ ψυχή*. Nicht die Seele des Verfassers, gegen Calvin, sondern Gottes, anthropomorph (Bauer 1bγ); in LXX Lv 26,11.30 Hb 2,4 Js 1,14 42,1 Jer 5,29 9,9(8) 15,1. Im NT nur in Zitaten: Mt 12,18 = Js 42,1 Hb 10,38 = Hab 2,4. Bei Philo *ist* Gott die Weltseele (Leisegang II S 872 Nr 14); die Engel, als untere Diener der Himmelskräfte, sind körperlose Seelen (Spec Leg 1,66).

39. Wir aber setzen nicht auf Zurückweichen und danach auf Verderben, sondern auf Glauben und danach auf Bewahrung der Seele.

Wieder chiastisch (Vanhoye Structure 181) wird V 38 *(ἐκ πίστεως, ὑποστείληται)* ausgelegt: zurückweichen oder Glaube als Standhalten, Verdammung oder Endheil sind die Gegensätze, die, für Verfasser und Hörer, aber nun eigentlich nicht mehr, zur Debatte stehen: „wir aber setzen nicht" *Aussage-*, nicht *Befehls*-Formen (Erasmus adnotationes).
ἡμεῖς, davor *καὶ* in 642. Zum Personen-Wechsel nach V 32–36 siehe 5,11 10,10. *δὲ* gegen V 38b. *ἡμεῖς δὲ* auch 1K 2,12.16 9,25 2K 10,13. *οὐ(μή) – ἀλλά* im Hb auffallend weniger als bei Paulus innerhalb der gleichen Textlänge von 25 Nestle-Aland-Seiten. R 1,1–13,14 47mal; 1K 1,1–14,25 38mal; 2K 1–13 20 Textseiten 47mal. Hb 1–13 12mal: 2,16 5,4f 7,16 9,24 10,2.25.39 12,11.22.26 13,14. *εἶναι* mit Genitiv siehe 5,14. *ὑποστολῆς*; vgl *ὑποστέλλεσθαι* 10,38. vg ergänzt „Söhne", vgl etwa Eph 2,2. Vor *ὑποστολῆς* aus V 38b *ἐν αὐτῷ* in 1836;

ὑποστολῆς fehlt in p⁴⁶. Bauer Rengstorf ThW VII 599. Dies Wort nicht in LXX Test XII Philo NT sonst Apost Vät; nur Hb 10,39; ohne typischen Qumran-Bezug (Braun Qumran-NT I 266f). Das Zurückweichen; lokal: die Phalanx hält Abstand vom Feind durch Zurückweichen (Asclepiodotus Tactica 10,21); übertragen: beim Angriff in der Diskussion (Philodem Philosophus I S 108 Zeile 32–34 ed Sudhaus). Vgl Philo: zurückweichen und leichte Nachgiebigkeit gegen sich stemmen und Standhaftigkeit (Cher 78); zurückgehen gegen erreichen des Zieles (Quaest in Ex 1,7 Marcus II S 238). εἰς mit Accusativ siehe 4,16. ἀπώλειαν; ἀπωλίας in א*, ἀπώλιαν in א¹; zu ει–ι siehe 4,11. Bauer 2 Oepke ThW I 395f. Außerchristlich-religiös Corp Herm 12,16; vgl Lidz Ginz L II 28 S 503,13. Oft alttestamentlich-jüdisch; nicht typisch qumranisch (Größer Glaube 92f). Als Gottes Strafe an Israel zum Beispiel Dt 4,26, und an dessen Feinden, zum Beispiel Dt 7,23. εἰς ἀπώλειαν oft: 1Ch 21,17 Js 14,23 33,2 34,12 54,16 Jer 30(49),2.32 51(44),12 Bar 4,6 Ez 28,7 29,10 32,15 Da 2,18 6,22(23) Da Bel 29 Sir 9,9 41,10 48,6 1Makk 3,42 3Makk 6,23 Test XII Jud 17,2. Als Fluchformel gelegentlich in Propheten. εἰς ἀπώλειαν Philo Conf Ling 196 Praem Poen 133 Leg Gaj 233 Spec Leg 2,251; Josephus Bell 5,559. ἀπώλεια im ganzen NT als jenseitige Verdammnis; εἰς ἀπώλειαν Mt 7,13 Ag 25,16 sekundär bei den meisten R 9,22 1Tm 6,9 Apk 17,8.11; als Fluchformel Ag 8,20; jüdisch-christlich beeinflußt Preis Zaub 4,1247f. Synonyma in AT und NT siehe ThW. Dies Wort in Apost Vät 1Cl 57,4 2Cl 1,7 Herm s 6,2,4. Im Hb nur hier; aber sinngleich 2,1.3 3,19 4,11 6,8 10,27.30f; also anders als der Verlust von Leben und Besitz in PLond 1404,5 bei Preisigke Wört I 205. πίστεως, siehe 4,2 Exkurs. Leitet zu Hb 11 über. Glaube gegen zurückweichen, vgl etwa: die Seele, nachdem sie den Kampf der Frömmigkeit gekämpft hat; sie wird ganz Geist (Corp Herm 10,19). Vgl πνεύμασιν Hb 12,23. περιποίησιν, Bauer 1. Als Erhaltung physischen Lebens 2Ch 14,13(12) Test XII Seb 2,8; ebenso verbal Ez 13,18f. Gesetzesbewahrung bewahrt die Seele (Aboth RN 39a Str-B I 588); Frömmigkeit verschafft der Seele Unsterblichkeit (Philo Op Mund 154); durch Güte ererbt man die Seele (Od Sal 31,7a). περιποίησις im NT sonst nicht als Bewahrung. Im Hb nur 10,39: Bewahrung der Seele, dafür bedarf es des Wachens (13,17) gegenüber dem Verderben, für das überirdische Leben (vgl 10,20.38 12,9 Lk 21,19 1Pt 1,9), also anders als das Leben erhalten (Lk 17,33). ψυχῆς: nicht zeitliche, sondern ewige Dinge Luther Glosse; siehe 4,12. Das σῶμα bleibt für das Jenseits im Hb außer Betracht, siehe 10,5.

11,1–40. Die alttestamentlichen Glaubenszeugen

Literatur: HAlmquist Plutarch und das Neue Testament, 1946; FBovon Le Christ, la foi et la sagesse dans l'épître aux Hébreux,, Revue de Théologie et de Philosophie 3, 1968, 129–144; HBraun Die Gewinnung der Gewißheit in dem Hbbrief, ThLZ 96, 1971, 322–330; MDibelius Zur Formgeschichte des NT, ThR 3, 1931, 207–242; HDörrie Ὑπόστασις, Nachrichten von der Akademie der Wissenschaften zu Göttingen 1955, 3, 35–92; HDörrie Zu Hb 11,1, ZNW 46, 1955, 196–202; EGräßer Der Hebräerbrief 1938–1963, ThR 30, 1964, 138–236; ders. Exegese nach Auschwitz, Kerygma und Dogma 27, 1981, 152–163; WGJohnsson The Pilgram Motif in the Book of Hebrews, JBL 97, 1978, 239–251; ALumpe Exemplum, RAC 6, 1966, 1229–1257; MAMathis Does „Substantia" mean „Realisation" or „Fundation" in Hb 11,1, Biblica 3, 1922, 79–87; GSchille Katechese und Taufliturgie. Erwägungen zu Hb 11, ZNW 51, 1960, 112–131; ASchlatter Der Glaube im NT[4], 1927; MMSchumpp Der Glaubensbegriff des HbBriefes und seine Deutung durch den heiligen Thomas, Divus Thomas 11, 1933, 397–410; CSpicq L'exégèse de Hb 11,1 par S Thomas d'Aquin, Revue des Sciences Philosophiques et Théologiques 31, 1947, 229–236; HThyen Der Stil der Jüdisch-Hellenistischen Homilie, 1955; REWitt Hypostasis, Amicitiae Corolla. RHarris-Festschrift 1933, 319–343.

In Hb 10,38 vorbereitet, nach einer Beschreibung des Glaubens V 1, nun die alttestamentlichen und nach-alttestamentlichen Beispiele für ihn, und zwar positive, gegen 3,7–4,13 und gegen Ag 7 (Bengel zu Hb 11,2; Theißen 110): in chronologischer Ordnung, also anders als die die Glaubenstexte zusammenstellenden Rabbinen (Str-B III 189f Windisch); mit der Schöpfung beginnend, in letztlich paränetischer Abzweckung 12,1f (so schon Orig Greer 34f, auch Bovon Christ 131f), aber ohne „wir"- und „ihr"-Formen, vgl 10,19, die Hörer sollen Nachahmer sein, 6,12 (Moffatt).

Zunächst V 4–31 je nach Zählung 18 Namen, Abraham und Mose besonders ausführlich; V 32–40 dann summarischer (Vanhoye Structure 183). Die Form ist literarisch: πίστει in Anaphora, wie Paulus, Bl-Debr § 491; mittel- und unmittelbar dahinter der Name; zu πίστει, zu κατὰ πίστιν V 13 und zu διὰ πίστεως V 33 39 vgl die τύχη-Formen Plut Fort 1 II 97 CD (Almquist Plutarch 129). Die den Beispielen auf alttestamentlicher Ebene fehlende Verbindung zum Glauben – abgesehen von Abraham – wird ihnen vom Verf, im einzelnen verschieden breit, durch Reflexionen, in der für Hb üblichen Vokabulatur (Theißen 98–100), angefügt. Der Blick der Zeugen geht dabei, nach dem Verständnis des Hb, in das nicht-irdische Jenseits, in die überweltliche Zukunft (Johnsson 240f Gräßer Auschwitz 156): siehe die Verse 10 13–16 19 26f 35b; besonders 39. Hb liest das AT dualistisch; zum Problem siehe 4,1. Eine Einheit kommt in Hb 11 gleichwohl nicht zustande: gelegentlich erfüllt die Erwartung des Glaubens sich auch sichtbar im Jetzt: V 28–31 33–35a. Der christologische Bezug des Glaubens, in 11,26 angedeutet, kommt erst 12,2 zum Tragen. Beispiellisten, für Hellenismus siehe Betz Plutarch 1978 107f, besonders in der Sapientia-Literatur zu Hause (Bovon Christ), liegen dem Kapitel 11 sicher zugrunde (Dibelius Formgeschichte 228f Windisch Thyen Stil 18 Anmerkung 74 Schille Katechese Anmerkung 12 Lumpe Exemplum 1244–1246 Conzelmann Grundriß 108 Jervell Imago 36 Theißen 98f Hagner Clement 126 178). Michel verweist zu Recht auf Midrasch Mechilta zu Ex 14,31, ed Winter/Wünsche S 110f: Lobpreis des Glaubens, meist Motive der *jetzigen*

Erfüllung wie Hb 11,28ff. Aber all das nicht als literarische Quelle. Denn Sir 44,1–50,24 1Makk 2,51–61 4Makk 16,20f 18,11–18 zeigen: in ihnen differieren Form (Stellung des Namens), Personen-Auswahl im einzelnen und Art der jeweils gerühmten Tugend gegenüber Hb 11; Glaube in diesen Listen nur Sir 45,4 46,15.15 49,10; die σοφία ist Sap 10,1–11,8 zentral. Ebenso Philo Praem Poen 7–66: Listen mit je einer oder mehreren Tugenden, aber πίστις nur in §§ 27 30f 49. Gemessen an diesen Indizien ist 1Cl 4,1–13 9,2–12,8 17,1–18,17 31,2–32,2 keine wirkliche Wiederaufnahme von Hb 11; noch weniger verwandt ist Const Ap 8,12,21–37, wo πίστις fehlt (gegen Thyen aaO Schille aaO). Der intensive kunstvolle Gebrauch von πίστει (gegen Bovon) und die Reflexionen gehen in Hb 11 auf den Verfasser (Schille aaO Theißen aaO, gegen Michel). Die genannten spätjüdischen Beispiellisten selber gehören zur Sapientia-Literatur, haben aber, anders als Hb 11, kein besonderes Interesse an der πίστις (gegen Bovon).

1. Es ist aber Glaube Verwirklichung von Erhofftem, Beweis für Dinge, die man nicht sieht.

Der Glaube wird beschrieben nicht nach dem, woran er glaubt, sondern im Blick auf seinen Effekt: er verwirklicht das, was jetzt Gegenstand der Hoffnung ist; er beweist, entgegen dem Augenschein, was sich dem Sehen entzieht. Das Endheil, die „Ruhe", ist zwar da und wartet auf Eintretende, 4,9, vgl 11,16. Der Glaube realisiert dies Hineinkommen; vgl Luther WA 40,1 S 360,25; *fides* ist *creatrix divinitatis* – *in nobis* (er schafft das göttliche Wesen in uns). Er ist, laut Hb, dazu imstande: er ist zwar menschliche Tat, mutiges Schwimmen gegen den Strom des Gegenwärtigen und Sichtbaren, wie Kapitel 11 zeigt (vgl R 4,18); aber er verbindet die vernommene Predigt, Gottes Zusage, mit den Hörern 4,2, kooperiert also mit der versprechenden Gottheit, und der Zusagende ist absolut verläßlich (6,17 10,23 11,1) und mächtig (11,19); vgl Philo Migr Abr 44: Wegen der Verläßlichkeit dessen, der die Verheißung gibt. Zudem: der Führer des Glaubens ging zum Heil den gleichen Weg voran (2,10 12,2). Dieser sachlich-objektive Ausgangspunkt, die Existenz und Verläßlichkeit und Macht der Gottheit (11,6), bringt, wo er akzeptiert wird, die paradoxe Doppelaussage von V 1 sozusagen auf eine Ebene höherer Wirklichkeit und Einsichtigkeit (11,27b). „Beweis" und „unsichtbare Dinge" stimmen am besten dort überein, wo der Glaube im Spiel ist (Calvin). Das kann auch uns hilfreich sein, solange die erhofften und unsichtbaren Dinge von uns nicht auf die Grenzen des Hb-Weltbildes festgelegt werden. Sonst müßten wir feststellen: zum Beispiel die Naherwartung 10,37 wurde durch den Glauben nicht zur Wirklichkeit. Im Vergleich zu Paulus wird man außerdem fragen: ist der Glaube im Hb nicht überanstrengt? Vgl 4,2 Exkurs.

Nun zum einzelnen! Hb 1,1 wird von ἐλπιζομένων bis zu βλεπομένων bei Cl Al Strom II 8,4 wörtlich zitiert (Mees 232). ἔστιν δέ, nicht als Definition in Lk 8,11 Joh 21,25 1Tm 6,6. ἔστιν und das Definierte ohne Artikel zum Beispiel Plut Curios 6 II 518 C (Almquist 127) Philo Deus Imm 87 (weitere Beispiele Spicq 336 Michel 372 Anmerkung 2). Der Streit, ob Hb hier eine Definition bringt, ist müßig. Denn der Definitions-*Stil* ist unbestreitbar; das ist das Recht der Befürworter (Theod Mops Cramer Cat 243 Thomas; siehe Schumpp Glaubensbegriff 397–410 Spicq L'exégèse 229–232; Delitzsch vSoden Windisch Moffatt Michel). Daß dieses Loblied auf den Glauben (Erasmus adnotationes) keine erschöpfende Beschreibung gibt, erkennen die Bestreiter einer Definition zutreffend (Erasmus adnotationes Calvin Riggenbach Büchsel ThW II 437). Viele Erklärer (wie Bleek-Windrath

Spicq Westcott), verbinden beide Beurteilungen. ἔστιν δέ im Hb nur hier. δέ, Übergangspartikel Bauer 2, fehlt in p⁴⁶. πίστις, siehe 4,2 Exkurs; ohne Artikel bei Abstracta, siehe 6,9. Für die Nähe des Glaubens zur Hoffnung siehe 4,2 Exkurs. Diese Beschreibung des Glaubens ist nur der Sache, nicht der Form nach von LXX Ps 33 abhängig (zu Kosmala 303; vgl Bultmann ThW II 527). ἐλπιζομένων, siehe ἐλπίς 3,6. Bauer 1 Bultmann Rengstorf ThW II 515–530. Im Kriege muß man nicht erwarteter (οὐκ ἐλπιζομένων) Dinge gewärtig sein Polyaen 3,9,11. ἐλπιζόμενα Partizip Passiv in LXX nicht, im NT nur Hb 11,1, im Hb das einzige ἐλπίζειν. Erhoffte Dinge erlangen Philo Sacr AC 53 Poster C 97 Josephus Bell 4,85. Der Glaube zwingt etwas nur Erhofftes herbei (Philo Abr 268, vgl Barn 12,7). Der glaubende Abraham dankt Gott nicht auf Grund erfüllter Dinge, sondern auf Grund der Erwartung künftiger Dinge; seine Seele ist befestigt und aufgehängt an einer guten Hoffnung und rechnet damit, daß die Dinge, die nicht gegenwärtig sind, bereits gegenwärtig sind (Philo Migr Abr 43f). Im Hb sind die erhofften Dinge, wie bei Philo, nicht welthafte Güter; aber wirklich realisiert werden sie, anders als bei Philo, im Hb erst bei der Parusie (3,13f 10,37). Sie sind himmlische Güter 6,18–20, wie die Ruhe Hb 3f; als die gerade mit Acht*ergewicht* versehenen οὐ βλεπόμενα (zu Michel 374 Mitte), der Weltebene alttestamentlich-apokalyptisch-sichtbarer Verheißungserfüllung entnommen 11,13 (siehe Braun Gewinnung 328). ὑπόστασις, Bauer ⁵ 3 Köster ThW VIII 571–588 Mathis „Substantia" Schlatter Glaube⁴ 614–617 Dörrie Υποστασις Dörrie ZNW Gräßer Hbbrief ThR. Vgl 1,3 3,14. Statt ὑπόστασις πραγμάτων in p¹³ πραγμάτων ἀπόστασις, letzteres wohl Schreibfehler; auch Chrystostomus bezieht durch Interpungierung ἐλπιζομένων, über ὑπόστασις hinweg, auf πραγμάτων (MPG 63,150f). Das zerstört die Ausgewogenheit des Satzes. In LXX, neben mancherlei variierenden Bedeutungen, besagt ὑπόστασις in Rt 1,12 Ps 38,8 Ez 19,5, obwohl Wiedergabe von hebräisch „Hoffnung", keine subjektive Hoffnung, sondern „Gewähr", „Sicherheit", also eine objektive Wirklichkeit, ausgedrückt durch den Stamm στα, freilich nicht die Wirklichkeit Gottes. Das Wort bezeichnet die Verwirklichung eines literarischen Planes (Diod S 1,3,2). Zeus, Vater von Göttern und Menschen, wurde als „Natur der Welt" die Ursache für die Verwirklichung (ὑπόστασις) dieser Wesen (Cornut Natura deorum 9 S 26 ed FOsanus Göttingen 1844). Ebenso von dem ersten Wirklichwerden (πρώτη ὑπόστασις) Israels Jos Ap I 1. So ὑπόστασις „Verwirklichung" Hb 11,1; analog dem gleichfalls objektiven ἔλεγχος „Beweis", also ohne Übergang von subjektiv zu objektiv beim Nebeneinander von ὑπόστασις und ἔλεγχος (zu Gräßer Glaube 126). Die Verwirklichung geschieht anfänglich in der Welt, vollendet sich aber, im Einklang mit der dualistischen Grundstruktur des Hb, im zukünftigen Jenseits, wie die Genitiv-Partizipien zeigen; Dörrie ZNW, so wohl auch Köster. Aber Abfall darf nicht eintreten; die Paränese im Blick darauf gilt dem Hb als unentbehrlich (12,1ff.25ff).

Zur Verstehensgeschichte siehe Spicq Héring Dörrie ZNW Gräßer ThR. Alt-Lateiner bei Tischendorf NT zur Stelle. vg: *substantia*. Die πίστις ist *gegenwärtige* Wirklichkeit (Ps Oec MPG 119,401D), realisiert in unserer Seele (Chr MPG 63,151). So Bengel Witt Hypostasis 330f Héring Westcott. Aber: die Glaubenden halten sich an eine Wirklichkeit, deren Realisierung in dem zahlreichen Teil der Beispiele aus Hb 11 noch aussteht, siehe oben; wie sogar auch bei den Christen (11,39f). Darum mit Recht Thomas Komment: „der Glaube ist geordnet hin auf zu hoffende Dinge, er ist sozusagen etwas Anfängliches *(quasi quoddam inchoativum)* in welchem das Ganze sozusagen wesensmäßig enthalten ist"; vgl Dörrie ZNW 199. Ähnlich Wettstein: der Glaube setzt die erhofften Dinge quasi (von mir gesperrt) als gegenwärtig. Greg Nyss spricht vom Glauben als einem Bürgen für das

Unsichtbare (MPG 45, 941C; vgl Spicq L'exégèse 233 und Kommentar „garantie"; Michel). Diese Auffassung war lange Zeit verloren gegangen, nachdem Melanchthon, auf Grund mißverstandener LXX-Stellen, siehe oben, Luther bewogen hatte, ὑπόστασις, statt mit *possessio* wie im Kommentar 1517/18, mit „Zuversicht" zu übersetzen (Dörrie ZNW Anmerkung 5 14). Luthers Übersetzung wirkt bis heute noch nach: als „Feststehen" (Calvin Delitzsch Schlatter Glaube 614–617 Windisch Käsemann Gottesvolk 23 Größer Glaube Auschwitz 155 Kuß Schiwy); und besonders als „Zuversicht" (Erasmus adnotationes und viele, zum Beispiel de Wette[2] Bleek-Windrath vSoden Seeberg Riggenbach Moffatt Strathmann Bruce Montefiore). πραγμάτων: Bauer 4 Maurer ThW VI 639f. Vgl 6,18 10,1. Erkenntnis göttlicher und menschlicher Tatbestände 4Makk 1,16. Für Philo sind wichtig unkörperliche und göttliche Dinge (Rer Div Her 63 1); man erbt sie durch Vertrauensentzug gegenüber dem unglaubwürdigen Geschaffenen (Rer Div Rer 93). So im Hb πράγματα die himmlischen Heilsgüter (Héring), nicht Christi jetzt geschehende priesterliche Selbsthingabe im Himmel (gegen Spicq). Der Glaube, nicht Gott (gegen Büchsel ThW II 473 Spicq), beweist sie; Genitivus objectivus (gegen Schlatter Glaube 525); der zwischen Botschaft und Hörer eingeschaltete Glaube 4,2 ist dem Hb wichtig. ἔλεγχος, mit Doppel-λ, wie auch das Verb 12,5, in p[46]. Für Altlateiner und Vulgata siehe Tischendorf NT und Harnack Studien S 210. Bauer 1 Büchsel ThW II 473f Preisigke Wört I 467. Beweis: für eine Anklage (P Oxy 237 VIII 17); gegen Potiphar (Test XII Jos 6,6); für die Herrschaft der Vernunft auch im Fieber, ἔλεγχος für die Wirklichkeit (Epict Diss 3,10,11); gegen die Gottheit (Hi 23,4), auch hebräisch „Beweis", ohne, wofür. Im NT, neben der Bedeutung „Zurechtweisung" (2Tm 3,16), als „Beweis" nur Hb 11,1. Gemeint ist auch hier die Objektivität (Bengel Käsemann Gottesvolk 22 Spicq Dörrie ZNW Köster ThW VIII 585). Sie ist freilich nur *in actu,* für den Glaubenden selber, überzeugend. Laut Hb kann das der Glaube; wie, siehe oben. Wir heute würden das kaum „Beweis" nennen. Schierse 160 schränkt das οὐ bezeichnenderweise etwas ein; aber die anfangsweise Vorwegnahme in 6,4f ist im Sinne des Hb kaum beweiskräftig, vgl 6,4 zu γενέσθαι. Die Korrekturen sind typisch: οὐ ausgelassen in 440; statt βλεπομένων in A βουλομένων; ist dabei ἔλεγχος als „Tadel" verstanden? βλεπομένων. Für Altlateiner und Vulgata siehe Harnack Studien 210. Bauer 1b. Michaelis ThW V 317 327 335 338 342–344. οὐ fast wie α-privativum Bl-Debr § 426. Vgl 2,9. Das Particip Passivum: das mit den Augen Geschaute. Nicht dualistisch abgewertet in Sap 2,14 13,7 17,6. Mit den Augen wird die Herrlichkeit des Herrn geschaut Js 40,5. Wer Gottes Angesicht erblickt, bleibt bestimmt nicht am Leben Ex 33,20. Gott ist für David unsichtbarer Bundesgenosse (Jos Ant 6,189); sein Haus ist unsichtbar (Philo Migr Abr 5). Er ist unsichtbarer König (Philo Spec Leg 1,18). Von ihm „unsichtbar" im NT Kol 1,15 1Tm 1,17 Hb 11,27; ihm eignen unsichtbare Eigenschaften (R 1,10). Er wendet dem Sichtbaren aus unsichtbaren Quellen unsichtbare Strahlen zu (Philo Spec Leg 1,179); aber die Menschen glauben den in Erscheinung tretenden Dingen mehr als Gott (Philo Op Mund 45). Es gilt aber: das Sichtbare ist nichts (Ps Clem Hom 17,3,2); unsichtbare Dinge soll man erwerben durch Glauben gegenüber der prophetischen Wahrheit (Ps Clem Recg 10,51,2f). Im NT wird das βλέπειν dualistisch abgewertet in R 8,24f 1K 13,12 Joh 9,39; ebenso τὰ βλεπόμενα 2K 4,18. So das passive Partizip Hb 11,1.3.(7); die unsichtbaren Dinge als das Unverfügbare Bultmann ThW II 527 Anmerkung 104. Der Glaube als Beweis „sieht" das Heil, das Unsichtbare, vgl βλέπειν 2,9; ὁρᾶν 11,17 12,14. Der Glaube zeigt die unsichtbaren Dinge als sichtbare auf (Ps Oec MPG 119,401 C). Von denen, die es mit leiblichen Augen sehen wollen, gilt: ihr seid noch nicht gläubig (Chr MPG 63,151). Das vom Hb formulierte Phänomen ist geistlich überzeugend; nur: *wir* würden es innere Schau nennen; der Hb jedoch ist auf Objektivität aus.

2. Auf Grund dieses Glaubens nämlich haben die Vorfahren ein gutes Zeugnis erlangt.

Daß der Effekt des Glaubens in V 1 zutreffend beschrieben wird, ergibt sich *(γάρ)* aus dem lobenden Zeugnis, das die Schrift und damit die Gottheit dem Verhalten der glaubenden israelischen Vorfahren erteilt (vgl Gräßer Glaube 53). Cl Al Strom II 8,4 zitiert V 2 unter Weglassung von ἐν und mit eingeschobenem μάλιστα hinter γάρ (Mees 232). ἐν kausal, Bauer III 3a Bl-Debr § 196; nur stilistisch, kaum inhaltlich unterschieden von μαρτυρεῖσθαι διὰ πίστεως V 4b 39. ταύτῃ, zurückweisend, siehe 6,3, auf πίστις; statt des prägnanten ταύτῃ das blassere αὐτῇ in p^{13} 103 1908. γάρ: nach οὗτος-Formen noch 7,1.27 13,2. ἐμαρτυρήθησαν, siehe 7,8: Bauer 2b Strathmann ThW IV 495. Vom *lobenden* Zeugnis, es wird ausgesprochen betreffs ihrer und zu ihnen (Bengel): neben gelobt werden Ditt Syll^4 836,11 f. Lobend auch hier V 2, aber nicht als weltliche Ehrung wie die Inschriften Deißmann NB 93 LO 69 Anmerkung 2. Ebenso Philo öfter, zum Beispiel Abr 270: die Orakelworte der Schrift bezeugen dem Abraham den Glauben an das Seiende (die Gottheit). ματυρεῖσθαι ἐν 1Tm 5,10. Das Passiv öfter im 1Clemens. Für Hb gelten also auch die in V 35 37 verwerteten *nach*kanonischen Texte als Schriftzeugnis. οἱ πρεσβύτεροι; zu Altlateinern und Vulgata siehe Harnack Studien 210. Bauer 1b Bornkamm ThW VI 652–654. Hier nicht wie die Siebzig Nu 11,25; nicht wie die jüdischen Tradenten und Sanhedristen aus Vergangenheit und Gegenwart, besonders in Synoptikern und Ag; nicht wie die christlichen Gemeindeleiter in Ag und Kath Br; nicht wie die 24 Ältesten in Apk 4 und öfter. Auch nicht bejahrte Menschen, die noch am Leben sind, wie Dt 32,7 Ag 2,17 und öfter. Sondern verstorbene, in Ansehen stehende Vorfahren. Als philosophische Schriftsteller Jambl Vit Pyth 35,253; πρεσβύτεροι gegen νεώτεροι, von Astrologen, Petosiris Fr 3 und 4, ed ERieß; in ihrem frommen Verhalten gegenüber dem Feuer Plut Quaest Conv 7,4,2 II 702 E; also wie Plato und Archytas als menschliche Beispiele Plut Ser Num Vind 5 II 551 AB (Betz Plut 1975, 198). Bei Philo in ihrer Festsetzung der Tugendgrenzen Poster C 99. So Hb: *πρεσβύτεροι* nur hier, als Vorfahren tugendhafte und bejahrte Männer Theod Mops Staab 210; vgl „Väter" 1,1, vorbildlich in ihrem Glauben für die „wir" 12,1, darin also anders als die „Alten" Mt 5,21 f. Bei Papias fr 2,4 als Traditions-Garanten.

3. Durch Glauben erkennen wir: die Welten sind durch Gottes Wort hergestellt; und so ist aus nicht wahrnehmbaren Dingen das Sichtbare hervorgegangen.

Literatur: ThBoman Hebraic and Greek Thought-Form in the NT, in: Current Issues – OPPiper Festschrift, New York 1962, 1–22; FBovon Christ, siehe V 1; KHaacker Creatio ex auditu, ZNW 60, 1969, 179–281; WKoester Platonische Ideenwelt im Hbbrief, Scholastik 31/4, 1956, 545–555; HPOwen The Scope of Natural Relation, NTSt 5, 1959, 133–143; GSchuttermayr Schöpfung aus dem Nichts, BZ 17, 1973, 203–228; HFWeiß Untersuchungen zur Kosmologie des hellenistischen und palästinensischen Judentums TU 97, 1966; AGWiddess A note on Hb 11,3, JThSt 10, 1959, 327–329.

11,3–12: 7mal *πίστει*; nach der Schöpfung 5 Namen. V 3 wörtlich zitiert Cl Al Strom II 12,2 (Mees 233). Den Glaubenszeugen geht voran das „wir" der Christen. Ihr verstehendes Ja zur Erschaffung der Welt durch das Wort Gottes verdankt sich dem Glauben. Denn es ist das Ja zur *unsichtbaren* Welt, aus der die sichtbare entstanden ist; so fügt V 3 sich der Welt-Distanz der anderen Glaubensobjekte in Hb 11 organisch ein (gegen Seeberg). Der alttestamentlichen Schöpfungsbeschreibung folgt, als eine dem Hb wichtige, die hellenistisch-dualistische Schöpfungsbeschreibung (Windisch Boman Hebraic 13). Das Heil hat historische *und* kosmische Dimensionen (Bovon Christ 143). πίστει, siehe 4,2 Exkurs: hier nur auf Unsichtbares, nicht auf Erhofftes aus V 1 bezogen. Gleichwohl wird der Glaube nicht seitens der Welten (gegen Haacker Creatio 279–281) oder seitens der Gottheit (gegen Widdess note 327–329) betätigt: πίστει und ῥήματι würden sonst konkurrieren; und: wie sollte solch ein Glaube für Menschen paränetisch verwertbar sein? Zudem ist die Verbindung von πίστις und νοεῖν (νοῦς) belegt 1Cl 27,3f für die Schöpfungserkenntnis; in Corp Herm 9,10 mystisch. Es geht um den Glauben der „wir", die ersten Menschen nicht eingeschlossen (gegen Bengel und ältere Erklärer bei Delitzsch 523). „Wir" folgern nicht nur logisch aus der Zweckmäßigkeit und Schönheit der Welt, wie in der stoischen Popularphilosophie. Nicht nur „lernen" (Xen mem 4,3,14); nicht nur „anerkennen auf Grund von Vorhandenem" und dann die Unmöglichkeit des Zweifels (Civ Tusc 1,70); nicht nur Analogieschluß (Epict Diss 4,7,7). Paulus R 1,19f benutzt diese stoische Denkweise (Käsemann Römerbrief zur Stelle), um dem religiösen Optimismus der Popularphilosophie zu widersprechen. Hb meint, die Natur und die Geschichte verständnisvoll zu lesen genügt nicht, um den Finger Gottes als am Werk befindlich zu entdecken (Bovon Christ 144). Darum bringt Hb in diesem Zusammenhang von vornherein den Glauben betont in Anschlag (zu Gräßer Glaube 54f 129; Behm ThW IV 950). Es geht ja um nicht wahrnehmbare Dinge. Calvin und Bengel gleichen aus: ohne Glaube *unklare* Erkenntnis des Schöpfers.

νοοῦμεν, Bauer 1c Behm ThW IV 947–950 Bl-Debr § 397,2. Es gibt jüdisch und christlich ein von den Naturkräften aus folgerndes Erkennen des Schöpfers (Sap 13,4 Athenag Suppl 5,1f). Aber daneben steht ein „frommes" νοεῖν. Der Mensch versteht sich selber nicht (Prv 20(24),18); es bedarf dazu der Geheimnisse der Weisheit (Sir 14,21); Gott erkennen geschieht nur mittels göttlicher Förderung (Philo Leg All 1,38); das gereinigte Erkennen überspringt das Gewordene zum Ungewordenen hin (Leg All 3,99f), und diese Abkehr von der Erscheinungswelt ist als Glaube die Tat einer großen und olympischen Vernunft (Rer Div Her 93). Die Gesetzlosen dagegen erkennen nicht die Enderfüllung (Da 12,10 Thdot A); das Erkennen trennt nicht von den Götzen (Ep Jer 41); Verblendung verhindert das Denken mittels des Herzens (Joh 12,40). So ist das Nicht-Erkennen typisch für den noch nicht Glaubenden (Hermas oft); in rechter Weise denken ist möglich nach Beschneidung der Ohren und Herzen durch den Herrn (Barn 10,12). In diesem Zusammenhang steht πίστει νοοῦμεν. Zum philosophischen Hintergrund Heraclit fr 68 Diels I: Unkenntnis der göttlichen Dinge gründet größtenteils in ἀπιστία; und: Gräßer Glaube 131 Anmerkung 392. κατηρτίσθαι, siehe 10,5. Zur Schöpfung im Hb siehe 1,10 3,4 4,3 11,10. Wie hier Schöpfung am Anfang auch in Beispiellisten: Adam als erstgebildeter Vater der Welt Sap 10,1; seit Anfang – zusammen mit der ersten Entstehung des Alls Philo Praem Poen 9; siehe 11,1 bei Beispiellisten. καταρτίζω im Blick auf die Schöpfung: von Sonne und Mond LXX Ps 73,16; Ps 88,38; Herm m 1,1 Gott, der alles geschaffen und hergestellt hat; v 2,4,1 wegen der Kirche wurde die Welt hergestellt; Preis Zaub I 4,1146f der Gott der Götter, der die Welt hergestellt hat. So Hb von den Welträumen, Plural wie Od Sal 16,19a; zu αἰῶνες siehe 1,2. κατηρτίσθαι – ῥήματι meint nicht Anpassung der Schöpfung *an* das Wort (gegen Thomas), weil das Verb so nicht belegbar ist (siehe Liddell-Scott). ῥήματι, siehe 6,5; bei der Welterhaltung siehe 1,3. Bauer 1 Procksch Kittel ThW IV 99 112. Jesus als Schöpfungs-Mittler und -Erhalter wie 1,2f.10 ist hier 11,3 nicht im Blick. Die Erschaffung durch das ῥῆμα Philo Sacr AC 8 Herm v 1,3,4, ebenso durch Gottes λόγος LXX Ps 32,6 Sap 9,1 Philo Deus Imm 57, wobei Gottes Wort seine Tat ist Sacr AC 65; vgl s Bar 48,8 Jub 12,4 Str-B III 671 1Cl 27,4. Auch außerchristlich: Od Sal 16,19a Corp Herm 1,31 Lidz Ginza R I 78 und 85. θεοῦ, siehe 1,1. εἰς τό, siehe 2,17. Hier wohl nicht final (gegen vSoden Hollmann Spicq Schierse 75 Widdess note Strathmann Westcott, die, gegen den Text, zum Teil das Verstehen der Menschen als Zweck einfügen); sondern, wie die meisten Kommentare, konsekutiv. μὴ ἐκ die meisten, auch Cl Ath Didym; ἐκ μὴ d e f vg sy^p h arm Ath Thphyl. μὴ ἐκ, die klassische Stellung, meint ἐκ μή, Bl-Debr § 433,3; Belege Wettstein. Ob μὴ das φαινομένων, so Chr MPG 63,154 Thret MPG 82,757C, oder das γεγονέναι verneint, verändert nicht den Sinn, sondern nur die Gezieltheit der Formulierung: das Sichtbare „entstand aus dem Unsichtbaren" oder „entstand nicht aus dem Sichtbaren". Hier geht es nicht um eine, bei Philo Aet Mund 5 78 bestrittene *creatio ex nihilo,* nicht um eine Schöpfung aus dem Nichts (Gräßer Glaube 54f); zu beachten ist die differente Formulierung: ἐκ τοῦ μὴ ὄντος Philo Vit Mos 2,267 τὰ μὴ ὄντα Ps Clem Hom 3,32,2 ἐκ μὴ ὄντων in der zauberischen Anrufung des Thayth Preis Zaub II 13,272. Es geht andererseits nicht um Bearbeitung der Materie wie Sap 11,17; Hb redet nicht von „bilden" (πλάττειν) Braun ThW VI 255–259. Gemeint ist vielmehr die Entstehung des Sichtbaren aus der unsichtbaren Welt (Schierse 75 Köster Ideenwelt 547 Vanhoye Structure 185). Obwohl Hb platonisiert, siehe 8,5 10,1, würde er die unsichtbaren Dinge kaum „göttliche Ideen" nennen (zu Thomas Luther Glosse Delitzsch Spicq). Der Plural hebt nicht ab auf die untereinander differenten geschaffenen Dinge (gegen Thomas). Die μὴ φαινόμενα sind auch nicht das ῥῆμα θεοῦ (gegen Bleek-Windrath Riggenbach Gräßer Glaube 128–130 Michel). Die φαινόμενα, Substantiv und absolut, nicht in LXX Test XII; im NT so nur hier: Bauer 2b Bultmann/Lührmann ThW IX 1f. Das Unsichtbare ist für Hb keineswegs ein μὴ ὄν, vgl 8,5 10,1. Insofern ist Hb 11,3 kein Beleg für die *creatio ex nihilo,* gegen Chr aaO; Thret aaO Erasmus paraphrasis; gegen Luther, der das ihm anstößige ἐκ überspielt Glosse Scholien; gegen die lutherische Orthodoxie (siehe Weiß Kosmologie 179 Anmerkung 1.2); gegen Bengel Owen scope 139 Bruce Barclay. Calvin liest ἐκ φαινομένων als Ein Wort, versteht das Sichtbare als Spiegel des Unsichtbaren und kehrt so, im Sinne der stoischen Popularphilosophie, die von Hb gemeinte Unterwertigkeit des Sichtbaren ins Gegenteil um. Hb 11,3 dagegen meint: das Unsichtbare als das Überlegene ist der Ursprung *(ἐκ)* des minderen Sichtbaren. So Philo: der unkörperliche und geistige Kosmos ist das Modell des in Erscheinung tretenden, nur aus Körpern bestehenden Kosmos (Conf Ling 172); menschliche Schicksale gründen in unsichtbaren Kräften (Migr Abr 181). Ähnlich Corp Herm 5,1: das Erscheinende ist gezeugt, das Unsichtbare verleiht allen anderen Dingen die Sichtbarkeit. Insofern kann die Frage nach der Schöpfung aus dem Nichts hier unerörtert bleiben, unter dem Gesichtspunkt, welche Texte wirklich von ihr reden, vgl die häufige Zitierung von 2Makk 7,28 in der Auslegungsgeschichte zu Hb 11,3 (siehe dazu Weiß Kosmologie 59–74 119–166; Schuttermayr Schöpfung 203–228, für Hb besonders 223f). Hb stellt hier mithin die Erschaffung eines bisher nicht Dagewesenen, Gn 1 analog Hb 11,3a, sowie die Entstehung des Sichtbaren aus dem Unsichtbaren, Hb 11,3b, nebeneinander: als alttestamentliche und als hellenistisch-dualistische Aussageweise; ähnlich slav Hen 24,2 Philo Som 1,76 Jos/Asen 12,2 Battifol S 54,23f. Die Abwertung der βλεπόμενα beziehungsweise der φαινόμενα im Hb ist Absicht, siehe 13,13f 11,10.16; vgl Ign R 3,3 Act Thom 36 S 153,6f. Zur Frage der Sichtbarkeit siehe 11,1 bei ἐλπιζομένων; zu Vergänglichkeit und Unvergänglichkeit siehe 1,11. Die *creatio ex nihilo* kommt als Randfrage nun allerdings doch ins Spiel: die unsichtbare Welt ist ja selber auch wieder geschaffen, vgl für die Ruhe 3,11 Exkurs; ferner 8,2 11,16; ebenso Ev Ver Nag Hammadi I 2 28,11 Till. Wie *diese* Erschaffung der μὴ φαινόμενα vor sich ging, erörtert Hb nicht; sein paränetisches Interesse hängt an der Überwertigkeit der unsichtbaren Dinge.

τὸ βλεπόμενον, siehe 11,1. So schreiben, als ursprünglich, p[13 vid] ℵ A D* P 33 38 81 218 1241[suppl] 1739 1834 1851 1881 d e bo aeth Cl Ath Didym Chr. Elegant, aber sekundär verbessern, an den Plural φαινομένων angleichend (Riggenbach), in τὰ βλεπόμενα D[2] K L Ψ 6 104 326 die meisten f vg sy[p h] arm Chr Thret Dam. γεγονέναι, Bauer I 2a, siehe 1J 1,3.10; mit ἐκ R 1,3. In LXX Gn 1 öfter; mit ἐκ Hi 28,2 Sap 15,8. Fast wie Hb beschreibt Philo Cher 127 beide Hälften von Hb 11,3 mit *einem* Satz: εὑρήσεις – αἴτιον αὐτοῦ (= τοῦ κόσμου) τὸν θεὸν ὑφ᾽ οὗ γέγονεν (du wirst finden, Urheber des Kosmos ist Gott, durch den er, der Kosmos, geworden ist).

4. Durch Glauben brachte Abel ein wertvolleres Opfer als Kain Gott dar, durch Glauben bekam er das Zeugnis, gerecht zu sein, Gott sprach es über seinen Opfergaben; und durch Glauben redet er, nach seinem Tode, immer noch.

Literatur: R le Déaut Traditions targumiques dans le Corpus Paulinien, Biblica 42, 1961, 28–48; MDelcor Le testament d'Abraham, 1973; HGunkel Genesis, 1901; MJSuggs The Use of Patristic Evidence in the Search for a Primitive NT Text, NTSt 4, 1958, 144; RVGTasker The Text of the Corpus Paulinum, NTSt 1, 1955, 180–191; CWestermann Genesis I, 1974.

Adam–Eva als Glaubensbeispiel müssen entfallen. Die in Gen 4 fehlende (siehe Schröger Schriftausleger 212f), vom Hb aber benötigte Verbindung der Abel-Tradition mit dem Glauben wird durch folgende Gedankenkette gewonnen: aus dem Ja der Gottheit zum Abel-Opfer Gn 4,4 wird im Hb das „bessere Opfer". Apokrypher Tradition entstammt der gerechte Abel (Theißen 130, gegen Riggenbach), siehe unten; der erste Gerechte der Gn ist Noah 6,9. Dies Gerecht-sein schließt für Hb den Glauben Abels als selbstverständlich ein; hier, bei Abel, als stillschweigende, in V 7 bei Noah in ähnlicher Weise als ausdrücklich formulierte Konsequenz, ἀδύνατον V 6. Der Ton in V 4 liegt auf der Bestätigung von Abels Gerechtigkeit: ἐμαρτυρήθη, μαρτυροῦντος. Abels Ermordung bringt den Racheruf seines Blutes nicht zum Verstummen: Abel „lebt" also weiter, und zwar πίστει; ein minderes Vorspiel für die Kraft des Besprengungsblutes Jesu 12,24. Cl zitiert V 4 in Strom II 12,2 (Mees 233), unter kleinen Veränderungen, siehe unten die Textkritik.

πίστει, siehe 4,12 Exkurs: fehlt in Gn 4,2–16. Aber Jos Ant 1,53: Abel meint, allem, was er tut, sei Gott zugegen. πλείονα θυσίαν: zu θυσία siehe 5,1; zu πλείων siehe 3,3. Alliteration von π, siehe 1,1. Der hebräische Text begründet die differente Annahme der Opfer durch die Gottheit nicht mit Moral und Frömmigkeit (Kuhn ThW I 6); Jahwes verschiedene Reaktionen sind auch nicht einfach unmotiviert (zu Westermann Genesis 405); sondern Jahwe bevorzugt Opferfleisch vor Früchten (Gunkel Genesis 38; ähnlich Westcott Barclay). Aber schon LXX tadelt Gn 4,7 an Kain das Behalten der besseren Teile für sich selber als nicht angemessene Teilung (ähnlich Philo Quaest in Gn I 62 und die Rabbinen Gn R 22(14d) Str-B III 759). Andere Begründungen: die schnelle und die zögernde Bereitschaft zum Opfern und die verschiedene Qualität des beiderseits Dargebrachten

(Philo Sacr AC 52 88 Conf Ling 124 Jos Ant 1,54; ähnlich wie Josephus Erasmus paraphrasis). Noch grundsätzlicher: Frömmigkeit, die der Name „Abel" bedeutet (Philo Sacr AC 10); because the fruits of my works were better than Thine (Tg J I Etheridge 170 f); vgl Erasmus adnotationes: mehr als Opfergaben. Ähnlich für Kain: Iren Haer 3,23,4 Orig Hom in Gn ed Lommatzsch VIII 59. Abels Opfer wurde angenommen, weil er nach Gerechtigkeit strebt (Jos Ant 1,53 Thomas Calvin). In ähnlicher Logik Hb: Abels Opfer ist wertvoller, weil er gerecht ist, und das heißt für Hb, siehe 10,38, weil er durch Glauben opfert; so Luther Glosse Calvin, die aber, wie vielleicht auch de Wette[2], paulinisch πίστις gegen ἔργα setzen und den Glauben nicht im Hb-Sinne als von Gott *bestätigte* δίκαιος-Qualität verstehen (siehe unten bei ἐμαρτυρήθη). An einer inhaltlich genaueren Bestimmung des höheren Wertes von πλείων liegt dem Hb nichts. πλείων hier nicht „umfangreicher", sondern „wertvoller" wie etwa Mt 6,25 12,41 f Lk 12,23 Hb 3,3; „ehrenvoller" „glänzender" Chr Cramer Cat 244, Thomas spricht von Wert. Cobets geistvolle Konjektur *HΔEIONA* ist unnötig (zu Zuntz 16 Tasker Text 182).

Ἄβελ, siehe Bauer Kuhn ThW I 6 f: in Gn 4,1.2.4.8.9.25 4Makk 18,11 Test XII Iss 5,4; 1Cl 4,1–6 zitiert Gn 4,3–8 mit kleinen Abweichungen (Hagner 39 192). Im NT Mt 23,35 Lk 21,51 1J 3,12; im Hb noch 12,24. In ägyptischen Liturgien Brightman S 129 Zeile 25–29 S 170 f. παρά, nach Komparativ, siehe 1,4. Κάϊν, siehe Bauer Kuhn ThW I 6 f; zur Schreibung siehe Bl-Debr § 37. In Gn 4 viel öfter als Abel. Sein Neid und Bruderhaß Test XII B 7,5; sein unfrommes Opfer Philo Agric 127; bei Jos Ant 1,52–57 60 65–67, dort seine Habsucht. Im NT 1J 3,12 Jd 11; im Hb nur hier. Weiteres zu Kain siehe oben bei πλείονα und Abel, unten bei λαλεῖ. Kains Opfer im NT nur hier. προσήνεγκεν, siehe 5,1. In Gn 4,3 f ἤνεγκεν, in 4,7 προσενέγκῃς. τῷ θεῷ, siehe 9,14; fehlt, ob ursprünglich?, in p[13] Cl (Zuntz 33 Metzger 671). δι' ἧς, bezogen auf πίστει, wie V 7, so die meisten Kommentare; nicht auf θυσίαν (gegen Chr MPG 63,155 Thphyl MPG 125,344A Spicq, bedingt Westcott).

ἐμαρτυρήθη, siehe 7,8; hier mit Nominativus cum Infinitivo, Bauer 2b Bl-Debr § 405,1; umgestellt hinter δίκαιος in 1245 1852, vielleicht attrahiert durch μαρτυροῦντος. ἐμαρτυρήθη und μαρτυροῦντος geben das „Gott schaute auf" Gn 4,4 wieder und *bestätigen* etwas *Vorhandenes*, nämlich Abels Gerechtigkeit, die sich an seinem von Glauben gelenkten Opfer erweist (Riggenbach), gegen Paulus, siehe 4,2 Exkurs (zu Käsemann Gottesvolk 38). εἶναι δίκαιος; umgestellt in 216. δίκαιος, siehe 10,38. Zum „gerechten" Abel siehe Déaut Traditions 30–33 Delcor testament 142–145: er befleißigte sich der Gerechtigkeit (Jos Ant 1,53); „wer wird mein Recht vor dem König fordern?" (Gn R 22(15b) Str-B III 403); er ist gerecht (Mt 23,35) wie seine Taten 1J 3,12, Ps Clem Hom 2,16,3; Windisch); er ist Richter im Paradies (Test Abr 11,2) und heilig (Test XII Iss 5,4). So hier Hb 11,4 δίκαιος, die Begründung für πίστει, vgl 10,38. μαρτυροῦντος, siehe oben bei ἐμαρτυρήθη. Dies Zeugnis-geben geschah durch Feuer (Theodotion in Origenes Hexapla zu Gn 4,4 Chr Cramer Cat 244 Thphyl MPG 125,344A Raschi, gestorben 1105 Str-B III 744 Thomas Erasmus paraphrasis Luther Scholien). ἐπὶ τοῖς δώροις αὐτοῦ, wie Gn 4,4, hier Schlachtopfer; siehe 5,1. τοῦ θεοῦ, siehe 1,1. αὐτοῦ τοῦ θεοῦ ist alte LA (Zuntz 51 Metzger 671 f) gegen die großen Majuskeln, aber gut bezeugt in p[13]★ p[46] ℵ[2] D[2] K L P Ψ 81 88 104 181 330 436 451 614 629 630 1241 1739 1834[1] 1877 1881 1962 1984 2127 2492 2495 lect den meisten it[ar c dem div f r¹ x] vg sy[p h] bo Cl Or Chr Thret Dam. αὐτῷ τῷ θεῷ in ℵ★ A D★ 33 326 1311 1834★ 1836 arm aeth, sinnwidrig: τῷ θεῷ gleicht an V a an, zudem: Hb hat kein auf Gott gerichtetes μαρτυρεῖν des Menschen. αὐτῷ τοῦ θεοῦ, in p[13 cor] z[cor] Cl (siehe Suggs Use 144), nicht echt, zu schwach bezeugt (gegen Riggenbach Windisch Moffatt Michel). Unecht auch der Fortfall von αὐτοῦ beziehungsweise αὐτῷ in it[d e z]★. δι' αὐτῆς, dafür sekundär διὰ ταύτης in D* 81 d e f vg; gemeint ist διὰ πίστεως; aber nicht mit ἀποθανών (gegen Bengel), sondern mit λαλεῖ zu verbinden; der Glaube fordert und wirkt Rache! ἀποθανών, siehe 7,8. *Nach* dem, nicht nur *bei* dem Tode, gegen ἀποθνῄσκων in 88; der Aorist ist hier vorzeitig, anders als 2,10. Vgl Gn 4,8 ἀπέκτεινεν, 4,10 βοᾷ. Abel stirbt gewaltsam wie die Zeugen 11,35.37 und Jesus 12,24. Philo von Abel: er wurde ausgetilgt (Det Pot Ins 48). ἔτι, siehe 7,10; hier „immer noch", wie zum Beispiel 1K 3,3. λαλεῖ, siehe 7,14. Abel spricht selber, wie λαλεῖ in p¹³ p⁴⁶ ℵ A P 6 33 38 81 88 104 206 241 256 263 323 326 365 436 442 623 1241ˢᵘᵖᵖˡ 1610 1739 1834 1867 1881 1906 1908 1912 2495 f vg syᵖ ʰ bo arm Cl Or Ath Epiph Chr Prim; er spricht nur nicht für sich selbst oder ist im Gespräch, wie die LAA λαλεῖται Medium in D K L Ψ den meisten d e (z) aeth Thretᶜᵒᵐᵐ ᵛⁱᵈ und μαρτυρεῖται in 257 das aktive Rufen Abels abschwächen. Und zwar: die Stimme des Blutes deines Bruders ruft – Gn 4,10; vgl Hb 12,24. Abels Blut redet, analog jüdischer Anschauung von dem Rache fordernden Blut (Sanh 4,5 Str-B I 749 940 Anmerkung 2 Kosmala 123), auch hier: es führt Klage gegen den Mörder (Jub 4,3), gegen das, was ihm widerfuhr von dem mit ihm verbundenen Übeltäter (Philo Det Pot Ins 48), bis zur Vertilgung von dessen Nachkommenschaft (aeth Hen 22,5.7 Mt 23,35 Par); es sucht sein Recht (Gn R 22(15b) Str-B III 403), Abel ist selber Richter (Test Abr 11,2). Abel redet um Rache (so Chr MPG 63,156 Thomas Erasmus paraphrasis Bengel Strathmann Bruce Westcott, gegen Déaut Traditions 34–36). Dem Hb ist dabei freilich wichtig, daß der getötete Abel gleichwohl lebt: denn die Gottheit hört die Frommen, auch wenn sie gestorben sind (Philo Quaest in Gn I 70); er wurde ausgetilgt und lebt, – er gebraucht die Stimme und ruft, – denn wie kann jemand, der nicht mehr existiert, sich sprechend an jemand wenden? Philo Det Pot Ins 48; vSoden Gräßer Glaube 56. Daß es ein Rufen nach Rache ist, stört den Hb wenig (10,27.29); der *Rache*ruf wird in 12,24 nicht explizit eliminiert, aber vom Sühneruf überboten. Vom getöteten Abel gilt im Hb dasselbe wie von Elia: staunenswert sind am Ende seine Taten (Sir 48,14).

5. Durch Glauben wurde Henoch entrückt, so daß er den Tod nicht sah, ‚und er war nicht zu finden, weil Gott ihn entrückt hatte'; denn vor der Entrückung hat er – so lautet das Zeugnis über ihn – Gottes Wohlgefallen besessen.

Literatur: LJansen Die Henoch-Gestalt, 1939; DLührmann Henoch und die Metanoia, ZNW 66, 1975, 103–116; ESchürer Geschichte des jüdischen Volkes III⁴, 1909.

Henoch, der zweite Glaubenszeuge; der aber, anders als Abel, nicht betont handelt, sondern eine Tat der Gottheit erfährt. πίστις, von Gn 5,24 nicht genannt, steht dem Hb als Grund der Entrückung gleichwohl fest, denn Henochs Gottwohlgefälligkeit muß ja, ἀδύνατον V 6a, einen Grund haben, den Glauben. Die Gottwohlgefälligkeit aber lag zeitlich vor der Entrückung. Daher: denn für die Entrückung war das Wohlgefallen der Grund, für das Wohlgefallen aber der Glaube (Chr Cramer Cat).

πίστει, siehe 4,2 Exkurs. Ἐνώχ, siehe Bauer Odeberg ThW II 553–557 Schürer Geschichte III⁴ 283 ff Lührmann Metanoia 103–116. Als αἰνώχ geschrieben in D* K, siehe 3,13 für ε–αι. Im AT Gn 4,17 f 5,18 f.21–24 1Ch 1,3. Seine Person steht in weitverzweigten religionsgeschichtlichen Zusammenhängen (Jansen Henoch-Gestalt). Seine Gottwohlgefälligkeit noch Sir 4,16 Sap 4,10, Jos Ant 1,85 9,28; er ist Beispiel für Buße Sir 44,16. Die Apokalyptik wertet seine Gestalt auf zum himmlischen Gerichtschreiber (Jub 4,23 10,17 Test Abr 11,3); zum Menschensohn (aeth Hen 70 f), zum Himmelswesen (slav Hen 3–22), zum himmlischen Metatron (hbr Henoch 48 C2); vgl Hb 2,17 Exkurs. Eine andere Tradition mindert Henochs Bedeutung: seine Entrückung sollte ihn vor Sünde bewahren (Sap 4,11) und geschah als Symbol dafür, daß Gutes mit Schlechtem nicht zusammengeht (Philo Mut Nom 34–47); seine Entrückung ist eine Umsiedlung vom sterblichen in das unsterbliche Leben (Mut Nom 38); ja eine Umkehr und Besserung von einem sündlichen in ein besseres Leben (Philo Abr 17–19 Quaest in Gn I 82). Dann gründet die Entrückung nicht in der Gottwohlgefälligkeit, sondern bewahrt sie oder bringt sie gar erst zustande. Rabbinische Texte bestreiten die Entrückung und Gottwohlgefälligkeit überhaupt (Str-B III 744f). Dem Henoch ergeht es in der Tradition ähnlich wie dem Melchisedek, siehe 5,6 Exkurs. Hb 11,5 teilt weder die hohe Aufwertung noch die empfindliche Abwertung Henochs. Darin gleich 1Cl 9,3: in beiden Stellen ist Henoch vor der Entrückung positiv gesehen, allerdings im 1Cl durch Gehorsam gerecht, und ohne Nennung von πίστις. Wie die von Henoch geltende Entrückung sich zu Jesus als dem ersten Bahner des Weges ins himmlische Heiligtum 10,20 verhält, erörtert noch nicht der Hbbrief (zu Lührmann Metanoia 116), sondern erst Asc Js 9,9–13. Auch die Pseudoclementinen gliedern Henoch dann christologisch ein, gegen den Widerspruch des Simon Magus Hom 17,4,3 18,13,5 Recg 2,47,2; aber ohne Interesse speziell an Henochs Glauben. μετετέθη, siehe 7,12; auch oben bei Henoch und in Philo Mut Nom 38 1Cl 9,3; μετάθεσις Philo Abr 18. Elias Entrückung als ἀναλαμβάνεσθαι (emporgenommen werden) 4 βασ 2,9–12; beide Gestalten nebeneinander Jos Ant 9,28. Auffahrt bei Eur Iph Aul 1608: die Jungfrau flog deutlich – sei sicher – davon zu den Göttern. τοῦ μή, Hb nur hier, konsekutiv, Bl-Debr § 400,5. ἰδεῖν θάνατον, siehe Handbuch zum NT Lukas bei 2,26: LXX NT, auch griechisch. Zu ἰδεῖν siehe 3,9–11a; zu θάνατος, siehe 2,15. Bauer εἶδον 5 „erfahren"; θάνατος 1a. Daß Henoch nicht starb, sagt die vom Hb benutzte Tradition; so stehen sich Abels Tod und Henochs Entrückung gegenüber (Vanhoye Structure 185). Hb selber mit seinem πάντες V 13 und mit V 39 anders (Theißen 98); ob unreflektiert? Jedenfalls kann Hb den „leichten" Ausgang bei Henoch für seine Gesamtlinie in Kapitel 11 eigentlich nicht brauchen. Diese Mehrdeutigkeit spiegelt sich wider in der Auslegungsgeschichte: Entrückung für Bengel ohne Tod, für Calvin ein sozusagen außergewöhnlicher Tod; für Primasius MPL 68,760B: entrückt in ein irdisches Paradies; Luther Scholien verbietet Fragen der törichten Neugier nach „wo" und „wie".

καὶ οὐχ ηὑρίσκετο. ηυρ- gut attisch, Bl-Debr § 67,1, in p^{46} ℵ A D 177 218 255 256 263 337 460 547 794 1834 1867 Epiph; ευρ- in K L P 6 104 Chr Thret Dam. Verneintes Passiv von „finden" als endgültiges Verschwinden in Gn 5,24 Js 35,9 53,9ℵ^a Jer 27(50),20 Da 11,19 Hb 11,5 Apk 16,20 18,21 1Cl 16,10 = Js 53,9 = Pol 8,1. Zu εὑρίσκειν siehe 4,16 und Bauer 1a. Von καὶ οὐχ bis ὁ θεός nun wörtlich Gn 5,24. In 1Cl 9,3 καὶ οὐχ εὑρέθη αὐτοῦ θάνατος (und nicht wurde eine Spur von seinem Tode gefunden); vgl: *translatus est Henoch et Elias nec mors eorum reperta est* (entrückt wurde Henoch und Elias und nicht wurde eine Spur von ihrem Tod gefunden) Tertullian Pud 50 CSEL 20,1 S 381 f; kennen 1 Clemens und Tertullian einen anderen Text von Gn 5,24? (Riggenbach Moffatt). διότι; in ℵ* ὅτι. Bauer 1a. Öfter in Lk Ag Pls. Hb nur hier, wie Gn 5,24 (siehe Ahlborn 35f), und Hb 11,23, ohne LXX-Zitat. μετέθηκεν, effektiver Aorist, der Endpunkt ist hervorgehoben, Bl-Debr § 318: so in p^{13} ℵ^2 A D* P; statt dessen Plusquamperfect μετετέθηκεν in p^{46} ℵ* D$^{1\ 2}$ L 102 203 234 256 326 378 383 421 425 506 642 1162 1611 1834 1867; das Perfect μετατέθηκεν in 5 257 337 623. Siehe oben bei μετετέθη. ὁ θεός, siehe 1,1. πρό für die Gewichtigkeit des zeitlichen Nacheinanders Lk 2,21 22,15 Joh 1,48 10,8 13,19 17,5.24 1K 2,7 Gl 2,13 3,23 Eph 1,4 Kol 1,17 2Tm 1,9 Tt 1,2 1Pt 1,20 Jd 25.

Hb nur hier, Beweis für πίστει. Ein ähnliches Nacheinander Plut Cons ad Apoll 34 II 120B und 37 II 121F, vom jüngst verstorbenen Söhnchen, zu Lebzeiten: im Besitz der entsprechenden Anerkennung für seine Frömmigkeit; und nach dem Tode: jetzt bei den Göttern weilend und mit ihnen tafelnd; Wettstein. Die Wichtigkeit des Nacheinanders wird auch durch μετά ausgedrückt Hb 4,7f und im NT öfter. πρό also zeitlich, siehe oben, so schon Thomas, wie μετά 4,7. Hb meint mit πρό nicht die Reihenfolge der Wörter in Gn 5,24, wo εὐηρέστησεν vor μετέθηκεν steht (gegen Delitzsch, der sogar an das εὐηρέστησεν in Gn 5,22 denkt). πρό auch kaum par suite „infolge"; denn das würde die vom Hb doch wohl kaum gemeinte Abfolge ergeben: Glaube – Grund der Entrückung; infolge der Entrückung – Gottgefälligkeit (zu Spicq). γάρ unterstreicht begründend das beweisende πρό. τῆς μεταθέσεως, siehe oben bei μετετέθη und 7,12. Ohne Zusatz in p[13] p[46] ℵ* A D* P 6 33 81 256 263 365 424[1] 436 1241[suppl] 1739 1834 1837 1881 1909 e f vg bo; sekundär mit αὐτοῦ dahinter in ℵ[2] D[2] K L Ψ 104 326 den meisten vg[ms] sy[p h] arm Chr Thret Dam. μεμαρτύρηται, siehe 7,8. Perfect: für immer. Zur Konstruktion siehe 11,4. εὐαρεστηκέναι in A K L Ψ 1 33 88 104 181 201 209 241 263 330 378 383 440 442 460 491 506 623 917 927 999 1319 1611 1738 1836 1845 1891 1908 1912 2127 2143 Thphyl. εὐηρεστηκέναι in p[13] p[46] ℵ D P 1834 Chr Thret Dam Ps Oec; vgl Bl-Debr § 69,4. Bauer Foerster ThW I 456f; zum Dativ und Passiv in 13,16 siehe Bl-Debr § 196 312,1. Vom Wohlgefallen des Weisen an der göttlichen Weltdurchwaltung Epict Diss 1,12,8 2,23,42. Im NT nur Hb: vom Wohlgefallen, das Henoch vor Gott findet 11,5; absolut 11,6; passivisch 13,16 von der Befriedung, die Gott an richtigen Opfern empfindet; vgl die Befriedung der Göttermutter an der Insel Samothrake (Diod S 3,55,9). In LXX finden Wohlgefallen vor Gott: Henoch Gn 5,22.24– התהלך את = , also durch Wandel – Sir 44,16; Sap 4,14 adjektivisch; Noah Gn 6,9; Abraham Gn 17,1 24,40 Abraham-Isaak Gn 48,15; die Psalmisten Ps 55,14 114,9: meist mit Dativ, auch mit Praeposition. In Test XII G 7,6, der Arme. Bei Philo: Henoch (Mut Nom 34), das Seth-Geschlecht (Poster C 43), Noah (Leg All 3,78 Deus Imm 109 116f Abr 31 35), Abraham (Gig 63 Mut Nom 39 47), zusammen mit Vätern (Leg All 3,177 Abr 17, Praem Poen 24), Juda (Leg All 2,96): meist mit Dativ, auch mit Präposition; absolut Leg All 3,79 Abr 35. In Apostolischen Vätern finden Wohlgefallen vor Gott: atliche Fromme (1Cl 62,2), Jesus (Ign Mg 8,2), Gemeindeglieder (1Cl 41,1 62,2), Märtyrer (Herm v 3,1,9). Gemeindeglieder finden Wohlgefallen vor Jesus (Pol 5,2), vor dem Gesetz (Herm s 8,3,5); allermeist mit Dativ; absolut 1Cl 62,2. Henochs Wohlgefallen vor Gott (absolut) spricht gegen die Notwendigkeit der Beschneidung (Just Dial 19,3). τῷ θεῷ siehe 1,1.

6. Ohne Glauben aber ist es unmöglich, Wohlgefallen zu finden; denn wer zu Gott naht, muß glauben, daß er ist und daß er denen, die ihn suchen, zum Entlohner wird.

Literatur: HBraun Wie man über Gott nicht denken soll, 1971; HBraun Gerichtsgedanke und Rechtfertigungslehre, 1930; AFeuillet La citation d'Habacuc II 4, NTSt 6, 1959, 52–80; HGunkel Die Psalmen, 1926; EHirsch/HRückert Luthers Vorlesung über den Hbbrief, 1929; HJKraus Psalmen[2], 1961.

Hb formuliert in V 6 weithin in einer ihm geläufigen Vokabulatur (Theißen 99). Der Beweis für die Rolle des Glaubens bei Henochs Entrückung wird weitergeführt, siehe 11,5: Wohlgefallen ist möglich nur, wo Glaube vorliegt; in ihm wird ja Gottes Existenz und sein Belohnen vorausgesetzt. Glaube ist Vorgabe, siehe 4,2, im christlichen Elementarunterricht zu akzeptieren (6,1 4,2 Exkurs). Der erste Teil dieser Voraussetzung nimmt 11,1b auf und ist griechisch gedacht und formuliert; der zweite, auf 11,1a bezogen, ist allgemein-religiös und alttestamentlich-jüdisch formuliert (siehe unten). Gegen diese Vorgabe wird Bedenken haben, wer meint: nicht das Daß, nur das Wie der Existenz der Gottheit kann wiegen in dieser Frage. Zudem: im zweiten Teil nichts von dem Zöllner und Sünder annehmenden Gott Jesu (Mt 11,19 Par), nichts von dem den Gottlosen rechtfertigenden Gott des Paulus (R 4,5), nichts von dem Gott der Liebe (1J 4,16), sondern alttestamentlich-jüdischer und allgemein-religiöser Vergeltungsglaube.

χωρίς, siehe 4,15. Frömmigkeit und Glaube als Tugenden schaffen Übereinstimmung und Einheit mit der unvergänglichen Natur (= Gott) Philo Migr Abr 132. δὲ im Beweis wie 1,13 3,17 7,7 8,13. πίστεως, siehe 4,2 Exkurs. Henochs Glaube *ist* belegt, wenn אמונה zu lesen ist, immerhin nach Hb in hebr Hen VI 3. ἀδύνατον, siehe 6,4; zum fehlenden ἔστιν siehe 6,8; Cl Strom II 8,4 trägt es nach (Mees 232). εὐαρεστῆσαι, siehe 11,5. Hier absolut; Cl aaO fügt θεῷ, siehe 11,5, an. Zum Infinitiv Aoristi nach δυνατός siehe Bl-Debr § 338,2. Zur Sache vgl 10,38b. Anders als Hb in 1Cl 9,5: ohne Liebe ist Gott nichts wohlgefällig (Hagner 200). πιστεῦσαι – ὅτι, siehe 4,3. γάρ, in 440 fehlend, begründet V a. δεῖ, siehe 2,1: das Nahen ist ohne dies Glauben undenkbar; δεῖ also logisch, nicht als Gesetz wie unten bei Diod S. Aufschlußreich, für Glaube als Vorgabe: hinter δεῖ in 1836 πρότερον, in 206 216 326 1831 Ath πρῶτον. τὸν προσερχόμενον, siehe 4,16. Nicht nur von Henoch, sondern allgemeingültig, vgl „die ihn suchen". τῷ θεῷ, siehe 1,1. Mit Artikel in p[46] א[2] A D★ K L P Ψ den meisten Chr Thret Dam, wie 7,25; θεῷ in א★ D[2] I 33 103 326 489 1241[suppl] 1912 Ath Epiph, siehe vSoden NT III S 1981.

ὅτι ἔστιν, siehe Bauer II Büchsel ThW II 396–398 Gräßer Glaube 56f 131–133 Braun Wie man § 3. LXX Ps 13,1 52,1 οὐκ ἔστιν θεός: *praktischer* Atheismus, der Gottes konkretes Wirken bestreitet (Gunkel Psalmen 232 Kraus Psalmen 106); ähnlich so, wenngleich schon stärker theoretisch, noch 4Esr 7,23 8,58. Aber so nicht das ἔστιν Hb hier. Hb auch nicht wie die drei-Zeiten-Formel (von Zeus etwa Paus 10,12,10, vom θεός Apk 1,4,8 und öfter), wo es um die Ewigkeit der Gottheit geht. Griechisch dagegen belegt ist, wie Hb hier, das ἔστιν der einfachen Existenzaussage. Zum Beispiel fordert Zaleukos in seiner Gesetzgebung von den Einwohnern, anzunehmen die Existenz von Göttern (θεοὺς εἶναι) und von ihr überzeugt zu sein (Diod S 12,20,2). „Gott existiert", „du bist" als Anrede (Ἔστιν ὁ θεός, εἶ) Plut E ap Delph 20 II 393A. Philo nennt als ersten der fünf Sätze ἔστι τὸ θεῖον καὶ ὑπάρχει, die Gottheit existiert und ist vorhanden (Op Mund 170), womit nur das „daß" (ὅτι), nicht das „was" (ὅ) (Praem Poen 39), nur das Vorhandensein, nicht das Wesen als für den Menschen erkennbar gemeint ist (Virt 215 und öfter). Epict Diss 2,14,11 ἔστι θεός; Ench 31,1 Wettstein αὐτῶν (τῶν θεῶν) ὡς ὄντων. Lidz Ginza R VII S 214,3f: glaube an den Lichtkönig, daß er da ist. Anrede im Zauber (ὁ) ὤν Preis Zaub II 13,171 1048. Sogar Epicur: Götter gibt es (εἰσίν) Diog L 10,123. In diesen Gesamtzusammenhang gehört Hb 11,6. LXX Ex 3,14 übersetzt nicht, sondern interpretiert das hebräische אֶהְיֶה אֲשֶׁר אֶהְיֶה griechisch mit ἐγώ εἰμι ὁ ὤν; siehe auch Sap 13,1. Öfter aber wird im jüdischen Hellenismus, anders als hier im Hb, die Einzigkeit und (oder) die Rolle als Weltschöpfer dem absoluten ἔστιν hinzugesetzt: Sap 12,13 Philo Op Mund 171 Ps Clem Hom 2,12,3 Windisch Recg 2,36,5; nur mit dieser Spezifizierung stimmt der Jude dem ἔστιν gern zu (Feuillet citation 78). Es geht bei dem ἔστιν um eine dem Hb immerhin wichtige Vorgabe des Glaubens; die Varianten bei δεῖ (siehe oben) korrigieren sekundär, aber sinngemäß. Dies ἔστιν, so betont im NT einmalig; das εἰσὶν 1K 8,5 meint dagegen etwas dem Paulus gerade Unwichtiges. Hb formuliert formaler als Porphyr ad Marc 24: man muß glauben, daß das einzige Heil in der Hinwendung zu Gott besteht (Größer Glaube 133). Gelegentlich verbinden auch griechische Texte das ἔστιν mit der ethischen Steuerung der Welt durch die Gottheit: die Götter freuen sich nicht der bösen, sondern der guten Leute (Diod S siehe oben); sie üben das Regieren des Alls in schöner und gerechter Weise (Epict Ench 31,1); ebenso von Gott die Fürsorge für das All und das Durchschauen menschlicher Taten und Gedanken (Epict Diss 2,14,11); die Fürsorge für die Welt (Philo Op Mund 171); er kümmert sich um alles, wobei er nicht ungerecht richtet (Sap 12,13). Schon Plato nennt beides: Götter existieren *(εἰσίν)* und sorgen für Menschen (Leg 12 II.905d). Diese Kombination von ἔστιν und – nun alttestamentlich-jüdisch – Belohnung auch hier im Hb. Die griechischen Kommentare haben den formalen Charakter des ἔστιν verstanden: siehe ihre Unterscheidung von ὅτι und τί bei Ath Greer 126, bei Chr Ps Oec und Thphyl MPG 63,157 119,405A 125,344D. Luther Scholien – ein anderer Glaube tut not – korrigiert dies formale ἔστιν und μισθαποδότης nach der Seite des persönlichen Engagements (siehe Hirsch-Rückert Vorlesung 269f), Calvin liest letzteres in das ἔστιν des Hb hinein. Bengel zutreffend: Henochs Glaube habe nicht eine sehr starke Deutlichkeit besessen. Ähnlich de Wette[2] Größer Glaube aaO, gegen manche Kommentare, die das ἔστιν entgegen dem Grundsinn „anreichern".

τοῖς ἐκζητοῦσιν αὐτόν; das Simplex in p[13] P r. Bauer 1 Greeven ThW II 897. In LXX Objecte den Herrn, Gott, auch kombiniert; öfter besonders in Psalmen. In LXX Ps 13,2 52,3 (siehe oben bei ἔστιν): ob einer ist, der Gott sucht. Test XII A 5,4, wie ähnlich auch in LXX, Objekt die Gebote des Herrn. Philo Fug 142 Objekt ihn = Gott = Dt 4,29. Im NT bei dieser Bedeutung des Verbs Objekte: den Herrn Ag 15,17 = Am 9,12; Gott R 3,11 = LXX Ps 13,2 = Ps 52,3; im Blick auf das Heil 1Pt 1,10. 1Cl 13,1 ihn = den Herrn. Hier Hb 11,6 αὐτὸν = τὸν θεόν; nicht philosophisch forschend, sondern praktisch im Wandel. Esau, der erfolglos Möglichkeit zur Buße suchte 12,17, handelt zu spät so, wie Barn 4,1 wünscht: wir müssen die Dinge suchen, die uns retten können. Anders Mose: intensiv suchte er im sterblichen Leben Kunde über Buße im Blick auf Verfehlungen; aber gleichwohl fand er nicht eine entsprechend sich verhaltende Seele (Philo Fug 158).

μισθαποδότης, Bauer Preisker ThW IV 705, im NT nur hier, sonst nur in christlicher Literatur: Thret MPG 82,760A Brightman S 17 Zeile 20 Const Ap 7,35,10 von Gott; Const Ap 5,6,10 Act Thom 142 IIb S 249,10 159 S 271,1.14 von Jesus. Er stattete den Frommen Lohn für ihre Mühen ab (Sap 10,17). Lohn ist im Hb betont, siehe μισθαποδοσία 10,35 11,26; betont auch die Strafe μισθαποδοσία 2,2; 10,28 12,25. Die christliche Situation ist besonders gefährlich 2,2f. μισθαποδότης ist dem Hb wichtig: nur so gibt es ein Ertragen der mit dem rechten Verhalten verbundenen Mühsale (Thret aaO Thomas); darum ist die Vergeltung Glaubensinhalt (4,2 Exkurs). Daß Gott selber der Lohn ist (Thomas Bengel), könnte bei Henoch durch die Entrückung, im Hb überhaupt durch 4,10 gedeckt sein. Die außerbiblische Antike kennt seitens der Gottheit paränetisch Lohn (Plut Ser Nom Vind 32 II 567F 568A Ditt Syll[4] 985,46–48), kennt ebenso Strafe (Plato Men 14 II 81B Jambl Vit Pyth 30 179); siehe Braun Gerichtsgedanke 2–5. Das Vergeltungsdogma ist im AT und Judentum zentral (Str-B IV Exkurs 33; Braun Radikalismus I 6–8); gelegentlich kombiniert mit der Einzigkeit Gottes (Abot II 1d IV 22); darin also anders als Hb hier. γίνεται, Bauer I 4a; also von Gottes noch vorausliegender Tätigkeit. Gott Subjekt von γίνεσθαι im Hb nur hier.

7. Durch Glauben verfertigte Noah, von dem Gottesspruch über noch nicht sichtbare Dinge belehrt, voll frommer Scheu eine Arche zur Errettung seiner Familie, durch Glauben verurteilte er die Welt und wurde ein Erbe der dem Glauben eignenden Gerechtigkeit.

Nun, nach Henoch: Noah und Abraham – wie Sir 44,16–19 1Cl 9,3f.10 (siehe Hagner 184); ähnlich Test XII B 10,6 LA; anders gruppiert Philo Abr 7–44: Noah wird über noch Unsichtbares, siehe V b, die Flut, unterrichtet, beugt sich der Gottesweisung und baut die Arche zur Errettung für sich und seine Familie. Sein darin bewiesener Glaube verurteilt die Welt und macht ihn selber zum Glaubensgerechten. Hb verwendet, mit Auswahl und knapp, Gn 6,8–7,1 und jüdische Noahtradition. Er bringt nicht ausdrücklich Begründung des Flutgerichtes, nicht Bauplan der Arche, Tiere in ihr, Noahs Bußpredigt und spätere Setzung (διαθήκη). Ohne außerchristliche Tradition ist im Hb Noahs Glaube; zum Teil gegen die Tradition ist die Verurteilung der Welt. Sie ist vom NT her befremdlich: gegen Joh 8,10f R 9,2f 10,1; R 2,1 und 8,34 liegen offenbar nicht im Gesichtsfeld des Hb.

Das dritte πίστει, siehe 4,2 Exkurs: πιστότατος Sib 1,126 meint „verläßlich"; πιστὸς 1Cl 9,4 wohl „gläubig"; und πίστις bei Noah ist für Hb gedeckt durch δίκαιος – τῷ θεῷ εὐηρέστησεν Gn 6,9, nach der Logik von Hb 11,5f. Noah glaubt dem Seienden Sib 1,137, vgl V 6. Mit „durch Glauben" ist nicht zu verbinden der Empfang des Gottesspruchs, wohl aber Noahs fromme Scheu und sein Bau der Arche (so seit Luther NT 1522 de Wette[2] und viele). χρηματισθείς: siehe 8,5. Das „Gott sprach" Gn 6,13 wird dadurch numinoser; ähnlich die Gottessprüche Philo Vit Mos 2,60, das „eingeben" und „durch ein Zeichen kenntlich machen" Jos Ant 1,76.89, das „vom Himmel her sprechen" Sib 1,127, Gottes Gebot Theophil Autol 3,19 MPG 6,1145C und „befehlen" Ps Clem Hom 8,17,4, der „Ruf" Lidz Ginza R XVIII S 409,2. Νῶε, Bauer Schröger 214f. In Gn 6,8–7,1 Ez 14,14.20; nach-alttestamentlich: Test XII B 10,6 Sap 10,4 Sir 44,17 Jub 7,20–39 Philo oft (siehe Mayer Konkordanz), aeth Hen 106,18 gr Hen 107,3.16–18 sl Hen 35,1 Jos Ant 1,75–78.99 Sib 1,125–282; rabbinisch Str-B I 524 963 III 652 769; NT: Hb nur hier; sonst Mt 24,37f Par Lk 3,36 1Pt 3,20 2Pt 2,5; nach-neutestamentlich: 1Cl 7,6 9,4 2Cl 6,8 Theophil Autol siehe oben Ps Clem Hom 8,17,4 Lidz Ginza siehe oben. περὶ τῶν μηδέπω βλεπομένων, abhängig von „durch den Gottesspruch belehrt" (so Chr Ps Oec Thphyl MPG 63,160 119,405A 125,345A Luther NT 1522 de Wette[2] und Neuere), nicht von „voller Scheu" (gegen vSoden Riggenbach). μηδέπω Bauer; V 1 οὐ. In f vg adhuc non; 1908 Chr μήπω. Sinn = verschiebend in d e non; in 13[lect] μή; 1 μηδέποτε. τῶν – βλεπομένων, siehe 11,1. Die Flut ist freilich nicht grundsätzlich, sondern nur zunächst unsichtbar; so Beispiel für die Plötzlichkeit der Parusie Mt 24,37f Par. εὐλαβηθείς, siehe das Substantiv 5,7. Bauer Bultmann ThW II 749–751. Bl-Debr § 211 WSchmid bei Bauer. a) Furcht: allgemein (Prim MPL 68,760D Bengel); vor der Flut (Chr Ps Oec Thphyl MPG 63,160 119,405A 125,345B Thomas Calvin Riggenbach). b) Vorsicht (Delitzsch vSoden Montefiore), fromme Vorsicht (Bleek-Windrath Hollmann Westcott). c) Ehrung Gottes (Luther NT 1522); fromme Scheu (de Wette[2]); fromme Ehrfurcht (die meisten seit Spicq Héring). Bultmann erwägt a und c, Bauer b. Unermeßliches Zittern bei Noah, Sib 1,147. Aber Furcht, wie in Ag 23,10 H L P, der einzigen Stelle für dies Verb im NT außer Hb, scheint hier in V 7 als Furcht vor der Flut ausgeschlossen zu sein durch πίστει, siehe 11,23.27. Fraglich ist „Vorsicht" als Glaubenswirkung: handelten die Mose-Eltern vorsichtig 11,23? Fromme Scheu: vor dem das Gastrecht schützenden Gott (Plato Leg 9,16 II 879e), während Diebe keinerlei Scheu vor Augen haben (Wilcken Ptol 42,19–22, dazu Kerényi bei Bauer). In LXX: Prv 2,8 24,28(30,5) Sir 7,29(31) Na 1,7 Hab 2,20 Jer 5,22 15,17 und öfter. Philo definiert: fromme Scheu (absolut) und Freimut haben gehört zusammen (Rer Div Her 29); Sara übt fromme Scheu (absolut) (Spec Leg 2,54); Mose scheut sich, Gott zu schauen (Mut Nom 134). Mordbeauftragte verweigern den Befehl aus Scheu vor der Gottheit (Jos Ant 6,259). Im Hb hier führt die Scheu zur Befehls*befolgung,* deren Genauigkeit in Gn 6,22 betont wird. Philo Quaest in Gn 2,48 versteht das εὐλαβὴς ἦν als reverent und als Vorsicht vor neuer Gefahr. κατεσκεύασεν, siehe 3,3 9,2. So Jos Ant 1,77 1Pt 3,20 Theophil Autol 3,19, siehe oben. Dagegen „machen" Gn 6,22, „kunstvoll bauen" Sib 1,133. κιβωτόν, als Bundeslade siehe 9,4; als Arche im Hb nur hier; Bauer 1. So Gn 6,14–9,18 4Makk 15,31 Philo Det Pot Ins 170 Plant 43 Mt 24,38 1Pt 3,20 1Cl 9,4 Theophil Autol 3,19, siehe oben. Mit „Kasten" umschreiben Jub 7,26 Jos Ant 1,77 Ps Clem Hom 8,17,4; mit unzerstörbarer Wohnung Sib 1,133, mit schlichtem Holz Sap 10,4. εἰς σωτηρίαν, wie 9,28; für σωτηρία siehe 1,14 2,3; hier: vor dem Ertrinken, wie das Verb Mt 8,25 14,30 Ag 27,20. So wie hier substantivisch Philo Vit Mos 2,59.65; meist verbal: Sib 1,136 Jub 7,34 1Cl 9,4 Ps Clem Hom 8,17,4 Theophil Autol 3,19 Lidz Ginza R II 1,121; verbal und substantivisch Philo Quaest in Gn 2,11 Jos Ant 1,76 78. τοῦ οἴκου αὐτοῦ, Familie, siehe 3,2 3,6. So hellenistisch; in LXX zum Beispiel Gn 12,1 18,19 Jos 24,15 und öfter; Philo zum Beispiel Praem Poen 17; NT Lk 10,5 Ag 10,2 18,8 1K 1,16 2Tm 1,16 4,19; wie Hb V 7 verbunden mit Rettung Lk 19,9 oder dem Verb Ag 11,14 16,31. Noahs Familie wird errettet Gn 7,1; einzelne Familienglieder Gn 6,18 Ps Clem Hom 8,17,4; andere Formulierungen für Familie Sib 1,136 Jos Ant 1,78 Jub 7,26.

δι' ἧς, bezogen nicht auf Arche (gegen Chr Ps Oec Theophyl MPG 63,160 119,405A 125,345B Calvin Spicq Westcott); sondern auf Glauben (so Prim MPL 68,760D Thomas die meisten). κατέκρινεν, Bauer Büchsel ThW III 153; der Accusativ danach unattisch Bl-Debr § 181. Hb nur hier. Auch der von dem Mysterien-Priester Verurteilte ist von den Mysterien ausgeschlossen (Ditt Syll[4] 736,44 f). Menschen üben durch ihr gutes Verhalten die Verurteilung anderer (Sap 4,16 Mt 12,41 f Par), ebenso durch „richten" (R 2,27). Gott verurteilt die Welt (1K 11,32), Sodom und Gomorra (2Pt 2,6). Daß Noah in Gedanken (so Strathmann), oder in Worten (so vSoden Riggenbach), die Verurteilung aussprach, sagt Hb nicht direkt. Sie braucht von Noah nicht beabsichtigt zu sein, sie geschah durch sein Glaubensverhalten (Imperfect der Dauer). Der Eindruck der Härte bleibt aber (siehe oben am Anfang), wie auch bei Philo, wo Noahs Kontrast gegen die Sünder beabsichtigt ist (Deus Imm 74 *(ἵνα)*, Gig 3, auch 2Pt 2,5). Die Tradition zeichnet Noah aber auch milder: nicht Noah, Gott verurteilt (Jos Ant 1,75); Noah weint über den Tod der gesamten Welt (Sib 1,189 f), Gott übt Langmut gegenüber der Flutgeneration, Jesus predigt ihr (1Pt 3,20). Noahs Bußpredigt ist im κατακρίνειν nicht einfach vorausgesetzt, sie soll Heil wirken (Sib 1,129); Noah versuchte sie zum Besseren zu überreden (Jos Ant 1,74), ja er findet Gehör (1Cl 7,6), er predigt der Welt die Wiedergeburt (1Cl 9,4); Noah machte die Erde froh, fort vom Untergang (gr Hen 107,3(17 f); vgl Stob I 73,23: die bei Gott befindliche Geistwesenheit vermag den anderen zu retten, indem sie sich selber rettet). Ja, klare Kritik: Mose ist größer als Noah, er hat, anders als Noah, sich *und* sein Zeitalter gerettet (Dt r 11(206d) Str-B III 652); Noah war nur relativ gerecht (Philo Abr 36 Agric 181, vgl Siegfried 152 270 328; ähnlich Gn r 30(18c) Str-B I 524). τὸν κόσμον, siehe 4,3; vgl 11,38 und κόσμος ἀσεβῶν 2Pt 2,5, summarischer als die ἀπειθήσαντες 1Pt 3,20 und die vielen Ungerechten Philo Gig 3. καὶ τῆς κατὰ πίστιν δικαιοσύνης. Wenn der hier beginnende Satz abhängig ist von δι' ἧς (so Bleek-

Windrath vSoden Riggenbach Windisch), wird der Kontrast zwischen verurteilen und Gerechtigkeit besonders betont. τῆς δικαιοσύνης, siehe 5,13. Der Glaube beschafft (ἐγένετο) die ihm eignende Gerechtigkeit; Hb meint nicht, wie Philo Deus Imm 74–76, nur als Gnade und Mitleid, sondern angemessen (de Wette[2] und Neuere), also nicht paulinisch paradox (gegen Luther Scholien Calvin Bengel Delitzsch), siehe 10,38. Nach Gn 6,9 dagegen ist Noah schon v o r dem Gehorsamsbeweis gerecht (Strathmann). Gerechtigkeit, adjektivisch oder substantivisch, ist die am breitesten bezeugte Qualität Noahs: Gn 6,9 7,1 Ez 14,14; der Gerechteste der Menschen Sib 1,125 280; Sap 10,4.6. Als vollkommener Gerechter Sir 44,17. Ferner sl Hen 35,1; Sanh 108a Str-B I 963. Bei Philo Det Pot Ins 170 und sehr oft als erster im AT gerecht genannt Congr 90; ferner Quaest in Gn 1,97 2,11 4,15. Jos Ant 1,75 99; Künder der Gerechtigkeit 2Pt 2,5, vgl Gn r 30(18b) Str-B III 769; 1Cl 31,2 Ps Clem Hom 8,17,4 17,4,3 18,13,6 Recg 1,29,5 4,12,2 8,50,1 Const Ap 8,12,22. κατὰ πίστιν, statt Genitiv, siehe Bl-Debr § 224,1 Rademacher 139 Bauer κατά II 6c. ἐγένετο, siehe 7,20. κληρονόμος: Noah besaß Glaube, baute die Arche und kam, wie sein Titel zeigt, in den *festen* Besitz (so Moffatt Westcott) der Glaubens-Gerechtigkeit, nicht, wie Abraham R 4,13, in den Besitz des Kosmos. κληρονόμος, siehe 6,17. An Noah als Erben seiner glaubenden oder gerechten Vorfahren ist kaum gedacht (gegen Thomas, zweiter Vorschlag; Erasmus paraphrasis Bengel Bleek-Windrath Hollmann Strathmann). Die κληρονομ-Bildungen des Hb stehen nie absolut, sondern immer mit Angabe des Ererbten: 1,4.14 6,12 12,17; 9,15 11,8;1,2 6,17. Daher ist δικαιοσύνη auch hier Erbgut, Genitivus objectivis (so Riggenbach und viele); für Abstracta möglich, siehe Demosth Or 22,34. Die Gerechtigkeit ist nicht der Erblasser (gegen vSoden); oder das Erbmittel (gegen Chr MPG 63,160 κατὰ πίστιν = ἀπὸ τοῦ πιστεῦσαι; und gegen Windisch Kuß).

8. Durch Glauben leistete Abraham, als der Ruf an ihn erging, der Weisung Folge, an einen Ort auszuziehen, den er zum Erbe empfangen sollte, und er zog aus, ohne zu wissen, wohin er kommt.

Hb formuliert, verglichen mit Gn 12–25, ziemlich eigenständig, läßt einiges aus LXX weg (siehe unten) und fügt das ihm Wichtigste, den Glauben, schon hier beim Auszugsbefehl ein. Der Glaube ist durch „Erbe" auf „Erhofftes", durch das „nicht wissen wohin" auf „Dinge, die man nicht sieht" gerichtet, vgl V 1. V 10.13–16 werden verdeutlichen: das Erbe befindet sich für Hb, anders als in Gn, nicht auf Erden.

πίστει, siehe 4,2 Exkurs. In LXX Gn 12 nicht; erst bei der Isaak-Verheißung Gn 15,6, und zwar verbal. Abrahams Glaube ist in der jüdischen Tradition zentral: Philo zitiert Gn 15,6 in Leg All 3,228 und zeichnet Abraham als den von der Gottheit bewunderten Glaubenden (siehe 4,2 Exkurs). Josephus indirekt, wenn er Abrahams Warnung vor dem naiven Vertrauen (θαρρεῖν) gegenüber dem Vorhandenen erwähnt Ant 1,227. Für das rabbinische Judentum siehe 4,2 Exkurs und Str-B IV Register S 1213 unter „Abrahams Glaubensleben Glaubensgerechtigkeit". Paulus an zentralen Stellen, zum Teil zitierend, von Abrahams πίστις R 4,9.12.16; das Verb R 4,3 Gl 3,6, auch Jk 2,23; das Adjektiv Gl 3,9. 1Cl von Abraham πιστὸς 10,1 διὰ πίστεως 31,2. καλούμενος, wie χρηματισθεὶς 11,7 (vSoden), nicht mit „durch Glauben" zu verbinden, unterstreicht die religiöse Bedeutung des profan klingenden εἶπεν Gn 12,1. Absolut, regiert es nicht ἐξελθεῖν (gegen Héring). Zu καλεῖν siehe 5,4. Wie in 5,4 ohne ὁ, in p[13] ℵ D[2] K L Ψ 1834 den meisten Chr Dam, primär. Sekundär ὁ davor, in p[46] A D★ 33 256 467 1739 1881 2127 arm. καλούμενος wird von Thret MPG 82,760C

Prim MPL 68,762A zu Unrecht auf Abrahams Umbenennung Gn 17,5 bezogen; richtig Thphyl MPG 125,345BC, so auch Erasmus adnotationes. Das Particip ist als Vergangenheitsform aufzulösen (siehe 10,34), liegt also zeitlich nicht vor dem ὑπήκουσεν: der Gehorsam erfolgte sofort. So schon Philo Abr 66: zugleich mit dem Befehlsempfang (Moffatt); das „sofort" auch bei Erasmus paraphrasis Calvin Bleek-Windrath Spicq Westcott. Zu καλεῖσθαι vgl Gn 15,1.4; gehorchen gegenüber der Stimme Gottes Gn 26,5, zitiert bei Philo Rer Div Her 8. Anders das Rufen des Engels Gn 22,11.15. Josephus Ant 1,154: Gottes κελεύειν. Ἀβραάμ, hier so geschrieben, wie in Genesis erst ab 17,5. Zu seiner Person in Gn 12–25 Jos Ant 1,148–256 Ag 7,2–8; weiteres siehe Hb 6,13 4,2 Exkurs Const Ap Register S 632; Schröger Schriftausleger 215–218. ὑπήκουσεν, nur hier im NT mit folgendem Infinitiv, Bauer 1 Bl-Debr § 392,3. Zu diesem Verb siehe 5,9. Glaube gehorcht, siehe 4,2 Exkurs. In Gn 12–25 von Abraham nicht ὑπακοή und das Adjektiv, aber das Verb Gn 16,2 22,18 26,5. Hb dagegen, betont, schon beim Auszugsbefehl. Philo zitiert Gn 26,5 Rer Div Her 8; Gott folgen und gehorsam Abr 60. Josephus bei Isaaks Opferung „in keinem Punkte ungehorsam sein" und „gehorchen" Ant 1,225.233. Das NT hat von Abraham nicht ὑπακοή und ὑπήκοος; ὑπακούειν von ihm nur hier. 1Cl 10,1 f ὑπήκοος und ὑπακοή beim Auszug (Hagner 184f). ἐξελθεῖν; umgestellt hinter εἰς τόπον in D d e f vg (Harnack Studien 229); ausgelassen in 225. Zu diesem Verb siehe 3,16. Von Abraham Gn 12,1, zitiert bei Philo Leg All 2,59; Gn 12,4, zitiert bei Philo Migr Abr 176 Som 1,74; Gn 24,5; auch von den Seinen Gn 12,5. Jos Ant 1,154 verlassen und umziehen nach. Von Abraham im NT nur hier im Hb, 2mal; noch 1Cl 10,2, mit „aus dem Lande" usw. Hb, an dem Erbe und an der welthaft unsicheren Zukunft des glaubenden Abraham interessiert, erwähnt das „aus dem Lande" usw. von Gn 12,1 gar nicht (das vermerken Moffatt Montefiore). Philo, anthropologisch allegorisierend, bringt es sehr breit: Abr 63–67 (Moffatt) Migr Abr 1–16 (danach Chr Thphyl MPG 63,161 125,345C Erasmus paraphrasis Luther Scholien Calvin Spicq Westcott). εἰς τόπον erhöht, artikellos, die Ungewißheit. Ohne Artikel in p[46] ℵ* A D* P Ψ 33 81 104 365 920 1241[suppl] 1834; εἰς τὸν τόπον in ℵ[2] D[1] K L 6 1739 den meisten Chr Thret Dam; κόσμον statt τόπον in 242. τόπος siehe 8,7; für τὴν γῆν von Gn 12,1.7 15,7.8. In Gn 12–25 τόπος nicht als Erbland, auch nicht τόπον λαμβάνειν. ἤμελλεν, in p[46] ℵ A D[2] L P 1834 1912 Thret Ps Oec; ἔμελλεν in D* K 2 5 104 203 206 216 218 256 257 263 337 378 383 436 489 506 547 623 635 642 794 999 1311 1319 1518 1610 1738 1831 1845 1891 2127 2143 Chr Dam Thphyl; zum schwankenden Augment siehe Bl-Debr § 66,3. μέλλειν, siehe 1,14 8,5. Noch ist der Ort nicht in Abrahams Hand, vgl 11,1 Ag 7,5 Philo Migr Abr 43; anders Jos Ant 1,157 „er nahm das Land Kanaan in Besitz". λαμβάνειν, siehe 4,16. λαμβάνειν mit εἰς statt Prädikats-Accusativ Bauer εἰς 4 Bl-Debr § 157,5. Die Auslassung von εἰς in ℵ* 623 ändert also nicht den Sinn. ℵ* stellt um: κληρονομίαν λαμβάνειν. λαμβάνειν εἰς Gn 34,4 43,18 Pap Masp 92,9 Preisigke Wört II 4; vgl διδόναι εἰς Test XII B 10,5. λαμβάνειν εἰς wie hier im NT sonst nicht. κληρονομία, siehe 9,15. In Gn 12–25 von Abraham nicht. Dafür von ihm das Verb Gn 15,7f 22,17, ebenso 1Cl 10,2. Wie Noah 11,7 ist Abraham hier Erbe. μὴ ἐπιστάμενος. ἐπίσταμαι Bauer 2; im Hb nur hier; im NT nur im Praesens (Radermacher 101); besonders Ag, nicht von Abraham. Für Paulus siehe Ag 20,22 (Montefiore). Das „wohin" nicht wissen Jos 2,5. Abrahams ἐπίστασθαι nicht in Gn 12–25. Er kann nicht wissen, denn „ich werde dir zeigen" Gn 12,1. ποῦ Bauer 2 2b, für ποῖ „wohin", das in LXX und NT nicht verwertet wird. „Wohin gehst du?" Frage an den Dämon auf Amuletten (RReitzenstein ARW 24, 1926, 176f). ποῦ ἔρχεσθαι in LXX nicht; aber ποῦ πορεύεσθαι Gn 16,8 Ri 19,17 und öfter; ποῦ Henoch entrückt wurde (gr Hen 12,1). ποῦ im Hb nur hier; mit ὑπάγειν in johanneischer Literatur öfter. ἔρχεται, in indirekten

Fragesätzen öfter auch in Ag (Delitzsch). Dafür sekundär ἀπέρχηται in 2 440 823; zum üblicheren Konjunktiv siehe Bl-Debr § 368. ἔρχεσθαι siehe 6,7. Abrahams ἔρχεσθαι nicht (auch nicht Gn 23,2) in Gn 12–25 von seiner Wanderung; wohl aber Formen von ἐλθεῖν. Hier V 8 „kommen" Bauer I 1 a γ.

9. Durch Glauben siedelte er in das Land der Verheißung als in ein fremdes über und wohnte in Zelten zusammen mit Isaak und Jakob, den Miterben derselben Verheißung.

Literatur: ELohmeyer Die Verklärung Jesu ZNW 21, 1922, 191–196 LMMuntingh The City Which Has Foundations in The Light of the Mari Texts, Festschrift AvSelms, Leiden 1971, 108–120.

Der Auszug ins Unbekannte erbrachte nicht neue Heimat; das verheißene Land war Fremde und nicht Eigentum; Thomas betont, mit Ag 7,5: auch nicht einen Fußbreit. Die Zeltexistenz erweist das. Es blieb bei den erhofften und nicht sichtbaren Dingen (11,1). Chr Cramer Cat und Erasmus paraphrasis schildern plastisch die den Glauben erschwerenden Unbilden. Anders als bei Abel, Henoch und Noah sind nun Sohn und Enkel mitbetroffen; das Verheißungs-*Volk* hebt an.

πίστει, siehe 4,2 Exkurs; nun entgegen der Besitzlosigkeit. Canonical Prayerbook ed Drower S 176 Zeile 5 von oben: I (travel onward) by faith. Vor πίστει in D* d e καί, am Satzanfang, vgl 8,8. *fide* fällt in d e fort; Verstümmelung von „*et demoratus*"? παρῴκησεν εἰς. Nach dem Verb fügen D^2 P 2 42 51 69 104 234 242 326 330 429 440 491 823 1245 1311 1319 1836 2004 Ἀβραὰμ sekundär ein; εἰς wird fortgelassen von 1245 1852. παροικεῖν Bauer 1 KL und MA Schmidt Meyer ThW V 840–852: vom Wohnen in der Fremde ohne Heimatberechtigung; hier: übersiedeln (vgl Deißmann NB 54f). Im NT außer Hb 11,9 nur noch Lk 24,18. Von Abraham Gn 12,10, von Jakob Gn 47,9; betont im Bekenntnis Dt 26,5; sonst noch Exodus bis Josua. Mit εἰς Nu 20,15A; mit γῇ Gn 17,8 21,23 und öfter. Fremdling neben Beisasse Gn 23,4. Von Levis Familie παροικία beziehungsweise πάροικος Test XII L 11,2. Abrahams Übersiedlung in ein fremdes Land Philo Rer Div Her 267, vgl Abr 79; von Jakob und den Vätern vor ihm Abr 80, von Isaak Abr 81. Aber schon Philo gebraucht dies Verb von der grundsätzlichen Weltfremdheit der Seelen der Weisen (Conf Ling 76–78). So versteht auch Hb hier das παρῴκησεν, wie V 10 und 15 f außer Zweifel stellen. Ebenso diese Wortgruppe für die Christen 1Pt 1,17 2,11 Dg 6,8 und in den Einleitungen zu 1Cl Pol Mart Pol. Anders als im Hb das AT: dort schlägt die Umsiedlung der Erzväter in das sich irdisch realisierende „er gab uns das Land" für Israel um Dt 26,9–11 (gegen ThW V 845). Die mit der Übersiedlung sich begnügenden Erzväter, freilich ohne Erwähnung ihres Glaubens, auch Sanh 111a (Str-B III 745); ebenso stand Abraham dem Wanderleben nicht ablehnend gegenüber (Philo Abr 85). Ja, bei Josephus gilt schon für Abraham: er siedelte sich in Kanaan an, er besaß den Boden, er hinterließ ihn den Nachkommen (Ant 1,154.157); und selbst im AT kommen die Erzväter schon vereinzelt an Grundbesitz (Gn 23,17 f 33,19). All das ist dem Hb für seinen dualistisch eingestellten Abraham uninteressant. Daher trägt für den Hb-Abraham die an sich lehrreiche Differenzierung der Stufen des Nomadentums durch Muntingh City nichts aus. εἰς γῆν; ohne τὴν vor γῆν in p^{46} ℵ A D^1 K L 1834 Dam Ps Oec, primär; zum Fehlen des Artikels siehe 6,1. Sekundär mit τὴν in D* P Ψ 5 69 206^2 216^2 218 256 326 330 378 440 491 506 547 623 823 1245 1311 1319 1610 1827 1831 1852 1872 1912 2004 2127 Chr Thret Thphyl. Zu γῆ siehe 1,10. τῆς ἐπαγγελίας, siehe 4,1. 2 fügt dahinter Ἀβραὰμ ein. Weil zunächst nur Zusage, nicht festes Wohnen und fremdes Land. ὡς, siehe 6,19, markiert das Befremdliche, aber trotzdem Wirkliche von ἀλλοτρίαν. ἀλλοτρίαν, siehe 9,25. In einem fremden Land ist Beisasse Mose (Ex 2,22 18,3), auch Abrahams Nachkommen (Ag 7,6). Abraham ist nicht nur den Einwohnern fremd, wie der „Gesandte" sogar den Seinen (Act Thom 109 IIb S 220 Zeile 20), er ist auch ohne Besitzrecht; denn etwas als fremd vorfinden heißt, die Dinge nicht als Eigentum besitzen (Philo Sacr AC 97); daher „auf einem Boden, der ihm nicht gehört" Gn 15,13. Die Besitzlosigkeit ist freilich bei Josephus und ein wenig auch in Genesis gemildert, siehe oben bei παρῴκησεν. Obwohl Besitzlosigkeit und Vereinzelung auch Strafe sein kann (Philo Congr 58) oder symbolisch zu deuten ist (Philo Migr Abr 1–16), ist auch für Philo Abraham der Auswanderer, der getrennt ist von allen Verwandten und Freunden (Virt 218; vgl Rer Div Her 267 oben bei παρῴκησεν). In Hb 11,13 sind Abraham und die Väter Fremdlinge und Beisassen schlechthin. ἐν σκηναῖς, siehe 8,2. Zelte nicht als Wohnung der Gottheit (dazu Lohmeyer Verklärung 191–196), sondern der Nomaden; für Abraham Gn 12,8 13,3 ff 18,1 ff, Isaak 26,25, Jakob 31,25 33,19 35,16. Richtig Thomas: nicht zu gleicher Zeit, sondern nacheinander; ähnlich Calvin: nicht unter denselben Zelten. Die Genesis-σκηνή-Stellen sind nicht mit κατοικεῖν verbunden, wohl aber die Zelte beim Laubhüttenfest Lv 23,42 f Neh 8,14. Zelt als Wohnstätte galt den Rabbinen als Wohltat, nur ausnahmsweise als negativ (Pesikt 188b 189a Str-B II 778 f). Zelt der Grabeswächter Ev Pt 8,33. κατοικήσας, Bauer 1a Michel ThW V 155–157. κατοικεῖν gegen παροικεῖν Philo Rer Div Her 267. κατοικεῖν von den Patriarchen in Genesis öfter, aber nicht mit „in Zelten". „In Zelten wohnen" Philo Poster C 98, Zitat aus Gn 4,20, wo aber οἰκεῖν steht. κατοικεῖν nicht bei Paulus und in johanneischer Literatur; wenig in den Synoptikern, Deutero-Paulinen und Katholischen Briefen; viel in Apostelgeschichte und Apokalypse; im NT außer Hb nicht mit „in Zelten". Hb nur hier. Übertragen, von der Seele, in einem sterblichen Hause Dg 6,8. μετὰ mit Genitiv, Bauer II 1a Grundmann ThW VII 767–772. Vgl Gn 35,27: Abraham war Beisasse und Isaak. Ἰσαάκ, in D* d Ἰσάκ. Bauer, zur Schreibweise, ebenso Bl-Debr § 39,3. Odeberg ThW III 191 f. Viel im Pentateuch, besonders Genesis. In Synoptikern, Apostelgeschichte, Paulus, nicht als μετὰ –; Jk 2,21 wie Hb 11,17. Isaak im Hb noch: als Zitat 11,17 f; mit eigenem πίστει 11,20. Ἰακώβ, Bauer 1 ThW wie Isaak. Viel in LXX, besonders in Genesis. In Synoptikern, Joh-Evangelium, Apostelgeschichte, Paulus; nicht als μετὰ –. In Hb noch 11,20 f mit eigenem πίστει. τῶν συγκληρονόμων; so, γκ, in K L P, siehe 9,18; mit νκ in p^{46} ℵ A D, Bauer Foerster ThW III 767 786; in Inschriften Deißmann LO 73; in byzantinischen Papyri Preisigke Wört II 498. In LXX nicht; Sir 22,23(29) nur das Verb. Zu κληρονομεῖν siehe 1,4 6,12; κληρονόμος siehe 6,17; κληρονομία siehe 9,15. συγκληρονόμος, wie griechisch allgemein, Philo vom leiblichen Bruder und Verwandten Spec Leg 2,73 Leg Gaj 28 f und öfter. Im NT συγκληρονόμοι: die Christen zusammen mit Christus R 8,17; die Heidenchristen zusammen mit Israel Eph 3,6, wobei es um die Verheißung geht wie hier Hb V 9; die Ehefrauen mit ihren Männern 1Pt 3,7, Miterben an der Gnade Gottes. Im Hb nur 11,9: Isaak und Jakob, zusammen mit Abraham, an derselben Verheißung. Herm s 5,2,7.8.11: der brave Sklave zusammen mit dem Sohn. τῆς ἐπαγγελίας τῆς αὐτῆς, dieser echte Text in p^{13} p^{46} ℵ^2 A. Umstellungen; sinngleich: τῆς αὐτῆς ἐπαγγελίας ℵ^1, τῆς ἐπαγγελίας ταύτης Ψ, τῆς ἐπαγγελίας αὐτῶν aeth. Abschwächend: τῆς ἐπαγγελίας αὐτοῦ (Abraham ist der eigentliche Erbe) D 51; τῆς ἐπαγγελίας (es ist nicht ausdrücklich die Verheißung auch der Nachkommen) arm; τῆς ἐπαγγελίας αὐτῆς (als verstünde sich das nicht von selbst) ℵ* 255. Zu ἐπαγγελία siehe oben. Hier: Miterben an der Zusage oder am Verheißungsgut, dem Verheißungsland, das sich aber im Himmel befindet, siehe V 14–16. τῆς αὐτῆς, siehe 4,11; unterstreicht die Gleichheit unter den miterbenden Nachkommen. Nicht vokabulär, aber dem Sinne nach sind vergleichbar: Gn 12,7 13,15 17,8.19.21 21,12 25,11 26,3f 28,13 35,12 Ex 33,1 Test XII L 18,6 Philo Migr Abr 30 Leg All 3,85 Jos Ant 1,236 Ag 7,5 Barn 6,8.

10. Er wartete nämlich auf die die Fundamente besitzende Stadt, deren Werkmeister und Bildner Gott ist.

Literatur: HBraun Wie man, siehe V 6; AHilgenfeld Die Ketzergeschichte des Urchristentums, 1884; GJeremias Der Lehrer der Gerechtigkeit, 1963; RKnopf Die Himmelsstadt, in: NTliche Studien für Heinrici 1914; LMMuntingh City, siehe V 9; OPlöger Himmlisches Jerusalem, RGG³ III, 339f; RRichardson Whose Architekt and Maker God is, Theology Today 8, 1951, 155f; HSchlier Christus und die Kirche im Epheserbrief, 1930, 49f.; KLSchmidt Jerusalem als Urbild und Abbild, Eranos-Jahrbuch 18, 1950, 207–248; ESchürer Geschichte des jüdischen Volkes II⁴, 1907; WTheiler RAC III, 694–711: Demiurg; HFWeiss Kosmologie, siehe V 3; PVolz Die Eschatologie der jüdischen Gemeinde², 1934.

Der Hb-Abraham konnte die Fremdlingschaft der Zeltexistenz bejahen; sein Ziel lag ja im Jenseits: er ging auf die von Gott erbaute himmlische Stadt zu, die während der Fremdlingschaft zu den erhofften und unsichtbaren Dingen, V 1, gehört, die aber, mit den ihren Namen verdienenden Fundamenten versehen, bleibende Solidität besitzt.

ἐξεδέχετο, siehe 10,13. In P statt dessen ἀπεδέχετο. Auf etwas zeitlich Vorausliegendes (Theißen 104f), so dies Verb auch 10,13. Die Verheißung war im Lande Kanaan ja noch nicht erfüllt. γάρ begründet V 9.

τὴν πόλιν Bauer 2 Strathmann ThW VI 516–535 Str-B III 573 796 847; zur verschränkten Wortstellung siehe 6,7; RKnopf Himmelsstadt OPlöger Himmlisches RRichardson Whose FJSchierse 121–126 HSchlier Kirche 49f HDBetz Lukian 92–96 Galatians 1979 zu Gl 4,26 HSchlier Galaterbrief¹² 221–225 E Schürer Geschichte II⁴ 626f PVolz Eschatologie² 371–376 HBraun Qumran-NT II 271.285; vgl Hb 12,22. τὴν–πόλιν; sie ist von der Gottheit erstellt V 10 16; als nicht vergänglich, mit Fundamenten V 10, bleibend V 13f, als Stadt des lebendigen Gottes 12,22; sie heißt „der Berg Zion" und „das himmlische Jerusalem" 12,22; für die Gläubigen ist sie, solange sie auf Erden leben, noch zukünftig 13,14, freilich im Gottesdienst vorweggenommen 12,22–24, προσεληλύθατε Perfekt. Sie ist das bessere und himmlische Vaterland, wo die Gläubigen als Söhne zu Hause sind 11,14–16 2,10f. Eine betont dualistische Konzeption (Schierse 124): wie die „Ruhe" (siehe 3,11 Exkurs, Ruhe und Stadt nebeneinander Ps Clem ep Clem 13,3; vgl auch die Analogie von irdischem und himmlischem Tempel Taan 5a Str-B III 573 (siehe 2,17 Exkurs), im Hb dualistisch interpretiert (siehe besonders 8,5 10,1 8,2; Schierse 125). Die Stadt wird räumlich gedacht sein (Theißen 52) wie der Himmel, siehe 1,3. Die Himmelsstadt im NT noch als oberes Jerusalem Gl 4,26; besonders Apk 3,12 21,2.10ff in verschiedenen Verbindungen: Stadt Gottes, neu, heilig, aus dem Himmel herabkommend. Hb hat bei Stadt nie „heilig", trotz intensiven Gebrauchs dieses Adjektivs (siehe 3,7 8,2); vor allem: die Stadt kommt im Hb nie herab wie in der Apokalypse. Die πόλις des Hb erwächst aus verschiedenen religionsgeschichtlichen Vorgaben. Nicht direkt aus dem AT: die Höhe von Jahweberg (Mich 4,1) und Jerusalem (Sach 14,10), die Gesichertheit Zions (Js 54,10–13) meinen das irdische Jerusalem der Erdentage, nicht eine Himmelsstadt; die konkrete Davidsstadt erfüllt die Erwartung des Hb-Abraham keineswegs to a great extent (gegen Muntingh

118f). Begrenzt ist auch die Einwirkung der Apokalyptik auf die Hb-Stadt. Die Fundamente von Js 54,11, wie θεμέλιος Hb 11,10, zwar auch bei der *civitas* 4Esr 10,27 arm. Stadt und Ruhe 4Esr 8,52 nebeneinander. Die Apokalyptik denkt auch an ein neues Gebäude statt des alten (aeth Hen 10,18f sBar 4,3). In das Jerusalem der zukünftigen Welt kann nicht jeder hinaufziehen wie in das dieser Welt (BB 75b Str-B II 22; vgl auch Sib 5,420–427). Ja, es geht um eine jetzt noch unsichtbare *urbs* (4Esr 7,26 arm), von Gott geplant seit dem Paradies (sBar 4,3), zu der schon Henoch als to the supermost Jerusalem, to heaven, zu seinem eternal inheritance auffuhr (slav Hen 55,2); das also nicht auf der Erde existiert. Aber dies Neue kommt in der Endzeit wieder auf die Erde (4Esra 13,36), zum Ort des irdischen Tempels (aeth Hen 90,29 sBar 32,2.4). Diese Lokalisierung nicht mehr bei der herabkommenden Stadt der Apk in 21,1, vgl Js 65,17 66,22. Auch den Hb interessiert das irdische Jerusalem nicht, er unterläßt den Rückbezug mit καινός oder νέος. Seine πόλις kommt nicht hernieder wie in der Apk; statt des Erschaffenen bleibt am Ende nur das Unerschütterbare bestehen (12,27). Mit Philo ist die Hb-Stadt durch ihren nicht-irdischen Ort verwandt: nicht in den Gegenden der Erde (Som 2,250); durch ihre Unsichtbarkeit (Migr Abr 5). Aber daß diese Stadt nur in der Seele ihren Sitz hat (Som 2,250), nur durch die geistige Funktion der Seele faßbar ist (Migr Abr 5), könnte Hb von dem himmlischen Jerusalem und von dem himmlischen Vaterland nicht sagen 12,22 11,14–16. Die Hb-Stadt ist bleibend; auch in Lucians Wunderstadt ist für die Bewohner die Zeit ausgeschaltet (Ver Hist 2,12). Das πόλις-Motiv klingt nach Herm s 1,1; gnostisch Pist Soph 32,35 S 31 Zeile 36–38; vgl Hb 12,22. Für weiteres siehe KLSchmidt Urbild 231–244 und Michel zu Hb 13,14.

τοὺς θεμελίους, siehe 6,1. Verbunden mit „Stadt" Apk 21,19, mit „haben", wie Hb hier, Apk 21,14. Für Qumran siehe Braun Qumran-NT I zu 1K 3,6–17; besonders GJeremias Lehrer 245–249: Gott baut eine befestigte Stadt, legt ihr Fundament maßgerecht 1QH 6,25–29. Siehe auch 4Esra 10,27, oben. Fundamente, wie Zelte sie nicht haben (Bengel).

τεχνίτης, Bauer: Werkmeister, Weiss 52–55. In der Hermetik: Gott der Werkmeister dieses neuen Kosmos Stob 1,403,15f; neben κοσμοποιητής Stob 1,406,4f. In LXX hauptsächlich von Handwerkern; von Gott Sap 13,1, von der Sophia Sap 7,22 8,6 14,2. Bei Philo oft von Gott, zum Beispiel bewirkt er den Antrieb für die Kräfte des Leibes und der Seele Cher 128. Im NT außer Hb nur profan von Handwerkern Ag 19,24.38 Apk 18,22. In Apost Vät vom Handwerker Did 12,3. Götzenbildner Dg 2,3, von Gott 2Cl 8,2 und dem präexistenten Jesus Dg 7,2.

δημιουργός. Zur Schöpfung im Hb siehe die Verweise 11,3. Bauer Foerster ThW II 61 III 1022–1027 Hilgenfeld Ketzergeschichte Register Demiurg Theiler RAC Braun Wie man § 2: der Bildner, der mit vorliegendem Material arbeitet (Weiss 45). Dies Wort bei Lucian (Betz Lucian S 50 Anmerkung 60); bei Philo (siehe Spicq I S 41 Williamson S 42–51). Als Weltbildner seit Plato und Xenophon (Bauer), ein typisch griechisches und zunehmend hellenistisches Wort. Auch im Plural von Gottwesen Plut Ser Num Vind 22 II 567F (Betz Plutarch 1975 S 234). Lucian Icaromenipp 8 wie Hb δημιουργός zusammen mit τεχνίτης. Philo von Gott sehr viel, zum Beispiel als der Erbauer der größten Behausung und Stadt, das heißt des Kosmos (Cher 127); als der Schöpfer und Erbauer – nicht der Seele des Schlechten; als Hersteller und Erbauer der Weisen, Guten und Edlen (Mut Nom 29–32). Josephus: Gott als Vater und Ursprung des Alls, als Erbauer menschlicher und göttlicher Dinge (Ant 7,380, ähnlich 1,155.272). 2Makk 4,1 der Hersteller schlimmer Dinge vom Verleumder. Sonst vermeiden LXX und NT, Hb 11,10 ausgenommen, dies Wort für

Gott, der nicht als bloßer Bearbeiter von Vorhandenem gelten soll. Hier Hb 11,10 hat Gott nicht die Welten wie 1,2, sondern, spezifischer, die Himmelsstadt „hergestellt", offenbar aus Vorhandenem. Hb meint wohl, wie 11,3, aus nicht Sichtbarem. Ähnlich Philo Op Mund 9–12: aus dem Passiven *(παθητόν)*, Unsichtbaren und Geistigen (siehe 11,3 und Weiss 47–60); bei Plut De animae procreatione 5,3f II 1014AB: aus Sein und Stoff (*οὐσία* und *ὕλη*), wie ähnlich Sap 11,17(18). Das Produkt allerdings ist bei Philo und Plutarch der Kosmos, im Hb die nicht welthafte Stadt. Aber immerhin vermeidet Hb das *κτίζειν* der LXX und des Corpus Paulinum; siehe 4,13 *κτίσις*. In den nach-neutestamentlichen Texten verschwindet die *δημιουργὸς*-Scheu der Bibel. Im 1Cl (Hagner 187) *δημιουργός* öfter neben Herr und Vater, Objekt das All: 20,11 26,1 33,2 35,3 59,2. Ähnlich Dg 7,2 8,1. Im Hochzeitslied Act Thom 6 *δημιουργὸς* neben Stadttoren IIb S 109,11.14; Bornkamm in Hennecke-Schneemelcher II 302 verweist auf Himmelsbau und Himmelsstadt. Auch in Const Ap öfter, siehe Register S 655. POxy 925,3, 5. Jahrhundert: denn ein Erbauer ist der Vater unseres Herrn und Erretters Jesus Christus. *ὁ θεός*, siehe 1,1. Gott der Erbauer: was für ein Lob für jene Stadt! Chr MPG 63,162.

11. Durch Glauben empfing er, zusammen mit Sara (, die unfruchtbar war,) auch Kraft zur Befruchtung, und das nach Ablauf seiner besten Jahre, da er den für zuverlässig hielt, der die Verheißung gab.

Literatur: MBlack Critical and exegetical Notes, in: Apophoreta Haenchen-Festschrift 1964, 39–44; OHofius Die Unabänderlichkeit des göttlichen Heilsratschlusses, ZNW 64, 1973, 135–145; RVGTasker Text, siehe V 4.

Zunächst zum Problem des Textes. Abraham ist eindeutig das Subjekt von V 10 und, ohne neue Nennung, von V 12 *(ἑνός)*. Daher ist Sara als Subjekt von V 11 unwahrscheinlich. Ferner stellen „entgegen dem Zeitpunkt seines Alters" V 11 „erstorben" V 12 außer Frage: Isaaks Erzeugung gilt dem Text als widernatürlich (Black 41). Dann kann aber die *καταβολὴ σπέρματος*, was die Wortbedeutung hergäbe, die „Grundlegung der Nachkommenschaft überhaupt" *hier* nicht meinen (gegen de Wette[2] Bleek-Windrath Héring Vanhoye Structure 186 Kuß), sondern muß physisch die unerwartbare und doch erfolgreiche Zeugung betonen. In diesem Zusammenhang wird *καταβολὴ σπέρματος* jedoch nur für die männliche Rolle verwendet (Texte siehe unten); gegen Erasmus adnotationes, der sich auf Theophylact beruft (gegen Delitzsch Spicq Tasker Text 182f Moffatt Westcott Montefiore). Zur aktiven Rolle der Frau in Nidda 31a Goldschmidt IX 806f siehe Hauck ThW III 623 Anmerkung 3. Also muß Abraham als Subjekt von V 11 gemeint sein (Hofius Unabänderlichkeit 135). Für das *αὐτὴ Σάρρα (στεῖρα)* gibt es, wenn Abraham weiter Subjekt bleibt, drei Erklärungen. Streichung, weil späterer Einschub (so Windisch Héring, beide: eine Möglichkeit; Zuntz: eindeutig 16 34 170); aber: nicht wahrscheinlich gegenüber der Breite der Überlieferung, deren Verschlimmbesserungen ja gerade eine *αὐτὴ Σάρρα* voraussetzen. Oder: Abraham ist ungenanntes Subjekt von *ἔλαβεν, καὶ αὐτὴ Σάρρα στεῖρα* ist als Nominativ eine Umstandsklausel, wie gelegentlich in LXX und bei Lukas, hebraisierendes Griechisch, konzessiv aufzulösen: „obwohl Sara unfruchtbar war" (so Black Critical); sprachlich, soweit ich urteilen kann, nicht unmöglich, jedoch belastet durch die dabei vorausgesetzte, aber fragliche Echtheit von *στεῖρα*; und: Sara wäre dann nur als überwundene Schwierigkeit für Abraham gewertet. Dritte Möglichkeit: *αὐτὴ Σάρρα* meint nicht das *vas infirmitatis* (das schwache Gefäß), gegen griechische Väter und Bengel, auch nicht ihren Übergang vom Unglauben zum Glauben (gegen Chr Thret Ps Oec Thphyl Prim MPG 63,162 82,761A 119,408B 125,348C MPL 68,762B). Sondern αὐτὴ Σάρρα ist als Dativ zu lesen, in der Bedeutung „mit Sara" (Bauers⁵ Belege bei καταβολὴ 2 sichern diese Dativ-Bedeutung als möglich; siehe auch Bl-Debr § 194). Das fehlende Dativ-Jota in αὐτὴ Σάρρα macht keine Schwierigkeiten: siehe in p⁴⁶ und in D zum Beispiel die Schreibung von δεξιᾷ 12,2 und ταύτῃ 11,2. Durch dies Verständnis wäre Sara in „durch Glauben" einbezogen und aufgewertet, wie, in andrer Weise, als „Tugend" und „Erfreuliches" bei Philo Mut Nom 166f Leg All 3,218f. So (wie Riggenbach; Windisch als Eine Möglichkeit; Michel Bruce Schiwy) ist es mir am wahrscheinlichsten (siehe auch Metzger 672, gegen Schröger 219).

Abrahams Glaube hat es auch hier mit Erhofftem und Unsichtbarem zu tun, siehe 11,1; aber die Realisierung tritt doch schon auf Erden ein, nicht erst, wie 11,10, in der Himmelsstadt. Der Glaube rechnet mit der Verläßlichkeit des Verheißenden.

πίστει, siehe 4,2 Exkurs. Gn 15,4–6 R 4,19f 1Cl 10,7 (Hagner 185). Freilich Gn 17,17, der Zweifel: von Jos Ant 1,198 213 für Sara notiert, von Philo Mut Nom 177f bei Abraham als vermutbar und kurzfristig gemildert, ebenso Tg JI und Tg O (Str-B III 217). *καί*, meint von Sara: „empfing Kraft". *αὐτὴ* stellt Sara betont neben Abraham, vgl 2,14 3,10. *Σάρρα*, ohne στεῖρα in p¹³ ᵛⁱᵈ ℵ A D² K L 33 181 326 451 614 629 630 1877 2492 den meisten Byz Lekt Chr Thret Dam Aug; mit στεῖρα in p⁴⁶ D★ Ψ 76 101 104 234 378 1912 d e f vg syᵖ, nicht mit Sicherheit alter Text. Die sekundären Erweiterungen: mit ἡ στεῖρα in D¹ 6 69 81 88 424 462 1241ˢᵘᵖᵖˡ 1739 1827 1834 1881 1962 sa bo; mit στεῖρα οὖσα in P 4¹ 104 256 365 436 442 1311 1319 1610 1837 1908 1912 1984 2127 2495 syʰ arm aeth Thphyl; mit στεῖρα οὖσα erst hinter δύναμιν in 459. Bauer; Bl-Debr § 40 zur Schreibweise, Schröger 219. Vor allem Gn 17–21, nicht Saras Glaube; Verheißung Isaaks Gn 17,15–21 18,10. Sara sieht in Gn 18,12 nur Abrahams Alter als Hindernis. Philo allegorisiert Sara oft, als Freude (siehe oben). Sara noch Jos Ant 1,198 R 4,19 9,9 1Pt 3,6. Hb nur hier. *στεῖρα*, Bauer; Bl-Debr § 43,1 zur Deklination. In LXX selten; von Sara nur Gn 11,30, anders formuliert Gn 18,11 15,2f. Philo Mut Nom 143 allegorisiert στεῖρα bei Sara, nennt sie auch kinderlos und unfruchtbar (Abr 247). Nun hebt bei Philo die Allegorie ein wörtliches Verständnis der Worte nicht auf (Migr Abr 89–93). Wenn Sara gebiert (Gn 21,6f; Mut Nom 137), ist das also neben der allegorischen auch physische Wirklichkeit. Bei Josephus στεῖρα indirekt: Abraham hatte keinen rechtmäßigen Sohn (Ant 1,154). Nach den Rabbinen besaß Sara keine Gebärmutter, aber das Wunder war möglich (Str-B II 216f). Im NT „unfruchtbar" von der Täufermutter Lk 1,7.36; noch Lk 23,29 Gl 4,27; Hb nur hier; NT sonst von Sara nicht στεῖρα, aber sinngleich 4,19. Barn 13,2 = Gn 25,21 von Rebekka, 2Cl 2,1 von der vorchristlichen Existenz. *δύναμιν*, siehe 7,16 2,4. Weil Glaube Kraft empfängt, löscht er die Kraft des Feuers und wendet die Schwachheit in Stärke V 34. Dagegen selber-Erstarken des Glaubens R 4,20 2Th 1,11. *εἰς καταβολήν: εἰς* siehe 4,16; *καταβολὴ* siehe 4,3. Bauer 2 Hauck ThW III 623. In LXX nur vom Bau 2Makk 2,29. Im NT, außer hier, nur als Grundlegung der Welt. Wo physisch verwendet, immer mit *σπέρμα*: als Aussaat von Pflanzen (Philo Rer Div Her 116). Erde und Mutterschoß werden dabei verglichen (MAnt 4,36 Philo Op Mund 132). Vom Manne getätigt (Epict Diss 1,13,3 Lucian amor 19 Philo Spec Leg 3,36). Die Frau ist dabei passiv: „Gefäß" (Lucian amor 19); das Einsenken des Samens erfolgt in die Gebärmutter (MAnt 4,36 Philo Op Mund 67), die Frau kann dabei unfruchtbar sein (Spec Leg 3,36). Das Einsenken des Samens ist ungefährlich nur an bestimmten Terminen (Ps Clem Hom 19,22.2). Hb meint, der Glaube macht Abraham erneut zeugungsfähig; dagegen Philo in Quaest in Gn 3,18: Saras Gebären resultiert aus göttlicher Kraft *statt* aus Zeugung. Ähnlich Michel; aber selbst Thomas, der in den wunderbaren Empfängnissen des AT ein Bild für Christi Inkarnation sieht, hält für Saras Empfängnis fest: aus menschlichem Samen. Die griechischen Väter (Chr MPG 63,162 Ps Oec 11 119, 408B, vgl Prim MPL 68,762B) deuten die Einsenkung des Samens auf die Aufnahme, das Festhalten und Aufnehmen, auf die Empfängnis seitens der Sara um. Thphyl MPG 125,34CD: mit dem Zusatz einer aktiven Mitwirkung Saras; ebenso Aug Civ 16,26 CSEL 40,2 S 177,14: Sara bekommt Kraft zur Herauslassung des Samens. σπέρματος, siehe die Texte bei καταβολή und 2,16. Zu ἔλαβεν siehe 4,16. Sara, als Nominativ mißverstanden, produziert sekundär die Zusätze εἰς τὸ τεκνῶσαι in D* P 69 81 436 442 462 1245 1288 1834 1852 2005 2495 b vg^{ms} (sy^h); sowie in d e *filium*. Das καὶ nach ἔλαβεν ist ausgelassen in D^{gr} 462 sa. παρὰ καιρόν. καιρός siehe 9,9; παρὰ siehe 1,4.9; καιρὸς mit Greisenalter LXX Ps 70,9; mit Auflösung 2Tm 4,6. παρ᾽ ἡλικίαν in zahlreichen Stellen bei Plutarch (Wyttenbach Lexicon Plutarcheum I S 751). παρὰ καιρὸν entgegen der Zeit, in der dem Kranken etwas zuträglich ist (Stob 4,633,6, aus Musonius; Wettstein). ἡλικία, ohne Zusatz in p^{13} ^{vid} p^{46} ℵ* A D* Ψ 6 33 81 218 1739 1831 1834 1881 d e f vg sa bo aeth Chr; mit dem Zusatz ἔτεκεν in ℵ^2 D^2 K L P 104 326 den meisten b sy^p ^{h} arm Chr Thret Dam. Hier das Lebensalter der Kraft (Bauer *ca* JSchneider ThW II 943–945). Im Kraftalter besitzt man Weisheit (Lk 2,52), kann selber antworten (Joh 9,21.23), ist strapazierfähig (Jos Ap 135), regierungsfähig (Diod S 18,57,2), geistlich ein vollkommener Mann (Eph 4,13), ehefähig (aeth Hen 106,1 Jos Ant 9,158). Das Kraftalter wird greisenhaft (Hi 29,18), schreitet voran (Jos Ant 8,194, vgl 2Makk 6,18). Philo setzt bei Abraham μὴ καθ᾽ ἡλικίαν = ἐν γήρᾳ Abr 195; γηράσκει und γῆρας von Abraham Gn 24,36 21,2. ἐπεί, siehe 2,14; es begründet hier mit dem Glaubensinhalt. πιστός, siehe 2,17 10,23. ἡγήσατο, siehe 10,29. τὸν ἐπαγγειλάμενον, siehe 6,13; zum Particip des Aorist siehe 2,10 (Delling Partizipiale 42f). Der Empfänger der Verheißung ist in Genesis Abraham, der Inhalt ist Saras Mutterschaft Gn 18,10.14. Jos Ant 1,213 formuliert profaner: ihm wurde von Gott vorausgesagt.

12. Daher wurden auch von einem Einzigen, und dazu noch von einem Erstorbenen, Nachkommen erzeugt, so viel wie die Sterne des Himmels und wie der Sand am Ufer des Meeres, der unzählbare.

Die irdische Realisierung des Verheißenen wird in ihrer wunderhaften Unerhörtheit herausgestellt: Ein Erzeuger, zudem ein körperlich bereits unfähiger, wird Ahn einer Schar von Nachkommen, deren Zahl vergleichbar ist nur mit den zahllosen Sternen und mit dem unzählbaren Meeressand. Das alles, weil Abraham glaubte. Der Doppelvergleich ist Zitat. διό (siehe 3,7 10,5) zeigt auf, was aus dem ἐπεί-Satz V 11 folgt.

καὶ in 1739 ausgelassen. Nach διὸ folgt auch in 13,12 καί. ἀφ᾽ ἑνός; ἀφ᾽ in 623 verschrieben in ἐφ᾽. ἀπὸ noch so gr Hen 15,8 (siehe Bauer ἀπὸ V 4 γεννάω 1a); üblich ist ἐκ (siehe die Konkordanzen bei γεννάω für LXX, Philo, Josephus und NT). εἷς, siehe 2,11. Vgl Js 51,2: Abraham war ein Einziger. ἐγεννήθησαν (mit doppeltem ν) in ℵ D^2 Ψ L 1739 den meisten z sy Chr Thret Dam; ist wegen „Einsenkung des Samens" V 11 wahrscheinlicher als ἐγενήθησαν (mit Einem ν) in p^{46} A D* K P 5 6 33 81 104 122* 255 326 365 378* 383 460 623 917 1175 1611 1827 1834 1836 1912 d e f vg; das ἀπὸ paßt allerdings besser zu γίνεσθαι, siehe oben. Textausgaben, vgl Nestle^{25} und Nestle-Aland^{26}, und Kommentare differieren. „Zeugen" hier nicht christologisch wie 1,5, sondern menschlich-physisch wie auch 11,23; Bauer 1a Büchsel ThW I 663–671. καὶ ταῦτα: diese Steigerung ausgelassen in 1845; die LA καὶ μετὰ ταῦτα in 2004 verkleinert, kaum absichtlich, das Wunder, weil Abrahams Erstorbenheit dann erst nach der Zeugung beginnt. In 1K 6,8 nur sekundär, im Hb nur hier. Bauer οὗτος 1bγ; Bl-Debr § 290,5 425,1, attisch. Formal ähnlich Jos Ant 2,266: der Strauch blieb unbeschädigt, καὶ ταῦτα obwohl die Flamme stark war. νενεκρωμένου, Bauer Bultmann ThW IV 898f. Ein hellenistisches Wort, nicht in LXX; aber die Sache natürlich (siehe V 11, besonders zu ἡλικία). Im NT nur noch R 4,19, von Abraham; Kol 3,5 übertragen. Unbewegtes Wasser erstirbt, einzige Stelle bei Philo, Aet Mund 125. Beim Menschen können ersterben: Grundsätze (MAnton 7,2); Scham und Ehrgefühl (Epict Diss 1,5,7 1,5,9); die körperlichen Organe (Themistius Commentaria in Aristotelem Graeca V 3 1899 S 28,11), wie der Nacken (POxy 2176 Fr 1 col 2,8), das *membrum virile* (Rabbinen Str-B II 215). Das Ersterben geschieht im Alter, ganz schnell, als ein Erlöschen (Max Tyr 41,3), dann ist der Leib endgültig erstorben (siehe die Athener Grabinschrift Deißmann LO 75A 7); ein erschrockenes Schweigen bei Lebzeiten präludiert das (Longus 2,7,5). καθὼς ff, siehe 5,3, bringt als Vergleich das Subjekt zu „sie wurden erzeugt", in Zitatform (Ahlborn 37–41), mehr als bloße Anspielung (gegen Schröger 206). Bei „Sterne" in LXX ὡς oder ὡσεί, bei ἄμμος meist ὡς, selten ὡσεί, ὥσπερ. Hb variiert mit καθὼς also sein LXX-Zitat. Statt καθὼς in 54 ὡς; nach καθὼς in 440 823 καί. Τὰ ἄστρα, siehe Bauer Bauernfeind ThW I 501f. Hb nur hier. Hb zitiert hier, mit leichten Abänderungen, Gn 22,17b und Da 3,36; beide Stellen bringen Sterne und Sand für die Vielzahl der Abraham-Nachkommen nebeneinander, wie Plato Euthydemos 20 I 294b (Bruce) für die Vielzahl. Sterne und Sand sind nicht allegorisierbar auf die Guten und Bösen (gegen Thomas). Die ἄστρα des Hb aus Da 3,36; in Gn 22,17b ἀστέρες. Das τῷ πλήθει des Hb entstammt der zahlreichen ἄστρα-Tradition der LXX, die, ohne ἄμμος, die Vielzahl betont (siehe Ex 32,13 Dt 1,10 10,22 28,62). Ebenso für die Vielzahl, ohne πλῆθος und ἄμμος, Gn 26,4 1Ch 27,23 Ne 9,23 (= 2Esr 19,23). τῷ πλήθει nicht in Gn 22,17b Da 3,36, Abhebung auf die Vielzahl ausdrücklich Gn 15,5 Jos Ant 1,183. Bei Philo Sterne für Quantität und Qualität (Quaest in Gn 4,181 Rer Div Her 86); ähnlich die Rabbinen (Str-B III 213f), mit dem feinen Vermerk: die Astrologie ließ Abraham an Nachkommen zweifeln, jetzt bilden gerade die Sterne die Vielzahl seiner Nachkommen ab. In LXX dies Bild aber auch profan, Na 3,16. Natürlich auch außerbiblisch: Chrysipp schränkt, exakt, die Menge auf die nicht-Planeten ein (Stob 1,185,8f Wettstein). Im NT ἄστρον Lk 21,25 Ag 7,43 27,20 und ἀστήρ, oft in Apk, nicht für die Vielzahl. Für die Vielzahl dagegen Gn 15,5 in 1Cl 10,6; Gn 22,17 in 1Cl 32,2 Const Ap 7,33,4. τοῦ οὐρανοῦ, siehe 1,10 9,24; in fast allen zu ἄστρον und ἀστήρ genannten Stellen. τῷ πλήθει Bauer Delling ThW VI 274–279. Für LXX siehe oben bei ἄστρα, unten bei ἄμμος. Im NT besonders Lk und Ag, nicht von der Menge der Sterne; Hb nur hier. ὡς, so in p[13] p[46] א A K L P 33 104 181 234 424 436 1906 1908; dafür καθὼς in 69 93 356; dafür ὡσεί in 256 323 1311 1518 1610 1834 1912 Thret. Zu ὡς siehe 6,19; vgl καθὼς oben. ἡ ἄμμος; ohne Artikel in 256 323 1311 1518 1618 1834. Bauer Bl-Debr § 34,4 49,1. Im Hb nur hier, zitiert aus Gn 22,17b Da 3,36 (siehe oben bei ἄστρα). In LXX geistlich positiv für Abraham und Israel, mit τῆς γῆς Gn 13,16, mit τῆς θαλάσσης Gn 32,12(13) LXX Ps 77,27 Hos 1,10(2,1); die LAA variieren in Gn 28,14. In LXX auch im Gerichtszusammenhang Jer 15,8; auch profan Jos 11,4 Ri 7,12 Jdt 2,20 1Makk 11,1. Mit ἡ παρὰ τὸ χεῖλος τῆς θαλάσσης, wie Gn 22,17b Da 3,36, auch Ri 7,12 1Makk 11,1. Öfter dabei, durch ἀριθμ-Stämme oder πλῆθος, Verweise auf die Vielzahl Gn 32,12(13) Jos 11,4 Ri 7,12 Hos 1,10(2,1) Sir 1,2 Jdt 2,20. So auch Pindar Olymp 2,108; das Scholion 178b dazu vergleicht den zahlenmäßig nicht erfaßbaren Sand mit den Wohltaten des Tyrannen Theron. Philo allegorisiert den

Sand auf die Zahl der Frommen und auf Sünden-Eindämmung (Som 1,175). Im NT Sand für Vielzahl Israels R 9,27 (= Js 10,20) und der mythischen Christenfeinde Apk 20,8. 1Cl 10,5 zitiert Gn 13,16, die Unzählbarkeit betonend. ἡ παρὰ τὸ χεῖλος; fehlt, vielleicht per Homoioteleuton, siehe 7,6, in p[46]⋆ D⋆ Ψ d e aeth, wie oft bei ἄμμος in LXX, siehe oben; p[46 cor] fügt es ein. Nur das ἡ fehlt in 56. Zum dreifachen ἡ siehe Bl-Debr § 269,5. παρὰ hier lokal (Bauer III 1d Bl-Debr § 236,1); anders als 1,4. Zu χεῖλος Bauer 2. In LXX auch das Ufer der Gewässer oder des Meeres, letzteres auch ohne ἄμμος, vgl Achill Tat 2,18,2. παρὰ τὸ χεῖλος τῆς θαλάσσης mit ἄμμος in LXX (siehe oben). Im NT χεῖλος als Körperteil Mt 15,8 Par R 3,13 1Pt 3,10 Hb 13,15; als ekstatische Rede 1K 14,21; als Rand von Gewässern nur hier Hb 11,12; vgl „der vorspringende (ὑποταίνιος) Sand" Philo Som 1,175. τῆς θαλάσσης, dies Substantiv im Hb nur noch 11,29; siehe Bauer. ἡ ἀναρίθμητος. ἡ fehlt in 507. Bauer; im NT nur hier. Zur Stellung siehe 6,7. Von den Sternen Aristot Cael 12 292a, Wettstein. In LXX für Israels Tage Sir 37,25(28); die Regentropfen Hi 36,27ℵ⋆, wohl fehlerhaft. Der Sand mit diesem Adjektiv außer Hb 11,12 nicht in LXX NT Philo Josephus Apost Vät. Aber die Sache, ohne ἀναρίθμητος, öfter vor, in, neben und nach der Bibel (siehe die Belege oben).

13. Glaubensgemäß starben diese alle: sie hatten die Verheißungsgüter nicht in die Hand bekommen, sondern (nur) von ferne sie erblickt und bewillkommnet, und sie gaben zu, daß sie auf Erden ‚Fremde und Beisassen' sind.

Literatur: HGunkel Psalmen, siehe V 6; WGJohnsson Pilgrim age, siehe V 1; HJKraus Psalmen[2], siehe V 6; DLührmann Metanoia, siehe V 5.

V 13–16. Einschub des Verfassers, siehe 11,1. Das bewundernswert entschlossene Nein zum sichtbaren Diesseits und das Ja zur künftigen und unsichtbaren himmlischen Heimat, für den Glauben typisch, wird breit und eindeutig thematisiert. Das Pathos ist mehr religiös als theologisch (Johnsson 251). Gegen das alte Christentum, zum Beispiel Mk 14,25, wird dabei allerdings die hellenistisch-christliche Abschreibung der Erde, zum Beispiel Phil 3,10, hier energisch fortgesetzt.

V 13. κατὰ πίστιν (siehe 4,2 Exkurs und 11,1) hieß und heißt (4,1) also: zu Lebzeiten das Heil nur von ferne sehen, zur irdischen Existenz nicht voll dazugehören. ἀπέθανον, siehe 7,8. οὗτοι fehlt in 462; weist zurück (siehe 6,3) auf die Väter V 4–12 (so Chr Ps Oec Thphyl MPG 63,161 119,408D 125,349B Prim MPL 68,763BC Windisch Spicq Kuß Michel); nicht bloß auf die drei Patriarchen V 8–12 (gegen Thomas Calvin Bengel und die meisten). πάντες; zur Achterstellung siehe 2,11. οὗτοι πάντες auch 11,39; das widerspricht dem Henoch, siehe 11,5; ob vom Verfasser gezielt gegen die Henoch-Tradition? (zu Lührmann 115). Zu μὴ – ἀλλὰ siehe 10,39; zu λαμβάνειν siehe 4,16. λαβόντες, in p[46] ℵ[2] D K L Ψ 6 104 1739 den meisten Chr Thret Dam, ist alte LA (Beare 394 Zuntz 52f Nestle-Aland[26]); aus 10,36 stammt κομισάμενοι in ℵ⋆ I P 33 38 81 103 218 326 365 436 1241[suppl] 1827 1834 1836 1906 1912 Chr Dam Thphyl; προσδεξάμενοι, sinnstörend, in A; λαμβάνοντες in 203 506. Der Nicht-Empfang liegt zeitlich vor ἀπέθανον, siehe Bl-Debr § 339; wie ἀποθανὼν vor λαλεῖ 11,4. τὰς ἐπαγγελίας: nicht Zusagen, sondern Verheißungsgüter, anders als 9,15. Zu ἐπαγγελία siehe 4,1. πόρρωθεν, attisch, Bl-Debr § 34,2 104,3; Bauer. Hier übertragen: denn die Verheißungsgüter liegen in der Zukunft und in der Himmelswelt. Im NT nur noch Lk 17,12, unübertragen. In LXX, oft Jesaja, mit Verben der sinnlichen Wahrnehmung und der Bewegung, immer unübertragen. Jer 38(31),3 gegen Hb: Gottes Lieben realisiert sich schon von fern. Abraham sah, typisch, nicht nur „von fern" Joh 8,56. Unübertragen auch Appian Bell Civ = Rom Hist 13–17 5,46 § 194: von ferne – willkommen heißen; und Vergil Aen 3,522: von ferne – sehen; beides Wettstein. Philo, Som 1,66, gesteigert gegen Hb: den wahrhaft existierenden Gott sieht der Mensch von ferne; genauer gesagt, nicht einmal von ferne jenen zu schauen ist er imstande. αὐτὰς ἰδόντες; zu ἰδεῖν siehe 3,9–11. αὐτὰς lassen fort 642 920. Umstellung ἰδόντες αὐτὰς in 489 1831. Statt ἰδόντες in 33 εἰδότες: ν versehentlich ausgelassen, ι–ει Itazismus, siehe 4,11. ἰδόντες ohne Zusatz in p^{46} ℵ A D K L P 1834 d e f vg sa bo sy$^{p\ h}$ arm aeth Chr Thret Dam Aug. Hinter ἰδόντες: τὰς ἐπαγγελίας ἰδόντες in 440; hinter ἰδόντες: καὶ πεισθέντες in 1518? Mit dem Sehen des Glaubens, Thomas; auch von Mose gilt: du wirst dort nicht hineinkommen Dt 34,4. Anders gnostisch Nag Hammadi II 3 Ev Phil log 44: du sahst etwas von jenem Ort und wurdest zu jenem. ἀσπαζόμενοι: Bauer Windisch ThW I 494–500: begrüßen, willkommen heißen. Sie hielten das Geschaute also nicht für eine Illusion (Moffatt). Mit Accusativ der Sache Hb 11,13, der Person Hb 13,24.24. Im NT sonst nur mit Accusativ der Person: als gernhaben (Mt 5,47), als begrüßen beim Eintreten (Mt 10,12 Mk 9,15 und öfter), brieflich Grüße bestellen (Corpus Paulinum Kath Briefe, besonders R 16). LXX dies Verb nur mit Objekt der Person. Test XII G 3,3: wer haßt, – begrüßt üble Nachrede. Philo: Subjekt die Früheren, Objekt den Schein der Wirklichkeit Ebr 34; Subjekt Gott, Objekt echte Verehrungen Det Pot Ins 221. Josephus: Subjekt Menschen, Objekt Wohlwollen, Ruf, Worte Ant 6,82 6,112 7,187. Bei Ignatius und im Hermas mit Objekt der Person. Plato verdeutlicht das Begrüßen aus der Ferne: mich (den Sokrates) begrüßten sie von fern, der stürmische Chairephon aber ergriff meine Hand (Charm 1 II 153ab). ὁμολογήσαντες: zur Konstruktion siehe Bl-Debr Register bei ὁμολογεῖν; Bauer 2 Michel ThW V 199–220 Preisigke Wört II 177. Hier V 13 „zugeben" (so auch Moffatt Bauer 2): entgegen einer anderen Erwartung, nicht speziell vor Gericht. λέγοντες V 14 zeigt: dies Zugeständnis wurde von den Vätern, in loser Anlehnung an Gn 23,4, gesprochen (Strathmann). In Hb 13,15 „preisen". Im NT sonst nicht „zugeben", sondern „bekennen", so die meisten auch hier für Hb 11,13; sonstige Objekte theologische Inhalte oder Sünden, siehe ὁμολογία 3,1. In LXX: zugeben der Gottessohnschaft Israels (Sap 18,13); der jüdischen Nationalität (2Makk 6,6); der Herrschaft vernünftiger Überlegung über den Trieb (4Makk 13,5). Bei Philo ὁμολογεῖν gegen Zurückhaltung des Urteils (Ebr 200) und gegen Ableugnung (Ebr 192, vgl Ael Nat An II 43); unwillig sind diejenigen, die, in führender Stellung, die Einstufung als Untergebene zugeben sollen (Philo Agr 57). Auch die Juden-Hasser müssen die göttliche Herkunft der Tora zugeben (Jos Ant 3,322). „Zugeben": die eigene Identität (Mart Pol 9,2); die Verpflichtung zum Hören einer neuen Botschaft (Dg 2,1); das Nicht-Empfangen von Gnade (Ign Mg 8,1). So auch profan: Ärzte geben für die Augenheilkunde zu, Schüler von Krähen zu sein (Ael Nat An II 43).

ξένοι. In D★ ξένοι καὶ πάροικοι καὶ παρεπίδημοι, Einfluß von 1Pt 2,11. In P ξένοι καὶ πάροικοι (ohne καὶ παρεπίδημοι), Einfluß von Eph 2,19. Dort: Christen sind im Himmel nicht mehr Fremde; Hb 11,13: die Väter waren auf Erden Fremde. Bauer 2a Stählin ThW V 1–36; Ditt Syll^4 siehe Register, öfter; Preisigke Wört II 144, Papyri öfter. Fremdlinge wie Abraham, siehe 11,9. Hb 11,13 „Fremde" gegenüber dem Irdischen; Hb 13,9 adjektivisch, bei „mannigfaltige Lehren". Im NT sonst: der Fremde ist soziologisch minder Mt 25,35.38.43 f 27,7; neutral Ag 17,21. Adjektivisch Eph 2,12. In LXX besonders Sap und 2Makk; soziologisch minder (2βασ 15,11 Rt 2,10); entfremdet der Familie (LXX Ps 68,9). Der Fremdling Abraham ist verfolgt (Test XII L 6,9). Fremde sind wie Feinde (Philo Spec

Leg 4,70); anders als Bürger (Spec Leg 4,142 Poster C 109); rechtlich bedrängt wie die Juden unter Flaccus (Flacc 54); vgl Antäus, der die beiwohnenden Fremden dem Zeus schlachtet (Diod S 4,27,3). Fremdlinge auf Erden (Hb 11,13); im Körper (Philo Som 1,181: eine Seele, die den himmlischen Ort verlassen hat, kam in den Körper wie in ein fremdes Land; vgl Cher 120). Von den Christen gilt: sie nehmen an allem teil wie Bürger, und sie nehmen alles auf sich wie Fremde (Dg 5,5). Daher ist ihnen Bedürfnislosigkeit angemessen (Herm s 1,1,6). ξένοι weiterhin: Od Sal 17,6b; Act Thom 61 IIb S 177,20f 136 II b S 242,21 f 145 II b S 252,9; Nag Hammadi Nebront Cod VI 2 p 18,28ff. Mandäer Lidz Liturg Oxforder Sammlung LVI S 223 Zeile 9 S 224 Zeile 6.10 S 227 Zeile 1. παρεπίδημοι: Bauer Grundmann ThW II 63f; Deißmann B 146f; viel in Papyri; Ditt Or 268,9 „die beiwohnenden Fremden", ähnlich öfter. „Beisasse" an einem fremden Ort. Hb nur hier. Im NT noch „auserwählte Beisassen" 1Pt 1,1; „wie Beiwohner und Beisassen" 1Pt 2,11. In LXX soziologisch, ohne Blick auf den Himmel: von Abraham, πάροικος καὶ παρεπίδημος, ohne Bezug auf γῆ, Gn 23,4; siehe 11,9. LXX Ps 38,13 „ein Beiwohner bin ich (in dem Lande) (oder) (bei dir) und ein Beisasse", nach der Landnahme, also nicht mehr soziologisch im Blick auf die Ureinwohner; aber: das Land gehört nicht den Israeliten, sondern Jahwe; der Mensch ist kurzlebig (siehe Gunkel und Kraus zur Stelle); also nicht Himmelssehnsucht. Anders Philo (dies Wort nur Conf Ling 79): Beiwohner und Beisasse ist, wer die Seele bevorzugt vor den sterblichen Dingen, vor dem toten physischen Leben und der Eitelkeit, vor Staub und Schutt; also anders als die „Eingeborenen". Gleichwohl bringt der wahre Reichtum im Himmel bei Philo auch materiellen irdischen Wohlstand ein (Praem Poen 104). Dieser Topos von der „Fremde" ist alt: eine Art Beisassenschaft ist das natürliche Leben (Ps Plato Axiochos 2 III 365b). Die Stoa wendet das religiös: dieser Leib ist nicht eine Wohnung, sondern eine kurzfristige Herberge; die Seele, die sich erinnert, woher sie kam, weiß, wohin sie ausziehen wird (Sen Epistulae Morales 120,14f). Zur Abstammung aus dem Himmel siehe für Hb 11,16. Trostloser MAnton: das Leben ist ein Verweilen in der Fremde, der Tod eine Auflösung der materiellen Körperteile (II 17,1.2); die Seele erlöscht oder lebt weiter (XI 3). ξένοι καὶ παρεπίδημοι frei zitiert Cl Al Strom III 95,3 (Mees 233). Vgl 2Cl 5,5 der Reiseaufenthalt in dieser Welt ist klein und kurzfristig (Windisch). ἐπὶ τῆς γῆς, fehlt in P. Zu γῆ siehe 1,10 8,4. Das Verheißungsland war dem alttestamentlichen Abraham ein fremdes Land soziologisch, wie Erdfeindlichkeit auch unqumranisch ist (siehe 3,1). Hier Hb 11,13 sind die Väter Fremde und Beisassen auf der Erde als solcher, also metaphysisch, vgl ἐπουρανίου V 16; so noch nicht 11,9.

14. Indem sie solche Dinge sagen, tun sie ja kund, daß sie nach einer Heimat auf der Suche sind.

Ihr Eingeständnis beleuchtet *(γάρ)* ihre Situation: sie haben keine Heimat, suchen aber nach einer. Den Ton hat das achtergewichtige „suchen". Wer will schon heimatlos sein? Vgl Ep Ar 249 Sir 29,22–28(29–35). Gast und Fremder sein heißt, fern von der Heimat einer Heimat zustreben (Thomas).

οἱ λέγοντες, siehe 7,11. τοιαῦτα, siehe 7,26. In p[46] τὰ τοιαῦτα; in 242 τὰ αὐτά. Gemeint ist der Inhalt ihres Eingeständnisses V 13. ἐμφανίζουσιν, siehe 9,24; wie zum Teil dort, auch hier εν– statt εμ– in D★. Bauer 2 Bultmann-Lührmann ThW IX 7f. Der Übergang ins Präsens, auch das ἐπιζητοῦσιν und V 16 ὀρέγονται, zeigt, wie lebendig als Beispiel die Väter dem Verf vor Augen stehen. Das Verb hier meint „deutlich machen", ohne den Nebensinn des

Indirekten, mit ὅτι zum Beispiel Xenoph Cyrop 8,1,26. In LXX besonders Sapientia und Makkabäer. Hier in 11,14: sie sagen es nicht direkt, es ergibt sich aber klar aus ihrem „sagen". Ähnlich das delphische Orakel: es sagt weder, noch verhüllt es, sondern es deutet an (Plut Pyth Or 21 II 404E). Der Rauch zeigt den Feuerbrand an (1Makk 4,20); der schlimme Tod den göttlichen Strafengel (Sap 18,18). Vgl σημαίνειν bei Wörtern des Sagens Joh 12,33 21,19. ὅτι; dahinter καὶ in 69 462. πατρίδα, Bauer 1 Schierse 115–121 Williamson 326–328. Als irdische Heimat außerhalb des Hb im NT nur in den Evangelien; in LXX wenig, vor allem 2 und 4Makk, nur irdisch; Test XII L 13,8. Als echte Heimat, irdisch Ditt Syll[4] 798,11–13. Bei Philo oft. Er kann, stoisch, den Kosmos (Conf Ling 106 Som 1,39 Spec Leg 1,97), das physische Leben (Plant 147) als Vaterland bezeichnen; er kann von einem Vaterland für Tugend (Cher 2 Conf Ling 81 Abr 31 Virt 190), für Laster (Conf Ling 76 Congr 85), für Erschütterung (Cher 13) sprechen. Für Gottes Vernunft ist sein Wissen die Heimat (Fug 76). Gott ist für Mose Heimat (Rer Div Her 27). So gewinnt „Heimat" unirdische Qualität; als ausdrücklich „himmlisch" braucht sie deswegen noch nicht formuliert zu sein: der Tod als „Gang – in die gemeinsame Heimat" (Plut Cons ad Apoll 23 II 113C); Heimat für freundliche Seelen nach einem Flüchtlingsaufenthalt (Plut Fac Lun 28 II 943C; Betz Plut 1975, 297). Auch das Streben danach in solch einem Zusammenhang: „ich will wieder in meine Heimat gehen" Nag Hammadi Cod II 6 Exegese über die Seele S 137,1. So Hb 11,14, nur hier: πατρίδα artikellos, noch nicht spezifiziert; aber daß die Väter die himmlische Heimat meinen, geht hervor aus ihrer Freude beim Anblick schon aus der Ferne V 13 und wird V 15 f eindeutig formuliert werden. ἐπιζητοῦσιν; statt dessen ζητοῦσιν in p[46] D* 90 177 460 618 629 1905; so Mt 6,33. Bauer Greeven ThW II 898, siehe ζητεῖν 8,7. Im NT sonst in Evangelien Ag, wenig Paulus; das Jenseitige als Objekt nur Hb. In LXX öfter, wie zum Beispiel Jahwe durch Propheten befragen 4 βασ 3,11; bei den Vätern der Genesis nie jenseitige Objekte; die ἐπιζητουμένη πόλις Js 62,12 ist zwar eschatologisch, aber nicht himmlisch. Spürt Calvin etwas von dem Fehlen der Himmelssehnsucht bei den atlichen Vätern, wenn er ihren Seelenflug zur himmlischen Heimat, im Unterschied zu den höheren Verheißungen bei den Christen, stattfinden läßt innerhalb dunkler Wolken? Anders als das AT spricht Philo Som 1,45 von Sinnenmenschen, die, als in fremdem Lande wohnende Ausländer, immer Auswanderung erstreben und Rückkehr in das väterliche Land; siehe oben Exegese über die Seele. Der Leben Suchende Dg 12,6; vgl Dg 5,5. ἐπιζητεῖν noch 13,14, Objekt die künftige Stadt. Sie strebten eilend nach Aufbruch von hier (Chr Cramer Cat 248). Die Väter verhalten sich also nicht wie der in der Herberge hängen bleibende Reisende Epict Diss 2,23,36 (Moffatt zu Hb 11,13).

15. Und wenn sie jene, aus der sie fortgezogen waren, gemeint hätten, hätten sie Gelegenheit gehabt umzukehren.

Die gesuchte Heimat V 14 wird spezifiziert. Zunächst negativ: es ist nicht die verlassene Heimat Mesopotamien; sonst wäre die immer mögliche Rückkehr ja *dahin* erfolgt; die Möglichkeit zur Rückkehr fehlte laut Hb den Vätern nicht (Vanhoye Structure 187).

καὶ εἰ wie 1K 6,2. εἰ mit Imperfect und ἄν im Nachsatz, Irrealis, muß nicht Gegenwart sein (siehe Bl-Debr § 360 371,3). μὲν – δέ, siehe 7,18. V 15: aus einer positiven Feststellung (V b) wird eine negative Folge (V a) erschlossen; wie auch 4,8 7,11 8,7 10,1f (Windisch Kuß). ἐκείνης, siehe 8,7; Bauer 1d ἐμνημόνευον alte LA, in ℵ[2] A D[1] K L P den meisten d e f vg sy[h] Ps Ath Chr Thret Dam Hier[Pt]; ἐμνημόνευσαν, schwach bezeugt in 33 104 b, der Aorist wohl angeglichen an ἐξέβησαν; das Praesens, angeglichen an die Praesentia von V 14 (vSoden III 1981) in p^{46} ℵ★ (D★) Ψ 81 436 442 1739★ 1834 1881 1908 2005 Thret; μνημονεύουσαν in D★ ist wohl Verschreibung der Praesens-Form. Bauer 1a Michel ThW IV 685–687; zur Konstruktion siehe Bl-Debr § 175. „Etwas im Sinne haben", „meinen". So: Xenophon, eine Stadt als Kolonie von Sinope (Arrian Peripl 16,3); Ganymed, das Kredenzen von Milch im Olymp (Lucian Dial Deor 4,4); die Juden sollen im Sinne haben die Gesetzgebung des Mose Jos Ant 6,93. Etwas nicht im Sinne haben: Fluß oder Quelle, Milch statt Wasser zu spenden (Philo Aet Mund 66); die Bewohner von Mylasa, das Unglück des Dionysius (Ditt Syll^4 679,84). Ebenso Hb hier: die Väter haben beim Suchen nach einer Heimat nicht die zurückgelassene Heimat gemeint; wie Mose das Verweilen im Körper nur der Entfremdung, nicht eines erneuten Heimischwerdens für wert hält (Philo Conf Ling 82). Vgl Lidz Ginza L III 51 S 578,23f: das ist es nicht, was ich wünsche, das ist es nicht, was meine Seele begehrt. ἀφ', statt dessen ἐξ in 69. Für ἀπό siehe Bauer ἐκβαίνω: Sir 38,18(19) Jos Ant 6,350. ἧς meint Abrahams Heimat Chaldäa. ἐξέβησαν in p$^{46\ vid}$ ℵ★ A D★ P 33 81 365 436 442 919 1175 1241^{suppl} 1739 1834 1881 Ps Ath Chron Dam; in Anlehnung an 11,8 ändern in ἐξῆλθον ℵ^2 D^2 K L Ψ 6 104 326 die meisten Chr Proc Thret. ἐκβαίνειν Bauer Preisigke Wört I 431. In LXX wenig, im NT nur hier. Bei Josephus öfter vom Ausgangspunkt der Darstellung Bell 3,109 Ant 6,350 12,128. εἶχον ἄν: verschrieben in εἶχαν in p^{46}; ἄν, im irrealen Nachsatz nicht obligatorisch (Bl-Debr § 360,1), fehlt in D★. Zu ἔχω siehe 3,3 4,14. καιρόν, siehe 9,9. Bauer 2 Delling ThW III 456–463. Hier als „Zeit", „Gelegenheit". Hb nur hier. Plato: zur Ausnutzung Resp 4,1 II 421a. Nicht Zeit haben gegen wollen Plut Adulat 26 II67D. Gelegenheit haben zur Hilfe Ditt Syll^4 742,10–12. In LXX besonders in Sirach; mit τοῦ und Infinitiv Qoh 3,2–8. Gelegenheit haben oder nicht zu kriegerischen Unternehmungen 1Makk 15,34 9,7. Zum Tun des Guten Gl 6,10; der Teufel hat wenig Zeit Apk 12,12. Zeit haben für eine Entscheidung Philo Leg Gaj 221; zur Beteiligung am Zorn und zur Besserung Jos Ant 16,366 8,297. Hier im Hb zu etwas Negativem. In Apost Vät: zu Besserung und Buße 2Cl 8,2 9,7 16,1 Ign Sm 9,1; Gelegenheit, zu Gott zu gelangen Ign R 2,1. ἀνακάμψαι. Davor πάλιν in 547; wie im echten Text bei Philo Vit Mos 1,274 Jos Bell 2,116, siehe unten. ἀνακάμψαι in D★, äußerst selten, siehe Bl-Debr § 19,4. Bauer 1a Preisigke Wört I 90. Peton wird sofort zu uns zurückkehren Preisigke Sammelbuch 6740,2.5f. In LXX Rückkehr zu Jahwe und Jerusalem Jer 3,1 15,5; zu Gesetzesübertretung Esra A 8,84(88); Isaak soll nicht in Abrahams Heimat zurück Gn 24,6 (Schröger 206). Hier im Hb die Absage an die Rückkehr; anders Israel Ex 13,17 Nu 14,4. Wie die Väter im Hb auch die Magier Mt 2,12. Für Balak wäre umzukehren gut gewesen (Philo Vit Mos 1,274); für Glaphyra war es tödlich (Jos Bell 2,116). Naiv irdisch: umzukehren nach Reue ins frühere Glück (Philo Praem Poen 170). Hb ἀνακάμπτειν nur hier; absolut. In Abrahams Situation: wer wäre nicht, sich umwendend, nach Hause zurückgelaufen – (Philo Abr 86). Der Verzicht auf Rückkehr wiegt um so mehr, als bei den Vätern eine ἀκαιρία, also ein Mangel an Gelegenheiten, nicht vorliegt (Philo Sobr 42). Vgl Lidz Joh 140 S 137,2–4: ich bin nicht ausgezogen, um zu euch zurückzukehren.

16. Nun aber strecken sie sich nach einer besseren aus, nämlich nach einer himmlischen. Deswegen ist Gott ihnen gegenüber nicht zu stolz, sich ‚ihren Gott' nennen zu lassen: er hat ihnen ja eine Stadt bereitet.

Literatur: HBraun Das himmlische Vaterland bei Philo und im Hbbrief, Stählin-Festschrift Verborum Veritas, 1970, 319–327; HBraun Wie man, siehe V 6.

Daß statt der verlassenen eine andere *irdische* Heimat in Frage kommt, wird durch „himmlische" eindeutig ausgeschlossen; die Hörer sind darüber ja bereits informiert, wenigstens seit V1: V 10 bei „Stadt", V 13 bei „Erde". Ihr sich-ausstrecken zeigt, die himmlische ist ihre *wirkliche* Heimat, sie *gehören* dorthin und *wollen* gar nicht wo anders zu Hause sein. So bekennt sich ganz selbstverständlich, διό, mit „ihr Gott" die Gottheit zur Solidarität mit denen, deren Streben ihrer Herkunft, ἐξ ἑνός 2,11 entspricht. Hb denkt also an die Präexistenz der Seelen (siehe 2,11 2,14; Braun Vaterland 325; gegen Montefiore Riggenbach Stählin ThW V 26 28). Diese Solidarität wurde von der Gottheit nicht bloß ausgesprochen, sondern auch betätigt: „denn er bereitete –".

νῦν δέ: logisch, siehe 8,6, im Gegensatz zur unterlassenen Rückkehr. Statt νῦν in 241 242 642 1245 1852 νυνί. κρείττονος, siehe 1,4 6,9 7,22. Undualistisch: ein besseres Land im Sinne des irdischen Vaterlandes gewinnen (Dion Hal Ant Rom VI 80,2f, Wettstein). Dualistisch dagegen: wir gehören zum Wertvolleren, darum fliehen wir vor dem Schlechteren (Act Andr 1 IIa S 38,11 f). Kosmopoliten nennen sich nicht weltentfremdet (Bengel zu 11,14); die Väter sind also antistoischer als der im Kosmos beheimatete Philo, siehe 1,14. ὀρέγονται: Bauer Heidland ThW V 449f Bl-Debr § 171,1. Im Hb nur hier; zum Praesens siehe 11,14. Das Verb ist im NT sonst – 1Tm 3,1 6,10 – nicht auf Himmlisches gerichtet. Es fehlt in LXX. Die Sehnsucht des Festpilgers LXX Ps 83,3 bleibt im Irdischen; s Bar 57,2 wie Hb hier geben *ihre*, nicht die alttestamentliche Sicht der religiösen Sehnsucht Israels wieder. Das sich-ausstrecken bei Philo richtet sich auf große Dinge (Migr Abr 58), auf Verwandtschaft mit Gott (Virt 218), ihn zu schauen und geschaut zu werden (Poster C 13). Die Seele strebt, mandäisch, nach dem Orte des Lebens (Lidz Ginza L III 51 S 578 Zeile 4f). Wie im Hb will auch in der antiken Religiosität der dem Himmel Entstammende dorthin zurück; siehe 2,14. Typisch dafür Philo: Mose wird gepeinigt von dem Eros nach der körperlosen Gottheit (Conf Ling 106). Die Seelen sehnen sich danach, in die Heimat, die sie aussandte, wieder hinaufzugehen, sofern sie sich von dort nicht wirklich getrennt haben (Conf Ling 78). Wenn die Väter des Hb nach der himmlischen Heimat verlangen, wird diese ihnen also „Mutterstadt" (Conf Ling 78) sein; vgl 12,23. Der Geist, von oben vom Himmel herabgekommen, – findet den Rückweg in die Heimat (Philo Rer Div Her 274). Epictet wendet die Rückkehr zum ursprünglichen Ort auf die Philosophie an (Diss 2,23,39); Diogenes hat die wirkliche Heimat nie verlassen (Diss 4,1,154). Noch deutlicher Cic Tusc 1,24: nach dem Scheiden vom Körper gelangt die Seele in den Himmel wie in ihre Wohnstatt. Ebenso die Neuplatoniker: dort haben wir eine Heimat, von der wir herkamen (Plot Enn 1,6,8). Mandäisch: to go the Place from which we came into being (Baptism of Hibil Ziwa Drower 1,88 Zeile 15 von oben). Auch der starke Appell des Hb fehlt nicht. „Wenn der Steuermann, von dort uns zurückrufend, uns zum Schiff ruft und zum wahren Vaterland, von dem wir herkamen: laufe, sagt er, zum Schiff!" (Simpl In Epict ed Dübner 1842, In Cap VII S 34 Zeile 37–39, Wettstein). Gnostisch-christlich Nag Hammadi Cod V 2 Apk des Paulus 23,9f: „ich will zu dem Ort gehen, von dem ich gekommen bin"; vgl Cod V 3 Apk des Jakobus I 34,16–18. τοῦτ' ἔστιν, siehe 2,14 10,20.

ἐπουρανίου, siehe 3,1 8.5. Wohl ohne bestimmten Artikel zu übersetzen, siehe Bl-Debr § 241 Bauer ὁ II 2b. Übertragen aufs Irdische: der italische Hafen, für Aeneas Vorspiel einer himmlischen Heimat (Anth Pal Bd II ed Dübner 1872 IX 236, Wettstein). Aelius Aristides 43,18 Keil unterscheidet das – erste himmlische Vaterland von anders lokalisierten Vaterländern. Der Himmel ist für die Seele des Weisen Heimat (Philo Agric 65). Anaxagoras: „ich kümmere mich sehr um die Heimat", wobei er zum Himmel wies (Diog L 2,7 Spieß Logos spermaticos 454). Weiteres siehe oben bei ὀρέγονται. Altchristlich: der uns von der oberen Heimat zugesandte Sohn (Act Thom 156 IIb S 265,9 f). διό, siehe 3,7. Dahinter καί in 2 440, wie in Hb 11,12. οὐκ ἐπαισχύνεται αὐτούς, wie Jesus 2,11. ὁ θεός, siehe 1,1. θεός[2] fehlt in p[46]. ἐπικαλεῖσθαι; statt dessen καλεῖσθαι in K (siehe Riggenbach S 362 Anmerkung 33). Bauer 1a α KLSchmidt ThW III 498–501. In LXX nicht, wie im Hb, als „sich nennen lassen"; meist als „anrufen", im Gebet. „Genannt werden" Test XII L 8,14. Im NT besonders von menschlichen Beinamen; im Hb nur hier. Philo Som 1,159: nach Zitierung von Gn 28,13 „der Gott der Väter und Großväter ἐπιγραφείς καὶ ἐπικληθείς ἑκάτερον (mit jedem von beiden Namen geschrieben und genannt, als κύριος und θεός)". Bei Philo liegt der Ton auf der Doppelnamigkeit, im Hb auf dem achtergewichtigen αὐτῶν. Statt αὐτῶν schreibt L αὐτούς, an das vorhergehende αὐτούς angeglichen. Bestbezeugte Reihenfolge: *1 θεὸς 2 ἐπικαλεῖσθαι 3 αὐτῶν*. Statt dessen: 1 3 2 bei Dam; 2 3 1 in D* 113 d e; 2 1 3 in f vg. „ihr Gott": Genitiv der Zugehörigkeit, Bauer θεός 3c. So in LXX und NT, zum Beispiel Ex 3,6 Test XII R 4,10 Mt 22,32 Par. Auch Philo, ungeachtet dessen, daß Gott „Vater des Alls" ist (siehe Braun Wie man 9–13): Gott schrieb sich die von den Dreien (Abraham, Isaak, Jakob) zusammengesetzte Bezeichnung zu (Abr 51). Verinnerlicht: Gott, den Einen Mann und Vater der tugendliebenden Seele (Mut Nom 205). Der Asket ist von Gott geliebt und Gott liebend (Rer Div Her 82). Der Gott der Väter sorgt für sie (Jos Ant 1,280–283). Isis ist zu dem Elenden zärtlich wie eine Mutter (Apul Met 11,25), αὐτῶν meint: Gott ist so etwas wie ein echter Freund (Chr Cramer Cat 248). ἡτοίμασεν Bauer 3 Grundmann ThW II 702–704. Für die Väter, eine Stadt, vgl 8,2. In LXX das Verb vom feindlichen Eroberer: er bereitet eine Stadt mit Ungerechtigkeiten (Hab 2,12). Subjekt ist öfter der Herr; mit irdischen Objekten: das Land für Israel (Ex 23,20), das Reich für die Davididen (2 βασ 7,12) einen Tisch für den Psalmisten (LXX Ps 22,5); der Herr bereitete den Thron im Himmel, aber seinen (LXX Ps 102,19). Die Welt ist als wahrnehmbares Haus Gottes von Gottes Händen bereitet (Philo Plant 50). Gott bereitete für die Gerechten in der Endzeit herrliche Früchte (gr Hen 25,7). Ja, auch seine Ruhe für die Auserwählten (Jos/Asen 50,1 f). Im NT außer Hb das Verb oft in Synoptikern und Ag, zum Beispiel das bereitete Reich Mt 25,34. Jesus wird uns eine Stätte bereiten (Joh 14,2 f); die bereitete – Stadt (Apk 21,2); Paulus nur im Zitat 1K 2,9. Hb nur hier. ἑτοιμάζειν öfter 1Cl 2Cl Barn Dg, Objekte das eschatologische Heil; das Reich, das ich bereitet habe für die Kirche (Did 10,5). Vgl: den Palast, den du in den Himmeln hast Act Thom 23 II b S 137,16–138,15. Gnostisch Nag Hammadi Cod V 5 Apk des Adam 72(66),4 f: wird ihnen einen heiligen Wohnsitz bauen. Pist Soph 32,35: es wird eine Stadt in dem Lichte zubereitet werden (Schiwy zu Hb 11,13). Auch mandäisch The Baptism of Hibil Ziwa, ed Drower S 72 Zeile 9 von oben: The Being who built thee a building. γάρ: bewiesen, aber nicht begründet wird „ihr–Gott" durch „er bereitete"; „ihr Gott" und „er bereitete" werden begründet mit dem sich-ausstrecken der Väter (Calvin de Wette[2]; gegen Delitzsch). αὐτοῖς, den Vätern; freilich: 11,39. πόλιν, siehe 11,10. Vgl noch: sehr schöne und wohlbewehrte Städte, die besten Zufluchtsstätten für der Errettung werte Seelen (Philo Fug 96); mit viel Einwohnern, lokalisiert in der Luft (Som 1,137).

Ruhe und Stadt sind für Hb dasselbe 3,11 ff (wie Ps Clem Hom Ep Cl 13,3). Vaterland auch gleich Stadt im Hb. Auch sonst: beides irdisch 2Makk 4,13 Philo Op Mund 142 Spec Leg 3,16 Vit Cont 18 f. πατρὶς irdisch, πόλις geistig Som 1,45 f; ähnlich Leg All 3,83.

17. Durch Glauben brachte Abraham, von der Versuchung dazu veranlaßt, den Isaak als Opfer dar, und er war dabei, den einzigen Sohn als Opfer darzubringen, er, der die Verheißungen übernommen hatte;

In V 17–22 bewährt der Glaube sich angesichts des Todes (Michel). V 17–19 Abrahams schwerste Glaubensprobe (siehe Abot ed Marti/Beer 1927, 119–121; Schröger Schriftausleger 218). Die Verheißungen, auf die der Glaube gerichtet ist, scheinen durch den Opferbefehl aufgehoben. Glaube kämpfte mit Glauben, und Befehl mit Verheißung; Abraham behandelt diese Gegensätze wie zusammen stimmende Dinge (Chr Cramer Cat 249); und zwar im Glauben an Isaaks Erweckung von den Toten. Entgegen dem Hb-Abraham ist solch ein Glaube im AT aber erst ab Da 12,2 bezeugt; siehe 11,16. Auch die Frage, ob den Sohn zu schlachten überhaupt eine Weisung *Gottes* sein kann, scheint dem Hb fernzuliegen (siehe auch Bruce); Kinder verbrennen für die Götter, allerdings bei den barbarischen Heiden, bezeichnet Philo Abr 181 als schweren Frevel (vgl Plut Ser Num Vind 6 II 552 A; Betz Plutarch 1975, 202). πίστει, siehe 4,2 Exkurs. Zu Abraham siehe 11,8. Abrahams Bereitschaft gründet in Gn 22 sonst und in verwandten Traditionen in: seiner Gottesfurcht (Gn 22,12 Jub 18,11); seiner Liebe zu Gott (Philo Abr 196 vgl Abot 5,3); seinem Gehorsam (Gn 22,18 Jub 18,16 Jos Ant 1,225 233 1Cl 10,7; Hagner 151); versucht wird Abrahams Gottesverehrung (Jos Ant 223 234); er zwingt, im Tun des Willens Gottes, den bösen Trieb nieder (p Taan 2,65d,2 Str-B III 242); die Sophia machte ihn stark (Sap 10,5. Die Motivierung fehlt in 4Makk 13,12. Abraham als gläubig Jub 17,15.17; sein Glaube Jk 2,21 f; ähnlich das πιστὸς (treu) Jub 18,16 Sir 44,20(21) 1Makk 2,52; bei Philo Isaaks Opferung im πιστεύειν an die Festigkeit des Seins Deus Imm 4. Hb übernimmt hier mit πίστει also eine Tradition. προσενήνοχεν, siehe 5,1. Das Perfekt der Schriftaussage: die Tat war definitiv; das folgende Imperfekt: Abraham brachte das Opfern nicht zu Ende, vgl ἐκάλουν Lk 1,59 (treffend Bruces Übersetzung: he–was offering up; siehe Bauer 2a Bl-Debr § 327 342,5 Radermacher 150). Der älteste Text bringt in ℵ A den meisten z vg die Reihenfolge: *1 προσενήνοχεν 2 Ἀβραὰμ 3 τὸν 4 Ἰσαὰκ 5 πειραζόμενος*. Sie wird durch Auslassung und Umstellung geändert (siehe Metzger 673): 1 4 5 in p^{46}; 1 3 4 5 in Ψ 2005 b vg^{ms} sy^h Chr; 2 1 3 4 5 in 1912. Die beiden nächsten Umstellungen setzen die Nominative zusammen: 1 3 4 5 2 in D d e; 1 3 4 2 5 in 1245 1611 2495 arm. Wie Hb προσφέρειν Barn 7,3. Statt dessen: Schlachtung (Philo Abr 176 Jos Ant 225 232f); schlachten (Philo Abr 169); Opfer (Jos Ant 227 230); Einweihung (Ant 229); für Gott als Rauchopfer und Opfertier darbringen (Ant 224). Ἀβραάμ, siehe 6,13 11,8. Ἰσαάκ, siehe 11,9. Ἰσαὰκ schreiben p^{46} ℵ D* d 1245 1611; wie in wenigen Varianten Gn 22,2.9. Wie Hb Ἰσαὰκ auch Gn 22,2.9 Philo Abr 201 1Cl 31,3 Barn 7,3. Ἴσακος in Jos Ant 1,222 224 227 232. Isaak ist: vertrauensvoll, weil er den Ausgang weiß 1Cl; Typos für die Auferstehung Barn: in seinem Verhalten hier uninteressant für den Hb. πειραζόμενος, siehe 2,18. Die Versuchung ist, wie im Hb, erwähnt Gn 22,1 Sir 44,20(21) und 1Makk 2,52; Jos Ant 223 233 spricht von Probe und prüfen. In Abot 5,3 ist Isaaks Opferung eine von zehn Versuchungen; ebenso Jub 19,8 (Michel). Die Versuchung fehlt 4Makk 13,12 16,20 Philo Abr 167–207 und Jk 2,21. Die Texte meinen: Versuchung durch Gott; in Jub 17,15–18 rät Mastema die Versuchungen an; die Gottheit dadurch entlastend, siehe Jk 1,13. καὶ epexegetisch, siehe Bl-Debr § 394. μονογενῆ; so Aquila in der Hexapla Gn 22,2, Symmachus Gn 22,12, statt der ἀγαπητὸς-Formen Gn 22,2.12. D★ verschreibt in μονογενήν, Bauer Büchsel ThW IV 745–750. Hier im Hb nicht christologisch-metaphysisch wie Joh 1,14.18 3,16.18 1J 4,9 Test XII B 9,2 Mart Pol 25,2 Dg 10,2. Sondern von einzigen menschlichen Kindern. So Plut Lycurg 31,8 I 59d vom Sohn, Antoninus Liberalis 32,1 von der Tochter. Im NT sonst nur Lk 7,12 8,42 9,38; Paulus nicht, im Hb nur hier. Einzige Kinder werden besonders geliebt: wie Isaak Gn 22,2, ἀγαπητός, in Varianten μονογενὴς beziehungsweise *unicus;* Jub 18,1.11.15; Philo Abr 168, allegorisiert Deus Imm 4 Migr Abr 140; Jos Ant 1,222 20,20. Einzelkinder sind besonders gefährdet: Tob 3,15 6,15א; bedroht wie die Seele LXX Ps 21,21 34,17. Ihr Verlust ist besonders schmerzlich Ri 11,34. Isaak ist, trotz Ismael 16,15, ein einziges Kind nach Maßgabe der Verheißung (Thphyl MPG 125,353A). προσέφερεν, siehe oben bei προσενήνοχεν. τὰς ἐπαγγελίας, siehe 4,1. Die Verheißungen sprechen von Isaak Gn 17,19 18,10.14 21,12. Verheißung wird nicht erwähnt in den obigen Texten aus Jubiläen Sirach 1Makkabäer Philo Josephus Jakobus. Aber Gn 22,16–18 wiederholt die Verheißung betont; vgl 4Makk 16,20: den Völkervater – den Sohn Isaak. Rabbi Jochanan pTaan 2,65 d2 Str-B III 242: Abraham hätte zu Gott sagen können: gestern sprachst du Gn 21,12, jetzt Gn 22,2. Auch für Hb liegt auf der Bedrohung der Verheißung das ganze Gewicht, V 17c 18. ἀναδεξάμενος Bauer Liddell-Scott. Im NT noch Ag 28,7; im Hb nur hier. Es kann heißen „empfangen", zum Beispiel eine Botschaft (Pind Pyth 2,41b), einen Kranz (Ditt Syll⁴ 708,21). Aber hier Hb 11,17: wie jemand in der Orakelpraxis das religiöse Amt der Entgegennahme eines Orakels (Ditt Syll⁴ 608,5f 761,B3), wie der Märtyrer den Tod (2Makk 6,19), wie der Levit die kultischen Verrichtungen (Philo Sacr AC 132) bereitwillig „übernimmt", so hatte Abraham die Verheißungen übernommen, und zwar im Glauben; und das macht die Sache noch schwerer (Bengel), auch wenn Abrahams Verantwortung durch Gottes Opferbefehl entlastet war (Bruce). δεξάμενος, wie in 11,31, hier in 11,17 in K 88 242 256 436 Thphyl^text, als bloßes „empfangen", also sinnverschiebend.

18. zu dem gesagt worden war: ‚in Isaak soll deine Nachkommenschaft genannt werden'.

Daß gerade Isaak der Träger für die Nachkommenschaft sein soll, ist angesichts seiner Bedrohung durch die Opferung zur Unterstreichung von Abrahams Glauben zentral wichtig; daher dafür das Schriftwort Gn 21,12; wie wörtlich R 9,7.

πρός: hier nicht, mit Luther WA Deutsche Bibel VII 2,372f Bengel „Im Hinblick auf", sondern, wie schon vg Thomas, „zu"; bei λαλεῖν siehe 5,5. ὅν, der übernommen hatte, also Abraham. In Ψ in das abgekürzte θ͞ν verschrieben. ἐλαλήθη: durch die Gottheit beziehungsweise die Schrift. λαλεῖν, siehe 7,14; im Passiv durch Gott 3,5 11,18; durch den Kyrios 2,3; durch Engel 2,2; durch Mose 9,19. λαλεῖν wie hier als Zitateinleitung noch 5,5; statt meist λέγειν, siehe 1,1 Exkurs. ὅτι, ausgelassen in p⁴⁶ א D★ P Ψ 206 256 431 917 1319 1845 2127 d e Chr Cyr. Das כי Gn 21,12 und die LXX-Übersetzung meinen „weil". Im Hb wird daraus das die direkte Rede einleitende, also nicht zu übersetzende ὅτι; ὅτι noch 7,17 10,8. Das folgende Genesis-Zitat fast wörtlich LXX (Ahlborn 41); nur, in LXX: κληρονομηθήσεται statt Hb κληθήσεται, und, in Einer Minuskel ἐν, in zwei Minuskeln σοὶ ausgelassen. ἐν Ἰσαάκ; der Name wie V 17 als Ἰσὰκ in א D★ d. Nur in Isaak, nicht in

Ismael Gn 21,13. Zu Isaak siehe 11,9. κληθήσεται: aber nicht nur *genannt* werden; Jos 24,3f: „genannt werden" schließt wirkliches Sein mit ein, siehe 3,13. σπέρμα, siehe 2,16; anders als 11,11.

19. Dabei sagte er sich: sogar von den Toten aufzuerwecken ist Gott imstande; deshalb bekam er ihn, zudem noch als abbildenden Hinweis, zurück.

Literatur: JEWood Isaac Typology in the NT, NTSt 14, 1968, 583–589; WBousset/HGreßmann Die Religion des Judentums³, 1926; PVolz Eschatologie, siehe V 10.

Der Widerstreit zwischen Verheißungen und Gebot (siehe 11,17) ist für Abraham auflösbar nur durch den Gedanken an die Macht Gottes zur Totenerweckung. Isaaks Bewahrung vor der Opferung ist die Folge dieses Glaubens. Aber sie ist, für den Hb-Dualismus, noch nicht die wahre, auf dem Boden von Erhofftem und nicht Sichtbarem (11,1) liegende Einlösung: Isaaks Verschonung geschah sogar als Abbild für die künftige allgemeine Totenerweckung (siehe 6,2).

λογιζόμενος ὅτι: Bauer 2 Heidland ThW IV 287–295 Bl-Debr § 397,2. Hb nur hier, als „erwägen". So im NT bei Paulus mit zentralen theologischen Inhalten, besonders R und 2K; auch Joh 11,50 1Pt 5,12. Dies Verb auch in LXX Test XII gr Henoch Philo Josephus. Mit ὅτι zum Beispiel Joh 11,50 R 8,18 1Makk 6,9, für Philo siehe Leisegang Konkordanz. Es gibt ein Erwägen von Schlechtigkeit und gerechten Dingen (Test XII Seb 8,5 A 1,7). Wie im Hb, wird auch bei Paulus das Erwägen vom Glauben geleitet. Aber weder im NT sonst noch in den genannten jüdisch-hellenistischen Texten richtet das Erwägen sich wie hier auf die Totenerweckung. Ja, nach Sext Emp Dogm 1,256 erwog Admet, daß der Gestorbene nicht mehr aufersteht (Wettstein). In den Ps Clem Recg erwägt Abraham nicht, sondern ist vom wahren Propheten darüber belehrt: auch die Toten werden sich wieder erheben (1,33,2). καί¹, siehe 7,25, ausgelassen in 460 941 d e.sa. ἐκ νεκρῶν ἐγείρειν: zu νεκρὸς siehe 6,1. ἐγείρειν alte LA in p⁴⁶ ℵ K L Ψ Or Chr Thret Dam; ἐγεῖραι in A P 33 38 57 81 218 256 263² 326 436 642 1241^suppl 1448 1834 1837 1912 Cyr Chron. ἐγείρειν δυνατὸς ὁ θεός verkürzt zu ὁ θεὸς ἐγερεῖ in 440. Bauer 1aβ Oepke ThW II 332–337; zum fehlenden τῶν siehe Bl-Debr § 254,2. Von Asklepios: sogar einige der Gestorbenen erwecken (FGrHist Apollodor fr 138; ähnlich Scholion zu Pind Pyth III 96; Wettstein); Asklepios weckte die Sterbenden auf, wird verspottet im Scholion zu Luc Jup Conf 8, ed Rabe S 55 Z 21f (weiteres Braun Studien² S 258 Anmerkung 46 Absatz 3). Fraglich ist Preis Zaub 4,195: der zu Typhon Betende bezeichnet sich nicht als tot. In LXX selten. Der Erwecker Elia Sir 48,5; aber den Weisen erwartet nur das Ausruhen Sir 39,9–11; auch Sap 16,13 keine Totenerweckung (siehe Bousset-Greßmann Religion 269 Anmerkung 1, Volz Eschatologie 232f). Typisch Philo: die Seele übt das Erwecken und Tragen gegenüber dem auch im irdischen Dasein von Haus aus toten Leibe (Leg All 3,69). Auch Test XII und Josephus keine Erweckung aus dem Tode. *Aber:* viele der Schlafenden werden aus dem Grabhügel erweckt werden Da 12,2 Theod; Jahwe מחיה המתים Schemone Esre 2 Str-B III 212; weiteres III 746 Pirqe R Elieser. Im NT ἐγείρειν von Totenerweckung Synoptiker Joh Ag Corpus Paulinum Jk 1Pt Apk, sehr häufig. Meist ohne Verbindung mit νεκρὸς-Form. Verbunden mit νεκροὶ 10mal, mit νεκροὺς 4mal, mit ἀπὸ τῶν νεκρῶν 3mal. Aber mit ἐκ νεκρῶν (ohne τῶν): Synoptiker 4mal, Joh 5mal, Ag 3mal, Corpus Paulinum 14mal; R 4,17 allerdings meint Abrahams Zeugungsfähigkeit, nicht Isaaks Opferung. ἐκ νεκρῶν ist also feste Formel. Hb nur 11,19 und

13,20. Entsprechend tritt auch in der Christologie des Hb die Auferstehung zurück, ersetzt wie etwa 1,3 5,9 9,12, siehe 6,2. Ohne νεκρὸς-Form Ign Sm 7,1 Pol 1,2; ἀπὸ νεκρῶν Ign Tr 9,2; ἐκ νεκρῶν Ign Mg 9,3 Pol 2,1.2 5,2. δυνατός: so p[46] ℵ D★ [2] K L 1834 die meisten f Or Chr Thret Cyr Chron Dam, alte LA; dahinter ἐστὶν wie R 4,21 in P vg; statt des Adjektivs δύναται in A D[1] Ψ 252 256 c[1] d e Aug. Bauer 1aβ Grundmann ThW II 268–318; zum Infinitiv bei δυνατὸς siehe Bl-Debr § 393,2; zum fehlenden Hilfsverb siehe 6,8. Die Seele eines Verstorbenen sichtbar und beweiskräftig herbeizubringen ist unmöglich (Scholion zu Pind Nem VIII 75; Wettstein). Dies Adjektiv in LXX sehr viel, oft kriegerisch, im Plural; von Gott Hi 36,5 LXX Ps 23,8 88,9 Ze 3,17 Jer 39(32),19 1Makk 9,21; ähnlich dem Hb Da 3,17: Gott ist mächtig, uns aus dem Feuerofen herauszureißen. Philo: der Gottheit ist alles möglich; ἔστιν kann auch fehlen (siehe Leisegang Register); Gott der Allermächtigste Virt 168; Subjekt die Seele, mit Infinitiv Det Pot Ins 30. Josephus, Subjekt das jüdische Volk, das nicht fähig ist, dem König zu schmeicheln, Ant 16,158. Im NT fehlt das Adjektiv bei Joh. Von Gott: τὸ δυνατὸν αὐτοῦ R 9,22; ὁ δυνατὸς Lk 1,49. Das Adjektiv von Menschen mit (Tt 1,9) und ohne (Jk 3,2) Hilfsverb: von Gott mit (R 4,21 11,23 2Tm 1,12) und ohne (R 14,4) Hilfsverb. Alles – ist möglich bei Gott und ähnlich Mk 10,27 Par 14,36. Im Hb δυνατὸς nur hier; im NT sonst nicht, wie im Hb, von der Fähigkeit zur Totenerweckung. Gott der Mächtige Did 10,4; ihn allein eignet die Mächtigkeit Herm s 5,7,3. Gott der allein Mächtige 1Cl 61,3; der mächtige Retter Dg 9,6. Inhalt der Macht: gute Gaben geben 1Cl, erretten Dg, bestimmte Sünden heilen Herm s. ὁ θεός, siehe 1,1. ὅθεν, siehe 2,17; hier nicht lokal, also nicht auf ἐκ νεκρῶν bezogen (gegen de Wette[2] Delitzsch Bleek-Windrath Seeberg Westcott). Sondern der Effekt von Abrahams Erwägungen und Glauben wird durch ὅθεν begründend unterstrichen. αὐτόν, den Isaak. καί, wie oben καί, „sogar". ἐν παραβολῇ, in parabola f vg, in parabolam d e; siehe 9,9 Dt 28,37. Zu beachten ist die Reihenfolge der Wörter: αὐτὸν vor καί, so daß das ἐν παραβολῇ dem ἐκομίσατο den Symbolcharakter als „große Zugabe" (Photius Staab 650) für Abraham verschafft. Also gerade nicht: nur im Gleichnis (gegen Delitzsch Bleek-Windrath vSoden). Das Zurückbekommen geschieht bei der Opferung, nicht bei der für Abrahams Alter ja ungewöhnlichen Zeugung des Sohnes (gegen Westcott und ältere Erklärer, siehe Delitzsch und Wood 588). Aber betont ist hier V 19b die Opferung nicht, christologische Bezüge sind hier also vom Hb nicht gemeint, wie das Christus gemäße Geheimnis (gegen Photius aaO Thphyl MPG 125,353B); die Passion Christi (gegen Melito fg 9–12 Thret MPG 82,764C Prim MPL 68,765CD Erasmus adnotationes); Isaak als Typus des geopferten Jesus, wie in Barn 7,3 (gegen Aug Civ 16,32 Prim aaO [Jesu Göttlichkeit] Ps Oec MPG 119,412B Thomas [wie Prim]); der Widder als Jesus (gegen Melito aaO Chr Cramer Cat 250 Aug aaO Photius aaO); und zwar als Jesu Fleisch (gegen Prim aaO); als Jesu Menschlichkeit (gegen Thomas); Abraham als Gott (Hinweis von Bruce Kommentar), gegen Iren Haer IV 5,4; auch gegen Prim aaO Ps Oec aaO; Christi Opfertod und Auferstehung (gegen Spicq Héring); Christi Auferweckung (gegen Erasmus paraphrasis). Es geht dem Hb freilich nicht um die Auferweckung nur des Isaak, siehe das unbetonte αὐτόν (gegen Thdor[mops] Cramer Cat 250f Calvin Bleek-Windrath Moffatt Montefiore). Isaaks Verschonung ist vielmehr ein Symbol, ohne christologischen Bezug, für das allgemeine ἐκ νεκρῶν ἐγείρειν (Thret aaO; Hollmann Seeberg Riggenbach Strathmann Michel), also für alle kommende Erfüllung (Kuß).

20. Durch Glauben, und das im Blick auf Zukünftiges, segnete Isaak den Jakob und Esau.

Isaak, wie Jakob und Joseph V 21f todesnah, verwirklicht durch Glauben sogar Zukünftiges. Weil es um Glauben geht, ist die Zukunftsbezogenheit, die jedem Segnen innewohnt, hier besonders betont, siehe „Verwirklichung erhoffter Dinge" 11,1. Hb denkt dabei also nicht an Isaaks Gehorsam gegenüber der zunächst von ihm gar nicht wahrgenommenen Bevorzugung Jakobs vor dem geliebten (Gn 25,28) Erstgeborenen; denn Hb formuliert einfach καὶ τὸν 'Ησαῦ (gegen Riggenbach Spicq Kuß Michel Westcott Schröger Schriftausleger 220 Montefiore). Außer Betracht bleibt im Hb die Erschleichung des Segens und der im AT gemeinte *irdische* Charakter der Segensgaben.

πίστει, siehe 4,2 Exkurs. καί; alte LA, in p[46] A D★ 6 33 38 69 81 88 216 218 424★ 462 919 1241[suppl] 1739 1834 1881 1906 d e f vg Chr Thret Dam Prim; καί unterstreicht die Zukunftsgerichtetheit von Isaaks Glaubens, siehe 7,25. Die sekundäre Auslassung von καί in ℵ D² K L P Ψ den meisten vg[ms] sy[p h] sa bo arm aeth Chr Severian verkennt das (gegen Moffatt). Zur Stellung von καί vgl 7,25 11,19.19. Richtig übersetzt Zuntz 211: even upon future (ähnlich Delitzsch Bleek-Windrath vSoden Strathmann Michel Westcott). καί gehört nicht zu Isaak (gegen Riggenbach Windisch Spicq Kuß), auch nicht zu πίστει (gegen Schiwy). περὶ μελλόντων; L b fügen dazwischen τῶν ein. Zum Substantiv τὰ μέλλοντα, im Hb nur hier, siehe 2,5. Zukünftig sind in dem Segen für Jakob Gn 27,27–29: er gebe, sie sollen dienen, sie sollen zu Fuße fallen; in dem Segen für Esau Gn 27,39f: dir wird gehören, du wirst dich ernähren, du wirst dienen, du wirst zerreißen, du wirst lösen. Vgl: der vor dem Tode stehende Apollonius weiß voraus, die Nicht-Freilassung wird seiner Sklavin zum Glück verhelfen (Philostr Vit Ap 8,30). Hb meint nicht, wie Philo Vit Mos 2,288, daß der Glaube an zukünftige Dinge auf vorausgegangener Erfüllung ruht; sondern zukünftig sind Dinge, die von den körperlichen Sinnen weit entfernt sind (Erasmus paraphrasis). εὐλόγησεν: so schreiben p[46] ℵ D K L P Chr Severian Dam; ηὐλόγησεν in 33 38 69 81 102 177 255 256 263 326 337 460 1834 1912 2005 Thret Chr; siehe 7,6. Zum Verb siehe 6,14. Wirklich *gesegnet* wird nur Jakob; für Esau ist die Ansage wesentlich negativ; positiv nur Gn 27,40b; obwohl in Gn 27,41 von Segen substantivisch und verbal auch bei Esau die Rede ist. Fehlt deswegen bei μελλόντων das ἀγαθῶν von Hb 10,1? Jos Ant 1,267–276 spricht im Blick auf Jakob und Esau nicht von Isaaks Segnen, sondern von Flehen, Zusprechen, Zuspruch und Gebeten. In Jub 26 wie im Hb zwei Segen; Philo differenziert ihren Wert nach der verschiedenen Vollkommenheit der Empfänger (Mut Nom 230), und er begründet den Segen auch für Esau mit Isaaks Glaube an Esaus Besserung (Quaest in Gn 27,39 IV Nr 233). 'Ἰσαὰκ fehlt in ℵ★; vor 'Ἰσαὰκ in 1311 1319 τόν; hinter 'Ἰσαὰκ in 1311 καί; Schreibung 'Ἰσαὰκ in ℵ¹ D d, siehe 11,9. τὸν 'Ἰακώβ, siehe 11,9. Ihn zuerst: nach der Reihenfolge des Segens Severian; auf Grund der Tugendhaftigkeit Chr (Cramer Cat 251). τὸν 'Ησαῦ: so akzentuiert auch Philo; LXX, ed Wevers, 'Ησαύ; Josephus 'Ησαῦς. Vgl Bauer Odeberg ThW II 957f. Im Hb noch 12,16 im Zitat, negativ; im NT noch R 9,13, auch negativ. In Gn 25–36 viel; sonst neutral Dt 2,4 Jos 24,4 1Ch 1,34f; negativ Ob 1,6–21 Mal 1,2f Jer 29,11 (49,10).

21. Durch Glauben segnete Jakob beim Sterben einen jeden der Söhne Josephs und beugte sich über die Spitze seines Stabes hin.

Literatur: HGunkel Genesis, siehe V 4.

Die Segnung der Josephssöhne ist eine Glaubenstat Jakobs: sie ist an die Enkel, also noch mehr in die Zukunft (V20) gerichtet als die Segnung seiner eigenen Söhne (Kuß Montefiore). Betont ist: Jakob liegt im Sterben, er segnet gleichwohl jeden der zwei einzeln. Er ist offenbar so schwach, daß er das ehrfürchtige sich Beugen nicht mehr, wie in gesunden Tagen, bis zur Erde (Gn 33,3), sondern nur noch über die Spitze seines Stabes vollziehen kann. Das ist dem Hb so wichtig, daß er dies besondere sich Beugen aus Gn 47,31 in die Segnungsszene Gn 48,8–20 versetzt. Anders als Barn 13,4f und viele Erklärer deutet Hb den verschiedenen Wert der beiden Segen mit „einen jeden" nur gerade an.

πίστει, siehe 4,2 Exkurs. Ἰακώβ, siehe 11,9. Auch Mose ist angesichts seines Todes von Hoffnung auf Unsterblichkeit getragen (Philo Virt 67); Dt 33,1 segnet auch er vor seinem Ende. ἕκαστον, Bauer 2: hier substantivisch wie 6,11 8,11; mit Genitivus partitivus wie 6,11. τῶν υἱῶν; zu υἱός siehe 2,10; Levi-Söhne siehe 7,5, dort zum fehlenden τοῦ, vgl υἱὸς θυγατρὸς Φαραώ 11,24. Die Joseph-Söhne im NT nur hier; von ihren Namen im NT nur der Stamm Manasse Apk 7,6. Ἰωσήφ: Bauer 1 Bl-Debr § 53,2d. In LXX besonders viel in Genesis; Exodus bis 1 Chronica weniger; Psalmen Propheten selten. Test XII und Philo gelegentlich. Bei Josephus besonders Ant 2; als Ἰώσηπος, auch Ἰώσηφος und Ἰωσήφ. Im NT nur Joh 4,5 Ag 7,9ff Apk 7,8; Hb nur hier und 11,22. εὐλόγησεν: siehe 6,14. So geschrieben in p[46] ℵ K L P Chr Thret Dam; ηὐλόγησεν in A D Ψ 33 38 81 177 255 256 263 326 337 460 547 1834 2005 Chr Thret. προσεκύνησεν – ῥάβδου αὐτοῦ ist Zitat (Ahlborn 41f Schröger 221f). Fast wörtlich aus LXX Gn 47,31; nur das Ἰσραήλ der LXX wird im Hb schon vor dem Zitatanfang durch Ἰακώβ ersetzt. Schon LXX, ihr folgend der Hb, hat das מטה (Lager) in מטה (Stab) verlesen; zum Masora-Text vgl 3 βασ 1,47 und Gunkel Genesis 426; bereits Thomas (auf Grund von Gn 47,31), Erasmus adnotationes (über Hieronymus), Calvin, Bengel vermerken das. προσκυνέω, siehe 1,6. Zum Aorist siehe Bl-Debr § 328. In LXX oft; mit „zur Erde" zum Beispiel Gn 18,2; niederfallen auf sein Angesicht, zum Beispiel Gn 42,6; auch, wie hier Hb, ohne Objekt der Person 3 βασ 1,47. Im NT προσκυνεῖν in Ev Ag; Apk viel, Paulus nur 1K 14,25; Kath Br nicht. Natürlich ist hier Hb 11,21 als Objekt Gott gemeint. ἐπὶ τὸ ἄκρον: das Fehlen einer Übersetzung von ἐπί in d e vg[cl] am fu demid tol harl* macht, gegen den Textsinn, den Stab zum Objekt der Verehrung. Ähnlich irreführend gilt die Anbetung, gegen Hb, dem Joseph zugewendet bei Chr Cramer Cat 252,9 Thret MPG 82,764D Ps Oec MPG 119,413C Photius Staab 651 Thphyl MPG 125,353D Luther NT 1522 (nicht mehr 1546, WA Deutsche Bibel 7,2) Calvin. Ja, die Stabspitze meint, gegen Hb, das Reich Christi bei Prim MPL 68,766AB Thomas Erasmus paraphrasis. Richtig, nicht von Anbetung, verstehen die Übersetzungen: *in fastidium* (Spitze) harl[1]; *super fastidium* f Sedul. ἄκρον: Bauer Bl-Debr § 270,2 Preisigke Wört I 49,1). Die Spitze: des Stabes (Ri 6,21), des Szepters (1 βασ 14,27); von Gliedmaßen (Ex 29,20 und öfter). Vgl. das Sprichwort bei Philo Deus Imm 168; ἄκρῳ δακτύλῳ (mit der Fingerspitze) berühren. Ähnlich Lk 16,24. Hb nur hier. Die trockene Spitze des Stabes Herm s 8,1,4 8,10,1. τῆς ῥάβδου αὐτοῦ, siehe 9,4. Für die jüdische Legende existierte der Stab seit der Weltschöpfung (Str-B III 746).

Der Stab ist Stütze für Menschen, die verletzt (Ex 21,18) oder alt (Sach 8,4) sind; so wohl hier Hb beim sterbenden Jakob (vgl Thphyl MPG 125,356A Thomas Bengel), ein Stab in der Hand von hinfälligen Greisen (vSoden Hollmann Kuß Montefiore).

22. Durch Glauben gedachte Joseph an seinem Ende des Auszugs der Kinder Israel und gab Anweisung hinsichtlich seiner Gebeine.

Joseph blickt auf erhoffte Dinge, und zwar auf zu der Zeit unwahrscheinliche (Erasmus paraphrasis); und das mit einer Gewißheit, die ihm diese konkrete Weisung möglich macht.

πίστει, siehe 4,2 Exkurs. Josephus spricht von Josephs Tüchtigkeit und Verstand (Ant 2,198); Philo von Josephs Gläubigsein im Blick auf Gn 50,24 (Migr Abr 18). τελευτῶν, siehe Bauer Bl-Debr § 480,2. Zum Sterben in der Antike vgl 2,15. Von Joseph: ich sterbe Gn 50,24. τελευτᾶν als sterben in LXX und jüdischem Hellenismus viel: von Jakob Gn 50,5.16 Jos Ant 2,196; von Joseph Gn 50,26 Philo Jos 268 Jos Ant 2,198 und seinen Brüdern Ex 1,6 Jos Ant 2,199. Von Joseph im NT nur hier; sonst im NT und Apost Vät: das Sterben anonymer Menschen Mt 9,18 22,25 Lk 7,2 1Cl 39,6; unter Umständen als Strafe Mt 15,4 (= Ex 21,16) Par; sonst von Herodes Mt 2,19; Jakob Ag 7,15 David Ag 2,29 Lazarus Joh 11,39 Judas Páp Fr 3; der Gehenna-Wurm Mk 9,48 2Cl 7,6 17,5 (= Js 66,24) und der Phönix 1Cl 25,2f. τῆς ἐξόδου, siehe Bauer Michaelis ThW V 108–112; der Auszug liegt für Joseph *nach* seinem Tode. Die volle Formel mit τῶν υἱῶν 'Ἰσραήλ: LXX Nachschrift hinter Exodus Cod A; bei Datierungen Nu 33,38 3 βασ 6,1; Test XII Jos 20,6 Test Sal 25,5. „Auszug" mit Formen von Israeliten Jos Ant 8,61; von Hebräern Philo Vit Mos 1,105, Josephus öfter; mit Israel oder αὐτῶν LXX Ps 113,1 104,38 Test XII S 9 B 12,4 Philo Vit Mos 1,122. Also für alttestamentlich-jüdisches Denken zentral. Die Hinausbringung der Gebeine Josephs Test XII S 8,4. Nur ἔξοδος: Philo Migr Abr 15.151 Vit Mos 2,248. In diesen Texten auch gelegentlich der Zusatz „aus Ägypten". Dasselbe anders formuliert Gn 50,24 Test XII Jos 20,1. Im NT ἔξοδος vom Tode Jesu Lk 9,31 und des Petrus 2Pt 1,15; als Auszug aus Ägypten im NT nur hier Hb; in Apost Vät nicht. τῶν υἱῶν 'Ἰσραήλ: zu υἱοί siehe 11,21; zu 'Ἰσραήλ siehe 8,8; Bl-Debr § 262,2. In LXX sehr viel; aber seltener beim Auszug; für LXX und jüdischen Hellenismus siehe oben bei ἔξοδος. Im NT die volle Formel Mt und Lk je Ein Mal, Ag 4mal, Paulus 3mal, Apk 3mal; aber verbunden mit dem Auszug nur hier Hb. ἐμνημόνευσεν, siehe 11,15. Chr Cramer Cat 252 und Thomas meinen: zur Ermutigung der Israeliten. Hier: gedenken an etwas Verheißenes, aber noch Zukünftiges: zur Zeit der Fürsorge, mit der Gott sich euer annehmen wird Gn 50,25. ἐμνημόνευσεν vielleicht sogar (mit deWette[2] Seeberg Spicq) als „erwähnen", wegen λέγων Gn 50,25. τῶν ὀστέων αὐτοῦ: Bauer Str-B II 672–676 Bl-Debr § 45 Rademacher S 58 Anmerkung 2 S 62. Gn 50,25: ihr sollt meine Gebeine mit euch führen. Im NT Knochen des Auferstandenen Lk 24,39, von Toten Mt 23,27; des toten Jesus Joh 19,36 (= Sach 12,10 Aquila Theod); von Joseph im NT nur hier. Fehlen der Beerdigung ist schlimm: Knochen zerstreut Diod S 22,12; zerbrochen Jer 8,1f; verbrannt Jos Ant 8,232; aber beim Märtyrer eingesammelt und verehrt Mart Pol 18,1. Dagegen sind Zerstreuungen von Knochen dem Ignatius R 5,3 willkommen. Ein zu Joseph analoger Beerdigungswunsch 3 βασ 13,31. Philo allegorisiert Josephs Gebeine Migr Abr 17. Josephs Auftrag wird ausgeführt Sir 49,15(18) (Moffatt); nicht sofort Test XII S 8,3; sondern beim Auszug: Ex 13,19 Jos 24,32 Test XII S 8,4 Jos 20,6 Josephus Ant 2,200 Rabbinen Str-B (siehe oben). Die Gebeine der anderen Jakobssöhne kommen nach dem Tode der einzelnen nach Kanaan Test XII S 8,2 Jub 46,9 f Jos Ant 2,199; oder, wie bei Joseph, erst beim Auszug, Rabbinen (siehe Str-B oben). Auch der Begräbnisort schwankt in der Tradition (siehe Str-B aaO). Antike Umbettungen der Gebeine des Theseus und der Chäronea-Gefallenen Plut Cim 8 Demosthen 21 I 483D 855C. ἐνετείλατο: καὶ ὤρκισεν, Joseph beschwor sie Gn 50,25; fast ebenso Josephus Ant 200. ἐντέλλομαι, siehe 9,20, Bauer Preisigke Wört I 498. Mit περὶ wie Hb Gn 12,20A Nu 9,8 1Makk 3,34 Mt 4,6 Par. Dies Verb bei letzten Weisungen vor dem Tode: von Phokion, der dem Sohn Rache, von Agesilaos, der eine Verfertigung seines Standbildes verbietet (Plut Apophth Phokion 19 Apophth Lac Agesilaos 79 II 189A 215A). ἐντέλλεσθαι, Weisungen ein Begräbnis betreffend, 2 βασ 21,14 Josephus Ant 8,242 f; beim Tode Jakobs Gn 50,12 ADF[a], der Jakobsöhne, in Test XII Jud 26,4 Iss 7,8 N 9,1–3 A 8,1 f B 12,1β. So Joseph hier, vgl Jub 46,5; Hb blickt dabei kaum auf Josephs Teilhabe an der durch Christus gebrachten Auferstehung (zu Thomas).

23. Durch Glauben wurde Mose nach seiner Geburt ein Vierteljahr lang von seinen Eltern versteckt gehalten, weil sie sahen, es war ein in seiner Schönheit wohlgefälliges Kind; und sie fürchteten den Erlaß des Königs nicht.

V 23–29 Mose-Texte: die Zukunftsbezogenheit des Glaubens bringt die Bereitschaft zum Risiko, zur Absage an das bequem Weltliche hervor (Vanhoye Structure 190).

V 23. Zunächst der Glaube der Mose-Eltern. Die Schönheit und, wahrscheinlich im Sinne des Hb, die damit verbundene Gottwohlgefälligkeit des Neugeborenen veranlaßt die Eltern zu einem erfolgreichen dreimonatlichen Verstecken; die darin sich erweisende Furchtlosigkeit gegenüber dem pharaonischen Tötungserlaß, Ex 1,22, ist ihr Glaube. Die nachfolgende Aussetzung des Mose Ex 2,3, vom Hb nicht erwähnt, gilt nicht als Glaube, Calvin; Thomas dagegen: als Glaube, wahrscheinlich.

πίστει, siehe 4,2 Exkurs: nicht in Ex 2,1 f Ag 7,20 f. Auch nicht Philo Vit Mos 1,8–11, wo die Eltern Angst haben, auch bei der Aussetzung. Nicht die Eltern, sondern Philo selber beurteilt die Errettung des Mose nach der Aussetzung als Fürsorge der Gottheit (Vit Mos 1,12 μοι). Bei Josephus (Ant 2,205–237) vertrauen die ängstlichen Eltern zunächst auf das Verstecken; die Furcht treibt sie dann zur Aussetzung, bei der sie zwar, entgegen der vom Pharao beabsichtigten Tötung, der Gottheit die Rettung zutrauen, für ihre Person aber sich aus dem glaubenden Risiko der Selbstgefährdung heraushalten (2,217 f). Die Mose-Eltern des Hb dagegen beweisen Glauben beim persönlichen Risiko des Versteckens; sie sind (vgl 2K 4,8) nicht mutlos, freilich, etwas undialektisch, ohne den in 2K 4 ausdrücklich formulierten Hintergrund des „ratlos". Aufmunternd für den Glauben der Hörer: die Eltern waren schlichte, namenlose, unberühmte Leute (Chr MPG 63,180).

Μωϋσῆς, siehe 3,2. So geschrieben in p[46] ℵ D* K L P 1834 den meisten; Μωσῆς in A D[2] Ψ 38 203 242 383 506 639 1518 1739 1827 2004 vg. Die Mose-Thematik ist bestens vorbereitet durch „Auszug" 11,22 (Michel Vanhoye Structure 189). γεννηθείς, siehe 11,12; dies Verb auch Ag 7,20 Philo Vit Mos 1,9. Nach dem sterbenden Joseph 11,22 nun der geborene Mose (Vanhoye Structure 189). ἐκρύβη, Bauer 1 Oepke ThW III 959–990 Bl-Debr § 76. Hb dies Verb nur hier; nach seiner Geburt: Ex 2,3. Dafür σκεπάζω (schützen) Ex 2,2 Philo Congr 131; λανθάνω (heimlich etwas tun) Philo Vit Mos 1,9 Jos Ant 2,218. κρύπτω sonst: Zeus die Europa Paus 9,19,1, und die Elare, aus Furcht vor Hera, Pseud-Apollod 1,4 1,4; die Auge ihren neugeborenen Sohn, in Sträuchern Diod S 4,33,9. In LXX: medial, in Bedrängnis, zum Beispiel Dt 7,20; activisch Jos 2,4.6 und öfter. Jos Ant: medial Könige 5,61, Saul 6,65; passivisch Propheten 8,334. Im NT: medial Jesus Joh 8,59 12,36; aus Furcht Joseph von Arimathaia Joh 19,38; activisch die Großen und Mächtigen Apk 6,15 Rahab 1Cl 12,3. τρίμηνον; p^{46} τρίμηνος, siehe Bl-Dbr § 241,3; Accusativ der Zeit Bl-Debr § 161,2. Im Hb und NT nur hier; μῆνας τρεῖς Ex 2,2 Ag 7,20 Philo Congr 131; τρεῖς – μῆνας Philo Vit Mos 1,9 Jos Ant 2,218. τρίμηνον, klassisch und hellenistisch; in LXX gelegentlich als Zeitangabe für Regierungsdauer. τῶν πατέρων αὐτοῦ; siehe 1,1. Bauer 1a Schrenk Quell ThW V 946–1016. Bengel erklärt πατέρες als Vater und Großvater. Aber gemeint sind die Eltern des Mose; so im NT nur hier. Sie sahen – und schützten Ex 2,2. Philo Vit Mos 1,9 γονεῖς. πατέρες Eltern sonst: ihr schlechter Ruf Diod S 21,17,2; ihnen gegenüber ehrfürchtig oder ungehorsam sein Dion Hal 2,26,1.3; πατέρες kaum von Eltern, trotz Bauer, Eph 6,4 Kol 3,21. In Ex 2,2 Masora und Tragiker Ezechiel Cl Al Strom I 23 155,3 verbirgt die Mutter (Delitzsch). διότι, siehe 11,5, regiert dort wie hier nur Einen Satz (anders vSoden). Statt διότι in 81 καθότι. εἶδον, siehe 3,9–11; für ἰδόντες Ex 2,2 Philo Congr 131. ἀστεῖον, Bauer 1.2. Vom Mose-Kind: ἀστεῖος Ex 2,2 Philo Congr 131; Hb nur hier. Ein schönerer Anblick als gewöhnlich Philo Vit Mos 1,9; Größe und Schönheit Jos Ant 2,224; edelrassig und schön anzusehen Philo Vit Mos 1,18. Es ist aber mehr gemeint als das bloß Aesthetische: ἀστεῖος τῷ θεῷ Ag 7,20; das Mosekind ist der Prophetie würdig, טוב ist sein Name (Rabbinen Str-B II 678). ἀστεῖος abgesehen vom Mosekind: vom schönen Aussehen der Frau (Jdt 11,23(21) Da Sus 7 LXX); von der Wohlgenährtheit des Mannes (Ri 3,17). Aber auch vom wohlgefälligen Weg (Nu 22,32), vom edlen Entschluß (2Makk 6,23). Mehr als ästhetisch besonders bei Philo: ἀστεῖος gegen kümmerlich (Spec Leg 1,277), gegen schlecht (Omn Prob Lib 21); gleichgesetzt mit fromm (Spec Leg 1,275); der ἀστεῖος ist des Glückes würdig (Spec Leg 1,284), besitzt Tugend (Det Pot Ins 75) und Prophetengabe (Rer Div Her 259), er ist Gottes Gefährte (Mut Nom 45) und ein Wächter der Worte und Setzung Gottes (Det Pot Ins 68). So beweint der ἀστεῖος Mosknabe die Sinnen- und Körpergebundenheit (Philo Conf Ling 106; Westcott). Ob nicht auch Hb, wie Ag 7,20 und die Rabbinen, beim ἀστεῖον παιδίον über das bloß Ästhetische hinauswill? So schon Chr Cramer Cat 252: dieser Anblick riß sie (die Eltern) zum Glauben fort (so sehr viele Erklärer; gegen Héring). Calvin: die Eleganz der Form scheint der Natur des Glaubens zu widersprechen; also ein sehr schwacher Glaube, von Gott aber doch akzeptiert. τὸ παιδίον, siehe 2,13; Bauer 1. So Ex 2,3 Jos Ant 2,219; παῖς Philo Vit Mos 1,9f. Die Auslassung des καὶ in p^{46} 642 begründet, gegen den Textsinn, die Furchtlosigkeit der Eltern mit der Schönheit des Kindes. οὐκ ἐφοβήθησαν, siehe 4,1. Nicht in Ex 2,2f; dagegen die Furcht der Eltern bei Philo Vit Mos 1,10f Jos Ant 2,210 217 219. Sonst noch Furcht als Grund von Verstecken Joh 19,38 Pseud-Apollod 1,4 1,4. Furchtlosigkeit noch Hb 11,27; aber unausgesprochen auch Hb 11,24–26 29f 33–38. τὸ διάταγμα, so in p^{46} ℵ D K L P; τὸ δόγμα A^{vid} 110 623, siehe Lk 2,1; τὸ πρόσταγμα in 181^{mg}, wie Jos Ant 2,207; τὰς διαταγὰς in 1319. Bauer Preisigke Wört I 364; διάταγμα ist terminus technicus für behördlichen Erlaß; griechisch, nicht römisch (Plut Marcell 24 I 312E). Hb und NT nur hier, siehe das kindermordende διάταγμα des Pharao (Sap 11,7), sein Verordnen (Ex 1,17.22), sein Befehlen und seine Erlasse (Philo Vit Mos 1,8f), seine Absicht und seine Gebote (Jos Ant 2,207). διάταγμα aber auch das Rückkehr-Reskript für Israel (2Esr 7,11); Hamans Erlaß wie der eines Königs (Jos Ant 11,215); die Gebote der Apostel (Ign Tr 7,1). τοῦ βασιλέως, Jos Ant 2,206 207 219, siehe 7,1. Der lange westliche Zusatz in D★ 1827 d e vg^{ms} stammt aus Ex 2,11, siehe dort: im Zusatz ist von dort übernommen μέγας γενόμενος Μωϋσῆς, ἀδελφούς, κατανοεῖν, Αἰγύπτιον. Im Hb sonst nicht ταπείνωσις (siehe Zuntz 164 Metzger 673f). Vgl Ag 7,24, Conzelmann Apostelgeschichte zur Stelle. Mt 5,21ff hat die Einfüger nicht gehemmt; siehe 11,30.

24. Durch Glauben weigerte sich Mose, erwachsen geworden, Sohn einer Pharaotochter zu heißen:

Die Absage an die ihm alle welthaften Chancen bietende Königsfamilie wird nur hier in der Tradition mit Glauben begründet: Mose wählt die Teilnahme am Leidensweg des Gottesvolkes und Christi.

πίστει, siehe 4,2 Exkurs. *Μωϋσῆς*, siehe 3,2. So schreiben p[46] ℵ K L P 69 201 206 216 319 356 440 479 483 489 642 1518 1834 1955; ohne *v* A[vid] D 5 38 51 203 242 378 383 462 491 500 794 917 1108 1245 1311 1518 1610 1611 1739 1827 1852 2004 2005 2138 vg. *μέγας*, siehe 4,14. *μέγας γενόμενος Μωϋσῆς* Ex 2,11. Er überschreitet bereits die Grenzen des Kindesalters (Philo Vit Mos 1,25); er war im Erwachsenenalter angekommen (Jos Ant 2,238); der volle Kreis der Tage war da (Ezechiel Tragiker Cl Al Strom I 23 155,7). „Erwachsen" nicht mit „durch Glauben" zu verbinden (gegen Thomas). Sondern: nach der Geburt nun erwachsen geworden, sprach er mithin nicht in kindlicher Unwissenheit und jugendlicher, unüberlegter Glut, sondern wohlüberlegt (Calvin) durch Glauben das Nein zur Pharao-Sippe. *γενόμενος*, siehe 7,20. *ἠρνήσατο*. Die Tradition formuliert milder: er ging fort (Ex 2,11 Ezechiel Tragiker bei Cl Al aaO). Mose verlangt nach Mannestaten (Eus Praep Ev IX 28,3). Er brach die gern von ihm fortgesetzte Dankbarkeit gegen die Pflegeeltern ab nur wegen des Pharao Härte gegen Israel (Philo Vit Mos 1,33). *ἀρνέομαι* Bauer 1 Schlier ThW I 468–471 Bl-Debr § 392,1a. Mit Infinitiv wie hier Sap 12,27 16,16 17,10. Bei Philo „sich abwenden" (Cher 41); gegen „zustimmen" (Leg Gaj 247); es geschieht bewußt (Sacr AC 23). Verwandtschaftliche oder genealogische Bindungen werden ausgeschlagen (Philo Spec Leg 3,71 Jos Ant 5,286); aus politischer Berechnung (Appian Syr 5 § 19). Auch wenn das Nein dabei sachlich stimmt, kann es egoistisch sein (Jos Ant 11,341). Negativ schwerwiegend ist dagegen die Abweisung der Israeliten gegenüber Mose (Ag 7,35), die der Juden gegenüber Jesus (Ag 3,13); positiv die gegenüber der Gottlosigkeit (Tt 2,12). Hb dieses Verb nur hier: ein striktes Nein; er haßte, er wandte sich ab (Chr Cramer Cat 253); voller Eifer (Ps Oec MPG 119,416C). Die große Absage (Bengel) entspricht dem Entscheidungscharakter des Glaubens. *λέγεσθαι*, siehe 7,11. So sprach man über Mose, wie folgt (Philo Vit Mos 1,32). *υἱός*, siehe 11,21 1,2 Exkurs. *ἐγενήθη αὐτῇ εἰς υἱόν* Ex 2,10; Mose als Sohn der Pharaotochter im NT noch Ag 7,21. Philo Vit Mos: die Pharaotochter macht ihn sich zum Sohn durch Adoption, er soll nicht bloß als untergeschoben gelten 1,19; Mose gilt beinahe als Erbe der großväterlichen Herrschaftsstellung 1,32 (ähnlich Jos Ant 2,231; Rabbinen vgl Str-B III 746). Mose schlägt also die höchsten Chancen aus. *θυγάτηρ Φαραώ*: Ex 2,5–7.9f; vgl Ag 7,21; Tochter des Königs Jos Ant 2,224 Ezechiel Tragiker Cl Al Strom I 23,155,4. *θυγάτηρ* und *Φαραώ* im Hb nur hier. *θυγάτηρ* Bauer 1; *Φαραώ* Bauer. Das hier fehlende *τῆς* unterstreicht, gegen Ex 2,5–10, die Stellung dieser Frau im Unterschied zu ihrer bloßen Person; zum fehlenden Genitiv-Artikel siehe 7,5.

25. lieber zog er es vor, zusammen mit dem Volke Gottes schlecht behandelt zu werden, als einen vergänglichen Genuß der Sünde zu haben;

V 25 f: der Glaube wählt das negativ aussehende Diesseitige, wo das Gottesvolk steht, und schlägt das positiv aussehende Diesseitige aus (Größer Glaube 51 f), weil es kurzlebig ist. Chiastisch formuliert: συγκακουχεῖσθαι – ἀπόλαυσιν – πλοῦτον – ὀνειδισμόν (Vanhoye Structure 190 symétrie concentrique). Nur zwei sich ausschließende Möglichkeiten, wie Corp Herm 4,6; nicht drei wie Cl Al Exc Theod 56,2.

V 25. μᾶλλον – ἤ: hier „lieber als"; μᾶλλον „vielmehr" 12,13; als Schluß *a minori ad majus* 9,14 10,25 12,9.25, siehe 9,13. Bauer 2a. μᾶλλον – ἤ für zwei sich ausschließende Möglichkeiten Esr A 4,19 2Makk 6,19 4Makk 16,24 Ag 5,29 20,35 27,11 R 14,13 1K 14,1 2K 5,7 f Eph 4,28 2Tm 3,4. ἑλόμενος, Bauer 2 Schlier ThW I 179 Preisigke Wört I 15,13); bei Wettstein viel zu μᾶλλον ἑλόμενος. Als „wählen", mit μᾶλλον ἤ: den Tod Jer 8,3A Philo Jos 77 Josephus Bell 3,137; das Leiden Jos Ant 2,50; so Hb, nur hier. Ohne μᾶλλον – ἤ: Licht und Gesetz Test XII L 19,1 βdeA; das Gewählte unentschieden Phil 1,22. Die verkehrte Wahl treffen: mit αἱρεῖσθαι Ps Clem Hom 15,7,5. συγκακουχεῖσθαι, das Simplex 11,37 13,3. Bauer Liddell-Scott; außer Hb 11,25 und der darauf Bezug nehmenden Patristik bisher nicht belegbar. Schreibung mit γκ in p⁴⁶ C D² K L und vielen; mit νκ in ℵ A D★ P; siehe 10,26. Die schlechte Behandlung geht aus von den Ägyptern, den Feinden des Gottesvolkes. τῷ λαῷ τοῦ θεοῦ: zu λαός siehe 2,17; zu ὁ θεός siehe 1,1. Das Gottesvolk ist hier Israel, siehe 4,9. Vgl Sanh 99b Str-B III 747: es ist besser, eine Magd für diese Nation zu sein –. πρόσκαιρον, gehört zu ἀπόλαυσιν, gegen vg *temporalis peccati* (Harnack Studien 230). Bauer Delling ThW III 464 f. Zeitlicher Genuß naiv, unmetaphysisch Philo Spec Leg 2,205; vgl Ditt Or 669,14. Aber metaphysisch gehören die zeitlichen Dinge zu den sichtbaren 2K 4,18, stehen gegen den Glauben Hb 11,1b. Sie sind kurzfristig, leicht, mithin nicht wichtig zu nehmen als Sklaverei, Pelagia-Legende ed Usener S 12,26 f; als Feuer Dg 10,8; als Bedrängnis 2K 4,17. Sie sind unterwertig schon ethisch Aristoph Nu 361 Scholion Jos Ant 2,51. Besonders aber im Vergleich zum metaphysisch Wertvollen ist als zeitlich abzulehnen: Liebe zum Kind (4Makk 15,23); Haus (Jos/Asen S 56 20–22); Ruhe, Entspannung, Leben (Act Thom 36 IIb S 153,22 130 IIb S 238,3 78 IIb S 193,18 f 93 IIB S 206,27 f und öfter); zeitliche Rettung (4Makk 15,2.8); Begierden (Ps Clem Hom 13,16,3, vgl Lidz Joh 61 S 65,17 f Ginza L II 19 S 489,2); Welt (Ps Clem Hom 2,15,2). Es gilt, nicht in die zeitlichen Dinge abzugleiten (Act Joh 69 IIa S 184, 15–20). So πρόσκαιρος Hb, nur hier. In diesem dualistischen Bezugssystem wählt der Mose des Hb richtig: *aeterna* statt *temporalia* (Ps Clem Recg 10,46,3); der Genuß vergeht zugleich mit dem Leben (Calvin). Ein zeitlicher Genuß „lohnt" nicht, siehe die „Entlohnung" V 26; sie wäre zu kurz (Ps Clem Hom 19,19,3). Die kunstvolle Stellung im Hb, *emphatice* (Bengel), siehe 6,7, unterstreicht die Wichtigkeit. Die Kürze des Genusses mit anderen Formulierungen etwa Lk 12,19–21 Mt 6,19 f 1Tm 6,17. ἔχειν, siehe 3,3. ἁμαρτίας, siehe 1,3; meint hier das Festhalten an Ägypten und die Absage an die Solidarität mit dem Gottesvolk, auf Grund einer unfrommen Heuchelei (Erasmus paraphrasis). Chr: Sünde wäre für Mose, sich der Gemeinschaft mit anderen Leidenden zu versagen (Cramer Cat 253). ἀπόλαυσιν, Bauer. Naiv, nicht tadelnd Jos Ant 4,42 (Windisch) 1Tm 6,17; verbal Philo Spec Leg 2,205. Genuß der Errettung 3Makk 7,16V geistlich positiv. Geschenke und alle Genüsse verführen zur Sünde Test XII Jos 5,4. So ist Genuß verbunden mit Unbelehrheit und Verderben (Philo Leg All 3,52); Leidenschaften (Leg All 3,80); Lust (Philo Leg All 3,112 Lidz Ginza II 22 S.

494,1 Joh 176 S. 175,1); Schlechtigkeit (Philo Leg All 1,103). Die Lust ist nicht ungefährlich (Jos Ant 2,52), weil sie „hier" (2 Cl 10,3) stattfindet, gerichtet auf die gegenwärtigen Dinge (Jos Ant 2,50). Sensual pleasures, allegorisch gleich Ägypten, bedrücken die Seele (Philo Quaest in Gn 4,177). In diesem Zusammenhang steht bei Hb die ἀπόλαυσις, der dies Wort nur hier hat. Daß Mose auch kulturell fördernd in Ägypten wirken könnte (vgl Artapanus 3,7–11), liegt dem Hb fern: sein Thema ist die Warnung vor der leicht bestrickenden Sünde Hb 12,1.

26. dabei hielt er die Schmach Christi für einen größeren Reichtum als die Schätze Ägyptens, denn er richtete seinen Blick auf die Entlohnung.

Literatur: DavidMHay Glory at the Right Hand Ps 110, Nashville 1973; WOtto Priester und Tempel im hellenistischen Ägypten, (1905) 1971; HJSchoeps Theologie und Geschichte des Judenchristentums, 1949.

Wenn Mose auf die Seite des leidenden Gottesvolkes tritt, V25, hat er damit die Schmach Christi gewählt: die Leiden des alttestamentlichen und neutestamentlichen Gottesvolkes und seines Heilsführers (2,10) gelten dem Hb als einheitlich (Riggenbach): Christus und die Glaubenden leiden gegen das welthaft Geltende; Christus außerhalb des Lagers 13,11–13, Mose gegen die Pharao-Familie und „Ägypten". Mose hat damit den größeren Reichtum gewählt; dabei leitete ihn der Blick auf die ausstehende Belohnung. Diese kommt zur Schmach Christi hinzu und macht sie erst zum größeren Reichtum. Das Leiden selber schließt den Mose also nicht organisch mit Christus zusammen; mithin anders, als die Taufe den Christen mit Jesu Tod und Leben verbindet (R 6,4) und anders, als es etwa Kol 1,24 und das ἐν Χριστῷ des Corpus Paulinum meinen (zu vSoden und zu Spicqs s'unir au Sauveur). Mir scheint, im Hb bleibt es, trotz 4,15, im wesentlichen bei einem Nebeneinander von Jesus und dem Glaubenden. Das Lohnmotiv hat im Hb, verglichen mit Paulus und den Synoptikern, an Gewicht gewonnen (zu Schierse 131f). V 26 bei Cl Strom 4,103,2 (Mees 233); bei Orig siehe Greer 36; für Märtyrer frei zitiert: Eus Hist Eccl 8,6,1.

μείζονα, siehe 6,13. Geistliche Werte haben, verglichen mit materiellem Reichtum, gleichen Rang LXX Ps 118,14; höheren, ebenso wie im Hb, Prv 22,1 Sap 7,8 Philo Plant 66 Fug 16 Ps Clem Hom 3,23,4 Recg 3,54,1. πλοῦτον; f vg Ambr *divitias*, d e Ambr *honestatem*. Bauer 2 Hauck Kasch ThW V 316–330; zum Genus siehe Bl-Debr § 51,2. Im Hb nur hier, übertragen. Im NT sonst wenig unübertragen; wenn, dann seine geistliche Gefährlichkeit, zum Beispiel Mk 4,19 Par 10,17–31 Par Lk 12,13–21 1Tm 6,17 Jk 5,1ff. Übertragen besonders im Corpus Paulinum, von den Erweisungen der Gottheit und vom geistlichen Besitz der Christen. In der LXX „Reichtum" besonders in der Sapientia-Literatur. Die Weisheit verleiht materiellen Reichtum (Prv 3,16 8,18); sie ist selber, übertragen, Reichtum (Sap 7,8.13 8,18). Philo: der wahre Reichtum, übertragen, eignet dem Weisen und Frommen (Praem Poen 104 Fug 17 Poster C 139); Gott ist der große (Hb hier „größere") (Rer Div Her 27), ja der einzige Reichtum (Plant 66). Der wahre Reichtum des Rechtschaffenen Stob II 101,14–18. Die Sapientia-Literatur kennt aber keine Wahl, wie hier im Hb, zwischen übertragenem und materiellem Reichtum; Philo auch nicht wirklich. Irdischer Reichtum, wie hier im Hb, als verkehrte Wahl in den Synoptikern und Jakobus (siehe oben), auch Ps Clem Hom 15,7,5.

ἡγησάμενος, siehe 10,29. Vgl: Reichtum hielt ich für nichts Sap 7,8. τῶν θησαυρῶν; vg *tesauro* (Harnack Studien 230). Bauer 2 Hauck ThW III 136–138. In LXX oft vom israelitischen Tempelschatz. NT: in Synoptikern übertragen und unübertragen. οἱ Αἰγύπτου θησαυροὶ nicht in LXX Philo Josephus NT Apost Vät. Die „nichtigen Schätze" Lidz Liturg Oxf XIII S 182,11; vgl Lidz Joh 213 S 204,15 f. „Die Archonten sind Ägypten, weil sie die Materie sind" (Pist Soph Cap 18 S 17,10 f). Mitteis-Wilcken Grundzüge I a S 161 zu „Tempelschatz" in Papyri, nicht speziell in Ägypten. Preisigke Wört I 697 θησαυροὶ als Opferstöcke in Tempeln, zum Teil ägyptisch. Ägyptische Tempelschätze waren beträchtlich auch in hellenistischer Zeit (Aristot Königlich-preußische Akademie-Ausgabe Band II Oec S 1350b Zeile 33 – S 1351a Zeile 6 Dio C LI 5,5 17,6 Paus I 9,3 [mehr als Delphi]. Vgl Otto Tempel 258–261 325–338). Tempelschätze werden, gerade in ihrer religiösen Verwerflichkeit für *jüdisches* Empfinden, hier also nicht auszuschließen sein. Αἰγύπτου, siehe 3,16. τῶν Αἰγύπτου in א D K L P 323 1834 b Cl Or Eus Chr Thret Phot Thphyl; τῶν ἐν Αἰγύπτῳ (Ag 7,12 in D Ψ den meisten; Ag 7,34) oder τῶν ἐν Αἰγύπτου in 33 69 177 221 226* 241 257 326 330 337 383 489 547 642 920 1245 1518 1852 1867 2143 CyrJ Chr Dam Ps Oec; τῶν ἐν Αἰγύπτου in A 3 104; τῶν Αἰγυπτίων in 38 1906 f vg Cl Or Eus; *aegypt* fehlt in d e. τὸν ὀνειδισμὸν τοῦ Χριστοῦ: für Hb im AT bezeugt (LXX Ps 68,10b; vgl Ps 88,51a 52b). Zur Analogie Mose-Christus siehe Schoeps Judenchristentum 95 Hay Glory 89. Zum Inhalt der Schmach vgl V 26 oben und Hb 2,17 12,2 13,13: die Schmach Christi ist nicht eine um Christi willen (gegen Chr Cramer Cat 253 Phot Staab 651 Thomas), sondern ist analog der Schmach Christi (so auch Chr aaO Phot aaO Thomas); diese Analogie meint aber nicht: seitens der eigenen Volksgenossen (gegen Chr aaO Phot aaO Ps Oec MPG 119,416D Thphyl MPG 125,357B Thomas Luther Scholien); sondern beiderseits religiöse Bedrängnis durch Feinde des Gottesvolkes (Bengel Spicq), vgl Josua 5,9. Zu ὀνειδισμὸς siehe 10,33; zu Χριστὸς siehe 3,6. ἀπέβλεπεν, im NT nur hier; Imperfect, mithin wiederholt; der Lohn ist in der Schmach selber also nicht enthalten. Bauer. Der Prokonsul blickte auf die Frömmigkeit der Göttin (Artemis) Ditt Syll[4] 867,9–11; die Augen des Feindes blicken auf den Armen LXX Ps 9,29, ebenso von Gott LXX Ps 10,4; Asser in Test XII A 6,3 blickt auf das wahre Gute; der üble Richter blickt auf Feindschaft Philo Leg Gaj 359; der Proverbien-Verfasser schaut, um sich Zucht anzueignen 30,47(24,32). Wie hier im Hb: die Augen auf den Lohn richtend Preisigke Wört I 169 Pap Soc 414,9; „zieh in Berechnung den Verlust von einem Gebot gegenüber dem Lohn dafür" Abot II 1c; Ps Clem Epist Cl 4,1: blickend auf die von Gott gezahlte große Belohnung für die Ausdauer; was für eine Schwelgerei bringt das künftige Verheißungsgut mit sich 2 Cl 10,4. γάρ: hier also ausdrücklich das eigentliche Motiv bei Mose für V 24–26a. τὴν μισθαποδοσίαν: siehe 2,2 11,6. Dies Wort meint Gerichtetsein auf die Zukunft, Verwirklichung von Erhofftem 11,1. Aber des Thomas *propter finem* („um des Zweckes will") wird von Erasmus paraphrasis zutreffend umschrieben: *meritis praemiis* (auf Belohnungen, die Verdienst waren). Calvin und de Wette[2] sprechen textwidrig, aber der Sache nach gut von Verheißung und Zusage, aber die sind eben nicht „Lohn".

27. Durch Glauben verließ er Ägypten, ohne den Zorn des Königs zu fürchten; denn dauernd hatte er den Unsichtbaren gleichsam vor Augen.

Literatur: RBultmann θεὸν οὐδεὶς ἑώρακεν πώποτε, ZNW 29, 1930, 169–192; EFascher Deus invisibilis, Marburger Theologische Studien 1, 1931, 41–77.

Cl Al Strom IV 16 103,2 zitiert V 27 wörtlich (Mees 233). Des Mose Glaube zeitigt das furchtlose Verlassen Ägyptens. Glaube heißt hier: den unsichtbaren Gott sozusagen sehen, vgl 11,1b.

πίστει, siehe 4,2 Exkurs. 365 fügt Μωϋσῆς an, siehe V 23f. κατέλιπεν; so ℵ D K L¹ P 1834; dafür itazistisch, siehe 4,11, κατέλειπεν in p⁴⁶ L★ 33 101 460 1908★. Zu καταλείπω siehe 4,1; Bauer 2b; aktivisch Hb nur hier. Mit örtlichem Objekt 4βασ 8,6 1Makk 10,13 Test XII Seb 4,6a Jos Ant 4,78 2,318 Mt 4,13. Von Mose Ex 2,15 ἀνεχώρησεν; Philo Vit Mos 1,149 κατέλιπεν wie Hb. Hb vermeidet „fliehen" wegen μὴ φοβηθείς. Ähnlich Philo Leg All 3,14: er flieht nicht, – sondern er entfernt sich; vgl ὑπανεχώρησεν Vit Mos 1,47; Mose kehrt ja wieder zurück; daß er zu diesem Zeitpunkt noch keinen göttlichen Auftrag zur Rückkehr und daher noch keinen Anlaß zur vorläufigen Selbstschonung hat, bleibt dabei unerwogen. Sonst aber spricht die Tradition von Flucht; explizit Philo Vit Mos 1,73 Jos Ant 2,256 Ag 7,29 1 Cl 4,10 (Hagner 187) Cl Al Strom I 23 156,3; unexplizit Jos Ant 2,256: kommt zuvor und entweicht heimlich. Αἴγυπτον, siehe 3,16.

μὴ φοβηθείς. Zu μὴ siehe Bl-Debr § 426. φοβεῖσθαι, siehe 4,1. Hb braucht für den Glauben (siehe 4,2 Exkurs), und für die deux actes de résistance au roi (Vanhoye Structure 160) Hb 11,23.27, des Mose Furchtlosigkeit; vgl Mt 10,26 Par. Darum nimmt Hb den Widerspruch gegen die Tradition hin; explizit Ex 2,14 Philo Vit Mos διὰ φόβον; und unexplizit: dem Zorn entlaufend Philo Vit Mos 1,49; heimlich Jos Ant 2,256; weglaufen Artapanus Eus Praep Ev IX 27,19. Der Versuch, ἐφοβήθη Ex 2,14 und μὴ φοβηθείς Hb 11,27 doch zu vereinigen, mußte schon bei den griechischen Vätern (aber auch bei Thomas Bengel Delitzsch) zu „Künstlichkeiten" (Riggenbach, ähnlich Michel) führen, die als solche leicht durchschaubar sind. Aber auch die Beziehung des μὴ φοβηθεὶς auf den Auszug der Israeliten widerrät sich von der Reihenfolge V 27–29 und vom Singular κατέλιπεν her (gegen Glossa ordinaria, zitiert bei Thomas, Erasmus paraphrasis Calvin Bengel Windrath vSoden Hollmann Seeberg Riggenbach Spicq Héring Strathmann Westcott Montefiore). Übersichten über Lösungsversuche bei Riggenbach Spicq Héring Moffatt Michel. Anders als Hb von Mose Diod S 4,77,5 von Daedalus: er fürchtete den Zorn des Königs und segelte von Kreta fort (Wettstein). Paulus redet dialektisch-menschlicher von Furcht 2K 4,8; vgl auch Mt 2,22. τὸν θυμόν, Bauer 2 Büchsel ThW III 167f. In LXX θυμὸς oft: des Mose gegen Pharao Ex 11,8; Jahwes, zum Beispiel Ex 32,12. Dies Wort von Menschen Test XII Jud 7,7, in Dan oft verurteilt. Philos Gottheit ist ohne Zorn und Leidenschaft Deus Imm 52 Som 1,235. Gottes Zorn bei Rabbinen Str-B IVb Register. Im NT Mt Mk Joh Kath Br θυμὸς nicht; Lk Ag Corp Paul selten; Apk viel, seitens der Gottheit, des Teufels, der Menschen; auch 1 Cl 50,4; Hb θυμὸς nur hier. Vgl: Ex 2,15 Pharao suchte Mose zu töten; sein Unwille, seine unversöhnliche ὀργή Philo Vit Mos 1,45.49. Aber der besonders affektgeladene θυμὸς (Wut) des Pharao oder des Königs nicht in LXX Philo Vit Mos 1 und 2 Jos Ant 2,201–4,331. Freilich ὀργή Pharaos gegen den Mose-Vater Jos Ant 2,219. In anderer Terminologie spricht Hb ebenfalls sehr affektbetont vom Zorn der Gottheit 10,27.29–31 12,29. τοῦ βασιλέως, siehe 7,1.

τὸν ἀόρατον; in A ἀόρατον, zum Itazismus siehe 4,16. Bauer Michaelis ThW V 369–371; Bultmann θεὸν ZNW Fascher Deus Deichgräber Gotteshymnus 100f Gräßer Glaube 134f. Vgl Hb 11,1b 12,14. Im älteren Griechentum grundsätzlich sichtbar, gilt die Gottheit als das Seiende seit Plato grundsätzlich als unsichtbar, aber, besonders in der Stoa, als dem Denken (νοῦς) erreichbar. An dessen Stelle tritt im Neuplatonismus und in der Gnosis Ekstase und Theurgie. Im AT ist die Gottheit sichtbar, aber nur für den rituell und ethisch

Reinen. ἀόρατος, in LXX und Test XII nie von Gott. Aber außerbiblisch verbunden mit Gott oder einem Gottesnamen (Maxim Tyr 2,10a 11,9d Diod S 2,21,7 Cornut [ed Osannus] 5,145; besonders Preisendanz Zaub 5,123 12,368.455 13,71). ἀόρατος absolut Preis Zaub 7,961 12,265 14,16. Mit „Gott" Corp Herm 11,22 14,3; Lidz Ginza R I 4 S 5,23. Im jüdischen Hellenismus, verbunden mit θεός: Philo Cher 101 Poster C 15 Som 1,72 Decal 60 Spec Leg 4,31 Leg Gaj 318; vgl Det Pot Ins 86 Conf Ling 138. ἀόρατος, wie Hb absolut, Philo Sacr AC 133 Decal 120 Spec Leg 1,20.46 Leg Gaj 290 Quaest in Ex 2,37. Josephus Bell 7,346. Bei Philo unsichtbar jedenfalls für die auf mittlerer Entwicklungsstufe Stehenden Det Pot Ins 31. Für Rabbinen siehe Str-B IV b Register unter „Gott" S 1233 Spalte 1 unten. ἀόρατος im NT verbunden mit θεός Kol 1,15 1Tm 1,17; absolut im NT nur hier Hb 11,27, das Wort im Hb nur hier; zur Sache vgl R 1,20 1Tm 6,16 Joh 1,18 5,37 6,46 1J 4,12.20. ἀόρατος in Apost Vät verbunden mit Gott 2 Cl 20,5 Ign Mg 3,2; von Jesus Ign Pol 3,2 (siehe den Exkurs dort); absolut Kg Pt KlT 3 S 13,24. Später, verbunden mit Gott, Ps Clem Hom 3,36,3 17,7,5, in der Liturgie Const Ap 7,35,9 8,5,1 8,15,7. Absolut im Unbekannten altgnostischen Werk Cap 7 S 342,4–7 Cap 15 S 357,8f Cap 21 S 363,11f. Zur Sache vgl Act Thom 53(50) IIb S 169,19f. ὡς führt eine wirkliche Eigenschaft ein, siehe 6,19: der durch Glauben Sehende ist dem, der physisch sieht, vergleichbar (siehe 11,1b). ὁρῶν: 2,8bc; Michaelis ThW V 315–381, besonders S 370 Anmerkung 9. ἀόρατον ὁρῶν ist Paronomasie (siehe 3,13; vgl Philo Mut Nom 139 Leg Gaj 310 Op Mund 69 Sib fr 1,8). Zur Sache: die Traumaufzeichnungen (ὁ)ρῶ ἐν τῷ ὕπνῳ und: nach geschlossenen bei geöffneten Augen Wilcken Ptol 69,6f 70,6–9. Philo Migr Abr 183 meint mit ἀόρατος ὡς ἂν ὁρατός (unsichtbar, als wäre er sichtbar), anders als Hb, ein allgemein vorliegendes, nicht speziell ein glaubensbestimmtes Sehen Gottes in der Welt (weitere Philo-Texte siehe Moffatt). Hb meint: Mose ist ὁρῶν nicht erst und nicht speziell Ex 3,6 Nu 12,8, sondern dauernd. Luther Glosse: das – ist die Natur des Glaubens, – zu sehen, was er nicht sieht. Mose „sieht" also auf Erden, nicht als ein in den Himmel Gerissener (gegen Calvin). Freilich paradox; gegen Epict Diss 2,16,45f (zu Windisch Moffatt). Vergleichbar dem Hb ist das „Sehen" seitens des „vollkommenen Menschen" im Unbekannten altgnostischen Werk (siehe oben bei τὸν ἀόρατον). Anders das eschatologische Sehen Gottes 12,14. ἐκαρτέρησεν: Bauer[5(!)] Grundmann ThW III 619f Liddell-Scott Bl-Debr § 148,1. Dieser Wortstamm als Substantiv καρτερία „Stärke" von Mose bei Philo Vit Mos 1,25.154 Jos Ant 2,256. Das Verb, weil verbunden mit einem Participium, wird hier die Bedeutung haben „dauernd etwas tun". Außer den Belegen in Bauer[5] vgl Hi 2,9 Jos Ant 5,321 9,287 Bell 5,487 Aeschines 3,241 Plut Brutus 28 I 996f; vokabulär besonders eindrücklich ist Plut Alex 71 I 704d: ununterbrochen standen die Soldaten des kranken Alexander zwei Tage und Nächte am Zelt und klagten und riefen den Gebieter heraus (ἡμέρας δύο καὶ νύκτας οὕτω προσεστῶτες καὶ ὀλοφυρόμενοι καὶ κοίρανον ἀνακαλοῦντες ἐκαρτέρησαν); sie sind gerade *nicht* stark, sondern kläglich und niedergeschlagen. So auch hier im Hb von Mose „dauernd vor Augen haben". Im NT nur hier; die Reihenfolge von Verbum finitum und Particip kann wechseln.

28. Durch Glauben hat er die Passahfeier und die Blutbesprengung vollzogen, damit der Verderber ihre Erstgeburt nicht anrühre.

Der Glaube bestimmt bei Mose die ihm aufgetragene Verrichtung der Passahfeier und des Blutritus: er erwartet von seinem Gehorsam die ihm zugesagte Verschonung der Erstgeburt.

πίστει, siehe 4,2 Exkurs. Auch nach Philo Quaest in Ex 1,12 verlangt Ex 12,17 von den Israeliten to show confidence. Alliteration der bei *πίστει* mit *π* beginnenden Wörter (Moffatt); siehe 1,1. *πεποίηκεν*, sie 6,3. Bauer 1bζ Braun ThW VI 464,43f; zum Perfect siehe 9,18; statt Perfect in 242 *ἐποίησε*. *θυσίαν ποιεῖν* Ditt Syll^4 390,20. *τὸ πάσχα ποιεῖν* ordnet Mose in Ex 12,48 an; im Hb vollzieht er es (Luther Glosse). *πάσχα ποιεῖν* noch: Nu 9,2–14 Dt 16,1 Jos 5,10 4βασ 23,21 1Esr 1,6 2Esr 6,19; vgl *ποιεῖν τὸ φάσεκ* 2Chr 30 und 35, *τὸ πάσχα ποιεῖν* Philo Sacr AC 63 medial, Mt 26,18 activisch; im Hb nur hier; von Mose im NT nur hier. Const Ap V 17,1 passivisch der exakte christliche Termin. Jos Ant 2,312f das Auszugs-Passah ohne *ποιεῖν*. Hb nicht betreffs Christi Tod wie 1K 5,7 (richtig Calvin Windisch Montefiore; dagegen christologisiert seit Chr Cramer Cat 254 Prim MPL 68,768D 769A über Thomas bis Spicq). *τὸ πάσχα*, hier die Feier, wie zum Beispiel auch Mt 26,18; siehe Bauer 3 JJeremias ThW V 895–903. Als Feier Ex 12,21, auch sonst in LXX, Philo, Josephus, Const Ap, siehe oben bei *πεποίηκεν*. Im NT Evangelien, sonst kaum; Hb nur hier. Ezechiel Tragiker: *τὸ πάσχα θύσαντες θεῷ* Eus Praep Ev IX 29,12 GCS 43,1 Band 8 S 532 Zeile 26 (auch im Folgenden die Seiten nach GCS). *τὴν πρόσχυσιν*: Bauer „Besprengung"; nicht LXX, Test XII, Philo; NT nur hier. LXX meint mit dem „legen" und „niedersetzen" des Blutes (Ex 12,7.22) das Aufbringen des Blutes auf Überschwelle und Pfosten der Tür; ebenso an die Häuser der Auswandernden denkt Jos Ant 2,312, an die Türen Ezechiel Tragiker (siehe oben), S 533 Zeile 1 „mit dem Blut die Türen berühren". Der spätere Usus im Tempel: das Blut an die Schwelle des Altars bringen (Jub 49,20); „sprengt es eine Sprengung gegen den Altargrund" (Pes 5,6); sie gossen das Blut an (2Ch 35,11). So Hb hier *πρόσχυσις* (Delitzsch Riggenbach Michel JJeremias ThW V 897 Zeile 11f). *τοῦ αἵματος*, siehe 9,7 Exkurs. *ὁ ὀλεθρεύων*: *ὁ* fehlt in 38 218; *ὀλο*– schreiben ℵ K L P 1834; *ὀλε*– in p^{46} A D 999 1827 Dam. Bauer JSchneider ThW V 168f Str-B III 412–416; zur Schreibung Bl-Debr § 32,1 Radermacher 45. Zur Bedeutung: Eros als Zerstörer und *ὀλοθρεύων* Eur Hipp Schol 535. Ex 12,23: der Herr läßt den *ὀλεθρεύων* nicht in die israelitischen Häuser hinein zum Schlagen; der Verderber bei der Bestrafung der Wüstengeneration Sap 18,25. Substantivisch: der schlimme Engel beim Auszug Ezechiel Tragiker (siehe oben) S 533,2; Mechilta Winter-Wünsche 38: der Verderber, nach dem Auszug durch die zehn Gottesnamen in Schach gehalten; der *ὀλοθρευτὴς* Israels in der Wüste 1K 10,10; der Verderbensengel als endgültiger Vernichter 1 QS 4,12 CD 2,6 (Braun Qumran-NT I zu 1K 10,10). Also ein böser Engel (zu Thomas Bengel). Gott straft durch seine Diener, Philo Quaest in Gn 4,42 Ex 1,23; freilich vom Messias: zu vernichten (*ὀλεθρεῦσαι*) widergesetzliche Heiden Ps Sal 17,24; und: der Herr wird umhergehen, um zu schlagen Ex 12,23 (Héring). In diesem Zusammenhang steht *ὁ ὀλοθρεύων* Hb 11,28; im NT nur hier. Philo allegorisiert ihn auf den Eintritt in die Seele Leg All 2,34 (siehe Williamson 130). Josephus rationalisiert: Plage und Krankheit Ant 2 311 313; vgl Ezechiel Tragiker (siehe oben) S 532,9: Pest. Später: gegen die Heiden in Hierapolis der Verderber (Act Phil 130 [24] IIb S 59,9). *τὰ πρωτότοκα – αὐτῶν*. Die meisten Erklärer nehmen *τὰ πρωτότοκα* als Objekt von *ὁ ὀλοθρεύων* sowie *αὐτῶν* als Objekt von *θίγῃ*: (seit vg Prim MPL 68,768D Thomas Erasmus paraphrasis Luther Deutsche Bibel WA 7,2 Calvin bis Michel Westcott Schiwy). Wenige (Windisch, Héring, Moffatt, Montefiore Barclay): τὰ πρωτότοκα – αὐτῶν ist Objekt von θίγῃ, was grammatisch möglich ist (siehe unten bei θίγῃ). Die Entscheidung ist nicht eindeutig, aber letzteres scheint besser: ὁ ὀλοθρεύων ist ein fester Typ, ohne Accusativ, also ohne Spezialfunktion (siehe oben bei ὀλοθρεύων); zur Reihenfolge τὰ πρωτότοκα θίγῃ αὐτῶν vgl θεὸς ἐπικαλεῖσθαι αὐτῶν 11,16; auch die hier nachfolgende LA in 440 823. Die Reihenfolge θίγῃ τὰ πρωτότοκα αὐτῶν in 440 823 verdirbt die im Hb beliebte kunstvolle Wortfolge (siehe 6,7). τὰ πρωτότοκα siehe 1,6. Bauer 1 Michaelis ThW VI 872–882 Bl-Debr § 120,1. In LXX oft, besonders Pentateuch 1Ch. Maskulinisch Ex 4,23 LXX Ps 134,10 Sap 18,13. Meist neutrisch πᾶν πρωτότοκον, auch von Tieren; von Menschen Ex 11,5 12,12.29 13,15 Nu 3,13 8,17 LXX Ps 77,51 104,36; pluralisch, wie Hb, LXX Ps 134,8. Tötung der Erstgeborenen meist mit „schlagen". Philo hat das Wort als Neutrum singularisch und pluralisch und als Maskulinum pluralisch: ihre Tötung Sacr AC 118 134 Som 2,266 Vit Mos 1,134 145; Josephus Ant 2,313; Ezechiel Tragiker (siehe oben) S 532,16f 19. Hb erwähnt hier ausdrücklich nur die Verschonung der israelischen Erstgeburt; also anders als zum Beispiel Ex 12,29 und jüdische Texte. Im NT das Neutrum Pluralis nur Hb 11,28. ἵνα μὴ θίγῃ. Statt θίγῃ in K★ θίγει, in 1518 θήγει, itazistisch, siehe 4,11 Bauer; dies Verb auch mit dem Accusativ, Liddell-Scott; Literatursprache Bl-Debr § 170,1. Selten. Durch Berührung Schaden verursachen: dem Körper des Achilles (Eur Iph Aul 1351); den geistlichen Kindern (Act Thom 12 IIb S 118,5); so Hb 11,28. Beim Berühren Schaden empfangen (Ex 19,12 Hb 12,20). Dies Verb sonst im NT nur noch Kol 2,21. Die Verschonung der Erstgeburt durch Unterlassung der Berührung nur Hb 11,28. Anders formulieren Ex 12,13.23 Philo Vit Mos 1,145 Spec Leg 2,134 Josephus Ant 2,313 Ezechiel Tragiker (siehe oben) S 533,2.

29. Sedulius Scotus fügt hier den Raub an den Ägyptern, Ex 12,35f, als Glaubenstat ein MPL 103 268C (Riggenbach), vgl 11,23 Ende.
Durch Glauben durchschritten sie das Rote Meer, wie über festen Erdboden hin; als die Ägypter diesen versuchten, ertranken sie.

Anders als in der Tradition (Ex 14f Philo Vit Mos 1,167–181 Jos Ant 2,326–344 Ezechiel Tragiker Eus Praep Ev IX 29,14 Ps Clem Recg I 34,6), aber wie auch Sap Sal 19,5–9 tritt Mose im Hb jetzt hinter den Israeliten zurück: nicht nur Heilige, Unnachahmbare sollen das Vorbild sein (Chr Cramer Cat 254; Thphyl MPG 125,360C; vgl Westcott). Der Glaube der Israeliten besteht, nach anfänglichem Entsetzen und Murren, das Hb übergeht, in betätigtem Vertrauen auf Gottes Zusage: das Meer wird für sie wunderhaft passierbar sein, es vergaß seine Natur (Chr Cramer Cat 255). Die Feinde werden darin umkommen: nicht wegen ihres Unglaubens (von dem Hb nicht spricht; gegen viele Erklärer), sondern wegen ihrer gottgewirkten Vermessenheit (Calvin; Ex 14,17). Ähnlich ein anderes, gottheitlich gewirktes Durchschreiten des Meeres: im Mythos von Orion Ps Apollod 1,4,3,1; von Alexander Magnus FGr Hist II B fr 151, 1,2, vgl Jos Ant 2,347f; aber beidemal, gegen die Rote-Meer-Tradition, ohne Strafwunder. Bei den Mandäern ist der Durchzug der Israeliten ein teuflisches Gegenwunder der Rucha (Haran Gawaita S 8 Zeile 10–13 von oben).

πίστει: 2005 ergänzt sekundär, aber sinnrichtig οἱ υἱοὶ Ἰσραήλ. πίστει siehe 4,2 Exkurs. Der geforderte und geleistete Glaube Israels, also anders als in der Wüste 3,19: mit πιστεύειν nach dem Durchzug Ex 14,31; Philo Vit Mos 1,174 Jos Ant 2,333 Od Sal 39,5; Mechiltha (Winter/Münsche): wert ist der Glaube S 95. Mit ἐλπίζειν Jos Ant 2,331; vgl 2,340 Sap Sal 19,5. Besonders von Mose, ohne ausdrückliches πιστεύειν, Ex 14,13 Philo Vit Mos 1,173. διέβησαν, Bauer: in LXX besonders Genesis bis 1 Chronica, unwunderhaft vom Wasser Gn 31,21 und öfter. Im NT unwunderhaft Lk 16,26 Ag 16,9; im Hb nur hier, wunderhaft. So Nu 33,8 Js 43,2 FGr Hist aaO Pseud Apollod aaO. Mit verschiedensten Verben, die die Durchschreitung formulieren: Sap Sal 19,8 10,18 FGr Hist aaO Ex 15,19 Philo Vit Mos 2,254 Preis Zaub 4,3055 Ex 14,22 Jos 24,6 Esr B 19,11 (Ne 9,11) Philo Vit Mos 1,179 2,254 Jos Ant 2,340. τὴν ἐρυθρὰν θάλασσαν, Bauer; Hb nur hier. Auch klassisch und hellenistisch, zum Beispiel Plut Def Or 21 II 421A (Betz Plutarch 1975, 162); Plut Quaest Conv VIII 9,3 II 733B Wyttenbach Lexicon Plutarcheum. In der Durchzugstradition: meist nur θάλασσα, Ex 14f Esr B 19,11 (Ne 9,11), bei Philo und Josephus neben πέλαγος. Mit ἐρυθρά Ex 15,4 Jos 2,10 4,23 24,6 Jdt 5,13 LXX Ps 105,9.22 135,13.15 Sap Sal 10,18 19,7 1Makk 4,9 Preis Zaub 4,3054 Ag 7,36 1Cl 51,5; nur Ἐρυθρά Ezechiel Tragiker Eus Praep (siehe oben) S 536 Zeile 5. θάλασσα, siehe 11,12. ὡς, siehe 6,19: im Sinne des Hb real, nicht nur fiktiv, siehe 2,4; ebenso Philo Vit Mos 2,254. διὰ ξηρᾶς γῆς. Ohne διὰ in 1149. διὰ wie Ex 14,29 15,19 Philo Vit Mos 1,139. ξηρός, Bauer 1; Hb nur hier; gegen Wasser zum Beispiel Gn 1,9f; Leisegang Register, gegen ὑγρός bei Philo. Mt 23,15 ξηρά substantivisch gegen θάλασσα. γῆ, siehe 1,10. Bauer 4. Preisigke Wört I 294g; für Plutarch siehe Wyttenbach Lexicon Plutarcheum bei γῆ; für Philo Leisegang γῆ 1; klassisch, hellenistisch. Vom Wasser unterschieden: ausdrücklich (Gn 1,10 Apk 10,58 Ign R 5,1) oder dem Zusammenhange nach (Lk 5,1 Joh 6,21 21,9.11); γῆ neben Himmel und Meer (zum Beispiel Ag 4,23 14,15 Apk 10,6 14,7). Hb γῆ gegen θάλασσα nur hier. ξηρᾶς γῆς: alte LA, in p^{13} p^{46} ℵ A D★ Ψ 0227 33 81 104 255 256 263 365 442 1241^{suppl} 1319 1739 1834 1835 1881 1908 1912 2004 2127 2495 latt bo sy arm aeth Chr Thret. Nur ξηρᾶς in D^2 K L P 6 326 den meisten Thret Dam; zur Ellipse siehe Bl-Debr § 241,1. In Durchzugstexten: ξηρός adjektivisch, mit γῆ wie Hb: Sap 19,7; mit „Pfad" Philo Vit Mos 1,179 2,254 Ps Clem Recg I 34,6; ἡ ξηρά substantivisch Ex 14,29 15,19; τὸ ξηρόν substantivisch Ex 14,16.22; Stamm ξηρ- verbal Jos 2,10 4,23 Esr B 19,11 (Ne 9,11) Jdt 5,13 LXX Ps 105,9. Ohne Stamm ξηρ- Josephus Ant: die bloße γῆ (2,338), das Meer wird zu Erde (2,333), es wird zum Festland (2,337); durch einen Meersalzwasserpfad Ezechiel Tragiker Eus Praep Ev (siehe oben) S 536 Zeile 7. Philo Vit Mos 2,254 übertreibt das Legendäre: wie ein steingepflasteter Boden (Moffatt). ἧς, die ξηρὰ γῆ; „feine Ironie" (vSoden); dem Hb zuzutrauen (ebenso verbinden Delitzsch [ältere Erklärer bei Bleek-Windrath] Spicq; gegen die meisten, die ἧς auf die ἐρυθρὰ θάλασσα beziehen). πεῖραν λαβόντες: Bauer 1 Seesemann ThW VI 23–37 Rademacher 62. In LXX nur Dt 28,56, im NT nur Hb 11,29.36. Hb hier V 29, anders als V 36: sich auf ein vermeintlich sicheres in Wirklichkeit aber gefährliches Risiko einlassen: militärisch Polyb 2,32,5; bei einer zweiten Ehe Suppl Epigr Graec VIII 574 Philo Virt 114. In anderer Formulierung: Ex 14,23 die Ägypter verfolgten und gingen hinter ihnen her – mitten in das Meer hinein; sie beeilten sich andringend (Philo Vit Mos 1,178), in atemloser Verfolgung nachdringend (Vit Mos 2,254), voller Mut, in der Überzeugung, auch ihnen werde nichts zustoßen (Josephus Ant 2,341; vgl Ezechiel Tragiker Eus Praep Ev [siehe oben] S 536 Zeile 8–10). οἱ Αἰγύπτιοι: Bauer, Str-B Register, klassisch, hellenistisch, jüdisch-hellenistisch; siehe die Konkordanzen zu LXX Philo Josephus. Im Hb nur hier; im NT noch Ag 7,22.24.28 21,38, nicht beim Durchzug. Am Roten Meer Ex 14 Philo Vit Mos 1,167–181 Josephus Ant 2,326–344.

κατεπόθησαν; statt dessen sekundär κατεποντίσθησαν (sie wurden ins Meer versenkt) in 76 104 442 460 467 489 920 1912 1952 Chr Thret. Auch in Ex 15,4, statt κατεπόθησαν in B, κατεποντίσθησαν in AF. καταπίνω Bauer 1c Goppelt ThW VI 158f. LXX Ex 15,4; dies Verb in LXX sonst nicht unübertragen als ertrinken; im NT sonst unübertragen auch nicht. Philo Deus Imm 181 von Bileam „ertrinken" übertragen. Hb formuliert den Tod im Meer schneidend knapp; die weitere Tradition breiter und plastischer. „Der Herr schüttelte sie ab mitten in das Meer" usw. (Ex 14,27f; vgl LXX Ps 135,15). Das Wasser bedeckte sie (LXX Ps 105,11). Die Fluten des Meeres überströmten sie (Philo Vit Mos 2,255; ähnlich 1,175.179). Das Meer, von Winden aufgewühlt, schließt sie brodelnd ein (Jos Ant 2,243; ähnlich Ezechiel Tragiker Eus Praep Ev [siehe oben] S 536 Z 19f; 1Cl 51,5; Const Ap VIII 12,26). Kurz: sie fanden einen ungewöhnlichen Tod (Sap Sal 19,5). Bis hierher bringt Hb 11 Beispiele aus Genesis und Exodus (Bengel).

30. Durch Glauben kamen die Mauern Jerichos zu Fall, nachdem sie sieben Tage lang umkreist worden waren.

Literatur: ADieterich Abraxas, 1891; ASchimmel Zahlensymbolik, RGG³ VI, 1862.

Wüstenwanderung und Landnahme, schon 3,7–4,11, sind hier übergangen (Vanhoye Structure 191). Die Glaubenden, in Hb 11 zum erstenmal nicht direkt genannt, sind zwar die Israeliten, Josua eingeschlossen; der Ton liegt aber auf ihrer Glaubenstat: sie vollziehen das gebotene siebentägige Umgehen; mit Erfolg. Josua 6: 2–5 die Weisung der Gottheit, 6–10 weitergegeben, 11–16 ausgeführt, 20 der Mauereinsturz. Bei Josephus Ant 5,22–27 erfahren die kampfbereiten Israeliten das bevorstehende Wunder erst vor der siebenten Umgehung, nach der die Mauer dann von selber, ohne Einsatz von Menschen und Belagerungsmaschinen, fällt; letzteres auch 2Makk 12,15 Const Ap VIII 12,26. πίστει meint: nicht ein zehntausend Jahre lang währender Trompetenschall brächte das Wunder zustande (Chr Cramer Cat 255; ähnlich viele Ausleger). Hb entmagisiert so ein ursprünglich magisch gemeintes Geschehen, behält freilich das Naturwunder bei. Zu πίστις siehe 4,2 Exkurs.

τὰ τείχη, Bauer; Hb nur hier. LXX Josua 6: bei der Weisung „von selber" V 5; beim Wunder „die gesamte Mauer ringsum" V 20. Josephus Ant 5: beim Plan der Belagerung und beim Wunder „Mauer" im Singular § 23 27, bei der Wunderankündigung im Plural § 24. Mauer als Fluchtweg Ag 9,25 2K 11,33; in der himmlischen Stadt Apk 21,12–19. Ἰεριχώ; statt ι in p⁴⁶ ℵ ει, siehe 4,11; Bl-Debr § 38 39,1. Zum fehlenden Artikel siehe 7,5. Bauer; Hb nur hier. Jos 6,1f Ἰεριχώ; Josephus Ant 5,20 Ἰεριχοῦς. In LXX öfter; im NT außerhalb vom Hb nur Synoptiker, nicht betreffs Mauerwunder, ebenso nicht 1Cl 12,2. ἔπεσαν. So p¹³ ℵ A D* P 33 38 101 104 218 263 460 462 1906 1912 Chr; zum schwachen Aorist siehe Bl-Debr § 80 Radermacher 95; zum Plural Bl-Debr § 133. ἔπεσον in 69 Chr. ἔπεσε(ν) in p⁴⁶ D² K L 1834 Chr Thret Dam; zum ν siehe Bl-Debr § 20. κατέπεσε(ν) in 056 0142 4 7 76 257 326 327 635 1923 1924 1927. πίπτειν siehe 3,17. Wie im Hb von Mauern Jos 6,5.20; auch bei dem vom ägyptischen Propheten versprochenen, aber nicht eintretenden Mauerwunder Josephus Ant 20,170. Statt πίπτειν beim Mauerwunder Josephus Ant 5 herabfallen § 27, herabstürzen § 24; niederbrechen Const Ap VIII 12,26. Sonst πίπτειν von Mauern Js 24,23 27,3 30,13 Sib 3,274f Ditt Syll⁴ 454,11 Preisigke Wört II 306 πίπτω 1. Der Effekt des Mauereinsturzes, die Ermöglichung der Tötung fast aller Jericho-Einwohner durch die Israeliten, stört für

Hb nicht das πίστει (siehe 11,23 Ende). κυκλωθέντα; in p⁴⁶, wie ἔπεσεν, κυκλωθέν. Bauer 2. Hb nur hier. Zum Rundbau von Städten siehe Lv 25,31 Jer 1,15 52,14 1Makk 4,60. In Josua 6: im Kreise herumziehen V 3; umkreisen V 3F 7; rings umkreisen V 13; herumziehen V 15. Bei Josephus Ant 5: umwandern § 23; herumgehen § 27. Außerhalb des Mauerwunders κυκλοῦν: umwandern von Örtlichkeiten (Dt 2,13 Sir 24,5 Philo Leg All 1,63.66 und öfter), von Bauten (LXX Ps 25,6 47,13 Herm s 9,9,6); umzingeln von Menschen (Joh 10,24 Ag 14,10) und Städten (Lk 21,20 Apk 20,9). ἐπὶ ἑπτὰ ἡμέρας. ἐπὶ mit Accusativ „während", Hb so nur hier, Bauer III 2b. ἡμέρα, siehe 3,8. ἑπτά, siehe 4,4; semitisch zentral, die Ehre der Siebenzahl (Josephus Bell 7,149; ASchimmel RGG³ VI, 1862). Zur Religionsgeschichte siehe Dieterich Abraxas Register S 209 „Siebenzahl". Preis Zaub II 13,118 ἐπὶ ἑπτὰ ἡμέρας. Rengstorf ThW II 623–631. Die Konkordanzen zu LXX, Philo, Josephus, NT. Str-B III 787 zu Juda 14A. „Sieben" im AT bei Festen, Reinheits- und Kultvorschriften, siehe Zürcher Bibelkonkordanz. ἑπτά-Verbindungen bei Philo Leisegang. ἐπὶ ἡμέρας ἑπτὰ Test XII S 2,12. Sieben im NT oft, besonders Apokalypse, Hb nur hier; siehe Bauer; von Tagen Ag 20,6 21,4.27 28,14. Das siebentägige Umgehen: Josua 6,3F 14f Josephus Ant 5,24.27. Die Zahl der Tage hat also den Ton und meint im Hb die Ausdauer des Glaubens (so viele Erklärer) in diesem kindischen Umzug, der wie ein Gespött wirkte (Calvin). Wir würden heute fragen: darf der „Glaube" die Rolle in einem ursprünglich magisch gedachten Geschehen übernehmen?

31. Durch Glauben geschah es, daß Rahab, die Hure, nicht zusammen mit den Ungehorsamen umkam; hatte sie doch die Kundschafter in Frieden aufgenommen.

Die bisherigen Heiligen fügt Hb mit einer Frau zusammen, die fremdstämmig und eine Hure ist (Thret MPG 82,765D; ähnlich Calvin; auch Luther Glosse, dem nur an dem unbedenklichen Verhalten der Kundschafter liegt). Rahabs Glaube besteht in der noch nicht zur Wirklichkeit gewordenen Einsicht, daß den Israeliten ihre Gottheit das Land verliehen hat, Jos 2,9 (Größer Glaube 55). Rahabs demgemäßes Handeln rettet ihr und ihrer Familie das Leben. Hb läßt das Berechnende ihres Verhaltens (Jos 2 und 6, 17–25) weg und betont nur die Friedlichkeit ihrer Gastfreundschaft. Bei Josephus Ant 5,7–15.26.30 keine religiösen Töne, dagegen breit Rahabs berechnendes Handeln, ihre Rettungsaktion, ihr Risiko und Erfolg.

πίστει, siehe 1Cl 12,1: des Glaubens und der Gastfreundschaft wegen wurde Rahab gerettet; vgl 1Cl 12,8. Glaube ist für Hb Tat, siehe 4,2 Exkurs. Jk 2,25, auf Grund von Werken, ist mit Hb 11,31 in der Sache einig, different nur in der Terminologie. Ραάβ: Bauer Kittel ThW III 5 Bl-Debr § 39. Für Josua und Josephus siehe oben. NT noch Mt 1,5 Jk 2,25. 1Cl 12,1–8 (Hagner 185). Jüdische Tradition: Rahab ist Proselytin, begabt mit Prophetiegeist, die Frau Josuas, Mutter von Propheten und Priestern (Str-B III 747). ἡ πόρνη. ἡ: stereotype Bezeichnung, Bl-Debr § 268,1; daher textlich und sachlich abmildernd, sekundär, nach ἡ in א syʰ 1Cl 12,1ᵛ·ˡ· Ephr ἐπιλεγομένη (Zuntz 218f). Rahab als Hure Jos 2,1 6,17.23.25 Hb 11,31 Jk 2,25 1Cl 12,1; Josephus Ant vermeidet für Rahab πόρνη, nennt aber ihr Bordell Ant 5,7f (vgl Hauck-Schulz ThW VI 584 Anmerkung 33). Freilich gibt diese „Herberge" Anlaß, die πόρνη zur Götzendienerin (Thomas, als mögliche Erklärung) oder zur Wirtin (Nicolaos de Lyra, Bd IV 1492 1971) zu machen. In Abydos hat eine Hure, die trunkenen Wächter überlistend, der feindbesetzten Stadt zur Freiheit verholfen

(PGr Hist II A 84 Neanthes fr 9(35)). In Korinth wurden die Hetären bei vaterländischer Gefahr zu Fürbitte und Opfer herangezogen (Athen 13,573c). πόρνη Bauer Hauck-Schulz ThW VI 579–595. In LXX noch: mit Eigennamen 3 βασ 12,24β, dort und Prv 5,3 mit γυνή. Im NT noch: unübertragen Synoptiker Paulus; metaphysisch übertragen Apk 17,1.15f 19,2. Hb nur hier. οὐ συναπώλετο. Nur hier in Hb 11 ist der Glaubenseffekt negativ formuliert; in 11,5.23 positiv und negativ. Statt der Verneinung im Hb von Rahab in Jos 6: retten V 17, lebendig gefangennehmen V 25; in Jos Ant 5,26.30 retten, und Josua dankt der Rahab. Die Verneinung des Hb unterstreicht eindringlicher. Const Ap II 14,7: er brachte die Rahab nicht mit den andern um. Zum Verb Bauer; im NT nur hier. συναπόλλυμι auch LXX: aber nie zusammen mit einer Person. Noah nicht mit den Opfern der Flut (Philo Abr 46). Am Gerichtstag alles zusammen mit dem Teufel (Barn 21,3). Zusammen mit der Habe durch Hunger (POxy 486,35). τοῖς ἀπειθήσασιν; τοῖς ἀπιστήσασιν in p[46], vgl 3,18 4,6; vg *incredulis* (Harnack Studien 229 Beare 384). Rahab sagte: die Furcht vor euch ist über uns hereingebrochen, wir sind in unseren Herzen entsetzt, euer Gott ist im Himmel oben und auf Erden unten (Jos 2,9.11). Trotzdem: Jericho wurde verschlossen und befestigt (Jos 6,1). Zu ἀπειθέω siehe 3,18. Das πρὸς πάντας Gl 6,10 ist für die glaubende Rahab allerdings kein Problem; sie rettet nur sich und die Ihren. δεξαμένη, der glaubensgeleitete Grund für Rahabs Überleben. Wie Jk 2,25 ὑποδεξαμένη hier in 11,31 in 421 483 642 920 1518. Jos 2,4.6 6,25 sie verbarg. Im Hb entfallen Täuschung der Häscher, Fluchtermöglichung für die Kundschafter. Jos Ant 5,9 sie versteckt; 5,30 Rettung der Kundschafter. Im Hb keine Gefahr für Rahab. Rahab mußte die Kundschafter nicht aufnehmen, wenn die Regel von Ditt Or 609,21–29 galt: falls eine Herberge am Ort ist; höchstens, wenn sie selber eine Herberge hatte (siehe oben bei *πόρνη*). So käme die glaubensveranlaßte Gastlichkeit Rahabs im Hb stärker zum Tragen, die gastfreundliche Rahab, die sie aufnahm (1Cl 12,3). δέχεσθαι im Hb nur hier. Sonst: schützend, wie ein Adler seine Jungen (Dt 32,11). Objekte: Jesus (Lk 9,53 Joh 4,45); die Jünger oder Apostel (zum Beispiel Mt 10,14.40 Par 2K 7,15 Gl 4,14 Kol 4,10 Did 11,1.2.4 12,1 Ign R 9,3 Phld 11,1); Schutzlose wie Kinder (Mt 18,5 Par); Mittellose (Lk 16,4); Fremde, Erschöpfte (Xenoph Oec 5,8 An 5,5,20); Flüchtlinge, Überläufer (Jos Ant 10,163 Bell 6,114f). Bauer 1 Grundmann ThW II 49–53; Preisigke Wört I 332 3. Gastfreundschaft ist auch rabbinisch wichtig (Str-B I 588). τοὺς κατασκόπους; so auch Jos Ant 5,9.26.30; Josua 2 und 6 Participien des Verbs. Bauer Fuchs ThW VII 418f. Im NT nur hier; Jk 2,25 v.l. für ἄγγελοι; noch 1Cl 12,2. Ihre Aufnahme ist Risiko; sie stehen unter Verdacht (Gn 42,9–34 Sir 11,30(32)), gelten als Feinde (Jos Bell 2,491), werden unter Umständen gefesselt (Test XII S 4,3). μετ' εἰρήνης, 635 ἐν εἰρήνῃ. Rahab spricht von Mitleid Jos 2,12, von jetziger Errettung Jos Ant 5,12; sie handelt nach Hb 12,14. Zu μετὰ siehe 5,7. Zu εἰρήνη siehe 7,2. Bauer 1b. In LXX öfter mit ἐν und εἰς; μετ' εἰρήνης im Umgang mit Menschen Gn 26,29 Dt 20,10 1Esr 5,2 Est (XVI) 8 Ep Jer 2 1Makk 7,28 12,4. Im NT verbunden mit δέχεσθαι Mt 10,13f; beim Abschied Ag 15,33. Zwischen Mensch und Tier Diod S 3,18,7. Analog ist das Aufnehmen in freundlicher (Jos Bell 6,115) und menschenfreundlicher Weise (Jos Ant 10,163) und in Gastfreundschaft (Jos Ant 5,323). Aber diese allgemein-menschliche Ausrichtung der Gastfreundschaft ist nicht Meinung des Hb: ihm sind wichtig die Objekte, die Glieder des Gottesvolks.

32. Und was soll ich noch sagen? Wird mir doch die Zeit fehlen, wenn ich über Gideon, Barak, Simson, Jephtha, David und Samuel und die Propheten Ausführungen machen wollte:

Literatur: AvHarnack Probabilia über die Adresse und den Verfasser des Hebräerbriefes, ZNW 1, 1900, 16–41.

V 32–40. Abschließend une éloquente généralisation (Vanhoye Structure 191), zuerst noch mit Namen. V 33–35a Taten, V 35b–38 Leiden durch Glauben. Jetzt auf dem Boden des Verheißungslandes (Synge Scriptures 36f), bis in die Makkabäerzeit hinein (Theißen 100).

V 32 wörtlich bei Cl Strom II 13,1 (Mees 233). τί, Bauer 1bα. ἔτι, hier temporal, siehe 7,10; fehlt in D^{gr}★. λέγω, der Verfasser, siehe 5,11 7,11. Nicht wegen dieses Verbs besitzt der Hb Homilie-Charakter, siehe λέγειν Jos Ant 20,257 (Spicq Moffatt; siehe zu 6,1). Hier wohl Konjunktiv der Überlegung (Bl-Debr § 366 ESchwyzer Griechische Grammatik II S 318 10γ; viele Kommentare seit Delitzsch). Vgl das häufige λέγειν in den ἐπιλείψει-Texten unten. Verf kündigt die jetzt einsetzende gedrängte Darstellung an. Die Kürze ist nötig, denn (γάρ) die Zeit fehlt für längeres Reden. ἐπιλείψει με γὰρ διηγούμενον ὁ χρόνος. Itazistische Schreibungen von ἐπιλείψει: ἐπιλείψῃ 33; ἐπιλήνψι D★^{gr}; ἐπιλήψει 642; ἐπιλήψῃ 489; zum Itazismus siehe 4,11. Statt με γὰρ in ℵ A D★ 33 547: γάρ με in p^{13} p^{46} D^2 I K L P 1834 den meisten latt Cl Thret (siehe Harnack Studien 231 Bl-Debr § 475,2). γὰρ fehlt in Ψ 215 1912. Umstellung: ὁ χρόνος διηγούμενον 1739 vg. ἐπιλείπω Bauer Delling ThW IX 576–589 Wettstein Bl-Debr § 473,2 495,1. Im NT nur hier. In allen Spielarten des von Hb hier verwendeten klassischen und hellenistischen rhetorischen Topos steht eine Form von ἐπιλείπω oder ἐκλείπω (Isocr 1,11 6,81 8,56 Demosth 18,296 Dion Hal Compos Verb 4,30 Ant Rom X 36,3 Philo Sacr AC 27 Spec Leg 4,238 Som 2,63 Vit Mos 1,213 Leg Gaj 323 Athen V 220F Athenag 14,2 Basilius MPG 32,192C Jul Or 1 p 34B). Die Belegtexte haben *nicht*, wie Hb, Formen von χρόνος (Isocr 1,11 Dion Hal Compos Verb Ant Rom Philo Spec Leg Athen Jul); meist ἡμέρα oder Verbindungen mit ἡμέρα (Isocr 6,81 8,56 Demosth Philo Sacr AC Som Leg Gaj Athenag Basilius; ὁ βίος Philo Vit Mos). *Wem* die Zeit fehlt, wird wie im Hb meist mit με ausgedrückt (Isocr 8,56 Demosth Dion Hal Compos Verb Ant Rom Philo Sacr AC Som Leg Gaj Athen Aehenag Basilius Jul); sonst ἡμᾶς (Isocr 1,11); „sogar dem Langlebigsten" Philo Spec Leg; die Person bleibt ungenannt (Isocr 6,81 Philo Vit Mos). *Wofür* die Zeit fehlt: wie Hb für διηγεῖσθαι Philo Vit Mos Basilius Jul; für „sagen" Isocr 6,81 Demosth Dion Hal Compos Verb Ant Rom Philo Sacr AC; für „Aufzählungen machen" Isocr 1,11; für „untersuchen" Isocr 8,56; für „durchgehen" Philo Spec Leg Som; für „anführen" Philo Leg Gaj Athenag; für „auseinandersetzen" Athen. Der *Inhalt* des nicht Darlegbaren wie Hb positiv: Isocr 1,11 Dion Hal Ant Rom (als Selbstruhm) Philo Sacr Ac Spec Leg Vit Mos Leg Gaj Basilius; negativ: Isocr 6,81 8,56 Demosth Dion Hal Compos Verb Philo Som Athen Athenag Jul. Andere Ähnliches besagende Wendungen: Joh 21,25 Hb 13,22 Ps Clem Hom 19,11,3 Recg 8,53,7 10,22,1 10,26,2 10,34,5. διηγούμενον, Bauer Preisigke Wört I 377. In LXX besonders in Psalmen. Im NT Mk Lk Ag; Corp Paul nicht; Hb nur hier. Verfasser ist also keine Frau (gegen Harnack Probabilia 16–41); ein διηγουμένην, das durch die maskulinische Form verdrängt worden wäre, ist nicht bezeugt (zu Harnack aaO 38–40; Seeberg Windisch). Dies Verb wie Hb mit περί Jos Ant 20,224 Ap 1,196; mit περί und Eigennamen wie im Hb bei Luc Dial Mar 15,1. Im Hb hinter περί in D★^{gr}δέ. ὁ χρόνος, siehe 4,7; auch oben bei ἐπιλείπω. Andere Aufgliederung der Namen: vor

Βαρὰκ in *Ψ τε καί*; in D★ 1311 1611 d e sy^p *καί*. *Βαράκ, Σαμψών*: in p^13 p^46 ℵ A I 33 256 1241^suppl 1319 1739 1881 1912 2127 f vg bo arm Cl Epiph; alte LA. *Βαράκ τε καὶ Σαμψὼν καί*: D^(★) L P *Ψ* 6 326 1834 die meisten (sy) Chr Thret Dam; siehe Bl-Debr § 444,1. *Βαράκ τε καὶ Σαμψών*: K 81 365 pc. *Σαμψὼ* in p^46. Vier Richter; König David; Samuel nach David, weil Samuel zu den Propheten gerechnet, siehe 1 *βασ* 3,20 2Ch 35,18 Ag 3,24; David-Samuel als Propheten Sota 486 Str-B III 13. In LXX Reihenfolge: Ri 4,4–5,31 Barak; 6,11–8,28 Gideon; 11,1–12,7 Jephtha; 13,24–16,31 Simson. Hb-Reihenfolge: Gideon-Barak, Simson-Jephtha; in Jos Ant 6,90 Jephtha vor Gideon. Folgt Hb mit seiner Gruppierung nicht doch Traditionen statt eigenen Gesichtspunkten von Wertigkeit (wie Thomas de Wette[2] Delitzsch meinen) oder rhetorischen Gesichtspunkten (so Michel)? Gideon bis Jephtha sonst nicht in NT und Apost Vät. *Δαυίδ τε καὶ Σαμουήλ*. Schreibweise *Δαυὶδ* in D^2 und sehr oft; *Δαυεὶδ* in p^46 ℵ D★; *Δαβὶδ* in Koine, Minuskeln; *Δαδ* in A K L P; zum Itazismus siehe 4,11 4,7. Das *τε καὶ* drücken aus mit „*qui*" d e; mit „*quoque*" tol; mit „*et*" Aug; es bleibt unübersetzt in f vg^clem am fu demid. Zu *τε καὶ* siehe 4,12. David 1 *βασ* 16,10–3 *βασ* 2,11; Samuel 1 *βασ* 3,20–25,1. David Synoptiker Ag oft, Joh Corpus Paulinum Apk wenig; im Hb noch 4,7; öfter in 1Cl Ign Barn Did. Samuel nur im NT, Ag 3,24 13,20, nicht in Apost Vät. *τῶν προφητῶν*: der Einschub von *ἄλλων* vor *προφητῶν* (in 69 demid sy^p arm aeth Thret Dam Ambr) markiert, textlich sekundär, die zutreffende Einstufung Samuels als Prophet (siehe oben). harl und Ambr fügen nun doch, gegen den Willen des Hb zur Kürze, 6 weitere alttestamentliche Namen an.

33. durch Glauben kämpften sie Reiche nieder, betätigten Gerechtigkeit, kamen in den Besitz von Verheißungsgütern, verstopften Löwenrachen,

Literatur: M van Esbroeck Hb 11,33–38 dans l'ancienne version géorgienne, Biblica 53, 1972, 43–64; ESchürer Geschichte, siehe V. 5.

Der Glaube brachte unerhörte kriegerische Erfolge, Gerechtigkeit im Zusammenleben, Erfüllung von Verheißungen und Bezwingung auch des stärksten der wilden Tiere ein. Zur Zuweisung dieser Taten an die je einzelnen Glaubenden bis V 38 siehe die georgische Texttradition (Esbroeck 43–64); sonst die Kommentare von Chrysostomus Thomas Erasmus paraphrasis Calvin Bengel. Die fast durchgehende Artikellosigkeit der Substantiva will die Angaben in einer gewissen Unbestimmtheit halten.

οἵ; dahinter, weil nicht als Relativpronomen verstanden, *ἅγιοι πάντες* in 206 440, *ἀδελφοὶ οἱ ἅγιοι πάντες* in 1311. *διὰ πίστεως*; abschließend V 39; siehe 4,2 Exkurs. Also: was auf Grund der natürlichen Gegebenheiten unerwartbar ist (ähnlich Philo Vit Mos 1,225); *πίστις*, wenn die Dinge sich ins Gegenteil entwickeln (Chr Cramer Cat 256). Auch mandäisch: Kušta strengthen thee (Drower Canonical Prayer Book 178,1 ff S 160). *κατηγωνίσαντο*; die Auslassung in p^46 wohl versehentlich. Bauer Stauffer ThW I 134–140. „Niederkämpfen": nicht bloß durch List Test XII R 5,2; nicht nur übertragen Alciphr 1,20,3 oder religiös Mart Pol 19,2. Sondern hier gewaltsam: Herakles die wilden Tiere (Luc Dial Deor 13,1); mit wenigen – sehr viele Myriaden (Ael Var Hist 4,8); der Feldherr die Gegner (Ditt Or 553,7). Bei Josephus: Israel die Feinde (Ant 13,169); das Heer des Sanherib (10,6); David die Palästinenser (7,53). *καταγωνίσασθαι* mithin = Sieg bekommen (4,153). LXX hat nicht *καταγωνίζεσθαι*, sondern etwa: David schlug die Fremdstämmigen in die Flucht, *τροπόω* 2 *βασ* 8,1; vgl Jos Ant 6,90 überwältigen *κρατεῖν*. Man hat also an Barak, Gideon, Jephta,

Simson zu denken (Ri 4 7 11 16); als Jephta und Gideon das Heer führten (Jos Ant 6,90). Luther Glosse verbessert von der paulinischen Glaubensgerechtigkeit her das „sie besiegten Königreiche" der vg mit „nicht durch Waffen", gegen Hb; ob auch im Falle von David und Josua, hängt von der in WA 57 Ficker und bei Hirsch-Rückert differenten Interpungierung ab. Kriegserfolge als Glaubenstaten im NT hier einmalig (Windisch, Gräßer Glaube 55); Mt 5,44f hindert den Hb nicht an der freudigen Bejahung des Waffensieges; allerdings ἄλλοι δέ (Vanhoye Structure 191f): das Übergewicht der „besseren Auferstehung" V 35b. βασιλείας; dafür in p^{46} βασιλεῖς; siehe 1,8. Das Reich Kappadozien (Appian Rom Hist Mithrid § 496 Kap 105); Makedonien (Ditt Syll^4 260,10). Hier im Hb die einheimischen Reiche Palästinas (Dt 3,21 1 βασ 10,18 LXX Ps 78,6). Gott ist den irdischen Reichen überlegen (2Makk 8,18 Act Joh 106 IIa S 218,16–18). Jesu Reich ist nicht irdisch (Joh 18,36). εἰργάσαντο: so in p^{46} ℵ^2 A D^2 K L P, fast alle; ἠργάσαντο in ℵ★ D★ 1908★, siehe Bl-Debr § 67,3. δικαιοσύνην: in D δικαιοσύνη. ἐργάζομαι Bauer 2a, Hb nur hier, Corpus Paulinum sehr oft; Bertram ThW II 631–645. Zu δικαιοσύνη siehe 5,13. Gemeint ist richterlich-regimentliche Gerechtigkeit: bei David 2 βασ 8,15; bei Samuel in anderen termini 1 βασ 12,4.23. Riggenbach mit Recht: nicht die Verschonung Sauls durch David, nicht seine Menschenfreundlichkeit ist mit δικαιοσύνη gemeint (gegen Ps Oec MPG 119,420C Photius von Konstantinopel Staab 651): trotz δίκαιον (1 βασ 24,18 Jos Ant 6,284) wäre Davids Rache gerade gerecht gewesen (Ant 6,289). ἐργάζεσθαι δικαιοσύνην nicht speziell regimentlich, wie hier im Hb, sondern rechttun allgemein (LXX Ps 14,2 Ps Sal 17,19 Ag 10,35 1Cl 33,8 Herm v 2,2,7 s 9,13,7 und öfter in Herm m; verneint Jk 1,20). ἐπέτυχον ἐπαγγελιῶν. ἐπιτυγχάνω siehe 6,15. ἐπαγγελία siehe 4,1. Nicht: die Propheten empfingen christologische Verheißungen, die sie tradieren sollten (gegen Bengel Bleek-Windrath). Sondern: sie erlebten Verheißungs-Erfüllungen, wie Abraham 6,15; darum hier Plural, ohne Artikel (Schierse 134, die meisten Kommentare, seit Thomas Lyra Erasmus paraphrasis Luther Glosse). Spannung zwischen den aus der Tradition stammenden Beispiellisten und der Intention des Verfassers (siehe 11,1 11,5). Erfüllung sofort 2 βασ 5,25; wo sie warten mußten, war es aber immer noch nur irdische Erfüllung 2 βασ 7,28f, *promissio particularis* (Thomas). Anders V 39: τὴν ἐπαγγελίαν dort ist mehr, weil jenseitig (Theißen 99). Doch siehe zu 4,1 ἐπαγγελία. Const Ap VII 37,1: der du die durch die Propheten gegebenen Verheißungen erfüllt hast. Nun Errettung aus physischer Bedrängnis: Bedrängnis durch Löwen, Feuer und Nachstellung. ἔφραξαν στόματα λεόντων; στόμα Singular in D★; statt λεόντων in 81★ θηρίων. Hb ähnlich wie Da Thdtn 6,22(23) ἐνέφραξεν τὰ στόματα τῶν λεόντων, wobei aber Subjekt ὁ θεός ist; wie Da Thdtn mit kleinen Änderungen Herm v 4,2,4 (Schürer Geschichte^4 III 441 Ahlborn 1963 S 38 Anm 1). Ähnliche Formulierung, grotesk gemeint, bei Antoninus Liberalis 12,4 (Wettstein). LXX Da 6,18: Gott – verschloß die Rachen der Löwen. Liturgisch: er führte heraus aus dem Rachen von Löwen; er hält Löwen den Rachen zu (Const Ap V 7,12 VII 35,7). Den Rechtgläubigen fliehen die schadenbringenden Geister PsClem Hom 9,21,3. Tötung eines Löwen durch Simson, ohne Waffe, Ri 14,5f; durch David 1 βασ 17,34f. Herakles tötet den nemeïschen Löwen Hes Theogn 326–332 (ESpieß Logos spermaticos 1871 S 456f). Dagegen wird Kallisthenes einem Löwen vorgeworfen Diog L V 5 (Wettstein). στόμα (Singular und Plural) λέοντος (Singular und Plural): bei Daniel LXX Da 6,18(19), Thdtn 6,18(19).20(21).22(23) Daniel errettet vom Löwen wegen seiner Geradheit 1Makk 2,60. Der Löwenrachen bei Juda Test XII Jud 2,4; bei David 1 βασ 17,35. στόμα(τα) λέοντος(των) sonst noch Ri 14,8f Am 3,12; übertragen LXX Ps 21,22. στόμα Bauer 1c Weiß ThW VII 692–701. Im NT meist der

Mund Gottes, Jesu, von Menschen; Synoptiker Corp Paulinum Apk viel, Joh Kath Br wenig; in Apk auch von Tieren; im Hb nur noch 11,34. λέων Bauer 1 Michaelis ThW IV 256–259. Löwengrube Da 6 Jos Ant 10,253–262.

34. löschten Feuerskraft aus, entrannen zweischneidigem Schwert, gelangten von Schwachheit zu Kraft, wurden stark im Kriege, brachten gegnerische Schlachtreihen zum Wanken.

Literatur: OHofius στόματα μαχαίρης Hb 11,34, ZNW 62, 1971, 129f.

ἔσβεσαν δύναμιν πυρός. Gemeint ist LXX Da 3,49–51.88.94(27) Da Thdtn 3,92 Jos Ant 10,214f; siehe auch Nu 11,2. Die drei *suchen* nicht die Bedrohung wie der Fromme PsClem Recg 2,9.4. Löschung ist bei wirklicher Feuerkraft nicht erwartbar (Philo Spec Leg 4,26); es war ein gewöhnliches Feuer (Ned 41a Str-B I 479). Hb meint nicht Zauberei wie Preis Zaub 13,298–303 Pist Soph Cap 143 S 246,7–9. Aber, anders als Js 66,24 Mk 9,48 2Cl 7,6 17,5, *wird* das Feuer gelöscht, gottheitlich: in Da durch den Engel, der das Feuer vertreibt; in 3Makk 6,6 durch Gott, der den Feuerofen besprengt; bei Josephus durch die göttliche Fürsorge, die die Leiber der Jünglinge zurüstet, im Blick auf ihre Unschuld und die Schwäche des Feuers; im Hb διὰ πίστεως, wie 1Makk 2,59, was ja Gott meint; siehe noch Act Thom 127 IIb S 235,15–17; auch mandäisch Lidz Ginza R XI S 264,24f. σβέννυμι Bauer 1 Lang ThW VII 165–168; Hb nur hier. δύναμις πυρὸς in Sap 16,19 4Makk 14,10; vgl Sap 17,5; bei Philo in variabler Wortstellung (Sobr 43 Congr 55 Spec Leg 4,26.56.83 Aet Mund 135.137); meint Steigerung von Feuer (Thphyl MPG 125,361D). δύναμις, siehe 11,11; πῦρ siehe 10,27. ἔφυγον στόματα μαχαίρης. Hb mag denken an die mißglückten Anschläge auf Mose Ex 18,4; David 1 βασ 19,10; Elia 3βασ 19,2f.10; Elisa 4 βασ 6,61f; Jeremia 43,(36),19.26; die Juden Est 3,6 9,22. Mandäisch siehe Lidz Ginza R XI S 260,16. φεύγειν Bauer 2 Bl-Debr § 149, „entrinnen", also passiver als bisher. In LXX öfter mit ἐκ, ἀπό: zum Beispiel „vor dem Anblick des Schwertes" Js 31,8; selten mit Accusativ, zum Beispiel „deiner Hand" Sap 16,15. Im NT als „entrinnen" mit Accusativ nur hier; vgl ἐξέφυγον τὰς χεῖρας αὐτοῦ 2K 11,32f. στόματα μαχαίρης die Schneiden des Schwertes (zum hebräischen Plural siehe Hofius 129f); das zweischneidige Schwert ist besonders bedrohlich, vgl 4,12. Im Singular auch Theodorus Prodromos 1,19 2,264 6,101. In LXX öfter στόμα ῥομφαίας oder ξίφους; στόμα μαχαίρας Gn 34,26 Jos 19,47 2βασ 15,14 Sir 28,18(22); auch Test XII L 6,5 Jud 5,5; im NT στόμα μαχαίρης noch Lk 21,24. Zu στόμα siehe 11,33. Zu μάχαιρα siehe 4,12. μαχαίρης in p[13] p[46] ℵ A D★, μαχαίρας D[2] K L P 1834 Koine (siehe Bl-Debr § 43,1 Radermacher S 62). ἐδυναμώθησαν ἀπὸ ἀσθενείας. Jetzt wieder Übergang zur Aktivität: leur ordonnance perd sa régularité (Vanhoye Structure 192, ähnlich Seeberg 127). Man denkt an Simson Ri 16,28, Hiskia Js 38,16, Judith 13,7(9); aber kaum an die Rückkehr des Volkes aus Babylon (gegen Chr Cramer Cat 256). Für Paulus liegt schwachsein und starksein *in*einander 2K 12,10. δυναμόω Bauer Grundmann ThW II 288; Radermacher 145 zu ἀπό. Statt des Simplex in p[13] p[46] ℵ★ A D★ 1831 1912 das Kompositum ἐνεδυναμώθησαν in ℵ[2] D[2] K L P Ψ 1834 den meisten Chr Cyr Thret Dam Phot; *evaluerunt* d e Amb, *convaluerunt* f vg. Auf irdischer Ebene: von Sieg zu Sieg (Polemo Sophista 2,30 S 26,10f); δύναμις ἑαυτὴν δυναμοῦσα Porphyr Sent Cap 35 S 29,6. Im Zauber (Preis Zaub 4,197.216f 12,266 13,278f). Im Gebet (Sallust 16 p 28,25) und mystischer Schau (Corp Herm 1,27). Die Gottheit übt das δυναμοῦν (LXX Ps 67,29 Da Thdtn 9,27); der Mensch kann stark werden in seiner

Eitelkeit, LXX Ps 51,9, also gerade nicht πίστει. ἐνδυναμοῦσθαι durch die Gnade Gottes 1Cl 55,3; im Glauben Herm v 3,12,3 vl א; in den Geboten s 6,1,2. Im NT noch Kol 1,11 Eph 6,10 vl; Hb nur hier. ἀσθενείας siehe 4,15: Simson ist nicht mehr ἰσχυρός Jos Ant 5,313; andererseits Od Sal 18,3a. ἐγενήθησαν, siehe 7,20. Die Entwicklung zum Positiven setzt sich fort. ἰσχυροὶ ἐν πολέμῳ: wie Josua stark in Kriegen Sir 46,1; vgl Barak Ri 4,14; David und die Israeliten 1 βασ 17,49–52 Sir 47,5. Immer wieder werden Schwache zu Starken (Philo Som 1,155). Zauberrezept für Unbesiegbarkeit Preis Zaub 13,1018–1026. ἰσχυρός siehe 5,7; Bauer 1b. ἐν, stark werden in: Herrschergewalt (Sir 15,18); Kraft (1Makk 2,66A); auf dem Meer (Ez 26,17A); für den Krieg (1Chr 7,4); im Glauben (Herm v 3,5,5). δυνατὸς ἐν πολέμῳ LXX Ps 23,8, geltend für den Kyrios. πόλεμος im NT 16mal; Hb nur hier; und nur hier im NT geistlich positiv. Der Krieg gegen die Christen vom Tier, vom Satan entfacht Apk 11,7 20,8. In LXX πόλεμος über 5 Konkordanz-Spalten, über 400mal. πόλεμος Bauer 1; Bauernfeind ThW VI 501–515. Aber Od Sal 29,9: „zu führen den Krieg durch sein Wort". παρεμβολὰς ἔκλιναν ἀλλοτρίων: wie Ri 7,22, vgl LXX Ps 26,3. παρενβολὰς in D★. Nicht als „Lager", sondern als „Schlachtreihe" (Ael Var Hist 14,46). Bauer 3. So in LXX besonders Ri βασ Chron 1Makk. Als Subjekt von „fallen" Ri 4,16; „fliehen" Ri 7,22(23). Als Objekt von „schlagen" Ri 8,11 1Ch 14,15f Sir 48,21; „zermalmen" 1Makk 3,23 4,10 7,42; „in die Hände überliefern" 1Makk 4,30; „besiegen" Test XII S 5,5. Im NT nicht Corpus Paulinum. παρεμβολή als „Lager": der Römer Ag 21–23; der Heiligen Apk 20,9; Israels am Versöhnungstage Hb 13,11 Zitat; dualistisch-übertragen Hb 13,13 Zitat. Im NT als „Schlachtreihe" nur hier Hb 11,34. ἔκλιναν: Hb mag denken an LXX Ps 45,7. Bauer 1d: „zum Weichen bringen". So passivisch „die feindliche Heeresmacht" Philo Vit Mos 1,261; „die Schlachtordnung" Jos Bell 6,79; „der ins Wanken gebrachte Teil der Juden" Ant 13,342; „der Flügel der Schlachtreihe" Ant 14,416; vgl 14,134. Activisch wie Hb, mit Objekt „sie" Jos Bell 5,94; „die übrigen" 6,147. Im NT κλίνω Corpus Paulinum nicht; sonst besonders Lk, aber nicht als „zum Weichen bringen"; Hb nur hier. ἀλλοτρίων, siehe 9,25. LXX öfter „die Schlachtreihe der Fremdstämmigen" 1 βασ 17,46 28,51 1Ch 11,15 1Makk 4,30; ἀλλότριος in LXX bei „Götter" und „Frauen" sehr oft, religiös negativ; richtig „hostium" (Erasmus paraphrasis Bengel). Israel besiegt Heiden: Hb ist offenbar nicht mehr besorgt, seine angesprochenen Heidenchristen könnten dadurch peinlich berührt werden, so unaktuell ist – anders als im Galterbrief – das Judenchristentum geworden; „Israel" ist inzwischen eine historisch-theoretische Größe.

35. Zurück bekamen Frauen durch Auferstehung ihre Toten. Andere aber wurden gefoltert und lehnten die Freilassung ab, um einer besseren Auferstehung teilhaftig zu werden.

Literatur: ECEOwen ἀποτυμπανίζω, JThSt 30, 1929, 259–266.

Die gegensätzlichen Versinhalte – der letztaufgezählte welthafte Glaubenserfolg und das erstgenannte Glaubensmartyrium – werden durch ἀνάστασις im irdischen und im dualistischen Sinne zusammengebunden (Bengel); der Glaube regiert in beiden Gruppen (Calvin).

Zu V a siehe die Erweckung durch Elia (3 βασ 17,17–24 Jos Ant 8,325–327) und Elisa (4 βασ 4,18–37). ἔλαβον, siehe 4,16. Die Wortstellung unterstreicht das Zurückbekommen: Prädikat vor Subjekt wie 4,2.12 10,31. 4 βασ 4,36: λάβε τὸν υἱόν σου; vgl 3 βασ 17,23 „Elia gab": γυναῖκες Bauer Oepke ThW I 776–790. In Hb 11 nach V 11 und 31 die dritte Erwähnung einer Frau. Vgl Lk 7,11–16. γυναῖκες ist gemeint, wie ℵ² D² K L P Ψ 1834 die meisten f vg sa bo schreiben; γυναῖκας in ℵ* A D* 33 1912 d e: die Frauen als auferweckte, unmöglich wegen des maskulinen νεκρούς (Bl-Debr § 46,1). sy^p *reddiderunt mulieribus*. ἐξ ἀναστάσεως: ἀνάστασις siehe 6,2; ἐκ kausal Bauer 3f, nicht temporal wie R 1,4. LXX und Josephus reden nicht von Auferstehung, sondern von Gebet und Manipulation bei Elia und Elisa, von Rückkehr der Seele (3 βασ 17,21 Jos Ant 8,326), von „leben" (3 βασ 17,23) und von „schenken des Lebens" und „wieder aufleben" (Jos Ant 8,326 f). τοὺς νεκροὺς αὐτῶν: wegen 3βασ 17 4βασ 4 und Josephus ihre Söhne, nicht ihre Männer (so schon Lyra). νεκρός: so auch 3βασ 17,20 θανατῶσαι, 4βασ 4,32 τεθνηκώς, Jos Ant 8,325 τετελευτηκότος. Aber Josephus *auch* „tot scheinen", δόξαι, nicht εἶναι νεκρὸν Ant 8,325. νεκρὸς siehe 6,1.

V b. ἄλλοι δέ, une nouvelle catégorie (Spicq): die leidenden Glaubenden wie Eleasar, die sieben Brüder und ihre Mutter (2Makk 6,18–7,42 4Makk 5,1–7,23 8,1–18,24). Die weiterhin regierende πίστις von Hb 11,33 hier auch 4Makk 7,21 (vgl 2Makk 7,40), obwohl die heroische Vernunft, neben der Sorge um das eigene gute Beispiel, besonders in 4Makk den Ton hat. ἐτυμπανίσθησαν; ἀπετυμπανίσθησαν in D betont den tödlichen Ausgang, der aber auch im Simplex enthalten sein kann. Bauer, Wettstein. Auf das Folterinstrument des τύμπανον gespannt werden; κατατείνεσθαι Philo Omn Prob Lib 108. So, *distenti,* vg Thomas Lyra Erasmus adnotationes Luther NT 1522 (gegen Bibel 1546, siehe WA Deutsche Bibel 7,2) Calvin; viele nennen τύμπανα neben κύφωνες (Halsklammern), vgl Aristoph Pl 476. Beschreibung siehe Wilcken Ptol I S 562 für 119,37; dagegen Owen JThSt 30,1929, 259 ff. Das Verb auch für Enthauptungen (Athen IV p 154c Chr Cramer Cat); neben Kreuzigung genannt (Luc Jup Trag 19); voller Roheit und Quälerei (Plut Adulat 17 II 60A); unter Umständen im Tumult (Plut Dion 28,2 I 970c). Der Tod kann schon während der Folter eintreten (Athen V 214d). In LXX ἀποτυμπανίζεσθαι des Tieres Da 7,11 Thdtn: ἀναιρεῖσθαι. Als Strafe oder Ermordungsmodus an Menschen 3Makk 3,27 Jos Ap 1,148. Eleasar schreitet freiwillig zum τύμπανον (2Makk 6,19.28). Dies Verb im NT nur hier. Für das Martyrium Eleasars und der Sieben verwendet 2Makk „peitschen" und „martern"; 4Makk, in breitem, drastischem Realismus, öfter βασαν(Folter-)Stämme. Zum Martyrium im Judentum siehe Str-B I 220–226; in Qumran Braun Radikalismus I 39 61 f 83 f. οὐ προσδεξάμενοι τὴν ἀπολύτρωσιν. In p⁴⁶ ist ἀπολύτρωσιν richtige Korrektur einer Verschreibung (Beare 383). προσδέχεσθαι siehe 10,34; im NT sonst nicht verneint. ἀπολύτρωσις siehe 9,15. Anders als Hb hier nimmt der stoische Weise, in Sklaverei geraten, ohne Hoffnung auf Freilassung sich das Leben (Philo Omn Prob Lib 114). In den Makk-Texten wie im Hb schlagen die vom Martyrium Bedrohten die Freilassung aus (2Makk 6,19.21 f. 30 7,24 f. 30; 4Makk 6,14 f. 27 8,2 9,1.4 10,1). Moffatt und Windisch verweisen auf eine ähnliche Haltung bei Sokrates Epict Diss 4,1,165 und Philo Poster C 39. Hb verschweigt die Beschimpfungen der makkabäischen Märtyrer gegenüber ihren Verfolgern. Vor allem: die Märtyrer der Makk-Texte lehnen die Freilassung ab, weil sie Gesetzestreue bewahren wollen. Hb aber läßt diese Begründung seitens der jüdischen Märtyrer, als für ihn nicht so gewichtig, fort und kommt gleich zur Hauptsache: sie wollen (ἵνα), konsequent dualistisch eingestellt, auf dem Wege zur besseren Auferstehung nicht aufgehalten werden, vgl 11,14–16. Die christliche Martyriumssituation ist in etwa analog: Ign R 4,2 Pist Soph 109 S 179,15–180,12 Ps Clem Hom 2,38,2. κρείττονος ἀναστάσεως τύχωσιν. Zu κρείττων siehe 1,4 6,9 7,22. Zu ἀνάστασις siehe oben. Zu τυγχάνω siehe 8,6. Hb spricht nicht von Jesu Präsenz im Martyrium der Christen wie Act Joh 103 IIa S 202,15–17, sondern ist auf die künftige

„bessere Auferstehung" ausgerichtet. Diese meint, gegen die Wiederbelebung Va, die Erreichung der endgültigen Auferstehung (so schon Chr Cramer Cat 256 Thomas), also die Gewinnung der „Ruhe" Hb 3/4 und der „künftigen Stadt" 13,14. ἀνάστασις ohne Zusatz würde das dem Hb wichtige Himmlisch-Jenseitige nicht klar genug aussagen (siehe 6,2). Die Makk-Texte sprechen von ἀνιστάναι 2Makk 7,9.14; sonst αἰώνιος in 2Makk und, in 4Makk darüber hinaus, hellenistischer, mit ἀφθαρ- und ἀθανατ-Stämmen.

36. Andere aber machten Bekanntschaft mit Verhöhnungen und Geißeln und dazu mit Fesseln und Gefängnis.

Statt Folter bei anderen Hohn, Auspeitschung und, noch einschneidender, Freiheitsberaubung. Cl zitiert in Strom IV 102 S 293 Zeile 21–23 Hb V 36 von ἐμπαιγμῶν bis φυλακῆς wörtlich; ebenso, mit geringen Abweichungen, weiter bis V 39. ἕτεροι: Bauer 1bδ. ἐμπαιγμῶν; in D* ἐνπαιγμῶν, siehe 9,24. Bauer Bertram ThW V 629–635; im NT nur hier: mit Quälerei verbunden Verspottung. Was als Strafe für Übeltat und Abfall angemessen ist – Ez 22,4 Sir 27,28(31) Sap 12,25 –, das widerfährt, zur Ergötzung der Quäler (Jos Ant 13,4), abwechslungsreich ersonnen (3Makk 5,22), den Glaubenden: dem Psalmisten (LXX Ps 37,8), den Makkabäern (1Makk 9,26), dem zweiten der sieben Brüder (2Makk 7,7), der jüdischen Regierung (Ps Sal 17,12), den Juden in Alexandria (3Makk 5,22). Auch gegen Jesus: Barn 7,9 cod V, Const Ap 5,5,3. Gelächter zieht sich auch der Gnostiker zu (Corp Herm 9,4). μαστίγων; in p[46] μαστείγων, siehe 4,11. Bauer CSchneider ThW IV 524f; Hb nur hier, Corpus Paulinum nicht. Nun die ausgesprochene Handgreiflichkeit, mehr als schlagen Jer 20,2 44(37),15: Geißel macht Striemen Sir 28,17(21); unterschiedlich je nach dem Typ Philo Flacc 78. Geißel hier nicht zur Erziehung wie Sir 22,6 30,1; auch nicht seitens der strafenden Gottheit Jer 6,7f. Sondern als menschliche Reaktion auf verhaßte religiöse Haltung: bei Joseph Test XII Jos 8,4; bei dem Gottesknecht Js 50,6, zitiert Barn 5,14; bei den Juden in Alexandria Philo Flacc 75; bei Eleasar 2Makk 6,30 4Makk 6,3 9,12; den Sieben 2Makk 7,1. Später bei Christen: Paulus im Verhör Ag 22,24; Herm v 3,2,1 Mart Pol 2,2 Act Joh 103 IIa S 202,16f. πεῖραν ἔλαβον, siehe 11,29, Bauer 2 Radermacherr 62. Hier nicht aktivisch wie 11,29, sondern „Erfahrung mit etwas machen". Sie kann neutral sein (wie Philo Spec Leg 1,106 Omn Prob Lib 103 Preis Zaub 4,374); positiv mit Gottes Vorsehung (Jos Ant 2,60), menschlicher Treue (Jos Vit 160); ebenso πειράομαι Philo Vit Mos 2,253. Aber auch negativ: mit dem Gegenteil von Wachstum und mit Mißgeschick (Polyb 6,3,1 28,9,7), mit Gewalttat, Sklaverei und Untergang (Diod S 12,24,4 15,88,4). So Hb hier. ἔτι δέ; ohne δέ in 69 76 326. Bauer ἔτι 2b; hier logisch, nicht temporal, siehe 7,10. ἔτι δέ logisch 2Makk 8,30 9,7 12,2 und öfter; Ag 2,26 Lk 14,26 vl; nicht im Corpus Paulinum. δέ hier als bloße Verknüpfung = „und", Bauer δέ Einleitung. δεσμῶν Bauer 1 Kittel ThW II 42 Preisigke Wört I 328 2). In LXX von physischer Gefangenschaft (Ri 15,13f und öfter). Jos Vit 241 verbindet δεσμοί mit „bewachen"; Vett Val 68,17f wie Hb δεσμῶν πεῖραν – λαμβάνοντας. Fesseln als Bekämpfung verhaßter Frommer: Joseph (Test XII Jos 1,6 2,4 8,5); Namenlose (LXX Ps 106,14 Sap Sal 10,14); Jeremia (Jos Ant 10,122); Ezechiel (3,25); der Siebente der Brüder (4Makk 12,3); die Juden in Alexandria (3Makk 5,6 6,27). Im NT: Lk und Ag δεσμά Plural; δεσμοί Phil 1,7.13f.17 Kol 4,18 Phlm 10.13; Hb nur hier. Später δεσμά 1Cl 5,6 55,2, Ign öfter mit προσφέρειν; δεσμοί Pol 1,1; mit μάστιξ Act Joh 103(17) IIa S 202,16f. Ketten auch Lidz Joh 51 S 182,2. φυλακῆς: p[46] verschreibt in φυλακαῖς. Bauer 3 Bertram ThW IX 237–240 Preisigke

Wört II 707f 4). Das öffentliche Gefängnis POxy 259,8. LXX viel mit τίθεσθαι und Komposita. Im Gefängnis befinden sich viele alttestamentliche und jüdische Fromme. Joseph (Gn 40,3 4Makk 18,11; Test XII Jos 1,6 8,4; Jos Ant 2,59 [εἰρκτή]). Simson (Ri 16,25). Chanani (2Ch 16,10). Micha (3βαο 22,27 2Chr 18,26 Jos Ant 8,392 [ἐγκλεισθείς]). Jeremia (Jer 39(32),2.8.12 40(33),1 44(37),4.15.18.21 45(38),6.13.28 46(39),14f 52,33; Jos Ant 10,115 (φυλάττεσθαι); Jer 20,2 im Fallgitter). Der Makkabäer Jonathan (1Makk 13,12 Jos Ant 13,192 [Objekt von ζωγρέω „lebendig gefangennehmen"]). Die makkabäische Führerschicht (1Makk 9,53). Ebenso im NT: der Täufer (Mt 14,3.10 Par Lk 3,20 Joh 3,24). Petrus (Lk 22,33 Ag 12,4); Jünger und Christen (Lk 21,12 Apk 2,13 und sehr oft in Ag). Paulus (2K 6,5 11,23). φυλακή im Hb nur hier. Später Herm v 3,2,1 neben μάστιγες; Const Ap 5,2,2 8,10,15 neben δεσμοί(μά). Gefangenschaft Nag Hammadi Cod IX1 Melchisedek 14,1f (JMRobinson The Nag Hammadi Library 1977 S 402).

37. Sie wurden gesteinigt, zersägt, sie starben, ermordet mit dem Schwert, sie gingen umher in Schafpelzen, in Ziegenfellen, unter Mangel, Bedrängnis und Qual

Literatur: RHirzel Die Strafe der Steinigung, (1909) 1967; HJSchoeps Die jüdischen Prophetenmorde, Symbolae Bibliothecae Upsalienses 2, 1943; Schürer, siehe V 5; RVTasker, siehe V 4.

Zur Freiheitsberaubung kommt die Ermordung hinzu: durch Steinwurf, Säge oder Schwert; oder eine Existenz in Ärmlichkeit, Mangel und Bedrohtheit.

ἐλιθάσθησαν; sa ordnet um: ἐπρίσθησαν, ἐλιθάσθησαν. Const Ap 5,16,9: λίθοις, ξίφει, ἔπρισαν. Bauer Michaelis ThW IV 271f. Jüdisch Sanh 6 7,4–8,5; Str-B Register „Steinigung". Allgemeinantik Hirzel „Strafe". λιθάζω 2 βαο 16,6; λιθοβολέω, die jüdische Strafform (Ex 19,13 Nu 15,36 Dt 13,10(11) Philo Ebr 14; vgl Hb 12,20). Hb mag denken an Sacharja ben Jojada 2Ch 24,21, siehe auch das Targum (Str-B I 941 unten f); auch Naboth 3 βαο (21)20,14 (so schon Thomas Lyra). Onias Jos Ant 14,24 καταλεύειν. Tertullian Scorpiace 8: *Hieremias lapidatur.* Allgemeiner: alttestamentliche Gesandte Mt 23,37 Par und, per Allegorese, Mt 21,35; alttestamentliche Gerechte 1Cl 45,4. Steinigung im NT, vom Hb hier nicht gemeint: bei Jesus versucht Joh 10,31–33; bei Paulus ohne (2K 11,25 Ag 14,5.19 1Cl 5,6), bei Stephanus mit tödlichem Ausgang (Ag 7,58f). Nag Hammadi Cod V2 Zweite Apokalypse des Jakobus 61,12–63,30. Vgl Schoeps Prophetenmorde, auch zum Folgenden. ἐπρίσθησαν, ohne ἐπειράσθησαν, in p[46] 2 327 1241[suppl] 1923 1924 1984 lect 44 53 sy[p] sa ar aeth[mss] Or Eus Acac Socrat Thphyl Thphyl PsAug, echte LA: nur sie, nicht das ἐπειράσθησαν, paßt in die Aufzählung der tödlich ablaufenden Bedrängnisse. Aus ἐπρίσθησαν entstand, per Dittographie, ἐπειράσθησαν, als sekundär ausgewiesen durch die extrem variable Stellung; vgl auch die zahlreichen Verbesserungsvorschläge bei Metzger 674 (so urteilen Erasmus paraphrasis Calvin Delitzsch Riggenbach Windisch Zuntz 47f Tasker 184f Moffatt Montefiore Metzger 674; vgl auch Beare 385). Sekundär sind: ἐπειράσθησαν ἐπειράσθησαν in ℵ L P **048** 33 81 326 1611 1834 2005 2495 sy[h] bo[ms] Cl; ἐπρίσθησαν ἐπειράσθησαν in p[13 vid] A D[2] K Ψ 6 88 104 181 330 436 451 614 629 630 1739 1877 1881 1962 2127 2492 den meisten d e f vg bo arm Or Ephr Ambr Chr Thret Dam; ἐπρήσθησαν ἐπειράσθησαν in Ψ[vid] 1923, zu η –ι siehe 4,14; ἐπρήσθησαν ἐπειράσθησαν om aeth[ms]; ἐπειράσθησαν ἐπηράσθησαν in D★, zu ι –ει siehe 4,11; nur ἐπειράσθησαν in vg[mss] Cl. ἐπειράσθησαν geschrieben mit -πει- in ℵ D★, mit -πη- in D[2] LP, siehe 4,11. Eine ähnliche Kette von Verunglimpfungen, eingeleitet mit πειράζονται, in PsClem Hom 12,29,4. ἐπρίοϑῃσαν: Bauer Preisigke Wört II 358. In NT und Apost Vät nur hier. In LXX: Tötung mit Dreschschlitten als Strafe an Damaskus (Am 1,3); Zersägung mit Schwert als Strafe (Da Sus Thdtn 59). Als Strafe für den, der Wein in der Schenke trinkt, Lidz Ginza R XV I S 298,1 f. Hb bezieht sich auf die Jesaja-Legende (Mart Js 5,11–14): mit einer Baumsäge; rabbinisch: nachdem Jesaja in eine ihn bergende Zeder geflohen war (p Sanh 10,28c 37 StrB III 747). Die christliche Tradition hat dies intensiv aufgenommen: Just Dial 120,5 (mit einer Holzsäge); Tertullian patientia 14 Scorpiace 8; Hipp De Christo et Antichristo 30 MPG 10,753A; Orig Comm in Mt GCS 40 S 24,6; Nag Hammadi Cod IX 3 Testimonium Veritatis p 41,1 (weiteres siehe Schürer Geschichte III[4] 386–393 II[4] 407 Anm 47. Kautzsch Pseudepigraphen II 122f. OEissfeldt Einleitung[2] § 92). ἐν φόνῳ μαχαίρης ἀπέϑανον. φόνος Bauer. Hb nur hier. μάχειρα siehe 4,12. μαχείρης in p[46] ℵ D; μαχείρας in p[13] D[2] K L P 1834 Cl Or Eus, siehe Bauer μάχαιρα. ἀποϑνῄσκω siehe 7,8 11,4. (ἐν) φόνῳ μαχαίρας bei πατάσσω und ἀναιρέω Ex 17,13 Dt 13,15(16) 20,13 Nu 21,24. Hb kann sich beziehen auf die Morde, die vollzogen wurden von: Manasse an den Propheten (Jos Ant 10,38); Jojakim an Uria, ἐν μαχαίρᾳ (Jer 33(26),23); dem Hohenpriester Johannes an seinem Bruder Jesus, φόνον (Jos Ant 11,300); den Juden an Zacharias, ἐφονεύσατε (Mt 23,25; Tertullian Scorpiace 8). Prophetenmorde, allgemein erwähnt: 3βασ 19,10 ῥομφαίᾳ; Jer 2,30 μάχαιρα; Mt 23,31 φονευσάντων; Ag 7,52 1Th 2,15 ἀποκτείνειν. φονεύεσϑαι von Gnostikern Corp Herm 9,4; φόνος an Christen Ag 9,1; μαχαίρῃ an Jakobus Ag 12,2. So sind die alttestamentlichen διὰ πίστεως Schwert-Ermordeten Vorläufer der ἐν κυρίῳ ἀποϑνῄσκοντες Apk 14,13, obwohl ihnen noch nicht gleich Hb 11,39f. περιῆλϑον: Bauer JSchneider ThW II 680. Hb nur hier. NT noch Ag 19,13 28,13 1Tm 5,13; aber in LXX und NT nie mit Nennung der beim περιέρχεσϑαι getragenen Bekleidung. A striking parallel (Hagner 186f) in 1Cl 17,1, wohl von Hb abhängig: ἐν δέρμασιν αἰγείοις καὶ μηλωταῖς περιεπάτησαν. ἐν μηλωταῖς: NT nur hier. Bauer Michel ThW IV 640f. 1Cl 17,1, siehe oben. Schaffell, nicht Kamelhaar (gegen Thomas, dessen Irrtum den Erasmus paraphrasis aufregt). Bei Elia und Elisa der Prophetenmantel, Wunder wirkend (3βασ 19,13.19 4βασ 2,8.13). Schaffelle für Stiftshütte verwendet, also geschätzt (Jos Ant 3,102). Dem Hb scheint der Schafpelz als ärmlich zu gelten: „Propheten, die nichts bei sich hatten" (Asc Js 2,10); nicht einmal ein Gewand besaßen sie (Chr Cramer Cat 257). Nicht, wie 1Cl 17,1, als Zeichen der Demut; nicht als betont asketisch (gegen Orig Contra Celsum VII 7, Greer 35, und gegen Thomas). ἐν αἰγείοις δέρμασιν; statt αἰγείοις schreiben ℵ A D* L P αἰγίοις; siehe 4,11. LXX hat nicht δέρμα αἴγειον; NT nur hier. δέρμα in LXX besonders in Aussatz-Vorschriften Lv 13. Ziegenhaare für Stiftshütte verwendet und geschätzt Ex 25,4 35,6.26; ebenso Jos Ant 3,102. Die δέρρις τριχίνη (härene Lederjacke) Sach 13,4 ist Prophetentracht. Bei der ζώνη δερματίνη (Fellgürtel) des Elia 4βασ 1,8 scheint die Rauheit gemeint. Sowohl Hb hier bei den αἴγεια δέρματα, vgl den Strafengel Herm s 6,2,5 6,3,2 (siehe auch 1Cl 17,1 und Orig oben bei μηλωτή). Der Reisegepäck-Aufzählung Preisigke Sammelbuch 6717,8 dagegen ist das Fell der Ziege wichtiger als das des Kalbes. αἴγειος und δέρμα Bauer; δέρματα αἴγεια Preisigke Wört I 30. ὑστερούμενοι. Die drei Participia schließen das Überleben nicht unbedingt ein, wie Jos Ant 12,275 (ἀπέϑανον) zeigt; gleichwohl besteht der Gedankenfortschritt: *was* für ein Überleben blieb ihnen? *iis vita nihil aliud contulit* (Erasmus adnotationes). ὑστερέομαι, siehe 4,1: Mangel leiden wie Elia 3βασ 17,10f 19,4; vgl Asc Js 2,11. Der sich Abmühende leidet um so mehr Mangel Sir 11,11. Im NT Lk 15,14; Paulus in der Gemeindearbeit 2K 11,9; Phil 4,12 (Gegensatz περισσεύειν). Im Herm ist der ὑστερούμενος der zu unterstützende Arme. ϑλιβόμενοι: hinter κακουχούμενοι gestellt in 33 1319. Bauer Schlier ThW III 139–148 Preisigke Wört I

677: bedrängt werden. Es widerfuhr David (1βασ 30,6); dem Psalmisten (LXX Ps 17,6); dem Makkabäer Jonathan (1Makk 11,53); den Vätern (3Makk 2,12). Bei Philo neben „bedrückt werden" πιέζεσθαι Jos 179, προσπιέζεσθαι Virt 146. Bedrängt werden Christen 2K 1,6 4,8 7,5 1Th 3,4 2Th 1,7 Barn 7,11, öfter auch Herm s. Im Hb nur hier. Die echte LA κακουχούμενοι auch in Cl Or Eus; die Verschreibung κακοχούμενοι breit bezeugt in D² L 5 6 33 38 69 104 177 181 221 255 257 263 326 337 378 462 623 642 794 823 999 1311 1319 1738 1827 1845 1891 1908 1912 2004 Eus Epiph: κακωχούμενοι in K; κακοχόμενοι in P; zur Vermischung von o-ω siehe 4,16. Bauer Preisigke Wört I 725: gequält werden; wie David 3βασ 2,26. Im NT nur Hb 11,37 13,3: wegen des Glaubens Verfolgte. Vom Philosophen-Martyrium Philo Omn Prob Lib 106; von menschlicher Trauer Plut Cons ad Apoll 26 II 114E.

38. – die Welt war ihrer nicht wert –, sie irrten umher in Wüsten und auf Bergen und in Höhlen und in den Erdspalten.

Der Ärmlichkeit ihrer Existenz entsprach die extreme Unwirtlichkeit ihrer Aufenthaltsorte: es galt, immer auf der Flucht zu sein und Unterschlupfe zu suchen (Chr Cramer Cat 257); gegenüber den Gottlosen ausgeschlossen (Bengel). Dabei verdiente die Welt gar nicht, diese Glaubenden in ihrer Mitte zu haben.

ὧν οὐκ ἦν ἄξιος ὁ κόσμος. Von einzelnen: Nicht-Priester verdienen nicht, die Lade zu berühren (Jos Ant 6,16); halbherzige Nachfolger sind Jesu nicht wert (Mt 10,37f, vgl Joh 1,27); ebenso können einzelne Personen oder Familien der urchristlichen Missionare nicht wert sein (Mt 10,11.13). Auch Philo Praem Poen 23 formuliert nicht generell, sondern zurückhaltender. Hb aber statuiert hier, wie 11,7, summarisch-dualistisch, in einer gewissen Verachtung der Welt (Schierse 92), die Unwürdigkeit des Kosmos. Ähnlich wie Hb seitens Rabbinen Str-B I 129,8; im Blick auf vier Gebote Mechilta 5, zu Ex 12,6, Winter-Wünsche S 14; auch die Gnosis: Ev Thomas (Übersetzung EHaenchen) 56 80 85 111; PsClem Recg 7,7,1.

ἄξιος, im ganzen NT; Hb nur hier. Bauer 2a Foerster ThW I 378f. κόσμος, siehe 4,3. Im griechischen Philo setzt Gott den Weisen und den Kosmos gleich (Sacr AC 8); im armenischen (Quaest in Ex 1,4) sind die Feinde der Israeliten the regions of the world. ἐπὶ ἐρημίαις. ἐπί, trotz Hiatus, siehe 5,4, doch wohl echt, in p¹³ p⁴⁶ ℵ A P 6 337 365 442 794 1241^suppl 1311 1739 1831 1881 1912 Or Socr; zu dem nicht für alle Dative passenden ἐπί siehe Bl-Debr § 479,2. ἐν, sekundär, in D K L Ψ 104 326 1834 den meisten Cl Or Eus Ephr Chr Thret Dam. Hb kann meinen: David (1βασ 24,2); Elia (3βασ 19,4); Mattathias und seine Leute (1Makk 2,29 Jos Ant 12,271f); die Makkabäer (1Makk 9,33 2Makk 5,27V); die Juden beim Pompejus-Angriff (Ps Sal 17,17). Wüstenaufenthalt ist beschwerlich Pist Soph Cap 82,4 S 117,17; Philo dagegen läßt auch in der Wüste für den Glaubenden die Fülle der Städte vorhanden sein (Vit Mos 1,225). Im NT Flucht in die Wüste Apk 12,6.14; Gefahren in ihr 2K 11,26. ἐρημία Bauer Kittel ThW II 654–657 Preisigke Wört I 598. In LXX selten neben ἡ ἔρημος, im Hb nur hier. πλανώμενοι, siehe 3,9–11 Preisigke Wört II 312 2). Unübertragen im NT nur hier. Sauls Verlassenheit 1βασ 13,7. πλανᾶσθαι Ps Sal 17,17. Mandäisch: Zerstreuung der Juden durch Ruha (Haran Gawaita, Drower S 8 Zeile 9 von oben). ὄρεσιν, siehe 8,5. Flucht in die Berge: in der Richterzeit Ri 6,2; in der Königszeit 1βασ 13,6 23,14; 3βασ 19,8; in der Makkabäerzeit 1Makk 2,28; 2Makk 5,27 10,6. σπηλαίοις, Bauer. Hier nicht Schlupfwinkel für Räuber wie Mk 11,17 Par = Jer 7,11; nicht untaugliche Zufluchtsstätte vor Gottes Gericht Jer 4,29 Apk 6,15. Sondern Bergung der Glaubenden vor

Verfolgern; in der Richterzeit Ri 6,2 15,8A; in der Königszeit 1βασ 13,6 22,1 Jos Ant 6,247; 3βασ 18,4 19,9; in der Makkabäerzeit 2Makk 6,11 10,6 Jos Ant 12,272.274. Hb nur hier. ὀπαῖς τῆς γῆς. ὀπή Bauer, im NT nur noch Jk 3,11. γῆ siehe 1,10. δένδρων ὀπαί, Baumlöcher, den Raubvögeln sicherer Nistplatz für die Brut 4Makk 14,16; Simson in einem Felsloch Ri 15,11A. Mit anderen Vokabeln für „Schlupflöcher" Ri 6,2 1βασ 13,6. Nachklang der Fluchtaufenthalte in der Liturgie Brightman S 46 Zeile 10f S 332 Zeile 29–31.

39. Und obwohl (diese) alle durch den Glauben ein gutes Zeugnis bekamen, haben sie das Verheißungsgut nicht davongetragen;

Literatur: DLührmann Metanoia, siehe V 5.

Hb 11 ist die Zusammenstellung der hier gemeinten alttestamentlichen Zeugnisse, also aus der Bibel der alten Christen. Ausnahmslos gilt für die einzeln oder summarisch Genannten, trotz 11,5.33: sie haben *die ἐπαγγελία*, das himmlische Ziel, nicht erreicht; sie haben noch nicht empfangen, sondern warten noch (Chr Cramer Cat 257).

οὗτοι, hinter μαρτυρηθέντες gestellt in D d e f vg; die Auslassung in p[46] 1739 1881 sa Cl ist, wegen schwankender Stellung, vielleicht doch ursprünglich (Riggenbach Zuntz 33f, gegen Nestle-Aland[26]). Falls οὗτοι echt ist: die ab 11,4 aufgezählten Einzelnen oder Gruppen. πάντες, eingeschlossen Henoch, siehe 11,5. Auch 11,13 οὗτοι πάντες, siehe dort Lührmann. Eingeschlossen auch die ἐπιτυχόντες ἐπαγγελιῶν 11,33. μαρτυρηθέντες, wie 11,2, siehe 7,8. Aus ihnen werden 12,1 μάρτυρες (Héring). διὰ τῆς πίστεως, auch 11,33; als δι' ἧς oder δι' αὐτῆς 11,4.4.7. τῆς fehlt in 69 635. Das Thema von Hb 11 wird abschließend unterstrichen. οὐκ ἐκομίσαντο, siehe 10,36. Orig Hom in Josua 16,5 GCS 30,399f macht das οὐκ ἐκομίσαντο zu einem aktiven, für die Synagoge Domini betenden Warten seitens der entschlafenen Väter (Greer 35f).

Der Hb-Dualismus verhindert die Besitzergreifung des Verheißungsgutes durch die alttestamentlichen Glaubenden auf diesseitiger Ebene; besonder plastisch zum Beispiel 11,9.13–16. Hb meint nicht, die glaubenden Väter seien vom Heilsverlust bedroht wie die Christen in Nachfolge der Wüstengeneration 4,1. Aber die Väter müssen das Ritardando akzeptieren: zu warten auf die nach ihnen lebenden glaubenden Christen. Auch für Paulus geht der Glaube der Heiden der endgültigen Bekehrung Gesamtisraels voraus, R 11,25–32, und auf letztere wartet Paulus höchst engagiert. Laut Hb dagegen glaubten die Väter in beträchtlicher Zahl bereits auf dem Boden des AT, nicht bloß Abraham wie bei Paulus R 4; das richtige Verhalten machte ja ihren Glauben erkennbar, überall Hb 11. Darum ist die Vollendung der Väter für Hb nur eine Frage des Zeitpunktes, und die *gleichzeitigen* Juden hat Hb gar nicht im Blick; Ἰουδαῖος fehlt im Hb. Sein Engagement betrifft das bedrohte Durchhalten der Christen.

τὴν ἐπαγγελίαν: der Singular ist echt, in p[13] p[46] ℵ D K L P 1834 d e f vg Cl Or Chr Sever Cyr; nicht τὰς ἐπαγγελίας in A I 436 1611 sa bo[mss] Or Eus Cyr Aug[pt]. Zu ἐπαγγελία siehe 4,1; dort zur Überbietung der alttestamentlichen durch die neutestamentliche ἐπαγγελία.

40. denn Gott hatte mit uns etwas Besseres vor: daß sie nicht ohne uns zur Vollendung komen sollten.

Das οὐκ ἐκομίσαντο der Väter ist von Gott vorgeplant: die Christen sollen κρεῖττόν τι erhalten; sie sind dazu ersehen, das ohne ihre Teilnahme nicht mögliche τελειωθῆναι der Väter zu verwirklichen. τοῦ θεοῦ, siehe 1,1. περὶ ἡμῶν, siehe 6,9; vgl das viermalige „deinetwegen" Lidz Liturg Oxf I 56 S 225,5–11. D^gr b bo Or Eus Procop stellen κρεῖττόν τι vor περὶ ἡμῶν. κρεῖττόν τι. p^46 schreibt κρεῖττον als κρίττον, siehe 4,11. Zu κρεῖττον siehe 1,4 6,9; zu τι Bauer 2aγ. Die Unterstreichung des „*simul*" Erasmus paraphrasis, des μὴ κατὰ μέρος (nicht jeder vom anderen getrennt) Chr MPG 63,192 für die Heilsgewinnung der Väter und der „wir" gibt den Textsinn richtig wieder.

Aber was ist das κρεῖττον der Christen? Es kann nicht ein besseres Heil sein als das der Väter (gegen viele Erklärer von Bengel bis Vanhoye Structure 194 Größer Glaube 61). Denn bei aller Differenzierung der Höherwertigkeit seitens der Erklärer (vgl zum Beispiel Spicq), gilt: auch die Väter erhalten ja, schließlich, zusammen mit den Christen, als Glaubende die unirdische Verwirklichung ihrer Hoffnung 11,1. Das κρεῖττον kann auch nicht meinen: bei alleiniger Endvollendung der Väter wäre für das Auftreten der Christen und ihre Heilsvollendung gar keine Gelegenheit mehr gewesen (so viele Erklärer); auch nicht: die Christen brauchen auf das Endheil nicht so lange zu warten wie die Väter (so zum Beispiel Thomas) – beides doch ein etwas bescheidenes κρεῖττον. Hb meint vielmehr wohl: die Väter müssen, damit das Endheil für sie überhaupt möglich wird, auf die Einbeziehung in die neutestamentliche Gemeinde warten; die „wir" haben also eine „Ehrenstellung" (Windisch); „jenen tat er nicht Unrecht, uns aber erwies er Ehre" (Chr Cramer Cat 257). Es gilt nicht das „jeder beliebige von uns – mit jenen (den Vätern)" Calvins; sondern Bengels „sie vielmehr mit uns als wir mit jenen". προβλεψαμένου: Verschreibung προοβλεψαμένου in 365 1241^suppl; doppelte Verschreibung προοβλεψάμενοι in p^46. Cl Al Strom IV 103,1 GCS 52 293,29 zitiert in der Form περὶ ἡμῶν κρεῖττόν τι προειδομένου τοῦ θεοῦ (Mees 234). Zu προβλέπεσθαι: Bauer Bl-Debr § 316,1 Radermacher 148; in LXX activisch von Gott Ps 36,13; activisch auch Barn 3,6 6,14 9,7 Ign Eph 6,1. Im NT nur hier. ἵνα μὴ von der Absicht Gottes, die aber auch den Inhalt des προβλέψασθαι anzeigt. χωρὶς ἡμῶν. Zu χωρὶς siehe 4,15. Vgl Cl Al Exc Theod 35,3f: „die Engel werden unseretwegen festgehalten –, sie benötigen uns, um (in das Pleroma) hineinzugelangen, da es ohne uns ihnen nicht gestattet ist"; vgl auch die Notwendigkeit der Erfüllung der eschatologischen Zahl Str-B III 803f zu Apk 6,11 (Michel 370 Anmerkung 2). τελειωθῶσιν, siehe 2,10; die Christen sind letzte Generation, siehe 1,2 9,26. Der Beginn des τελειωθῆναι der Väter ist also Jesu Selbstopfer und die von diesem Opfer lebende NT-Gemeinde 10,14.

12,1–11

Das Vorhandensein so zahlreicher Zeugen und der Blick auf Jesus sollen dazu spornen, den Kampf und die schmerzende Zucht, die der Sohnesstellung angemessen ist, bis zur Gewinnung der Friedensfrucht der Gerechtigkeit durchzuhalten.

1. Darum wollen auch wir, die wir eine solche uns umgebende Wolke von Zeugen haben, jegliche Beschwerung und die leicht bestrickende Sünde ablegen, mit Ausdauer den uns bevorstehenden Kampf laufen

Literatur: WNauck Das οὖν-paräneticum, ZNW 49, 1958, 134f; PAVaccari Hb 12,1 lectio emendatior, Biblica 39, 1958, 471–477; PWendland Die urchristlichen Literaturformen[2.3] 1912.

12,1 wörtlich Cl Al Strom IV 103,1 (GCS 52, 293, 30–33 Mees 234). τοιγαροῦν; p[46] nur τοιγάρ. Bauer; Bl-Debr § 451,1 klassisch. In LXX wenig, besonders Hi 4Makk; Philo oft. Im NT nur noch 1Th 4,8; im Hb nur hier; 1Cl 57,4.6 im Prv-Zitat. Mit Aufforderung wie im Hb auch Prv 1,26.31 Sir 41,16 4Makk 9,7 13,16 17,14; Jos Ap 2,201 Achill Tat 7,11,3. τοιγαροῦν; das paränetische Fazit aus Hb 11, in „konsekutiver Ethik" (Nauck 135). καὶ ἡμεῖς: wie die Zeugen aus Hb 11. Formal vgl 2,14 4,10 5,2 8,3. τοσοῦτον; betont, gepflegte Wortstellung (Bl-Debr § 473,2). In ℵ* I τηλικοῦτον. 4,7; zum Schluß-ν beim Neutrum siehe Bauer. ἔχοντες; siehe 4,14. περικείμενον ἡμῖν, siehe 5,2; τὸ περικείμενον πλῆθος Herodian 7,9,1. 440 om ἡμῖν. Sie sprechen, 11,4 (Moffatt), obwohl gestorben 11,39. νέφος, Bauer Oepke ThW IV 904–912. LXX besonders Hi Prv, NT nur hier. Zahllose, eine gedrängte Menge: von Fußsoldaten Hom Il 4,274; νέφος τοσοῦτο ἀνθρώπων Hdt 8,109; die Menge der Juden ὥσπερ νέφος Philo Leg Gaj 226. μαρτύρων, siehe 10,28. Die μαρτυρηθέντες 11,19 (vgl 1Cl 19,1), nun μάρτυρες (Paronomasie, siehe 3,13), ermutigen, die Glaubenskraft bezeugend (Thret MPG 82,769C). Daß sie zuschauen, steht ausdrücklich nicht da und wäre mitzudenken nur dann, wenn νέφος μαρτύρων, zusätzlich zu der Zeugen-Funktion, Zuschauer bezeichnete (Riggenbach). Von Zuschauern sprechen Calvin de Wette[2] Delitzsch Bleek-Windrath Spicq Héring Strathmann Westcott; zurückhaltend über die Zuschauerrolle Moffatt Michel. Zuschauer dagegen 4Makk 17,14, 1K 4,9 und Plut Tranqu An 6 II 467E: die Ermutigung dadurch, daß berühmte Leute zuschauen (Betz Plut 1978 215 Anmerkung 139). Die Zeugen verpflichten: ihre Vollendung hängt von der der ἡμεῖς ab (11,40; siehe Theod Mops Cramer Cat 258). ὄγκον: D* ὄνκον, zu νκ siehe 10,26; ὄγκων p[46], zu ο-ω siehe 4,16; Junius konjiziert ὄκνον. Bauer Seesemann ThW V 41 Spicq I 48 Anmerkung 1. Betont, siehe Bl-Debr § 473,2. LXX nicht; NT nur hier. Es gilt, der „ledernen Last" nicht zu bedürfen, des gesamten Leibes sich zu entkleiden (Philo Poster C 137), ohne Kleider den Kampf zu führen (Porphyr Abst 1,31; Wettstein). Denn der Leib zieht die Seele in die leiblichen Beschwernisse (Corp Herm 10,15). Auch Herrscherstellung und Machtausübung können Last und Beschwernis sein (Plut Cat Min 3,3 I 760F Wyttenbach). Es gibt eine Beschwernis für das Herz (Stob I 396,16–18). Hb meint hier nicht den Stolz, was lexikalisch möglich ist, aber zur ἀγών-Situation nicht paßt (gegen Bengel Seeberg); sondern hindernde irdische Bindungen: 13,3; das, was träge macht, 5,11 6,12 (Delitzsch). ὄγκος ist umfangreicher als ἁμαρτία. ἀποθέμενοι Bauer 1b. Objekte schlechte Eigenschaften, seit Demosthenes, auch Lucian. So auch LXX, aktivisch und medial. Jüdisch-hellenistisch und christlich, sind die Objekte zum Teil konkret, zum Teil allgemeiner: das Rauhe und Barbarische der Gesinnung (Ep Ar 122). Philo: mürrisches Wesen, Größenwahn (Spec Leg 1,106 Poster C 48), den Dämonenglauben als schwerste Last (Gig 16). Plut Aud 8 II 42B Wyttenbach: lästige und unnötige Verhaltensweisen. In NT und Apost Väter: schlechte Taten und Laster (R 13,12 Eph 4,22.25 Kol 3,8 1Cl 57,2 Herm v 3,12,3 s 3,16,2); auch mit πᾶς-Formen (Jk 1,21 1Pt 2,1 1Cl 13,1); nicht in Ev und Ag. Hb, nur hier, mahnt: laßt uns leicht werden beim Laufen (Thret MPG 82,769C; Riggenbach); wie 1K 9,25. Das Gegenteil: μὴ ἀποβάλητε 10,35. Daß der Christ bei diesem „ablegen" von sämtlichen Schwachheiten frei wird, scheint Hb nicht zu meinen, siehe 4,15 (zu Windisch). πάντα, vgl 2,2; oben Philo bei ὄγκος und Jk 1Pt 1Cl bei ἀποθέμενοι.

εὐπερίστατον, gut bezeugt in p[13] ℵ A D[gr] K P Ψ 33 81 88 104 181 326 330 436 451 614 629 630 1241 1877 1881 1962 1984 2127 2492 2495 lat vg sy[h] sa bo, wird alte LA sein (gegen Zuntz 225–229 Vaccari 471–477). εὐπερίοπαστον („leicht ablenkend"), sehr erwägenswert, aber zahlenmäßig doch zu schwach belegt in p[46] 1739, wird Verschreibung oder absichtliche Erleichterung sein (Metzger 675). εὐπερίστατος, „leicht bestrickend", NT nur hier, nicht belegbar vor Hb; aber diese Bedeutung, siehe die späteren Lexikographen bei Bauer, liegt mindestens in der Linie auch von it vg sy[h] sa bo (Bauer Bl-Debr § 117,1 Beare 390f Liddell-Scott). „Bestrickend": die Sünde wird also personalisiert (Schierse 145); sie bestrickt durch Betrug 3,13, mittels vergänglichen Genusses 11,25. τὴν – ἁμαρτίαν, siehe 1,3. Von Vaccari (siehe oben) ersetzt durch ἀπαρτίαν („Gepäck"). Nicht nötig: ἁμαρτία ist hier ja nicht der Abfall, sondern die Müdigkeit, also die vergebbaren Sünden (siehe 6,6); zudem: Hb stellt Bild („Last") und Sache („Sünde") öfter zusammen 3,6 5,11 f. δι' ὑπομονῆς: siehe 10,36 Vanhoye Structure 196. Zu διά siehe Bl-Debr § 223,3. Hier τρέχειν, nicht ἀπεκδέχεσθαι wie R 8,25. Der Start war gut, siehe 10,32 (Strathmann); nun ist Ausdauer vonnöten. Die Tugend setzte die Kampfpreise fest δι' („auf Grund von") Ausdauer der Kämpfer 4Makk 17,12. Nebeneinander: starting a race und perseverance endurance (Philo Quaest in Gn 24,51 I 129). καρποφορεῖν ἐν ὑπομονῇ, Lk, 8,15. Natürlich ermahnend τρέχωμεν, auch in 1834 Cl Chr Cyr d e f vg sa bo; τρέχομεν in K P Ψ 88 104 255 326 330 378 383 440 462 483 491 506 635 794 915 917 920 1245 1319 1518 1831* 1836 1845 1872 1891 1908 1912 2004 Ath Dam; zu w-o siehe 4,16. Bauer 2 3. Bauernfeind ThW VIII 225–233 Wendland 357 Anmerkung 1 Betz Lukian 120 Anmerkung 4. ἀγῶνα τρέχειν unübertragen zum Beispiel Hdt 8,102, übertragen zum Beispiel Eur El 883f Alc 489 Dion Hal 7,48,3; vgl τρέχειν στάδιον Plut Apophth Reg Imp Alexander 2 II 179D. τρέχειν ist κοπᾶν Anth Pal 11,56, also Anstrengung. In LXX τρέχειν: ohne Gesetzesübertretung (Ps 58,5); den Weg deiner Gebote (LXX Ps 118,32); auf dem Wege zur Unsterblichkeit (4Makk 14,5). Philo τρέχειν: übertragen vom Doppellauf im Stadium (Mut Nom 117); vom Wettkämpfer: voller Anstrengung – zum Ziel (Som 1,171). Im NT τρέχειν vom Wandel, auch in der Paränese, nur Corp Paulinum: unübertragen vom Wettkampf, ἐν σταδίῳ 1 K 9,24; übertragen 1K 9,24.26 Gl 2,2 5,7 Phil 2,16; gleichwohl Paulus: es kommt nicht aufs Wollen oder Laufen an (R 9,16). Wettkampf als Bild auch ohne τρέχειν (Ag 13,25 20,24 Phil 3,13f 2Tm 2,5 4,7 1Cl 5,1); θέειν ἀγῶνα 2Cl 7,3. ἐναπατρέχειν 1Cl 19,2; Pol 9,2 = Phil 2,16. Hb nur hier: πίστις (V 2) = δι' ὑπομονῆς τρέχειν ἀγῶνα Gräßer Glaube 57. προκείμενον ἡμῖν; ohne ἡμῖν in 81 Athan, siehe 6,18. Als bevorstehend vom Wettkampf Hdt 7,11,3 9,60,1 Eur

Or 847f Epict Diss 3,25,3 Luk Anacharsis 15 Jos Ant 19,92 Plut Alex 70 I 703E; von Gefahr Ditt Syll[4] 533,5. Dabei mit dem Akzent der Verpflichtung vom Kampf PsClem Recg 9,6,4; mit örtlichem Voraus des Zieles 1Cl 63,1 (Hagner 188). Hb hier: der Kampf steht für sie bevor und ist Pflicht. τὸν ἀγῶνα; statt τὸν in p[46] τό. Bauer 1 2 Stauffer ThW I 134–140. Hb nur hier, siehe ἄθλησις 10,32 (Vanhoye Structure 196). ἀγὼν neben Willensanspannung Thuc 7,71, neben Mühe beziehungsweise Anstrengungen Plut Tit 16,1 I 378 A Sanit Praecepta 24 II 135E Wyttenbach. In LXX fast nur 2 und 4Makk: mit „Anstrengung" (2Makk 14,43), ἀγὼν mit „Seele" und „Gefahr" (4Makk 13,15); mit „edel" und „göttlich" (4Makk 16,16 17,11); mit „siegen" (Sap 4,2). Philo: die Kämpfe riskieren (Agric 152); mit τὸν δίαυλον „den Doppellauf" (Mut Nom 117). Jos Ant: ἀγῶνες mit Schweißvergießen (7,282), mit Gefahr (7,390 12,412). Im NT mit πολὺς 1Th 2,2; mit ἔχειν Phil 1,30 Kol 2,1; ἀγωνίζεσθαι 1Tm 6,12 2Tm 4,7. Hb nur hier; im NT nur übertragen. ἀγὼν 1Cl 2,4, er liegt ob 1Cl 7,1, ist bereit und verlangt Anstrengung 2Cl 7,1. Später auch Const Ap, siehe Register.

2. und auf den Führer und Vollender des Glaubens hinschauen, Jesus, der um der ihm in Aussicht gestellten Freude willen das Kreuz auf sich nahm, die Schande verachtete und sich zur Rechten des Thrones Gottes gesetzt hat.

Literatur: PAndriessen-ALenglet Quelques passages difficiles de l'Épître aux Hébreux Biblica 51, 1970, 207–220; AFeuillet La citation d'Habacuc II4, NTSt 6, 1959, 52–80; EGräßer Exegese nach Auschwitz? Kerygma und Dogma 27, 1981, 152–163; GJohnston Christ as Archegos, NTSt 27, 1981, 381–385; JBNisius Zur Erklärung von Hb 12,2 BZ 14, 1917, 44–61.

Der Blick der Kampfläufer soll sich auf Jesus richten; nun die Betonung durch Achterstellung. Er führt an auf dem Weg des Glaubens, hat um des Zieles, der Freude, willen, das Kreuz mit seiner Schande auf sich genommen, hat die Bahn also in eigener Person durchlaufen und den Brüdern, für sie sühnend, die Ermächtigung zum Eintritt ins Heiligtum verschafft.

ἀφορῶντες – ᾽Ιησοῦν wörtlich Cl Al Strom IV 103,1 (GCS 52,293,33; Mees 234). ἀφορῶντες Bauer 1, vertrauensvoll, in diesem Sinn im NT nur hier. Blicken: auf Sterne, zur Wegfindung (Philo Op Mund 114); genau gehorchend, wie sogar einem verderblichen Führer (Philo Spec Leg 3,8); wie auf einen König und Herrn (Jos Ant 16,134); wie, hoffnungsvoll, auf die Schicksalsgöttin (Plut Brutus 40 I 1002 D); auf die Gottheit, glaubend (Jos Ant 20,48); an sie denkend (Nebront 13,5 Nag Hammadi VI 2); in jeglicher Sache (Epict 2,19,29); mit dem Herzen, Gott ist Führer (Corp Herm 7,2); auf den Offenbarer, der redet (Nag Hammadi V 4 Zweite Apocalypse des Jakobus 59,17); im Martyrium (4Makk 17,10). Denn bis zur Vollendung braucht man einen Wegführer (Philo Migr Abr 174 Od Sal 14,4); beim Wettlauf einen Lehrer zum Lernen der Verhaltensweisen (Thphyl MPG 125,368D). Also entschlossen hinterhereilend, glaubend wie er. Hb formuliert nicht: *„an"* ihn (Gräßer Glaube 60f; siehe 4,2 Exkurs). τὸν ἀρχηγόν, siehe 2,10, dort Material zum Topos. Zum behaupteten Qumran-Bezug siehe Braun Qumran-NT I 246. ἀρχηγὸς nicht alttestamentlich aus נשיא oder שר: der prince ist nicht eo ipso Führer; und wo er es ist, führt er nicht, wie Jesus im Hb, *aus* dieser Welt heraus (gegen Johnston 383–385; instruktiver Überblick bei Johnston 381–383 über englische Deutungen). „Führer" als Übersetzung ist gefordert – zur Übersetzung „Anfänger" oder ähnlich bei vielen, zum Beispiel

Gräßer Auschwitz 158 – wegen ἀφορᾶν V2, τρέχειν V 1, ἄγειν 2,10, πρόδρομος 6,20 (Käsemann Gottesvolk 82 vCampenhausen Bekenntnis 233). Er hat den Laufenden Sühne und Reinigung geschafft (2,17 9,14 10,14), hat den Weg, selber ihn laufend bis zum Ende (3,14; Strathmann), gebahnt; so ermächtigt er zum Eintritt in das himmlische Heiligtum (6,20 10,19f). ἀρχηγὸς ist er, als Urbild eines Führers, „sachlich" (Michel), nicht temporal (Gräßer Glaube 61). Er führt, wo geglaubt wird, das Glauben bis ans Ziel, als le chef d'équipe des Chrétiens (Héring), auch für die alttestamentlichen Väter. Aber er bringt nicht den Glauben des einzelnen zustande (Bengel deWette[2] Delitzsch Bleek-Windrath Seeberg Riggenbach Spicq Moffatt; gegen Chr MPG 63,193 Thomas Nicolaus de Lyra Erasmus paraphrasis Luther Glosse). ὑπακούειν, glauben, den Weg laufen müssen die Laufenden selber. Das ὑπὲρ ἡμῶν 6,20 nimmt ihnen das Laufen nicht ab, sondern ruft (1,2) und ermutigt sie dazu, hinzuschauen auf das, was der ἀρχηγὸς dem Glaubenden an eigenem Laufen ermöglicht. τῆς πίστεως. Jesus glaubte selber (so die meisten Neueren, zurückhaltender Kuß, von Bengel bis Bruce Schiwy; gegen Spicq Montefiore): πεποιθὼς 2,13; πιστὸς 3,2; ἔμαθεν 5,8; unter dem γίνεσθαι stehend 2,17 Exkurs. „Er ist das krönende Hauptbeispiel einer Wolke von Zeugen" (Kosmala 10), die große Ermutigung für das glaubende Durchhalten der hinter ihm Hereilenden. Daher typisch nicht τῆς πίστεως ἡμῶν; sein Glauben ersetzt nicht das der Laufenden (Gräßer Glaube 60 Cullmann Christologie 98). τελειωτήν: Bauer Liddel-Scott Delling ThW VIII 87f; bisher belegbar nur christlich, zeitlich nach Hb. Jesus hat sein Ziel erreicht und ermöglicht den Laufenden, für sie sühnend und den Weg bahnend (siehe oben bei ἀρχηγός) die Erreichung des Ziels, wenn sie ihrerseits durchhalten (3,6.14 6,11; 9,15 10,14; Gräßer Glaube 61 Theißen 97). Ἰησοῦς, in dieser seiner Funktion ist der Mensch unterstrichen; Endstellung wie 2,9 3,1 (Moffatt).

ὅς, vgl 1,3 8,1; siehe 1,2; aber hier kaum Anzeichen von Vorgeprägtheit. ἀντὶ τῆς προκειμένης αὐτῷ χαρᾶς. ἀντὶ Bl-Debr § 208,2 Radermacher 144 Bauer 3 Ditt Syll[4] Register ἀντὶ unter b. πρόκειμαι Bauer 3 JSchneider ThW VII 577. ἀντὶ als „statt" (sa bo, vielleicht vg): Erasmus paraphrasis Luther (Übersetzung) Calvin Hollmann Montefiore. Als „um willen": Petrus Lombardus (MPL 192, 501A), die meisten Neueren von Bengel deWette[2] bis Bruce Schiwy. ἀντὶ „um willen" im Blick auf etwas zu Erreichendes: für Rettung (Appian Syr 60,314); um das Meinige zu schützen (Ael Arist D 540,5); um alles zu behalten (Jos Ant 14,107). Hb wird hier, wie 12,16, „um willen" meinen. Jesu Gottesfurcht erwirkt seine Erhöhung (5,7 2,9; wie Phil 2,9 διό); freilich wird Jesu Absicht dabei noch nicht ausgedrückt. Die Absicht liegt aber eindeutig vor bei Mose (11,16); bei den Christen (10,34 12,9–11); für Jesus muß sie eingeschlossen sein, weil auch für ihn als Glaubenden der Blick auf den μισθαποδότης gilt (11,6). Zudem: wenn ἀντὶ „statt" meint, ist χαρὰ irdische Weltlust, wie 11,25 ἀπόλαυσις, und für den dann theoretisch erwogenen Ungehorsam Jesu ist χαρὰ als Vokabel zu „edel" (gegen Erasmus paraphrasis Calvin Héring). χαρὰ aber als gegenwärtig auf Erden besessene, nur nicht genutzte Natur des Gottmenschen, wie PsGreg Nyss (Staab 467) versteht, trägt jung-nicänische Christologie zu Unrecht in den Hb ein (gegen Nisius 45–49); ebensowenig kann auch die χαρὰ nach der Passion auf die τιμὴ und δόξα der *vor* der Passion liegenden Verklärungsszene (2Pt 1,17) bezogen werden (zu Andriessen-Lenglet 217). χαρὰ ist freilich eschatologisch (gegen Wettstein zur Stelle): Js 55,12 1QS 4,7 R 12,12 Joh 16,22 Mt 25,21; auch außerbiblisch: im Paradies (Philo Plant 38); außerirdisch (Plut Fac Lun 28 II 943C; siehe 10,34).

προκειμένης, siehe 6,18. Wie ein Kampfpreis – Περὶ ὕψους *(de sublimitate)* ed RBrand 44,3 Diod S 15,60,1 – stand für Jesus die nach der Passion erlangte χαρὰ bevor; den Glaubenden steht der ἀγὼν noch weiter bevor V 1, sie müssen, nicht anders als Jesus früher, noch τρέχειν, um ζῆν, ἁγιότης und δικαιοσύνη zu gewinnen 12,9–11 (zu Vanhoye Structure 197f). Daß Jesu Freude sich auf das abgeschlossene Heilswerk richtet, sagt Hb hier nicht explizit (de Wette[2]; zu Thret MPG 82,769D 772A Prim MPL 68, 776AB Bleek-Windrath vSoden Moffatt Westcott). ὑπομένειν, siehe 10,32. Jesus Subjekt; so im NT nur Hb 12,2f; siehe aber bei σταυρός. Nicht „erdulden", sondern aktiv „auf sich nehmen". In Apost Vätern ὑπομένειν, Subjekt Jesus, Objekt nicht σταυρός, aber andere Formulierungen für Jesu Tod 2Cl 1,2 Ign Pol 3,2 Pol 1,2 8,1 Barn 5,1.5f.12 14,4. Auch paränetisch für Christen, δι' ὑπομονῆς 12,1 (Kosmala 104); vgl „das, was gerade geschieht, auf sich nehmen, da auch Herakles, obwohl Zeus' Sohn, es auf sich nahm" Ael Arist K Band II Oratio XL 22 S 330,8–10. σταυρόν; τὸν σταυρὸν p[13] p[46] D★ [2] Cyr. Bauer JSchneider ThW III 414 Anmerkung 4 VII 572–580; siehe 6,6. Nicht in LXX Test XII. Bei Josephus öfter als Strafe an Gegnern. Bei Philo Flacc 72 als härteste Strafe nach vorhergehenden schmachvollen Mißhandlungen. σταυρὸς im NT nicht in Ag Kath Br Apk; Hb nur hier. σταυρὸν αἴρειν öfter in Synoptikern, σταυρὸν λαμβάνειν in Mt 10,38; σταυρὸν ὑπομένειν im NT nur hier, σταυρὸν betont; auch Const Ap 8,1,10. αἰσχύνη, Bauer 2 Bultmann ThW I 188–190, vgl ὀνειδισμὸς 13,13. Hier „Schande" nicht als selber begangen (wie bei Päderastie Diod S 2,23,2), sondern als eine einem zustoßende Situation. Gott Vertrauende werden nicht zuschanden (LXX Da 3,40). Das Kreuz, die Hinrichtungsweise gegenüber Sklaven (Tac Hist IV 11,20), ist die grausamste und schmachvollste Strafe (Cic Verr V 64,165). Trotzdem: καταφρονήσας. Christen schämen sich nicht des Evangeliums (R 1,16 2Tm 1,8), des Leidens und der Haft (2Tm 1,12.16). Paulus überwindet das Ärgernis des Kreuzes, anders als hier, ohne Bezugnahme auf Jesu Erhöhung (1K 1,18.23). Hb αἰσχύνη nur hier; Kreuz als αἰσχύνη im NT nur hier; als Zitat Const Ap 8,1,10. Vgl R 15,3 (Feuillet 80). Schande wiegt hier also schwerer als körperliches Leiden. Anders Jesu οὐκ ἐπαισχύνεσθαι 2,11. καταφρονήσας: Bauer CSchneider ThW III 633f. Im Hb nur hier, im NT als „für nichts achten" nur hier, im Gegensatz zur Furcht Dg 10,7. Sonstige Objekte: den den gleichen Kampf bereitenden Feuerofen (4Makk 13,9); irdische Qualen (Mart Pol 2,3); wilde Tiere (Mart Pol 11,2); Tod (Luc Pergr 23 33 Ign Sm 3,2 Dg 1,1); Schmerzen Tod (Philo Omn Prob Lib 30); sterben und gebunden werden (Epict Diss 4,1,70). Die Schande macht Jesus zum καταφρονηθείς; ihr setzt er sein καταφρονεῖν entgegen (vSoden). Origenes und Greg Nys: Jesu nicht fürchten soll nachgeahmt werden (Greer 53 123). ἐν δεξιᾷ τε. Zu τε siehe 6,5; statt τε in L 1319 δέ; τε om 635. Zu ἐν δεξιᾷ siehe 1,3. „Zur Rechten des Manda d'Haije hat (das große Leben) dem Jošamin einen Thron errichtet" Lidz Ginza R XV 16 S 368, 34f. ἐν δεξιᾷ – κεκάθικεν ist Traditionsgut, siehe 1,3. τοῦ θρόνου, siehe 1,8: ein wiederholter Topos in Lidz Ginza und Joh. τοῦ θεοῦ, 1,1; ℵ om. κεκάθικεν. κεκάθηκεν in K P und vielen anderen, η-ι siehe 4,11; ἐκάθισεν, wie 1,3, in p[46] Minuskeln Or, siehe 1,3. In eigener Aktivität, wie 2,14 10,6f. Perfect: endgültig. Jetzt, gegen 1,3 8,1, betont am Ende (Spicq).

3. Denkt doch an den, der eine solche Widersetzlichkeit seitens der Sünder gegen sich ausgehalten hat, damit ihr nicht, in euren Seelen kraftlos geworden, ermüdet!

Der Blick auf Jesus, wie er gegenüber dem Widerstand der Sünder durchhält, kann die Hörer im gleichen Kampf vor Erschöpfung bewahren; Jesu Sitzen zur Rechten (V 2 Ende) bleibt hier für die Analogie noch unbedacht (aber siehe V 10b 11b).

ἀναλογίσασθε; zur Endung -θαι in p^{46} siehe 3,13. Aorist: immer wieder (Bl-Debr § 342,5). Bauer; NT nur hier. Meist mit Accusativ, auch mit ὑπέρ und indirekter Frage. Denken an: die mindere geburtliche Herkunft (1Cl 38,3); eigenes Unrecht (Polyb 10,37,10); die Größe einer Gefahr (Diod S 20,8,1); Wohlwollen von Freunden (3Makk 7,7); geplante religiöse Führung (Jos Ant 4,312); die Berühmtheit eines Tempels (Diod S 4,83,2); ein schlimmes Vorzeichen (Plut Anton 75,6 I 951a); Gottes Gerichte (Ps Sal 8,7); die Auferstehung (2Makk 12,43). Hb dagegen mit Objekt der Person: Jesus in seiner Passion. γάρ, Bauer 3; dafür οὖν in 42 51 255 917 1912 d e sy^p ar. τὸν – ὑπομεμενηκότα; τόν fehlt in p^{13} p^{46} D★. Zu ὑπομένειν siehe 10,32. τοιαύτην; dafür τοσαύτην in 33; τὴν τοιαύτην in 181. Vgl 7,26. Hier, wegen der Rückverbindung mit V 2b, wohl eher: eine solche ἀντιλογία wie das Kreuz mit seiner Qual und Schande (Riggenbach), nicht so sehr der in der Tat ja geschehene Widerstand während seines gesamten Auftretens (gegen Chr Cramer Cat 260 Nicolaos de Lyra Windisch Héring). ὑπὸ τῶν ἁμαρτωλῶν; statt ὑπὸ in D★ ἀπό. Zu ὑπό beim Activum ὑπομένειν siehe Bauer 1d. ἁμαρτωλός siehe 7,26. Sünder als Feinde des alttestamentlichen Frommen: sie belauern (LXX Ps 36,12.32); sie bedrängen (LXX Ps 54,3 f 118,61); ihre bedrohende „Hand" (LXX Ps 70,4 96,10 139,5). So auch gegen Jesus (Mt 26,45 Mk 14,41 Lk 24,7); sie reden hart gegen ihn (Jd 15); sie führen ihn zum Schlachten (Barn 8,2). εἰς ἑαυτὸν in A P 104 255 256 263 326 1241^{suppl} 1877 a ar c f demid div fu★★ vg^{cl} sy^h Dam; fehlt in arm. εἰς αὐτὸν in D^2 K L Ψ★ 88 181 330 436 614 629 630 1739^2 1881 1962 1984 2495 den meisten Chr Dam; auch sa mit veränderter Wortstellung im Satz. εἰς ἑαυτόν, gleichbedeutend mit εἰς αὐτόν, ist die einzig sinnvolle Lesart, aber so schlecht bezeugt, daß sie nicht alt, sondern Korrektur der älteren sinnlosen, also verderbten Lesart, vielleicht einer Leser-Randschrift (Moffatt), sein wird, die aber gut bezeugt ist: εἰς ἑαυτούς in ℵ★ D★ 2147; εἰς αὐτούς in p^{13} p^{46} ℵ^2 Ψ^C **048** 33 81 451 1739 1834 2492 z am fu★ harl tol sy^p bo Or Thret, *in vobis* d e, *inter vos* aeth. Der Versuch, den Accusativ Pluralis mit ἀναλογίσασθε zu verbinden wie Thret MPG 82,772A, scheitert an der Wortstellung von ἑαυτούς und auch an dem ὑπομένειν Jesu; ebenso gequält ist das Verständnis des Accusativ Pluralis als Selbstwiderspruch der ἁμαρτωλοί (gegen vSoden Seeberg Westcott Montefiore; siehe Zuntz 120 Metzger 675). ἀντιλογίαν, siehe 6,16. Bauer 2: Anfeindung. Streit zwischen Menschen (Philo Leg All 3,65 Ebr 37 Conf Ling 52); seitens des Bösewichts (Prv 17,11); neben Gesetzwidrigkeit (LXX Ps 54,10), Widerstand (Jos Ant 17,313). Gegen die Gottheit am Haderwasser (Nu 27,14 Dt 32,51 33,8 LXX Ps 80,8). Als ἀντιλέγειν gegen Jesus Lk 2,34 Barn 12,4 (= Js 65,2); gegen die Christen Ag 28,22 und die Eucharistie Ign Sm 7,1. Benutzt Hb hier Tradition aus dem Leben Jesu (siehe Cullmann Christologie 96)? „Er (der Helfer) wurde verworfen, bevor er seine Hand ausstreckte" (Zweite Apokalypse des Jakobus, Nag Hammadi Cod V 4 59 (53), 24–26). Das Ziel der ἀντιλογία ist jedenfalls der, der Widersetzlichkeit ausgehalten hat, nicht nur der, der sich zur Rechten des Thrones gesetzt hat V 2 (zu Schierse 109); gemeint ist also besonders die Passion. κάμνητε, Bauer 1. Im NT nur noch Jk 5,15 als krank sein. Hb nur hier, wie David 4Makk 3,8 als schwitzender. Mit „Seele" verbunden Diod S 20,96,3; beim Gehen Philo Poster C 31; Herm m 8,10.

Aber im Hb hier wohl absolut wie bei dem, der im Stadion schreitet (Philo Migr Abr 133); paränetisch wie Jos Vit 209; neben „entkräftet werden in den Gliedern" und „kleinmütig sein" (Jos Asen 19,1). ταῖς ψυχαῖς, siehe 4,12. ὑμῶν fehlt in p^{13} p^{46} 69 206 462 642 1739 1881 b d Dam; statt ὑμῶν in 1245 αὐτῶν. ἐκλυόμενοι; in p^{13} p^{46}D★ 2 1739 1881 ἐκλελυμένοι, vielleicht alt (Riggenbach Beare 395 Zuntz 118); in p^{13} p^{46} D★ geschrieben als ἐγλελυμένοι, siehe Bl-Debr § 19,3; vgl 12,5; und 13,7 p^{46} die Schreibung von ἔγβασιν. Bauer, kraftlos werden, bezogen in LXX auf den Körper, oft auf die Hände; aufs Herz (Dt 20,3); den Geist (Jd 14,6); die innere Haltung (Jos Ant 17,263). Auch absolut (Epict Diss 2,19,26; Vett Val S 18 Zeile 23 neben ἀδρανής „kraftlos"; Gl 6,9); Hb nur noch 12,5 (= Prv 3,11); durch Hunger (Mt 15,32 Mk 8,3). Oft verbunden mit Formen von ψυχή (Pflegmon fr 36 1,2 FGrHist IIB S 1169; Polyb 20,4,7 29,17,4 Diod S 20,1,4 Hi 30,16 ℵ^a Philo Jos 61 Decal 122). So Hb hier, in Vorwegnahme von V 5; paränetisch wie Dt 20,3 Did 16,1. Das Bild vom Wettlauf wirkt nach: ἐκλύεσθαι und κάμνειν, kraftlos werden und ermüden, erst an den Kehren der Bahn (Aristot Rhet 3,9 p 1409 A).

4. Noch habt ihr nicht bis aufs Blut im Kampf gegen die Sünde Widerstand geleistet.

Verfasser tadelt nicht, stellt aber warnend fest: das Martyrium, bisher von euch nicht abverlangt, kann kommen; ohne Zucht an den Söhnen von seiten des Vaters wird es nicht abgehen V 5ff. „Kurz ist der Nutzen eines Anfangs, den nicht ein günstiger Abschluß besiegelt" Philo Agric 69.

οὔπω, dahinter hier γὰρ in D★ L 330 440 442 491 823 a b demid vg^{cl} sa bo arm: die Warnung vor Ermüdung V 3 ist berechtigt, „denn" es kann noch härter kommen; sekundär, aber sinnentsprechend. οὔπω, siehe 2,8. Bauer. οὔπω von der Haft des Täufers und der „Zeit" Jesu Joh 3,24 7,8.30 8,20. Hb blickt zurück auf 10,32–34. μέχρις αἵματος. μέχρις siehe 3,14; αἷμα siehe 9,7 Exkurs. μέχρι in D★, wie 9,10. Jesu Kreuz V 2 und sein Aushalten gegenüber der Widersetzlichkeit seitens der Sünder V 3 legen nahe: οὔπω μέχρις αἵματος ist nicht (gegen Riggenbach Héring Kuß Montefiore Schiwy) ein nur bildliches Zubehör, wie bei Sen ep 13,2, hier in einem Tadel; also nicht: „ihr habt im Kampf gegen die eigene Sünde noch nicht die höchste Kraft eingesetzt"; sondern meint, feststellend: es kam bei euch noch nicht zum Martyrium (so Chr Cramer Cat 261 Thret MPG 82,772B PsOec MPG 119,425D Thomas Nicolaus de Lyra Erasmus paraphrasis Luther Glosse Calvin Bengel deWette Delitzsch Bleek-Windrath vSoden und die meisten Neueren). Daß es früher trotzdem Martyrien in der Gemeinde gab, unterstreichen dabei deWette[2] Delitzsch Bleek-Windrath vSoden, außer vSoden offenbar interessiert an den Jerusalemer Christen als Adressaten. Daß die Sünde im Martyrium auch die eigene Sünde meint, ist das Anliegen Luthers Calvins Bengels Bleek-Windraths: theologisch richtig, aber vom Verfasser hier nicht gemeint. μέχρις αἵματος: wie beim Risiko gegenüber einer Gefahr (Nicephorus S 80 Zeile 8–10 ed C v Boor); bei einer harten Rivalität (Heliodor 7,8 Wettstein); als Bereitschaft zum Blutvergießen seitens Aufständischer (Herodian 2,6,14). Wie μέχρι θανάτου 2Makk 13,14 Phil 2,8.30 Pol (ἕως) 1,2 Jos Bell 2,141 vom bestandenen oder drohenden Martyrium; von sonstiger Lebensgefährdung 1Cl 4,9 Diod S 15,27,2; vgl μέχρι δεσμῶν 2Tm 2,9.

ἀντικατέστητε: ℵ A D L^1 P die meisten. ἀντεκατέστητε: L★ 5 33 69 88 181 234 242 323 330 440 462 489 642 794 920 1149 1836 1845 2004 2143 Chr Thret Dam Thphyl. ἀντέστητε: K 38 337. p^{46} ἀντικατέστηκεν meint als Subjekt Jesus (Beare 391). 1241 1518 stellen um: πρὸς τὴν ἁμαρτίαν ἀντικατέστητε. Zum Verb siehe Bauer; NT nur hier. Widerstand: juristisch P Oxy 97,9; politisch Jos Bell 4,393; militärisch Jos Ant 17,289 18,8. Widerstand des Moseliedes gegen Israels Abfall Dt 31,21. Hb meint nicht: ihr habt solchen Widerstand unterlassen; sondern: seine Notwendigkeit lag noch nicht vor; siehe 10,33. πρὸς τὴν ἁμαρτίαν ἀνταγωνιζόμενοι; statt des Kompositums in p^{13} p^{46} 69 1245 1852 2495 z ἀγωνιζόμενοι. Zu ἁμαρτία siehe 1,3 3,13. ἀνταγωνίζομαι, siehe ἀγών 12,1. Kaum speziell Faustkampf, gegen Bengel und andere, weil bei ihm auch ohne tödlichen Ausgang Blut fließt, Sen ep 13,2. Bauer Stauffer ThW I 134–140. Absolut 4Makk 17,14; mit πρὸς Ps Clem Hom 4,5,2 (Moffatt); juristisch Jos Bell 1,574. Im NT nur hier. Jesus war bedrängt von den Sündern V 3, die dem Führer Folgenden sind bedrängt von der Sünde. Nicht von der eigenen: die ist vergeben 10,18, ausgeschaltet 9,26; soweit sie verlockt, gilt ἀποθέμενοι 12,1 (Windisch). Widerstand wie gegen Teufel und Dämonen Jk 4,7 1Pt 5,9 Eph 6,13, ist geboten gegen die mächtig schnaubende Sünde (Ps Oec MPG 119,425D, vgl Schierse 145), die in Gestalt der Sünder als geballtes Antichristentum auf die Christen eindringt. Solch ein kämpferischer Widerstand besteht allerdings, wie Jesu „Aushalten" V 2, in der *Annahme* der Zucht des Martyriums. „Haltet stand in der Welt und ertragt die Verfolgung der Welt!" (Lidz Ginza R I 147 S 22,26f).

5. Und ihr habt den Zuspruch vergessen, der zu euch als Söhnen redet: ‚mein Sohn, schätze die Züchtigung seitens des Herrn nicht gering und verliere nicht den Mut, wenn du von ihm gestraft wirst!

Literatur: GBertram Der Begriff der Erziehung, Imago Dei 1932, 33–51; GBornkamm Sohnschaft und Leiden, Geschichte und Glaube II. Gesammelte Aufsätze IV, 1971, 214–224; OMichel Zur Auslegung des Hebräerbriefes, Nov Test 6, 1963, 189–191.

V 5 von *υἱέ μου* ab leicht abgeändert zitiert bei Cl Al Prot 8,82,1 (Band I S 62) Strom 1,32,2 (Band II S 21), Mees 234f. Das noch nicht eingetretene Martyrium veranlaßte bei den Hörern das Vergessen des Zuspruchs der Schrift. Dieser besagt: qui dit correction, dit filiation (Vanhoye Structure 198); *Söhne* gerade erfahren Züchtigung und Strafe, die mithin hoch bewertet und ohne Müdigkeit durchgestanden werden muß. Strafe ist hier die Behandlung der Christen seitens der Nichtchristen; sie kommt von der Gottheit (1 K 11,32). Zum spornenden Blick auf die Passion des Glaubensführers V 2f gesellt sich hier die Erinnerung an den hochrangigen Heilsstand der Hörer (siehe Kosmala 103 Bornkamm Sohnschaft 221 Michel Zur Auslegung 190f). ἐκλέλησθε; ἐγλέλησθε p^{46}, siehe 12,3; das ἐκλύεσθαι V 3 und 5 erwirkt die Verschreibung ἐκλέλυσθε in K Ψ 88 102 103 205 206 209 1834 Chr Thphyl^{cod}. Bauer Bl-Debr § 175. Im NT nur hier. LXX nur, wie Hb 6,10, ἐπιλανθάνεσθαι, zum Beispiel Ps 77,1. Abraham vergaß nicht die – Zusagen Philo Congr 73; anders P Oxy 1203,8f: er vergaß die darauf folgende – Strafe. Hb scheut sich nicht zu tadeln, siehe 5,11 f 10,36; daher kaum (wie Calvin Delitzsch und andere) abschwächend als Frage zu lesen; aber das hinzugefügte „sogleich" (Erasmus paraphrasis) oder das „bereits" (Luther WA 7,2 Deutsche Bibel, noch nicht 1522, aber 1546) verschärft den Hb-Text (de Wette²). τῆς παρακλήσεως: davor παρά in D★. Zu παράκλησις siehe 6,18; sie ist enthalten in Prv 3,11f. „Eine betonte Redeweise" Nicolaus de Lyra; „eine milde lockende Anrede" Calvin; Erasmus adnotationes 1524 bevorzugt zu Unrecht *adhortatio* vor *consolari* (letzteres noch er selber paraphrasis 1522). ἥτις, siehe 8,5. ὑμῖν; in p^{46} ὑμεῖν, siehe 4,11. Zum Dativ siehe Bl-

Debr § 193,4. ὡς, siehe 6,19: „als", Bornkamm aaO 223. Fehlt in 69. Also anders als Ael Arist XXXVIII 488 S 726D: Philippus spricht mit den Griechen wie mit Kindern (ὥσπερ παισί). υἱοῖς; p[46] verschreibt in υἱούς. Siehe 1,2 Exkurs 2,10. Die Hauptsache aus dem Zitat mit υἱοῖς voran Bornkamm aaO 222. Ähnlich unterstreicht Philo Congr 177 hinter Prv 3,11 f die enge Verbindung zwischen Vater und Sohn. Vgl Dio Chrys 4,31: „die Vorfahren nannten ‚Zeus-Söhne' diejenigen, die eine gute Züchtigung erfahren" (Spicq zu 12,8). διαλέγεται: Bauer 2, dort Hicks: eine politische Vokabel; hier einfach: „reden". Schrenk ThW II 93–95; vgl. Ditt Syll[4] 472,4f. In LXX sind Subjekt nur Personen; mit Dativ 1Esr 8,45(47) Js 63,1; nicht als Zitat-Einleitung. Bei Philo ist Subjekt das AT als ὁ ἱερὸς λόγος (Leg All 3,118), wie im Hb als Zitat-Einleitung. Das διαλέγεσθαι der rechten Lehre Philo Spec Leg 1,191.194. διαλέγεσθαι mit Dativ Leg All 1,101 Abr 131 Fug 76. Im NT sonst: Subjekt nur Personen; nicht als Zitat-Einleitung; außer Mk 9,34 Jd 9 nur in Ag, sehr oft, mit Dativ 18,19 20,7. Hb nur hier. Aber ohne διαλέγεσθαι die als Person redende Schrift öfter: Lk 11,49 R 9,17 Gl 3,8 (Delitzsch Riggenbach Michel Westcott).

Das Zitat Prv 3,11f (siehe Ahlborn 132f Schröger 188); V 7–11 typisch qumranische pescher-Auslegung (Braun Qumran-NT I 267 f II 184). υἱέ μου; μου fehlt in D* **0142** 69 81 88 206 255 429 442 452 614 630 1241[suppl] 1758 b d e Cl Al Orig Antioch Dam; μου fehlt auch in LXX außer Cod V. Die Masora hat בני. Aber Hb übernimmt wie sonst auch hier nicht die Masora, sondern füllt selber mit μου auf, damit der υἱός nun nicht, wie im AT, Schüler des Lehrers, sondern als Christ Sohn der den Zuspruch sagenden Gottheit ist. Prv meint: nimm Züchtigung an; Hb: Züchtigung erfahren bedeutet Sohn Gottes sein. μὴ ὀλιγώρει: Bauer Williamson 573–575 Bl-Debr § 176,2. In LXX nur Prv 3,11; im NT nur hier; Apost Väter nicht. Philo faßt den Zitat-Inhalt ähnlich wie Hb zusammen: Bestrafung gilt als so schön, daß die Zustimmung (des Menschen) gegenüber der Gottheit zur Gott-Verwandtschaft wird (Congr 177); freilich, Philo: „wird"; Hb: der Leidende *ist* υἱός. Vgl auch Ps Sal 3,4; vom Gerechten. παιδείας; παιδίας in ℵ A D* L P 201 siehe 4,11; p[46] verschreibt in παιδεία. Bauer 1, „Züchtigung" wegen ἐλεγχόμενος. Bertram ThW V 596–624; Bertram Erziehung 33–51. Gottes παιδεία bei Orig Greer 29ff. In LXX sehr oft in Prv Sir: als Züchtigung öfter, neben Strafe (Prv 6,26), Geißeln (Sir 22,6), Bedrängnis (Js 22,16). Man muß sie annehmen (Prv 4,1.13 8,10 16,17; LXX Ps 2,12; besonders Jer; Zeph 3,7; Sir 18,14 51,26); anders als die Gottlosen (Prv 1,7 5,12 Sap 3,11). Auch Test XII Seb 2,3. Man darf sie nicht verschmähen (Philo Leg All 2,90; Philo denkt dabei aber nicht an Verfolgung). Spätjüdisch-rabbinisch siehe Str-B III 245 445 747. Züchtigung zeigt Gottes Liebe an (Str-B II 193–197 274–282). Der Tod der Märtyrer schafft Sühnung (Str-B 281f; vgl. Lohse Märtyrer 29–32). Martyrium ist Züchtigung (2Makk 6,12 7,33 Apk Sedrach 4,1; vielleicht auch 4Makk 10,10). Im NT sonst (Eph 6,4 und 2Tm 3,16) „Erziehung", nicht wie im Judentum Martyrium als Züchtigung. So aber hier Hb V 5 7 8 11, Züchtigung durch Gott, und zwar als Bedrängnis seitens der Nichtchristen, der persécuteurs (Spicq). Freilich nicht, wie im Judentum, Sühne schaffend (Bornkamm aaO 221); die *ist* geschehen 2,17. In christlichen Martyrientexten habe ich das Martyrium als Züchtigung nicht gefunden. Im 1Cl: Zucht annehmen 56,2, nicht ablehnen 35,8, die Züchtigungsworte Gottes 62,3. κυρίου, siehe 1,10. Natürlich: Gottes. μηδέ: dafür μή p[13]. Bauer b. Im Corpus Paulinum öfter. Hb nur hier; aber μήτε 7,3. ἐκλύου, siehe 12,3. Vanhoye Structure 199. In p[46] ἐγλύου, siehe 12,3. ὑπ' αὐτοῦ, abhängig von ἐλεγχόμενος. D Or stellen um: ἐλεγχόμενος ὑπ' αὐτοῦ. ἐλεγχόμενος; p[46] ἐλλεγχόμενος. Bauer 4: hier „strafen"; Büchsel ThW II 470–473. In LXX Prv 24,40 (30,25) Sap 1,3.8. Wie hier im Hb (= Prv 3,11f) neben παιδεύειν LXX Ps 6,2 37,2

140,5 1Cl 56,5 (= Ps 140,5) Jer 2,19 Sir 18,13. In Test XII B 10,10. Philo im Prv 3,11-Zitat siehe oben. ἐλέγχεσθαι durch Gewissen Philo Jos 262 Det Pot Ins 146; bringt Heilung Det Pot Ins 146. Im NT als „strafen", Gott Subjekt; ἐλέγχω καὶ παιδεύω Apk 3,19. Hb nur hier.

6. Denn wen der Herr liebhat, den züchtigt er; so geißelt er einen jeden Sohn, den er annimmt'.

12,6 wörtlich bei Cl Al Strom 1,32,2 (Band II S 21) Mees 235; wörtlich bei Eus Hist Eccl X 4,33, wie Hb im Blick auf die Verfolgung. Züchtigung und Strafe sind nicht abzuweisen: denn sie entspringen ja der Liebe der Gottheit und erweisen den Sohn gerade als voll akzeptiert. Hb zitiert wörtlich – bis auf παιδεύει, siehe dort – Prv 3,12.

ἀγαπᾷ, siehe 1,9. Außerbiblisch ist der König geliebt von Isis (Preisigke Wört I 5), von Ptah (Ditt Or 90,4.8.9.37.49). Der von Zeus festgesetzte Weg des πάθει μάθος – siehe 5,8 – ist Huld der Götter (Aesch Ag 176–183, Spieß Logos spermaticos 457). Ähnlich die Stoa: diejenigen, die Gott liebt, härtet er, prüft er, hetzt er ab (Sen Providentia 4,7; vgl 1,6); freilich letzte Hilfe dabei: das *exitus patet* der Selbstauslöschung. Jahwes lieben gilt Israel, im Plural, zum Beispiel Dt 4,37; im Singular, besonders 2. und 3. Jesaja, zum Beispiel Js 43,4; vgl den υἱὸς ἀγαπήσεως Ps Sal 13,9. Im NT Gottes ἀγαπᾶν gegenüber den Menschen oder Christen Joh 3,16 14,23 R 8,37 2K 9,7 2Th 2,16. Im Hb ἀγαπᾶν nur im Zitat: seitens Jesu 1,9; seitens Gottes 12,6. Dagegen ἀγάπη im Hb nicht Gottes oder Jesu, aber seitens der Christen, siehe 6,10. κύριος hier Gott, siehe 1,10. παιδεύει: abschwächend davor καὶ in 326 1898. In LXX Prv 3,12 B 149 255 261 und Philo Congr 177 lautet die ursprüngliche LA ἐλέγχει, wie LXX Prv 3,11; daraus wird in LXX א A und vielen Zeugen, zwecks stilistischen Wortwechsels, παιδεύει. Hb übernimmt das, ebenso 1Cl 56,4 (siehe Ahlborn 132 f). Bauer 2; Oepke ThW V 636–653; παιδεία siehe 12,5. Hier nicht, gemäß griechischem Denken, „erziehen" wie Ag 7,22 22,3, sondern gemäß semitischem „strafen" (Schröger 188 und die meisten; gegen Chr Cramer Cat 261). Der Leib wird „gezüchtigt" zwecks Heilung der Seele (Laudatio Therapontos 19 in De incubatione). Gott züchtigt mittels des Dämons, tötet aber nicht (Kyrillos von Scythopolis S 37 Zeile 22–25). παιδεύειν neben Geißel Jer 6,7 f, neben ἐλέγχειν, siehe 12,5. Wie hier im Hb ist Züchtigung Liebe: seitens des irdischen Vaters Prv 13,24; seitens der Brüder Test XII Seb 2,3; seitens der Gottheit: nicht im Zorn (LXX Ps 6,2 37,2), sondern im Erbarmen (LXX Ps 140,5 Sap 11,9(10), im Gegensatz zum Geißeln an den Feinden Sap 12,22), als Wohltat (Sap 3,5; vgl 2Makk 6,16). παιδεύειν im NT auch „zurechtweisen" (2Tm 2,25 Tt 2,12), ja „geißeln" (Lk 23,16.22). Aber hier im Hb „strafend züchtigen" gerade seitens des *liebenden* Gottes: also wie in etwa 1K 11,32 2K 6,9 1Tm 1,20 Apk 3,19. So παιδεύει seitens der Gottheit 12,6.(10b) und des irdischen Vaters 12,7.10a. Vgl 1Cl 56,5.16. An Bekämpfung der *concupiscentia* denkt Hb hier nicht (gegen Thomas Nicolaus de Lyra). Richtig Luther Glosse: die Kirche war zur Zeit der Märtyrer – hochgeliebt.

μαστιγοῖ δέ: δέ fehlt in D; es meint hier nicht Gegensatz, sondern Übergang, Bauer 2. μαστιγόω Bauer CSchneider ThW IV 521–525. In LXX: Subjekt Menschen, selten juristisch legal wie Dt 25,2 f; oder Objekt Märtyrer 2Makk 6,30, siehe auch Philo Flacc 72 85; (Bengel): Geißelung bewirkt Blutung, Hb 12,4; sonst einfach gewalttätig oder von Krankheit; siehe auch Test XII Jos 8,4, Philo Som 2,84. In LXX Subjekt die Gottheit: Menschen prüfend Hi 30, 21; böse Menschen strafend, eine Frage, die von Chr Cramer Cat 261 und Calvin angesprochen wird, Hi 15,11 Sap 16,16 Jer 5,3 2Makk 3,26.34.38 5,18;

neben ἔλεγχος LXX Ps 72,14. Anders: Menschen strafend in Liebe Prv 3,12 Tob 11,15 13,2.5.9(11) Jdt 8,27 (Philo Congr 177). Im NT Subjekt die Juden, gegenüber Propheten und Schriftgelehrten Mt 23,34, den Jüngern Mt 10,17; Subjekt die Heiden, gegenüber Jesus Mk 10,34 Par Joh 19,1; im NT Subjekt nie Gott wie Hb 12,6 und, indirekt, Herm s 6,3,1. πάντα, also ausnahmslos; siehe 2,2; beim υἱός Jesus freilich heißt es nicht wie hier ὅν παραδέχεται, sondern καίπερ ὢν υἱός 5,8. υἱόν, siehe 1,2 Exkurs 2,10. παραδέχεται, Bauer 2, Hb nur hier. Auch vom Empfang wichtiger Personen 2Makk 4,22 Ag 15,4. Meist gegenüber Personen, deren Bejahung durch Menschen oder Gott unter bestimmten Voraussetzungen erfolgt (2Cl 16,1 Herm m 4,1,7f) oder nicht erfolgt (Jos Ap 256 258 Philo Spec Leg 3,51 Ign Sm 4,1 Herm s 1,5). So ist hier Gottes παραδέχεσθαι des υἱός untrennbar mit dessen μαστιγοῦσθαι verbunden (Prv 3,12 Philo Congr 177 Hb 12,6 1Cl 56,4).

7. Der Züchtigung dient euer Leiden; als Söhne behandelt euch Gott. Denn wo gibt es einen Sohn, den ein Vater nicht züchtigt?

Jetzt, V 7–11, beginnt Hb, Prv 3,11 f zu kommentieren, siehe 12,5: υἱός, παιδεία, παιδεύω, πᾶς werden entfaltet. V 7 zunächst eine Aussage, dann eine Frage (Vanhoye Structure 200). Der Ton liegt auf υἱός: daß das Leiden der Züchtigung dient (Va), ergibt sich aus der Tatsache, daß die Hörer in Gottes Verhalten als υἱοί rangieren (Vb); denn Sohnschaft schließt seitens des Vaters ausnahmslos παιδεύειν ein (Vc).
εἰς, in ℵ A D K L P f vg harl bo Cl Or Chr Thret Procop Dam Ps Oec, ist alte LA; natürlich ist εἰς παιδείαν nicht, wie in D d, „als eine (das Zitat) verunzierende Troddel" (Delitzsch) mit ὅν παραδέχεται V 6 zu verbinden. Sekundär ist das Fehlen von εἰς in syᵖ sa aeth und die Änderung von εἰς in εἰ in Ψ★ 5 35 104 203 226² 241 242 257 326 337★ 365 378 383 506 623 630 794 917 945 1319 1738 1831 1834 1891 1898 2127 2143 2298 Thphyl. ei beziehungsweise si setzen als alten Text voraus Erasmus paraphrasis adnotationes Luther Glosse Übersetzungen 1522 1546 WA Deutsche Bibel 7,2 Bengel deWette² Riggenbach („als glückliche Korrektur" des „uralten Schreibfehlers εἰς"; ähnlich Bleek-Windrath). Zu εἰς mit Verbum siehe aber 4,16. Züchtigung und Heimsuchung machen reiner für das zukünftige Leben (PsClem Recg VIII 47,2). Jewedes Leiden ist nützlich (Philo Congr 175). παιδείαν, siehe 12,5, in ℵ A D★ L P παιδίαν, zu ει-ι siehe 4,11; von manchen Auslegern hier zu Unrecht als „Erziehung" verstanden. ὑπομένετε ist nicht Imperativ, gegen D★ 1245 (ὑπομείνατε) f vg harl syᵖ sa bo aeth Or Thomas Nicolaus de Lyra (Hollmann Montefiore), sondern Feststellung; Gegensatz: Leidensfreiheit. Die Leiden waren Realität 10,32–34 und können es wieder werden 12,4f; die Frage ist: wozu dienen sie? ὑπομένειν siehe 10,32; zur Verbindung mit παιδεία siehe Ps Sal 10,2 14,1. ὡς, hier nicht „wie", sondern „als": die Hörer *sind υἱοί* 2,10 und παιδία 2,14 (Kosmala 103). ὡς siehe 6,19. υἱοῖς, siehe 1,2 Exkurs. ὑμῖν, zweite Person, wie ὑπομένετε zeigt; ἡμῖν in 33 642 ist irrig. προσφέρεται: Bauer 3 Weiß ThW IX 67f; als „behandeln" nur hier im NT. 1834 verschreibt in προφέρεται. Zum Vergleich: die Herren sollen die gekauften Sklaven nicht wie geborene Sklaven, sondern wie freie Lohnarbeiter behandeln (Philo Spec Leg 2,122); die Sikarier behandelten diejenigen, die den Römern gehorchen wollten, wie Feinde (Jos Bell 7,254); die Undankbarkeit soll das Vaterland behandeln wie eine Mutter (Pythagoras Stob III S 727 Zeile 17f Wettstein). Aber in diesen Texten sind, abgesehen vom letzten, dem Pythagorastext, die zu Behandelnden nicht das, als was sie behandelt werden bzw. behandelt werden sollen. Anders hier im Hb, wo ὡς nicht fiktiv ist; (siehe oben bei ὡς). Das

προσφέρεσθαι Gottes erfolgt durch παιδεύειν: Gott gibt sich dar, indem er züchtigt (Bengel). ὁ θεός, siehe 1,1. τίς, mit Substantiv, siehe 7,11; auch dort ohne ἐστίν. Ursprünglich ohne ἐστίν dahinter in p[13] ℵ* A I P Ψ 104 256 f vg sa aeth Or Bas. Mit ἐστίν in ℵ[2] D K L 1834 den meisten d e sy[p] bo arm Chr Thret Antioch Dam. υἱός, siehe oben: kein *filius verus et dilectus* Nicolaus de Lyra. οὐ παιδεύει; sekundär οὐκ ἐπαίδευσεν P. Der vergleichende Rückgriff von Gott auf den irdischen Vater wie Dt 8,5; für Philo etwas unterwertig, bestimmt für die im Verstehen Trägeren, Som 1,237. παιδεύω siehe 12,6. πατήρ, siehe 1,1 7,10; artikellos, Bl-Debr § 257,3. Zum beträchtlichen Umfang der *patria potestas* siehe Pauly-W XXII 1, 1046–1175; besonders 1081–1084; Der kleine Pauly 4,552f. Kol 3,21 Eph 6,4 warnen die Väter vor zu harter Züchtigung.

8. Wenn ihr aber ohne Züchtigung seid, an der alle teilbekommen haben, dann seid ihr ja illegitim und nicht Söhne.

Jetzt dasselbe wie V 7, von der negativen Seite her gesehen (Vanhoye Structure 200): nicht das Vorhandensein von παιδεία, sondern gerade ihr Fehlen müßte Verdacht erwekken (Chr Cramer Cat 261). Es zeigt an, die Hörer sind gar keine legitimen Gottessöhne. χωρίς, siehe 4,15. ἐστε, kunstvolle Wortstellung, siehe 6,7; „seid und sein wollt" (Bengel). παιδείας, siehe 12,5. παιδίας in ℵ A D*, siehe 4,11. Es gilt vielmehr: sich freuen über die Züchtigung (Chr Cramer Cat 262). ἧς:εἷς in p[46]; ἧς p[46¹]. μέτοχοι, siehe 3,1. γεγόνασιν, Perf: unter Zustimmung, dauernd (Westcott). γίνεσθαι mit μέτοχος siehe 3,14 6,4. ἀνήρ μετεσχηκὼς παιδείας „ein Mann, der Erziehung genossen hat" (Jos Ap 1,73 Michel); ebenso παιδείαν μετέχειν Sir 51,28 (36); γίνεσθαι μέτοχον παιδείας Dio Chrys 4,31 (Spicq). πάντες, ausnahmslos; zur betonten Achterstellung siehe 2,11. Die Söhne nicht eines irdischen Vaters, sondern Gottes; auch Jesus nicht ausgenommen, 2,9 5,7 12,2 13,12 (Bruce Schwiwy). πάντες greift aber nicht auf die Zeugen von Hb 11 zurück, die dort ja nicht υἱοί heißen (gegen Bengel deWette[2] Delitzsch Bleek-Windrath Seeberg).

ἄρα, siehe 4,9. νόθοι; A Or νόθοροι; vielleicht, abschwächend, als νωθροί („kraftlos") gemeint? νόθος im NT nur hier. Es ist nicht zu allegorisieren auf Herkunft von *diabolus* und *mundus* (gegen Thomas Nicolaus de Lyra); nicht auf unechte Kirchenglieder (gegen Calvin). νόθος: dem Konkubinat entsprossen oder unehelich. In AT und LXX heißt der Sohn der Nebenfrau, zum Beispiel Gn 25,5f, noch nicht νόθος, sondern בן beziehungsweise υἱός und gilt moralisch nicht als anstößig. νόθος ist dagegen die dem griechisch-römischen Rechtsdenken angehörende Abwertung: gegen υἱός, wie im Hb, auch Plut Ages 3 I 597B; vor allem gegen γνήσιος (echt) Philo Deus Imm 121 Sobr 8 Congr 6 Mut Nom 147 Vit Mos 1,147, meist auch Plutarch. γνήσιος fehlt im Hb, der hier υἱός theologisch benötigt; zu ihm steht im Gegensatz der der väterlichen Sippe fremde Sohn, Corp Herm 13,3, dort übertragen wie im Hb. Der νόθος untersteht nicht der *patria potestas* (Kleiner Pauly 1,1269), darf daher vom Vater nicht gezüchtigt werden. νόθοι erben nicht: auch die Söhne der Nebenfrauen im AT nicht (zum Beispiel Gn 21,10 25,5f Gl 4,30; Philo Sacr AC 43 Migr Abr 94); überhaupt nicht (Aristoph Av 1649f Wettstein); eventuell nach dem Tode der legitimen Kinder (Ditt Syll[4] 1213). Luther Glosse: „daher nicht Erben". Sie führen nicht den Namen des Vaters (Gn 21,12 Plut Pericl 37 I 172DEF). Sie erhalten keinen Anteil an einer Herrscherstellung (Plut Ages 3 I 597B) oder am Kultdienst (Ditt Syll[4] 1106, 144–147). Sie garantieren nicht den Sippenbestand (Sap 4,3) und sind daher verachtet (Philo Mut Nom 132 Plut Amat 5 II 751F (Betz Plut 1978 470); Plut Lysander 22 I 446B) und bösartig (Jos Ant 233). Perikles (Plut 37 I 172 DEF 24 I 165E) weiß, solange seine ehelichen Söhne noch leben, gar nicht, ob sein namentlich von ihm bezeichnenderweise nicht genannter νόθος noch am Leben ist. Die beim Vater den νόθοι gegenüber fehlende Fürsorge, im Hb die fehlende παιδεία, liegt auf der Hand. Abrahams und Jakobs Fürsorge auch für die νόθοι (Philo Congr 6 Virt 224) ist eine Ausnahme, die die archaische Zeit humanisiert. καὶ οὐχ υἱοί ἐστε in p^{13} p^{46} ℵ A D* 33 69 436 1834 d f vg Or Chr; statt οὐχ in 81 2004 οὐχί; ἐστὲ καὶ οὐχ υἱοὶ in D^{1} K L P 6 104 sy^{p} arm aeth Ephr Macar Chr Thret Antioch Dam. Zu υἱός siehe 2,10 1,2 Exk.

9. Sodann: unsere fleischlichen Väter hatten wir als Zuchtmeister und gaben ängstlich nach; werden wir aber nicht vielmehr uns dem Vater der Geister unterwerfen und (so) das Leben haben?

Literatur: OHofius Der Vorhang vor Gottes Thron, 1972; PKatz Philos Bible, 1950; HWeinel Die Auslegung des apostolischen Bekenntnisses von FKattenbusch, ZNW 2, 1901, 26–47.

Beachtlich ist die dualistische Überbietung: leibliche Väter – Vater der Geister; scheues Nachgeben – Unterwerfung. Der Effekt, wirkliches Leben, nur bei der Überbietung. εἶτα; εἰ δὲ sy^{p} arm. Hier logisch, nicht zeitlich oder aufzählend, Bauer 2 Bl-Debr § 35,3, attisch. Weiterführend wie Hi 12,2 Philo Leg All 1,91 Barn 13,2. Hb nur hier; als Einführung eines neuen Argumentes im NT nur hier. τοὺς – ἡμῶν πατέρας. πατέρας fehlt in 81 206. Zu πατήρ siehe 1,1 7,10. Von der Züchtigung der Väter gegenüber den Söhnen im Hb nur hier. μέν, aufgenommen mit (δέ). τῆς σαρκός, siehe 2,14: negativ wie 5,7 9,10.13 10,20. Vergleiche: „das Haus des irdischen Vaters, bei dem es ihr schlecht ging" (Nag Hammadi Cod II6 Exegese über die Seele [ThLZ 101 1976 Spalte 101] p 133 Zeile 25); „meine Mutter, gemäß dem materiellen Körper" (Pist Soph S 8,30f); „die Brüder im Fleische vergehen" (Lidz Ginza R I 128). εἴχομεν; p^{46} (siehe Bauer bei ἔχω) εἴχαμεν. Imperfect: dauernd, solange der Vater lebte (Kleiner Pauly 4,552). Verfasser schließt sich selber in das „wir" mit ein (Kosmala 4). Zu ἔχω siehe 4,14;3,3. παιδευτάς: Bauer ThW siehe bei παιδεία 12,5; Hb nur hier; und zwar nicht Erzieher, Lehrer, wie Sir 37,19 4Makk 9,6 R 2,20; sondern, wegen des Kontextes, Zuchtmeister, wie von Gott Hos 5,2 Ps Sal 8,29. Hier von den leiblichen Vätern; unexplizit folgt aber auch hier: Gott ist ebenfalls in diesem Sinne παιδευτής. Ein Zuchtmeister schilt und schlägt (Philo Jos 74; Simpl 85,8–12 in Kommentierung zu Epict Ench 30 Wettstein). ἐνετρεπόμεθα, Bauer 2b; Hb nur hier. Imperfect wie εἴχομεν. Gemeint ist die Scheu. Vor der Gottheit: oft im AT, zum Beispiel Nu 12,14; in Weichheit des Herzens 4βασ 22,19; neben αἰσχύνεσθαι Ez 36,22, ταπεινοῦσθαι 2Ch 34,27, als Umkehr besonders 2Ch, zum Beispiel: 7,14; also das Gegenteil von sündigen Herm v 1,1,6f. Die Bösen haben die Scheu nicht nötig (zum Beispiel LXX Ps 34,4.26). Auch außerbiblisch vor Göttern (Diod S 19,7,4), besonders vor weiblichen (Dio Chrys 37,33). Scheu vor Gott und vor Menschen hängt zusammen (Lk 18,2.4). Bei Scheu vor Menschen ist zu differenzieren (Sir 41,16–42,8): Vor Vater und Mutter (Sir 41,17 Mk 13,12 Par; auch außerbiblisch Alexis CAF II S 330 Nr. 71). Vor Alter (Sap 2,10 Plut Apophth Lac Instit 10 II 237 D), Würdestellung (Jos Bell 6,273 Plut Mulier Virt 15 II 253 C Mk 12,6 Par) und politischen Wohltätern (Polyb 9,36,10), vor Gemeindeleitern (2Th 3,14 Tt 2,8). Im Hb vor dem Vater: vg *reverebamur;* sah reverencing them; Ps Oec MPG 119,428B: wir hörten auf sie, erröteten vor ihnen. Die Bibel kennt aber eine noch höhere Sicht: das σῴζεσθαι steht *gegen* das ἐντρέπεσθαι Js 45,17 50,7 54,4; Jesus *lockt* die Kinder Mk 10,14 f Par; Paulus will *nicht* ἐντρέπειν 1K 4,14. Hb dagegen überbietet das ἐντρέπεσθαι vor dem leiblichen Vater noch dualistisch durch das ὑποταγῆναι vor der Gottheit. Vanhoyes geistreicher Vorschlag (Structure 201 f), zwecks Besserung der Korrespondenz der Versgliederung ἐντρέπεσθαι als acquérir de bonnes manières zu verstehen (gegen Moffatt), scheint mir zu verkennen: Hb will eine begrenzte mit einer totalen Unterordnung kontrastieren.

οὐ πολὺ – μᾶλλον: so die alte LA in p[13] p[46] ℵ A D★ 33 1834 Dam; statt πολὺ in D² K L 6 104 326 Chr Thret Dam πολλῷ; πολὺ ausgelassen in Ψ. Paulus immer πολλῷ μᾶλλον: R 5,9.10.17 1K 12,22 2K 3,9.11 Phil 1,23 2,12. Hb nie πολλῷ μᾶλλον, sondern nur πολὺ μᾶλλον, 12,9.25. Zu πολὺς Bauer 2cα Bl-Debr § 246; zu μᾶλλον siehe 11,25. Qal Vachomer siehe 9,13. Erziehung und Strafe seitens Eltern und Gottheit auf gleicher Ebene Dt 8,5 Jos Ant 3,311. Gehorsam gegenüber der Gottheit wichtiger (Simpl, siehe oben bei παιδευτάς). So Hb hier: der Abstand von σὰρξ zu πνεῦμα. Nach πολὺ ohne δὲ in ℵ★ A D² I Ψ 048 den meisten latt sy[h]; mit δὲ in p[13] p[46] ℵ² D★ 1739 1881 pc; wahrscheinlich alt LA, Bl-Debr § 447,6 (Riggenbach Windisch Moffatt; gegen Zuntz 189): δὲ im Hb 1,13 3,17 f, auch im Fragesatz. ὑποταγησόμεθα: siehe 2,5. Sich unterwerfen jemand Besserem (Philo Quaest in Gn 3,30), der Gottheit (Pist Soph 95 S 140,13); für extreme Unterwerfung vgl aeth Hen 71,11.

τῷ πατρί. Gott als Vater: zu AT und Religionsgeschichte siehe Quell Schrenk ThW V 946–1024 StrB IV 2 Register unter „Vater". Gott absolut, mit Pronomen possessivum und als Vater Jesu Christi im ganzen NT, siehe Bauer 3; zum Artikel davor siehe Bl-Debr § 257. Im Hb nur 1,5 mit Zitat als Vater Jesu; und hier 12,9. τῷ πατρὶ τῶν πνευμάτων. Statt πνευμάτων in 440 πνευματικῶν, in 88 489 642 1241[suppl] πατέρων. πνεῦμα als Geistwesen siehe 1,14, als verstorbene Gerechte 12,23, als Geistzuteilung 2,4, πνεῦμα anthropologisch 4,12 (ESchweizer ThW VI 444 f). Nu 16,22 27,16 hebräisch sprechen vom „Gott der Lebensgeister alles Fleisches"; ähnlich für „Geist" im Singular Tg J I Nu 16,22 Nidda 31a Str-B III 747 f und im Plural Jub 10,3 Nu R 18,184a Str-B aaO. Gemeint ist in diesen Texten der Mensch als ganzer. Nu 16,22 27,16 LXX: ὁ θεὸς τῶν πνευμάτων καὶ πάσης σαρκὸς verändert durch καὶ in die zwei Gruppen (vgl Katz Bible S 33 Anmerkung 1): körperlose Geistwesen und Menschen (so auch aeth Hen 39,12 neben 38,4 37,4; 1QH 10,8 neben 1,8 f; in einer einzigen Wendung Ditt Syll[4] 1181,1–3 Deißmann LO 351–362; 1Cl 64,1, siehe Hagner 190). Gott der Geistwesen, auch ohne Nennung der Menschen, in aeth Hen 37–71 im allgemeinen 1 QS 3,25 2Makk 3,24 Preis Zaub 5,66 f. Vom Gott nur des πνεῦμα beziehungsweise der πνεύματα der Menschen sprechen Da 5,4 LXX Apk 22,6 Herm v 3,12,3. Gottes πνεῦμα schuf den Menschen und belehrte ihn Hi 33,4; Gott ist δεσπόζων τῆς ζωῆς καὶ τοῦ πνεύματος 2Makk 14,46. Dem Menschen bläst Gott etwas von seiner δύναμις ein, die mehr ist als ein „himmlischer Hauch" (Philo Virt 203 Spec Leg 4,127). Betonter dualistisch hier Hb 12,9: die σὰρξ stammt vom irdischen Vater, die geistige Existenz vom πατὴρ τῶν πνευμάτων. Die Syngeneia klingt an (siehe 2,11). So heißt Gott πατὴρ nicht nur für Adam (Philo Virt 104), sondern für die menschliche ψυχὴ (Philo Som 2,273) beziehungsweise für die ψυχαί (Simpl 85, 8–12 Corp Herm 18,12); ja, erst nach dem Scheiden der ψυχαί aus dem Körper (Act Thom 30 S 147,9 f). „Allein Gott – ist ewiger und unwandelbarer Vater" (Ps Clem Recg 3,54,4). Hb wählt πατὴρ statt θεὸς in Analogie zu V a. Die Präexistenz des menschlichen Ichs wird sichtbar, siehe 2,11. (Vgl Deichgräber 95 Theißen 122 Hofius Vorhang S 93 Anmerkung 265).

Die Exegese-Geschichte spiegelt wider, wie weit Hb sich im Dualismus gewagt hat. Calvin biegt den Text total um: Vater ist Gott für *anima* und *corpus;* der menschliche Vater auch für beides, aber uneigentlich. Erasmus paraphrasis biegt halb um: Gott schafft *corpus* und *spiritus,* der irdische Vater nur *corpus*. πνευμάτων wird verstanden als: Geistesgaben oder körperlose Geistwesen oder menschliche Seelen von MPG Chr 63,205 Ps Oec 119,428B Thphyl 125,373B, letzterer mit Akzent auf ψυχαί; nur als Geistgaben von Thret MPG 82 772D; in variabler Reihenfolge als Menschenseelen oder körperlose Geister von Weinel Auslegung 47 Delitzsch Bleek-Windrath Seeberg Riggenbach Michel Westcott Schiwy; nur als Menschenseelen von Prim MPL 68,778D Thomas Nicolaus de Lyra Erasmus paraphrasis Calvin Bengel deWette[2] Hollmann Windisch Spicq Moffatt Strathmann Kuß Bruce Montefiore. Als befremdlich – meines Erachtens zu Unrecht angesichts des Hb-Dualismus – bezeichnen diesen Text gleichwohl Moffatt Montefiore; auch Bruce, der vor metaphysischer Ausweitung bei der Erklärung des Hb warnt.

καὶ ζήσομεν; siehe 7,8 3,12 4,12. Die Ermahnung ζήσωμεν in K 69 101 326 462 642 1245 1311 2004 ist sinnlos; aber siehe *o-w* 4,16. Vgl den LXX-Stil καὶ ἔζη Nu 21,9, ähnlich Dt 4,42 19,4. Nicht der irdische Vater, die παιδεία des πατὴρ τῶν πνευμάτων, die über das ἀποθνῄσκειν führt, bringt ἀφθαρσία ein (Philo Ebr 140 Act Joh 76 S 189,9), vgl Hb 13,12f. „Denn darin besteht das Leben, der Gottheit unterworfen zu sein" Ps Oec MPG 119,428B).

10. Denn die einen haben wenige Tage hindurch gemäß ihrem Gutdünken Züchtigung geübt; er aber so, daß es Erfolg hat: wir bekommen Anteil an seiner Heiligkeit.

Warum ist die Unterwerfung unter den Vater der Geister wichtiger als die Unterordnung unter die fleischlichen Väter? γάρ: die Züchtigung seitens der letzteren ist unwirksamer: infolge der begrenzten Dauer und der Verhaftung der Väter an menschliche Maßstäbe. Den wahrhaften Nutzen erzielt der göttliche Zuchtmeister: er bezieht den Menschen in seine Heiligkeit ein.

οἱ μέν, die irdischen Väter, bezogen auf ὁ δέ; siehe 7,18. א, ὁ statt οἱ, denkt schon hier an Gott. γὰρ begründet das πολὺ μᾶλλον V 9. πρός hier von der Zeitdauer, wie noch 12,11, auch in Evangelien und Paulus, Bauer III2b: nicht final, als sollte die Züchtigung nur diesem Leben dienen. ὀλίγας ἡμέρας: statt dessen ὀλίγον in 81 1319. ἡμέρα siehe 3,8; ὀλίγος Hb nur hier: Bauer 1a Seesemann ThW V 172f Preisigke Wört II 167. πληρωθῆναι der ἡμέραι ist zwar Tod (1Ch 17,11); und die Tage sind bis dahin unter Umständen ὀλίγαι (LXX Ps 108,8). Hb meint hier aber nur die Spanne von der Geburt des Sohnes bis zum Tode des Vaters (siehe 12,9) oder bis zum eigenen Tode des Sohnes noch bei Lebzeiten des Vaters, also die Zeit, in welcher der Sohn der Züchtigung untersteht (so Delitzsch und viele Neuere); Hb meint nicht die gesamte Lebensdauer des Sohnes (gegen Ps Oec und Thphyl MPG 119,428C 125,373B, die auf die Todbegrenztheit hinweisen; gegen Thomas Nicolaus de Lyra Erasmus paraphrasis Calvin Bengel vSoden Westcott, die zum Teil das weltliche Züchtigungsziel betonen, dessen Erfolg das ganze Leben hindurch andauere). Der Text tröstet nicht mit der Kürze dieser Spanne, er begrüßt die Kürze auch nicht wie Sap 16,6 2K 4,17 1Pt 1,6. Er stellt ihr auch nicht die noch kürzere göttliche Züchtigung gegenüber (gegen Wettstein Bleek-Windrath Montefiore). Die Kürze hat freilich zur Folge den sich aus ihr ergebenden geringen Effekt, wie Apk 12,12 17,10: die Hörer hatten als junge Menschen sich einer Züchtigung gebeugt, die, weil kurzfristig auf dem Boden der σάρξ, nichts Rechtes erreichen konnte. κατὰ τὸ δοκοῦν αὐτοῖς. αὐτοῖς, die Väter; statt dessen in L αὐτούς, abhängig von ἐπαίδευον, die Söhne. Hinter ἡμέρας Veränderung und

Umstellung in D★: ἐπαίδευεν ἡμᾶς καὶ τὰ δοκοῦντα αὐτοῖς: nun ist Subjekt Gott, der die Söhne und das Gutdünken der Väter züchtigte; in d; *erudiebant nos secundum voluntatem suam;* vg: *secundum voluntatem suam erudiebant nos*. δοκέω, siehe 4,1. κατὰ τὸ δοκοῦν Bauer 3a Kittel ThW II 235f; in LXX nicht, im NT nur hier. Es bezeichnet das Gutdünken; nicht sinnlose Willkür, die in Lucian Tim 25 nicht dem Zeus, in Simpl zu Epict Ench ed FDübner 50,41f nicht den Toren, von ihrem Standpunkt aus geurteilt, vorgeworfen wird, bei Wettstein. Aber dies Gutdünken der Väter beim Schelten und Schlagen (siehe 12,9) kann zur Folge haben, daß Plutarch (Lib Educ 18 II 13C Wyttenbach) die Väter mahnen muß, an das eigene Jungsein sich zu erinnern; vgl Eph 6,4 Kol 3,21. Auch Dio Chrys 5,29 wertet die von Menschen geübte Züchtigung gegenüber der seitens der Götter als „schwach und voll von vielen Gefahren und nicht geringem Trug" ab (Spicq); Ovid Amor 1,15,17: *„durus pater"* (Moffatt); Luther Glosse nennt diese Züchtigung „sogar oft schädlich". Gute Texte zum Thema bei Moffatt. ἐπαίδευον, siehe 12,6; wie bisher „züchtigen"; Imperfect: regelmäßig. Philo Jos 74 urteilt über Eltern positiver.

ὁ δέ, der Vater der Geister; jetzt ist zu ergänzen παιδεύει. Statt ὁ: in 440 489 823 οἱ, also die Väter. ἐπὶ τὸ συμφέρον. ἐπὶ final, Bauer III 1bη, siehe auch 6,1. Statt συμφέρον: συνφέρον D★, siehe 9,24; συμφέρων A, siehe 4,16. Bauer 2bγ Weiß ThW IX 71–80 Bl-Debr § 187,8 353,5. Hb nur hier. Gott gewährt das Schöne und Zuträgliche Test XII G 7,2. Für die Menschen ist nützlich: Fürbitte (Test XII G 7,1), Wahrheitsliebe (Philo Jos 77), die umfassende christliche Botschaft (Ag 20,20), die Überordnung der Gemeindeinteressen (1K 12,7), die Ehelosigkeit (1K 7,35 in F G Ψ und den meisten Handschriften). Die Wahl des rechten Nutzens, die Unterordnung unter das Bessere (Philo Quaest in Gn III 30), ist schon innerweltlich hart: vgl die Beispiele von dem Schmerz bereitenden Arzt, dem man gleichwohl um des Nutzens willen gehorcht (Dio Chrys 14,9 Wettstein); so im Blick auf die Gottheit Philo Praem Poen 33f Simpl zu Epict Ench, ed FDübner 41,10–22 Wettstein. Martyriumsscheu als falsches συμφέρον ist abzuweisen (4Makk 5,10f), die Bedrängnis als das Nützliche zu akzeptieren (Herm s 7,5). So Hb hier von der Züchtigung durch Gott, die an dessen Heiligkeit Anteil gibt. Er empfiehlt das, was Nutzen bringt (Ps Clem Hom 20, 2,6); als der einzige –, ewige und unwandelbare Vater (Ps Clem Recg 3, 54,4). εἰς τὸ μεταλαμβάνειν. εἰς τὸ fehlt in ℵ★; statt εἰς: in 1908 πρός. Zu εἰς τὸ final siehe 2,17. μεταλαμβάνειν siehe 6,7. p[46] verschreibt in μεταβαλεῖν. Von der Teilnahme an christlicher Erziehung für Kinder der Gemeinde 1Cl 21,8. τῆς ἁγιότητος αὐτοῦ, Bauer Procksch ThW I 115. ἁγιότης im NT nur hier und 2K 1,12 in p[46] ℵ und vielen Handschriften. Sie eignet dem Sabbat 2Makk 15,2. Im vierten Himmel verweilt die große Herrlichkeit, hoch über jeder Heiligkeit (ὑπεράνω πάσης ἁγιότητος) Test XII L 3,4. Die Glaubenden haben nun Zutritt zu ihr 10,19; vgl 2,11.17 10,10.14.29 13,12: Jesus ist in sie eingetreten; die Seinen, Züchtigung auf sich nehmend, können folgen. „Das Ja zu Gott wird zur Verwandtschaft (συγγένεια) mit ihm" (Philo Congr 177).

11. Jegliche Züchtigung aber scheint für den Augenblick zwar nicht Freude, sondern Trübsal zu sein; danach jedoch bringt sie für diejenigen, die durch sie geübt sind, die Friedensfrucht der Gerechtigkeit ein.

Zu 12,11 bei Orig siehe Greer 30f. Die Züchtigung hat, organisch wie die Pflanze die Frucht, den rechten friedlichen Wandel zur Folge für diejenigen, die sich durch sie einüben lassen. Der Schein, als ob sie Trübsal bleibt, kommt als Trug an den Tag: sie erweist sich als Freude, aber erst letztlich. Nach den vorangehenden paränetischen Anklängen V 7–9 jetzt eine abschließende Feststellung, an die die ausdrückliche Mahnung sich anschließen wird V 12ff. Hb verwendet hier einen biblischen, jüdischen und gesamt-antiken Topos: wer Not durchsteht, gelangt zur Freude. Zum Beispiel: Prv 6,23; Azarja Pesiq 179b Str-B II 278; 2K 4,17; Aristot Diog L 5,1,18 und Lib Progymnasmata Chriae γ als Ausspruch des Isoc: bittere Wurzel, süße Früchte. Der Erfolg einer Behandlung liefert die Frucht (τὸν καρπὸν ἀποδιδοῦσα) der vorausgegangenen ärztlichen Mühen (Galen De dignot puls 1,1 ed Kühn VIII S 772f Wettstein).

πᾶσα, siehe 2,2 10,11. Der Topos meint auf profanem Boden die Ausnahmslosigkeit des positiven Ausgangs. Philo Quaest in Gn 3,25 bezweifelt die Allgemeingültigkeit eines positiven Ausgangs für die λύπη. Hb denkt bei der christlichen Züchtigung, also für V b, sicher an Ausnahmslosigkeit für die, die geübt sind (Delitzsch Riggenbach Michel). δέ, bestbezeugt durch p[13] p[46] ℵ[2] A D[2] H K L Ψ 6 81 326 630 die meisten f vg sy[p] sa bo Chr Thret Dam Aug; μὲν in ℵ* P 33 93 226* 256 794 919 1739 1836 1881 d z Or; beides fehlt in D* gr **048** 104 460 917 arm aeth Or Chr (siehe Zuntz 190). δέ ist sinngemäß: die Heiligkeit V 10 ist *aber* noch unter dem Gegenteil verdeckt. πρὸς – τὸ παρὸν meint die kurze Dauer der Züchtigung; Gegensatz ist nicht die nahe Parusie 10,37 (gegen Thomas, der *hic* und, als *gloria, ibi* gegeneinandersetzt; ähnlich auch gegen Michel Wilckens ThW VIII 593). Denn das weiterführende ὕστερον hebt ja auf die Frucht für den irdischen Wandel ab (siehe Gräßer Glaube 158). Bauer Preisigke Wört II 264b. πρὸς τὸ παρὸν im NT nur hier. Sonst noch: mit der Fortsetzung „nicht wieder" Jos Ant 6,69, „für die Zukunft" Dio C 41,15,2, „für das Nachher" Lucian Epist Saturn 2,28; ohne Fortsetzung Thuc 2,22,1 3,40,7 Plat Leg 5,7 II 736A. Ähnliche Bildungen κατὰ τὸ παρὸν 3Makk 3,11 Mart Pol 20,1; εἰς τὸ παρὸν Philo Gig 67; παραυτίκα 2K 4,17; Spicq πρὸς ὥραν 2K 7,8. Zum Inhalt hier, aber anders als Hb eschatologisch gemeint: „du, Verfolger, nimmst uns fort aus unserem gegenwärtigen Leben, Gott aber wird uns erwecken zu einer ewigen Lebenserneuerung" (2Makk 7,9). μὲν-δέ, siehe 7,18; μὲν fehlt in 2 256 1319 2127. μὲν-δὲ siehe Lucian Epist Saturn oben. οὐ δοκεῖ, siehe 4,1: Trübsal tritt ein, ist aber, wie Schädigung Strafe (Philo Quaest in Gn 4,172), nicht letzte Realität. Wer das durchschaut, akzeptiert die Züchtigung Ps Sal 3,4; „begehrst du Leben, so begehre Leiden" Lv R 30 (127d) Str-B II 727. Daher 12,5 das verbietende „achte nicht gering" (vSoden). Auch die Hermetik (Fr div 19 Festugière IV) tadelt die Schmähung der körperlichen Zuchtmittel. χαρᾶς, siehe 10,34. χαρὰ wäre situationsgemäß: „deine Zurechtweisung wurde mir zur Freude und Wonne" 1 QH 9,24 (Braun Qumran-NT I 268). Freude und Trübsal gelten hier nicht, wie in der Hermetik (Stob I 288,27 – 289,5), als gleichermaßen schädlich; sie können, beide mit gleicher Stärke, umschlagen (Philo Leg Gaj 15). εἶναι mit Genitiv siehe 5,14. λύπης: Bauer Bultmann ThW IV 314–325. Trübsal *und* Freude machen zwar weinen (Xenoph Hist Graec 7,1,32), sie lassen verstummen (Philo Rer Div Her 3); aber Hb meint hier nicht das ἅμα (Zugleich) beider von Plat Phileb 21 II 36B. Hb nur hier. Er denkt an das Gegeneinander (wie Tob 1,1 ℵ Prv 14,13B Test XII L 17,2.4 Jud 25,4αβS[1]

Philo Leg All 3,247 Det Pot Ins 124.140 und öfter 2K 2,3 Joh 16,20–22 Herm v 3,12,2 s 1,10). Denn Trübsal entsteht aus dem Schelten, Strafen und Fesseln seitens des Züchtigers (Philo Migr Abr 116 Spec Leg 2,232; Moffatt). Sie ist dem Zwang nahe 2K 9,7; siehe 10,34. Wie im Hb erzeugt auch bei Philo (Det Pot Ins 119) gegenwärtiges Übel Trübsal, ist aber dabei gesundmachendes Heilmittel (Praem Poen 170). Als bittere *Medizin* Thomas Nicolaus de Lyra; vgl Galen oben. Jede Trübsal zielt ab auf eine gute Züchtigung Herm s 6,3,6 (Windisch).

ὕστερον; dahinter statt δέ: 1898 γάρ; vielleicht Begründung für: „nur für den Augenblick". Bauer 2a Wilckens ThW VIII 590–600 Bl-Debr § 62. Hb nur hier; im NT sonst nur Evangelien, besonders Matthäus. Hier temporal als Komparativ: nach der Züchtigung. ὕστερον steht hinter: „vorher" (Xenoph Mem 2,6,7); „zunächst" (Prv 5,3f); „im Augenblick" (Sir 1,23); „auf Zeit" (Test XII Jos 3,8); „anfänglich" (Jos Ant 1,216f); „wiederum" (Mt 21,37); „danach" (Mk 16,14); „jetzt" (Joh 13,16). Vgl Isocr Demonicus 47 (12c). Umgekehrtes Gefälle: Gottlosigkeit und Unbildung bringen εἰς ὕστερον eine sehr bittere Frucht zur Reife (Plat Epist 7 III 336B Wettstein). καρπόν: Bauer 2a Hauck ThW III 617–619. Im Hb noch 13,15. Als Produkt der Zucht Philo Plant 114 116 126; ohne καρπὸς allgemein formuliert Sap 3,5 Philo Congr 167 2K 7,10. Die Frucht hier ist nicht selbstgesät, also anders als in dem Sprichwort: „ernte die Frucht, die du gesät hast" (CPG II 57 S 77). Die Frucht ist hier nicht der von der Gerechtigkeit hervorgebrachte Ertrag wie Prv 3,9 13,2 Am 6,12 (gegen Thomas Nicolaus de Lyra); sondern das gerechte Verhalten ist im irdischen Wandel Frucht geworden (wie Philo Omn Prob Lib 70); Frucht und Gerechtigkeit fallen zusammen (wie Phil 1,11: durch Jesus zustande gekommen; Jk 3,18: als gesäte Frucht; Hb 12,11: als geerntete; Herm s 9,19,2); also Genitiv des Inhalts (Bl-Debr § 167; vgl ohne Genitiv Eph 5,9). So erklären, uneschatologisch, die meisten: aus der harten Züchtigung süße Früchte (Chr MPG 63,209); Kinder, erwachsen geworden, werden den Eltern dankbar (Erasmus paraphrasis). Luther Glosse findet hier die *theologia crucis;* aber Paulus stellt 1K 1,18 ff das Beharren beim Gekreuzigten gegen Zeichen und Weisheit, Hb meint den zeitlichen Übergang von Trübsal zu friedvollem Handeln. Anders als Hb 12,11, wo die Züchtigung mit ihrer Trübsal die Frucht, das ist die Gerechtigkeit, zustande bringt, bewirken die Früchte der Gerechtigkeit die Freiheit von Trübsal Ep Ar 232. Ebenso anders als im Hb bringt in Epicur fr 119 die Gerechtigkeit als ihre größte Frucht die Unerschütterbarkeit hervor. Zu δικαιοσύνη siehe 5,13. Statt δικαιοσύνης: in 33 δικαιοσύνην, also als Attribut zu καρπόν. Kunstvolle Wortstellung, siehe 6,7. Züchtigung und Gerechtigkeit gehören, wie Hb 12,11, zusammen: die Strafe macht – gerechter Plat Gorg 34 I 478; vgl. Bar 4,13 4Makk 1,16–18; siehe den Wechsel von παιδία und δικαιοσύνη in ℵA gegen B in Sir 38,33 (38); siehe auch Philo Ebr 23 Som 1,49 Quaest in Gn 4,214 2Tm 3,16. Darum hängt von dem Züchtigungsleiden der Eintritt in die zukünftige Welt ab Gn R 9,7a Str-B I 253 oben; vgl Str-B III 222 zu R 5,3A III 445 zu 1K 11,32. εἰρηνικός: Bauer Foerster ThW II 417. Dem Hb ist der Friede als Verhalten wichtig, siehe 7,2 11,31. εἰρηνικός im Hb nur hier, im NT nur noch Jk 3,17, vgl Js 32,17: friedvoll, friedfertig. Anders als die frühere Trübsal (Calvin); jetzt ohne Auflehnung gegen den Züchtiger (Bengel Moffatt); nach dem Kampfe des Sichübens (Delitzsch); „ein stilles, ruhiges, beständiges, friedliches Leben" Philo Abr 27. Auch Friede und Gerechtigkeit gehören zusammen Jk 3,18. Nicht der Geist wie Gl 5,22, sondern die Züchtigung bringt laut Hb Frieden hervor; „Zurechtweisung führt zum Frieden" Gn R 54 zu Gn 21,25. Darum: eine gegenwärtige Annehmlichkeit nicht überschätzen Dio C 41,27,3 Wettstein. *ἀποδίδωσιν*, für das Zustandebringen der Gerechtigkeit seitens der Züchtigung im NT nur hier; Plato Ep 7, siehe oben bei ὕστερον, formuliert: ἀποτελεῖν (vollenden) eine Frucht, also nicht mit Einem Mal; zum „habet" bei Thomas. ἀποδίδωμι Bauer 1 Büchsel ThW II 170f. Objekt: „Frucht". Unübertragen Lv 26,4 Ez 34,27A Apk 22,2 Herm s 2,8; übertragen: in positivem Sinne wie Hb 12,11 Galen siehe oben Plut Cons Uxor 8 II 610E Betz Plut 1978 432; negativ Plut Ser Num Vind 2 II 549B Betz Plut 1975 190. Dies Verb in anderer Bedeutung noch Hb 12,16 13,17. τοῖς γεγυμνασμένοις: in L, wie im vorausgehenden αὐτῆς, γεγυμνασμένης. γυμνάζω, siehe 5,14. Auf die Züchtigung also willig eingehen, nicht bloß sie passiv hinnehmen. Vgl Philo Quaest in Gn 3,26 (16,6): „heiter sagt die Seele ja zu den Strafen". εἰ αὐτῆς, gemeint ist die Züchtigung. Sie macht den Kämpfer stark und unbesiegbar (Chr MPG 63,209 Cramer Cat 263). Statt αὐτῆς: in D^{gr} αὐτοῖς, bei Ephr αὐτήν.

12. Darum richtet die erschlafften Hände und die geschwächten Knie wieder auf

V 12–29. Die „letzte Drohrede" (Schierse 148f): die Gerechtigkeitsfrucht wird nun als Verpflichtung entfaltet. Freilich gilt immerhin noch: ihr seid herangetreten 12,22 (Theißen 95). V 12f leiten über; insofern können Vanhoye Structure 203 und andere anders abteilen. V 12: die eingetretene Erschlaffung der Glieder, übertragen gemeint, muß in eigener und gegenseitiger Stärkung rückgängig gemacht werden. Die Anspielung (siehe Schröger 205) auf Js 35,3 und Sir 25,23 (vgl dazu Ahlborn 7 Anmerkung 1) erweitert die LXX-Texte um ἀνορθώσατε; zum nicht-qumranischen Sinn siehe Braun Qumran-NT I 268.

διό, siehe 3,7: weil die heilsame Züchtigung, V 11, verpflichtet. τὰς χεῖρας, siehe 1,10 6,2. Medizinisch, also unübertragen vom Körperglied, Aret III 7,3 Wettstein. Schon Js 35,3 Sir 25,23 wie Hb 12,12 übertragen: „zum Tun des Guten" Nicolaus de Lyra. παρειμένας: Bauer 2a Bultmann ThW I 506–509 Bl-Debr § 97,3. Hb nur hier: „erschlafft"; im NT nur noch Lk 11,42, activisch, „vernachlässigen". Medizinische Fachsprache: παρίεται – χείρ, Aret, siehe oben. Dies Verb bei χεῖρες, wie Sir 25,23: Zeph 3,16 Sir 2,12(14) Jos Ant 13,343, verneint 1 Q Hab 7,11f; bei „rechte Hände" Heliodor 5,7. Ähnlich χεῖρες mit: ἀνίεσθαι (abgespannt sein) Js 35,3, mit ἐκλύεσθαι (entkräftet sein) 2 βασ 4,1. παρίεσθαι mit ψυχῇ Philo Deus Imm 15, mit σῶμα und ψυχῇ Plant 160. παρίεσθαι wie im Hb neben παραλύεσθαι Dt 32,36 2 βασ 4,1 Jer 20,9 3Makk 2,13 Philo Omn Prob Lib 26. Das παρίεσθαι kann auf Krankheit beruhen Eur Or 881 Greg Naz MPG 36,405B (neben λύεσθαι) Wettstein. Der παρειμένος Arbeiter gilt, getadelt, aber auch als träge, siehe 1Cl 34,1.4; das wird hier, in Hb 12,12 übertragen, anklingen, vgl 5,11. Das Antreiben, wie Hb es hier tut, ist offenbar nötig; außerchristlich besorgte es Hermes (Cornutus 16, ed Osannus 1846 S 66). τὰ γόνατα Bauer Schlier ThW I 738–740. Verbunden mit „Hand" Hi 4,3f Js 35,3 Sir 25,23. Hände Ausdruck der Kraft, Füße der Bewegung Thphyl MPG 125,376A. Der Wettkampf, 12,2, mag hier anklingen; den Ton hat der Wettkampf (wie bei Erasmus paraphrasis) oder gar der Faustkampf (wie bei Philo zum παρειμένος Omn Pro Lib 26 und bei Thphyl aaO) hier im Hb nicht. γόνατα παραλελυμένα Js 35,3 Sir 25,23. Ähnlich γόνατα mit „versagen" (Aristoph Lys 216 Wettstein), mit „kraftlos sein" (Hi 4,4), „aneinanderschlagen" (Da 5,6 Th); mit „Lähmung" (Laudatio Therapontos 20 De incubatione LDeubner), mit „Auflösung" (Na 2,11), „Schwäche" (Aret III 7,2 Wettstein). γόνυ im NT außer Hb 12,12 nur vom Kniefall. παραλύεσθαι Bauer, Hb nur hier. Dies Verb mit γόνατα Js 35,3 Sir 25,23 Ps Sal 8,5; mit Schenkel Epict Diss 2,18,3 Wettstein; mit Hände Jer 6,24 27(50),15.43 Ez 7,27

21,7(12); mit rechte Hände Jos Bell 3,386; mit Glieder 3Makk 2,22; mit Kämpfer Jer 27(50),36. Absolut Dt 32,36 (siehe oben bei παρίεσθαι); im NT Lk 5,18.24 Ag 8,7 9,33, also nur Lk; Artemid Onirocr 1,50 (= μὴ ἰσχύειν keine Kraft haben). ὑπολύεσθαι mit γόνατα, aufgelöst werden Aristoph Lys (siehe oben bei γόνυ). ἐκλύεσθαι mit χεῖρες 2 βασ 4,1; absolut Epict Diss 2,19,20 entkräftet werden. λύεσθαι absolut Greg Naz (siehe oben bei παρίεσθαι). ἔκλυσις γονάτων, Schwäche der Knie medizinisch Aret III 7,2 (siehe oben bei γόνυ). Hb verwendet hier also eine variable Terminologie. ἀνορθώσατε: Bauer Bl-Debr § 67,2. Medizinisch: den leidenden Schenkel gerademachen und aufrichten (Themist I p 14C Wettstein). Ez 16,7 nicht als „wieder gesundmachen". ἀνορθοῦν, Objekt eine verkrümmte Frau Lk 13,13; die Vokabel außer Hb nur Lk. Vgl als ähnlich Od Sal 6,16; freier Js 35,3 Hi 4,4; von Gott: Gefallenes wiederaufrichten Philo Migr Abr 122.

13. und stellt geradeaus führende Geleise für eure Füße her, damit das, was lahm ist, sich nicht ausrenkt, sondern vielmehr geheilt wird!

Die Geleise, geradeaus führend, sollen den angestrengten Füßen, statt der drohenden Ausrenkung, Heilung verschaffen. Ohne Bild: damit die Gerechtigkeitsfrucht, beim Durchhalten der Züchtigung, zustande kommt. Die Hörer sind also gefährdet, V 12. Der Text von καὶ bis ὑμῶν bildet einen Hexameter nur dann, wenn das nicht ursprüngliche ποιήσατε gelesen wird, siehe Bl-Debr § 487.

τροχιάς; τὰς davor in 69 462 verwandelt das Attribut ὀρθὰς in ein Prädikatsnomen. Zur Schreibung τροχειὰς in p^{46} siehe 4,11. Bauer Liddell-Scott. Im NT nur hier. Hb spielt fast wörtlich auf Prv 4,26 an (Schröger 206). Hier also nicht ein Maschinenteil wie bei Philo Mechan 54,40–42, sondern „Geleise"; nicht *gressus* (Schritte) vg; mit Recht Riggenbach. Nur in Prv 4,26 und Hb 12,13 soll geradeausführende Geleise herstellen der Mensch; sonst tut es die leitende Gottheit (Prv 4,11.27b). τροχιά wird neutral in Prv 5,21, negativ in Prv 2,15 5,6 verwendet. Wie Hb 12,13 τροχιὰ mit ὀρθὸς Prv 4,11.27b; als Objekt von ποιεῖν Prv 4,26.27b. Gegenteil von τροχιαὶ ὀρθαὶ etwa a treckless path oder way (Philo Quaest in Gn 4,242 Ex 1,19). ὀρθάς: Bauer 1b Preisker ThW V 450f. Hb nur hier. Unübertragen: vom Menschen Ag 14,10; von der Straße Ag 9,11 Jos Ant 6,13. Übertragen, wie Hb 12,13, von der ὁδός: Gott führt auf ihr Jer 38(31),9, von Menschen abgelehnt Ag 13,10 2Pt 2,15. Vermeintliche ὁδοὶ ὀρθαὶ Prv 12,15 14,12 16,25. Vgl εὐθὺς bei τρίβος Mk 1,3 Par, bei ἄτραπος Philo Poster C 102. Gegensatz zu ὀρθὴ ἄτραπος ist, ähnlich wie Hb 12,13, „nichts Vernünftiges sagen und denken" Philo Som 2,134. Gute Verdeutlichung zu Hb 12,13 in Herm m 6,1,2.4; ὀρθὸς „geradeausführend" ist nicht gleich ὁμαλὸς „eben" (gegen Thphyl MPG 125,376B; mit Recht Riggenbach); Gegensatz zu ὀρθὸς ist στρεβλὸς „krumm". ποιεῖτε, bestbezeugt in p^{46} ℵ* P33 917 1831 Or (siehe Zuntz 174 Beare 393); ποιήσατε in ℵ^2 A D K H L Ψ den meisten Chr Thret, sekundäre Angleichung an den Imperativ Aoristi V 12; ποιήσετε in **048**. Also hier nicht Praesens nach Praesens wie 3,12f 10,22. ποιεῖν siehe 6,3; mit Dativ wie 8,9. Zu τροχιὰς ποιεῖν siehe oben bei τροχιαί. ποιεῖν εὐθείας τρίβους Mk 1,3 Par. Hier also nicht „einen Weg zurücklegen" wie Mk 2,23. τοῖς ποσὶν ὑμῶν. πούς, siehe 1,13. In Disteln mit nackten Füßen zu gehen ist schwierig, Herm s 9,20,3. Die Bestrebungen sollen – sozusagen mit geraden Füßen (ἀρτίοις ποσί) vor sich gehen Philo Poster C 80.

τὸ χωλόν: Bauer; Hb nur hier. Ähnliches Neutrum Dt 15,21 Mal 1,8.13. Unübertragen für Kultunfähigkeit von Priester Lv 21,18 und Opfertier Dt 15,19.21 Mal 1,8.13; für Personen sonst 2 βασ 9,13 Js 33,23 35,6 Jos Ap 2,23. Im NT öfter in Evangelien und Ag;

nur unübertragen. Übertragen, wie Hb 12,13: eine lahme Staatsverwaltung (Philo Praem Poen 56); von der Hüftpfanne der Seele, für deren Überheblichkeit das χωλεύειν („lahmen") gerade gut ist (Philo Som 1,131, vgl. Praem Poen 47). Wie Hb in paränetischem Zusammenhang Plut Cim 16,10 I 489C mit χωλός; mit ähnlichen Ausdrücken des Ausgleitens und Versteifens Philo Cong 28 Act Joh 69 IIa S 184,15.18. χωλὸς mit ποὺς 2 βαο 9,13 Mk 9,45 Par Ag 14,8; mit ἰᾶσθαι Ag 3,11 vl. ἐκτραπῇ; in Ψ ἐντραπῇ. Bauer; Hb nur hier. In LXX nur activisch vom Schöpfer, der Finsternis in Frühe verwandelt Am 5,8. Im NT außer Hb passivisch mit medialem Sinn „sich abwenden" als Abfall, immer mit „wohin": 1Tm 1,6 5,15 6,20 2Tm 4,4. Als „sich abwenden" auch absolut, zum Beispiel Philo Deus Imm 164 Jos Bell 1,614 Ign Mg 11,1. Auch als „meiden": die wirklich schlechten Dinge Muson S 26 Zeile 3 f; die Lahmen Lucian Pseudolog 17. Diese Bedeutung „vom Wege abkommen" wäre auch Hb 12,13 möglich; so erklären Thphyl MPG 125,376B Thomas Nicolaus de Lyra Erasmus paraphrasis adnotationes Luther Glosse Bengel Delitzsch Seeberg Riggenbach Spicq Strathmann Michel Barclay. Ein besserer Gegensatz zu ἰᾶσθαι ist aber ein konkreter physischer Defekt. So ἐκτρέπεσθαι „sich verrenken" im medizinischen Sinne, vgl παρίεσθαι παραλύεσθαι ἀνορθοῦν V 12: neben Biegung und Bruch als Ausrenken des Gliedes Hippocr κατ' ἰητρεῖον (ärztliche Werkstatt) 14; als Ausrenken des Gesäßes, neben dessen Vorfall (προπίπτειν) Diosc II 15; von der Schulter eines Pferdes, das dann ins χωλαίνειν (lahmen) gerät Corpus Hippiatricorum I 26,6 S 126,23 f. So „ausrenken" Hb 12,13, natürlich übertragen: das weitere Laufen, 12,1, soll möglich sein. So Hugo Grotius Annotationes in NT II 1 1756 S 934, noch ohne lexikalische Begründung, die inzwischen vorliegt; und: deWette[2] Bleek-Windrath vSoden Hollmann Windisch Héring Moffatt Kuß Bruce Westcott Montefiore Schiwy. Für ἐκτρέπεσθαι die Bedeutung verfehlend, aber den Gesamtsinn treffend, denken Chr Ps Oec MPG 63,209 119,429C Prim MPL 69,779D und Calvin, als zweite Möglichkeit, an eine Ausweitung des Lahmens. ἰαθῇ; in 440 ἰαθῆναι. Bauer 2 Oepke ThW III 194–215; Bl-Debr § 311,1. Hb nur hier. In LXX von Krankheiten, zum Beispiel „meine Gebeine" (Ps 6,3), also unübertragen; von Lahmen zwar nicht mit ἰᾶσθαι, aber mit konkret formuliertem Heileffekt (Js 33,23 35,6). Skepsis gegenüber Lahmenheilung in Epidaurus Ditt Syll[4] 1168,35 f. In LXX übertragen oft von Sünden (zum Beispiel Dt 30,3 LXX Ps 102,3). Ähnlich Test XII Seb 9,8 bdg. Im NT unübertragen viel in Evangelien und Ag, auch Jk 5,16 1Cl 59,4 Barn 8,6. Übertragen auch außerbiblisch: Kinder, gegen ihren Willen (Jul Ep 61 p 424a); Sparta heilt die Griechen (Ael Arist 13 p 273D); heilen und aufheben der Lebensnöte (Plut E Delph 1 II 384F, siehe Betz Plut 1975 S 87). Heilung von Streit (Jos Ant 16,125). Heilung geistlich von Personen und Sünden: Mt 13,15 Lk 4,18 Koine Ag 28,27 1Pt 2,24 1Cl 15,6 56,7 2Cl 9,7 Barn 5,2 14,9 Herm v 1,1,9 1,3,1 s 5,7,4 9,23,5 9,28,5. Act Thom 60 IIb S 177,13 f. So Hb hier von der geistlichen Schwäche. δὲ μᾶλλον, siehe 11,25. vg stellt um: *magis autem sanetur*.

14. Nach Frieden mit allen trachtet und nach der Heiligung, ohne die niemand den Herrn sehen wird!

Literatur: BGärtner The Temple and the Community in Qumran and the NT, 1965; OHofius siehe V 9.

Die Hilfe gegenüber den Gefährdeten bringt bei den Helfern leicht Überheblichkeit hervor; daher Friede mit *allen*. Aber im Blick auf die Nähe der Gottesstadt V 22 ist dabei

Reinheit unerläßlich (Gärtner Temple 91). Beides, Frieden und Heiligkeit, gilt es entschlossen zu erstreben. V 14–16 in Umstellung der Wortfolge, unter Voransetzung von μᾶλλον δέ, zitiert Cl Strom 4,28,2 (Bd II 305), Mees 235.

εἰρήνην, siehe 7,2; εἰρηνικός siehe 12,11. Außerbiblisch geschätzt bei Philosophen (Dio Chrys 38,14 39,2), Historikern (Diod S 16,60,3 Ditt Syll[4] 685,12–15); in der Stoa mit Zeus identifiziert (vArnim II 1076,9–11). Hb bezieht sich frei auf LXX Ps 33,15 ζήτησον εἰρήνην καὶ δίωξον αὐτήν. εἰρήνη steht gegen μάχη Prv 17,1; sie meint hier nicht das Heil (gegen Moffatt). Ähnlich wie Hb Abot I 12b; auch die Mahnung des sterbenden Mattathias Jos Ant 12,283. Im NT paränetisch zentral das Friedestiften Mt 5,9 und das Friedehalten Mk 9,5 1Th 5,13 2K 13,1 R 12,18 14,19 2Tm 2,22; siehe auch Hb 11,31. Der Bezug auf LXX Ps 33 wie Hb auch 1Pt 3,11 1Cl 22,5; εἰρήνη im 1Cl wegen des Brief-Anlasses besonders intensiv: als Ziel 19,2, neben Einmütigkeit 20,10. διώκετε: Bauer 4b Oepke ThW II 232 Preisigke Wört I 392 1); im Hb nur hier. Objekte: „Ahnsehen" Ditt Syll[4] 1268,11; in LXX zwar nicht, wie Hb, ἁγι-Stämme, aber besonders δικαι-Stämme Dt 16,20 Prv 15,9 Js 51,3 Sir 27,8, auch „das Wort Gottes" 2Esr 9,4 oder „den Herrn erkennen" Hos 6,3. διώκειν auch zusammen mit ζητεῖν εἰρήνην LXX Ps 33,15; vgl Abot I 12b. Objekt von διώκειν bei Jos Ant „das Gerechte" (6,263). „Tugend" (6,343). Bei Rabbinen „dem Frieden nachjagen" Str-B I 217f III 748. „Wer mit Frieden den Anfang macht, beseitigt Auflehnung und Feinschaft" (Philo Quaest in Ex II 11). Für die Essener siehe Braun Radikalismus I 81 Anmerkung 12. Im NT Objekte von διώκειν: Gerechtigkeit und Ähnliches (R 9,30f 1Tm 6,11 2Tm 2,22, vgl. 1Cl 22,5 2Cl 18,2); Liebe (1K 14,1); Gastfreundschaft (R 12,13); das Gute (1Th 5,15); εἰρήνη-Bildungen (R 14,19 1Pt 3,11; Jk 3,18 Spicq); διώκειν absolut mit dem Ziel des Ergreifens Phil 3,12. Hb verwendet also eine vorgeprägte Wendung und meint: der Friede ist fern (Thphyl MPG 125,376D), es bedarf der Anstrengung des „trachtens nach". μετὰ πάντων. εἰρήνη μετὰ 2Tm 2,22, Vgl R 12,18. πάντες, siehe 3,4 2,11. „mit allen" fehlt im Bezugs-Ps 33, ist also, wie auch die Achterstellung zeigt, dem Hb wichtig. Daher hier nicht: mit allen Menschen (wie Sir 6,6 Prv 3,17 S Nu 6,26 § 42 Str-B III 299 unten; gegen Ps Oec MPG 119,429D Thphyl MPG 125,376C Thomas Luther Glosse Calvin Seeberg Bruce Westcott); auch die Guten und der unschuldige Feind sind nicht gemeint (gegen Prim MPL 68, 780A Nicolaus de Lyra). Sondern: mit allen Gemeindegliedern (wie Jos Ant 12,283 1Cl 2,2; ähnlich Mk 9,50 1Th 5,13 2 Tm 2,22). So πάντες auch Hb 13,4; vgl Did 4,3 (Seeberg). So verstehen die meisten, schon Erasmus paraphrasis.

καὶ τὸν ἁγιασμόν: Bauer Procksch ThW I 114f Preisigke Wört I 7. Außerchristlich kultisch zu Ehren des Herakles (Diod S 4,39,1); gehorsam den Zeus-Befehlen (Ditt Syll[4] 985,10–12); Aufstieg nach Abstreifen des Schmutzes (Lidz Ginza R XV 6 S 321,28f). Heiligung durch Beschreiten des guten Weges Jer 6,16. Philo spricht von Weltflucht, Mühen, Sünden-entfernen (Praem Poen 27 Leg Gaj 5 Spec Leg 1,187 Quaest in Ex II 32). Heiligung ist Wandel in den Geboten (Test XII B 10,11). Die Heiligkeit der Tora ist freilich auch dinglich (Str-B IV 132–134 144i). Im NT ἁγιασμὸς R 6,19.22 1K 1,30 1Th 4,3.4.7 2Th 2,13 1Tim 2,15 1Pt 1,2. Hier im Hb ist ἁγιασμὸς der Zustand der Heiligkeit. Wie bei Paulus ist er als Aufgabe der Selbstheiligung (Kosmala 61) möglich, weil Jesu Opfer ihn zustande gebracht hat (Schierse 152). Aber anders als bei Paulus stehen im Hb Gabe und Aufgabe unparadox nebeneinander, letztere hier betont (siehe 2,11 6,6 Exkurs 10,10 10,14). Hier speziell 12,14 kontrastiert ἁγιασμὸς zu Hurer und Gottloser V 16, ohne dabei aber, wie Chr Thret und Ps Oec MPG 63,210 82,773C 119,429D erklären, an

Enthaltsamkeit in der Ehe zu denken. Vgl Jesu Gabe des ἁγιάζειν an die Gemeinde als Verpflichtung für die Christen, zu ihm hinauszugehen aus dem Lager 13,12f. Diese Linie setzt sich fort 1Cl 35,1 f 30,1 (Hagner 194 Anmerkung 2). Vgl Act Thom 121 IIb S 230,23. Gnostisch vgl Hipp Ref V 8, 44 Naassenerpredigt und Stob I 194,11–19. οὗ χωρὶς siehe 4,15. οὐδείς, siehe 6,13. p[46] verschreibt zunächst in οὐδει; Epiph stellt um: τὸν θεὸν οὐδεὶς ὄψεται. ὄψεται. Zu „Gott sehen" vgl 11,27 9,28. Preisigke Wört II 193 (Masp 2 III 21). Dem Menschen bei Lebzeiten unmöglich Ex 33,20; möglich nur nach Entsündigung Js 6,5.7; in Reinheit LXX Ps 23,3f. Philo: mittels der Seele (Mut Nom 203), der Mensch muß dazu fähig werden (Migr Abr 201). Jesus sehen: 9,28 bei der Parusie; Bedingung: ihn erwarten. Gott oder Jesus kann, nach Paulus, der leibliche Mensch nur indirekt sehen (1K 13,12 2K 3,18). Das künftige Sehen verwandelt in die Gleichheit mit ihm (1J 3,2). Gott sehen, künftig, Bedingung: das reine Herz Mt 5,8; Heiligung hier Hb 12,14; ihm dienen, sein Name auf den Stirnen Apk 22,4. Dies Sehen ist hier Hb 12,14 ermöglichtes Heil. Künftig: Gott indirekt durch Jesus 1Cl 36,2. Die Pseudo-Clementinen reproduzieren Mt 5,8 in Hom 17,7,4 Recg 2,22,3. τὸν κύριον, siehe 1,10. p[46] κύριος statt τὸν κύριον; statt τὸν κύριον Epiph τὸν θεόν; vgl *deum* in d vg (außer am fu). Hb meint wohl doch Gott (so die meisten seit vg Prim MPL 68,780A Thphyl MPG 125,377A; auch Kosmala 130 Theißen 42 Hofius Vorhang 73 Anmerkung 137), nicht Jesus (wie deWette[2] Bleek-Windrath Hollmann Bruce).

15. Gebt acht, daß nicht jemand von der Gnade Gottes abkomme, daß nicht ein bitterer Schößling aufwachse, Unordnung schaffe und durch ihn viele befleckt werden,

Literatur: GJeremias Der Lehrer der Gerechtigkeit, 1963.

Das διώκειν V 14 verlangt als praktische Konsequenz die Wachsamkeit: Einzelverstöße gegen die Heiligung können für viele die Gefahr des Abfalls bedeuten.

ἐπισκοποῦντες: p[46] verschreibt in -τας (Beare 382). Bauer 1 Beyer ThW II 595–602 Bl-Debr § 101 370,1 Preisigke Wört I 571 2); Braun Qumran-NT I 268. Vgl 3,12f 10,24 Chr Cramer Cat 264: „paßt genau auf und bringt in Erfahrung, wie es um die Schwachen steht!" Fürsorglich aufpassen Est 2,11; sabbatliche Selbstüberprüfung Philo Decal 98. Hb nur hier. „Kümmert euch aber nicht nur jeder um sich selber, sondern um einander" (Thret MPG 82,773C); sie sollen das nicht auf die Gemeindeleiter abwälzen (Chr Cramer Cat 264). Freilich: Ausschluß von Unverbesserlichen (zu Schierse 162), Separation von ihnen (wie Herm m 4,1,9) oder Anzeigepflicht ihnen gegenüber (wie Damask 9,16–19) im Hb noch nicht ausdrücklich. ἐπισκοπέω von der Gemeindeleitung durch Gott und Jesus Ign R 9,1 Ign Pol Praeskript oder durch Amtsträger 1Pt 5,2 Koine Herm v 3,5,1. μή τις nicht indirekte Frage wie Est 2,11 Philo Decal 98; D* setzt sekundär, aber sinngemäß ἵνα davor. μή τις ohne ᾖ ist Ellipse, Bl-Debr § 481, wie Hb 12,16 R 12,11 Gl 5,13. Zum μή der Befürchtung Radermacher 178 202; zu τις siehe 3,12. ὑστερῶν, siehe 4,1; statt Particip ὑστερῇ in 257 323; zu ἀπό siehe Radermacher 126. Abfall: bei Mandäern Lidz Ginza R XIII S 286,32; in Qumran Braun Qumran-NT I 268f; in LXX Dt 29,18(17). Thphyl MPG 125,377AB: wie Müde beim gemeinsamen Marsch; aber Hb meint es aktiv-schuldhaft (Riggenbach), wie 10,29 12,25 (Spicq). ὑστερεῖν ist *die* nicht vollendete, aber drohende Gefahr 3,12 4,1: die Unterlassung des Hinzutretens 4,16. τῆς χάριτος: Gottes Wohlwollen;

in K dafür τῆς δόξης wie R 3,23. Zu χάρις siehe 4,16. Der Gnostiker fürchtet als Heilsverlust den γνῶσις-Verlust Corp Herm 1,32. τοῦ θεοῦ, siehe 1,1; statt θεοῦ in 323 Χριστοῦ. μή: Dt 29,18(17) lautet: μή τίς ἐστιν ἐν ὑμῖν ῥίζα ἄνω φύουσα ἐν χολῇ καὶ πικρίᾳ; daraus entsteht der Hb-Text. LXX ursprünglich, wie die Masora, ἐν χολῇ καὶ πικρίᾳ; aber das ἐνοχλῇ des Hb ist nicht erst aus dem Hb in die LXX-Handschriften eingedrungen, sondern ist zahlreich bezeugte LXX-LA, die der Hb dann übernimmt und der er das ursprüngliche LXX-(ἐν) πικρίᾳ als Genitiv dann voranstellt. Dies Hb-πικρίας wirkt dann wieder auf LXX A F zurück; Ahlborn 55–59 Michel Schröger 105: eine wörtliche Anspielung im Hb auf den LXX-Text. Siehe auch 1 QH 4,14 (GJeremias Lehrer S 206 Anmerkung 1). τις ῥίζα. τις siehe 4,7. ῥίζα Bauer 1 und 2 Maurer ThW VI 985–991. In LXX Qumran und Philo zum Teil übertragen, als Ursprung Js 37,31 Tob 5,14 Da 11,7 1QH 4,14 Philo Sacr AC 40 Poster C 129 Ebr 8 223. Im NT unübertragen Synoptiker; übertragen Paulus Apokalypse; als Ursprung 1Tm 6,10. Aber ῥίζα kann selber Produkt sein, wie βοτάνη (Gewächs) Ign Eph 10,3 Tr 6,1 Phld 3,1 (Westcott); darum ist ῥίζα ein Schößling, der hochwächst: Dt 29,18(17) Js 53,2 Sir 40,15 1Makk 1,10 R 15,12 Apk 5,5 22,16 1Cl 16,3. Das erkennt Bengel: ἄνω widerspricht der Übersetzung „Wurzel" (ebenso Riggenbach Windisch Spicq Héring Strathmann Kuß Michel). Daher „Schößling" Hb, ῥίζα nur hier, natürlich nicht messianisch wie zum Teil die vorgenannten Stellen, aber als „Gewächs" den Abfall oder den Abtrünnigen bezeichnend. πικρίας: Bauer 1 Michaelis ThW VI 122–125. Genitiv der Eigenschaft Bl-Debr § 165: eines Gewächses, wie im Hb, Od Sal 11,21. ῥίζα πικρίας im NT nur hier. πικρία nicht als gesundheitsschädigend oder tödlich, auch nicht die bittere Reue nach dem Sündigen (gegen Thphyl MPG 125, 377C), sondern Bild für Abfall und Götzendienst: Dt 29,18(17) 32,32 Jer 2,21 1 QH 4,14f Ag 8,23; ebenso für Unmoral LXX Ps 9,28 Am 6,12 Philo Ebr 223 Vit Mos 1,172 Omn Prob Lib 90 R 3,14 Eph 4,31 Did 4,10 Barn 19,17. ἄνω φύουσα; in 255 323 337 794 ἀναφύουσα. φύειν Bauer Bl-Debr § 101 309,2. ἔφυ τοῦτο τὸ φυτὸν (dies Gewächs wuchs auf) vom Geiz, bis zur schweren Schädigung des Menschen (Randnotiz im Codex Urbinas zu Polyb 13,2,4 Wettstein). In LXX „wachsen" meist φύεσθαι. φύειν im NT nur von einer Pflanze, medial nur Lk 8,6.8; activisch nur Hb 12,15. ἄνω im NT von einer Pflanze nur hier. ἄνω φύειν gegen φύειν ῥίζαν κάτω Js 37,31. Der bittere Sproß wächst hoch, der Abfall greift um sich. ἐνοχλῇ : ἐνοχλεῖ in P, siehe 4,11; ἐνοχλήσῃ Method; ενχ(.)λη p[46 vid]. PKatz konjiziert ἐν χολῇ; aber das καὶ dahinter ist bestens bezeugt, und ἐνοχλεῖν wird oft absolut gebraucht (siehe unten). Zur Herkunft hier in V 15 von ἐνοχλῇ aus der LXX siehe oben bei μή. Bauer Preisigke Wört I 495 3). Das Verb kann Objekte regieren und meint: Beschwerden durch Dämonen (Lucian Philops 31 Test XII Jos 7,4 Lk 6,18; Lk 6,18 die einzige NT-Stelle neben Hb 12,15); Schwierigkeiten wirtschaftlicher (POxy 899,44), politischer (App bell civ 3,61 1Esr 2,19(22).24(29) Jos Ant 14,373) und militärischer Art (Jos Bell 1,265); Beschwerde durch Aufdringlichkiet (Test XII Jos 3,6), Weitschweifigkeit (Dinarchus Orationes in Demosthenem 2 Wettstein Philo Spec Leg 1,336 Ebr 180); seitens körperlicher Regungen (Philo Vit Mos 2,24); ἐνοχλούμενα neben lahmen Opfertieren Mal 1,13. Die Unreinheit liegt beim Gebrauch dieses Verbs nahe (Vit Mos 2,24 Lk 6,18) und ist hier im Hb gemeint, vgl. μιανθῶσιν. ἐνοχλεῖν wie im Hb ohne Objekt, absolut, auch Philo (Spec Leg 1,336 Vit Mos 2,24 Ebr 180) und Jos (Ant 14,373 Bell 1,265). δι' αὐτῆς p[46] A H K P **048** 6 33 81 104 137 263 365 424[1] 431 436 1175 1241[suppl] 1739 1834 1881 1908 2495 sy co Cl die ältere LA (Beare 392f; Harnack Studien 232 erwägt ebenso). διὰ ταύτης in ℵ D L Ψ den meisten Chr Thret Dam. μιανθῶσιν; Bauer 2 Hauck ThW IV 647–649; siehe Braun Qumran-NT I 268. Die Verunreinigung kann meinen kultische Verstöße (weitgehend in LXX und Rabbinen, Str-B I 718f Joh 18,28). Dazu moralische Übertretung, besonders sexuell, irreparabel (Wilcken Ptol 78,27), und Hinwendung zu Götzendienst und Irrlehre: in LXX der prophetische Vorwurf gegen Israel (vgl LXX Ps 105,32–39, besonders 38; Philo Cher 52 Leg All 3,148 gr Hen 12,4); das antijüdische Religionsedikt des Antiochus erwirkt das μᾶναι von Tempel und Gesetzestreuen (1Makk 1,46). Vgl die Dämonennähe des Verbs Lk 6,18. μιαίνειν im Hb nur hier: Unmoral und Abfall von Gemeinde. πολλοί: ohne οἱ in p[46] C D H K L P Ψ 6 1739 den meisten Chr Dam, alte LA (Beare 392f Zuntz 53f); Hb hat auch sonst nicht den Artikel vor πολύς-Formen. οἱ πολλοί in ℵ 048 33 81 88 104 218 326 436 635 1241[suppl] 1311 1834 1845 1908 1912 2494 Cl Thret. πολλοί siehe 9,28; Braun Qumran-NT I zu Ag 6,2 II S 146. Auf 1K 5,6 verweisen schon Chr Cramer Cat 264 Thret MPG 82,773D Thphyl MPG 125,377B. Hb meint hier aber nicht die ganze Gemeinde, sondern eine Vielzahl (gegen vSoden Hollmann Seeberg Moffatt Strathmann Bruce Montefiore Schiwy Barclay).

16. daß nicht ein Hurer oder ein Gottloser dasei wie Esau, der für ein einziges Gericht seine Erstgeburt hergab!

Die Esaugeschichte, Gn 25,29–34 26,34 36,2, präzisiert (Vanhoye Structure 205) die Vagheit des Vorausgehenden zur Warnung vor Unzucht, Abfall und Genußsucht.

μή τις siehe 12,15; zu ergänzen ist: innerhalb der Gemeinde. πόρνος, siehe Bauer Hauck-Schulz ThW VI 578–595. Im NT 1K 5,9f und Lasterkataloge 1K 5,11 6,9 Eph 5,5 1Tm 1,10 Apk 21,8 22,15 Pol 5,3; vgl auch πορνεία und das Verb in der Konkordanz. In LXX πόρνος nur Sir 23,16–18 (23–25), moralisch; πορνεία, als orgiastischer Baalskult, also religiös und moralisch, besonders Ezechiel; in LXX beides nicht von Esau. Aber in LXX von Esau außer-israelitische Heiraten Gn 26,34 36,2, also Nähe zum Baalskult (Thret MPG 82,773D 776A und Bruce). In der jüdischen Tradition wird das verschärft: Heirat gegen väterliche Erlaubnis (Jos Ant 1,265 Prim MPL 68,781A), befaßt mit unreinen und verirrten Weibern (Jub 34,14). Bei Philo: Esau als Betätiger der schändlichsten Dinge (Migr Abr 153), der Leidenschaft (Sacr AC 81) und den Lüsten (Fug 39) ergeben. Bei Rabbinen von Esau Vergewaltigung und Homosexualität (Str-B III 748f); Hb nimmt das für Esau auf. Nicht an Esau denken bei πόρνος Chr Ps Oec Thphyl MPG 63,214 119,432B 125,377D deWette[2] Bleek-Windrath Westcott; vorsichtiger auch Bruce. πόρνος in NT und Apost Vät von Esau nur hier. πόρνος im Hb noch 13,4. ἤ: statt dessen καί in 919. βέβηλος, Bauer Hauck ThW I 604f Preisigke Wört I 264. In LXX vom gesetzlosen Zedekia Ez 21,25(30); nicht von Esau. Vom Götzendiener und Abtrünnigen 3Makk 2,2 4,16 7,15. Zusammen, wie Hb, mit πορν-Stämmen Ps Sal 2,11.13 Philo Fug 114 Spec Leg 1,102 1Tm 1,9; mit ἀμύητος (profan) Plut Def Orac 16 II 418 D (Betz Plut 1975 S 157). Noch nicht in LXX, aber später wird Esau zum Abtrünnigen gestempelt (Jub 15,30 35,14); er besucht Götzentempel (Gn r 53 zu Gn 25,27). Bei Philo wird ihm nachgesagt: Bosheit (Leg All 3,2 Sacr AC 81 120 135), Torheit und Ähnliches (Sacr AC 17 Sobr 26 Congr 61 175 Fug 39), er ist schlecht (Sacr AC 18 81 Quaest in Gn IV 242). Das nimmt Hb auf mit βέβηλος; in Ps Clem Hom 2,16,6 ἀσεβής. Esau wird zum Beispiel für den Abfall, *die* große Gefahr im Hb (Schierse 178). ὡς zur Einbringung eines Beispiels Bauer 4a. Ἠσαῦ, siehe 11,20. ἀντί, siehe 12,2. βρώσεως: Bauer 3a Behm ThW I 640–643. Ebenso unübertragen Joh 6,27 als Speise; Hb nur hier. Dafür ἔψεμα Gekochtes Gn 25,30, ἄρτος und ἔψεμα φακοῦ gekochte Linsen Gn 25,34. Vgl Tg J I Str-B III 749. Jos Ant 2,2 φακῇ Linse.

Die Kultursage Gn 25,29–34 zeigt auf dem Boden der Ständerivalität mit Freude am derben Spaß die Überlegenheit des schlauen Hirten Jakob gegenüber dem sich übertölpeln lassenden Jäger Esau; angeklagt wird vom Gn-Text weder der Überlistende noch der vom Hunger Gequälte: „ich sterbe fast vor Hunger" ist der Sinn von Gn 25,32 Masora; siehe die Gn-Kommentare von Gunkel 1901 und Westermann 1981 zur Stelle. Auch Elia bedurfte der Kraft der βρῶσις 3 βαο 19,8, und Jagd als Nahrungsquelle bei Esau (Gn 25,28) ist nichts Böses. Auch noch bei Josephus wird Esau entschuldigt: mit seinem Hunger, seiner Jugend, der aufreizenden Farbe der Linsen und dem von Jakob ausgeübten Druck Ant 2,2f, ἠνάγκαζε. Jakobs Anspruch auf die Erstgeburt wird man doch wohl nicht dem Heiligen Geist zuschreiben dürfen (gegen Thomas). Daneben setzt, wie oben bei πόρνος und βέβηλος, auch hier die Verteufelung ein. Hb scheint LXX Gn 25,32 so zu verstehen, als verachte Esau die Erstgeburt, weil er doch einmal sterben wird; siehe auch Tg J I Str-B III 749. Esau ist unbeherrscht, Sklave der Baucheslust, neidisch auf den Bruder (Philo Quaest in Gn IV 168 232f). Diese wachsende negative Tendenz der Esau-Tradition beobachten zutreffend Hollmann Windisch Héring Michel. Aber immerhin zu Philos Ehren: It is as if Esau were in me Quaest in Gn IV 206.

μιᾶς: 241 stellt um vor βρώσεως. Das betonte μιᾶς des Hb – zur Achterstellung siehe 10,12 – unterstreicht Esaus Herabsetzung besonders kräftig; es fehlt in Masora LXX Jubiläen Str-B III 748 f Josephus und gewöhnlich bei Philo; es liegt auf der Linie des armenischen Philo: a little sensual pleasure (Quaest in Gn IV 224); vgl „die Lüste des Bauches" (von Esau Philo Virt 208 Wettstein). Später: „kurzes Vergnüglein" Erasmus paraphrasis; „wohlfeile Eßware, verworfene Begehrlichkeit" Calvin; μιᾶς steigert die Schuld (Bengel Moffatt). Aber Eine Speise genügt ja wirklich gegen Esaus Erschöpfung Gn 25,29f, gilt also zu Unrecht als Völlerei, gegen Hb Act Thom 84 syr, wo das dualistische Prinzip dahintersteht: „ich habe keine körperliche Speise geliebt" Lidz Joh 77 S 83,3. ἀπέδετο in p^{46} A C 623; die ε-Schreibung mehrmals in Ditt Syll^4 Register. ἀπέδοτο in ℵ D K L P 33 den meisten (vgl RHelbing Grammatik der LXX 1907 S 105 unten); auch bei Philo Sacr AC variieren o und ε. Bauer 4b Büchsel ThW II 170f Bl-Debr § 101 bei πιπράσκω. Anspielung auf Gn 25,33 (Schröger 206). ἀποδίδομαι hier nicht „verkaufen", sondern „hergeben", wie Dg 9,2; mit ἀπό Test XII Iss 2,2; allenfalls „eintauschen" Erasmus adnotationes. Zum Verb sonst siehe 12,11. Jub 24,6 verschärft: Esau „verfluchte-". τὰ πρωτοτόκια, so auch Gn 25,31–34 27,36 Philo Leg All 2,47. τὰς πρωτοτοκείας p^{46} a z (Beare 385). τὰ πρωτοτοκεῖα A K 642, so auch Dt 21,17 1Ch 5,1 (vgl Michaelis ThW VI 875 Anmerkung 22). Jos Ant 2,3 Philo Virt 208 dafür τὸ πρεσβεῖον im Singular und Plural, „das Erstgeborenen-Erbe". πρωτοτόκια Bauer Michaelis ThW VI 872–883 Bl-Debr § 120,1. Im NT nur hier. ἑαυτοῦ ℵ* A C D^2 920; αὐτοῦ in ℵ^2 D* H K L P Ψ 1834 den meisten Chr Cyr Thret Dam; ausgelassen in p^{46} arm Cl (Beare 385 Zuntz 173). Bauer 4; zur prädikativen Stellung siehe Bl-Debr § 284,1.

17. Ihr wißt ja: als er auch noch hinterher den Segen ererben wollte, wurde er verworfen; denn zur Buße, obwohl er sie unter Tränen suchte, fand er nicht die Möglichkeit.

Der Esau der Genesis bedarf nicht der Buße, weder 25,29–34 (siehe Hb 12,16), noch 27,30–40, wo er schuldlos geschädigt ist und sein Wunsch nach Buße „geschichtswidrig" (Delitzsch) wäre. Der Hb fügt auch hier, wie 6,4–8 10,26–32, den Schriftbeweis ein. Aber Abfall begeht erst der Esau der nach-alttestamentlichen Tradition. Ihn legt Hb zugrunde.

Die Unmöglichkeit eines zweiten guten Segens seitens Isaak in Gn 27 wird im Hb nun zu einer strafenden, endgültigen Verweigerung der Buße seitens der Gottheit: Isaak verwarf den Esau gemäß dem Willen Gottes (Thphyl MPG 125,380A; Michel Schierse 150f Schröger 200). So wird Esau tauglich für die Warnung: nach Abfall keine zweite Buße.

ἴστε γάρ; γὰρ fehlt in 88. οἶδα siehe 8,11. Hier Indikativ wegen γάρ; Indikativ vgl 3Makk 3,14; gegen vg: Bl-Debr § 99,2 Radermacher 101. γὰρ hinter εἰδέναι-Formen auch 10,30, mit Verweis auf AT als Quelle des Wissens. καί, siehe 3,9–11a. μετέπειτα, Bauer Preisigke Wört II 91; in LXX selten. NT nur hier: nach dem Abfall, wie πάλιν 6,6 οὐκέτι 10,26 εὐθὺς Philo Virt 208. θέλων, betreffs Gn 27,34.36.38; zu θέλω siehe 10,5. Statt θέλων in D* λέγων. κληρονομῆσαι, siehe 6,12: den Segen als Besitz empfangen. Dies Verb in Gn 27 nicht mit dem Objekt εὐλογία. εὐλογίαν, siehe 6,7. In Gottlosigkeit hat auf die Erstgeburt nicht der Genesis-Esau, aber der der Tradition verzichtet. ἀπεδοκιμάσθη: Bauer 2 Grundmann ThW II 259–268 Preisigke Wört I 177; vgl ἀδόκιμος 6,8 (Spicq); Hb nur hier. Gn 27,33–40 schildert dramatisch, aber nicht so metaphysisch hart wie der Hb, der den minderen Segen an Esau wegläßt. Der Stadtstaat verwirft den Eltern-Verächter (Xenoph Mem 2,2,13); Pythagoras einen gewalttätigen Bewerber (Aristoxenos Fr 18); Mose die eigenen Söhne als Erben der Führerstellung (Phil Virt 59). Die Menschen verwerfen Gott oder Jesus (LXX Ps 117,22 Jer 8,9 Mk 8,31 Par 12,10 Par Lk 17,25 1Pt 2,4.7 Barn 6,4); sie bitten um Nichtverwerfung (Sap 9,4). Gott verwirft nicht (Jer 14,19 38,35 (31,37)); er oder Jesus verwirft (Jer 6,30 7,29 Herm s 9,7,4 9,12,7 9,23,3; Ign R 8,3 als Nichtzulassung zum Martyrium). μετανοίας γάρ. Die Verwerfung zeigt an: Buße war dem Esau nicht ermöglicht, „denn". μετάνοια siehe 6,1. Gn 25 und 27 keine μετανο-Bildungen. Philos Esau (Virt 208) verzichtet, nicht bedrängt von Hunger und Jakob, auf die Erstgeburt und möchte das rückgängig machen; μετανοεῖν ist für ihn also regret for a bad bargain (Moffatt); beides, Verzicht und μετανοεῖν, auf Grund seiner Lüste; Esau bleibt böse. Hb macht daraus, das von Philo verwendete μετανοεῖν veredelnd, Esaus gottgewirkte Unfähigkeit zu wirklicher μετάνοια. Selbst beim armenischen Philo *hatte* Isaak aber belief in (the others = Esaus) repentence (Quaest in Gn IV 233). τόπον, kunstvolle Wortstellung, siehe 6,7; γὰρ hinter τόπον in p[46]; τόπος siehe 8,7; hier als Möglichkeit, Gott muß sie geben (siehe 6,6 Exkurs). τόπος μετανοίας Sap 12,10; NT nur hier; 1Cl 7,5 Tat 15,3. Ebenso profan, besonders politisch und militärisch, als *locus* für *paenitentia* (im Genitiv oder Dativ) Liv 44,10,2 Plin (der Jüngere) Epist X 96, für Verzeihung und Abbitte Curtius Rufus V 3,11 (Wettstein) Terentius Afer Andria 601. Vgl formal τόπος für Flucht Heliodor 6,13, für Verteidigung Ag 25,16; inhaltlich Zeit zur μετάνοια Philo Leg All 3,106, *spatium* für *poenitentia* Tac Hist 1,32. οὐχ εὗρεν; das Verb als ηὗρεν in 1245 1852, Bl-Debr § 67,1. εὑρίσκω, siehe 4,16; dort der Gegensatz: Gnade finden. εὑρίσκειν positiv bezogen auf ζητεῖν Stob Ecl I 386,15 f; hier negativ auf ἐκζητεῖν. Esau fand nicht, weil Gott durch Isaaks „verwerfen" handelte. Wettstein, statt der vom Hb gemeinten Bußversagung durch die Gottheit: Isaak wollte seinen Standpunkt nicht ändern. καίπερ: p[46] verschreibt, allerdings nicht sinnlos, in καίτοι „freilich". καίπερ, siehe 5,8. μετὰ δακρύων, siehe 5,7. Eur El 193–197: die Ehrung der Götter durch Gebete, nicht durch Tränen ist das Richtige (Spieß Logos spermaticos zur Stelle). Davids Gebet unter vielen Tränen bei drohendem Herrschaftsverlust Jos Ant 7,203. Esau weint: Gn 27,34.38 in verbitterter Empörung über den ihm widerfahrenen Segensverlust (vgl Jub 26,33 Jos Ant 1,274); im Hb, wie das Weinen im EndgerichtLk 6,21 (Schierse 150f), über den durch Gott ihm auferlegten endgültigen Buß- und Heilsverlust: eine weinende Buße, die nichts einbringt (Lucian De mercede conductis 42; Moffatt). ἐκζητήσας: das hintergestellte Participium bringt die Hauptsache (siehe 9,9). ἐκζητεῖν, siehe 11,6. 440 verschreibt, das κ auslassend. αὐτήν, die näher stehende μετάνοια (so Chr Thret MPG 63,214 82,776A deWette² vSoden Hollmann Riggenbach Windisch Spicq Moffatt Strathmann). αὐτήν meint nicht die εὐλογία (gegen Ps Oec Thphyl MPG 119,432D 125,380B Calvin Delitzsch Bleek-Windrath Héring, die die Echtheit der Buße bestreiten und μετανοίας – εὗρεν als Parenthese einklammern). αὐτόν in 81 statt αὐτήν geht auf τόπον.

Abschließend. Hb geht davon aus: Esau *ist* abgefallen; in Anlehnung an spätere Esau-Tradition, im Unterschied zur Genesis. Verschlossen ist ihm darum die Rückkehr zur Buße, nicht bloß die Wiedererlangung von Erstgeburt oder Segen (gegen Westcott Héring Spicq Riggenbach Seeberg Bleek-Windrath Delitzsch). Héring Spicq Seeberg denken bei μετάνοια sogar an Isaaks Umstimmung. Aber wie sollte diese Einschränkung, wenn es nicht um endgültige Verwerfung ginge, die vom Hb beabsichtigte Schärfe der Warnung hervorbringen?! Endgültige, objektive Verwerfung nach dem Abfall nehmen an Bengel deWette² Hollmann Windisch Moffatt Strathmann Michel Kuß Bruce Schiwy; nicht „Gott kann nicht", (gegen Barclay), sondern „Gott will nicht". Daß Esau nicht umkehren kann, liegt für den Hb nicht daran, daß Esau voller Bruderhaß ist und die Tiefe seiner Schuld nicht erkennt (gegen Thdor Mops Chr Cramer Cat 265f Thret Ps Oec Thphyl MPG 82,776A 119,432D 433A 125,380B Thomas Erasmus paraphrasis Luther Glosse – zu Luthers späterer Einstellung siehe 6,6 Exkurs – Calvin Michel), sondern daran, daß ihm nach dem Abfall, trotz Tränen und wirklicher Bemühung (ἐκζητῶν), die rechte und ehrliche Umkehr durch Gott versperrt ist. Hb selber läßt die Tiefe der Schulderkenntnis Esaus dabei unberücksichtigt. Die Einschränkung der Endgültigkeit für Esau bei Thdor Mops Staab 211 Ps Oec Staab 468 und bei Montefiore und die nicht unbedingte Geltung für andere Abtrünnige bei Calvin, so sympathisch das ist, dürfte nicht die Meinung des Hb sein. Für unsere theologische Stellungnahme ist das gesamte NT und die weitere Lehrentwicklung zu berücksichtigen (siehe 6,6 Exkurs).

18. Denn ihr seid nicht an etwas Betastbares und an ein in Brand gesetztes Feuer herangetreten und an Gewölk und Finsternis und Sturmwirbel

Literatur: WNauck Die Tradition und der Charakter des ersten Johannesbriefes, 1957 SSchulz Die Mitte der Schrift, 1976.

Zu V 18–29 siehe Käsemann 27–32 Nauck Tradition 59 Schierse 171–184 Schröger 207–209; für Origenes und Athanasius siehe Greer 22 66. „Rhetorische Glanzleistung, gedanklicher Höhepunkt" (Schierse 171f). Die Buße ist nach Abfall unwiederholbar V 17, denn (γάρ) die Angeredeten gehören jetzt schon zu der Gemeinde der himmlischen Gottesstadt; und die durch das Opfer des Mittlers Jesus zustande gebrachte Zugangsmöglichkeit zu ihr ist strikte Verpflichtung zur Heiligung (V 14), ist also numinos noch schreckender als die Verpflichtung der alttestamentlichen Sinaigesetzgebung. deux ordres de qualité (Vanhoye Structure 206). Im Sinai-Passus V 18–21 materielle unpersönliche Phänomene (Vanhoye aaO 207), die geringen erdhaften Schrecken; „Gott" vokabulär nicht genannt (Schierse 176f); wie die Erlassung des Gesetzes durch Engel 2,2f und Mose 10,28f; keine ausdrückliche Theophanie (Schröger aaO). Im Zion-Teil, V 22–24, kürzer, die Überbietung irdischer Schrecken durch die hohe und tröstliche Heiligkeit der himmlischen Stadt, aber damit freilich auch durch die gesteigerte Gefährlichkeit der Verantwortung gegenüber unwelthaft himmlischem Heil und Heilbringern, also gegenüber dem Eigentlichen, insofern fast gnosisnah (Schierse 176); aber siehe in 12,25 die Identität des beidemal Redenden.

οὐ γάρ, nicht Warnung vor Rückkehr ins Judentum; siehe 2,5. προσεληλύθατε, siehe 4,16; dort tröstlich; hier, weil nicht zum Sinai, erhöhte Gefahr. Perfectum, definitiv, wie V 22 (siehe 7,6); anders als die Aoriste προσήλθετε und ἔστητε Dt 4,11. Endgültigkeit wie 6,4f; sie meint in 12,22 also nicht: zum Abendmahl (gegen Theißen 74 Schulz Mitte 267f); vgl auch 13,9. An frühere Juden hätte Hb τότε oder ποτέ hinzugesetzt (Schierse 175). ψηλαφωμένῳ, ohne Zusatz alte LA: ὄρει hat schwankende Stellung, wahrscheinlich aus V 22 hinzugesetzt. Ohne ὄρει in p[46] ℵ A C **048** 33 81 (als ψηλαφομένῳ) 467 1175 1834 1898 1908 d f am fu demid harl tol co sy[p] ar aeth Or Chr Prim (dabei stellen um *ardentem* vor *tractabilem:* d harl Or). Zu Or Chr Thphyl siehe Tischendorf NT. Vgl Zuntz 167 Metzger 675. ὄρει sekundär nach ψηλαφωμένῳ in D[gr] K P Ψ 6 88 104 181 326 330 436 451 614 629 630 1241 1739 1877 1881 1962 1984 2127 2492 2495 den meisten – von ihnen verschreiben, zum Teil itazistisch: ψιλαφωμένῳ P 181; ψηλαφουμένῳ 104; ὄρη 326 ψηλαφομένῳ 330 436 1241 1739 1877; ψηλαφαμένῳ 451 – vg[clem] arm Or[lat] Ath Ephr Thret Ps Ath Dam Ps Oec. ὄρει sekundär vor ψηλαφωμένῳ in 69 255 462 sy[h] arm Chr. ψηλαφωμένῳ wohl nicht mit ὄρει zu verbinden, wie die meisten es tun, schon Thret MPG 82,776C; wohl auch nicht mit πυρί (gegen Chr Cramer Cat 267 Prim MPL 68,782A Westcott); sondern es ist absolutes Neutrum, wie im Singular V 20f, im Plural 11,1a.3 (so vSoden Hollmann Spicq Héring Moffatt Montefiore); vgl. ENorden Agnostos Theos 15. Schon Erasmus adnotatones erwähnt das in der Tradition fehlende ὄρει. ψηλαφάω: Bauer Preisigke Wört II 770; Hb nur hier. Betasten mit Händen: Hi 20,10a LXX Ps 113,15(115,7) 134,17AR Lk 24,39 1J 1,1; wie ein Blinder Gn 27,12 Dt 28,29 Ri 16,26 Js 59,10 Philo Rer Div Her 250; vgl Ign Sm 3,2 Herm s 9,3,2. Ein Betastbares gehört zur Erde V 25, ist sinnen-fällig materiell; dem Hb schwebt der ausdrücklich nicht genannte Berg vor. Die Israeliten *dürfen* den vorfindlichen Sinai-Berg nicht berühren Ex 19,12; bei Philo *können* sie es nicht, weil der Ort der Gottheit unwelthaft ist (Quaest in Ex II 45). Die Christen dagegen *befinden sich sogar im* himmlischen Zion V 22, aber das ist ihre erhöhte Gefahr V 25: „näheres Heil, nähere Rache" (Bengel). Die Unbetastbarkeit der Himmelswelt hier widerspricht bei Hb freilich der lokalen Himmelsschilderung 1,3. Für Paulus symbolisiert der Sinai die Sklavenexistenz unter dem Gesetz (Gl 4,24f). Zum Fehlen des Artikels in V 18f siehe Bl-Debr § 276. καὶ κεκαυμένῃ. καὶ fehlt in D[gr] harl arm; statt κεκαυμένῃ: in D[gr] Ps Ath κεκαλυμμένῃ. καίω Bauer 1a; Hb nur hier. Oft mit πῦρ, zum Beispiel Ex 35,3 Lv 6,9(2).12(5) Mt 13,14 Joh 15,6 Apk 4,5 19,20 21,8 Herm v 3,7,2. In diesen Stellen aber nicht mit dem Sinn wie Hb: *nur irdisch.* Für Plato ist die Unterwelt ein Ort, der mit vielem Feuer brennt (Phaed 61 I113A). Brennen des Feuers am Sinai Dt 4,11 5,23(20) 9,15; vgl. Midr HL 1,2(82a) Dt R 200d Str-B IV 438 442. Hb meint: nur natürliches, sichtbares Feuer, gegen „verzehrendes" V 29 (Schierse 176). Die Glaubenden sind stärker gefährdet als die Israeliten am Sinai; für Christen ist brennendes Feuer zu harmlos. Philo hält natürliches Feuer, φλὸξ ἀληθής, für unangemessen bei der überweltlichen Gottheit am Sinai (Decal 44 Quaest in Ex II 47). Bei Josephus Ant 3,80 am Sinai fürchterliche Blitze; ebenso Philo Decal 44. πυρί, siehe 10,27. Für Feuer am Sinai siehe oben bei κεκαυμένῃ. πυρὶ om 647. γνόφῳ: Bauer, NT nur hier; Preisigke Wört I 300. Meteorologische Beschreibung Ps Aristot De mundo 2 p 392b „tausendfältig zusammenschlagendes Gewölk"; in der Aegeis „sich niedersenkendes Gewölk" Lucian Pergr Mort 43. „Stärkeres Gewölk" bei wunderhafter Regenspendung durch Zeus Lindische Tempelchronik D 27–30. Horus als „Herr von Blitzen, Gewölk und Winden" Preisigke Sammelbuch 5620,6–9. Feuer neben Finsternis bei einem Archon mit Löwengesicht Pist Soph 31 S 28 Zeile 17–19. Gewölk neben umspringenden Winden Vett Val III 9 S 145,16. Gewölk, LXX und jüdisch, außerhalb der Sinai-Szene: zusammen mit Finsternis und Sturmwind Ex 10,22 (Strafe an Ägypten); zusammen mit Finsternis Ex 14,20 Est 1,7 Test XII S 8,4; zusammen mit Wolke Jos 24,7; γνόφος allein 2 βασ 22,10 3 βασ 8,12A 2Ch 6,1 LXX Ps 17,10. γνόφος am Sinai Ex 20,21 (zwischen Finsternis und Sturmwind); Dt 4,11 5,22(19). Der sinnverwandte Rauch Ex 19,18 Philo Rer Div Her 251 und die Wolke Jos Ant 3,79 slav Hen 39,7. Philo allegorisiert das Gewölk zu einer der Gottheit angemessenen Jenseitigkeit (Post C 14; vgl. Gig 54 Mut Nom 7 Vit Mos 1,158). Für Hb dagegen ist Gewölk die mindere erdhafte Stufe des Schreckens, ohne ausdrückliche Nennung der Gottheit. Ps Clem Hom 2,44,3 bestreitet die Verbindung zur Gottheit ausdrücklich. ζόφῳ in ℵ* A B C D* 048 33 81 104 263 326 365 436 442 1175 1241^{suppl} 1319 1834 1837 1912; statt dessen σκότῳ in ℵ² D² L 6 1739 den meisten Chr Thret Dam (Zuntz 174); σκότει in p^{46} Ψ, Bl-Debr § 51,2; καὶ ζόφῳ om K d 256. γνόφῳ-ζόφῳ Parechese Bl-Debr § 488,2. ζόφος Bauer Williamson 41 f; Hb nur hier. Dies Wort in Symmachus; aber nicht in LXX Josephus Apost Väter; bei Philo nicht von Sinai-Epiphanie. Finsternis bei Seenot Epict Fragment Μοσχίων 2 (Schenkl 1965 S 395); als Unterweltsstrafe Ael Arist 44 p 838 K Lucian Tyr 2 2Pt 2,4.17 Jd 6.13. Im Hb bedrohend, theophan. θύελλη: Bauer, NT nur hier. Meteorologisch beschrieben: ein gewaltsam und unversehens aufspringender Sturzwind Ps Aristot De mundo 4 p 395a 6; vgl Hom Od 5,317 Schol Cod 46 Wettstein. Im Sinai-Text Dt 4,11 5,22(19); sonst Ex 10,22. Nicht in Test XII Philo. Von der Bedrohlichkeit: eines Seesturmes Jos Bell 2,396 3,368; einer Kriegssituation Sib 4,115, gottheitlich veranlaßt (durch Dämonen) Jos Bell 4,76. So Hb von der bedrohlichen Sinai-Offenbarung. Ps Oec und Thphyl MPG 119,433B 125,381AB allegorisieren Finsternis und Sturm.

19. und Posaunenschall und Wortgetön, wobei die Hörer sich weigerten, ein weiteres Wort an sich richten zu lassen,

In V 19 kommen nun die akustischen Numinosa hinzu; die Israeliten verweigerten – darauf liegt der Ton – deren direkte Anhörung.

σάλπιγγος: Bauer 1 Friedrich ThW VII 71–88 Preisigke Wört II 449. Im NT: eine gewöhnliche Trompete 1K 14,8; sonst die eschatologische Posaune Mt 24,31 1K 15,52 Apk 1,10 8,13, immer wie hier mit φωνή. Hb, nur hier und in dieser Bedeutung im NT nur hier, die Sinai-Posaune. So Ex 19,13.16 20,18, σάλπιγξ neben φωνή; Philo Spec Leg 2,189 Decal 33. Aber in Ex 19,16 das Verb ἠχέω. In Ex 19 ist die Posaune gleich dem Reden der Gottheit, im Hb ist beides zweierlei (Friedrich). Wie Hb ἦχος neben σάλπιγξ am Sinai Philo Decal 33; kultisch, ohne Sinai, LXX Ps 150,3; innerweltlich Jos Ant 7,359 11,83 Bell 4,20. Zur eschatologischen Posaune siehe Did 16,6; beim Martyrium Pol Epil 3. ἦχω: Bauer 1; zum Genus siehe Bl-Debr § 50 51,2. Bedrohlich: neben σάλπιγξ im Seesturm Achill Tat 3,2,3, beim Kriegsgetümmel Sib 5,253; neben φωνή in kriegerischer Theophanie Sir 46,17(20), vgl Herm v 4,1,4. Allein ἦχος bei Ägypterstrafe Sap 17,4; apokalyptisch gr Hen 102,1, zu Pfingsten Ag 2,2. So, erschreckend, ἦχος im Hb, nur hier; vgl Philo Decal 33. ἦχος σάλπιγγος: zeigt die Gegenwart eines Königs an (Chr Ps Oec Thphyl MPG 63,220 119,433C 125,381B); meint die Schwere, wie φωνὴ ῥημάτων die Vielzahl der Gebote (Thomas). φωνῇ, siehe 3,7. Zur Wortstellung siehe 4,6. Wie am Sinai gibt die heilige Stimme einer Gottheit Weisungen (Stob I 405,12–17). φωνή in der Sinai-Szene: ohne

Zusatz Ex 19,16a.19 20,18 Philo Decal 46 Jos Ant 3,90 Zeb 116a Str-B II 354. Als φωνὴ ῥημάτων Dt 4,12, zitiert bei Philo Migr Abr 48; im NT nur hier. φωνή ohne Sinai-Situation: Gottes (Da Thdtn 10,9AQ); Elihus (Hi 33,8 34,16). Anders: Jesu nach Versöhnung rufendes Blut V 24. ῥημάτων, siehe 6,5 (Kittel ThW IV 112). Am Sinai ῥήματα ohne Zusatz als Gesetz Dt 4,12 Philo Decal 47; im Hb nicht explizit „Gottes" (vgl 2,2f 10,28f). ἧς: in Dt 4,12 Accusativ. οἱ ἀκούσαντες. Zum Aorist in Participium und Hauptverb siehe 2,10. Statt ἀκούσαντες in 1912 ἀκούοντες. Zu ἀκούειν siehe 2,1. Am Sinai Dt 4,12. παρῃτήσαντο μή: das μή, pleonastisch wie Thuc 5,63,3 (vgl Bl-Debr § 429), fehlt sekundär in ℵ* P 048 326 442 467 1115 Chr. Statt μή in 326 καί. παραιτέομαι, hier als „ablehnen": Bauer 2c Stählin ThW I 194f Preisigke Wört II 244 2). Verweigerung der Gnade seitens des heroïschen Helden (Pind Nem 10,30); Nicht-Verweigerung seitens der Stoikers gegenüber dem Willen der Gottheit (Epict Diss 2,16,42); zauberische Anrufung des Hermes, obwohl der schauerlich zu hören ist (Preis Zaub V 174–177). Jüdisch: berechtigte Abweisung einer ausführlichen Darstellung (2Makk 2,31); des Zauderns bei Danksagung und Ehrung an Gott (Philo Sacr AC 63); verkehrte Abweisung der Sprachmittlerschaft seitens Mose an die Gottheit (Philo Vit Mos 1,83). Im NT sonst nur berechtigte Zurückweisung: Ag 25,11 1Tm 4,7 5,11 2Tm 2,23 Tt 3,10. In Diognet: Juden lehnen bestimmte Speisen zu Unrecht ab (4,2); die Christen dürfen nicht ihre Aufgabe abweisen, leidend Seele der Welt zu sein (6,10). In Hb 12,19 mit AcI; in 12,25 2 mal mit Accusativ. In 12,19 die Weigerung, sich von Gott *direkt* anreden zu lassen (Calvin). Diese Weigerung, nicht mit παραιτεῖσθαι formuliert, wird in Ex 20,19f (vgl Pesikt R 22,111a Str-B IV 438) Dt 5,27f (24f) 18,16f aber als berechtigt gebilligt. Hb setzt dagegen παραιτεῖσθαι mit ἀποστρέφεσθαι gleich V 25 und verschiebt damit die numinose Angst der Israeliten vor der direkten Anrede zu dem hier von ihm paränetisch benötigten Abfall von Gott (Windisch Stählin). προστεθῆναι αὐτοῖς λόγον. προστεθῆναι in p[46] ℵ C D K L P; προστεθεῖναι in 242, zu η-ει siehe 4,11; προσθεῖναι in A. Bauer 1a Maurer ThW VIII 169f Preisigke Wört II 414 1b) Bl-Debr § 202. Außerbiblisch zum Beispiel Dion Hal, siehe Bauer Wettstein. προστεθῆναι von λόγοι schriftlich Jer 43(36),32; mündlich προσέθετο – λέγων und προσθήσει λαλῆσαι, LXX-griechisch, von Abner und David 2 βασ 2,22 7,20. Hier sinngemäß: nicht weiter hören wollen Dt 18,16. NT außer Hb 12,19 nicht λόγον προστιθέναι. ῥήματα προσθεῖναι von schriftlichem Zusatz Herm v 2,4,2. αὐτοῖς meint die Hörer, nicht die Worte; auch nicht die ungeheuerlichen sichtbaren Begebnisse (gegen Erasmus adnotationes erste Deutung). λόγον, siehe 4,2; in der Sinai-Szene sonst ἦχος φωνή ῥῆμα (siehe oben).

20. sie ertrugen nämlich nicht die strikte Verordnung: ‚selbst wenn nur ein Tier den Berg berührt, soll es gesteinigt werden'.

Nicht der Dekaloginhalt, sondern die Ausgrenzung sogar des unvernünftigen Tieres gegenüber der dinglich-welthaften Heiligkeit des Gottesberges ist der Grund für die Weigerung der Israeliten V 19: denn um wieviel gefährdeter ist dann erst der Mensch!

οὐκ ἔφερον γάρ: vg stellt um: *non enim portabant*. φέρειν, siehe 6,1, Bauer 1c Weiß ThW IX 57–61. Ertragen seitens der Menschen von: körperlichen Belastungen (Xenoph An 3,1,23 4Makk 6,7); der Härte eines Gewaltherrschers (Jos Ant 7,372 14,342); menschlicher Aggressivität (Corp Papyr Raineri I 19,12 Preisigke Wört II 688f 7); geistlicher Kränkung (Ez 34,29). φέρειν seitens der Gottheit R 9,22. Philo Rer Div Her 251 Som 1,142 und Josephus Ant 3,81f sprechen allgemeiner vom Erschrecken des Volkes vor der numinosen

Gesamtsituation; die Gewalt des Gotteswortes übersteigt die Fassungskraft jeglichen Hörens (Philo Poster C 143). Hb begründet mit οὐ γὰρ ἔφερον die in V 19 genannte Weigerung des Anhörens; die Worte übersteigen das gefühlsmäßig Mögliche, *affectum* (Thomas). *Non poterant: sustinere* (Nicolaus de Lyra), *ferre* (Luther Glosse). In Ex 20,19 Dt 5,25(22) anders formuliert. Die Bereitschaft zum Gehorchen Dt 5,27(24) entfällt im Hb. Nachklang Just Dial 67,9. τὸ διαστελλόμενον, Bauer Rengstorf ThW VII 591f. Die strikte Verordnung, der Auftrag: also passivisch; nicht medial „das Befehlende" (gegen Delitzsch Seeberg) oder gar activisch „him who speakes", gegen sa. διαστέλλω innerweltlich: Preisigke Wört I 361 2) Mitteis-Wilcken II Nr 16,20 Jos Ant 12,32; betreffend die Eigenschaften eines Herrschers (Plat Resp 7,15 II 535B); einen Vertrag (2Makk 14,28). Verfügen seitens der Gottheit (Ez 3,18–21 Jdt 11,12); seitens des Mose in Gottes Auftrag (Ep Ar 131); seitens Jesu (Mt 16,20 cdd Mk 5,43 7,36 8,15 9,9, meist Schweigegebot); seitens der Apostel (Ag 15,24). Hb nur hier: gemeint ist die Droh-Anordnung gegen das Tier V b. So die meisten (gegen Prim MPL 68,783A Ps Oec MPG 119,433D Thphyl MPG 125,381C, auch Windisch, die allgemeiner beziehen).

κἄν: Bauer 2 Bl-Debr § 18; häufiger in den Evangelien; Paulus nur 2K 11,16; Hb nur hier. Hier statt ἐάν Ex 19,13: der gegen LXX im Hb nicht ausdrücklich genannte Mensch (Nicolaus de Lyra) ist dann also noch stärker gefährdet als ein Tier, das zwecks stärkerer Abschreckung gewählt ist (Thomas), weil es unschuldig ist (Calvin). Das Folgende bringt umgestellte und verkürzte Formulierungen aus Ex 19,12f. θηρίον: Bauer 1a Foerster ThW III 133–136. Tiere: spezialisiert Ag 11,6, zwar zähmbar (Jk 3,7 Mk 1,13), aber dem Menschen gefährlich (Apk 6,8), vernunftlos (Philo Spec Leg 3,99), gewalttätig (Jos Ant 17,309), Jagdwild (Preisigke Wört I 677), neben Dämonen genannt (Test XII B 5,2), Schlangen gehören dazu (Ag 28,4f). Hb – θηρίον nur hier – ersetzt das zahme Herdentier, Ex 19,13 34,3, durch θηρίον: sogar schon die unterste Kategorie von Geschöpf ist durch den „Berg" gefährdet (Schierse 177f). θίγῃ; siehe 11,28. In K θίγει, siehe 4,11. Hier wie Ex 19,12. θιγγάνειν: etwas Unreines macht unrein Ep Ar 106; hier: etwas Hochheiliges gefährdet das Leben. Aus dem Verbot (Ex 19,12 Hb V 20) wird bei Philo die Unmöglichkeit, daß selbst die reinste Gesinnung den Gottesort auch nur ein wenig berühren *kann* (Quaest in Ex 2,45). τοῦ ὄρους, siehe 8,5. αὐτοῦ τοῦ ὄρους, „den Berg selber", in 635, grenzt etwas ein. λιθοβοληθήσεται. Aus Ex 19,13 wird ἢ βολίδι κατατοξηθήσεται („oder mit einem Wurfgeschoß niedergeschossen") sekundär eingefügt durch 2 823 hinter λιθοβοληθήσεται, durch 440 hinter καὶ οὕτω V 21 (Zuntz 164 Anmerkung 1); bei Erasmus adnotationes und paraphrasis im lateinischen und griechischen Text. Zu λιθοβολέω siehe 11,37. Steinigung in Ex 19,12f von Tier und Mensch, in Hb 12,20 des Tieres, aber der Mensch, κἄν, ist mitgemeint. Steinigung für religiöse und moralische Delikte ist alttestamentlich, zusammengefaßt Philo Eus Praep Ev VIII 7,2; auch für einen stößigen Ochsen Ex 21,28f.32 Philo Spec Leg 3,144 Jos Ant 4,281f. In der Sinaiszene wird Tiersteinigung nicht angedroht Philo Rer Div Her 251 Jos Ant 3,75–90.

21. Und, so furchtbar war die Erscheinung, Mose sprach: ‚ich bin voll Furcht und Zittern'.

Literatur: JBarbel Christos Angelos, 1941 1964; JAFitzmyer The Use of Explicit Old Testament Quotations in Qumran Literature and in the NT, NTSt 7, 1961, S 302; WLueken Michael, 1898.

Die Bedrohung des Lebens durch die Theophanie gilt auch für Mose, Cyr MPG 33,740A Barbel Angelos 109. Theod Stud MPG 99,733D Lueken Michael 105 und Calvin schränken das zu Unrecht auf die Israeliten ein.

καὶ – εἶπεν: zur Zitationsformel vgl CD 8,14 9,26f 5,8 1QM 10,1 Fitzmyer Use 302. οὕτω, siehe 4,4. Ohne Schluß-ς in ℵ* A D 5 33 35 57 104² 378 919 920 1149 1610 1872 1898; mit ς in ℵ²C D¹ ² L P. οὕτω – φανταζόμενον ist Parenthese, die meisten. φοβερόν, siehe den sinn-nahen Text 10,27. φοβερός: von einem Gottesmann Ri 13,6. Philo: von einem Tier (Omn Prob Lib 147); von bevorstehenden Ereignissen (Rer Div Her 275), von Gottes Kraft (Gig 47) und Gewalt (Rer Div Her 24); bei den Strafen in Ägypten (Som 2,266); Jos Ant 3,80 von den Blitzen am Sinai. ἦν; in ℵ* 33 η. τὸ φανταζόμενον; Alliteration an φοβερὸν (Moffatt). Statt φανταζόμενον in 635 θαυμαζόμενον (wunderbares Geschehnis). φανταζόμενον Bauer Bultmann/Lührmann ThW IX 7. NT nur hier. Vom Erscheinen der Sophia Sap 6,16(17); von Gestalten von Göttern und Toten Vett Val II 36 S 113,17f; von Menschen in einem früheren Stadium der Wiederverkörperung Lucian Vit Auct 5 (Betz Lucian 56 Anmerkung 2); von akustischen Phänomenen wie Gebrüll Apoll Rhod 4,1285; von Theophanien: der Athene (Aristot περὶ θαυμασίων ἀκουσμάτων 108); des kämpfenden Apollo (Herodian 8,3,8f, der aber die Realität offen läßt). Apollo selber verlieh φαντασίας Plut Pyth Or 24 II 406D (Betz Plutarch 1975 S 124). Hb bezieht sich mit τὸ φανταζόμενον auf die theophanen Geschehnisse V 18–20; freilich nicht auf die All-Gottheit selber (Thret MPG 82,776D). Hb selber hält die Erscheinung aber für eine höchst reale Schauung (Bengel) und teilt nicht Herodians (siehe oben) Skepsis; gegen Erasmus adnotationes. Μωυσῆς die meisten Zeugen; ohne υ in A D P Ψ **0121b** 2 203 242 383 506 1311 1739 1827 2004 (siehe 3,2). Hinter Μωυσῆς in 1611 2005 z γάρ. Wenn sogar Mose Furcht hatte, wieviel mehr das Volk (Chr Cramer Cat 267 Prim MPL 68, 783B Thphyl MPG 125,381C). εἶπεν, siehe 7,11. ἔκφοβος; die LAA von ἔκφοβος und ἔντρομος assimilieren sich aneinander. Statt ἔκφοβος: in **0121b** 241 255 483 489 547 1739 Cl Al Prot VIII 9,82,3 Chr Thret Thphyl ἔμφοβος. Bauer Bl-Debr § 120,2. Außerhalb der Sinai-Szene: von den brennenden bei einer Kriegslist Hannibals verwendeten Rindern (Plut Fab Max 6,8 I 178a); von den Jüngern (Mk 9,6); ἔντρομος καὶ ἔκφοβος von den Juden bei der Makkabäer-Verfolgung (1Makk 13,2). Hb zitiert Dt 9,19 wörtlich (Ahlborn 59), wo Mose sich fürchtet, freilich im Blick auf Gottes Zorn wegen Israels Stierdienst; in der Sinai-Situation des Mose Zorn (Ex 32,19) oder Ekstase (Philo Vit Mos 2,271f). Bei der Gesetzgebung Mose ohne Furcht (Ag 7,38 und Jos Ant 3,75–101); in Ant 3,83 Mose sogar ehrwürdig und hoch gestimmt. Wohl aber des Mose fromme Furcht am Dornbusch; Furcht des Mose vor Verbrennung durch die Engel bei der Gesetzgebung (Schab 88b Str-B III 597f). ἔμφοβοι und ἔντρομοι als Nachklang in der Liturgie (Brightman S 33 Zeile 17f). εἰμί, nur hier im Hb. ἔντρομος; dafür in ℵ D* ἔκτρομος. Bauer Bl-Debr § 120,2. Als Kinderkrankheit Corp Med Graec IV S 68 Zeile 7f. Vom scheuen Pferd Plut Fab Max 3 I 175b Wyttenbach. Im Zauber; von der Erde Deißmann B 29,25–27; von Menschen, neben ἔνφοβος, Preis Zaub XII 54. Im Kult „mit zitternden Händen" Plut Superst 9 II 169E (Betz Plut 1975,30). In LXX: beim Erdbeben LXX Ps 17 (18),8; Daniel in einer Vision Da Thdtn 10,11; 1Makk 13,2 (siehe oben bei ἔκφοβος). Im NT: die Frau mit dem Blutfluß Lk 8,27D; der Gefängniswärter Ag 16,29; Mose am Dornbusch Ag 7,32. Vgl Phil 2,12. Bei der Gesetzgebung von Mose nicht ἔντρομος und τρέμειν in LXX und NT, außer Hb. Hb dies Wort nur hier: Furcht der Seele, Zittern des Körpers (Bengel).

22. Sondern ihr seid zum Zionberg herangetreten und zur Stadt des lebendigen Gottes, dem himmlischen Jerusalem, und zu Myriaden von Engeln, zur Festschar

Literatur: GDelling Jüdische Lehre und Frömmigkeit in den Paralipomena Jeremiae, 1967, ZAW Beiheft 100; BGärtner siehe 12,14; HHegermann Die Vorstellung vom Schöpfungsmittler im hellenistischen Judentum und Urchristentum, 1961; GJohnston Οἰκουμένη and κόσμος in the NT, NTSt 10, 1964, 352–360; GKlinzing Die Umdeutung des Kultus in der Qumrangemeinde und im NT, 1971; FMußner Contributions made by Qumran in the understanding of the Epistle to the Ephesians, in: Paul and Qumran, JMurphy-O'Connor 1968, 159–178; CSpicq La panégyrie de Hb 12,22, Studia Theologica 6, 1953, 30–38.

Zur Artikellosigkeit in V 22–24 siehe 12,18. V 22f wird zitiert von Orig Cels VIII 5 GCS 3 S 225,2f für die wahre Kirche, von Euseb Hist Eccl 10,4,70 frei; Eus De mart Palaest 11,9 Hb V 22 zum Teil; Theod Mops über die Himmelsstadt (siehe Greer 241f). Hier nun das wirkliche Heil, gegenüber dem Sinai, siehe 12,18. Der *himmlische* Ort, unmateriell, man darf ihm nahen. Nicht schreckende *Dinge,* sondern helfende *Personen:* der göttliche Richter, des Mittlers Sühne berücksichtigend; die freudige Riesenschar, aus Engeln und Entsühnten. ἀλλά: A verschreibt in οὐ γάρ, wie V 18. Das höhere Heil, wie δέ in 3,6 9,11. προσεληλύθατε, siehe 12,18 4,16; vgl Jesu Auffahrt 1,3. Hier das Perfectum noch stärker als die Aoriste 6,4f (Theißen 88); aber von der „Ruhe" heißt es nie: ihr seid schon da (3,11 Exkurs). Sie sind da: in Glauben und Sehnsucht Prim MPL 68, 783BC. Aber auch von der Himmelsstadt, zu der die Hörer seit der Taufe (kaum dem Abendmahl, siehe 12,18) dazugehören, gilt wie 4,11: es ist eine Zusage (siehe 10,19.22), sie muß bewahrt werden (12,25). Der Kult ersetzt nicht das bevorstehende Eschaton; richtig Theißen 103: von Hb 12,22ff „bleibt nur" 13,14. Die Himmelsstadt kommt nicht zu den Hörern; sie müssen hin. Für den Glauben ist sie noch unsichtbar, aber eine Realität (siehe 11,1). Darum kann Hb gegenständlich von ihr reden; „herantreten", wie zu einem Ort (siehe 1,3 zu ἐν δεξιᾷ). Zion, Gottesstadt und himmlisches Jerusalem werden vokabulär unterschieden (siehe dafür Riggenbach). Sie laufen aber auf dasselbe hinaus (Hegermann 192).

Σιών; Σειών in p[46] D*, für ι-ει siehe 4,11. Bauer 1 Fohrer-Lohse ThW VII 291–338. Bl-Debr § 56,3. ὄρος Σιών: LXX Ps 73,2 Js 4,5 Jl 2,32(3,5) 1Makk 6,62 7,33 Apk 14,1. Σιών als irdisch LXX Ps 73,2 86,5 1Makk 6,62 7,33. Als endzeitlich neu, aber irdisch Js 4,5 35,10 60,14 Jer 3,14 38(31),6 Jl 2,32(3,5) 4Esr 10,44 Tg Cant 8,5 Str-B III 574c. Analogie von Wüste(Sinai) und Zion Tanch B דברים § 1 Anfang (Str-B III 750). Auch Qumran spricht vom endzeitlichen, aber irdischen Zion 1 QM 12,13 19,15 4 Q Flor 1,12 (siehe Braun Qumran-NT I zu Mk 13,2 Hb 12,22f, II S 100f 271 278; Gärtner Temple 88–99 Klinzing Umdeutung 201f). Zion im Himmel wie Hb in Apk 3,12 14,1; aber in Apk 3,12 καταβαίνουσα, im Hb nicht. Cyprian De montibus Sina et Sion CSEL 3,3 S 104–119 nimmt auf Hb nicht Bezug. ὄρει, siehe 8,5. D* d Hil om καί vor πόλει; z om καί πόλει. πόλει, siehe 11,10 11,16 3,11 Exkurs 2,17 Exkurs; als σκηνή 8,2, als Debir 9,24. Jerusalem als πόλις irdisch zum Beispiel LXX Ps 45,5 47,9; endgeschichtlich neu, aber irdisch 4 Esra 10,44; himmlisch Apk 3,12 21,2.10 Ps Clem Recg 2,21,3 S 64,22.25f, unwelthaft Philo Som 2 250, wie Hb hier. θεοῦ ζῶντος, siehe 3,12; vgl πόλις τοῦ θεοῦ ἡμῶν LXX Ps 47,9, πόλις κυρίου Ps 45,5. Ἰερουσαλήμ Bauer 3; ThW wie Σιών; Bl-Debr § 56,1 Deißmann B 184 Anmerkung 3. Diese Form meist in LXX, Philo nur Som 2,250, Josephus nicht; im NT sehr viel Lk Ag, wenig Paulus Apk; Hb nur hier. Das hellenisierte Ἱεροσόλυμα in Esra Tob Makk, Philo selten, Josephus immer; im NT viel Evangelien Ag; Paulus selten. Neubau des irdischen

Jerusalem Tob 14,5; die irdische νέα ’Ιερουσαλὴμ Test XII D 5,12. Das himmlische Jerusalem: ἁγία καταβαίνουσα Apk 21,2.10; καινὴ Apk 3,12; „genannt Unvergänglichkeit und Jerusalem" Unbekanntes altgnostisches Werk Kapitel 12 Till S 352,7–9. So Hb hier, ohne Rückbezug auf das alte Jerusalem (siehe 11,10) und ohne καταβαίνειν. ἐπουρανίῳ, umgestellt vor ’Ιερουσαλὴμ in D★ ² d. Siehe 3,1 3,11b Exkurs; 11,16. In LXX nicht mit Jerusalem, aber mit „lebendiger Gott" (3Makk 6,28), seiner „Wohnung" (2Makk 3,39) und dem „Heer" (4Makk 4,11). Himmlisches Jerusalem im NT nur hier; noch Ps Clem Recg 1,51,2 *civitas caelestis;* in der Liturgie Heavenly Jerusalem (Brightman S 170 Zeile 35). Orig Princ IV 3,8 GCS 22 S 334 Zeile 10–12 weitet das aus für himmlische Entsprechungen der irdischen Städte Israels und Judäas. Es geht im Hb nicht um a restored earth (zu Johnston Οἰκουμένη 354; siehe 11,10). Statt ἐπουράνιος bei Jerusalem oder πόλις oder κόσμος: ἄνω Gl 4,26 Paralipomena Jer 5,35 Delling Paralipomena 59 slav Hen 55,2 (siehe 11,10) Naassener-Predigt Hipp Ref V 7,39 Act Joh 36 II S 153,23f. Vgl auch Phil 3,20. Philo spricht von der Stadt des Seienden in der Seele Som 2,250 (siehe 11,10). μυριάσιν ἀγγέλων, so auch D²; μυριάσιν ἁγίων D¹; die folgenden LAA verbinden nach vorn mit πανηγύρει: μυρίων ἁγίων D★; ebenso verbinden mit πανηγύρει die variierenden Übersetzungen in f vg am fu d z. μυριὰς siehe Bauer 2; im Hb nur hier; weiteres siehe Tischendorf NT bei 12,23 Anfang. μυριάδες von Engeln: Da 7,10 aeth Hen 40,1 gr Hen 1,9 14,22 Jd 14Apk 5,11 (Vernichtungsengel Apk 9,16 vgl Jos Bell 5,388) 1Cl 34,6 Herm v 3,2,5 3,4,2 Nag Hammadi Cod II 5 Schrift ohne Titel 152,21f und in der Liturgie (Brightman S 131 Zeile 24 S 322 Zeile 24f). Vielzahl der Engel mit πᾶς-Formen: 3 βασ 22,19 Tob 11,14(17) Apk 7,11, neben „Wächtern und Heiligen" Act Thom 36 IIb S 153,23f, mit „Menge" 1Cl 34,5, „Volk" Ps Clem Hom 3,33,2; ihre esoterischen Namen bei Essenern Braun Radikalismus I S 69 Anmerkung 3. Zur Gemeinschaft der Frommen mit den Engeln Kosmala 37 57 Braun Qumran-NT I 269 Mußner Contributions 164–166 Anmerkung 135. Die Engel hier im Hb zwar an erster Stelle aufgezählt; aber erbaut ist die „Stadt" für die Menschen 11,16 (Schierse 126). Für ἄγγελος siehe 1,14 Exkurs.

πανήγυρις, im NT nur hier, siehe Bauer Seesemann ThW V 718f Spicq Hb I S 84 Anmerkung 2 Williamson 64–70: bezeichnet in Hos 2,11(13) 9,5 Am 5,21 Ez 46,11 die wegen Baalsdienst getadelte oder die Opferweisung empfangende irdische Kultgemeinde, wobei die Vokabel πανήγυρις selber nicht den Tadel ausdrückt. Auch die ἐκκλησία opfert, 2Ch 7,7f 1Makk 4,56.59 wie die Christen in Hb 13,15. πανηγυρίζειν Js 66,10.8 von den Zionskindern. Darum meint πανήγυρις auch im Hb kaum die Engel (gegen Cl Al Prot VIII 9,82,6, Severian von Gabala Staab 351 Chr Ps Oec Thphyl MPG 63,221 119,436B 125,381A Prim MPL 68,783BC Thomas Nicolaus de Lyra Erasmus paraphrasis adnotationes Luther Glosse NT 1524 Bibel 1545 Calvin Bengel die meisten Neueren). πανήγυρις meint vielmehr die ἐκκλησία der Glaubenden: bei JAMayfart „Jerusalem, du hochgebaute" Vers 4 (Héring), Windisch Kuß, vgl die Text-Abteilung und Interpungierung im griechischen Text bei Beza 1588 Greek NT Aland – Wikgren Nestle-Aland[26]. Formal πανήγυρις καὶ ἐκκλησία wie Σιὼν ὄρει καὶ πόλει –. Übersicht über Interpungierungsmöglichkeiten zwischen καὶ μυριάσιν – πανηγύρει καὶ bei Spicq und im Greek NT Aland – Wikgren. Warum erweitert der Hb die ἐκκλησία durch πανήγυρις? Ihn stört offenbar nicht die Nähe der πανήγυρις zu „Spielwerk" und „Irrtum" (Vett Val S 246,1f), er hebt ab auf die hohe Bedeutung der griechischen Olympiade; Wettstein: schon außerbiblisch religiös eingefärbt (Dion Hal art Rhet I 2 p 227 Strabo Geographica VIII 3,12 C 343 „das Gottgeliebteste unter allen menschlichen Dingen" Philostr Vit Ap 8,18 p 361; bei Philo Bezeichnung für

Passa, Wochen-, Korb- und Pharosfest Vit Mos 2,226 Spec Leg 2,160 2,176 2,215 Vit Mos 2,41), setzt πανήγυρις deutliche Akzente: himmlisch, wie θεῶν πανήγυρις Aesch Sept Theb 219f, anders als der Sinai, das Betastbare. Die hohe Teilnehmerzahl; griechisch „die Zusammenkunft der Männer" Philostr Vit Ap 8,18 p 361; jüdisch: „das ganze Volk betreffend" Jos Bell 5,230 Hb 12,1 „Wolke von Zeugen". Auch der wertvollste Besitz macht nicht Spaß, wenn man allein ist (Thomas). Die aufgelockerte Freude dabei; griechisch: „Vergnügen" Dion Hal art Rhet I 1 p 226 „das Lieblichste" Philostr aaO; jüdisch: „heiteres Leben" Philo Spec Leg 2,214. Vgl Jesu „Freude" 12,2 und die Sabbatruhe des Volkes Gottes 4,9 (Spicq) gegen die Furcht am Sinai (Thret MPG 82,777A). Unterhaltung auch für die Seelen Philo Spec Leg 2,214 und die freie Rede Hb 3,6 4,16 10,34 gegen die Weigerung am Sinai, sich anreden zu lassen. Offenbar soll πανήγυρις die ἐκκλησία mit besonders feierlich-fröhlichem Klang füllen: „wo – Festschar, dort Freude" (Thphyl MPG 125,381D). Vgl Spicq La panégyrie.

23. und Versammlung der Erstgeborenen, die im Himmel aufgeschrieben sind, und zu Gott, dem Richter aller, und zu den Geistern der vollendeten Gerechten,

Literatur: HBraun Gerichtsgedanke und Rechtfertigungslehre bei Paulus, 1930; JLécuyer Ecclesia primitiorum, Analecta Biblica 17–18, II 1963, 161–168.

Die Hörer zählen jetzt schon zu der Festversammlung der Bevorzugten, die Anerkennung im Himmel zu erwarten haben; sie stehen jetzt schon vor dem Endrichter und gehören zu den verstorbenen, von ihm angenommenen Gerechten. Cl Al Prot IX 82,6 I S 62,26 f gibt πρωτοτόκων bis οὐρανοῖς frei wieder, Mees 235.

καὶ ἐκκλησίᾳ: et ecclesiarum am Abr. Zu ἐκκλησία siehe 2,12; es gehört als „Versammlung" zusammen mit πανηγύρει. Woraus besteht sie? Aus Erstgeborenen, die im Himmel aufgeschrieben sind. πρωτοτόκων, siehe 1,6. Da sie im Himmel zunächst nur aufgeschrieben sind, befinden sie sich noch nicht im Himmel (so schon Bengel), wenn sie auch in den Himmel als in ihre Geburtsstadt gehören (siehe 11,16). Engel sind von Gott *geschaffen* (Nag Hammadi Cod II 5 Schrift ohne Titel 153,20f, πρωτόκτιστοι Cl Al Exc Theod 27,3, vgl Herm v 3,4,1). Die Erstgeborenen Lidz Liturg Oxforder Sammlung XXX S 200,7 sind nicht Engel. Die πρωτότοκοι im Hb sind nicht Engel (gegen vSoden Hollmann Seeberg Käsemann Gottesvolk 28 Spicq Schierse 182 Anmerkung 125 Montefiore), sondern noch lebende Menschen. Also auch nicht die alttestamentlichen Patriarchen und Frommen (gegen Erasmus paraphrasis Luther Glosse Calvin Bengel Héring). Auch nicht die ersten Christen oder Apostelgeneration als ganze (gegen Prim MPL 68,783C Thomas Nicolaus de Lyra Bleek-Windrath); auch nicht verstorbene Christen überhaupt (gegen deWette[2]; Windisch als Möglichkeit) und gegen die Liturgie (Brightman S 93,17f, wo aber S 109,9 das ἀπογεγραμμένων typischerweise fehlt). Sondern gegenwärtig lebende Christen (so Windisch Moffatt Michaelis ThW VI 882 Lécuyer 161–168 Michel Kuß Westcott Strathmann Theißen 65 f Schiwy); freilich sind die Erstgeborenen kaum in corpore so bezeichnet (gegen Delitzsch Riggenbach Bruce). Denn der Erstgeborene, in dieser Weise genannt in NT und Apost Vätern nur hier, besitzt eine hohe Ehrenstellung (siehe 1,6; Philo Sacr AC 134); und das erstzeitliche πρωτ- wiegt mit, Dt 22,15–17 Ag 3,26 13,46 Philo Cher 54 (so Thret Ps Oec Thphyl MPG 82,777B Staab 468 MPG 125,384A Michel). Die Hörer haben also Gemeinschaft bekommen mit ranghohen schon länger zur Gemeinde zählenden führenden Christen, wohl nicht beschränkt auf die Hb-Gemeinde. ἀπογεγραμμένων, vor ἐν οὐρανοῖς alte LA, in p[46] ℵ A C D L P Ψ **048 0121b** 33 38 69 81 104 256 257 263 365 442 462 618 1175 1241[suppl] 1319 1610 1739 1834 1881 1908 1912 1944 1954 2004 2125 2127 2495 d f vg sy[p] sa bo arm aeth Cl Or Chron Cosmas. Die Umstellung ἐν οὐρανοῖς ἀπογεγραμμένων in K **0228** den meisten Cosmas Dam würde die Verbindung beider Begriffe nicht aufheben (siehe die Voranstellung von ἐν in 4,7 11,9 und von ἐπί in 11,38), würde also statt des ἀπογράφεσθαι kaum die πρωτότοκοι im Himmel lokalisieren. In LXX NT und Apost Vätern das Kompositum ἀπογράφειν für „aufschreiben im Himmel" nur hier; sonst γράφειν oder ἐγγράφειν. Aufgeschrieben werden Namen: Ex 32,32 Js 4,3 (für Jerusalem) Da 12,1 LXX Ps 138,16 Str-B II 169f Lk 10,20 Phil 4,3 Apk 3,5.12 13,8 17,8 Herm v 1,3,2 s 9,24,4 Ps Clem Hom 9,22,1 (Moffatt); oder Taten: 1Cl 45,8 Herm m 8,6 s 5,3,2 5,3,8 Str-B II 170–173 IV 1041e. In all diesen Fällen nicht Engel, sondern lebende Menschen. Ob jemand im Lebensbuch steht, entscheidet sich erst für die Toten (Apk 20,12.15). ἐν οὐρανοῖς fehlt in 823; 38 füllt auf zu ἐν τοῖς οὐρανοῖς. οὐρανός siehe 1,10, Bauer 2d. Seit dem Endglauben, Daniel, geschieht die Eintragung im Himmelsbuch durch die Engel (Str-B II 171–173); täglich (aeth Hen 98,7 Apokalypse Pauli 10 Tischendorf S 39f).

κριτῇ: Bauer 1aβ Büchsel ThW III 944; vgl κρίνειν 10,30 κρίσις 9,27 κρίμα 6,2 μισθαποδοσία 10,35 2,2. πάντων gehört zu κριτῇ, vgl σχεδὸν ἐν αἵματι πάντα 9,22 (zur Wortstellung siehe 6,7): Chr MPG 63,221 de Wette[2], die meisten; πάντων gehört nicht zu θεῷ (gegen Bleek-Windrath Westcott Montefiore); πάντων Maskulinum, nicht Neutrum (gegen Delitzsch Westcott). κριτής ist betont (Spicq), ebenso πάντων: Gott entscheidet auf Grund der Bücher (ἀπογεγραμμένων) über alle, wer vollendeter Gerechter ist (ähnlich Hollmann Montefiore), daher diese Stellung von θεῷ innerhalb der Aufzählung. Gott, der Richter der Lebenden (ἀπογεγραμμένων) und Toten (πνευμάτων); so erwägt auch Riggenbach; kaum: Gott der Heiden und Juden (gegen deWette[2]). Jesus als Richter der Lebenden und Toten Ag 10,42 2Cl 1,1 Pol 2,1 Act Thom 30 IIb 147,8. Bei Plato und Plutarch ist nicht Gott Richter (Braun Gerichtsgedanke 2f); Ael Arist 13 230 D skeptisch: „oder gibt es einen Richter –"; gnostisch wohnt er im Innern der Menschen Stob Ecl I 405,17–19. Im 6. Jahrhundert, christlich: Gott, der gerechte Richter des Alls Preis Wört I 840. In LXX ist Gott als κριτής, innerweltlich, besonders Rechtshelfer der Unterdrückten (1 βασ 24,16 LXX Ps 7,12 67,6 74,8 Js 30,18 33,22 63,7 Sir 32(35),15 Test XII Jud 20,5; ähnlich Philo Virt 61 Spec Leg 1,308 Rer Div Her 271 Jos Ant 7,199). Innerzeitlich auch Herm s 6,3,6; vgl. auch Od Sal 33,11. So, „Richter" als Helfer der Christen gegen Feinde, erklären hier zu, Unrecht, Luther Glosse Bengel Delitzsch Riggenbach; Spicq: Richter und Helfer. Aber Hb meint das Endgericht und setzt mit „Richter" die Hörer in Furcht (Thphyl MPG 125,384B). Also wie die Apokalyptik, die Rabbinen (zum Beispiel Abot 4,22; siehe Str-B IV 1093–1118); auch das gesamte NT, außer Joh. Aber im NT wird dafür selten κριτής verwendet; Paulus nicht, trotz R 2,6 2K 5,10. κριτής von Gott wie hier Hb 12,23 noch Jk 4,12 5,9, als Bild Mt 5,25 Par; „Richter" von Jesus siehe oben und 2Tm 4,8. θεῷ, siehe 1,1. πάντων, Achtergewicht wie πᾶσιν 13,4; vgl. Act Thom 139 IIb S 246, 19f Lidz Joh 176 S 175,10. Hier: die Erstgeborenen und die Gerechten. p[46]★ om πάντων, gegen p[46 cor].

πνεύμασι mit Schluß-ν p[46] D[2] P (siehe 7,13). Statt πνεύμασι in D★ b demid vg[mss] Cosmas Prim MPL 68,783D Thomas Nicolaus de Lyra πνεύματι; Erasmus adnotationes weist auf Thomas hin; diese LA bringt zwischen Gott und Jesus den heiligen Geist trinitarisch ein (Windisch ESchweizer ThW VI 444 Anmerkung 779). πνεύματα hier nicht Engel (wie Ditt Syll[4] 1181,1–3 Deißmann LO 351–362 Hb 1,14 1Cl 64,1 Ps Clem Hom 3,33,2). Sondern verstorbene Menschen (Bauer 2 Sjöberg ThW VI 377,4 ff 444; vgl. Hb 12,9: Thphyl MPG 125, 384B Erasmus paraphrasis Luther Glosse Calvin Windisch Theißen 122). Andere präzisieren: verstorbene AT-Fromme (Ps Oec MPG 119,436C de Wette[2] Bleek-Windrath Bruce Schiwy); das ist möglich, der Termin, „nicht ohne uns" 11,40, ist ja seit Entstehung der christlichen Gemeinde erreicht. So auch Michel, der aber verstorbene Christen auch für möglich hält. Verstorbene Christen bei Bengel, christliche Märtyrer bei Héring. Beides, AT- und christliche Fromme, bei Delitzsch vSoden Hollmann Riggenbach Spicq Moffatt Strathmann Barclay; wohl zutreffend: τετελειωμένοι von AT-Frommen (11,40) wie Christen (10,14). Der Leib ist, ohne das von Gott eingeblasene πνεῦμα (Sap 15,11), tot (Jk 2,26). Das ausgeschiedene Pneuma kann nur ausnahmsweise (Ri 15,19 Lk 8,55) zurückkehren, nicht im Normalfall (Sap 16,14); schon der Vorsokratiker Epimarchos: „Erde zur Erde" (Diels I Nr 23 B9). Nach dem Tode wird das πνεῦμα selbständig (LXX Ps 30,6 Qoh 12,7 Lk 23,46 Ag 7,58; ebenso Act Thom 30 II b S 147,10 von ψυχαί, die die Leiber verlassen haben). Der Transport des Pneuma in die Luft ist zauberisch ausgemalt Preis Zaub 1,177–179. Im Himmel erfolgt eine Trennung der πνεύματα nach Gerechten und Sündern (gr Hen 22,9 f; vgl Epimarchos Diels I Nr 23 B 22). So gibt es Pneumata und Seelen von Gerechten Da 3,86; die Pneumata der Gerechten gr Hen 22,9. Vgl die Seelen oder die Genossenschaft der Gerechten Midr Qoh 3,21(22a) S Dt 34,5 § 357 (149b 26) Midr Qoh 1,15(11a) Str-B IV 1038 1043 1040. Ihr Gegenteil sind die im Gefängnis befindlichen Geister 1Pt 4,19. Im Hb findet aber keine neue Leibverleihung statt wie bei den Rabbinen (ThW VI 377,4 ff); kein σῶμα πνευματικόν wie 1K 15,44; gegen viele Erklärer. Hb eher wie Philo, wo Mose nach dem Tode ein νοῦς, hell wie die Sonne, wird (Vit Mos 2,288). πνεῦμα – ἐν πίστει τετελειωμένον als verstorbener Christ in der Liturgie (Brigthman S 56,23 128,26 330,28). ℵ* bildet um: τελείων δεδικαιωμένοις; in D* d Hil: δικαίων τεθεμελιωμένων. Zum glaubenden δίκαιος siehe 10,38. τετελειωμένων, siehe 2,10: τελειοῦσθαι „sterben" Sap 4,13 Philo Leg All 3,45; also Entweltlichung, unter Umständen im Martyrium wie Abel Act Andr II 11 IIa S 64,4 Mart Mt 31 IIa S 261,23.

24. und zu dem Mittler der neuen Stiftung, Jesus, und zu dem Blut der Besprengung, das besser redet als Abel.

Nun zuletzt, mit Achtergewicht aufgezählt: Jesus; durch ihn kam die neue Verfügung zu uns; und, neben ihm gesondert genannt, das Blut, das er in den Himmel mitgenommen hat und das dort weiter verwendet wird; dessen Ruf – „Sühne" – übertrifft an Wert und Intensität Abels Rufen nach Rache.

διαθήκης, siehe 7,22 Exkurs. νέα διαθήκη als Verwaltungsverfahren Preis Wört II 129. νέας Bauer la*a* Behm ThW IV 899–903; in LXX NT Apost Vät bei διαθήκη nur hier; hellenistisch nicht unterschieden von καινός, siehe 9,15 Test XII L 8,14 (gegen ältere Kommentare von Bengel bis vSoden). μεσίτῃ; der Nominativ in D^{gr} 460 zerstört die Abhängigkeit von προσεληλύθατε. Der Mittler gibt nicht nur weiter, sondern bringt die Sühne zustande (siehe 8,6), also priesterlich; daher danach „Besprengungsblut". Luther Glosse erklärt mit *sacerdos*. Ob „Mittler" gewählt ist im Blick auf Mose, der zwar Gl 3,19, aber weder in LXX noch im Hb so genannt wird? (Zu Prim MPL 68,784A Ps Oec MPG 119,436C Bengel Delitzsch Riggenbach Spicq Westcott). Ἰησοῦ, siehe 2,9. Im Hb von Jesus der einzige Dativ (zu ihm siehe Bl-Debr § 55,1 f); p[46] zerstört ihn durch ιηςχρς. αἵματι, wegen seiner Wichtigkeit gesondert aufgezählt, (Bengel) mit Recht; siehe 9,7 Exkurs.

ῥαντισμοῦ: Bauer Hunzinger ThW VI 976–984; *ῥαντίζω* alttestamentlich-kultisch (siehe 9,13) und für die Taufe (10,22). In LXX *ῥαντισμὸς* nicht mit *αἷμα*, nur mit *ὕδωρ* Nu 19,9.13.20.21; Hb, dazu wohl Analogiebildung, nur hier. Barn 5,1 *αἷμα τοῦ ῥαντίσματος*, 1Pt 1,2 *ῥαντισμὸς αἵματος*, Const Ap 6,20,9 *ῥαντισμοὶ* hinter *βαπτίσματα*. Der Hohepriester Jesus hat das Besprengungsblut in den Himmel mitgenommen (9,12 13,20), wo es, anders als die Einmaligkeit des Opfers am Kreuz, weiter (von Bengel besonders hervorgehoben) verwendet wird 8,3 9,14 10,19 (siehe 2,17 Exkurs). *κρεῖττον*; in p[46] 2 33 241 1245 1908 *κρείττονα* (Beare 393). Vgl 1,4 6,9. Hb denkt bei *κρεῖττον λαλεῖν* nicht an die Fähigkeit, beredt zu machen (gegen Chr MPG 63,221 Thphyl MPG 125,384D Thomas zweite Deutung). Die Wirksamkeit (Thret MPG 82,777B) des Jesus-Blutes schafft nicht bloß eine *stärkere* Sühne als das Abelblut (*κρείττων* meint einen Dualismus wie Himmel und Erde, zum Beispiel 11,16; gegen Delitzsch vSoden Seeberg Montefiore), selbst wenn das von Kain und Abel dargebrachte Opfer und Abels Ermordung ebenso wie Jesu Tod am 14. Nisan geschehen ist, Targum zu Gn 4, ed Etheridge 170 (Bruce). Abel ist hier nicht Märtyrer, der wie die Makkabäer-Frommen sterbend sühnt (4Makk 6,29 17,21). Vielmehr geht es, wie Gn 4,11 um das *βοᾶν*, so hier um das *λαλεῖν*: Fordern und Wirken von Rache bei Kain (siehe 11,4) oder um Zustandebringen von Sühne bei Jesus. So die meisten seit Prim MPL 68,784AB über Thomas (erste Deutung) die Reformatoren bis heute. Gerade d a r u m ist, im Sinne des Hb, jetzt eine Ablehnung gefährlicher als auf dem Boden des AT (zu Schierse 182 Anmerkung 124). *λαλοῦντι*; 33 *καλοῦντι*. Zu *λαλεῖν* siehe 7,14. In 11,4, anders als hier, redet Abel selber. *παρὰ τὸν Ἀβελ*, siehe 11,14. Die LAA *τὸ* in p[46] L[suppl] 205 209 b sy Cyr Bas oder *τὸ τοῦ* bei Bas Proc denken, wie Gn 4,11, an Abels Blut; *τοῦ* vor *Ἀβελ* kann fehlen (siehe 7,5). Den Genitiv „Abels" übersetzt auch Luther 1522 1546 Deutsche Bibel WA Band 7,2. Zu *παρὰ* siehe 1,4; zu *Ἀβελ* siehe 11,4. In der Catena Arabica, Wettstein, wird Gott angerufen *per sanguinem Abelis sancti*.

25. Achtet darauf, daß ihr den, der da redet, nicht abweist! Denn wenn jene nicht davonkamen, die den abwiesen, der Weisungen auf Erden gab, um viel mehr werden wir nicht davonkommen, wenn wir von dem abfallen, der Weisungen vom Himmel gibt.

Literatur: BGärtner siehe 12,14; ATHanson Christ in the Old Testament according to the Hebrews, Studia Evangelica II, 1964, 393–407.

Angesichts dieses hohen Heils gilt es, die in ihm enthaltene Anforderung nicht von sich zu schieben. Das war gefährlich schon auf metaphysisch unterer Ebene: die sich versagenden Israeliten kamen um. Für die Christen gilt das vielfach verstärkt; denn jetzt ergeht ein qualitätsmäßig viel höheres Angebot, und darum besteht eine wesentlich erhöhte Gefahr.

βλέπετε, siehe 2,9; zum Imperativ siehe 3,12. Nach V 24 bringt Hb parénèse, conformément à son habitude (Héring); wie 1,1–14 zu 2,1 ff; 2,18 zu 3,1 ff; 10,18 zu 10,19 ff; 11,40 zu 12,1 ff. *παραιτήσησθε*, siehe 12,19. Ähnlich mahnt Philo gegen „vorbeisehen und vorbeihören und alles verachten, was besonnene Mahner nutzbringend anführen" Rer Div Her 109. *τὸν λαλοῦντα*; D z[c] sa aeth fügen *ὑμῖν* an, ebenso *„in vobis"* d. *λαλεῖν*, siehe 7,14. Hören auf das Reden auch Lidz Joh 201 S 195,11–16. Hier im Hb ist der Redende, an das Verb von V 24 anknüpfend, derselbe wie der *χρηματίζων* und wie der abgekürzt Apostrophierte in *τὸν ἀπ' οὐρανῶν*, sonst wäre die vorausgesetzte Subjekts-Gleichheit bei *ἐσάλευσεν τότε* und bei *νῦν* ἐπήγγελται und bei demselben zweimal das σείειν Vollziehenden V 26 ja nicht gegeben (Thret MPG 82,777D). Mose kann dieser Gleiche nicht sein, für ihn gilt ja nicht ἀπ' οὐρανῶν; auch Jesus kann nicht der Gleiche sein: er redet erst in der gegenwärtigen Endzeit, 1,2a, nicht τότε (gegen Hanson Christ 402–405). Die im Hb gemeinte Identität des τότε und νῦν Redenden, wahrgenommen schon von Chr Thret Thphyl Calvin, kann also nur von der Gottheit selber gelten; (so seit Wettstein de Wette[2] viele Erklärer). Gegen diese Identität wird verstoßen, wenn man bei ἐπὶ γῆς an Mose (wie Moffatt Héring), an Engel (wie Prim MPL 68,784C Thomas Nicolaus de Lyra Delitzsch), bei ἀπ' οὐρανῶν an Jesus denkt (wie Kosmala 124); oder wenn ἐπὶ γῆς und ἀπ' οὐρανῶν den Kontrast zwischen Mose und Jesus bezeichnen soll (wie Chr MPG 63,221 Cramer Cat 268f Ps Oec MPG 119,438C Photius Staab 652 Erasmus paraphrasis Luther Glosse Bertram ThW VII 721 Vanhoye Structure 207f Montefiore Barclay erklären). Die Zusätze der Erklärer zu „Gott", durch „Mose" einerseits und „durch Jesus" andererseits, treffen zwar zu, vermindern aber das vom Hb hier gemeinte Gewicht der Identität des Redenden. Der Ton liegt auf dem verschieden bedrohlichen Grad des λαλεῖν (Thphyl Spicq Hanson aaO). ἐπὶ γῆς und ἀπ' οὐρανῶν markieren den metaphysischen, Erschrecken erregen sollenden Unterschied (Schierse 93); zum Dualismus siehe 1,10. Statt εἰ: in 69 οἱ. γάρ: die Abweisung soll unterbleiben, weil sie den unvermeidlichen Heilsverlust mit sich bringt. ἐκεῖνοι, negativ, siehe 8,7; hier das Sinai-Israel. ἐξέφυγον, alte LA in ℵ* A C I P **048** 33 38 81 218 326 463 1175 1241[suppl] d e f vg Chr Cyr Dam; ἔφυγον wie 11,34 in p[46] ℵ[2] D (-γαν) K L Ψ **0121b** 6 104 1739 den meisten z[c] Thret Dam (Beare 393). Zum Verb siehe 2,3. Hb mag denken an den goldenen Stier Ex 32,27 oder an das Haderwasser Hb 3,11.17f. ἐπὶ γῆς; siehe 1,10; zur kunstvollen Wortstellung siehe 6,7; ἐπὶ γῆς gehört zu τὸν χρηματίζοντα. ἐπὶ γῆς ohne Artikel in p[46c] ℵ A C D K L P **0121b** 1834 arm Chr Cyr Thret. Alt ist die Wortfolge ἐπὶ γῆς παραιτησάμενοι τὸν in p[46] ℵ* A C D I **048 0121b** 17 33 81 (1175) 1241[suppl] 1739 1834 1881 co Cyr; sekundär die Umstellungen τὸν ἐπὶ γῆς παραιτησάμενοι in p[46]* ℵ[2] K L P Ψ 6 326 den meisten Chr Thret Dam und παραιτησάμενοι τὸν ἐπὶ γῆς in 69 104 256 263 404 436 442 462 467 629 1837 lat (siehe Beare 383 Zuntz 258). In Ex 20,22 und in der Mechilta dazu (Winter-Wünsche S 225f), in Dt 4,36 Esr B 19,13 (= Neh 4,13) Philo Decal 46 Spec Leg 2,189 redet die Gottheit allerdings vom Himmel her. Hb braucht aber den Dualismus: die Weigerung gegenüber dem auf Erden Weisung Gebenden war schon gefährlich genug (siehe 2,2f 10,28f), aber doch noch nicht so sehr. Dualismus Erde–Himmel sonst Philo (zum Beispiel Rer Div Her 239 Vit Mos 1,217 Quaest in Gn 1,51; Lidz Ginza R 15,7 S 323,35 324,8). παραιτησάμενοι, siehe oben: Israel am Sinai. Die LAA verderben: παραιτησάμενον, auf τὸν bezogen, in 330 440; παραιτήσασθε, an den Vers-Anfang angeglichen, in 38 2298. τὸν χρηματίζοντα: statt τὸν mißverstehend in 2005 Μωσῆ; χρηματισμόν, Sache statt Person, in 88. Zum Verb siehe 8,5. πολὺ μᾶλλον: siehe 12,9. πολὺ in ℵ A C D* 33 226; πολλῷ in p[46] D[2] K L P Ψ **0121b** 6 81 104 326 1739 1834 Chr Thret Cyr Dam; πόσῳ in 255. The terrible aspect ist, gegen Gärtner 104, nicht exchanged, sondern erheblich gesteigert. ἡμεῖς schließt den Verfasser ein, ὑμεῖς in 329 1908 nicht. Das fehlende Verb ist mit οὐκ ἐκφευξόμεθα zu ergänzen (siehe 7,19). οἱ nach ἡμεῖς om p[46] (Beare 385). οἱ gehört zu ἀποστρεφόμενοι; kunstvolle Wortstellung (siehe 6,7). ἀπ' οὐρανῶν, so alte LA in p[46] A C D K L P 1834 Cyr Thret Dam; ἀπ' οὐρανοῦ, wie 2Th 1,7, in ℵ **0121b** 6 216 234 424[1] 489 547 614 623 630 642 920 1241[suppl] 1518 1739 1872 1881 b t Chr; dafür οὐράνιον 1912. Zu ergänzen ist (siehe 7,19): χρηματίζοντα. Zu οὐρανὸς siehe 1,10, ἀποστρεφόμενοι; ἀποστρεφόμενον, in p[46], unter Einwirkung von τόν, sinnlos. Dies Verb Bauer 3a Bertram ThW VII 719–722 Bl-Debr § 149 Preisigke Wört I 175. Von Plutarch verwendet neben „hassen" Invid Od 6 II 538A, „fliehen" Suav Vit Epic

13 II 1095C, „für unter seiner Würde halten" Def Or 8 II 413E. ἀποστρέφεσθαι „abfallen", von Gott, mit Accusativ Jer 15,6, mit ἀπὸ Nu 32,15 Jos 22,16.29 Sir 46,11(14). Sonst noch mit Accusativ 3Makk 3,23 4Makk 5,8. Philo: mit Genitiv, von der Gottheit Gig 45; mit Accusativ: von der Philosophie, der Tugend, der Strenge (Congr 152 Mut Nom 254 Spec Leg 4,179); die beiden letzteren wegen Scheu vor Mühsal und Liebe zur Lust. Im NT mit Accusativ: vom Bittsteller Mt 5,42, vom Apostel 2Tm 1,15, von der Wahrheit Tt 1,14. Im Hb nur hier; sinngleich im Activum 2Tm 4,4. Paulus nicht.

26. Seine Stimme erschütterte damals die Erde; jetzt aber hat er die Verheißung gegeben und sagt: ‚noch einmal werde ich zum Wanken bringen nicht nur die Erde, sondern auch den Himmel'.

Literatur: RBultmann Weissagung und Erfüllung, ZThK 47, 1950, 360–383; OHofius siehe V 9; AVögtle Das Neue Testament und die Zukunft des Kosmos, 1970.

Die auf Erden und vom Himmel her redende Stimme der Gottheit betätigt Zerstörung: damals für die Erde, zu der der Sinai hier erweitert ist; im nahen Enddrama, wie Hg 2,6 vom Hb verstanden wird, für die gesamte Schöpfung mitsamt dem Himmelsgewölbe. Diese Zerstörung schließt aber Heil ein; sie ist Verheißung, wie ἐπήγγελται andeutet und der ἵνα-Satz V 27 ausführen wird.

οὗ, des Einen Redenden, der Gottheit. Statt οὗ: in p⁴⁶★ sa εἰ; getilgt in p⁴⁶ ᶜᵒʳ; (Beare 392). ἡ φωνή; ἡ fehlt in **0121b** 181 460 623★ 794 917 1836. φωνὴ siehe 3,7. Die Donnerstimme vom Rad des Jahwewagens am Roten Meer LXX Ps 76,19; theophan Ps 45,7; eschatologisch Jl 3,16. Gottes Stimme erschüttert am Sinai bei Philo nicht (siehe Decal 32–35). Bei Plut Publicola 9 I 101 d e ist eine gewaltige Stimme, ein gottheitliches Getöne, kampfentscheidend. τὴν γῆν, siehe 1,10; also nicht nur am Sinai. Hb denkt nicht an Bewegung der Herzen durch irdische Versprechen (gegen Thomas). ἐσάλευσεν, Bauer 1 Bertram ThW VII 65–71. Vom Erdbeben beim Auszug aus Ägypten LXX-Ps 113,1.7; am Sinai Ri 5,5; einmalig. Theophan – vgl die Epiphanie Gottes Thret MPG 82, 777C – und eschatologisch (activisch Am 9,5; medial oder passivisch Hi 9,6 LXX Ps 17,8 76,19 81,5 98,1 Sir 16,18 Na 1,5 Hab 2,6). Ferner: Test XII L 3,9 Sib 3,675f. Als Strafe für konkrete Übertretungen rabbinisch (Str-B I 1046 II 616 zu Jl 3,4 IV 403 oben 660 oben 774 untere Hälfte). Mt 14,29 Par von den Kräften der Himmel, Hb nur 12,26f. Erdbeben: Nag Hammadi Cod II 5 Schrift ohne Titel 174,32–34. Im Hades bei Götterbeschwörung Lucian Nec 10 (Betz Lucian 165 Anmerkung 2). τότε, am Sinai, Ex 19,18 (Vanhoye Structure 208 Schröger 192). Chiastische Stellung zu νῦν, siehe 4,16. νῦν δέ, temporal, siehe 8,6; νῦν δὲ noch 2,8 11,16. Sinn: „für jetzt". ἐπήγγελται: statt dessen ἐπαγγέλεται in 33 38; ἐπήγγελτο in 1845★. Hinter ἐπήγγελται in 635 1836 τότε. ἐπαγγέλλομαι siehe 6,3. Perfectum: weiter geltend. Wiederaufnahme des τὸν χρηματίζοντα V 26 (Käsemann Gottesvolk 13). Verheißung, weil das Bestand-haben dessen, was nicht erschüttert wird, anders als die Vernichtung des Geschaffenen, positiv ist (Vögtle Zukunft 85f). λέγων, siehe 7,11; als Zitateinführung, siehe 1,1 Exkurs; siehe Bultmann Weissagung 365. ἔτι: dafür ὅτι in **056** 102 1245 1852 1908 Cyr. Umstellung ἐγὼ ἅπαξ in D d. ἔτι siehe 7,10; ἅπαξ siehe 6,4. Zitat aus Hg 2,6; σείσω auch in den meisten LXX-Codices (Ahlborn 95 Schröger 192–194); Praesens in Hg 2,21. Hg 2,6 selber: die Erschütterung der vier Elemente nicht unterschiedlich stark; das Heil danach vollzieht sich auf Erden. Hb bildet um: „Meer" und „Festland" des Hg entfallen; „Erde" und „Himmel", umgestellt, repräsentieren eindeutig das Geschaffene; das eingefügte οὐ μόνον – ἀλλὰ καὶ steigert die Erschütterung bereits innerhalb der Schöpfung. Vor allem: σείω ist nun, anders als im alttestamentlichen Hg und in aeth Hen 45,4f, Ausschaltung des Geschaffenen; das Heil geschieht außerhalb der Schöpfung, V 27. ἔτι ἅπαξ: die abschließende, alles Geschaffene betreffende Katastrophe (auch für Vögtle 78–81 das Wahrscheinlichere) des σαλεύειν; freilich nicht spezifisch die Zerstörung Jerusalems (gegen Synge 56). σείσω, alte LA in p^{46} ℵ A C I 048 0121b 6 33 424^1 436 442 1175 1241^{suppl} 1739 1881 1908 1912 f vg sy^p sa bo aeth Ath Cyr Andr Aret; σείω in D K L P Ψ 81 104 326 1834 den meisten d arm PsJu Ath Chr Thret Dam. Nach σείσω in D★ d λέγει. σείω Bauer 1 GBornkamm ThW VII 195–199. Der Erderschütterer ist griechisch Poseidon (Xenoph Hist Graec 4,7,4); später auch andere Götter oder θεῖοι ἄνδρες. Erdbeben ist außerbiblisch oft theophanes Heilsgeschehen: Ps Call 1,12,2 P Statius Thebais 7,64–66 Callimachus Apollo-Hymne 2,f Vergil Ecl 4,50f Mithr Liturg 14,11.13 Lucian Pergr Mort 39 (Betz Lucian 165 Anmerkung 1, weiteres dort Anmerkung 2) Philostr Vit Ap IV 16 (Petzke Die Traditionen 205); aber auch Strafe Dio Chrys 30,11. In LXX ist der Erderschütterer der theophane Kriegsgott; σείω bei den Propheten auch im Eschaton. σείω, medial und passivisch, Objekt die Erde, als Heil Ri 5,4 LXX Ps 67,9; Objekt Himmel und Erde 2 βασ 22,8. Medial und passivisch als Katastrophe, Objekt die Erde Js 24,18 Na 1,5 Mk 13,8 Par; Objekt Himmel und Erde Js 13,13 Jl 2,10, vgl Mk 13,31 Par. Activisch als Katastrophe, Objekt die Erde Hi 9,6; Objekt Himmel und Erde Hag 2,6.21, in Ex r 18(81a) Str-B III 749f freilich als Heilsansage verstanden. Im NT Erdbeben mit σείω Mt 27,51; im Hb nur hier. Hb würde 3 βασ 19,11 „im Erdbeben war nicht der Herr" nicht akzeptieren. οὐ μόνον – ἀλλὰ καί, siehe 9,10; Bl-Debr § 243. Zutreffend Prim MPL 68,784D: „je größer die Zusage, um so mehr ist Furcht geboten". τὴν γῆν, siehe 1,10; slav Hen 65,10; Hb meint hier nicht Jesu Fleischwerdung (gegen Ps Oec und Thphyl MPG 119,438D 125,385C), nicht die Heidenmission (gegen Luther Glosse Calvin). τὸν οὐρανόν, siehe 1,10. Zu „Himmel und Erde" siehe Pist Soph 3 Seite 4,9–20 Preis Zaub VII 300, weiteres oben bei σείω. Der erschütterte Himmel ist nicht „der Himmel selbst" 9,24, nicht das himmlische Vaterland 11,15f, sondern der sichtbare obere Teil des geschaffenen Kosmos (Schierse 93 Theißen 92 Anmerkung 11 Vögtle Zukunft 86f Hofius Vorhang 70f), vgl die negative Zusammenordnung ὁ κόσμος καὶ ὁ ἥλιος Corp Herm 10,2. Hb denkt nicht an Aufbesserung des physischen oder an Zusage eines neuen Himmels (gegen Thomas); auch nicht an In-Furcht-Versetzung himmlischer Wesen (gegen Erasmus paraphrasis). AT und Apokalyptik sagen eine Erschütterung des Himmels, außerhalb der Endverheißung Hg 2,6, auch für die alttestamentliche Gegenwart an (2 βασ 22,8; 4 Esra 3,8 schon am Sinai, gegen Hb; Test XII L 3,9). Was bleibt bei diesem σείειν seitens der Gottheit?

27. Die Wendung ‚noch einmal' weist aber hin auf die Veränderung der Dinge, die erschüttert werden, da sie ja erschaffen worden sind; (sie werden erschüttert), damit Bestand hat das, was nicht erschüttert wird.

Literatur: JWThompson That which cannot be shaken, JBL 94,1975, 580–587; AVögtle siehe V 26.

Das ἔτι ἅπαξ im Zitat deutet hin auf die letzte abschließende Veränderung, durch welche die Schöpfung aufhört zu existieren. Dies Negativum bringt aber das Positivum als beständig und dauernd zutage: das, was keiner Erschütterung mehr ausgesetzt ist.

τό: Bezugnahme auf einen Zitat-Ausschnitt wie 3,13. δὲ warnt die Hörer: versteht das ἔτι ἅπαξ „aber" richtig! ἔτι ἅπαξ, letztmalig, abschließend, wichtig für das Verstehen von μετάθεσις, Vögtle 84f; schön Thomas: *magna vis*. ἔτι ἅπαξ siehe 12,26. ἔτι fehlt in 181. δηλοῖ, καὶ dahinter in 255, sinnlos. Zum Verb siehe 9,8. τῶν σαλευομένων, siehe 12,26. (τὴν) μετάθεσιν. Wortfolge: τὴν τῶν σαλευομένων μετάθεσιν in: ℵ A C 33 38 218 326 635 1175 1241^suppl. Cosmas ersetzt μετάθεσιν durch μετάστασιν. τὴν τῶν σαλευομένων τὴν μετάθεσιν in ℵ² 88. τῶν σαλευομένων τὴν μετάθεσιν in D² K L P Ψ 6 81 104 1834 den meisten Ath Chr Thret Dam. τὴν fällt fort in p⁴⁶ D★ **048 0121b** 323 1739 arm; im Blick auf die variable Stellung von τὴν ist das Fehlen unter Umständen älteste LA (Beare 393 Zuntz 118; siehe auch Bl-Debr § 258). Zu μετάθεσις siehe 7,12. Rein vokabulär ist dies Substantiv belegt als Veränderung zum Besseren: Ep ar 160 Philodem Vol Rhet ed Sudhaus I S 216 col XXXV Zeile 9–13 Nag Hammadi Cod I 3 De resurrectione 48,31–49,2. Oder als Veränderung zum Schlimmeren: 2Makk 11,24 Philo Gig 66f; μετάθεσις als Modus der Vernichtung Philo Aet Mund 113 Hb 7,12, vgl 7,18 8,13. Hier in 12,27 „Veränderung": in welche Richtung? Die μετάθεσις findet statt für Dinge, die erschütterbar sind, für die Teile der Schöpfung, für die Erde und den sichtbaren Himmel. Nach dem Statthaben der μετάθεσις gibt es nur noch Dinge, die unerschütterbar sind, den „Himmel selbst" 9,24. Was geschieht mit Erde und sichtbarem Himmel? Daß sie verwandelt werden in die „bleibenden Dinge", die nicht erschüttert werden, daß sie diesen, die ja schon vorhanden sind, also hinzugefügt werden, ist ausgeschlossen durch den drohenden Gerichtsernst des Textes (Vögtle 81), siehe V 25. Diesem Drohen liegt hier eine Apokatastasis so fern wie dem Hb eine zweite Buße nach dem Abfall 6,4–6 10,26f 12,17 (gegen Chr Thret Ps Oec Thphyl MPG 63,222 82,777D 780A 119,440A 125,385C Thomas Calvin Delitzsch vSoden Seeberg Riggenbach Bertram ThW VII 70,16 Kuß Maurer ThW VIII 163,1f Strathmann Schröger Schriftausleger 193). Also bringt die μετάθεσις die Schöpfung zum Verschwinden, anders als 1K 15,53. So Beza NT 1588 Bengel Windisch Käsemann Gottesvolk 29f Spicq Zuntz 118 Héring Schierse 36 52 71 77 180 183 203 Bornkamm ThW VII 197,30 Vanhoye Structure 208 Bruce Montefiore Theißen 121 Barclay Thompson shaken 584. Von „Platz machen" und „Verwandlung" oder ähnlich sprechen Hollmann Michel Schiwy. Ebenso, gegen Hb, von „neuem Himmel und neuer Erde" Bengel deWette² Bleek-Windrath Michel Westcott. Zum Vergehen des Alten siehe auch 2K 5,1 (Bengel) und 1J 2,17 (Westcott). Zu Vögtle Zukunft 76–89: Hb redet implizit doch vom Ende der Schöpfung; nur nicht explizit darüber, wie die μετάθεσις das zustande bringt; denn jedenfalls: nach der μετάθεσις gehören die πεποιημένα nicht mehr zu den dann allein noch existierenden μένοντα.

ὡς πεποιημένων. ὡς: wirkliche Eigenschaft, siehe 6,19. ποιέω, siehe 3,2. Nicht: Gott, weil Schöpfer, *kann* das Geschaffene erschüttern (gegen Thomas); auch nicht: die geschaffenen Dinge sind nur menschliches Machwerk (gegen Erasmus paraphrasis Luther Glosse). Sondern: sie werden, als nur geschaffene Dinge, abgewertet; kosmischer Dualismus; vgl. zu geschaffenen Dingen Nag Hammadi Cod VII 3 Petrus-Apk 77,5 Lidz Ginza R XVI 5.6. S 390,33 392,23f; zu Bestand haben und Veränderung Naassener-Predigt Hipp Ref V 8,36 Stob III 439,20f I 276,3. Das Menschwerden des Geschaffenen Gn r 42(26a) Str-B III 750 dagegen ist nicht dualistisch. Aber bei Philo wie Hb: das Gewordene löst sich auf, das Ungewordene bleibt (Leg All 3,101). Gleichwohl ist auch der unkörperliche Himmel bei Philo geschaffen (Op Mund 29), und sorgen tut die Gottheit bei Philo Op Mund 171f auch für das Gewordene, in Hb 13,5 für den Glaubenden. Die Apokalyptik lokalisiert das eschatologisch Neue meist auf der erneuerten Erde, siehe 3,11 Exkurs; Hb im Himmel, siehe 1,11 2,5 3,11 Exkurs 11,3 11,10. Der Dualismus kommt philosophiegeschichtlich natürlich letztlich von Plato, der aber die Vergänglichkeit der Welt eher in Frage stellt, Tim 11 III 38b, vgl Hb 1,11 (zu Thompson shaken 580–587). ἵνα, wie 10,9. ἵνα – σαλευόμενα fehlt in A. Für das Bestehenbleiben des nicht Erschütterbaren ist die Ausschaltung des Erschütterbaren offenbar unerläßlich, wie Ps Clem Recg III 28,2.3 VIII 12,5 betonen. ἵνα hängt dagegen nicht von πεποιημένων ab (gegen Bengel Delitzsch). μείνῃ, siehe 7,3. τὰ μὴ σαλευόμενα, gegen σαλευομένων: der wirkliche Himmel (siehe 9,24), das himmlische Vaterland 11,16; nicht das irdische Überstehen der Erschütterung seitens Jerusalems wie Js 33,20. In Hb 12,27 denkt die Auslassung von μὴ in 255 910, gegen Hb, an verklärende Verwandlung der σαλευόμενα, versteht also, wenn sie kein einfaches Versehen ist, den Text mit μὴ ganz richtig von der Abschaffung der σαλευόμενα.

28. Darum laß uns, weil wir ein unerschütterliches Reich empfangen, dankbar sein und auf diese Weise Gott so dienen, daß es wohl gefällt, in Scheu und Furcht!

Der warnende Ton bleibt. Das unerschütterliche Heil, das den Glaubenden zugewendet wird, verlangt Dankbarkeit, als Aufgabe. In ihr soll sich der Gottesdienst vollziehen, der Anerkennung findet, in Distanz und Furcht, also nicht in Vertraulichkeit.

διό, siehe 3,7: weil *dieses* Reich für die Glaubenden da ist; vgl 13,14 zu 13,15. βασιλείαν, siehe 1,8. Nachklang Act Thom 94 IIb S 207,22f. ἀσάλευτον, übrig geblieben nach der μετάθεσις V 27. Bauer Preisigke Wört I 222. Hb nur hier; Paulus nicht; NT nur noch gegenständlich Ag 27,41. Unerschütterlich wird die Glaubwürdigkeit durch einhellige Tradition (Polystrat Epicureus ed CWilke S 10 Zeile 5–7); ist eine behördliche Anordnung (Inschrift Magnesia 116,25–27); ist der Ort der Götter (von Plutarch Pericl 39 I 173D als mythisch kritisiert). Unerschütterlich sind für Philo Gottes Siegel (Som 1,158), die alttestamentlichen Gesetze (Vit Mos 2,14; gegen Hb 8,13!), die Bewegungen in der Natur (Vit Mos 2,124). ἀσάλευτον in LXX terminus technicus für die Gebetsriemen (Ex 13,16 Dt 6,8 11,18). ἀσάλευτος bei βασιλεία wird umschrieben als unvergänglich (Da 7,14); ewig (LXX Ps 144,13 Da 3,100 7,18 1Ch 28,7 2Pt 1,11); himmlisch (2Tm 4,18); feststehend (Od Sal 18,3 Lidz Ginza R I 27 S 9,17f Drower The Coronation of the Great Sislam S 15 Zeile 5–4 von unten). παραλαμβάνοντες; dafür Aorist in 440 1245 1853 1912 sa. Bauer 2bβ Delling ThW IV 11–15. βασιλείαν παραλαμβάνειν terminus technicus für Regierungsantritt von Herrschern in LXX öfter: Wettstein Ditt Or Register βασιλεία 1 Preisigke Wört II 250 παραλαμβάνειν 3. Gottes Reich empfangen Da 7,18; Jesus als Subjekt Ps Clem Hom 3,19,2. Synonyma: ererben 1Makk 2,57 Gottes geben 2 βασ 12,8 und aufrichten 1Ch 28,7. Der Empfangende ist passiv: siehe „Weihgabe" Philo Vit Mos 1,253; ebenso das Empfangen von Weihen (Theo Smyrnaeus ed JDupuis S 22 Zeile 6, Mysterien Aristoph Ran 758(757) Scholion ed GDindorf) und Belehrungen (Corp Herm 1,26). So sind auch im Hb die Glaubenden Empfangende: von Befreiung 2,15 Anteilgabe 3,1 und Ermächtigung 10,19; all das ist ein Vorgeschmack der himmlischen βασιλεία, vgl προσεληλύθατε V 22. Das Participium ist nicht als Imperativ aufzulösen, gegen Calvin. χάριν ἔχωμεν, ermahnend, in p[46 cor] A C D **0121b** 81 1739 1834 1912 den meisten a b demid sy[p] co arm Chr Dam. Der Indikativ in p[46]⋆ ℵ K P Ψ 5 6 33 69 104 203 206 223 256 257 263 326 337⋆[?] 365 378 383 436 442 462 483 489 506 517 547 623 629 635 794 917 920 927 941 1311 1319 1518 1738 1827 1845 1872 1881 1891 2127 2143 2495 d f vg[clem] am fu harl tol aeth Ath Cyr Antioch Cosmas ist sekundär; für lateinische Übersetzungen siehe Harnack Studien 233; für *ω–ο* siehe 4,16. Zu χάρις siehe 4,16. χάριν ἔχειν Bauer 5 Conzelmann ThW IX 363–393 Preisigke Wört II 722 3). Nicht: Gnade festhalten (gegen Thomas 2. Erklärung Erasmus paraphrasis Luther Glosse Calvin Beza Bengel Spicq Héring Vanhoye Structure 208 Montefiore). Sondern: Dank sagen (so seit Prim MPL 68,785B Chr Cramer Cat 270 Ps Oec Thphyl MPG 119,440C 125,388A; die meisten Neueren). Ohne Dativ, absolut wie Hb, Plut Tranqu An 9 II 469E. Hb meint natürlich: an Gott. So in LXX nicht; siehe 3Makk 5,20. Aber Josephus Ant 2,339 4,316. Im NT weltlich Lk 17,9. An Gott 1Tm 1,12 2Tm 1,3; nicht bei Paulus. Aber auch Epict Diss 4,7,9 Corp Herm 6,4, ähnlich wie Hb, danken für dualistische Entweltlichung. Synonyma: in LXX viel εὐλογ-Stämme; im NT εὐλογ- und εὐχαριστ-Stämme; letztere nicht im Hb; εὐχαριστ-Stämme Philo Rer Div Her 31 Spec Leg 1,283f Plant 131 Flacc 121. Das Danken mit der Tat, wie hier im Hb, auch sonst: Philo Spec Leg 1,283f Flacc 121 Jos Ant 4,316. 318 Epict siehe oben Stob I 273,17 (εὐσεβεῖν). Hb *ermahnt* hier zum Danken und zum entsprechenden Verhalten, wie 13,15; aus Paulus bricht der Dank meist spontan heraus (siehe die Konkordanz); die Ermahnung dazu, wie zum Beispiel 1Th 5,18 Phil 4,6, tritt zurück. Hat Philo Quaest in Gn 2,50 – one who waits for a command is ungrateful – Unrecht?

λατρεύωμεν; so alte LA in A D L **048** 6 33 38 104 181 218 256 263 326 483 623 1311 1739 1912 d f vg sa bo^{ms} Chr Cyr Thret Cosmas Dam; *λατρεύσωμεν* in p^{46} bo, siehe Beare 385; *λατρεύομεν* in ℵ K P Ψ **0121b** den meisten arm Ath Ps Oec Thphyl. Zum Verb siehe 8,5. *λατρεύειν τῷ θεῷ* wie 9,14. Hier ermahnend, wie vorher zum Danken. Zum attischen Hortativ in Relativ-Sätzen siehe Bl-Debr § 377,3. Dankbarkeit soll zum Dienst werden. Hb denkt bei „Reich" kaum an ein künftiges „Regieren" der Christen, deren jetzige Pflicht zum Dienen sich dann ja ins Gegenteil verkehren würde (Moffatt; gegen Delitzsch Michel). *λατρεύειν*, wie hier paränetisch, Jos 24,14 Philo Spec Leg 1,300 Migr Abr 132 Ascl 41; mit *ἀρεστ*-Stamm Philo Spec Leg 1,300; in Furcht Philo Spec Leg 1,300 Migr Abr 132. *λατρεύειν* mit Synonymen von *εὐαρέστως*: Jos 24,14 Da 6,20(21) Philo Spec Leg 1,300 Lk 1,75 2,37 1Cl 45,7; auch Plut Pyth Or 22 II 405C. *εὐαρέστως*. Umgestellt: *εὐαρέστως λατρεύομεν* in Ψ; statt *εὐαρέστως*: in D^{gr gegen d} 326 483 1912 *εὐχαρίστως*. *εὐαρέστως* Bauer Foerster ThW I 456f; siehe *εὐαρεστεῖν* 11,5. Als Adverb im NT nur hier. Ohne Dativ wie Ditt Syll⁴ 708,20: Priester sein *εὐαρέστως*; das Adjektiv ohne Dativ Tt 2,9; ebenso das Verb Hb 11,6. Das Adjektiv in anderen Verbindungen als mit *λατρεύειν* in NT und Apost Vätern öfter; in Hb 13,21 mit *ποιεῖν*, dort aber als die von der Gottheit erbetene Gabe, vgl. 1Cl 60,2, gegen Hb 12,28; Hb denkt hier also dialektisch. *τῷ θεῷ*. Umgestellt: *τῷ θεῷ εὐαρέστως* 88. Zu *θεός* siehe 1,1. *μετά*: in D 256 Cosmas *μετ'*. Zu *μετά* siehe 5,7. *εὐλαβείας καὶ δέους*, alte LA in p^{46} ℵ* A C D* **048** 33 81 256 263 436 442 1175 1241^{suppl} 1309 1834 (1837) 1912 2117 sy^p sa^{mss} bo arm Or Chr; *εὐλαβείας καὶ αἰδοῦς* in ℵ² D² P **0121b** 462 614 945 1739 1881 2495 d f vg; *αἰδοῦς καὶ εὐλαβείας* in K L Ψ den meisten Chr Thret Cosmas Dam; *δέους καὶ εὐλαβείας* in 103 365; *εὐλαβείας καὶ φόβου* in 241; nur *εὐλαβείας* in 1845. *εὐλάβεια*, siehe 5,7; im NT nur 5,7 und hier. In LXX nicht explizit Scheu vor Gott; implizit vielleicht Prov 28,14. Als Scheu vor Gott Philo Rer Div Her 22 Plut Ser Num Vind 4 II 549E (Betz Plut 1975 S 192). *εὐλάβεια* und *δέος*, wie hier im Hb, vgl Jos Ant 5,64, aber innerweltlich. Andere Verbindungen: *αἰδὼς* und *εὐλάβεια* innerweltlich Philo Leg Gaj 352 (*μετά*), religiös Philo Mut Nom 201, in der Liturgie Brightman S 30,38; *φόβος* und *εὐλάβεια* innerweltlich Philo Leg All 3,113, religiös Pol 6,3 (wie Hb adhortativ); *εὐλάβεια* und *φοβεῖσθαι* Philo Virt 24 innerweltlich. Vergleichbar ist auch das im Hb fehlende, aber in LXX und Corpus Paulinum breit belegbare *φόβος* und *τρόμος*. Wie bei Philo Rer Div Her 29, ist im Hb 3,6 4,16 10,35 die *εὐλάβεια* gleichwohl mit Freudigkeit gepaart. Aber hier, wo Hb sich dem Ende nähert, überwiegen doch die drohenden Töne: das *εὐαρέστως* präzisiert sich in Scheu und Furcht (Ps Oec 119,440C Calvin; gegen Delitzsch). Scheu vor unverschämtem Sprechen verniedlicht das vom Hb Gemeinte (gegen Chr Cramer Cat 270 Thphyl MPG 125,388B); „Liebe" und „vertrauliches Vaterverhältnis" hat Hb gerade nicht im Auge (gegen Prim MPL 68,785C Thomas). Der Christ tritt, μετὰ εὐλαβείας λατρεύων, in die Spuren des in εὐλάβεια leidenden Glaubensführers: 5,7 12,2 13,13. καὶ δέους: Bauer Balz ThW IX 187 Anmerkung 5 211,4. In LXX verbunden mit körperlichem Schauder, Verwirrung und Zittern (2Makk 3,17.30 13,16 15,23). Philo kombiniert δέος und φόβος (Rer Div Her 23 Vit Mos 2,251 Leg Gaj 325). Furcht vor Entweihung des Heiligen (Spec Leg 1,120), vor Strafen (Spec Leg 4,6), als Motiv nicht löblich. Furcht angesichts des völlige Makellosigkeit fordernden Altardienstes Josephus Bell 5,229. δέος im NT nur hier. Die geistliche Fürsorge der Korinther füreinander geschieht – nach der sekundären LA von H (Hagner 190 Anmerkung 1) – μετὰ δέους καὶ συνειδήσεως 1Cl 2,4. δέος meint also nicht den momentanen Schreck, sondern das ständige Rechnen mit etwas Schlimmem PsAmmonius 128. Hb müßte 1J 4,17f widersprechen und könnte Just Dial 67,10 nicht zustimmen darin, daß im Neuen Testament die Weisungen ἄνευ φόβου καὶ τρόμου ergehen. Bestenfalls denkt sich Hb, wie Ps Clem Hom 17,11,3, daß die Furcht gegenüber Gott nicht in das Entsetzen führt, sondern zum Aufwachen und Umkehren verhilft. Vgl φόβος 2,15.

29. Unser Gott ist nämlich ein verzehrendes Feuer.

Literatur: ROtto Das Heilige, 1922.

Das schreckende Numinosum gilt, wie 10,31, dem Verfasser offenbar als die wirksamste Ingangsetzung eines dankbaren, von Scheu und Furcht getragenen, wohlgefälligen Dienstes für die Gottheit; Calvin stimmt zu: diese „Treiber-Stacheln" sind uns unentbehrlich.

καὶ γάρ; statt καί: in D* d κύριος. Siehe 4,2. καὶ als „auch unser" zu verbinden ist verboten durch die Wortstellung (gegen deWette[2]). ὁ θεὸς ἡμῶν. ἡμῶν, bei θεὸς oder πατὴρ oder beidem: im Corpus Johanneum und 1Pt nicht; in Synoptikern Ag 2Pt wenig, aber immerhin Mt 6,8; im Corpus Paulinum öfter; in Apk oft; im Hb nur hier. Hb verwandelt das σου des Zitats Dt 4,24 9,3 sinngemäß in die erste Person des Plural. θεὸς ἡμῶν, wie der Gott des AT, ja noch mehr, V 25. Zum fehlenden ἐστιν siehe 6,8. πῦρ καταναλίσκον. Zu πῦρ siehe 10,27 6,8 Lang ThW VI 936 945,2. Zu καταναλίσκω siehe Bauer; NT nur hier. Erasmus paraphrasis richtig: ins Nichts zurückführen. Feuer ist außerbiblisch eine Gottheit: parsistisch Max Tyr 2,46: „Herr Feuer, iß!"; „das heilige und göttliche Feuer, das von Zeus kommt" Ael Arist Or 28 § 110 (Keil); Isis, angerufen als „vollkommenes, unaussprechliches Feuer" Isishymnus Peek S 145,14. Kritik daran Dg 8,2: ein geschaffenes Element wird verehrt. Dieser Bereich meint mit Feuer nicht Gericht und Strafe. Feuer als Strafe: verbrennend (Buch des Thomas Nag Hammadi Cod II 7 [ThLZ 102 1977 Spalte 799] p 142,1): verzehrend (Pist Soph 106 S 175 Zeile 24f); betätigt vom strafenden δαίμων (Corp Herm 1,23), von den negativen Archonten (Pist Soph 27 S 24 Zeile 16f Ps Clem Recg 4,18,5); als häßliches Mysterium der Weltverfallenheit, aus dem Erlösung notwendig ist (mandäisch oft, zum Beispiel Lidz Ginza R XI S 264,35–40 L III 48 S 575,11.29). Das brennende Straffeuer der Gottheit wird von Philo psychologisiert zum Verbranntwerden durch die Begierden (Decal 149); es ist ein Trug, aber nutzbringend für schwer leitbare

Menschen (Deus Imm 64.60); Gott befiehlt der Luft, Feuer zu regnen, betätigt sich selber dabei aber nicht (Abr 138 140 143). Anders im biblischen Bereich. Gott straft mit Feuer, wobei die Identifizierung von Gott und Feuer meist unterbleibt: vgl. ὡς Ex 24,17 Js 30,27, μετὰ Js 30,30, ἔμπροσθεν Jl 2,3. Dabei oft das καταναλίσκειν oder verwandte Bildungen des gleichen Verbstamms Dt 5,25(22) Js 66,16A Jl 2,3 Zeph 1,18 Sap 16,16 Sir 45,19(24); seitens der Zunge eines Engelprinzen hbr Hen 22,4. Im NT Gottes meist eschatologisches Straffeuer: oft Synoptiker Apokalypse, seltener Corpus Paulinum Ag Joh Kath Briefe (siehe die Konkordanz). Im Hb 10,27; am Sinai 12,18; Dg 10,7. Attribute zu πῦρ: unauslöschlich Mt 3,12 Mk 9,43(47); ewig Mt 18,8 25,41 Jd 7 Ps Clem Hom 3,26,6 Dg 10,7. Gelegentlich straft Gott nicht mittels des Feuers als einer von ihm unterschiedenen Größe; sondern Feuer bildet dann einen Teil von Gott: es frißt aus seinem Munde heraus (2 βασ 22,9), kommt, verzehrend, aus seinem kleinen Finger (hbr Hen 40,3); es sitzt in den Augen des λόγος-Jesus (Apk 19,12). Die volle Gleichsetzung von θεὸς und πῦρ καταναλίσκον: zur affektgeladenen Vernichtung der israelitischen Baalsverehrer Dt 4,24 und der feindlichen Kanaaniter bei Israels Landnahme Dt 9,3; vom Hb hier aufgenommen als numinose Gerichtsdrohung gegen abfallende Christen. „Der Herr war nicht im Feuer" 3 βασ 19,12 könnte Hb hier nicht brauchen. Denn er verspricht nicht, wie Ps Sal 15,3f, der Dankbarkeit die Verschonung vom Gerichtsfeuer; er begegnet der befürchteten Undankbarkeit sofort mit der Drohung. Wäre nicht der Ruf zum mutigen Wandel und zur Flucht vor dem großen Feuer der Strafe – Ps Clem Hom Ep Clementis ad Jacobum 11,2 (Windisch) – aufbauender als hier die Drohung? Der Jesus von Lk 9,54f droht umgekehrt (zu ROttos Eintreten für das „Nachklingen" der „aufgehobenen Septime", Das Heilige 104f). Die Exegesegeschichte kritisiert den Hb indirekt; durch umdeutende Abschwächung: die Drohung richtet sich auch gegen Christen-Gegner (Ps Oec Thphyl MPG 119,440D 125,388C); Feuer facht auch Liebe zu Gott an (Prim MPL 68,785C Delitzsch); Feuer reinigt auch (Thomas Nicolaus de Lyra Westcott); dagegen mit Recht Moffatt; in der Liturgie ist πῦρ καταναλίσκον der Heilige Geist, der die Sünden wegbrennt (Brightman 196,39).

13,1–17

Literatur: HNitschke Das Ethos des wandernden Gottesvolkes, Monatsschrift für Pastoraltheologie 46, 1957, 179–183; AVanhoye La Question Littéraire de Hébreux 13,1–6, NTSt 23, 1977, 121–139.

V 1–17 abschließende Ermahnungen, unterbrochen durch theologische Begründungen; durchaus mit Beziehungen zu bisherigen Texten (Vanhoye Structure 210f La question 121–139). Keineswegs nur normal menschliche Forderungen, vgl nur V 9–14; „normal" in nicht-positivem Sinne ist allerdings die Reduzierung der Liebe auf den Glaubensgenossen (zu Nitschke Ethos 179–183).

1. Die Bruderliebe bleibe!

ἡ φιλαδελφία, Bauer vSoden ThW I 146. Außerchristlich die Liebe zum leiblichen Bruder; vgl Plut De fraterno amore II 478A–492D Stob IV S 656–675. So auch LXX 4Makk 13,23.26 14,1 Philo Leg Gaj 87; aber Philo kennt auch die Entschränkung der φιλανθρωπία Virt 80 Quaest in Gn 4,200. Im NT dann φιλαδελφία als Liebe zum mitglaubenden Bruder in der *familia dei:* 1Th 4,9 R 12,10 1Pt 1,22 2Pt 1,7; 1Cl 47,5 48,1 (Hagner 193); Hb nur hier. Sie haben Einen Vater, Gott, Eine Mutter, die Kirche (Prim MPL 68,785D 786A); sie beten nicht *pater meus,* sondern *pater noster* (Luther Glosse). Zu dieser neuen Füllung von „Bruderliebe" ist instruktiv HDBetz Plutarch 1978, S 231–234. Die Einschränkung auf den Glaubensbruder kann aber auch ἀγαπᾶν heißen Ps Clem Hom 3,69,1; vgl τὸ τῆς φιλαδελφίας ἀγαπητικόν (das Liebevolle) Const Ap III 19,5; die „treue Liebe zu dem guten Bruder" Lidz Ginza R VII S 215,7f. Das Urchristentum macht hier eine Entwicklung durch. Synoptiker: die Liebe zum Nächsten und zum Feind; Paulus: hinzu kommt die Bruderliebe; letztere wird in den Deuteropaulinen, den Katholischen Briefen (außer Jk 2,8) und im Corpus Johanneum zentral. In dies Endstadium reiht Hb sich ein; wohl auch 10,24. Hb 13 handelt nicht vom Verhalten gegen Nicht-Christen. Kosmala 233 beobachtet den in etwa jüdisch-qumranischen Charakter für die hier im Hb vorliegende Distanz gegenüber Außenstehenden zutreffend. μενέτω; „in vobis" fügen hinzu demid tol syᵖ ar arm. Als „bestehen bleiben" im Hb nur hier; siehe 7,3. Die ἀγάπη manet per se 1K 13,13.8 (Bengel). Bleiben indikativisch: verneint von Gottes Zorn (Sap 16,5); die Einstellung der richtig Gesonnenen wird bleiben (Js 32,8). Adhortativ: von Behauptungen, sie mögen bleiben (Plut Quaest Conv 8,3,3 II 721D, Wyttenbach); die ἀγάπη soll der Speer bleiben (Ign Pol 6,2). Die Betätigung der Bruderliebe ist also vorausgesetzt; sie darf aber nicht aufhören: „laßt sie euch nicht entfliehen!" (Thphyl MPG 125,388D). Daß das bei den hier Angeredeten wirklich droht, ist gerade bei diesem Zentralstück urchristlichen Verhaltens auf Grund der Mahnung nicht mit Sicherheit zu folgern; vgl 6,9; zu manchen Erklärern. Anders als im Folgenden ist diese erste Mahnung unmotiviert; als so selbstverständlich gilt sie dem Verfasser. Zur späteren Ausstrahlung der christlichen Bruderliebe vgl Harnack Mission 173f.

2. Die Gastfreundschaft vergeßt nicht, denn bei ihrer Betätigung haben manche, ohne es zu merken, Engel beherbergt.

Reisende Mitchristen sollen nicht auf die teuren öffentlichen Herbergen mit ihrem zweifelhaften Ruf angewiesen sein. Im damaligen Weltbild sind „Engel" wörtlich zu nehmen; gegen ihr übertragenes Verständnis bei zahlreichen Erklärern. Beherbergung von Engeln bringt, gerade weil sie zunächst unbemerkt und unbeabsichtigt geschieht, besonderen Lohn ein (Chr Ps Oec Thphyl MPG 63,225 119,441A 125,389A Luther Glosse).

τῆς φιλοξενίας; der Accusativ in ℵ* d. Bauer Stählin ThW V 1–36 JdeVries RGG³ II 1205. Im Hb nur hier. Schon Odysseus erhofft die Phäaken als gastfreundlich, Hom Od 6,121. Die Antike schätzt die Gastfreundschaft hoch und bestraft ihre Verletzung; ebenso AT, Judentum, Essener (Braun Radikalismus I 78,2), NT und die Kirche (Const Ap 2,4,1); im Judentum besonders gegenüber Israeliten, aber auch gegen Edomiter (RGG ThW siehe oben, Str-B IV 565–571 I 588–590). Zur Gastfreundschaft gehört: Aufnahme ins Haus (Gn 18,1–15 19,1–14 Ri 6,11–21 13,3–23 Tob 12 Hi 31,32 Mt 25,35b Ag 10,32 Ps Clem Hom 69,1); Darreichung von Speise und Trank (Sir 29,25 Test XII Seb 6,4 Mt 25,35a); Diensterweisung (Philo Abr 109 Lucian Pergr 16). Die Gastfreundschaft soll geschehen: in Dringlichkeit (Gn 19,3), Eifer (R 12,13), Freundlichkeit (Ag 28,7; seitens eines Nichtchristen!), ohne Murren (1Pt 4,9), großzügig (1Cl 1,2), heiter und froh (Prim MPL 68,786A), als ein gutes Werk (Herm m 8,10); besonders gegenüber Gesetzeskundigen (Test XII L 17,3). Gastfreundschaft wird gerade vom Gemeindeleiter (1Tm 3,2 Tt 1,8) und der „Witwe" (1Tm 5,10) erwartet. Vorbilder sind Abraham Lot (Const Ap 2,55,1), Gideon, Mutter des Simson, Tobit (siehe oben). Schlechtes Gegenbeispiel die Ägypter (Sap 19,14). Hb hier paränetisch wie 1Cl 35,5. Warnung vor Mißbrauch, wie Did 11,4–6 (Bruce), ist im Hb offenbar noch nicht nötig. ἐπιλανθάνεσθε, siehe 6,10. „Vergeßt nicht!", in LXX singularisch und pluralisch, als Mahnung zum Gedenken (Dt 9,7): gegenüber den Armen (LXX Ps 9,33 73,19) und Bittstellern (Ps 73,23). Im NT paränetisch nur Hb 13,2.16; nur im Hb dies Verb mit Genitiv (Bl-Debr § 175). Ist die Mahnung, wegen der Gefährlichkeit von Gastfreundschaft in Verfolgungszeiten, hier konkret bedringt? Oder weil die Hörer inzwischen verarmt sind (so Prim MPL 68,786A Ps Oec Thphyl MPG 119,441A 125,388D Thomas)? Das Gegenteil von „vergeßt nicht" in Lidz Ginza L II 28 S 503,6f. διὰ ταύτης; in K δι' αὐτῆς. 1912 om γάρ. Anders als in V 1 wird hier zur Gastfreundschaft motiviert – (gegen Montefiore) – gemahnt; im Blick auf die darin möglicherweise enthaltene Belohnung: Abraham bekam einen Sohn verheißen, Lot und Rahab erfuhren Verschonung (so ausdrücklich 1Cl 10,7 11,1 12,1; vgl Hagner 193). Rahab ist in Hb 11,31 nicht berechnend. Aber der Lohngedanke stört den Hb nicht, siehe 12,2; ebensowenig die Sorge, der Gastgeber könnte nun, nach dieser Paränese 13,2, den Gast als Mittel zum Zweck benutzen. Der Lohn für Engel-Beherbung kann einfach in einer unbestimmt gelassenen Steigerung der üblichen Belohnung bestehen; oder detaillierter: in einer religiösen und moralischen Aufwertung des Gastgebers (Philo Abr 110 115 f): Segen seitens der Engel (Thret MPG 82,780B); ein außergewöhnlicher Glanz (Calvin). Zum Lohn für Gastfreundschaft siehe Str-B ThW oben bei φιλοξενία. ἔλαθον, Paronomasie zu ἐπιλανθάνεσθε, siehe 3,13. f fuld demid harl* Lux tol verändern das schon fehlübersetzte latuerent der vg in placuerunt; d verschreibt didicerunt, übersetzt aus verlesenem ἔμαθον? λάνθανω Bauer; Hb dies Verb nur hier. Formal: der Inhalt des Participiums ist nicht anderen, sondern dem

Subjekt von λανθάνειν selber verborgen. So Hdt 1,44 Xenoph Mem 4,39 Lucian Merced Conduct 7 Philo Sacr AC 28 40 135. Bl-Debr § 414,3; Literatursprache. So Hb: die Gastgeber erkennen die Fremden (die Hb nicht nennt) nicht als Engel: ἔλαθον = ἀνεπαισθήτως („nicht merkend") Luc Ver Hist II 40 Scholion. Weltanschauliche antike Voraussetzung: ein Gottwesen kann als solches unerkennbar sein (Plato Sophist 1 I 216B; Ovid metam 8,611–724 Ag 14,11 f: Jupiter und Mercur; Silius 7,176 f: Bacchus). Ebenso können Engel ihr Aussehen ins Menschliche wandeln und als Engel unerkennbar werden (Philo Abr 107 113 Ps Clem Hom 20,7,2; kürzer Jos Ant 1,196). Sie trinken und essen (Gn 19,3). Daß das Erkennen dann doch geschieht, interessiert den Hb nicht. τινες, siehe 3,12. Hier positiv, von Abraham, Lot. In Mt 25,40 steht Jesus hinter *jedem* Gast. ξενίσαντες Bauer; für ThW siehe bei φιλοξενία oben. Im NT sonst nicht mit Objekt „Engel". ἀγγέλους: siehe 1,14 Exkurs. Wie Götter Polyaen 6,1,3, können auch Engel von Menschen aufgenommen werden.

3. Gedenket, als Mitgefangene, der Gefangenen und, weil auch ihr im Leibe weilt, der Gequälten!

Literatur: O Hofius Der Verhang vor Gottes Thron, 1972; J Leipoldt Der Tod bei Griechen und Juden, 1942.

Die Bruderliebe wird weiter entfaltet. Sie soll sich, als teilnehmende tätige Zuwendung, richten auf die Mitchristen, die um des Glaubens willen sich im Gefängnis befinden, und auf diejenigen, die in besonderer Weise belastet und beschädigt werden. Solche Zuwendung sollte selbstverständlich sein: die noch nicht Gefangenen sind grundsätzlich ja mitbetroffen und grundsätzlich, als irdische Menschen, ja mitbedroht.

μιμνήσκεσθε variiert das Sinngleiche μὴ ἐπιλανθάνεσθε V2. Zu μιμνήσκεσθαι vgl Gn 40,14 Bar 4,14 Lk 23,42; Hb 8,12. Dies Gedenken – Gefangene hat man nicht vor Augen (Moffatt) – geschieht in tätigem Mitfühlen Mt 25,36; weiteres siehe 10,34; dort auch zur Alten Kirche. Die Häretiker üben nicht das Gedenken Ign Sm 6,2. δεσμίων, auch p^{46}; in D★ δεδεμένων. Vgl 10,34. Jetzt Personen, V 2 dagegen das Abstraktum „Gastfreundschaft", wie 11,36 die abstrakten „Fesseln" und „Gefängnis". Die frühere Verfolgung, 10,32–34, hat also nicht schlechterdings aufgehört. ὡς συνδεδεμένοι. ὡς vergleichend, Bauer II 2. Das Verb in LXX nur als Fehlübersetzung Zeph 2,1. Von realer Mitgefangenschaft Jos Ant 2,70 18,196. Im NT nur hier, übertragen: nicht real im Gefängnis, aber in mitfühlendem (10,34 1K 12,26) Gedenken gleichwerdend der Situation der Gefangenen. Daher *können* sie nicht vergessen (Thphyl MPG 125,390A). τῶν κακουχουμένων: so die alte LA in p^{46} ℵ A D★ 33 Chr Thret Dam; κακοχουμένων in D^2 K L P **0121b** 5 6 38 69 88 104 218 226 242 256 257 263 326 378 436 462 623 635 642 794 917 919 999 1311 1319 1610 1739 1834 1836 1837 1845 1891 1898 1912 2004 2127; κακωχουμένων in C. Also Erbärmliches erduldend (wie Corp Herm = Stob I 395,19); auch darin durch Erfahrung den Gequälten verbunden (Prim MPL 68,786B Thret MPG 82,780b). Zu κακουχέω siehe 11,37. ὡς, Bauer III 1b. καὶ αὐτοί, siehe 2,14 4,10; vgl Ep Ar 241. εἶναι ἐν, siehe Bauer III 4. ἐν σώματι. Zu dem σῶμα Jesu siehe 10,5, dem der Christen siehe 10,22. Zur Präexistenz der Seelen siehe 12,9; zur Syngeneia siehe 2,10f.14. „Im Leibe sein" noch Act Thom 67 IIb S 184,13 Zweites Buch Jeu Cap 50 CSchmidt W Till S 320,39 Ps Clem Recg V 27,5; sehr intensiv bei Mandäern, zum Beispiel Lidz Ginza L II S 454,1 f Liturg S 13 Zeile 11 f. ESDrower The baptism of Hibil

Ziwa S 30, Zeile 14 von unten, The thousand and twelve questions S 240(140) Zeile 1 von oben, The Great First World S 21 Zeile 3f von oben. Im Leibe ist man eingeschlossen, in Verunehrung und Kümmerlichkeit (Corp Herm Excerpta ex Stobaeo 23,33f Stob I 395,3–5 395,19–396,1 Ev Philippus Nag Hammadi Cod II 3 Spruch 22). Der Leib macht, nach Philo, den Menschen unfähig für das Göttliche, bereitet aber auch schlimme Tage (Conf Ling 80), endlose Unfälle (Conf Ling 177) und verhindert das Glücklichsein (Mut Nom 36). Der Leib besitzt keine wirkliche Existenz (Corp Herm Excerpta ex Stobaeo 20,1 Stob I 320,24f). Paulus hat nicht εἶναι ἐν σώματι; vergleichbar ist 2K 5,6.10 12,2; der Leib ist infiziert mit Sünde R 6,6.12. Ähnlich negativ auch Hb: als die todbedrohte welthafte Existenz in der Sklaverei 2,14f, ist der Leib Konzession für Jesus, die er übernimmt, weil auch die zu errettenden Menschen sich in dieser Zwangslage befinden. Hier 13,3: der Leib macht verletzbar. Gerade deswegen tun die Nicht-Verhafteten nichts Sonderliches, sondern etwas in der letztlich gleichen Situation, also auf Grund von Erfahrung – *experimento* (Prim MPL 68,786B) – Selbstverständliches mit dem ihnen gebotenen „gedenket". So, gnosisnahe, erklären Leipoldt Tod 119 Käsemann Gottesvolk 54 Schierse 105 Theißen 63; gegen Hofius Vorhang 77. Porphyrius Abst 1,38 Wettstein hält das „im Leibe sein" nicht für schlimm, weil man dabei gegen körperliche Regungen immun sein kann. Hb meint mit ἐν σώματι nicht: im Leibe speziell der Gequälten (richtig Erasmus adnotationes, gegen Laurentius Valla). Leib ist hier nicht die Kirche als Leib Christi (gegen Calvin).

4. Ehrbar sei die Ehe bei allen und das Ehebett unbefleckt! Denn Hurer und Ehebrecher wird Gott richten.

Mit dem gesamten NT werden Ehebruch und sexuelle Libertinage verurteilt; auch außerchristliche Texte, besonders in der Stoa, gehen zum Teil in ähnliche Richtung, freilich ohne, wie hier, mit der Strafe der Gottheit zu motivieren. V 4 mehr oder weniger wörtlich in Cl Strom IV 129,1 (II S 305,6f) Mees 236 und Const Ap 6,11,6 6,28,6.

τίμιος – ἀμίαντος Chiasmus, siehe 4,16. τίμιος ὁ γάμος. Zum zu ergänzenden ἔστω, wie 13,5.25, siehe Bl-Debr § 98 (so schon Thphyl MPG 125,389B Thomas Erasmus adnotationes Luther Glosse Calvin Bengel); ἐστιν als gemeinte Ergänzung ist unwahrscheinlicher, wegen des imperativen Kontextes und wegen γάρ (gegen Prim MPL 68,787B Chr MPG 63,225 Ps Oec MPG 119,441B Beza NT 1588 Delitzsch). τίμιος Bauer 1c; im Hb nur hier; als „ehrbar" im NT nur hier. Paulus 1K 7,1–7 rät konkreter. ὁ γάμος Bauer 2 Stauffer ThW I 646–655; Paulus nicht; im NT sonst „Hochzeitsfeier" oder „-Mahl", als „Ehe" nur hier. Zur jüdischen Eheethik siehe Str-B I 294–301. Ehrbare Ehe: sie soll rein (Sap 14,24), untadelig, löblich (Philo Spec Leg 1,138), ehrwürdig (Ps Clem Hom 13,18,1), gesund (Jos Ant 3,274), gebührlich (Ditt Syll[4] 783,32) sein. Verboten ist damit für die Ehe nicht die asketische Geringschätzung (gegen Prim MPL 68,786C Thphyl MPG 125,389B Thomas Luther Glosse Calvin Delitzsch Barclay; vSoden, der erwägt), sondern: Unordnung (Sap 14,24), Liederlichkeit (Test XII A 5,1), pure Lust und Begierde (Tob 8,7 Philo Sacr AC 134 Mus XII S 64 Zeile 1f Ign Pol 5,2); sie darf nicht verfälscht werden (Philo Jos 45), unanständig sein (Jos Ant 4,245); man darf nicht nach etwas außerhalb ihrer trachten (Philo Jos 44 Spec Leg 2,50 3,63 Jos Ant 2,56). Beispiel für eine nicht ehrbare Ehe 1K 5. ἐν πᾶσιν: ausgelassen in 38* 460 623 1836 1906* 1912* Cyr Did Eus Epiph Thret Teophil[alex] apud Gall, vielleicht zwecks Rechtfertigung der Ehe-Askese (Moffatt). πᾶσιν ist zwar kaum

Neutrum (zu Delitzsch Bleek-Windrath Spicq Westcott Montefiore), sondern Masculinum, meint aber für alle nicht Ehepflicht, sondern Sauberkeit. ἐν allein fehlt in 181. Zu ἐν siehe Bauer I 4. πᾶσιν: ohne Ausnahme, siehe 3,4; zur betonten Achterstellung siehe 2,11. ἡ κοίτη ἀμίαντος. κοίτη im Hb nur hier; sexuell im NT nur noch R 9,10 13,13; Bauer 1b. Die κοίτη wird respektiert – im Folgenden bedeutet μ: unter Verwendung von μιαιν-Stämmen – Sap 3,13μ Sib 4,33 Dg 5,7 Ps Clem Hom 13,20,6μ 14,7,2μ; außerchristlich Synesius περὶ ἐνυπνίων 11 p 143B Epigr Graec 204,13fμ Ps Plut De fluviorum et montium nominibus 8,3μ mandäisch Drower The thousand and twelve questions p 289 (433). Das Ehebett wird verletzt durch Ruben Gn 49,4μ 1Ch 5,1 Test XII R 1,6μ; sonst Mi 2,1 Sir 18,18A Sap 3,16 Jos Ant 2,55μ Artemid 2,26 Wettstein.

πόρνους, siehe 12,16; zu πόρνῃ siehe 11,31. Verurteilt jüdisch Str-B III 342 366–368; christlich siehe 12,16; Jesu Annahme der Huren (Mt 21,31f Lk 7,36ff) ist nicht ein Ja zur Hurerei. Gnostisch Pist Soph Kap 140 S 240 Zeile 1–4. Zweites Buch Jeu Kap 43 S 305 Zeile 25.27. Stoisch siehe ThW V 583; besonders Musonius XII S 63,15f 64,1f. Mandäisch Lidz Ginza R VII S 216,16f.19.22. γάρ, alte LA (gegen Erasmus adnotationes Calvin deWette[2] Delitzsch), in p[46] ℵ A D* P **0121b** 81 365 429 1175 1834 d vg sa bo Prim (vgl Zuntz 206 Anmerkung 4). Statt γάρ: δὲ in C D[2] K L Ψ 6 33 104 a f vg[mss] sy arm Cl Eus Did Ephr Caes Amphiloch Epiph Chr Thret Ambr; γαρ om 218 336 vg[mss]. μοιχούς, Bauer 1 Hauck ThW IV 737–743 Preisigke Wört II 114. Der Ehebrecher und sein Tun wird leichtfertig beurteilt, wo eine Bordell-Inschrift sich gegen seine Bestrafung ausspricht (Hipponax Fr 67 Diehl III S 99) oder wo „moice" Beschriftung einer Marke in einem antiken Brettspiel ist (Deißmann LO 268f). AT und Judentum verurteilen den Ehebrecher: Js 57,3 Hi 24,15 LXX Ps 49,18 Prv 6,32 Sap 3,16 Sir 25,2(4) Test XII L 17,11 codd A 4,3. Philo Vit Mos 1,300 Decal 123 126 129f 168 Spec Leg 3,58 (Todesstrafe) Jos Ant 3,274; vgl Str-B I 294–301 ThW VI 738–740. Der alttestamentliche und jüdische Mann, dem die Polygamie freisteht (bis ins 10. Jahrhundert der Zeitrechnung), kann die eigene Ehe nicht brechen (Str-B I 297 unten ThW IV 738). Im NT μοιχὸς zwar nur Lk 18,11 1K 6,9 Jk 4,4 Koine und Hb 13,4. Aber die μοιχεία wird verurteilt Mt 15,19 Par Gl 5,19 Koine; vgl μοιχᾶσθαι μοιχεύειν μοιχαλὶς in der Konkordanz. Ebenso 1Cl 35,8 Ign Pol 5,1 Barn 10,7 Herm s 6,5,5 Pist Soph Kap 102 S 166 Zeile 31–34 und Zweites Buch Jeu, siehe oben bei πόρνους. Das gleiche Urteil auch außerbiblisch, was Erasmus adnotationes vermerkt (Lys 1,30 und die Stoa: Zenon fr 244 vArnim I 58,11 Epict Diss 2,4,2 Musonius siehe oben bei τίμιος und πόρνους). κρινεῖ; zum Gericht als Motiv für das Verhalten (γὰρ) siehe 10,27 10,30f; dort auch für Strafe in LXX und NT. Ebenso Pist Soph Kap 127 S 208,36 209,1–15; mandäisch Lidz Joh 57 S 61,18; 174 S 174,4f; in Lucian Nec 11 vom Hadesgericht seitens des Minos. Milder: Zweites Buch Jeu Kap 46 S 310 Zeile 15f 20f. Dem Hb geht es hier nicht, wie 1K 5,13, um Nichtchristen; er meint, nach verwirkter Buße (siehe 6,6 Exkurs) endgültigen Heilsverlust, Futur des Gerichts wie in den paulinischen Lasterkatalogen; die Heiligung fehlt, 12,14 (Vanhoye Structure 211). ὁ θεός, siehe 1,1; betont in Achterstellung: gerade wenn die irdische Strafe ausblieb (Bengel).

5. Frei von Trachten nach Geld sei das Verhalten! Begnügt euch mit dem, was da ist! Denn er selbst hat gesagt: ‚ganz bestimmt werde ich dich nicht aufgeben und ganz bestimmt werde ich dich nicht verlassen'.

Literatur: GJohnston Οἰκουμένη and κόσμος in the New Testament, NTSt 10, 1964, 352–360; PKatz Οὐ μή σε ἀνῶ, Biblica 33, 1952, 523–525.

Nun – offenbar in tradierter Reihenfolge: Sex-Habsucht wie 1Th 4,1–3 zu 4,6 und öfter – die Stellung zu den materiellen Dingen: nicht ihnen nachjagen; die Hand nicht ausstrekken zum Empfangen, sondern zum Geben (Prim MPL 68,787C); den Besitz nicht mehren (Thret MPG 82,780C). Jesu Heilruf für die Armen Lk 6,20 ist radikaler (Kuß). Prim aaO Chr Ps Oec Thphyl MPG 63,226 119,441BC 125,389D392A: gerade nach der Beraubung 10,34 mit dem Vorhandenen sich begnügen. Reichtum trügt Mk 4,19 Par. Denn nicht der Mensch sichert sich seine Existenz. Darum: nicht vorausplanen (Prim aaO), Furcht und Mißtrauen besiegen (Calvin), denn Gott nimmt ganz bestimmt weder seinen Beistand noch seine Gegenwart weg (Bengel); und das hier nicht, wie Jos Ant 11,169, im Blick auf die Patriarchen (Moffatt). Zur Gefahr dieser Haltung siehe Johnston 357: man lebt dann auf Kosten anderer; was mir aber vermeidbar erscheint. 13,5 wörtlich Cl Strom II 126,2 Band II S 181,20, Mees 236. ἀφιλάργυρος: Bauer Deißmann LO⁴ 67. Freiheit von Geldstreben auch außerchristlich hoch geschätzt: gegenüber Gewinnsucht (Diod S 9,11,2); beim Helfen in kriegsbedingter Not (Ditt Syll⁴ 708,17); bei der Amme, die nicht Abtreibungsmittel verabreicht (Soranus S 5 Zeile 27f); beim Gastgeber (Ditt Syll⁴ 1104,25–27); ἀφιλάργυρος neben „Philosoph" und „das Gute liebend" von Antoninus Pius (P Oxy 33 II 9–11); im Superlativ neben „edel" bei einem Fan von Silberausstellungen (Diog L 4,38). In LXX nicht die Vokabel, aber die Sache: Qoh 5,9 Sir 8,3 34(31),5. Geld liebend im Lasterkatalog Test XII L 17,11. Philo gegen die Geld Liebenden Gig 37; Poster C 116f (sie stiften Krieg). Von den Essenern das Fehlen von Besitzliebe Philo Omn Prob Lib 84. Zu Qumran: Braun Qumran-NT I 270f Radikalismus I 79. Zu den Rabb Str-B I 822–825. Im NT ἀφιλάργυρος noch 1Tm 3,3, vom ἐπίσκοπος. φιλαργ-Stämme noch 1Tm 6,10 2Cl 4,3; πλεονεκτ-Stämme 1K 6,10 Eph 5,3; vgl Ag 5,1ff. Gott oder Mammon Mt 6,24 Par. Das Geld ist verdächtig: Judas-Verrat Mk 14,11 Par; taugt nicht für Missionsreise Lk 9,3, nicht für πνεῦμα-Gewinn Ag 8,20; vgl „Paulus" Ag 20,33. Zu Jesus siehe Braun Radikalismus II 73–80. Später ἀφιλάργυρος von den Christen Did 3,5, besonders von den Gemeindeleitern verlangt Did 15,1 Pol 5,2. ὁ τρόπος Bauer 2. Hb nur hier; als „Betragen" „Sinnesart" im NT nur hier. Mit „die Freunde liebend" Xenoph Cyrop, 8,3,49. Das Verhalten kann sein löblich (1 βασ 25,33), milde (2Makk 15,12), barbarisch (2Makk 5,22), bestimmt von Selbst- oder Gottesliebe (Philo Fug 81). Es gibt Zurüstung (Ep Ar 144), aber auch Angeborensein (Ditt Syll⁴ 783,11) des Charakters. τρόπος neben „Frömmigkeit" und „Gewohnheiten" Sib 4,35. Die Aufforderung hier zu einem bestimmten Charakter entspricht Plutarchs Mahnung, Verhalten und Gesinnung ins Auge zu fassen (Cohibend Ira 1 II 453A; Betz Plut 1978 S 181). Der Prophet soll die Charakterzüge des Herrn haben (Did 11,8). ἀρκούμενοι Bauer Kittel ThW I 464–466, Wettstein; Hb nur hier; αὐτάρκεια 1Tm 6,6. Das ἀρκούμενος in p⁴⁶ᶜ **0121b** 81 1739 paßt sich, sekundär, an den Singular-Nominativ ὁ τρόπος an (siehe Beare 393 Zuntz 42). Participium als Imperativ siehe Bl-Debr § 468,2. τοῖς παροῦσιν, Bauer 2 Oepke ThW V 857. Als „zur Verfügung stehen" im NT nur noch 2Pt 1,9.12. Die Mahnung, zufrieden zu sein mit dem Vorhandensein, ist in der Antike weit verbreitet. Sie ist nötig: viele wollen lieber reich und unglücklich als glücklich unter

Geldverlust sein (Plut Cupiditate Divitiarum 1 II 523D; Betz Plut 1978 S 312). Im biblischen Bereich meist mit anderen Formulierungen als im Hb: Prv 20,16(13) Sir 29,23(30) Philo Leg All 3,165 Mt 6,25. Gelegentlich unter Verwendung von ἀρκεῖσθαι (aktivisch und medial): Philo Omn Prob Lib 145, bei angedrohtem Geldverlust; gegenüber Bezahlung (Lk 3,14), Nahrung (Stob Ecl III 272,11–273,2 Str-B II 214 Taan 24), Nahrung und Kleidung (1Tm 6,8), Bett Nahrung Bekleidung Bedienung (M Ant 6,30,3), Luxus (Plut Garrulitate 17 II 511C; Betz Plut 1978 282), dem Vorhandenen (Phil 4,11). Dabei auch Verwendung von παρόντα: Isoc De pace 7(160a) Wettstein. Meist aber ἀρκεῖσθαι/ἀρκεῖν mit τὰ παρόντα, klassisch und hellenistisch: allgemein (Xenoph Cyrop 8,4,11 Teles 11,6 38,10f Vett Val S 220 Zeile 25), unter Verzicht auf Mögliches (Democr fr 191 Diels/Kranz II S 184), auf fremde Dinge (Ps Phokylides 6 Diehl[4] II S 92 Xenoph Symp 4,42), auf Politisches (Dio C 38,8,3 38,38,1 56,33,5), auf bessere Nahrung (Zenobius prov 1,84), auf Bedienung (Teles 41,12f). Ähnlich ἀρκεῖσθαι τοῖς οὖσιν Jos Ant 12,294. Hb wählt hier dies ἀρκεῖσθαι τοῖς παροῦσιν, philosophische Haltung, so urteilen mit Recht Chr Ps Oec MPG 63,226 119,441B. αὐτὸς von Jesus 1,5 2,14.18; hier von Gott, siehe 4,10. Formulierung wie bei Pythagoras, Bauer αὐτὸς 1b. γάρ: die Beschränkung auf das Vorhandene ruht nicht auf stoischer Selbstgenügsamkeit (wie Diod S 9,11,2 Diog L 4,38 Vett Val S 220 Zeile 19–25 P Oxy 33 II 9–11); sie ist nicht angeboren (wie Ditt Syll[4] 783,11); sie erwächst nicht aus der Einsicht, daß Überfluß zur Sünde führt (Ps Sal 5,16), sondern hier aus Gottes Zusage der Hilfe.

εἴρηκεν: in C[c] ἔφη, in 203 506 εἶπεν, siehe 7,11 1,1 Exkurs. Perfectum, für immer gültig. Die Zitate bringen eine durchgängige Lehre der Schrift (Calvin). οὐ μή, siehe 8,11. Zum Zitat siehe Ahlborn 59–61 Schröger 194–196. σὲ ἀνῶ. Bauer 2 Bultmann ThW I 367f. Hb nur hier; im NT Gott sonst nicht Subjekt. Dt 31,6 ἀνῇ, 3. Person, Mose spricht über Gott wie Dt 31,8 1Ch 28,20; Hb und Philo Conf Ling 166 ἀνῶ, 1. Person, Gott spricht selber. Umgekehrt Hb 6,13: Gn 22,16 1. Person; Hb 3. Person. Katz 523–55. οὐδ' οὐ μή: so alte LA des Hb wie Philo Conf Ling 166; dazu Bl-Debr § 431,3. Hb in p[46] 69: οὐδε μή, wie Dt 31,8. Die Alte LA des Hb und bei Philo stammt wohl aus einer LXX-Vorlage, die dem Origenes nahesteht (Ahlborn 60 Katz 524). ἐγκαταλίπω, so alte LA in 2 35 81 177 206 216 226 241 255 256 323 326 337 365 378 429 462 547 629 630 945 1175 1241[suppl] 1245 1758 1852 1867 2004 2298 2495 Cl Epiph Chr Thret Dam Phphyl; ἐνκαταλίπω D★, γκ-νκ siehe 10,26. In ℵ A C D[2] K L P Ψ **0121b** 33 1834 den meisten Dam Ps Oec ἐγκαταλείπω, in p[46] ἐνκαταλείπω. Als Konjunktiv des Praesens wäre die ει-Form grammatisch falsch (siehe Bl-Debr § 365,3 Radermacher 170); aber wahrscheinlich ist auch mit der ει-Form der Konjunktiv Aoristi gemeint, per Itazismus ει-ι (siehe 4,11). Zum Verb, dessen Verneinung in Jos 1,5 kriegerische Hilfe, also anders als im Hb (Moffatt), verspricht, siehe 10,25 Bauer 2. Gott als Subjekt bei diesem Verb in LXX: Objekt σε Gn 28,15 Dt 4,31 31,6.8 Jos 1,5 4 βασ 2,2 1Ch 28,20 Js 41,9; Objekt με, als Aussage oder Gebet, LXX Ps 26,9 37,21 70,9; Objekt τὸν λαὸν 3 βασ 6,13 2Makk 6,16; Objekt „seine Frommen" LXX Ps 36,28. Vgl Test XII Jos 2,4 Philo Conf Ling 166 (siehe oben bei ἀνῶ); Objekt Jakob (Philo Som 1,3). Gottverlassenheit (Jos Ant 6,334: Saul; 8,256: die Abgefallenen). Jesus, von Gott verlassen Mk 15,34 Par (= LXX Ps 21,2); nicht in Ag 2,27; wie auch nicht die verfolgten Christen 2K 4,9. Ebenso nicht 1Cl 11,1 Herm m 9,2; aber die Abgefallenen Barn 4,14. „Ich werde nicht verlassen" bedeutet schon weltlich bei dem Helfer Einsatz bis zum letzten (Ditt Or 266,28–30).

6. Daher können wir voller Mut sprechen: ‚der Herr ist mir Helfer, so werde ich nicht Angst haben; was will mir ein Mensch tun?!'

Literatur: RWLyon A Re-examination of Codex Ephraemi Rescriptus, NTSt 5, 1959, 271; LVénard L'utilisation des psaumes dans l'épître aux Hébreux, Mélanges Podechard, Lyon 1945, S 260.

Aus der festen Zusage Gottes V 5b erwächst der Mut, das Bekenntnis zu diesem Helfer auch auszusprechen. Des Herrn Überlegenheit vertreibt künftige Angst; gegen ihn kommt ein Bedroher, der ja nur ein Mensch ist, nicht an. Hb denkt vielleicht an eine erneute Besitz-Antastung wie 10,34.

ὥστε, mit Infinitiv Hb nur hier; im Corpus Paulinum öfter. Der Mut erwächst hier nicht aus der Übung wie Vett Val S 220,18f. θαρρέω: Bauer Grundmann ThW III 25–27 Bl-Debr § 34,2. Hb nur hier. Mut öffnet den Mund zum Sprechen (Prv 1,21 Philo Rer Div Her 19 28 71 Fug 82 Vit Mos 1,87 Jos Ant 11,322 Ap 2,293), sogar zum unberechtigten (Philo Poster C 38); Mut vertreibt Furcht (Philo Quaest in Ex 1,4 Jos Ant 7,266 8,373) und verleiht Festigkeit (Philo Vit Mos 1,251, vgl 2K 5,6.8 10,1f) und Freude (2K 7,16). Ditt Or 521,13 ermutigt, anders als Hb, zur *Auflehnung* gegen eine Schädigung. ἡμᾶς λέγειν in ℵ A C K L P; zu Codex C siehe Lyon 271. λέγειν ἡμᾶς in D; ἡμᾶς fehlt in p[46] Ψ **0121b** 1880 (siehe Beare 393 Bl-Debr § 407). Zu λέγειν siehe 7,11.

Nun, nach dem zitierten Deuteronomium, ein Psalmen-Zitat, wörtlich LXX 117,6; zur Kombination siehe 4,3. κύριος meint Gott, siehe 1,10; nicht Jesus, gegen Vénard 260. Vgl Schröger 196f. Zum fehlenden ἐστιν siehe 6,8. βοηθός: Bauer Büchsel ThW I 627; im NT nur hier. Aber siehe βοηθεῖν 2,18; βοήθεια 4,16. Auch außerbiblisch und außerchristlich: von θεός und θεοί allgemein: Od Sal 25,2 Pist Soph Cap 36 S 36,40 Cap 38 S 39,4 Cap 73 S 105,20 Max Tyr ed FDübner 8,1 MAnton 9,27 (Spieß Logos Spermaticos 460); militärisch Herodian 3,6,7. Auch von bestimmten Gottheiten: Sarapis Wilcken Ptol 52,8f.18, gegen Hunger; Imouthes Asclepios P Oxy 1381,82–84.94; mandäisch The Haran Gawaita ESDrower S 70 Zeile 15 von unten. In LXX θεός und κύριος als βοηθός besonders in Psalmen und Jesaja (zum Beispiel LXX Ps 39,18; in LXX Ps 117,6f). Bei Philo ist Gott Helfer für die Seele (Ebr 111), aber auch in Kämpfen und Übeln des Lebens (Som 2,265), wie am Schilfmeer (Vit Mos 1,174). Bei Josephus Ant: Helfer für Jakob (2,172); kriegerisch, bei der Landnahme (3,302); mit „mutig sein" (2,176.274). Nach-neutestamentlich: Helfer, von Gott, im Gemeindegebet 1Cl 59,3f; von Jesus 1Cl 36,1 Act Thom 60 IIb S 177,8f 81 IIb S 196,15. οὐ φοβηθήσομαι: davor καί in p[46] ℵ[2] A C[2] D K L Ψ **0121b** 1834 den meisten vg[ms] sy[h] arm Cl Chr Thret Dam; ohne καί in ℵ* C* P 33 209* 1175 1739 d f vg sy[p] sa bo; nicht eindeutig entscheidbar (Zuntz 172 Ahlborn 126). Zu φοβεῖσθαι siehe 4,1. Dies Verb mit βοηθός LXX Ps 26,3.9 45,2f; mit τί ποιήσει μοι ἄνθρωπος LXX Ps 55,12; mit τί ποιήσει μοι σάρξ LXX Ps 55,5. Zu Josephus siehe oben bei θαρρεῖν. Vgl Lidz Ginza R V 1 S 166,36f. Zu τί siehe 11,31; nicht als indirekte Frage abhängig von οὐ φοβηθήσομαι (gegen vg Erasmus paraphrasis Beza NT 1588). ποιήσει; statt dessen ποιήσῃ 1908*, Itazismus (siehe 4,11). Bauer I1dγ Braun ThW VI 476 Anmerkung 2. Zu LXX siehe oben bei οὐ φοβηθήσομαι. Im NT: etwas Böses antun Mk 9,13 Par Lk 6,11 20,15 Ag 9,13; ποιεῖν seitens eines feindlichen Menschen Mt 13,28. Im Hb nur hier als das Antun von Bösem seitens eines nichtchristlichen Menschen. ἄνθρωπος, siehe 2,6–8a. Der Mensch ist gegen Gott abgehoben, siehe oben bei οὐ φοβηθήσομαι, und 5,1. Er ist nicht zu fürchten für den von Gott Unterstützten Js 51,7.12.

7. Gedenkt eurer Führer, die euch das Wort Gottes gesagt haben! Achtet genau auf den Ertrag ihres Wandels und nehmt so ihren Glauben zum Vorbild!

Literatur: HDBetz Nachfolge und Nachahmung Jesu im NT, 1967; IBroer NTliche Ermahnungen an die Verkünder des Wortes, Bibel und Leben 10, 1969, 80–83; EGräßer Gemeindevorsteher Vom Amt des Laien Festschrift GKrause 1982, 67–84; RHLyon siehe V 6; WSchottroff Die Wurzel ZKR im AT, 1961; ASchulz Nachfolge und Nachahmen, 1962.

Jetzt keine Rückbeziehung, sondern Beginn einer neuen Einheit, V 7–17; die ἡγούμενοι sind Inklusion (Vanhoye Structure 211). Die gebotene Erinnerung an die verstorbenen Gemeindeleiter ist nicht personal-sentimental. Sie gilt deren Predigt und deren glaubendem Verhalten. Letzteres, das Durchhalten bis zum Antritt der verheißenen himmlischen Erbschaft, soll Vorbild sein; 6,12, μιμηταί. Die vielen bisherigen Warnungen vor Abfall sind nun positiv gewendet.

μνημονεύετε, siehe 11,15. Vgl Ciceros Verehrung alter und neuer Lehrer ep 64,9f. Für die Führer soll es nach ihrem Tode, anders als Sap 2,4, kein Vergessen ihrer Taten geben. Zum alttestamentlichen Gedenken der Toten siehe WSchottroff 287–292. Erinnerung im Herzen an Dinge, die es wert sind, ist etwas Gutes (Philo Virt 176). Man soll ihrer gedenken als warnendes Beispiel (Lk 17,32). Zur Stärkung: wie der Worte des Vaters (Test XII Jos 3,3); so, wie Leben und Ende des Mose durch das AT in Erinnerung gehalten wird (Philo Vit Mos 2,292). Ihrer gedenken: wie der Worte Jesu (Joh 15,20 16,4 Ag 20,35 Pol 2,3), Jesu generell (2Tm 2,8); der Arbeit und Worte des Paulus (Ag 20,31 2Th 2,5). Gedenken des Predigers, Tag und Nacht (Did 4,1, frei zitiert Const Ap 7,9,1). Gedenken der Vorgänger (Act Thom 169 IIb S 284,1), der Tradition (Papias bei Eus Hist Eccl III 39,3.15) und des Märtyrers (Mart Pol 19,1). τῶν ἡγουμένων ὑμῶν. προηγουμένων in D★ (G), wie im Text von 1Cl 21,6 Herm v 2,2,6 3,9,7, unterstreicht die Autorität. p[46] om ὑμῶν aus Versehen. Bauer 1, für Leiter außerchristlicher religiöser Körperschaften in Papyri und Inschriften. Büchsel ThW II 909f; Preisigke Wört III 372 religiös außerchristlich, 401 christlich; Spicq I S 211 Nr. 2. In LXX oft politische und religiöse Führer, der ἐκκλησία Sir 30,27(33,19), vgl ep Ar 309f; auch Priester 2Ch 19,11; Tempelvorsteher Jos Ap 2,193. Nicht typisch qumranisch (Braun Qumran-NT I 271). Rabbinisch ist der Gemeindevorsteher Führer מנהיג b Sanh 92a Str-B II 641f, vgl IV 145–147. Im NT ἡγούμενοι Ag 15,22; sie sollen dienen Lk 22,26. Dies „unfeierliche" Wort (Gräßer Gemeindevorsteher 79), ähnlich wie προιστάμενοι (1Th 5,12), nicht ἀπόστολος wie schon vor Paulus (R 16,7) oder ἐπίσκοπος wie in den Pastoralbriefen wird vom Hb gewählt; siehe 3,1 zu ἀπόστολος. Daß die ἡγούμενοι zu den ἀκούσαντες, den Ersttradenten, gehören, dürfte ausgeschlossen sein (zu Riggenbach Bruce); in 2,3 steht zudem nicht ὑμᾶς. Hb definiert nicht ihre Rechtsstellung (Michel); nur: sie waren Prediger des Wortes – Luther Glosse: *verbum et exemplum* – und nahmen so Verantwortung wahr für das innere Leben der Gemeinde. Daß sie deren Gründer waren, ist möglich (zu Moffatt, vgl Gräßer aaO 70 73–76). Sie sind verstorben; nur so war ihr Durchhalten, offenbar an der Getrostheit ihres Scheidens, feststellbar (zu Schulz Nachfolge 317). Also Prediger der ersten Gemeindegeneration, die schon damals nicht zu der ersten christlichen Generation überhaupt gehörte. Mithin andere Führer als die jetzt lebenden 13,17.24. Diese verstorbenen Führer sind hier nicht Adresse, sondern Inhalt der Mahnung (Broer Ermahnungen 80f). ἡγούμενοι nach Hb noch 1Cl 1,3 und Const Ap, Register. οἵτινες, siehe 2,3 8,5. ἐλάλησαν ὑμῖν. ὑμῖν om 440; statt ὑμῖν: in p[46] ὑμεῖς, siehe 4,11. λαλεῖν τὸν λόγον *(τοῦ θεοῦ)* besonders in Ag: 4,29.31 8,25 11,19 13,46 14,25

16,6.32 Phil 1,14; Hb nur hier. Zu λαλεῖν siehe 7,14; zu λόγος τοῦ θεοῦ siehe 4,2; hier nicht christologisch, siehe 4,12. ὧν; p⁴⁶ verschreibt in ὡς. ἀναθεωροῦντες; in C ἀναθεωρήσαντες; zu cod C siehe Lyon 271. Das Achtgeben, mit Sorgfalt betätigt, wie bei einer Waage (Philostr Vit Ap 2,39), verändert ein Urteil unter Umständen von Bewunderung ins Gegenteil (Diod S 12,15,1 14,109,2). Erst so sind die Toten im Hades identifizierbar (Luc Nec 15). Dies Verb im Hb nur hier. Es meint, gegen Ag 17,23: nicht mit den Augen; vgl das ἀφορᾶν und ἀναλογίζεσθαι gegenüber dem Glaubensführer 12,2f (Gräßer aaO 76). Act Joh 69 IIA S 184,9 mahnt, den eigenen Tod vorher ins Auge zu fassen. τὴν ἔκβασιν; p⁴⁶ schreibt ἐγβασιν, siehe 12,3. Bauer Preisigke Wört I 438 1)2). Dies Wort kann den Tod bezeichnen, Sap 2,17; so die meisten Erklärer (zum Beispiel Thphyl MPG 125,392B Erasmus paraphrasis). Aber auch das, worauf etwas, und nicht erst am Lebensende, hinausläuft: bei Zeitabläufen (Sap 8,8), im Leben des Mose (Sap 11,14(15)); bei Versuchungen (1K 10,13); beim Bösetun (Men Fr 696 Kock III S 200); bei Träumen (Jos Ant 10,195); Plänen (Jos Ant 18,71 Vett Val 180,14f 186,24 Polyb 3,7,2); Orakeln (Epict Diss 2,7,9 Ench 32,3). Unter Umständen zeigt erst der Ertrag (ἔκβασις) am Lebensende (πρὸς τῷ τέλει τοῦ βίου) die Herkunft eines Traumes von der Gottheit an (Marinus Vita Procli 26). So Hb, ἔκβασις nur hier: genaues Zusehen erkennt bei den verstorbenen Führern den Ertrag ihres Christenlebens (so Riggenbach, zurückhaltender Michel). Sie haben, glaubend, das Verheißungserbe erlangt, 6,12; der Glaube war bei ihnen der Verwirklicher (ὑπόστασις 11,1) der Hoffnungen. Martyrium der Führer ist zum mindesten nicht sicher, wegen 12,4 (vgl Gräßer aaO 75; gegen viele Erklärer, die mit verschieden hoher Wahrscheinlichkeit Martyrium annehmen); bestimmt denkt Hb nicht an palästinensische Märtyrer (gegen Thret MPG 82,781A Theod Mops Staab 211 Calvin, der aber alle christlichen Lehrer einbezieht, und gegen Bengel deWette² Delitzsch). Ähnliche Rückblicke wie hier 1Cl 5,2–7 Mart Pol 19,2. Plutarch kann in den Vitae Parallelae den Lebensertrag hoch, bei den spartanischen Frauen, aber auch skeptisch, bei Caesar, ansetzen (Cleomenes 39 I 823e Caesar 69 I 740e). τῆς ἀναστροφῆς. Bauer Bertram ThW VII 715–717 Deißmann NB 22. Ein außerchristlicher Kultbeamter hat den Wandel angemessen dem Auftrag getätigt (Inschrift Magnesia X 140 Nr. 91b Zeile 6). ἀναστοροφὴ im Corpus Paulinum und in Katholischen Briefen; im Hb nur hier. Ende eines schlechten Wandels 2Makk 5,8; Martyrium der schönste Wandel 2Makk 6,23. Ermahnung zum rechten Wandel an Gemeindeleiter 1Tm 4,2, an Frauen 1Pt 3,2, im Blick aufs Endgericht 2Pt 3,11. μιμεῖσθε, Bauer, siehe 6,12. Personen, als Vorbild genommen: Gott, durch Frömmigkeit und Glaube (Philo Migr Abr 132), nicht durch schlechte Taten (Dg 10,5); Joseph (Test XII B 3,1); Paulus (2Th 3,7.9); Märtyrer (4Makk 9,23); gute Läufer (Philo Migr Abr 133); einen christlichen Briefüberbringer (Ign Sm 12,1). Verhaltungsweisen als Vorbild: Gottes Milde (ep Ar 187); das Martyrium (Mart Pol 19,1); jüdische Lehren (Jos Ap 1,165); Tugend (Sap 4,2); speziell die des Demosthenes (Appian Samn 10 § 1); Barmherzigkeit (Test XII B 4,1); das Gute (3 J 11). Hb meint (wie Philo Congr 69), als Modell für Nachahmung, nicht Belehrungen, sondern das Beispiel des Glaubens, wie Hb 11 die alttestamentlichen Frommen in ihren einzelnen Verrichtungen. Zu μιμεῖσθαι siehe HDBetz Nachfolge (besonders S 152 Anmerkung 1). πίστις, siehe 4,2 Exkurs; hier als Haltung (Gräßer Glaube 29).

8. Jesus Christus, gestern und heute derselbe, und auch in Ewigkeit.

Literatur: OWeinreich Aion in Eleusis, Archiv für Religionswissenschaft 19, 1916–1919, 174–190.

Statt ἐχθές, der besseren LA (Bl-Debr § 29,6), in p⁴⁶ ℵ A C⋆ D⋆ **0121b,** schreiben χθές C² D² K L 1834 die meisten Or Ath CyrJ Epiph Cyr. 505 om καί nach ἐχθές. Hinter αἰῶνα D⋆ d add ἀμήν, liturgisch. Statt mit ἐχθές καὶ σήμερον verbinden, zu Unrecht, ὁ αὐτός mit εἰς τοὺς αἰῶνας Prim MPL 68,788CD Chr Cramer Cat 272 Thret Cyr Ps Oec MPG 82,781AB 74,997C1000A 119,444A Erasmus paraphrasis Luther WA Deutsche Bibel 7,2 Calvin vSoden.

Hb hat in seiner Christologie markante Neuerungen eingeführt, zum Beispiel den Melchisedek-Hohenpriester; aber nicht das spricht er hier an. Er verteilt hier auch nicht den Weg Jesu auf verschiedene Perioden, behauptet also nicht theoretisch die Gleichheit von Jesu Leiden und Auffahrt und himmlischem Thronen. Er betont vielmehr: die Glaubenden waren, sind und bleiben für immer bei ihrem Laufen (12,1) auf denselben Führer und Vollender lebensbezogen, wenn sie selber seinen Weg gehen (siehe 12,2). So können auch verschiedene Generationen einander Vorbild sein im Glauben; das ist die Verbindung zu V 7. Daß es dabei um die Art des Heilsweges geht, wird aus V 9–14 deutlich (Vanhoye Structure 214 Größer Glaube 29 Gemeindevorsteher 76). Die Alte Kirche mit Primasius Chrysostomus Ps Oecumenius (siehe oben aaO) Theophylact MPG 125,392CD, danach Thomas Erasmus paraphrasis lesen V 8 unter dem christologischen Aspekt der metaphysischen Selbigkeit Jesu; Nicolaus de Lyra denkt an das Altarsakrament; Calvin verlegt den Ton von „ewig bei dem Vater" auf Jesu Bekanntwerden unter den Menschen. Der konkrete Lebens- und Kontaktbezug der Selbigkeit Jesu findet sich seit Calvin und Bengel, zusätzlich zur metaphysischen Erklärung, in differenter Gewichtung bei fast allen nachfolgenden Erklärern. Zur Alten Kirche siehe Greer 76–78 349–353.

Ἰησοῦς Χριστός, siehe 2,9 6,6. Zum fehlenden ἐστιν siehe 6,8. Mit Recht gilt allgemein auch Χριστός als Subjekt, nicht als Prädikat (zu Spicq). ἐχθές, siehe Bauer, Hb nur hier; christologisch im NT nur hier. σήμερον, siehe 3,7 1,5: vgl Mt 6,11 Par Mt 21,28 Lk 19,9. ὁ αὐτός, siehe 4,11; Jesu Selbigkeit siehe 1,12. εἰς τοὺς αἰῶνας, siehe 1,8 5,6 5,9. Hb spricht Jesu Selbigkeit hier in der antik verbreiteten drei-Zeiten-Formel aus (zu ihr siehe Weinreich Aion 174–190). Die Form von Zeitaussagen ist vielgestaltig bezeugt. ὁ αὐτός kann fehlen. Von nur Einem Zeitpunkt zum Beispiel spricht Ex 3,4 ἐγώ εἰμι ὁ ὤν; Prometheus brachte „gestern und neulich" das Feuer (Plut Aqua an ignis 9 II 956B). Unter Nennung zweier Zeitpunkte: vom Sterben: gestern und heute (Sir 38,22(23)); von der Ehe: von heute und für immer (Tob 7,11 ℵ); von Gott: du bist der Erste, du bist der Letzte (Lidz Liturg Qolasta LXXV S 130,13); von Jesus: der anfängliche, der heutige Sohn (Dg 11,5) der jetzt und immer (Act Joh 85 IIa S 193,10). Bei der Nennung dreier Zeitpunkte wechselt die Reihenfolge. „Jetzt – früher – zukünftig" vom religiösen Bestattungsgebot (Soph Ant 455), vom Gnostiker (Nag Hammadi Cod II 3 Philippus-Evangelium Schenke Spruch 57), von der biblischen Gottheit (Apk 1,4 Preisigke Sammelbuch 1540,1f). Oder „früher – jetzt – immer" von Zeus (Paus X 12,10), von Isis (Plut Is et Os 19 II 354C), von der biblischen Gottheit (Jos Ap 2,190), von Jesus (Act Joh 88 IIa S 194,7f). Wo ὁ αὐτός sich in der Formel findet, wird die Selbständerung bestritten, die beim Menschen das Problem ist (siehe Terenz And III 3 Libanius Ep 1441,5). ὁ αὐτός ohne zeitliche Unterteilung von Gott LXX Ps 101,28; von Jesus im Blick auf die verschiedenen Geistesgaben 1K 12,5, auf Juden und Griechen R 10,12. ὁ αὐτός mit den drei Zeiten „früher–jetzt–zukünftig" von der biblischen Gottheit R Jicchaq Ex r 3(69c) Str-B III 750; in der Eleusis-Inschrift Ditt Syll[4] 1125, von mir zitiert Hb 7,3 bei *τέλος: ὁ αὐτὸς* vom Aion-Gott; von dem neben ihm genannten Kosmos: *ἔστι καὶ ἦν καὶ ἔσται* und danach für den Kosmos die Verneinung von *ἀρχή μεσότης* und *τέλος*, von Anfang, Mitte und Ende. So wie Rabbi Jicchaq und die zweite Kosmos-Aussage der Inschrift betont der Hb hier Jesu Selbigkeit, aber er nun gerade für die angeredeten Heutigen. Vielleicht darum stellt er, in der Wortfolge etwas hart, *ὁ αὐτὸς* schon hinter *σήμερον* und läßt *εἰς τοὺς αἰῶνας* nachklappen. Hb meint zwar auch die Selbigkeit Jesu liturgisch-christologisch-metaphysisch, ordnet sie aber hier der nachfolgenden Paränese für die Heutigen ein.

9. Laßt euch nicht durch mannigfaltige und fremde Lehren aus der Richtung bringen! Denn es dient dem Heil, daß das Herz gefestigt wird durch Gnade; nicht durch Speisen, die denen, die sich damit abgaben, keinen Nutzen gebracht haben.

Literatur: JCambier Eschatologie ou hellénisme dans L'Epître aux Hébreux, Salesianum 11, 1949, 62–96; EFascher Zum Begriff des Fremden, ThLZ 96, 1971, 161–168; OHoltzmann Der Hbbrief und das Abendmahl, ZNW 10, 1909, 251–260; HKoester Outside the Camp, Harvard Theological Review 55, 1962, 299–315; OMoe Das Abendmahl im Hbbrief, Studia Theologica 4, 1951, 102–108.

Weil der Glaubensführer für alle Generationen ein und derselbe bleibt, nun die Warnung vor der Mehrzahl sachfremder Lehren. Diese führen vom Ziel ab. Denn heilfördernd ist die Festigung der Herzen, und diese kommt zustande durch Gnade, nicht durch Genießen von Speisen. Ist etwas nur Peripheres oder etwas Zentrales gemeint?

διδαχαῖς, siehe 6,2. Jetzt der negative Plural, wie bei Priester 7,23 Opfer 10,1ff; gegen *ὁ αὐτὸς* 13,8. *δὲ* hinter *διδαχαῖς* in 1912* unterstreicht diesen Gegensatz. Warnung vor Lehren ist nicht typisch qumranisch (Braun Qumran-NT I zur Stelle); aber neutestamentlich, zum Beispiel Eph 4,14. Ohne den wahren Propheten besteht für den Menschen nichts Festes (Ps Clem Hom 1,19,8). Es geht hier nicht um Meinungen hinsichtlich der Götter wie bei Plutarch Is et Os 20 II 358E (Betz Plutarch 1975, 51). Hb nennt als den ihm wichtigsten Inhalt der Lehren, vor dem er warnt, die Empfehlung von Speisen zum Zwecke der Herzensfestigung. Die Lehren sind aber nicht die bittere Wurzel von Hb 12,15 (zu Vanhoye Structure 214). *ποικίλαις*, siehe 2,4: hier Unterstreichung des schon minderen (siehe oben) Plurals, Holtzmann Abendmahl 251. *καὶ* dahinter fehlt in p[46]*, nachgetragen in p[46] cor. *ξέναις*: unüblich und gefährlich (Jos Bell 2,414); traditionsfremd (Dg 11,1); für Christen ungehörig (1Cl 1,1); Häresie ist eine fremde Pflanze (Ign Tr 6,1); in der Hand von Heuchlern (Herm s 8,6,5); vgl *ἑτεροδιδασκαλεῖν* 1Tm 1,3 6,3. Die Lehren können von Wanderpropheten kommen (Fascher Begriff 165); in dem Falle *ξέναις* lokal. *παραφέρεσθε*, so in p[46] ℵ A C D P **0121b** 33 51 69 104 181 234 422 436 1834 1906 d f vg sy[p] co Bas Chr Thret Dam Ps Oec; sekundär *περιφέρεσθε*, wie Eph 4,14, in K L Ψ 2 5 88 330 378 440 491 547 642 919 920 1867 1872 1908 Thphyl. *παραφέρεσθαι* Bauer 2. „Abkommen von", unübertragen durch Wind bei Bienen (Dio Chr 44,7 Wettstein); bei Wolken, zugleich übertragen bei lax lebenden Irrlehrern (Jd 12). Übertragen, fort von der Wirklichkeit, beim Reden (Plat Phaedr 48 III 265B), beim Philosophieren (Plut Timol 6 I 238c Prof Virt 5 II 77D; Betz Plutarch 1978 19). Vgl Eph 4,14; ähnlich dem *παραρύεσθαι* 2,1. *γάρ*: jetzt wird die Warnung *μὴ* – begründet. *καλόν*, ohne *ἐστιν*, siehe 6,5. Das Heilsame liegt neben dem Nützlichen, *ὠφελήθησαν*, Philo Spec Leg 2,166 Ebr 139. Heilsam ist der Wandel hinter der Gottheit (Sir 46,10(12)), für die

Seelen die Bindung an die Gesetze (Jos Ant 4,210 Barn 21,1), an die Gerechtigkeit statt an die Bosheit (Herm m 6,2,9 Mart Pol 11,1). Vgl die Wichtigkeit des rechten Unterscheidungsvermögens Hb 5,14. Auch die kritisierten Lehren geben vor, das Heilsame zu wollen (Holtzmann Abendmahl 252). Das Schwanken soll aufhören; aber statt dessen: welche feste Position?

$χάριτι - οὐ βρώμασιν$ antwortet darauf. Der Chiasmus (siehe 4,16) pointiert den hier gemeinten ausschließenden Gegensatz; $βρώμασιν$, bildlich, ist unmöglich (gegen Kosmala 410). $χάρις$, siehe 4,16; als Erweis. Festigung durch des Vaters Gnade Lidz Ginza L II 6 S 462,14. Philo versichert zwar, gegen Hb 4,16, nichts Unvollkommenes werde begnadigt (Sacr AC 57), aber er nennt die $χάριτες$ unmateriell (Leg All 2,80), stellt sie gegen das nichts nützende Brot und Wasser (Quaest in Ex II 18), während alle Dinge auf dem Gnadenthron einen festen Stand haben (Ex II 60). Gott trifft seine Anordnung ($διαθήκη$) nicht wegen Israels Frömmigkeit (Dt 9,5). Das Wort festhalten in einem edlen und guten Herzen (Lk 8,15); $καρδία$ und $χάρις$ (Ag 11,23). $χάρις$ erwirkt im Hb rechtzeitige Hilfe 4,16. $βεβαιοῦσθαι$ Bauer 1. Schon welthaft „festigen" Gunsterweise des Senats die Schwankenden Appian Bell CivI 49 § 213 Wettstein. In AT und NT übt die Gottheit das Festigen an Menschen ohne Vermittlung (LXX Ps 40,13 118,28 1K 1,8 2K 1,21 Kol 2,7; ähnlich 2Th 2,16f Joh 14,1 Dg 7,2; auch Lidz Ginza R XV 19 S 378,17). Auch die Lehren hier im Hb sind auf Festigung der Herzen aus; nur, nach der Vorstellung der Angeredeten, auf eine Festigung, die vermittelt wird durch physisches Essen. Es geht nicht einfach um Abfall vom Glauben, sondern um eine innerchristliche Kontroverse. Die Speisen meinen dabei nicht Speise-*Enthaltung*, sondern Speise-*Genuß*. Damit entfallen für ihre Deutung die alttestamentlichen Speise-*Verbote*, wie zum Beispiel Lv 11 1Makk 1,63, wo durch Speise-*Verzicht* zudem kultische, nicht Herzens-Unreinheit abgewehrt werden soll. Ebenso entfallen Speise-*Enthaltungen* asketischer Art, biblische oder außerbiblische (zu Delitzsch Héring Michel Bruce). Ebenso ist nicht gemeint das Essen alttestamentlicher Priester vom Opfer, zum Beispiel Lv 6,26f 10,12–20, wo nur kultischer Effekt eintritt; ebenso nicht die die Jerusalemer Opferessen ersetzenden Gastmahle der außerpalästinensischen Juden, Jos Ant 14,214f, wo gar kein Effekt genannt wird. An alttestamentliche Speisen denken, also zu Unrecht: Prim MPL 68,788C–789B Chr Thret Ps Oec Thphyl MPG 63,226 82,781B 119,444C 125,392d–393B Thomas Erasmus paraphrasis Calvin Bengel deWette[2] Bleek-Windrath Seeberg Riggenbach Windisch Cambier Eschatologie 67–69 Moe Abendmahl 102–104 Spicq Michel Westcott Strathmann; Vanhoye Structure 214 denkt gar an Esau, Montefiore hält alttestamentliche Speiseverbote für eine irrige Auffassung des Hb-Verfassers. Nicht-jüdischen Hintergrund nehmen zu Recht an Holtzmann Abendmahl 253f Käsemann Gottesvolk 10 Schierse 187 Moffatt Koester Outside 304 Theißen 78 Barclay. Schwerlich meint Hb mit $βρώμασιν$ Teilnahme an heidnischen Opfermahlen; V 10ff passen nicht dazu (gegen vSoden Hollmann und gegen Montefiore, der hier die richtige Auffassung der vom Hb-Verfasser mißverstandenen „Lehren" annimmt). Synkretistische, jüdisch-gnostische oder außerbiblisch-gnostische Speiseriten könnten hinter den $βρώματα$ stehen (so Behm ThW I 641 Kuß Michel Bruce). Vergleiche: durch Essen und Trinken und Opferdarbringung we are established ($βεβαιοῦσθαι$) Baptism of Hibil Ziwa Drower S 43 Zeile 7–15 von oben. Die Diskussion verwirrt sich, wenn man mit „synkretistisch-magischer Gnosis" – soweit diese nicht Nahrungs-*Askese* sein will – die Herkunft der Lehren zwar zutreffend beschreibt, aber außer acht läßt, daß diese magische Einstellung ja auch in den hellenistisch-christlichen Gemeinden selber, nur in christlicher Version, vorlag. Denn schon Paulus bezeugt das Herrenmahl in sakramental-mysterienhaft-magischem Sinn: 1K 10,3 die Vokabel βρῶμα in der Herrenmahl-Allegorese; man zieht sich durch verkehrtes Essen Gericht, Krankheit, Tod zu (1K 11,29f). Das Essen von Jesu Fleisch bringt Leben ein (Joh 6,56–58). Kurz nach der Zeit des Hb wird beim gebrochenen Brot für Leben und Gnosis gedankt (Did 9,3); das Brot ist Unsterblichkeitsarznei (Ign Eph 20,2); das Eine Fleisch Jesu entspricht der Einen Gemeinde-Eucharistie (Ign Phld 4,1). Hb könnte hier also gegen das massive Essen des Leibes Jesu schreiben, mithin eine Position vertreten, wie sie wenige Jahrzehnte später durch Ign Sm 7,1 bekämpft wird. καρδία, siehe 3,8. Der Weg zum wahrhaftigen Herzen, 10,22, zu dessen Festigung, ist allein die Gnade. οὐ βρώμασιν, siehe 9,10. Gerade wenn das christlich-sakramentale Essen hier als nutzlos bezeichnet werden sollte, hätte der Gebrauch des Plurals den dann benötigten herabsetzenden Sinn; die analogen Bezeichnungen des eucharistischen Brotes in NT und Apostolischen Vätern (siehe oben) stehen im Singular. Hb würde dann wie Plutarch Esu carn 6 II 995E Betz Plutarch 1975 313 (= Stob III 559,15f) argumentieren, der allerdings nur diätetisch urteilt: „Wein und Einnehmen von Fleischspeisen machen den Leib zwar stark und kräftig, die Seele aber schwach." βρώμασιν ginge dann gegen sakrales Essen als Heilsgarantie (Theißen 77). Daß dies Essen gemeint ist, wird erst in V 10–13 deutlicher.

ἐν οἷς – οἱ περιπατοῦντες, so ist zu verbinden. Participium Praesentis in p[46] ℵ* A D* 1912 co alte LA; περιπατήσαντες in ℵ[2] C D[2] K L Ψ **0121b** 1834 den meisten sy arm Chr Thret Dam (siehe Zuntz 118f). Gemeint ist nicht die alttestamentliche Wüstengeneration (gegen Moe Abendmahl 104). περιπατέω Bauer 2aδ Bertram/Seesemann ThW V 940–946. Im Hb nur hier. Das Verb wird übertragen gebraucht für die Lebensführung: „hinsichtlich des Verhaltens im Leben" Simpl In Epict S 125,51 f ed Dübner. περιπατεῖν ἐν in LXX Prv 8,20 Qoh 11,9; bei Philo Congr 81. Im NT bezeichnet ἐν übertragen, zum Beispiel 1J 1,6f, oder direkt die Qualität des Verhaltens, zum Beispiel R 6,4 2K 10,3. Ähnlich Barn 10,4.11 19,1 21,1 Ign Phld 3,3 Pol 5,3. Hier im Hb ist das mit ἐν bezeichnete Element eine materielle Sache: die Lebensführung, ausgerichtet auf das Essen von Speisen. οὐκ ὠφελήθησαν; der Aorist kann gnomisch sein (Bl-Debr § 333,2, Theißen S 77 Anmerkung 6); oder wirkliche Vergangenheit: wie die Erfahrung lehrt. Zum Verb siehe 4,2. Es gibt ein Fehlen von Nutzen, das keinen Schaden bringt; die irdischen Dinge nützen nichts den himmlischen (Stob I 277,8). Aber meist ist das Fehlen von Nutzen Schaden: wenn Nutzen gleich Beweglichkeit und Ausbildung des Denkens ist (Philo Abr 102); wenn der Erlöser der einzige Nutzen ist (Nag Hammadi II 7 Buch des Thomas [ThLZ 102 Spalte 798] p 140). So, das Fehlen des Nutzens als schädlich, Joh 6,63 Hb 4,2 7,18 13,17 und auch hier 13,9: Speisen essen als Heilsförderung schwächt das Hinausgehen zu Jesus in den außersakralen Bezirk, siehe 13,13 (Schierse 188). Man hält das Schadenbringende für nutzbringend Philo Deus Imm 113.

10. Wir haben einen Altar, von dem zu essen diejenigen, die dem Zelte dienen, nicht das Recht haben.

Literatur: SAalen Das Abendmahl als Opfermahl, Nov Test 6, 1963, 128–152; JCambier siehe V 9; OHoltzmann siehe V 9; HKoester siehe V 9; FSchröger Der Gottesdienst der Hbbriefgemeinde, MThZ 19, 1968, 161–181; SSchulz Die Mitte der Schrift, 1976; HWenschkewitz Die Spiritualisierung der Kultbegriffe Tempel, Priester und Opfer im NT, 1932; RWilliamson The Eucharist in the Epistle to the Hebrews, NT St 21, 1975, 300–312.

Das οὐ βρώμασιν V 9 wird hier mit φαγεῖν οὐκ weitergeführt. Also sind die in V 9 genannten Christen, von denen in V 10a mit „wir haben" die Rede ist, auch bei οὐκ ἔχουσιν ἐξουσίαν weiter *mit*gemeint. Die Christen dürfen von ihrem eigenen Altar nicht essen, wie man ja an den alttestamentlichen Priestern des Versöhnungstages ersieht. Diesen wird nicht etwa der *christliche* Altar verboten: das würde den Zusammenhang mit V 11 zerbrechen und zudem etwas verbieten, was die jüdischen Priester ja gar nicht erstreben (ausgezeichnet beobachtet bei Riggenbach). Hb formuliert hier in V 10 allerdings abgekürzt und mißverständlich. V 10 wird klar nur in Verbindung mit V 11 (Windisch Wenschkewitz Spiritualisierung 201). Deutlich formuliert, will V 10 sagen: die Christen sollen von den dem Zelte des Versöhnungstages Dienenden lernen: wie dort die Priester von dem Sündopfer nicht essen dürfen, so dürfen auch die Christen von dem christlichen Altar nicht essen; sind doch auch sie, die Christen, Dienende. Altar und Zelt gehören zu der gleichen, übertragen gebrauchten Ordnung (Moffatt). Die an die Christen in V 9 gerichtete Warnung verschärft sich nun zum Verbot. Sodann: es geht bei den Christen um verbotene Speisen, um Opferspeise, also um Eucharistie. Das Mißverständliche der Formulierung liegt in Folgendem: das Dienen speziell gegenüber dem Zelt gilt ja nicht von den Christen, sondern nur von den Priestern des Versöhnungstages, auf den V 11 Bezug nimmt. Diese jüdischen Priester sind hinsichtlich ihres Nichtessens V 11 Modell für das *christliche* Verhalten, zu dem nur das λατρεύειν, nicht aber das τῇ σκηνῇ paßt. Wie öfter im Hb, gelten alttestamentliche Regeln als Voranzeige des Christlichen; zum Beispiel 6,17f 10,1–4.

ἔχομεν; in L 201 ἔχωμεν: entweder akustisch bedingte o-ω-Verwechslung (siehe 4,16) oder beabsichtigte irrtümliche Wendung in die Paränese. ἔχειν, siehe 4,14. ἔχομεν im Hb vom geistlich positiven Besitz der Christen: 4,15 6,19 8,1 13,14. Der Altar ist etwas geistlich Wichtiges. Das wird hier nicht im Auftrumpfen gegen die Juden konstatiert; nicht: „auch wir" oder gar: „wir noch besser" (gegen Severian Cramer Cat 272 Thret MPG 82,781C Erasmus paraphrasis Spicq Bruce Westcott). Sondern: es geht um the sort of the altar (Synge Scriptures 40): um *den* Altar, von dessen Opferfleisch die Christen nicht essen, wie die jüdischen Priester nicht essen vom Altar des Versöhnungstages. θυσιαστήριον, siehe 7,13. Wo befindet sich der christliche Altar? Am Orte von Jesu Todesleiden, außerhalb des sakralen Bezirks, V 11f (Koester Outside 300f); denn Jesu einmaliges Selbstopfer auf Erden erscheint in Opferterminologie: Opfer 9,26 10,12; dargebracht werden 9,28; Darbringung 10,14. Freilich, Altar heißt im Hb diese Stätte ausdrücklich nicht. Nun gibt es auch im Himmel Kultgeräte, die durch höhere Opfer als die irdischen gereinigt werden 9,23; ein himmlischer Altar ist daraus zu erschließen, wird aber ausdrücklich im Hb ebensowenig genannt wie ein im Himmel stattfindendes Opfer (siehe 2,17 Exkurs). Jesu Blut jedoch, das er in den Himmel mitnimmt und das ihm den Eintritt dorthin öffnet 9,12 13,20, hat dort Altar-Funktion: reinigen 9,14, Besprengung 12,24, heiligen 13,12, es erwirkt Stiftung 10,29 13,20. Ausdrücklich allerdings redet Hb auch im Blick auf den Himmel von keinem Altar. Er legt den Altar, offenbar absichtlich, lokal nicht fest: auf Erden außerhalb des heiligen Bezirks; der Blut-Funktion nach im Himmel; bei der versammelten Gemeinde, freilich nur in eschatologischer Vorwegnahme, gegenwärtig 12,22.24 (vgl Schierse 191). Gerade wenn Hb das leibliche Essen der Opferspeise verbietet, wäre der Altar noch nicht der Abendmahlstisch (zu Thphyl MPG 125,393C Schierse 191 Hahn Gottesdienst 71, wohl auch Schulz Mitte 267). Die meisten suchen den Altar auf Golgatha beziehungsweise am Kreuz: Leo Sermo X MPL 54,340B (Westcott): *non templi ara, sed mundi;* Bengel deWette² Delitzsch Bleek-Windrath Hollmann Seeberg Héring Koester Outside 313 Kuß Strathmann Montefiore. Der Altar im Himmel: Cambier Eschatologie 69f Theißen 78 Williamson Eucharist 308. Christus selber ist der Altar: Spicq Bruce Schiwy; *vel est crux Christi – vel ipse Christus* (Thomas; Westcott). Abendmahlstisch, Kreuz himmlischer Altar in einem (Schierse 191).

ἐξ οὗ φαγεῖν. Zu ἐσθίειν in anderer Bedeutung siehe 10,27. ἐσθίειν hier: Bauer 1bβ Behm ThW II 686–693. In LXX dies Verb meist mit ἀπό; mit ἐκ: verbunden mit „Broten" Lv 22,11, mit „Kalb" Dt 28,31. Im NT ἐκ bei φαγεῖν Mk 11,14 Lk 22,16 codd Joh 6,26.50f Apk 2,7; bei ἐσθίειν 1K 9,7. 13 codd 11,28. Beim Herrenmahl ἐσθίειν 1K 11,26f 28f; φαγεῖν Mt 26,26 Joh 6,51–53 1K 10,3 11,20f.33. φαγεῖν, zum Teil mit ἐκ, ist also δεῖπνον-Terminologie bei Paulus und Johannes; Johannes neben τρώγειν 6,54.56–58. οὐκ ἔχουσιν ἐξουσίαν. ἐξουσίαν breit bezeugt in p⁴⁶ ℵ A C D¹·² K P 1834 f vg cop aeth arm syᵖ Ch Thret Dam; ausgelassen in D* **0121b** d Dam, versehentlich (Zuntz 140 Anmerkung 3). ἐξουσία Bauer 1 Foerster ThW II 559–571. Zu ἔχειν siehe oben. Außerbiblisch: das Recht haben zum Durchsetzen kultischer Bekleidungsvorschriften (Ditt Syll⁴ 736,25f). Das Recht nicht haben zum Essen von Diebesgut (Tob 2,13 ℵ). In den Evangelien von der Vollmacht Jesu, auch anderer; im Corpus Paulinum von der Vollmacht Gottes und der Apostel; zum Beispiel die Vollmacht zum Essen haben als Askese-Abwehr (1K 9,4–6 2Th 3,9); in der Apokalypse von der Vollmacht positiver und negativer Gestalten. Ein Christ hat kein Anrecht an sich selbst (Ign Pol 7,3). Im Hb nur hier. „Sie haben nicht das Recht" meint natürlich die Priester von Lv 16, auf die V 11 Bezug nimmt. Denen ist das Essen an *ihrem* Altar am Versöhnungstage verwehrt; nicht das Essen am christlichen Altar (siehe oben). Das im alttestamentlichen Kult geltende Nichtessen der Priester am Versöhnungstage ist vielmehr ein positives Modell für die Christen, die auch ihrerseits vom christlichen Altar nicht essen sollen. Auf dies letztere kommt es dem Hb an. Denn das Essen des Jungstieres und Bockes wird *ausdrücklich* weder im AT noch in jüdischen Texten *verboten,* soweit ich feststellen kann; das Nicht-essen-können der Priester ergibt sich vielmehr einfach aus der vorgeschriebenen Manipulation (siehe V 11 und Lv 16,23.26–32 Nu 19,7–11 Philo Spec Leg 1,186–188 Jos Ant 3,240–243 Mischna Traktat Joma). Hb dagegen sagt hier das, worauf es *ihm* ankommt, und zwar im Blick auf die seit οὐ βρώμασιν angeredeten Christen: sie *dürfen* nicht vom Altar essen. Die Auslegungsgeschichte ist hier stark kontrovers. „Sie haben nicht das Recht" wird allermeist als Ausschluß alttestamentlicher Priester von der christlichen Eucharistie verstanden (so Chr MPG 63,225–227 Thret MPG 82,781C Ps Oec MPG 119,444D Photius von Konstantinopel Staab 652 Thphyl MPG 125,393BC Magna Glossatura MPL 192,513C Thomas Erasmus paraphrasis Luther Glosse Calvin Bengel deWette² Delitzsch Bleek-Windrath Seeberg Behm ThW II 690 Schrenk ThW III 283 GBornkamm Bekenntnis 195 Anmerkung 16 Cambier Eschatologie 70 Spicq Héring Michel Kuß Westcott Strathmann Montefiore Theißen 78 Schiwy Williamson Eucharist 309). Ebenso sind die schlecht Wandelnden von der Eucharistie ausgeschlossen (Prim MPL 68,789D). Ähnlich: die alttestamentlichen Priester dürfen laut Lv 16 von ihrem Altar nicht essen, und das ist ihr Nachteil gegenüber den Christen, die von ihrem eigenen, dem christlichen Altar essen dürfen (so Spicq Aalen Opfermahl 146 Bruce Westcott). Alle Kultus- und Ritusbetätiger dürfen nicht vom christlichen Altar essen (so Koester Outside 313). Hb verbietet hier aber den *Christen* das Essen der βρώματα vom θυσιαστήριον. So, eindeutig, Hollmann OHoltzmann (Abendmahl 254f und im Kommentar) Moffatt Schröger Gottesdienst 173 Barclay. So, zurückhaltender, vSoden Behm ThW II 690

Bruce. Den Christen ist bei ungeistiger βρώματα-Auffassung, also bedingt, die Eucharistie verboten (so Schierse 192f Koester Outside 313 Theißen 78). Riggenbach Windisch verstehen zutreffend „sie haben nicht das Recht" als zu den Christen gesagt, ziehen daraus aber nicht die antieucharistische Konsequenz. Riggenbach nicht, weil er, doch wohl zu Unrecht im Blick auf 1Cl Ign Did und schon auf 1K 10,18–22, der Eucharistie den Opfermahl-Charakter abspricht. Zur Sakramentsreserve im Hb siehe 5,1.6 6,4 9,9f 10,5.20. Das Abendmahl wird im Hb nicht sakralisiert (Hahn Gottesdienst 71). Hb denkt hier anders als Paulus, der, allerdings *asketisches* Essen oder Nichtessen, für indifferent erklärt R 14,17 1K 8,8.

οἱ τῇ σκηνῇ λατρεύοντες. Zu σκηνή siehe 8,2, zu λατρεύω siehe 8,5. Statt des Dativs bringen 81 1311 2004 τὴν σκηνήν. Gemeint sind hier nicht ausschließlich nur die Christen (gegen Holtzmann Abendmahl 255 Schierse 195); sondern *auch* die Christen in Analogie zu den Lv 16–Priestern, die immerhin hinweisende Funktion besitzen, siehe 8,5. Auch die Christen sind freilich kultfähig, siehe 9,14 12,22–24 (προσεληλύθατε – αἵματι ῥαντισμοῦ) 12,28.

11. Denn die Leiber der Tiere, deren Blut als Sündopfer in das Heiligtum hineingetragen wird durch den Hohenpriester, werden verbrannt außerhalb des Lagers.

Literatur: OHoltzmann siehe V 9.

V 11 begründet (γάρ) das Essensverbot V 10, bildet aber auch die Brücke zum Folgenden (Vanhoye Structure 212). Die Wortstellung ist kunstvoll, siehe 6,7. Der begründende Schriftbeweis erfolgt in freier Wiedergabe von Lv 16,27. Gemeint ist dort, die Sündopfer des Versöhnungstages seien als zu essende Nahrung zu heilig. Zu Lv 16,27 siehe 9,7 Exkurs. Bedeutsam ist, wie der Hb bei der Wiedergabe von Lv 16,27 die Akzente setzt. Die Gattung der Opfertiere ist ihm unwichtig, ζῷα genügt. Sündopfer, Hineintragen des Blutes ins Heiligtum und Verbrennen der blutlosen Kadaver sind ihm wichtig. Ausgesprochen akzentuiert werden: der dem LXX-Text addierte „Hohepriester" und ἔξω τῆς παρεμβολῆς, beide durch Achterstellung; bedeutsam auch der Gebrauch von σώματα statt der in LXX einzeln genannten Opferrelikte.

εἰσφέρεται: Bauer 1 Weiß ThW IX 66f; siehe προσφέρειν 5,1 9,7 9,7 Exkurs. Das Praesens der gesetzlichen Vorschrift, siehe 5,1. Das Verb aus Lv 16,27; Hb nur hier; vom Tragen des Blutes ins Heiligtum im NT nur hier. ὧν γὰρ – ζῴων. p[46] om γάρ. Statt ζῴων: in D* ζῷον; zum Wechsel ω-ο siehe 4,16. ζῷον Bauer 2 Bultmann ThW II 875. Zum ι-subscriptum siehe Bl-Debr § 26. Das in Lv 16,27 vorgeschriebene Verfahren begründet für den Hb das Nichtessen der Priester und das daraus abgeleitete eucharistische Essensverbot für Christen. ζῷον im Hb nur hier; in LXX nicht αἷμα ζῴων. Im NT ζῷον außerhalb von Hb nicht Opfertier; aber in anderer Bedeutung häufig in Apk. Zu αἷμα siehe 9,7 Exkurs. περὶ ἁμαρτίας, siehe 5,3. Hinter αἷμα: περὶ ἁμαρτίας in ℵ C² D K P **0121b** 1834 d f vg aeth; περὶ ἁμαρτιῶν in 90 1908. Hinter εἰς τὰ ἅγια: περὶ ἁμαρτίας in C* sy^p copt arm; περὶ ἁμαρτιῶν in 436 462. Hinter παρεμβολῆς: περὶ ἁμαρτίας in aeth^ro. A om περὶ ἁμαρτίας. εἰς τὰ ἅγια, siehe 8,2: hier der Debir, weil Versöhnungstag. διὰ τοῦ ἀρχιερέως, siehe 2,17 Exkurs. τούτων τὰ σώματα; statt Plural: in 1319 τὸ σῶμα. Zum σῶμα Jesu siehe 10,5; zum σῶμα der Christen siehe 10,22 13,3. Jesus und die Christen haben kein Auferstehungs-σῶμα 10,5.20. σῶμα als Leichnam Bauer 1a. LXX: das κατακαίειν des Leibes von Saul und Jonathan 1 βασ 31,12; nicht des Leibes von Opfertieren, auch nicht Lv 16; wohl aber

Philo Spec Leg 1,232. Apost Vät nicht; NT nur hier. Die Abendmahls-Terminologie scheint dem Hb bei σώματα vorzuschweben (Holtzmann Abendmahl 256 ESchweizer ThW VII S 1056 Anmerkung 370; Michel fragend). Der Vergleich mit Jesus stimmt nicht vollständig: die beiden Tiere sterben den Opfertod im Heiligtum, nur ihre Kadaver werden außerhalb verbrannt; Jesus stirbt ἔξω V 13 (vSoden Spicq Schierse 193 Kuß Strathmann). κατακαίεται; 1836 fügt davor καταφέρεται καί ein; statt κατακαίεται: in Ψ καίεται, in D* καταναλίσκεται. In Lv 16,27 activisch κατακαίουσιν; Hb hier passivisch, der Hohepriester sollte vorher genannt werden. Bauer. κατακαίειν von Opferresten: Ex 29,14.34 Lv 4,12; Philo Spec Leg 1,232; Jos Ant 3,229; im NT nur hier. Zum Präsens siehe oben bei εἰσφέρεται. ἔξω τῆς παρεμβολῆς; D* schreibt παρενβολῆς. ἔξω Bauer 2 und 3. παρεμβολὴ siehe 11,34. ἔξω τῆς παρεμβολῆς wie Lv 16,27; sehr viel in Lv und Nu, weniger in Ex Dt Jos: außerhalb der Kultstätte. Thret MPG 82,781 CD und Luther Glosse denken zu Unrecht an die rote Kuh Nu 19,3. ἔξω in Evangelien Corpus Paulinum Apk Herm v 3,9,6 für: „nicht auf der richtigen Seite bei Jesus und den Christen"; nur im Hb: ἔξω ist der richtige Platz für Jesus und die Christen, außersakral. ἔξω τῆς παρεμβολῆς beziehungsweise τῆς πύλης 13,11 f antwortet auf die Frage „wo"; in 13,13 auf die Frage „wohin". Weiteres siehe 13,12.

12. Darum hat auch Jesus, um durch sein eigenes Blut das Volk zu heiligen, außerhalb des Tores gelitten.

Literatur: Cambier siehe V 9; JJeremias Golgatha, ΑΓΓΕΛΟΣ Beiheft I, 1926; Koester siehe V 9; DLührmann Der Hohepriester außerhalb des Lagers Hb 13, 12, ZNW 69, 1978, 178–186.

Aus Lv 16,27 folgt für den Hb: abgesehen von seinem Blut, mußte auch Jesus, wie die blutlosen leiblichen Reste der beiden Opfertiere des Versöhnungstages, außerhalb des Tores, außerhalb des heiligen Bezirkes, in der blamablen (ὀνειδισμός V 13) Kläglichkeit des Vergänglichen (12,27) sein Ende finden, um durch sein Blut die Gemeinde zu heiligen.
διό: siehe 3,7. „Darum": weil Jesus durch seinen Sterbeort das Schriftwort Lv 16,27 (= Hb 13,11) realisieren mußte (Prim MPL 68,790C Luther Glosse Cambier Eschatologie 71). Hb denkt dabei kaum an den Ausschluß von der Eucharistie gegenüber den Vertretern der fremden Lehren V 9 (zu Michel). καὶ Ἰησοῦς. Statt Ἰησοῦς in 5 330 440 623 635 1867 2004 ὁ Ἰησοῦς, in 2298 ὁ Χριστός, in 1836 ὁ κύριος Ἰησοῦς. καί: die Gleichheit des ἔξω auch für Jesus. Ἰησοῦς, siehe 2,9; ohne christologische Hoheitstitel, weil ἔπαθεν (Koester Outside 301). ἁγιάσῃ, siehe 2,11, vgl 10,29. Jesus verfährt wie der jüdische Hohepriester 13,11 9,7. διὰ τοῦ ἰδίου αἵματος. Statt τοῦ ἰδίου αἵματος: in 1311 τοῦ αἵματος τοῦ ἰδίου; in 3 323 489 τοῦ οἰκείου αἵματος; in 33 τοῦ αἵματος. Im Unterschied zu V 11 (Lv 16,27) ist Jesus Hoherpriester und Opfer (siehe 9,7 Exkurs). Zu διά siehe 9,12; zu ἴδιον siehe 4,10; zu αἵματος siehe 9,7 Exkurs. τὸν λαόν, siehe 2,17 5,3. ἔξω τῆς πύλης. Statt πύλης: in p[46] P 104 bo[ms] παρεμβολῆς. Zu πύλη siehe Bauer 1 JJeremias ThW VI 920–922. Zu ἔξω siehe 13,11. ἔξω τῆς πύλης im NT nur noch Ag 16,13, nicht vom Strafort. Kreuzigung *extra portam* Plaut Mil gloriosus 359 f. Träumen von eigener Kreuzigung *in* einer Stadt bedeutet Herrscherstellung (Artemidor 2,53). Das „außerhalb"zeigt das Unehrenhafte an. Gesteinigt werden außerhalb des Lagers der Lästerer (Lv 24,14.23), der Sabbatbrecher (Nu 15,36), das mißratene Kind (Jos Ant 4,264); zum Tor der Stadt bringt man hinaus die Ehebrecher (Dt 22,24). Ehrenhafte Fälle sind der unschuldig gesteinigte Naboth außerhalb der Stadt (3 βασ 20(21),13); der ermordete

mannhafte Zelotengegner Niger außerhalb der Tore (Jos Bell 4,360); der außerhalb der Stadt gesteinigte Stephanus (Ag 7,58). Von Jesus: Tötungsversuch außerhalb der Stadt (Lk 4,29); sein Kreuzigungsort vor der Stadt (Joh 19,20); vgl die Umstellung von ἀπέκτειναν-ἐξέβαλον Mk 12,8 zu ἐξέβαλον-ἀπέκτειναν Mt 21,39. Hb verwendet also bei „außerhalb des Tores" Tradition; siehe auch die sekundären LAA oben. Infolge der Ausweitung der Stadtmauern unter Hadrian ist eine sichere Lokalisierung von „außerhalb der Stadt" heute nicht mehr mögliche (JJeremias Golgatha; CAndresen „Grab, Heiliges" RGG³ II 1816f; FMaas, „Heilige Stätten" RGG³ III 596f). Dem Hb liegt bei dem ἔξω τῆς πύλης, bei diesem „zentralen Kern" von V 11–13 (Vanhoye Structure 212), ja aber auch gar nichts an spezifisch lokaler Information. Auch das Judentum meint mit dem „außerhalb der drei Lager" (Str-B II 684 Sanh 42b Bar) *religiöse* Distanzierung. Hb sagt mit dem „außerhalb" aus: Jesus starb außerhalb des heiligen Bezirks in der profanen Welt, bedroht durch sie, in Schmach (Koester Outside 302 Theißen 104). Der Ausschluß aus dem sakralen Bereich ist im Hb ethisiert. Ja, mehr noch: das „Tor" weist auf die „nicht bleibende Stadt" V 14. Diese, die vergängliche Welt, hat Jesus ausgestoßen und getötet. Mithin anders als Philo Gig 54, der *meditativen* Rückzug aus der sinnlichen Welt predigt (zu Cambier Eschatologie 25); weiteres dazu bei Lührmann außerhalb 181–186. Hb will hier nicht jüdische Priester und zum Judentum neigende Christen vom Opfer Christi ausschließen (gegen Severian von Gabala Photius von Konstantinopel Staab 391 652 Thphyl MPG 125,393C–396A Calvin deWette² Delitzsch). Hb will auch nicht den Vorwurf entkräften, Jesus sei nicht richtig Altar und Opfer, weil er an einem außersakralen Ort starb V 11 (zu Schiwy). Das Ziel des Hb ist vielmehr der Appell V 13.

ἔπαθεν, siehe 2,18, sterbend; ἀποθνῄσκω im Hb nicht von Jesus, siehe 2,9. Plutarchs edle humanistische Kritik an Menschenopfern – Def Or 14 II 417C (Betz Plutarch 1975 S 155) – wirkt daneben doch blaß. ἔπαθεν fehlt in ℵ*.

13. Darum laßt uns zu ihm aus dem Lager hinausgehen und seine Schmach tragen!

Literatur: Cambier siehe V 9; Schröger siehe V 10.

V 13a schließt per Inversion an V 12b an (Vanhoye Structure 213). Daß Jesus seinen Weg gegangen ist, erspart den Christen nicht das Hinterhergehen, sondern ruft im Gegenteil dazu auf; geboten ist das Gehorchen 5,8f. Die Christologie dient der Paränese (Käsemann Gottesvolk 116 Größer Glaube 124 Auschwitz 158). Es ist ja der Weg ihres Führers 12,1–3. Ein Weg, heraus aus dem heiligen Bezirk, hinein in die profane Öffentlichkeit mit ihrer Gefahr und Bedrohung, hinein in die Übernahme von Beschimpfung und Verfolgung. In diesem Sinne Unweltlichkeit (Cambier Eschatologie 71 Moffatt, siehe V 12); besser Antiweltlichkeit. So, mal mehr die asketische Weltentsagung, mal mehr die Leidensbereitschaft betonend: Prim MPL 68,790D Chr MPG 63,227 Cyr A Cramer Cat 273 Cyr A PsOec Thphyl MPG 74,1000C 119,445CD 125,396AB und viele Neuere; zuletzt Schröger Gottesdienst 179 Theißen 104. Es geht nicht um die Abkehr vom Judentum (gegen Thret MPG 82,784A Calvin Bengel Wettstein deWette² Bleek-Windrath Riggenbach Spicq Synge scriptures 41 Michel bedingt Bruce Westcott Strathmann Montefiore; siehe die Aufzählung bei

Schröger aaO). Zu den behaupteten Qumran-Bezügen von V 13 siehe Braun Qumran-NT I 272f.

τοίνυν Bauer Bl-Debr § 451,3; Hb nur hier. Paränetisch hier nicht an zweiter, wie klassisch, sondern an erster Stelle, wie P Oxy 940,3f Lk 20,25 mss 1Cl 15,1. ἐξερχώμεθα in p[46] ℵ A C **0121b** d f vg sa bo Chr Thret Dam; ἐξερχόμεθα in D K P 33 88 177 181 242 255 256 326 337 378 462 489 506 623 635 642 794 915 917 919 1149 1245 1834 1836 1845 1872 1891 1908 1912 2004 Cyr; zu *w-o* siehe 4,16. Vgl 3,16; Ex 33,7 (Kosmala 405 Anmerkung 1). Nicht aus Babel Jer 28,45(51,45)Q[mg] oder dem Kreis der Ungläubigen 2K 6,17; auch nicht aus dem Körper oder der Sinnenwelt, wie Philo (Leg All 2,54 3,46 Det Pot Ins 160 Gig 54), die Gnosis (Od Sal 42,17 Act Thom 21 IIb S 132,7f Nag Hammadi Cod II 7 Buch des Thomas 145,5–15 [ThLZ 102 1977 Spalte 802] Cod V 4 Zweite Apokalypse des Jakobus 57,7) die Mandäer sehr viel (zum Beispiel Lidz Ginza L III 13 S 528 Zeile 18f R XII 6 S 277 Zeile 8f Joh 101 S 101 Zeile 15). Sondern im realen Leben zu Jesus, hinein in Gefahr und Schande wie er; wie Judith zu den Feinden 1Cl 55,4; also, obwohl letztlich in die „Ruhe" 4,1, vorerst nicht in den Frieden (gegen Philo Ebr 100). πρὸς αὐτόν hier = zu dem Jesus von V 12; in 5,5 7,21 vom Reden Gottes in der Schrift zu Jesus. ἔξω τῆς παρεμβολῆς: aus dem geschützten, anfechtungsfreien Bezirk, siehe 13,11. παρεμβολή siehe 11,34. τὸν ὀνειδισμὸν αὐτοῦ. ὀνειδισμός, siehe 10,33; vgl αἰσχύνη 12,2. Öffentliche Widerfahrnisse der Schmach 10,32–34 12,3. Schmach Jesu 11,26. αὐτοῦ, „wie Jesus", nicht „seinetwegen", also anders als LXX Ps 68,8 und das *pro* bei Erasmus paraphrasis. „Seine Schmach" meint das Sterben außerhalb des Tores (Vanhoye Structure 213), also das Kreuz 13,12. Eine nicht berechtigte Schmach, anders als Test XII R 4,7; auch anders als die Verheißung Ez 36,15. „Der Gottesdienst des NT bringt nicht, wie das Priesteramt der Juden, Speise und köstliche Dinge, sondern Qualen, Bedürftigkeit und Verbannung ein", Wettstein zu 13,10. φέροντες, siehe 6,1 12,20; Preisigke Wört II 688f 7). Das Schwere tragen Ditt Syll[4] 888,66f. Schmach wird gewöhnlich nicht akzeptiert, vgl Alexander bei der Blamage seines Orakels Luc Alex 45 (Betz Lucian 55 Anmerkung 4); denn Schmach schreckt ab (Philo Vit Mos 1,293). Hb ruft gleichwohl zum Tragen auf und votiert darum gegen den ungefährlichen geistlichen Genuß der „Speisen" 13,9.

14. Denn hier haben wir nicht eine Stadt, die von Dauer ist, sondern der zukünftigen streben wir zu.

Literatur: Cambier siehe V 9.

Kunstvolle Antithesen: ἔχειν-ἐπιζητεῖν; μένουσαν-μέλλουσαν, Parechese, siehe 5,8. Hier wird nun endgültig klar: das „aus dem Lager" V 13 meinte nicht das Judentum. Die Schmach Jesu tragen außerhalb der sakralen Geborgenheit ist nicht so schlimm, denn (γὰρ) das dauert nur kurz. Diese anfechtende Welt, ὧδε, ist für uns ebensowenig wie für die alttestamentlichen Pilger Hb 11 (Delitzsch) der Dauer besitzende Heilsort; sie ist kein bergendes „Nest" (Calvin). Wer sich aus ihr nicht ohne Einsatz davonstiehlt und wer nicht „die Flucht aus all dem Fließenden antritt" (Act Andr 15 IIa S 44,10), sondern die reale Welt als Sterbeort annimmt und so Jesu Schmach trägt, gerade der vollzieht den zielgerichteten Marsch zu dem wirklichen Heilsort, zu der zukünftigen Stadt. Der Weg zum

Abschließende Mahnungen **13,14–15**

Himmel führt durch die Welt in das Leiden (Theißen 104). Das ἐπιζητεῖν verbindet die verneinte Dimension des hiesigen Heils*ortes* (οὐ-ὧδε) mit der bejahten Dimension der künftigen Heils*zeit* (μέλλουσαν). Zu V 14 siehe besonders Michel.

οὐ γάρ, siehe 2,5; verneint ist ὧδε. ἔχομεν, siehe 4,14: vom Heilsbesitz. οὐκ – ἔχειν noch 4,15 7,27 13,10. ὧδε, siehe 7,8; Bl-Debr § 103: die jetzige Welt 4 Esra 7,12 syrisch. Oft wird ihre Vergänglichkeit ausgesprochen: οὐδὲ μένει Plato Crat 19 I 402A (Spieß Logos spermaticos 460); 1J 2,17; Lidz Joh 178 S 176,17; Ps Clem Hom 2,15,2; auch Hb 12,27 (Gräßer Glaube 23). Aber hier, 13,14, wird anders akzentuiert: diese Welt ist nicht der Heilsort, die Stadt von Dauer. Hb denkt dabei nicht an Jerusalem und seine Zerstörung (Bleek-Windrath Windisch Montefiore; gegen Luther Glosse Bengel deWette[2] Delitzsch Riggenbach Spicq). μένουσαν πόλιν. Aeneas erbittet von Apoll eine bleibende *urbs,* irdisch, aus der man nicht zu fliehen braucht (Vergil Aen 3,85, Wettstein). Augustus erwägt Rom als „ewig existierend" (Plut Apophth Augustus 15 II 208A; Betz Plutarch 1978, 337). Hb meint hier den Heilsort: μένειν siehe 7,3, πόλις siehe 11,10 12,22. τὴν μέλλουσαν, siehe 2,5. Parechese, siehe 5,8. τήν, die bekannte: vgl das μέλλειν bei Welt 2,5, Weltzeit 6,5 Eph 1,21 4Esr 7,13 syrisch 8,1; die bessere himmlische Heimat 11,14.16 (Schierse 121); die künftigen ewigen Güter Act Thom 24 IIb S 138,10; verwandt der „Ruhe" 3,11 Exkurs. Die Stadt liegt im Himmel, also eine räumliche Vorstellung, ist aber für die zu ihr Strebenden noch zukünftig (Cambier Eschatologie 84–92 Schierse 79). ἐπιζητοῦμεν, siehe 11,14. Also nicht: ἔχομεν. Aber nicht suchen: *ob* sie da ist, sie *ist* (siehe 11,10.16). Auch nicht suchen: *wo;* sie befindet sich im Himmel (11,16 12,22). „Suchen" also nicht theoretisch, wie man eine Ursache sucht Philo Op mund 77. Die Stadt soll *erreicht* werden (siehe Philo ἐπιτρέχειν Abr 26); vgl die Imperative Hb 4,1.11 12,1.3 13,13 4Esr 14,13. Hier, Hb 13,14, Indikativ wie 11,14; vgl 11,10.16 (Theißen 105).

15. Durch ihn mithin wollen wir beständig Gott ein Lobopfer darbringen, das ist eine Frucht der Lippen, die seinen Namen preisen.

Literatur: H Fr v Campenhausen Das Bekenntnis im Urchristentum, ZNW 63, 1972, 210–253; BGärtner The Temple and the Community in Qumran and the NT, 1965; OHofius siehe V 3; GKlinzing Die Umdeutung des Kultus in der Qumran-Gemeinde und im NT, 1971; HWenschkewitz siehe V 10.

Es geht um la vraie façon de rendre le culte (Vanhoye Structure 213): statt der verbotenen Opfer-βρώματα 13,9f nun das den Christen angemessene Opfer (Schierse 188), der Preis des Namens Gottes. Das Opfer ist ständig, anders als die βρώματα, zu bringen. Die Gebetsvokabular im NT ist dicht: εὐχαριστέω εὐχαριστία im Corpus Paulinum intensiv, im Hb nur χάριν ἔχειν 12,28; προσεύχομαι προσευχή in Synoptikern Ag Corpus Paulinum häufig, Hb 13,18, nur verbal; δέομαι Lk Ag Corpus Paulinum öfter, Hb δέησις nur 5,7; wie ἱκετηρία 5,7 von Jesus. Die Gebets*mahnung,* und sie nicht sehr häufig, siehe 12,28, ist das Anliegen des Hb. Und das wohl gegenüber einem Kult, der, innerweltlich saturiert, das Laufen 12,1, das Streben zur künftigen Stadt 13,14, zu vernachlässigen in Gefahr steht; vgl die Eucharistie-Reserve des Verfassers V 10. Hier in V 15 liegt Vergeistigung des Opferkultes vor (wie Test XII L 3,6 Röm 12,1 1Pt 2,5 Corp Herm 13,18; bei Apollonius von Tyana Petzke 210; Wenschkewitz Spiritualisierung 209). Aber betont, am Anfang, δι' αὐτοῦ: der Mittler des Lobopfers ist *der* αὐτός, zu dessen Schmach die ihn Lobenden hinausgehen sollen V 13. Also danken gerade in Bedrängnissen (Chr Cramer Cat 274). Kult impliziert für Hb Verpflichtung, siehe 12,22–28.

δι' αὐτοῦ: in p^{46} ℵ* A C D^1 **0121b** den meisten lat sy^h sa bo; K 323 451 2491 verschreiben in διὰ τοῦτο. Jesus als Gebetsmittler im NT häufig, meist mit διὰ und dem Namen Jesu: R 1,8 7,25 16,27 1Pt 2,5 4,11 Jd 25; wie Hb δι' αὐτοῦ in 2K 1,20 Kol 3,17; vgl „im Namen Jesu" Joh 14,13f 15,16 16,23.26. Jesus als Gebetsmittler im Hb nur hier; vgl διὰ beim alttestamentlichen Hohenpriester 13,11 (Seeberg Spicq Moffatt Michel). Jesus als Anführer 12,2, dem man aktiv hinterhereilen soll, schließt das hier betonte „durch Jesus" der Tradition also keineswegs aus; vgl 7,25 13,21. οὖν, in ℵ^2 A C D^1 K **0121b** 81 88 104 181 326 330 436 451 614 629 630 1241 1739 1834 1877 1881 1962 1984 2127 2492 2495 ar c dem div f z vg sy^h sa bo arm aeth Chr Thret Dam, alte LA (Zuntz 192); sie verbindet mit V 9–14; fehlt in p^{46} ℵ* D* P Ψ d sy^p Fulg. οὖν kohortativ siehe 4,1. ἀναφέρωμεν, so in p^{46} und den meisten, Irenaeus (Stieren I S 854), Tractatus (Origenis) de libris ss scripturarum X (108) MPL Supplement I S 417; ἀναφέρομεν in K P 2 69 88 177 216 221 241 242 255 256 337 378 440 462 491 506 642 794 823 917 920 1319 1518 1836 1872 1891 2005 2127; zu w-o siehe 4,16. ἀναφέρειν θυσίας(ν) siehe 7,27; vgl 1Pt 2,5. θυσίαν αἰνέσεως. Statt θυσίαν: in p^{46} sa bo θυσίας. θυσία siehe 5,1. αἴνεσις Bauer, NT nur hier. θυσία (τῆς) αἰνέσεως Lv 7,2(12).3(13).5(15) 2Ch 33,16 LXX Ps 26,6cdd 49,14.23 106,22 115,8 1Makk 4,56: Gebäck und Opferfleisch, also nicht vergeistigt; die Dankbarkeit ist das Wichtige Ps 49,14. Philo ähnlich wie Hb: Gott kann man nicht danken durch Opfer, sondern durch Lobgesänge und Hymnen (Plant 126); aber Philo, gegen Hb, unter Beibehaltung gegenständlicher Opfer (Migr Abr 89–92). Dankopfer ist das höchste der Opfer; es wird in Ewigkeit nicht aufhören (Pesikt 79a Str-B I 246). θυσία αἰνέσεως im NT nur hier; ferner 1Cl 35,12 52,3 als Psalm-Zitate. Oft in Liturgien und in eucharistischem Zusammenhang (Brightman S 32,8 49,4 116,12 316,22 319,7); in Const Ap VI 22,4. διὰ παντός, siehe 9,6; fehlt in 917 1245 1852 2004. Gehört zu ἀναφέρωμεν. Schon Homer Il 1,472 (Spieß Logos spermaticos 460): den Gott den ganzen Tag über mit Gesang milde stimmen. „Eine solche Seele bekommt vom Singen niemals genug" (Corp Herm 10,21). In jeder Situation preisen (Mischna Ber 9,2.5a). διὰ παντὸς wie Hb preisen (LXX Ps 33,2: ἡ αἴνεσις αὐτοῦ), vgl Ag 10,2. Immerwährendes Beten: immer (Test XII L 4,8); allezeit (Lk 18,1 Kol 1,3 2Th 1,11); zu jeder Zeit (Eph 6,18); unaufhörlich (1Th 5,17); wir hören nicht auf (Kol 1,9). Dagegen opfern und danken aus konkretem Anlaß (zum Beispiel LXX Ps 17,50f Lk 2,20 Philo Spec Leg 1,224 Jos Ant 3,219). Ständig beten rabbinisch verboten (Tanch B מקץ §11 (98b) Str-B I 1036). Hb entnimmt das ständige Danken der biblischen Tradition; hier: gerade auch beim Tragen seiner Schmach V 13. τῷ θεῷ, siehe 1,1; fehlt in 2004. τοῦτ' ἔστιν, siehe 2,14; gegen das Mißverständnis eines gegenständlichen Lobeopfers. καρπὸς χειλέων: καρπὸς Bauer 2c, siehe 12,11; χεῖλος Bauer. καρπὸς χειλέων nur in bibelnahen Texten. Nicht vom Gebet Prv 18,20 29,49(31,31) Od Sal 12,2b. Vom Dankgebet Hos 14,3, zitiert Joma 86b (Str-B III 519 unten b); Ps Sal 15,3; Od Sal 16,2c. Für Qumran siehe Gärtner Temple 86f Braun Qumran-NT zur Stelle Klinzing Umdeutung 218f. Für christliche Liturgien Brightman 273,25. Im NT nur hier. Philo formuliert unbiblisch Spec Leg 1,272: Gott preisen mittels der Sprachorgane. ὁμολογούντων: Bauer 5 Bl-Debr § 187,4 „preisen"; siehe 11,13. Als „preisen" mit Dativ 1Esr 4,60 5,58(61)A; Philo Leg all 1,82 (Riggenbach). So im NT nur hier. Als „preisen" verstehen: Thphyl MPG 125,396C Calvin deWette^2 Bleek-Windrath Riggenbach OHoltzmann Moffatt Kosmala 39 Anmerkung 6 Deichgräber 117f vCampenhausen Bekenntnis 233 Anmerkung 128 Hofius Vorhang 65; als „preisen" oder „bekennen" Ps Oec 119,448A Delitzsch Michel; viele Erklärer „bekennen". Vgl Porphyr

Vita Plot 42: die Götter ehren und preisen mit Gesang. τῷ ὀνόματι αὐτοῦ; für τῷ ὀνοματι der Accusativ in 88 334. αὐτοῦ hier Gott, nicht Jesus (zu GBornkamm Bekenntnis 196). Name Gottes siehe 6,10 2,12. Das Preisen des Namens wird auch formuliert als: ἐξομολογεῖσθαι LXX Ps 53,8 98,3 105,47 Sir 51,1(2) Ps Sal 15,2; ψάλλειν R 15,9; δοξάζειν Apk 15,4 Ign Phld 10,1; εὐχαριστεῖν Did 10,2.

16. Das Wohltun und Abgeben aber vergeßt nicht, denn an solchen Opfern findet Gott Wohlgefallen.

Literatur: HSeesemann Der Begriff *KOINΩNIA* im NT Beiheft 14 zur ZNW 1933.

Jetzt die zweite Gruppe des den Christen angemessenen doppelten Opfers (Thomas OHoltzmann zu Hb 13,15): Wohltätigkeit und Almosen. Ptolemaeus An die Flora 3,11, KIT² 9, wohl von Hb beeinflußt (Windisch). τῆς δὲ εὐποιΐας. Statt δέ: in D* δ, in p⁴⁶ τε. εὐποιΐας in ℵ D K **0121b**. Dafür εὐποιείας in p⁴⁶ A C, zu ι-ει siehe 4,11; verschrieben zu εὐνοίας in P. Hinter καί vor κοινωνίας: sekundär τῆς in p⁴⁶ D* 81 917 1245 2495 (siehe Beare 396). καὶ κοινωνίας fehlt in 1319; wegen Homoioteleuton, siehe 7,6. εὐποιΐα: siehe Bauer 1 Bl-Debr § 119,1 Wettstein; in LXX und NT nur hier; vergleiche das Verb Mk 14,7; nicht „Wohltätigkeit" in Ign Pol 7,3. κοινωνία, siehe Bauer 2 3. Hauck ThW III 798–810. Hb nur hier. „Mitteilsamkeit" „Spende" (Bleek-Windrath Radermacher² 10 Seesemann *KOINΩNIA* 24). Weitergeben aus dem Eigenen auch an die Abwesenden, auch seitens der Beraubten, 10,34 (Chr MPG 63,227 Prim MPL 68,791B Thphyl MPG 125,396D). Ähnliche Verbindungen von εὐποιΐα und κοινωνία wie hier sind in der Antike üblich: Almosenspende und Wohltat Lidz Ginza R I 64 S 38,29–31. εὐποιΐα mit: Hochherzigkeit Milde Menschenliebe (Epict Schenkl Editio major S 488 Stob 45(51); Dankbarkeit (Diog L 10,10); Bitten (Simpl in Epict ed Dübner S 107,16–18); barmherzig (Tg Micha 6,8 Str B IV 561); das Verb mit preisen, gute Worte geben (Corp Herm 10,21). εὐποιΐα steht gegen: Hochmut (Luc Imag 21); Rache (Lib Or 59,122 Förster Band 4 S 270 Zeile 6f); gegen üblen Geiz (Eur Ino fr 407 Nauck Lidz Joh 182 S 179,14f; vgl. Did 4,5 Seeberg). κοινωνία ist verbunden mit: Gabe, empfangen (Vett Val S 179,33); Sanftmut Anmaßungslosigkeit Billigkeit (Philo Decal 162); Menschenliebe (Virt 80); Sanftmut abgeben (Philo Spec Leg 2,107); schenken oder wenigstens zinslos leihen (Philo Virt 83); Freundlichkeit das Gute liebend menschenfreundlich (Stob III 110,3–5); Enthaltsamkeit Gerechtigkeit (Corp Herm 13,18); gegen Habsucht (Corp Herm 13,9). Im NT κοινωνία neben Brotbrechen Gebeten Ag 2,42 und schlichter Güte 2K 9,13. Hier im Hb wird zur εὐποιΐα *aufgefordert*, unter Verweis auf Gottes Wohlgefallen. Religiöse Motive bei Aufforderung zum Wohltun auch sonst: Tg Micha 6,8 Str-B IV 561 Simpl in Epict ed Dübner S 107,16–18 Themist Or 15,193a Ps Clem Ep Clem 9,2 Lidz Ginza R I 64 S 38, 29–31. Hier im Hb wird zum Abgeben *aufgerufen*, im Blick auf Gottes Wohlgefallen. Abgeben „an wen" wird nicht gesagt; freilich auch nicht, wie Bengel, „an die, die es verdienen". Im Hb fehlt jedoch die Ausweitung „auf alle Menschen", also anders als R 12,17f Phil 4,5 1Tm 2,1 Tt 3,2; aber Theod Mops Staab 211 f immerhin: „damit sie ebenfalls gläubig werden". Geben als betätigt in Ag 2,42 R 15,26 2K 8,4 9,13. Religiöse Aufforderung zum Abgeben auch bei den Essenern (Braun Radikalismus² I 35–37 77–80); bei Philo Decal 162 Virt 83 Spec Leg 2,107 Jos Ap 2,291 Lidz Ginza R I 64 S 38,29–31 Ginza R VII S 214,17f. Aufforderung zum Geben und Wohltun im NT oft, in anderer als in der hiesigen Hb-Terminologie, zum

Beispiel Mt 6,3 9,13 25,35f Lk 3,11 16,9 R 12,13–21 1K 13,1f Jk 1,27 2,15f Did 4,8 (Westcott) Barn 19,8. Wie eine Wohltat schlechte – Jos Ant 19,356 Appian Bell Civ 2,6,38 –, aber auch erfreuliche Reaktionen – Jos Ant 7,387 20,52 Alciphr L 10 Porphyr Abst II 12 – seitens der Menschen erbringen kann, erwartet Hb Letzteres zum mindesten auch, wie zum Beispiel Ag 2,47a R 15,26 2K 9,13. Die Wohltätigkeit am Nächsten erfährt in der Antike Lob; menschliches: Alexander bei Arrian Anabasis 7,28,3 Polyaen Exc 1; die Wohltätigkeit des Edlen gewinnt Lobsprüche Themist Or 15,192d. Religiöses Lob: die Wohltätigkeit ist das einzige Abbild der Menschen zu Gott hin Themist Or 15,192b; siehe auch die oben genannten Essener-Texte. So hier im Hb: sie erfährt Gottes Wohlgefallen.

μὴ ἐπιλανθάνεσθε, siehe 6,10 13,2. Vgl: er war bei Wohltaten schnell Lib Or 59,122 ed Förster Band IV S 270,6 (von Constantius und Constans gesagt); „schnell" auch Sib 2,78 (Seeberg). Hb hier vielleicht konkret bedingt, gegen die Ablenkung durch die Speise-Lehren V 9f (Schierse 188).

τοιαύταις, siehe 7,26. Kultspiritualisierung, wie V 15; nicht gegen Tieropfer, wie Bruce meint, sondern gegen das Opfer-Essen vom christlichen Altar V 10. θυσίαις, siehe 5,1. Rechttun, Liebeswerke sind Opfer (Philo Fug 18 Siphra Lv 23,22(410a) Str-B IV 555n), ja, mehr als Opfer (Sukka 49b Str-B IV 541k RH 18a Str-B IV 564; weiteres Str-B IV 499f). Spiritualisierung auch R 12,1 Phil 4,18. εὐαρεστεῖται; dafür in P εὐαρεστῆται, zu ει-η siehe 4,11. Zu εὐαρεστεῖν siehe 11,5; wie Hb passivisch von Orakelauskünften Diod S 17,113,4; mit μή von der Kritik eines Hörers gegenüber der Lehre des Arkesilaos Diog L IV 42. In **0121b** εὐεργετεῖται; Riggenbach erwägt: diese LA von *pomeretur* in d vg, „man macht sich verdient um Gott". Christen erstreben, ihm wohlgefällig zu sein 2K 5,9; vgl εὐαρέστως 12,28. Gott tut an ihnen, was vor ihm wohlgefällig ist V 21. Rechtes Tun ist Gott wohlgefällig, ist ein Opfer (Philo Quaest in Ex II 71.89; R 12,1). Besonders Wohltätigkeit und Almosen bringen Heil ein: (Ps Clem Ep Clem 9,2 Ps Clem Hom 11,11,5 Pist Soph Kap 103 S 168,11f Const Ap 3,4,2 Lidz Liturg Qolasta 107,9f The thousand and twelve questions ES Drower S 186(274)). Wohlgefälliges Opfer heißt beim Grammatiker Stephanus Bycantinus ἀζανοί. Vgl auch Js 56,7. Als Spende, also übertragen wie Hb V 16 hier, Phil 4,18. ὁ θεός, siehe 1,1. „Dies ist keine alltägliche Ehrung, daß – Gott – unsere Dienstleistungen, die wohlfeil waren, so hoch aufwertet, daß er sie frei heraus heiligen Opferkult nennt" (Calvin).

17. Gehorcht euren Führern und seid nachgiebig, – denn sie wachen über eure Seelen, sie müssen ja Rechenschaft ablegen – damit sie das freudig tun und nicht mit Seufzen; denn das wäre für euch schlimm.

Literatur: Broer siehe V 7.

Die Gemeindeglieder sollen ihren Leitern gehorchen und den Widerstand aufgeben; offenbar in Sachen der Speise-Lehren V 9f. Nur so verhelfen sie den Führern dazu, die Verantwortung für den Heilsgewinn der Anvertrauten gern und nicht seufzend wahrzunehmen. Letzteres wäre für die Widerspenstigen selber heilsgefährdend: die Errettung der Christen ist möglich nur in Verbindung mit der „Erleichterung" für den Vorsteher (Ps Clem Hom Ep Clem 17,4).

πείθεσθε; dafür ὑποτάσσεσθε Dam; πείθεσθε δὲ in 2. Bauer 3b Bultmann ThW VI 3f; Bl-Debr § 187,6. Gegenüber dem Zeus-Gesetz (Max Tyr 36,6 Fr 23,2d) und dem Orakel

(Diod S 4,31,5). Gehorchen gegenüber Mose (Gn 41,40 Ex 16,20); Josua (Jos 1,18); Simon (1Makk 14,43 Jos Ant 13,201); dem Hohenpriester (Jos Ap 2,194); den Rabbinen (Str-B I 909f). ὑπακούειν gegenüber Paulus (Phil 2,12 2Th 3,14); Anerkennung der Unterordnung unter die Leitenden (1Th 5,12f 1K 16,16 1Tm 5,17). Hb ermahnt hier nur die Gemeinde; nicht die Leiter, wie es 1Pt 5,2f Jk 3,1 geschieht (Strathmann). Hb spezifiziert nicht den Gehorsam (Broer 81f). Später: πείθεσθαι gegenüber Leitungsinstanzen (Ign R 7,2 2Cl 17,5 Herm m 12,3,3). Gehorchen in anderer Terminologie 1Cl 1,3 (Hagner 193); 1Cl 57,1 Ign Eph 2,2 20,2 Mg 2 13,2 Pol 5,3. Ps Clem Hom Ep Clem 17,4 Ps Clem Hom 3,6,1 Ps Clem Recg 3,66,6. Die altkirchlichen Väter erörtern die Grenzen des Gehorsams gegen einen schlechten Führenden: bei falscher Lehre ihn fliehen, um schlechten Wandel sich nicht kümmern (Chr Cramer Cat 274f; Prim MPL 68,791C Ps Oec Thphyl MPG 119,448C 125,397A; so auch Erasmus paraphrasis Calvin). τοῖς ἡγουμένοις ὑμῶν, siehe 13,7: der Verstorbenen gedenken, den Gegenwärtigen gehorchen (Thomas Bengel); obwohl das ἐπισκοπεῖν Pflicht aller ist, 12,15 (Schiwy). ὑπείκετε; dahinter αὐτοῖς in ℵ² f vg Or. Bauer; NT nur hier. Bescheiden, nicht überheblich sein gegen die Lehrer Lidz Ginza R I 142 S 22 R VII S 214,12f. Richtiges sich *nicht* fügen in 4Makk 6,35. Die Sinneswahrnehmungen geben gehorsam dem Leiter des Körpers nach (Philo Sacr AC 105). Hb: der Gehorsam besteht für die Christen hier darin, daß sie eine ihnen wichtige Position aufgeben. ὑπείκειν in Ps Clem Hom Ep Clem 17,1 Ps Clem Hom 3,66,1. αὐτοὶ γάρ, betont (Radermacher 77); wie Hb 1,11 3,10 8,9f 13,3. Hier vielleicht gegen durchreisende fremde Lehrer, die stärkeren Anklang finden als die altgewohnten Führer (Bruce); vgl ξέναις 13,9. ἀγρυπνοῦσιν: Bauer 2 Oepke ThW II 337. Zum qumranischen Nachtgebet Braun Qumran-NT II 201–203. Lidz Joh 150 S 154,7f: Seelen rufen, zusammenbringen, belehren. Auch der Kyniker hat intensiv gewacht und sich abgemüht um Menschen, Epict Diss 3,22,95 (Moffatt). ἀγρυπνεῖν übertragen Cant 5,2. Ez 3,18.20 33,8: der Späher haftet für die Anvertrauten mit seinem Leben. Philo: Gott beaufsichtigt die Seelenteile Agric 49; der Charakter, die Sinneswahrnehmungen vollziehen die Aufsicht (ἐπιτροπεύειν) Sobr 14, die Bewachung (φυλάττεσθαι) Som 1,27. ἀγρυπνεῖν Hb nur hier; im NT Mk 13,33 Lk 21,36 Eph 6,18, übertragen, seitens aller Christen. Das Achtgeben aufeinander in anderer Terminologie: seitens der Presbyter 1Tm 5,17; des Paulus Ag 20,31; der Gemeinde Apk 3,2; des Thomas Act Thom 34 IIb S 151,8; des Johannes Act Joh 27 IIa S 166,6. Negatives Wachen Barn 20,2. ὑπὲρ τῶν ψυχῶν ὑμῶν. ψυχή siehe 4,12; vgl 10,39. „Damit ihr eurer Seele keinen Makel anheftet", Lidz Ginza R I 142. ὑπὲρ τῶν ψυχῶν ὑμῶν vor ὡς λόγον ἀποδώσοντες in p⁴⁶ ℵ C D K 0121b 1834 sy^p sa bo arm aeth Hipp Ephr Bas Chr Cyr Thret Antioch Dam Orsies; ὑπέρ hängt dann ab von ἀγρυπνοῦσιν. Andere Reihenfolge, sekundär; abschwächend (Moffatt): ὡς λόγον ἀποδώσοντες vor ὑπὲρ τῶν ψυχῶν ὑμῶν in A f vg Or Prim; ὑπέρ hängt dann ab von λόγον ἀποδώσοντες. ὡς λόγον ἀποδώσοντες. D* d sa bo arm Orsies fügen an περὶ ὑμῶν; p⁴⁶ verschreibt in ἀποδώσοντας, D* in ἀποδώσονται. Bauer λόγος 2a Debrunner ThW IV 73,30ff Kittel ThW IV 103f. λόγος siehe 4,13 4,2. Zu ὡς siehe Bl-Debr § 425,3; zum Futur des Zweckes Bl-Debr § 351,1. λόγον ἀποδιδόναι Bericht erstatten 2Ch 34,16.28. Rechenschaft ablegen, Futur wie Hb, aber, gegen Hb, für sich selber Jos Bell 1,209 Ant 19,307. Abrechnung im Endgericht rabbinisch Str-B II 171f. Im NT Rechenschaft ablegen für sich selber vor weltlicher Instanz Lk 16,2 Ag 19,40; vgl συναίρειν λόγον Mt 15,19 (Schiwy). Vor Gott Mt 12,36 R 14,12 1Pt 4,5. Im Hb nur hier; und zwar nur hier im NT als Rechenschaft für andere. So auch Herm v 3,9,10. Paulus R 14,12: ein jeder von uns für sich selber; Hb hier: für eure Seelen. „Eine wesentliche Steigerung der – Autorität der Gemeindeleiter" (vSoden). Dagegen für sich selbst Herm m 2,5 Const Ap 4,3,2. ἵνα hängt ab von πείθεσθε und ὑπείκετε. μετὰ χαρᾶς, siehe 10,34. Sinngleich: καύχημα Phil 2,16 (Bruce), ἑκουσίως 1Pt 5,2 (Michel); die Greisin als heitere bei der Rechenschaftsablegung Herm v 3,9,10. τοῦτο, zurückweisend wie 6,3, hier auf wachen; nicht auf Rechenschaft ablegen (gegen Prim MPL 68,791D 792A). ποιῶσιν, siehe 6,3. στενάζοντες, Bauer JSchneider ThW VII 600–603. Hb nur hier: wenn die Erwartung der Führer, wie zum Beispiel 6,9 10,39 12,12, sich nicht realisiert. Seufzen im Blick auf andere Hi 30,25 Jk 5,9 Mart Pol 9,2; so Hb hier. Im Blick auf sich selber Tob 3,1 ℵ R 8,23 2K 5,2.4. ἀλυσιτελὲς γὰρ ὑμῖν; zu ergänzen ist ἂν εἴη, vgl 6,8. Bauer Preisigke Wört I 62. In LXX und NT nur hier; λυσιτελεῖν im NT nur Lk 17,2. Synonym: schändlich, tadelnswert Philo Ebr. 16 20. Diese Litotes ist understatement (Moffatt). Das Adverb steht gegen „nützlich" Jos Ant 15,192. ἀλυσιτελὲς als profit beziehungsweise profitable in sa bo ist falsch übersetzt. Statt ὑμῖν: in p[46] ὑμεῖν, zu ι-ει siehe 4,11. τοῦτο weist zurück, siehe oben, auf das Stöhnen der Führer, als auf die Folge des Ungehorsams der Gemeinde.

18. Betet für uns, denn wir meinen, ein gutes Gewissen zu haben; wollen wir doch in allen Dingen einen löblichen Wandel führen.

Literatur: A Bischoff Exegetische Randbemerkungen ZNW 9, 1908, 166–172.

Die Briefempfänger sollen für einen Kreis leitender Christen beten, zu dem auch der Hb-Autor gehört. Diese Aufforderung wird begründet: die „wir" sind der Meinung, sie können ein gutes Gewissen haben; denn sie erstreben ein in jeder Hinsicht vortreffliches Verhalten. Verfasser wendet sich offenbar gegen Mißtrauen, Anfeindungen (er sei antijüdisch, antinomistisch: Prim MPL 68,792AB Chr Thret Ps Oec Thphyl MPG 63,233 82,784C 119,448D 125,397CD 400A Thomas Delitzsch Spicq). Aber wahrscheinlicher: wegen künftiger Pläne (Moffatt Montefiore); oder wegen seiner Speisen-Ablehnung V 9 (Hollmann Seeberg). Auf Begründung verzichten Riggenbach Héring Kuß Michel.

Nun, V 18–25, der Schluß, der aus dem Predigt- zum Briefstil übergeht.

προσεύχεσθε: Hb nur hier; Bauer Greeven Herrmann ThW II 774–808. mit περί Bl-Dbr § 229,1; auch mit ὑπέρ. Nicht: die Hörer hätten das bisher nicht getan; sondern: fahrt fort, Bl-Debr § 336,2; wie 2Makk 1,6 (Moffatt; Michel Héring Spicq). περὶ ἡμῶν. Fürbitte ist gesamtantik, auch außerbiblisch, zum Teil für Bedrohte oder Mindere (Diod S 10,9,7 Greeven ThW II 779 Anmerkung 62 Ditt Syll[4] 763,2f Betz Lucian S 61 Anmerkung 2 Lidz Ginza L III 13 S 528,3f). In LXX und Test XII oft mit περί und ὑπέρ. Philo Rer Div Her 258; vgl Spec Leg 1,97 2,167. Rabbinisch Str-B II S 771 zu Ag 27,9 p Schabb 2,5b 25; II S 441 Berakh 34b Bar. Im NT: die Christen füreinander und für alle: Eph 6,18. Später: Did 2,7 Ign Eph 10,1 Sm 4,1 Pist Soph Kap 128 S 212,1. Fürbitte für Leitende: LXX Ps 71,15 (für den König Israels). Im NT oft, in variierender Terminologie: R 15,30 2K 1,11 1Th 5,25 2Th 3,1 Kol 4,3.12 Ag 13,3. Später: Ign Eph 21,2 Tr 12,3; für die Kirche Eph 21,2 Mart Pol 5,1. ἡμῶν ist hier nicht, wie sonst oft in Hb, siehe 5,11, schriftstellerischer Plural (gegen deWette[2] Bleek-Windrath Riggenbach Windisch Spicq Moffatt Bruce Strathmann Bl-Debr § 280); sondern echtes pluralisches „wir" (so Erasmus paraphrasis Calvin Delitzsch vSoden Hollmann Seeberg Westcott). V 19 geht nicht vom singularisch gemeinten „wir" des V 18 zum „ich" über, sondern erhöht, nachdem er in V 18 mit den anderen Leitern zusammen gesprochen hatte, in V 19 per „ich" im Blick auf seine persönliche

Situation die Dringlichkeit der Fürbitte. Der Verfasser gehört freilich zu diesen „wir" als zu dem großen Kreis der Leitenden (Erasmus aaO Strathmann Schiwy); die LA καὶ vor ἡμῶν in D* d Chr ist textkritisch sekundär, aber sachlich nicht falsch. War Verfasser ein früherer Leitender der Angeredeten, wie (Riggenbach) erwägt? Immerhin siehe ἀνέχεσθε V 22. Jetzt gehört er jedenfalls nicht zu „euren Führern" V 17; sonst würde dort „gehorcht uns" stehen, (Windisch).

πειθόμεθα. Statt dessen in ℵ* ὅτι καλὴν θα: der Schreiber ist vorzeitig in den nachfolgenden Text abgeirrt. Alte LA πειθόμεθα in p^{46} (ℵ*) A C* D* P **0121b** 33 263 424^1 1739. Verschrieben zu πείθομαι in 256 1319 2127; in d *suademus*, in f vg *confidimus*. Verändert zu πεποίθαμεν in ℵ^2 C^2 D$^{1.2}$ K Ψ 6 104 326 1834 den meisten Chr Thret Dam. Zu πείθομαι siehe 6,9; Bl-Debr § 322 397,2. Hier nicht „gehorchen" (zu Bischoff Randbemerkungen 171 f); sondern „meinen", dessen Inhalt im ὅτι-Satz steht (gegen Bengel). γάρ: der Ruf zur Fürbitte wird begründet. Gebet überhaupt wird im NT begründet mit dem Gebewillen der Gottheit Mt 6,8 7,11, mit der Geist-Leitung R 8,26; nicht mit der geistlichen Qualität des Beters Mt 7,8 πᾶς, Taufe ist *Bitte* um ein gutes Gewissen 1Pt 3,21. Ebenso wird Fürbitte nicht begründet mit der Qualität dessen, dem sie gilt: Philo Quaest in Gn IV 198; vgl die Fürbitte für Feinde und Verfolger Mt 5,44 Lk 23,34 R 12,14. Dem Ignatius widerfährt Fürbitte nicht auf Grund des „Gewissens" Sm 11,1. Dagegen hängt die Erhörung ab von der Qualität des Beters: ich war voll von Gerechtigkeit Ps Sal 1,2; auf Grund reinen Gewissens (Philo Praem Poen 84); recht handeln ist Voraussetzung für Wohlwollen der Götter (Isocr 6,59 Spieß Logos spermaticos); nur sich unschuldig Wissende haben Zutritt zu den Eleusinien (Script Hist Aug XVIII 18,2). Gutes Gewissen beim Beten Did 4,14 Barn 19,12 1Cl 45,7 2Cl 16,4. Hb erweitert dies noch, er ruft zur Fürbitte im Blick auf die eigene Tauglichkeit derer, denen die Fürbitte gilt; vgl 1J 5,16.

καλὴν συνείδησιν ἔχομεν. 1245 stellt um: συνείδησιν καλήν, vgl 1Tm 1,5. καλός siehe 5,14 6,5; συνείδησις siehe 9,9; συνείδησις πονηρά siehe 10,22; ἔχειν siehe 4,14. καλὸν συνειδός in Papyri Preisigke Wört I 730. Bei συνείδησις statt καλός (im NT nur hier, wohl wegen des folgenden καλῶς): ἀγαθός Ag 23,1 1Tm 1,5.19 1Pt 3,16.21; καθαρός 1Tm 3,9 2Tm 1,3; ἀπρόσκοπος Ag 24,16. Gutes Gewissen hat zur Folge: Furchtlosigkeit (Bias Stob III 603,12–14 Herodian 6,3,4; Festigkeit (Lidz Joh 45 S 50,5 f); Freiheit (Periander Stob III 604,1–3); Vollkommenheit (Lidz Ginza R I 22). Philo verbindet das Gewissen oft nicht mit beten: (Deus Imm 128 Jos 68 Omn Prob Lib 99 Leg Gaj 165). NT und zum Teil Apost Väter verbinden gutes Gewissen und Beten nicht (2K 1,12 1Tm 3,9 Ag 23,1 24,16 1Pt 3,16 1Cl 1,3 Pol 5,3). Die Verbindung liegt vor in 2Tm 1,3 und bei den Apost Vätern, siehe oben bei γάρ. Paulus rühmt sich vor korinthischen Gegnern seines Gewissenszeugnisses betreffs *konkreter* Vorwürfe (2K 1,12f). Grundsätzlich relativiert er das Bewußtsein von Unschuld zur *sekundären* Instanz 1K 4,4f. Aber in 1J 3,22 erwächst die Gebetsgewißheit aus gutem Wandel (Spicq). Ebenso hier im Hb: das umfassend behauptete gute Gewissen der „wir" erlaubt die Fürbitte für sie. Das paßt freilich in die theologische Gesamthaltung des Hb: Glaube ist fromme Haltung (siehe 4,2 Exkurs; richtige Sünde, und dann unvergebbar, ist nur der Abfall, nicht die Schwachheitssünde, siehe 6,6 Exkurs; vgl Philo Ebr 125. Textkritisch steht V 18 nicht unter Verdacht (zu Kosmala 408 416). Das gute Gewissen in dieser Uneingeschränktheit wird als Meinung des Textes zu Unrecht bestritten von Thomas Erasmus paraphrasis Luther Glosse durch Umbiegung des Hb-Textes; oder dadurch, daß das gute Gewissen, trotz „in allen Dingen", nur für die konkrete Amtsführung gelten soll (deWette^2 Spicq); daß es mittels 1K 4,4 gedeutet wird (Michel) und als von der Fürbitte der Gemeinde abhängig gedacht wird (Schiwy). Calvin findet Fürbitte gerade für Fromme richtig.

ἐν πᾶσιν. p⁴⁶ schreibt πᾶσι, zum fehlenden ν siehe 7,13; παντὶ in 33. Siehe 1,14 2,2 3,4 12,6 12,8: ausnahmslos, wie der gute Gewissenszustand bei einer jeglichen guten Tat Ps Clem Hom 17,11,3. Gegen 1K 4,4f. Maskulin verstehen Chr Ps Oec Thphyl MPG 63,233 119,449A 125,400A Luther 1546 WA Deutsche Bibel VII 2, gegen 1522. καλῶς, Bauer 2. 1319 stellt um: θέλοντες καλῶς. καλῶς gehört zu θέλοντες ἀναστρέφεσθαι. Parechese, siehe 5,8, zu καλήν (Bengel Riggenbach Windisch Moffatt). Denen, die einen guten Wandel geführt haben, gebührt Ehrung (Ditt Syll⁴ 717,95 f); den zu Unrecht als böse und gewalttätig Geltenden gebührt Fürsprache (Lucian Phalaris I 14). καλῶς in LXX mit Verben des Handelns, nicht mit ἀναστρέφεσθαι; in Test XII A 1,6 verderbte LA mit πορεύεσθαι; bei Philo Abr 4 Virt 221 mit βιοῦν beziehungsweise ζῆν; im NT mit ἀναστρέφεσθαι nur Hb 13,18; mit ποιεῖν 1K 7,37 f Jk 2,8.19 2Pt 1,19 3J 6; mit τρέχειν Gl 5,7; mit διακονεῖν 1Tm 3,13. Später: mit ποιεῖν Ign Sm 10,1 Herm v 2,4,2; mit ἐργάζεσθαι Herm m 7,1; mit πολιτεύεσθαι Herm s 5,6,6; mit ἀγωνίζεσθαι 2Cl 7,1. καλῶς = ἀπροσκόπως Thphyl MPG 125,400A. θέλοντες, siehe 10,5. Wohl kausal aufzulösen (zum Beispiel Michel Kuß Bruce); nicht „indem" (zu deWette² Delitzsch Westcott Maurer ThW VII S 918 Anmerkung 81). Vgl θέλειν verbunden mit: gerecht sein Jos Ant 13,291; fromm leben 2Tm 3,12. Hb meint: wir wollen es ernsthaft; nicht: wir *wollen* es wenigstens (richtig Delitzsch). Paulus beurteilt sein Wollen zurückhaltender, 1Th 2,18 R 9,16. ἀναστρέφεσθαι, siehe 10,33. LXX nicht καλῶς ἀναστρέφεσθαι; aber Epict Diss 4,4,46 Wettstein.

19. Um so mehr aber mahne ich, das zu tun, damit ich euch rascher wiedergegeben werde.

Literatur: W Wrede Das literarische Rätsel des Hebräerbriefs 1906.

Bisher fehlte im Hb das ausdrückliche „ich" des Verfassers; das λέγω und με in 11,32 ist formal. Jetzt, nach dem langen Predigt-Corpus, der *brieflich* stilisierte Schluß: das erste (Bengel) der vier „ich", noch in V 22 zweimal, in V 23 einmal; aber auch dort immer in der Verbform enthalten, kein ausdrückliches ἐγώ (Schierse 206 Vanhoye Structure 220 f). Vgl in einer vollständigen Konkordanz dagegen ἐγὼ mit den vier Kasus im Corpus Paulinum. Zum „ich" siehe 13,18. Der Verfasser will durch sein baldiges Kommen den Angeredeten Stärkung zum rechten Wandel, bringen (Thomas Erasmus paraphrasis Calvin Westcott).

περισσοτέρως δέ, zu verbinden mit παρακαλῶ (deWette² Westcott); nicht mit ποιῆσαι (gegen Bengel; gegen Delitzsch, der beide Verbindungen befürwortet). Die Fürbitte ist angesichts der Situation des Verfassers besonders dringlich. Bauer 1 Bl-Debr § 102,1. Im Hb nur noch 2,1; sonst im NT nur Paulus; in Mk 15,14 Koine-LA. Komparativ für Dringlichkeit wie im Papyrus Gießen 25,12, siehe Preisigke Wört II 229. παρακαλῶ, siehe 3,13. Mit Komparativ wie hier siehe 10,25. vg fügt *vos* an. τοῦτο, zurückverweisend, siehe 6,3; hier auf die Fürbitte V 18. ποιεῖν, siehe 6,3. Zum Aorist siehe Bl-Debr § 336,3: unter dem Gesichtspunkt von V 19 geschah die Fürbitte bisher nicht. τάχιον: so D P **0121b** die meisten; in p⁴⁶ ℵ A C K 642 τάχειον; zu ι–ει siehe 4,11. Bauer 2a Bl-Debr § 61,1 244,1. Hier, anders als V 23, Komparativ wie Sap 13,19 Test XII Iss 6,3 Joh 20,4 1Cl 65,1 Mart Pol 3,1 13,2 (gegen Riggenbach: schneller, als ohne Fürbitte, vielleicht im Blick auf eine mögliche Verzögerung des Timotheus?). Kaum, siehe V 23. Sicher ist dem Verfasser die Realisierung des „rascher" offenbar nicht, daher der Mahnbrief als Ersatz (zu Windisch). *ἀποκατα-σταθῶ ὑμῖν*. 69 verschreibt das Verb in *ἀποκαταστω*. Bauer 3 Oepke ThW I 386–392. Hb nur hier: „wiedergeben" auf irdischer Basis. Aus gefährlicher Situation wie drohender Versklavung (P Oxy 38,12); aus Gefangenschaft (Vett Val 68,23f 2Makk 12,25 Jos Ant 11,2); aus Geiselnahme (Polyb 3,98,7); aus Drangsal (Herm s 7,6). Nach längerer Trennungszeit ep Ar 46; Gott tut dann das Wiedergeben Tob 5,17 ℵ 10,12. So hier Hb V 19; daher „betet" V 18. Der Verfasser hatte also frühere Verbindung zu den Angeredeten (Schierse 206). Vgl Phlm 22; aber: im Phlm ist vom Kommen überhaupt die Rede; im Hb von baldiger Rückkehr; richtig Delitzsch. Gefangen oder verbannt ist der Verfasser zur Zeit nicht, siehe V 23 (gegen Nicolaus de Lyra Luther Glosse; Wrede Rätsel 44, der 13,19 gegen 13,22 im Gegensatz sieht; gegen Seeberg). Ist der Verfasser vielleicht krank (Westcott)?

20. Der Gott des Friedens aber, der von den Toten den großen Hirten der Schafe heraufgeführt hat zusammen mit dem Blut der ewigen Stiftung, unsern Herrn Jesus,

Literatur: EBest I Peter and the Gospel Tradition, NTSt 16, 1970, 95–113; GJCuming Service Endings in the Epistles, NT St 22, 1975, 110–113; MGourges A la droite de Dieu, 1978; OHofius siehe V 3; JSwetnam Jesus and Isaac, 1981.

Nun, V 20f, der abschließende Gebetswunsch des Verfassers nach seiner Mahnung an die Gemeinde zur Fürbitte: (Prim MPL 68,792C Thphyl MPG 125,400B Thomas Calvin Bengel Michel Westcott). V 20f, wie der Anfang 1,1f, mit dem Nacheinander von Gott und, zweimal, Jesus; aber „Gott" hier absolut dominierend (vSoden Michel). Für Briefschlußtraditionen siehe Cuming Endings 110–113. Die bisherigen christologischen Titel – Swetnam Isaac 155 Anmerkung 119 – werden komplettiert durch „den großen Hirten der Schafe".

δέ ist in Briefschlüssen üblich: R 15,33 1Th 5,23 2Th 3,16, *ὁ δὲ θεός* R 15,5.13 16,20 Phil 4,19 1Pt 5,10. *θεός* siehe 1,1. *τῆς εἰρήνης*, siehe 7,2; Bauer 3. *ὁ θεὸς τῆς εἰρήνης*: liturgisch, vom Hb übernommen (vSoden Deichgräber 94f). In LXX nicht; aber Test XII D 5,2; ob dort schon „geprägt"? Philo nicht; aber ähnliche Verbindungen von „Gott" und „Friede" (Som 2,253 Decal 178 Spec Leg 2,192); auch Ps Clem Recg 2,25,9. Gott schafft Frieden zwischen seinen Geschöpfen (Midr HL 3,11(108a) Str-B III 627). Dagegen *ὁ θεὸς τῆς εἰρήνης* oft im Corpus Paulinum (R 15,33 16,20 1K 14,33 2K 13,11 Phil 4,9 1Th 5,23 2Th 3,16). Hb nur hier: vom gottgewirkten Endheil (vSoden Riggenbach Spicq Moffatt Michel); nicht im Blick auf Gemeindestreitigkeiten, wie sie in 12,14 13,17 anklingen (gegen Chr Ps Oec Thphyl MPG 63 233 119,449C 125,400B Nicolaus de Lyra deWette[2] Delitzsch Bleek-Windrath). In Apost Vätern nicht; aber in Liturgien (Brightman S 43,24). *ὁ ἀναγαγών*: zum Participium siehe Sib Fragment 1,16–18; für den hellenistischen Prädikationsstil siehe Norden Agnostos 166ff (Michel). Bauer 1. Heraufführen: von unten zu besseren Plätzen (Stob I 463,25–464,1); aus dem Hades (Ant Graec XVI (Appendix Planudea) 92,11 (Wettstein): sekundärer Einschub bei Palaephatus 41, Mythographi Graeci III 2). Ebenso dem Sinne nach: Plut Ser Num Vind 27 II 566A (Betz Plutarch 1975 S 229); Luc Dial Mort 23,3. LXX: *ἐξ ᾅδου*, von lebensbedrohender Krankehit; sinngleich 1 *βασ* 2,6 Tob 13,2 Sap 16,13. Statt *ἀνάγειν*: in Ez 34,23 *ἀνιστάναι – ποιμένα*; „der aus dem Meere den Hirten der Schafe (= Mose) heraufgebracht hat" Js 63,11; schon bei Thphyl MPG 125,400C. *ὁ* ἀναγαγὼν entfaltet nun, wie das Endheil zustande kam (Moffatt). Mit dem Objekt „Jesus" im NT sonst nur R 10,7: Jesus heraufführen ist nicht mehr nötig (Käsemann R S 276). Vgl noch Od Sal 22,1 „aus den Tiefen". Zum Hb siehe vSoden Schierse 163–165 Käsemann Gottesvolk 146f Vanhoye Structure 218 Anmerkung 2 Hofius Vorhang 78 Anmerkung 166 Gourges droite 95 Anmerkung 17. Hb, nur hier, ersetzt das paulinische ἐγείρας R 8,11 2K 4,14 durch ἀνάγειν (Delling Studien 407f). Denn Hb ist, wo es um Jesus geht, reserviert gegen eine massive Auferstehung, siehe 6,2 11,19; auch gegen Jesu Auferstehungs-σῶμα, siehe 10,5 10,20. Um Auferstehung – gegen die meisten Erklärer – handelt es sich aber nur dort, wo, wie im NT sonst, von ἀνιστάναι, ἐγείρειν und dem erweckten Auferstehungs-σῶμα die Rede ist. Hb verwendet ἐκ νεκρῶν ἐγείρειν 11,19 und die normale ἀνάστασις 11,35 als das Mindere, weil zu welthaft, nicht von Jesus. Bei Jesus heißt es: σῴζειν – ἐκ θανάτου 5,7, ἀνάγειν ἐκ νεκρῶν 13,20 oder, häufiger, „sich setzen zur Rechten –" (siehe 1,3). Hb formuliert hier mit ἀνάγειν ἐκ νεκρῶν wie R 10,7, also wohl traditions-vorgegeben; analog der alten Erhöhungschristologie Phil 2,9; auch dort μέχρι θανάτου wie hier ἐκ νεκρῶν. Jesus handelt hier nicht in eigener Aktivität wie 1,3 9,12 (siehe 1,3). Das „hinaufführen" schließt den Sühnetod ein (siehe 1,3); daher hier „mit dem Blut –". ἐκ νεκρῶν: νεκρός siehe 6,1, Bauer 2; 6,2; 11,19. Vgl ἐξ ᾅδου Plat Res publ VII 6 II 521C, Wettstein. Elia erweckt einen Toten ἐκ θανάτου Sir 48,5; „Jahwe, der du die Toten lebendig machst", Achtzehn-Gebet Benediktion 2 Str-B IV 231. Im NT ἐκ νεκρῶν bei diesbezüglichen Substantiven und Verben; siehe besonders R 10,7 Hb 11,19. Die LA ἐκ τῆς γῆς (siehe Bengel Riggenbach Windisch Michel): in 1908 (11. Jahrhundert) Chr MPG 63,233 Didym; sekundär wohl aus Js 63,11 mss. Jesus war also tot, siehe 2,9.

τὸν ποιμένα: Bauer 2bβ JJeremias ThW VI 484–501 Joh 10 Kommentare von Bauer Bultmann; Deichgräber 186 Best Tradition. Hier liturgisch. „Hirt" oft bei Mandäern, besonders Lidz Joh S 51–53. In LXX „Hirt" von Gott Qoh 12,11 Js 40,11, ohne Nennung von „Schafen"; mit πρόβατα von Mose Js 63,11, von Josua Nu 27,17, von David 2 βασ 24,17A Ez 34,22f. Im NT von Jesus mit πρόβατα, Mk 14,27 Par (= Sach 13,7); Joh 10,10–12.14 (ὁ καλός); 1Pt 2,25; ἀρχιποίμην 1Pt 5,4. Hb nur hier. Mart Pol 19,2: Jesus als Hirt der über den Erdkreis verbreiteten katholischen Kirche. Hb verwendet hier Tradition (Michel). Der Hirt tritt für die Schafe ein 7,25 (vSoden). τῶν προβάτων: Bauer 2 Preisker Schulz ThW VI 688–692. Israeliten und Christen als πρόβατα, siehe oben bei ποιμήν. τὸν μέγαν, siehe 4,14. ποιμὴν μέγας in LXX und NT nur hier. Bauer 2bα Grundmann ThW IV 535 Anmerkung 1. Zu μέγαν ist nicht „Priester" zu ergänzen, es gehört noch zu ποιμένα (gegen Schiwy). „Großer Hirt" bei Mandäern (siehe Rudolph, Mandäer II S 67 Anmerkung 2). Vgl ἀρχιποίμην 1Pt 5,4; ἀρχιβούκολος Hom Il 1,39 Scholion Dindorf tom I 1875. In Herm s 6,2,5 ist der große Hirt, laut 6,3,2, Strafengel. Im Hb ist kaum der Gegensatz gegen die „kleinen Hirten" gemeint; ποιμένες als Gemeindeleiter nur Eph 4,11 Ign Phld 2,1, nicht im Hb (gegen Thphyl MPG 125,400C Thomas Riggenbach Kosmala 416). ἐν αἵματι διαθήκης αἰωνίου. ἐν als „mit" siehe 9,25 (so Ps Oec Thphyl MPG 119,449C 125,400C Calvin Bleek-Windrath Seeberg Windisch Moffatt Strathmann Montefiore); das Sühneblut wirkt weiter, siehe 9,7 Exkurs. ἐν nicht als „durch", „kraft" oder „wegen" (gegen Thomas Luther WA Deutsche Bibel 7,2 1522 1546 Bengel Delitzsch Riggenbach Spicq Michel Westcott). αἷμα διαθήκης siehe 9,7 Exkurs. διαθήκη siehe 7,22 Exkurs. αἰώνιος siehe 5,9. ἐν hängt ab von ἀναγαγών, so die meisten; nicht von μέγαν (gegen Beza NT 1588 Spicq). τὸν κύριον ἡμῶν, siehe 1,10. Ἰησοῦν, siehe 2,9.

21. bereite euch zu jederlei Gutem, zu tun seinen Willen, und wirke in uns das, was durch Jesus Christus vor ihm wohlgefällig ist! Ihm sei die Herrlichkeit in alle Ewigkeiten! Amen.

Literatur: RWLyon siehe V 6; HFWeiß Untersuchungen zur Kosmologie des hellenistischen und palästinensischen Judentums, 1966.

V 21 greift in manchen Termini auf Früheres zurück (Vanhoye Structure 218). Die Fürbitte ist erhörbar, sie richtet sich ja an den Gott des Friedens V. 20. Neu aber ist, nach den bisherigen Mahnungen und Drohungen, die auf Annahme des dargebotenen Heils zielen: *Gott* wolle die Bereitschaft zum Gehorsam wecken, ja *er* möge im Schreiber und in der Angeredeten sogar das Gehorchen wirken.

Das erste *ἐν ἡμῖν* beziehungsweise *ἐν ὑμῖν* im Hb. Also anders als *ἐν ᾧ θελήματι* 10,10; dort kann Gottes Wille durchkreuzt werden, falls der Hörer durch den Glauben sich mit dem Predigtwort nicht zusammenschließt 4,2. Hier in 13,21 also wie Phil 1,6 2,13. Das Corpus Paulinum bezieht in den Briefschlüssen sich oft auf Gottes Aktivität: R 15,31 f 16,20 Eph 6,23 Phil 4,19 1Th 5,23 f 2Th 3,16. *καταρτίσαι ὑμᾶς*; letzteres fehlt in D^{gr}. Bauer 1b Delling ThW I 475 Preisigke Wört I 763 f.; der einzige Optativ im Hb (Bl-Debr § 384). Zum Verb siehe 10,5. *καταρτίζειν* verbindet Anfang und Vollendung des Tuns (Chr MPG 63,234). Als Spende-Verfügung Ditt Or 177,10 179,8 f. LXX Ps 16,5: richte – *κατάρτισαι*, Imperativ des medialen Aoristes – meine Schritte aus in deinen Wegen! Subjekt wie hier im Hb ist Gott 1Pt 5,10. Mit *ἐν* wie im Hb, aber mit dem Subjekt der Christen, in 1K 1,10 Gl 6,1. Ign mit *ἐν* Eph 2,2 Sm 1,1. Const Ap VIII 48,3: er wird zubereiten zu jeglichem guten Werk. *παντὶ ἀγαθῷ* alte LA (siehe Beare 385 Zuntz 108 Metzger 676): in ℵ D* Ψ 1834 ar c^1 d f z vg am fu demid div harl tol bo Prim Fulg GrNy. Verändert zu: *παντὶ τῷ ἀγαθῷ* in p^{46}; *παντὶ ἔργῳ ἀγαθῷ* (wie 1Tm 5,10) in C D^2 K L P **0121b** 33 81 88 104 181 326 330 436 451 614 629 630 1241 1739 1877 1881 1962 1984 2127 2492 2495 sy sa aeth Ephr Chr Thret Dam; *παντὶ ἔργῳ καὶ λόγῳ* (wie 2Th 2,17) in A; *ἔργῳ ἀγαθῷ* in arm. Zu *παντὶ* siehe Bauer 1aβ; zu *ἀγαθῷ* siehe 9,11. Es geht um das Tun des Guten wie Mt 19,16 Joh 5,29 R 2,10 2K 5,10 Eph 6,8. *εἰς τὸ* hier final (Weiß Kosmologie 144), siehe 2,17. *ποιῆσαι*, siehe 6,3. D* fügt *ἡμᾶς* an; der Text meint als Subjekt *ὑμᾶς*. *τὸ θέλημα*; in 88 *τὰ θελήματα*. Zu *θέλημα* siehe 10,7. Gottes Willen tun ist nicht typisch qumranisch, siehe 10,36. *ποιῶν*, nun Subjekt Gott, wie 1,2. Das Erstaunliche *dieses* Subjekts (siehe oben) registrieren die Verschreibungen; in ihnen geht es um dittographische (nach *αὐτοῦ*), homiletische Ausweitungen (Zuntz 62 Metzger 676). *αὐτῷ ποιῶν* ist zwar besser bezeugt als das bloße *ποιῶν*; aber vom bloßen *ποιῶν* sind alle Einfügungen ableitbar, und bei ihm wiegen für die Ursprünglichkeit die Altlateiner. *ποιῶν* ohne vorhergehenden Einschub in ℵ^{2}C^2 D^{gr} K P Ψ **0121b** 33^2 88 104 181 326 330 436 614 629 630 1739 1834 1877 1881 1962 1984 2127 2495 a ar c f vg dem div sp^p h sa^{ms} bo^{ms} arm aeth Ch Thret Dam. *αὐτῷ ποιῶν* in ℵ* A C 33* 81 1175 1241^{suppl} 1739^{mg} sa^{mss} bo. *αὐτὸς ποιῶν* in 451 2492 d z. *αὐτὸ ποιῶν* in p^{46}. *ποιῶν ἑαυτῷ* in (bo) GrNy. *ἐν ἡμῖν*; jetzt bezieht der Verfasser sich ein. *ἡμῖν* ist kaum itazistischer Fehler, der *ὑμῖν* meint; vielmehr ist das ursprüngliche *ἡμῖν* wegen des vorangehenden *ὑμᾶς* in *ὑμῖν* verändert worden (Metzger 676 f. gegen Riggenbach Héring Moffatt Michel). *ἐν* fehlt in 2. Alte LA *ἡμῖν* in: p^{46} ℵ A K **0121b** 33 81 104 181 203 221 226 323 326 330 365 378 436 451 462 467 489 491 506 614 629^c 635 642 917 919 920 927 1175 1241^{suppl} 1311 1738 1739 1834 1837 1845 1881 1891 1908 1912 1962 2298 2492 sy^p co arm Thret Ps Oec. *ὑμῖν* in: C P Ψ 6 88 629* 630 1877 1894 2127 2495 ar c d f z vg dem div sy^h aeth Chr Thret Dam Thphyl. *τὸ εὐάρεστον*: Bauer 1 Foerster ThW I 456 f. Preisigke Wört I 608,1) Inschrift Nisyris Deißmann NB 42. Das Adjektiv nicht als Objekt des Tuns Gottes in Sap

4,10 9,10 Test XII D 1,3 Corpus Paulinum 1Cl 21,1 (Hagner 192). Verbal siehe 11,5. Paränetisch 11,5f 13,16. Adverbial paränetisch 12,28; τὰ εὐάρεστα paränetisch 1Cl 21,1. Hier Hb 13,21 ist das Adjektiv substantiviert, im NT nur hier; Gott wirkt es, vgl 1Cl 60,2 61,2. ἐνώπιον αὐτοῦ, siehe 4,3. Gegensatz das Wohlgefallen der Menschen (Thphyl MPG 125,401A); das des Christen, in dem Gott wirkt (Luther Glosse). διὰ Ἰησοῦ Χριστοῦ; in 81 dahinter τοῦ κυρίου ἡμῶν; vgl 13,15. Ἰησοῦς Χριστὸς siehe 3,6. Gottes ποιεῖν durch Jesus siehe 1,2 δι' οὗ. Ob man διὰ Ἰησοῦ Χριστοῦ hier mit ποιῶν oder mit τὸ εὐάρεστον verbindet, verschiebt kaum den Sinn; Gott wirkt: durch Jesus Christus das ihm Wohlgefällige – das, was durch Jesus Christus ihm wohlgefällig ist. Die meisten verbinden διὰ Ἰησοῦ Χριστοῦ mit ποιῶν (Ps Oec Thphyl MPG 119,449D 125,401A Thomas Calvin Bengel deWette[2] Delitzsch Bleek-Windrath vSoden Hollmann Riggenbach OHoltzmann Héring Moffatt Michel Westcott Strathmann Montefiore. Aber 1Pt 2,5 Kol 3,20 legen εὐάρεστον – διὰ näher; so verbinden Prim MPL 68,793A Windisch Spicq. Prim aaO und Luther Glosse betonen den totalen Kontrast zwischen Gottes und des Menschen Willen. Thphyl MPG 125,400D schreibt den Anfang des rechten Willens dem Menschen, die Vollendung Gott zu (siehe Westcott S. 450). Thomas: Gott will, daß wir wollen. Schon ep Ar 195 (Windisch): bei den besten Handlungen lenken wir nicht selber, was wir erstrebten. Jedenfalls gehört διὰ Ἰησοῦ Χριστοῦ noch nicht zur Doxologie (gegen Seeberg). ᾧ ἡ δόξα bis ἀμήν fehlt sekundär in 4 327 1984.. Zu Doxologien am Briefschluß siehe Deichgräber 27–34 Delling Studien 414. δόξα ist eindeutig auf Gott bezogen in R 11,36 16,27 Gl 1,5 Eph 3,21 Phil 4,20 1Tm 1,17 Jd 25 Apk 5,13 7,12, wohl auch 1Pt 4,11; im 1Cl sehr oft, zum Beispiel 32,4 38,4 2Cl 20,5; ebenso öfter Const Ap, siehe Index ad αἰών und δόξα. Mit Einfügung von διὰ Ἰησοῦ Χριστοῦ R 16,27 1Pt 4,11. Vgl die δόξα im Vater-unser Mt 6,13 Koine, die auf einer Grabinschrift in Alexandria um 408 nachklingt Preisigke Sammelbuch 1540,13–15 (Hinweis von Oberbibliotheksrat Dr Beßlich-Mainz). Auch hier im Hb auf Gott bezogen, von dem die Verben V 20f. reden, dessen Gewichtigkeit bis ᾧ sich durchhält (so Delitzsch Seeberg Riggenbach Windisch Moffatt, Kuß Bruce Westcott Montefiore); das Übliche in der Schrift (Wettstein). δόξα auf Jesus bezogen in 2Tm 4,18 2Pt 3,18 Apk 1,6 1Cl 20,12. So hier für Hb bei Thomas Erasmus paraphrasis Luther Glosse Calvin Bleek-Windrath vSoden Hollmann OHoltzmann Kittel ThW II 251,42 Spicq. Beide Bezüge halten für möglich Prim MPL 68,793A de Wette[2] Vanhoye Structure 217f. Michel Deichgräber 33 Strathmann.

δόξα als „Herrlichkeit" Bauer 3 Kittel ThW II 251; vgl Hb 1,3 2,6–8. Außerbiblisch von der Doxa der Bacchus-Bruderschaft Ditt Syll[4] 1109,8. Die Doxologie wurzelt im Judentum. Hellenistisch: αὐτῷ ἡ δόξα εἰς τοὺς αἰῶνας τῶν αἰώνων 4Makk 18,24; vgl vg 3Esra 4,40. Rabbinisch: für τοὺς αἰῶνας siehe die erste und vierte Benediktion des Tischgebetes Str-B IV 631f.; für die ganze Doxologie siehe Str-B III 64 zu R 1,25, 530 zu 2K 11,31. Philo, ohne doxologische Form, beschreibt die δόξα als Gottes Trabanten-Mächte (Spec Leg 1,45). Wie in den meisten Doxologien, fehlt die Kopula im Hb1; 1Cl 32,4 hat ἔστω. Die Erklärer fügen ein den Indikativ (Prim MPL 68,793A Thomas Erasmus paraphrasis Luther Glosse wie vg Seeberg Spicq); oder den Optativ (vSoden Hollmann Riggenbach Héring OHoltzmann Windisch Moffatt Michel Bruce Westcott Strathmann Montefiore). Als unentscheidbar gilt die Alternative für deWette[2]. Siehe Bauer δόξα 3. εἰς τοὺς αἰῶνας τῶν αἰώνων, ἀμήν: in ℵ A C★ (als τῶν αἰῶνας, siehe Lyon Re-examination 271) K P **0121b** 33 81 88 181 326 330 614 629 630 1739 1834 1881 1962 den meisten ar c f z vg dem div sy[p] sa[ms] bo aeth Chr Thret Dam. τῶν αἰώνων fehlt in p[46] C[3] D[gr] Ψ 6 69 104 242 255 256 365 436 442 451 462 547 642 1241[suppl] 1245 1319 1852 1877

2004 2127 2492 2495; die Auslassung ist (laut Beare 393 Zuntz 120–122 Metzger 677) ursprüngliche LA (gegen Riggenbach). ἀμήν fehlt in fu. Die NT-Stellen für εἰς τοὺς αἰῶνας siehe oben bei δόξα. Zu αἰών siehe 1,8 5,6 5,9. Nach der Doxologie immer ἀμήν: siehe Bauer 1 Schlier ThW I 339–342 Str-B III 456–461. Hb ἀμήν textkritisch sicher nur hier.

22. Ich ermahne euch aber, Brüder, nehmt die Mahnrede an! Habe ich euch ja doch in Kürze geschrieben.

Literatur: K Berger Apostelbrief und apostolische Rede, ZNW 65, 1974, 190–231; LP Trudinger καὶ γὰρ διὰ βραχέων ἐπέστειλα ὑμῖν, J Th St 23, 1972, 128–130.

Der Verfasser scheint der Reaktion der Empfänger gar nicht ganz sicher zu sein: werden sie nun Müdigkeit, Abfall und Eucharistie-Überschätzung von sich abweisen? „Mahnrede" charakterisiert den Hb zutreffend (Spicq Vanhoye Structure 219 Theißen 13 Hahn Gottesdienst 70): nach theologischen Darlegungen immer erneute Paränesen. Vg und Chr Ps Oec Thphyl MPG 63,234 119,452A 125,401B mildern die Mahnungen zum Trost in Bedrängnis. V 22–25 machen die Predigt nun zu einem Brief (Schierse 161 206 Kosmala 408). Der literarisch weit verbreitete Gebrauch der Kürze-Formel (siehe unten) will eine auf Grund der Länge des Schriftstücks mögliche Verdrossenheit der Leser abfangen (Berger Rede 227). V 22–25 blicken nicht nur auf Kap 13 oder auf Teile von ihm zurück (gegen Héring Bruce Trudinger βραχέων 126–128): sonst würde man V 22 *vor* der Doxologie erwarten. V 22–25 stammen von demselben Verfasser wie bisher: würde ein zweiter Schreiber, der nur Weitergeber des Hb wäre, im *eigenen* Namen briefliche Weisungen geben, würde er den *eigenen* Besuch ansagen? Zudem: ἐπέστειλα meint: der Brief ist fertig; ἀποστέλλω meint: ich übersende hiermit (Radermacher 151; gegen Vanhoye Structure 221).

Statt δέ: in 69 436 462 οὖν. παρακαλῶ hier „mahnen", siehe 3,13; auch sonst in Briefschlüssen R 15,30 16,17 1K 16,15 1Pt 5,12 (1Th 5,14). ἀδελφοί, siehe 3,1. ἀνέχεσθε, so p^{46} ℵ A C D^2 P **0121b** 1834 die meisten am co aeth Chr Thret; dafür itazistisch (siehe 3,13) ἀνέχεσθαι in D* Ψ 33 38 81 162 181 218 256 429 436 462 794 999 1241^{suppl} 1311 1873 f vg arm. Bauer Schlier ThW I 360f. Preisigke Wört I 120,1) Bl-Debr § 176,1; „sich gefallen lassen", „zulassen". Objekte: nicht die Reden der Freunde (Hi 6,26); Unterweisung (Philo Sacr AC 79), Zuspruch (Omn Prob Lib 56), Erziehung durch Eltern und Lehrer (Omn Prob Lib 36); nicht die Anrede durch Feinde (Jos Bell 242). Die gesunde Lehre (2Tm 4,3, vgl Jk 1,21. Herm m 4,2,1). Hb nur hier; nicht ironisch wie 2K 11,1.4.19f.; sondern: nehmt es gern an (Thret MPG 82,785AB). τοῦ λόγου τῆς παρακλήσεως: Bauer λόγος 1aζ; λόγος siehe 4,2; primär gesprochen, jetzt sekundär brieflich, geschrieben wie Ag 1,1 (Deißmann LO 207). παράκλησις, siehe 6,18. „Das rechte Verhalten hat kein so menschliches und angemessenes Wirkmittel wie das Wort", Plut Aud Poet 12 II 33F. λόγος παρακλήσεως als Zuspruch Ag 13,15; im Plural Const Ap VIII 5,12. Beide Wörter loser verbunden: als politische Aufforderung 1Makk 10,24 (schriftlich); zum Abfall 2Makk 7,24; religiös gegen den Abfall 2Makk 15,11. „Mahnrede", nur hier, als Bezeichnung des ganzen Hb-Textes.

καὶ γάρ, siehe 4,2; γάρ om ℵ*. διὰ βραχέων, in LXX und NT nur hier. βραχύς, siehe 2,6–8; Bauer 3; διά Bauer 3 Ib Preisigke Wört I 278,4. Mit Verben des Sprechens: Isoc 14,3 Ocellus Lucanus C 35 Ptolemaeus Apotelesmatica 1,1,3 Polyb 2,48,8 Lucian Toxaris 56 Charidem 22 Ael Arist 13 p 183D. Von schriftlicher Darstellung Polyb 1,15,3 Plut Cons ad Apoll 34 II 119E Almquist Achill Tat 7,9,3. Analoge Bildungen mit λόγος Wilcken Ptol

42,9; vom Schreiben Eph 3,3 1Pt 5,12 Ign R 8,2 Pol 7,3 Barn 1,8 Herm m 4,2,1. Mit μικρὸς Barn 1,5. Mit „nicht verlängern" Philo Congr 178 Ps Clem Hom 19,11,3 Recg 8,53,7; ein bejahtes „verlängern" Philo Spec Leg 2,214. Philostr Vit Apoll IV 25. Analoges zu „Kürze" Ps Clem Recg 10,22,1 10,26,2 10,34,5. Meint der solche Formeln Gebrauchende wirklich, sich kurz zu fassen? Für Philo Omn Prob Lib 84 Det Pot Ins 91 Jos Ant 7,38 ist das anzunehmen; aber die von Jos Ant 20,266 mit βραχέα vorangezeigte Vita umfaßt 60 Niese-Seiten! Im Nestle hat Hb 24, Römer und 1. Korinther je 31,2. Korinther 20 Seiten. διὰ βραχέων, obwohl Stilformel, ist vom Hb ernst gemeint; bezogen auf die Ausdehnung, hier nicht auf den Inhalt (Chr Thphyl MPG 63,234 125,401B; gegen v. Soden Hollmann Spicq Michel). Verfasser entschuldigt sich nicht für eine das Verstehen erschwerende Kürze (gegen Nicolaus de Lyra, vorsichtiger Thomas Spicq). Er will auch nicht die Konkurrenz mit den gemeindeeigenen Predigern der Adressaten vermeiden (gegen Calvin). Sondern er verteidigt sich gegen den Vorwurf einer zu starken Breite, die den Leser ermüdet (Prim MPL 68,793B Thphyl MPG 125,401B Moffat Westcott und viele Erklärer). Er hat schon beim Diktieren die Gefahr des Übermaßes im Auge gehabt: 5,11 9,5 11,32. Die Ausdehnung ist kurz (Thret MPG 82,785AB) gemessen am Gewicht der Sache (so seit Bengel viele Ausleger) und an dem Bedürfnis der Hörer (Luther Glosse). So viele Dinge – dennoch kurz im Blick auf das, was er sagen mußte (Thphyl MPG 125,401B). Es geht dabei nicht um einen Vergleich mit der persönlichen Gegenwart des Verfassers in der Gemeinde (gegen Prim MPL 68,793B Erasmus paraphrasis). In jedem Falle gilt von der Hb-Diktion Plutarchs Satz: sie enthält ἐν βραχεῖ einen wie mit einem Hammer geschmiedeten Sinn (Garull 17 II 511B; Betz Plutarch 1978 S. 283 Anmerkung 91). ἐπέστειλα; statt dessen ἀπέστειλα in p[46] D[gr] 76 88 206 216* 328 424 464[1] 1311 1319. Bauer Rengstorf ThW VII 593–595. ἐπιστολὰς ἐπιστέλλειν Neh 6,19 1Makk 12,7. Mit Dativ wie im Hb Aeschines 12,14 Corp Herm 14,1 Ditt Syll[4] 837,14f. Philo Leg Gaj mit Dativ 248, ohne Dativ Leg Gaj 209 261 276 305 314. Josephus Ant mit Dativ 14,52.136; 14,52 „mit eigener Hand". NT mit Dativ Ag 15,20, ohne Ag 21,25. 1Cl mit Dativ 47,3, ohne 7,1. Hb nur hier. Bei ἐπιστέλλειν liegt öfter offizieller Weisungscharakter vor.

23. Ihr sollt wissen: unser Bruder Timotheus ist abgereist; falls er recht bald kommt, werde ich mit ihm zusammen euch besuchen.

Literatur: WWrede siehe V 19.

Mitteilung der Reisepläne des Verfassers: Timotheus ist bereits unterwegs, wahrscheinlich zunächst zum Verfasser; vielleicht auch direkt zur Gemeinde. Wenn er schnell kommt, werden Verfasser und er gemeinsam diesen Besuch machen.

γινώσκετε; itazistisch ει statt ι in p[46]; siehe 4,11; γινώσκειν als εἰδέναι Bl-Debr § 126,1αβ. Wahrscheinlicher als indikativische Erinnerung ist der Imperativ der Mitteilung (so Prim MPL 68,793B Thomas Erasmus paraphrasis Luther Übersetzungen 1522 1546 Calvin Beza 1588 Bengel Delitzsch vSoden und zum Beispiel Spicq Moffatt Michel Bruce Westcott Montefiore; gegen Ps Oec MPG 119,452A de Wette[2] Bleek-Windrath Riggenbach; Windisch zögernd). τὸν ἀδελφὸν ἡμῶν in p[46] ℵ* A C D* I **0121b** 33 69 81 88 104 326 365 436 442 462 (629) 635 1241[suppl] 1739 1881 1908 1911[mg] 1912 f vg sy co arm aeth Thret; ohne ἡμῶν in ℵ[2] D[2] K P Ψ 6 1834 den meisten Chr Thret Dam. Von Timotheus »unser Bruder« 1Th 3,2; ohne „unser" 2K 1,1 Kol 1,1 Phlm 1; vgl 1K 4,17. In Ag und Corpus Paulinum Eigennamen öfter mit

„Bruder"; vgl. Ign Phld 11,1 ms „der Bruder Reos". Zu ἀδελφὸς siehe 2,11 3,1 7,5. Τιμόθεον; p⁴⁶ Τειμόθεον, ει–ι siehe 4,11. Als hellenistischer Eigenname Ditt Or II S. 584; in Athen Ditt Syll⁴ IV S 44. Als antijüdischer Feldherr in den Makkabäer-Kriegen 1Makk 5,6.11.34.37.40 2Makk 8,30.32 9,3 10,24.32.37 12,2.10.18–21.25; Jos Ant 12,329f. 337 339 341 343. Der Mitarbeiter des Paulus Ag 16,1 17,14f. 18,5 19,22 20,4; R 16,21 1K 4,17 16,10 2K 1,1.19 Phil 1,1 2,19 Kol 1,1 1Th 1,1 3,2.6 2Th 1,1 1Tm 1,2.18 6,20 2Tm 1,2 Phlm 1; zur Differenz seiner Wertung in Ag und Corpus Paulinum siehe HConzelmann Ag 16,1f. Wahrscheinlich ist im Hb dieser Timotheus des Corpus Paulinum, als dem Verfasser nahestehend, gemeint (Wrede Rätsel 40 Zimmermann Bekenntnis 14). Timotheus wird nicht genannt bei den Apost Vätern und den Apologeten Aristides Justin Tatian Melito Athenagoras, aber später Const Ap VI 8,11 VII 46,7. ἀπολελυμένον: Bauer 1 2 3 Procksch ThW IV 329. Hb nur hier. Als Freilassung aus Haft: Preisigke Wört I 188,5) Plutarch Apophthegmata, von Cäsar aus der Haft der Seeräuber Caesar 1 II 206A 1Makk 10,43 Philo Flacc 96 Jos Bell 3,533 Ag 16,36 26,32. Dies Verb als Abreise, Aufbruch: Preisigke Wört I 190,16) Ex 33,11 Jos Ant 5,101 Ag 15,30 28,25. Auf Abreise erklären Erasmus paraphrasis Wrede aaO 57 Riggenbach Windisch; auf Abreise oder Haftentlassung (Reihenfolge wechselnd) Prim MPL 68,793B 794A Chr Ps Oec Thphyl MPG 63,234 119,452A 125,401C Thomas Delitzsch Seeberg Moffatt Kuß Westcott; nur an Haftentlassung denken Beza 1588 Bengel deWette² Bleek-Windrath vSoden und zum Beispiel Spicq Héring Michel Bruce Strathmann Montefiore. Bengels „erfahrt voller Freude" als Begründung für diese Erklärung von ἀπολελυμένον (von Spicq Michel übernommen) steht aber nicht im Hb-Text. Zu Bruce: ἀπολύεσθαι absolut als „abreisen" ist belegt Jos Ant 5,101 Ag 15,30 28,25. Würde der Hb-Verfasser eine Haftentlassung des Timotheus so trocken, ohne jeglichen geistlichen Bezug, nur als Vorbedingung eines Reisetreffens, mitteilen, ohne συμπαθεῖν, das er doch schätzt 10,34? Daher doch wohl: Abreise.

ἐὰν τάχιον ἔρχηται. Statt ἐάν: in 69 81 ἄν. Statt τάχιον: in p⁴⁶ A C K 642 τάχειον, zu ι–ει siehe 4,11. Statt ἔρχηται: ἔρχητε in D*, zu αι–ε siehe 3,13; ἔρχεται in 181 216 1518; ἔρχηοθε in ℵ*. τάχιον siehe 13,19. Hier nicht komparativisch, sondern „bald", wie 1Makk 2,40 Joh 13,27 1Tm 3,14 Herm m 10,1,6. ἔρχομαι siehe 6,7. τάχιον ἔρχεσθαι Jos Ant 2,142 1Tm 3,14; τάχιον ἥκειν P Oxy 531,7f. Ähnliche Wendungen Ag 17,15 Phil 2,19.24. Verfasser will den Besuch so bald wie möglich machen, V 19; dort ist als Inhalt der gewünschten Fürbitte aber nicht das schnelle Kommen des Timotheus genannt (Moffatt); also kündigt der Verfasser sein Kommen nicht als von dem Eintreffen des Timotheus abhängig an. Von der Eile des Timotheus hängt nur ab, ob der Verfasser *mit Timotheus zusammen* den Besuch macht; nicht aber, daß oder ob der Verfasser später kommt. Dann kann hier aber mit ἐὰν τάχιον nicht „sobald als" gemeint sein, wie in Plato Alkibiades I 2 II 105A ἐὰν θᾶττον, Prot 15 I 325C ἐπειδὰν θᾶττον, Epist 7 III 324B εἰ θᾶττον (zu Riggenbach Windisch Spicq Michel). Denn bei dieser Bedeutung von ἐὰν τάχιον wäre der Reiseantritt des Verfassers vom Kommen des Timotheus zeitlich abhängig. Wahrscheinlich erwartet der Verfasser, Timotheus werde, falls er recht bald eintrifft, durchreisend ihn mitnehmen (so Moffatt, anders Wrede aaO 46f.). Daß die Gemeinde zum Verfasser kommt, meint Hb kaum (zu Seeberg). ὄψομαι ὑμᾶς, siehe 2,8 8,5 11,27 12,14. Hier vom welthaften Sehen mit den Augen beim Besuch: Bauer 1a Michaelis ThW V S. 341 Anmerkung 138; vgl Preisigke Wört II 193.

24. Grüßt alle eure Führer und alle Heiligen! Es grüßen euch die aus Italien.

Gerade die Kürze der Formulierung wirft Fragen auf, ohne sie zu beantworten: wer soll das Grüßen ausführen? Offenbar doch Hörer des verlesenen Predigt-Briefes. Aber warum sind die zu Grüßenden nicht anwesend? Bloß, weil sie *zufällig* im Vorlesungsgottesdienst fehlen? Und das auch die Gemeindeführer? Nicht überzeugend sind die Antworten: die *Gemeinde* soll vom Verfasser geehrt werden (Chr Thphyl MPG 63,234 125,401CD); oder: die Führer brauchen keine Belehrung (Thret MPG 82,785B Thomas Bengel). Zudem: der Verfasser weiß schon beim Diktieren, die zu Grüßenden werden nicht anwesend sein, er adressiert von vornherein nicht an sie (Gräßer Gemeindevorsteher 71–73). Die Gemeinde teilt sich also doch wohl in räumlich voneinander entfernte Gruppen auf (Bengel Windisch Spicq Moffatt Michel Bruce Westcott; gegen Riggenbach). Warum wird betont, bei der Grußbestellung niemanden auszulassen? Bei den Führern vielleicht, weil deren manche bei ihrem „Wachen" die Betreuten zur Unnachgiebigkeit reizen 13,17? Bei den Christen kaum bloß einfach individuierend wie Phil 4,21a, denn Hb formuliert pluralisch; sondern vielleicht doch, weil da Distanzen klaffen (vSoden Hollmann Montefiore), vgl 12,14: zwischen solchen, denen konkret 6,6 10,25 12,15 gilt, und den nicht derart Gefährdeten.

Der Verfasser schreibt aus der grüßenden Absendergemeinde Italiens (so Thret MPG 82,785B OHoltzmann Riggenbach Windisch Spicq). Die Italiener bilden dabei kaum bloß einen aus Italien zugewanderten Gemeinde*teil* (gegen deWette[2] Bleek-Windrath vSoden Hollmann Moffatt Kuß Strathmann). Denn: sollte die eigentliche Ortsgemeinde überhaupt nicht grüßen?, wenden mit Recht Riggenbach Windisch Spicq ein. Zu Kuß: auch R 16,16 1K 16,19f. Phil 4,22 werden Grüße von nicht-Landsleuten bestellt. Der Absendeort bleibt unentschieden bei Delitzsch Héring Michel Bruce Westcott Bl-Debr § 437. *οἱ ἀπὸ τῆς Ἰταλίας* als Aquila und Priscilla bei Montefiore. *ἀσπάσασθε*, siehe 11,13. Grußaufträge auch in profanen Briefen; seitens wessen, entfällt meist, weil selbstverständlich: Preisigke Wört I 225 f 4); Plato Ep 13 III 363C HLietzmann KlT 14 Brief 6,22 7,25 14,22 P Oxy 533,26–28 (wie Hb *ἀσπάσασθε* und *ἀσπάζονται*). Im Corpus Paulinum oft Grußaufträge, mit singularischem und pluralischem Objekt der zu Grüßenden; wie im Hb auch mit *πᾶς*-Formen 1Th 5,26 Phil 4,21. Im Corpus Paulinum anders als im Hb: viel Eigennamen der zu Grüßenden, besonders R 16,3ff.; und: der herbe Hb-Verfasser verwendet nie das *φίλημα ἅγιον* wie R 16,16 1K 16,20 2K 13,12 1Th 5,26 (1Pt 5,14) und später Const Ap II 57,17 VIII 11,9. *πάντας*: fehlt in p[46] (siehe Beare 385); ist ersetzt durch *τοὺς φίλους ἡμῶν* in 623; vgl 3 J 15. *τοὺς ἡγουμένους ὑμῶν*, siehe 13,7. Die Gemeindeleiter sind die erste abgehobene Gruppe der zu Grüßenden (Calvin Bengel); so im NT sonst noch nicht (vSoden Windisch Gräßer Gemeindevorsteher 70); vgl 1Pt 5,13. Aber immerhin: hervortretende Einzelne *vor* der Gemeinde als Grüßende 2Tm 4,21 und Amtsträger als Weisung Gebende *vor* der Gemeinde Ag 15,22. Die Vorzugsstellung der Führer ist selbstverständlich in 1Cl 1,3. *πάντας τοὺς ἁγίους*, vgl. R 16,15. Zur Bezeichnung *ἅγιος* siehe 3,1. *ἀσπάζονται*, zum Verb siehe oben; so auch in profanen Briefen (HLietzmann KlT 14 Brief 11,26 13,22). Jetzt der Vollzug des Grüßens. Im Corpus Paulinum und im Hb sind die Entbietenden der hier sich nicht ausdrücklich nennende Autor und die Gemeinde und (oder) ein Kreis führender Christen. Thphyl MPG 125,401D vermutet hier die mitgrüßende Gemeinde als vom Verfasser dazu ausdrücklich animiert. Nicht im Hb, nur bei Paulus findet sich: ein eigenhändiger Gruß des Autors in eigner Person 1K 16,21; *πᾶς*-Formen für die Grüßenden 1K 16,20 2K 13,12 Phil 4,21. *οἱ ἀπὸ τῆς Ἰταλίας*. 206 fügt *ἅγιοι* hinter *οἱ* ein; 216* om *τῆς*. Zu *οἱ ἀπὸ* siehe Bauer *ἀπό*

IV 1b Ditt Syll⁴ 404,2f 554,4f Ag 6,9 10,38 21,27 Ign Mg 15,1. Zu ἡ Ἰταλία, im NT nur noch Ag 18,2 27,1.6 (siehe Bauer Bl-Debr. § 261,6). Die Absendergemeinde wird im Hb ausdrücklich genannt wie in 1K 16,19 Ign Mg 15,1; chiffriert 1Pt 5,13. 1Cl Einleitung und die Ignatianen – Eph 1,2 21,2 R 5,1 10,2 – vermeiden nicht die Nennung Roms; Hb meint also mit ἡ Ἰταλία kaum Rom selbst (zu Prim MPL 68,794A Thomas Riggenbach Zimmermann Bekenntnis 14).

25. Die Gnade sei mit euch allen!

Literatur: KBerger siehe V 22; WKramer Christos Kyrios, 1963.

Nun der abschließende Segenswunsch; *quasi pro sigillo* (Thomas). Siehe Berger Rede 191–207. Profanbriefe bringen am Schluß, siehe HLietzmann KlT 14: ἔρρωσο „lebe wohl" (Brief 3,13 4,13 6,22 7,22 8,20 10,34); oder das Gebet darum, ἐρρῶσθαί σε εὔχομαι (Brief 9,31 12,16 14,29 15,21). χάρις, siehe 4,16. Zum fehlenden ἔστω siehe 13,4. Jüdisch vergleichbar ist der שלום-Gruß am Briefanfang (T Sanh 2,6(416) Str-B I 154 Tanch וישלח 39a Str-B III 1). Hb übernimmt variabel überlieferte Formen des Corpus Paulinum, auch Apk 22,21. Hb wörtlich wie Tt 3,15 (siehe Kramer Kyrios S. 89 Anmerkung 317). Ähnlich R 16,20 1K 16,23 2K 13,13 Gl 6,18 Eph 6,24 Phil 4,23 Kol 4,18 1Th 5,28 2Th 3,18 1Tm 6,21 2Tm 4,22 Phlm 25. In allen Formen steht, wie im Hb, ἡ χάρις μετά. χάρις ist, wie im Hb, nicht erweitert in Eph Kol 1Tm 2Tm Tt; sie ist erweitert christologisch in R Gl Phil 1Th 2Th Phlm, trinitarisch in 2K. Die Empfänger, wie im Hb, mit ὑμεῖς-Formen in R 1K 2K Gl Phil Kol 1Th 2Th 1Tm 2Tm Tt Phlm; in der dritten Person Pluralis: Eph. Die ὑμεῖς-Form beziehungsweise die dritte Person Pluralis unerweitert: R 1K Kol 1Th 1Tm 2Tm; erweitert, wie Hb mit πᾶς-Formen 2K 2Th Tt; mit anthropologischer πνεῦμα-Form Gl Phil Phlm; mit πᾶς und christologischer Wendung Eph. χάρις: die Gnade möge bei der Gemeinde bleiben. Das schließt gerade für den Hb ein ein immer erneutes Hinzutreten zum Gnadenthron 4,16; sich nicht entfernen von der Gnade 12,15. „Natürlich" (Beza) ist die Gnade Jesu gemeint, 4,16; die Gottes ist darin enthalten 12,15. Es gilt, die Seele zum Himmel hin zu richten (Chr MPG 63,255); vgl 10,19f. Wir würden sagen: das welthaft Greifbare zu relativieren; vgl 10,34b. Der χάρις-Schluß wirkt weiter 1Cl 65,2 Ign Sm 12,2, vgl Ign Pol 8,2; auch Const Ap VIII 5,11 12,4. πάντων ist hier durch die tradierte Form bedingt (siehe oben); also hier nicht spezifisch auf die besonderen Gemeindeverhältnisse bezogen wie V 24. Statt ὑμῶν sekundär: τῶν ἁγίων in D*, ἡμῶν in 1241. Hinter ὑμῶν, primär, kein ἀμὴν in p⁴⁶ ℵ* I^vid 6 33 vg^ms sa arm. Das liturgische ἀμήν ist angefügt in ℵ² A C D H K P Ψ **0121b** 81 88 104 181 326 330 436 451 614 629 630 1739 1834 1877 1881 1962 1984 2127 2492 2495 c f z ar dem div sy^p ^h bo aeth Chr Thret Dam (Metzger 677f). Im Corpus Paulinum steht ἀμὴν im Primärtext von Gl 6,18; an den anderen 12 Stellen ist es, wie im Hb, sekundär ergänzt.